dictionnaire des

mots croisés

dictionnaire des

mots croisés

1. classement direct

2. classement inverse

17 Rue du Montparnasse 75298 Paris cedex 06

Distributeur exclusif au Canada : les Éditions Françaises Inc.

ISBN 2-03-730-225-8

AVERTISSEMENT

Cette nouvelle édition du *Dictionnaire des mots croisés* contient la totalité des noms communs et des noms propres du *Petit Larousse 1992,* mettant ainsi à la disposition des amateurs de mots croisés une nomenclature considérablement enrichie.

Pour rendre la consultation de l'ouvrage plus aisée à nos lecteurs, la majuscule à l'initiale n'étant pas le seul critère de différenciation noms communs / noms propres, nous avons choisi de présenter les noms propres en caractères gras. Tous les autres mots, même lorsqu'ils comportent une majuscule (sigles, noms déposés, etc.), se trouvent dans la partie noms communs du *Petit Larousse*.

Les mots sont classés selon le nombre de lettres, d'une part dans l'ordre alphabétique normal et d'autre part dans l'ordre alphabétique inverse.

Afin de fournir le plus grand nombre de possibilités aux cruciverbistes, on a multiplié les entrées en ajoutant :

– les féminins et les pluriels lorsqu'ils sont indiqués dans le *Petit Larousse ;*

– les participes passés et les participes présents de tous les verbes ;

– les variantes orthographiques, les noms ou les surnoms qui apparaissent après l'entrée principale dans le *Petit Larousse ;*

– les éléments de certains noms propres composés (**Enghien-les-Bains** donne **Enghien** et **Enghien-les-Bains**).

En revanche les homographes font l'objet d'une seule entrée (le verbe *reporter* et le nom *reporter,* le masculin *tour* et le féminin *tour* sont confondus).

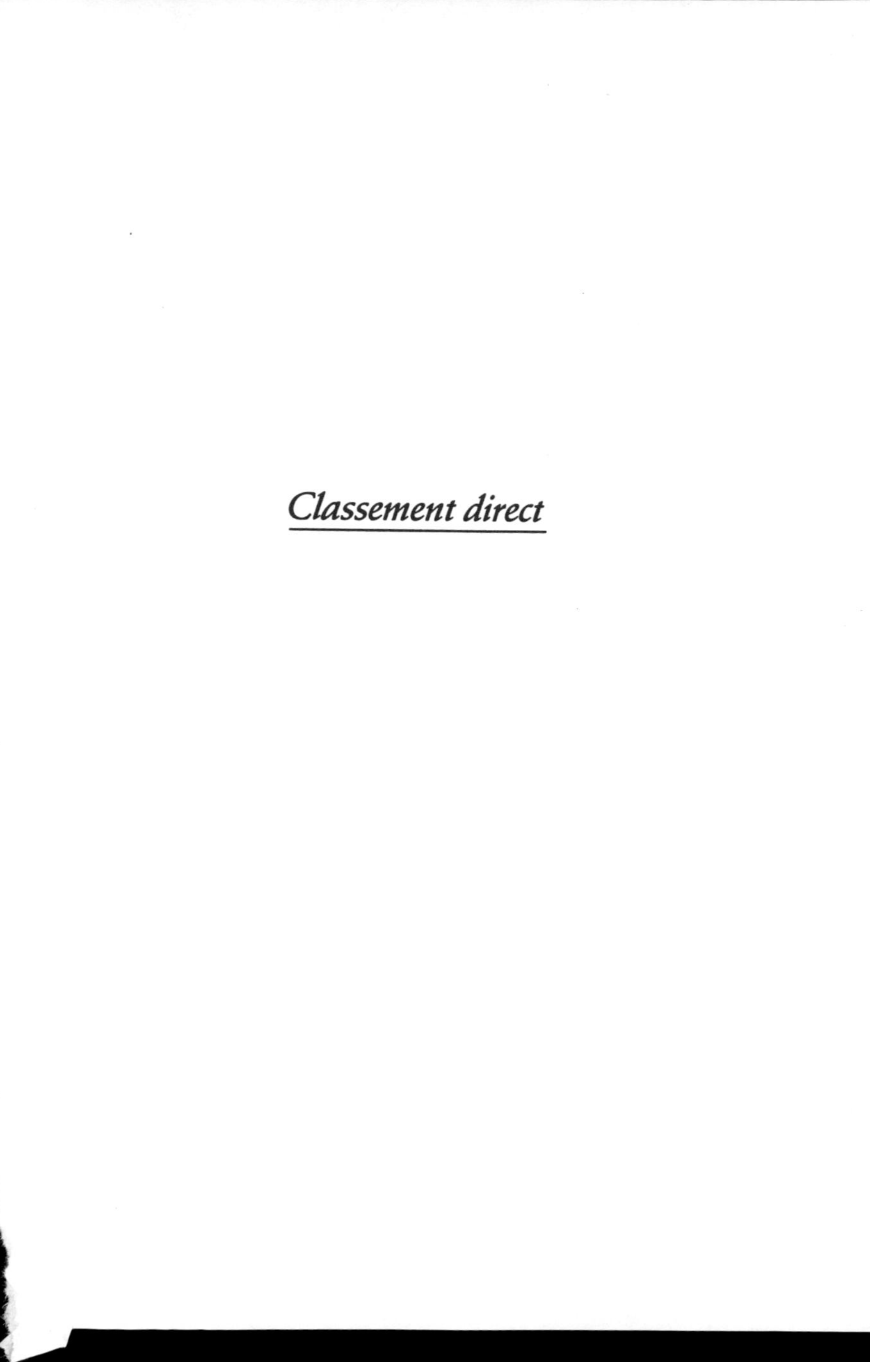

Classement direct

1

2

1

a
à
b
c
d
e
f
g
h
i
j
k
l
m
n
o
ô
p
q
r
s
t
u
v
w
x
y
z

2

Aa
Ac
Ag
Ah
ah
aï
Al
al
A/m
Am
an
Ar
As
as
At
Au
au
Ax
Ay
ay
Bâ
B.A.
Ba
B.D.
Be
Bi
Bk
B.N.
BP
Bq
Br
C.A.
Ca
ça
çà
C.B.
CD
Cd
cd
Ce
ce
Cf
ch
Ci
ci
Cl
Cm
cm
Co
Cr
Cs
Cu
C.V.
CV
Cx
Cz
da
dB
de
dé
D.J.
do
du
dû
Dy
eh
en
Er
Es
ès
et
Eu
eu
eV
ex-
Ey
fa
Fe
fg
fi
FM
Fm
F.O.
Fr
Ga
Gd
Gé
Gê
Ge
G.I.
go
G.R.
gr
Gy
ha
He
hé
Hf
Hg
hi
Ho
Ho
ho
Hz
If
if
il
In
in
in-
Io
Ir
Is
je
ka
K.D.
kF
kg
km
K.-O.
Kr
La
la
là
le
lé
Li
Li
li
lm
L.P.
Lr
Lu
lu
lx
ma
Md
me
Mg
mi
mi-
Mn
Mo
mu
mû
Na
na
Nb
Nd
Ne
ne
né
Ni
ni
No
No
nô
Np
nu
Ob
oc
oh
O.K.
on
Oô
O.P.
or
O.S.
Os
os
ou
où
oz
Pa
Pb
P.C.
PC
Pd
pH
pi
pK
Pm
Pô
Po

2 Pr
P.S.
Pt
Pu
3 pu
P.-V.
pz
Q.G.
Q.I.
Q.S.
Râ
Ra
ra
Rb
rd
Ré
Rê
Re
ré
R.F.
R.G.
Rh
rH
ri
Rn
Ru
ru
SA
sa
Sb
Sc
Se
se
SI
Si
si
Sm
Sn
S.-R.
Sr
sr
SS
St
st
su
Ta
ta
Tb
Tc
Te
te
té
Th
th
Ti
Tl
Tm
tr
tu
T.V.
UK
un
Ur
us
ut
U.V.
VA
va
vé
vs
vu
Wb
w.-c.
Wh
wu
Xe
xi
Yb
Ys
Z.I.
Zn
Zr

3

Aar
Aba
Abc
abc
Abo
ABS
ace
A. D. N.
Ady
A.-É.F.
AEG
A.F.-P.
aga
age
âge
âgé
agi
Aho
aïe
ail
Ain
Aïr
air
ais
Aix
ale
Ali
ʻAlī
âme
ami
AMP
ʻAmr
Amy
ana
ANC
âne
Ani
Ans
A.-O.F
api
Apo
Apt
ara
Arc
arc
are
A. R. N.
Arp
Ars
ars
art
ase
Aso
Ath
A. T. P.
ATT
aux
Ave
axe
axé
A.Z.T.
Bāb
bac
bah
bai
bal
ban
Bar
bar
bas
bât
bau
BBC
B.C.G.
Bea
bec
bée
béé
Bêl
bel
ben
B.E.P.
ber
Bex
bey
bic
bip
bis
B.I.T.
bit
blé
boa
bob
bof
Bol
bol
Bon
bon
bop
Bor
bot
box
boy
bru
Bry
B.S.N.
B.T.P.
B.T.S.
BTU
Buc
Bug
bug
bun
Bus
bus
but
B.V.A.
B.V.P.
bye
cab
caf
cal
Cam
C.A.O.
Cão
Cap
C.A.P.
cap
car
cas
C.A.T.
C.C.P.
CDV
C.E.A.
C.E.E.
C.E.P.
cep
C.E.S.
ces
cet
C.F.A.
C.F.C.
C.F.P.
C.G.C.
C.G.E.
C.G.S.
C.G.T.
C.H.S.
C.H.U.
chu
CIA
Cid
Cie
cil
C.I.O.
clé
C.N.C.
C.N.R.
cob
C.O.B.
Cod
coi
col
con
coq
cor
Cos
cou
C.R.F.
Cri
cri
C.R.S.
cru
crû
C.S.A.
Csu
Cui
cul
dab
dal
Dam
dam
dan
Dao
dao
Dax
D. C. A.
D.D.T.
D.E.A.
deb
Der
der
des
dès
dey
dia
Dib
Die
dit
Diu
Dix
dix
DNA
D.O.C.
Dol
dol
D.O.M.
dom
Don
don
dos
dot
Dou
Dra
Dru
dru
dry
D.S.T.
duc
due
Dun
duo
dur
dyn
E.A.O.
eau
Eck
Eco
écu
Ede
E.D.F.
Edo
ego
Elf
élu
Ely
Ems
ému
E.N.A.
Éon
éon
épi
ère
erg
ers
ESA
ESO
est
E.T.A.
êta
etc
été
euh
eux
Ève
Éwé
exa-
exp
Èze
fac
Fan
fan
FAO
far
fat
fax
FBI
fée
f.é.m.
F.E.N.
Fer
fer
Fès
feu
fez
F.F.I.
fic
fié
fil
fin

F.I.V.
fla
F.L.N.
F.M.I.
fob
foc
Foï
foi
fol
Fon
for
Fos
fou
Fox
fox
Foy
Fry
fui
fun
fur
fût
Fux
Fyn
Fyt
gag
gai
gal
gan
Gao
Gap
gap
Gay
gay
gaz
gel
GeV
Gex
G.I.C.
G.I.E.
Gif
G.I.G.
gin
gît
glu
GMT
Goa
Gog
goï
gon
goy
G.P.L.
gré
gué
Gui
gui
gus
Guy
gym
haï
Hal
Ham
Han
han
H.C.H.
Hem
hem
hep
heu
hic
hie
hip
hit
HIV
HLA
H.L.M.
Hof
hop
hot
hou
hPa
Huc
Huê
Hue
hue
hué
hui
hum
Hus
Huy
I.A.D.
IBM
Ibo
Ica
ici
Ida
ide
Ife
Ifs
I.G.N.
I.G.S.
I.H.S.
Ila
île
Ili
Ill
ils
I.M.A.
I.M.C.
I.N.A.
I.N.C.
Inn
Ino
ion
Ira
ire
I.R.M.
Ise
I.S.F.
ISO
ITT
I.U.T.
ive
I.V.G.
Iwo
jan
jar
jas
Jāt
Jay
jet
jeu
J.M.F.
Job
job
J.O.C.
Jos
jus
kan
Key
KGB
khi
kid
kif
kil
kip
kir
kit
kob
Kós
kot
Kra
Krk
Kru
ksi
Kun
Kyd
lac
lad
lai
Lam
lao
las
LAV
Law
Lay
Léa
Lee
lei
Lek
lek
LEP
L.E.P.
les
lès
let
Leu
leu
lev
lez
Lia
Lie
lie
lié
lin
lis
lit
lob
Lod
lof
loi
Lot
lot
Löw
L.S.D.
Luc
lui
lut
lux
Luz
L.V.F.
Lys
lys
mac
mai
mal
Man
man
Mao
Mar
mas
mat
mât
Max
M'Ba
mec
még-
Méo
Mer
mer
mes
MeV
mie
mil
min
mir
mis
M.J.C.
M.L.F.
Moi
Moï
moi
Mol
mol
Mon
mon
MOS
mot
mou
Moÿ
M.R.P.
M.S.T.
M.T.S.
mue
mué
Mun
Mur
Mûr
mur
mûr
mye
Nao
Nat
Nay
N.B.C.
née
nef
nem
NEP
net
Ney
nez
nib
nid
nié
Nil
Nin
Niš
Noé
Nok
nom
non
nos
nue
nué
nui
nul
O.A.S.
obi
Och
Oda
ode
O.E.A.
off
ohé
Ohm
ohm
oie
oïl
O.I.T.
O.J.D.
Oka
oka
OKW
olé
O.L.P.
Olt
O.M.I.
Omo
O.M.S.
onc
O.N.G.
Onk
O.N.U.
O.P.A.
O.P.E.
ope
Orb
øre
öre
O.R.L.
Ors
ose
osé
ost
ôté
O.U.A.
ouf
oui
ouï
Our
out
ove
ové
oxo
Oyo
Ozu
paf
pal
Pan
pan
P.A.O.
par
P.A.S.
pas
pat
Pau
Paz
PCB
P.C.C.
P.C.F.
P.C.I.
P.-D. G.
Pei
pep
pet
peu
pff
phi
pic
Pie
pie
pif
pin
pis
piu
Pla
pli
plu
P. M. U.
Poe
pop
P.O.S.
Pot
pot
pou
pré
pro
psi
pst
P.S.U.
psy
P.T.T.
pub
pué
pur
pus
puy
PVC
Pym
qat
Q.C.M.
Q.H.S.
Qom
Q.S.P.
Q.S.R
que
qui
Qum
Rab
rab
rad
RAF
rai
raï
rap
ras
rat
R.A.U.
Ray
ray
Raz
raz
R.D.A.
réa
réé
reg
Rej
rem
Rey
R.F.A.
rhé
rhô
ria
R.I.B.
Rif
rif

3	Rio	saï	ska	tac	tin	Ubu	vau	Yao
	ris	sal	ski	tag	tip	U.D.F.	ver	yen
	riz	Sam	S.M.E.	tan	tir	U.D.R.	via	Yeu
	R.M.C.	Sao	soc	tao	Tiv	U.E.R.	Vic	yin
4	R.M.I.	sar	soi	tas	T.N.P.	U.F.R.	vie	yod
	R.M.N.	sas	sol	T. A. T.	T.N.T.	Uji	Vif	Yof
	rob	Sax	son	tau	toc	Ulm	vif	Yun
	roc	Say	S.O.S.	Tay	toi	U.L.M.	V.I.H.	Zāb
	Rod	SDF	sot	tec	tom	une	vil	Zab
	roi	S.D.N.	sou	tee	ton	uni	vin	Z.A.C.
	rom	sec	S.P.A.	tek	top	U.N.R.	V.I.P.	Z.A.D.
	rot	Sée	Spa	tel	Tor	uns	Vis	zée
	rôt	sel	spa	tep	tôt	UPI	vis	zen
	Roy	Sem	SPD	ter	tri	ure	vit	Zia
	R.P.F.	Sen	spi	tes	T.S.F.	Uri	Vix	Z.I.F.
	R.P.R.	sen	S.T.O.	Têt	Tsu	USA	vol	zig
	R.T.L.	sep	suc	Têt	T.T.C.	usé	vos	Zip
	Rue	ses	sud	têt	tub	UTM	V.R.P.	zoé
	rue	set	Sue	tex	T.U.C.	Váh	V.S.N.	Zog
	rué	sic	sué	T. G. V.	tué	val	vue	zoo
	rut	sil	sur	thé	tuf	Van	wax	zou
	ruz	Sin	sûr	tic	T.V.A.	van	Wil	Zug
	rye	sir	sus	tif	Tyr	Var	won	Z.U.P.
	sac	sis	T. A. B.	T.I.G.	Ube	var	yak	zut
	S.A.E.	six						

4

Aare	acte	Agar	ails	Alep	amok	ansé
abat	ACTH	Agay	Aime	Alès	Amon	ante
Abbe	acul	Agde	aimé	Alet	Amos	anus
abbé	A.D.A.C.	âgée	aine	alfa	Amou	août
abée	Adam	Agen	aîné	Alix	Amoy	apax
Abel	A.D.A.V.	agha	Aire	allé	amuï	apex
aber	Adda	agio	aire	allô	anal	Apia
aboi	Aden	agir	airé	Alma	anar	à-pic
abot	Ader	Agis	Airy	aloi	Anet	Apis
abri	adné	Agly	aise	alpe	Ange	âpre
abus	Ador	Agni	aisé	alto	ange	apte
accu	ados	Āgrā	aisy	alun	Ango	arac
ache	Adwa	agui	Aixe	'Amal	anis	Arad
Acis	aède	ahan	Ajax	Aman	Anna	Arak
acmé	A.E.L.E.	Ahun	Akan	aman	Anne	arak
acné	aéré	Aïda	Akko	amas	ânon	Aral
acon	Afar	aide	Albe	amen	Anor	Aram
acra	A. F. A. T.	aidé	Albi	amer	Anou	Aran
Acre	afat	aigu	Alby	amie	A.N.P.E.	Arcy
acre	afin	aile	Alde	Amin	Anse	ardu
âcre	afro	ailé	aléa	Amis	anse	arec

4

Arès
areu
aria
Arly
arme
armé
Arno
arol
Aron
Árta
arts
arum
Arve
Asad
Asam
Aser
Ases
Asie
'Asīr
Aspe
aspe
aspi
Asse
Assy
Asti
asti
âtre
atto-
Atys
Aube
aube
Auby
Auch
Aude
Auer
Auge
auge
Augé
aula
Ault
aulx
aune
Aups
aura
Aure
auto
Auxi
aval
avec
aven
aveu
avis
Avit
Aviz
Avon
Axat
axel
axer
axis
Aymé
Azov
azur
Baal
B.A.-Ba
baba
baby
Bach
Back
Bade
Badr
baht
baie
Baïf
bail
Bain
bain
Bais
Baki
Bâle
bale
Bali
Ball
bals
Bāṇa
banc
bang
bans
Bara
bard
Bari
barn
Barr
Bars
Bart
base
basé
Basf
Bass
Bat'a
Bata
bâté
Ba'th
Bath
bath
bâti
Bātū
Baty
Batz
Baud
baud
Baur
baux
bave
bavé
bayé
B.C.B.G.
beat
béat
beau
bébé
Bède
béer
Bego
bégu
Béja
béké
Béla
bêlé
Bell
Belt
Belz
Beni
béni
Benn
Benz
B.E.R.D.
Berg
berk
Bern
Berr
Bert
Bess
bêta
bête
beur
Bèze
bibi
bide
bief
bien
Bige
bile
bilé
Bill
bill
biné
Biot
B.I.R.D.
birr
bise
bisé
bite
Biya
bled
blet
Bleu
bleu
bloc
Blok
Blow
Bloy
Blum
Boas
Bobo
bobo
Bock
bock
body
Boën
Boff
Böhm
Bohr
bois
Boké
Böll
bôme
bômé
Bond
bond
Bône
boni
Bonn
Bono
boom
Boos
Booz
Bopp
Bora
bora
bord
bore
Borg
Born
bort
Bose
boss
bote
bouc
boue
Boué
Boug
boum
bout
boxe
boxé
boys
brai
bran
bras
Bray
Brea
bref
Brel
bren
bric
Brie
brie
Brig
brik
Bril
brin
brio
bris
Brno
broc
Bron
Brou
brou
Broz
brrr
brui
brun
brut
Bruz
Buck
Budé
buée
buis
bulb
Bull
bull
buna
Bund
bure
busc
buse
busé
Bush
bush
Bute
buté
Butt
Buxy
Byrd
caca
cade
cadi
C.A.E.M.
Caen
café
Cage
cage
caïd
Caïn
cake
cale
calé
calf
Cali
calo
cals
came
camé
camp
Cana
cane
cané
Cano
Cany
Capa
cape
capé
cari
Caro
cary
case
casé
cash
cati
Caus
Caux
cave
Cavé
cavé
Cebu
C.E.C.A.
Cech
ceci
cédé
cédi
Cela
cela
Célé
celé
cène
cens
cent
cèpe
Cère
cerf
Cern
cers
ceux
Cèze
C.F.D.T.
C.F.T.C.
chah
chai
Cham
Chan
Char
char
chas
chat
chef
Cher
cher
chez
chic
chié
Chio
Choa
choc
chou
Chur
chut
ciao
ciel
Cima
cime
ciné
Cino
Cinq
cinq
cire
ciré
C.I.S.L
Cité
cité
City
Çiva
cive
Cixi
clac

4

clam
clan
clap
Clay
clef
Clet
clic
clin
Clio
clip
clos
clou
club
Cluj
C.N.A.C.
C.N.C.L.
C.N.E.S.
C.N.J.A.
C.N.P.F.
C.N.R.S.
Cnut
coca
coco
cocu
coda
code
codé
Cohl
coin
coir
coït
coke
Cola
cola
Coli
colt
coma
Côme
Como
cône
Coni
Cook
cool
cops
Coré
coré
Cori
Cork
cosy
cote
coté
côte

côté
coti
Coty
Coué
coup
cour
coût
C. Q. F. D.
Crac
crac
cran
Cree
créé
crêt
crib
cric
crié
crin
Criş
croc
Cros
Crow
crue
Cruz
C.S.C.E.
Cuba
cube
cubé
Cues
cuir
cuit
culé
Cure
cure
curé
cuti
cuve
cuvé
Cuyp
Cuza
cyan
cyme
cyon
czar
daba
dabe
dace
dada
Dago
dahu
daim
dais

Dale
Dalí
dame
damé
dans
dard
dari
Daru
date
daté
Davy
Deák
Dean
Déat
deçà
déca
déca-
Dèce
déci
déci-
déco
déçu
défi
déjà
delà
dème
demi
Demy
déni
dent
Déon
Déry
desk
D.E.U.G.
deux
D.G.S.E.
Dias
Díaz
dico
Diêm
dieu
Diez
dîme
dîné
ding
Dion
Dior
dire
dite
dito
diva
dive

dock
dodo
dodu
Doel
doge
doit
dojo
Dole
Dôle
dôle
dolé
Dôme
dôme
doña
donc
Dong
dông
dont
dope
dopé
Dora
Dore
Doré
doré
dose
dosé
doté
Doué
doué
doum
Dour
doux
Draa
Drac
drag
drap
drop
drue
dual
Duby
duce
duel
Du Fu
Dufy
duit
Duna
dune
dupe
dupé
dure
duré
Durg

Duse
Duun
dyke
Dyle
dyne
eaux
Ebla
Éblé
Èbre
Ebro
èche
éché
Écho
écho
échu
écot
écru
édam
Edda
Eddy
Édéa
Eden
Éden
éden
édit
Édom
égal
Egas
Égée
Eger
Eire
Éire
Élam
élan
Elbe
Élée
elfe
Élie
elle
Elne
Éloi
élue
Emba
embu
émeu
émir
émis
émoi
émou
émue
Énée
Enna

Enns
ente
enté
envi
Enzo
Éole
Éoué
épar
Épée
épée
épié
époi
Epte
Eric
Érié
Erik
Érin
Erne
Éros
éros
erre
erré
erse
Ervy
Ésaü
Esbo
Esch
esse
Este
este
esté
étai
étal
état
étau
Étel
Etna
étoc
Eton
être
étui
Eude
Eure
évoé
Évry
exam
exil
exit
eyra
Eyre
Ezra
Faaa

face
fada
fade
fadé
fado
Fahd
Fail
faim
fait
faix
famé
fana
fane
fané
Fang
faon
fard
faré
Faro
faro
Fārs
fart
faux
f.c.é.m.
féal
fêle
fêlé
féra
Fère
fers
féru
feta
fête
fêté
fétu
feue
feus
feux
fève
Fiat
fiat
fief
fiel
fier
fieu
figé
Figl
Fijt
file
filé
film
fils

4

fine
fini
Finn
fion
fisc
fixe
fixé
flac
flan
flat
Flem
flet
flic
floc
flop
flot
flou
flué
flux
Foch
föhn
foie
foil
foin
fois
Foix
folk
fond
foot
Ford
foré
fors
Fort
fort
foui
four
foxé
frac
frai
Frei
fret
Fria
fric
frit
froc
Fu'ād
fuel
fuie
fuir
Fuji
full
fumé
funk
fusé
Fust
Füst
futé
gaba
Gabo
Gacé
gade
gaga
gage
gagé
Gaia
gaie
gain
gala
gale
Gall
gals
Gama
Gand
gang
gant
Gard
gare
garé
gari
Garo
gars
Gary
gâté
GATT
gaur
gave
gavé
Gayā
Gaza
gaze
gazé
geai
Geel
Gela
gelé
gémi
gène
gêne
gêné
Genk
gens
Gent
gent
Gény
Gera
géré
Gers
Geta
Ghāb
Ghor
Giap
Gide
Gien
Gifu
giga-
girl
Giro
gîte
gîté
glas
glie
glui
gnon
gnou
goal
gobé
Gobi
godé
gogo
goïm
Gois
golf
Golo
gond
gone
gong
gord
Gort
Görz
goum
gour
goût
Goya
Gozo
Graf
Gram
Gras
gras
grau
Gray
gray
Graz
grec
gréé
Grès
grès
Grey
gril
grip
Gris
gris
grog
Gros
gros
grue
Grün
guai
Guam
guéé
Guer
guet
Guil
günz
Guri
guru
Guys
Györ
hadj
Hahn
haie
Haig
haïk
haïr
Hale
halé
hâle
hâlé
Hall
hall
halo
Hals
Ḥamā
Hamm
haro
hart
Harz
Ḥasā
hase
hast
hâte
hâté
Haug
haut
Haüy
havé
hâve
havi
Haxo
Head
Hébé
hect-
Hédé
hein
hélé
Héli
Héra
Héré
hère
Hers
Hess
heur
Hève
hier
hi-fi
hile
hoir
holà
Home
home
Homs
Hope
Hopi
Horn
hors
host
hôte
hotu
houe
houé
houp
houx
Hova
Hove
Huai
huée
huer
Huet
Hugo
huis
huit
Hull
Hume
humé
hune
Huns
Hunt
Huon
hure
Hutu
Hvar
Hyde
Iaşi
ibis
ICBM
idée
idem
ides
Idfū
Iéna
Ifni
I.F.O.P.
Igls
igné
Igny
igue
ikat
îlet
îlot
imam
I.M.A.O.
imbu
inca
Ince
Inde
inde
indu
Indy
Inês
info
Inga
inné
Inox
I.N.R.A.
I.N.R.I.
insu
inti
iode
iodé
Iole
iota
Iowa
Ipoh
Irak
Iran
Iraq
IRBM
Iris
iris
Irún
Isar
isba
ISBN
Iseo
Isis
Isle
Isly
Isnā
Isou
Issa
ISSN
issu
Issy
item
Iton
itou
Iule
iule
Ivan
Ives
ivre
Ivry
iwan
ixia
jack
jaco
Jade
jade
Jaén
jaïn
jais
jale
jard
jars
jasé
jass
Java
java
jazz
Jean
jean
jeep
Jéhu
Jena
jerk
jeté
jeun
jeux
Jina
Jixi
Joad
Jodl
Joël
Jo-ho
joie

4

jojo
joli
jonc
Jorn
jota
joue
Joué
joué
joug
joui
jour
Joux
Jouy
Juan
Juba
jubé
Juby
Juda
Jude
judo
juge
jugé
juif
Juin
juin
Jung
jupe
Jura
juré
jury
jute
juté
Ka'ba
Kahn
kaki
kalé
Kālī
kali
Kāma
Kama
kami
kana
Kane
Kanō
Kano
Kant
kaon
Kara
Karr
Kars
kart
Katz

kava
kawa
Kayl
Kehl
Kent
képi
Kerr
khan
khat
khôl
kick
kief
Kiel
Kiev
kiki
kilo
kilo-
kilt
King
Kish
Ki-si
Kivi
Kivu
kiwi
Klee
Knox
Knud
Knut
Kōbe
Koch
Koch
Kōfu
Kohl
Kola
kola
Köln
Kopa
korê
Kota
koto
krak
Kras
ksar
Kuba
Kure
kuru
kvas
kwas
K-way
kyat
Labe
Labé

lacé
Lacq
lacs
lady
laïc
laid
laie
Laïs
lais
lait
lala
Lalo
lama
Lamb
lame
lamé
Lamy
Land
Lang
Lans
Laon
Laos
lapé
laps
lard
lare
Laud
Laue
lave
lavé
Laye
laye
layé
Lean
Lear
Léau
Lech
Léda
Lede
Legé
Lège
lège
Lego
legs
Lehn
Leie
Lely
Lena
Lens
lent
Lenz
León

Léon
lèse-
lésé
lest
Léto
leur
leva
levé
Lévi
lias
Li Bo
lice
Lido
lido
lied
liée
lien
Lier
lier
lieu
lift
lige
Lima
lime
limé
Ling
Linh
lino
Linz
Lion
lion
Li Po
Lips
Liré
lire
lise
lisp
Liss
List
lité
live
Livi
Lizy
lobe
lobé
Lobi
loch
Lodi
Lods
lods
Łódź
lofé

loft
loge
logé
logo
loin
Loir
loir
lolo
Lomé
Long
long
Lons
look
Loon
Loos
lope
lord
lori
lors
lote
Loth
Loti
loti
loto
Loue
Loué
loué
Loup
loup
lové
Lowe
Lozi
Luba
Luce
Lucé
Lucy
Lüda
luge
lugé
Lugo
Lulu
lulu
lump
Luna
Lund
lune
luné
Lure
luté
luth
luxe
luxé

Luzi
Luzy
Lvov
Lwów
Lyly
lynx
Lyon
Lyot
lyre
lyse
lysé
Maas
Macé
Mach
Mach
made
Maël
mafé
mage
Mahé
maïa
maie
mail
Main
main
mais
maïs
maje
maki
Male
Mâle
mâle
Mali
mali
Malo
malt
mamy
mana
Mani
Mann
Marc
marc
mare
Maré
Mari
mari
mark
Marl
Mars
mars
Marx
Mary

maso
mate
maté
mâté
math
mati
maul
Maur
maux
maxi
maya
maye
mazé
Mead
méat
mède
méga-
mégi
Meir
mêlé
Melk
mélo
mémé
même
Mené
mené
Méné
Mens
menu
mère
Méré
merl
Mers
Méru
Merv
Méry
Merz
mesa
mess
Méta
mets
Metz
Meun
Mèze
miam
Miao
mica
micr-
Midi
midi
miel
mien

4

Mi Fu
mile
Mill
Milo
mime
mimé
mimi
mine
miné
Ming
mini
Mino
Miño
mire
miré
miro
Miró
MIRV
mise
misé
Mișr
miss
mita
mite
mité
Mito
mixé
M.K.S.A.
M.M.P.I.
Moab
moco
mode
moie
mois
Moka
moka
mole
môle
Molé
moly
môme
Monk
mono
Mons
mont
More
more
Moro
mors
Mort
mort
Most

moto
moue
Moum
moût
Mouy
moxa
moye
moyé
Mozi
MRBM
M.S.B.S.
muer
muet
muge
mugi
muid
mule
muni
Munk
muon
mûre
muré
mûri
murs
musc
muse
musé
must
muté
Mzab
nabi
nafé
nage
nagé
Nagy
Naha
naïf
nain
naja
Nana
nana
nano-
naos
Nara
nard
NASA
nase
Nash
NATO
naze
nazi
Nébo

neck
Néel
néné
néon
nèpe
néré
nerf
Neri
Néri
Ness
Neto
neuf
Neva
névé
news
Nexø
Nice
Niel
nier
nife
Nika
Niue
Nive
nixe
NKVD
Noah
noce
Noël
Noël
noël
Noir
noir
noix
nome
none
Nono
Nord
nord
Nort
nota
note
noté
noue
noué
nous
nova
nové
noyé
nuée
Nuer
nuer
nues

nuit
Numa
Nuuk
Nyon
Oahu
obéi
obel
obit
obus
O.C.A.M.
O.C.D.E.
Oc-èo
Ochs
ocre
ocré
Oder
Odin
Odon
Odra
oeil
Oeta
oeuf
ogre
Ohio
Ohře
oing
oint
Oise
Ōita
Olaf
Olav
Olen
olim
ollé
Olmi
Olof
Oluf
Oman
Omar
omis
O.M.P.I.
Omri
Omsk
once
onde
ondé
Onet
Onex
onyx
onze
Oort
open

O.P.E.P.
opté
opus
oral
Oran
Orbe
orbe
ordo
orée
Orel
ores
Orff
orge
orin
orle
Orly
orme
Orne
orne
orné
Orry
Orsk
oryx
Osée
osée
oser
Oslo
Osny
Ossa
ossu
osto
O.T.A.N.
ôter
Othe
Ōtsu
Otto
Oudh
oued
Oufa
ouïe
ouïr
Oulu
Ours
ours
Oust
oust
ouzo
ovée
ovin
ovni
Owen
oxer

Oxus
oyat
Özal
pack
Pacy
Paéa
Páez
page
pagi
paie
Paik
pain
pair
Paix
paix
pale
palé
pâle
pali
pâli
Palk
pals
palu
pâmé
Pane
pané
paon
papa
pape
papi
papy
Pará
para
parc
Paré
paré
pari
Park
Parr
part
paru
pâte
pâté
pâti
Paul
pavé
paye
payé
pays
P.C.U.S.
Péan
péan

peau
Pech
Pécs
pédé
Peel
P.E.G.C.
Pegu
Pelé
pelé
pêne
Penn
péon
Pepe
pépé
père
Péri
péri
Perm
pers
Perú
pesé
peso
Pest
peta-
pété
peuh
peul
peur
pèze
pfft
pfut
P.G.C.D.
phot
Piaf
piaf
pian
Piau
pica
pico-
pied
pieu
pifé
pige
pigé
pile
pilé
Pins
pion
pipa
pipe
pipé
pipi

4

pipo
Pire
pire
Pisa
Pise
pisé
pita
pite
Pitt
pive
plan
plat
plie
plié
ploc
plot
plus
pneu
Pnyx
poil
pois
Poix
poix
Pola
Pole
pôle
poli
Polk
Polo
polo
poly
Pons
Pont
pont
pool
Pope
pope
porc
pore
Pori
port
pose
posé
pote
Pott
Pott
pouf
pour
poux
P.P.C.M.
prao
Prat

Praz
près
prêt
prié
Prim
pris
prix
prof
prou
Prus
Prut
Ptah
puce
puer
puis
Pula
pull
puma
puna
Pune
puni
punk
pupe
pure
pute
putt
Puyi
Puys
Pyla
Qing
quai
quel
quia
quiz
quoi
Raab
rabe
raca
race
racé
rack
rade
radé
raft
raga
rage
ragé
raïa
raid
raie
rail
Rais

raïs
rait
raja
raki
râle
râlé
Rāma
rame
ramé
rami
rand
rang
rani
Rank
ranz
Raon
râpe
râpé
Rapp
rapt
rare
rase
rasé
rash
Rask
rata
rate
raté
R.A.T.P.
rave
Rāvi
ravi
raya
rayé
Rays
réac
réal
reçu
Reed
réel
réer
régi
Rehe
Reid
rein
reis
relu
Remi
Rémi
Remy
René
rêne

Reni
Reno
reps
repu
rets
Retz
Reus
rêve
rêvé
revu
Rezā
Rezé
Rhāb
Rhéa
Rhee
Rhin
Rhön
rhum
Riad
rial
Rich
ride
ridé
Riec
Riel
riel
rien
Riez
riff
Rift
rift
Riga
Rigi
Rijn
Rila
rime
rimé
ring
Riom
Rion
ripe
ripé
rire
Risi
riss
Rist
rite
rive
rivé
rixe
Rizā
R.N.I.S.

robe
robé
Roca
Roch
rock
rodé
rôdé
Röhm
Rois
rôle
Rome
rond
roof
Roon
Rops
Rosa
Rose
rose
rosé
Rosi
rosi
Ross
rote
roté
Roth
rôti
Roty
roue
roué
rouf
roui
Roux
roux
Roya
Roye
Rude
rude
ruée
ruer
rugi
Ruhr
Ruiz
rumb
rune
Ruse
ruse
rusé
rush
Ruth
Ryle
Saar
Saba

Sade
Sa‘di
Safi
Saga
saga
sage
saie
sain
Saïs
saké
saki
sale
Salé
salé
sali
Salm
Salo
sals
SALT
S.A.M.U.
Ṣan‘ā’
sana
Sand
sang
sans
sape
sapé
Sara
Sarh
sari
Sark
S.A.R.L.
sati
Satō
sauf
Saül
saur
saut
Save
Saxe
saxe
saxo
scat
Scey
scie
scié
Scot
seau
Sées
Sein
sein
self

sels
semé
sème
séné
Sens
sens
seps
Sept
sept
séré
serf
Sers
Sète
Seth
Seti
seul
sève
sévi
sexe
sexy
Sfax
S.F.I.O.
shah
Shaw
shed
show
sial
Siam
Sian
sida
sied
sien
sikh
Silo
silo
silt
sima
Sind
Sion
sipo
sire
sise
site
sium
Śiva
Sīwa
Skaï
skié
skif
skin
skip
skua

4

Skye
SLBM
slip
slow
Smet
S.M.I.C.
smog
S.N.C.F.
Snel
snif
snob
soda
sodé
sofa
Soho
soie
soif
soin
soir
soit
soja
sole
soli
Solo
solo
soma
sone
Song
sono
sore
sort
Soto
soue
souk
soul
soûl
Sour
Sous
sous
spic
spin
Spot
spot
S.S.B.S.
S.S.S.R.
star
stem
Stif
stol
stop
stot
stuc

Styx
subi
sucé
Sucy
suée
suer
suet
Suez
sufi
suie
suif
Sulu
sumo
Sund
sure
Sûre
sûre
surf
suri
Suse
Suva
Sven
Swan
swap
Sylt
Syra
tact
tael
Taft
Tage
taie
Ṭā'if
Tain
tain
tala
talc
talé
Tana
T'ang
Tang
tank
tant
taon
tape
tapé
tapi
tara
tard
tare
taré
tari
Tarn

taro
Tass
Tata
tata
tâté
Tati
taud
taux
taxa
taxe
taxé
taxi
Taza
team
Tech
teck
Téké
télé
Tell
tell
Tema
Teno
tenu
ténu
téra-
test
tété
tête
têtu
thaï
Thar
Thau
Thio
Thom
thon
Thor
Thot
Thou
thug
Thun
thym
Tiam
tian
tien
tige
Till
tilt
tipé
tipi
tire
tiré
Tite

titi
Tito
Toba
Tödi
Todt
toge
Tōgō
Togo
toit
Tōjō
tôle
tolu
tome
tomé
Tomi
tong
topé
topo
Tora
tore
torr
tors
tort
Tory
tory
Tosa
Toto
toto
toué
Toul
tour
tous
tout
toux
trac
tram
trax
trek
très
tric
Trie
trié
trin
trio
trip
troc
trop
trot
trou
truc
Trun
tsar

tuba
tube
tubé
Tubi
Tuby
tuée
tuer
Tula
Tumb
tune
Tupi
tupi
Tura
turc
turf
Tutu
tutu
Tver
T.V.H.D.
Tyne
type
typé
typo
tzar
ubac
Ueda
Uélé
ulve
'Umān
'Umar
unau
unes
unie
unir
upas
urdu
urée
Urey
Urfa
Urfé
urgé
urne
U.R.S.S.
urus
usée
user
usus
Utah
uval
Uvéa
uvée
Uzel

Uzès
Vaal
Vadé
vagi
vain
Vair
vair
Vals
vals
valu
vamp
vara
Vars
Vasa
vase
Vaté
Vaud
Vaux
vaux
veau
vécu
Veda
Veii
Veil
Veio
veld
vêlé
vélo
velu
Vent
vent
venu
vers
Vert
vert
veto
vêtu
veuf
vexé
Vian
Viau
vice
vice-
Vico
vide
vidé
Vien
Vigo
Vigy
Vila
vile
Vimy

Viña
vina
viné
vioc
viol
Vire
vire
viré
Viry
visa
Visé
visé
Viso
vite
vive
vlan
voeu
voie
voir
voix
vole
volé
volt
vomi
Voss
vote
voté
voué
vous
vrac
vrai
VTOL
vues
Waal
Waas
Wace
Waes
Wafd
Wake
walé
wali
Wash
Watt
watt
Webb
Weil
Wels
West
whig
Wien
Wild
Witt

4 Witz
witz
Wolf
Wols
5 Wood
Wray
Wren
Wuhu
würm
Wuxi
Wyat
Wyss
Xi'an
Xosa
yack
Yafo
Yale
Yalu
yang
yard
yass
yawl
Yazd
Yedo
Yeso
yeti
yeux
yé-yé
Yezd
Yili
Ymer
Ymir
yoga
yogi
yole
York
youp
Yo-Yo
Yser
Yuan
yuan
Yutz
Yves
zain
Zama
zani
zébu
Zédé
Zele
zèle
zélé
Zell
Zend
zend
zéro
zest
zêta
Zeus
Zibo
zinc
zist
Zita
zizi
Zlín
Zogu
Zola
zona
zone
zoné
zoom
Zorn
Zoug
zozo
Zuñi

5

Aalst
Aalto
Aarau
Aaron
abaca
Abate
abats
'Abbās
Abbon
abcès
'Abduh
Abell
abêti
Abetz
Abgar
abîme
abîmé
Ablon
Abner
abois
aboli
abord
About
about
aboyé
Absil
Abuja
abusé
Abyla
abyme
accès
accon
accot
Accra
accro
accru
acéré
Achab
achat
Achaz
acheb
acide
acier
acini
Açoka
acore
à-côté
à-coup
actée
actif
Acton
Acuto
Açvin
acyle
adage
Adams
Adana
addax
Adèle
Adena
adent
ad hoc
adieu
Adige
adiré
Adler
admis
adnée
adobe
adoré
Adoua
Adour
Adrar
adret
Adula
adulé
AEIOU
aérée
aérer
afats
affin
Affre
affût
AFNOR
agace
agacé
agame
agami
agape
agate
agave
agavé
agent
Aggée
agile
agité
Agnan
agnat
Agnès
Agnon
à gogo
agoni
agora
Agout
Agram
agréé
agrès
ahané
Ahlin
Aḥmad
Ahmed
Ahmès
ahuri
Ahvāz
'Ā'icha
aiche
aiché
aider
aïeul
aïeux
Aigle
aigle
Aigre
aigre
aigri
aiguë
ailée
Ailey
aillé
Ailly
aimer
aînée
aïnou
ainsi
aïoli
airer
aisée
aises
Aisne
Ajjer
Ajmer
ajonc
ajour
ajout
Akaba
Akbar
akène
Akita
Akkad
Akola
Akron
Akyab
Alain
Alamo
Aland
Álava
Alban
Albee
album
Alcée
Alcoy
Aldan
aldin
aldol
alêne
aleph
alèse
alésé
alézé
Alger
algie
algol
algue
alias
alibi
alios
alise
alité
alize
alizé
Allāh
allée
Allen
aller
alleu
Allia
allié
Allos
almée
aloès
Along
alors
alose
Alost
alpax
Alpes
alpha
alpin
Altaï
altos
aluné
aluni
alvin
alyte
Alzon
Amade
Amado
Amand
amant
Amapá

Amati
amati
Ambès
amble
amblé
ambon
ambre
ambré
amené
amène
amère
amibe
Amici
amict
amide
Amiel
amine
aminé
‘Ammān
Ammon
amome
amont
Amour
amour
amphi
ample
ampli
amuïr
amure
amuré
amusé
amyle
Amyot
anale
A.N.A.S.E.
anaux
anche
Ancre
ancre
ancré
Andes
andin
André
aneth
Aneto
Anges
angle
angon
angor
Angot
Anhui
ânier

animé
anion
anisé
Anizy
Anjou
annal
Annam
année
Annot
anode
anone
ansée
antan
Antar
Antée
anti-g
Antin
antre
Anzin
Anzio
Anzus
aorte
Aoste
Aoudh
aoûté
Aozou
a pari
apéro
aphte
apidé
apiol
apion
aplat
à-plat
apnée
apode
appas
appât
appel
Appia
appui
après
apuré
apyre
‘Aqaba
à quia
Aquin
arabe
arack
Arago
Arany
arasé

Araxe
Arbil
Arbon
arbre
Arbus
arche
Arche
Arcis
arçon
Arden
ardue
Aréna
arène
arête
argas
argon
Argos
argot
argué
argüé
Argus
argus
Arhus
Arica
aride
arien
Ariès
Arīḥā
Arion
arisé
Arius
Arles
Arlit
Arlon
Arman
armée
armer
armes
armet
armon
Armor
Arnay
Arndt
Arnim
arobe
arole
arôme
Arosa
Árpád
arqué
Arras
Arrée

arrêt
arroi
Arrow
arsin
artel
Artin
Artix
Artus
Aruba
Arudy
Arvor
aryen
aryle
Arzew
Arziw
asana
Ascot
asdic
ASEAN
asile
Askia
Aśoka
Aspet
aspic
asple
aspre
asque
Assab
assai
Assam
Assas
Assen
assez
assis
aster
Aston
astre
Aśvin
Asyūṭ
ataca
Atala
atèle
atémi
Atget
athée
Athis
Athos
Atlan
Atlas
atlas
atman
atoca

atoll
atome
atone
atout
Atrée
‘Aṭṭār
Attis
Auber
Aubin
aubin
aucun
Auden
audio
audit
Audun
augée
auget
Aulis
Aulne
aulne
Aunay
aunée
Aunis
Auray
Aurec
Aurès
Auric
Auris
Auron
aussi
autan
autel
autre
Autun
Auzat
Auzon
avalé
avals
avant
avare
Avars
avent
avenu
avéré
avers
Avery
avide
Ávila
avili
aviné
Avion
avion

avisé
aviso
avivé
Avize
avoir
Avord
avoué
avril
AWACS
awalé
axant
axène
axial
axile
axone
Axoum
Aydat
Aymon
Aytré
azéri
azote
azoté
azuré
azyme
Baade
Baath
Babel
Bāber
babil
Bābur
Bacău
bâche
bâché
bâcle
bâclé
Bacon
bacon
bacul
Baden
badge
badin
baffe
bâfré
bagad
bagne
Bagot
bagou
bague
bagué
bahaï
Bahia
bahut

5

Baiae
Baïes
baile
Baird
Baire
Baïse
baise
baisé
Ba Jin
Baker
Bakin
Bakou
balai
Balan
balan
Balbo
Balen
balès
Balla
balle
ballé
Bally
Balma
Balme
balsa
balte
Balue
banal
Banat
banat
banco
bande
bandé
Banér
Banff
Bange
banjo
Banks
banne
banni
Barat
Barbe
barbe
barbé
barbu
barda
barde
bardé
Bardi
barge
baril
barjo
Baron
baron
Barre
barre
barré
barri
Barry
Barth
Barye
barye
basal
Basel
baser
Bashō
basic
Basie
Basin
basin
Başra
basse
basta
baste
Batak
batée
bâtée
bâter
bâtie
batik
bâtir
Batna
bâton
batte
battu
Bauer
bauge
Baugé
Baugy
baume
Baumé
baumé
Bavay
baver
Bavon
Bayer
bayer
Bayle
Bayon
bayou
bazar
Bazas
Bazin
béant
Béarn
béate
beauf
Bebel
be-bop
bêche
bêché
bécot
becté
bedon
Begin
Bégin
bègue
béguë
bégum
béhaï
Behan
beige
Beira
Bekaa
Belau
Belém
bêler
belge
Belin
belle
Bello
belon
Belon
Bélon
Belyï
Bembo
bémol
Bénat
Benda
bénef
Beneš
benêt
Bénin
bénin
bénir
bénit
benne
Benqi
Benxi
Beppu
Beqaa
berce
bercé
Berck
Bercy
béret
berge
Beria
Berio
berme
Berne
berne
berné
Berni
Berre
Berri
Berry
béryl
Berzé
bésef
Besse
bétel
bêtes
Bethe
béton
Bette
bette
beurk
Beuys
Bevan
Bevin
bévue
Beyle
bézef
Bhājā
biais
biaxe
Biber
Bible
bible
biche
biché
bicot
bidet
bidon
Bidos
biens
bière
biffe
biffé
bigle
biglé
bigot
bigre
bigue
Bihār
Bihar
Bihor
Biisk
bijou
bilan
biler
bilié
bille
billé
biner
Binet
bingo
Binic
binon
Bioco
Bioko
biome
biote
bique
birbe
Biron
biser
biset
bison
bisou
bisse
bissé
bitos
bitte
Bizet
bizet
bizou
bizut
black
Black
blaff
Blain
blair
Blais
Blake
blâme
blâmé
Blanc
blanc
blaps
blase
blasé
Blaye
blaze
blême
blêmi
Bléré
blésé
bleue
bleui
bleus
Blida
Blier
blini
Bloch
block
Blois
blond
bloom
blues
bluet
bluff
Blunt
blush
bluté
Bobet
bobet
bocal
boche
Bodel
Bodin
Boèce
Boëge
Boëly
Boers
boëte
boeuf
bogie
Bogny
Bogor
bogue
Bohai
Böhme
boire
Boise
boisé
boité
boîte
Boito
Bojer
boldo
bolée
bolet
bombe
bombé
bômée
bonde
bondé
bondi
Bondy
Bongo

5

bongo
Bonin
bonis
bonne
bonté
bonus
bonze
Boole
Boone
Booth
boots
Borås
borax
Borda
borde
bordé
Borée
borée
Borel
Borgo
borie
borin
Boris
borne
borné
Bosch
Bosco
bosco
Bosio
Boson
boson
Bosse
bosse
bossé
bossu
Botev
Botha
Bothe
botte
botté
boudé
bouée
bouge
bougé
bouif
Bouin
Boule
boule
boulé
boulê
boumé
Bourg

bourg
bouse
bouté
Bouts
Boves
Bovet
bovin
boxer
boyau
Boyer
Boyle
Boyne
Bozel
Bozen
bradé
Braga
Bragg
Brahe
brame
bramé
Brand
Brant
brasé
Braun
brave
bravé
bravi
bravo
break
Bréal
Breda
Breil
brêlé
Brême
brème
Brenn
Brera
Brest
brève
Brézé
bribe
brick
bride
bridé
Briec
Briey
brimé
Brink
Brion
brion
brise
brisé

Brive
brize
Broca
Broch
brodé
broie
brome
bromé
Bronx
Brook
brook
broum
brout
Brown
broyé
Bruat
Bruay
Bruce
bruir
bruit
Bruix
Brûlé
brûlé
brume
brumé
Brune
brune
bruni
Brünn
Bruno
brute
Bryan
Buber
Bubka
bubon
Bucer
bûche
bûché
Buchy
Buëch
Bueil
Bugey
buggy
bugle
bugne
buire
bulbe
bulge
bulle
bullé
Bully
bulot

Bülow
Buren
Bures
Burie
burin
Burke
Burns
buron
Bursa
Buser
buser
Bussy
buste
butée
buter
butin
Butor
butor
butte
butté
buvée
Buzău
Buzot
Byron
Byrsa
Bytom
caban
cabas
Cabet
câble
câblé
Cabot
cabot
cabré
cabri
cabus
cacao
cache
caché
Cacus
caddy
cadet
Cadix
Cádiz
Cadou
cadre
cadré
caduc
Caere
cafre
cafté
caget

cagna
cagne
cagot
cagou
cahot
caïeu
cairn
Cajal
cajou
cajun
calao
Calas
calée
caler
câlin
calla
calme
calmé
calmi
calot
Calpé
calté
calva
Calvi
Ca Mau
Cambo
camée
camer
campé
campo
Camus
camus
canal
canar
Candé
candi
caner
Canet
Cange
cange
canif
canin
canna
canne
canné
canoë
canon
cañon
canot
canut
caoua
capéé

Čapek
caper
C.A.P.E.S.
Capet
C.A.P.E.T.
capon
capot
cappa
Capra
câpre
Capri
capté
Capua
caque
caqué
carat
Carco
carde
cardé
caret
carex
Carey
cargo
Carie
carie
carié
Carin
Carle
Carlu
carme
carne
Carné
carné
Carol
Caron
carpe
carpé
Carrà
carre
carré
Carry
carry
Carso
carte
carté
carva
carvi
caser
Casse
casse
cassé
caste

5

catch
catin
catir
Caton
Cauca
caudé
cauri
cause
causé
cavée
caver
cavet
cayeu
CD-ROM
céans
Ceará
Cecil
céder
cedex
cèdre
cégep
ceint
Celan
celer
cella
Celle
celle
Celse
celte
celui
Cenci
Cenis
Cenon
censé
centi-
Cento
cépée
Céram
cérat
cerce
Cercy
Cérès
Céret
Cergy
Cerha
cerne
cerné
César
césar
cesse
cessé
ceste
cette
Ceuta
C.G.T.-F.O
Chaco
Chain
chair
châle
champ
Chang
chant
chaos
chape
chapé
Chari
Chase
chaud
chaut
Chaux
chaux
Chécy
cheik
Cheju
Che-ki
chêne
Chenu
chenu
chère
chéri
Chiba
chiée
chien
chier
Chigi
Chili
Chimú
Chine
chine
chiné
chiot
chipé
chips
Chloé
choir
choix
choke
chômé
Chooz
chope
chopé
chose
chott
Chouf
choux
choyé
chute
chuté
chyle
chyme
Ciano
cible
ciblé
cidre
ciels
cieux
ci-gît
ciguë
cilié
cillé
Cimon
Ciney
Cinna
Cinto
cippe
cipre
Circé
cirée
cirer
Cirey
ciron
cirre
cirse
Cirta
ciste
citer
civet
civil
clade
claie
claim
Clain
Clair
clair
Claix
clamé
clamp
clapi
Clark
Clary
clash
Claus
clavé
clean
clebs
Cléon
clerc
Cléry
click
clivé
clodo
clone
cloné
clope
clore
close
Cloud
cloué
clown
Cluny
cluse
Clyde
Cnide
coach
coati
cobéa
cobée
cobol
Cobra
cobra
Coche
coche
coché
côché
cocon
Cocos
cocue
codée
coder
codex
codon
Coeur
coeur
cogne
cogné
Cohen
cohue
coing
Coire
coite
coïté
colée
Colet
Colin
colin
colis
colle
collé
Collo
Colón
colon
côlon
Colot
colza
combe
combo
Combs
comma
comme
Comoé
Comte
comte
comté
Conan
conçu
Condé
condé
conga
conge
congé
Congo
conne
connu
Conon
conte
Conté
conté
Conti
Conty
copal
Copán
copie
copié
coppa
Coppi
copra
copte
coque
Coraï
Coran
coran
corde
cordé
Corée
Corey
corme
corne
corné
cornu
coron
Corot
corps
Corse
corse
corsé
corso
Corte
corti
Cosme
Cosne
cosse
Cossé
cossé
cossu
Costa
cosys
cotée
coter
cotir
Coton
coton
cotre
Cotte
cotte
couac
Coucy
coude
coudé
Couhé
couic
coule
coulé
coupe
coupé
Cours
cours
court
couru
cousu
coûté
couvé
couvi
Couza
Cowes
coxal
coyau
Cozes
crabe
crack
crado
craie
Craig

5

cramé
Crane
crâne
crâné
Crans
Craon
crase
crash
crave
crawl
Craxi
Crécy
credo
créer
Creil
crème
crémé
créné
Créon
crêpe
crêpé
crépi
crépu
Crépy
Crest
Crète
crête
crêté
Creus
creux
crevé
crève
Crick
criée
Criel
crier
crime
crise
criss
Croce
croco
croît
Croix
croix
Cross
cross
croup
crown
Cruas
cruel
Crumb
cruor
cuber
cucul
Cuers
cueva
cuire
cuite
cuité
Cujas
Cukor
culée
culer
culex
culot
Culoz
culte
Cumes
cumin
cumul
Cuneo
Cunha
curée
Curel
curer
Curie
curie
curry
cuvée
cuver
Cuzco
cycas
cycle
Cygne
cygne
Cyrus
Dabit
Dacca
Dacie
dague
dahir
daine
daïra
Dakar
dakin
Dalat
dalle
dallé
dalot
Dalou
Damān
daman
Damão
Damas
damas
damer
damné
Danaé
Danby
dandy
Dangé
danse
dansé
Dante
darce
dardé
Darío
darne
darse
dater
datif
datte
daube
daubé
Davao
Davel
David
Davis
Davos
Dawes
Dayak
Dayan
débat
débet
débit
Debré
début
Debye
debye
décan
decca
décès
dèche
déchu
Dechy
décor
décri
décru
déçue
dédié
dédit
défet
défié
De Foe
Defoe
Degas
dégât
dégel
degré
déité
délai
Delay
Delco
Delft
Delhi
délié
délit
Delle
Delon
Délos
délot
Delta
delta
demie
démis
démon
dénié
denim
Denis
Denon
dense
denté
dénué
Denys
Déols
dépit
déplu
dépôt
Derby
derby
derme
derny
désir
dette
Deuil
deuil
Deûle
D.E.U.S.T.
Devès
dévié
devin
devis
Devon
devon
De Vos
Devos
dévot
Dewar
Dewey
Dhaka
Diane
diane
diapo
dicté
Didon
Didot
diène
Dierx
dièse
diésé
Diest
diète
diffa
digit
Digne
digne
digon
digue
Dijon
dilué
Dinan
dinar
dinde
dîner
dingo
Dinka
diode
Diois
Diola
Diori
Diouf
Dirac
disco
divan
Dives
divin
divis
dixie
djaïn
Djāmi
djinn
docte
Dodds
dodue
dogme
Dogon
dogue
doigt
Doire
Doisy
Dolby
dolce
doler
Dolet
dolic
Dolin
Dolto
Domat
Donat
Donau
donax
Donen
Donne
donne
donné
Donon
Donzy
doper
Dorat
dorée
dorer
Doria
Doris
doris
dormi
doser
dosse
dotal
doter
Douai
douar
Doubs
douce
douci
douée
douer
douma
Douro
douro
doute
douté
douve
douze
Downs
doyen
Doyle
drain
Drais
Drake
drame
drapé
Drave

5

drave
dravé
drayé
Drees
drège
Dreux
drève
Drieu
drift
drill
dring
drink
drive
drivé
droit
drôle
Drôme
drome
drone
dropé
Dropt
Droué
drums
Druon
drupe
Druze
druze
duale
duaux
Duban
Du Bos
Dubos
ducal
ducat
Ducey
duché
Ducis
Ducos
dudit
Du Fay
Dufay
Dugas
Dugny
Duhem
duite
Dukas
Dukou
Dulac
dulie
Dumas
duodi
duper
Dupes
Dupin
Dupré
dural
Duran
Durão
Duras
durci
durée
Düren
Dürer
durer
Durit
Duroc
Duruy
Dusík
Dutra
Duval
Duvet
duvet
Dvina
dyade
Dylan
dzêta
Eames
Eanes
Éaque
Eauze
ébahi
ébats
Ebbon
ébène
Ebert
Éboué
écale
écalé
écang
écart
échec
écher
échos
Écija
écimé
éclat
éclos
école
écolo
écope
écopé
écoté
écran
écrié
écrin
écrit
écrou
écrue
éculé
écume
écumé
écuré
Edfou
Edgar
édile
édité
Édith
édito
Eeklo
Eesti
Effel
effet
éfrit
égale
égalé
égard
égaré
égaux
égayé
Egede
égéen
égide
Égine
égout
eider
Eifel
Eiger
Eilat
éland
Elath
élavé
Elbée
elbot
Elche
élégi
éléis
élevé
élève
Elgar
Elgin
Élide
élidé
élimé
Elion
Eliot
élire
élite
Ellás
elles
Ellul
éloge
éludé
Eluru
Elven
El-Wad
émail
émané
émaux
embue
embué
Emden
émeri
Emery
Émery
Émèse
émeus
Émile
Emmen
émous
empan
empli
émule
émulé
en-but
encan
en-cas
encre
encré
endos
énéma
enfer
enfeu
enfin
enflé
enfui
engin
enjeu
enlié
ennui
Énoch
énoué
E.N.S.A.D.
E.N.S.A.M.
E.N.S.B.A.
en-soi
Ensor
entée
enter
entre
entré
Enugu
envie
envié
envoi
envol
Enzio
Éolie
épair
épais
épars
épart
épate
épaté
épave
épelé
éphod
épice
épicé
épier
épieu
épigé
épilé
épine
épiné
Épire
épite
épode
Épône
époux
époxy
épris
Epsom
épucé
épure
épuré
équin
Érard
Érato
Erbil
erbue
Erdre
ergol
ergot
Ergué
Erice
érigé
érine
Ernée
Ernst
Erode
érodé
Erquy
errer
Erwin
esche
esché
escot
Esnèh
Ésope
espar
Espoo
essai
Essen
Essex
Essey
essor
ester
estoc
étage
étagé
Étain
étain
Étaix
étale
étalé
étals
étamé
étang
étant
étape
états
étaux
étayé
étêté
éteuf
éther
ethos
étier
étiré
étole
êtres
étron
étude
étuve
étuvé
Eubée
Eudes
Euler
Eupen
évadé
Evans
évasé

5

Évaux
éveil
évent
Evere
Evert
Évian
évidé
évier
évité
évohé
Évora
Évran
Évron
Evros
Ewing
exact
excès
exclu
exeat
exigé
exigu
exilé
exode
expié
extra
Exxon
Eylau
Eymet
fable
Fabre
Fabry
fâché
facho
façon
fadée
Fades
faena
fagne
fagot
faine
faire
faite
faîte
fakir
Falla
fallu
falot
falun
famas
famée
fanal
faner
fange
Fanon
fanon
Fanti
fanum
farad
farce
farci
farde
fardé
Farel
Faret
Faron
farsi
farté
Fārūq
fasce
fascé
faste
fatal
fatma
fatum
Faune
faune
Faure
Fauré
Faust
faute
fauté
fauve
Favre
favus
faxer
Fayol
fayot
féale
féaux
fécal
fèces
fedaï
Fédor
feint
Feira
Fejos
fêlée
fêler
félin
félon
femme
femto-
fémur
fendu
fenil
fente
feria
férie
férié
férir
ferlé
ferme
fermé
Fermi
fermi
Féroé
Ferré
ferré
Ferri
Ferry
ferry
ferté
Fertö
férue
Fesch
fesse
fessé
fessu
fêter
Fétis
feues
feuil
feulé
Feurs
Féval
fiant
fibre
fiche
fiché
fichu
Ficin
ficus
Fidji
Field
fière
fieux
fifre
figée
figer
figue
filao
filer
filet
filin
fille
filmé
filon
filou
final
fines
finie
finir
F.I.N.U.L.
fiole
fioul
firme
Firth
Fiume
fixer
fjeld
fjord
flair
flanc
flâne
flâné
flapi
flash
fléau
flein
Flers
fleur
Flims
Flins
Flint
flint
flirt
Flize
flood
Flore
flore
Flote
flots
floue
floué
fluer
fluet
fluor
flush
flûte
flûté
Flynn
focal
foehn
foène
foëne
foire
foiré
folie
folié
folio
folle
Folon
foncé
Fonck
Fonda
fondé
fonds
fondu
fonio
fonte
fonts
Foppa
Force
force
forcé
forci
Forel
forer
foret
forêt
Forey
Forez
forge
forgé
Forli
forme
formé
forte
Forth
forum
fosse
fossé
Fouad
fouée
fouet
fougé
fouir
Fould
foule
foulé
foutu
fovéa
foxée
foyer
frais
franc
Frank
frasé
frayé
freak
Frege
frein
frêle
frémi
frêne
Fréon
Frère
frère
frété
Freud
freux
frigo
frime
frimé
fripe
fripé
frire
Frise
frise
frisé
frite
fritz
froid
frôlé
Fromm
front
Frost
froué
fruit
Fuchs
fucus
fuero
fugue
fugué
fuite
Fukui
Fulda
Fumay
fumée
Fumel
fumer
fumet
Fundy
Funès
funin
funky
furax
Furet
furet
furia
furie
Furka

5

Fürst
Fürth
Fusan
fusée
fusel
fuser
fusil
futée
futon
futur
Fuxin
Gabès
gabie
Gabin
Gable
gable
gâble
Gabon
Gabor
gâche
gâché
Gadda
Gaddi
Gades
Gadès
gadin
gadjé
gadjo
Gaëls
Gaeta
Gaète
gaffe
gaffé
Gafsa
gagée
gager
gages
gagné
Gagny
gaïac
gaine
gainé
gaîté
Gaius
gaize
Galba
galbe
galbé
galet
Galla
Galle
galle
Gallé
gallo
galon
galop
gamay
gamba
gambe
gamin
gamma
gamme
Gamow
Gance
Ganda
ganga
Gange
ganse
gansé
Gansu
ganté
Gantt
Garbo
garce
Garde
garde
gardé
garer
garni
garou
Gaspé
gâter
gatte
gatté
gaude
Gaudí
Gaule
gaule
gaulé
Gaume
gaupe
Gauss
gauss
gaver
Gävle
gayal
gazée
gazer
Gazli
gazon
géant
Geber
gecko
geint
gelée
geler
gélif
Gélon
gémir
gemme
gemmé
gênée
gêner
Genès
Gênes
Genet
genet
genêt
génie
Genil
genou
genre
géode
geôle
gerbe
gerbé
gerce
gercé
Gerdt
gérer
germe
germé
gésir
gesse
geste
Getty
Ghāna
Ghana
Gharb
Ghāts
Gibbs
gibet
gibus
giclé
Giens
Giers
gifle
giflé
gigot
gigue
Gijón
gilde
gilet
gille
Giono
girie
Girod
giron
gitan
gîter
giton
Givet
givre
givré
Givry
Gizeh
Glace
glace
glacé
Glåma
gland
glane
glané
glapi
glass
glati
glèbe
glène
gléné
glial
globe
glome
glose
glosé
gluau
Glubb
Gluck
glume
gluon
gnète
gnole
gnome
gnose
gober
gobie
Gödel
goder
godet
Godoy
goglu
Gogol
Goiás
Golan
golfe
Golfe
Golgi
Golgi
Gomar
gombo
Gomel
gomme
gommé
Gondi
gonze
gopak
Gorée
goret
gorge
gorgé
Gorki
Gorky
gosse
gotha
Gotha
Goths
goton
Gouda
gouda
gouet
gouge
goule
goulu
goura
gourd
gouré
Gouro
goûté
goyim
Gozzi
Graaf
Graal
grâce
Gracq
grade
gradé
grain
grana
grand
Grant
Grass
Grave
grave
gravé
gravi
grèbe
Grèce
Greco
Green
green
gréer
Grées
grège
grêle
grêlé
grené
grenu
grésé
Grésy
Gretz
Grève
grève
grevé
Grévy
grief
Grieg
Grien
grill
grime
grimé
Grimm
griot
grise
grisé
Grisi
grive
Grock
groie
groin
Groix
grole
groom
Gross
Grosz
group
gruau
grugé
grume
gruon
gruté
Gsell
guais
guano
guède
guéer
guêpe
guère
guéri
guète
gueux
guèze
Guide
guide

5

guidé
Guido
guipé
Guiry
Guise
guise
Güney
Guo Xi
guppy
Gupta
gusse
Guyon
guyot
guzla
Gwelo
Gweru
Gygès
gypse
gyrin
Haber
habit
Habré
hache
haché
hadal
Hadès
hadji
Ḥāfeẓ
Ḥāfiẓ
Ḥafīẓ
Hagen
Haïfa
Hai He
Hai-ho
haïku
haine
haire
Haïti
hakka
halal
halbi
hâlée
haler
hâler
Hales
Haley
Halle
halle
halte
halva
hamac
Hamme

hampe
Hampi
hanap
Hanau
Hanoi
Hanse
hanse
Hansi
hanté
Han Yu
Haouz
hapax
happe
happé
Harar
haras
Harāt
harde
hardé
hardi
Hardt
Hardy
harem
haret
harki
harle
Harly
harpe
Harṣa
Harth
Ḥasan
hasch
Hašek
Hasse
hasté
hâter
hâtif
Hatti
haute
Havas
Havel
haver
havir
havre
Hawke
Hawks
Haydn
Hayek
Hayes
hayon
Heath
hebdo

Hebei
hecto
hecto-
Hefei
Hegel
Heine
Heinz
Hekla
hélas
héler
hélio
hélix
hello
Hémon
Henan
Hench
Henie
henné
henni
Henri
Henry
henry
Henze
Herāt
herbe
herbé
herbu
Hergé
Herne
Héron
héron
héros
herpe
herse
hersé
Hertz
hertz
Herve
Hervé
Herzl
Hesse
hêtre
heure
heurt
Heuss
hévéa
hibou
Hicks
hi-han
Hilāl
Ḥilla
Hilsz

Himes
hindi
hippy
Hiram
hisse
hissé
hiver
hobby
hocco
Hoche
hoché
Hodja
Hodna
Ho-fei
Holan
Holon
homme
Ho-nan
Hondō
honni
honte
Hooch
Hooft
Hoogh
Hooke
hopak
Ho-pei
horde
Horeb
Horst
horst
Horta
Horus
hosto
Hotan
hôtel
hotte
hotté
Houai
Houat
houer
houka
houle
hourd
houri
Houve
Hoxha
hoyau
Hoyle
huant
huard
huart

Hubei
Huber
Hublī
huche
huché
huées
Hufūf
Hūglī
huile
huilé
humer
humus
Hunan
Hunza
huppe
huppé
hurlé
Huron
huron
Husák
Hu Shi
husky
hutte
hydne
Hydra
hydre
hyène
hymen
hymne
hyphe
hypne
Ialta
iambe
ïambe
ibère
Ibert
Ibiza
Ibsen
Icare
Icaza
iceux
Ichim
ichor
icône
ictus
Idaho
idéal
idéel
idées
id est
idiot
Idjil

idole
Idrīs
Ieper
igloo
iglou
ignée
iléal
iléon
iléus
îlien
Ilion
ilion
Ilmen
ilote
image
imagé
imago
imbue
imide
imine
imité
immun
Imola
imper
Imphy
impie
impôt
impur
Imroz
Inari
incus
Index
index
indic
Indra
Indre
indri
indue
Indus
infra
Ingré
Inini
inlay
innée
Inönü
inouï
input
I.N.S.E.E.
insti
inter
intox
Inuit

5

inuit
inule
Invar
iodée
ioder
iodlé
Ionie
Iorga
ioulé
ipéca
ippon
Ipsos
Iqbal
Irbid
I.R.C.A.M.
Irène
Irian
irisé
irone
Isaac
Isaak
Isaïe
isard
Isère
Iseut
Iskăr
islam
Isola
isolé
Issos
issue
Issus
Itami
Itard
Iulia
Ivens
Ivrea
Ivrée
Iwaki
Ixion
ixode
Izmir
Izmit
Iznik
Izumo
jable
jablé
jabot
jacée
Jacob
jacot
jacté
jadis
Jaffa
Jahvé
jaïna
jaïne
jalap
jalon
jambe
James
Jammu
Jamnā
Jamot
Janet
Janin
jante
Janus
Janzé
Japon
japon
jappé
jaque
jarde
Jarny
Jarre
jarre
Jarry
jaser
Jason
jaspe
jaspé
jatte
jauge
jaugé
Jaune
jaune
jauni
Javel
jayet
Jeans
jeans
Jegun
Jehol
jenny
Jerez
jerez
jerké
Jésus
jésus
jetée
jeter
jeton
Jette
jeudi
jeune
jeûne
jeûné
Jiayi
Jijel
Jilin
Jinan
Jinja
Jōchō
jodlé
Joeuf
joggé
Johns
joice
joint
Jókai
joker
jolie
jomon
Jonas
joncé
Jones
Jonte
joran
Jorat
Josué
joual
jouée
jouer
jouet
jouir
Joule
joule
jours
joute
jouté
Jouve
joyau
Joyce
Júcar
juché
Judas
judas
Judée
jugal
juger
Jugon
juive
julep
Jules
jules
Julia
Julie
jumbo
jumel
Jumna
junky
Junon
Junot
junte
jupon
jurat
jurée
jurer
Jurin
juron
Juruá
jusée
Juste
juste
juter
Jutes
Kaaba
kabic
kabig
Kabīr
Kābul
Kabwe
kacha
kache
Kádár
Kafka
Kagel
Kamba
Kanak
kanak
Kandy
Kanem
kanji
Kantō
kapok
kappa
Karen
karma
Karoo
Karst
karst
Kasaï
Kashi
Katar
Kateb
Katyn
kayak
Kayes
Kazan
Keats
Keban
Kedah
kéfir
Keita
Kelly
Kemal
Kembs
kendo
Kenkō
Kenya
ketch
Kharg
khmer
khoin
Kia-yi
kilim
Ki-lin
Killy
kilos
Kinki
kippa
Ki-rin
Kirov
Kiryū
kitch
Klein
Kleve
Klimt
Kline
Kluck
Kluge
Knock
knout
koala
Kōchi
Kodak
kohol
koinè
Kolār
Kölen
Komis
kondo
Konev
Kongo
Köniz
Konya
korai
Korçë
Korda
Kōrin
Körös
Kotka
Kotor
Koura
Kovno
Koyré
kraal
krach
kraft
Kraus
Krebs
kreml
krill
kriss
Krìti
Krogh
Krupp
Ksour
ksour
Kundt
Kupka
kurde
Kyōto
kyrie
kyste
kyudo
Laban
là-bas
Labat
label
labié
Labre
labre
labri
Lacan
lacer
lacet
lâche
lâché
lacis
lacté
ladin
ladre
ladys
Lagny
lagon
Lagor
Lagos
Lahti
laide
laine

5

lainé
Laing
laird
laite
laité
laïus
laize
Lally
lambi
lamée
lamer
Lamía
lamie
lampe
lampé
lance
lancé
Lancy
lande
lange
langé
Lanta
Lanús
Laozi
La Paz
laper
lapié
lapin
lapis
lapon
lapse
lapsi
laque
laqué
lardé
large
largo
larme
Larra
larve
larvé
laser
lasse
lassé
lasso
latex
latin
latte
latté
Laube
laure
lauré

lause
lauze
Laval
Lavan
lavée
Laver
laver
lavis
Lavit
lavra
Laxou
layer
Layon
layon
lazzi
L-dopa
Leach
Leahy
Le Bas
Le Bel
lebel
Le Bon
Lebon
Le Cap
Lecce
Lecco
lèche
léché
leçon
ledit
Leduc
Leeds
Leers
Le Gac
légal
légat
Léger
léger
légué
Lehár
Leibl
Leine
Le Kef
Lekeu
Le Luc
Leman
Léman
Le May
Le Mée
lemme
Le Muy
Lenau

Lendl
lente
lento
Leone
Leoni
lèpre
lepte
Le Puy
Lerma
Lerne
lérot
Le Roy
Leroy
léser
leste
lesté
létal
Léthé
lette
leude
leurs
Le Vau
levée
lever
Levet
Lévis
lèvre
Lewin
Lewis
lexie
lexis
Leyde
Leyre
Leyte
Lezay
Lhote
liage
liais
liane
liant
liard
Liban
Libau
Libby
liber
libre
Libye
liché
licol
licou
L.I.C.R.A.
lieds

Liège
liège
liégé
lieue
lieur
lieus
lieux
Lifar
lifté
ligie
Ligne
ligne
Ligné
ligné
Ligny
ligot
Ligue
ligue
ligué
lilas
Lille
Lillo
liman
Limay
limbe
limer
limes
Limón
limon
Linas
Linde
liner
linga
linge
links
Linné
linon
Linth
Lippe
lippe
Lippi
lippu
Lipse
Lisle
Lissa
lisse
lissé
liste
listé
Liszt
litée
liter

litho
litre
Litva
liure
Liu-ta
livet
Livie
livre
livré
Lloyd
Lobau
lobby
lobée
lober
local
loche
loché
Locke
locus
loden
loess
Loewi
Loewy
lofer
Logan
loger
logis
logos
Loing
Loire
Loisy
Lomme
longe
longé
Longo
looch
loofa
López
lopin
loque
loran
Lorca
Loren
loris
Lorme
lorry
loser
Losey
lotie
lotir
lotte
Lotto

lotus
louer
Louis
louis
loupe
loupé
lourd
loure
louré
louve
louvé
Louÿs
lover
Lowie
Lowry
loyal
loyer
Lubac
lubie
Lubin
Lübke
Lucas
Lucie
Luçon
lucre
lueur
luffa
luger
Luini
luire
Luleå
Lulle
Lulli
Lully
lumen
lunch
lundi
lunée
Lunel
Lünen
Lupin
lupin
lupus
Lurex
luron
lusin
luter
lutin
Luton
lutte
lutté
luxer

5

Lu Xun
luzin
Luzon
Lwoff
lycée
Lycie
Lycra
Lydda
Lydie
Lyell
Lynch
Lynch
Lyons
lyric
lysat
lyser
Mably
Macao
Mácha
mâche
mâché
macho
macis
macle
maclé
Macon
Mâcon
mâcon
maçon
macre
macro
Macta
Madre
madré
maërl
mafia
magie
magma
Magne
magné
Magny
Magog
Magon
magot
Mahdī
mahdi
Mahón
Maïna
Maine
maint
Mainz
Maire
maire
major
Major
Makal
Malec
Malet
Malia
malin
Malle
malle
Malmö
Malot
Malte
Malte
malté
Malus
malus
maman
mamba
mambo
Mamer
mamie
mammy
Mandé
mandé
Manès
mânes
Manet
mangé
manie
manié
manif
Manin
manip
manne
Manon
manse
mante
maori
maous
maque
maqué
Maraş
Marat
Marck
Marcq
mardi
marée
Maret
Marey
marge
margé
Marie
marié
Marin
marin
Maris
Marle
marli
Marly
Marne
marne
marné
Maroc
Maros
Marot
marre
marré
marri
Marsa
marte
Martí
Marty
Masai
Masan
maser
Massa
masse
Massé
massé
Massy
mataf
match
mater
mâter
Matha
Mathé
maths
M.A.T.I.F.
matin
mâtin
matir
maton
matos
matou
Mátra
Matta
matte
Mauer
Maule
Maure
maure
Maurs
Mauss
mauve
Mauzé
Maxim
Mayas
mayen
Mayer
Mayet
Mayol
mazer
mazot
Mbini
Mbuti
Meade
Meany
Meaux
mèche
méché
Medan
Médan
Médéa
Médée
Mèdes
média
Médie
médit
Médoc
médoc
méfié
mégir
mégis
mégot
Méhul
Mehun
Meije
Meiji
meiji
Meise
Melba
mêlée
mêler
melia
Melle
méloé
melon
Melun
Memel
Ménam
Mende
Mendé
menée
Menem
Menen
mener
Ménès
Mengs
Menin
menin
mense
menti
menue
Méran
merci
merde
merdé
merle
merlu
Méroé
mérou
Mésie
méson
messe
métal
météo
métis
mètre
métré
métro
Metsu
meule
meulé
Meung
Meuse
meute
Meyer
mézig
Mézin
Miaja
Miami
miaou
Miass
mi-bas
miche
micro
micro-
Midas
Midou
miens
mieux
mi-fer
Mi Fou
Migne
migré
Milan
milan
miler
Milet
Mille
mille
milli-
Milly
Milon
Mílos
Miloš
mimer
mince
minci
miner
mines
minet
Minho
Minne
Minos
minot
minou
Minsk
minus
Mions
Mique
mirer
Miron
miser
Mi Son
Misti
mitan
Mitau
mitée
miter
Mitla
miton
Mitre
mitre
mitré
Mitry
mixer
mixte
Mjøsa
Moche
moche
Moché
Mocky
modal
Model
modem
moere
moëre
Moero

5

Moili
moine
moins
Moira
Moire
moire
moiré
moise
moisé
Moïse
moïse
moisi
moite
moiti
Mokpo
Molay
molle
mollé
molli
mollo
molto
momie
monde
mondé
Monel
Monet
Monge
Moniz
Monod
monoï
Monte
monte
monté
Monti
Monts
Montt
Monza
Moore
Mopti
moque
moqué
moral
Morat
Morax
Moray
mordu
Morée
Morel
Moret
Morez
Morge
Morin
morio
morne
morné
Morny
Morón
Morse
morse
Morte
morte
morue
Morus
morve
mosan
Mossi
Mosul
motel
motet
motif
Motta
motte
motté
motus
moule
moulé
moult
moulu
mound
moyée
moyen
moyeu
M'sila
muant
Mucha
mucor
mucus
mudra
mufle
mufti
mugir
Mūlāy
mulet
mulla
mulon
mulot
Mulud
Munch
Mundā
Munda
munda
mungo
Munia
munir
Murad
mural
Murat
murer
Mureş
Muret
muret
murex
mûrir
mûron
musée
muser
Musil
mussé
Mussy
muter
mutin
Mweru
myome
myope
Myron
myrte
Mysie
mythe
My Tho
nabab
Nabis
nable
nabot
nacre
nacré
Nadar
Nader
nadir
Nadja
Nadjd
Nador
naevi
nager
Nahua
nahua
Nahum
naine
naira
naïve
Najac
Namib
Nampo
Namur
Nānak
nanan
nanar
Nancy
nanti
napée
napel
nappe
nappé
Narev
Narew
narré
Narva
nasal
Nashe
Nāsik
nasse
Natal
natal
natif
natte
natté
Nauru
naval
navel
Naves
navet
Navez
navré
Naxos
Náxos
Nazca
nazca
nazie
Nazor
Ndola
Neagh
néant
nebka
Nedjd
nèfle
nègre
Negri
Negro
négus
Nehru
neige
neigé
Neill
Neiva
Nékao
Némée
Nenni
nenni
Népal
Neper
Nepos
Nérac
Nérée
Néris
Néron
Nerva
Nervi
nervi
Nesle
nette
neume
Neung
Neuss
neuve
Neuvy
neveu
Nevis
Ne Win
Nexon
Ngoni
niais
niant
Niaux
Nicée
niche
niché
Nicol
nicol
Nicot
niébé
nièce
Nieul
Niger
Nikkō
Nikon
nille
Nimba
nimbe
nimbé
Nîmes
ninas
Niobé
niolo
Niort
nippe
nippé
nique
Nissa
Nitra
nitre
nitré
nival
Nixon
Ni Zan
Nizan
Nkolé
Nobel
noble
nocif
nodal
noème
noèse
noeud
Noire
noire
noise
Noisy
Nolay
Nolde
nolis
nommé
nonce
nones
nonne
nopal
nordé
nordi
Norge
noria
Norma
norme
normé
noter
notre
nôtre
nouba
Nouer
nouer
nouet
novae
nover
Noves
noyau
noyée
noyer
Noyon
Nozay
nuage
nuant
Nubie
nucal
Nufūd
nuire

5

Nuits
nulle
Núñez
nuque
Nurmi
nurse
Nylon
Nyons
oasis
Oates
obéir
obèle
obéré
obèse
obier
Objat
objet
oblat
obole
obtus
obvie
obvié
Occam
occis
océan
ocrer
octal
octet
oculi
Odéon
odéon
odeur
Odile
Oeben
oeils
oeuvé
offre
oflag
Ōgaki
ogham
Ogino
ogive
Oglio
Ognon
Ohana
O'Hare
Ohrid
oïdie
oille
ointe
Oiron
oisif
oison
okapi
Öland
oléum
Olier
Oliva
olive
Olten
Omaha
omble
ombre
ombré
oméga
Ōmiya
Ōmuta
oncle
ondée
ondes
ondin
on-dit
Onega
ongle
onglé
opale
op art
Opava
opéra
opéré
opiat
opiné
Opitz
opium
Opole
opter
orage
orale
orant
oraux
Orbay
Orbec
Ordos
ordre
ordré
Orfeo
orgie
Orgon
orgue
Orhan
oriel
Orion
oriya
Orlon
Orlov
ormet
Ormuz
orner
orobe
Orose
orpin
orque
Orsay
ORSEC
ortie
Oruro
Orval
orvet
Ōsaka
osant
Oscar
oscar
oside
osier
Osman
osque
Ossau
ossue
Ossun
Ostie
otage
ôtant
Otaru
O.T.A.S.E.
Othon
otite
otomi
Otton
Otway
ouais
ouate
ouaté
oubli
Ouche
ouche
Oudry
ouest
Oujda
Oural
Ourcq
ourdi
Ourga
ourlé
Ourse
ourse
ouste
outil
outre
outré
Ouvéa
ouvré
ovale
ovate
Ovide
ovidé
ovine
oviné
ovule
ovulé
Owens
oxime
oxyde
oxydé
oyant
Ozark
ozène
Ozoir
ozone
ozoné
Pablo
Pabst
pacha
Pache
pacte
padan
paddy
Padma
padou
paean
Pagan
pagel
Paget
pagne
Pagny
pagre
pagus
païen
Paine
paire
pajot
Pajou
Pa Kin
palan
Palau
palée
palet
palie
pâlir
palis
palle
Palma
Palme
palme
palmé
Palos
palot
pâlot
palpe
palpé
palud
palus
pâmer
Pamir
Pampa
pampa
panax
Panay
panca
panda
panée
panel
paner
panic
panka
panne
panné
panse
pansé
pansu
pante
Paoli
papal
papas
Papen
papet
Papin
papou
pâque
Parat
Paray
pardi
paréo
parer
paria
parié
Paris
Pâris
parka
parlé
Parme
parme
parmi
Parny
paroi
Páros
paros
Parry
parsi
parti
Pasay
Pasch
passe
passé
Passy
Pasto
Pātan
patas
Patay
Patch
patch
pâtée
Pater
Pater
pâtes
Pathé
Patin
patin
patio
pâtir
pâtis
Paṭnā
pâton
Patou
pâtre
Patru
patte
patté
Patti
pattu
Pauli
paume
paumé
pause
pausé
paver
Pavie
pavie
Pavin
pavot
paxon
Payen
payer

5

Payne
payse
Pazzi
péage
Peano
Peary
péché
pêche
pêché
pedum
pègre
Péguy
peine
peiné
peint
pékan
Pékin
pékin
Pelée
pelée
peler
Pella
pelle
pellé
pelta
pelte
pelté
Pemba
pénal
pence
Penck
pendu
Pen-hi
pénil
pénis
Pen-k'i
Penly
Penne
penne
penné
penny
penon
pensé
pente
pentu
penty
Penza
pépée
pépie
pépié
Pépin
pépin
pépon
Pepys
Perak
perce
Percé
percé
perçu
Percy
Perdu
perdu
Perec
Pérée
Peres
pères
Péret
Pérez
périe
périf
péril
Perim
périr
perle
perlé
Perón
per os
pérot
Pérou
perré
Perse
perse
perte
Perth
pesée
peser
peson
pesse
peste
pesté
péter
Petit
petit
peton
Pétra
pétré
pétri
pétun
peuhl
peule
Peuls
Peyer
Pfalz
phage
phare
phase
philo
phlox
phone
phono
photo
Phtah
physe
Piana
Piano
piano
Piast
Piauí
Piave
pible
picot
pièce
Pieck
piège
piégé
pietà
piété
pieux
pièze
pifer
piffé
piger
pigne
Pigou
pilaf
Pilat
piler
pilet
pillé
Pilon
pilon
pilot
pilou
pilum
Pinay
pince
pincé
Pinde
Pinel
Piney
pinne
pinot
pinte
pinté
Pinto
pin-up
pipée
piper
pipit
pique
piqué
Pirae
Piron
Pisan
pisan
Pison
pisse
pissé
piste
pisté
pitch
pitié
piton
Pitot
pitre
Pitti
Piura
pivot
pixel
pizza
place
placé
plage
plaid
plaie
plain
plane
plané
plant
Plata
plate
plèbe
plein
pleur
plier
Pline
plion
Pløck
plomb
plouc
plouf
plouk
ployé
pluie
plume
plumé
Plzeň
pneus
poche
poché
podia
poêle
poêlé
poème
poète
Pogge
pogne
Po-hai
Poher
poids
poilé
poilu
poing
Point
point
poire
poiré
poise
poker
polar
polie
polio
polir
poljé
polka
polys
pomme
pommé
pompe
pompé
Ponce
ponce
poncé
pondu
poney
Ponge
pongé
ponte
ponté
Ponti
Poole
Poona
Poopó
Popov
poqué
Porgy
porno
Pôros
Porte
porte
porté
Porto
porto
P.O.S.D.R.
posée
poser
poste
posté
potée
Potez
potin
potto
pouah
pouce
poule
pouls
Pound
Pount
poupe
P'ou-yi
Powys
Poyet
Prado
Praha
Praia
prame
Prato
préau
prèle
prêle
prépa
prête
prêté
Preti
preux
prévu
Priam
prier
prime
primé
primo
prise
prisé
privé
probe
proie
prolo
Prome
promo
promu
prône
prôné

5

Prony
prose
Prost
prote
proue
Prout
provo
prude
prune
psitt
Pskov
psoas
ptôse
puant
Puaux
pubis
puche
Puget
puîné
puisé
puits
Pulci
pulls
Pully
pulpe
pulsé
punch
punie
punir
Pupin
purée
purge
purgé
purin
purot
Purus
Pusan
Pusey
putté
putti
putto
Puurs
Pydna
Pylos
Pyrex
Qaṭar
qibla
quand
quant
quark
quart
quasi
quête
quêté
queue
queux
quick
quiet
Quine
quine
quiné
quipo
quipu
Quito
quota
Raabe
rabab
Rabah
raban
Rabat
rabat
rabbi
Rabin
râble
râblé
rabot
Racan
racée
racer
rachi
Rachi
racle
raclé
radar
rader
radié
radin
radio
radis
Radom
radon
rafle
raflé
rager
ragot
ragué
raide
raidi
Raimu
rainé
raire
rajah
râler
rallé
Raman
ramas
ramée
ramer
ramie
Ramon
rampe
rampé
Ramus
Ramuz
Rance
rance
Rancé
ranch
ranci
rangé
Ranke
Raoul
raout
râpée
râper
raphé
rapin
Raqqa
raqué
raser
Rashi
rashs
rassi
rasta
ratée
ratel
rater
ratio
raton
raval
Ravel
ravie
ravin
ravir
rayée
rayer
Rayet
rayia
Rayol
rayon
Razès
Reade
réagi
réale
réant
réaux
rebab
rebec
Rebel
rebot
rébus
rebut
recel
recès
recez
rêche
Recht
récif
récit
recru
recrû
recta
recto
reçue
recul
redan
rédie
redit
Redon
redox
réélu
refus
régal
regel
Reger
régie
régir
Régis
règle
réglé
réglo
règne
régné
regur
Reich
Reims
reine
reins
Reisz
rejet
relax
relié
relui
remis
rémiz
remue
remué
Remus
rénal
Renan
Renau
rendu
Renée
renié
renne
renom
renon
Renou
rente
renté
repas
repic
répit
repli
replu
repos
repue
reste
resté
Rétif
rétif
rétro
réuni
Reuss
Reval
rêvée
Revel
rêver
revif
Revin
revue
Reyes
Rharb
Rhein
Rhine
Rhône
rhumb
rhume
rhumé
Rhune
Rhuys
rials
Rians
riant
ribat
riblé
Ribot
Ricci
riche
ricin
ridée
rider
Riego
rieur
Rieux
riffe
rifle
riflé
Righi
Riley
Rilke
rimer
rincé
Rioja
rioja
Rioni
rioté
riper
ripou
risée
riser
Risle
rital
rival
Rivas
river
Rives
Rivet
rivet
Riyāḍ
riyal
Rizal
rober
robin
robot
robre
Rocha
roche
roché
rocou
rodéo
roder
rôder
Rodez
Rodin
Roger
rogne
rogné
rogue
rogué
Rohan
roide

5

roidi
Rojas
Rolin
Rolle
roman
Roméo
Römer
rompu
ronce
Roncq
ronde
rondo
Ronéo
rongé
rônin
Ronse
roque
roqué
Rosas
rosat
rosée
roser
Roses
rosir
Rosny
rosse
rossé
Rossi
Rosso
rösti
roter
rôtie
rotin
rôtir
rotor
Rotsé
rouan
Rouch
rouée
Rouen
rouer
rouet
Rouge
rouge
Rougé
rough
rougi
rouir
roule
roulé
roumi
round

route
routé
Rovno
royal
Royan
Royat
Rozay
Rozoy
ruade
ruant
ruban
Ruben
rubis
Ruche
ruche
ruché
Rueff
Rueil
Rufin
Rugby
rugby
Rügen
rugir
ruilé
ruine
ruiné
Ruitz
rumba
rumen
rumex
ruolz
Rupel
rupin
rural
rusée
ruser
rushs
russe
Rütli
Saadi
Saale
Saane
Sabah
Sabin
sabir
sable
Sablé
sablé
sabot
sabra
sabre
sabré

Sacco
S.A.C.E.M.
Sachs
sacre
Sacré
sacré
safre
Sagan
Sāgar
Sages
sagou
sagum
Sahel
sahib
Saïan
Saida
Saïda
saïga
saine
Sains
saint
saisi
saïte
sajou
Sakai
Salan
salat
salée
Salem
salep
saler
salin
salir
salle
Sallé
salol
Salon
salon
salop
salpe
salsa
salse
Salta
Salto
salto
salué
Salut
salut
salve
Samar
samba
Samer

samit
sammy
Samoa
Samos
sampi
Sāñcī
Sancy
Sanem
sanie
santé
sanve
sanza
Saône
saoul
saper
Sapho
sapin
Sapir
Sapor
saqué
Sarah
Saran
sarde
saros
Sarre
Sarto
sassé
Satan
Satie
satin
sauce
saucé
sauge
saule
Sault
sauna
sauné
Saura
sauré
saute
sauté
sauts
Sauty
Sauve
sauve
sauvé
Sauvy
savon
saxon
Ṣaydā
sayon
sbire

Scaër
Scala
scalp
scare
sceau
scène
Scève
schah
scier
scion
Scola
scoop
score
Scots
Scott
scout
scrub
scull
S.D.E.C.E.
séant
Sebha
Sebou
sébum
secam
secco
sèche
séché
secte
Sedan
sedan
sédum
Ségou
Segrè
Segré
Sègre
Ségur
Séguy
séide
seime
Seine
seine
seing
S.E.I.T.A.
seize
Séjan
Selim
selle
sellé
selon
Seltz
Seltz
selva

selve
Selye
semer
semis
Semoy
Sempé
Semur
sénat
senau
Senna
Senne
senne
sensa
sensé
sente
senti
seoir
Séoul
sépia
sérac
serbe
Sercq
Serer
Serge
serge
sergé
série
sérié
serin
serpe
serra
Serre
serre
serré
serte
serti
sérum
serve
servi
Sethi
Sétif
séton
seuil
seule
Sevan
sévir
sevré
sexte
sexto
sexué
Seyne
sézig

5

Shaba
shako
shama
SHAPE
Shawn
shéol
Shepp
Shiji
Shiva
Shoah
shoot
short
shunt
sials
Sibiu
sicav
Sicié
sicle
Sidon
siège
siégé
siens
sieur
Siger
sigle
sigma
signe
signé
Signy
silex
Sillé
Siloé
Silva
Simla
Simon
Sinaï
Sinan
singe
singé
sinoc
sinon
Sinop
sinué
sinus
Sioux
sioux
Siret
sirex
Sirey
sirli
sirop
sisal

Sissi
sitar
sit-in
sitôt
situé
Sivas
Sixte
sixte
Sizun
skate
skeet
skier
skiff
skons
skuns
slang
slave
slice
slicé
sloop
smala
smalt
smart
smash
Smith
smolt
smurf
Smuts
snack
sniff
snobé
sobre
Socin
socle
Socoa
Soddy
sodée
soeur
Sofia
Sohag
soins
Soisy
solde
soldé
soleá
solen
Solex
Solin
solin
Solís
Solon
solos

Solow
Solre
Someş
Somme
somme
sommé
sonal
sonar
Sonde
sonde
sondé
songe
songé
sonie
Sonis
sonné
Sopot
sorbe
Sorel
Soria
sorte
sorti
Sosie
sosie
sotch
Sotho
sotie
sotte
souci
soude
soudé
soufi
Souge
Soule
soûle
soûlé
souls
Soult
Soumy
soupe
soupé
sourd
souri
soute
soyer
Spaak
spahi
spart
spath
Speke
spéos
sphex

spica
Spire
spire
Spitz
Split
spore
sport
sprat
spray
Spree
sprue
squat
squaw
Stace
stade
Staël
staff
stage
Stahl
stand
Stans
Stark
stase
steak
Steen
Stein
stèle
stemm
sténo
stère
stéré
Stern
Steyr
stick
stipe
stock
Stoke
Stone
Stoph
store
Storm
Stoss
stout
stras
strie
strié
strix
stucs
stuka
stupa
Sture
Sturm

style
stylé
stylo
suage
suant
suave
suber
subir
subit
sucer
suçon
Sucre
sucre
sucré
Suède
suède
suédé
Suess
sueur
suffi
Suger
suidé
suint
Suita
suite
suivi
sujet
sulky
Sulla
Sully
sumac
Sumba
Šumen
Sumer
sunna
Suomi
super
supin
supra
surah
sural
Sūrat
suret
surfé
surgi
surin
surir
suros
Sūrya
sushi
Su Shi
sutra

Suwon
Svend
Svevo
SWAPO
Swart
Swift
swing
Syène
Sylla
sylve
sympa
Synge
syrah
Syrie
Sýros
Syrte
Szasz
tabac
tabar
T. A. B. D. T.
tabès
tabla
table
tablé
tabor
tabou
tacca
tacet
tache
taché
tâche
tâché
tacle
taclé
tacon
tacot
Tadla
Taegu
tafia
Tafna
Tagal
tagal
Taïba
taïga
taiji
t'ai-ki
Taine
taire
Taizé
Ta'izz
Takis
Talca

5

taled
talée
taler
talle
tallé
Talma
Talon
talon
talus
tamia
Tamil
tamil
tamis
Tampa
tancé
Tanga
Tange
tango
tanin
Tanis
Tanit
tanka
tanne
tanné
Ţanţă
tante
tapée
taper
tapin
tapir
tapis
tapon
taque
taqué
Tarde
tardé
tarée
tarer
taret
targe
tarif
Tarim
tarin
Ţāriq
tarir
tarot
tarse
tarte
Tasse
tasse
tassé
tatar
tâter
tatou
Tatry
Tatum
taude
taule
Taulé
taupe
taupé
Taupo
taure
tavel
Tavoy
Taxco
taxer
taxie
taxon
taxum
Tchad
Tcham
tchao
Tégée
teint
télex
telle
Tello
Temin
Temné
tempe
tempo
temps
Temse
Tence
Tende
tendu
ténia
tenir
tenon
ténor
Tênos
tente
tenté
tenue
ténue
Tepic
tercé
terme
terne
Terni
terni
terre
terré
terri
tersé
Tesla
tesla
Tessy
testé
tétée
téter
tétin
téton
tette
têtue
texan
Texas
Texel
texte
tézig
thaïe
Thaïs
Thāna
thane
Thann
Thant
Thaon
thème
Théon
thèse
thêta
thète
Thiès
Thiêu
Thill
thiol
Thiry
Thizy
Thora
Thuin
Thuir
Thulé
thune
Thury
thuya
tiare
tiaré
Tibet
tibia
Tibre
Tibur
Tieck
tiède
tiédi
Tielt
tiens
tiers
tiffe
Tigre
tigre
Tigré
tigré
Tikal
tilde
tille
tillé
Tilly
Timné
Timon
timon
Timor
Tínos
tinté
Tinto
tiper
tippé
tique
tiqué
Tiran
tirée
tirer
tiret
tison
tissé
tissu
Tisza
titan
titre
titré
Titus
tjäle
tmèse
toast
Tobey
Tobie
Tobin
Tobol
toile
toise
toisé
Tokaj
tokaj
Tokay
tokay
Tōkyō
tôlée
tolet
tollé
toman
Tomar
tombe
tombé
tomer
Tomes
Tomis
tomme
tommy
Tomsk
tonal
tondu
Tonga
tonie
tonka
tonne
tonné
tonte
tonus
toper
Topor
toque
toqué
Torah
Torcy
tordu
toréé
Torez
torii
toril
Torne
toron
torse
tortu
Toruń
torve
torys
Tosca
tossé
total
totem
toton
Touat
Toucy
touée
touer
Toula
tourd
Touré
Tours
toute
Touva
trabe
trace
tracé
tract
trahi
train
trait
Trakl
trame
tramé
tramp
trapu
tréma
trend
Trent
Trets
trêve
Trial
trial
trias
tribu
trick
tridi
Triel
Trier
trier
trimé
trine
triol
tripe
Trith
Trnka
Troie
trois
troll
Tromp
tronc
trône
trôné
trope
troué
truck
truie
trust
Ts'ing
tsuba
tuage
tuant
tuber
Tudor
Tu Duc

5

tueur	unaus	valve	venet	Veyre	Vitez
Tuffé	union	valvé	vengé	Viala	Vitim
tuile	U.N.I.T.A.	vampé	venin	Viaud	vitre
tuilé	unité	vanda	venir	Viaur	Vitré
Tulle	Unkei	Vanel	Venlo	vibor	vitré
tulle	untel	Vanes	vente	vibré	Vitry
Tulsa	Upolu	vanne	venté	Vicat	Vitte
Ṭūlūn	urane	vanné	vents	Vichy	vivat
tuner	urate	vanté	venue	vichy	vivre
Tunis	Urawa	vapes	Vénus	vicié	vivré
Tūnus	Urgel	vaqué	vénus	vidéo	vizir
tuque	urger	varan	verbe	vider	Vlora
turbe	urine	Varda	Verde	Vidie	Vlorë
türbe	uriné	Varga	Verdi	Vidor	vocal
turbo	urubu	varia	verdi	vieil	vodka
turco	usage	varié	Verdy	vièle	vogue
Turcs	usagé	Varin	Verga	Viète	Vogüé
Turin	usant	Varna	verge	vieux	vogué
Turks	usine	varon	vergé	Vigée	voici
Turku	usiné	Varus	Vergt	vigie	voies
turne	usité	varus	vérin	vigil	voilà
tutie	usnée	varve	Verne	vigne	voile
Tutsi	Ussel	Varzy	verne	Vigny	voilé
tutti	Uster	Vassy	verni	Vilar	voire
tuyau	usuel	vaste	Verny	Villa	voisé
Tuzla	usure	Vatan	verre	villa	volée
Twain	utile	Vatel	verré	ville	voler
Tweed	uvale	Vater	verse	Villé	volet
tweed	uvaux	Vaulx	versé	Vimeu	Volga
twist	uvula	Vazov	verso	Vinay	volis
Tyard	uvule	vécés	verte	Vinça	Vólos
Tyler	Uxmal	vécue	Verts	Vinci	Volta
Tylor	uzbek	Vedel	vertu	vinée	volte
typée	Vaasa	Vehme	Verus	viner	volté
typer	Vabre	Véies	verve	Vinet	volve
typha	vache	veine	Verzy	vingt	vomer
typon	Vaduz	veiné	vesce	Vinoy	vomir
tyran	vagal	vélar	Vesle	viole	Vorey
Tyrol	vagin	Velay	vesou	violé	Vorst
Tzara	vagir	vêler	Vespa	viral	voter
Ubaye	vague	Vélez	vesse	virée	votif
Uccle	vagué	vélie	vessé	virer	votre
Udine	vaine	vélin	Vesta	Viret	vôtre
Ugine	vairé	velot	veste	viril	vouer
uhlan	Valdo	velte	vêtir	virus	Vouet
Uhuru	Valée	velue	vêtue	visée	vouge
ukase	valet	velum	veule	viser	voulu
Ukkel	valga	vélum	veuve	Viṣṇu	voûte
uléma	Valla	vénal	Vevey	vison	voûté
Ulsan	Valmy	Vence	vexer	vissé	Voves
ultra	valse	Venda	Vexin	Vital	Voyer
ululé	valsé	vendu	Veyne	vital	voyer

voyou
Vraca
vraie
Vries
vroom
vroum
vulgo
vulve
wagon
Wajda
Wales
Walsh
Waltz
Warin
Warta
Wassy
Waugh
Wavre
Wayne
Weald
Weber
weber
Weill
Weipa
Weiss
Wells
Weser
wharf
whist
White
Whorf
Widal
Widor
Wiene
Wight
Wilde
Wilis
Wiltz
winch
Wisła
Witte
Wolfe
Wolff
Wolin
Wolof
wolof
Wołyń
Woolf
Worms
Worth
Wotan
Wou-si
Wuhan
Wundt
Wurtz
Wyatt
Wyler
Xante
xénon
Xeres
xérès
xérus
Xhosa
xiang
Xingu
xipho
xylol
xyste
yacht
Yahvé
Ya-lou
Yalta
Yan'an
yassa
Yeats
yèble
Yémen
Yenne
yeuse
Yibin
Yi-pin
yodlé
Yonne
Yorck
Young
youpi
Yport
Ypres
Ysaye
yucca
Yukon
Yu-men
Yumen
Yuste
Yvain
zabre
Zadar
Zadig
Zahlé
Zaïre
zaïre
zakat
zamia
Zandé
zanni
Zante
zanzi
zappé
Zaria
Zarqā'
zazou
Zeami
zèbre
zébré
zéine
Zeist
zélée
Zelle
Zeman
Zemst 5
Zénon
zeste
zesté
Zhu De 6
Zhu Xi
Ziban
zigue
zippé
Ziyad
Žižka
zloty
Zohar
zoïle
Zomba
zombi
zonal
zonée
zoner
zoomé
Zorro
Zulia
Zweig

6

Aachen
Aalter
Aargau
Aarhus
Ābādān
Abakan
abaque
abasie
abatée
abatis
abattu
Abbado
Abbate
abbaye
abcédé
Abdère
Abéché
abêtir
abîmer
abject
abjuré
ablaté
ablier
abolir
Abomey
abondé
abonné
abonni
abordé
abords
aboulé
abouté
abouti
aboyer
abrasé
abrégé
abrité
abrogé
abrupt
abruti
absent
abside
absolu
absous
abuser
abusif
abusus
Abwehr
Abydos
abysse
acabit
acacia
Acadie
acajou
Acarie
acarus
acaule
accédé
accent
Accius
accolé
accord
accore
accort
accoté
accoué
accroc
accrue
acculé
accusé
acerbe
acérée
acérer
acétal
Achaïe
Achard
Achebe
achéen
acheté
achevé
aciéré
acinus
aconit
Açores
à-côtés
à-coups
acquêt
acquis
acquit
âcreté
actant
Actéon
acteur
action
Actium
active
activé
actuel
acuité
adagio
Adalia
Adamov
adapté
Adélie
Adémar
Adenet
adepte
adhéré
adirée
'Adjmān

6

adjugé
adjuré
admiré
Adonaï
Adonis
adonis
adonné
adopté
adorer
Adorno
adossé
adoubé
adouci
Adrets
Adrian
Adrien
adroit
aduler
Adulis
adulte
Adūnīs
advenu
aérage
aérant
aérien
aérium
aétite
Aetius
affadi
affalé
affamé
affect
affété
affidé
affilé
affine
affiné
affixe
affixé
afflué
afflux
affolé
affres
affûté
afghan
AFL-CIO
afocal
à-fonds
agacer
Agadir
agamie
agapes
Agapet
agaric
agasse
Agathe
Agaune
agence
agencé
agenda
Agides
âgisme
agitée
agiter
agnate
agneau
agnelé
agonie
agonir
Agoult
agouti
agrafe
agrafé
Ágreda
agréer
agrégé
agrile
agrion
agrume
aguets
ahaner
Ahidjo
ahurie
ahurir
Aicard
aicher
aidant
aïeule
aïeuls
aiglon
Aignan
aigrie
aigrin
aigrir
Aihole
aïkido
ailier
ailler
aimant
Aimeri
Aïnous
airain
airant
Airbus
Airolo
aixois
Ajaṇṭā
ajiste
ajouré
ajoute
ajouté
ajusté
Akakia
Akashi
Akouta
Aksoum
Aladin
Alains
alaire
alaise
alaisé
Alaric
alarme
alarmé
Alaska
Albane
Albano
Albans
Albany
albédo
Albens
Albert
Albion
albite
Alboïn
Alborg
Albret
albugo
alcade
alcali
alcane
alcène
Alciat
Alcman
alcool
alcôve
Alcuin
alcyne
alcyon
aldine
al-Doha
aldose
Aldrin
Alemán
Aléria
alerte
alerté
alésée
aléser
Alésia
Alessi
alevin
alexie
Alexis
alezan
alézée
Alföld
Alfred
Alfvén
algide
algine
Alides
aliéné
aligné
Aligre
aligot
alinéa
alisma
alisme
aliter
alkyle
Allais
allant
Allard
allège
allégé
allèle
allène
alleux
alliée
Allier
allier
alloti
alloué
allumé
allure
alluré
allyle
Almelo
Alonso
aloyau
alpaga
alpage
Alphée
alpine
Alsace
alsace
Alsama
altéré
altier
altise
Altman
aluner
alunir
Alvear
alvine
alysse
Amadis
Amadou
amadou
Amager
Amalfi
amande
amante
amaril
Amarna
amarre
amarré
Amasis
amassé
amatir
Amauri
Amaury
Ambato
Ambert
ambigu
ambler
ambrée
ambrer
Amédée
amende
amendé
amenée
amener
amerlo
amerri
ameuté
Amhara
Amiata
amical
amidon
Amiens
Amilly
amimie
aminci
aminée
Aminta
amiral
amitié
Ammien

amnios
amoché
amodié
amolli
amoral
amorce
amorcé
amorti
Amours
Ampère
ampère
amputé
amurer
amuser
amusie
Anabar
anabas
Anadyr
Anagni
ananas
ancien
Ancône
ancrer
Ancyre
andain
Anders
Andhra
andine
Andong
Andral
Andrea
Andrée
Andria
Andrić
Andros
Anduze
anémie
anémié
ânerie
ânesse
Angara
Angèle
Angers
angine
Angkor
Angles
Anglet
anglet
Angola
Angora
angora
Anhalt

anhélé
Aniane
Anicet
Aniche
ânière
animal
animée
animer
aniser
Ankara
Annaba
annale
annate
annaux
anneau
Annecy
annelé
annexe
annexé
annone
annoté
annuel
annulé
anobie
anobli
anodin
anomal
anomie
ânonné
anorak
anordi
anoure
anoxie
Anshan
'Antara
Antony
Anubis
anurie
Anvers
Anyang
Anzère
Aomori
aoûtat
aoûtée
apache
apaisé
Apamée
aparté
Apelle
aperçu
apeuré
aphone

apical
apiqué
aplani
aplati
à-plats
aplite
aplomb
apogée
aporie
aposté
apôtre
apparu
appâté
appeau
appelé
Appert
appert
Appien
apport
apposé
apprêt
appris
appuyé
âpreté
apsara
apside
aptère
Apulée
Apulie
apurer
aqueux
Aquino
Arabie
arable
aracée
Arados
'Arafāt
Aragon
araire
Arakan
aralia
Aramon
aramon
Aranda
Ararat
araser
Aravis
Arawak
Arbois
arboré
arcade
arcane

arceau
archal
archée
archer
Arches
archet
Arcole
arcure
Ardeal
ardent
ardeur
arditi
Ardres
aréage
Arendt
aréole
Arétin
Arette
Arezzo
Argand
Argens
Argent
argent
argien
argile
Argoun
arguer
argüer
Argyll
Ariane
Aricie
Ariège
arille
arillé
arioso
ariser
arkose
Arlanc
Arland
Arleux
Armada
armada
Armagh
Armand
armant
Armide
armure
Arnage
Arnaud
Arnaut
Arnhem
arnica

Arnobe
Arnold
Arnoul
Arnulf
arolle
aronde
Arouet
arpège
arpégé
arpent
arpète
arpion
arquée
arquer
Arques
Arreau
arrêté
arrêts
arrhes
Arrien
Arrigo
arrimé
arrisé
arrivé
arrobe
arrogé
arrosé
Arroux
arroyo
Arroyo
arsine
Artaud
artère
Arthez
Arthur
Artois
Arvers
Arvida
Aryens
Arzano
ascèse
ascète
ascite
aselle
asexué
Asfeld
Ashdod
ashram
Ashton
asiago
asiate
Asimov

6

Asmara
aspect
aspiré
assagi
assaut
asseau
assené
asséné
assidu
Assise
assise
assolé
Assour
assumé
assuré
astate
asthme
astral
Astrée
Astrid
astuce
ataxie
Atbara
a tempo
Athéna
atonal
atonie
atours
atriau
atrium
atroce
Attale
attelé
attifé
attigé
Attila
attiré
attisé
Attlee
Atwood
atypie
aubade
aubain
aubère
Aubert
aubier
aubois
Aubrac
auburn
Auchel
aucuba
aucune
aucuns
audace
au-delà
audité
audois
Audran
Augias
Augier
augure
auguré
Aulnat
Aulnay
Aulnoy
Aumale
aumône
aunaie
Auneau
auprès
auquel
aureus
aurige
Auriol
Aurore
aurore
Ausone
Austen
Austin
autant
auteur
Authie
Authon
autour
autrui
auvent
Auvers
auxine
Auxois
Auzout
avachi
avaler
Avalon
avance
avancé
avanie
avarie
avarié
avatar
Aveiro
avenir
avenue
avérée
avérer
Averne
averse
averti
Avesta
aveuli
Avilés
avilir
avinée
aviner
Avioth
aviron
avisée
aviser
Avitus
aviver
avocat
Avoine
avoine
avorté
avouer
axiale
axiaux
axiome
axonge
aye-aye
Aymara
aymara
azalée
azérie
Azéris
azimut
azonal
Azorín
azotée
Azuela
azurée
azurer
azygos
Babeuf
babine
Babits
bâbord
bâchée
bâcher
bachot
bâcler
Bādāmi
badaud
Bad Ems
badine
badiné
badois
Baeyer
Baffin
baffle
bafoué
bâfrer
bagage
Bagdad
bagout
baguée
baguer
Baguio
baguio
baigné
Baïkal
Bailén
baille
baillé
bâillé
bailli
Bailly
baïram
baiser
baisse
baissé
bajoue
Bakony
Bakuba
bakufu
balade
baladé
balais
balane
Balard
balata
balayé
Balbek
Balboa
balboa
balcon
balèze
Balint
Baliol
balise
balisé
Balkan
baller
ballet
Ballin
Ballon
ballon
ballot
Balmat
Balmer
bâlois
Baltes
Baluba
Balzac
balzan
Bamako
bambin
bambou
Bamoum
Banach
banale
banals
banane
banaux
bancal
banche
banché
bandée
bander
bandit
Bandol
Bangka
Bangui
banian
Banjul
banlon
bannie
bannir
banque
banqué
Banquo
bantou
Banzer
baobab
Bao Dai
Baotou
Baoulé
baquet
baraka
Bárány
barber
Barbès
barbet
barbon
barbue
Bardem
barder
bardis
Bardot
bardot
barème
Barère

Barjac
barjot
Barkla
Barlin
Barlow
barman
barmen
Barnet
Barnum
Baroda
Baroja
baroud
barouf
barque
Barras
barrée
barrel
barrer
Barrès
Barrie
barrir
Barrot
barrot
Barrow
Barsac
Bartas
Bartók
Baruch
baryon
baryte
baryum
barzoï
basale
basane
basané
basant
basaux
baside
Basile
basket
bas-mât
basque
Bassae
basset
bassin
basson
Bassov
Bastia
Bastié
baston
bastos
bâtant
bâtard
Batave
batave
bateau
Batéké
batelé
Batoum
battée
battre
battue
Baucis
baudet
Baudin
Baudot
Bauges
Bausch
bavant
bavard
baveux
bavoir
bavure
Bayamo
bayant
Bayard
Bayern
Bayeux
bayous
bayram
Bayrūt
Bazard
Bazois
Beagle
beagle
Beamon
béance
béante
Beaton
Beatty
Beauce
Beaune
Beauté
beauté
bébête
bécane
bécard
bec-fin
Bechar
Becher
bêcher
Bechet
Becker
Becket
bécoté
Becque
becter
bédane
Bedaux
bedeau
Bédier
Bégard
bégard
bégayé
Bègles
béguin
Behaim
Behzād
beigne
beïram
Bejaia
Béjart
Bel-Ami
bêlant
Belate
Bélial
Bélier
bélier
Belize
Bellac
Bellay
Belley
bellot
Bellow
belote
Belovo
Beltsy
béluga
Belvès
Betzec
Ben Ali
bénard
Bendor
Bengbu
bénite
Benoit
Benoît
benoît
Benoni
Bénoué
benzol
Béotie
béquée
béquet
Berain
bercer
Bergen
Berger
berger
Bergès
Béring
Berlin
berlue
Bernay
berner
Bernin
Bernis
Béroul
Bertha
Berthe
berthe
Bertin
besace
besant
Beskra
besoin
Bessel
Bessin
besson
bétail
bêtise
Betton
bétyle
beuglé
beurre
beurré
Beuvry
Beynat
Beynes
Beznau
Bezons
Bézout
Bhārat
Bhopāl
Bhutān
Bhutto
Biafra
biaise
biaisé
Bialik
Bibans
Bibern
bibine
biceps
Bichat
bicher
bichof
bichon
Bidart
bident
Bidpāi
bidule
Biella
bielle
Bielyï
Bienne
Bierut
bièvre
biface
biffer
biffin
bifide
bigame
bigler
bigote
Bihzād
bijoux
Bikini
bikini
bilame
bilant
Bilbao
bileux
biliée
biller
billet
Billom
billon
billot
bilobé
Bilzen
bimane
binage
binant
binard
binart
Binche
bineur
Binger
biniou
binôme
bintje
bipale
bip-bip
bipède
bipied
biplan
biquet
birème
biribi

6

birman
Bīrūnī
bisant
biseau
bishop
Bishop
Biskra
bisque
bisqué
Bissau
bissel
bisser
bistre
bistré
bistro
Bitche
Bitola
Bitolj
bitord
bitter
bitume
bitumé
biture
bituré
biveau
bizuté
bizuth
bla-bla
blague
blagué
Blaine
blairé
blâmer
Blanco
Blangy
Blanzy
blasée
blaser
Blasis
blason
blatte
Blavet
blazer
blèche
blêmir
blende
Blénod
Bléone
bléser
blessé
blette
bletti
bleuet
bleuir
bleuté
bliaud
blinde
blindé
Blixen
blocus
blonde
blondi
bloqué
blotti
blouse
blousé
bluffé
blushs
bluter
bobard
Bobbio
bobine
bobiné
Bocage
bocage
bocard
bocaux
Bochum
Bocuse
Bodmer
Bodoni
Boeing
boësse
boette
Bofill
Bogart
Bogdan
boggie
boghei
Bogotá
boguet
Bohain
Bohême
bohème
bohême
Boigny
boille
Boilly
boisée
boiser
boiter
boiton
boitte
Bo Juyi
Bokaro
Bolbec
bolduc
boléro
Boleyn
bolide
bolier
Bollée
Bolton
Bolyai
Bombay
bombée
bomber
bombyx
bonace
Bonald
bonbon
bondée
bondir
bondon
bonite
Bonnat
Bonnet
bonnet
Bonnot
bonsaï
bontés
boomer
borain
borane
borate
boraté
bordée
bordel
border
Bordes
Bordet
Bordeu
boréal
Borges
Borgia
borgne
borine
Borkou
Bormes
bornée
Bornem
Bornéo
borner
Bornes
Bornou
Bororo
borure
boscot
Bosnie
bosser
bossue
bossué
Boston
boston
Botnie
botter
Bottin
Bottin
Bouaké
Bouaye
Boubka
boubou
boucan
Boucau
boucau
bouche
bouché
boucle
bouclé
boucot
bouder
Boudin
boudin
Boudon
boueur
boueux
bouffe
bouffé
bouffi
bouger
Bougie
bougie
bougon
bougre
boukha
Boulay
bouler
boules
boulet
Boulez
boulin
Boulle
boulle
boulon
boulot
boumer
Bounty
bourbe
bourde
bourre
bourré
bourru
bourse
bousin
Boussu
Boussy
bouter
bouton
boutre
bouvet
Bovary
bovidé
bovine
boviné
boxant
Boxers
boxeur
Boyacá
boyard
boyaux
Bradel
brader
Brahmā
brahmi
Brahms
braies
Brăila
Braine
braire
braise
braisé
Bramah
bramer
brande
brandi
Brando
Brandt
brandy
branle
branlé
Branly
brante
Braque
braque
braqué
braser
Brasil
Braşov
brasse
brassé

6

Bratsk
braver
brayer
Brazza
brebis
Brécey
brèche
Brecht
Bredin
bregma
Bréhal
Bréhat
brelan
brêler
Bremen
Brenne
Brésil
brésil
Bresle
Bresse
Breton
breton
brette
bretté
Breuer
Breuil
brevet
Brezis
Briand
briard
Briare
bridée
brider
Brides
bridge
bridgé
bridon
briefé
Brienz
Brière
briffé
Bright
Brigue
brigue
brigué
brillé
brimer
bringé
Brioux
brique
briqué
brisée

briser
brisis
briska
broche
broché
broder
broker
bromée
Brontë
bronze
bronzé
Brooks
Broons
Brosse
brosse
brossé
brouet
brouté
broyat
broyer
Bruant
bruant
bruche
Bruges
Brugge
bruine
bruiné
bruire
bruité
brûlée
brûler
brûlis
Brûlon
brûlot
brumer
brunch
Brunei
Brunel
Bruner
brunet
brunir
Brunon
Brunot
Brunoy
brutal
Brutus
Bryant
bryone
bubale
buccal
buccin
bûcher

Buchez
budget
Buffet
buffet
buffle
bufflé
Buffon
Bugeat
Bukavu
bullée
buller
bunker
Bunsen
Bunsen
Buñuel
Bunyan
Bureau
bureau
burelé
burèle
Burgas
burgau
Bürger
burger
Burgos
buriné
burlat
Burney
Burrus
Burton
busant
busard
bushes
Busoni
busqué
butane
butant
butène
buteur
butiné
Butler
butoir
butome
butter
butyle
Butzer
buvant
buvard
buveur
Buysse
buzuki
Byblos

bye-bye
byline
by-pass
byssus
cabale
cabalé
cabane
cabané
cabiai
cabine
câblée
câbler
câblot
caboté
Caboto
Cabral
cabrer
cacabé
Cachan
cacher
cachet
Cachin
cachot
cachou
cactée
cactus
Caddie
caddie
cadeau
cadène
Cadets
Cadmée
cadmie
cadmié
Cadmos
cadran
cadrat
cadrer
caecal
caecum
cafard
Cafres
caftan
cafter
cageot
cagibi
Cagnes
cagote
cahier
Cahors
cahors
cahoté

cahute
Caicos
caïeux
caille
caillé
caïman
Caïphe
caïque
caisse
caitya
Cajarc
cajolé
cajous
calage
Calais
Calame
calame
calant
calcif
calcin
calcul
Calder
caleté
calfat
calice
calier
calife
câline
câliné
Callac
Callao
Callas
Callot
calmar
calmer
calmir
calque
calqué
calter
Calvin
camail
camant
Câmara
camard
Cambay
Cambon
cambré
caméra
camion
Camões
Campan
campée

6

camper
Campin
Campos
campos
Campra
campus
camuse
Canaan
Canada
canada
Canala
canant
canapé
canara
canard
canari
canaux
cancan
cancel
Cancer
cancer
Canche
canche
Cancon
cancre
Cancún
Candie
candir
cangue
canidé
canier
canine
cannée
canner
Cannes
Canope
canope
canoté
Canova
Cantal
cantal
canter
Cantho
Canton
canton
Cantor
cantre
canule
canulé
canuse
canyon
Cao Cao
capant
Capcir
capéer
capelé
capeyé
capité
Caplet
Capone
Capote
capote
capoté
Capoue
caprin
Capron
capron
captal
capter
captif
capuce
caquer
caquet
Caquot
carabe
caraco
Carafa
carafe
carate
carbet
carcan
carcel
Cardan
cardan
carder
cardia
Cardin
cardon
Carême
carême
carène
caréné
cargue
cargué
cariée
carier
carlin
Carlit
Carlos
Carmel
Carmen
carmin
Carnac
Carnap
carnau
carnée
carnet
Carnon
carrée
Carrel
carrer
Carros
Carroz
Carson
Cartan
cartel
Carter
carter
carton
Caruso
Carvin
Casado
Casals
casant
casbah
casher
casier
casing
casino
casoar
casque
casqué
cassée
Cassel
casser
cassie
Cassin
Cassis
cassis
casson
castel
Castex
Castor
castor
castra
castré
Castro
casuel
Catane
catché
catgut
cation
Cauchy
caudal
Caudan
caudée
Caudry
Caures
cauris
causal
causer
causse
Cauvin
Cavafy
cavale
cavalé
cavant
Caveau
caveau
Cavell
caviar
cavité
Cavour
Caxias
Cayeux
cayeux
Cayley
Caylus
Cayman
Cazaux
CDU-CSU
cébidé
Cécile
cécité
cédant
cédrat
Cédron
cédule
Cefalu
Celano
celant
Celaya
céleri
Céline
Celles
celles
Celtes
cément
cendre
cendré
censée
centon
Centre
centre
centré
cénure
cépage
cérame
cercle
cerclé
Cerdan
cerdan
cerise
cérite
cérium
cermet
Cernay
cernée
cerner
certes
céruse
cérusé
Cervin
Cesena
césium
cesser
Cesson
Cestas
césure
cétacé
cétane
céteau
cétone
cétose
Ceylan
Ceyrac
C.F.E.-C.G.C.
chablé
Chabot
chabot
chacal
chacun
Chadli
Chagny
Chagos
Chāhīn
chahut
chaîne
chaîné
chaire
chaise
chalet
châlit
Challe
Chalon
Châlus
chalut
chaman
Chāmil
Champa

champi
Champs
champs
Chanac
chance
chanci
Chanel
change
changé
channe
Chan-si
chanté
Chanzy
chapée
Chapel
chapka
chapon
Chappe
chaque
Charès
charge
chargé
charia
Charly
charme
charmé
charnu
Charny
Charon
Charpy
charre
charte
Chasse
chasse
chassé
châsse
chaste
Châtel
châtié
chaton
Chatou
châtré
chatte
chaude
chaulé
chaume
chaumé
Chaunu
Chauny
chauve
chauvi
Chaval

chebec
chebek
chèche
Chedde
cheikh
cheire
chelem
Chélif
Chetmo
chemin
Chenāb
chenal
chenet
chenil
Chen-si
chenue
Chéops
chèque
Chéret
chérie
chérif
chérir
chérot
Chéroy
cherry
cherté
Che T'ao
chétif
Cheval
cheval
chevet
cheveu
chèvre
chiadé
chialé
chiant
chiard
chibre
chiche
chichi
chicle
chicon
chicot
Chiers
Chieti
chiffe
chiite
Childe
Chiloé
chilom
Chilon
Chimay

chimie
chinée
chiner
Chinju
Chinon
chintz
chiper
chipie
chique
chiqué
Chirac
Chirāz
Chiron
chiton
chiure
Chiusi
Chleuh
chleuh
Chlore
chlore
chloré
chnouf
choane
choeur
choisi
Choisy
Cholet
Cho Lon
chômée
chômer
Chonju
Cho Oyu
choper
Chopin
choqué
choral
chorde
chordé
chorée
chorus
Chouan
chouan
chouia
choute
choyer
chrême
christ
Christ
chrome
chromé
chromo
chrono

ch'timi
Church
chuter
Chypre
cibler
cicero
cierge
cigale
cigare
Cilaos
cilice
ciliée
ciller
ciment
cimier
cincle
cinéma
cinèse
cinglé
cintre
cintré
Ciompi
Cioran
cipaye
cirage
cirant
cireur
cireux
cirier
cirque
cirrhe
cirrus
ciseau
ciselé
Ciskei
cistre
citant
citrin
citron
citrus
civile
Civray
clabot
Cladel
Claesz
Claire
claire
clamer
clamsé
clandé
clapet
clapir

clappé
claque
claqué
Clarke
Claros
clarté
clashs
classe
classé
Claude
clause
claver
clayon
clédar
Clélie
Clères
clergé
Clèves
cliché
Clichy
client
cligné
climat
climax
clique
clisse
clissé
cliver
cloche
cloché
cloner
clonie
clonus
Cloots
cloque
cloqué
clouer
Clouet
clouté
Clovis
Cloyes
Cluses
C.N.U.C.E.D.
coachs
coassé
cobaea
cobaea
cobalt
cobaye
Cobden
coccyx
cocher

6

côcher
Cochet
cochet
Cochin
cochon
cocker
cocolé
Cocoon
cocoté
Cocyte
codage
codant
codeur
Coecke
coffin
coffre
coffré
cogéré
cogité
cogito
Cognac
cognac
cognat
cognée
cogner
Cognin
coiffe
coiffé
coincé
Coiron
coïter
coking
colère
coléus
colite
coller
collet
colley
Collin
Collot
Colman
Colmar
colobe
Colomb
coloré
combat
Combes
comble
comblé
comète
comice
comics

comité
commis
commué
commun
compas
complu
compte
compté
comput
comtal
Comtat
comtat
conard
concis
conclu
Côn Dao
Condat
Condom
condom
Condor
condor
confer
confié
confit
confus
congaï
congre
congru
Conlie
connue
conque
Conrad
consol
consul
conter
Contes
contra
contre
contré
contus
convié
convoi
coolie
cookie
Cooper
coopté
copahu
copain
Copaïs
copals
Copeau
copeau

copier
copine
copiné
Coppée
Coppet
coprah
coprin
copule
copulé
coquet
coquin
Corail
corail
coraux
Corbas
Corbie
corbin
Corday
cordée
corder
Cordes
cordon
coréen
Corfou
Corlay
cornac
cornée
Corner
corner
cornet
cornue
corozo
corpus
corral
corroi
corsée
corser
corset
Cortés
cortes
cortex
corton
Cortot
corvée
Corvin
coryza
cosies
Cosimo
cosmos
cosser
cossue
cossus

costal
costar
Coster
Costes
cotant
coteau
côtelé
coteur
cotice
côtier
cotisé
Cotman
côtoyé
cotret
Cotton
cotyle
couard
Coubre
couche
couché
coucou
coudée
couder
coudre
couiné
Couiza
coulée
couler
coulis
coulpe
coupée
couper
couple
couplé
coupon
couque
courbe
courbé
courée
courge
courir
couroi
couros
courre
course
coursé
courte
courue
Cousin
cousin
cousue
coûter

coutil
coutre
couvée
couver
cow-boy
Cowley
Cowper
cowper
cow-pox
coxale
coxaux
coyote
Coypel
Crabbe
crabot
craché
cracra
cradot
craint
crambe
Cramer
cramer
crampe
crâner
Cranko
cranté
craque
craqué
crashé
crashs
crasse
craton
crawlé
crayon
créant
crèche
créché
crédit
crémer
créner
Creney
crénom
créole
crêper
Crépin
crépir
crépon
crépue
Créqui
Créquy
crésol
Crespi

Crésus
crésus
Crésyl
crêtée
crétin
Creuse
creuse
creusé
crevée
Crevel
crever
criant
criard
crible
criblé
cricri
crieur
Crimée
Cripps
crique
crispé
Crispi
crissé
croate
croche
croché
crochu
crocus
croire
croisé
crolle
crollé
Cronos
croqué
Crosne
crosne
crosse
crossé
croton
crotte
crotté
croule
croulé
croupe
croupi
croûte
croûté
Crozat
Crozet
Crozon
cruche
crural

Crusoé
crypte
crypté
Csepel
cuadro
Cuanza
cubage
cubain
cubant
cubèbe
Cúcuta
Cuenca
Cuénot
cuesta
Cuevas
Cugnot
Cuiabá
cui-cui
Cuincy
cuisse
cuiter
cuivre
cuivré
culant
culard
Cumaná
Cumont
cumulé
Cunaxa
cupide
cupule
curage
curant
curare
cureté
curial
curium
cursif
cursus
Curtiz
curule
Curzon
Cusset
custom
cutané
cutine
cutter
cuvage
cuvant
cuveau
cuvelé
Cuvier

cuvier
Cybèle
cynips
cyprès
cyprin
cypris
Cyrano
Cyrène
cytise
Czerny
d'abord
da capo
Dachau
Dacier
Dacron
dadais
Dadant
Daddah
daguet
dahlia
daigné
daïmio
daimyo
Dairen
Daisne
Dakota
daleau
Dalian
Dalila
Dallas
daller
Dalloz
Dalton
Daluis
damage
damant
Damase
Damien
damier
Dammām
damnée
damner
damper
Da Nang
dandin
dandys
danger
Daniel
danien
Danjon
danois
danser

d'antan
Danton
Danube
Danzig
Daphné
daphné
Daqing
d'Aquin
Daquin
Darcet
d'Arcet
darder
Darién
Darios
Darius
Darlan
Darney
dartre
Darwin
dasein
Dassin
datage
datant
datcha
dateur
dation
dative
Datong
datura
dauber
Daudet
Daumal
Daunou
Daurat
Dautry
davier
Davout
Dawson
Dayton
dealer
débâté
débâti
débats
débile
débine
débiné
débité
déblai
débord
debout
Debreu
débris

débuté
débuts
décade
décadi
décalé
décapé
décati
Decaux
décavé
Deccan
décédé
décelé
décent
déchet
déchue
décidé
décidu
décile
décime
décimé
Decius
Decize
déclic
déclin
déclos
décodé
décoré
décote
Decoux
décret
décrié
décrit
décrue
décrué
décuvé
dédain
Dédale
dédale
dedans
dédiée
dédier
dédire
dédite
dédoré
déduit
déesse
défait
défaut
défens
déféré
défier
défilé

6

défini
défunt
dégagé
dégazé
De Geer
dégelé
déglué
dégoté
dégoût
dégras
dégréé
déhalé
Dehmel
dehors
déifié
Deinze
déisme
déiste
déjà-vu
déjeté
déjoué
déjugé
de jure
Dekkan
Dekker
délacé
Delage
délavé
délayé
délice
déliée
délier
délire
déliré
délité
Delluc
délogé
Delors
déluge
déluré
déluté
Démade
demain
démâté
démêlé
démené
dément
déminé
démodé
démoli
démone
démuni

Denain
dengue
Dengyō
denier
dénier
Denjoy
dénoté
dénoué
dénoyé
denrée
dental
dentée
dénudé
dénuée
dénuer
Denver
déparé
départ
dépavé
dépecé
dépens
dépéri
dépilé
dépité
déplié
dépoli
Deport
déport
dépose
déposé
dépoté
Deprez
dépris
depuis
dépuré
député
déradé
déragé
Derain
déramé
dérapé
dérasé
dératé
dérayé
derbys
déréel
déridé
dérive
dérivé
dérobé
dérodé
dérogé

Derval
Desaix
désaxé
désert
De Sèze
Desèze
De Sica
design
désilé
désiré
desman
Desnos
désodé
désolé
Dessau
dessin
dessus
destin
désuet
désuni
détail
détalé
détaxe
détaxé
dételé
détenu
détiré
détoné
détors
détour
De Troy
deusio
deuton
deuzio
dévalé
devant
Devaux
devenu
devers
dévers
dévêtu
dévidé
dévier
deviné
déviré
devise
devisé
de visu
devoir
dévolu
dévoré
dévote

dévoué
dévoyé
dextre
Dezful
dharma
Dhorme
Dhūlia
diable
Diacre
diacre
diapir
diapré
diaule
dictée
dicter
dicton
Didier
Diduma
didyme
dièdre
Dieppe
Diesel
diesel
diéser
Dieuze
diffus
digéré
digest
digité
Digoin
diktat
dilaté
Dillon
Dilsen
diluer
dimère
Dinant
dînant
Dinard
dindon
dîneur
dinghy
dingue
dingué
dionée
dioula
dipôle
direct
dirham
dirigé
disant
discal

disert
diseur
Disney
dispos
disque
distal
diurne
divers
divine
Divion
divise
divisé
dizain
Djābir
Djāḥiẓ
djaïne
Djalāl
djamaa
Djamāl
Djarīr
djebel
Djedda
djemaa
Djenné
Djerba
Djérid
djihad
Djoser
Djouba
Dniepr
Döblin
docile
docker
dodine
dodiné
Dodoma
Dodone
dogger
doigté
dolant
doleau
dolent
doline
dollar
dolman
dolmen
Domagk
Domart
Dombes
Domène
dominé
domino

6

Domont
dompté
D.O.M.-T.O.M.
dondon
Donets
Donetz
Donges
Dönitz
donjon
donnée
donner
dopage
dopant
doping
dorade
dorage
dorant
D'Orbay
doreur
Doride
dorien
Doriot
dormir
Dornes
Dorpat
dorsal
Dorset
dorure
Dorval
dosage
dosant
doseur
dotale
dotant
dotaux
Douala
douane
douant
Double
double
doublé
doucet
douche
douché
Douchy
doucin
doucir
doudou
Dougga
Doukas
Doumer
douter

Dozulé
drache
draché
Dracon
dragée
dragon
drague
dragué
draine
drainé
Dralon
Drancy
Dranem
Draper
draper
draver
drayer
drêche
dreige
drelin
drenne
Dresde
dressé
Dreyer
Driant
drille
drillé
drisse
driver
drogue
drogué
droite
drôlet
dromon
Dronne
dronte
droper
droppé
drosse
drossé
Drouet
Drouot
druide
Drumev
Druses
Druzes
dryade
Dryden
Duarte
Dubail
Dubayy
Dubček

Dublin
Du Bois
Dubois
Dubout
ducale
Du Camp
ducaux
Duccio
Duclos
Ducrot
Dudley
duègne
duelle
duetto
Du Fail
Dufour
Dughet
dugong
Duguit
Dulles
Dullin
Dulong
Duluth
dum-dum
dûment
Du Mont
Dumont
dumper
Dunant
Dunbar
Duncan
Dundee
dundee
dundée
Dunlop
Dunois
dupant
Du Parc
Duparc
dupeur
duplex
Dupond
Dupont
Du Port
Duport
Duprat
duquel
durain
durale
durant
duraux
Durban

durcir
dureté
Durham
durham
Durrës
Durtal
Du Ryer
Dussek
Dutert
Du Vair
duveté
Dvořák
dynamo
ébahir
ébarbé
ébattu
ébaubi
ébaudi
Eberth
ébloui
éboulé
ébouté
ébrasé
Ébroïn
ébroué
éburné
écaché
écaler
écarté
échant
échecs
échine
échiné
échoir
échoué
écidie
écimer
Eckart
éclair
éclaté
éclopé
éclore
Écluse
écluse
éclusé
écobué
écoper
écorce
écorcé
écorné
Écosse
écossé

écotée
Écouen
écoulé
écoute
écouté
écrasé
écrémé
écrêté
écrier
Écrins
écrire
écrite
écroué
écroui
écueil
éculée
Écully
écumer
écurer
écurie
écuyer
eczéma
Edegem
édenté
Édesse
E.D.F.-G.D.F.
édicté
édifié
Edirne
Edison
éditer
Édithe
Edmond
Edrisi
Éduens
éduqué
éfendi
effacé
effané
effaré
effets
Effiat
effilé
effort
effroi
égaler
égards
égarée
égarer
Égates
égayer
Egbert

6

Égéens
Égérie
égérie
égermé
église
Egmont
égoïne
égorgé
égrené
égrisé
égrugé
Éguzon
Égypte
éhonté
Eiffel
Eitoku
éjecté
Ekelöf
elaeis
élagué
El-Aiun
élancé
élargi
élavée
Elaziğ
Elbeuf
elbeuf
Elbląg
Elcano
El-Djem
éléate
élégie
élégir
élevée
élever
élevon
El Hadj
Eliade
élider
élimer
élinde
Élisée
Élissa
élixir
Ellice
Ellorā
Ellore
élodée
élongé
El-Oued
Elounq
El Paso
El-Qoll
Elsene
Elster
Eltsine
Eluard
éluder
élusif
Élysée
Elýtis
élytre
émacié
émaner
émargé
embase
embêté
Embiez
emblée
embole
emboué
embout
Embrun
embrun
embuer
éméché
émergé
émeute
émigré
Émilie
émincé
émirat
Emmaüs
emmêlé
emmené
emmuré
émondé
émotif
émotté
émoulu
empalé
emparé
empâté
empesé
empile
empilé
Empire
empire
empiré
emplir
emploi
empois
emport
empoté
empuse
émuler
encagé
encart
encavé
encens
Encina
enclin
enclos
encodé
encore
encrer
encuvé
endêvé
endive
endogé
enduit
enduré
enduro
Énéide
énervé
Enesco
Enescu
enfant
Enfers
enfeus
enfilé
enflée
enfler
enfoui
enfuir
enfumé
enfûté
engagé
engamé
engane
Engels
englué
engobe
engobé
Engómi
engoué
énième
énigme
enivré
enjôlé
enjoué
Enkomi
enlacé
enlevé
enlier
enlisé
ennemi
Ennius
ennoyé
ennuyé
énoncé
énorme
énouer
enquis
enragé
enrayé
enrêné
enrobé
enrôlé
enroué
ensilé
entame
entamé
entant
en-tête
entêté
entier
entité
entoir
entôlé
entour
entrée
entrer
entubé
enture
énuqué
envahi
envasé
envers
envidé
envier
enviné
envolé
envoyé
enzyme
éocène
Éolide
éolien
éosine
épacte
épandu
épanné
éparse
épatée
épater
épaule
épaulé
épeire
épeler
éperdu
éperon
épeuré
éphèbe
Éphèse
éphore
Éphrem
épiage
épiant
épicéa
épicée
épicer
épieur
épieux
épigée
épiler
Épinac
Épinal
Épinay
épincé
épiner
épique
épissé
épître
éploré
éployé
éponge
épongé
éponte
épopée
époque
épouse
épousé
éprise
épucer
épuisé
épulie
épulis
épulon
épurer
épurge
équidé
équine
équipe
équipé
équité
érable
éraflé
Éragny
Érasme
erbine

6

erbium
Erdély
Erebus
Erevan
Erfurt
ergoté
Erhard
Éridan
Éridou
ériger
érigne
Erivan
ermite
Ermont
éroder
érosif
errant
errata
erreur
erroné
ersatz
erseau
Ershad
éructé
érudit
escale
escape
Escaut
escher
escroc
escudo
Esdras
Eshkol
Eskimo
eskimo
Esmein
espace
espacé
espada
España
espèce
espéré
espion
espoir
esprit
Espriu
esquif
essaim
essayé
essieu
essoré
essuie

essuyé
estant
Estève
Esther
estime
estimé
estive
estivé
estran
Estrie
étable
étable
établi
étager
étaler
étalon
étamer
étampe
étampé
étayer
éteint
étendu
étêter
éteule
éthane
éthéré
ethnie
éthuse
éthyle
étiage
étiolé
étique
étirer
étisie
étoffe
étoffé
Étoile
étoile
étoilé
Étolie
étonné
étoupe
étoupé
étrave
étréci
être-là
étrier
étripé
étrive
étroit
études
étudié

Étupes
étuvée
étuver
étymon
eubage
Eudoxe
Eugène
Eumène
eumène
Eurêka
eurêka
Euripe
Europa
Europe
Eusèbe
évacué
évadée
évader
évalué
évasée
évaser
évasif
évêché
éventé
évêque
évider
évincé
éviter
évolué
évoqué
Évrecy
Évreux
evzone
exacte
exalté
examen
ex ante
exaucé
excavé
excédé
excipé
excise
excisé
excité
exclue
excuse
excusé
exécré
exèdre
exempt
exercé
Exeter

exhalé
exhibé
exhumé
exiger
exiguë
exilée
exiler
existé
exocet
Exodus
exondé
exorde
expert
expier
expiré
exposé
ex post
exprès
exquis
exsudé
extase
exulté
exuvie
ex vivo
ex-voto
eyalet
Eybens
Eyquem
Fabert
Fabien
Fabius
fabulé
façade
fâchée
fâcher
facial
faciès
facile
façons
factum
facule
fadeur
fading
Faenza
fafiot
fagale
Fagnes
fagoté
faible
faibli
faille
faillé

failli
faisan
Falcon
Falémé
Falier
falote
faluné
falzar
Fameck
fameux
famine
fanage
fanant
fanaux
faneur
Fanfan
Fangio
fanion
fanton
faquin
faraud
farcie
farcin
farcir
Farcot
farder
Fargue
Farina
farine
fariné
Farman
Farouk
farter
fascée
fascia
fascié
faseyé
fastes
fatale
fatals
Fāṭima
Fátima
fatras
fauber
fauche
fauché
faucon
faucre
faufil
fausse
faussé
fauter

6

fautif
Favart
favela
faveur
favori
Fawley
fayard
fayoté
Fayoum
Fayşal
Febvre
fécale
Fécamp
fécaux
fécial
fécond
fécule
féculé
Fédala
fédéré
Fedine
feeder
féerie
feinte
feinté
fêlant
félidé
féline
fellag
fellah
fêlure
Femina
Fenain
fendre
Fénéon
fenian
fennec
fenton
féodal
férial
fériée
ferler
Fermat
fermée
fermer
Ferney
féroce
Ferrat
ferrée
ferrer
Ferret
ferret
Ferrié
Fersen
férule
fessée
fesser
fessue
festif
festin
feston
fêtant
fêtard
fétial
fétide
feuler
feutre
feutré
févier
Feyder
Feyzin
Fezzan
fiable
Fiacre
fiacre
fiancé
fiasco
fibule
ficelé
ficher
Fichet
fichet
Fichte
fichue
Ficino
fictif
fidèle
fieffé
Fields
fiente
fienté
fiérot
fierté
fiesta
fièvre
Figari
Figaro
figaro
Figeac
Figuig
figure
figuré
filage
filant
fileté
fileur
filial
filler
fillér
filmer
filtre
filtré
finage
finale
finals
finaud
finaux
Findel
finish
Finlay
Finsen
Fiodor
Fionie
firman
fiscal
Fisher
Fismes
fiston
fistot
fivete
fixage
fixant
fixing
fixité
Fizeau
flache
flacon
fla-fla
Flaine
flairé
flambe
flambé
Flamel
flamme
flammé
flâner
flapie
flaque
flashé
flashs
flatté
flèche
fléché
fléchi
flegme
flemme
fléole
Fléron
flétan
flétri
flette
fleuré
fleuri
Fleury
fleuve
Fliess
Flines
flipot
flippé
flirté
floche
flocon
Flogny
flopée
floqué
Florac
floral
Flores
florès
Florey
florin
Florus
Flotte
flotte
flotté
flouer
flouse
flouve
flouze
fluage
fluant
fluate
fluent
fluide
Flumet
fluoré
flushs
flûtée
flûter
flysch
focale
focaux
Fo-chan
foetal
foetus
Foggia
foiral
foirer
foison
Fokine
Fokker
foliée
foliot
folklo
follet
foncée
foncer
fondée
fonder
fondis
fondre
fondue
fongus
fontis
Fontoy
forage
Forain
forain
forant
forban
Forbin
forçat
forcée
forcer
forces
forcir
Forest
foreur
forger
Forges
forint
Forman
format
formée
formel
former
formes
formol
fortin
forure
Foshan
Fosses
Foster
fouace
fouage
Fouché
foudre
fouëne
foufou
fouger

fougue
fouine
fouiné
Foulbé
foulée
fouler
foulon
Fouras
fourbe
fourbi
fourbu
fourme
fourmi
fourni
fourre
fourré
Fou-sin
foutou
foutre
foutue
foyard
foyers
fracas
fragon
fraise
fraisé
Fraize
framée
France
Franck
Franco
franco
franco-
Francs
frange
frangé
Frangy
Franju
Frantz
frappe
frappé
Fraser
fraser
frasil
frater
fraude
fraudé
frayée
frayer
Frazer
Fréhel
freiné
Freire
Fréjus
frelon
frémir
French
Fréron
frérot
Fresno
fréter
fretin
frette
fretté
Freund
friand
Friant
friche
fricot
Friesz
frimas
frimer
Frioul
friper
fripon
friqué
Frisch
frisée
friser
frison
friton
fritte
fritté
Fröbel
Froges
froide
frôler
fromgi
fronce
froncé
Fronde
fronde
frondé
frotté
Froude
frouer
frugal
Fruges
fruité
fruste
fucale
fugace
Fugger
fuguée
fuguer
führer
Fujian
Fuller
Fulton
fumage
fumant
fumées
fumeur
fumeux
fumier
fumigé
fumoir
fumure
fundus
fureté
fureur
Furies
Furnes
furole
furtif
fusain
fusant
fuseau
fuselé
Fushun
fusion
Füssli
Fustel
fustet
futaie
futile
Futuna
future
fuyant
fuyard
Fuzhou
Fuzuli
gabare
gabbro
gabier
gabion
gâcher
gâchis
gadget
gadidé
gadoue
Gaétan
gaffer
gagaku
gageur
gagman
gagmen
gagner
Gagnoa
Gagnon
gaieté
gainer
galago
galant
Galata
galate
Galaţi
galbée
galber
Galdós
Galeão
galéjé
galène
Galère
galère
galéré
galeté
galeux
galgal
Galibi
Galice
Galien
galion
gallec
Galles
gallon
gallot
Gallup
gallup
Galois
galope
galopé
Galton
galure
Gambie
gambit
gamète
gamine
gaminé
gammée
Gander
Gāndhī
gandin
Ganeśa
Ganges
gangue
gangué
Ganjin
Gannat
ganser
ganter
garage
garant
García
Garçon
garçon
gardée
Gardel
garder
gardes
Gardon
gardon
Garges
Garlin
garnie
garnir
Garoua
Garros
garrot
gascon
gas-oil
gasoil
Gaspar
Gasser
Gaston
gâtant
gâteau
gâteux
Gatien
Gâtine
gâtine
gâtion
Gatsby
Gattaz
gatter
gauche
gauchi
gaucho
Gauchy
Gaudin
Gaudry
gaufre
gaufré
gauler
gaulis
gaussé
gavage
gavant
gaveur
gavial

6

Gavray
gayals
gazage
gazant
gazeux
gazier
gazole
Gdańsk
Gdynia
géante
Géants
Gédéon
Geiger
geisha
gelant
Gélase
gélive
Gellée
gélose
gélule
gelure
gémeau
Gémier
géminé
gemmée
gemmer
gênant
Gençay
gendre
genépi
génépi
généré
Genèse
genèse
Genest
gêneur
Genève
génial
Genlis
Gennes
génois
génome
genoux
Genova
gentes
Gentil
gentil
gentry
géoïde
George
gérant
Gérard
Gerasa
gerbée
gerber
gercer
germée
germen
germer
germon
Gérôme
géromé
Gerona
Gérone
gerris
Gerson
Géryon
Gerzat
Gesell
gésier
gésine
gestes
getter
geyser
Ghālib
ghetto
ghilde
giaour
Gibbon
gibbon
gibier
Gibran
Gibson
giclée
gicler
Gierek
Giffre
gifler
Gignac
gigolo
gigoté
Gildas
Gilles
gilles
Gillot
Gilolo
Gilson
Gimone
Gimont
gindre
ginkgo
Giorgi
giorno
Giotto
girafe
Girard
Giraud
girond
Girsou
gisant
Gisors
gitane
gîtant
Giunta
Giunti
Givors
givrée
givrer
glabre
glacée
glacer
glacis
glaçon
glaire
glairé
glaise
glaisé
glaive
glande
glandé
glaner
Glanum
glapir
Glaris
Glarus
Glaser
glatir
Glé-Glé
Gleizé
Glénan
gléner
gliale
gliaux
Glinka
gliome
glisse
glissé
global
gloire
Glomma
gloria
gloser
glotte
Glozel
gluant
gluten
glycol
glyphe
gnaule
gneiss
gnetum
gniole
gnomon
gnosie
gobant
gobeur
godage
godant
Godard
godron
Godwin
goémon
Goethe
goétie
gogues
goitre
Golbey
golden
gomina
gominé
gommée
gommer
gonade
Gonâve
Gondar
gonfle
gonflé
gopura
Gordes
Gordon
gorfou
gorgée
gorger
gorget
Gorica
Göring
Goriot
Görres
Gorron
Gorski
Gorzów
gosier
Goslar
gospel
Gossec
Gosset
gouape
Goudéa
Gouffé
Gouges
gouine
goujat
Goujon
goujon
goulag
goulée
goulet
goulot
goulue
Gounod
Goupil
goupil
gourbi
gourde
gouren
gourer
Gourin
gourme
gourmé
gourou
gousse
goûter
goutte
goutté
goyave
grabat
graben
Graçay
Grâces
grâces
gracié
gradée
grader
gradin
gradué
gradus
Graham
graine
grainé
Gramat
gramen
Gramme
gramme
Granby
Grande
grande
grandi
Granet
grange
granit

Granja
graphe
grappa
grappe
Grasse
Grassé
grasse
gratin
gratis
Gratry
gratte
gratté
Graunt
graver
Graves
graves
gravir
gréant
Gréban
gredin
Greene
gréeur
greffe
greffé
grêlée
grêler
grelin
grêlon
grelot
grémil
grenat
Grenay
grenée
grener
grenue
Gréoux
gréser
grésil
Grétry
Greuze
grever
Grévin
griffe
griffé
griffu
grigne
grigné
Grigny
grigou
gri-gri
grigri
grille

grillé
grimer
grimpe
grimpé
grincé
gringe
gringo
grippe
grippé
grisbi
griser
griset
grison
grisou
Grodno
groggy
grogne
grogné
grolle
grondé
Groote
grosse
grossi
grotte
Grouès
groupe
groupé
grouse
Gruber
gruger
gruter
Grütli
Gstaad
Guadet
Guardi
Gubbio
Gudule
guéant
guèbre
guelfe
Guelma
Guelph
guelte
guenon
guères
Guéret
guéret
Guérin
guérir
guerre
Guesde
guêtre

guêtré
guette
guetté
gueule
gueulé
gueuse
gueusé
gueuze
Gugong
guibre
guiche
Guidel
guider
guidon
guigne
guigné
Guigou
guilde
Guilin
Guimet
guimpe
guindé
Guinée
guinée
Guînes
guiper
guipon
Guisan
Guiton
Guitry
guivre
guivré
Guizèh
Guizot
gulden
gunite
gunité
Guntūr
Gurkha
Guyana
Guyane
Guyton
Guzmán
Haakon
habile
habité
habits
hachée
hacher
hachis
hadale
hadaux

hadith
hadjdj
hadron
hagard
haggis
Haiffa
haïkaï
Haikou
Hainan
halage
halant
hâlant
Haldas
halené
haleté
haleur
Halévy
halite
Haller
Halles
halles
Halley
hâloir
hamada
Hamann
hameau
Hamlet
hammam
Hamsun
hanche
hanché
Handan
Händel
Handke
hangar
Hankou
Hannon
Hansen
Hansen
Hantaï
Han-tan
hantée
hanter
happer
haquet
Harald
Harare
Harbin
harder
hardes
hardie
hareng

hargne
Harlay
Harlem
Harley
Harlow
Harnes
Harold
Haroué
harpie
harpon
Harrar
Harris
Harvey
hasard
Haskil
Hassan
hastée
hâtant
Hathor
hâtier
hâtive
hauban
Hauran
Hauser
hausse
haussé
hautin
havage
havane
havant
Havers
haveur
havrit
Hawaii
Hawkes
Ḥawrān
Haykal
Hazāra
Hazard
Hearst
heaume
Hebbel
Hébert
hébété
hébreu
Hébron
Hécate
Hector
Hécube
Hedjaz
hégire
Heider

6

hélant
Hélène
hélice
Héliée
Hélion
hélion
Hélios
Hêlios
hélium
Hellas
Hellên
hémine
Henley
hennin
hennir
Hénoch
héraut
herber
Herbin
herbue
herché
Herder
Herent
Herero
hérité
Hermès
hermès
Hermon
hernie
hernié
Hérode
Hérold
herpès
herser
Hersin
Hertel
Herzen
Herzog
Hesdin
hésité
Hessen
Hestia
hetman
heurté
Heuyer
Hevesy
hexane
hexose
hiatal
hiatus
hiboux
hideur

hideux
hièble
hiémal
Hiéron
Hierro
Hikmet
hilare
Hillel
hilote
Ḥilwān
Himeji
Himère
hindou
hippie
hippys
hircin
Hirson
hisser
Hitler
Hobart
Hobbes
hobbys
Hobson
hocher
hochet
hockey
Hodler
Hoggar
Hohhot
hoirie
hold-up
Holmes
Holter
Homais
homard
hombre
Homère
hongre
hongré
Hongwu
honing
honnir
honoré
Honshū
Honvéd
Hooghe
Hooker
Hoorne
Hoover
Hopper
hoquet
Horace

Horgen
horion
hormis
Hormuz
Hornes
Horney
Hornoy
horsin
Horthy
Horton
hostie
hot dog
Hotman
hottée
hotter
houant
houari
Hou Che
Houdan
houdan
Houdon
Houdry
Hou-nan
Hou-pei
houppe
houppé
houque
hourdé
hourra
housse
houssé
Howard
Howrah
Hozier
Huambo
Hubble
Hubert
hublot
hucher
huchet
Hudson
Huelva
huerta
Huesca
Hughes
Hugues
Huguet
huiler
Huisne
huître
Hūlāgū
hululé

humage
humain
humant
Humber
humble
humeur
humide
Hummel
humour
Hunger
#hunier
hunter
huppée
Huriel
hurler
Hurons
hurrah
Ḥusayn
Huston
Hutten
Hutton
Huxley
Huyghe
hyalin
hydrie
Hyères
Hyksos
hyoïde
hypogé
Hyrcan
hysope
ïambes
Ibadan
Ibagué
Ibères
Ibérie
ibéris
ibidem
icaque
Icarie
icelle
icelui
ici-bas
ictère
idéale
idéals
idéaux
idiome
idiote
idoine
Idrīsī
Idumée

idylle
Ieyasu
Igarka
Ignace
igname
ignare
ignoré
Igorot
Iguaçu
iguane
Iguazú
Ijevsk
Ijssel
Ikaría
iléale
iléaux
iléite
Ilesha
Iliade
Illich
illico
illite
Illyés
Iloilo
Ilorin
imagée
imamat
Imbaba
imbibé
Ímbros
imiter
immolé
immune
impact
impair
impala
impayé
Imphāl
impoli
import
imposé
impuni
impure
imputé
inalpé
inapte
in-bord
Inchon
incise
incisé
incité
inclus

6

incréé
incube
incubé
incuit
incuse
indène
indexé
indice
Indien
indien
indigo
indium
indole
indoor
Indore
induit
indult
induré
inédit
inégal
inepte
inerme
inerte
infâme
infant
infect
infère
inféré
infime
infini
infixe
influé
influx
infule
infuse
infusé
ingénu
ingéré
ingrat
Ingres
Ingrie
inhalé
inhibé
inhumé
inique
initié
injure
innomé
innové
inondé
inouïe
in pace
insane
inséré
I.N.S.E.R.M.
insert
in situ
insolé
instar
instit
insula
intact
intime
intimé
intrus
intubé
Inuvik
invite
invité
in vivo
iodant
iodate
iodler
iodure
ioduré
ionien
ionisé
ionone
Ioujno
iouler
iourte
ipomée
Irénée
Irgoun
iridié
Irigny
irisée
iriser
iritis
Iroise
ironie
irréel
irrité
Irtych
Irving
Isabey
isatis
Ischia
Iseran
Ishtar
Isigny
Island
Ismaël
Ismā'īl
Ismène
isoète
isolat
Isolde
isolée
isoler
Isonzo
isopet
Isorni
Israël
issant
issues
isthme
Istres
Istrie
Itaipú
Italia
Italie
Ivajlo
Ivanov
ivette
ivoire
ivraie
Izegem
Izoard
jabiru
jabler
jaboté
jacent
jacket
Jacobi
Jacopo
jacter
Jaffna
jaguar
jailli
Jaipur
Jalapa
jaloux
jamais
Jambol
jambon
Jammes
Jancsó
Japhet
japper
Japurá
jardin
jardon
jargon
Jarnac
jarret
jasant
jaseur
Jasmin
jasmin
Jaspar
Jasper
jasper
jataka
jattée
jauger
jaunet
jaunir
Jaurès
Javari
javart
javeau
javelé
Jdanov
Jeanne
Jekyll
Jenner
jennys
Jensen
Jephté
jerker
Jérôme
Jersey
jersey
jetage
jetant
jeteur
jet-set
jeûner
jeunet
jeunot
Jevons
Jhānsi
Jhelam
Jhelum
jigger
Jilolo
Jilong
jingle
jingxi
Jinnah
Jivago
Jivaro
Joanne
jobard
jockey
jodler
Joffre
jogger
Jogues
Johore
Joiada
Joigny
jointe
Joliet
joliet
Jomini
joncer
jonché
Jongen
jonglé
jonque
Jonson
Jonzac
Joplin
Jordan
joruri
Joseph
joseph
Josias
jouant
joueur
Jougne
joujou
Joukov
jouter
Jouvet
jouxté
jovial
Jovien
jovien
joyeux
József
Juárez
jubilé
juchée
jucher
Judith
judogi
judoka
jugale
jugaux
jugeur
Juglar
jugulé
Juilly
jujube
Jülich
Julien
julien

6

jumeau
jumelé
jument
Juneau
Jünger
jungle
junior
junker
junkie
jupier
jurant
jureur
Jurien
Jurieu
jusant
jusque
Jussac
Jussey
Justin
jutant
juteux
Juvara
Juvisy
Kaboul
kabuki
kabyle
Kachin
Kadaré
Kadesh
Kaduna
Kagera
Kahler
Kainji
Kaiser
kaiser
Kaldor
Kalgan
Kalisz
kalium
Kalmar
kamala
kanake
Kanami
K'ang-hi
Kangxi
Kankan
Kānpur
Kansai
Kansas
Kan-sou
kaolin
Kaplan
Kaposi
Kapuas
karaté
karbau
Karchi
Kariba
karité
Karman
Karman
karman
Karnak
Karrer
Karroo
kasher
Kaspar
Kassaï
Kassel
Kassem
Katona
Kaunas
Kaunda
Kavála
Kaverī
Kāviri
kazakh
Kazbek
Kazvin
Keaton
Kediri
Keesom
Keihin
Keiser
Keitel
Kekulé
Keller
Kelsen
Kelvin
kelvin
Kemmel
Kempff
Kempis
kentia
kenyan
Kenzan
képhir
Kepler
Kerala
Kermān
kermès
kerria
kerrie
Kertch
Kessel
ketmie
Kevlar
Keynes
khâgne
khanat
Khaniá
Kheops
khmère
Khmers
Khosrô
Khotan
Khulnā
Khyber
Kiefer
Kielce
kif-kif
Kigali
Kikuyu
Kikwit
Ki-long
kimono
kinase
Kindia
kinois
kipper
Kirkūk
Kirmān
kirsch
Kiruna
Kistnā
Kition
kitsch
Kjølen
Kladno
Klaxon
Kléber
Kleene
Kleist
Klenze
klippe
Kloten
kobold
Kocher
Kodály
kodiak
Koenig
Kōetsu
Koffka
Köhler
Kohout
Kokand
Kollár
Kolyma
Kongzi
Koniev
kopeck
Koraís
Körner
Košice
Koscvo
Kossel
Kossou
Kouban
koubba
Koufra
koulak
koumis
koumys
Kouo Hi
kouroi
kouros
Kourou
Koursk
Kovrov
Koweït
kraken
Kraków
Kriens
Kriṣṇa
Krleža
Kronos
Kruger
Krüger
Krylov
Kuiper
Kumāon
Kumasi
kummel
Kummer
kung-fu
Kunlun
Kunsan
Kuopio
Kurume
Kuṣāna
Kwanza
Kyūshū
La Baie
labeur
labial
labiée
labile
labium
Labori
Labour
labour
labrit
laçage
laçant
Lacaze
lacéré
laceur
lâchée
lâcher
Laclos
La Crau
lactée
lacune
Ladakh
ladang
ladies
ladino
ladite
Ladoga
Laeken
La Fare
La Fère
Lagash
Lagord
Lagoya
laguis
lagune
là-haut
La Haye
La Hire
Lahore
La Hyre
laïcat
laîche
L'Aigle
lainée
lainer
laïque
laisse
laissé
laitée
laiton
laitue
Lajtha
lamage
lamant
La Maxe
lambda
lambel
lambic

6

Lambin
lambin
Lamech
La Mède
Lameth
lamier
laminé
lampas
lampée
lamper
La Mure
Lamure
lancée
lancer
lançon
Landau
landau
Länder
Landes
Landru
Landry
langer
Langon
langue
langué
langui
lanice
lanier
Lannes
Lannoy
La Noue
Lanson
Lao Che
Lao She
lapant
lapiaz
lapidé
lapine
lapiné
lapone
lapsus
Laptev
laptot
laquée
laquer
larbin
Larche
larcin
larder
lardon
Laredo
larget

largue
largué
Larrey
larron
larsen
Lartet
Laruns
larvée
larynx
Larzac
La Sale
lascar
lascif
Lassay
lasser
lassis
Lassus
Lastex
La Suze
La Tène
latent
latere
Latham
Latina
latine
Latini
latino
Latins
Latium
Latone
La Tour
Latour
Latran
latrie
latter
Lattes
lattis
Latude
Latvia
laudes
Launay
laurée
Laurel
Lauter
Lauzun
lavabo
lavage
lavant
Lavaur
Lavéra
laveur
lavoir

Lavrov
lavure
laxité
layant
Lazare
lazzis
leader
Leakey
Léauté
Le Barp
Lebeau
Lebowa
Lebret
Le Brix
Le Brun
Lebrun
léchée
lécher
Lecocq
Le Crès
Le Daim
Le Dain
Ledoux
Lê Duan
Le Faou
légale
legato
légaux
légère
légion
Le Goff
Le Gond
Legros
léguer
légume
Leiden
Leiris
Leitha
Lekain
Le Lude
Le Mans
Lémery
Lemire
Lemnos
LeMond
lémure
Le Nain
Lenard
lendit
Lénine
Lenoir
Leoben

léonin
Leonov
Le Pecq
Lepère
Lépide
L'Épine
Lépine
Le Play
Le Pont
Le Port
lepton
lequel
lerche
Lérida
Lérins
Leroux
Lesage
lésant
Lesbos
Lescar
Lescot
lésine
lésiné
lésion
Lessay
Lessen
lester
létale
létaux
letchi
Le Teil
Le Thor
letton
lettre
lettré
leurre
leurré
Leuven
Leuwen
levage
levain
Levant
levant
Levens
Levier
levier
lévigé
lévite
lèvres
levron
levure
lexème

Leysin
lézard
Lezoux
Lhassa
L'Horme
Lhotse
liante
liardé
liasse
libage
libera
Libère
libéré
libero
libido
libyen
lichen
licher
licier
licite
licité
Liebig
lieder
liégée
lierne
Lierre
lierre
liesse
lieuse
Liévin
lièvre
Liffré
lifter
ligand
ligase
Ligeti
lignée
ligner
Lignon
ligoté
liguer
Ligugé
ligule
ligulé
ligure
Likasi
Likoud
lilial
limace
limage
limant
limbes

6

Limeil
limeur
limier
limite
limité
limnée
Límnos
limogé
Limoux
limule
Lindau
Linder
linéal
lingam
lingot
lingue
linier
linter
Lionne
lionne
Lioran
Lipari
lipase
Li Peng
Li P'eng
lipide
lipome
lippée
lippue
lisage
lisant
Lisboa
liseré
liséré
liseur
lisier
lisser
listel
Lister
lister
liston
Li Tang
litant
litchi
liteau
litham
litige
litote
litron
litsam
Littau
Littré

livedo
livide
living
livrée
livrer
livret
Livron
Lizard
llanos
Llivia
Lloyd's
loader
Loango
lobant
lobbys
Lobito
Lob Nor
lobule
lobulé
locale
locaux
locher
Loches
loculé
Lodève
Loèche
lofant
logeur
loggia
Logone
Loigny
Loiret
Loiron
loisir
Loison
Lokman
lokoum
lombes
Lombez
Lombok
Lommel
Lomont
London
longer
Longhi
Longin
Longny
Longue
longue
Longué
Longus
Longwy

Lon Nol
loques
loquet
Lorenz
Loreto
lorgné
Loriol
loriot
Lormes
Lorris
lorrys
lotier
lotion
lotois
louage
louant
loubar
Loubet
louche
louché
Loudun
loueur
lougre
Louise
loulou
louper
Loupot
lourde
lourdé
lourer
loutre
Louvel
louver
louvet
Louvre
Louxor
lovant
loyale
Lo-yang
loyaux
Loyola
Loyson
Lozère
Luanda
Lübeck
Lublin
Lucain
lucane
Luchon
lucide
Lucien
lucite

ludion
Ludres
luette
Lugano
lugeur
Lukács
lunché
lunchs
L'Union
lunule
lunure
lupome
Luqmān
Lurçat
Lusace
Lusaka
Lüshun
Lussac
lustre
lustré
lutant
lutéal
Lutèce
Luteri
Luther
lutine
lutiné
lutrin
lutter
Lutuli
Lützen
luxant
luxure
Luynes
Luzech
Luzern
Luzhou
luzule
lycaon
lycéen
lycène
lychee
lycope
lycose
lydien
lymphe
lynché
lysant
Lysias
lysine
Lytton
Maazel

maboul
Mabuse
Macapá
Maceió
macéré
Machel
mâcher
machin
mâchon
Macías
Macina
maclée
macler
Maclou
macque
Macrin
macula
macule
maculé
Madách
madame
made in
Madère
madère
Madiun
madone
Madras
madras
madrée
Madrid
Madura
maffia
mafflu
Magnac
Magnan
magnan
magnat
magner
Magnol
magnum
Magnus
magret
magyar
Mahaut
Maḥfūẓ
Mahler
Maḥmūd
Mahmud
mahous
Maiano
Maîche
maiche

maïeur
maigre
maigri
Maïkop
Mailer
maille
maillé
Mailly
mainte
Mairet
mairie
Maison
maison
Maisūr
maître
Majeur
majeur
ma-jong
majoré
Makālū
makila
Malabo
malade
Málaga
malaga
Malais
malais
Malang
malard
malart
Malawi
malaxé
malbec
malgré
malice
malien
Malory
malter
Mälzel
Mamaia
mamelu
Mamers
Mamert
Mammon
Mamoré
manade
Manado
Manage
managé
Manāma
manant
Manaus

Manche
manche
mancie
mandat
Mandel
mander
manège
manger
Mangin
mangle
mangue
manier
manioc
manipe
Mannar
manoir
manque
manqué
Man Ray
Mansle
Mantes
mantra
Manuce
Manuel
manuel
Manzat
Mao Dun
maorie
Maoris
Maputo
maquée
maquer
maquis
maraca
Maradi
Marais
marais
Marajó
Marans
Marans
maraud
Marbot
marbre
marbré
Marcel
Marche
marche
marché
Marcos
Mardān
marfil
margay

marger
margis
Margny
Margot
marial
mariée
marier
marina
Marine
marine
mariné
Marini
Marino
mariol
Marius
markka
Markov
Marles
marlin
marlou
marmot
Marnay
marner
Marnes
Marnia
Maroni
marque
marqué
marrer
marrie
marron
Marrou
Marses
Martel
martel
Marthe
Martin
martre
martyr
Masada
Maseru
masque
masqué
Massaï
masser
Massey
massif
Masson
massue
Massys
mastic
mastoc

Mas'ūdī
masure
Matadi
matage
matant
mâtant
Mataró
matché
matchs
Matera
mâtine
mâtiné
matité
matoir
matois
Matour
matras
Matsue
Mattei
mature
mâture
Matute
maudit
Mauges
Maupas
Maures
Mauron
Mauroy
Maurya
mauser
mauvis
maxima
Maxime
maxime
mayeur
Ma Yuan
mazant
Mazepa
mazout
McAdam
mécano
Mécène
mécène
mécher
mechta
Meckel
Médard
médial
médian
médias
médiat
Médici

médina
Médine
médire
médité
médium
médius
Méduse
méduse
médusé
Meerut
méfait
méfier
mégalo
Mégare
Mégère
mégère
Megève
mégohm
mégoté
méhara
méhari
Mehmed
méiose
Méjean
méjugé
Meknès
Mékong
Melaka
mêlant
méléna
mélèze
Méliès
Méline
mellah
membre
membré
membru
mémère
Memnon
menace
menacé
ménade
Menado
Ménage
ménage
ménagé
Menant
menant
Mendel
mendié
meneau
menées

6

meneur
Menger
Mengzi
menhir
menine
menora
mental
menthe
mentir
Menton
menton
Mentor
mentor
menuet
ménure
Menzel
méplat
mépris
Merano
Mercie
Merckx
merder
mérens
Merici
Mérida
Merina
merise
mérite
mérité
merlan
Merlin
merlin
merlon
merlot
Mermoz
Mersch
Mersey
Mersin
Merton
mérule
Meryon
Meseta
Meslay
Mesmer
Messei
messer
messie
messin
mestre
mesure
mesuré
mésusé

métaux
méteil
métier
métope
métrer
Metsys
mettre
meuble
meublé
Meudon
meuglé
Meulan
meuler
meulon
Mexico
México
Meylan
Meymac
Meyrin
mézail
Mézenc
miasme
miaulé
mi-bois
micacé
Michée
Michel
miches
Michna
Mickey
mi-clos
micmac
mi-côte
micron
Midway
Miélan
miellé
mienne
Mieres
miette
mièvre
Mignet
mignon
migrer
mihrab
mijoté
Mijoux
mikado
Milano
milice
milieu
milité

Millas
millas
Millau
Miller
Millet
millet
milord
Miłosz
Milosz
Milton
mimant
mimosa
Mimoun
minage
minant
minbar
Mincio
mincir
mindel
Minden
mineur
Mingus
Minîèh
minier
minima
minime
minium
minoen
minois
minoré
minque
minuit
minute
minuté
mioche
mirage
mirant
miraud
Mircea
mireur
Miriam
miroir
misant
Misène
misère
Mishna
Misnie
missel
misses
miston
Mistra
mitage

mitant
mitard
miteux
Mithra
mitigé
mitose
mitral
mitrée
mitron
mi-voix
mixage
mixant
mixeur
mixité
Mobile
mobile
Möbius
Möbius
moblot
Mobutu
modale
Modane
modaux
modelé
modèle
Modène
modéré
module
modulé
modulo
Moëlan
moelle
Moeris
moeurs
mofflé
Mogods
Mohács
mohair
Mohave
Mohawk
Mohéli
moirée
moirer
moiser
moisir
Moissy
moitié
moitir
Moivre
Mojave
Moldau
Molène

molène
moleté
Molina
Molise
Molitg
mollah
Mollet
mollet
mollir
Molnár
Moloch
moloch
Moltke
molure
moment
Monaco
monade
Moncey
monder
Mondor
Monein
monème
monère
Mongie
mongol
monial
Monluc
Monnet
monôme
Monory
Monroe
Montan
montée
monter
Montes
Montez
montre
montré
Moorea
moquer
Morais
morale
Morand
Morane
moraux
Morava
morave
morbus
mordre
mordue
Moréas
Moreau

6

moreau
Morena
morène
Moreno
Moreto
morfal
morfil
morflé
Morgan
Morgat
Morges
morgon
morgue
morgué
Móricz
Mörike
Morins
morion
Moritz
Morley
mormon
Mornay
mornée
Moroni
morose
Morris
mortel
mort-né
Morton
morula
Morvan
mosane
Moscou
Moskva
Mostar
Motala
motard
moteur
motion
motivé
Mo-tseu
motter
mouche
mouché
moudre
moufle
moufté
mouise
moujik
Moulay
moulée
mouler

Moulin
moulin
moulue
mounda
Mourad
Mouret
mourir
mouron
mourre
mousmé
mousse
moussé
moussu
Mouthe
Mouton
mouton
Mouzon
moyens
Mozart
Mrożek
muance
mucine
mucron
muesli
muette
mufeté
muffin
Mugabe
Mugron
muguet
Muisca
mulard
muleta
mullah
Muller
Müller
Müller
Multān
Munich
Münzer
muphti
murage
murale
murals
Murano
murant
muraux
Murcie
murène
Murger
muridé
mûrier

murmel
Murnau
Murphy
Murray
Mürren
Murten
Musala
musant
musard
muscat
muscle
musclé
museau
muselé
muséum
musoir
musqué
musser
Musset
mussif
mutage
mutant
Mutare
mutilé
mutine
mutiné
mutité
mutuel
mutule
Mutzig
Mwanza
Mycale
mycose
mygale
myiase
myopie
myosis
Myrdal
myrrhe
Mysore
myxine
Myzeqe
Nabeul
nabote
nacrée
nacrer
Nadaud
naevus
Nagano
nagari
nageur
Nagoya

Nāgpur
naïade
naître
Nakuru
Nançay
nandou
Nangis
nanisé
Nankin
nankin
Nansen
Nantes
nantie
nantir
Nantua
napalm
Napata
naphta
naphte
Napier
Naples
Napoli
napper
nargué
narine
Narita
Narmer
narrer
Narsès
narval
Narvik
nasale
nasard
nasaux
naseau
Nassau
Nasser
nastie
natale
natals
Nathan
natice
nation
native
Natorp
natron
natrum
natter
nature
Naudin
nausée
Navaho

navaja
Navajo
navale
navals
navire
navrer
Nazaré
Nebbio
Néchao
Neckar
Necker
nectar
necton
Nefoud
négoce
Negros
Néguev
neiger
Neisse
Nelson
némale
Nemrod
nénies
népali
nepeta
népète
néréis
Nernst
néroli
Neruda
Nerval
nervin
Nessos
Nessus
Nestlé
Nestor
Neuhof
neural
Neutra
neutre
Neuvic
Nevada
Nevers
Nevski
Newark
Newman
Newton
newton
Neẓāmi
Nezval
niable
niaise

6

niaisé
Niamey
nichée
nicher
nichet
nichon
Nicias
nickel
niçois
Nicola
Nicole
nielle
niellé
Niémen
Niepce
Nieppe
Nièvre
nigaud
Nijlen
Nikita
nikkei
nilles
nimber
nimbus
Nimier
Nimitz
nîmois
Ningbo
Ning-po
Ninive
Ninove
nipper
nippes
Nippon
nippon
nitrée
nitrer
Ni Tsan
nivale
nivaux
nivéal
niveau
nivelé
nivôse
Niẓāmī
nizeré
Njegoš
Nkollé
Nobile
Nobili
Nocard
noceur

nocher
nocive
nodale
nodaux
Nodier
nodule
Nogaro
Nogent
Noguès
Nohant
noirci
Noiret
nolisé
Nollet
nomade
nombre
nombré
Nomeny
nominé
nommée
nommer
non-dit
nonidi
Nonius
non-moi
nopals
nordet
nordir
normal
normée
norois
noroît
Norris
Norton
Norwid
nostoc
Nosy Be
notant
notice
notion
nôtres
notule
nouage
nouant
noueux
nougat
noulet
Nouméa
nounou
nourri
nouure
Nouvel

nouvel
novant
Novare
novice
noyade
Noyant
noyant
Noyers
nuance
nuancé
nubien
nubile
nubuck
nucale
nucaux
nucléé
nudité
nuitée
Nujoma
Numazu
nûment
numéro
numide
Nursie
Nyassa
nymphe
Nystad
oasien
Oaxaca
obérer
Oberon
Oberth
oblate
oblats
obligé
oblong
O'Brien
obscur
obsédé
obtenu
obturé
obtuse
obvenu
obvers
obvier
Obwald
O'Casey
occase
occire
occlus
occupé
Océane

océane
ocelle
ocellé
ocelot
ocrant
ocreux
octale
octane
octant
octaux
Octave
octave
octidi
octroi
octuor
oculus
Odense
Odessa
odieux
Odilon
odorat
Odoric
oedème
Oedipe
oedipe
Oerter
oestre
oeuvée
oeuvre
oeuvré
offert
office
offrir
offset
Ogaden
ogival
Ogoday
Ogooué
O. Henry
oïdium
oignon
oindre
Oisans
oiseau
oiselé
oiseux
oisive
Oissel
Ojibwa
okoumé
oléate
oléine

Olenek
olé olé
Oléron
Olinda
Oliver
Olivet
olivet
Olmedo
Olmeto
Olmütz
Olonne
Oloron
Olympe
Olympe
ombrée
ombrer
Ombrie
omerta
omnium
onagre
oncial
ondine
ondoyé
ondulé
O'Neill
Onetti
onglée
onglet
onglon
ongulé
onques
onyxis
onzain
oocyte
oogone
oolite
opalin
opaque
op arts
opéras
opérée
opérer
opéron
ophite
ophrys
Ophuls
opiacé
opimes
Opinel
opiner
oponce
oppida

opposé
optant
optima
option
oracle
Oradea
Orange
orange
orangé
orante
orbite
orchis
ordrée
ordure
oréade
Örebro
Oregon
orémus
Orense
Oresme
Oreste
Orezza
Orfila
orfroi
organe
orgeat
orgies
orgues
oribus
Orient
orient
origan
Origny
Oriola
Orissa
Orkney
ormaie
ormeau
ormier
ormoie
Ormuzd
Ornain
ornais
Ornano
Ornans
ornant
oronge
Oronte
Orozco
Orphée
orphie
Orsini

Ørsted
O.R.S.T.O.M.
Ortega
orteil
Orthez
Ortler
Ortles
orvale
Orwell
Osasco
oscule
Oshawa
Ōshima
Osijek
Osiris
Ösling
osmium
Osmond
osmose
Osorno
Osques
ossète
osseux
Ossian
ostiak
ostyak
Otakar
otarie
Otello
otique
Ottawa
Ötztal
Ouadaï
ouatée
ouater
oublie
oublié
oudler
Oudong
Ouellé
Ouenza
Ougrée
ouille
ouillé
oukase
ouléma
Oulipo
oumiak
Ouolof
ouolof
Oupeye
ourdir

ourdou
ourébi
ourler
ourlet
Ourmia
Ourouk
oursin
ourson
Ourthe
outlaw
output
outrée
outrer
ouvala
ouvert
ouvrée
ouvrer
ouvrir
ouzbek
ovaire
ovibos
Oviedo
ovoïde
ovuler
oxalis
Oxford
oxford
oxyder
oxymel
oxyton
oxyure
Oyapoc
Ozalid
Ozanam
ozonée
ozoner
pacage
pacagé
pacane
Pacher
Pachto
pachto
Pacôme
pacqué
pacson
padane
Padang
padine
Padoue
padoue
Padova
paella

pagaie
pagaïe
Pagalu
pagaye
pagayé
pageot
paginé
Pagnol
pagnon
pagnot
pagode
pagure
Pahārī
paille
paillé
pairie
pairle
paître
palace
palais
pâleur
palier
Pallas
pallié
Palmas
palmas
palmée
Palmer
palmer
palois
palper
palude
Paluel
pâmant
pampre
panace
panade
panais
Panaji
Panamá
panama
Paname
panant
panard
pandit
Pangée
panier
Panine
Pāṇini
Panini
Panjim
Pankow

pannée
panser
pansue
Pantin
pantin
panure
panzer
paonne
papale
papaux
papaye
Paphos
papier
Papini
papion
papoté
Papoua
papoue
Papous
Pappus
papule
paqson
Pâques
Pâques
paquet
parade
paradé
parafe
parafé
parage
Paramé
Paraná
parant
pardon
pareil
parent
parère
Pareto
pareur
parfum
parian
paridé
parier
Parini
parité
Parker
parlée
Parler
parler
paroir
parole
paroli

6

parqué
Parrot
parsec
parsie
partie
partir
parton
parure
parvis
Pascal
pascal
Pascin
Passau
passée
passer
passet
passif
passim
pastel
pastis
patard
patata
patate
patati
Pataud
pataud
patène
patent
patère
pâteux
Pathan
pathos
patine
patiné
Pátmos
patois
Patras
patrie
patron
pattée
Patton
pattue
pâture
pâturé
Paulin
Paulus
paumée
paumer
pauser
pauvre
pavage
pavane
pavané
pavant
Pavese
paveur
Pavlov
pavois
Paxton
payant
payeur
paysan
péager
pébroc
pécari
pécher
pêcher
pecnot
pécore
pecten
pécule
pécune
pédale
pédalé
Pédalo
pédant
Pégase
pégase
Pégoud
pehlvi
peigne
peigné
peille
peiner
Peirce
Peisey
pékiné
pelade
Pélage
pelage
pelant
pelard
peléen
péléen
Pélion
Pellan
peller
pellet
Pélops
pelote
peloté
peltée
Pelton
pelure
Péluse
pelvis
pénale
Penang
penaud
pénaux
penché
pendre
pendue
Penghu
pénien
pennée
pennon
pensée
penser
pensif
pensum
pentue
péones
Peoria
péotte
pépère
pépier
pépite
péplum
péquin
percée
percer
Perche
perche
perché
perdre
perdue
Perier
périmé
périph
Perkin
perlée
perler
perlon
perlot
permis
Pernes
Pernik
Pernis
péroné
péroré
Perret
Perrin
perron
Perros
Perrot
Persan
persan
Persée
persel
persil
pertes
pesade
pesage
pesant
Pesaro
peseta
peseur
Pesmes
Pessac
Pessah
Pessoa
pester
Pétain
pétale
pétant
pétard
pétase
Pétaud
Peters
péteur
péteux
Pétion
petiot
Petipa
petite
Petőfi
pétrée
pétrel
pétrin
pétrir
pétuné
peuhle
peuple
peuplé
Pévèle
peyotl
pezize
Phanar
phanie
Pharos
phasme
Phébus
Phédon
Phèdre
Phénix
phénix
phénol
Philae
Philon
phobie
Phocée
Phokas
phonie
phonon
phoque
photon
phrase
phrasé
Phryné
Phuket
phylum
piaffé
Piaget
Pialat
pianos
piaule
piaulé
piazza
pibale
Pibrac
picage
Picard
picard
pichet
pick-up
picolé
picoré
picote
picoté
picris
Pictes
Pictet
pidgin
piéger
Pierné
Piéron
Pierre
pierre
piéter
piétin
piéton
piètre
pieuse
pieuté
pifant
piffer
pigeon
pignon
pilage

pilant
Pilate
pileur
pileux
pilier
piller
pilori
pilote
piloté
Pilpay
Pilsen
pilule
piment
Pinard
pinard
pincée
pincer
pinçon
Pincus
pinéal
pineau
pinède
pinène
Pinget
pingre
pin-pon
pinson
Pinter
pinter
pinyin
Pinzón
pioche
pioché
piolet
Piombo
pioncé
pionne
piorné
pipant
pipeau
pipeur
pipier
piquée
piquer
Piquet
piquet
piqûre
pirate
piraté
piraya
Piriac
pirole
pisane
Pisano
pissat
pisser
pister
pistil
piston
pistou
piteux
pitpit
pivert
pivoté
placer
placet
plagal
plagié
plaidé
plaine
plaint
plaire
Planck
planer
Planté
plante
planté
plaque
plaqué
plasma
plaste
platée
Platon
plâtre
plâtré
Plauen
Plaute
playon
Pleaux
pléban
Pleine
pleine
Plélan
plénum
Plérin
pleuré
Pleven
Plevna
plèvre
plexus
Pleyel
pleyon
pliage
pliant
plieur
plioir
plique
plissé
pliure
Ploeuc
plombe
plombé
plonge
plongé
Plotin
Plouay
Plouha
ployer
pluché
plumer
plumet
plural
Pluton
pluton
plutôt
Plutus
pneumo
Pobedy
Poblet
pocher
pochon
podion
podium
podzol
poêlée
poêler
poêlon
poésie
Poggio
pognon
pogrom
Pohang
poigne
poiler
poilue
pointe
pointé
pointu
poirée
Poiret
Poirot
poison
poisse
poissé
Poissy
Poitou
poivre
poivré
Polabí
polard
polder
police
policé
pollen
pollué
Pollux
Pol Pot
Polska
Polybe
polyol
polype
Pomaré
Pombal
Pomeau
pomelo
pommée
pommer
Pomone
Pompée
Pompéi
pomper
pompes
Pompey
pompon
ponant
poncer
poncho
poncif
Poncin
pondre
pongée
pontée
ponter
pontet
pontil
ponton
Popard
pop art
popote
Poppée
Popper
populo
poquer
poquet
porche
porcin
poreux
porion
Pornic
porque
Portal
portal
portée
Porter
porter
Portes
Portet
portor
posada
posant
poseur
postal
postée
Postel
poster
postes
potage
Potala
potard
poteau
potelé
Pothin
Potier
potier
potiné
potion
Potosí
Potter
Poucet
poudre
poudré
pouffé
Pougny
poulet
poulie
poulot
poulpe
poumon
poupée
poupin
poupon
Pourim
pourri
pourvu
pousse
poussé
poutre
poutsé
Powell
P'o-yang

6

Poyang
Poznań
Prades
Prague
praire
pralin
Pravaz
Pravda
praxie
praxis
prêche
prêché
précis
prédit
préfet
préfix
prélat
prénom
Prešov
presse
pressé
preste
presté
presto
prêter
prêtre
preuve
prévôt
priant
Priape
Priène
prière
Prieur
prieur
primal
primat
primée
Primel
primer
Prince
prince
priori
Pripet
prisée
priser
prisme
prison
Privas
privée
priver
Probus
procès

proche
profès
profil
profit
profus
projet
Prokop
prolan
prolog
promis
prompt
promue
prôner
pronom
propos
propre
Protée
protée
protêt
proton
Proust
Prouvé
prouvé
provin
proyer
pruche
pruine
prunus
prurit
Prusse
psaume
psoque
Psyché
psyché
psylle
ptôsis
puante
pubère
pubien
public
publié
puceau
pucier
puddlé
pudeur
Puebla
Pueblo
puéril
puffin
puînée
puiser
pulque

pulsar
pulser
punchs
Purāṇa
pureau
pureté
purger
purine
Puskas
Puszta
putain
putier
putiet
Putnik
putois
putsch
putter
puttos
puzzle
pygmée
pyjama
Pylade
pylône
pylore
pyrale
pyrène
pyrite
Pyrrha
pyrrol
pythie
Python
python
pyurie
pyxide
Qadesh
Qādjār
qasida
qatari
Qazvin
Quades
quaker
quant à
quanta
Quantz
quarte
quarté
quarto
quartz
quasar
quater
quatre
Québec

que dal
Queens
quelea
quelle
Quemoy
Quercy
quérir
quêter
Quetta
queuté
Quéven
Quezón
Quiché
quiche
quidam
quiète
quille
Quilon
Quincy
quinée
Quinet
quinoa
quinte
quinto
quinze
quipou
quirat
quitte
quitté
quitus
Qumrān
quorum
Qu Yuan
rabais
rabane
Rabaud
Rabaul
rabbin
rabiot
râblée
râbler
raboté
racage
rachat
Rachel
rachis
racial
Racine
racine
raciné
racket
raclée

racler
racolé
radant
radeau
radial
radian
radiée
radier
radine
radiné
radium
radius
radjah
radôme
radoté
radoub
radsoc
radula
Raeder
rafale
Raffet
raffut
rafiau
rafiot
rafler
rageur
Raglan
raglan
ragote
ragoût
ragréé
raguer
Raguse
Rahman
Rahner
raider
raidir
raillé
rainer
Raipur
raisin
raison
Raizet
Rājkot
rajout
Rājput
Rákosi
râlant
Ralegh
râleur
raller
rallié

6

rallye
ramage
ramagé
ramant
ramdam
Rameau
rameau
ramené
rameur
rameux
ramier
Ramire
ramoné
Rampal
ramper
rampon
Rāmpur
Ramsay
Ramsès
Ramsey
ramure
ranale
ranche
Rānchī
rancho
ranchs
rancio
rancir
rançon
Randan
Randon
rangée
ranger
ranidé
ranimé
Ranjīt
Raoult
rapace
râpage
râpant
râpeux
raphia
rapiat
rapide
rapine
rapiné
rappel
raptus
râpure
raquer
rareté
rasade

rasage
rasant
raseur
rashes
raskol
rasoir
rassir
rassis
rastel
ratage
ratant
Rateau
râteau
râtelé
ratier
ratine
ratiné
rating
ration
ratite
rature
raturé
Ratzel
rauché
rauque
rauqué
ravage
ravagé
ravalé
ravals
ravier
ravili
ravine
raviné
ravisé
ravivé
ravoir
rayage
rayant
rayère
Raynal
rayons
Raysse
rayure
Razine
razzia
razzié
Reagan
réagir
réarmé
Rebais
rebâti

rebond
rebord
rebras
rebuté
recalé
recasé
recédé
recelé
récent
recepé
récépé
Recife
récité
Reclus
reclus
recoin
récolé
record
recors
recréé
récréé
récrié
récrit
recrue
rectal
rectos
rectum
recuit
reculé
récuré
récusé
redent
rédigé
rédimé
redire
redite
redoré
redoul
redoux
rédowa
réduit
réduve
réelle
refait
refend
référé
refilé
reflet
reflex
reflué
reflux
refuge

refusé
réfuté
regain
régale
régalé
régals
regard
régate
régaté
regelé
Régent
régent
reggae
Reggan
Reggio
régime
Regina
région
réglée
régler
règles
réglet
régner
régnié
regrat
regréé
regret
regros
régule
régulé
rehaut
Reicha
réifié
Reille
Reiser
reître
Réjane
rejeté
rejoué
réjoui
rejugé
relais
relaps
relaté
relavé
relaxe
relaxé
relayé
relent
relevé
relève
relief

relier
relire
relogé
reloué
remake
remède
réméré
Remich
rémige
remise
remisé
rémois
rémora
remous
rempli
remuer
Renaix
rénale
Renard
Renard
renard
Renaud
rénaux
rendre
rendue
Renens
renflé
renier
rénine
Renner
Rennes
Renoir
renoué
rénové
renter
rentré
renvoi
Renwez
réparé
reparu
repavé
repayé
repère
repéré
répété
Repine
replat
replet
replié
replis
repoli
répons

6

report
repose
reposé
repris
réputé
requin
requis
Résafé
resalé
resali
réseau
réséda
résidé
résidu
résine
résiné
Reşiţa
résolu
ressac
ressué
ressui
rester
restes
Restif
résumé
rétamé
retape
retapé
retard
retâté
retenu
Rethel
rétine
retiré
rétive
retors
retour
retubé
réunir
réussi
rêvant
Revard
revécu
réveil
révélé
revenu
révéré
Revers
revers
revêtu
rêveur
révisé

revoir
revolé
révolu
revoté
Rezāye
rhénan
rhésus
Rhétie
Rhinau
Rhodes
Rhodia
rhodié
rhombe
Rhovyl
rhumer
rhyton
Rialto
riante
Riazan
ribaud
Ribera
ribler
riblon
ribose
ribote
ricain
ricané
riccie
Richer
Richet
riciné
Ricord
ric-rac
rictus
ridage
ridant
rideau
ridoir
ridule
Riehen
Riemst
Rienzi
Rienzo
rieuse
rifain
riffle
rififi
rifler
Rigaud
rigide
Rignac
rigole

rigolé
rigolo
Rijeka
rikiki
Rilsan
rimant
rimaye
rimeur
Rimini
Rimmel
rincée
rincer
rioter
ripage
ripant
Ripert
ripous
ripoux
ripper
Riquet
risban
Riscle
risque
risqué
ritals
Rítsos
Ritter
rituel
rivage
rivale
Rivalz
rivant
rivaux
Rivera
Rivers
riveté
riveur
rivoir
Rivoli
rivure
riyals
Roanne
robage
robant
Robert
robert
Roboam
Rob Roy
rocade
Rocard
rocher
Rochet

rochet
rocker
rocket
rococo
rocoué
Rocroi
rodage
rodant
rôdant
rôdeur
rodoir
roesti
Rogers
Rogier
Rognac
rogner
rognon
roguée
rohart
Róheim
Rohmer
Rohtak
roidir
roillé
Roisel
Roissy
rôlage
Roland
Rollin
Rollon
rollot
Romain
romain
romand
romane
romani
Romano
Romans
Rombas
Rommel
Romney
rompre
rompue
rondel
rondin
ronflé
ronger
rônier
ronron
Ronsin
rooter
roquer

roquet
rosace
rosacé
rosage
rosant
Rosati
rosbif
roseau
roseur
rosier
Roslin
rossée
rosser
Rostov
Rostow
rostre
rotacé
rotang
rotant
rotary
Rothko
Rotrou
rotule
roture
rouage
rouant
Rouaud
rouble
rouchi
rouget
roughs
rougir
Rouher
Rouiba
Roujan
roulée
rouler
roulis
roupie
rousse
roussi
Roussy
rousti
router
Routot
rouvre
Rouxel
Rovigo
rowing
Roxane
Royale
royale

6

royaux
Roybon
Ruanda
rubané
rubato
Rubbia
Rubens
ruchée
rucher
Rudaki
rudoyé
Ruelle
ruelle
Ruffec
Ruffié
rufian
rugine
Rugles
ruiler
ruiner
ruines
rumeur
ruminé
Rummel
Rungis
Rupert
rupiah
rupine
rupiné
rurale
ruraux
Ruṣāfa
rusant
rushes
Ruskin
Russie
rustre
rutile
rutilé
rutine
Ruyter
Rwanda
Rybnik
rythme
rythmé
Ryūkyū
Saales
Sábato
sabbat
sabéen
Sabine
sabine
Sabins
sablée
sabler
sables
sablon
sabord
saboté
sabrer
Sabres
sachée
sachem
sachet
Saclay
sacome
sacqué
sacral
sacrée
sacrer
sacret
sacrum
Sadate
Sadoul
Sadowa
safari
safran
sagace
sagaie
sagard
sagine
Sagone
Sahara
saigné
Saigon
Sailer
sailli
sainte
saisie
saisir
saison
sakieh
salace
salade
Salado
salage
salami
Salang
salant
salaud
Salers
salers
saleté
saleur
Salève
salien
Salies
saline
Salins
salive
salivé
salmis
saloir
Salomé
Salona
Salone
saloon
salope
salopé
Saloum
Salses
saluer
salure
Samara
samara
samare
Sambin
Sambre
samedi
samoan
samole
sampan
sampot
Samson
Samsun
Samuel
Sanaga
Sanary
Sanche
Sander
sandix
Sandow
sandre
sandyx
Sangha
sangle
sanglé
Sāngli
Sanson
santal
Säntis
santon
Santos
Sanūsī
saoule
saoulé
sapant
sapeur
saphir
sapide
sapine
saponé
sapote
Sappho
saquer
sarclé
Sardes
Sardou
Sarema
Sargon
Sarine
Sarlat
Sarnen
Sarney
Sarnia
sarode
sarong
sarrau
Sarthe
Sartre
Sasebo
sasser
satané
satiné
satire
satori
Satory
saturé
satyre
saucée
saucer
Saugor
Saujon
saulée
saumon
Saumur
sauner
saurer
sauret
saurin
sauris
sauter
Sautet
sauver
Savaii
savane
savant
Savard
Savart
savart
Savary
savate
saveur
Savoie
savoir
Savone
Saxons
sbrinz
scalde
scalpé
scampi
scandé
Scanie
Scapin
Scarpa
Scarpe
scatol
Sceaux
scellé
schako
Scheel
scheik
Schein
schéma
schème
schéol
Schipa
schleu
schupo
schuss
Schütz
Schwyz
sciage
sciant
sciène
scieur
scille
Scilly
scindé
scirpe
sciure
scolex
scolie
sconse
Scopas
scopie
scorie
Scotch
scotch
scotie

6

scoute
Scribe
scribe
script
scruté
scutum
Scylax
Scylla
scythe
séance
séante
Searle
sébacé
sébile
sebkha
Sebond
sécant
Secchi
sécher
Seclin
Second
second
secoué
secret
séduit
Seeckt
Ségala
ségala
seghia
seguia
Seguin
seiche
seigle
Seikan
Seille
seille
Seipel
séisme
séjour
sélect
sélène
seller
Selles
selles
Semang
semant
semblé
Séméac
Sémélé
sémème
Semeru
semeur

sémite
semoir
Semois
semple
Sénart
senaus
Sendai
sénevé
sénile
senior
Senlis
Sénons
sensas
sensée
sentie
sentir
sépale
séparé
septal
septum
sequin
sérail
Serbie
serdab
Serein
serein
séreux
serial
sériel
sérier
serine
seriné
sérine
Serlio
sermon
Sernin
serran
serrée
serrer
Serres
serres
sertão
sertir
serval
Servet
servir
sésame
sesqui-
Sesshū
sétacé
setier
Settat

setter
Seudre
seulet
Seurat
Seurre
Sévère
sévère
Severn
Seveso
Sevran
sevrer
Sèvres
sèvres
sexage
Sextus
sexuée
sexuel
seyant
Seynod
Sforza
shaker
Shamir
Shandy
Shanxi
Sharon
Sharpe
shekel
shérif
Sherpa
sherpa
sherry
shilom
shimmy
shinto
Shi Tao
shogun
Sholes
shooté
shunté
sialis
Sibour
Sicard
Sichem
Sicile
sidéen
sidéré
Sidney
siècle
Siegen
siéger
Sienne
sienne

Sierck
sierra
Sierre
sieste
Sieyès
sifflé
Sigean
Signac
signal
signer
signes
signet
Sigurd
Sikkim
silane
Silène
silène
silice
sillet
sillon
Silone
silphe
silure
silves
Siméon
simien
simili
simoun
simple
simulé
Sindhu
Si-ngan
Singer
singer
single
Si-ning
sinisé
sinité
Sinope
sinter
Sintra
sinuer
Siouah
Sioule
siphon
sirdar
sirène
Sirice
Sirius
siroco
siroté
Sirven

sisals
Sisley
sismal
Sistān
sistre
sitcom
Sitruk
Sittwe
située
situer
sixain
sixtus
sizain
sketch
skiant
ski-bob
skieur
Skikda
Skolem
Skopje
skunks
Skylab
Skýros
slalom
Slaves
slavon
Ślcask
slicer
slikke
Sliven
Slodtz
slogan
Slough
Słupsk
Sluter
smalah
smashé
smashs
smegma
smilax
smille
smillé
smocks
Smyrne
sniffé
snober
Soares
Soboul
social
socque
sodium
sodoku

Sodoma
Sodome
Sofres
soigné
Soïouz
soirée
Sokoto
soldat
Sölden
solder
soleil
solfié
solide
solive
soluté
Somain
somali
sombre
sombré
Somers
somite
sommer
sommet
sonals
sonate
sondée
sonder
songer
sonnée
sonner
sonnet
sonore
Soorts
Sophie
Sopron
sorbet
Sorbon
sorgho
Sorgue
sorite
Sornac
sortie
sortir
Sōseki
Sospel
Sotchi
So-tch'ö
sottie
Souabe
souage
Sou Che
souche
soucié
Soudan
soudan
souder
soufre
soufré
Soulac
soûler
soûlon
soûlot
soulte
Soultz
soumis
souper
soupir
souple
souqué
source
sourde
souris
Sousse
soutes
soutra
soviet
Soweto
Soyaux
soyeux
Soyouz
S.P.A.D.E.M.
spalax
Sparte
sparte
spasme
spathe
speech
speiss
sperme
Speyer
sphère
sphinx
spider
spinal
spiral
spirée
spleen
spolié
Sponde
sprint
squale
squame
square
squash
squire
Sraffa
stable
stadia
Staffa
staffé
stagné
Stains
stalag
stalle
Stamic
stance
Starck
starie
statif
stator
statue
statué
statut
Staudt
stawug
stayer
Steele
Stefan
Stekel
Stella
Stenay
steppe
stéréo
stérer
Sterne
sterne
stérol
Stevin
sthène
stibié
stigma
stocké
stoker
Stokes
stokes
stolon
stoppé
storax
stoupa
Strand
strass
strate
Stresa
stress
strict
striée
strier
strige
string
stroma
Struma
strume
Struve
stryge
Stuart
studio
stupre
stuqué
Sturzo
Stwosz
stylée
styler
stylet
styrax
Styrie
Styron
suaire
suante
Suarès
Suárez
subite
subito
subtil
subulé
suçant
succès
succin
suceur
Suchet
suçoir
suçoté
sucrée
sucrer
sucrin
sud-est
suédée
suette
Suèves
suiffé
suinté
Suisse
suisse
suitée
suivie
suivre
Sukkur
sultan
Šumava
Sumène
summum
Suoche
supère
suppôt
surale
surate
suraux
surbau
surcot
surdos
sureau
Suréna
sûreté
surfer
surfil
surfin
surgir
surimi
suriné
surjet
surmoi
surnom
suroît
Surrey
sursis
survie
survol
susdit
Sussex
Susten
Sutlej
suture
suturé
Suzhou
Suzuka
svelte
Swatow
Sydney
Sylhet
sylphe
synase
syndic
synode
synthé
Syphax
syrien
Syrinx
syrinx
syrphe
syrtes
Syzran

6

Szamos
Szeged
tabard
tablar
tablée
tabler
Tabora
taboue
taboué
Tabriz
tabulé
tacaud
tacher
tâcher
Tacite
tacite
tacler
Tacoma
tadjik
Taejon
taenia
tagals
tagète
tagine
Tagore
Tahiti
taïaut
Taibei
tai-chi
Taifas
taille
taillé
Taïmyr
Tainan
T'ai-pei
Tairov
Taiwan
tajine
Ta-k'ing
Talant
talant
Talbot
talent
taleth
talibé
Ta-lien
talion
talith
taller
Tallin
Tallon
Talmud
talqué
talure
taluté
talweg
Tamale
Tamayo
Tambov
tamier
Tamise
tamisé
Tamoul
tamoul
tampon
tam-tam
Tanaïs
Tanaka
tancer
tanche
tandem
tandis
Ṭandja
Tanger
tangon
tangue
tangué
Tanguy
tanisé
tanker
Tanlay
tannée
Tanner
tanner
tannin
tanrec
tan-sad
Tantah
tantôt
tantra
tapage
tapagé
tapant
tapeur
Tàpies
tapiné
tapoté
tapure
taquer
taquet
taquin
tarage
tarama
tarant
Tarare
tarare
taraud
Tarbes
tarder
tardif
Targon
targué
targui
targum
tarifé
tarmac
Tarnos
Tarnów
taroté
tarots
tarpan
tarpon
Tarski
Tarsus
Tartan
tartan
Tartas
tartir
Tartou
tartre
tartré
Tarvis
Tarzan
tarzan
Tasman
tasser
Tassin
tatami
tatane
tâtant
tatare
Tatars
tâteur
Tatien
Tatius
Ta-t'ong
tâtons
tatoué
Tatras
taudis
Tauern
Tauler
Taunus
taupée
taupin
taurin
Tauris
Taurus
Tausug
Tauves
tauzin
Tavant
Tavaux
tavelé
Tawfīq
taxant
Taxila
tayaut
Taylor
Tbessa
Tcheka
Tchita
teaser
teckel
Tedder
Te Deum
Téflon
Tegnér
teigne
teille
teillé
teinte
teinté
téléga
télexé
telson
telugu
témoin
Temple
temple
Temuco
tenace
tenant
Ténare
Tencin
tender
tendon
Tendre
tendre
tendue
Ténéré
teneur
tennis
tenrec
tenson
tenter
tenure
tenuto
téorbe
tépale
Teramo
tercer
tercet
Tercio
Teresa
terfès
Tergal
termes
ternir
Terray
terrer
terril
terrir
terser
tertio
tertre
Tertry
Teruel
Tessai
Tessin
tesson
tester
teston
tétant
têtard
têteau
Téthys
tétine
tétras
Tetzel
teuton
Tevere
texane
Teyjat
Thabor
thaler
Thalès
Thalie
thalle
Thames
Thèbes
théier
théine
Thémis
thénar
Thenon
thèque
Thésée
Thétis
Thiais

6

Thiard
Thièle
Thiers
Thimbu
Thiron
Thìvai
Thoiry
tholos
Thomas
thomas
Thônes
Thonga
Thonon
thorax
Thorez
thoron
Thouet
Thoune
Thrace
thrace
thrène
thrips
Thuret
thymie
thymol
thymus
thyrse
tiaffe
Tiaret
Tibère
tibial
Ticino
ticket
tic-tac
tiédir
Tienen
tienne
tiento
tierce
tiercé
Tiercé
Tiflis
tiglon
Tignes
tigrée
tigron
Tihert
Tilden
tillac
tiller
Tilsit
timbre

timbré
Timgad
timide
timing
timoré
Timphu
tincal
tinter
Tintin
tintin
tipant
Tipasa
tipper
tipule
tiquer
tirade
tirage
Tirana
tirant
tireur
tiroir
tisane
tisser
titane
Titans
Titien
titrée
titrer
titubé
Tivoli
Tlaloc
Tobago
tocade
tocard
tocsin
toiser
toison
tôlard
Tolède
Toledo
toléré
tôlier
Tolima
tolite
Tollan
Tolman
Toluca
toluol
tomant
tomate
tombac
tombal

tombée
tomber
tommys
tom-tom
tonale
tonals
tondre
tondue
Tonkin
Tonnay
tonner
tonton
topant
topaze
Topeka
tophus
toquée
toquer
toquet
torana
Torbay
torche
torché
torcol
torcou
tordre
tordue
toréer
torero
Torgau
tories
Torino
torque
torrée
Torres
tortil
tortis
Tortue
tortue
toscan
tosser
totale
totaux
Totila
touage
touant
toubab
toubib
Toubou
toucan
touche
touché

toueur
touffe
touffu
Tou Fou
Toulon
toupet
toupie
touque
tourbe
tourbé
tourde
touret
tourie
tourin
tourne
tourné
Tourny
touron
tourte
toussé
toutim
toutou
Touvet
Townes
toxine
Toyama
Toyota
Tozeur
trabée
tracas
tracer
tracté
trafic
tragus
trahir
traîne
traîné
traire
traite
traité
traits
Trajan
trajet
tramer
transe
transi
trappe
trappé
trapue
traque
traqué
trauma

travée
trayon
Trèbes
Trébie
Třeboň
trèfle
tréflé
treize
Trélon
trémie
trempe
trempé
trench
Trenet
Trente
trente
Trento
trépan
trépas
trésor
tresse
tressé
treuil
Trèves
triade
triage
trials
triant
tribal
tribun
tribut
triche
triché
tricot
trière
trieur
trigle
trille
trillé
trimer
Trinil
triode
tripes
triple
triplé
tripot
trique
triqué
trisme
trisoc
trissé
triste

6

triton
Troade
Troarn
troche
Trochu
troène
trogne
troïka
trolle
trombe
trompe
trompé
Tromsø
trôner
troque
troqué
trotte
trotté
trouée
trouer
troupe
trouvé
Troyat
troyen
Troyes
Troyon
truand
truble
truffe
truffé
truite
truité
trulli
trullo
Truman
truqué
truste
trusté
tsé-tsé
Ts'eu-hi
Tseu-po
t-shirt
Tsi-nan
Tsonga
Tswana
tuable
tuante
tubage
tubant
tubard
Tubeke
Tubize

Tubman
Tubuaï
tubule
tubulé
tucard
Tucson
tudieu
tuerie
tueuse
tufeau
tufier
tuiler
Tuléar
tulipe
tumeur
tumuli
tunage
tungar
tunnel
tupaïa
tupaja
Turati
turban
turbeh
turbin
turbot
Turgot
Turing
turion
turnep
Turner
Turner
Turpin
turque
tussah
tussau
tussor
tuteur
tuthie
tutoyé
Tuvalu
Tuxtla
tuyère
twisté
tympan
typant
typhon
typhus
typote
Tyrtée
Uganda
Ugarit

Ugolin
Uhland
Ujjain
ulcère
ulcéré
Ulfila
Ulpien
Ulster
ultime
ultimo
ululer
Ulysse
Ume älv
Umtali
Umtata
unciné
Undset
Unesco
Ungava
unguis
uniate
uniaxe
Unicef
unième
Unieux
unifié
unique
unitif
Updike
uraète
uraeus
Uranie
uranie
Uranus
Urbain
urbain
Urbino
uréide
urémie
urètre
urgent
Uriage
urinal
uriner
urique
Urraca
ursidé
Ursins
U.R.S.S.A.F.
Ursule
Urundi
usagée

usager
usance
usante
usiner
usitée
usurpé
utérin
utérus
'Uthmān
Utique
Utopie
utopie
uvéite
vacant
vaccin
vacher
vacive
vacuum
vagale
vagaux
vaguer
vahiné
vaigre
Vailly
vaincu
Vaires
vairon
Vaison
vaisya
Valais
valant
Valdaï
Valdès
Valdés
Valdez
Val-d'Or
Valens
Valera
Valéry
valeur
valgus
valide
validé
valine
valise
vallée
Vallès
Vallet
Vallon
vallon
Vallot
valoir

Valois
Valras
valser
Valtat
valvée
valves
vamper
Vänern
Vanini
vanisé
vanité
Van Loo
Vanloo
vannée
vanner
Vannes
vannet
Vantaa
vanter
Vanves
vapeur
vaquer
Varces
Vardar
varech
Varèse
Vargas
varice
variée
varier
varlet
Varlin
Varmus
varois
varroa
Varron
varron
vasard
Vasari
vaseux
vasque
vassal
va-tout
Vauban
vaudou
vautré
va-vite
Vayrac
Veblen
Vedène
vedika
Végèce

6

végété
veille
veillé
veinée
veiner
vêlage
vélani
vêlant
Velate
Velaux
velche
Velcro
Veliko
vélite
Vélizy
Vellur
véloce
Velsen
Veluwe
velvet
Venaco
vénale
venant
vénaux
Vendée
Vendin
vendre
vendue
vénéré
Veneto
veneur
venger
veniat
véniel
Venise
ventée
venter
ventis
ventre
ventru
vêpres
verbal
Vercel
verdet
verdir
Verdon
Verdun
véreux
vergée
verger
vergne
vergue

vérine
vérité
verjus
verlan
vermée
vermet
vermis
vernal
Vernet
vernie
vernir
vernis
Vernon
vérole
vérolé
Vérone
verrat
verrée
Verrès
verrou
verrue
versée
verser
verset
versos
verste
versus
vertex
Vertou
Vertov
Vertus
vervet
Vesaas
Vésale
Vesoul
vesser
vessie
veston
Vésuve
vêtant
vêture
Veurne
vexant
Veynes
Vézère
viable
viaduc
viager
viande
viandé
Viatka
vibice

vibord
vibrer
viciée
vicier
Victor
vidage
vidame
vidamé
vidant
videur
vidimé
Vidocq
vidoir
vidure
Viedma
Vieira
Viella
vielle
viellé
Vienne
Vierge
vierge
Vierne
vigile
Vignon
vignot
vihara
viking
vilain
Villon
vimana
vinage
vinant
vindas
Vindex
vineux
Vinson
vinyle
violat
violer
violet
violon
vioque
viorne
Viotti
vipère
virage
virago
virale
virant
viraux
vireur

vireux
Viriat
virile
virion
virole
virolé
virose
Virton
virure
visage
visant
Visaya
visées
viseur
Vishnu
vision
visite
visité
visser
visuel
vitale
vitaux
Vitrac
vitrée
vitrer
Vittel
vivace
vivant
vivent
viveur
vivide
Vivier
vivier
vivoir
vivoté
vivrée
vivres
Vltava
vocale
vocaux
voceri
vocero
Voeren
Vogoul
vogoul
voguer
voilée
voiler
voirie
Voiron
voisée
Voisin

voisin
volage
volant
volcan
voleté
voleur
volige
voligé
volley
Volnay
volnay
Volney
volter
volume
volute
Volvic
volvox
vorace
vortex
Vosges
votant
votive
vôtres
vouant
voulue
voûtée
voûter
voyage
voyagé
voyant
voyeur
vrille
vrillé
vrombi
Vuelta
vulpin
Vyborg
Wabush
Wadden
wading
wagage
Wagner
Wagram
Wahrān
Wakhān
Wałęsa
Waller
Wallis
Wallon
wallon
Walras
Walser

6 Walter
wapiti
Warens
Wargla
7 Warhol
Warndt
Warren
waters
Watson
Wavell
Wavrin
Weaver
Webern
Weenix
Weimar
welche
Welles
welter
Wemyss
Wendel
Wendes
Wengen
Weöres
Werfel
Werner
Wervik
Wesley
Wessex
Weston
whisky
Whitby
Wiener
Wiertz
Wiesel
Wigman
wigwam
wilaya
Wilder
Wilkes
Wilson
winchs
Wismar
Witten
Woerth
Woëvre
Wöhler
Woippy
Wolsey
Woluwe
wombat
Wonsan
woofer
Wou-han
Wou-hou
Wright
Wu Zhen
Wuzhou
Wyclif
Xanthe
Xánthi
Xerxès
Xia Gui
Xiamen
Xining
Xinzhu
Xuzhou
xylème
xylène
Yacine
yakusa
Yamunā
Yanaon
yankee
Yantai
yaourt
Yapurá
Yen-t'ai
yeoman
yeomen
Yerres
Yersin
Yersin
Yijing
Yi-king
Yining
yodler
Yoruba
yourte
youyou
ypréau
ysopet
yttria
Yukawa
Yun-nan
Yunnan
yuppie
Yvetot
Yzeure
Zabrze
Zachée
Zagreb
Zagros
Zahleh
Zákros
Zambie
zamier
Zamora
zancle
zaouïa
Zapata
zapper
zawiya
zébrer
Zeeman
zélote
zénana
Zenāta
Zenica
zénith
zéphyr
zester
zétète
Zetkin
zeugma
zeugme
Zeuxis
zézayé
Zicral
zieuté
Zigong
zigoto
zigzag
Žilina
Zinder
zingué
zinnia
zinzin
zipper
zircon
Živkov
Zodiac
zoécie
Zolder
zombie
zonage
zonale
zonant
zonard
zonaux
zonier
zoning
zonure
zooïde
zoomer
Zosime
zouave
zoulou
zozoté
Zurich
Zürich
zwanze
zwanzé
Zwicky
Zwolle
zydeco
zyeuté
zygène
zygoma
zygote
zyklon
zymase
zython
zythum

7

Aalborg
abacule
abaisse
abaissé
abajoue
abandon
abatage
abatant
abat-son
abattée
abattis
abattre
abattue
abbesse
abcéder
abdiqué
abdomen
abeille
Abe Kōbō
Abélard
abélien
abhorré
Abidjan
abiétin
abîmant
ab irato
Abitibi
abjecte
abjurer
ablater
ablatif
ablégat
ableret
ablette
abominé
abonder
abonnée
abonner
abonnir
aborder
abortif
abouché
Aboukir
abouler
aboulie
abouter
aboutie
aboutir
aboyant
aboyeur
Abraham
abraser
abrasif
abréagi
abréger
abreuvé
Abribus
abricot
abritée
abriter

7

abroger
abrupte
abrutie
abrutir
Absalon
abscons
absence
absente
absenté
absidal
absolue
absorbé
absoute
abstème
abstenu
abstrus
absurde
Abū Bakr
abusant
abusive
Abū Ẓabī
abyssal
abyssin
acadien
acanthe
acarien
accablé
accéder
accepté
accises
acclamé
accoler
accordé
accorte
accosté
accoter
accoudé
accouer
accouru
accrété
accueil
acculée
acculer
Accurse
accusée
accuser
acérant
acétals
acétate
acéteux
acétone
acétyle

achaine
Achanti
achards
acharné
Achéens
Achères
Achéron
Acheson
acheter
achevée
achever
achigan
Achille
acholie
achoppé
Achoura
achrome
achylie
acidité
acidose
acidulé
aciérée
aciérer
aciérie
acolyte
acompte
aconage
aconier
acquise
actinie
activée
activer
actrice
acuminé
Adalgis
adamien
adamite
adapter
addenda
Addison
additif
adénine
adénite
adénome
adéquat
adextré
Adhémar
adhérer
adhésif
adiante
adipeux
adipose

adipsie
Adjarie
adjoint
adjuger
adjurer
adjuvat
ad litem
admirer
ad nutum
Adolphe
adonner
adoptée
adopter
adoptif
adorant
adossée
adosser
adouber
adoucir
adresse
adressé
adroite
adsorbé
adstrat
adulant
advenir
adverbe
adverse
Aegates
Aepinus
aérobic
aérobie
aéronef
aérosol
Aertsen
aeschne
aethuse
affable
affadir
affaire
affairé
affaler
affamée
affamer
afféagé
affecté
affermé
affermi
affétée
affiche
affiché
affidée

affilée
affiler
affilié
affiner
affirmé
affixal
affixée
affligé
affloué
affluer
affolée
affoler
affrété
affreux
affront
affublé
affûter
afghane
afghani
afocale
afocaux
Afrique
agaçant
agamète
agamidé
agassin
Agassiz
agatisé
Agenais
agencer
agendas
agérate
aggravé
agilité
a giorno
agitant
agitato
aglossa
aglyphe
agnathe
agnelée
agneler
agnelet
agnelin
agnelle
agnosie
agonisé
agrafer
agrainé
agraire
agrandi
agréage

agréant
agrégat
agrégée
agréger
agressé
agreste
agriffé
agriote
Agrippa
agrippé
agrotis
agrumes
aguerri
aguiche
aguiché
Agulhon
ahanant
Ahmosis
Ahriman
aichant
Aigoual
Aigrain
aigreur
aiguade
aiguail
aiguisé
ailante
aileron
ailette
aillade
Aillant
aillant
Aillaud
ailloli
aimable
aimante
aimanté
aînesse
airelle
aisance
aisseau
Aistolf
aixoise
Aizenay
Ajaccio
ajointé
ajourée
ajourer
ajourné
ajouter
ajustée
ajuster

7

ajutage
Akihito
Akinari
Aksakov
akvavit
Alabama
Alagnon
Alagoas
al-Ahrām
alaisée
Alamans
alambic
alangui
alanine
Alarcón
alarmer
a latere
al-Azhar
Albains
Albanie
albâtre
Albéniz
Albères
alberge
Alberta
Alberti
albinos
Albizzi
albumen
alcalin
alcazar
Alceste
Alcmène
alcoolé
alcoran
alcoyle
Aldabra
al-Dawḥa
al dente
Aldrich
Alegría
Alencar
Alençon
alénois
aléoute
alépine
alérion
alerter
alésage
alésant
aléseur
alésoir
Aletsch
aleviné
alexine
alezane
alfange
Alfieri
Alfrink
Algarde
Algarve
Algazel
algèbre
Algérie
algique
al-Ḥākim
al-Ḥakīm
Alhazen
Ali Baba
alidade
aliénée
aliéner
Aliénor
alifère
Alīgarh
aligner
aligoté
aliment
Ali Paşa
alisier
alitant
alizari
alizier
al-Kindī
Alkmaar
allache
Allaire
allaité
allante
Allauch
alléché
allégée
alléger
Allègre
allègre
allegro
allégro
allégué
Allenby
Allende
alliacé
alliage
alliant
allonge
allongé
allotir
allouer
allumée
allumer
allurée
allusif
Alma-Ata
Almadén
Almagro
Almansa
Almería
al-Mukhā
Alompra
alouate
alourdi
aloyaux
alpagué
Alpines
alpiste
al-Sādāt
Alsthom
al-Sūdān
al-Ṭabqa
Altdorf
altérée
altérer
alterne
alterné
altesse
althaea
altière
altiste
alucite
aluette
alumine
aluminé
alunage
alunant
alunite
alvéole
alvéolé
al-Yaman
alysson
Alzette
Alzonne
amadoué
amaigri
amanite
amarile
amariné
amarrer
amasser
amateur
a maxima
Amazone
amazone
ambages
Ambazac
ambiant
ambiguë
Ambilly
amblant
ambleur
Amboine
Amboise
ambrant
aménagé
amenant
amender
aménité
amensal
America
amerlot
amerrir
ameubli
ameuter
Amherst
amiable
amiante
amibien
amicale
amicaux
amincir
a minima
amirale
amiraux
amitose
ammonal
amnésie
Amnesty
amniote
amocher
amodier
amollir
amorale
amoraux
amorcer
Amorion
amoroso
amorphe
amortie
amortir
Amphion
amphore
ampleur
ampoule
ampoulé
amputée
amputer
amurant
amusant
amuseur
amylacé
amylase
amylène
amylose
Amyntas
Anabase
Anaclet
Anaheim
Anáhuac
analité
analyse
analysé
Anasazi
anatidé
anatife
Ancenis
ancêtre
Anchise
anchois
ancolie
ancrage
ancrant
andalou
Andaman
andante
Andelot
Andenne
Ándhros
Andijan
Andorre
Andrade
andrène
Andrésy
Andrews
Andrieu
anéanti
anémiée
anémier
anémone
anergie
angarie
Angarsk
angéite

7

Angeles
angelot
angélus
angevin
angiite
angiome
anglais
angrois
Anguier
anhéler
anhydre
aniline
animale
animant
animato
animaux
anisant
Anjouan
annales
annelée
anneler
annelet
annexer
Annezin
Annobón
Annonay
annonce
annoncé
annoter
annuité
annuler
anoblie
anoblir
anodine
anodisé
anomala
anomale
anomaux
ânonner
anonyme
anordir
anormal
anosmie
Anouilh
Anselme
Antakya
Antalya
antenne
Antênor
Anthéor
anthère
anthèse
anthrax
Antibes
Antifer
antigel
Antigua
Antinoë
Antiope
antique
antiroi
antivol
Antoine
Antonin
Antrain
anxiété
anxieux
aoriste
aortite
aoûtien
Apaches
apadana
apaiser
apanage
apathie
apatite
Apennin
apepsie
apétale
apeurer
aphasie
aphélie
aphonie
aphteux
aphylle
apicale
apicaux
Apicius
apicole
apifuge
apiquer
apitoyé
aplanat
aplanir
aplasie
aplatie
aplatir
aplombé
apocope
apocopé
apodose
Apollon
apollon
Apostat
apostat
aposter
appairé
apparat
apparié
appâter
appeler
appendu
appétit
appoint
appondu
apponté
Apponyi
apporté
apposer
apprêté
appuyée
appuyer
apraxie
a priori
à-propos
apsaras
aptéryx
apurant
Apuseni
aquavit
aqueduc
aqueuse
Aquilée
aquilin
aquilon
arabica
arabisé
Aracaju
Arachné
araméen
aramide
Arapaho
arasant
Arbèles
arbitre
arbitré
arborée
arborer
arbouse
arbuste
Arcadie
arcanes
arcanne
archéen
archère
archine
archivé
arçonné
Arcueil
Ardabil
Ardèche
Ardenne
ardente
ardoise
ardoisé
Arêches
Arecibo
aréique
aréisme
arénacé
arêtier
Argelès
argenté
Arghezi
Argonay
Argonne
Argovie
arguant
argüant
argutie
aridité
arienne
ariette
arillée
Arioste
arisant
Aristée
Arizona
Arlberg
Arletty
Arloing
Armavir
Armenia
Arménie
armeuse
armille
armoire
armoise
armorié
arnaque
arnaqué
Arnauld
Arnolfo
aroïdée
aromate
Arpajon
arpéger
arpenté
arpette
arquant
Arrabal
arraché
arrangé
arrenté
arrêtée
arrêter
arrière
arriéré
arrimer
arriser
arrivée
arriver
arroche
arroger
arrondi
arrosée
arroser
Arsenal
arsenal
arsenic
arsénié
Ars-en-Ré
Arsinoé
Artaban
Artémis
Artenay
Arthaud
article
Artigas
artimon
artisan
artiste
Arundel
aryenne
Asansol
asbeste
Ascagne
Ascalon
ascaris
ascidie
asepsie
asexuée
Ashanti
Ashtart
asialie
asiento
asinien
Asmodée
asocial
Aspasie

7 asperge
aspergé
asperme
aspirée
aspirer
Asquith
assagir
assaini
asséché
A.S.S.E.D.I.C.
assener
asséner
asseoir
asservi
assette
assidue
assiégé
assigné
Assiout
assises
assisté
associé
assoler
assommé
assorti
Assouan
assoupi
assouvi
assumer
assurée
assurer
Assyrie
Astaire
Astarté
astasie
astérie
Astérix
asticot
astiqué
astrale
astraux
Astyage
Atacama
Atakora
Atatürk
atelier
atérien
Athalie
athanée
athanor
Athaulf
Athénée
athénée
Athènes
athlète
athymie
Atlanta
atlante
atomisé
atonale
atonals
atonaux
atrésie
Atrides
Atropos
attablé
attache
attaché
Attalos
attaque
attaqué
attardé
atteint
atteler
attelle
attendu
attente
attenté
atténué
atterré
atterri
attesté
Attichy
attiédi
attifer
attiger
Attigny
Attique
attique
attirer
attiser
attitré
attrait
attrape
attrapé
Aubagne
aubaine
Aubanel
Aubenas
auberge
aubette
Aubière
Aubigné
Aubigny
auboise
Aubriot
Audenge
audible
Audimat
auditer
auditif
audoise
augeron
augment
augural
augurer
Auguste
auguste
aulique
aulnaie
Aulnoye
aulofée
aumusse
Auneuil
Aurelia
aurélie
auréole
auréolé
aurifié
Aurigny
aurique
aurochs
auroral
auspice
Aussois
austère
Austral
austral
Auteuil
Authion
autisme
autiste
autobus
autocar
automne
Autrans
Auxerre
Auxonne
avachie
avachir
avalant
avaleur
avalisé
Avallon
avaloir
à-valoir
avancée
avancer
avances
avarice
avarier
aveline
avenant
Aventin
avérant
avertie
avertir
Avesnes
aveugle
aveuglé
aveulir
Aveyron
aviaire
avicole
avidité
Avignon
avinant
avisant
avivage
avivant
avocate
avodiré
Avoriaz
avortée
avorter
avorton
avouant
Avrieux
Avrillé
axolotl
Ayrolle
Ayuthia
Azeglio
azerole
Azevedo
azilien
azimuté
azoïque
azonale
azonaux
azotate
azoteux
azotite
azoture
azotyle
aztèque
azulejo
azurage
azurant
azuréen
azurite
Baalbek
Babbage
babillé
babines
Babinet
babiole
babisme
babouin
bacante
baccara
Bacchus
bâchage
bâchant
bachoté
bacille
bâclage
bâclant
Bacolod
Badajoz
badaude
baderne
badiane
badiner
badoise
Baduila
bafouer
bâfrant
bâfreur
bagages
Baganda
bagarre
bagarré
bagasse
Bagehot
bagnard
Bagneux
bagnole
Bagnols
baguage
baguant
baguier
Bahamas
Bahrayn
Bahreïn
baigner
Baignes
bailler
bâiller
Baillif

7

bâillon
baisant
baisoté
baisser
Bajazet
bajoyer
baklava
Bakongo
Bakouma
balader
baladin
balafon
balafre
balafré
Balagne
balaise
Balance
balance
balancé
Balaruc
Balassa
Balassi
Balaton
balayer
Baldung
Baldwin
baleine
baleiné
balèvre
Balfour
Balilla
baliser
baliste
Balkans
ballade
ballant
Ballard
ballast
Balliol
ballote
Balmont
bâloise
balourd
Balsamo
Baltard
Balthus
balzane
Bambara
bambara
Bamberg
Bamenda
Bāmiyān

bancale
bancals
bancher
bandage
bandana
bandant
bandeau
bandera
Bandung
Bangkok
banquer
banquet
Banting
bantoue
Bantous
Banyuls
banyuls
Baoding
Bapaume
baptême
baptisé
Baradai
Baradaï
Baradée
Barajas
Barante
baraque
baraqué
baratin
baratte
baratté
Barbade
barbant
barbare
barbeau
barbelé
barbier
barbote
barboté
Barbuda
barbule
bardage
bardane
bardant
bardeau
Bardeen
Barèges
Barents
baréter
bariolé
Barisāl
Barisan

Barjols
Barlach
barlong
barmaid
barmans
Barnabé
Barnard
Barnave
Barocci
Baroche
baronet
baronne
baroque
barrage
barrant
Barraud
barreau
barreur
Barrois
Barthes
Barthez
Barthou
baryton
Bārzānī
basalte
basanée
basaner
Basarab
bas-bleu
bas-côté
bascule
basculé
Basedow
baselle
bas-fond
basilic
basique
basiste
bas-mâts
basoche
Basques
Bas-Rhin
Bassano
Bassein
Bassens
bassine
bassiné
Bassora
Bastiat
Bastide
bastide
basting

bastion
Batalha
bâtarde
Bataves
Batavia
batavia
batelée
bateler
batelet
Bateson
Báthory
bathyal
Batilly
bâtisse
Batista
batiste
bâtonné
batoude
Batoumi
Batouta
battage
Battānī
battant
batteur
battoir
batture
Baudeau
Bauhaus
baumier
Bautzen
Bauwens
bauxite
bavarde
bavardé
bavassé
bavette
baveuse
Bavière
Bâville
bavoché
bavolet
Bayezid
Bayonne
Bazaine
bazardé
Bazille
bazooka
Beatles
beatnik
Beatrix
Beaufre
Beaujeu

Beaujon
Beaupré
beaupré
Beautor
bécarre
bécasse
because
bêchage
bêchant
bêcheur
Beckett
Béclère
bécoter
becquée
Bécquer
becquet
bectant
bedaine
Beddoes
bédégar
Bedford
bedonné
bédouin
Beecham
beffroi
bégayer
Beg-Meil
bégonia
bégueté
béguine
Béhobie
Behrens
Behring
beignet
Beijing
béjaune
Bélâbre
bêlante
belette
Belfast
Belfort
Belgaum
bélière
Belinga
bélître
Bellary
Belleau
Bellême
Bellini
Bellman
Bellmer
Bellone

7 Belmont
Beloeil
bélouga
Belpech
bénarde
Bénarès
Bendery
Benedek
Benelux
Bénezet
Benfeld
Bengale
bengali
Bénioff
benjoin
Bennett
Bénodet
benoîte
Bentham
benthos
benzène
benzine
benzyle
Beograd
béotien
Beowulf
béqueté
Berbera
berbère
bercail
berçant
berceau
berceur
Berchem
Berchet
Bergame
bergère
Bergius
Bergman
Bergson
Bergues
Berkane
Berlage
Berlier
Berliet
berline
Berlioz
Bermejo
bermuda
bernant
Bernard
Bernier
Bernina
bernois
Berquin
Berryer
Bertaut
berthon
Bertran
Bérulle
Berwick
bésigue
Besnard
besogne
besogné
besoins
Bessans
bestial
bestiau
bêtasse
Bétheny
Bethlen
Béthune
bêtifié
Bétique
bétoine
bétoire
bétonné
beugler
beurrée
beurrer
Beuvron
Beveren
Béziers
bézoard
Bezwada
Bhārhut
Bhoutan
biacide
biaisée
biaiser
biarrot
biaural
bibelot
biberon
Bibiena
bicarré
Bicêtre
bichant
bicoque
bicorne
bicross
bicycle
Bidache
bidasse
Bidault
bidoche
bidonné
Bielovo
biennal
bientôt
biergol
Biermer
Bièvres
biffage
biffant
biffure
bifidus
bifocal
bifteck
bigamie
Biganos
bigarré
big band
big bang
biglant
bigleux
bignone
bigorne
bigorné
Bigorre
bigoudi
biguine
Bihorel
Bijāpur
Bīkaner
bilabié
bileuse
bilieux
billage
billant
billard
Billère
billeté
billion
bilobée
biloqué
Bimétal
binaire
binette
bineuse
Bingham
binocle
biocide
biopsie
biotine
biotite
biotope
biotype
bioxyde
biparti
bipasse
bipenne
bipenné
biphasé
biplace
bipoint
Birague
birmane
birotor
biroute
Bisayan
Biscaye
bischof
biscôme
biscuit
bisexué
bismuth
bisquer
bissant
Bissing
bistrée
bistrer
bistrot
bitonal
bitture
bitturé
bitumer
biturer
bivalve
bivouac
bizarre
Bizerte
bizuter
blafard
Blagnac
blaguer
blairer
blâmant
Blâmont
Blanche
blanche
blanchi
Blanqui
blasant
blatéré
Blayais
blédard
Bléneau
blennie
Blériot
blésant
blésité
Blésois
blésois
blessée
blesser
blettir
Bleuler
bleuter
blindée
blinder
blinqué
blister
blocage
bloc-eau
Blondel
blondel
blondin
blondir
bloomer
bloquer
blottir
blouser
blouson
blousse
Blücher
bluette
bluffer
blushes
blutage
blutant
blutoir
Boabdil
Bobèche
bobèche
bobette
Bobigny
bobiner
bobinot
bobonne
bobtail
bocager
bocardé
Boccace
Böcklin
Bocskai
Boegner
Boesset
boghead

7

Boiardo
Boileau
boisage
boisant
boiseur
boisson
boitant
boiteux
boîtier
Bojador
Bokassa
Boldini
Bolívar
bolivar
Bolivia
Bolivie
Bolland
bollard
Bollène
Bologne
Bolsena
Bolzano
bombage
bombant
bonamia
bonasse
bondrée
Bondues
bonheur
boniche
bonifié
bonjour
Bonnard
Bonnier
bon-papa
bonsoir
booléen
boolien
Boorman
booster
Boothia
boraine
borasse
boratée
bordage
bordant
bordier
Borduas
bordure
boréale
boréals
boréaux
borique
boriqué
Bormann
bornage
bornant
bornoyé
Borotra
borough
bortsch
Borzage
boscoyo
boskoop
bosnien
Bosquet
bosquet
bossage
bossant
bosselé
bosseur
bossoir
bossuer
Bossuet
bottant
bottelé
botteur
bottier
bottine
Bottrop
boucané
boucaud
bouchée
Boucher
boucher
bouches
bouchon
bouchot
bouclée
boucler
Bou Craa
boudant
Bouddha
bouddha
boudeur
boudiné
boudoir
bouette
boueuse
bouffée
bouffer
bouffie
bouffir
bouffon
bougnat
bougran
Bouguer
Bouillé
bouille
bouilli
boulaie
boulant
boulder
bouleau
bouleté
boulier
bouline
Boullée
bouloir
boumant
Bounine
bouquet
bouquin
Bourbon
bourbon
Bourdon
bourdon
Boureïa
Bourgas
Bourges
Bourget
bourrée
bourrer
bourrin
bourrue
Bourvil
bouseux
bousier
Boussac
boutade
boutant
bouteur
boutoir
bouture
bouturé
Bouvard
bouvier
bouvril
bowette
bowling
box-calf
Boxeurs
boxeuse
boyauté
boycott
Boysset
Bozouls
Brabant
brabant
bractée
bradage
bradant
bradeur
Bradley
bradype
Braille
braille
braillé
braiser
bramant
branche
branché
branchu
Brandes
brandir
Brandon
brandon
branler
Branner
braquer
braquet
brasage
brasant
brasero
brasier
brasque
Brassac
Brassaï
brassée
brasser
brassin
brasure
Braudel
Brauner
bravade
Bravais
bravant
Brébeuf
bréchet
Bregenz
Breguet
Brejnev
brêlant
Bremond
Brendel
Brenner
Brennus
Brescia
Bresdin
Breslau
bressan
Bresson
bretter
bretzel
Brévent
breveté
brévité
Briansk
briarde
bricole
bricolé
bridant
bridger
briefer
Brienne
Brienon
briffer
brigade
brigand
Brigide
briguer
briller
brimade
brimant
brinell
bringée
bringue
bringué
Brioché
brioche
brioché
Brionne
Brioude
Briouze
briquer
briquet
brisant
brisées
briseur
brisque
Brissac
Brisson
Brissot
Bristol
bristol
brisure
Britten
Brizeux
brocard
brocart

7

broccio
brocher
broches
brochet
Brocken
brocoli
brodant
brodeur
Brodsky
Broglie
bromate
bromure
bronche
bronché
bronzée
bronzer
brosser
Brosses
Brousse
brousse
brouter
Brouwer
broyage
broyant
broyeur
brucine
Bruegel
brugnon
bruiner
bruissé
bruiter
brûlage
brûlant
brûleur
brûloir
brûlure
brumant
Brumath
brumeux
brunchs
Brunhes
Brüning
Brunnen
brusque
brusqué
Brussel
brutale
brutaux
brution
bruyant
bruyère
buccale
buccaux
bûchant
bûcheur
Buchner
Büchner
bucrane
budgété
Buffalo
buffler
bufflon
Bugatti
Bugeaud
bugrane
Buisson
buisson
bulbeux
bulgare
Bullant
bullant
bulldog
bulleux
bunraku
Burayda
Burbage
Burdwān
burelée
burelle
burette
Burgess
Buridan
burinée
buriner
Burkina
Burnaby
burnous
Burundi
bushido
Bushmen
busquée
busquer
Bussang
bustier
butiner
buttage
buttant
butteur
buttoir
buvable
buvette
buveuse
buxacée
Buzancy
Buzzati
Byzance
cabaler
Caballé
cabaner
Cabanis
cabanon
cabaret
cabèche
Cabezón
Cabimas
Cabinda
cabinet
câblage
câblant
câbleau
câbleur
câblier
caboche
cabosse
cabossé
caboter
cabotin
Cabourg
cabrage
cabrant
Cabrera
Cabriès
cacaber
cacaoté
cacaoui
cacardé
Caccini
Cáceres
cachant
cachère
cacheté
cachous
cacique
cacolet
Cadalen
cadavre
cadenas
cadence
cadencé
Cadenet
cadette
cadmier
cadmium
cadogan
Cadorna
cadrage
cadrant
cadreur
caducée
caduque
caecale
caecaux
Caelius
caesium
Caetano
cafarde
cafardé
caféier
caféine
cafetan
caftant
cafteur
cagette
cagnard
cagneux
Cagoule
cagoule
cahoter
cailler
Caillié
caillot
caillou
Caïmans
cairote
caisson
cajeput
Cajetan
cajoler
Calabre
calamar
Calchas
calciné
calcite
calcium
calculé
calèche
calecif
caleçon
calepin
caleter
calfaté
Calgary
Caliban
calibre
calibré
caliche
calicot
Calicut
califat
câliner
Calixte
calleux
Callias
calmage
calmant
calomel
Calonne
calorie
calotin
calotte
calotté
caloyer
calquer
caltant
Caluire
Cālukya
calumet
Calvino
Calypso
calypso
camaïeu
camails
Camarat
camarde
Camarès
Camaret
Camargo
Cambert
cambial
cambium
Cambrai
cambrée
cambrer
cambuse
Cambyse
camélia
camelle
camelot
Cameron
Camoens
Camorra
Campana
campane
campant
campeur
camphre
camphré
Campine
camping
Cam Ranh

7

canaque
canardé
Canaris
canasta
Cancale
cancale
cancané
candace
candela
candeur
candida
Candide
candide
Candish
caneton
canette
Canetti
canevas
canezou
caniche
Canigou
canisse
canitie
cannage
cannaie
cannant
cannelé
canneur
cannier
Canning
canonné
canopée
Canossa
canoter
Cansado
cantals
cantate
cantine
cantiné
canular
canuler
canzone
canzoni
Cao Bang
capable
Cap-d'Ail
capéant
capelan
capeler
capelet
capella
Capello

Capendu
capeyer
capital
capitan
capitée
capiton
caponne
caporal
capoter
Capponi
Caprara
Caprera
caprice
câprier
caprine
capriné
Caprivi
capsage
capside
capsien
capsule
capsulé
captage
captals
captant
capteur
captive
captivé
capture
capturé
capuche
capucin
capulet
Capvern
Cap-Vert
caquant
caqueté
carabin
caracal
Caracas
caracul
carafon
Caraïbe
caraïbe
caraïte
Carajás
Caraman
caramel
caraque
carasse
carbone
carboné

carbure
carburé
cardage
cardant
cardère
cardeur
cardial
Cardiff
Cardijn
cardite
Carélie
carence
carencé
caréner
caresse
caressé
carguer
Carhaix
cariant
caribou
carieux
Carinus
carioca
cariste
carline
Carling
Carlson
Carlyle
Carmaux
carminé
Carmona
carnage
carneau
carnèle
carnier
Carnoux
carolus
Caronte
carotte
carotté
caroube
Carouge
carouge
carpeau
carpien
carrant
Carrara
Carrare
carrare
carreau
carrelé
Carreño

Carrera
carrick
Carrier
carrier
Carroll
carroyé
carrure
cartant
Cartier
cartier
cartoon
Caruaru
casaque
cascade
cascadé
cascara
caséeux
caséine
caseret
Caserio
caserne
caserné
Caserte
casette
Casimir
casimir
casquée
casquer
cassage
cassant
Cassard
cassate
Cassatt
cassave
casseau
casseur
cassier
cassine
Cassini
Cassino
Cassius
cassure
Casteau
Castets
castine
casting
castrat
castrer
Castres
castrum
cataire
catalan

catalpa
Catania
cat-boat
catcher
catelle
cathare
cathode
Catinat
catogan
Catroux
Cattaro
Cattell
Catulle
Caucase
Cauchon
caudale
caudaux
Caudron
Caulnes
causale
causals
causant
causaux
causeur
Causses
cautèle
cautère
caution
Cauvery
cavaler
Cavalli
caveçon
caverne
caviste
Cayatte
Cayenne
Cayolle
Cazères
cazette
Cazotte
Cébazat
cebuano
cécidie
cécilie
Cécrops
cédante
cédille
cédraie
Ceillac
ceindre
céladon
Célèbes

7

célèbre
célébré
célesta
céleste
célibat
cellier
Cellini
cellule
Celsius
cémenté
cénacle
cendrée
cendrer
cendres
cenelle
censeur
censier
censive
censuel
censure
censuré
centavo
centile
centime
central
centrée
centrer
céraste
Cerbère
cerbère
cerceau
cercler
cerdane
céréale
Cérilly
cérithe
Cerizay
cérusée
cernant
cerneau
certain
cérumen
cerveau
cervidé
Césaire
Césarée
Cesbron
cessant
cession
cestode
cétérac
cétoine

cévenol
Cézanne
Chaalis
Chabaud
Chabert
chabler
Chablis
chablis
chablon
Chabrol
chabrol
chabrot
chacals
chacone
chacune
chadouf
Chagall
chagrin
Chahine
chahuté
Chaillé
chaînée
chaîner
chaînes
chaînon
Chak̆hty
Chalais
chaland
chalaze
Chaldée
chaleur
Challes
chaloir
Châlons
chamade
Chambly
Chambon
chambre
chambré
chameau
chamois
Chamoun
champis
chamsin
Chamson
chancel
chancir
chancre
Chandos
Changan
Changde
changer

Channel
chanson
Chantal
chanter
chantre
Chanute
chanvre
chaouch
Chaouia
Chaouïa
Chapais
Chapala
chapeau
Chaplin
Chapman
Chappaz
chapska
Chaptal
charade
charale
charbon
Charcot
Chardin
Chārdja
chardon
Chareau
chargée
charger
chariot
charité
Charles
Charlot
charlot
charmer
Charmes
Charnay
charnel
charnue
Chârost
charpie
Charrat
charrié
charroi
Charron
charron
charrue
charter
chartre
Chasles
chasser
châsses
Chassey

chassie
châssis
Chastel
châtain
château
Chatham
châtier
chatoyé
châtrer
Chattes
Chaucer
Chaudet
chauffe
chauffé
chauler
chaumer
Chaunoy
Chausey
chausse
chaussé
chauvin
chauvir
chaviré
Chébéli
chéchia
check-up
cheddar
Che-king
chélate
Cheliff
Chelles
Chelsea
Chémery
cheminé
chemise
chemisé
chênaie
chenaux
chéneau
chêneau
Chengdu
Chénier
Chenôve
cheptel
cherché
Chéreau
Chergui
chergui
chermès
cherrys
chervis
Chessex

Chester
chester
chétive
chevalé
chevaux
chevelu
Chevert
cheveux
Cheviot
chevron
Cheyney
chez-moi
chez-soi
chez-toi
chiader
chialer
chiante
Chianti
chianti
Chiapas
chiasma
chiasme
chiasse
Chiasso
Chibcha
chibouk
Chicago
chicane
chicané
chicano
chicote
chicoté
chienne
chiffon
chiffre
chiffré
chignon
chiisme
chilien
Chillán
Chillon
Chimène
chimère
chinage
chinant
Chinard
chineur
chinois
chinook
chinure
chionis
chiotte

7

chipant
chipeur
chipoté
chiquer
Chirico
chitine
chleuhe
chleuhs
chloral
chlorée
chnoque
Chocano
choisie
choisir
choléra
choline
chômage
chômant
chômeur
Chomsky
Chongju
chopant
chopine
chopper
choquer
Choquet
chorale
chorals
choraux
chorège
Chorges
chorion
chorizo
Chorzów
choucas
Chou Teh
choyant
chrisme
Christo
chromer
chuinté
Chuquet
chutant
chuteur
chutney
ci-après
cibiche
cibiste
ciblant
ciboire
ciboule
Ciboure
Cicéron
Ciénaga
cigogne
ci-joint
Cilicie
cillant
Cimabue
cimaise
Cimbres
cimenté
cinabre
cinétir
cinglée
cingler
cinoche
cinoque
cintrée
cintrer
cipolin
circuit
circulé
Cirebon
cireuse
cirière
ciseaux
ciseler
ciselet
cistron
cistude
citadin
Cîteaux
citerne
cithare
citoyen
citrate
citrine
Citroën
çivaïte
civelle
civette
civière
Civilis
civique
civisme
clabaud
claboté
clairet
Clairon
clairon
clamant
Clamart
clamecé
Clamecy
clameur
clamser
clapier
clapoté
clapper
claquer
claquet
clarain
Clarens
clarias
clarine
clartés
clashes
classer
Claudel
Clausel
Clauzel
clavant
claveau
clavelé
claveté
clavier
clayère
clébard
Clément
clément
clenche
clephte
clergie
Clerval
clicher
cliente
cligner
clinfoc
clinker
clipper
cliquer
cliques
cliquet
clisser
Clisson
clivage
clivant
cloacal
cloaque
clocher
Clodion
Clodius
Clohars
cloison
cloître
cloîtré
clonage
clonant
clopiné
cloquée
cloquer
closeau
clôture
clôturé
clouage
clouant
cloutée
clouter
Clouzot
cloyère
cluster
cnémide
Cnossos
coaches
coagulé
coalisé
coaltar
coasser
coaxial
Cobbett
Cobenzl
cocagne
cocaïne
cocarde
cocasse
cochant
côchant
cochère
Cochise
cochlée
cockney
cockpit
cocoler
cocoter
cocotte
cocotté
Cocteau
coction
cocuage
cocufié
codéine
codeuse
codifié
coelome
coenure
Coetzee
coffrer
coffret
cogérer
cogiter
cognant
Cogolin
cohésif
cohorte
coiffée
coiffer
Coimbra
coincée
coincer
Coirons
coïtant
cokéfié
cokerie
colback
Colbert
col-bleu
Coleman
Colette
colibri
Coligny
colinot
colique
Colisée
collabo
collage
collant
collège
colleté
colleur
collier
colligé
colline
Collins
collure
collyre
colmaté
Cologne
Colomba
Colombe
colombe
Colombo
colombo
colonat
colonel
colones
colonie
Colonna
Colonne
colonne
colorée

7

colorer
colorié
coloris
colosse
coltiné
Colucci
Coluche
colvert
combien
combine
combiné
combler
Comecon
comédie
comédon
comices
Comines
comique
command
comment
commère
comméré
Commode
commode
commuer
commune
commuté
Comnène
Comores
Comorin
compact
comparé
comparu
compati
compère
compilé
complet
complot
componé
composé
compost
compote
compris
compter
Compton
comtale
comtaux
comtois
Conakry
conarde
conasse
conatif

concave
concédé
concept
concert
Conches
concile
Concini
concise
concret
Condroz
conduit
condyle
conféré
confier
confiné
confins
confire
confite
conflit
conflué
confort
confuse
congaye
congelé
congère
congréé
Congrès
congrès
congrue
conidie
conique
conjuré
connard
conneau
connexe
connoté
conoïde
conopée
Conques
conquêt
conquis
Conrart
conseil
console
consolé
consort
conspué
constat
consumé
contact
contage
contant

content
contenu
conteur
contigu
continu
contour
contrat
contrée
contrer
Contres
contrit
contuse
convent
convenu
convers
convexe
convict
convier
convive
convolé
convoyé
coopéré
coopter
copaïer
copayer
copiage
copiant
copieur
copieux
copiner
copiste
Copland
Coppens
Coppola
copsage
copuler
coquard
coquart
coqueté
coquine
Coralli
corbeau
Corbeil
Corbier
corbleu
Corcyre
cordage
cordant
cordeau
cordelé
cordial
cordier

cordite
Córdoba
cordoba
Cordoue
Corelli
coriace
Corinne
Corinth
Corliss
Cormack
cormier
cornage
cornant
cornard
Cornaro
cornéen
cornier
corniot
corolle
coronal
coroner
corrals
correct
Corrège
corrélé
Corrèze
corrida
corrigé
corrodé
corroyé
corsage
corsant
corseté
cortège
Cortina
Cortone
corvidé
corymbe
cosaque
Cosenza
cosinus
cossant
cossard
Cossiga
costale
costard
costaud
costaux
costume
costumé
cotable
Côte d'Or

Côte-d'Or
côtelée
coterie
cotidal
côtière
cotinga
cotiser
cotonné
Cotonou
côtoyer
cottage
Cottbus
couarde
couchée
coucher
Couches
couchis
coudant
coudoyé
couenne
Couëron
couette
couffin
couguar
couille
couiner
coulage
coulant
couleur
couloir
Coulomb
coulomb
coulure
Coumans
Counaxa
country
coupage
coupant
coupeur
coupler
couplet
coupoir
coupole
coupure
courage
courant
courber
Courbet
Courçon
courçon
coureur
Courier

7

courlis
Cournon
Cournot
Coursan
courser
courses
courson
couseur
cousine
cousiné
coussin
Coustou
coûtant
couteau
coûteux
Couthon
Coutras
coutume
Couture
couture
couturé
couvade
couvain
couvant
couvent
couvert
couvoir
couvrir
Couzeix
Covilhã
cow-boys
crabier
craboté
crachat
crachée
cracher
crachin
cracker
craillé
crainte
Craiova
Cramant
cramant
cramine
crampon
Cranach
crânant
crâneur
crânien
Cranmer
cranter
Craonne

crapaud
crapule
craquée
craquer
Crashaw
crasher
crashes
craspec
Crassus
cratère
cravate
cravaté
crawlée
crawler
Crawley
crayeux
créance
créatif
crécher
crédité
crédule
crémage
crémant
crémeux
crémier
Crémieu
Crémone
crémone
crénage
crénant
créneau
crénelé
crêpage
crêpant
crêpelé
crêpier
crépine
crépité
crêpure
Crespin
cresson
crétacé
Créteil
crétine
crétois
Creully
creuser
creuset
crevant
crevard
Crevaux
crevoté

criante
criarde
cribler
cricket
crieuse
Crillon
criquet
crisper
crispin
crisser
Cristal
cristal
critère
crithme
Critias
croassé
Croatie
crocher
crochet
crochon
crochue
croisée
croiser
Croisic
Croissy
croître
crollée
Crookes
crooner
croquer
croquet
croquis
crosser
crotale
Crotone
crottée
crotter
crottin
crouler
croupie
croupir
croupon
croûter
croûton
croyant
cruauté
cruchon
crucial
crudité
cruelle
cruenté
cruiser

crûment
crurale
cruraux
crypter
csardas
Ctésias
cubaine
cubilot
cubique
cubisme
cubiste
cubital
cubitus
cuboïde
cuculle
cueilli
Cuffies
Cugnaux
cuiller
cuisant
Cuisery
cuiseur
cuisine
cuisiné
cuisson
cuissot
cuistot
cuistre
cuitant
cuivrée
cuivrer
culasse
culbute
culbuté
culeron
culière
culminé
culotte
culotté
cultivé
cultuel
culture
Cumbria
cumuler
cumulet
cumulus
Cunault
Cunlhat
Cupidon
cuprite
curable
Curaçao

curaçao
curatif
curcuma
cureter
cureton
curette
curiale
curiaux
curieux
curiste
curling
curseur
cursive
Curtius
Curzola
cuscute
Cushing
Cushing
cuspide
Custine
custode
Custoza
cutanée
cut-back
Cuttack
cuveler
cuvette
cyanose
cyanosé
cyanure
cyanuré
Cyaxare
cyclane
cyclisé
cyclone
cyclope
cymaise
cymbale
cynique
cynisme
cyphose
Cyprien
Cyrille
Cysoing
cystine
cystite
Cythère
Cyzique
czardas
Cziffra
d'accord
dactyle

7

dactylo
Dahomey
daigner
Daimler
Dalberg
dallage
dallant
dalleur
dalmate
damassé
Damazan
dameuse
Damiens
damnant
Dāmodar
Dampier
danaïde
Danakil
dancing
dandiné
Dandolo
Dangeau
Daniell
Danmark
danoise
dansant
danseur
dansoté
Dantzig
Daoulas
daphnie
Daphnis
daraise
Darboux
dardant
Darfour
dariole
darique
Darkhan
Darling
Darnley
Darracq
darshan
dartois
dasyure
datable
dataire
daterie
dateuse
dattier
daubant
daubeur
d'aucuns
Daugava
Daumier
dauphin
daurade
Dausset
D'aviler
Daviler
dazibao
débâché
débâcle
débâclé
déballé
débandé
débardé
débarré
debater
débâter
débâtir
débattu
débecté
Debeney
débiner
débiter
déblais
déblayé
déboisé
déboîté
débondé
Déborah
débordé
débotté
déboulé
débours
débouté
débrasé
débrayé
débridé
débuché
Deburau
Debussy
débuter
décadré
décaler
décampé
Decamps
décanal
décanat
décanté
décaper
décatie
décatir
décausé
décavée
décaver
Decazes
décéder
déceler
décence
décente
décerné
déchant
déchaux
déchiré
déchoir
décibel
décidée
décider
décidue
décimal
décimer
Décines
décisif
décitex
déclamé
déclaré
décliné
déclive
déclore
décloué
décoché
décocté
décoder
décollé
déconné
décordé
décorée
décorer
décorné
décorum
découlé
découpe
découpé
décours
décousu
décrêpé
décrépi
décrété
décrier
décrire
décroît
Decroly
décruer
décrusé
de cujus
décuple
décuplé
décurie
décussé
décuver
dédiant
dédorer
déduire
de facto
défaire
défaite
défends
défendu
Défense
défense
déféqué
déférer
déferlé
déferré
Deffand
défiant
défibré
déficit
défilée
défiler
définie
définir
défloré
défolié
défonce
défoncé
déforcé
déformé
défoulé
défrayé
défripé
défrisé
défunte
dégagée
dégager
dégaine
dégainé
déganté
dégarni
dégazer
dégelée
dégeler
dégermé
dégivré
déglacé
dégluer
dégluti
dégoisé
dégommé
dégorgé
dégoter
dégotté
dégoûté
De Graaf
dégradé
dégrafé
dégréer
dégrevé
dégrisé
déguisé
dégusté
déhaler
De Hooch
De Hoogh
Dehmelt
déicide
déifier
déjanté
déjaugé
déjetée
déjeter
déjeuné
déjouer
déjuché
déjuger
De Klerk
délabré
délacer
Delagoa
délainé
délaité
délardé
délassé
Delaune
De Laval
délavée
délaver
délayer
délecté
Deledda
délégué
Delerue
délesté
Deleuze
Delgado
déliant
Delibes
délicat

7

délices
Delille
délinéé
délirer
délissé
déliter
délivre
délivré
déloger
De L'orme
Delorme
déloyal
Delphes
délurée
délurer
déluter
Delvaux
demande
demandé
démangé
démarié
démarré
démâter
d'emblée
démêler
démence
démener
démente
démenti
démerdé
Déméter
demeure
demeuré
demiard
demi-bas
Demidof
Demidov
demi-fin
De Mille
demi-mal
demi-mot
déminer
demi-sel
demi-ton
demi-vie
démodée
démoder
demodex
démolir
Demolon
démonté
démordu
démoulé
Dempsey
démunir
dénanti
dénatté
déneigé
Deneuve
Den Haag
déniant
déniché
deniers
dénigré
Denizli
d'Ennery
Dennery
dénommé
dénoncé
dénoter
dénouer
dénoyer
densité
dentale
dentaux
dentelé
dentier
dentine
denture
dénuant
dénuder
dénutri
De Panne
dépanné
déparer
déparié
déparlé
départi
dépassé
dépaver
dépaysé
dépecer
dépêche
dépêché
dépeint
dépendu
dépense
dépensé
dépérir
dépêtré
déphasé
dépiler
dépiqué
dépisté
dépiter
déplacé
déplier
déploré
déployé
déplumé
dépolie
dépolir
déporté
déposer
dépoter
dépravé
déprime
déprimé
déprise
déprisé
dépulpé
dépurer
députer
dérader
dérager
déraidi
déramer
dérangé
déraper
déraser
dératée
dérayer
derbies
déréglé
dérider
dérivée
dériver
dermite
dernier
dérobée
dérober
déroché
déroder
déroger
dérougi
déroulé
déroute
dérouté
derrick
Derrida
désaéré
désalpe
désalpé
Desanti
désarmé
désaveu
désaxée
désaxer
desdits
déserte
déserté
désigné
désiler
Désirée
désirer
désisté
désobéi
désodée
désolée
désoler
désossé
Despiau
despote
Des Prés
dessalé
dessein
dessert
dessiné
dessolé
dessous
De Stijl
destiné
Destour
Destrée
Destutt
désunie
désunir
Desvres
détaché
détaler
détaxer
détecté
déteint
dételer
détendu
détenir
détente
détenue
détergé
déterré
détesté
détirer
détoner
détonné
détordu
détorse
détouré
Detroit
détroit
détrôné
détruit
dévaler
dévalué
devancé
dévasté
déveine
devenir
Devéria
déverni
déversé
dévêtir
déviant
dévider
Deville
Déville
deviner
dévirer
deviser
dévissé
dévoilé
devoirs
dévoisé
dévolté
dévolue
Dévoluy
dévorer
dévouée
dévouer
dévoyée
dévoyer
De Vries
déwatté
De Witte
Dhahrān
Dhānbād
diabète
diabolo
diacide
diacode
diadème
dialyse
dialysé
diamant
diamide
diamine
diantre
diaprée
diaprer
Dickens
dicline

7

dicrote
dictame
dictant
diction
Didelot
Diderot
Didymes
diérèse
diergol
diésant
diffamé
différé
diffuse
diffusé
digamma
digérer
digeste
digital
digitée
dignité
dilater
Dilbeek
dilemme
Dilthey
diluant
diminué
Dimitri
dînette
dîneuse
dinghys
dinguer
diocèse
Diodore
Diogène
dioïque
Diomède
dioptre
diorama
diorite
dioxine
dioxyde
diphasé
diplôme
diplômé
diptère
directe
diriger
discale
discaux
discret
discuté
diserte
disette
diseuse
disparu
dispose
disposé
dispute
disputé
dissipé
dissolu
dissoné
dissous
distale
distant
distaux
distome
distyle
diurèse
diurnal
divagué
divergé
diverse
diverti
divette
diviser
Divisia
Divonne
divorce
divorcé
dix-cors
dix-huit
dixième
Dixmude
dix-neuf
dix-sept
dizaine
Djamila
Djemila
Djerach
Djubrān
Dniestr
docteur
Doderer
Dodgson
dodiner
dog-cart
doigter
dolente
dolique
Dollard
doloire
dolomie
dolosif
domaine
Domérat
dominer
Domingo
domisme
Dom Juan
dommage
dompter
Domrémy
donacie
Donbass
Donetsk
Dông Son
Don Juan
don Juan
donnant
données
donneur
Donskoï
Donzère
Doornik
dopante
Doppler
Doppler
doreuse
Doriens
dorique
Dorléac
dorloté
Dormans
dormant
dormeur
Dornier
dorsale
dorsaux
dortoir
dosable
dos-d'âne
dossard
dossier
douaire
doublée
doubler
doublet
doublis
doublon
douçain
douceur
doucher
doucine
Doudart
douelle
Douglas
douille
douleur
Dourbie
Dourdan
Dourges
Dourgne
dourine
doutant
douteur
douteux
douvain
Douvres
Douvrin
douzain
Dowding
Dowland
doyenne
doyenné
dracena
dracher
drachme
Dracula
dragage
drageon
draguer
draille
drainer
drakkar
drapant
drapeau
drapier
dravant
Draveil
draveur
drayage
drayant
drayoir
Drayton
Dreiser
Drenthe
dresser
Dreyfus
dribble
dribblé
Driesch
drifter
driller
drivant
drive-in
drogman
droguée
droguer
droguet
drômois
dropant
dropper
drosera
drosser
Drouais
drumlin
drummer
Drumont
drupacé
dualité
Du Barry
Du Bourg
Du Cange
du Cange
Ducasse
ducasse
ducaton
Duchamp
Duchêne
Duclair
Duclaux
ductile
dudgeon
dugazon
Duhamel
Dühring
Duilius
dulcite
Dumézil
dumping
Dunedin
dunette
Dunoyer
Dunstan
duopole
duperie
Duperré
dupeuse
Dupleix
duplexé
Duplice
Duployé
durable
duramen
Durance
Durango
Duranty
duratif
Durazzo

7

Durrell
Durruti
Duruflé
Dutourd
duumvir
duveter
dynaste
dyspnée
dysurie
dytique
Eastman
ébarber
ébattre
ébaubie
ébauche
ébauché
ébaudir
ébavuré
ébénier
éberlué
ébiselé
éblouir
ébonite
éborgné
éboueur
ébouler
éboulis
ébourré
ébouter
ébranlé
ébraser
ébréché
Ébreuil
ébriété
ébrouer
ébruité
éburnée
Éburons
écacher
écaille
écaillé
écalant
écalure
écangue
écangué
écartée
écarter
eccéité
échalas
échange
échangé
échappé
écharde
écharné
écharpe
écharpé
échasse
échaudé
échéant
échelle
échelon
échevin
échidné
échiner
échoppe
échoppé
échouer
écimage
écimant
Eckhart
Eckmühl
éclaire
éclairé
Éclaron
éclatée
éclater
éclipse
éclipsé
éclisse
éclissé
éclopée
éclusée
écluser
écobuer
écocide
écoeuré
écolage
écolier
Écommoy
économe
écopant
écorcer
écorché
écorner
écosser
écotone
écotype
Écouché
écouler
écourté
écouter
écoutes
Écouves
écrasée
écraser
écrémer
écrêter
écriant
écrouer
écrouir
écroulé
écroûté
ecthyma
ectopie
Ecuador
écubier
écuelle
écuissé
écumage
écumant
écumeur
écumeux
écurant
écusson
écuyère
édentée
édenter
édicter
édicule
édifice
édifier
édilité
Edingen
éditant
éditeur
édition
Édouard
édredon
éduquer
Eekhoud
effacée
effacer
effaner
effarée
effarer
effendi
effigie
effilée
effiler
effluve
efforcé
effraie
effrayé
effréné
effrité
effusif
égaillé
égalant
égalisé
Égalité
égalité
égarant
égayant
égéenne
égermer
Égisthe
églefin
églogue
égoïsme
égoïste
égorger
égoutté
égrainé
égrappé
égrener
égrisée
égriser
égruger
égueulé
éhontée
Ehrlich
Eijkman
Einaudi
Einhard
éjaculé
éjecter
éjointé
Ekelund
Ekofisk
élaboré
élagage
élaguer
élancée
élancer
élargir
El-Asnam
Elbasan
El-Beida
Elbourz
Elbrous
Elbrouz
électif
Électre
élégant
élément
Éleusis
élevage
élevant
éleveur
El-Goléa
Éliacin
élidant
élimant
éliminé
élingue
élingué
élisant
élision
ellipse
El-Menia
El-Obeïd
éloigné
élonger
Elskamp
Elssler
El-Tajín
élucidé
éludant
élusive
élution
éluvial
éluvion
El-Wanza
élyséen
Elzévir
elzévir
émaciée
émacier
émaillé
émanant
émanché
émarger
Embabèh
embâcle
emballé
embargo
embarré
embattu
embaumé
embelli
embêter
emblave
emblavé
emblème
emboîté
embolie
embolus
embossé
embouer
embouti

7

embrasé
embrayé
embrevé
embrumé
embruns
embryon
embuant
embûche
éméchée
émécher
émergée
émerger
émerisé
émérite
Emerson
émétine
émettre
émietté
émigrée
émigrer
émilien
émincer
éminent
Émirats
émissif
emmêler
emmener
emmerde
emmerdé
emmétré
emmotté
emmurer
émonder
émondes
Émosson
émotion
émotive
émotter
émoudre
émoulue
émoussé
empaler
empalmé
empanné
emparer
empâtée
empâter
empatté
empaumé
empêché
empenne
empenné
emperlé
empesée
empeser
empesté
empêtré
emphase
empiété
empiler
empirer
employé
emplumé
empoché
empoise
emporia
emporté
empotée
empoter
emprise
emprunt
empyème
empyrée
émulant
émulsif
énarque
en-avant
encadré
encager
encaqué
encarté
encaver
enceint
encensé
enchère
enchéri
enclave
enclavé
encline
enclise
enclore
encloué
enclume
encoche
encoché
encoder
encollé
encordé
encorné
en-cours
encouru
encrage
encrant
encreur
encrier
encrine
encroué
encuver
endéans
endémie
endenté
endetté
endêver
endigué
endogée
endormi
endossé
endroit
enduire
endurci
endurer
en effet
énergie
énervée
énerver
enfaîté
enfance
enfanté
enfermé
enferré
enfiché
enfiler
enflant
enflure
enfoiré
enfoncé
enfouir
enfumer
enfûter
engagée
engager
engainé
engamer
engerbé
Enghien
englobé
engluer
engober
engommé
engoncé
engorgé
engouer
engrais
engravé
engrêlé
engrené
engrois
enhardi
enherbé
enivrer
enjambé
enjoint
enjôler
enjouée
enjugué
enkysté
enlacer
enlaidi
enlevée
enlever
enliant
enliser
ennéade
enneigé
ennemie
Ennezat
ennobli
ennoyer
ennuagé
ennuyer
énoncer
énouant
enquête
enquêté
enragée
enrager
enragés
enrayer
enrêner
enrhumé
enrichi
enrobée
enrober
enroché
enrôler
enrouer
enroulé
ensablé
ensaché
ensellé
enserré
ensiler
ensuite
ensuqué
entablé
entaché
entamer
entassé
Entebbe
entelle
entendu
entente
enterré
entêtée
entêter
en-têtes
entiché
entière
entoilé
entôler
entonné
entorse
entouré
entrain
entrait
entrant
entrave
entravé
entrevu
entuber
énucléé
énuméré
énuquer
envahir
envaser
enviant
envider
envieux
envinée
environ
envoilé
envolée
envoler
envoûté
envoyée
envoyer
éolithe
éonisme
épaisse
épaissi
épampré
épanché
épandre
épanner
épanoui
épargne
épargné
éparque
éparvin
épatant

7

épateur
épaufré
épaulée
épauler
épeiche
épéisme
épéiste
épelant
épépiné
éperdue
éperlan
Épernay
Épernon
épervin
épeurer
éphébie
éphédra
éphorat
Éphraïm
épiaire
épiçant
épicène
épicier
Épicure
épidote
épierré
épieuse
épigone
épigyne
épilant
épileur
épillet
épilobe
épinaie
épinant
épinard
épincer
épineux
épingle
épinglé
épinier
épirote
épisode
épisser
épitoge
épitomé
éplorée
éployer
épluché
épointé
éponger
éponyme

épousée
épouser
époutié
époxyde
épreint
épreuve
éprouvé
epsilon
Epstein
épuçant
épuisée
épuiser
épulide
épurant
équarri
équerre
équerré
équeuté
équille
équipée
équiper
érafler
éraillé
Ercilla
éreinté
ergatif
ergotée
ergoter
Érigène
Erikson
Érinyes
érodant
érogène
érosion
érosive
érotisé
errance
errante
erratum
erronée
Erstein
éructer
érudite
éruptif
Erzberg
Erzurum
esbigné
Esbjerg
escadre
escarpe
escarpé
escarre

eschant
eschare
Eschine
Eschyle
escient
Esclave
esclave
escobar
escorte
escorté
escrime
escrimé
Escrivá
ésérine
eskuara
espacer
espadon
Espagne
espèces
espérer
Espérou
Espinel
esquire
esquive
esquivé
essaimé
essangé
essarté
essarts
essayer
essence
esseulé
Essling
Essonne
essorer
essuyer
Estaing
estampe
estampé
Estaque
estarie
Esterel
Estérel
esthète
estimer
estival
estiver
estomac
estompe
estompé
Estonie
estoqué

estrade
Estrées
Estrela
estrope
établer
établie
établir
étagère
étalage
étalagé
étalant
étalier
étamage
étamant
étambot
étameur
étamine
étamper
Étampes
étamure
étanche
étanché
étançon
Étaples
étarqué
étatisé
étayage
étayant
éteinte
étendre
étendue
Étéocle
éternel
éternué
étésien
étêtage
étêtant
éthanal
éthanol
éthérée
éthique
Étienne
étioler
étirage
étirant
étireur
étoffée
étoffer
étoffes
étoilée
étoiler
étolien

étonner
étouffé
étouper
étourdi
étrange
Étréchy
étrécir
étreint
étrenne
étrenné
Étretat
étrille
étrillé
étriper
étriqué
étroite
Étrurie
étudiée
étudier
étuvage
étuvant
étuveur
Euclide
eudémis
eudiste
Eudoxie
Eugénie
eugénol
euglène
Eulalie
Eumenês
eunecte
eunuque
Eurasie
Euratom
Eurotas
euscara
euskera
Euterpe
eutexie
eutocie
évacuée
évacuer
évadant
évaluer
évanoui
évaporé
évasant
évasion
évasive
évasure
Évêchés

7

éveillé
éventée
éventer
éventré
Everest
Evergem
évertué
évidage
évidant
évident
évidoir
évidure
évincer
évitage
évitant
évoluée
évoluer
évoquer
ex aequo
exagéré
exaltée
exalter
examiné
exarque
exaucer
excaver
excéder
excellé
excepté
exciper
exciser
excitée
exciter
exclamé
exclure
excorié
excrété
excuser
excuses
exécrer
exécuté
exégèse
exégète
Exékias
exemple
exempte
exempté
exercée
exercer
exérèse
exergue
exfolié

exhaler
exhaure
exhiber
exhorté
exhumer
exilant
exister
exogame
exogène
exonder
exonéré
expansé
expédié
experte
expiant
expirer
explant
exploit
exploré
explosé
exporté
exposer
express
exprimé
expulsé
expurgé
exquise
exsudat
exsuder
extasié
extenso
exténué
externe
extirpé
extradé
extrait
extrême
extrudé
exulter
Eyadema
Eysenck
Eysines
Eyskens
Fabiola
fabliau
fablier
fabuler
facétie
facette
facetté
fâchant
fâcheux

Fachoda
faciale
faciaux
faconde
façonné
factage
facteur
factice
faction
factuel
factums
Facture
facture
facturé
faculté
fadaise
fadasse
Fadeïev
fagnard
fagoter
fagotin
faiblir
faïence
faïencé
faillée
failler
faillie
faillir
Fairfax
fairway
faisane
Faisans
faisant
faiseur
faîtage
faîteau
faîtier
faitout
Faizant
Falaise
falaise
falbala
Falerne
falerne
Faliero
Falkner
Fallada
falloir
Fallope
Falloux
falsafa
Falster

faluche
faluner
Famenne
fameuse
famille
fanchon
fan-club
faneuse
Fanfani
fanfare
fangeux
Fan Kuan
fantôme
fanzine
Faraday
faraday
faraude
farceur
fardage
fardant
fardeau
fardier
farfelu
fargues
fariner
Farnèse
farouch
farrago
fartage
fartant
Far West
fasciée
fascine
fasciné
fascisé
faseyer
Fastnet
fatigue
fatigué
fatuité
faubert
faucard
fauchée
Faucher
faucher
fauchet
fauchon
faufilé
fausser
fausset
Faustin
fautant

fauteur
fautive
faveurs
favoris
Fawcett
Fayence
Fayolle
fayoter
fazenda
F'Derick
fébrile
Fechner
féciaux
féconde
fécondé
féculer
fedayin
fédéral
fédérée
fédérer
feeling
Fehling
feindre
feinter
félibre
fellaga
Fellini
félonie
félonne
femelle
fémelot
féminin
fémoral
fendage
fendant
fendard
fendart
fendeur
fendoir
Fénelon
fenêtre
fenêtré
feniane
Fenians
fenouil
féodale
féodaux
Fergana
fériale
fériaux
Ferland
ferlant

fermage
fermail
fermant
fermaux
ferment
fermeté
fermier
fermion
fermium
fermoir
féroïen
ferrade
ferrage
Ferrand
ferrant
Ferrare
Ferrari
ferrate
Ferreri
ferreur
ferreux
ferries
ferrite
ferrure
fertile
fervent
ferveur
fessant
fessier
festive
fest-noz
festoyé
fêtarde
fétiaux
fétiche
fétuque
feuille
feuillé
feuillu
feulant
feutrée
feutrer
février
Feydeau
Feynman
fiancée
fiancer
fiasque
fibreux
fibrine
fibrome
fibrose

ficaire
ficelée
ficeler
ficelle
fichage
fichant
fichier
fichoir
fichtre
fiction
fictive
Fidelio
fidjien
fiducie
fieffée
fienter
fiérote
Fieschi
Fiesole
Fiesque
fifille
figeant
fignolé
figuier
figurée
figurer
filable
fil-à-fil
filaire
filante
filasse
fileter
fileuse
filiale
filiaux
filibeg
filière
filleul
filmage
filmant
filoché
filouté
filtrat
filtrer
finales
finance
financé
finassé
finaude
finerie
finesse
finette

finnois
Firdūsī
Firenze
Firminy
fiscale
fiscaux
Fischer
fish-eye
fissile
fission
fissure
fissuré
fistule
fixatif
fixisme
fixiste
Flachat
fla-flas
flagada
Flahaut
flairer
flamand
flamant
flambée
flamber
flamine
flammée
flammes
flânant
flanché
Flandre
flâneur
flanqué
flasher
flashes
flasque
flatter
flaveur
Flavien
flavine
Flaxman
fléchée
flécher
fléchir
flegmon
Fleming
flétrir
fleurer
fleuret
Fleurie
fleurie
fleurir

fleuron
Fleurus
flexion
flexure
flingot
flingue
flingué
flipper
flirter
flocage
floculé
Floirac
floquer
Floquet
florale
floraux
floréal
Florian
Floride
Floriot
flotter
flouant
fluctué
fluente
fluette
fluorée
flushes
flustre
flûtant
flûteau
flûtiau
flutter
fluvial
fluxion
foetale
foetaux
fofolle
foggara
foirade
foirail
foirals
foirant
foireux
folasse
folâtre
folâtré
Folengo
foliacé
foliole
folioté
folique
fomenté

fonçage
fonçant
fonceur
foncier
fondant
fondeur
fondoir
fondouk
Fonseca
Fontana
Fontane
Fonteyn
fontine
footing
Foottit
foraine
Forbach
forçage
forçant
forcené
forceps
forcing
Forclaz
forclos
foreuse
forfait
forgeur
forjeté
forlane
formage
formant
formaté
formène
Formica
formolé
Formose
formule
formulé
fortage
fortifs
fortran
fortuit
Fortune
fortune
fortuné
Fosbury
Foscari
Foscolo
fossile
fossoir
fossoyé
foucade

7

foudres
fouetté
fougère
fouille
fouillé
fouiner
Foujita
Fou-kien
foulage
Foulani
foulant
foulard
fouleur
Foullon
fouloir
Foulque
foulque
foulure
Fouquet
fourbir
fourbue
fourche
fourché
fourchu
Foureau
fourgon
fourgue
fourgué
Fourier
fournée
fournie
fournil
fournir
Fourons
fourrée
fourrer
foutant
foutoir
foutral
Foveaux
fox-trot
Frachon
fractal
fragile
fraîche
fraîchi
frairie
fraiser
fraisil
franche
franchi
Francis

franger
frangin
Franken
franque
frappée
frapper
frasant
frasque
fratrie
frauder
frayage
frayant
frayère
frayeur
Fréchet
freesia
freezer
frégate
frégaté
freiner
Freinet
freinte
frelaté
Frémiet
Frémyot
frênaie
Freppel
Fresnay
Fresnel
Fresnes
Fresnoy
fresque
frétant
fréteur
fretter
friable
friande
frichti
fricoté
Friedel
frigide
frileux
frimant
frimeur
fringue
fringué
fripant
fripier
friquée
friquet
frisage
frisant

Frisbee
frisson
frisure
fritter
friture
frivole
frocard
froissé
frôlant
frôleur
fromage
fromegi
Froment
froment
fromton
froncer
froncis
fronder
Fronsac
frontal
Fronton
fronton
frottée
frotter
frottis
frouant
Frouard
Frounze
frousse
fructus
frugale
frugaux
fruitée
frustré
Fualdès
fuchsia
fuégien
fuel-oil
Fuentes
fugitif
fuguant
fugueur
Fukuoka
Fulbert
fulguré
fulminé
fumable
fumante
fumerie
fumeron
fumeuse
fumiger

fumiste
Funchal
funèbre
funeste
furanne
fureter
furieux
furioso
furtive
fusante
fuscine
fuselée
fuseler
fusette
fusible
fusillé
fustigé
futaine
fuyante
fuyarde
gabarié
gabarit
gabarre
gabegie
gabelle
gabelou
Gabriel
Gabrovo
gâchage
gâchant
gâcheur
gaffant
gaffeur
gageant
gageure
gageuse
gagiste
gagnage
gagnant
gagneur
gaïacol
Gaillac
gaillet
Gaillon
gaîment
gainage
gainant
gainier
galante
Galatée
Galatie
galaxie

galbant
galéace
galéjer
galérer
galères
galerie
galerne
galetas
galeter
galette
galeuse
galgals
galibot
Galicie
Galigaï
Galilée
galiote
galipot
Galland
galleux
Gallien
gallium
gallois
galoche
galonné
galoper
galopin
Galuppi
galurin
Galvani
galvano
gambade
gambadé
gambien
Gambier
gamelan
Gamelin
gamelle
gaminer
gammare
ganache
ganguée
Ganivet
ganoïde
gansant
gantant
gantier
gantois
Ganzhou
gaperon
gâpette
Garabit

7

garance
garancé
garante
garanti
Garborg
garbure
Garches
gardant
gardeur
gardian
gardien
Gardner
gardois
garenne
Gargano
gargote
Garizim
Garneau
Garnier
Garonne
Garrett
Garrick
Gaspard
Gasperi
Gassion
Gassman
Gastaut
gâterie
gâteuse
gâtifié
gâtisme
gattant
gaucher
gauchir
gaufrer
Gauguin
Gauhāti
gaulage
gaulant
gaulois
Gaumont
Gaussen
gausser
Gautier
Gavarni
gaveuse
gavials
gavotte
Gaxotte
gazelle
gazette
gazeuse
gazière
gazoduc
gazonné
géaster
Gédymin
Geelong
Geffroy
géhenne
geindre
gélifié
Gélimer
Gemayel
Gémeaux
gémeaux
gémelle
géminée
géminer
Gémiste
gemmage
gemmail
gemmant
gemmaux
gemmeur
gemmule
Gémozac
gênante
gencive
général
générer
genette
gêneuse
géniale
géniaux
génique
génisse
génital
génitif
génoise
Gentile
Gentzen
geôlier
Georges
Georgia
Géorgie
gérable
gérance
gérante
gerbage
gerbant
gerbera
Gerbert
gerbeur
gerbier
gerçant
gerçure
gerfaut
Germain
germain
germant
germoir
géronte
gerseau
gersois
Gervais
Gervans
gerzeau
Gessner
Gestapo
gestion
gestuel
Gétigné
Gezelle
Gezireh
ghanéen
Ghazālī
Ghýthio
Gia Long
gibbeux
Gibbons
gibelet
gibelin
giberne
giclant
gicleur
Giessen
Giffard
giflant
Gignoux
gigogne
gigotée
gigoter
gigotté
Gilbert
Gil Blas
gimmick
gin-fizz
ginglet
ginguet
gin-rami
ginseng
girafon
girasol
girelle
Girodet
girofle
girolle
Gironde
gironde
gironné
gisante
Giscard
Giselle
giselle
givrage
givrant
givreux
givrure
glaçage
glaçant
glaceur
glaceux
glacial
glaciel
glacier
glaçure
glaïeul
glairer
glaiser
glamour
glanage
glanant
glandée
glander
glaneur
glanure
Glasgow
Glashow
Glauber
glauque
glaviot
glécome
Gleizes
glénant
Glières
glisser
Gliwice
globale
globaux
globine
globule
glosant
glottal
gloussé
glouton
gluante
glucide
glucine
glucose
glucosé
glycine
Gniezno
gnocchi
Goajiro
gobelet
gobelin
gobergé
gobeuse
godasse
Godbout
Goddard
godiche
godille
godillé
Godthåb
goéland
Goering
Goffman
Gohelle
Goiânia
goinfre
goinfré
Golding
Goldoni
Golfech
golfeur
Goliath
golmote
Gomarus
gominer
gommage
gommant
gommeux
gommier
gommose
Gompers
Gomułka
Gondola
gondole
gondolé
gonelle
Gonesse
gonfler
Góngora
Gontran
Goodman
Gordien
gordien
Gordion

7

Goretex
gorgone
gorille
Gorizia
Görlitz
Gortyne
gosette
Gosport
Gossart
Gothard
gotique
Gotland
gouache
gouaché
Gouarec
Goubert
goudron
gouffre
gougère
gouille
goumier
gourami
gourant
Gourara
Gouraud
gourbet
gourdin
Gourdon
Gouriev
gourmée
gourmet
Gournay
Goursat
gousset
goûtant
goûteur
goûteux
goutter
gouttes
Gozzoli
grabuge
Gracián
gracier
gracile
graduat
graduée
graduel
graduer
graillé
Grailly
grainer
graisse
graissé
Gramont
Gramsci
Granada
Grandet
grandet
grandir
grangée
Granges
granite
granité
Granson
granule
granulé
graphie
grappin
grasset
Grasset
Gratien
gratiné
gratter
gratuit
gravant
gravats
graveur
gravide
gravier
gravité
gravois
gravure
grébige
grécisé
grécité
grecque
grecqué
gredine
greffée
greffer
greffon
Gregory
grègues
grêlant
grêleux
Grenade
grenade
grenadé
grenage
grenant
grenelé
greneur
grenier
grenure
grésage
grésant
gréseux
Gresham
grésoir
gressin
grevant
Griaule
grièche
griffer
griffon
griffue
grifton
Grignan
grigner
Grignon
grignon
grigris
grillée
griller
grillon
grimace
grimacé
grimage
grimant
Grimaud
grimaud
grimpée
grimper
Grimsby
Grimsel
grincer
grinche
gringue
griotte
grippal
grippée
gripper
grisant
grisard
Gris-Nez
Grisons
Grisons
grivelé
grivois
grizzli
grizzly
grogner
grognon
groisil
Gromyko
gronder
grondin
Gropius
gros-bec
grossir
Grotius
Grouchy
groupal
grouper
groupie
Grouzia
Groznyï
grumeau
grumelé
grutant
grutier
gruyère
gryphée
guanaco
Guangxi
guanine
Guaporé
Guarani
guarani
Guarini
guéable
Gueldre
Guémené
guépard
Guépéou
guêpier
guérite
guêtrer
guêtron
guetter
gueuler
gueules
gueuser
Guevara
Guibert
guibole
Guichen
guichet
guidage
guidant
guideau
guigner
Guignol
guignol
guignon
Guilers
Guillén
guillon
Guimard
guinché
guindée
guinder
guinéen
guipage
guipant
guipoir
guipure
guitare
Guîtres
Guitton
guivrée
Guiyang
Guizhou
Gujerat
guniter
Günther
Gustave
Gutland
Gutzkow
Guyanes
Guyenne
Gwālior
gymnase
gymnote
gynécée
gypaète
gypsage
gypseux
Haarlem
Habacuc
habillé
habitat
habitée
habiter
habitué
habitus
hâbleur
hachage
hachant
hacheur
hachoir
hachure
hachuré
haddock
Hadrien
Haeckel
Haendel
hafnium
Haganah
hagarde

7

hahnium
haïdouk
Hai-k'eou
haillon
Hainaut
haineux
haïtien
halbran
Haldane
haleine
halener
haleter
haleuse
halicte
Halifax
haliple
hallage
hallali
hallier
Halluin
Halpern
haltère
Hamburg
hameçon
Hamelin
Hamhung
Hammett
Hampden
Hampton
hamster
hancher
Han-k'eou
Hanovre
Hanriot
hansart
Han Shui
hantant
hantise
Han Wudi
Haoussa
haoussa
happant
haptène
harasse
harassé
harcelé
hardant
Harding
hard-top
harfang
haricot
Hari Rud

harissa
Harnack
harnais
harnois
harpail
Harpies
Harpyes
Hartung
Harvard
Haryana
hasardé
has been
Haskovo
Hasselt
Hassler
hâtelet
hâtelle
haubané
haubert
Hauriou
hausser
hautain
hauteur
havenet
haveuse
havrais
hawaïen
Hawkins
Hawkyns
Haworth
Hawtrey
Hayange
héberge
hébergé
hébétée
hébéter
Hébreux
Hécatée
hectare
Hedāyat
Heerlen
Heiberg
Heifetz
Heinkel
Hélicon
hélicon
Hellade
hellène
Hellens
Helmand
Helmond
Helmont

hélodée
Héloïse
Hélouân
helvète
hématie
hémione
Hendaye
Hendrix
Hengelo
Henlein
Henzada
Hepburn
heptane
Hérault
herbacé
herbage
herbagé
herbant
Herbart
Herbert
herbeux
herbier
Herblay
hercher
Hercule
hercule
Heredia
hérésie
Herisau
hérissé
hériter
Hermann
hermine
Hermite
Hermlin
Hernani
herniée
héroïde
héroïne
Héroult
Herrade
Herrera
Herrick
Herriot
hersage
Hersant
hersant
herschë
herseur
Herstal
Hertwig
Hérules

Herzele
Hesbaye
Hésiode
hésiter
Hesnard
hessois
hétaïre
hétérie
hêtraie
heureux
heurtée
heurter
Heymans
Heyting
hiatale
hiataux
hiberné
hickory
Hidalgo
hidalgo
hideuse
hiémale
hiémaux
Hiiumaa
Hilaire
hilaire
Hilbert
Hillary
Hilmand
hiloire
Himmler
Hinault
Hincmar
hindoue
hippeis
hippeus
Hippias
hippies
Hippone
hircine
hirsute
hispide
hissant
histone
Hitachi
hittite
Hittorf
hiverné
Hobbema
hobbies
hochant
Hockney

Hodeïda
Hodgkin
Hofmann
Hogarth
Hohneck
Hokusai
Holbach
Holbein
Holberg
holding
Holguín
Holiday
holisme
holiste
holmium
Holweck
homélie
hommage
hongrer
Hongrie
Hong-wou
honnête
honneur
Honorat
honorer
honteux
Hooghly
hôpital
Hopkins
hoplite
hoqueté
Horaces
horaire
Hordain
horizon
horloge
hormone
horreur
horsain
Horsens
hors-jeu
Hōryū-ji
hosanna
hospice
Hossein
hosteau
hostile
hot dogs
hôtesse
hottant
houache
houblon

7 **Houdain**
houille
houleux
houlque
houpper
hourder
hourdis
hourque
Hourtin
housard
houseau
Houssay
housser
Houston
Huainan
Huang He
huchant
huilage
huilant
huileux
huilier
huitain
hulotte
hululer
humaine
humains
Humbert
humbles
humecté
huméral
humérus
humilié
humique
humoral
Hungnam
Hunyadi
Hurault
hurdler
hurlant
hurleur
huronne
Hurtado
huskies
hussard
Hussein
Ḥussein
Husserl
hussite
hutinet
Huygens
hyaline
hyalite

hybride
hybridé
hydrant
hydrate
hydraté
hydrure
hygiène
hygroma
hyménée
Hymette
Hypatie
hypéron
hypnose
hypogée
hypoïde
hypoxie
Iapyges
Iaxarte
ibéride
Ibn Sa'ūd
Ibrāhīm
icarien
iceberg
ice-boat
icelles
ichthus
ichtyol
icoglan
Ictinos
idéelle
idiotie
Ielgava
ignoble
ignorée
ignorer
ikebana
iliaque
îlienne
Iliescu
Illampu
illégal
Illiers
Illyrie
Illzach
îlotage
îlotier
Imabari
imagier
imaginé
imberbe
imbiber
imbrûlé

Imerina
Imhotep
imitant
immense
immergé
immigré
immiscé
immoler
immonde
immoral
impaire
imparti
impasse
impayée
Imperia
Imperio
impétré
impiété
implant
implexe
imploré
implosé
impolie
importé
imposée
imposer
imposte
imprévu
imprimé
impulsé
impunie
imputer
inactif
inalper
inanimé
inanité
inavoué
incarné
inceste
incipit
inciser
incisif
inciter
incivil
incliné
inclure
incluse
incombé
Inconel
inconnu
incréée
incuber

inculpé
inculte
incurie
incurvé
indagué
indécis
indemne
indexer
Indiana
indican
Indiens
indigne
indigné
indiqué
indivis
in-douze
induire
induite
indurée
indurer
indusie
induvie
inédite
inégale
inégalé
inégaux
ineptie
inertie
inexact
inexpié
infamie
infante
infarci
infatué
infecte
infecté
inféodé
inférer
infesté
infichu
infinie
infirme
infirmé
infligé
influer
in-folio
infondé
informe
informé
infoutu
infuser
ingambe

ingénié
ingénue
ingérer
ingrate
inhaler
inhiber
inhumer
inimité
initial
initiée
initier
injecté
injurié
injuste
innéité
innervé
innomée
innommé
innover
inoculé
inocybe
inodore
inondée
inonder
inopiné
in petto
in-plano
inquart
inquiet
In Salah
inscrit
insecte
in-seize
insensé
insérer
insight
insigne
insinué
insisté
insoler
inspiré
instant
insulte
insulté
insurgé
intacte
intègre
intégré
intense
intenté
intérêt
intérim

interne
interné
intimée
intimer
intrant
introït
intruse
intuber
inuline
inusité
inusuel
in utero
inutile
invasif
invendu
inventé
inverse
inversé
inverti
investi
inviolé
invitée
inviter
in vitro
invoqué
iodique
iodisme
iodlant
iodurée
Ionesco
ionique
ioniser
ionisme
ioulant
ipséité
Ipswich
Iquique
Iquitos
irakien
iranien
Iriarte
iridiée
iridien
iridium
irisant
Irlande
ironisé
irradié
irrigué
irriter
Isabeau
ischion

isiaque
Islande
isobare
isocèle
isodome
isogame
isogone
isolant
isoloir
isomère
isopode
isotope
isotron
Ispahan
issante
Issoire
Istrati
italien
Ithaque
Ivanhoé
Ivanovo
ivoirin
ivresse
ivrogne
Iwo Jima
Ixelles
jablant
jabloir
jaboter
jacasse
jacassé
jacente
jachère
jaciste
jackpot
Jackson
jacobée
jacobin
jacobus
jaconas
Jacques
jacques
jacquet
jacquot
jactant
Jacuzzi
jadéite
jaillir
Jakarta
Jalgaon
Jaligny
Jalisco

jalonné
jalousé
Jamaica
jambage
jambart
jambier
jambose
Janáček
jangada
Jannina
Janssen
Janvier
janvier
jappant
jappeur
jaquier
jardiné
Jargeau
jarosse
jarreté
jaseran
jaseuse
jaspant
Jaspers
jaspiné
jaspure
jaugeur
javeler
javelle
javelot
jazzman
jazzmen
Jeanbon
Jeannin
jéciste
Jéhovah
jéjunal
jéjunum
Jelačić
Jelgava
Jemeppe
Jérémie
Jéricho
jerkant
jésuite
jetable
jeteuse
jetisse
jet-sets
Jeumont
jeûnant
jeûneur

Jézabel
Jiamusi
Jiangsu
Jiangxi
Jiménez
jinisme
Jinzhou
Jitomir
Joachim
Joachin
jobarde
jobardé
jobelin
jobiste
Jobourg
jocasse
Jocaste
Jocelyn
jociste
jockeys
Joconde
Jodelle
Jodhpur
jodlant
Joffrey
joggeur
jogging
Johnson
joindre
jointif
Jolivet
Jolliet
jonçant
jonchée
joncher
jonchet
jongler
Josèphe
Josquin
jouable
Jouarre
jouasse
Joubert
jouette
joueuse
joufflu
Jouguet
Jouhaux
joujoux
Jouques
Jourdan
journal

journée
joutant
jouteur
jouxter
joviale
jovials
joviaux
Joyeuse
joyeuse
jubarte
jubiler
juchant
juchoir
judaïsé
judaïté
judéité
judelle
jugeant
jugeote
jugeuse
juguler
Juillac
juillet
juke-box
Juliana
Juliers
Jullian
jumelée
jumeler
jumelle
jumping
Junkers
junkies
jupette
jupière
Jupiter
juponné
jurande
juriste
jussiée
Jussieu
jussion
justice
juteuse
Jütland
Juvarra
Juvénal
juvénat
Juvigny
Jylland
kabbale
Kabyles

7

7

Kabylie
Kachgar
kaddish
Kadhafi
Kaesong
Kaifeng
K'ai-fong
kaïnite
kalmouk
Kalouga
Kamenev
Kamensk
kamichi
Kampala
Kananga
Kanáris
kandjar
Kanggye
kannara
kantien
Kaolack
Kapitsa
Kapnist
Karabük
Karāchi
karaïte
Karajan
karakul
Karbalā'
Kārikāl
Károlyi
karting
Karviná
Kashima
kassite
Kastler
Kästner
Kastrup
Kasugai
Kataïev
Katanga
Katsura
Kaunitz
Kautsky
Kaváfis
Kawagoe
Kayseri
kazakhe
Kazakov
Keeling
keffieh
Kellogg
Kelowna
Kendall
Kenitra
Kennedy
kenyane
kérabau
Kerbela
Kérkyra
Kerouac
Kertész
ketchup
Key West
khalife
khalkha
khamsin
Kharbin
Khārezm
Kharkov
Khaybar
Khayyām
Khazars
khédive
Kherson
Khingan
khoisan
Khotine
Kiang-si
kinésie
kinoise
kiosque
Kipling
Kippour
Kippour
Kirghiz
kirghiz
Kitimat
K'iu Yuan
Kleenex
klephte
Klinger
knesset
Knesset
knicker
Knossós
know-how
Koblenz
Kolamba
kolkhoz
Kolomna
Kolwezi
Kontich
konzern
Köprülü
Korčula
Kossuth
kouglof
Kou-kong
Kouldja
Kourgan
Kowloon
Krefeld
Kreisky
Kremlin
kremlin
Kreuger
kreuzer
Krishnā
Krishna
Kroeber
kroumir
krypton
Kubrick
Kuching
kufique
Kuku Nor
kumquat
Kunckel
Kundera
Kunheim
Kunming
Kurnool
Kurzeme
Kushiro
Kuznets
Kvarner
Kwangju
Kwazulu
Laaland
La Barre
labarum
La Baule
labelle
labiale
labiaux
Labiche
Labouré
labouré
labours
Labrède
Lacanau
La Canée
Lacaune
laccase
lacérer
lacerie
laceuse
lâchage
lâchant
lâcheté
lâcheur
Lachine
lacinié
La Colle
Laconie
Lacoste
Lacroix
lactame
lactase
lactate
lactone
lactose
ladanum
la Douze
Laennec
La Faute
La Ferté
La Force
La Fosse
Lagache
La Garde
La Gaude
Lagides
Lagnieu
La Grave
la Hague
La Harpe
Laibach
laïcisé
laïcité
laideur
Laignes
lainage
lainant
laineur
laineux
lainier
Laissac
laisser
laitage
laiteux
laitier
laïussé
Lakanal
lakiste
La Lande
Lalande
l'Albane
Lalinde
La Línea
Lalique
La Londe
La Loupe
Lamalou
La Marck
Lamarck
lambeau
Lambert
Lambert
Lambesc
Lambèse
Lambeth
lambick
lambine
lambiné
Lambres
lambris
lamelle
lamellé
lamenté
lamento
lamifié
laminer
La Mothe
La Motte
lampant
lamparo
lampion
lampyre
Lanaken
lançage
lançant
lanceur
lancier
lanciné
Lancret
landais
land art
landaus
landier
Landivy
landtag
laneret
langage
Langdon
Langeac
Langreo
Langres
langres

7

Lang Son
Langton
languée
languir
lanière
laniste
Lanmeur
Lannion
Lansing
lantana
Lanvaux
Lanvéoc
Lanzhou
Laocoon
Laodice
laotien
Lao-tseu
La Panne
La Penne
lapider
lapilli
lapiner
Laplace
La Plata
Laplume
Laponie
laponne
La Porta
lapping
laquage
laquais
laquant
laqueur
laqueux
L'Aquila
Laragne
laraire
Larbaud
lardant
La Réole
l'Arétin
largage
largeur
larguer
La Riche
larigot
Lárissa
Larivey
larmier
larmoyé
Lárnaka
La Roche

Laroche
Laroque
laryngé
lasagne
La Salle
Lasalle
La Sauve
Lascaux
lascive
La Seyne
Lashley
Laskine
lassant
lasting
latence
latente
latéral
La Teste
Latimer
Latinus
lattage
lattant
Latvija
Laubeuf
Laurana
lauréat
Laurens
Laurent
Laurier
laurier
Laurion
Lausitz
Lautrec
lavable
lavabos
lavande
lavaret
lavasse
Lavater
La Vaulx
Lavedan
lave-dos
La Venta
Laveran
laverie
lavette
laveuse
Lavisse
Lawfeld
laxatif
laxisme
laxiste

Laxness
layette
lazaret
Lazzini
Léandre
leasing
Leavitt
Le Bardo
Lebbeke
Le Blanc
Leblanc
Le Bugue
Le Caire
léchage
léchant
lécheur
Leclair
Leclerc
Lécluse
lecteur
lecture
lécythe
Le Dorat
Leeward
Le Fauga
Le Fayet
Lefèvre
légende
légendé
leggins
leghorn
légiste
Legnano
Legnica
léguant
Le Havre
Leibniz
Leipzig
Le Jeune
Lejeune
Le Locle
Lelouch
Lemaire
Le Marin
Le Mayet
Lemberg
Lemelin
lemming
Lemoine
Le Mouël
Le Moule
Lemoyne

Lempdes
lempira
Lenclos
Lenglen
lénifié
Leninsk
lénitif
Le Nôtre
lenteur
lentigo
Léognan
Léonard
léonard
léonine
léonure
léopard
Léopold
Lépante
Lepaute
Le Péage
Lepidus
lépiote
Le Pirée
lépisme
Le Poiré
lépreux
léprome
lepture
Leriche
Le Rider
Les Arcs
Le Sauze
Les Baux
lesbien
Lescaut
lesdits
Les Gets
Lésigny
lésiner
Les Mées
Lesotho
Lesquin
Lesseps
Lessing
lessive
lessivé
lestage
lestant
Le Sueur
Les Ulis
Les Vans
Le Theil

Le Trait
lettone
lettrée
lettres
Leucade
Leucate
leucine
leucite
leucome
leucose
leurrer
Levante
Lévezou
Lévézou
Le Vigan
léviger
Levinas
lévirat
levraut
lévrier
Levroux
lexical
lexique
lézarde
lézardé
Lhomond
liaison
Liakhov
liarder
libelle
libellé
libéral
Liberec
libérée
libérer
Liberia
liberté
Liberty
licence
lichant
liciter
licorne
licteur
Liénart
Liepaïa
Liepaja
Liestal
Lietuva
lieu-dit
lieudit
Lieuvin
liftant

7

liftier
lifting
lignage
lignant
lignard
ligneul
ligneux
lignine
lignite
ligoter
liguant
Ligueil
ligueur
ligulée
Ligures
Ligurie
liliale
liliaux
Lillers
lillois
Lilybée
limaçon
Limagne
limande
Limburg
limette
limeuse
liminal
limitée
limiter
limoger
Limoges
Limogne
Limosin
Limours
limpide
Limpopo
linacée
linaire
Linares
Lin Biao
linceul
linçoir
Lincoln
Lindsay
linéale
linéaux
linette
lingère
Lingons
lingual
linière
linkage
linnéen
linotte
Lin Piao
linsang
linsoir
linteau
Liotard
liparis
Lipatti
lipémie
Lipetsk
lipoïde
liqueur
liquide
liquidé
lirette
liserer
lisérer
liseron
liseuse
lisible
lisière
Lisieux
lissage
lissant
lisseur
lissier
lissoir
listage
listant
listeau
listing
Li Taibo
Li T'ai-po
litanie
lit-cage
literie
lithine
lithiné
lithium
litière
litorne
Livarot
livarot
livèche
Livonie
Livorno
livrant
livreur
lobaire
lobbies
lobélie
lobulée
Locarno
locatif
lochant
lochies
Lochner
lock-out
Lockyer
Locminé
Locride
Loctudy
loculée
Locuste
locuste
Lofoten
logeant
logette
logeuse
logique
logiste
Logroño
loisirs
Lokeren
Lolland
lollard
Lomagne
lombago
lombard
lombric
Londres
londrès
longane
Long-men
longuet
Longvic
Lönnrot
looping
Lopburi
lopette
loquace
lordose
Lorentz
Lorette
lorette
lorgner
lorgnon
Lorgues
Lorient
Lormont
Lorquin
Lorrain
lorrain
lorries
lorsque
losange
losangé
loterie
Lothian
lotoise
louable
louange
louangé
loubard
loucher
louchet
louchon
Loudéac
loueuse
loufiat
Louhans
loukoum
loupage
loupant
loupiot
Louqsor
lourant
lourder
Lourdes
Lou Siun
loustic
Louvain
louvant
louveté
Louvois
louvoyé
Louvres
Loyauté
loyauté
Lualaba
Lubbers
Lubbock
Luberon
Lubéron
Lucanie
lucarne
Lucayes
Lucerne
Lucifer
lucilie
luciole
Luckner
Lucknow
Lucques
Lucrèce
luddite
ludique
ludisme
luétine
lugeant
lugeuse
Lugones
lugubre
luisant
lumbago
Lumbres
Lumière
lumière
Lumumba
lunaire
luncher
lunches
lunette
lunetté
Luoyang
lupanar
lupique
lupulin
lurette
luronne
Lusigny
lustral
lustrer
lutéale
lutéaux
lutéine
luthier
Luthuli
lutiner
luttant
lutteur
Luxeuil
luxueux
Luzenac
luzerne
Lyautey
lychnis
lyddite
Lydgate
lyncher
Lyndsay
lyrique
lyrisme
Lysippe
lytique
Maaseik

maboule
macabre
macache
macadam
Macaire
macaque
macaron
Macbeth
macérer
maceron
Machado
mâchant
machaon
Machaut
mâcheur
Machhad
machine
machiné
mâchure
mâchuré
maclage
maclant
Macleod
maçonne
maçonné
macramé
Macrobe
maculer
macumba
Madeira
Madelon
Maderna
Maderno
Madison
Madonna
madrasa
madrier
madrure
Madurai
Maelzel
maestro
mafflue
mafieux
mafiosi
mafioso
Magadan
magasin
Magenta
magenta
Maghreb
maghzen
Maginot

magique
Magnani
magnant
Magnard
magnéto
magyare
Magyars
mahaleb
Mahātmā
mahatma
mah-jong
Mahomet
mahonia
mahonne
maigres
Maigret
maigrir
mailing
maillée
mailler
Maillet
maillet
Maillol
maillon
maillot
Mainard
mainate
maïoral
maïorat
Maistre
Maïzena
majesté
majeure
ma-jongs
majoral
majorat
majorer
Majunga
makhzen
Makonda
Makondé
Malabār
malabar
Malacca
maladie
maladif
mal-aimé
malaire
malaise
malaisé
Malamud
Mälaren

malaria
Malatya
malaxer
malbâti
Malcolm
mal-être
malfamé
malfrat
malheur
maligne
Malines
malines
Malinké
malinké
malique
mal-logé
Malmédy
malmené
malotru
Malouel
malouin
malpoli
Malraux
malsain
maltage
maltais
maltant
maltase
malteur
Malthus
maltose
maltôte
malvenu
Malvési
mamelle
mamelon
mamelue
mameluk
mammite
mamours
manager
Managua
Manaslu
Manassé
manceau
manchon
manchot
manchou
Mancini
mandala
mandale
mandant

mandaté
mandéen
Mandela
mandore
Mandrin
mandrin
maneton
manette
Manfred
mangeur
maniant
manicle
manière
maniéré
manieur
Manille
manille
Manipur
manique
manitou
Manlius
Manning
mannite
Mannoni
mannose
manoque
manquée
manquer
Manresa
Mansart
mansion
manteau
mantelé
Mantoue
Manuzio
Manytch
Manzoni
maoïsme
maoïste
maousse
maquant
Maracay
Marange
Marañón
maranta
marante
marasme
marathe
marathi
marâtre
maraude
maraudé

Marboré
marbrée
marbrer
Marburg
Marceau
Marchal
marcher
Marches
Marciac
Marcion
Marconi
marconi
Marcuse
Mardikh
Mardouk
marelle
Maremme
Marengo
marengo
Mareuil
Margate
Margaux
margaux
margeur
marginé
margoté
mariage
mariale
marials
Mariana
mariant
mariaux
Maribor
marieur
Marigny
marigot
marimba
mariner
Marines
Maringá
mariole
Mariout
mariste
marital
Maritza
Markham
markkaa
Marlowe
Marmara
marmite
marmité
Marmont

7

marnage
marnais
marnant
marneur
marneux
Maromme
maronné
marotte
maroute
marquée
marquer
Marquet
Márquez
marquis
marrane
marrant
Marrast
marrube
Marsais
Marsala
marsala
marseau
Marsile
Marston
Marsyas
marteau
martelé
Martens
Martial
martial
martien
Martini
Martini
Martinů
martyre
Marvell
marxien
marxisé
Masaryk
Masbate
Mascara
mascara
Mascate
Maspero
masquée
masquer
Massada
massage
massant
Masséna
masseur
Massiac

massier
Massine
massive
massore
mastaba
mastard
mastère
mastiff
mastite
m'as-tu-vu
matador
Matanza
Matapan
matcher
matches
matelas
matelot
materné
matheux
Mathias
Mathieu
Mathiez
Mathurā
matière
matinal
matinée
mâtinée
mâtiner
matines
Matisse
matoise
matonne
matrice
matricé
matrone
Matsudo
Maturin
Maturín
maudire
maudite
Mauduit
Maugham
maugréé
Mauguio
Mauléon
Maupeou
Mauriac
Maurice
Maurois
Maurras
Mausole
mauvais

Maxence
maxille
maximal
Maximin
maximum
Maxwell
maxwell
Mayapán
Mayence
Mayenne
Maynard
mayoral
mayorat
Mayotte
Mazagan
Mazamet
Mazarin
mazdéen
mazéage
Mazenod
Mazeppa
mazette
mazouté
Mazovie
Mazurie
mazurka
Mazzini
Mbabane
McCarey
McClure
McEnroe
McLaren
McLuhan
Méandre
méandre
Méaulte
Meccano
mécénat
méchage
Méchain
méchant
mécheux
Mechhed
méchoui
méconnu
Medawar
médecin
medersa
médiale
médiane
médiate
médiaux

médical
Medicis
Médicis
Médinet
médique
méditer
méduser
meeting
méfiant
méforme
mégarde
mégaron
Megiddo
mégissé
mégoter
méharée
méharis
Meilhac
Meilhan
Meillet
Meissen
meistre
méjuger
melaena
mélange
mélangé
mélasse
meldois
Melilla
mélilot
mélique
Melisey
mélisse
mélitte
Melkart
melkite
mellite
Melloni
mélodie
melonné
mélopée
Meloria
Melozzo
Melqart
Melsens
membrée
membron
membrue
mémento
Memlinc
Memling
mémoire

Memphis
menacée
menacer
ménager
Mencius
mendier
mendole
Mendoza
Ménélas
Ménélik
meneuse
Ménines
méninge
méningé
Ménippe
Mennecy
Menorca
menotte
Menotti
mensuel
mentale
Mentana
mentant
mentaux
menteur
menthol
Menthon
mention
Menuhin
menuise
menuisé
Méotide
méplate
méprise
méprisé
Mérante
Mercier
mercier
Mercure
mercure
merdant
merdeux
merdier
merdoyé
merguez
mergule
Méribel
Mérimée
mérinos
mérisme
mériter
Mérovée

7

merrain
Mertert
mésaise
mésange
mesclun
mesquin
message
Messier
messier
Messine
messine
messire
Messmer
Messner
mesurée
mesurer
mésuser
métallo
Métaure
Metaxás
métayer
météore
métèque
méthane
Méthode
méthode
méthyle
metical
métisse
métissé
métrage
métrant
Metraux
métreur
métrite
Metsijs
mettant
metteur
meublée
meubler
meugler
meulage
meulant
meulier
Meunier
meunier
Meurthe
meurtre
meurtri
mévente
Mexique
Meyssac

Meythet
Meyzieu
Mezeray
Mézidon
mézigue
miasmes
miauler
micacée
micelle
Michals
Michaux
Micipsa
mi-close
Micoque
mi-corps
microbe
miction
midrash
midship
Midwest
miellat
miellée
Mieszko
Mignard
mignard
mignoté
migrant
mi-jambe
mijoter
mildiou
Milhaud
militer
milk-bar
millage
Millais
millier
million
Milloss
milonga
milouin
mi-lourd
Milvius
mimique
Mimizan
mi-moyen
minable
minaret
minaudé
minceur
Mindoro
minerai
minéral

Minerve
minerve
minette
mineure
minibus
minicar
minière
minimal
minimum
Minitel
minorer
Mintoff
minuter
minutie
miocène
mi-parti
Mirabel
miracle
mirador
Miramas
Miranda
Mirande
miraude
mirbane
Mirbeau
mireuse
Miribel
miroité
miroton
misaine
misères
Mishima
Miskito
Miskolc
missile
mission
missive
Mistral
mistral
mitaine
Mitanni
Mitchum
mi-temps
miteuse
Mitidja
mitigée
mitiger
mitonné
mitoyen
mitrale
mitraux
mixtion

mixture
Mizoram
moabite
mochard
mocheté
Mochica
modeler
modérée
modérer
moderne
modeste
Modiano
modifié
modique
modiste
moduler
Modulor
moellon
mofette
moffler
Mogador
Moghols
Mohican
moignon
Moinaux
moindre
moineau
moirage
Moirans
moirant
moireur
moirure
moisant
Moisdon
Moissac
Moissan
moisson
moiteur
molaire
môlaire
molasse
moldave
Moldova
molesté
moleter
molette
Molière
Molinos
Molitor
mollard
Mollien
molosse

Molotov
Mombasa
momerie
mômerie
momifié
Mommsen
monacal
Monatte
Moncade
monceau
Moncton
mondain
mondant
Mondego
mondial
Mondorf
Mondovi
Mongkut
mongole
Mongols
moniale
moniaux
monilia
Monique
monisme
moniste
monitor
monnaie
monnayé
Monnier
monocle
monodie
monoski
monstre
montage
Montale
Montana
Montand
montant
Montcuq
mont-d'or
Montech
Monteil
monteur
Monteux
Monthey
Montier
Montijo
Montluc
Montoir
montoir
montois

7

Montpon
montrer
monture
Montyon
moquant
moqueur
moracée
moraine
Morales
Morandi
Morante
morasse
Moratín
Moravia
Moravie
morbide
morbier
morbleu
morceau
morcelé
Morcenx
Mordacq
mordant
mordoré
Mordves
Morelia
morelle
Morelos
Moreuil
morfale
morfals
morfler
morguer
morille
Morioka
Morisot
Morlaàs
Morlaix
Mormant
mormone
Mornant
Morphée
morpion
Morrice
Morsang
morsure
Mortain
Morteau
Mortier
mortier
mort-née
mort-nés

Mortrée
Mortsel
morveux
Morzine
Moseley
Moselle
mosette
Moskova
mosquée
Mossoul
motarde
mot-clef
motiver
motoski
motrice
mottant
motteux
moucher
Mouchet
Mouchez
mouette
mouflet
mouflon
moufter
Mougins
mouille
mouillé
Moukden
moukère
moulage
moulant
mouleur
mouliné
Moulins
Mouloud
moulure
mouluré
Mounana
Mounier
mourant
Mourenx
Mourèze
mouroir
mousser
Moussey
mousson
moussue
moutard
moutier
moutons
mouture
mouvant

Mouvaux
mouvoir
Moviola
moyenne
moyenné
moyette
Moynier
mozette
Mu'āwiya
mudéjar
muezzin
muflier
Mugello
Mukallā
mularde
mulâtre
mulette
Mülheim
mulsion
Multien
Mummius
München
Munster
Münster
munster
muntjac
Müntzer
muqueux
Murdoch
muretin
murette
muriate
Murillo
murmure
murmuré
Muroran
murrhin
Mururoa
Murviel
musacée
musarde
musardé
muscade
muscari
muscidé
musclée
muscler
musculo-
museler
muselet
musette
musical

musique
musiqué
musquée
mussant
mussive
mustang
mutable
mutante
mutilée
mutiler
mutinée
mutiner
mutique
mutisme
Muttenz
myalgie
Mycènes
mycosis
myéline
myélite
myélome
Mýkonos
myosine
myosite
myriade
Mystère
mystère
mzabite
Nabokov
Nabucco
Nābulus
nacarat
nacelle
nacrant
Naevius
nagaïka
Nagaoka
nageant
nageuse
naguère
nahaïka
nahuatl
Naipaul
Nairobi
naïveté
Namaqua
Nam Dinh
Namibie
Nampula
nanifié
naniser
nanisme

Nanjing
Nanning
nansouk
nantais
Nantiat
Nantong
nanzouk
naphtol
nappage
nappant
Narbadā
narcose
narguer
narrant
narthex
Narváez
narvals
nasarde
nasillé
nasique
Natoire
Natsume
nattage
nattant
Nattier
nattier
naturel
naucore
Nauplie
nauruan
nautile
Navarin
navarin
Navarre
navette
navigué
navrant
nazisme
Néarque
Nechako
nécrose
nécrosé
néfaste
néflier
négatif
négaton
négligé
négocié
négondo
Négrier
négrier
negundo

7

Néhémie
neigeux
Nélaton
nélombo
nelumbo
Nemanja
néméens
némerte
Némésis
Nemeyri
Nemours
nénette
néodyme
néogène
néogrec
néonazi
néotène
néottie
néphron
Neptune
néréide
nerprun
nerveux
nervine
nervure
nervuré
Nescafé
Netanya
netsuke
netteté
nettoyé
Neuhoff
Neuillé
Neuilly
Neumann
neurale
Neurath
neuraux
neurone
neurula
neutron
neuvain
Neville
névraxe
névrite
névrose
névrosé
Newcomb
New Deal
new-look
Newport
New York

Niagara
niaiser
niaouli
Nicaise
nichant
nichoir
nickelé
Nicobar
niçoise
Nicolas
Nicolle
Nicosie
nidifié
Nidwald
nieller
Nielsen
nigaude
nigelle
Nigeria
Niigata
Niihama
Nikopol
nilgaut
Nīlgiri
Nimayrī
nimbant
Nimègue
nîmoise
Nimroud
Ning-hia
Ningxia
niobium
Nipigon
nippant
nippone
Nippour
nirvana
Nisibis
Niterói
Nithard
nitrant
nitrate
nitraté
nitreux
nitrile
nitrite
nitrosé
nitrure
nitruré
nitryle
nivéale
nivéaux

niveler
Nivelle
nivelle
nivéole
Nkrumah
nobliau
noceuse
noctule
nocuité
Noether
Nogaret
noiraud
noircir
Noisiel
noliser
nombrer
nombril
nominal
nominer
Nominoë
nommant
nonante
non-être
non-lieu
non-sens
non-stop
Nontron
nonuplé
Noranda
Norbert
Nord-Est
nord-est
Norfolk
Noriega
Norilsk
Norique
normale
normand
normaux
Norodom
Norrent
norrois
Norvège
Norwich
Nossi-Bé
nostras
notable
notaire
notarié
notifié
notoire
noueuse

nouille
noumène
nounous
nourrir
Nouveau
nouveau
Nouvion
Novalis
novelle
Noverre
Novi Sad
Novotný
noyauté
nuageux
nuaison
nuancer
nucelle
nucléée
nucléon
nucleus
nucléus
nuclide
nudisme
nudiste
nuement
nuisant
nullard
nullité
Numance
numéral
Numéris
Numidie
Numitor
nunatak
nunuche
nuoc-mâm
nu-pieds
nuptial
nuraghe
nuraghi
nursage
nursery
nursing
Nyerere
nymphal
nymphéa
nymphée
Oakland
obérant
Obernai
obésité
Obihiro

objecté
oblatif
obligée
obliger
oblique
obliqué
obombré
obscène
obscure
obsédée
obséder
observé
obstiné
obstrué
obtenir
obturer
obusier
obvenir
obverse
obviant
ocarina
occiput
occitan
occlure
occulte
occulté
occupée
occuper
Océanie
ocellée
O'connor
ocreuse
octante
Octavie
octavié
octavin
octobre
octroyé
octuple
octuplé
Odawara
Odenath
odieuse
Odoacre
odonate
odorant
Odyssée
odyssée
oeillet
Oersted
oersted
Oesling

7

oestral
oestrus
oeuvrer
oeuvres
offense
offensé
Offices
offices
officié
offrant
offreur
ogivale
ogivaux
ogresse
ohmique
oignant
Oignies
oiseler
oiselet
oiselle
oiseuse
Okayama
Okazaki
O'Keeffe
Okeghem
Okhotsk
Okinawa
Oldoway
Olduvai
oléacée
oléfine
oléique
Oleniok
oléoduc
oléolat
olifant
Ólimbos
olivacé
olivaie
Olivier
olivier
olivine
ollaire
Olomouc
Olonzac
Olsztyn
Olténie
Olympia
Olympie
Olympio
Olynthe
omanais
ombelle
ombellé
ombilic
ombrage
ombragé
ombrant
ombreux
ombrien
ombrine
omettre
omicron
omnibus
Omphale
onciale
onciaux
oncques
onction
ondatra
ondoyer
ondulée
onduler
onéreux
one-step
onglier
onguent
ongulée
Onitsha
Onnaing
Onsager
Ontario
ontique
onusien
onzième
oolithe
oospore
opacité
opaline
opalisé
Oparine
opéable
opérant
ophiure
opiacée
opiacer
opilion
opinant
opinion
opossum
oppidum
opposée
opposer
opprimé
optatif
optimal
optimum
optique
opulent
opuntia
Opus Dei
Oradour
orageux
Oraison
oraison
oralisé
oralité
Oranais
oranais
orangée
oranger
orateur
Orbigny
orbital
Orcades
Orcagna
Orchies
orchite
Orcival
ordalie
Ordener
Orderic
ordinal
ordonné
ordures
oreille
Orestie
Øresund
orfèvre
orfévré
orfraie
organdi
Organon
orgasme
Orgelet
orgelet
Orgères
orgueil
Oribase
orienté
orifice
origami
Origène
origine
orignal
orillon
Orinoco
oripeau
Orizaba
Orlando
Orléans
ormille
Ormonde
ornaise
ornière
orphéon
Orsenna
orthèse
orthose
ortolan
Orvault
Orvieto
Osborne
oscillé
oseille
oseraie
Oshogbo
osmanli
osmique
osmiure
osmonde
osséine
osselet
Ossètes
osseuse
ossifié
ostéite
Ostende
ostéome
Ostiaks
ostiole
ostraca
ostracé
Ostrava
Ostwald
Ostyaks
otalgie
Othello
otocyon
Otopeni
Otrante
Otterlo
Ottokar
Ottoman
ottoman
Ouaddaï
ouaille
Ouargla
ouarine
ouatant
ouatine
ouatiné
oublier
Oudinot
Oued-Zem
Ouganda
Ougarit
ougrien
ouguiya
ouï-dire
ouïgour
ouiller
Oullins
ouragan
Ouralsk
Ouranos
ouraque
ourlant
ourlien
outarde
outillé
outrage
outragé
outrant
Outreau
ouverte
ouvrage
ouvragé
ouvrant
Ouvrard
ouvreau
ouvreur
ouvrier
ouvroir
Ouzbeks
Ouzouer
ovalisé
ovarien
ovarite
ovation
ovipare
ovocyte
ovoïdal
ovotide
ovulant
oxacide
oxalate
oxalide
oxonium
oxycrat

7

oxydant
oxydase
oxygène
oxygéné
Oyapock
Oyashio
Oyonnax
ozonant
ozoneur
ozonide
ozonisé
pacager
pacfung
Pacheco
Pachtou
pachtou
Pachuca
pacifié
Pacioli
package
pacquer
pactisé
Pactole
pactole
paddock
padicha
Padirac
Paestum
pagayer
pagelle
paginer
pagnoté
pagodon
Pahlavi
pahlavi
païenne
paierie
paillée
pailler
paillet
paillis
paillon
paillot
Paimpol
pairage
Paisley
palabre
palabré
Palacký
paladin
Paladru
Palafox
Palamas
Palamás
palatal
Palatin
palatin
palâtre
Palauan
Palavas
Palawan
pale-ale
palémon
Palerme
paleron
paletot
palette
Pālghāt
palière
Palikao
palissé
Palissy
paliure
Pallava
palléal
pallier
pallium
palmant
palmier
Palmira
palmite
palmure
Palmyre
paloise
Palomar
palombe
pâlotte
palpant
palpeur
palpité
paluche
Pamiers
pampero
panacée
panache
panaché
panaire
panarde
panaris
Panazol
Pančevo
Pandore
pandore
panerée
paneton
Panhard
panière
panifié
panique
paniqué
panjabi
panneau
Pannini
panorpe
panosse
panossé
pansage
pansant
pantelé
pantène
pantois
pantoum
Panurge
Pao-t'eou
Pao-ting
papable
Papagos
papaïne
papauté
papaver
papayer
Papeete
papesse
papiers
papille
papisme
papiste
papoter
paprika
papyrus
Paracas
parader
paradis
parados
parafer
parages
Paraíba
parapet
paraphe
paraphé
parasol
parâtre
parbleu
parcage
parchet
par-delà
Pardies
pardieu
paréage
parèdre
pare-feu
parélie
parente
parenté
parents
parésie
paresse
paressé
pareuse
parfait
parfilé
parfois
parfumé
pariade
pariage
pariant
parieur
parigot
Parisis
parisis
parjure
parjuré
parking
parlant
parleur
parloir
parlote
Parnell
parodie
parodié
paroles
parquer
Parques
parquet
parrain
parsemé
Parsons
partage
partagé
partant
Parthes
partial
partiel
parties
partita
partite
partout
parulie
parvenu
pascale
pascals
pascaux
Pascoli
pas-d'âne
pasquin
passade
passage
Passais
passant
Passero
passeur
passion
passive
passivé
Pasteur
pasteur
Pasture
patache
pataras
patarin
pataude
pataugé
patelin
patelle
patente
patenté
paterne
pâteuse
Pathmos
Patiāla
patient
patiner
Patinir
pâtissé
patoche
patoisé
Patrice
patrice
Patrick
pattern
pâturer
pâturin
paturon
Paulhan
paulien
Pauling
paumant
paumier
paumoyé
paumure

7

pausant
pauvret
pavaner
Pavelić
Pavilly
Pavlova
pavoisé
payable
payante
Payerne
payeuse
paysage
Pays-Bas
Peacock
péagère
Pearson
pébrine
pécaïre
peccant
péchant
pêchant
pechère
pécheur
pêcheur
pécloté
Pecquet
pectine
pectiné
péculat
pédaler
pédante
pedibus
pédieux
Pedrell
peeling
peignée
peigner
Pei-king
peinant
peinard
peindre
peintre
Peïpous
Peixoto
pékinée
Péladan
pelagos
Pèlerin
pèlerin
péliade
pélican
pelisse
pellant
Pelléas
pelleté
Pellico
Pelliot
Pelotas
peloter
peloton
pelouse
Pelouze
Peltier
peluche
peluché
pelvien
Pelvoux
penalty
pénates
penaude
pencher
pendage
pendant
pendard
Pendjab
pendoir
pendule
pendulé
pénétré
P'eng-hou
Peng-pou
pénible
péniche
pennage
pennies
pensant
penseur
pension
pensive
pentane
pentode
pentose
penture
pénurie
Penzias
pépérin
pépètes
pépiant
pepsine
peptide
peptone
perçage
percale
perçant
percept
perceur
perchée
percher
perchis
Percier
perclus
perçoir
percuté
perdant
perdrix
perduré
Pereira
Pereire
Perekop
pérenne
perfide
perforé
perfusé
Pergame
Pergaud
pergola
péridot
Périers
périgée
Périgny
périmée
périmer
périnée
période
périple
perlant
perlier
perlite
Permeke
permien
permuté
Péronne
pérorer
Pérotin
Pérouse
perpète
Perréal
Perreux
Perrier
Perroux
persane
Persona
personé
Perthes
Perthus
Pertini
Pertuis
pertuis
Perugia
Pérugin
Peruzzi
pervers
pesante
Pescara
pèse-sel
pesette
peseuse
pèse-vin
pestant
pesteux
Pétange
pétante
pète-sec
péteuse
pétillé
pétiole
pétiolé
petiote
pétoche
pétoire
pétreux
pétrole
Pétrone
Petsamo
pétuner
pétunia
Peugeot
peulven
peuplée
peupler
peureux
Pevsner
Peyriac
Peyrony
Peyruis
Pézenas
pfennig
Phaéton
phaéton
phalène
phalère
phallus
phanère
pharaon
pharynx
phénate
phényle
Phidias
Philipe
Philips
philtre
phléole
pH-mètre
phocéen
Phocide
Phocion
Phoenix
phoenix
pholade
phonème
Photios
Photius
phraser
Phrygie
phtisie
phyllie
piaffer
piaillé
pianoté
piastre
piauler
pibrock
Picabia
picador
picarde
picarel
Picasso
Piccard
Piccoli
piccolo
Picenum
pickles
picoler
picorer
picotée
picoter
picotin
picpoul
picrate
Pictons
pic-vert
pied-bot
piéfort
piégeur
pie-mère
Piémont
piémont
piéride
pierrée
Pierrot

7

pierrot
piétant
piétiné
pieuter
pieuvre
piffant
Pigalle
pigeant
pigiste
pigment
pignada
pignade
pignouf
pilaire
pileuse
pillage
pillant
pillard
pilleur
Pilniak
pilonné
piloter
pilotin
pilotis
pimbina
pimenté
pimpant
pinacée
pinacle
pinasse
pinçage
pinçant
pinçard
pinceau
pinçure
Pindare
pinéale
pinéaux
pinière
pinnule
pintade
pintant
piocher
pioncer
Pionsat
piorner
pipeaux
pipelet
piperie
pipérin
pipette
pipeuse

pipière
Pipriac
piquage
piquant
piqueté
piqueur
piqueux
piquier
piquoir
piranha
pirater
Pirates
Pirenne
pirogue
pirojki
Pirquet
piscine
pissant
pisseur
pisseux
pissoir
pistage
pistant
pistard
pisteur
Pistoia
pistole
pitance
Pite Älv
Piteşti
piteuse
Pitoëff
pitonné
pituite
pivoine
pivoter
Pizarre
Pizarro
placage
plaçant
placard
placebo
placeur
placide
placier
plaçure
plafond
plagale
plagaux
plagiat
plagier
plaider

plainte
Plaisir
plaisir
planage
planant
Planche
planche
planché
plançon
planète
planeur
planèze
Planiol
planoir
planque
planqué
planter
Plantin
planton
Planude
plaquer
plastic
plastie
platane
Plateau
plateau
Platées
platine
platiné
Platini
platode
plâtras
plâtrer
plâtres
play-boy
plébain
plectre
Plédran
Pléiade
pléiade
Pléneuf
plénier
Plessis
Plestin
pleural
pleurer
pleutre
Pleyben
pliable
pliante
plieuse
plinthe

plisser
Ploeşti
plombée
plomber
plommée
plongée
plonger
Ploutos
Plovdiv
ployant
pluchée
plucher
pluches
Plücker
plumage
plumant
plumard
plumeau
plumeté
plumeur
plumeux
plumier
plumule
plupart
plurale
pluraux
pluriel
pluvial
pluvian
pluvier
pluviné
Pobiedy
pochade
pochant
pochard
pochoir
podagre
podaire
podions
Podolie
Podolsk
poecile
poêlant
poêlier
poétisé
pogrome
poignée
poignet
poilant
poinçon
poindre
Poinsot

pointal
pointer
pointes
pointil
Pointis
pointue
poireau
poirier
poiroté
poisser
Poisson
poisson
poivrée
poivrer
poivron
poivrot
Po Kiu-yi
polacre
Polaire
polaire
Polanyi
polaque
polarde
polenta
Polésie
policée
policer
Polieri
Poligny
poliste
Polítis
Pollack
Pollock
polluer
Pologne
Poltava
poltron
Poltrot
polysoc
Pomerol
pomerol
Pomiane
pommade
pommadé
pommant
Pommard
pommard
pommeau
pommelé
pommeté
pommier
pompage

7

pompant
pompeur
pompeux
pompier
pompile
ponçage
ponçant
ponceau
ponceur
ponceux
ponctué
pondant
pondéré
pondeur
pondoir
ponette
pongidé
Ponsard
Pontacq
pontage
Pontano
pontant
Pontiac
pontier
pontife
Pontine
Pontins
Pontivy
pop arts
Popayán
pop-corn
poplité
popotin
poquant
porcher
Porcien
porcine
poreuse
porreau
portage
portail
portale
portant
portaux
Port-Bou
porteur
Portici
Portier
portier
portion
portune
Posadas
poseuse
positif
positon
possédé
postage
postale
postant
postaux
postier
postulé
posture
potable
potache
potager
potamot
potasse
potassé
potelée
potence
potencé
Potenza
poterie
poterne
Pothier
potiche
Potidée
potière
potiner
potiron
Potocki
Potomac
potorou
Potsdam
Pottier
pottock
pouacre
Pouancé
poucier
pouding
poudrer
poudrin
pouffer
Pougues
Pouille
pouillé
Pouilly
pouilly
poulain
Poulbot
poulbot
Poulenc
pouliné
pouliot
poupard
poupart
poupine
Pourbus
pourpre
pourpré
Pourrat
pourrie
pourrir
pour-soi
pourvoi
poussah
poussée
pousser
poussif
Poussin
poussin
poutser
pouture
pouvant
pouvoir
Pradier
pragois
Prahecq
Prairie
prairie
prakrit
praline
praliné
Pra-Loup
Prandtl
Praslin
Préault
préavis
précédé
prêcher
précise
précisé
précité
précoce
précuit
prédire
préface
préfacé
préféré
préfète
préfixe
préfixé
préjugé
prélart
prélegs
prélevé
prélude
préludé
Prémery
premier
prémuni
Přemysl
prenant
prendre
preneur
préoral
préparé
prépayé
préposé
prépuce
présage
présagé
pré-salé
présent
préside
présidé
Presley
presque
pressée
presser
prester
Preston
présumé
présure
présuré
prêtant
préteur
prêteur
préture
prévalu
prévenu
Prévert
prévoir
Prévost
prévôté
priapée
prieure
prieuré
primage
primale
primant
primate
primaux
primeur
primidi
priorat
Pripiat
prisant
priseur
privant
probant
probité
procédé
Procida
Proclus
Procope
procréé
procure
procuré
prodige
pro domo
produit
profane
profané
proféré
profilé
profité
profond
profuse
progrès
prohibé
projeté
prolixe
promené
promise
prompte
prônant
pronaos
prôneur
propagé
propane
propène
propfan
propice
proposé
propres
propret
proprio
prorata
prorogé
Prosper
prostré
Protais
protase
protégé
protèle
protide
protomé
prouver

7

provenu
Provins
proxène
Proxima
prudent
Prud'hon
pruneau
prunier
prurigo
Prusias
prussik
prytane
pschent
Psellos
psilopa
puberté
publier
Puccini
Pucelle
pucelle
puceron
pucheux
pudding
puddler
pudique
puérile
pugilat
pugnace
puisage
puisant
puisard
Puisaye
puisque
Pullman
pullman
pullulé
pulmoné
pulpeux
pulpite
pulsant
pulsion
pultacé
punaise
punaisé
Punākha
punctum
punique
punitif
pupazzi
pupazzo
pupille
pupitre

Purcell
purgeur
purifié
purique
purisme
puriste
purotin
purpura
pur-sang
pustule
putatif
Puteaux
putride
puttant
putting
pycnose
pyélite
Pygmées
pyogène
pyranne
pyrexie
pyrosis
Pyrrhon
Pyrrhos
Pyrrhus
pyrrole
Pythéas
pythien
qaraïte
qatarie
Qingdao
Qinghai
Qinling
Qiqihar
qualité
quanton
quantum
quarter
Quarton
quassia
quatuor
Quechua
quechua
Queirós
Quellin
quelque
Queneau
Quental
Quercia
Quesnay
Quesnel
Quesnoy

quêtant
quêteur
quetzal
queusot
queuter
Quevedo
Queyras
Quichua
quichua
Quierzy
quignon
Quillan
quillon
Quilmes
Quimper
quinaud
Quincke
Qui Nhon
quinine
quinone
quintal
quintet
Quintin
Quinton
quirite
Quissac
quitter
qui vive
qui-vive
quôc-ngu
quoique
quotité
rabâché
rabattu
rabioté
rabique
râblant
râblure
rabonni
raboter
rabouté
rabroué
raccard
raccord
raccroc
raccusé
racheté
Rach Gia
raciale
raciaux
racinal
raciner

racisme
raciste
raclage
raclant
racleur
racloir
raclure
racoler
raconté
racorni
radeuse
radiale
radiant
radiaux
radical
radieux
radiner
radoter
radoubé
radouci
Raeburn
raffiné
raffolé
raffûté
raflant
rafting
rageant
rageuse
ragréer
ragtime
raguant
Raïatea
raideur
raifort
railler
Raimond
rainant
Rainier
rainure
rainuré
raisiné
Raismes
rajeuni
rajouté
rajusté
Rákóczi
râlante
Raleigh
ralenti
râleuse
rallant
rallidé

ralliée
rallier
rallumé
ramadan
ramager
ramages
ramassé
Rambert
rambour
Rameaux
ramendé
ramener
ramette
rameuse
rameuté
ramifié
ramille
ramolli
ramollo
ramoner
rampant
rampeau
Ramsden
ranatre
rancard
rancart
rancher
ranches
rancune
Randers
Rangoon
Rangpur
ranimer
Rankine
Ranvier
Rapallo
râperie
râpeuse
Raphaël
raphide
rapiate
rapiécé
rapière
rapiner
raplati
rappelé
rapport
rappris
rapsode
raquant
raréfié
rasance

7

rasante
rasette
raseuse
rasibus
Raspail
rassise
rassuré
Rastadt
Rastatt
ratafia
râtelée
râteler
ratière
ratifié
Rätikon
ratiner
ratissé
raturer
raucher
raucité
rauquer
ravager
ravaler
ravaudé
ravelin
Ravello
Ravenne
ravière
ravilir
raviner
raviole
ravioli
raviser
raviver
Raymond
Raynaud
Raynaud
rayonne
rayonné
Razilly
razzier
réactif
Reading
réadmis
réalésé
réalgar
réalisé
réalité
réanimé
réarmer
Réaumur
rebâtir

rebattu
Rébecca
rebelle
rebellé
rebiffé
rebiqué
reboire
reboisé
rebondi
rebordé
rebours
rebrodé
rebrûlé
rebuter
recalée
recaler
recardé
recaser
recausé
recéder
receler
récence
recensé
récente
receper
recéper
recette
rechapé
réchaud
rechute
rechuté
récifal
récital
réciter
réclame
réclamé
recloué
recluse
récoler
recollé
récolte
récolté
reconnu
recopié
recordé
recoupe
recoupé
recours
recouru
recousu
recréer
récréer

recrépi
récrier
récrire
recruté
rectale
rectaux
recteur
rection
rectite
recueil
recuire
reculée
reculer
récurer
récuser
recyclé
Red Deer
redenté
rédiger
rédimer
redonné
redorer
Redoute
redoute
Redouté
redouté
réduire
réduite
réécrit
réédité
réélire
refaire
refendu
référer
refermé
refiler
reflété
réflexe
refluer
refondu
refonte
reformé
Réforme
réforme
réformé
refoulé
refrain
refréné
réfréné
réfugié
refusée
refuser

réfuter
regagné
régaler
regardé
regarni
régater
regeler
Régence
régence
Regency
régente
régenté
Reggane
Régille
regimbé
réglage
réglant
régleur
régloir
réglure
régnant
Regnard
Regnaud
Régnier
Regnitz
regorgé
regréer
réguler
Regulus
réifier
Reinach
réitéré
rejeter
rejeton
rejoint
rejouer
réjouie
réjouir
rejuger
relâche
relâché
relance
relancé
relapse
rélargi
relater
relatif
relaver
relaxer
relayer
relégué
relevée

relever
reliage
reliant
reliefs
relieur
relique
reliure
reloger
relouer
reluire
reluqué
remâché
remangé
remanié
remarié
remblai
remédié
remiser
remmené
rémoise
remonte
remonté
remords
remordu
remoulé
remoulu
rempart
rempilé
remplié
remplir
remploi
rempoté
remuage
remuant
remueur
remugle
Rémusat
renâclé
renarde
renaudé
Renault
rencard
rendant
renégat
reneigé
rénette
renfilé
renflée
renfler
renfort
rengagé
reniant

7

reniflé
rennais
renommé
renonce
renoncé
renouée
renouer
rénover
rentamé
rentant
rentier
rentrée
rentrer
renvidé
renvoyé
réopéré
repaire
repairé
répandu
réparer
reparlé
reparti
réparti
repassé
repaver
repayer
repêché
repeint
rependu
repensé
repenti
repercé
reperdu
repérer
répéter
repique
repiqué
replacé
replète
replier
reployé
repolir
répondu
réponse
reporté
reposée
reposer
réprimé
reprint
reprise
reprisé
reptile
répudié
répugné
réputée
réputer
requeté
requête
requêté
requiem
requise
resaler
resalir
rescapé
rescrit
réséqué
réserve
réservé
résider
résigné
résilié
résille
résiner
résisté
Resnais
résolue
résonné
résorbé
respect
respiré
ressaut
ressayé
ressemé
Ressons
ressort
ressuer
ressuyé
restant
Restout
resucée
résulté
résumer
resurgi
retable
rétabli
rétamer
retaper
retardé
retâter
reteint
retendu
retenir
retenté
retenti
retenue
retercé
retersé
Retiers
rétique
retirée
retirer
retissé
retombé
retondu
retordu
retorse
retracé
retrait
retrayé
rétréci
retsina
retuber
Reubell
Réunion
réunion
réussie
réussir
Reuters
rêvassé
revêche
révélée
révéler
revendu
revenir
revente
revenue
reverdi
Reverdy
révérer
rêverie
reverni
reversé
reversi
revêtir
rêveuse
revient
Revigny
réviser
revissé
revival
revivre
Revizor
revoici
revoilà
revoler
révolte
révolté
révolue
révoqué
revoter
revoulu
révulsé
Rewbell
rewrité
rexisme
rexiste
Reybaud
Reymont
Reynaud
Reynosa
Rhazālī
rhénane
rhénium
rhéteur
rhétien
rhinite
rhizome
rhodiée
rhodien
rhodite
rhodium
Rhodoïd
Rhodope
Rhondda
Rhôxane
rhumant
rhytine
Riaillé
Riantec
Ribalta
ribaude
Ribérac
riblage
riblant
ribouis
riboulé
ricaine
ricaner
Ricardo
Richard
richard
Richier
Richter
Richter
Ricimer
ricinée
ricoché
Ricoeur
ricotta
ridelle
Ridgway
Riemann
Rieumes
rifaine
riflant
riflard
rifloir
rigodon
rigoler
rigotte
rigueur
Rigveda
rillons
Rimbaud
rimeuse
rinçage
rinçant
rinceau
rinceur
rinçure
ringard
ringgit
Ringuet
Rintala
Rìo Muni
Río Muni
Riorges
riotant
Riourik
ripaton
ripieno
Ripolin
riposte
riposté
Riqueti
risette
risible
risotto
risquée
risquer
rissole
rissolé
Rivarol
riveter
Rivette
riveuse
Riviera
Rivière
rivière
rixdale

7

Rixheim
rizerie
rizière
Robbins
Roberts
robinet
robusta
robuste
rocelle
rochage
rochant
rocheux
rochier
rockeur
rocouer
Rodéric
rôdeuse
rogaton
rognage
rognant
rogneur
rognoir
rognure
rogomme
roideur
roiller
Rolando
Rolland
rollier
Romagne
romaine
Romains
romance
romancé
romande
romanée
Romania
România
Romanos
Romanov
romarin
Romilly
rompant
Romuald
Romulus
Ronarc'h
ronceux
Ronchin
ronchon
roncier
rondade
rondeau
rondeur
rondier
ronéoté
ronfler
rongeur
Ronsard
Röntgen
röntgen
Ropartz
roquant
Roraima
rorqual
rosacée
rosaire
Rosario
rosâtre
Roscoff
roselet
roséole
Rosette
rosette
roseval
Rosheim
rosière
rossant
rossard
Rossini
Rostand
Rostock
rostral
rostres
rotacée
rotarys
rotatif
Rotgang
Rothari
Rotonda
rotonde
rouable
rouanne
Rouault
Roubaix
Roublev
rouelle
rouerie
rouette
rougeur
rouille
rouillé
roulade
roulage
roulant
rouleau
Roulers
rouleur
roulier
rouloir
roulure
roumain
Roumois
rouquin
Roussel
Roussin
roussin
roussir
Roustan
roustir
routage
routant
routard
routeur
routier
routine
rouvert
Rouvier
Rouvray
Rouvres
rouvrir
Rouvroy
Rowland
royaume
royauté
rubanée
rubaner
rubéfié
rubéole
rubican
Rubicon
Rubroek
ruchant
Ruchard
Rückert
rudenté
rudéral
rudesse
rudiste
rudoyer
ruffian
rugueux
ruilant
ruinant
ruineux
ruinure
Rumford
Rumilly
ruminer
runique
rupiner
rupteur
rupture
rurbain
Russell
russisé
russule
rustaud
Rustine
rutacée
ruthène
rutiler
Rutules
Ruy Blas
Ružička
Rybinsk
Rydberg
Ryswick
rythmer
Rzeszów
Saas Fee
sabayon
sabelle
Sabines
Sabinus
sablage
sablant
sableur
sableux
sablier
sabordé
saboter
saboulé
sabrage
sabrant
sabreur
Sabunde
saburre
saccade
saccadé
saccage
saccagé
saccule
sachant
Sachsen
sacoche
sacquer
sacrale
sacrant
sacraux
Sadiens
sadique
sadisme
Sadolet
safrané
Sagasta
sagesse
sagette
sagitté
Sagonte
sagouin
saietté
saignée
saigner
Saikaku
Saillat
saillie
saillir
saïmiri
Saintes
Saint-Lô
Saint-Pé
Saisies
saisine
Saisset
Sakaida
Sakarya
salades
Saladin
Salagou
salaire
salarié
Salavat
Salazar
Salazie
Salbris
Salerne
saleron
saleuse
Salford
salière
Salieri
salifié
salique
saliver
Salomon
saloper
Salouen
saluant
salubre
Saluces

7

Saluzzo
Salzach
Samarie
Sāmarrā
Samatan
sammies
Samnium
samoane
Samoëns
samovar
sampang
samurai
sanctus
Sandage
sandale
Sandeau
sandjak
sangler
sanglon
sanglot
sangria
sangsue
sanguin
sanicle
sanieux
San Jose
San José
San Juan
Sannois
Sanraku
San Remo
Sanremo
sans-fil
Santa Fe
santals
santiag
São João
São José
São Luís
São Tomé
saouler
sapajou
sapèque
saperde
saphène
Sapporo
saquant
Saragat
Saransk
Sarapis
Sarasin
Saratov
Sarawak
Sarazin
sarcine
sarcler
sarcome
sardane
sardine
sarigue
sarisse
sarment
Sārnāth
saroual
sarouel
Saroyan
Sarrail
Sarrans
sarraus
Sarraut
sarrète
sarrois
Sartène
Sartine
Sarzeau
sassage
sassant
Sassari
sasseur
satanée
satiété
satinée
satiner
Satledj
Satolas
Sātpura
satrape
saturée
saturer
Saturne
saturne
sauçant
saucier
Saugues
Sauguet
saulaie
Sauldre
Saulieu
saumoné
saumure
saumuré
saunage
saunant
saunier
saurage
saurant
saurien
sautage
sautant
sauteur
sautier
sautoir
Sauvage
sauvage
sauvant
sauveté
Sauveur
sauveur
savante
savarin
Savenay
Saverne
Savigny
Savines
savonné
savouré
saxhorn
saxonne
saynète
scalène
scalpel
scalper
scander
scanner
scarole
Scarron
scatole
sceller
scellés
sceptre
Schacht
schappe
Scheele
scheidé
Scheidt
Schelde
schelem
Scheler
scherzo
Schilde
Schiner
schisme
schiste
schlamm
schlass
schleue
schleus
schlich
Schlick
Schmidt
Schmitt
schnaps
schnock
schnouf
schofar
Scholem
scholie
schorre
Schoten
Schuman
Schwann
Schwarz
Schwedt
Schweiz
sciable
sciante
science
scierie
scieuse
scinder
scinque
sciotte
Scipion
scléral
scolyte
scooter
scorbut
scotché
scotome
scoured
scraper
scratch
scriban
scripte
scrotal
scrotum
scruter
scrutin
Scudéry
sculpté
Scutari
Scythes
Scythie
Seaborg
sea-line
Seattle
sébacée
Sébaste
sébaste
Sebonde
sécable
sécante
séchage
séchant
sécheur
séchoir
seconde
secondé
secouer
secours
secouru
secrète
secrété
sécrété
secteur
section
secundo
Securit
Sedaine
sédatif
séduire
Seebeck
Seeland
Seféris
Segalen
Ségeste
Seghers
segment
Segovia
Ségovie
Segrais
ségrais
ségrégé
Séguier
Seiches
Seifert
Seilhac
seillon
séismal
Séistan
sélecte
sélecté
Selkirk
sellant
sellier
semaine
Sembene
sembler
semelle
semence

7

semeuse
séminal
sémique
semonce
semoncé
semoule
Sempach
sénaire
séneçon
Seneffe
Sénégal
Sénèque
sénevol
Senghor
Sennett
senneur
Senones
Sénoufo
sensass
senseur
sensuel
sentant
senteur
sentier
sentine
séparée
séparer
sépiole
seppuku
septain
septale
septaux
septidi
septime
septimo
septuor
séquoia
Seraing
sérancé
Sérapis
serdeau
sereine
Sérères
séreuse
serfoui
sergent
Sergipe
serials
sériant
sérieux
seriner
seringa
sérique
serment
serpent
serpule
serrage
Serrano
serrant
serrate
serrati
serrure
servage
servals
servant
serveur
Servian
service
servile
servite
sessile
session
sétacée
Settons
Setúbal
Séverac
Sévères
Séverin
sévices
Sévigné
Sevilla
Séville
sevrage
sevrant
sexisme
sexiste
sex-shop
sextant
sextidi
sextine
sextuor
seyante
Seymour
Seyssel
Sézanne
sézigue
sfumato
Shaanxi
shabbat
Shâhpur
Shankar
Shannon
Shantou
Shapley
Sharaku
Shebeli
Shelley
Sherman
sherrys
shiatsu
Shijing
Shikoku
Shilluk
Shimizu
shingle
Shkodër
Shkodra
shogoun
shooter
Shōtoku
show-biz
Shumway
shunter
Sialkot
siamang
siamois
Sibérie
Sibiuda
sibylle
sicaire
Sicanes
siccité
Sichuan
Sicules
Sicyone
side-car
sidéral
sidérer
Sidobre
Sidoine
Siemens
siemens
sievert
siffler
sifflet
sifilet
sigillé
signalé
signant
Sikasso
sikhara
Si-kiang
silence
Silésie
silique
sillage
Sillery
simarre
Simenon
Simiand
similor
simonie
Simonov
simples
simplet
simplex
Simplon
simulée
simuler
simulie
Sinatra
sincère
sine die
singlet
siniser
Sinnott
sinople
sinoque
sinuant
sinueux
Sinuiju
sinusal
sirocco
siroter
sirtaki
sismale
sismaux
sissone
Sisyphe
sittèle
situant
sivaïte
Siwālik
six-huit
sixième
Sixtine
sizerin
skating
skiable
ski-bobs
skieuse
Skinner
skipper
Skoplje
slalomé
Slánský
slavisé
Slesvig
sliçant
Slipher
sloughi
slovène
smasher
smashes
Smetana
smicard
smiller
smoking
sniffer
snobant
Snowdon
Snyders
Sobibór
Sochaux
sociale
sociaux
Société
société
Socrate
sodique
sodomie
soffite
soierie
soignée
soigner
solaire
soldant
soldate
soldeur
soleret
Soleure
solfège
solfier
Soligny
Soliman
soliste
Sollers
Solliès
Sologne
Solomon
Solomós
soluble
Solutré
solvant
solvate
Somalie
somalie
Somalis
Sombart
sombrer

7

sommant
sommeil
Sommers
sommier
sommité
somnolé
Somport
sondage
sondant
sondeur
songeur
Songhaï
songhaï
Soninké
sonique
sonnant
sonneur
Sonnini
Sonrhaï
sophora
soprani
soprano
Sorabes
sorbier
sorcier
sordide
Sorgues
Sorokin
sororal
sororat
sortant
Sōtatsu
Sotheby
sottise
Soubise
soubise
souchet
Souchez
soucier
soudage
soudain
soudant
soudard
soudeur
soudier
soudoyé
soudure
souffle
soufflé
soufrer
souhait
souille
souillé
Souilly
Soukhot
soulagé
soulane
soûlant
soûlard
soûlaud
soulevé
soulier
soûlote
soumise
Soummam
Sounion
soupant
soupape
soupçon
soupesé
soupeur
soupiré
souquer
sourate
sourcil
Sourdis
sourdre
sourire
sous-bas
sous-off
sous-sol
soutane
soutenu
Southey
soutien
soutier
Soutine
soutiré
souvent
souvenu
Souzdal
sovkhoz
soyeuse
Soyinka
spadice
Spalato
spalter
Spandau
sparidé
spatial
spatule
spatulé
speaker
spécial
spectre
spéculé
speechs
Spemann
Spencer
spencer
Spenser
sphinge
spicule
spiegel
spinale
spinaux
Spinola
Spínola
Spinoza
spirale
spiralé
spiraux
spirite
spitant
Splügen
spoiler
Spokane
Spolète
Spoleto
spolier
spondée
sponsor
sportif
sporulé
Springs
sprinté
spumeux
squatté
squeeze
squeezé
squille
squirre
Stabies
staffer
stagner
Staline
Stalino
staminé
Stamitz
stances
stand-by
Stanley
starets
starisé
starter
statère
statice
station
statuer
stature
statuts
steamer
steeple
Steiner
Stekene
Stelvio
stencil
sténopé
sténose
Stentor
stentor
stepper
stérant
stéride
stérile
sterlet
sternal
sternum
Stettin
Stevens
steward
Stewart
sthénie
stibiée
stibine
sticker
Stifter
Stigler
Stiller
stilton
stimulé
stimuli
stipité
stipule
stipulé
Stiring
Stirner
stocker
Stodola
stoïque
stomate
stomoxe
stopper
Strabon
strasse
Straton
stratum
stratus
Strauss
stressé
Stretch
strette
striant
stricte
stridor
striure
strombe
strophe
Strouve
Strozzi
strudel
Strymon
stucage
stupeur
stupide
stuquer
stylant
stylisé
stylite
styrène
suavité
subaigu
Subiaco
sublime
sublimé
suborné
subrogé
subside
subsumé
subtile
subulée
subvenu
succédé
succion
succube
Suceava
sucepin
sucette
suceuse
suçoter
sucrage
sucrant
sucrase
sucrate
sucrier
sucrine
Sudbury
Sudètes
sudiste
sudoral

7

suédine
suédois
Suétone
suffète
suffire
suffixe
suffixé
Suffolk
Suffren
sufisme
suggéré
Suharto
suicide
suicidé
suiffer
suinter
Suippes
suivant
suiveur
sujette
Sukarno
sulfate
sulfaté
sulfite
sulfone
sulfoné
sulfure
sulfuré
Sullana
Sulpice
sultane
Sumatra
Sumbava
Sumbawa
Sundgau
sunnite
superbe
suppléé
supplié
support
supposé
suppuré
supputé
suprême
Ṣuquṭrā
suraigu
suranné
surbaux
surboum
Surcouf
surcoût
surcuit
surdent
surdité
surdoré
surdose
surdoué
surelle
surette
surface
surfacé
surfait
surfaix
surfant
surfeur
surfilé
surfine
surgelé
surgeon
Surinam
suriner
surjalé
surjeté
surloué
surmené
surnagé
surpaye
surpayé
surplis
surplus
surpris
surréel
sursaut
sursemé
surtaux
surtaxe
surtaxé
surtout
survécu
survenu
surviré
survolé
suscité
susdite
Susiane
suspect
suspens
susurré
susvisé
sutural
suturer
Suzanne
Sverige
swahili
Swansea
sweater
Swindon
swingué
Sybaris
sycosis
syénite
syllabe
Sylvain
sylvain
symbole
synapse
syncope
syncopé
synodal
synopse
synovie
syntaxe
syntone
syringe
système
systole
systyle
syzygie
Szilard
Szolnok
tabagie
Tabarin
Tabarly
tabaski
tabassé
tabelle
tablant
tablard
tableau
tableur
tablier
tabloïd
tabouer
taboulé
tachant
tâchant
tacheté
tachina
tachine
tachyon
taclant
tactile
tadorne
Tagalog
tagalog
tagetes
tagette
tagueur
taillée
tailler
taillis
T'ai-p'ing
Taiping
taisant
taiseux
Taiyuan
Takaoka
take-off
Talabot
Talange
Talence
talitre
tallage
tallant
Tallard
talleth
Tallien
tallith
Talmont
taloche
taloché
talonné
talpack
talquer
talutée
tamarin
Tamaris
tamaris
tamarix
tambour
tamiser
Tammouz
tamoule
tamouré
Tampere
Tampico
tampico
tam-tams
Tanagra
tanagra
tançant
tangage
tangara
tangent
tanguer
tanière
taniser
Tanjore
tannage
tannant
Tannery
tanneur
tannisé
tan-sads
Tantale
tantale
tantine
Tanucci
taoïsme
taoïste
Tao Qian
Taoyuan
tapager
Tapajós
tapante
tapecul
tapette
tapeuse
tapiner
tapioca
tapissé
tapoter
taquage
taquant
taquine
taquiné
taquoir
taraudé
Tarbela
tardant
Tardieu
tardive
Tarente
tarente
targuer
targuie
tarière
tarifer
tarnais
Tarnier
Tărnovo
tarotée
Tarpeia
Tarquin
Tarrasa
tarsien
tarsier
tartane
Tartare
tartare

7

tartine
tartiné
Tartini
tartrée
Tartufe
tartufe
tassage
tassant
tasseau
Tassili
tassili
Tassoni
Tatarie
tâte-vin
Tatline
tâtonné
tatouer
Taubaté
taulard
taulier
taupier
Taureau
taureau
Tauride
taurine
taveler
taverne
Taverny
Taviani
taxable
taxacée
taximan
taximen
taxiway
Taygète
Tazieff
Tazoult
tchador
Tchampa
tchèque
Tchou Hi
Tchou Tö
Tebelen
Tébessa
tectite
Téhéran
teiller
teindre
teinter
télamon
Tel-Aviv
Téléfax
télègue
téléski
Télétel
Télétex
télexer
Tellier
tellure
temenos
tempera
tempéré
tempête
tempêté
tenable
tenante
tenants
tendant
tendeur
tendoir
tendron
ténesme
teneuse
Teniers
tenonné
tenseur
Tensift
tension
tentant
tenture
ténuité
teocali
Teplice
tequila
terbium
terçant
Térence
terfèze
tergite
Termier
terminé
termite
Ternaux
terpène
terpine
terrage
terrain
terrant
terreau
Terreur
terreur
terreux
terrien
terrier
terrine
terroir
tersant
tessère
Tessier
testacé
testage
testant
testeur
tétanie
tétanos
têtière
Tétouan
tétrade
tétrode
Teutons
textile
textuel
texture
texturé
tézigue
Thaddée
thalweg
Thalwil
Thapsus
Thássos
théatin
théâtre
thébain
théière
théisme
théiste
Thélème
Thenard
Théodat
théorbe
théorie
Théoule
Thérèse
thermal
thermes
thermie
Thermos
thésard
Thespis
Thibaud
Thierri
Thierry
thlaspi
Thomire
thomise
Thomsen
Thomson
thonier
thonine
Thoreau
Thorens
thorine
thorite
thorium
Thouars
Thueyts
thulium
Thurgau
Thyeste
thyiade
thymine
Thyssen
Tianjin
Tiberis
Tibesti
tibiale
tibiaux
Tibulle
tiédeur
Tiepolo
tiercée
tiercer
tigelle
tigette
Tigrane
Tihange
Tijuana
Tilburg
Tilbury
tilbury
tillage
tillant
tilleul
tilleur
Tillich
Tillier
timbale
timbrée
timbrer
Timmins
timorée
tinamou
tincals
Tindouf
tinéidé
tinette
tintant
Tioumen
tippant
Tippett
tiquant
tiqueté
tiqueur
tirasse
tirette
tireuse
Tirnovo
Tirpitz
tisonné
tissage
tissant
tisseur
tissure
Titanic
titillé
Titisee
titisme
titiste
titrage
titrant
tituber
Tlemcen
toaster
Tobrouk
tocante
tocarde
toccata
toccate
toilage
toilier
toisant
toiture
Tōkaidō
tokamak
tôlarde
Tolbiac
Toleara
tolérer
tôlerie
Toliara
tôlière
Tolkien
Tolstoï
toluène
tombale
tombals
tombant
tombaux
tombeau
tombeur

7 tombola
tombolo
tomette
Tommaso
tommies
tondage
tondant
tondeur
Tonghua
Tongres
tonifié
tonique
tonlieu
tonnage
tonnant
tonneau
Tönnies
tonsure
tonsuré
tontine
tontiné
tonture
topette
tophacé
topique
Topkapï
topless
toquade
toquant
toquard
torcher
torchis
torchon
tordage
tordant
tordeur
tord-nez
tordoir
toréant
Torelli
Torhout
Torigni
torique
tornade
Toronto
torpédo
torpeur
torpide
torrent
Torreón
torride
torsade
torsadé
torseur
torsion
tortoré
torture
torturé
torysme
Toscane
toscane
tossant
tôt-fait
Tottori
Touareg
touareg
Toubkal
touchau
toucher
touffue
touille
touillé
Tou-k'eou
touladi
toundra
toupiné
Touques
Tourane
tourber
Tourfan
tourier
Tournai
Tournan
Tournay
tournée
tourner
tournis
tournoi
Tournon
Tournus
tournus
tousser
Toussus
toutime
toutous
toxémie
toxique
Toynbee
Trabzon
traçage
traçant
traceur
trachée
traçoir
tracter
tractif
tractus
traduit
traille
traînée
traîner
traiter
traître
tralala
tramage
tramail
tramant
tramway
tranche
tranché
transat
transfo
transie
transir
transit
Trapani
trapèze
trapper
Trappes
traquer
traquet
travail
travaux
travelo
travers
trayant
trayeur
Trebbia
tréfilé
tréflée
Trégunc
treille
Trélazé
trémail
trématé
tremble
tremblé
Trémery
trémolo
trempée
tremper
trémulé
trénail
Trentin
Trenton
trépané
trépang
trépidé
trépied
tresser
tréteau
trévire
tréviré
Trévise
trévise
Trévoux
Trézène
triaire
trialle
Trianon
tribade
tribale
tribals
tribart
tribaux
tribord
tribune
tribute
triceps
tricher
tricône
tricoté
trident
trièdre
Trieste
trieuse
trifide
Trignac
trigone
triller
trilobé
trimant
trimard
trimère
trimmer
tringle
tringlé
Trinité
trinité
trinôme
trinqué
Triolet
triolet
trionyx
tripale
tripang
tripant
tripier
triplan
tripler
triplés
triplet
Triplex
triplex
tripode
Tripoli
tripoli
tripoté
tripous
tripoux
Tripura
triquer
triquet
trirème
trismus
trisser
Trissin
Tristam
Tristan
Tristão
tritium
trituré
trivial
trocart
trochée
troches
trochet
trochin
trognon
trolley
trommel
tromper
trônant
tronche
tronçon
tronqué
trophée
Troppau
troquer
troquet
Trotski
trotter
trottin
trouant
trouble
troublé
trousse
troussé
trouvée
trouver

7

truande
truandé
trucage
trucidé
Trudeau
truelle
truffer
truisme
truitée
trullos
trumeau
truquer
trustee
truster
trustis
Truyère
tsarine
t-shirts
tsigane
Tsugaru
tsunami
Tuamotu
tubaire
tubarde
Tubiana
tubifex
tubiste
tubulée
tuciste
tue-tête
tuffeau
tufière
tuilant
tuileau
tuilier
tullier
Tullins
tuméfié
tumoral
tumulte
tumulus
tunique
tuniqué
Tunisie
Tupolev
turbide
Turbigo
turbine
turbiné
turbith
turdidé
Turenne

turgide
turista
Turkana
Türkiye
Turnèbe
turneps
turpide
Turquie
turquin
tussore
tutelle
tuteuré
tutorat
tutoyer
tutrice
tuyauté
tweeter
twin-set
twister
Tyndall
Tyndall
Tyndare
typesse
typhose
typique
tzarine
tzigane
Ucayali
Uccello
Uckange
Udaipur
Ukraine
ukulélé
ulcérer
Ulfilas
ulluque
ulmacée
ulmaire
ulmiste
ulnaire
ululant
Unamuno
unanime
uncinée
unguéal
unicité
unifier
unilobé
uniment
unipare
unisexe
unisson

unitive
univers
upérisé
Uppsala
upsilon
uracile
uranate
uraneux
uranite
uranium
uranyle
urbaine
urcéolé
uretère
urétral
urgeant
urgence
urgente
urinant
urinaux
urineux
urinoir
urodèle
uropode
Urraque
Uruguay
Ushuaia
usinage
usinant
Usinger
usinier
Üsküdar
usuelle
usurier
usurper
Utamaro
utérine
utilisé
utilité
Utrecht
Utrillo
uva-ursi
Uzerche
vacance
vacante
vacarme
vaccine
vacciné
vachard
vachère
vacillé
vacuité

vacuole
vacuome
vaginal
vaguant
vaincre
vaincue
valable
Valadon
valaque
Valberg
Valdoie
Valence
valence
Val-Hall
valider
Vallejo
Vālmīki
valoche
Valréas
valsant
valseur
valvule
vampant
vampire
vandale
Van Dijk
Van Dyck
vanesse
Van Eyck
Van Gogh
vanille
vanillé
vanisée
Van Laar
Van Laer
vannage
vannant
vanneau
vanneur
vannier
vannure
Vanoise
vantail
vantant
vantard
vantaux
Vanuatu
vaquant
Varades
varappe
varappé
vareuse

variant
variété
variole
variolé
varlope
varlopé
varoise
vasarde
Vascons
vaseuse
vasière
vassale
vassaux
Vassili
Vatanen
Vatican
Vättern
vaudois
vaudoue
Vaughan
vau-l'eau
Vaurien
vaurien
vautour
vautrer
Vautrin
Vauvert
Veauche
vecteur
vedette
védique
védisme
végétal
végéter
veillée
veiller
veinant
veinard
veineux
veinule
veinure
Veksler
vélaire
vêleuse
vélique
vélites
vellave
Velléda
Vellore
véloski
velours
velouté

7

Velpeau
velvote
Venance
Venarey
vendant
vendéen
vendeur
Vendôme
venelle
vénérer
vénerie
Vénètes
Vénétie
venette
Venezia
vengeur
ventage
ventail
ventant
ventaux
venteau
venteux
ventilé
ventôse
Ventoux
ventral
ventrée
ventrue
Ventura
Venturi
venturi
vénusté
véranda
vératre
verbale
verbaux
verbeux
Verbier
Verceil
Vercors
verdage
verdeur
verdict
verdier
verdoyé
verdure
véreuse
Verfeil
vergeté
Vergèze
verglas
vérifié
vérisme
vériste
Veritas
verjuté
Vermand
Vermeer
vermeil
vermine
Vermont
vermout
vernale
Vernant
vernaux
Verneau
Vernier
vernier
Vernoux
vérolée
verrier
verrine
versant
Verseau
verseau
verseur
version
versoir
vertige
vertigo
verveux
Vervins
vésanie
vésical
vespidé
Vespuce
vessant
vestale
vestige
Vestris
Vésubie
Vesuvio
vétéran
vétille
vétillé
vétiver
vétuste
vétusté
veuvage
vexante
vexille
Vézelay
viagère
Vianden
viander
Vianney
Viardot
Viarmes
vibices
vibrage
vibrant
vibrato
Vibraye
vibreur
vibrion
vicaire
Vic-Bilh
Vicence
Vicente
vice-roi
viciant
vicieux
vicinal
vicomte
vicomté
victime
vidamie
vidange
vidangé
videlle
videuse
vidicon
vidimer
vidimus
viduité
Vieille
vieille
vieilli
vieller
Vierges
Vierzon
Viêt-nam
Vigeois
vigneau
vigneté
Vigneux
Vignole
Vignory
vigogne
vigueur
viguier
Vihiers
Viipuri
Vikings
Vilaine
vilaine
vilayet
vilenie
Viliouï
Villach
village
Villard
Villars
Villèle
Villena
Villers
villeux
Viminal
vinaire
vinasse
Vincent
Vindhya
Vineuil
vineuse
vinifié
vinique
Vinland
vintage
violacé
violant
violent
violeté
violeur
violier
violine
violoné
vipérin
Virchow
virelai
vireton
vireuse
Virgile
virgule
virgulé
viroïde
viroler
virtuel
Virunga
vis-à-vis
viscère
Vischer
viscose
Vishnou
visible
visière
visiter
visnage
vissage
vissant
Vistule
vitacée
Vitebsk
Viterbe
vitesse
Vitigès
Vitoria
Vitória
vitrage
vitrail
vitrain
vitrant
vitraux
vitreux
vitrier
vitrine
vitriol
Vitruve
vivable
Vivaldi
vivante
vive-eau
viveuse
Viviani
Viviers
vivifié
Vivonne
vivoter
vivrier
Vizcaya
Vizille
vizirat
Vlassov
vocable
vocatif
voceros
vogoule
voguant
voilage
voilant
voilier
voilure
Voisard
voisine
voisiné
Voisins
Voiture
voiture
voituré
voïvode
volable

7

volante
volapük
volatil
volerie
voleter
voleuse
volière
voliger
volitif
Voljski
Vollard
volleyé
Vologda
Volonne
volonté
Volpone
voltage
voltant
voltige
voltigé
volupté
vomique
vomitif
Voreppe
Voronej
Vorster
vosgien
Vossius
votante
Votiaks
Votyaks
voucher
Vougeot
Vouillé
vouivre
voulant
vouloir
vousoyé
voûtain
voûtant
vouvoyé
Vouvray
vouvray
Voyager
voyager
voyance
voyante
voyelle
voyeuse
Vrangel
vreneli
vrillée
vriller
vrombir
Vroubel
Vulcain
vulcain
Vulgate
Vulpian
vulvite
vumètre
Vung Tau
Waikiki
Waksman
Walkman
wallaby
Wallace
Wallers
Wallons
Walpole
Walsall
Waltari
Walther
Wang Wei
Warburg
Waregem
Waremme
wargame
warning
warrant
Warwick
Wasatch
Watteau
wattman
wattmen
Waziers
Webster
week-end
Wegener
Wehnelt
wehnelt
Weidman
Weifang
Welland
Wembley
Wenders
Wenzhou
wergeld
Werther
West End
western
Weygand
Wharton
Wheeler
whippet
Whipple
whiskey
whiskys
Whitman
Whitney
Whittle
Whyalla
Whymper
Wichita
Wieland
Wilkins
willaya
winches
Windsor
Wingles
Winston
Wirsung
Wiseman
Wissant
witloof
Wolfram
wolfram
wormien
Wouters
Wozzeck
Wrangel
Wrocław
Wroński
Wulfila
würmien
Wurmser
Wyoming
xanthie
Xanthos
Xenakis
Xi Jiang
ximenia
ximénie
Xuanhua
Yaoundé
Yarkand
yatagan
Yen-ngan
yéomans
yeshiva
Yichang
yiddish
Yingkou
yodlant
yogourt
Yonkers
Yorouba
youppie
Yousouf
ypérite
yttrium
Yucatán
Yungang
Yun-kang
Yverdon
Zabulon
Zadkine
Zagazig
Zagorsk
zaïrois
Zambèze
zambien
Zápolya
zappant
zapping
Zarlino
Zátopek
zébrant
zébrure
Zeeland
Zélande
zellige
Zelzate
zemstvo
Zénètes
Zénobie
zéolite
Zermatt
Zermelo
Zernike
zestant
Zetland
zeugite
zeuzère
zézayer
zieuter
zincage
zincate
zingage
zingari
zingaro
zinguer
zippant
zircone
Zirides
zizania
zizanie
Zoersel
zonarde
zonière
zooglée
zoolite
zoomant
zoonose
zoopsie
zorille
zostère
zouloue
Zoulous
zozoter
Zuccari
Zülpich
zutique
zutiste
zwanzer
Zwickau
Zwingli
zyeuter
zygnéma

8

8

Aarschot
Abailard
abaisser
abâtardi
abat-jour
abat-sons
abattage
abattant
abatteur
abattoir
abat-vent
abat-voix
abbatial
abcédant
'Abd Allāh
abdiquer
Abdullah
Abeokuta
Aberdeen
aberrant
abhorrer
abiétine
abjurant
Abkhazie
ablatant
ablation
ablative
ablution
abominer
abondant
abonnant
abordage
abordant
abortive
aboucher
aboulant
aboutant
aboyeuse
Abrahams
abrasant
abrasion
abrasive
abréagir
abreuver
abricoté
abritant
abrivent
Abruzzes
abscisse
absconse
absenter
absidale
absidaux
absidial
absinthe
absorber
absoudre
abstenir
abstract
abstrait
abstruse
Abū al-'Alā'
Abū Dhabī
Abū Nuwās
abyssale
abyssaux
abyssine
académie
acalèphe
a capella
Acapulco
acariose
accabler
accalmie
accaparé
accédant
accéléré
accentué
accepter
accessit
accident
accisien
acclamer
accointé
accolade
accolage
accolant
accompli
acconage
acconier
accordée
accorder
accoster
accotant
accotoir
accouant
accouché
accouder
accouple
accouplé
accourci
accourir
accoutré
accrétée
accroche
accroché
accroire
accroupi
acculant
accumulé
accusant.
acéphale
acéracée
acerbité
acescent
acéteuse
acétifié
acétique
acharnée
acharner
achéenne
acheminé
achetant
acheteur
achevant
achillée
achopper
achromat
achromie
acidalie
acidifié
acidulée
aciduler
aciérage
aciérant
acinésie
acineuse
Acireale
acméisme
acnéique
acolytat
acoquiné
acquérir
acquitté
acridien
acrobate
acromion
acronyme
Acropole
acropole
acrotère
actinide
actinite
actinium
actinote
actionné
activant
activeur
activité
actuaire
actuelle
aculéate
acuminée
Adalgise
Adamaoua
Adamello
adamique
adamisme
adaptant
addition
additive
additivé
Adélaïde
Adenauer
adénoïde
adéquate
adextrée
adhérant
Adherbal
adhérent
adhésion
adhésive
adiantum
adipeuse
adipique
adjacent
adjectif
adjointe
adjudant
adjurant
adjuvant
Adliswil
admettre
admirant
Ado-Ekiti
adonnant

8

adoptant
adoption
adoptive
adorable
adossant
adoubant
ad patres
adresser
adsorber
adulaire
adultère
adultéré
adventif
adynamie
aegosome
aegyrine
aérateur
aération
aéricole
aérienne
aérifère
aéro-club
aérodyne
aérogare
aérolite
aéroport
aérostat
affabulé
affaibli
affairée
affairer
affaires
affaissé
affaiant
affamant
affameur
afféager
affectée
affecter
affectif
affenage
afférent
affermer
affermir
afficher
affilage
affilant
affiliée
affilier
affiloir
affinage
affinant
affineur
affinité
affiquet
affirmer
affixale
affixaux
affleuré
affliger
afflouer
affluant
affluent
affolant
affouage
affouagé
affréter
affreuse
affriolé
affronté
affruité
affubler
affusion
affûtage
affûtant
affûteur
africain
Aftalion
agaçante
agacerie
agalaxie
agar-agar
agatisée
agençant
agénésie
ageratum
Agésilas
aggravée
aggraver
Agha Khān
agiotage
agioteur
agissant
agit-prop
agnation
agnelage
agnelant
agneline
Agnus Dei
agoniser
agoniste
agrafage
agrafant
agrainer
agrandir
agraphie
agrarien
agréable
agrément
agresser
agressif
Agricola
agricole
agriffer
agripper
agronome
agrostis
aguerrir
agueusie
aguicher
aiglefin
aiglette
aiglonne
aigrefin
aigrelet
aigrette
aigretté
aiguails
aiguière
Aiguille
aiguille
aiguillé
aiguiser
ailleurs
aimanter
airedale
Airvault
aisément
aisselle
ajaccien
ajointer
ajourant
ajournée
ajourner
ajoutant
ajustage
ajustant
ajusteur
akinésie
akkadien
Akosombo
Alacoque
alacrité
al-Akhṭal
alandier
alanguir
alarmant
alastrim
alaterne
Alawites
Albacete
albanais
albatros
Alberoni
Albinoni
Albornoz
albraque
Albufera
albuginé
albumine
albuminé
albumose
alcaïque
alcaline
alcalose
Alcamène
Al Capone
alchimie
Alcinoos
Alcobaça
alcoolat
aldéhyde
alderman
aldermen
Alderney
al-Djofra
Alembert
Alentejo
alentour
alertant
aléseuse
aleurite
aleurode
aleurone
aleviner
al-Fārābī
alfatier
alfénide
Alfonsín
algarade
algérien
Algérois
algérois
algidité
alginate
algonkin
Algrange
alguazil

8

Alhambra
al-Ḥarīrī
Alicante
alicante
aliénant
aliforme
alignant
alimenté
Ali Pacha
aliquote
alkermès
al-Kuwayt
allaiter
Allanche
allécher
allégros
alléguer
alléluia
allemand
Allemane
Alleppey
allergie
Allevard
alliacée
alliaire
alliance
allodial
allogène
allongée
allonger
Allonnes
allosome
allouant
alluchon
allumage
allumant
allumeur
allusion
allusive
alluvial
alluvion
almanach
almandin
al-Manṣūr
Almanzor
al-Mas'ūdī
Almquist
al-Nadjaf
alogique
alopécie
alouette
alourdir

alpaguer
alpestre
alphabet
Alphonse
Alpilles
al-Qāhira
alsacien
altaïque
Altamira
altérant
alter ego
altérité
alternat
alternée
alterner
altiport
altitude
Altkirch
Altuglas
aluminer
Alvarado
alvéolée
al-Wāsiṭī
amadouer
amaigrie
amaigrir
amalgame
amalgamé
Amalthée
amandaie
amandier
amandine
amarante
Amarillo
amariner
amarnien
amarrage
amarrant
amassant
amaurose
Amazonas
Amazones
Amazonie
Ambérieu
ambiance
ambiancé
ambiante
ambition
ambleuse
amblyope
ambréine
ambrette

Ambroise
ambulant
amélioré
aménager
amendant
amensale
amensaux
amentale
amenuisé
Amérique
amertume
amétrope
ameublir
ameutant
amibiase
amiboïde
amidonné
amiénois
amimique
Amin Dada
Amirauté
amirauté
Amitābha
amitieux
ammocète
ammodyte
ammonals
ammoniac
ammonite
ammonium
amnistie
amnistié
amochant
amodiant
amoindri
amoncelé
Amontons
amorçage
amorçant
amorçoir
amoureux
amovible
ampérage
amphibie
amplifié
ampoulée
Ampurdán
Ampurias
amputant
Amravati
Amritsar
amulette

Amundsen
amusante
amusette
amuseuse
amygdale
amylacée
amylique
amyloïde
anableps
anacarde
anaconda
Anacréon
anagogie
analecta
analogie
analogon
analogue
analysée
analyser
analyste
anamnèse
anapeste
anaphase
anaphore
anarchie
Anastase
anatexie
anathème
Anatolie
anatomie
anavenin
ancienne
Andernos
Andersch
Andersen
Anderson
andésite
andorran
Andrássy
Andrault
Andreïev
androcée
androïde
Andronic
Andropov
Androuet
anéantir
anecdote
anémiant
anémique
anéroïde
aneurine

8

Angelico
angevine
angineux
anglaise
anglaisé
Anglesey
anglican
angoisse
angoissé
angolais
Angström
angström
Anguilla
anguille
anguleux
anhélant
anidrose
anilisme
animisme
animiste
anisette
ankylose
ankylosé
annalité
annamite
Ann Arbor
annelant
annélide
Annenski
annexant
annexion
annexite
annihilé
annoncer
annotant
annuaire
annuelle
annulant
anodique
anodiser
anodonte
anomalie
anomique
anomoure
anonacée
ânonnant
anonymat
anophèle
anorexie
anormale
anormaux
anoxémie

Anquetil
Ansarieh
ansérine
Ansermet
antalgie
antebois
antéfixe
antenais
antéposé
anthémis
anthrène
antibois
antichar
antichoc
anticipé
antidate
antidaté
antidote
antienne
antigang
antigène
Antigone
antihalo
Antilles
antilope
antimite
antinazi
Antinoüs
Antioche
antipape
antipode
antitout
Antonins
antonyme
anxieuse
aortique
apagogie
apaisant
apatride
Apchéron
Apennins
Aperghis
apéritif
aperture
à-peu-près
apeurant
aphérèse
aphididé
aphidien
aphteuse
apiéceur
apiquage

apiquant
apitoyer
aplomber
apoastre
apocopée
apogamie
apologie
apologue
apomixie
apophyse
apostant
apostate
apothème
appairer
apparaux
appareil
apparent
apparier
apparoir
appâtant
appauvri
appelant
appendre
appentis
Appienne
applaudi
Appleton
applique
appliqué
appointé
appondre
apponter
apporter
apposant
apprécié
apprenti
apprêtée
apprêter
approche
approché
approuvé
appuyant
âprement
après-ski
aptitude
Apurímac
apyrexie
aquacole
aquarium
aquicole
aquifère
Aquileia

Aquitain
aquitain
aquosité
Arabique
arabique
arabiser
arabisme
arachide
Araguaia
araignée
Araméens
aranéide
Aranjuez
arantèle
aratoire
Araucans
Arāvalli
arbalète
arbitral
arbitrer
Arbogast
arborant
arborisé
arbustif
Arcachon
arcadien
Arcadius
arcanson
arcature
arc-bouté
archange
archelle
archerie
archiduc
archière
archipel
archiver
archives
archonte
arçonner
Arctique
arctique
Ardennes
Ardentes
ardillon
ardoisée
arénacée
aréopage
aréquier
Arequipa
arêtière
arganier

8

Argenson
Argentan
argentan
Argentat
argentée
argenter
argentin
Argenton
argenton
Argentré
argienne
argilacé
argileux
Argolide
argonide
argotier
argousin
Arguedas
Árgüedas
argument
argyrose
Arinthod
Aristide
Aristote
Arkansas
Arlandes
Arlequin
arlequin
arlésien
Armagnac
armagnac
armailli
Armançon
armateur
armature
armeline
armement
arménien
arminien
Arminius
armorial
armorier
Arm's Park
armurier
arnaquer
arpenter
arracher
arrachis
arranger
arrenter
arrérage
arrêtant
arrêtoir
arriérée
arriérer
arrières
arrimage
arrimant
arrimeur
arrisant
arrivage
arrivant
arrogant
arrondie
arrondir
arrosage
arrosant
arroseur
arrosoir
arsenaux
arséniée
arsénite
Arsonval
Artagnan
artefact
Artémise
artériel
artérite
artésien
arthrite
arthrose
articulé
artifice
artisane
aruspice
Arvernes
arythmie
Arzachel
Asbestos
ascaride
aseptisé
Ashikaga
Ashkelon
Ashqelon
asilaire
Asnières
asociale
asociaux
aspartam
asperger
aspergès
aspérité
aspermie
asphalte
asphalté
asphyxie
asphyxié
aspirant
aspirine
assailli
assainir
assamais
assassin
assécher
assemblé
assenant
assénant
asservir
asseyant
assiégée
assiéger
assiette
assignat
assigner
assimilé
assistée
assister
associée
associer
assoiffé
assolant
assombri
assommer
assonant
assortie
assortir
assoupie
assoupir
assoupli
assourdi
assouvir
assoyant
Assuérus
assumant
assurage
assurant
assureur
assyrien
astéride
asthénie
asticoté
astiquer
Astolphe
Astrakan
astrakan
astreint
astronef
Asturias
Asturies
Astyanax
Asunción
asyndète
Atalante
ataraxie
atavique
atavisme
ataxique
Atchinsk
atermoyé
Athanase
athéisme
Atheling
athénien
athérome
athétose
atomique
atomisée
atomiser
atomisme
atomiste
atonique
atoxique
atrabile
atrocité
atrophie
atrophié
atropine
attabler
attachée
attacher
attagène
attaquer
attardée
attarder
atteinte
attelage
attelant
attenant
attendre
attendri
attentat
attenter
attentif
atténuer
atterrer
atterrir
attestée
attester

8

attiédir
attifant
attirail
attirant
attisant
attitrée
attitude
attorney
attraire
attraper
attrempé
attribué
attribut
attristé
attroupé
à tue-tête
atypique
aubépine
Aubignac
Aubisque
Aubusson
Aucassin
Auckland
au-dedans
au-dehors
au-dessus
au-devant
audience
Audierne
auditant
auditeur
audition
auditive
audonien
Audruicq
Augereau
augmenté
augurale
augurant
auguraux
Augustin
augustin
auloffée
aumônier
Aurélien
auréoler
auricule
auriculé
aurifère
aurifier
Aurignac
Aurillac

aurorale
auroraux
ausculté
aussière
aussitôt
australe
australs
austraux
autarcie
Auterive
autocoat
autodafé
autogame
autogène
autogéré
autogire
autolyse
automate
automnal
autonome
autonyme
autoport
autopsie
autopsié
autorail
autorisé
autorité
autosome
auto-stop
Autriche
autruche
autunite
Autunois
Auvergne
auxquels
Auzances
avalante
avaleuse
avaliser
avaliste
avaloire
Avaloirs
avançant
avantage
avantagé
avant-bec
avariant
Avaricum
Avellino
Ave Maria
Avempace
avenante

aventure
aventuré
Avenzoar
Avercamp
Averroès
aversion
aveugler
aviateur
aviation
Avicenne
avifaune
avocette
Avogadro
avoisiné
avortant
avorteur
avouable
avulsion
Avvakoum
axénique
Ayacucho
ayes-ayes
azimutal
azimutée
azotémie
azoteuse
azotique
azoturie
Aztèques
baba cool
babeurre
babiller
Babinski
Babinski
babouche
baby-beef
baby-boom
baby-foot
Babylone
baby-test
Baccarat
baccarat
bachique
Bachkirs
Bachmann
bachoter
bachotte
bactérie
badaboum
Badalona
badamier
badigeon

badinage
badinant
Badinter
bad-lands
Badoglio
Bad Ragaz
Baedeker
bafouant
bâfreuse
bagarrer
Bagaudes
Bagnères
Bagnoles
Bagnolet
baguette
Baguirmi
bahaïsme
bahreïni
Baia Mare
baignade
baignant
baigneur
baillant
bâillant
Bailleul
bailleur
bâilleur
baisoter
baissant
baissier
bakchich
Bakélite
baladant
baladeur
balafrée
balafrer
Balaguer
Balakovo
balancée
balancer
balanite
balayage
balayant
balayeur
balbutié
Baléares
baleinée
Balinais
Baliqiao
balisage
balisant
baliseur

8

balisier
balivage
baliveau
Balkhach
ballante
ballasté
Balleroy
ballonné
ballotin
ballotte
ballotté
ball-trap
balourde
Baltique
baltique
baluchon
balustre
bamboche
bamboché
bamboula
Bamiléké
banalisé
banalité
bananier
bancable
bancaire
banchage
banchant
Bancroft
Bandeira
Bandello
bande-son
Bandoeng
Bandundu
Bani Sadr
bank-note
banlieue
Bannalec
banneret
banneton
bannette
bannière
banquant
banqueté
banquier
banquise
Banville
baptisée
baptiser
baptisme
baptiste
Barabbas
baraquée
baraquer
baratiné
baratter
Barbados
barbante
barbaque
Barbares
Barbarie
barbarie
Barbazan
barbecue
barbelée
barbette
barbiche
barbichu
barbifié
barbille
barbital
Barbizon
Barbotan
barboter
barbotin
barbotte
barbouze
Barbusse
barcasse
Barclays
barefoot
Bareilly
Barentin
Barenton
Barentsz
Barfleur
Bargello
barillet
bariolée
barioler
barkhane
Bar-le-Duc
Barletta
barnache
Barnaoul
Baroçcio
baronnet
baronnie
baroufle
Barrabas
barranco
Barraqué
Barrault
Barreiro
barrette
barreuse
barrière
barrique
barytine
barytite
basanant
bas-bleus
bas-côtés
basculer
base-ball
bas-fonds
basicité
Basildon
basileus
Basilide
basquais
basquine
bassesse
Bassigny
bassiner
bassinet
bassiste
Bassouto
bastaing
bastaque
basterne
bastiais
bastidon
Bastille
bastille
bastillé
Bastogne
bastonné
bataclan
Bataille
bataille
bataillé
Batangas
batayole
batelage
batelant
bateleur
batelier
bat-flanc
Bathilde
Bathurst
bathyale
bathyaux
batifolé
bâtiment
bâtonnat
bâtonner
bâtonnet
battante
batterie
batteuse
Bauchant
Baudouin
baudrier
baudroie
bauhinia
bauhinie
bavarder
bavarois
bavasser
bavocher
bayadère
Bayreuth
Bayt Laḥm
bazarder
béarnais
béatifié
Béatrice
beaucoup
beau-fils
Beaufort
Beaufort
beaufort
Beaulieu
Beaumont
beau-père
Beauport
Beauvais
Beauvoir
Beccaria
becfigue
béchamel
bêcheuse
béchique
Beckmann
bécotant
becqueté
becs-fins
bectance
bedonner
bédouine
Bédouins
bégayant
bégayeur
bégueter
bégueule
béhaïsme
Béhanzin

8

Behistun
Bektāchī
bélandre
Bélanger
bel canto
bêlement
Belgique
Belgorod
Belgrade
Belgrand
Belgrano
Belinski
Belitung
Bellange
bellâtre
Belle-Île
Bellonte
bellotte
Belmondo
Belmopan
Belsunce
Beltrami
Belzébul
bémolisé
Ben Badīs
Ben Bella
bénéfice
Bénévent
bénévole
Benghazi
Benguela
Benidorm
béninois
bénitier
Benjamin
benjamin
Ben Nevis
benzoate
benzoyle
béotisme
béqueter
béquille
béquillé
Béranger
Berbères
berçante
Bercenay
berceuse
Bérenger
Bérénice
Berenson
Berezina

Bergerac
bergerie
Bergeron
Bergslag
béribéri
Beringen
Berkeley
Berlanga
Bermudes
Bernácer
bernache
bernacle
Bernanos
Bernhard
bernicle
bernique
bernoise
berruyer
Berthier
Bertrade
Bertrand
besaiguë
Besançon
besicles
bésicles
Beskides
besogner
Bessèges
Bessemer
bessemer
Bessines
bessonne
bestiale
bestiaux
bestiole
bêtatron
bêtement
Béthanie
Bethenod
Bethléem
bêtifier
Bétiques
bêtisier
bétonnée
bétonner
Betsiléo
beuglant
beurrant
beurrier
beuverie
bévatron
Beveland

beylical
beylicat
beylisme
Beyrouth
Bhādgāun
Bhatgaon
Bhatpara
biaisant
Biarritz
biarrote
biathlon
biaurale
biauraux
biblique
bibliste
Bibracte
bicarrée
bichette
bichonne
bichonné
Bickford
bickford
bicolore
Bidassoa
bidonner
bien-aimé
Bienaymé
bien-dire
bien-être
bienfait
bien-jugé
biennale
biennaux
bienvenu
biflèche
bifocale
bifocaux
bifurqué
bigarade
bigarrée
bigarrer
big bands
bigleuse
bignonia
bigorner
bigouden
bigrille
bihoreau
bijectif
bilabiée
Bilaspur
biliaire

bilieuse
bilingue
billetée
billette
Billiton
biloquer
bimestre
Bimétaux
bimoteur
binaural
Binchois
binocles
binomial
biogénie
biologie
biomasse
bionique
biotique
bipartie
bipennée
biphasée
bipoutre
bips-bips
biquette
Birkenau
Birkhoff
Birmanie
bisaïeul
bisaiguë
bisbille
biscaïen
biscayen
biscornu
biscotin
biscotte
biscuité
biseauté
bisexuée
bisexuel
Bismarck
bisontin
bisquant
Bissagos
bissexte
Bissière
bistorte
bistouri
bistrant
Bithynie
bitonale
bitonals
bitonaux

8

bitoniau
bitturer
bitumage
bitumant
bitumeux
biturant
bivalent
bizutage
bizutant
Bjørnson
Blackett
black-out
black-rot
blafarde
blaguant
blagueur
blairant
blaireau
blâmable
blanc-bec
blanchet
blanchir
blanchon
Blanchot
Blanc-Nez
blandice
Blandine
Blantyre
blasonné
blastula
blatérer
Blenheim
blésoise
blessant
blessure
bleuâtre
bleutant
blindage
blindant
blinquer
blizzard
blocs-eau
blondeur
blondine
bloquant
blousant
blue-jean
bluffant
bluffeur
Blumenau
bluterie
Boadicée

bobinage
bobinant
bobineau
bobineur
bobinier
bobinoir
bocagère
bocarder
Boccioni
Bochiman
Bodensee
Bodh-Gayā
Boffrand
Boğazköy
bogomile
bohémien
Bohémond
boiserie
boisseau
boiterie
boiteuse
boitillé
Boksburg
Boleslas
Boleslav
bolivien
Bolligen
bolonais
bombance
bombarde
bombardé
Bombelli
bombonne
Bonampak
bonbonne
Boncourt
bondelle
bonhomie
Bonhomme
bonhomme
bonichon
Boniface
bonifier
boniment
Bonivard
Bonnefoy
bonnette
Bonneuil
Bonneval
bonniche
Bonnieux
Bonnivet

Bonpland
Bontemps
bonzerie
bonzesse
Bora Bora
borassus
borchtch
Bordeaux
bordeaux
Bordères
borderie
bordière
bordigue
Borghèse
Borinage
boriquée
Bornholm
bornoyer
Borodine
Borodino
Borrassà
Borromée
boscotte
Bosphore
bosseler
bossette
bosseuse
bossuant
bostonné
Bosworth
Bothwell
Botrange
botrytis
Bótsaris
Botswana
botteler
Botzaris
bouboulé
boucaner
bouchage
Bouchain
bouchain
bouchant
bouchère
Bouchiat
bouclage
bouclant
bouclier
bouderie
boudeuse
Boudicca
boudinée

boudiner
Boufarik
bouffant
bouffeur
bougeant
bougeoir
Bougival
bougonne
bougonné
Bouhours
boui-boui
bouillie
bouillir
Bouillon
bouillon
Boukhara
Boulaïda
boulange
boulangé
Boulazac
boulbène
bouletée
boulette
boulimie
boulisme
bouliste
bouloché
Boulogne
Bouloire
boulonné
boulotte
boulotté
bouqueté
bouquiné
Bourassa
Bourbaki
bourbeux
bourbier
Bourdieu
bourgade
bourgeon
Bourmont
Bourogne
bourrade
bourrage
bourrant
bourreau
bourrelé
bourride
bourroir
boursier
bousculé

8

bousillé
Boussois
boussole
boutefas
boutefeu
Bouthoul
boutique
boutisse
boutonné
bout-rimé
bouturer
Bouverie
bouverie
bouvière
Bouvines
Bouygues
bouzouki
box-calfs
boyauter
boycotté
boy-scout
bracelet
brachial
Bracieux
braconné
bractéal
Bradbury
braderie
bradeuse
Bradford
Bragance
brahmane
brahmine
brailler
braiment
braisage
braisant
Bramante
Brampton
brancard
branchée
brancher
branchue
Brancusi
brandade
branlant
Branting
Brantôme
braquage
braquant
braqueur
Brasília
brasillé
brassage
brassant
brassard
Brassens
Brasseur
brasseur
Brătianu
bravache
bravoure
breloque
Brentano
brésillé
bressane
brestois
Bretagne
bretèche
bretelle
bretesse
bretessé
Breteuil
Brétigny
bretonne
brettant
brettelé
bretteur
Breughel
breuvage
brevetée
breveter
Brewster
Briançon
bricelet
bricoler
bridgeur
Bridgman
briefant
briefing
brièveté
briffant
Brighton
Brigitte
Brignais
briguant
brillant
brimbalé
Brindisi
bringuer
briochée
briochin
briquant
briqueté
brisante
brisants
Brisbane
briscard
brise-fer
brise-jet
briseuse
brise-vue
Broadway
brocante
brocanté
brocardé
brochage
brochant
brocheur
brochure
broderie
brodeuse
Bromberg
bromique
bromisme
broncher
Brønsted
bronzage
bronzant
bronzeur
bronzier
Bronzino
Brooklyn
brossage
brossant
Brossard
brossier
Brotonne
brouette
brouetté
brouhaha
brouille
brouillé
brouilly
Broussel
broussin
broutage
broutant
broutard
broutart
brownien
Browning
browning
broyeuse
brucella
Bruckner
bruinant
bruineux
bruisser
bruitage
bruitant
bruiteur
brûlante
brûlerie
brumaire
brumasse
brumassé
brumeuse
Brummell
brunante
brunâtre
brunches
brunette
Brushing
brusquer
Bruttium
bruyante
Bruyères
buandier
Bucarest
Buchanan
bûcheron
bûchette
bûcheuse
Bucovine
Budapest
budgéter
bufflage
bufflant
buglosse
building
Bulawayo
bulbaire
bulbeuse
bulbille
bulb-keel
Bulgarie
bullaire
bulletin
bulleuse
Bultmann
bungalow
bupreste
Burgdorf
Burgoyne
burgrave
burinage
burinant

8

burineur
Bushnell
business
busquant
Bussotti
bustière
butanier
butinant
butineur
butylène
butyrate
butyreux
butyrine
buvetier
Buzenval
Byzantin
byzantin
caatinga
cabalant
cabanant
cabasset
cabernet
cabestan
cabillot
cabinets
câblerie
câbleuse
câbliste
cabochon
cabosser
cabotage
cabotant
caboteur
cabotine
cabotiné
caboulot
cabriole
cabriolé
cacabant
cacaotée
cacaoyer
cacarder
cacatoès
cacatois
cachalot
cache-col
cache-nez
cache-pot
cacheter
cachette
cachexie
cachucha
cacosmie
cactacée
cadastre
cadastré
cadencer
Cadillac
cadmiage
cadmiant
Cadoudal
cadratin
cadreuse
caducité
caennais
cafarder
caféière
caféisme
cafetier
Caffieri
Cafrerie
cafteuse
Cagliari
cagneuse
cagnotte
cahotant
cahoteux
caillage
caillant
Caillaux
Caillois
cailloux
caissier
cajolant
cajoleur
cake-walk
caladion
caladium
calaison
calambac
calamine
calaminé
calamite
calamité
calanché
calandre
calandré
calanque
calathéa
calbombe
calcaire
calcémie
calcifié
calciner
calcique
calculer
Calcutta
caldeira
Calderón
caldoche
Caldwell
calendes
cale-pied
Calepino
caletant
calfater
calibrer
calicule
Caligula
câlinant
caliorne
calisson
calleuse
call-girl
Calliope
Calliste
Callisto
calmante
Calmette
calomnie
calomnié
Caloocan
calotter
caloyère
calquage
calquant
Calvados
calvados
Calvaert
calvaire
calville
calvitie
Camagüey
camaïeux
camarade
Camargue
Cambambe
cambiale
cambiaux
cambiste
Cambodge
cambouis
cambrage
cambrant
cambreur
cambrien
cambrure
caméléon
camélidé
cameline
caméline
camelote
camérier
Camerone
Cameroun
Camillus
camionné
camisard
camisole
camouflé
Campagne
campagne
Campanie
Campbell
Campeche
campêche
campeuse
camphrée
Campinas
Canadair
canadien
Canaille
canaille
canalisé
cananéen
Canaques
canarder
Canaries
canasson
Canberra
cancaner
candidat
Candolle
canetage
canicule
Canisius
caniveau
Canjuers
cannabis
cannelée
cannelle
cannette
canneuse
cannière
cannisse
canonial
canonisé
canonner

8

canotage
canotant
canoteur
canotier
cantalou
Canteleu
Cantemir
cantiner
cantique
cantonal
cantonné
canulant
caouanne
capacité
Capdenac
capelage
capelant
capeline
Capellen
capésien
capétien
Cape Town
capeyant
capiston
capitale
Capitant
capitaux
capiteux
Capitole
capitole
capitoul
capitule
capitulé
caporaux
capotage
capotant
cappella
Cappelle
Cappello
caprique
capselle
capsuler
captatif
Captieux
captieux
captiver
capturer
capuchon
capucine
Capulets
caquelon
caqueter

carabidé
carabine
carabiné
Carabobo
caracals
caracole
caracolé
Caraïbes
caramélé
Carantec
carapace
carapaté
carassin
Caravage
caravane
carbonée
Carbonne
carburée
carburer
carburol
carcajou
carcasse
carcéral
Cárdenas
cardeuse
cardiale
cardiaux
cardigan
cardinal
Carducci
carénage
carénant
carencer
Carentan
caresser
car-ferry
carguant
cariacou
cariante
caribéen
Caribert
carieuse
Carignan
Carillon
carillon
carinate
Carleton
Carlisle
carlisme
carliste
Carlitte
Carloman

Carlsbad
Carlsson
carminée
Carnatic
carnaval
Carnéade
Carnegie
Carniole
Carnutes
Carobert
Caroline
caronade
carotène
carotide
carotter
Carpates
Carpeaux
carpelle
carpette
carquois
Carrache
carreler
carrelet
Carriera
Carrière
carrière
Carrillo
carriole
carrosse
carrossé
carroyer
cartable
Carteret
Carterie
carte-vue
Carthage
cartonné
caryopse
casanier
Casanova
casaquin
Casaubon
cascader
Cascades
caséeuse
casemate
casematé
caserner
cash-flow
cashmere
casquant
cassable

cassante
casse-cou
casse-cul
cassetin
cassette
casseuse
Cassirer
Castagno
Casteret
Castilla
Castille
Castillo
castrant
Castries
casuelle
casuiste
catalane
Cataluña
catalyse
catalysé
catarrhe
cat-boats
catchant
catcheur
catergol
cathèdre
cathéter
Catilina
catimini
Cattégat
Cattenom
Catterjī
cattleya
cauchois
Caudebec
caudillo
Caudines
causante
causatif
causerie
causette
causeuse
Caussade
cavalant
cavaleur
Cavalier
cavalier
cavatine
Caventou
caviardé
Cawnpore
Cazaubon

8

cédrière
cégépien
ceignant
ceinture
ceinturé
célébrer
celebret
célérité
Célestin
célestin
Célimène
cellular
Celtique
celtique
cémenter
cendrant
Cendrars
cendreux
cendrier
cénobite
censière
censorat
censurer
centaine
centaure
centiare
centième
centrage
centrale
centrant
centraux
centreur
centuple
centuplé
centurie
céphalée
céphéide
cérambyx
céraunie
cercaire
cerclage
cerclant
cercueil
Cerdagne
cérébral
cerfeuil
cérifère
cerisaie
cerisier
Cernăuţi
certaine
certains

certifié
céruléen
cervelas
cervelet
cervelle
cervical
Cervione
cervoise
Césalpin
césarien
césarisé
cessante
cessible
cétérach
cétogène
Cévennes
cévenole
Chabanel
Chabeuil
Chablais
chablant
Chabrier
chachlik
chaconne
chadburn
Chadwick
chafouin
chagrine
chagriné
Chāh-nāmè
Châhpuhr
chahuter
Chailley
Chaillot
chaînage
chaînant
chaîneur
chaînier
chaintre
chaisier
Chalabre
Chalampé
chalande
chaldéen
Chalette
Chaleurs
chaleurs
Chalgrin
Challans
Chalosse
chaloupe
chaloupé

Chālukya
chamarré
chambard
Chambers
Chambéry
Chambord
chambray
Chambray
chambrée
chambrer
chamelle
chamelon
Chamfort
Chamisso
chamoisé
Chamonix
Chamorro
chamotte
champart
Champeix
champion
Champmol
chançard
chancelé
chanceux
Chanchán
chandail
Chandler
changeur
Changeux
Chang-hai
Changsha
chanlate
chanoine
chantage
chantant
chanteau
Chan-t'eou
chanteur
chantier
chantoir
Chan-tong
Chaource
chaource
chapardé
chapelet
chapelle
chaperon
chapitre
chapitré
chaponné
charabia

charcuté
Charente
Charette
chargeur
Chari'ati
charioté
charisme
Charites
Charlieu
charmant
charmeur
charnier
charogne
Charonne
charriée
Charrier
charrier
Charroux
charroyé
Chartier
Chartres
Charvieu
Charybde
chassage
chassant
chasséen
chasseur
Chassieu
chassoir
chasteté
chasuble
chataire
Châtelet
châtelet
Châtenay
Châtenoy
châtiant
chatière
chatonné
chatoyer
châtrant
Chatrian
chaudeau
chaudron
chauffer
chaufour
chaulage
chaulant
Chaulnes
chaumage
chaumant
chaumard

8

chaumine
Chaumont
Chauques
chaussée
chausser
chausses
Chaussin
Chausson
chausson
Chauveau
chauvine
Chauviré
Chaville
chavirer
cheddite
chef-lieu
chéilite
chelléen
chéloïde
Chemillé
cheminée
cheminer
cheminot
chemiser
Chemnitz
Chemulpo
chenapan
chènevis
chenille
chenillé
Chen-yang
Chéphren
chéquier
chercher
Cherokee
Chéronée
cherries
Chérubin
chérubin
Cheshire
chevaine
chevaler
chevalet
chevalin
chevêche
chevelue
chevenne
Cheverny
chevesne
chevêtre
Chevigny
cheville
chevillé
chevreau
chevreté
Chevreul
chevrier
chevroté
Cheyenne
chiadant
chiadeur
chialant
chialeur
chicaner
Chiclayo
chicorée
chicoter
chicotin
chicotte
chienlit
chiffons
chiffrée
chiffrer
chignole
Chillida
Chillouk
Chimbote
chimique
chimisme
chimiste
Chindwin
chineuse
chinoise
chinoisé
Chioggia
chiottes
chiourme
chipeuse
chipoter
Chippewa
chiquant
chiqueur
chistera
chlamyde
chleuhes
chlingué
chloasma
Chlodion
chlorage
chlorals
chlorate
chloreux
chlorite
chlorose
chlorure
chloruré
chocolat
Choiseul
cholémie
Choltitz
cholurie
chômable
Chomérac
chômeuse
Chongjin
chop suey
choquant
chorégie
choreute
choriste
choroïde
chosifié
Chosroès
Chosroês
chouchen
chouchou
chouette
Chouïski
chouleur
chou-rave
chouriné
chow-chow
chrémeau
Chrétien
chrétien
Christie
Christus
chromage
chromant
chromate
chromeur
chromeux
chromisé
chromite
chtonien
chuchoté
chuinter
churinga
ciborium
ciboulot
cicérone
ci-contre
cicutine
ci-dessus
ci-devant
cidrerie
ci-inclus
ci-jointe
ciliaire
Cimarosa
cimenter
cinéaste
ciné-club
ciné-parc
Cinérama
cinérite
ciné-shop
cinglant
Cinq-Mars
cintrage
cintrant
Cipriani
ciprière
circaète
circuler
cirrhose
cisaille
cisaillé
cisalpin
ciselage
ciselant
ciseleur
ciselure
cisjuran
Cisneros
cisoires
citadine
citateur
citation
citrique
citronné
çivaïsme
civilisé
civilité
clabaudé
claboter
Clairaut
Clairoix
clamecer
clamsant
clanique
clanisme
clapoter
clapotis
clappant
claquage
claquant
claqueté

8

claquoir
Clarence
clarifié
clarisse
classant
classeur
Claudien
Claudius
Clausius
claustra
claustré
clausule
clavaire
clavecin
clavelée
claveter
clavette
claviste
clayette
claymore
clayonné
clearing
clémence
clémente
Clementi
Cléobule
Cléomène
Clerfayt
clérical
Clermont
Clervaux
clichage
clichant
clicheur
Clicquot
clignant
clignoté
clinicat
clinique
cliqueté
clissant
clitoris
clivable
cloacale
cloacaux
clochant
clochard
Clodoald
Clodomir
cloîtrée
cloîtrer
clonique

clopiner
cloporte
cloquant
closerie
Clotaire
Clotilde
clôturer
cloutage
cloutant
cloutard
cloutier
clovisse
clubiste
clupéidé
clystère
cnidaire
coaccusé
coaguler
coagulum
coalescé
coalisée
coaliser
coapteur
coassant
coauteur
coaxiale
coaxiaux
Coblence
Coca-Cola
Cocanāda
coccidie
cochevis
cochonne
cochonné
cochylis
cocktail
cocolant
Coconnas
Coconnat
cocorico
cocotant
cocotier
cocotter
cocufier
codétenu
codifier
Coehoorn
coenzyme
coépouse
Coëvrons
coexisté
coffrage

coffrant
coffreur
cogérant
cogitant
cognitif
cohabité
cohérent
cohéreur
cohérité
cohésion
cohésive
coiffage
coiffant
coiffeur
coiffure
coinçage
coinçant
coïncidé
coin-coin
Cointrin
cokéfier
colature
Colchide
colcotar
colcrete
coléreux
colineau
collante
collecte
collecté
collègue
Colleoni
colleter
colleuse
colliger
Collinée
colloïde
colloque
colloqué
collybie
colmater
Colmiane
colocase
Colomban
Colombes
Colombey
Colombia
Colombie
colombin
colonage
colonial
colonisé

Colorado
colorant
colorier
colorisé
colossal
coloured
colporté
coltiner
Coltrane
Columbia
Columbus
Comanche
Comaneci
comateux
combatif
combattu
combinat
combinée
combiner
comblant
Combloux
Combourg
come-back
comédien
Comenius
comitial
commande
commandé
commando
commencé
commende
commenté
commerce
commercé
Commercy
commérer
Commines
commodat
commuant
communal
communié
commuter
Commynes
Comodoro
comorien
compacte
compacté
compagne
comparée
comparer
comparse
compassé

compatir
compensé
compiler
compissé
complant
complète
complété
complexe
complexé
complice
complies
comploté
componée
comporte
comporté
composée
composer
composté
compound
comprimé
comptage
comptant
compteur
comptine
comptoir
compulsé
computer
comtadin
comtesse
comtoise
conation
conative
concassé
concéder
concerné
concerté
concerto
concetti
concilié
conclave
conclure
concocté
Concorde
concorde
concordé
concours
concouru
concrète
concrété
concubin
condamné
condensé

Condrieu
conduire
conduite
conférer
conferve
confesse
confessé
confetti
confiant
confinée
confiner
confirmé
Conflans
Conflent
confluer
confondu
conforme
conformé
conforté
confrère
congédié
congeler
congréer
Congreve
conicine
conicité
conifère
conjoint
conjugal
conjugué
conjungo
conjurée
conjurer
Connacht
connarde
connasse
connecté
connerie
connoter
conquête
conquise
consacré
Consalvi
conscrit
consenti
conserve
conservé
consigne
consigné
consisté
consoeur
consoler

consommé
consonne
consorts
consoude
conspiré
conspuer
Constant
constant
constaté
constipé
Consulat
consulat
consulte
consulté
consumer
contacté
contenir
contente
contenté
contenue
conteste
contesté
conteuse
contexte
contiguë
continue
continué
continuo
contrant
contre-ut
contrite
contrôle
contrôlé
contumax
convenir
convenue
convergé
converse
conversé
converti
conviant
convoité
convoler
convoqué
convoyer
convulsé
coobligé
Coolidge
coopérer
cooptant
copépode
Copernic

copieuse
copilote
copinage
copinant
Coppélia
copulant
coq-à-l'âne
coquelet
coquemar
coqueret
coquerie
coqueron
coquetel
coqueter
coquette
Coquille
coquille
coquillé
Coquimbo
corallin
Corbehem
Corbière
Corbigny
Corcaigh
Corcieux
cordeler
corderie
cordiale
cordiaux
Cordière
cordière
cordonné
Cordouan
cordouan
coréenne
corégone
coricide
corindon
Corinthe
Coriolan
Coriolis
cormoran
cornacée
cornaqué
Corne d'Or
Cornelia
cornette
corniaud
corniche
cornière
cornique
corniste

8

Cornwall
coronale
coronaux
corossol
corporal
corporel
correcte
corrélat
corrélée
corréler
corridor
corriger
corroder
corrompu
corrosif
corroyer
corsaire
corselet
corseter
Cortázar
cortical
cortisol
corvette
coryphée
Cosaques
Cosgrave
cosigner
cosmique
cossarde
cossette
Costeley
costière
costumée
costumer
cotation
Cotentin
cothurne
cotidale
cotidaux
Cotignac
cotignac
cotillon
cotisant
cotonner
Cotopaxi
côtoyant
cotuteur
couchage
couchant
coucheur
couchoir
coudière
coudoyer
coudraie
coudrier
Couesnon
coufique
cougouar
couillon
couinant
coulante
couleurs
coulisse
coulissé
Coulogne
coupable
coupante
coupe-feu
coupelle
couperet
Couperin
Couperus
coupeuse
couplage
couplant
coupleur
courante
courbant
courbatu
courbure
courette
coureuse
courlieu
Cournand
couronne
couronné
courrier
courroie
courroux
coursant
coursier
coursive
courtage
courtaud
Courteys
courtier
courtine
courtisé
court-jus
Courtois
courtois
Courtrai
couscous
cousette
couseuse
cousiner
Cousteau
coutelas
coûteuse
couturée
couverte
couveuse
couvrant
couvreur
couvrure
covenant
Coventry
coxalgie
Coysevox
Coyzevox
craboter
crachant
cracheur
crachiné
crachoir
crachoté
cracking
Cracovie
crailler
craindre
craintif
cramcram
cramique
cramoisi
Crampton
crânerie
crâneuse
crantant
crapaüté
crapette
Craponne
craquage
craquant
craquelé
craqueté
craqueur
crashant
crassane
crasseux
crassier
Cratinos
cravache
cravaché
cravater
craw-craw
crawlant
crawleur
crayeuse
crayonné
créateur
créatine
création
créative
créature
crécelle
créchant
crédence
crédible
créditer
Crémazie
crémerie
crémeuse
crémière
Crémieux
crénelée
créneler
créolisé
créosote
créosoté
crêpelée
crêperie
crêpière
crépiter
Cressent
Cressier
crétacée
crételle
crétoise
cretonne
creusage
creusant
creusois
creusure
crevante
crevarde
crevasse
crevassé
crevette
crevoter
Crézancy
criaillé
criblage
criblant
cribleur
criblure
cricoïde
criminel
crincrin

crinière
crinoïde
criocère
crispant
crissant
cristaux
crithmum
critique
critiqué
Crivelli
Crna Gora
croasser
crochant
crocheté
Crockett
croisade
croisant
croiseur
Cromalin
cromlech
cromorne
Cromwell
croquant
croqueur
croskill
crossant
crossman
crossmen
crottant
croulant
croupade
croupier
croupion
croûtant
croûteux
crow-crow
croyable
croyance
croyante
cruciale
cruciaux
crucifié
crucifix
crudités
cruentée
crustacé
cruzeiro
cryogène
cryolite
cryostat
cryotron
cryptage
cryptant
cténaire
cubature
cubitale
cubitaux
cueillir
cuillère
cuirasse
cuirassé
cuisante
Cuiseaux
cuisinée
cuisiner
cuissage
cuissard
cuisseau
cuivrage
cuivrant
cuivreux
cul-blanc
culbuter
cul-de-sac
Culiacán
Cullberg
Cullmann
Culloden
culminer
culottée
culotter
cultisme
cultivar
cultivée
cultiver
cultural
culturel
cumulant
cumulard
cupidité
cuprique
curateur
curative
cure-dent
cure-pipe
curetage
curetant
Curiaces
curieuse
Curitiba
Custozza
cut-backs
cuticule
cuvaison
cuvelage
cuvelant
cyanoser
cyanurer
cycadale
cyclable
Cyclades
cyclamen
cyclique
cycliser
cyclisme
cycliste
cycloïde
cyclonal
Cyclopes
cylindre
cylindré
cymbalum
Cynewulf
cynipidé
cyprière
cypriote
Cypsélos
cystéine
cystique
cytolyse
cytosine
dacquois
dadaïsme
dadaïste
d'affilée
Dagerman
Dagobert
Daguerre
dahabieh
dahoméen
daignant
daiquiri
Daladier
Dalmatie
Damanhūr
damassée
damasser
Damiette
Dammarie
damnable
Damoclès
Damville
Danaïdes
Dancourt
dandiner
Dandrieu
dandysme
Danemark
danienne
dansable
dansante
danseuse
dansoter
dansotté
danubien
darbouka
darbysme
darbyste
Dardanos
Dardilly
dare-dare
Darnétal
Darrieux
dartreux
dartrose
Dassault
datation
daubeuse
daubière
d'Aubigné
Daubigny
Dauphiné
dauphine
davidien
Davisson
dead-heat
déambulé
De Amicis
Dearborn
débâcher
débâcler
déballer
débander
débarder
débarqué
débarras
débarrer
débâtant
débattre
débattue
débauche
débauché
débecter
Debierne
débilité
débinant
débineur
débitage

8

débitant
débiteur
déblayer
débloqué
débobiné
déboires
déboiser
déboîter
débonder
déborder
débotter
débouché
débouclé
débouler
débouqué
débourbé
débourré
déboursé
déboutée
débouter
débraser
débrayer
Debrecen
débridée
débrider
débroché
débucher
débusqué
débutant
décadent
décadrer
décaèdre
décagone
décaissé
décalage
décalant
décalque
décalqué
décamper
décanale
décanaux
décanter
décapage
décapant
décapelé
décapeur
décapité
décapode
Décapole
décapole
décapoté
décauser
décavant
Décébale
décédant
décelant
décéléré
décembre
décemvir
décennal
décennie
décentré
décerclé
décerner
décevant
décevoir
déchaîné
déchanté
décharge
déchargé
décharné
déchaumé
déchirer
décibels
décidant
décideur
décilage
décimale
décimant
décimaux
décintré
décision
décisive
déclamer
déclarer
déclassé
décliner
déclouer
décocher
décodage
décodant
décodeur
décoffré
décoiffé
décoincé
décoléré
décoller
décoloré
décompte
décompté
déconfit
déconner
décorant
décorder
décorner
De Coster
découché
découdre
découler
découpée
découper
découplé
décousue
décrassé
De Crayer
décrêper
décrépir
décrépit
décréter
décreusé
décriant
décrispé
décroché
décroisé
décrotté
décruage
décruant
décruser
décrypté
décuivré
décupler
décurion
décussée
décuvage
décuvant
dédaigné
dédaléen
Dedekind
dédicace
dédicacé
dédisant
dédorage
dédorant
dédouané
dédoublé
déductif
défailli
défalqué
défanant
défaussé
défaveur
défectif
défendre
défensif
déféquer
déférant
déférent
déferler
déferrer
défeutré
Defferre
défiance
défiante
défibrer
déficelé
défiguré
défilage
défilant
déflagré
défléchi
défleuri
déflorer
défluent
défolier
défoncer
déforcer
De Forest
déformer
défouler
défourné
défrayer
défriche
défriché
défriper
défriser
défroncé
défroque
défroqué
défruité
dégainer
déganter
dégarnir
dégauchi
de Gaulle
dégazage
dégazant
dégelant
dégénéré
dégermer
dégivrer
déglacer
dégluant
déglutir
dégoiser
dégommer
dégonflé
dégorger
dégotant

8

dégotter
dégourdi
dégoûtée
dégoûter
dégoutté
dégrader
dégrafer
dégréant
Degrelle
dégrever
dégriffé
dégrippé
dégriser
dégrossé
dégrossi
dégroupé
déguerpi
dégueulé
déguillé
déguisée
déguiser
déguster
déhalant
déhanché
De Hooghe
Dehra Dūn
déifiant
Déjanire
déjanter
déjauger
déjetant
déjeuner
déjouant
déjucher
délabrée
délabrer
délaçant
délainer
délaissé
délaiter
Delamare
Delambre
Delannoy
délarder
délasser
délateur
délation
de Lattre
Delaunay
délavage
délavant
Delaware
délayage
délayant
Delbrück
Delcassé
Del Cossa
deleatur
délébile
délecter
délégant
déléguée
déléguer
Delémont
délester
délétère
délétion
délibéré
délicate
délimité
délinéer
délirant
délisser
délitage
délitant
délivrer
déloyale
déloyaux
Delsarte
del Sarto
deltoïde
Delumeau
délurant
délustré
délutage
délutant
démaigri
démaillé
démanché
demander
démanger
démarche
démarché
démarier
démarque
démarqué
démarrer
démasclé
démasqué
démâtage
démâtant
Demāvend
démêlage
démêlant
démêloir
démêlure
démembré
déménagé
démenant
démentir
démerder
démérite
démérité
démesure
démesuré
démettre
démeublé
demeurée
demeurer
demi-clef
demi-dieu
démiellé
demi-fine
demi-fins
demi-fond
demi-gros
demi-jour
demi-lune
demi-maux
déminage
déminant
démineur
demi-plan
demi-sang
demi-tige
demi-tons
demi-tour
démiurge
demi-vies
démodant
démodulé
Demolder
De Momper
démontée
démonter
démontré
démordre
De Morgan
démotivé
démouler
démuselé
démutisé
dénantir
dénatter
dénaturé
Dendérah
dendrite
dénébulé
déneiger
déniaisé
dénicher
dénigrer
Denikine
dénitrer
dénivelé
dénombré
dénommée
dénommer
dénoncer
dénotant
dénouant
dénoyage
dénoyant
densifié
dentaire
dentelée
denteler
dentelle
dentiste
dénudant
dénutrie
dépaillé
dépanner
déparant
déparier
déparler
départir
dépassée
dépasser
dépatrié
dépavage
dépavant
dépayser
dépeçage
dépeçant
dépeceur
dépêcher
dépeigné
dépendre
dépenser
Depestre
dépêtrer
dépeuplé
déphasée
déphaser
dépiauté
dépicage
dépilage

8

dépilant
dépiquer
dépister
dépitant
déplacée
déplacer
déplaire
déplanté
déplâtré
dépliage
dépliant
déplissé
déplombé
déplorer
déployer
déplumer
dépointé
dépollué
déponent
déportée
déporter
déposant
dépotage
dépotant
dépotoir
dépourvu
dépravée
dépraver
déprécié
Depretis
déprimée
déprimer
dépriser
dépucelé
dépulper
dépurant
députant
déraciné
déradant
déraidir
déraillé
déraison
déramant
dérangée
déranger
dérapage
dérapant
dérasant
dératisé
dérayage
dérayant
dérayure

derbouka
derechef
déréelle
dérégler
dérégulé
déridage
déridant
dérision
dérivant
dériveté
dériveur
dermeste
dermique
dernière
dérobade
dérobant
dérocher
dérodant
dérougir
dérouler
dérouter
derrière
derviche
désabusé
désaérer
désalper
désamour
désarmer
désarroi
désastre
désavoué
désaxant
Descamps
descellé
descendu
descente
désembué
désempli
désenflé
déserter
désherbé
déshuilé
designer
désigner
désilant
Désirade
désirant
désireux
désister
De Sitter
désobéir
désolant

désopilé
désordre
désosser
désoxydé
despotat
desquamé
desquels
dessablé
dessaisi
dessaler
desséché
dessellé
desserré
desserte
desserti
desservi
dessillé
dessinée
dessiner
dessoler
dessoudé
dessoûlé
destinée
destiner
destitué
déstocké
destrier
désunion
détachée
détacher
détaillé
détalant
détartré
détaxant
détecter
dételage
dételant
détenant
détendre
détendue
déterger
déterrée
déterrer
détersif
détester
déthéiné
détirant
détonant
détonner
détordre
détourer
détourné

détracté
détraqué
détrempe
détrempé
détresse
détritus
Détroits
détrompé
détrôner
détroqué
détruire
deutéron
deuxième
deux-mâts
dévalant
De Valera
dévalisé
dévaloir
De Valois
Devalois
dévaluer
devancer
dévaster
devenant
Deventer
déverbal
Devereux
dévergué
dévernir
déverser
dévêtant
déviance
déviante
dévidage
dévidant
dévideur
dévidoir
devinant
dévirant
dévisagé
devisant
dévisser
dévoiler
dévoisée
dévolter
dévonien
dévorant
dévoreur
dévotion
dévouant
dévoyant
De Wailly

8

déwattée
dextrine
dextrose
diaclase
diaconal
diaconat
diadoque
diagnose
diagonal
dialcool
dialecte
dialogue
dialogué
dialysée
dialyser
diamanté
diamètre
diapason
diapause
diaphane
diaphyse
diaprant
diaprure
diariste
diarrhée
diascope
diaspora
diastase
diastole
diathèse
diatomée
diatribe
diazépam
dicaryon
dicentra
dicétone
Diekirch
dies irae
Dietikon
Dietrich
diffamée
diffamer
différée
différer
difforme
diffuser
digérant
digestif
digitale
digitaux
digramme
dilacéré
dilapidé
dilatant
diligent
dilution
diluvial
diluvien
diluvium
dimanche
diminuée
diminuer
Dimitrov
dimorphe
dindonné
dinghies
dinguant
dinornis
Dionysos
dioptrie
dipétale
diphasée
diphénol
diploïde
diplômée
diplômer
diplopie
dipsacée
diptyque
directif
dirimant
disamare
discerné
disciple
discoïde
discorde
discordé
discount
discours
discouru
discrète
disculpé
discutée
discuter
disgrâce
disjoint
disloqué
disparue
dispense
dispensé
dispersé
disposée
disposer
disputer
Disraeli
disséqué
disserté
dissipée
dissiper
dissocié
dissolue
dissoner
dissuadé
distance
distancé
distante
distendu
disthène
distillé
distinct
distique
distordu
distrait
district
divaguer
divalent
diverger
divertir
divinisé
divinité
divisant
diviseur
division
divorcée
divorcer
divulgué
dizenier
dizygote
Djakarta
Djamboul
djellaba
Djézireh
Djibouti
Djurjura
doberman
Dobrogea
Dobrudža
docilité
doctoral
doctorat
doctrine
document
dodeliné
dodinant
dog-carts
doigtant
doigtier
Doisneau
doldrums
doléance
Dollfuss
Dolomieu
dolomite
dolosive
domaines
domanial
Dombasle
Domenico
Domfront
domicile
dominant
dominion
Domitien
domptage
domptant
dompteur
donateur
donation
dondaine
Dongting
Dong Yuan
Doniambo
donneuse
donzelle
Donzenac
dopamine
Dordogne
Dorgelès
dorienne
dorloter
dormance
dormante
dormeuse
dormitif
Dorothée
Dortmund
dosseret
dossière
dossiste
dotalité
dotation
douanier
doublage
doublant
doubleau
doubleur
doublier
doublure

8

doucette
douchant
doucheur
doudoune
Douglass
douillet
Doullens
douteuse
Douvaine
douvelle
doux-amer
douzaine
douzième
Dovjenko
Dow Jones
dracaena
drachant
drageoir
dragline
dragonne
dragster
draguant
dragueur
drainage
drainant
draineur
draisine
draperie
drapière
draveuse
drawback
drayoire
dressage
dressant
dresseur
dressing
dressoir
dribbler
drillant
Drinfeld
Drocourt
Drogheda
droguant
droit-fil
droitier
droiture
drôlerie
drôlesse
drôlette
drômoise
drop-goal
droppage
droppant
drossant
drupacée
dualisme
dualiste
du Bellay
Dubreuil
Dubuffet
duc-d'Albe
Ducharme
Duchâtel
Duchenne
Duchesne
duchesse
Ducommun
Ducretet
ducroire
Duisburg
Dujardin
dulcifié
Dulcinée
dulcinée
Du Mersan
Dumoulin
Dunhuang
Duns Scot
duodénal
duodénum
Du Perron
duplexer
dupliqué
Duquesne
Durandal
durative
durement
dure-mère
Durendal
Durgapur
durillon
Durkheim
Duvalier
Duverger
Duvernoy
duvetant
duveteux
Duvivier
dyadique
dyarchie
dynamisé
dynamite
dynamité
dynastie
dysbasie
dyslalie
dyslexie
dyslogie
dysmélie
dysosmie
dystasie
dystocie
dystomie
dystonie
Eaubonne
eau-de-vie
eau-forte
ébarbage
ébarbant
ébarbeur
ébarboir
ébarbure
ébattant
ébaucher
ébavurer
ébénacée
ébéniste
éberluée
éberluer
ébionite
ébiseler
éborgner
éboulant
ébourrer
éboutant
ébranché
ébranler
ébrasant
ébrasure
ébrécher
ébrouant
ébruiter
éburnéen
écachant
écaillée
écailler
écailles
écanguer
écarlate
écartant
écartelé
écarteur
Ecbatane
ecce homo
ecclésia
ecdysone
écervelé
échafaud
échalier
échalote
échancré
échanger
échanson
échappée
échapper
écharner
écharper
échaudée
échauder
échauffé
échéance
échéante
échelier
échelles
écheveau
échevelé
échiffre
échinant
échopper
échotier
échouage
échouant
éclairci
éclairée
éclairer
éclanche
éclatant
éclateur
éclipser
éclisser
éclogite
éclosant
éclosion
éclusage
éclusant
éclusier
ecmnésie
écobuage
écobuant
écoeurer
écoinçon
écolâtre
écolière
écologie
écologue
écomusée
éconduit
économat

8

économie
écophase
écorçage
écorçant
écorceur
écorchée
écorcher
écornant
écornure
écossais
écossant
écoulant
écoumène
écourter
écoutant
écouteur
écrasant
écraseur
écrémage
écrémant
écrêtant
écriteau
écriture
écrivain
écrivant
écrouant
écrouler
écroûter
Écrouves
Écueillé
écuisser
écumante
écumeuse
écumoire
écureuil
édénique
édentant
édictant
édifiant
éditrice
Edmonton
Édomites
éducable
éducatif
édulcoré
éduquant
éfaufilé
effaçant
effaceur
effanant
effanure
effarant
effectif
effectué
efféminé
efférent
efficace
effilage
effilant
effileur
effilure
effleuré
effleuri
effluent
effondré
efforcer
effrangé
effrayer
effrénée
effriter
effronté
effusion
effusive
égailler
égalable
égaliser
égayante
égermant
Éginhard
Égletons
Églogues
égorgeur
égosillé
égotisme
égotiste
égoutier
égoutter
égrainer
égrapper
égrenage
égrenant
égrisage
égrisant
égrotant
égueulée
égueuler
égyptien
Eichmann
Einstein
Eisenach
éjaculer
éjectant
éjecteur
éjection
éjointer
élaborée
élaborer
Élagabal
élaguant
élagueur
élançant
El-Aouïna
El Callao
El-Djelfa
Eldorado
eldorado
électeur
élection
élective
électret
électron
électrum
el-Edrisi
élégance
élégante
éléments
Éléonore
éléphant
éleveuse
El-Hadjar
éligible
éliminer
élinguer
élitaire
élitisme
élitiste
El-Jadida
ellébore
élogieux
éloignée
éloigner
éloquent
Elseneur
Elsevier
élucider
élucubré
éluviale
éluviaux
Elzevier
émaciant
émailler
émancipé
émasculé
emballer
embardée
embarqué
embarras
embarrer
embattre
embauche
embauché
embaumer
embecqué
embellie
embellir
embêtant
emblaver
embobiné
emboîter
embosser
embouage
embouant
embouche
embouché
embouqué
embourbé
embourré
emboutir
embraqué
embraser
embrasse
embrassé
embrayer
embrever
embroché
embruiné
embrumer
embusqué
embuvage
éméchant
émeraude
émergent
émeriser
éméritat
émersion
émétique
émettant
émetteur
émeutier
émietter
émigrant
émilienne
éminçant
éminence
éminente
Eminescu
émission
émissive

8

émissole
emmanché
Emmanuel
emmêlant
emménagé
emmenant
Emmental
emmental
emmerder
emmétrer
emmiellé
emmottée
emmurant
émondage
émondant
émondeur
émondoir
émorfilé
émottage
émottant
émotteur
émouchet
émoulage
émoulant
émouleur
émousser
émouvant
émouvoir
empaillé
empalant
empalmer
empanner
emparant
empâtant
empathie
empatter
empaumer
empêchée
empêcher
empeigne
empenner
empereur
emperler
empesage
empesant
empester
empêtrée
empêtrer
empierré
empiéter
empiffré
empilage
empilant
empileur
empirant
emplâtre
emplette
employée
employer
emplumer
empocher
empoigne
empoigné
empoissé
emporium
emportée
emporter
emposieu
empotage
empotant
empreint
empressé
emprunté
empuanti
émulseur
émulsine
émulsion
émulsive
enamouré
énamouré
énarchie
encabané
encadrer
encaisse
encaissé
encaquer
encarter
encastré
encavage
encavant
enceinte
enceinté
encenser
encerclé
enchaîné
enchanté
enchâssé
enchérir
enclaver
enclouer
encocher
encodage
encodant
encodeur
encoller
encolure
encombre
encombré
encontre
encorder
encornée
encorner
encornet
encoublé
encourir
encrassé
encrouée
encroûté
encuvage
encuvant
en-dehors
endentée
endenter
endetter
endêvant
endiablé
endiguer
endogame
endogène
endolori
endormie
endormir
endosser
endurant
endurcie
endurcir
Endymion
endymion
énervant
enfaîter
enfanter
Enfantin
enfantin
enfariné
enfermer
enferrer
enficher
enfiellé
enfiévré
enfilade
enfilage
enfilant
enfileur
enflammé
enfleuré
enfoirée
enfoncée
enfoncer
enfourné
enfreint
enfumage
enfumant
enfûtage
enfûtant
enfuyant
Engadine
engainer
engamant
engeance
engelure
engendré
engerber
englober
englouti
engluage
engluant
engobage
engobant
engommer
engoncer
engorger
engouant
engourdi
engramme
engrangé
engraver
engrêlée
engrener
engrossé
engueulé
enhardir
enherber
enivrant
enjambée
enjamber
enjavelé
enjôlant
enjôleur
enjolivé
enjuguer
enkystée
enkyster
enlaçant
enlaçure
enlaidir
enlevage
enlevant
enlevure

8

enliassé
enlisant
enluminé
Ennéades
enneigée
enneiger
ennoblir
ennoyage
ennoyant
ennuager
ennuyant
ennuyeux
énonçant
énormité
énostose
enquérir
enquerre
enquêtée
enquêter
enraciné
enrayage
enrayant
enrayoir
enrayure
enrênant
enrhumer
enrichie
enrichir
Enríquez
enrobage
enrobant
enrocher
enrôlant
enrôleur
enrouant
enrouler
ensabler
ensacher
Enschede
enseigne
enseigné
ensellée
ensemble
Ensenada
enserrer
Ensérune
enseveli
ensilage
ensilant
ensimage
ensoufré
ensouple
ensuivre
ensuquée
entabler
entacher
entaille
entaillé
entamant
entartré
entasser
entendre
entendue
entériné
entérite
enterrer
entêtant
enticher
entoiler
entôlage
entôlant
entôleur
entolome
entonner
entourer
entracte
entraide
entraidé
entr'aimé
entraîné
entrante
entravée
entraver
entrefer
entre-haï
entremis
entrepôt
entresol
entre-tué
entrevue
entrisme
entriste
entropie
entroque
entubant
Entzheim
énucléer
énumérer
énuquant
énurésie
Envalira
envasant
envenimé
envergué
Envermeu
enviable
envidant
envieuse
environs
envisagé
envoiler
envolant
envoûter
envoyant
envoyeur
enzootie
éolienne
éolipile
éolipyle
épagneul
épaissir
épamprer
épancher
épandage
épandant
épandeur
épannant
épannelé
épanouie
épanouir
éparchie
épargner
épatante
épateuse
épaufrer
épaulant
épaulard
épaviste
épeautre
épendyme
épépiner
éperonné
épervier
épeurant
éphélide
éphémère
Éphrussi
épiaison
épicarpe
épicerie
épicière
épiclèse
Épictète
épicycle
Épidaure
épidémie
épiderme
épidural
épierrer
épigénie
épileuse
épilogue
épilogué
épimaque
épinçage
épinçant
épinceté
épinette
épineuse
épinglée
épingler
épinière
épinoche
Épiphane
épiphane
épiphyse
épiphyte
épiploon
épiscope
épissant
épissoir
épissure
épistate
épistémê
épistyle
épitaphe
épitaxie
épithème
épithète
éployant
éplucher
épointer
époisses
éponymie
épouillé
époumoné
épousant
épouseur
époutier
éprenant
éprendre
éprouvée
éprouver
epsomite
épuisant
épulpeur
épuratif
épyornis

8

équarrir
Équateur
équateur
équation
équerrer
équestre
équeuter
équinoxe
équipage
équipant
équipier
équipolé
équitant
équivalu
éradiqué
éraflant
éraflure
éraillée
érailler
Erckmann
érecteur
érectile
érection
éreinter
érepsine
ergonome
ergotage
ergotant
ergoteur
ergotine
éricacée
Ericsson
érigeant
érigéron
éristale
Erlangen
Erlanger
Ermitage
ermitage
érotique
érotiser
érotisme
Erpe-Mère
érucique
éructant
éruption
éruptive
érythème
Érythrée
Erzeroum
esbigner
esbroufe
esbroufé
escabeau
escadron
escalade
escaladé
escalier
escalope
escalopé
escamoté
escapade
escarbot
escargot
escarpée
escarpin
esclaffé
Esclaves
esclavon
escompte
escompté
Escorial
escorter
escouade
escrimer
escroqué
Escudero
Esculape
esculape
esculine
Escurial
esgourde
espaçant
espagnol
espalier
Espalion
esparcet
espérant
Espéraza
espiègle
espionne
espionné
esponton
esquarre
esquiché
Esquilin
esquille
Esquimau
esquimau
esquinté
Esquirol
esquisse
esquissé
esquiver
essaimer
essanger
essarter
essayage
essayant
essayeur
essénien
Essenine
esseulée
essorage
essorant
essouché
essuyage
essuyant
essuyeur
estacade
estafier
estagnon
Estaires
estamper
estampie
estancia
est-ce que
estérase
esterlin
Esternay
esthésie
Estienne
estimant
Estissac
estivage
estivale
estivant
estivaux
estocade
estomper
estonien
estoppel
estoquer
estourbi
Estrades
estragon
estropié
estuaire
établant
étageant
étalager
étaleuse
étalière
étalonné
étambrai
étampage
étampant
étampeur
étampure
étancher
étarquer
étatique
étatiser
étatisme
étatiste
et cetera
éteindre
étendage
étendant
étendard
étendoir
éternisé
éternité
éternuer
éthanals
éthérisé
éther-sel
Éthiopie
ethmoïde
ethnique
éthylène
étincelé
étiolant
étiqueté
étirable
étireuse
étoffant
étoilant
étonnant
étouffée
étouffer
étoupant
étourdie
étourdir
étranger
étranglé
étreinte
étrenner
étriller
étripage
étripant
étriquée
étriquer
étrusque
étudiant
étuveuse
eucaride
eucologe

8

eugénate
eumycète
euphonie
euphorbe
euphorie
Euphrate
eurasien
Euripide
européen
europium
Eurydice
Eustache
eustache
Eutychès
évacuant
évaluant
évangile
évanouir
évaporée
évaporer
Évariste
évection
éveillée
éveiller
éveinage
éventail
éventant
éventrer
éventuel
éversion
évertuer
Évhémère
éviction
évidence
évidente
évinçant
éviscéré
évitable
évocable
évoluant
évolutif
évoquant
évulsion
exacerbé
exacteur
exaction
exagérée
exagérer
exaltant
examiner
exarchat
exaspéré
exauçant
excavant
excédant
excédent
exceller
excentré
exceptée
excepter
excessif
excipant
excisant
excision
excitant
exclamer
excluant
exclusif
excorier
excréter
excusant
exécrant
exécuter
exécutif
Exelmans
exemptée
exempter
exerçant
exercice
exfiltré
exfolier
exhalant
exhaussé
exhérédé
exhibant
exhorter
exhumant
exigeant
exigence
exigible
exiguïté
existant
ex-libris
ex-nihilo
exocrine
exogamie
exondant
exonérer
exorbité
exorcisé
exosmose
exostose
exotique
exotisme
expansée
expansif
expatrié
expédier
expiable
expirant
explétif
expliqué
exploité
explorer
exploser
explosif
exporter
exposant
expresse
exprimer
expulsée
expulser
expulsif
expurger
exsangue
exsudant
extasiée
extasier
extensif
exténuer
externat
extirper
extorqué
extrader
extrados
extra-dry
extrafin
extraire
extrémal
extrêmes
extremis
extremum
extrorse
extruder
extrusif
exulcéré
exultant
exutoire
eye-liner
Ézéchiel
fabrique
fabriqué
fabulant
fabuleux
facetter
fâcherie
fâcheuse
facilité
façonner
factieux
factitif
factotum
factrice
facturer
facultés
fadement
fagnarde
fagotage
fagotant
fagotier
faiblard
faïencée
faignant
faillant
faillite
fainéant
fair-play
faisable
faisandé
faisceau
faiseuse
faîtière
fait-tout
Falachas
Falashas
falbalas
Falconet
Faléries
Falkland
falourde
falsifié
Falstaff
falunant
familial
familier
fanaison
fanatisé
fandango
fanfaron
fangeuse
Fan K'ouan
fantasia
Fantasio
fantasme
fantasmé
fantoche
Fantômas
farceuse

8

Farewell
farfadet
farfelue
faribole
farinacé
farinage
farinant
farineux
farlouse
farouche
Farquhar
Farragut
fasciner
fasciser
fascisme
fasciste
faseyant
fast-food
fastigié
fastueux
fatalité
fatigant
fatiguée
fatiguer
fatrasie
faubourg
faucardé
fauchage
fauchant
fauchard
faucheur
faucheux
Faucigny
Faucille
faucille
faufiler
Faulkner
faunesse
faunique
faussant
faussеté
fauteuil
fautrice
Fautrier
fauverie
fauvette
Fauville
fauvisme
faux-bord
faux-pont
faux-sens
Faverges
faverole
favorisé
favorite
fayotant
fécalome
féconder
féculant
féculent
féculier
feddayin
fédérale
fédérant
fédéraux
feed-back
féerique
feignant
Feignies
feintant
feinteur
feintise
Félibien
Félicité
félicité
félinité
fellagha
Felletin
felouque
féminine
féminisé
féminité
fémorale
fémoraux
fenaison
fendillé
fenêtrer
fenugrec
féralies
fer-blanc
Ferdowsi
Ferenczi
Ferghana
fermenté
fermette
fermière
férocité
Ferrante
ferreuse
Ferrière
ferrique
ferrouté
fervente
fessière
festival
festonné
festoyer
Fête-Dieu
fétidité
feudiste
feuillée
feuiller
Feuillet
feuillet
feuillue
feutrage
feutrant
feutrine
féverole
fiançant
Fibranne
fibreuse
fibrille
fibrillé
fibroïne
Ficardin
ficelage
ficelant
fichante
fichiste
fidéisme
fidéiste
fidélisé
fidélité
Fielding
fielleux
fientant
fiévreux
fifrelin
figement
fignoler
figuerie
figuline
figurant
figurine
filament
filandre
Filarete
filateur
filature
filetage
filetant
filicale
Filitosa
fillasse
fillette
filleule
filmique
filocher
filonien
filouter
filtrage
filtrant
finalisé
finalité
financer
finances
finasser
finement
finition
finitude
Finlande
Finnmark
finnoise
Firuz koh
Fischart
fish-eyes
fissible
fissurer
fixateur
fixation
fixement
flacheux
flagelle
flagellé
flageolé
flagorné
flagrant
Flagstad
Flaherty
flairant
flaireur
flamande
flambage
flambant
flambard
flambart
flambeau
flambeur
flamboyé
flamenca
flamenco
flamiche
flancher
flanchet
Flandres
Flandrin
flandrin

flanelle
flânerie
flâneuse
flanquer
flashant
flattant
Flatters
flatteur
Flaubert
Flaviens
fléchage
fléchant
Fléchier
Flémalle
flemmard
Fletcher
fleurage
fleurant
fleureté
flexible
flexueux
flibuste
flibusté
flic flac
Flin Flon
flinguer
flippant
flirtant
flirteur
floconné
floculer
Flodoard
flonflon
floquant
Florange
floréals
Florence
florence
floridée
flottage
flottant
flottard
flotteur
Flourens
fluctuer
fluidisé
fluidité
fluorine
fluorite
fluorose
fluorure
flûtiste

fluviale
fluviaux
focalisé
Focillon
foirails
foireuse
foirolle
foisonné
folâtrer
foliacée
foliaire
folichon
folioter
folklore
folksong
fomenter
fonceuse
foncière
fonction
fondante
fonderie
fondeuse
fongible
fongique
fongoïde
fongueux
Fontaine
fontaine
Fontanes
fontange
Fontenay
Fontenoy
football
foraminé
forcenée
forcerie
forclore
forclose
foretage
forfaire
forgeage
forgeant
forgeron
forgeuse
forjeter
forlancé
forligné
forlongé
formater
formatif
formelle
formeret

Formerie
formiate
Formigny
formique
formoler
formosan
formuler
forniqué
fortiche
fortifié
fortiori
Fort-Lamy
fortrait
fortuite
Fortunat
fortunée
fossette
fossoyer
fouacier
fouaille
fouaillé
Foucauld
Foucault
fouchtra
Foucquet
foudroyé
fouetter
fougasse
fougeant
Fougères
fougueux
fouiller
fouilles
fouillis
fouinant
fouinard
fouineur
Fouji-San
foulante
foulerie
fouleuse
foulonné
Foulques
fourbure
fourchée
fourcher
fourches
fourchet
fourchon
fourchue
Fourcroy
fourguer

Fourmies
Fourneau
fourneau
Fournier
fournier
Fourques
fourrage
fourragé
fourrant
fourreau
fourreur
fourrier
fourrure
fourvoyé
foutaise
foutrale
foutrals
fox-hound
Fracasse
fracassé
fractale
fractals
fraction
fracture
fracturé
fragment
fragrant
fraîchin
fraîchir
fraisage
fraisant
fraiseur
fraisier
fraisure
français
franchir
francien
francisé
francité
francium
franc-jeu
François
frangine
Franklin
frappage
frappant
frappeur
Frascati
fraudant
fraudeur
fredaine
Frédéric

8

Fredholm
fredonné
free jazz
free-shop
Freetown
frégater
Freiberg
Freiburg
freinage
freinant
frelatée
frelater
frénésie
fréquent
Frescaty
Fresneau
fressure
frétillé
frettage
frettant
freudien
Freyming
Fribourg
fribourg
fricasse
fricassé
fric-frac
fricoter
friction
fridolin
Friedman
frigorie
Frileuse
frileuse
frimaire
frimeuse
fringale
fringant
fringuer
friperie
fripière
friponne
frisante
friselis
frisette
frisolée
frisonne
frisotté
frisquet
friterie
friteuse
frittage
frittant
Friville
froideur
froidure
froisser
frôleuse
fromager
frometon
fronçant
frondant
frondeur
frontail
frontale
frontaux
fronteau
frottage
frottant
frotteur
frottoir
frou-frou
froufrou
fructose
fruitier
frusques
frustrée
frustrer
fuchsine
Fuégiens
fuel-oils
fugacité
fugitive
fugueuse
Fujisawa
Fujiwara
Fuji-Yama
Fukuyama
Fulgence
fulgurer
fuligule
fulminer
fumagine
fumaison
fumigène
fumivore
funboard
funicule
furetage
furetant
fureteur
furfural
furibard
furibond
furieuse
furiosos
furoncle
fuselage
fuselant
fusilier
fusiller
fusionné
fustiger
futaille
futilité
gabarier
Gabarret
gabionné
gabonais
Gaboriau
Gaborone
Gabrieli
gâchette
gâcheuse
gaélique
gaffeuse
Gagarine
gagnable
gagnante
gagneuse
gaiement
Gaillard
gaillard
gainerie
gainière
galantin
galapiat
galéasse
galéjade
galéjant
Galeotti
galérant
galérien
galetage
galetant
Galibier
galicien
galiléen
galipoté
Gallegos
gallérie
galleuse
gallican
Gallieni
Galliera
gallique
galloise
galonner
galopade
galopant
galopeur
galoubet
galuchat
galvaudé
Gamaches
gambader
gamberge
gambergé
Gambetta
gambette
gambillé
gambusie
gaminant
Gāndhāra
gandoura
ganglion
gangrené
gangrène
gangster
gansette
gantelée
gantelet
ganterie
gantière
gantoise
Ganymède
Gaoxiong
garancer
garantie
garantir
garcette
garçonne
Gardafui
Gardanne
garde-feu
garde-fou
gardénia
garderie
gardeuse
garde-vue
Gardiner
gardoise
Gargallo
Garmisch
Garnerin
garnison
garrigue
garrotte

8

garrotté
Gartempe
Gascogne
gasconne
gaspacho
Gasparin
Gaspésie
gaspillé
Gassendi
gastrite
gastrula
gâte-bois
gâtifier
Gâtinais
Gatineau
gauchère
gaufrage
gaufrant
gaufreur
gaufrier
gaufroir
gaufrure
gaullien
gauloise
gaussant
Gavarnie
Gavrinis
Gavroche
gavroche
gazéifié
gazetier
gazogène
gazoline
gazonner
geignant
geignard
Geiséric
Geissler
gélatine
gélatiné
Gelibolu
gélifier
Gélinier
gélivité
gélivure
Gell-Mann
Gembloux
géminant
gemmeuse
gémonies
gendarme
gendarmé
générale
générant
généraux
généreux
genevois
Genevoix
genièvre
génitale
génitaux
géniteur
génocide
génotype
Genscher
Genséric
Gensonné
gentiane
gentille
Gentilly
géodésie
Geoffrin
Geoffroi
geôlière
géologie
géologue
géomètre
géophage
géophile
géophone
géorgien
géotrupe
géranium
Gerbault
gerbière
gerbille
gerboise
Gergovie
Gerhardt
gériatre
Gerlache
Germaine
germaine
Germains
Germanie
Germinal
germinal
gérondif
Geronimo
Gersaint
Gershwin
gersoise
Gertrude
Gesualdo
Gévaudan
Ghadamès
Ghardaïa
Ghiberti
Ghurides
gibbeuse
gibeline
giboulée
giboyeux
Gigondas
gigotant
gigottée
Gilbreth
giletier
gingival
ginglard
gin-ramis
gin-rummy
Gioberti
Giolitti
Giordano
Giovanni
girafeau
Girardet
Girardin
Girardon
giration
giraumon
giravion
girodyne
giroflée
girondin
gironnée
Ginsburg
gisement
Giuliano
givrante
givreuse
glabelle
glaçante
Glace Bay
glacerie
glaceuse
glaciale
glacials
glaciaux
glacière
Gladbeck
glairant
glaireux
glairure
glaisant
glaiseux
glandage
glandant
glandeur
glaneuse
glaréole
glasnost
glaucome
gléchome
Glendale
Glen More
glénoïde
glissade
glissage
glissant
glisseur
glissoir
globique
gloméris
glorieux
glorifié
gloriole
glossine
glossite
glottale
glottaux
glouglou
glousser
glucagon
glucosée
glumelle
glycémie
glycérie
glycérol
gnangnan
gnocchis
gnognote
gnomique
Gobelins
goberger
Gobineau
godaillé
Godāvari
godichon
godiller
godillot
godiveau
Godounov
Goebbels
goélette
goguette
goinfrer

8

goitreux
Golconde
Goldmann
Golestān
golfeuse
golfique
Golgotha
golmotte
Goltzius
gombette
Gombrich
goménolé
gominant
gommette
gommeuse
Gomorrhe
Goncelin
Goncourt
gondoler
Gondwana
gonfalon
gonfanon
gonflage
gonflant
gonfleur
gonnelle
gonocyte
Gonzague
González
Gonzalve
gonzesse
Goodyear
Gorchkov
Gordimer
gorgeant
gorgerin
Gorgones
Gorlovka
Gossaert
Götaland
Göteborg
gothique
Gottwald
gouacher
gouaille
gouaillé
Goudimel
goujonné
goulache
goulafre
goulasch
goulette
goulotte
goupille
goupillé
gourance
gourante
Gourette
Gourgaud
gourmand
Gourmont
goûteuse
gouttant
goutteux
gouverne
gouverné
Gouvieux
goyavier
Gracchus
graciant
gracieux
Gracques
gradient
graduant
graffiti
grafigné
grailler
graillon
grainage
grainant
graineur
grainier
graisser
graminée
grammage
Grammont
Granados
grand-duc
grandeur
Grandier
Grandson
Grandval
Granique
granitée
graniter
granulat
granulée
granuler
granulie
graphème
grapheur
graphite
graphité
grasseyé
grateron
gratifié
gratinée
gratiner
gratiole
grattage
grattant
gratteur
grattoir
gratture
gratuite
gratuité
Graulhet
gravelée
gravelle
Gravelot
graveuse
gravière
graviter
Graziani
grazioso
grébiche
gréciser
grecquer
gréement
Greenock
greffage
greffant
greffeur
greffier
greffoir
grégaire
grégeois
Grégoire
grêleuse
grelotté
greluche
grémille
grenache
grenader
grenadin
Grenchen
greneler
Grenelle
grènetis
greneuse
Grenoble
gréseuse
grésillé
Gretchko
greubons
Grévisse
gréviste
gribiche
Grierson
griffade
griffant
griffeur
Griffith
griffton
griffure
grignant
Grignard
grignard
Grignols
grignoté
grillade
grillage
grillagé
grillant
grilloir
grimacer
grimaces
Grimaldi
Grimault
grimoire
grimpant
grimpeur
grimpion
grinçant
Gringore
grippage
grippale
grippant
grippaux
grisante
grisâtre
griserie
grisette
gris-gris
grisollé
grisonne
grisonné
grivelée
griveler
griveton
grivoise
Groddeck
grognant
grognard
grogneur
Gromaire
grommelé
grondant

8

grondeur
gros-becs
groschen
Grosseto
grosseur
grossier
grossoyé
grouillé
groupage
groupale
groupant
groupaux
Grousset
grugeant
grugeoir
Gruissan
grumeler
Grunwald
Gruyères
Guadiana
Gualbert
Guarneri
Guattari
Guderian
Guéhenno
Guénange
guenille
guêpière
Guérande
Guerchin
Guericke
guéridon
Guérigny
guérilla
guérison
Guernica
guerrier
guerroyé
Guertsen
Guesclin
Guesnain
Guéthary
guêtrant
guettant
guetteur
Gueugnon
gueulant
gueulard
gueusant
guibolle
guidance
guide-âne
guide-fil
guignant
guignard
guignier
Guilbert
Guillain
Guilloux
guimauve
guincher
guindage
guindant
guindeau
Guingamp
guingois
Guinness
Guipavas
guisarme
Guiscard
guitoune
Guittone
gujarati
Gu kaizhi
Gulbarga
Guldberg
Gulistān
Gulliver
Gundulić
gunitage
gunitant
Guo Moruo
gurdwara
Gurvitch
gustatif
Gustavia
guttural
guyanais
Guynemer
gymkhana
gymnaste
gymnique
gynérium
gypseuse
gyrostat
Gytheion
Haaltert
Haavelmo
habanera
Habeneck
Habermas
habileté
habilité
habillée
habiller
habitant
habitude
habituée
habituel
habituer
hâblerie
hâbleuse
Habsheim
Hachette
hachette
Hachiōji
hachisch
hachurer
hacienda
Hadamard
Hadriana
Hafsides
Hagedorn
Hagetmau
Haguenau
haineuse
hainuyer
Haiphong
haïssant
Hakodate
halbrené
halecret
halenant
haletant
Halffter
Hallyday
Halmstad
halogène
halogéné
Hamadhān
Hambourg
Hamilcar
Hamilton
Hammamet
hanchant
handball
handicap
Hangzhou
hanneton
Hannibal
Hannover
Hanotaux
Hanoukka
Han Wou-ti
hapalidé
haploïde
happy end
happy few
haquenée
hara-kiri
harangue
harangué
harasser
harceler
hard-tops
hardware
Harfleur
Hargeisa
hargneux
harmonie
harnaché
Harpagon
harpagon
harpiste
harponné
Harriman
Harrison
Hartford
Hartmann
hasardée
hasarder
haschich
hassidim
hastaire
Hastings
hâtereau
Hathaway
hâtiveau
Hatteras
hattéria
Hattousa
haubaner
haussant
haussier
hautaine
hautbois
hautesse
haut-fond
Haut-Jura
Hautmont
Haut-Rhin
havanais
haveneau
havraise
havresac
hawaiien
Hawkwood
Hayworth

8

Heathrow
heaumier
héberger
hébétant
hébétude
hébraïsé
Hébrides
hectique
hectisie
hégélien
heiduque
Heinsius
hélépole
héliaque
héliaste
héligare
Hélinand
héliport
Helpmann
Helsinki
helvelle
Helvétie
hématine
hématite
hématome
hématose
hémièdre
Hemiksem
hémolyse
Heng-yang
Hengyang
hennuyer
héparine
hépatite
Héraclès
herbacée
herbager
Herbault
herberie
herbette
herbeuse
herchage
herchant
hercheur
herd-book
hérédité
hereford
hérisser
Hérisson
hérisson
héritage
héritant
héritier
Hermione
hernieux
Hérodias
Hérodote
héroïque
héroïsme
Herschel
herscher
herseuse
hertzien
hésitant
hessoise
Hétairie
hétairie
Hettange
heureuse
heurtant
heurtoir
hexaèdre
hexagone
Hexaples
hexapode
hexogène
Heydrich
Heyrieux
Hia Kouei
hibernal
hiberner
hibiscus
hidalgos
Hien-yang
high-tech
hilarant
Hilarion
hilarité
Himālaya
himation
Himilcon
hinayana
Hintikka
hippique
hippisme
Hirakata
Hirohito
Hirosaki
Hispanie
histoire
historié
histrion
Hittites
Hittorff
hivernal
hiverner
hobereau
hochepot
Hocquart
Hoenheim
Hoffmann
Hokkaidō
Hollande
hollande
holocène
holoside
Holstein
homeland
Home Rule
homespun
homicide
hominidé
hominien
hominisé
hommasse
homogène
homonyme
honchets
Honduras
Honecker
Honegger
Honfleur
Hong Kong
Hongkong
hongrant
hongreur
hongrois
hongroyé
honneurs
Honolulu
honorant
Honorius
honteuse
hooligan
hôpitaux
hoqueter
hoqueton
Horatius
hordéacé
Horde d'Or
hordéine
horloger
hormonal
horodaté
Horowitz
horreurs
horrible
horrifié
hors-bord
hors-cote
Hortense
hospodar
Hossegor
hôtelier
Hotmanus
hot money
hotteret
houaiche
Houai-nan
Houang-ho
Houchard
Houhehot
houiller
Houilles
houlette
houleuse
Houlgate
houligan
houppant
houppier
hourdage
hourdant
hourvari
houssaie
houssant
houssine
houssiné
houssoir
Hrvatska
Huancayo
Huelgoat
huguenot
huilerie
huileuse
huis clos
huissier
huitaine
huitante
huitième
huîtrier
Huizinga
hululant
humanisé
humanité
Humboldt
humecter
humérale
huméraux

8

humidité
humiliée
humilier
humilité
humorale
humoraux
Humphrey
Huningue
hunnique
Hunsrück
Hurepoix
hurlante
hurleuse
huronien
Hurrites
hussarde
Huveaune
Huysmans
hyaloïde
hybrider
hydatide
Hyde Park
hydraire
hydrante
hydrater
hydraule
hydrémie
hydrique
hydrogel
hydrolat
hydromel
hydrosol
hyménium
hyoïdien
Hypéride
hypnoïde
hypocras
hypogyne
hyponyme
hyposodé
Hyrcanie
hystérie
Iakoutie
iambique
ïambique
Iaroslav
Ibérique
ibérique
icaquier
icaunais
ice-boats
ice-cream
icefield
Ichihara
Ichikawa
ichtyose
iconique
idéalisé
idéalité
idéation
identité
Idlewild
idolâtre
idolâtré
Idoménée
Iduméens
Ieltsine
Ienisseï
Ifrīqiya
ignifuge
ignifugé
ignition
ignitron
ignivome
ignorant
Ijmuiden
Ilāhābād
illégale
illégaux
illettré
illicite
Illimani
illimité
Illinois
Illkirch
illuminé
illusion
illustre
illustré
illuvial
illuvion
illuvium
illyrien
ilménite
ilotisme
imagerie
imagière
imaginal
imaginer
imbécile
imbibant
imbriqué
imbrûlée
imitable
imitatif
immaculé
immanent
immature
immédiat
immergée
immerger
immérité
immersif
immeuble
immigrée
immigrer
imminent
immiscer
immobile
immodéré
immolant
immorale
immoraux
immortel
immotivé
immuable
immunisé
immunité
impaludé
imparité
impartir
impavide
impenses
impérial
imperium
impétigo
impétrer
implanté
impliqué
implorer
imploser
implosif
importer
importun
imposant
imposeur
impotent
imprécis
imprégné
imprévue
imprimer
impropre
impubère
impudent
impudeur
impulser
impulsif
impunité
impureté
imputant
inabouti
inabrité
inachevé
inaction
inactive
inactivé
inactuel
inadapté
inalpage
inalpant
inaltéré
inamical
inanimée
inapaisé
inaperçu
inauguré
inavouée
incarnat
incarnée
incarner
incendie
incendié
inchangé
incident
incinéré
incisant
incision
incisive
incisure
incitant
incivile
incliner
incluant
inclusif
incolore
incomber
incongru
inconnue
incrusté
incubant
inculpée
inculper
inculqué
incurver
indaguer
indécent
indécise
indéfini

8

indexage
indexant
indexeur
indiciel
indienne
indigène
indigent
indigète
indignée
indigner
indiquer
indirect
individu
indivise
indocile
indolent
indolore
indompté
inductif
induline
indûment
indurant
inécouté
inégalée
inemploi
inentamé
inépuisé
inertiel
inespéré
inétendu
inexacte
inexaucé
inexercé
inexpert
inexpiée
infamant
infarcie
infatuée
infatuer
infécond
infecter
inféodée
inféoder
inférant
infernal
infester
infichue
infidèle
infiltré
infinité
infirmer
infléchi
infliger
influant
influent
infondée
informel
informer
infoutue
infrason
infusant
infusion
ingénier
ingérant
ingrisme
inguinal
inhabile
inhabité
inhalant
inhérent
inhibant
inhumain
inhumant
inimitée
inimitié
iniquité
initiale
initiant
initiaux
injectée
injecter
injectif
injurier
Inkerman
innéisme
innéiste
innerver
Innocent
innocent
innominé
innommée
innovant
inoccupé
in-octavo
inoculer
inondant
inopinée
in-quarto
inquiète
inquiété
inquilin
insanité
insaturé
inscrire
inscrite
insculpé
inséminé
insensée
insérant
insinuer
insipide
insister
insolant
insolent
insolite
insomnie
insonore
insoumis
inspecté
inspirée
inspirer
instable
installé
instance
instante
instauré
instigué
instillé
instinct
institué
Institut
institut
instruit
insuccès
insufflé
insuline
insultée
insulter
insurgée
insurger
intaille
intaillé
intégral
intégrée
intégrer
Intelsat
intensif
intenter
interagi
interdit
intérêts
internat
internée
interner
Interpol
interroi
intestat
intestin
Intifada
intimant
intimidé
intimité
intitulé
intrados
intrigue
intrigué
intriqué
introrse
intubant
intuitif
inusable
inusitée
invaginé
invaincu
invalide
invalidé
invasion
invasive
invendue
inventer
inventif
inverser
inversif
invertie
invertir
investir
invétéré
inviolée
invitant
involuté
invoquer
Ioánnina
Ionienne
ionienne
ionisant
Ipatinga
Iráklion
Irapuato
iraquien
irénique
irénisme
iridacée
irisable
Irkoutsk
ironique
ironiser
ironiste
Iroquois

8

iroquois
irradier
irréelle
irréfuté
irrésolu
irriguer
irritant
Isabelle
isabelle
Isambert
ischémie
Iserlohn
islamisé
Ismaïlia
isobathe
isocarde
isochore
isocline
Isocrate
isogamie
isohyète
isohypse
isolable
isolante
isologue
isomérie
isonomie
isophase
isoprène
isoptère
isosiste
isotonie
isotrope
Issarlès
Issoudun
Istanbul
Istiqlāl
italique
itératif
Iturbide
ivoirien
ivoirier
ivoirine
Izernore
Izvestia
Jabalpur
jablière
jabloire
jabotant
jaboteur
jacasser
jacinthe
jacobine
Jacobins
jacobite
Jacobsen
Jacopone
Jacquard
jacquard
jacquier
jactance
Jagellon
jaïnisme
Jakobson
jalonner
jalouser
jalousie
Jamaïque
jambette
jambière
jamboree
Jāmnagar
Janequin
Janicule
Jan Mayen
Janville
japonais
jappeuse
jaquelin
jaquette
jardiner
jardinet
jargonné
jarousse
jarretée
jarreter
Jarville
jaspiner
Jaucourt
jaugeage
jaugeant
jaumière
jaunâtre
jaunette
jaunisse
javanais
javelage
javelant
javeleur
javeline
Jayadeva
Jayapura
jazz-band
jazzique
jazzmans
Jean-Paul
jectisse
jéjunale
jéjunaux
Jellicoe
Jemmapes
Jéroboam
jéroboam
jerrican
jerrycan
jersiais
Jeunesse
jeunesse
jeunette
jeûneuse
jiu-jitsu
jobarder
jocrisse
jodhpurs
joggeant
joggeuse
Johannot
joignant
jointive
jointoyé
jointure
joliesse
Joliette
joliette
joliment
Jonathan
joncacée
jonchaie
jonchant
jonchère
jonchets
jonction
Jongkind
jonglant
jongleur
jonkheer
Jorasses
Jordaens
Jordanie
Josaphat
Josselin
jouaillé
joubarbe
joufflue
Jouffroy
jouissif
Jourdain
journade
jouteuse
jouvence
Jouvenel
Jouvenet
jouxtant
jovienne
Juan José
jubilant
judaïque
judaïser
judaïsme
Judicaël
jugeable
jugement
jugulant
Jugurtha
juiverie
jujubier
Juliénas
juliénas
julienne
Juliette
jumbo-jet
jumelage
jumelant
jumelles
Jumièges
Jumilhac
Jungfrau
junonien
juponner
Jurançon
jurançon
jurement
jussieua
justesse
justifié
juvénile
Kaapstad
Kadievka
kafkaïen
Kairouan
kakatoès
kakemono
Kakiemon
Kākināḍā
Kakogawa
kala-azar
Kalahari
Kalamáta

8 Kalevala
Kālidāsa
kaliémie
Kalinine
kalmouke
Kalmouks
Kamakura
kamikaze
Kaminker
Kamloops
Kanazawa
Kandahar
kantisme
Kao-hiong
kaoliang
Kapellen
kapokier
Kaposvár
Karabakh
Karadžić
Karakoum
karatéka
Kardiner
Karellis
Karenine
Karlsbad
Karlstad
Kassites
katchina
Kātmāndū
Katowice
Kattegat
Kawabata
Kawasaki
Kazanlăk
keepsake
Keewatin
Keflavík
Kégresse
Kekkonen
Kemerovo
kénotron
Kentucky
Kenyatta
kératine
kératite
kératose
Kerenski
kermesse
kérogène
kérosène
Ketteler
Khadīdja
khâgneux
khalifat
Khārezmī
Khartoum
khédival
khédivat
Khephren
Khomeyni
Khorāsān
Khurāsān
Kiang-sou
kibboutz
Kichinev
kidnappé
Kienholz
K'ien-long
kilovolt
kilowatt
Kimchaek
Kinabalu
Kinechma
Kingsley
Kingston
kinkajou
Kinshasa
Kirchner
Kiribati
Kirstein
Kisarazu
Klaïpeda
Klaproth
klaxonné
Klingsor
Klondike
klystron
Kniaseff
knickers
Knob Lake
knock-out
Koechlin
Koestler
Koivisto
Koksijde
kolatier
Kolhāpur
kolinski
kolkhoze
Koltchak
Komenský
Komotiní
komsomol
Kongfuzi
K'ong-tseu
Konstanz
Kopernik
Kordofan
Kōriyama
Kornilov
korrigan
Kortrijk
Kostroma
Koszalin
Kotzebue
Kouang-si
Kouei-lin
Koulikov
Koumassi
Kouo Mo-jo
Kouriles
Kouzbass
Kowalski
Krakatau
Krakatoa
Krasicki
Krasucki
Kreisler
Kreutzer
Krkonoše
Krüdener
Kufstein
Kuhlmann
Kumamoto
Kurosawa
Kuroshio
Kwakiutl
kymrique
Kyōkutei
kyrielle
kystique
Kzyl-Orda
labadens
La Bassée
La Bâthie
labdanum
Labienus
labilité
La Boétie
labourer
Labrador
labrador
La Bresse
La Brigue
La Brosse
Labrunie
La Caille
lacement
Lacepède
lacérant
La Chaise
La Chaize
La Châtre
lâcheuse
La Cierva
laciniée
La Ciotat
La Clusaz
La Coruña
lacrymal
lactaire
Lactance
lactique
lacuneux
lacustre
Ladislas
ladrerie
Lafargue
Laffemas
Laffitte
La Flèche
Laforgue
Lagerlöf
Laghouat
lagopède
La Grange
Lagrange
La Guaira
Laguerre
Laguiole
laguiole
lagunage
La Havane
La Hontan
la Hougue
laïciser
laïcisme
laïciste
laideron
lainerie
laineuse
lainière
laissant
laissées
laitance
laiterie
laiteron

laiteuse
laitière
laitonné
laïusser
La Jarrie
Lalemant
l'Algarde
Lalibala
Lalibela
Lallaing
lamaïsme
lamaïste
lamanage
lamaneur
lamantin
La Marche
Lamarche
La Marica
Lamarque
Lamastre
Lamballe
lambiner
La Mecque
lamellée
lamenter
lamiacée
lamifiée
laminage
laminant
lamineur
lamineux
laminoir
la Mongie
lampante
lampassé
lampiste
lamproie
Lancelot
lancéolé
lancette
lanceuse
lanciner
landaise
Landouzy
Land's End
Landshut
landwehr
Lanester
Lanfranc
Langeais
langeant
Langevin
Langlade
Langlais
Langland
Langlois
Langmuir
Langogne
langueur
Langueux
langueyé
languide
languier
lanifère
lanigère
lanlaire
Lannilis
lanoline
Lanrezac
lanterne
lanterné
lanthane
Laodicée
La Palice
Lapaouri
lapement
lapereau
lapicide
Lapicque
lapidant
lapinant
Lapithes
La Plagne
laquelle
laqueuse
lardoire
lardonné
La Reynie
largable
largesse
larguant
largueur
Larionov
l'Arioste
larmoyer
La Rocque
Larousse
Lartigue
larvaire
laryngée
lasagnes
Lascaris
Las Casas
Las Cases
La Serena
Laskaris
La Spezia
Lassalle
lassante
lasserie
Lasseube
Lassigny
Lasswell
Las Vegas
latanier
latérale
latéraux
latérite
latinisé
latinité
latitude
latomies
Latouche
la Trappe
latrines
La Turbie
laudanum
laudatif
Laughton
lauracée
lauréate
lauréole
lauriers
Lausanne
Lautaret
Lauzerte
lavandin
Lavardac
lavatory
lave-auto
lavement
Laventie
lave-pont
lave-tête
Lavinium
la Voisin
La Voulte
Lawrence
laxative
layetier
lazulite
lazurite
Leang K'ai
Leao-ning
Leao-tong
Leao-yang
Léautaud
Lebesgue
Le Boulou
Le Cannet
lécanore
Lecanuet
Lecapène
Le Chesne
lécheuse
Le Clézio
Le Coteau
Lecourbe
Le Crotoy
lectorat
Lectoure
lectrice
Le Dantec
Lederman
Le Donjon
Lê Duc Tho
Le Faouët
Lefebvre
Le Ferrol
Leforest
légalisé
légalité
légation
légender
Le Gendre
Legendre
légèreté
leggings
légiféré
légitime
légitimé
Le Gosier
Legrenzi
Léguevin
légumier
légumine
Le Helder
Leinster
Le Lardin
Le Loroux
Lelystad
Lemaître
Lemdiyya
Le Mesnil
lemnacée
lémurien
lénifier
lénitive

8

8

lentille
léonarde
Léonidas
Leontief
léopardé
Leopardi
Le Palais
Lepautre
Le Pontet
léporidé
Le Portel
Le Pradet
lépreuse
Le Prieur
Leprince
Le Raincy
Le Relecq
Le Robert
Le Russey
lesbisme
lesdites
lésinant
lésineur
Les Lilas
Lesneven
Les Orres
Lesparre
Les Pieux
Lespugue
lesquels
Lessines
lessiver
L'Estoile
létalité
Le Tampon
Lettonie
lettonne
lettrage
lettrine
leucanie
leucémie
Leucippe
Leuctres
leurrant
levantin
Levassor
Le Verdon
Levertin
Lévesque
lévogyre
levrette
levretté
levronne
lévulose
levurier
lexicale
lexicaux
lézarder
Lézignan
L'Herbier
L'Hermite
L'Hôpital
Liang Kai
Liaodong
Liaoning
Liaoyang
liardant
liasique
libanais
libation
libeccio
libeller
libérale
libérant
libéraux
libérien
libertés
libertin
libouret
Libourne
libraire
libretti
libretto
libyenne
licencié
Li Che-min
lichette
Licinius
licitant
lie-de-vin
liégeois
lieudits
liftière
ligament
ligature
ligaturé
ligérien
ligneuse
lignifié
ligotage
ligotant
ligueuse
ligurien
L'Île-d'Yeu
liliacée
Lilliput
lilloise
Lilongwe
Limagnes
limaille
Limassol
limbaire
limbique
Limbourg
Limerick
limerick
limicole
liminale
liminaux
limitant
limiteur
limivore
limonade
limonage
limonène
Limonest
limoneux
limonier
limonite
Limousin
limousin
Lindblad
linéaire
linéique
lingerie
linguale
linguaux
liniment
linoléum
Linotype
lionceau
Lipchitz
lipolyse
liposome
Lippmann
liquéfié
liquette
liquider
Lisbonne
lisérage
liserant
lisérant
Li Shimin
lisseuse
litanies
litharge
lithiase
lithinée
lithique
lithobie
lithosol
littéral
littoral
Lituanie
liturgie
Litvinov
Liverdun
lividité
Livourne
livrable
livreuse
lobbying
lobbysme
lobuleux
localier
localisé
localité
location
locative
lock-outé
Locronan
loculeux
locuteur
locution
logeable
logement
logiciel
logicien
logotype
loi-cadre
lointain
loisible
lombaire
lombarde
Lombardo
Lombards
Lombroso
Londrina
longeant
Longemer
longeron
Longhena
longotte
longrine
Longueau
longueur
Longuyon
Longwood

8

Lorestān
lorgnant
loriquet
Lorraine
lorraine
losangée
Lothaire
lotionné
louanger
louanges
louchant
Loucheur
loucheur
loufoque
Lougansk
louloute
loupiote
lourdant
lourdaud
lourdeur
Lourenço
louveter
louvette
Louviers
Louvigné
louvoyer
Louvroil
Lovelace
lovelace
Lowendal
Lowlands
lozérien
Luanshya
Lubersac
Lubitsch
lubrifié
lubrique
lucidité
lucifuge
Lucilius
lucratif
Lucullus
luddisme
Lüderitz
Ludhiāna
ludiciel
Lugdunum
Lugné-Poe
luisance
luisante
lumières
lumignon
lumineux
Lumitype
lunaison
lunchant
Lüneburg
lunetier
lunettée
lunettes
Lupercus
luperque
lupuline
Luristān
Lusiades
Lusignan
lusitain
Lustiger
lustrage
lustrale
lustrant
lustraux
lustrine
lutécien
lutécium
lutétien
lutherie
luthiste
lutinant
lutteuse
luxation
luxmètre
luxueuse
Lyallpur
Lycaonie
lycéenne
lycénidé
lycopode
Lycurgue
lydienne
lymphome
lynchage
lynchant
lyncheur
Lyonnais
lyonnais
lyophile
Lysandre
lysosome
lysozyme
Lyssenko
Mabillon
Macabées
macanéen
macareux
macaroni
Macassar
macassar
Macaulay
Maccabée
macérant
Macerata
Machault
mâchefer
machette
mâcheuse
machinal
machiner
machisme
machiste
mâchoire
mâchonné
mâchurer
Mac-Mahon
maçonner
Mac Orlan
macreuse
macroure
maculage
maculant
madérisé
madicole
madrague
madrigal
Maebashi
Maelwael
maestoso
maestria
maffieux
maffiosi
maffioso
mafieuse
magasiné
magazine
Magelang
Magellan
Magendie
magicien
magister
Magnasco
Magnelli
Magnence
Magnésie
magnésie
magnéton
magnifié
magnolia
Magritte
maharaja
maharané
maharani
Mahāvīra
mahayana
mahdisme
mahdiste
mah-jongs
mahousse
mahratte
Maidanek
maigreur
maigriot
maillage
Maillane
maillant
Maillart
maillure
Mainland
mainmise
maintenu
maintien
maïorale
maïoraux
mairesse
maïserie
maîtrise
maîtrisé
Majdanek
majorant
majoraux
Majorien
majorité
Majorque
Makários
Makarova
Makeevka
makimono
Malachie
Maladeta
maladive
mal-aimée
mal-aimés
malaisée
Malaisie
Malakoff
malandre
Malassis
Malaunay
malavisé

8

malaxage
malaxant
malaxeur
Malaysia
malbâtie
Maldegem
Maldives
maldonne
maléfice
Malegaon
Malemort
Malenkov
malfaçon
malfamée
malgache
Malherbe
Malibran
malienne
Malinche
malingre
malinois
Mallarmé
malléole
mallette
mal-logée
mal-logés
Mallorca
malmener
malotrue
malouine
Malpighi
malpolie
malsaine
malséant
Malstrom
malstrom
maltaise
malterie
malvacée
malvenue
mamelouk
mammaire
mammouth
mam'selle
mam'zelle
mancelle
manchote
manchoue
Mandalay
mandante
mandarin
mandater
mandchou
Mandeure
mandorle
mandrill
mandriné
Mané-Katz
Manéthon
Mangalia
Mangalur
mangeant
mange-mil
mangeure
mangeuse
manglier
mangrove
manguier
maniable
maniaque
maniérée
manières
manieuse
manifold
manillon
manipule
manipulé
Manitoba
Mannheim
mannitol
Manolete
Manosque
manostat
manouche
manquant
Manrique
mansarde
mansardé
Mansfeld
Mansholt
Manstein
Mantegna
mantelée
mantelet
mantille
Mantinée
mantique
mantisse
mantouan
manucure
manucuré
manuélin
manuelle
Mao Touen
maquette
maquillé
marabout
Maracanã
Maradona
Maranhão
marasque
Marathes
Marathon
marathon
marauder
Marbella
marbrant
marbreur
marbrier
marbrure
Marcello
Marchais
Marchand
marchand
marchant
marcheur
Marciano
Marcigny
Marcoing
marcotte
marcotté
Marcoule
marécage
maréchal
Marennes
marennes
Maréotis
mareyage
mareyeur
margaudé
margeant
margelle
Margerie
margeuse
Marggraf
marginal
marginer
margoter
margotin
margotté
margrave
mariable
mariachi
Mariamne
Marianne
Mariette
marieuse
Marignan
Marillac
marinade
marinage
marinant
marinier
mariolle
Mariotte
marisque
Maritain
maritale
maritaux
maritime
Marivaux
Marmande
marmitée
marmiter
marmiton
marmonné
marmotte
marmotté
marnaise
marneuse
marnière
marocain
Marolles
maronite
maronner
maroquin
maroufle
marouflé
marquage
marquant
marqueté
marqueur
Marquise
marquise
marquoir
marraine
marrante
marronne
marsault
Marshall
marsouin
Martaban
martagon
marteaux
marteler
Martenot
martiale
martiaux

8

Martigny
Martinet
martinet
Martínez
Martinon
Martonne
marxiser
marxisme
marxiste
Maryland
maryland
Masaccio
Mascagni
mascaret
Mascaron
mascaron
mascotte
masculin
Masevaux
Masolino
masquage
masquant
massacre
massacré
Massaoua
Massenet
masséter
massette
Masseube
masseuse
massicot
massière
massifié
massique
massorah
mastiqué
mastoïde
masturbé
masurium
Matabélé
Mata Hari
matamore
Matanzas
matchant
matefaim
matelote
mâtereau
matériau
matériel
maternel
materner
matheuse

Mathilde
mathurin
Matignon
matinale
mâtinant
matinaux
matineux
matinier
matorral
matraque
matraqué
matricer
Matthias
Matthieu
maturité
maubèche
Maubeuge
Mauclerc
maugréer
Maulnier
Mauna Kea
Maunoury
maurelle
Maurepas
Mauricie
mauriste
mausolée
maussade
mauvaise
mauvéine
Mauvezin
maximale
maximaux
Maximien
maximisé
maximums
mayorale
mayoraux
mazagran
Mazarine
Mazatlán
mazouter
Mbandaka
McBurney
McCarthy
McKinley
McMillan
mea culpa
mécanisé
méchante
Mechelen
mécheuse

mécompte
méconium
méconnue
mécréant
médaille
médaillé
médecine
Medellín
médiante
médiator
médicale
médicaux
médiéval
médiocre
médisant
méditant
Medjerda
médusant
méfiance
méfiante
mégapode
mégapole
mégisser
mégotage
mégotant
Méhallet
Mehrgarh
meilleur
méjanage
mélangée
mélanger
mélanges
mélanine
mélanome
mélanose
Melchior
melchior
melchite
meldoise
mêlé-cass
mêle-tout
méliacée
méli-mélo
mélinite
melliflu
mélodica
mélomane
melonnée
Mélusine
mélusine
Melville
membrane

membrure
mêmement
mémentos
mémoires
mémorial
mémoriel
mémorisé
menaçant
ménagère
Ménandre
Menderes
mendiant
mendigot
Méneptah
Menez Hom
Mengistu
méningée
méninges
méniscal
ménisque
ménologe
menottes
mensonge
menterie
menteuse
mentholé
mentisme
menuiser
menu-vair
mépriser
mercanti
Mercator
mercerie
mercière
Mercoeur
mercredi
Mercurey
mercurey
merdeuse
merdique
merdoyer
Meredith
méridien
Mérignac
meringue
meringué
merisier
méritant
merlette
merluche
Mer Morte
Mer Noire

8

Mer Rouge
Mersenne
Merville
merzlota
mésallié
mesdames
mésomère
mesquine
Messager
messager
messéant
Messénie
messeoir
Messerer
Messiaen
messidor
mesurage
mesurant
mesureur
mésusant
Métabief
métabole
métairie
métamère
métayage
métayère
Métezeau
méthanal
méthanol
meticals
métisser
métreuse
métrique
mettable
meublant
meuglant
meulette
meulière
meunerie
meunière
meurette
meurtrir
mexicain
Mexicali
Meyerhof
Meyerson
Meyrueis
Mézières
miam-miam
miaulant
miauleur
mi-carême
Michelet
Michelin
mi-chemin
micheton
Michigan
mi-course
microbus
Midlands
mielleux
Miescher
Migennes
mignarde
mignonne
mignoter
migraine
migrante
mijaurée
mijotant
Milanais
milanais
miliaire
milicien
militant
milk-bars
millasse
milliard
millibar
millième
Millikan
mi-lourds
Miltiade
mi-moyens
Minamoto
minauder
Mindanao
Mineptah
minérale
minéraux
minerval
minijupe
minimale
minimaux
minimisé
minimums
ministre
Minnelli
minoenne
minorant
minorité
Minorque
minotier
minutage
minutant
minuteur
minutier
mi-partie
Miquelon
Mirabeau
miraculé
Miramont
Mirebeau
Mireille
mire-œuf
Mirepoix
mirepoix
mirettes
mirliton
mirmidon
miroitée
miroiter
mironton
Mirzāpur
misandre
miscible
miserere
miséréré
miséreux
misogyne
Missouri
mistelle
mistigri
mistonne
mistrals
Misurata
Mitchell
mitigeur
mitonner
Miyazaki
mnésique
Moabites
mobilier
mobilisé
mobilité
Moby Dick
mocassin
Mocenigo
mocharde
modalité
modelage
modelant
modeleur
modélisé
modérant
moderato
modestie
modicité
modifier
modillon
modulant
moelleux
mofflant
Moguilev
Mohammed
moinerie
moissine
molalité
molarité
Moldavie
molécule
molester
moletage
moletant
Molfetta
Molières
mollasse
mollesse
molleton
mollette
Molosses
Molsheim
Moluques
Mombassa
momifier
monacale
monacaux
monandre
monarque
Monastir
monaural
monazite
Moncorgé
mondaine
mondiale
mondiaux
Mondrian
monergol
monétisé
Mongolie
Mong-tseu
moniteur
monition
môn-khmer
Monmouth
monnayer
Monnoyer
monobase
monobloc

8

monocyte
monoecie
monogame
monoïque
monokini
monomère
monoplan
monopole
Monopoly
monorail
monorime
monotone
Monotype
monotype
monoxyde
monoxyle
Monreale
Monrovia
Monségur
monsieur
Monsigny
monstera
montagne
Montaigu
montante
Montanus
Montbard
Montbron
Montcalm
Mont-Dore
Montépin
Montería
monte-sac
monteuse
Montfort
Montigny
Montjoie
mont-joie
Montlieu
Montluel
Montmédy
Montoire
montoise
Montpont
montrant
Montréal
montreur
Montreux
Montrond
Mont Rose
Montrose
monts-d'or
Montsûrs
montueux
monument
Moose Jaw
moquerie
moquette
moquetté
moqueuse
moralisé
moralité
Morangis
Morbihan
morceler
mordache
mordancé
mordante
mordicus
mordillé
mordorée
mordorer
Morellet
moresque
Morestel
morfales
morflant
morfondu
Morgagni
morguant
Morhange
moribond
moricaud
Morières
morigéné
morillon
Mori Ōgai
morisque
mornifle
Moronobu
Morosini
morosité
morphème
morphine
Mortagne
mortaise
mortaisé
mort-bois
morte-eau
mortelle
mort-gage
mortifié
Mortimer
mort-nées
morutier
morveuse
mosaïque
mosaïqué
mosaïsme
mosaïste
Moscovie
mosellan
Mosquito
motilité
motionné
motivant
motorisé
Mouaskar
Moubarak
mouchage
mouchant
mouchard
moucheté
mouchoir
mouchure
mouclade
moufeter
moufette
mouftant
mouillée
mouiller
moulante
moulière
mouliner
moulinet
Moulmein
Moulouya
moulurer
moumoute
mouquère
mourante
Mouscron
mousquet
moussage
moussaka
moussant
mousseux
moussoir
Moustier
moutarde
Moûtiers
moutonné
mouvance
mouvante
Moyen Âge
moyenner
Moyeuvre
mozabite
Moẓaffar
mozarabe
mucilage
mucosité
mudéjare
muflerie
Mufulira
Muḥammad
Mühlberg
muletier
Mulhacén
Mulhouse
Mulliken
Mulroney
multiple
municipe
munition
Muntaner
Munténie
Munychie
Muqdisho
muqueuse
Murād Bey
muraille
Murasaki
Muratori
mûrement
murénidé
Mureybat
murmurer
murrhine
musagète
musarder
muscadet
muscadin
muscinée
musclant
muselant
musicale
musicals
musicaux
musicien
musiquer
Mussidan
musulman
mutagène
mutateur
mutation
mutilant
mutinant

8

mutuelle
Muẓaffar
Muzillac
myatonie
mycélien
mycélium
mycénien
mycétome
mydriase
myéloïde
Myingyan
mylonite
myocarde
myologie
myopathe
myosotis
myrmidon
myrosine
myroxyle
myrtacée
myrtille
mysidacé
mystifié
mystique
mythifié
mythique
Mytilène
nabatéen
Nabonide
Nagaland
Nagasaki
nageoire
naissain
naissant
Nakasone
Nakhodka
Naltchik
Namangan
namibien
nancéien
Nanchang
Nanchong
nanifier
nanisant
nantaise
Nanterre
Nanteuil
Naplouse
Napoléon
napoléon
napperon
Narām-Sin
Narbonne
narcéine
Narcisse
narcisse
narghilé
narguant
narguilé
narquois
narratif
nasalisé
nasalité
nasiller
nasitort
Nasrides
natalité
natation
national
nativité
natrémie
nattière
Naucelle
naufrage
naufragé
Naumburg
Naundorf
Naupacte
nauplius
Naurouze
nauruane
nauséeux
Nausicaa
nautique
nautisme
navarque
navicert
navicule
navigant
naviguer
navrante
nazaréen
Nazareth
N'Djamena
Ndzouani
néantisé
Nebraska
nébuleux
nébulisé
nécrobie
nécroser
nectaire
négateur
négation
négative
négliger
négocier
négresse
négrière
négrille
Négritos
négroïde
Negruzzi
neigeuse
Neipperg
Nelligan
némalion
nématode
nénuphar
néoformé
néolocal
néologie
néoménie
néonatal
néonazie
néophyte
Néoprène
néoténie
népalais
népérien
néphrite
néphrose
Nephtali
Néréides
Nérondes
néronien
nerveuse
nervurer
nettoyer
Neumeier
neuronal
Neusiedl
Neustrie
neutrino
neuvaine
neuvième
Neuville
névrosée
Newcomen
New Delhi
New Haven
Newhaven
Ngan-chan
Ngan-tong
Ngan-yang
Ngazidja
Nha Trang
niaisant
niaiseux
Nibelung
Nichiren
Nichrome
nickeler
Nicodème
nicodème
Nicomède
nicotine
nidation
nid-de-pie
nidifier
niellage
niellant
nielleur
niellure
Niemeyer
Nieuport
nigérian
nigérien
Nijinski
Nijmegen
Nikolais
Nilvange
nipponne
nitrater
nitreuse
nitrière
nitrifié
nitrique
nitrosée
nitrurer
nivelage
nivelant
niveleur
Nivelles
Noailles
nobélium
noblesse
Nobunaga
nocivité
noctuidé
nocturne
nodosité
noduleux
noétique
Noguères
noirâtre
noiraude
noirceur

8

noisette
Nolasque
nolisant
nomadisé
nombrant
nombreux
nominale
nominant
nominaux
non-cumul
non-droit
non-métal
nonnette
non-tissé
nonupler
non-usage
Nordeste
nordique
nordiste
normande
Normands
normatif
Norrland
North Bay
nosémose
nota bene
notarial
notariat
notariée
notateur
notation
notifier
nouaison
nouement
nouménal
Noureïev
nourrain
nourrice
nouvelle
novateur
Novatien
novation
novembre
Novgorod
noviciat
Nowa Huta
noyauter
Noyelles
nuageuse
nuançant
nuancier
nubienne

nubilité
nucléase
nucléide
nucléine
nucléole
nuisance
nuisette
nuisible
Nuku-Hiva
nullarde
numérale
numéraux
numérisé
numéroté
nunchaku
nuptiale
nuptiaux
nuraghes
Nūr al-Dīn
Nurestān
Nūristān
Nürnberg
nurserys
nutation
nutritif
nycturie
Nyköping
nymphale
nymphaux
Nymphéas
nymphose
Oak Ridge
Oakville
oaristys
oasienne
Oberland
objectal
objecter
objectif
oblation
oblative
obliquer
oblitéré
oblongue
obnubilé
obombrer
obscurci
obsédant
obsèques
observer
obsolète
obstacle

obstinée
obstiner
obstruer
obtenant
obturant
obtusion
obvenant
occasion
Occident
occident
occitane
occluant
occlusif
occulter
occupant
océanide
océanien
Ochozias
Ockeghem
O'Connell
octaèdre
Octavien
octavier
octogone
octopode
octroyer
octupler
oculaire
oculiste
odelette
Odenwald
odomètre
O'donnell
odorante
Odusseus
oedipien
oeillade
oeillard
oeillère
oenanthe
oerstite
oestrale
oestraux
oeufrier
oeuvrant
Offémont
offensée
offenser
offensif
official
officiel
officier

officine
offrande
offreuse
off shore
offshore
offusqué
O'Higgins
ohm-mètre
ohmmètre
oiselant
oiseleur
oiselier
Oisemont
oisillon
oisiveté
Oïstrakh
Oklahoma
Olbracht
oléastre
olécrane
oléfiant
oléicole
oléifère
olfactif
Olibrius
olibrius
oligiste
oligurie
oliphant
olivacée
Olivares
olivâtre
olivette
Olivetti
Oliviers
Ollivier
Olmèques
Olybrius
Olympias
olympien
omanaise
ombellée
ombragée
ombrager
ombrelle
ombrette
ombreuse
Omdurman
omelette
omettant
omission
omnivore

8

omoplate
onanisme
oncogène
onctueux
ondoyant
ondulant
onduleur
onduleux
onéreuse
one-steps
onglette
onirique
onirisme
oosphère
Oostende
Oostkamp
oothèque
opacifié
opaliser
opérable
opérande
opérante
opercule
operculé
opérette
ophidien
opiaçant
opinions
opiomane
opopanax
opportun
opposant
opposite
oppressé
opprimée
opprimer
opprobre
opsonine
optative
opticien
optimale
optimaux
optimisé
optimums
opulence
opulente
opuscule
orageuse
oraliser
oranaise
orangeat
Oratoire
oratoire
oratorio
oratrice
orbicole
orbitale
orbitaux
orbitèle
orbiteur
orcanète
orchidée
Orcières
ordinale
ordinand
ordinant
ordinaux
ordonnée
ordonner
ordurier
oreiller
oreillon
Orénoque
orfévrée
organeau
organier
organisé
organite
organsin
orgiaque
oriental
orientée
orienter
original
originel
orignaux
oripeaux
Ormesson
ornement
orogénie
orphelin
orphique
orphisme
orpiment
orseille
orviétan
osciller
Osiander
osmanlie
ossature
ossifier
osso-buco
ossuaire
ostensif
ostinato
ostracée
ostracon
ostréidé
ostrogot
Oświęcim
otocyste
otolithe
otologie
oto-rhino
otorrhée
otoscope
ottomane
Ottomans
ottonien
ouabaïne
ouailles
ouaterie
ouatiner
Oubangui
oubliant
oublieux
Oudergem
Ouessant
Ouezzane
ouighour
Ouïgours
ouillage
ouillant
ouillère
ouistiti
oullière
ouralien
Ourartou
Oussouri
Oustacha
Oustinov
outillée
outiller
outrager
outrance
outre-mer
outre-mer
outremer
outsider
ouvrable
ouvragée
ouvrager
ouvrante
ouvreuse
ouvrière
ovalaire
ovaliser
overdose
Overijse
oviducte
ovogénie
ovogonie
ovoïdale
ovoïdaux
ovulaire
oxalique
oxydable
oxydante
oxygénée
oxygéner
oxylithe
oxyurose
ozoniser
pacanier
pachalik
pacifier
packager
packfung
pacquage
pacquant
pactiser
padichah
pagaille
Paganini
paganisé
pagayant
pagayeur
paginant
pagnoter
Pahouins
paiement
paillage
paillant
paillard
pailleté
pailleux
paillote
Paimpont
Painlevé
Païolive
pairesse
paisible
paissant
paisseau
Pakistan
palabrer
palanche
palançon

palangre
palanque
palanqué
palastre
palatale
palataux
palatial
Palatine
palatine
pale-ales
palefroi
Palencia
Palenque
paléosol
palestre
Palestro
palicare
pâlichon
palikare
Palinges
palisser
palisson
Palladio
Pallanza
palléale
palléaux
palliant
pallidum
palmacée
palmaire
palmarès
palmette
palmiste
palourde
palpable
palpiter
paludéen
paludier
paludine
palustre
pâmoison
pamphlet
pampille
Pamplona
panachée
panacher
panaméen
panamien
panatela
pancarte
pancetta
pancrace
pancréas
pandanus
pandèmes
pandémie
panetier
Pangaion
pangolin
panicaut
panicule
paniculé
panifier
paniquer
panmixie
panneton
Pannonie
Panofsky
panoplie
panorama
panosser
panoufle
panslave
Pantalon
pantalon
panteler
pantenne
Panthéon
panthéon
panthère
pantière
pantoire
pantoise
Papághos
Papanine
papelard
papetier
papillon
Papineau
Papinien
papotage
papotant
papuleux
paquebot
parabase
parabole
paraclet
paradant
paradeur
paradoxe
parafant
parafeur
Paraguay
paraison
paraître
paralysé
parangon
paranoïa
parapher
parapode
parasite
parasité
parataxe
paravent
parcelle
parce que
parcours
parcouru
pardonné
pareille
Pareloup
parement
parental
Parentis
paresser
parfaire
parfaite
parfiler
parfondu
parfumer
parhélie
pariétal
parieuse
parigote
parisien
parjurer
parlante
parleuse
parlotte
parmélie
Parmesan
parmesan
Parnasse
parodier
paroisse
parolier
paronyme
parotide
parousie
parpaing
parquant
parqueté
parqueur
parquier
parrainé
Parrocel
parsemer
Parsifal
parsisme
partager
partance
partante
parterre
partiale
partiaux
partisan
partitif
partouse
partouze
parurier
parution
parvenir
parvenue
Pasadena
Pasiphaé
Pasolini
Pasquier
passable
passager
passante
passe-bas
passe-thé
passeuse
passible
passiver
passoire
pastèque
pastiche
pastiché
pastille
pastoral
pastorat
patachon
patagium
patapouf
pataquès
patatras
Pataugas
patauger
pateline
patelíné
Patenier
patentée
patenter
paternel
Paterson
Pathelin
patience

8

8

patiente
patienté
patinage
patinant
patineur
Patinkin
pâtisser
pâtisson
patoiser
patraque
patriote
Patrocle
patronal
patronat
patronne
patronné
pâturage
pâturant
Pauillac
paulette
pauliste
paumelle
paumoyer
paupière
pauvreté
pavanant
pavement
Pavillon
pavillon
Pavlodar
pavoiser
payement
paysager
Paysandú
paysanne
péagiste
peaucier
Peau-d'Âne
peaufiné
pébroque
peccable
peccante
pêcherie
pêchette
pêcheuse
Pechiney
pécloter
Pecqueur
pectinée
pectique
pectoral
Pécuchet
pédalage
pédalant
pédaleur
pédalier
pédestre
pédiatre
pédicule
pédiculé
pédicure
pédieuse
pedigree
pédimane
pédiment
Peer Gynt
peignage
peignant
peigneur
peignier
peignoir
peinarde
peinture
peinturé
pékinois
pélagien
pélamide
pélamyde
Pélasges
peléenne
péléenne
pêle-mêle
pèlerine
Peletier
pellagre
Pellerin
Pelletan
pelletée
pelleter
pélobate
pélodyte
pelotage
pelotant
pelotari
peloteur
peltaste
peluchée
pelucher
Pélussin
pemmican
pénalisé
pénalité
penaltys
penchant
pendable
pendante
pendarde
penderie
pendillé
penduler
Pénélope
pénétrée
pénétrer
Pénicaud
pénienne
pénitent
Penmarch
Pennines
pénombre
pensable
pensante
penseuse
pentacle
penthode
pentrite
pépettes
péponide
peptique
péquenot
péquiste
péramèle
perçante
perceuse
Perceval
perchage
perchant
percheur
perchman
perchoir
percluse
percuter
perdable
perdante
perdreau
perdurer
Péréfixe
pérégrin
perfidie
perfolié
perforer
perfuser
péribole
Périclès
Pérignon
Périgord
périmant
périnéal
périodes
périoste
péripate
perlante
perlèche
perlière
perlouse
perlouze
permagel
Permoser
permuter
péronier
Péronnas
pérorant
péroreur
Pérouges
peroxyde
peroxydé
Perpenna
perpétré
perpette
perpétué
perplexe
Perrault
perrière
Perronet
perruche
perruque
Pershing
persicot
persiflé
Persigny
persillé
Persique
persique
persisté
personée
personne
persuadé
Perthois
Pertinax
perturbé
péruvien
Peruwelz
perverse
perverti
pervibré
pèse-bébé
pèse-lait
pèse-moût
pèse-sels

8

Peshāwar
pessaire
pesteuse
pétanque
pétarade
pétaradé
Petchora
pétéchie
Peterhof
pétiller
pétiolée
pétition
pétoncle
Petrassi
pétreuse
pétrifié
Petrucci
pétulant
pétunant
peucédan
peuchère
peuplade
peuplant
peuplier
peureuse
peut-être
Peyronet
Pfastatt
pfennige
Phaistos
Phalange
phalange
Phalaris
phalline
Pham Hung
Pharnace
Pharsale
pharyngé
phasmidé
Phénicie
phénique
phéniqué
Philémon
philibeg
Philidor
Philippe
phimosis
phlébite
phlegmon
pH-mètres
phobique
pholiote
phonique
phormion
phormium
phosgène
Phraatès
phrasant
phraseur
phratrie
phrygane
phrygien
phtirius
phyllade
physalie
physalis
physique
Piacenza
piaffant
piaffeur
piailler
pianiste
piano-bar
pianoter
piassava
piaulant
picardan
Picardie
Piccinni
Pichegru
Pickwick
picolant
picorant
picotage
picotant
picrique
Pictaves
pictural
piécette
pied-fort
piedmont
pied-noir
pied-plat
piédroit
piéforts
piégeage
piégeant
piégeuse
pierreux
pierrier
piétiner
piétisme
piétiste
piétonne
piétrain
pieutant
pigeonne
pigeonné
pigmenté
Pignerol
pignoché
pilastre
pilchard
pilifère
pili-pili
pilipino
pillarde
pilleuse
Pillnitz
pilonner
pilosité
pilotage
pilotant
pilulier
pimbêche
pimenter
pimpante
pinaillé
pinastre
pinçarde
pince-nez
pincette
pinchard
pineraie
Pinerolo
Pingdong
pingouin
ping-pong
P'ing-tong
Pinochet
pinscher
piochage
piochant
piocheur
Piombino
pionçant
pionnier
piornant
Piotrków
pioupiou
pipe-line
pipeline
piperade
piper-cub
pipérine
piquante
pique-feu
piqueter
piquette
piqueuse
Piranèse
piratage
piratant
pis-aller
Piscator
pisolite
Pissarro
pissette
pisseuse
pistache
pistolet
pistonné
Pitcairn
pitchpin
pitonner
pitrerie
Pittacos
pivotant
pizzeria
placardé
placenta
placette
placeuse
plafonné
plagiant
plagiste
plaidant
plaideur
plaindre
plaintif
plaisant
planaire
planante
plancher
planches
Planchon
Plancoët
plancton
planéité
planelle
planeuse
planifié
planisme
planiste
planning
planorbe
plan-plan
planquée

8

planquer
plantain
plantant
plantard
planteur
plantoir
plantule
plaquage
plaquant
plaqueur
plasmide
plasmode
plastron
plat-bord
plateure
platière
platinée
platiner
Platonov
plâtrage
plâtrant
plâtreux
plâtrier
play-back
play-boys
plébéien
Pléiades
plénière
Plesetsk
pléthore
Pleumeur
pleurage
pleurale
pleurant
pleurard
pleuraux
pleureur
pleurite
pleurote
pleuvant
pleuviné
pleuvoir
pleuvoté
pliement
pliocène
Plisnier
plissage
plissant
plisseur
plissure
plocéidé
Ploemeur
Ploërmel
Ploieşti
plombage
plombant
plombeur
plombier
plombure
plongeon
plongeur
Plouagat
Plouaret
Plouzané
ployable
pluchant
plucheux
plum-cake
plumetée
plumetis
plumeuse
plumitif
pluviale
pluviaux
pluvieux
pluviner
pluviôse
Plymouth
pocharde
pochardé
pochetée
pochette
pocheuse
pochouse
Podensac
podestat
poétesse
poétique
poétiser
poignant
poignard
poilante
Poincaré
pointage
pointant
pointaux
pointeau
pointeur
pointure
poiroter
poissant
poissard
poisseux
poissons
Poissons
poitevin
Poitiers
poitrail
poitrine
poivrade
poivrant
poivrier
poivrote
Polanski
polarisé
polarité
Polaroïd
poliçant
policier
Polidoro
Polignac
poliment
polisson
Politien
politisé
Politzer
Pollensa
pollinie
polluant
pollueur
polochon
polonais
polonium
polyèdre
polygala
polygale
polygame
polygone
polylobé
polymère
Polymnie
Polynice
polynôme
polypeux
polypier
polypnée
polypode
polypore
polytric
polyurie
pomerium
pommader
pommelée
pommeler
pommelle
pommetée
pommette
pompéien
pompette
pompeuse
Pompidou
pompière
pompiste
Pomponne
pomponné
Poncelet
poncelet
ponceuse
ponction
ponctuel
ponctuer
pondéral
pondérée
pondérer
pondeuse
pongiste
Pontanus
Pont-Aven
Pont-d'Ain
Ponthieu
pontifié
Pontigny
Pontmain
Pontoise
Pontormo
pont-rail
popeline
poplitée
pop music
populace
populage
populéum
populeux
Poquelin
porcelet
porc-épic
porchère
porosité
Porphyre
porphyre
porridge
Porsenna
portable
Portalis
portance
portante
portatif
Port-Cros

8

porterie
porteuse
portière
portique
Portland
portland
portrait
Port-Saïd
Portsall
Portugal
portulan
Port-Vila
Poséidon
posément
position
positive
positron
Posnanie
possédée
posséder
possible
postcure
postdate
postdaté
postface
posthite
posthume
postiche
postière
postposé
postulat
postuler
Postumus
postural
potagère
potasser
pot-au-feu
pot-de-vin
potencée
potentat
potinant
potinier
potiquet
potlatch
poto-poto
poubelle
poudrage
poudrant
poudreux
poudrier
poudroyé
pouffant
Pouilles
pouilles
Pouillet
Pouillon
pouillot
poulaine
poularde
poulette
pouliche
pouliner
pouparde
pouponné
pourceau
pour-cent
pourpier
pourprée
pourprin
pourquoi
pourtant
pourtour
pourvoir
poussage
poussant
Pousseur
pousseur
poussier
poussine
poussive
poussoir
poutrage
poutsant
Poza Rica
Pozzuoli
practice
Pradines
pragoise
praguois
prairial
praliner
prandial
pratique
pratiqué
Pratteln
Préalpes
préalpin
préavisé
prébende
prébendé
précaire
précéder
précepte
prêchant
prêcheur
précieux
préciput
préciser
précitée
préconçu
précuite
prédelle
prédicat
prédiqué
préfacer
préférée
préférer
préfixal
préfixée
préfixer
préformé
prégnant
préjuger
prélassé
prélatin
prélever
préluder
Prem Cand
prémices
première
prémisse
prémunir
prenable
prenante
prénatal
Préneste
preneuse
prénommé
préorale
préoraux
préparer
prépayer
préposée
préposer
préréglé
préroman
présager
presbyte
prescrit
présence
présente
présenté
présérie
préservé
présider
pressage
pressant
presseur
pressier
pressing
pression
pressoir
pressuré
prestant
prestige
présumée
présumer
présurer
prétendu
prête-nom
prétérit
prêteuse
prétexte
prétexté
prétoire
Pretoria
prêtrise
Preuilly
prévenir
prévenue
préverbe
prévôtal
Pribilof
prie-Dieu
primaire
primatie
primauté
primeurs
primitif
princeps
princier
Príncipe
principe
priorité
priseuse
Priština
privatif
privauté
probable
probante
problème
procaïne
procéder
prochain
proclamé
proclive
procordé
procréer

8

proctite
procurer
Procuste
prodigue
prodigué
prodrome
produire
profaner
proférer
professé
profiler
profiter
profonde
pro forma
prohibée
prohiber
projeter
prolepse
prologue
prolonge
prolongé
promener
promesse
prôneuse
prononcé
propager
Properce
prophase
prophète
propolis
proposer
propreté
propulsé
propylée
proroger
proscrit
prosodie
prospect
prospère
prospéré
prostate
prostrée
prostyle
protéase
protégée
protéger
protéide
protéine
protesté
prothèse
protiste
protoure

Proudhon
prouesse
Prousias
prouvant
Provence
provende
provenir
proverbe
provigné
province
provoqué
proximal
Prudence
prudence
prudente
pruderie
prunelée
prunelle
Prunelli
Pruntrut
prussien
prytanée
Przemyśl
psautier
psychose
psyllium
Ptolémée
ptomaïne
ptyaline
puanteur
pubalgie
pubienne
publiant
Publicis
puccinia
puccinie
pucelage
puddlage
puddlant
puddleur
pudibond
pudicité
Puiseaux
puisette
puissant
Pulitzer
pull-over
pulluler
pulpaire
pulpeuse
pulsante
pulsatif

pultacée
pulvérin
Punaauia
punaiser
puncheur
punition
punitive
pupazzos
pupipare
purement
purgatif
purgeant
purgeoir
purifier
puritain
Purkinje
purpurin
purulent
push-pull
putative
Putiphar
putréfié
pycnique
pygargue
pyorrhée
pyralène
pyramide
pyramidé
pyrénéen
Pyrénées
pyrèthre
pyridine
pyrogène
pyrolyse
pyromane
pyroxène
pyroxyle
pyroxylé
Qandahār
Qianlong
quadrant
quadrige
qualifié
quanteur
quantité
quarante
Quarnaro
quartage
quartagé
quartant
quartaut
quartidi

quartier
quartile
quassier
quassine
quaterne
quatorze
quatrain
que dalle
Quellien
quelques
quelqu'un
quémandé
quenelle
quenotte
quérable
querelle
querellé
questeur
question
questure
Quételet
quêteuse
Quetigny
quetsche
quetzals
Queuille
queutant
Quiberon
quiddité
quiétude
quilleur
quillier
quinaire
quinaude
Quinault
quinquet
quintaux
quinteux
quintidi
Quirinal
Quirinus
quiscale
Quisling
quittant
Qunayṭra
quolibet
quotient
rabâcher
rabaissé
rabattre
rabbinat
Rabelais

8

rabioter
rabonnir
rabotage
rabotant
raboteur
raboteux
rabougri
rabouter
rabrouer
racahout
racaille
raccordé
raccuser
racheter
racinage
racinant
racinaux
racinien
rackketté
raclette
racleuse
racolage
racolant
racoleur
racontar
raconter
racornir
Racoviţă
radiaire
radiance
radiante
radiatif
radicale
radicant
radicaux
radicule
radieuse
Radiguet
radinant
Radisson
radotage
radotant
radoteur
radouber
radoucir
Radványi
raffermi
raffinat
raffinée
raffiner
raffoler
raffûter

rageante
ragondin
ragréant
raillant
railleur
Raimondi
rainette
rainurer
raiponce
raisinet
raisonné
rajeunir
rajouter
Rājshāhī
rajuster
râlement
ralentir
ralingue
ralingué
ralliant
rallonge
rallongé
rallumer
Rāmānuja
ramassée
ramasser
ramassis
Ramat Gan
Rāmāyaṇa
rambarde
ramenant
ramender
ramequin
rameuter
ramifier
ramingue
ramollie
ramollir
ramonage
ramonant
ramoneur
rampante
Ramsgate
Rancagua
rancardé
rancoeur
rançonné
randonné
Randstad
rangeant
ranimant
Rantigny

rapacité
rapatrié
raperché
rapidité
rapiécer
rapinant
raplapla
raplatir
rapointi
rapparié
rappelée
rappeler
rapporté
rapports
rapprêté
rapsodie
raquette
raréfier
rarement
rascasse
Rashōmon
ras-le-bol
rassasié
rasseoir
rassorti
rassurer
rataplan
ratatiné
râtelage
râtelant
râteleur
râtelier
Rathenau
raticide
ratifier
ratinage
ratinant
rational
rationné
ratisser
rattaché
rat-taupe
rattrapé
raturage
raturant
rauchage
rauchant
raucheur
rauquant
Ravachol
ravageur
ravalant

ravaleur
ravauder
ravenala
ravigote
ravigoté
ravinant
raviolis
ravisant
ravivage
ravivant
ray-grass
Rayleigh
rayonnée
rayonner
razziant
réabonné
réacteur
réaction
réactive
réactivé
réadapté
réajusté
réaléser
réaligné
réaliser
réalisme
réaliste
Réalmont
réamorée
réanimer
réapparu
réappris
réarmant
réassort
réassuré
rebaissé
rebattre
rebattue
rebeller
rebiffer
rebiquer
reboiser
rebondie
rebondir
reborder
rebouché
rebroder
rebrûler
rebutant
recalage
recalant
Récamier

8

recarder
recasant
recauser
Reccared
recédant
recelant
receleur
recenser
recentré
recepage
recépage
recepant
récepant
réceptif
recerclé
récessif
recevant
receveur
recevoir
réchampi
rechange
rechangé
rechanté
rechaper
réchappé
recharge
rechargé
rechassé
rechigné
rechuter
récidive
récidivé
récifale
récifaux
recingle
récitals
récitant
réclamer
reclassé
reclouer
recoiffé
récolant
recoller
récollet
récolter
recompté
reconnue
recopier
recorder
recouché
recoudre
recouper

recourbé
recourir
recouvré
recraché
recréant
récréant
recrépir
recreusé
récriant
recruter
rectifié
rectoral
rectorat
rectrice
reculade
reculant
reculons
récupéré
récurage
récurant
récursif
récusant
recycler
redéfait
redéfini
redentée
redevant
redevenu
redevoir
rédimant
redisant
redonner
redorant
redoublé
redouter
redresse
redressé
Red River
réécouté
réécrire
réédifié
rééditer
rééduqué
réemploi
réengagé
réessayé
réétudié
réévalué
réexamen
refendre
référant
référent

refermer
refilant
réfléchi
refléter
refleuri
réflexif
refluant
refondre
réformée
reformer
réformer
refoulée
refouler
réfracté
refréner
réfréner
refroidi
réfugiée
réfugier
refusant
réfutant
refuznik
regagner
régalade
régalage
régalant
régalien
regarder
regarnir
régatant
régatier
regelant
régendat
régénéré
régenter
régicide
regimber
régiment
régional
registre
registré
réglable
réglette
régleuse
réglisse
régnante
Regnault
régolite
regonflé
regorger
regratté
regréant

regreffé
régressé
regretté
regrimpé
regrossi
regroupé
régulage
régulant
régulier
rehaussé
réhoboam
réifiant
Reignier
réimposé
reinette
réinséré
réinvité
réitérer
rejailli
rejetant
rejouant
relâchée
relâcher
relaissé
relancer
rélargir
relatant
relation
relative
relavant
relaxant
relayant
relayeur
reléguée
reléguer
relevage
relevant
releveur
relieuse
religion
reliquat
relisant
Relizane
relouant
reluquer
remâcher
remaillé
Rémalard
rémanent
remanger
remanier
remarché

8

remarier
Remarque
remarque
remarqué
remballé
rembarré
remblavé
remblayé
remboîté
rembougé
rembruni
rembuché
remédier
remembré
remémoré
remercié
remettre
remeublé
remisage
remisant
remisier
remmener
remmoulé
remodelé
remontée
remonter
remontré
remordre
remorque
remorqué
remoudre
remouler
rempiété
rempiler
remplacé
remplage
remplier
remployé
remplumé
rempoché
remporté
rempoter
remuante
remueuse
rémunéré
renâcler
renaître
renauder
Renaudot
rencardé
renchéri
rencogné
rendormi
rendossé
rendzine
renégate
reneiger
renfaîté
renfermé
renfiler
renflant
renfloué
renfoncé
renforcé
renformi
rengager
rengaine
rengainé
rengorgé
rengrené
rengréné
renifler
rénitent
rennaise
renommée
renommer
renoncer
renouant
rénovant
rentable
rentamer
rentière
rentoilé
rentrage
rentrait
rentrant
rentrayé
renverse
renversé
renvider
renvoyer
réoccupé
réopérer
repairer
repaître
répandre
répandue
réparant
reparler
repartie
repartir
répartir
repasser
repavage
repavant
repayant
repêcher
rependre
repenser
repentie
repentir
repérage
repérant
repercer
reperdre
répétant
répéteur
repeuplé
repiquer
replacer
replanté
replâtré
réplétif
repliant
réplique
répliqué
replissé
replongé
reployer
répondre
reporter
reposant
reposoir
repourvu
repousse
repoussé
réprimer
repriser
reprises
reproche
reproché
réprouvé
répudier
répugner
répulsif
réputant
requérir
requêter
réquisit
Réquista
requitté
resalant
rescapée
rescindé
réséquer
réservée
réserver
réserves
résidant
résident
résiduel
résignée
résigner
résilier
résinant
résineux
resingle
résingle
résinier
résister
résonant
résonner
résorber
résoudre
respecté
respects
Respighi
respirer
ressaisi
ressassé
ressauté
ressayer
ressemer
ressenti
resserre
resserré
resservi
ressorti
ressoudé
ressuage
ressuant
ressurgi
ressuyer
restante
restauré
restitué
résultat
résulter
résumant
resurgir
rétablir
retaille
retaillé
rétamage
rétamant
rétameur
retapage
retapant

8

retardée
retarder
retâtant
retenant
retendre
retenter
retentir
retercer
reterser
rétiaire
réticent
réticule
réticulé
rétinien
rétinite
retirage
retirant
retirons
retisser
rétiveté
rétivité
retombée
retomber
retondre
retordre
rétorqué
retouche
retouché
retourne
retourné
retracer
rétracté
retraite
retraité
retrayée
rétrécir
rétreint
retrempe
retrempé
rétribué
rétroagi
retrouvé
retubant
Reuchlin
réunifié
réussite
revaloir
revanche
revanché
rêvasser
réveillé
révélant

revenant
revendre
revenez-y
révérant
reverché
reverdir
révérend
revernir
reversal
reverser
reversis
revêtant
revigoré
révisant
réviseur
révision
revisité
revisser
revivals
revivant
revolant
révoltée
révolter
revolver
révoquer
revotant
revoyant
revoyure
revuiste
révulsée
révulser
révulsif
rewriter
Reynolds
Reyrieux
rhabillé
Rhadamès
rhapsode
Rhénanie
rhéobase
rhéostat
rhétique
rhizoïde
Rhodésie
rhodiage
rhodinol
Rhodopes
Rhômanos
rhubarbe
rhumerie
Rhurides
rhyolite

Ribemont
ribosome
ribouler
ribozyme
ricanant
ricaneur
richarde
Richepin
richesse
Richmond
rickshaw
ricocher
ricochet
ridement
ridicule
Riesener
riesling
Rifbjerg
riflette
rigaudon
rigidité
rigolade
rigolage
rigolant
rigolard
rigoleur
Rigollot
rigolote
Rillieux
Rimailho
rimaillé
Rimouski
rincette
rinceuse
ringarde
ringardé
Río Bravo
Río de Oro
Riopelle
Río Tinto
ripaille
ripaillé
ripement
ripoliné
riposter
ripuaire
riquiqui
risberme
risorius
risquant
rissoler
rituelle

rivalisé
rivalité
riverain
rivetage
rivetant
rizicole
roadster
robelage
Roberval
robinier
Robinson
robotisé
roburite
rocaille
roccella
Rochdale
rocheuse
rockeuse
Rockford
rocouant
rocouyer
rôdaillé
Rodogune
Rodolphe
rodomont
Rodrigue
Roentgen
roentgen
rogatons
rogneuse
rognonné
Rohrbach
roillant
roitelet
rollmops
Romagnat
romaïque
romancer
Romanche
romanche
romanisé
romanité
rombière
romsteck
ronceuse
Ronchamp
roncière
rondache
rondelet
rondelle
Rondônia
ronéoter

8

rôneraie
ronflant
ronfleur
rongeant
rongeuse
ronronné
rookerie
roquerie
roquetin
Roquette
roquette
rorquals
rosalbin
Roscelin
Rosegger
roselier
roseraie
rosevals
Rosières
Roskilde
rossarde
Rossbach
rosserie
Rossetti
rossolis
rostrale
rostraux
rotateur
rotation
rotative
rotengle
roténone
Rotharis
rotifère
rotoplot
rotulien
roturier
roublard
Roubliov
roucoulé
rouergat
Rouergue
Rouffach
rougeaud
rougeole
rougeoyé
rougette
Rouillac
rouiller
roulante
roulette
rouleuse

roulotte
roulotté
roumaine
Roumanie
Roumélie
roupillé
rouquine
Rourkela
rouspété
Rousseau
rousseau
rousseur
Roustavi
routarde
routière
rouverin
rouvieux
rouvraie
rouvrant
Roxelane
Rozebeke
Różewicz
ruandais
rubanant
rubanier
rubéfier
rubénien
rubiacée
rubicond
rubidium
rubiette
rubrique
rubriqué
rudement
rudentée
rudérale
rudéraux
rudiment
Rudnicki
rudoyant
Rufisque
rugbyman
rugbymen
Ruggieri
rugosité
rugueuse
Ruhlmann
ruineuse
ruiniste
Ruisdael
ruisseau
ruisselé

ruminant
rumsteck
runabout
Runeberg
rupestre
rupicole
rupinant
rurbaine
Rushmore
russifié
russiser
rustaude
rustique
rustiqué
rutabaga
Rutebeuf
Ruthénie
rutilant
rutoside
Ruysdael
Ruzzante
rythmant
Saadiens
Saaremaa
Saarinen
Saarland
Sabadell
Sabatier
sabéenne
sabéisme
sablerie
sableuse
sablière
sablonné
saborder
sabotage
sabotant
saboteur
sabotier
sabouler
sabreuse
saburral
saccadée
saccader
saccager
sacherie
sacoléva
sacolève
sacquant
sacrifié
sacristi
saducéen

safraner
sagacité
sagement
sagittal
sagittée
Saguenay
saharien
sahélien
sahraoui
saietter
saignant
saigneur
saigneux
saignoir
saillant
sainbois
saindoux
sainfoin
Sainghin
Saint-Avé
Saint-Cyr
Saint-Dié
sainteté
Saint-Guy
Saint-Leu
Saint-Lys
Saint-Max
Saint-Nom
Saint-Pol
Sakalava
Sakharov
Sakkarah
saktisme
salacité
Salacrou
saladero
saladier
salaison
Salamine
Salammbô
salarial
salariat
salariée
salarier
salbande
Saldanha
salement
Salençon
Salernes
salésien
Saliceti
salicine

8

salicole
salicylé
salienne
salifère
salifier
saligaud
Salignac
salignon
salinage
Salinger
salinier
salinité
salisson
salivant
Salluste
salonard
salopant
salopard
salopiau
salopiot
salpêtre
salpêtré
salpicon
salsifis
Salsigne
Saltillo
Saltykov
Salvador
Salviati
Salzburg
samarium
sambuque
samizdat
Samnites
samouraï
samoyède
Sampiero
Samsonov
Sancerre
sancerre
Sancoins
sanction
Sandburg
Sandgate
San Diego
Sandwich
sandwich
Sangallo
Sangatte
sanglant
sanglier
sangloté
sang-mêlé
Sangnier
sanguine
Ṣanhādja
sanicule
sanieuse
Sanjurjo
San Pedro
sans-abri
sanscrit
Sans-Gêne
sans-gêne
sanskrit
Santa Ana
Santarém
Santerre
Santiago
Santorin
São Paulo
saoudien
saoudite
saoulant
sapement
saphique
saphisme
sapidité
sapience
sapiteur
saponacé
saponase
saponine
saponite
sapotier
sapristi
sapropel
Saqqarah
Sarajevo
Sarakolé
Sarasate
Saratoga
sarcasme
sarcelle
sarclage
sarclant
sarcleur
sarcloir
sarclure
sarcoïde
sarcopte
sardoine
sardonyx
sargasse
Sargodha
Sarmates
Sarmatie
sarmenté
sarouals
sarouels
Sarralbe
sarrasin
Sarraute
Sarrazin
Sarrette
sarrette
Sarrians
sarroise
sarthois
Sartilly
Sassetta
sasseuse
Sathonay
satinage
satinant
satineur
satirisé
satrapie
Satu Mare
saturant
saturnie
Saturnin
saturnin
saucière
saucisse
saugrenu
Saumaise
saumâtre
saumonée
saumurer
saunière
saussaie
Saussure
sautelle
sauterie
sauteuse
sautillé
sauvagin
sauvette
Savannah
Saverdun
savetier
Savignac
savonnée
savonner
savourer
savoyard
saxatile
saxicole
scabieux
scabinal
scabreux
Scaevola
scalaire
scaldien
Scaliger
scalpant
scandale
scandant
scandium
scanneur
scansion
scaphite
scarabée
scarieux
scarifié
scélérat
scellage
scellant
scenarii
scénario
scénique
schapska
Schéhadé
scheider
Scheiner
Schiedam
schiedam
Schiller
Schinkel
Schiphol
schizose
schlague
Schlegel
schleves
schlitte
schlitté
Schlucht
Schlüter
Schnabel
Schnebel
schnoque
schnouff
Schobert
Schöffer
schooner
schproum
Schubert

8

Schumann
Schwaben
Schwartz
Schwerin
Sciascia
sciences
sciénidé
scincidé
scindant
scissile
scission
scissure
sciuridé
sclérale
scléraux
scléreux
sclérose
sclérosé
sclérote
scolaire
scoliose
scoriacé
scorpène
Scorpion
scorpion
Scorsese
scotcher
scotisme
scotiste
Scotland
scottish
scout-car
Scrabble
scrabblé
Scranton
scratché
scrofule
scrotale
scrotaux
scrubber
scrupule
scrutant
sculpter
sea-lines
Sébillet
sécateur
sécherie
sécheuse
Secondat
seconder
secouant
secoueur
secourir
secousse
Secrétan
secréter
sécréter
sectaire
séculier
sécurisé
sécurité
sédation
sédative
Sédécias
sédiment
sédition
séfarade
séfardim
segmenté
Segonzac
ségrégée
ségrégué
seigneur
Seingalt
séismale
séismaux
seizième
Séjourné
séjourné
sélacien
Selangor
Selborne
sélecter
sélectif
sélénate
sélénite
sélénium
Sélestat
Séleucie
Séleucos
sellerie
sellette
Selongey
Semarang
semblant
semelage
semestre
semi-coke
semi-fini
sémillon
séminale
séminaux
séminome
semoncer
Sénanque
sénateur
sénéchal
senestre
senestré
sénestre
sénilité
Sennecey
Sénonais
sénonais
señorita
Senousis
sensible
sensille
sensitif
sentence
séparant
Septante
septante
Septèmes
septième
Sept-Îles
septique
Sept-Laux
septuple
septuplé
sépulcre
Séquanes
séquelle
séquence
sérancer
Serapéum
serapeum
séraphin
Sérapion
Seremban
sérénade
sérénité
serfouir
sergette
séricine
sérielle
sérieuse
serinant
seringat
seringue
seringué
sermonné
sérosité
serpente
serpenté
serpette
serpolet
serrates
serratus
serrette
serriste
Sérurier
Sérusier
Servance
servante
Servanty
serveuse
services
sesbania
sesbanie
sesterce
seulette
Severini
sévérité
sévillan
sex-ratio
sex-shops
sextolet
sextuple
sexuelle
Seyssins
Shabouot
shamisen
Shandong
Shanghai
shantung
Shenyang
Shenzhen
Shen Zhou
Sheraton
Sheridan
sherries
Shetland
shetland
shilling
Shillong
shirting
Shizuoka
Shlonsky
shocking
shogunal
Sholāpur
shootant
shopping
short ton
Shoshone
showroom
shrapnel

8

shuntant
sialique
siamoise
Siang-t'an
Sibelius
sibérien
sibilant
sibyllin
siccatif
sicilien
side-cars
sidéenne
sidérale
sidérant
sidéraux
sidérite
sidérose
Siegbahn
siégeant
Sierentz
sifflage
sifflant
sifflets
siffleur
siffleux
siffloté
Sigebert
sigillée
Sigiriya
sigisbée
sigmoïde
signalée
signaler
signifié
Signoret
Sigüenza
Sihanouk
sikhisme
Sikorski
silésien
silicate
siliceux
silicium
silicone
silicose
silicosé
silicule
Silionne
Sillitoe
sillonné
silotage
siluridé
silurien
simagrée
Sima Qian
simaruba
Simbirsk
simbleau
simienne
similisé
Simonide
simplexe
simulant
sinapisé
sinciput
Sinclair
sinécure
singeant
singerie
Sin-hiang
sinisant
sinistre
sinistré
Sin-kiang
Sinn Féin
Sin-tchou
sinueuse
sinusale
sinusaux
sinusien
sinusite
sionisme
sioniste
siphoïde
siphonné
Siracide
sirénien
Sirmione
sirotant
sirupeux
sirvente
sismique
Sismondi
Sissonne
sissonne
Sisteron
sisymbre
sittelle
sivaïsme
Six-Fours
Sjöström
Skagerak
sketches
skinhead
slalomer
slaviser
slavisme
slaviste
Slavonie
sleeping
slovaque
Slovénie
Słowacki
smaltine
smaltite
smashant
smicarde
smillage
smillant
Smolensk
Smollett
snack-bar
sniffant
Snijders
snobisme
Snoilsky
snow-boot
Sobieski
sobriété
sociable
socinien
Socotora
sodomisé
sodomite
Soekarno
software
Sogdiane
soiffard
soignant
soigneur
soigneux
Soignies
Soissons
soixante
solarium
solderie
soldeuse
soléaire
soleares
solennel
Solesmes
solfiant
solidage
solidago
solidité
Solignac
Solihull
Solimena
Solingen
solipède
solitude
soliveau
solognot
solstice
solution
solvable
somalien
somation
somatisé
sombrant
sombrero
Somerset
sommable
sommaire
sommital
somnoler
sonatine
sondeuse
songeant
songerie
songeuse
Sông Hông
sonnante
sonnerie
sonnette
sonorisé
sonorité
sophisme
sophiste
Sophocle
sopranos
Sorbiers
sorbitol
Sorbonne
sorcière
Sørensen
sornette
Sorocaba
sororale
sororaux
Sorrente
sortable
sortante
Sotheby's
Sottsass
souahéli
sou-chong
souciant

8

soucieux
soucoupe
soudable
soudaine
soudante
soudeuse
soudière
soudoyer
souffert
souffler
soufflet
Soufflot
souffrir
soufisme
soufrage
soufrant
soufreur
soufroir
souhaité
Souillac
souiller
souillon
soulager
Soulages
soûlante
soûlarde
soûlaude
soûlerie
soulever
souligné
Soumgait
Soungari
Soupault
soupente
soupeser
soupeuse
soupière
soupirer
souquant
sourcier
sourdine
Sourgout
souriant
sournois
sous-bois
sous-chef
souscrit
sous-loué
sous-main
sous-offs
sous-payé
sous-pied
sous-plat
sous-pull
sous-sols
Soustons
sous-viré
soutache
soutaché
soutasse
soutenir
soutenue
Southend
soutirer
soutrage
souvenir
Souvigny
souvlaki
Souvorov
sovkhoze
Spacelab
spacieux
spardeck
spatiale
spatiaux
spatulée
Spearman
spéciale
spéciaux
spécieux
spécifié
spécimen
spectral
spéculer
spéculos
spéculum
speeches
Spengler
spergule
sphacèle
sphaigne
sphyrène
Špilberk
spinelle
spiracle
spiralée
spirante
spirifer
spirille
spirorbe
spitante
splénite
splénius
spoliant
spondias
spondyle
spontané
Spontini
Sporades
sporange
sportive
sportule
sporuler
Spoutnik
Spranger
springer
sprinter
spumeuse
squamate
squameux
squamule
squatina
squatine
squatter
squeezer
squirrhe
Sri Lanka
Srinagar
Stabroek
staccato
staffant
staffeur
Stafford
stagnant
stakning
Stalinsk
Stamford
staminal
staminée
standard
standing
Stanhope
stanneux
Stanovoï
stariets
starifié
stariser
starking
staroste
statique
statisme
statuant
statufié
statu quo
Stavelot
Stavisky
stéarate
stéarine
stéaryle
stéatite
stéatome
stéatose
steeples
stegomya
Steichen
Steinert
Steinitz
Steinlen
Steinway
stellage
Stellite
stemmate
Stendhal
steppage
steppeur
stérilet
stérique
sterling
sternale
sternaux
sternite
stéroïde
stigmate
Stilicon
Stilwell
stimuler
stimulus
stipitée
stipuler
Stirling
stockage
stockant
stock-car
Stockton
Stofflet
stoïcien
stomacal
stoppage
stoppant
stoppeur
storiste
stradiot
stratège
Strawson
Strehler
stresser
strident
stridulé

8

strigidé
strigile
stripage
stripper
strobile
Stroheim
strongle
Struthof
stud-book
studette
studieux
stupéfié
stuquant
sturnidé
Stutthof
stylique
styliser
stylisme
styliste
styloïde
subaiguë
subalpin
subéreux
subérine
subjugué
sublimer
submergé
subodoré
suborner
Subotica
subrogée
subroger
subsides
subsidié
subsisté
substrat
subsumer
subvenir
subverti
succéder
succinct
succombé
sucement
suçotant
sucrante
sucrerie
sucrette
sucrière
sudation
Su Dongpo
sudorale
sudoraux
sud-ouest
suédoise
suffixal
suffixer
suffoqué
suffrage
suggérer
suicidée
suicider
suiffant
suiffeux
suintant
suintine
suivante
suiveuse
suivisme
suiviste
sujétion
Sulawesi
Süleyman
sulfatée
sulfater
sulfonée
sulfosel
sulfurée
sulfurer
Sullivan
sultanat
sumérien
sunlight
sunnisme
superfin
superflu
Superman
superman
supermen
suppléer
supplice
supplier
supporté
supposée
supposer
supprimé
suppurer
supputer
Surabaja
Surabaya
suraiguë
surannée
surchoix
surcoupe
surcoupé
surcroît
surdorer
surdouée
surélevé
sûrement
Suresnes
surfacer
surfaire
surfaite
surfeuse
surfiler
surfondu
surgelée
surgeler
Surgères
surhomme
suricate
surikate
Suriname
surinant
surjalée
surjaler
surjeter
surliure
surlonge
surlouer
surloyer
surmener
surmonté
surmoule
surmoulé
surmulet
surmulot
surnager
surnommé
suroffre
suroxydé
surpassé
surpatte
surpayer
surpêche
surpiqué
surplace
surplomb
surprime
surprise
surrénal
sursauté
sursemer
surseoir
surtaxer
surtitre
survendu
survenir
survente
survenue
survirer
survivre
survoler
survolté
susciter
susnommé
suspecte
suspecté
suspendu
suspense
suspente
sustenté
susurrer
susvisée
suturale
suturant
suturaux
suzerain
Svalbard
svastika
Svealand
Sverdrup
Svizzera
swahilie
swastika
swinguer
Syagrius
sybarite
sycomore
Sydenham
Syllabus
syllabus
syllepse
Sylphide
sylphide
sylvaner
sylviidé
symbiose
symbiote
symétrie
Symmaque
symphyse
symptôme
syncopal
syncopée
syncoper
synderme
syndical

8

syndicat
syndiqué
syndrome
synéchie
synérèse
synergie
synodale
synodaux
synonyme
synopsie
synopsis
synovial
synovite
syntagme
synthèse
syntonie
syphilis
Syracuse
Syr-Daria
syriaque
syrienne
syrphidé
Szczecin
Sztutowo
tabassée
tabasser
tablette
tabloïde
taborite
tabouant
tabouisé
tabouret
Tabourot
tâcheron
tacheter
tachisme
tachiste
Tachkent
taconeos
tactique
tactisme
Tademaït
taffetas
Tafilelt
Taganrog
Taglioni
tagueuse
tahitien
taillade
tailladé
taillage
taillant
tailleur
tailloir
taillole
taiseuse
Taizhong
Tāj Mahal
Takasaki
Takoradi
Talavera
talisman
talk-show
tallipot
talmouse
talocher
talonner
talquant
talqueux
tamandua
tamanoir
Tamatave
Tamerlan
tamisage
tamisant
tamiseur
tamisier
tamponné
tanaisie
Tancrède
tandoori
T'ang-chan
tangence
tangente
tangible
Tangshan
tanguant
Taninges
tanisage
tanisant
Tanizaki
tankiste
tannante
tannerie
tanneuse
tannique
tanniser
tantième
tantinet
Tanzanie
Taormina
T'ao Ts'ien
tapageur
tapement
tapenade
tapinant
tapinois
tapisser
tapotant
taquiner
tararage
Tarascon
tarasque
taratata
tarauder
tarbouch
targette
targuant
tarifant
tarnaise
Tartarie
Tartarin
tartarin
tartiner
tartrate
tartreux
Tartuffe
tartuffe
Tasmanie
tassette
Tassilon
taste-vin
tatillon
tâtonner
tatouage
tatouant
tatoueur
taularde
taulière
taupière
taupinée
taurides
Tautavel
tavelant
tavelure
Tavernes
tavillon
taxateur
taxation
taxi-girl
taximans
taxodier
taxodium
Tbilissi
tchadien
Tch'ang-tö
tchapalo
tchatche
Tchekhov
Tcherski
Tchicaya
tchitola
Tchoudes
technème
technisé
tectrice
Tecumseh
teen-ager
tee-shirt
tefillin
tégument
teignant
teigneux
teillage
teillant
teilleur
teintant
teinture
Teissier
télécran
téléfilm
Telemann
Telemark
télémark
téléport
Télétype
télévisé
télexant
tellière
télougou
témérité
Temesvár
témoigné
tempérée
tempérer
tempêter
templier
temporal
temporel
ténacité
tenaille
tenaillé
tendance
tendelle
tenderie
tendeuse
tendreté
ténèbres

8

tènement
Tenerife
ténicide
Teniente
ténifuge
Tennyson
tenonner
ténorino
ténorisé
ténorite
tentante
teocalli
téphrite
téraspic
Terauchi
Ter Borch
Terceira
Teresina
terfesse
Tergnier
Terlenka
terminal
terminer
terminus
Termonde
ternaire
Ternopol
terpinol
terraqué
terrasse
terrassé
terreuse
terrible
terrifié
Terville
Tervuren
Térylène
terzetto
tesselle
testable
testacée
tétanisé
Téteghem
tétrodon
teuf-teuf
Teutatès
teutonne
texturer
thalamus
thallium
thanatos
Thatcher
théâtral
Thébaïde
thébaïde
thébaine
thébaïne
Thémines
Thénezay
Théodora
Théodore
Théodose
Théodulf
théorème
théorisé
thérapie
thermale
thermaux
thermite
thésarde
thétique
théurgie
thiamine
thiazole
thibaude
Thibault
thiofène
thionate
thionine
thio-urée
Thiviers
Thoissey
thomisme
thomiste
Thompson
thonaire
Thonburi
Thorigny
Thouarcé
Thoutmès
thridace
thriller
thrombus
Thuringe
Thurrock
thymique
thyroïde
Tian-chan
Tian Shan
tibétain
Tidikelt
tie-break
tiédasse
T'ien-chan
T'ien-tsin
tierçant
tignasse
tigresse
tigridie
tiliacée
Tilimsen
tilleuse
timbrage
timbrant
timidité
Timoléon
timonier
Timothée
Tinguely
Tinqueux
Tintoret
tintouin
tiquetée
tiqueuse
tiraillé
Tiraspol
tire-clou
tire-fond
tire-lait
tirelire
tire-nerf
Tirésias
Tiridate
Tirynthe
tisonnée
tisonner
tisserin
tisseuse
Tite-Live
Titicaca
titiller
Titograd
titreuse
titubant
Tjirebon
toarcien
toasteur
Toboggan
toboggan
Todleben
Toepffer
togolais
tohu-bohu
toilerie
toilette
toiletté
toileuse
toilière
Tokimune
Tokugawa
tokyoïte
Tolbuhin
tolérant
Toliatti
tomahawk
tomaison
tombante
tombelle
tombolos
tommette
tonalité
tondeuse
Tongeren
T'ong-houa
Tong-t'ing
Tong Yuan
tonicité
tonifier
tonitrué
Tonlé Sap
tonlieux
tonnante
Tonneins
tonnelet
tonnelle
Tonnerre
tonnerre
tonsurer
tontiner
tontisse
Topelius
tophacée
topiaire
toponyme
toquante
Torcello
torchant
torchère
tordante
tordeuse
toréador
torgnole
toroïdal
torpille
torpillé
Torrance
torréfié
torsader

8

tortille
tortillé
tortorer
tortueux
torturer
Tōshūsai
totalisé
totalité
tôt-faits
Totleben
touaille
touchant
touchaud
toucheau
toucheur
touffeur
touiller
toujours
touloupe
Toulouse
toupillé
toupiner
Toupolev
Touraine
tourbant
tourbeux
tourbier
tourelle
tourière
tourisme
touriste
tourment
tournage
tournant
Tourneur
tourneur
Tournier
tournois
tournoyé
tournure
tourteau
touselle
toussant
tousseur
toussoté
Toutatis
tout de go
township
toxicité
toxicose
Toyonaka
Toyotomi
traboule
traboulé
traçante
tracassé
traceret
traceuse
trachéal
trachéen
trachome
trachyte
tractant
tracteur
traction
tractive
traduire
trafiqué
tragédie
tragique
trahison
traînage
traînant
traînard
traîneau
traîneur
training
traitant
traiteur
traminot
tramping
tramways
tranchée
trancher
tranchet
transept
transigé
transité
Transkei
transmis
transmué
trantran
trappant
trappeur
traquant
traqueur
travails
traverse
traversé
travesti
Traviata
traviole
trayeuse
trébuché
trécheur
Treffort
tréfiler
tréfonds
Tréfouël
Trégueux
Tréguier
Treignac
treillis
trekking
trémater
Tremblay
tremblée
trembler
trémelle
trémière
trempage
trempant
trempeur
tremplin
trémuler
trénails
trentain
Trentino
trépaner
trépassé
tréphone
trépider
trépigné
tressage
tressant
tresseur
treuillé
trévirer
Trévires
triacide
triangle
triballe
triballé
tribunal
Tribunat
tribunat
trichant
tricheur
trichine
trichiné
trichite
trichoma
trichome
tricorne
tricoter
Tricouni
trictrac
tricycle
tridacne
tridenté
triennal
triester
trifolié
trillant
trillion
trilobée
trilogie
trimaran
trimardé
trimbalé
trimétal
trimètre
Trimūrti
trinervé
tringler
tringlot
Trinidad
trinquer
trinquet
triomphe
triomphé
tripante
triparti
triperie
tripette
triphasé
tripière
triplace
triplant
triplées
Triplice
triplure
tripodie
Trípolis
tripotée
tripoter
triquant
triskèle
trisomie
trissant
Trissino
triturer
triumvir
trivalve
triviale
triviaux
Trivulce
trochlée

8

trochure
Trollope
trombine
tromblon
trombone
trompant
trompeté
trompeur
Tronçais
Tronchet
tronchet
tronquer
tropical
tropique
tropisme
troquant
troqueur
trottant
trotteur
trottiné
trotting
trottoir
troubade
troubler
troufion
trouille
troupeau
troupier
trousser
trou-trou
trouvant
trouvère
trouveur
troyenne
truander
trublion
trucider
Trudaine
trudgeon
truellée
truffant
Truffaut
truffier
Trujillo
truquage
truquant
truqueur
trusquin
trustant
trusteur
trypsine
Ts'ao Ts'ao
tsarisme
tsariste
Tseu-kong
Tshikapa
Tsiganes
Ts'ing-hai
Ts'ing-tao
Ts'in-ling
Tsushima
tubeless
tubéracé
tubérale
tubéreux
tubérisé
tubicole
Tübingen
tubipore
tubitèle
tubuleux
tubulure
tudesque
tue-chien
tuilerie
tuilette
tuilière
tulipier
tullerie
tullière
tulliste
Tulsī Dās
tuméfiée
tuméfier
tumorale
tumoraux
tunicier
tuniquée
tunisien
tunisois
turbinée
turbiner
turbotin
Turcaret
turcique
turfiste
turinois
turkmène
Turlupin
turlutte
Turnhout
turonien
tuteurer
tutoyant
tutoyeur
tuyauter
twin-sets
twistant
tympanal
tympanon
typhacée
typhique
typhlite
typhoïde
tyrannie
tyrolien
tyrosine
Tziganes
ubiquité
ubuesque
ufologie
Ulbricht
ulcérant
ulcéreux
ultrason
unetelle
unguéale
unguéaux
unicaule
unicorne
unifiant
uniflore
unifolié
uniforme
unilobée
uniovulé
unisexué
unissant
unitaire
univalve
univoque
Upaniṣad
upériser
uppercut
uranique
uranisme
urbanisé
urbanité
urcéolée
urémique
urétéral
uréthane
urétrale
urétraux
urétrite
uricémie
urinaire
urineuse
urologie
urologue
uromètre
ursuline
urticale
urticant
usinière
Ustaritz
usufruit
Usumbura
usuraire
usurière
usurpant
utiliser
utilités
utopique
utopisme
utopiste
utricule
uvulaire
vacances
vacation
vaccaire
Vaccarès
vaccinal
vacciner
vacharde
vacherie
vacherin
vachette
vaciller
Vadodara
vagabond
Vaganova
vaginale
vaginaux
vaginite
vaigrage
Vailland
Vaillant
vaillant
vaisseau
Valachie
valaisan
Valbonne
Val-Cenis
Valdahon
Val d'Arly
valdisme
Valdivia

8

Val-d'Oise
Valençay
valençay
Valencia
valencia
Valentia
Valentin
Valenton
Valérien
Valerius
validant
validité
valkyrie
valleuse
Valloire
Vallonet
vallonné
Vallorbe
Valmorel
Valognes
valorisé
Valromey
valseuse
valvaire
Van Acker
vanadium
Van Aelst
Van Allen
Vanbrugh
Van Buren
Van Cleve
Vandales
Van Dijck
vandoise
Van Goyen
Vanikoro
vanillée
vanillon
vanisage
vaniteux
vannelle
vannerie
vanneuse
Van Orley
vantarde
vantelle
Van't Hoff
Van Velde
Van Wesel
Vanzetti
vaporeux
vaporisé
varaigne
Vārāṇasī
varangue
varapper
Varègues
Varennes
varheure
variable
variance
variante
variétal
variétés
Varignon
Varilhes
variolée
variorum
varloper
Varsovie
Vasarely
vaseline
vaseliné
vasistas
Vassieux
Västerås
vaticane
vaticiné
Vaucluse
vaudoise
Vaugelas
Vaujours
Vauquois
vautrait
vautrant
Vecellio
Védrines
végétale
végétant
végétaux
véhément
véhicule
véhiculé
veillant
veilleur
veinarde
veinette
veineuse
velarium
vélarium
vêlement
vélivole
velléité
vélocité
veloutée
velouter
venaison
vénalité
vendable
vendange
vendangé
vendetta
vendeuse
vendredi
Venelles
vénéneux
vénérant
vénérien
vengeant
vengeron
vénielle
venimeux
vénitien
venteaux
venteuse
ventiler
ventouse
ventrale
ventraux
vénusien
véracité
Veracruz
véraison
verbeuse
verbiage
Vercelli
verdâtre
verdelet
verdoyer
vergence
vergetée
vergette
vergeure
verglacé
vergogne
vérifier
verjutée
Verlaine
vermille
vermillé
vermoulé
vermoulu
vermouth
Verneuil
vernissé
Véronèse
verranne
verrerie
verrière
verseuse
versifié
vertèbre
vertébré
vertical
vertueux
Vertumne
verveine
vervelle
verveuse
Verviers
vésicale
vésicant
vésicaux
vésicule
vespéral
vespétro
Vespucci
vessigon
Vestdijk
Veszprém
vêtement
vétiller
Veuillot
veulerie
vexateur
vexation
Vézelise
viandant
viatique
vibrante
vibrisse
vicarial
vicariat
vicelard
vicennal
vice-rois
vichyste
viciable
vicieuse
vicinale
vicinaux
vicomtal
victoire
Victoria
victoria
vidanger
vidéaste
vide-cave

8 vidéotex
vide-vite
vidimant
Vidourle
vieillie
vieillir
vieillot
viellant
vielleur
vielleux
viennois
Viêt-cong
Viêt-minh
Vigevano
vigilant
vigneron
vigneter
vignette
Vignoble
vignoble
Vignoles
viguerie
Vila Nova
vilement
Villaret
Villebon
Villemin
Villemur
Villermé
Villeroi
Villette
villeuse
Villiers
Vilnious
Vilvorde
vinaigre
vinaigré
vindicte
vinicole
vinifère
vinifier
Vinnitsa
vinosité
Vinylite
violacée
violacer
violâtre
violence
violente
violenté
violeter
violette
violeuse
violiste
violonée
violoner
vipereau
vipéreau
vipériau
vipéridé
vipérine
virement
virginal
Virginie
virginie
virguler
Viriathe
virilisé
virilité
virocide
Viroflay
virolage
virolant
virolier
virtuose
virucide
virulent
viscache
viscéral
Visconti
visionné
visitant
visiteur
visqueux
visserie
visseuse
visuelle
vitalité
vitamine
vitaminé
vitellin
vitellus
viticole
Viti Levu
vitiligo
vitoulet
vitrerie
vitreuse
vitrière
vitrifié
vitriolé
Vitteaux
vitupéré
vivacité
Vivarais
Vivarini
vivarium
vivement
vividité
vivifier
vivipare
vivotant
vivrière
Vladimir
Vlaminck
vocalise
vocalisé
vocation
vociféré
vocodeur
voïévode
voilerie
voilette
voisiner
voiturée
voiturer
voiturin
voïvodat
voïvodie
volaille
volatile
voletant
Volhynie
volition
volitive
volleyer
Vologèse
volontés
Volsques
Voltaire
voltaire
Volterra
voltiger
volubile
volvaire
volvulus
vomérien
vomitive
voracité
votation
Vouglans
Vouneuil
vousoyer
vousseau
voussoir
voussoyé
voussure
vouvoyer
Vouziers
voyageur
vrai-faux
vraiment
vraquier
Vredeman
vrillage
vrillant
Vuillard
vulgaire
vultueux
vulvaire
wagon-lit
wagonnée
wagonnet
Wakayama
Walburge
Waldheim
Walensee
Walewski
Walhalla
walk-over
Walkyrie
walkyrie
wallaby
Wallasey
Wallonie
wallonne
Walschap
Wang Meng
Wang Mong
Warangal
warranté
Warszawa
Wartburg
Wassigny
Waterloo
waterzoi
wattmans
Wat Tyler
Wedekind
Wedgwood
week-ends
Weinberg
Weismann
Weitling
Weizmann
Welhaven
Wernicke
Westerlo

Wetteren
Wetzikon
Wevelgem
whipcord
whiskies
Whistler
Wicksell
Wiechert
wienerli
Willaert
Williams
williams
Wimereux
Wimpffen
Windhoek
Windsurf
Winnipeg
wishbone
wisigoth
Wölfflin
Wolseley
Wormhout
Worthing
Wou Tchen
Wulumuqi
Würzburg
Wycliffe
xanthine
xanthome
Xénophon
Xertigny
Xiangtan
Xianyang
Xinjiang
Xinxiang
xiphoïde
Xylander
xylidine
xylocope
yachting
yachtman
yachtmen
Yakoutie
Yamagata
Yamamoto
Yangquan
Yangzhou
Yarmouth
Yazdgard
yearling
yéménite
yeomanry
Yerville
yeshivot
Yinchuan
Ying-k'eou
Yi-tch'ang
yoghourt
Yokohama
Yokosuka
Yoritomo
Yorktown
Yosemite
yttrique
Yvelines
Zaanstad
Zaccaria
Zacharie
zaïroise
Zakharov
Zakopane
zakouski
Zamenhof
Zampieri
Zangwill
Zanzibar
zanzibar
Zao Wou-ki
Zaragoza
zarzuela
Zaventem
Zedelgem
Zehrfuss
zélateur
Żeleński
zénithal
zéolithe
Zeppelin
zeppelin
Żeromski
zérotage
zérumbet
zézayant
Zhanghua
Zhejiang
Zhuangzi
Zia ul-Haq
zibeline
zieutant
zigzagué
Zimbabwe
zincique
zingaros
zinguant
zingueur
Zinoviev
zinzolin
zodiacal
zodiaque
Zonhoven
zoolâtre
zoologie
zoologue
zoophile
zoophore
zoophyte
zoospore
zootaxie
zoreille
Zorrilla
Zottegem
zozotant
zuchette
Zululand
Zurbarán
zwanzant
Zwevegem
zwieback
Zworykin
zyeutant
Zyrianes

9

abaissant
abaisseur
abandonné
abasourdi
abâtardir
abattable
Abbadides
abbasside
abbatiale
abbatiaux
Abbeville
'Abd al-'Azīz
Abd el-Krim
abdiquant
abdominal
abducteur
abduction
Abdülaziz
abélienne
aberrance
aberrante
Aber-Vrac'h
Aber-Wrach
abhorrant
abiétacée
abiétinée
abiotique
abjection
ablutions
aboiement
abolition
abominant
Abondance
abondance
abondante
abordable
aborigène
abouchant
aboulique
abrégeant
abreuvant
abreuvoir
abricotée
abrogatif
abrogeant
absentant
absidiale
absidiaux
absidiole
absoluité
absolvant
absorbant

9

absorbeur
abstenant
abstinent
abstraire
abstraite
absurdité
Abū Ḥanīfa
Abū Tammām
Abyssinie
acadienne
acalculie
a cappella
acariâtre
acaricide
Acarnanie
accablant
accaparer
accédante
accélérer
accenteur
accentuée
accentuel
accentuer
acceptant
accepteur
acception
accession
accidenté
acclamant
acclimaté
accointer
accommodé
accomplie
accomplir
accordant
accordéon
accordeur
accordoir
accostage
accostant
accouchée
accoucher
accoudant
accoudoir
accoupler
accourant
accourcir
accoutrer
accoutumé
accouvage
accouveur
accrédité
accrétion
accrocher
accroître
accroupir
accueilli
acculturé
accumuler
accusatif
acescence
acescente
acétabule
acétamide
acétifier
acétylène
acétylure
achalandé
achalasie
acharisme
acharnant
acheminer
achetable
acheteuse
acheuléen
Achicourt
Achkhabad
achoppant
acidifier
acidulant
aciériste
aclinique
Aconcagua
aconitine
acoquiner
acoumètre
acouphène
Acquaviva
acquérant
acquéreur
acquiescé
acquittée
acquitter
acrimonie
acrobatie
acrodynie
acroléine
acrylique
acting-out
actinique
actinisme
actionner
activisme
activiste
actualisé
actualité
actuariat
actuariel
acutangle
acyclique
acylation
Adalbéron
adamantin
adamienne
Adapazari
adaptable
adaptatif
addiction
Addington
additivée
adducteur
adduction
Adelboden
adénosine
adhérence
adhérente
ad hominem
adipolyse
adiposité
adjacente
adjective
adjectivé
adjoindre
adjugeant
adjuvante
ad libitum
admettant
admirable
admiratif
admission
admixtion
admonesté
adoptable
adoptante
adorateur
adoration
adragante
adressage
adressant
adsorbant
adulateur
adulation
adultérer
adultérin
adultisme
ad valorem
advection
adventice
adventive
adverbial
adversité
Adyguéens
aepyornis
aérobiose
aéro-clubs
aérocolie
aérodrome
aérofrein
aérolithe
aérologie
aéronaute
aéronaval
aéronomie
aéroplane
aéroporté
aéroscope
aérostier
Aérotrain
Aetheling
affabuler
affaiblie
affaiblir
affairant
affaisser
affaitage
affameuse
affectant
affection
affective
afférente
affermage
affermant
affèterie
afféterie
affichage
affichant
afficheur
affidavit
affiliant
affinerie
affineuse
affirmant
affleurer
afflictif
afflouant
affluence
affluente
affolante

9

affouagée
affouager
affouillé
affouragé
affourché
affranchi
affrétant
affréteur
affriandé
affrioler
affriquée
affrontée
affronter
affruiter
affublant
affûteuse
affûtiaux
a fortiori
africaine
afrikaans
afrikaner
agacement
agalactie
Agamemnon
Agathocle
aggloméré
agglutiné
aggravant
agilement
agioteuse
agissante
agitateur
agitation
agnosique
agonisant
agrafeuse
agrainant
agréation
agrégatif
agrégeant
agrémenté
agressant
agresseur
agression
agressive
agriffant
Agrigente
agripaume
agrippant
Agrippine
agrologie
agronomie
agrostide
Aguesseau
aguichant
aguicheur
Ahasvérus
Ahmadābād
Ahmedabad
Aïd-el-Adha
Aïd-el-Fitr
aigre-doux
aigrement
aigrettée
aiguillat
aiguillée
aiguiller
Aiguilles
Aiguillon
aiguillon
aiguillot
aiguisage
aiguisant
aiguiseur
aiguisoir
Aigurande
aimantant
Air France
Aix-en-Othe
ajointant
ajournant
ajusteuse
Akhenaton
Akhmatova
Akmolinsk
Akutagawa
alambiqué
Alaouites
alarmante
alarmisme
alarmiste
Alba Iulia
albanaise
albergier
Albertina
Albigeois
albigeois
albinisme
albuginée
albuminée
alcaloïde
Alcántara
alcarazas
Alcibiade
alcoolier
alcoolisé
Alcootest
aldermans
al-Djazā'ir
aléatoire
alentours
aléthique
alevinage
alevinant
alevinier
Alexander
Alexandra
alexandra
Alexandre
alfatière
Algarotti
algazelle
algéroise
Algésiras
alginique
algonkien
Algonkins
algonquin
al-Ḥallādj
Al-Hoceima
Alhucemas
aliénable
aliénante
aliéniste
Alighieri
alimenter
alinéaire
aliquante
Aliscamps
alismacée
alitement
alizarine
alkékenge
Allāhābād
allaitant
alléchant
allégeant
Alleghany
Allegheny
allégorie
alléguant
Allemagne
allemande
Allentown
allergène
allergide
alleutier
alligator
allodiale
allodiaux
allogamie
allopathe
allophone
Allschwil
allume-feu
allume-gaz
allumette
allumeuse
alluviale
alluviaux
allylique
Almageste
Almohades
alpaguant
alphabète
alpinisme
alpiniste
alquifoux
Altdorfer
altérable
altérante
alternant
Althusser
altimètre
Altiplano
altruisme
altruiste
Altyntagh
aluminage
aluminant
aluminate
alumineux
aluminium
aluminure
alunifère
alvéolite
Alyscamps
al-Zarqālī
Alzheimer
amabilité
amadouant
Amagasaki
amalgamer
Amarāvatī
amareyeur
amarinage
amarinant
amaryllis

9

Amaterasu
amazonien
amazonite
ambassade
ambiancer
ambiguïté
ambigüité
ambisexué
ambitieux
amblyopie
Ambrières
ambroisie
ambrosien
ambulacre
ambulance
ambulante
améliorer
aménageur
amendable
Amenemhat
Aménophis
amenuiser
amérasien
amèrement
américain
américium
amerloque
améthyste
amétropie
amharique
amibienne
amidonner
amiénoise
aminogène
Amirantes
amitieuse
Ammonites
ammophile
amnésique
Amnéville
amnistiée
amnistier
amoindrir
amonceler
amoralité
Amorrites
Amou-Daria
amouraché
amourette
amoureuse
amphibien
amphibole
amphioxus
amphipode
ampholyte
amphotère
amplectif
amplement
Amplepuis
ampliatif
amplifier
amplitude
Amsterdam
amuïssant
amusement
anabolite
anaclinal
anacrouse
anaérobie
anaglyphe
anagnoste
anagramme
analectes
analgésie
analycité
analysant
analyseur
anaplasie
anarthrie
anasarque
Anastasie
anatomisé
anatoxine
Anaxagore
Anaximène
ancestral
anchoïade
Anchorage
anchoyade
andalouse
Andalucìa
andantino
Andermatt
andorrane
andouille
Andreotti
androgène
androgyne
Andromède
anémiante
anévrisme
anévrysme
Angélique
angélique
angélisme
Angilbert
angineuse
Angiolini
angkorien
anglaiser
Anglebert
anglicane
anglicisé
anglomane
angoissée
angoisser
angolaise
Angoulême
Angoumois
angstroem
angulaire
anguleuse
angustura
angusture
Ang Voddey
anhidrose
anhydride
anhydrite
anicroche
animalier
animalisé
animalité
animateur
animation
animelles
animosité
anionique
ankylosée
ankyloser
annaliste
Annapolis
Annapūrnā
Annemasse
annihiler
annonçant
annonceur
annoncier
annualisé
annualité
annulable
annulaire
annulatif
anodisant
anodontie
anomalure
Anṣariyya
Anschaire
Anschluss
antenaise
antennate
antéposer
Antequera
antérieur
Anthémios
anthonome
anthurium
anthyllis
antiacide
Anti-Atlas
antiatome
antibruit
anticipée
anticiper
anticorps
Anticosti
antidater
antiengin
antifumée
antigélif
Antigonos
antigrève
antihéros
antilacet
Anti-Liban
antillais
antimoine
antimonié
antinazie
antinomie
Antiochos
antiparti
Antipater
antiquité
antiradar
antirides
antiroman
antisèche
antitabac
antithèse
antitrust
antiviral
Antonelli
Antonello
Antonescu
Antonioni
antonymie
Antsirabé
Antwerpen

anuscopie
anversois
anxiogène
aoûtement
aoûtienne
apaisante
apartheid
apathique
apatridie
Apeldoorn
apériteur
apéritive
aphasique
aphorisme
Aphrodite
apiéceuse
apitoyant
aplasique
aplombant
apocryphe
Apollonia
apophonie
apoplexie
aposélène
apostasie
apostasié
apostille
apostillé
apostolat
apothécie
apothéose
appairage
appairant
apparence
apparente
apparenté
appariant
appartenu
appauvrir
appelante
appendant
appendice
Appenzell
appenzell
appesanti
appétence
applaudir
applicage
appliquée
appliquer
appointer
appondant
appontage
appontant
apponteur
apportant
apporteur
apprécier
apprenant
apprendre
apprentie
apprêtage
apprêtant
apprêteur
approchée
approcher
approprié
approuver
appui-bras
appui-main
appui-tête
apraxique
après-coup
après-midi
après-skis
apriorité
apurement
apyrogène
aquanaute
aquaplane
aquarelle
aquarellé
aquatinte
aquatique
Aquitaine
aquitaine
arabesque
arabisant
arachnéen
arachnide
Aragnouet
aragonais
aragonite
araliacée
araméenne
arasement
araucaria
arbitrage
arbitrale
arbitrant
arbitraux
arboretum
arborisée
arbousier
arbovirus
Arbrissel
arbustive
arc-bouter
arc-en-ciel
archaïque
archaïsme
archégone
Archélaos
archetier
archétype
archiatre
archicube
Archimède
Archinard
archivage
archivant
archontat
arçonnant
ardéchois
ardemment
ardennais
ardoisier
aréflexie
arénicole
aréolaire
aréomètre
aréostyle
Argenlieu
argentage
argentant
argenteur
argentier
Argentina
Argentine
argentine
argentite
argenture
argilacée
argileuse
Arginuses
argonaute
argotique
argotisme
argotiste
argousier
argumenté
argyrisme
arianisme
ariégeois
Arioviste
Arkwright
Arlington
Armagnacs
armistice
armoiries
armoriale
armoriant
armoriaux
Armorique
Armstrong
armurerie
arnaquant
arnaqueur
aroïdacée
aromatisé
arpégeant
arpentage
arpentant
arpenteur
arquebuse
arrachage
arrachant
arracheur
arrachoir
arrangeur
arrentant
arrérager
arrérages
arrêtiste
Arrhenius
arriérant
arrivante
arrivisme
arriviste
arrogance
arrogante
arrogeant
arrosable
arroseuse
arrow-root
Arsacides
arséniate
arsenical
arsénieux
arsénique
arséniure
arsouille
artériole
Artevelde
arthrodie
artichaut
articulée
articuler

9 articulet
artilleur
artisanal
artisanat
artocarpe
arylamine
Asahigawa
Asahikawa
asbestose
Ascaniens
ascendant
ascenseur
Ascension
ascension
ascétique
ascétisme
ascitique
asclépias
Asclépios
ascospore
aseptique
aseptisée
aseptiser
ashkénaze
ashkenazi
asiatique
asinienne
Asmonéens
asparagus
aspartame
asperseur
aspersion
aspersoir
asphalter
asphodèle
asphyxiée
asphyxier
aspirante
asplénium
assaillir
assassine
assassiné
Assassins
asséchant
assemblée
assembler
assertion
assesseur
assiduité
assiettée
assignant
assimiler
assistant
associant
assoiffée
assoiffer
assombrir
assommant
assommeur
assommoir
assonance
assonancé
assonante
assouplir
assourdir
assuétude
assujetti
assurable
assurance
Astaffort
astatique
astéroïde
asticoter
astigmate
astiquage
astiquant
astragale
Astrakhan
astreinte
astrolabe
astronome
astucieux
asymbolie
asymétrie
asymptote
asynergie
asystolie
Atahualpa
atellanes
atemporel
atérienne
atermoyer
Athabasca
Athabaska
athermane
Athis-Mons
athrepsie
Atlantide
atomicité
atomisant
atomiseur
atonalité
atrophiée
atrophier
attablant
attachant
Attalides
attaquant
attardant
atteindre
attenante
attendant
attendrir
attentant
attention
attentive
atténuant
atterrage
atterrant
attestant
atticisme
attigeant
attirable
attirance
attirante
attractif
attrapade
attrapage
attrapant
attrayant
attremper
attribuer
attrister
attrition
attrouper
aubergine
Aubespine
auburnien
audacieux
Audenarde
Auderghem
au-dessous
Audiberti
audiencia
audimètre
audio-oral
auditoire
auditorat
auditrice
Auerstedt
augeronne
augmenter
Augsbourg
augustine
Augustule
Aulu-Gelle
aumônerie
aumônière
Aurangzeb
Aureilhan
auréolant
auriculée
aurifiant
Aurobindo
Auschwitz
auscitain
ausculter
Aussillon
austénite
austérité
Australes
australes
Australia
Australie
Austrasie
autoberge
autoclave
autocopie
autocrate
autodrome
auto-école
autofocus
autogamie
autogérée
autoguidé
auto-immun
autolysat
automédon
automnale
automnaux
autoneige
autonomie
autonymie
autopompe
autopsier
autoradio
autorisée
autoriser
autorités
autoroute
autotomie
autrefois
autrement
autruchon
auvergnat
Auxerrois
avalanche
avalisant

9

avaliseur
avantager
avant-becs
avant-bras
avant-cale
avant-clou
avant-cour
avant-goût
avant-hier
avant-main
avant-midi
avant-mont
avant-pays
avant-plan
avant-port
avant-toit
avant-trou
avelinier
Avenarius
avènement
aventurée
aventurer
avestique
aveuglant
aveugle-né
aviatrice
Avicébron
avidement
avionique
avionneur
avitaillé
avivement
avocatier
avoisiner
avorteuse
Avranches
avunculat
Awrangzīb
axillaire
axiologie
ayatollah
Ayers Rock
Ayyubides
azéotrope
azerolier
azilienne
azimutale
azimutaux
Azincourt
azuréenne
babas cool
babélisme
Babenberg
babillage
babillant
babillard
Babington
bâbordais
baby-booms
Babylonie
baby-tests
bacchante
baccifère
Bachelard
Bachelier
bachelier
Bachkirie
bachotage
bachotant
bacillose
bactérien
Bactriane
badinerie
Badinguet
badminton
Baekeland
bafouille
bafouillé
Bafoussam
bagagerie
bagagiste
bagarrant
bagarreur
bagatelle
Bagration
baigneuse
baignoire
Baïkonour
Baillargé
bâilleuse
bailliage
bâillonné
bain-marie
Bainville
baisemain
baisement
baisotant
baissière
Bākhtarān
Bakounine
baladeuse
balafrant
Balaïtous
Balakirev
Balaklava
balalaïka
balançant
balancier
balancine
Balandier
balayette
balayeuse
balayures
balbutier
balbuzard
Balconnet
baldaquin
baleineau
baleinier
balestron
Bălgarija
Balikesir
baliseuse
balistite
baliverne
balkanisé
Ballanche
ballaster
ballerine
ballonnée
ballonner
ballonnet
ballotter
ball-traps
balluchon
balnéaire
baloutchi
balsamier
balsamine
balthasar
Balthasar
Balthazar
balthazar
Balthilde
Baltimore
balzacien
Bamboccio
bambocher
banaliser
bancroche
banc-titre
banderole
bandes-son
bandonéon
Bangalore
Bangouélo
Bangweulu
Banja Luka
banjoïste
bank-notes
banquable
banqueter
banquette
banquiste
baptisant
baptismal
Bārābudur
Baracaldo
baragouin
baraquant
baraterie
Baratieri
baratiner
barattage
barattant
barbacane
Barbaroux
barbelure
Barberini
barbichue
barbifier
barbillon
barbitals
barbotage
barbotant
barboteur
barbotine
Barcelona
Barcelone
bardolino
Barenboïm
barguigné
Bar-Hillel
barigoule
bariolage
bariolant
bariolure
barlongue
bar-mitsva
barnabite
baromètre
baronnage
Baronnies
baroscope
baroudeur
barquette
barracuda
barrement

9

barricade
barricadé
Bartholdi
basculant
basculeur
Basdevant
base-balls
Bas-Empire
basilaire
basilical
basilique
basiphile
bas-jointé
basochien
basophile
basquaise
bas-relief
basse-cour
bassement
Basse-Saxe
bassinant
Bastelica
bastiaise
bastillée
bastionné
bastonner
bas-ventre
batailler
bataillon
batardeau
bâtardise
batavique
bateau-feu
bateleuse
batelière
batholite
batifoler
batillage
bâtissant
bâtisseur
bâtonnant
bâtonnier
batracien
battement
batteries
Batthyány
baudruche
bauquière
bavardage
bavardant
bavaroise
bavassant
bavochant
bavochure
bazardant
Bazeilles
Beardsley
béarnaise
béatement
béatifier
béatitude
Beaucaire
beauceron
Beauchamp
Beaucourt
Beaudouin
beau-frère
Beaugency
Beauneveu
Beaupréau
beaux-arts
beaux-fils
bécasseau
Bécassine
bécassine
bec-croisé
bec-de-cane
bêcheveté
Bechterev
Becquerel
becquerel
becqueter
Bédarieux
bédéphile
bedonnant
Beernaert
Beersheba
Beer-Shev'a
Beethoven
bégayante
bégayeuse
béguetant
béguinage
Béhistoun
beigeasse
beigeâtre
beignerie
bélemnite
Bélisaire
belladone
Bellarmin
belle-dame
Belle-Isle
bellement
belle-mère
Bellerive
Bellièvre
belluaire
Belphégor
Belvédère
belvédère
Belzébuth
bémoliser
Benavente
Ben Djedid
Benedetto
bénéficié
bénéfique
bénévolat
bénignité
bénincase
Benin City
béninoise
bénissant
bénisseur
benjamine
Ben Jonson
Bennigsen
Benserade
benthique
bentonite
Ben Yehuda
benzidine
benzoïque
béotienne
béquetant
béquiller
Berberati
bercement
Berchmans
Bérengère
Berezniki
bergamote
berkélium
Berkshire
berlingot
berlinois
bermudien
Bernardin
bernardin
Bernhardt
Bernoulli
Bernstein
berrichon
berruyère
Berthelot
Bertillon
béryllium
Berzelius
berzingue
besognant
besogneux
Bessarion
Bessières
bestiaire
Bethlehem
Bethsabée
bêtifiant
bétonnage
bétonnant
betterave
bétulacée
bétulinée
beuglante
beurrerie
Beuvrages
Beveridge
Béveziers
beylicale
beylicaux
Bhāgalpur
Bhaktapur
Bhavnagar
biacuminé
Białystok
bibasique
biberonné
bibliobus
bicaméral
bicéphale
bichlamar
bichonner
bichromie
bicipital
biconcave
biconvexe
bicourant
bicuspide
bidonnage
bidonnant
bidouillé
Bielefeld
Bielgorod
Bielinski
biellette
bien-aimée
bien-aimés
biénergie

bien-fondé
bien-fonds
bien-jugés
bienséant
bienvenir
Bienvenüe
bienvenue
biffement
bifilaire
bifurquer
bigarrant
bigarreau
bigarrure
bigophone
bigornant
bigorneau
bigoterie
bigotisme
bigourdan
bigrement
biguanide
bijection
bijective
bijoutier
bilabiale
bilatéral
bilboquet
bilharzia
bilharzie
biloquant
bimensuel
binaurale
binauraux
binoclard
binomiale
binomiaux
binominal
biocénose
biochimie
bioclimat
biogenèse
biographe
biométrie
biorythme
biosphère
biostasie
bipartite
bipolaire
birapport
Bir Hakeim
Birotteau
bisaïeule
bisaïeuls
bisannuel
Bischheim
biscornue
biscuiter
biseauter
bisontine
bistourné
bisulfate
bisulfite
bisulfure
bitension
biterrois
bitturant
bitumeuse
biturbine
Bituriges
bivalence
bivalente
bivouaqué
bla-bla-bla
black-bass
Blackfoot
black jack
Blackpool
black-rots
blagueuse
blanc-étoc
Blanchard
Blanchart
blancheur
blasement
blasonner
blasphème
blasphémé
blatérant
blèsement
blessante
blinquant
blocaille
bloc-évier
blockhaus
bloc-notes
Bloemaert
blondasse
blondinet
Blotzheim
blousante
blue-jeans
bluffeuse
Bobadilla
bobinette
bobineuse
bobinière
Bobrouïsk
bobsleigh
bocardage
bocardant
Boieldieu
Boillesve
Boischaut
Bois-d'Arcy
boisement
Bois-le-Duc
Bois-Noirs
boitement
boitiller
bolchevik
bolivares
boliviano
bolomètre
bolonaise
Boltanski
Boltzmann
bombarder
bombardon
bombement
Bonaparte
Bonchamps
bondérisé
Bondoufle
bon enfant
Bong Range
Bonifacio
bonifiant
bonimenté
Bonington
bon marché
bonnement
bonneteau
bonneteur
bonnetier
Bonnières
bons-papas
bookmaker
booléenne
boolienne
boomerang
boqueteau
Bordelais
bordelais
bordereau
bornoyant
Borobudur
Borromées
Borromini
bosniaque
bosnienne
bossa-nova
Bosschère
bosselage
bosselant
bosselure
bostonner
bostryche
botanique
botaniste
bottelage
bottelant
botteleur
bottillon
botulique
botulisme
boubouler
boucanage
boucanant
boucanier
boucharde
bouchardé
boucherie
Boucherot
bouchonné
Boucicaut
bouclette
boudinage
boudinant
bouffante
bouffarde
bouffette
bouffeuse
Boufflers
bouffonne
bouffonné
bougeotte
Bouglione
bougonner
bougresse
bouillant
Bouillaud
Bouillaud
bouilleur
Boulanger
boulanger
bouletage
boulevard
Boulgakov

9

boulinier
boulocher
boulomane
boulonner
boulotter
Boulouris
bouquetée
bouquetin
bouquiner
bourbeuse
Bourbonne
Bourbourg
Bourbriac
bourdaine
Bourdelle
bourdigue
bourdonné
Bourgelat
Bourgeois
bourgeois
Bourgeoys
bourgeron
Bourgogne
bourgogne
Bourgoing
Bourgueil
bourgueil
Bourguiba
Bouriatie
Bournazel
bourrache
bourratif
bourrelée
bourrelet
bourrette
bourriche
bourricot
bourrique
Boursault
boursière
bouscueil
bousculer
bousiller
Boussaâda
boutargue
boute-hors
bouteille
bouteroue
bouton-d'or
boutonner
bouturage
bouturant

bouvillon
bouvreuil
Bouzigues
bovarysme
bow-string
bow-window
box-office
boyaudier
boyautant
boycotter
boy-scouts
brabançon
brachiale
brachiaux
braconner
bractéale
bractéaux
braguette
braillant
braillard
brailleur
braisette
braisière
Bramabiau
bramement
brancardé
branchage
branchant
branchial
branchies
branlante
branle-bas
Brantford
braqueuse
brasiller
Bras-Panon
brasserie
brasseuse
brassière
bravement
Bray-Dunes
break-down
breakfast
Breendonk
Brégançon
brésilien
brésiller
brésillet
Bressuire
brestoise
Bretenoux
bretessée

bretteler
Breuillet
brevetant
bréviaire
Brézolles
Brialmont
bric-à-brac
bricolage
bricolant
bricoleur
Briçonnet
bridgeant
bridgeuse
brigadier
brigantin
Brignoles
brillance
brillante
brillanté
brimbaler
brindille
bringeure
bringuant
briochine
briqueter
briquette
brise-bise
brise-jets
brisement
brise-tout
brise-vent
brise-vues
brisquard
Broad Peak
brocanter
brocarder
brochante
brocheton
brochette
brocheuse
brodequin
broiement
Bromfield
bronchant
bronchite
Bronstein
bronzante
bronzette
bronzeuse
bronzière
broquelin
broquette

brosserie
brossière
Brouckère
brouettée
brouetter
brouillée
brouiller
brouillon
Broussais
broussard
broutille
brucelles
bruineuse
bruissage
bruissant
bruiteuse
brumasser
Brunehaut
Brunswick
brusquant
brutalisé
brutalité
Bruxelles
bryologie
bryophyte
Brzezinka
buanderie
buandière
bubonique
Bucéphale
bucolique
Bucureşti
budgétant
budgétisé
buffetier
bufflesse
buffletin
bufflonne
Bujumbura
bulb-keels
bulldozer
bull-finch
Bundesrat
Bundestag
buraliste
Burgkmair
Burgondes
buriniste
burkinabé
burkinais
burlesque
burlingue

Burroughs
busserole
butadiène
Butenandt
butineuse
Butterfly
butylique
butyreuse
butyrique
buvetière
Buxtehude
Buzançais
Bydgoszcz
byssinose
byzantine
cabaliste
Caballero
Cabestany
cabillaud
cabochard
cabossant
cabotiner
cabrioler
cabriolet
cab-signal
cacahuète
cacaotier
cacaoyère
cacardant
cache-cols
Cachemire
cachemire
cache-pots
cache-sexe
cachetage
cachetant
cachetier
cacochyme
cacologie
Ca' da Mosto
Cadarache
cadastral
cadastrer
cadenassé
cadençant
cadenette
cadrature
cadurcien
caennaise
cafardage
cafardant
cafardeur
cafardeux
cafétéria
cafetière
cafouillé
cagerotte
cagoterie
cagoulard
cahin-caha
cahotante
cahoteuse
caillasse
Cailletet
caillette
caillouté
caisserie
caissette
caissière
cajolerie
cajoleuse
Çakuntalā
Çākyamuni
calabrais
calaisien
calambour
calaminer
calancher
calandrer
Calanques
Calatrava
calcanéum
calcareux
calcarone
calcicole
calcifiée
calcifuge
calcinant
calciurie
calculant
calculeux
caldarium
calebasse
calebombe
Calédonie
calembour
Calenzana
cale-pieds
calfatage
calfatant
calfeutré
calibrage
calibrant
calibreur
câlinerie
Călinescu
Callaghan
call-girls
Callières
callipyge
callosité
calmement
calomnier
calorique
calottant
camaldule
camarilla
cambiaire
Cambrésis
Cambridge
cambriolé
Cambronne
cambrouse
cambusier
camembert
cameraman
cameramen
camériste
Caméscope
camionner
camomille
camoufler
camouflet
campagnol
campanien
campanile
campanule
Camp David
Campeador
campement
camphrier
Campidano
Canaletto
canaliser
Cananéens
canapé-lit
canardant
canardeau
Canaveral
cancanant
cancanier
cancéreux
cancérisé
cancrelat
cancroïde
candidate
candidose
candomblé
Canebière
canéphore
canetière
canissier
canne-épée
cannelier
cannelure
cannetage
cannibale
canoéisme
canoéiste
canoniale
canoniaux
canonicat
canonique
canoniser
canoniste
canonnade
canonnage
canonnant
canonnier
canoteuse
Canrobert
cantabile
Cantabres
cantalien
cantaloue
cantaloup
cantilène
Cantillon
cantinant
cantinier
cantonade
cantonais
cantonale
cantonaux
cantonner
canulante
caodaïsme
capacitif
caparaçon
Cap-Breton
Capbreton
Capestang
Capétiens
Cap-Ferrat
Cap-Ferret
Capistran
capitaine
capiteuse

9

Capitolin
capitolin
capitonné
capituler
Cap-Martin
Caporetto
Cappadoce
Cappiello
capricant
capriccio
capronier
capsienne
capsulage
capsulant
captateur
captation
captative
captieuse
captivant
captivité
capturant
caquetage
caquetant
carabinée
Caracalla
caracoler
caractère
Caragiale
carambole
carambolé
caramélée
carapater
caravelle
carbamate
carbogène
carbonade
carbonado
carbonari
carbonaro
carbonate
carbonaté
carbonisé
carbonyle
carbonylé
carboxyle
carburant
carcaillé
carcérale
carcéraux
carcinome
Carcopino
cardamine
cardamome
cardiaque
cardinale
cardinaux
cardioïde
carençant
carentiel
caressant
car-ferrys
cargaison
cargneule
cariatide
Carinthie
cariogène
Carissimi
caritatif
carlingue
carmeline
carmélite
carnation
carnavals
Carnières
Carniques
carnivore
carnotset
carnotzet
Carolines
caroncule
Carothers
carottage
carottant
carotteur
carottier
caroubier
Carpaccio
carpaccio
Carpiagne
carpienne
carpillon
Carquefou
carrefour
carrelage
carrelant
carreleur
carrément
Carrières
carrosser
carrousel
carroyage
carroyant
Cartagena
cartésien
cartilage
cartisane
cartonner
Cartouche
cartouche
caryatide
caryotype
Casadesus
Casamance
casanière
cascadant
cascadeur
caséation
casemater
caserette
casernant
casernier
cash-flows
Caspienne
casquette
Cassagnac
Cassagnes
Cassandre
cassation
cassement
casse-noix
casse-pipe
casserole
casse-tête
cassonade
cassoulet
Castellón
Castelnau
castillan
Castillon
castoréum
castrisme
castriste
casuarina
catacombe
Catalauni
Catalogne
catalogne
catalogue
catalogué
Catalunya
catalyser
catamaran
Catanzaro
Cataphote
catapulte
catapulté
cataracte
catarrhal
catatonie
catcheuse
catéchèse
catéchisé
catégorie
caténaire
catharsis
cathédral
Catherine
catissage
catissant
caucasien
cauchemar
cauchoise
caudrette
Caumartin
causalgie
causalité
causative
caustique
cauteleux
Cauterets
cautérisé
cautionné
Cavaignac
Cavaillès
Cavaillon
cavaillon
Cavalaire
cavalcade
cavalcadé
cavalerie
cavaleuse
cavalière
Cavalieri
Cavallini
Cavendish
caverneux
caviarder
cavicorne
cavitaire
Ceauşescu
Cecchetti
cédétiste
cédratier
cédulaire
cégésimal
cégétiste
ceinturer
ceinturon

9

célébrant
célébrité
Célestine
Cellamare
cellérier
cellulase
cellulite
Celluloïd
cellulose
Cemal Paşa
cémentant
cémentite
cendreuse
cenellier
cénotaphe
censément
censorial
censuelle
censurant
centaurée
Centaures
centenier
centennal
cent-garde
centilage
Cent-Jours
centriole
centrisme
centriste
centumvir
centupler
centurion
cependant
Céramique
céramique
céramiste
cerdagnol
céréalier
cérébrale
cérébraux
cérémonie
cerisette
Cernuschi
certifiée
certifier
certitude
Cérulaire
cervaison
Cervantès
Cerveteri
cervicale
cervicaux
cervicite
césariser
césarisme
cessation
c'est-à-dire
cétonémie
cétonique
cétonurie
ceylanais
Ceyzériat
Cézallier
Chabanais
Chabannes
chabichou
chabraque
cha-cha-cha
chafiisme
chafouine
chagrinée
chagriner
chahutant
chahuteur
Chailland
chaînette
chaîneuse
chaîniste
chaisière
Chalamont
chalazion
challenge
Chalonnes
chaloupée
chalouper
chalumeau
chalutage
chalutier
chamaille
chamaillé
chamarrer
chambardé
Chambiges
chamboulé
chambrant
chambrier
chamelier
chamérops
chamoiser
Champagne
Champagné
champagne
Champeaux
champêtre
Champigny
champisse
Champlain
champlevé
Champsaur
chançarde
chanceler
chanceuse
chandelle
chanfrein
Changchun
changeant
Changzhou
chanlatte
chansonné
chantante
Chantelle
chanteuse
Chantilly
chantilly
chantonné
chantoung
chanvrier
chaotique
chaparder
chapeauté
Chapelain
chapelain
chapelier
chapelure
chapiteau
chapitral
chapitrer
chaponner
Chaponost
charançon
charbonné
charcuter
chardonay
Chardonne
Charenton
chargeant
chargeuse
Charibert
charioter
Charivari
charivari
charlatan
Charleroi
Charlotte
charlotte
charmante
charmeuse
charmille
charnelle
charnière
Charolais
charolais
Charolles
Charondas
Charonton
charpente
charpenté
charretée
charretin
Charreton
charreton
charrette
charriage
charriant
charroyer
charruage
chartisme
chartiste
chartrain
chartreux
chartrier
chasement
chassante
chasselas
chassepot
chasseuse
chassieux
châtaigne
châtelain
Châtenois
chat-huant
Châtillon
châtiment
chatonner
chatoyant
chatterie
Chatterjī
chat-tigre
chaudière
chauffage
chauffant
chauffard
chauffeur
chauleuse
Chaumette
chaumière
chaussant
chausseur

9

chaussure
Chautemps
Chauvelin
Chauvigny
chavirant
Chazelles
check-list
chefferie
chef-garde
cheftaine
chélateur
chélicère
chélonien
cheminant
chemineau
chemisage
chemisant
chemisier
chenillée
chénopode
Chen-tchen
chéquable
Cherbourg
cherchant
Cherchell
chercheur
chèrement
chérifien
Cherubini
chétiveté
chétivité
chevalant
Chevalier
chevalier
chevaline
Chevalley
chevauché
chevelure
cheviller
Chevillon
cheviotte
chevreter
chevrette
chevretté
chevreuil
Chevreuse
chevrière
chevronné
chevroter
chevrotin
chiadeuse
chialeuse
Chiangmai
chibouque
chicanant
chicaneur
chicanier
chicotant
chiendent
Chiengmai
chien-loup
chiffonne
chiffonné
chiffrage
chiffrant
chiffreur
chiffrier
Chihuahua
chihuahua
Childéric
chilienne
Chilpéric
chimpanzé
chinchard
chinoiser
chipolata
chipotage
chipotant
chipoteur
chiqueuse
Chiquitos
chiralité
chironome
chirurgie
chitineux
chlamydia
chlinguer
chlorelle
chlorique
chlorurée
chlorurer
chochotte
chocolaté
chocottes
choéphore
choke-bore
cholérine
Choletais
choliambe
Cholokhov
chondrome
Chongqing
chop sueys
choquante
choréique
choriambe
chosifier
Chou En-lai
chou-fleur
chou-navet
chouriner
Christian
Christie's
Christine
Christmas
chromeuse
chromique
chromiser
chromiste
chronaxie
chronique
Chrysippe
chthonien
chuchoter
chuchotis
chuintant
Churchill
chylifère
chypriote
Ciba-Geigy
cicatrice
cicatrisé
cicérones
cicindèle
ciconiidé
ci-dessous
cigarette
cigarière
cigarillo
cigogneau
ci-incluse
ciliature
cillement
cimentant
cimentier
cimeterre
cimetière
cimicaire
Cinecittà
ciné-clubs
ciné-parcs
cinéphile
cinéraire
cinéroman
ciné-shops
cinétique
cinétisme
cinglante
cinnamome
Cinq-Cents
cinquante
cinquième
cintreuse
circadien
Circassie
circoncis
circulant
cirripède
cisailler
Cisalpine
cisalpine
ciseleuse
cisjurane
Cispadane
citadelle
citatrice
citérieur
citharède
citoyenne
citronnée
civilisée
civiliser
civiliste
civilités
clabauder
clabotage
clabotant
cladocère
clafoutis
clairance
clairette
Clairfayt
clairière
claironné
clairsemé
Clairvaux
clameçant
Clapeyron
clapotage
clapotant
clapoteux
claquante
claqueter
claquette
Clarendon
clarifier
classable
classifié

9

classique
clastique
claudiqué
claustral
claustras
claustrer
claveleux
clavetage
clavetant
clavicule
clayonner
clearance
Cléguérec
clématite
Cléopâtre
clepsydre
clergyman
clergymen
cléricale
cléricaux
clérouque
Cleveland
clicherie
clicheuse
clientèle
clignoter
climatère
climatisé
clin d'œil
clinicien
clinquant
cliqueter
cliquetis
cliquette
Clisthène
clitocybe
clocharde
clocheton
clochette
cloisonné
cloîtrant
clomifène
clopinant
clôturant
clouterie
cloutière
clownerie
clownesse
clunisien
coaccusée
coacervat
coagulant
coalescer
coalisant
coalition
coassocié
cobaltine
cobaltite
cocardier
coccolite
coccygien
Cochereau
cochonner
cochonnet
Cockcroft
cocottant
cocufiant
codétenue
codicille
codifiant
coéditeur
coédition
cœliaque
cœlomate
coercible
coercitif
coéternel
Coëtlogon
coexister
cofacteur
cofinancé
cogérance
cogérante
cogestion
cognation
cognement
cognition
cognitive
cohabiter
cohérence
cohérente
cohériter
coiffante
coiffeuse
coïncider
coïnculpé
cokéfiant
colchique
cold-cream
coléreuse
Coleridge
colérique
coliforme
colimaçon
colistier
colistine
collaboré
collagène
collapsus
Collargol
collateur
collation
collecter
collectif
collégial
collégien
colletant
colleteur
Collioure
collision
collodion
colloïdal
colloquer
collusion
colluvion
colmatage
colmatant
colombage
colombien
colombier
Colombine
colombine
colombium
Colomiers
colonelle
coloniale
coloniaux
colonisée
coloniser
colonnade
colophane
colorante
coloriage
coloriant
coloriser
coloriste
colossale
colossaux
colostrum
colpocèle
colporter
cols-bleus
coltinage
coltinant
colubridé
columbium
Columelle
columelle
colzatier
comandant
comateuse
combative
combattre
combinant
combinard
Combronde
comburant
Comencini
cométaire
cométique
comitiale
comitiaux
Commagène
commander
commémoré
commencer
commensal
commenter
Commentry
commérage
commérant
commercer
commettre
Comminges
commodité
commodore
commotion
commuable
communale
communard
communaux
communier
communion
commutant
compacité
compacter
compagnie
compagnon
comparant
comparoir
compassée
compasser
compensée
compenser
compérage
compétent
Compiègne
compilant

9

compisser
complaire
complanté
compléter
complétif
complexée
complexer
compliqué
comploter
comporter
composant
composeur
composite
composter
compotier
comprador
compresse
compressé
comprimée
comprimer
compromis
comptable
compulser
compulsif
computeur
comtadine
concasser
concavité
concédant
concentré
concerner
concertée
concerter
concessif
concevant
concevoir
conchoïde
conchylis
concierge
concilier
concision
concluant
conclusif
concocter
concombre
Concordat
concordat
concorder
concourir
concréter
concubine
condamnée
condamner
condenser
Condillac
condiment
condition
Condorcet
condylien
condylome
confédéré
conférant
confesser
confettis
confiance
confiante
confident
confinant
confirmer
confisant
confiseur
confisqué
confiteor
confiture
confluant
confluent
Confolens
confondre
conformée
conformer
conforter
confrérie
confronté
confucéen
Confucius
confusion
congéable
congédier
congelant
congénère
congestif
congolais
congréant
congruent
conjointe
conjugale
conjugaux
conjuguée
conjuguer
conjugués
conjurant
connaître
Connaught
connecter
connectif
connexion
connexité
connivent
connotant
conquérir
consacrée
consacrer
conscient
conseillé
consensus
consentir
conservée
conserver
considéré
consigner
consister
consolant
consolidé
consommée
consommer
consonant
conspirer
conspuant
Constable
constable
Constance
constance
Constanţa
constante
constater
constellé
consterné
constipée
constiper
constitué
construit
consulter
consumant
contacter
contagion
container
contaminé
Contarini
contemplé
contenant
conteneur
contenter
contentif
contester
continent
continuel
continuer
continuum
contourné
contracte
contracté
contraint
contraire
contralto
contrarié
contrario
contraste
contrasté
contravis
contre-arc
contrebas
contredit
contre-fer
contre-feu
contre-fil
contre-pas
contrepet
contribué
contristé
contrôler
controuvé
contumace
contusion
convaincu
convenant
converger
converser
convertie
convertir
convexion
convexité
convivial
convoiter
convolant
convoluté
convoquer
convoyage
convoyant
convoyeur
convulser
convulsif
coobligée
coopérant
coordonné
copartage
copartagé
copermuté
copinerie

9

copossédé
coproduit
copulatif
copyright
coqueleux
Coquelles
coquerico
coquetant
coquetier
coquiller
coracoïde
corallien
coralline
coranique
corbeille
Corbières
corbières
corbillat
corbillon
cordelant
cordelier
Cordemais
cordonner
cordonnet
cordouane
coréopsis
coriandre
cornaline
cornaquer
cornéenne
Corneille
corneille
cornélien
Cornelius
cornement
cornemuse
cornichon
cornillon
Cornimont
coronaire
coronelle
coronille
corporaux
corps-mort
corpulent
corrasion
correctif
corrélant
Corrençon
corrézien
corrigeur
corroboré
corrodant
corrompre
corrompue
corrosion
corrosive
corroyage
corroyant
corroyère
corroyeur
corsetant
corsetier
corticale
corticaux
cortisone
coruscant
corvéable
Corvisart
corybante
cosécante
Costa Rica
costumant
costumier
Côte d'Azur
Côte-de-l'Or
côtelette
cotisante
cotissant
cotonnade
cotonnant
cotonneux
cotonnier
Coton-Tige
Cottereau
cotutelle
cotutrice
cotylédon
cotyloïde
couardise
Coubertin
couchante
coucherie
couchette
coucheuse
cou-de-pied
coudoyant
couenneux
Coulaines
couleuvre
coulisser
Coulonges
coumarine
coupaillé
coupe-chou
coupe-faim
coupe-file
coupe-pâte
couperose
couperosé
coupe-vent
courageux
couraillé
courbaril
courbatue
courbette
courgette
Courlande
couronnée
couronner
Courpière
Courrèges
courroucé
coursière
coursonne
courtaude
courtaudé
Courtenay
courtière
courtisan
courtiser
courtoise
courts-jus
court-vêtu
Courville
Couserans
cousinage
cousinant
coussinet
Coutances
coutelier
coutumier
couturier
couvaison
couvercle
couvrante
couvre-feu
couvre-lit
covalence
covendeur
cover-girl
crabotage
crabotant
cracheuse
crachiner
crachoter
cradingue
craignant
craillant
craintive
cramoisie
cramponné
crânement
crânienne
crapahuté
crapaüter
crapuleux
craquelée
craqueler
craquelin
craqueter
crasseuse
cratérisé
cravacher
cravatant
crawleuse
crayonner
créancier
créatique
créatrice
Crébillon
créditant
créditeur
crédulité
crémation
crénelage
crénelant
crénelure
créodonte
créoliser
créosoter
crêpelure
Crépinien
crépitant
crescendo
crétinisé
creusoise
crevaison
crevasser
crevotant
criailler
crinoline
Criquetot
crispante
critérium
critiquer
croassant
crocheter

9

crocodile
croisette
croisière
croissant
Cro-Magnon
Cronstadt
croquante
croquenot
croquette
croqueuse
crossette
crossmans
croulante
croupière
crousille
croustade
croûteuse
Crouzille
crucifère
crucifiée
crucifier
crustacée
cryogénie
cryolithe
cryologie
cryptique
Ctésiphon
cubitière
cucurbite
cueillage
cueillant
cueilleur
cueilloir
cuillerée
cuilleron
cuirassée
cuirasser
cuisinant
cuisinier
cuissarde
cuistance
cuivreuse
cuivrique
culbutage
culbutant
culbuteur
cul-de-four
cul-de-porc
culinaire
culminant
culottage
culottant
culottier
culs-de-sac
cultivant
cultuelle
culturale
culturaux
cumulable
cumularde
cumulatif
cuprifère
curaillon
curatelle
curatrice
cure-dents
cure-ongle
cure-pipes
curettage
curiosité
Curnonsky
Cuvilliés
cyanamide
cyanogène
cyanosant
cyanurant
cyclamate
cyclisant
cycloïdal
cyclonale
cyclonaux
cyclopéen
cyclotron
cylindrée
cylindrer
cymbalier
cynodrome
cynophile
cypéracée
cyprinidé
cytologie
czimbalum
Dąbrowska
Dąbrowski
dacquoise
Daghestan
Daguestan
Dainville
dalaï-lama
d'Alembert
Dalhousie
dalmatien
daltonien
Damanhour
Damascène
damassant
damassure
Dammartin
damnation
damoiseau
Dampierre
Damrémont
dandinant
dangereux
Danjoutin
D'Annunzio
Danrémont
dansotant
dansotter
dantesque
Darbhanga
Daremberg
Darjīling
Darmstadt
Darsonval
d'Artagnan
Dartmouth
dartreuse
darwinien
Daubenton
Dauberval
d'Aubignac
Daumesnil
Dauvergne
Dāvangere
davantage
David-Neel
dead-heats
déambuler
Deauville
débâchant
débâclant
débagoulé
déballage
déballant
débandade
débandant
débaptisé
débardage
débardant
débardeur
débarquée
débarquer
débarrant
débattant
débatteur
débauchée
débaucher
débectant
débenzolé
débéqueté
débiliter
débineuse
débitable
débitante
débitrice
déblatéré
déblayage
déblayant
déblocage
débloquer
débobiner
déboisage
déboisant
déboîtant
débondant
débordant
débosselé
débottant
déboucher
déboucler
débouilli
déboulant
débouquer
débourber
débourrer
débourser
déboutant
débraillé
débranché
débrasage
débrasant
débrayage
débrayant
débridant
débrocher
débroussé
débuchant
Debucourt
débusquer
débutante
décacheté
décadaire
décadence
décadente
décadrage
décadrant

9

décaféiné
décagonal
décaisser
décalitre
décalogue
décalotté
décalquer
décalvant
Décaméron
décamètre
décampant
décanillé
décantage
décantant
décanteur
décapante
décapeler
décapeuse
décapiter
décapoter
décapsulé
décarburé
décarrelé
décathlon
décausant
décelable
décélérer
décemment
décennale
décennaux
décentrer
déception
décercler
décérébré
décernant
décervelé
décevante
déchaînée
déchaîner
déchanter
décharger
décharnée
décharner
déchaumer
déchaussé
déchéance
déchiffré
déchirant
De Chirico
déchirure
décidable
déciduale
décigrade
décilitre
décimètre
décintrer
décisoire
déclamant
déclarant
déclassée
déclasser
déclaveté
déclenche
déclenché
déclinant
déclivité
déclouant
décochage
décochant
décoction
décodeuse
décoffrer
décoiffer
décoincer
décolérer
décollage
décollant
décolleté
décolorer
décombres
décomposé
décompter
déconfite
décongelé
déconnant
décoratif
décordant
décornant
découcher
découlant
découpage
découpant
découpeur
découplée
découpler
découpoir
découpure
découragé
décousant
décousure
découvert
découvrir
décrasser
décrément
décrêpage
décrêpant
décrépite
décrépité
décrétale
décrétant
décret-loi
décreuser
décrisper
décrivant
décrocher
décroiser
décroître
décrotter
décrusage
décrusant
décrypter
décubitus
décuivrer
déculassé
déculotté
Décumates
décuplant
décurrent
dédaigner
dédicacer
dédommagé
dédouaner
dédoubler
déduction
déductive
déduisant
défaillir
défaisant
défalquer
défatigué
défaufilé
défausser
défection
défective
défendant
défendeur
défenseur
défensive
déféquant
déférence
déférente
déferlage
déferlant
déferrage
déferrant
déferrure
défeuillé
défeutrer
défibrage
défibrant
défibreur
déficeler
déficient
défigurer
défileuse
définitif
déflagrer
déflation
défléchir
défleurir
déflexion
déflorant
défoliant
défonçage
défonçant
déforçant
déformant
défoulant
défourner
défraîchi
défranchi
défrayant
défricher
défripant
défrisant
défroissé
défroncer
défroquée
défroquer
défruiter
dégageant
dégainant
dégantant
De Gasperi
dégauchir
dégazonné
dégénérée
dégénérer
dégermant
dégivrage
dégivrant
dégivreur
déglaçage
déglaçant
déglingué
dégobillé
dégoisant
dégommage

9

dégommant
dégonflée
dégonfler
dégottant
dégouliné
dégourdie
dégourdir
dégoûtant
dégoutter
dégradant
dégrafant
dégraissé
dégravoyé
dégressif
dégrevant
dégriffée
dégripper
dégrisant
dégrosser
dégrossir
dégrouper
déguerpir
dégueuler
déguiller
déguisant
dégurgité
dégustant
déhanchée
déhancher
déhiscent
déhouillé
déictique
Deir ez-Zor
déjantant
déjection
déjeunant
déjuchant
déjugeant
De Kooning
délabrant
Delacroix
délainage
délainant
délaissée
délaisser
délaitage
délaitant
Delalande
délardant
Delaroche
délassant
délatrice
Delavigne
délectant
délégante
déléguant
Delessert
délestage
délestant
délibérée
délibérer
délicieux
délictuel
déliement
délignage
délimiter
délinéant
délirante
délissage
délissant
délivrant
délivreur
Dell'Abate
Del Monaco
délogeant
déloyauté
deltaïque
délustrer
démagogie
démagogue
démaigrir
démailler
démancher
demandant
demandeur
Demangeon
démantelé
démarcage
démarcher
démariant
démarquer
démarrage
démarrant
démarreur
démascler
démasquer
démazouté
déméchage
démêlante
démêlures
démembrer
déménager
démentant
démentiel
démerdant
démériter
démesurée
Démétrios
démettant
démeubler
demeurant
demi-botte
demi-clefs
demi-deuil
demi-dieux
démieller
demi-fines
demi-frère
demi-heure
demi-jours
demi-litre
demi-lunes
demi-monde
demi-pause
demi-pièce
demi-place
demi-plans
demi-queue
demi-ronde
demi-soeur
demi-solde
démission
demi-tarif
demi-tiges
demi-tours
demi-volée
demi-volte
démixtion
démocrate
Démocrite
démoduler
démonisme
démontage
démontant
démontrer
démordant
démotique
démotivée
démotiver
démoulage
démoulant
démouleur
démuseler
démutiser
dénattant
dénaturée
dénaturer
dénazifié
dénébuler
déniaiser
dénichant
dénicheur
dénigrant
dénigreur
dénivelée
déniveler
dénombrer
dénommant
dénonçant
dénoyauté
densément
densifier
dentelant
dentelure
denticule
denticulé
dentition
dénuement
déodorant
déontique
dépailler
dépalissé
dépannage
dépannant
dépanneur
dépaqueté
Depardieu
dépariant
déparlant
départagé
dépassant
dépatrier
dépaysant
dépeceuse
dépêchant
dépeigner
dépeindre
dépendant
dépendeur
dépensant
dépensier
dépêtrant
dépeupler
déphasage
déphasant
déphaseur
dépiauter
dépiquage

9

dépiquant
dépistage
dépistant
déplaçant
déplaisir
déplanter
déplâtrer
déplétion
dépliante
déplisser
déplomber
déplorant
déployant
déplumant
dépoétisé
dépointer
dépolluer
déponente
déportant
déposante
dépossédé
dépouille
dépouillé
dépourvue
dépravant
déprécier
déprenant
déprendre
dépressif
déprimant
déprisant
dépuceler
dépulpant
dépuratif
De Quincey
déracinée
déraciner
dérageant
dérailler
dératiser
déréalisé
déréglant
déréguler
dérisoire
dérivable
dérivatif
dériveter
Derjavine
dermatite
dermatose
dernier-né
De'Roberti
dérochage
dérochant
déroctage
dérogeant
dérouillé
déroulage
déroulant
Déroulède
dérouleur
déroutage
déroutant
désabonné
désabusée
désabuser
désaccord
désactivé
désadapté
désaérage
désaérant
désagrégé
désajusté
désaliéné
désaligné
désalpant
désaltéré
désamorcé
désappris
Desargues
désarmant
désarrimé
Des Autels
désavouer
Descartes
desceller
descendre
Deschamps
Deschanel
déséchoué
désembuer
désemparé
désemplir
désenfler
désenfumé
désengagé
désenivré
désennuyé
désenrayé
désensimé
désenvasé
déséquipé
désertant
déserteur
désertion
désespéré
désespoir
désexcité
désherber
déshérité
déshonoré
déshuiler
désignant
désindexé
désinence
désinhibé
désirable
désireuse
désistant
Des Marets
Desmarets
Des Moines
desmolase
desmosome
désobligé
désoccupé
désoeuvré
désolante
désopiler
désormais
désossant
désoxyder
desperado
Desportes
desquamer
dessabler
dessaisir
dessalage
dessalant
dessaleur
dessalure
dessanglé
dessaoulé
dessécher
desseller
desserrer
dessertir
desservir
dessévage
dessiller
dessinant
dessolant
dessouder
dessoûler
dessuinté
destinant
destituer
déstocker
destroyer
désuétude
désulfité
désulfuré
détachage
détachant
détacheur
détaillée
détailler
détalonné
détartrer
détectant
détecteur
détection
détective
déteindre
détendant
détendeur
détenteur
détention
détergent
détérioré
déterminé
déterrage
déterrant
déterreur
détersion
détersive
détestant
déthéinée
détireuse
détonante
détonique
détonnant
détordant
détorsion
détourage
détourant
détournée
détourner
détoxiqué
détracter
détraquée
détraquer
détremper
détriment
détromper
détrônant
détroquer
détroussé

9

Deucalion
deutérium
Deux-Alpes
Deux-Ponts
deux-ponts
Deux-Roses
deux-roues
deux-temps
dévaliser
dévaluant
devançant
devancier
devanture
dévastant
développé
déverbaux
déverguer
déversant
déversoir
déviateur
déviation
dévideuse
devinable
devinette
dévisager
dévissage
dévissant
dévoilant
dévoltage
dévoltant
dévolteur
dévolutif
dévorante
dévoreuse
Dewoitine
dextérité
dextrorse
diablerie
diablesse
diablotin
diabolisé
diachylon
diachylum
diaconale
diaconaux
diagenèse
Diaghilev
diagonale
diagonaux
diagramme
diagraphe
dialectal
dialoguer
dialysant
dialyseur
diamantée
diamanter
diamantin
diamétral
diapédèse
diaphonie
diaporama
diascopie
diathèque
diatherme
diatomite
diazoïque
dibasique
dicastère
dichotome
dichromie
Dickinson
dictateur
dictature
didactyle
diduction
diésélisé
Dieudonné
Dieulefit
diffamant
différant
différend
différent
difficile
diffluent
diffracté
diffusant
diffuseur
diffusion
digesteur
digestion
digestive
diglossie
dignement
digraphie
dijonnais
Diktonius
dilacérer
dilapider
dilatable
dilatante
dilatoire
dilection
diligence
diligente
diligenté
diluviale
diluviaux
dimension
diminuant
diminutif
Dimitrovo
dinandier
dînatoire
dindonner
dinguerie
dinosaure
diocésain
dioléfine
dionysien
dionysies
Diophante
Dioscures
diphényle
diphtérie
diplômant
diplomate
dipneuste
dipolaire
dipsomane
directeur
direction
directive
Dirichlet
dirigeant
dirigisme
dirigiste
dirimante
discerner
Discobole
discobole
discoïdal
discorder
discounté
discourir
discrédit
disculper
discursif
discutant
discuteur
disetteux
disgracié
disjointe
disjoncté
disloquer
disparate
disparité
dispatché
dispenser
dispersal
dispersée
disperser
dispersif
disposant
disputant
disquaire
disquette
disruptif
disséminé
disséquer
disserter
dissident
dissimulé
dissipant
dissocier
dissonant
dissoudre
dissuader
dissuasif
distancer
distancié
Di Stefano
distendre
distillat
distiller
distincte
distingué
distinguo
distordre
distraire
distraite
distribué
divaguant
divalente
divergent
diversion
diversité
dividende
diviniser
diviseuse
divisible
divorçant
divulguer
divulsion
dixieland
dizainier
djaïnisme
Djidjelli

9

Djurdjura
Dobroudja
docétisme
docimasie
doctement
doctorale
doctoraux
doctrinal
docudrame
documenté
dodeliner
dogaresse
dogmatisé
dolce vita
Döllinger
Dolomites
dolorisme
doloriste
domaniale
domaniaux
domicilié
dominance
dominante
dominical
Dominique
domotique
Dompierre
domptable
dompteuse
donataire
Donatello
donatisme
donatiste
donatrice
Don Carlos
Doncaster
Donizetti
dons Juans
Dordrecht
dorlotant
dormition
dormitive
dorsalgie
Doryphore
doryphore
dosimètre
Dos Passos
Dos Santos
douanière
Douaumont
doublante
doubleuse
doublonné
douceâtre
doucement
doucereux
Douchanbe
doucheuse
douchière
Doumergue
doux-amers
douze-huit
doxologie
doyenneté
Drachmann
draconien
dragéifié
drageonné
dragueuse
draineuse
dramatisé
drapement
drastique
dravidien
dresseuse
dribblant
dribbleur
droguerie
droguiste
droitière
droitisme
droitiste
drôlement
drop-goals
drugstore
druidique
druidisme
Drulingen
Drumettaz
Dübendorf
dubitatif
Dubrovnik
Du Caurroy
Du Cerceau
Du Chastel
ducs-d'Albe
ductilité
Dudelange
dudgeonné
duelliste
duettiste
Dugommier
dulcicole
dulcifier
Dumarsais
Dumouriez
Dumoûtier
Dungeness
Dunkerque
Dunstable
duodénale
duodénaux
duodénite
Dupanloup
Duplessis
duplexage
duplexant
duplicata
duplicate
duplicité
dupliquer
Dupuytren
Duquesnoy
Duralumin
Dutilleux
Dutrochet
duumvirat
duveteuse
Duveyrier
Duvignaud
dynamique
dynamiser
dynamisme
dynamiste
dynamiter
dysboulie
dyscrasie
dysidrose
dysmature
dysmnésie
dysorexie
dyspepsie
dysphagie
dysphasie
dysphonie
dysphorie
dysplasie
dyspraxie
dyssocial
dysthymie
dysurique
Dzerjinsk
eaux-de-vie
ébarbeuse
ébauchage
ébauchant
ébaucheur
ébauchoir
ébavurage
ébavurant
éberluant
ébiselant
éborgnage
éborgnant
ébouriffé
ébourrant
ébrancher
ébranlant
ébréchant
ébréchure
ébroïcien
ébruitant
écaillage
écaillant
écaillère
écailleur
écailleux
écaillure
écanguant
Écarpière
écarteler
ecballium
ecchymose
ecclésial
écervelée
échafaudé
échalassé
échancrée
échancrer
échangeur
échappant
écharnage
écharnant
écharnoir
écharpant
échassier
échaudage
échaudant
échaudoir
échauffer
Echegaray
échelette
échelonné
échenillé
échevelée
écheveler
échevette
échevinal

9

échevinat
échiquéen
échiqueté
échiquier
écholalie
échoppant
échotière
éclairage
éclairant
éclaircie
éclaircir
éclaireur
éclampsie
éclatante
éclimètre
éclipsant
éclissant
écloserie
éclusière
écoeurant
éconduire
économies
économisé
écoperche
écorceuse
écorchage
écorchant
écorcheur
écorchure
écossaise
écourgeon
écourtant
écoutille
écrasante
écraseuse
écrémeuse
écrevisse
écritoire
écritures
écrivassé
écroulant
écroûtant
ectoderme
ectropion
écuissant
écussonné
édaphique
Eddington
edelweiss
édifiante
Édimbourg
Edinburgh
éditorial
éducateur
éducation
éducative
édulcorer
éfaufiler
effaçable
effaneuse
effarante
effecteur
effective
effectuer
efféminée
efféminer
efférente
effeuillé
efficient
effileuse
effiloche
effiloché
efflanqué
effleurer
effleurir
effluence
effluente
effondrer
efforçant
effranger
effrayant
effritant
effrontée
éfourceau
égaiement
égaillant
également
égalisant
égaliseur
égarement
égayement
églantier
églantine
égorgeant
égorgeuse
égosiller
égouttage
égouttant
égouttoir
égoutture
égrainage
égrainant
égrappage
égrappant
égrappoir
égratigné
égreneuse
égression
égrillard
égrotante
égrugeage
égrugeant
égrugeoir
égueulant
Ehrenfels
eidétique
eidétisme
Eindhoven
Einthoven
éjaculant
éjectable
éjointant
élaborant
El-Alamein
Élancourt
élastique
élatéridé
Elchingen
éléatique
électoral
électorat
électrice
électrisé
électrode
élégiaque
Elephanta
élévateur
élévation
El-Harrach
éliminant
élinguant
Élisabeth
Elizabeth
El-Kantara
Elkington
Ellesmere
Ellington
élocution
élogieuse
éloignant
élongeant
éloquence
éloquente
Elsheimer
élucidant
élucubrer
élyséenne
émaillage
émaillant
émailleur
émaillure
émanation
émancipée
émanciper
émargeant
émasculer
emballage
emballant
emballeur
embarquer
embarrant
embarrure
embattage
embattant
embaucher
embaumant
embaumeur
embecquer
embéguiné
embêtante
emblavage
emblavant
emblavure
embobiner
emboîtage
emboîtant
emboîture
embolisme
embossage
embossant
embossure
embouchée
emboucher
embouquer
embourber
embourrer
embranché
embraquer
embrasant
embrassée
embrasser
embrasure
embrayage
embrayant
embrayeur
embrevant
embrigadé
embringué

9

embrocher
embruinée
embrumant
embuscade
embusquer
émergeant
émergence
émergente
émerillon
émerisant
émettrice
émeutière
émiettant
émigrante
émilienne
émissaire
emmancher
emménager
Emmenthal
emmenthal
emmerdant
emmerdeur
emmétrant
emmétrope
emmieller
émollient
émolument
émondeuse
émorfiler
émotionné
émotivité
émotteuse
émouchoir
émoussant
émouvante
empaillée
empailler
empalmage
empalmant
empanaché
empannage
empannant
empaqueté
empattant
empaumant
empaumure
empêchant
empêcheur
Empédocle
empennage
empennant
emperlant
empestant
empêtrant
emphysème
empierrer
empiétant
empiffrer
empilable
empileuse
empirique
empirisme
empiriste
employant
employeur
emplumant
empochant
empoigner
empoisser
emportant
emposieus
empourpré
empreinte
empressée
empresser
emprésuré
empruntée
emprunter
empuantir
empyreume
émulateur
émulation
émulsifié
enamourer
énamourer
énanthème
encabaner
encablure
encadrant
encadreur
encageant
encagoulé
encaissée
encaisser
encalminé
encaquant
encartage
encartant
encaserné
encastelé
encastrer
enceindre
enceinter
encensant
encenseur
encensoir
encéphale
encercler
enchaîner
enchantée
enchanter
enchâsser
enchaussé
enchemisé
enclavant
enclenche
enclenché
enclosant
enclosure
enclouage
enclouant
enclouure
encochage
encochant
encollage
encollant
encolleur
encombrée
encombrer
encordant
encornant
encoubler
encouragé
encourant
encrasser
encroûtée
encroûter
endémique
endentant
endettant
endeuillé
endiablée
endiabler
endiguant
endocarde
endocarpe
endocrine
endoderme
endogamie
endolorir
endomètre
endommagé
endormant
endormeur
endoscope
endosmose
endossant
endosseur
enduction
enduisant
endurable
endurance
endurante
énergique
énervante
enfaîtant
enfaîteau
enfantant
enfantine
enfarinée
enfariner
enfermant
enferrant
enfichant
enfieller
enfiévrer
enfileuse
enflammée
enflammer
enfleurer
enfonçant
enfonceur
enfonçure
enfourché
enfourner
engageant
engainant
engazonné
Engelberg
engendrer
engerbage
engerbant
Engilbert
englobant
engloutir
engommage
engommant
engonçant
engouffré
engourdir
engraissé
engranger
engravant
engravure
engrêlure
engrenage
engrenant
engreneur

9

engrenure
engrosser
engueuler
enherbant
enivrante
enjambant
enjaveler
enjoindre
enjôleuse
enjoliver
enjuguant
enkystant
enliasser
enluminer
ennéagone
ennuyante
ennuyeuse
enquérant
enquêtant
enquêteur
enraciner
enrageant
enrhumant
enrobeuse
enrochant
enroulant
enrouleur
enrubanné
ensablant
ensachage
ensachant
ensacheur
ensaisiné
enseignée
enseigner
ensellure
ensemencé
enserrant
ensevelir
ensiforme
ensileuse
Ensisheim
ensorcelé
ensoufrer
entablant
entablure
entachant
entailler
entartrer
entassant
entendant
entendeur
enténébré
entériner
entérique
enterrage
enterrant
entêtante
enthalpie
enthymème
entichant
entièreté
entoilage
entoilant
entôleuse
entonnage
entonnant
entonnoir
entourage
entourant
Entragues
entraider
entr'aimer
entraîner
entravant
entrechat
entrecôte
entre-deux
entregent
entre-haïr
entrelacé
entrelacs
entremêlé
entremets
entremise
Entremont
entre-nerf
entrepont
entreposé
entrepris
entre-rail
entresolé
entretenu
entretien
entre-tuer
Entrevaux
entrevoie
entrevoir
entrevous
entropion
énucléant
énumérant
enveloppe
enveloppé
envenimée
envenimer
enverguer
envergure
enverjure
Enver Paşa
environné
envisager
envoilant
envoûtant
envoûteur
envoyeuse
Éoliennes
épagneule
épaisseur
épamprage
épamprant
épanchant
épandeuse
épanneler
épargnant
éparpillé
épatement
épaufrant
épaufrure
épaulette
épaulière
épenthèse
épépinant
éperonner
épervière
éphédrine
Éphialtès
épicentre
épicurien
épididyme
épidurale
épiduraux
épierrage
épierrant
épierreur
épigastre
épigenèse
épiglotte
épigramme
épigraphe
épilation
épilepsie
épiloguer
épinceter
épinglage
épinglant
épinglier
Épinicies
épiphanie
épiphylle
épiphytie
épiscopal
épiscopat
épissoire
épistasie
épistaxis
épizootie
épluchage
épluchant
éplucheur
épluchure
épointage
épointant
épongeage
épongeant
épontille
épouiller
époumoner
épousseté
époutiant
épouvante
épouvanté
Eppeville
épreindre
épreintes
éprouvant
épuisable
épuisante
épuisette
épurateur
épuration
épurative
épurement
équerrage
équerrant
équeutage
équeutant
équiangle
équilibre
équilibré
équinisme
équipière
équipollé
équitable
équitante
équivoque
équivoqué
érablière

9

éradiquer
éraillant
éraillure
érectrice
éreintage
éreintant
éreinteur
érésipèle
éréthisme
ergastule
ergologie
ergomètre
ergonomie
ergoterie
ergoteuse
ergotisme
éristique
erminette
Érostrate
érotisant
érotogène
érotomane
erratique
errements
érudition
érugineux
Érymanthe
érysipèle
érythréen
érythrine
érythrose
Erzberger
esbignant
esbroufer
escabèche
escabelle
escalader
Escalator
escaliers
escaloper
escamoter
Escaudain
esclaffer
esclandre
Esclangon
esclavage
Escoffier
escompter
escopette
escortant
escorteur
escrimant
escrimeur
escroquer
Eskişehir
eskuarien
Esméralda
espagnole
Espartero
Espelette
espérance
espéranto
Espinasse
espingole
Espinouse
espionner
esplanade
esquicher
Esquimaux
esquinter
esquisser
esquivant
essaimage
essaimant
essanvage
Essaouira
essartage
essartant
essayeuse
essayiste
essentiel
Essequibo
Esslingen
essonnien
essoreuse
essorillé
essoucher
essoufflé
essuyeuse
estafette
estaminet
estampage
estampant
estampeur
Esterhazy
Esterházy
estérifié
esthétisé
estimable
estimatif
estivante
estomaqué
estompage
estompant
estoquant
estourbir
estradiot
estrapade
estrogène
estropiée
estropier
estuarien
esturgeon
Esztergom
étagement
étaiement
étalement
étalingué
étalonner
étanchant
étançonné
étarquant
étasunien
étatisant
état-major
États-Unis
étayement
et caetera
éteignant
éteignoir
étenderie
éternelle
éterniser
éternuant
étêtement
éthérifié
éthériser
éthérisme
éthiopien
ethmoïdal
ethnarque
ethnocide
ethnonyme
éthologie
éthologue
éthylique
éthylisme
Étiemble
étinceler
étincelle
étiologie
étiopathe
étiqueter
étiquette
étirement
étolienne
étonnante
étouffade
étouffage
étouffant
étouffeur
étouffoir
étoupille
étoupillé
étourneau
étrangère
étrangeté
étranglée
étrangler
étreindre
étrennant
Étrépagny
étrillant
étriquant
étrivière
Étrusques
Etterbeek
étudiante
étuvement
eucaryote
euclidien
eugénique
eugénisme
eugéniste
Euménides
eupatoire
euphorisé
euphraise
euphuisme
eurocrate
eurofranc
Europoort
euryhalin
Eurymédon
Eurysthée
eurythmie
euscarien
euskarien
euskerien
euthérien
eutocique
évacuante
évaluable
évaluatif
évaporant
évaporite
évasement
éveillant

9

éveilleur
évènement
événement
éventails
éventaire
éventrant
éventreur
évertuant
évidement
éviscérer
évitement
évocateur
évocation
évolution
évolutive
ex abrupto
exacerber
exactions
exagérant
exaltante
examinant
exanthème
exaspérer
excédante
excellant
excellent
excentrée
excentrer
exceptant
exception
excessive
Excideuil
excipient
excitable
excitante
exclamant
exclusion
exclusive
excoriant
excrément
excrétant
excréteur
excrétion
excursion
excusable
exécrable
exécutant
exécuteur
exécution
exécutive
exemptant
exemption
exequatur
exerçante
exfiltrer
exfoliant
exhausser
exhaustif
exhéréder
exhortant
exigeante
exinscrit
existante
existence
exonérant
exorbitée
exorciser
exorcisme
exorciste
exoréique
exoréisme
exosphère
exotoxine
expansion
expansive
expatriée
expatrier
expectant
expectoré
expédiant
expédient
expéditif
expertise
expertisé
expiateur
expiation
expirante
explétive
explicite
explicité
expliquer
exploitée
exploiter
explorant
explosant
exploseur
explosion
explosive
exportant
exposante
expressif
exprimage
exprimant
exproprié
expulsant
expulsion
expulsive
exquisité
extasiant
extatique
extendeur
extenseur
extension
extensive
exténuant
extérieur
exterminé
extirpant
extorquer
extorsion
extractif
extradant
extrafine
extrafort
extrapolé
extravasé
extrayant
extrémale
extrémaux
extrémité
extremums
extrudant
extrusion
extrusive
exubérant
exulcérer
eye-liners
Eyguières
Ézanville
fabricant
fabricien
fabriquer
fabuleuse
fabuliste
face-à-face
face-à-main
facétieux
facettant
faciliter
façonnage
façonnant
façonneur
façonnier
fac-similé
facticité
factieuse
factitive
factoriel
factoring
factotums
factuelle
facturant
facturier
fagotière
faiblarde
faiblesse
Faidherbe
faïençage
faïencier
faignante
faillible
fainéante
fainéanté
Fairbanks
faire-part
faisander
faisselle
fakirisme
falarique
falconidé
Fallières
falsifier
falunière
famélique
familiale
familiaux
familière
fanatique
fanatiser
fanatisme
fans-clubs
fantaisie
fantasias
fantasmer
fantasque
fantassin
faradique
farandole
fardoches
farigoule
farinacée
Farinelli
farineuse
farlouche
Farnésine
farniente
fascicule
fasciculé

9

fascinage
fascinant
fascisant
fast-foods
fastigiée
fastueuse
fatalisme
fataliste
fatidique
fatigable
fatigante
fatiguant
Fatimides
faucarder
fauchette
faucheuse
faucillon
faufilage
faufilant
faufilure
faunesque
faussaire
faux-bords
faux-filet
faux-ponts
favorable
favoriser
Fayd'herbe
Faydherbe
fébricule
fébrifuge
fébrilité
fécondant
fécondité
féculence
féculente
féculerie
féculière
fédératif
feignante
Feininger
feldspath
feldwebel
félibrige
féliciter
fellation
féminiser
féminisme
féministe
fendillée
fendiller
fenestron
fenêtrage
fenêtrant
féodalité
Ferdinand
féringien
ferlouche
fermement
fermentée
fermenter
fermeture
Fernandel
Fernández
féroïenne
ferraille
ferraillé
Ferrassie
ferratier
ferrement
ferretier
Ferrières
ferrouter
ferry-boat
fertilisé
fertilité
Festinger
festivals
festivité
festonner
festoù-noz
festoyant
Fêtes-Dieu
féticheur
Feuerbach
Feuillade
feuillage
feuillant
feuillard
feuillées
Feuillère
feuilleté
feuillure
feulement
fiabilité
fibrineux
fidéliser
fidjienne
fielleuse
fier-à-bras
fièrement
fiévreuse
fignolage
fignolant
fignoleur
figurante
figuratif
figurisme
figuriste
filanzane
filariose
filialisé
filiation
filicinée
filiforme
filigrane
filigrané
Fillastre
Filliozat
filmogène
filochant
filoguidé
filoselle
filoutage
filoutant
filtrable
filtrante
finaliser
finalisme
finaliste
finançant
financier
finassant
finasseur
finassier
finissage
finissant
finisseur
finissure
Finistère
finitisme
fioriture
firmament
Firozābād
fiscalisé
fiscalité
fissionné
fissurant
fistuleux
fistuline
Fitz-James
Fiumicino
fixatrice
flacherie
flacheuse
flagellée
flageller
flagellum
flageoler
flageolet
flagorner
flagrance
flagrante
flaireuse
flambante
flamberge
flambeuse
flamboyer
flammèche
Flamsteed
flanchant
flanquant
flash-back
flatterie
flatteuse
flatulent
fléchette
flemmarde
flemmardé
Flensburg
Fleurance
fleureter
fleurette
fleuriste
fleuronné
Flevoland
flexueuse
flibuster
flinguant
flirteuse
flock-book
floconner
floculant
flonflons
floraison
floralies
Florensac
florentin
floricole
florifère
florilège
flottable
flottante
flottille
fluctuant
fluidifié
fluidique
fluidiser

9

fluxmètre
focaliser
focomètre
Fogazzaro
foisonner
folâtrant
foliation
foliotage
foliotant
folioteur
follement
Follereau
follicule
fomentant
fonçaille
fondateur
fondation
fondement
Fondettes
fondrière
fongicide
fongosité
fongueuse
Fontaines
Fontanges
fontanili
Font-Romeu
Fonvizine
foraminée
forcement
forcément
forestage
forestier
forficule
forgeable
forjetant
forlancer
forligner
forlonger
formalisé
formalité
formatage
formatant
formateur
formation
formative
formicant
formolant
formosane
formulant
forniquer
forsythia
Fortaleza
fortement
fortifier
Fort-Mahon
fortraite
Fortunées
Fort Wayne
Fort Worth
fossilisé
fossoyant
fossoyeur
Fos-sur-Mer
fouailler
Fou-chouen
foudroyer
Fouesnant
fouettant
fouettard
fougeraie
fougerole
fougueuse
fouillage
fouillant
fouilleur
fouinarde
fouineuse
fouissage
fouissant
fouisseur
foulonner
Fourastié
fourberie
fourchant
fourgonné
fourguant
fourmillé
Fournaise
fournaise
fournière
fourrager
fourrière
Fourvière
fourvoyer
Fou-tcheou
foutraque
fox-hounds
fracasser
fracturer
fragilisé
fragilité
fragmenté
Fragonard
fragrance
fragrante
fraîcheur
fraiseuse
fraisière
framboise
framboisé
Frameries
française
franc-bord
franc-fief
Francfort
franchise
franchisé
Franciade
francique
franciser
franciste
francolin
Franconie
frangeant
franglais
Frankfurt
frappante
fraternel
fraudeuse
frayement
Fréchette
fredonner
free-lance
free-shops
frégatage
frégatant
frelatage
frelatant
freluquet
frénateur
fréquence
fréquente
fréquenté
frétiller
freudisme
Freycinet
friandise
fricassée
fricasser
fricative
fricotage
fricotant
fricoteur
Friedland
Friedrich
Friesland
frigidité
frilosité
frimousse
fringante
fringuant
frisottée
frisotter
frisottis
frissonné
frivolité
Frobenius
Froberger
Frobisher
froissant
Froissart
froissure
frôlement
fromageon
fromagère
fromental
Fromentin
frondeuse
Frontenac
Frontenay
frontière
Frosinone
frottante
frotteuse
froufrous
froussard
fructidor
fructifié
fructueux
frugalité
frugivore
fruiterie
fruitière
frustrant
fuégienne
Fukushima
fulgurant
fulminant
fulminate
fumerolle
fumeterre
fumigeant
Funabashi
funambule
funéraire
fureteuse
Furetière

9

furfuracé
furfurals
furibarde
furibonde
fusariose
fusiforme
fusillade
fusillant
fusilleur
fusiniste
fusionnel
fusionner
futurible
futurisme
futuriste
gabardine
gabariage
gabariant
gabarrier
gabionner
gabonaise
gadgétisé
gadouille
gagne-pain
gaguesque
gaillarde
gaillette
galactose
Galalithe
galamment
galandage
galantine
Galápagos
Galbraith
galénique
galénisme
galeriste
galéruque
galetteux
galhauban
galipette
galipoter
Galitzine
gallicane
gallicole
Galliffet
Gallimard
gallinacé
Gallipoli
Gallitzin
galonnant
galonnier
galopante
galopeuse
galvanisé
galvauder
gambadant
gamberger
gambienne
gambiller
Gambsheim
gaminerie
ganaderia
Gandrange
gangrener
Ganshoren
ganteline
garagiste
garançage
garançant
garanceur
garçonnet
garde-boue
garde-côte
garde-feux
garde-fous
garde-port
garde-robe
garde-voie
gardienne
Gargantua
gargantua
gargarisé
gargotier
gargousse
Garibaldi
garnement
garniture
garonnais
Garrigues
garrotter
Gascoigne
gaspiller
gastrique
gâte-sauce
gâtifiant
gattilier
gaucherie
gauchisme
gauchiste
gaudriole
gaufrerie
gaufrette
gaufreuse
gauleiter
gaullisme
gaulliste
Gay-Lussac
Gazankulu
gazéifier
gazetière
Gaziantep
gazinière
gazomètre
gazonnage
gazonnant
gazouillé
geignarde
gélatinée
gélifiant
gelinotte
gélinotte
gémellité
Geminiani
gémissant
gemmation
gemmifère
gendarmer
généralat
génératif
généreuse
générique
génésique
genêtière
génétique
génétisme
génétiste
Geneviève
genevoise
genévrier
génialité
Génissiat
génitrice
genouillé
gentilité
gentillet
gentiment
gentleman
gentlemen
géochimie
géographe
géomancie
géométral
géométrie
géorgique
géosphère
géphyrien
Gérardmer
gercement
gériatrie
Géricault
germanisé
germanium
germicide
germinale
germinals
germinaux
Germiston
Gernsback
Gerstheim
gestation
gesticulé
gestuelle
ghanéenne
Ghilizane
gibbosité
gibecière
gibelotte
giboyeuse
Gibraltar
giclement
Gieseking
giletière
Gilgamesh
Gillespie
gimblette
Ginastera
gingembre
gingivale
gingivaux
gingivite
gin-rummys
Giorgione
girandole
giratoire
Giraudoux
giraumont
giroflier
Giromagny
girondine
Girondins
girouette
Gjellerup
glaciaire
glacielle
Gladstone
glaireuse
glaiseuse

9

glaisière
Glamorgan
glandeuse
glanement
glauconie
Glazounov
glénoïdal
glissance
glissando
glissante
glissière
glissoire
globalisé
globalité
globuleux
globuline
glomérule
gloriette
glorieuse
glorifier
glossaire
glottique
gloussant
glouteron
gloutonne
glucinium
glucoside
glutamate
glutineux
glycéride
glycérine
glycériné
glycérolé
glycogène
glycolyse
glyptique
glyptodon
Gneisenau
gneisseux
gnognotte
gnostique
godailler
godendart
Godescalc
godillant
godilleur
goguenard
goguenots
goinfrant
goitreuse
Gold Coast
gold-point
Goldsmith
Goldstein
Golfe-Juan
Golitsyne
gomarisme
gomariste
goménolée
gommifère
gonadique
Gonçalves
Gondebaud
Gondobald
gondolage
gondolant
gondolier
gonflable
gonflante
gonflette
gonocoque
gonophore
gonozoïde
Gorakhpur
Gottfried
Göttingen
Gottsched
gouachant
gouailler
goualante
goualeuse
goudronné
goujonner
gouleyant
goulûment
goupiller
goupillon
Gourbeyre
gourmande
gourmandé
gourmette
gournable
Gouthière
goutteuse
gouttière
gouverner
gouvernés
Goytisolo
graciable
gracieuse
gracilité
gradation
Gradignan
graduelle
graffitis
grafigner
graillant
graineuse
grainière
graissage
graissant
graisseur
graisseux
grammaire
Grampians
Gran Chaco
Grandbois
grandelet
grandesse
grandette
grandiose
Grand-Lieu
Grand'Mère
grand-mère
grand-papa
grand-père
granitant
graniteux
granivore
Gran Sasso
granulant
granuleux
granulite
granulome
Granvelle
Granville
graphiose
graphique
graphisme
graphiste
graphiter
grappillé
grasserie
grasseyer
Grassmann
gratifier
gratinant
gratitude
gratte-cul
gratte-dos
grattelle
gratteron
gratteuse
gravatier
graveleux
gravelure
gravement
gravidité
gravillon
gravitant
grécisant
grecquant
Greenwich
greffeuse
greffière
grégarine
grégorien
grelotter
greluchon
Grémillon
grenadage
grenadant
grenadeur
grenadier
grenadine
grenaille
grenaillé
grenaison
grenelant
Grenville
grésiller
griffeuse
griffonné
grignarde
grignoter
grignotis
grillager
grill-room
grimaçant
grimacier
grimpante
grimpette
grimpeuse
grinçante
grincheux
gringalet
Gringoire
griottier
grippe-sou
grisaille
grisaillé
grisoller
Grisolles
grisonner
grivelant
grivelure
Groenland
grognasse

9

grognassé
grognerie
grogneuse
grognonne
grognonné
grommeler
grondante
gronderie
grondeuse
Groningen
Groningue
groseille
gros-grain
Gros-Morne
gros-plant
grosserie
grossesse
grossière
grossiste
grossoyer
grotesque
Grotewohl
Grotowski
grouiller
grouillot
Grudziądz
grumelant
grumeleux
grumelure
Grundtvig
Grünewald
gruppetti
gruppetto
Guadalupe
Guangdong
Guangzhou
Guardafui
Guarrazar
Guarulhos
Guatemala
Guayaquil
guéguerre
Guépratte
Guéranger
Guerlédan
Guernesey
guerrière
guerroyer
Guerville
guet-apens
gueulante
gueularde
gueuleton
gueuserie
guide-ânes
guide-fils
guiderope
guignarde
guignette
guignolet
Guildford
Guillaume
guillaume
guilledou
guillemet
Guillemin
guillemot
guilleret
Guillevic
guilloche
guilloché
Guillotin
Guilvinec
Guimarães
guimbarde
guinchant
guinéenne
Guipúzcoa
guirlande
gummifère
Guru Nānak
gustation
gustative
Gutenberg
Gütersloh
Gutiérrez
guttifère
gutturale
gutturaux
guyanaise
gymnasial
gyromètre
gyromitre
gyrophare
gyroscope
habiliter
habillage
habillant
habilleur
habitable
habitacle
habitante
habituant
Habsbourg
hachement
hachereau
Hachinohe
hachurant
Hadrumète
Hahnemann
hainuyère
haïssable
haïtienne
halbrenée
Halbwachs
haletante
half-track
haliotide
halitueux
Halloween
Hallstadt
Hallstatt
halluciné
Halmahera
halogénée
halophile
halophyte
halothane
hamadryas
Hamamatsu
hamamélis
Hamburger
hamburger
Hamerling
Hammaguir
Hammam-Lif
Hampshire
hanafisme
Han-chouei
handicapé
hanovrien
happement
happening
happy ends
haquebute
hara-kiris
haranguer
harassant
harcelant
hardiesse
hardiment
Harelbeke
harengère
harenguet
hargneuse
haridelle
harmattan
harmonica
harmonisé
harmonium
harnacher
harpaille
harponner
Harrogate
haruspice
hasardant
hasardeux
haschisch
Hasdrubal
Hasparren
Hassi R'Mel
hâtelette
haubanage
haubanant
Hauptmann
Hausdorff
hausse-col
haussière
Haussmann
Haut-Brion
Hautefort
hautement
hauturier
havanaise
havissant
hawaïenne
Hawthorne
Ḥaydar 'Alī
Heaviside
hébraïque
hébraïser
hébraïsme
hébraïste
hécatombe
hectowatt
hédéracée
hédonisme
hédoniste
hégémonie
Heidegger
Heilbronn
heimatlos
Heinemann
Helgoland
hélianthe
hélicoïde
Héliodore
héliodore

9

héliostat
héliporté
hellébore
hellénisé
Helmholtz
helminthe
héloderme
Helsingør
Helvétius
hématique
hématobie
hématurie
hémialgie
hémicycle
hémiédrie
Hemingway
hémioxyde
hémiptère
hémogénie
hémophile
hémostase
hendiadis
hendiadys
Hennebont
hennuyère
Henriette
hépatique
hépatisme
heptaèdre
heptagone
Héraclite
Héraclius
Héraklion
herbagère
herbicide
Herbignac
herbivore
herborisé
hercheuse
Herculano
herculéen
hercynien
herd-books
Herentals
hérétique
Héricourt
hérissant
héritière
Hermandad
Hermitage
Hernández
herniaire
hernieuse
Hérodiade
héroïcité
héronneau
herschage
herschant
herscheur
hésitante
hétérosis
hexacorde
hexagonal
hexamètre
hexastyle
Hezbollah
hibernale
hibernant
hibernaux
hic et nunc
Hideyoshi
hiérarque
hiérodule
Highlands
Highsmith
higoumène
Hilaliens
hilarante
hilotisme
Hilversum
himalayen
Hindemith
Hindū Kūch
hipparion
Hipparque
hipparque
hippiatre
Hippolyte
hippophaé
Hiratsuka
hirondeau
Hiroshige
Hiroshima
Hirsingue
hirudinée
histamine
histidine
histolyse
historiée
historien
historier
Hitchcock
Hitchings
hitlérien
hit-parade
hivernage
hivernale
hivernant
hivernaux
Hjelmslev
hochement
Hô Chi Minh
Höchstädt
hockeyeur
Hohenlohe
Hölderlin
Hollandia
Hollerith
Hollywood
holostéen
Homécourt
Home Fleet
Home Guard
homéostat
homérique
hominisée
homodonte
homofocal
homologie
homologue
homologué
homoncule
homonymie
homophone
homoptère
homuncule
hondurien
hongroise
hongroyer
honnêteté
honorable
honoraire
Hoover Dam
hoquetant
hordéacée
horlogère
hormonale
hormonaux
horodatée
horoscope
horrifier
horripilé
hors-la-loi
hors-piste
hors-texte
hortensia
horticole
hostilité
hôtel-Dieu
hôtelière
Hotemanus
hottentot
hottereau
houblonné
houillère
Houplines
houppette
Hourrites
house-boat
houspillé
houssiner
Houthalen
hoverport
Huascarán
huguenote
huisserie
huîtrière
humaniser
humanisme
humaniste
humanités
humanoïde
humectage
humectant
humecteur
humidifié
humiliant
humorisme
humoriste
Hunedoara
Huntziger
hurlement
hurricane
Hu Yaobang
Hyacinthe
hyacinthe
hybridant
hybridité
hybridome
hydatique
Hyderābād
hydracide
hydrargie
hydrastis
hydratant
hydravion
hydrazine
hydrobase

9

hydrocèle
hydrofoil
hydrofuge
hydrofugé
hydrogène
hydrogéné
hydrolase
hydrolyse
hydrolysé
hydroxyde
hydroxyle
hygrostat
hylétique
hypallage
hyperbare
hyperbate
hyperbole
hyperémie
hyperplan
hypholome
hypnotisé
hypocrite
hypoderme
hypomanie
hypophyse
hyposodée
hypostase
hypostyle
hypotaupe
hypotendu
hypothèse
hypotonie
hypoxémie
Iaroslavl
iatrogène
Ibériques
Iberville
Ibn Ṭufayl
icarienne
icaunaise
ice-creams
ichneumon
ichtyoïde
icosaèdre
ictérique
idéaliser
idéalisme
idéaliste
idée-force
identifié
identique
idéologie
idéologue
idiolecte
idiotisme
idolâtrer
idolâtrie
Idrisides
idyllique
Iessenine
ignifuger
ignominie
ignorance
ignorante
iguanodon
Ildefonse
illettrée
illimitée
illisible
illogique
illogisme
illuminée
illuminer
illusoire
illustrée
illustrer
illuviale
illuviaux
imaginale
imaginant
imaginaux
imbriquée
imbriquer
imbroglio
imbuvable
imitateur
imitation
imitative
immaculée
immanence
immanente
immédiate
immelmann
immensité
imméritée
immersion
immersive
immigrant
imminence
imminente
immisçant
immixtion
immodérée
immodeste
immondice
immotivée
immuniser
impaludée
imparable
imparfait
impartial
impatiens
impatient
impayable
impédance
impératif
impériale
impériaux
impérieux
impéritie
impétrant
impétueux
implanter
implicite
impliquer
implorant
implosant
implosion
implosive
impluvium
important
importune
importuné
imposable
imposante
imposteur
imposture
impotence
impotente
imprécise
imprégner
impressif
imprimant
imprimeur
improbité
impromptu
improvisé
imprudent
impuberté
impudence
impudente
impudique
impulsant
impulsion
impulsive
imputable
inaboutie
inabritée
inachevée
inactiver
inadaptée
inadéquat
inaltérée
inamicale
inamicaux
inanition
inapaisée
inaperçue
inassouvi
inattendu
inaudible
inaugural
inaugurer
incapable
incarcéré
incarnant
incarnate
incartade
incasique
incendiée
incendier
incertain
incessant
inchangée
inchoatif
incidence
incidente
incinérer
incitante
incitatif
incivique
incivisme
inclément
inclinant
inclusion
inclusive
incognito
incombant
incommode
incommodé
incomplet
incompris
inconfort
incongrue
inconsolé
incorporé
incorrect
incrédule

9

incrément
incriminé
incroyant
incruster
inculpant
inculquer
incultivé
inculture
incunable
incurable
incurieux
incursion
incurvant
indaguant
indatable
indécence
indécente
indéfinie
indélicat
indemnisé
indemnité
indicatif
indicible
indiction
indifféré
indigénat
indigence
indigente
indigeste
indignant
indignité
indiquant
indirecte
indiscret
indiscuté
indisposé
in-dix-huit
indo-aryen
Indochine
indolence
indolente
indomptée
Indonesia
Indonésie
inducteur
induction
inductive
induisant
indulgent
industrie
inécoutée
ineffable
inégalité
inélégant
inemployé
inentamée
inéprouvé
inépuisée
inespérée
inétendue
inexaucée
inexécuté
inexercée
inexperte
inexploré
inexprimé
in extenso
infamante
infantile
infarctus
infatuant
inféconde
infectant
infection
inféodant
inférence
inférieur
infernale
infernaux
infertile
infestant
infiltrat
infiltrer
infinitif
infirmant
infirmier
infirmité
inflation
infléchie
infléchir
inflexion
influence
influencé
influente
influenza
informant
informulé
infortune
infortuné
infumable
Infusette
infusible
infusoire
Ingegneri
ingéniant
ingénieur
ingénieux
ingénuité
ingérable
ingérence
ingestion
Ingrandes
ingresque
inguinale
inguinaux
ingurgité
inhabitée
inhérence
inhérente
inhibitif
inhumaine
inintérêt
injectant
injecteur
injection
injective
injonctif
injouable
injuriant
injurieux
injustice
inlandsis
innervant
innocence
innocente
innocenté
innocuité
innominée
innovante
Innsbruck
inobservé
inoccupée
inoculant
inondable
inopérant
inquiéter
inquiline
insalubre
insaturée
insculper
insécable
inselberg
inséminer
insérable
insertion
insidieux
insincère
insinuant
insistant
insolence
insolente
insoluble
insoumise
inspecter
inspirant
installer
instaurer
instiguer
instiller
instituer
instruire
instruite
insuffler
insulaire
Insulinde
insultant
insulteur
intactile
intailler
intégrale
intégrant
intégraux
intégrité
intellect
intenable
intendant
intensité
intensive
intentant
intention
interagir
intercalé
intercédé
interdire
interdite
intéressé
interface
interféré
intérieur
interjeté
interlock
interlope
interlude
intermède
internant
interpolé
interposé
interrogé

9

intervenu
interview
intestine
intimider
intimisme
intimiste
intituler
intonatif
intoxiqué
intrépide
intrigant
intriguer
intriquer
introduit
intronisé
intrusion
intuition
intuitive
inusuelle
inutilisé
inutilité
invaginer
invaincue
invalider
Invalides
invariant
invective
invectivé
inventant
inventeur
invention
inventive
inversant
inverseur
inversion
inversive
invertase
invertine
invétérée
invétérer
invisible
invitante
invivable
involucre
involutée
involutif
invoquant
iodoforme
Ioniennes
ionisante
iotacisme
Iphigénie
ipso facto
irakienne
iranienne
irascible
iridienne
irisation
irlandais
ironisant
iroquoise
irradiant
Irrawaddy
irréalisé
irréalité
irréfutée
irrésolue
irrespect
irrigable
irriguant
irritable
irritante
irritatif
irruption
Isauriens
Isbergues
Iscariote
Islāmābād
islamique
islamiser
islamisme
islamiste
islandais
ismaélien
ismaélite
ismaïlien
isocarène
isochrone
isoclinal
isoglosse
isogreffe
isolateur
isolation
isolement
isolément
isomérase
isométrie
isomorphe
isoséiste
isostasie
isotherme
isotropie
israélien
israélite
Issenheim
Issyk-Koul
isthmique
italienne
itération
itérative
itinérant
ivoirerie
ivoirière
jaborandi
jaboteuse
jacaranda
jacassant
jacasseur
jacassier
Jaccottet
Jacquerie
jacquerie
Jagellons
jalon-mire
jalonnant
jalonneur
jalousant
jamaïcain
Jamblique
jambosier
Jamestown
janotisme
Jansénius
japonaise
japonerie
japonisme
japoniste
jappement
jaqueline
jaquemart
jardinage
jardinant
jardineux
jardinier
jargonner
jarretant
jaspinant
javanaise
javeleuse
javellisé
jazz-bands
jeannette
Jébuséens
Jéchonias
Jefferson
jennérien
jérémiade
jerricane
jersiaise
Jérusalem
Jespersen
Jesselton
jet-stream
jettatura
jeunement
jeunesses
jeune-turc
joaillier
jobardant
jobardise
johannite
joignable
jointoyer
Joinville
jonglerie
jongleuse
Jönköping
Jonquière
jonquille
jordanien
Jørgensen
Josefinos
Joséphine
Josephson
jottereau
Jotunheim
jouailler
jouissant
jouisseur
jouissive
Joukovski
Joumblatt
jovialité
joyeuseté
jubilaire
jubilante
judaïcité
judaïsant
judicieux
jugulaire
juke-boxes
Jullundur
jumbo-jets
Jumrukčal
juponnant
jurassien
juratoire
juridique

9

juridisme
jusquiame
justement
justicier
justifier
Justinien
juxtaposé
Jyväskylä
Kagoshima
kalicytie
Kalmthout
Kāmārhāti
Kāma-sūtra
Kampuchéa
Kandinsky
kangourou
Kan-tcheou
kantienne
kaolinite
Kara-Bogaz
Karaganda
Karakoram
Karakorum
Karamazov
Karamzine
Karavelov
Karkemish
Karlfeldt
Karlowitz
Karlsruhe
Karnātaka
Karsavina
karstique
Kashiwara
Kasserine
Kasterlee
kathakali
Katharina
Kāthiāwār
Katmandou
Kawaguchi
kayakable
kayakiste
Kecskemét
kémalisme
Kergomard
Kerguelen
Kerkennah
keynésien
khâgneuse
Khajurāho
Khakasses
Kharagpur
khédivale
khédivaux
khédivial
khédiviat
Khorsabad
Khouribga
Khursabād
Khuzestān
Khūzistān
kidnapper
kieselgur
kiesérite
Kiesinger
kilocycle
kilofranc
kilohertz
kilomètre
kilométré
kilotonne
Kimberley
Kim Il-sŏng
Kim Il-sung
kinescope
Kingstown
Kinoshita
Kin-tcheou
kiosquier
Kirchhoff
Kirghizie
Kirovabad
Kirovakan
Kisangani
Kisfaludy
Kishiwada
Kissinger
Kitchener
Kitzbühel
Klarsfeld
klaxonner
Klemperer
Klopstock
knock-down
Knoxville
København
Kokoschka
Kolozsvár
Kominform
Komintern
Kórinthos
Korolenko
korrigane
Korsakoff
Kosciusko
kouan-houa
Kouei-yang
K'ouen-ming
Koukou Nor
Koulechov
koulibiac
Koustanaï
Koutaïssi
Koutousov
Koutouzov
Kouznetsk
koweïtien
Kozhikode
Kozintsev
Kraepelin
Krasiński
Krasnodar
Krivoï-Rog
Kronecker
Kronprinz
kronprinz
Kronstadt
Kroumirie
Krung Thep
Kurashiki
Kurdistān
Kutubiyya
Kykládhes
Kyprianoú
Kyzylkoum
Kyzyl-Orda
la Barbade
Labastide
labellisé
La Bérarde
labialisé
laborieux
labourage
labourant
Laboureur
laboureur
Labrousse
Labrouste
La Bruyère
La Capelle
Lacapelle
laccolite
La Charité
lâchement
laconique
laconisme
La Corogne
lacrymale
lacrymaux
lactarium
lactation
lactifère
lacunaire
lacuneuse
la Défense
La Fayette
Lafayette
La Gacilly
La Garenne
lagothrix
La Guerche
lagunaire
laïcisant
laidement
laimargue
laitonner
laïussant
laïusseur
La Léchère
lallation
Lallemand
Laloubère
Lalouvesc
La Machine
La Malbaie
La Marmora
Lamartine
lamaserie
Lambaréné
lambdoïde
lambinant
lambliase
lambourde
lambrissé
lambruche
lambswool
lamelleux
La Mennais
Lamennais
lamentant
La Mettrie
laminaire
lamineuse
Lamoignon
Lamorlaye
Lamoureux
lampassée

9

Lampedusa
lampourde
Lamprecht
La Napoule
Lancastre
lancement
lancéolée
lancinant
landaulet
landernau
landgrave
Landowska
landsturm
Lanfranco
langagier
langouste
Languedoc
languette
langueyer
Languidic
lantanier
Lan-tcheou
lanterner
lanternes
lanternon
Lanvollon
Lanzarote
laotienne
Lapalisse
La Pallice
La Pasture
La Pérouse
Laperrine
lapidaire
lapinière
lapinisme
Laplanche
Lapparent
La Ravoire
L'Arbresle
lardonner
la Redoute
la Réunion
largement
largesses
larghetto
lariforme
larmoyant
La Rosière
larvicide
laryngale
laryngien
laryngite
La Salette
lasciveté
lascivité
La Skhirra
Las Palmas
lassitude
Latécoère
laticlave
latifolié
latiniser
latinisme
latiniste
lato sensu
La Tranche
Latreille
La Trinité
La Tronche
Lattaquié
laudateur
laudative
Lauenburg
Lauragais
Laurencin
Lauriston
Laussedat
La Valette
lavatorys
lave-autos
lave-glace
Lavelanet
lave-linge
lave-mains
lave-ponts
lave-têtes
Lavigerie
Lavoisier
Lavrovski
lazariste
lazzarone
lazzaroni
Le Bourget
Le Bouscat
Le Canadel
lèchement
Le Chesnay
Le Cheylas
lécithine
Leclanché
Le Conquet
Le Creusot
Le Croisic
Le Folgoët
légaliser
légalisme
légaliste
légataire
légendant
légiférer
légitimée
légitimer
légumière
Le Haillan
Leibowitz
Leicester
léiomyome
leitmotiv
Le Lorrain
Le Louroux
Lemercier
Lemonnier
Le Mourtis
Lémovices
lendemain
lénifiant
Leninabad
Leninakan
Leningrad
léninisme
léniniste
Le Nouvion
lentement
lenticule
lenticulé
lentigine
lentillon
lentisque
Léocharès
léopardée
Léovigild
Le Passage
Le Perreux
Le Plessis
leptosome
Le Quesnoy
Lermontov
Les Abymes
Les Agudes
Les Angles
lesbienne
L'Escarène
Les Eyzies
lésinerie
lésineuse
lésionnel
Les Pennes
Les Riceys
lessivage
lessivant
lessiviel
lessivier
lestement
Le Taillan
Le Tellier
léthargie
Le Thillot
Le Touquet
Le Tréport
lettrisme
leucocyte
Leukerbad
Levallois
Levallois
levantine
Levasseur
Le Vauclin
lève-glace
Le Verrier
Le Vésinet
lève-vitre
Léviathan
lévigeant
Lévitique
levrettée
levretter
Lévy-Bruhl
Lexington
lézardant
L'Hospital
liaisonné
Liancourt
libanaise
libations
libellant
libellule
libérable
libériste
libertine
libidinal
librairie
libration
librement
librettos
licenciée
licencier
liégeoise

9

lieux-dits
ligaturer
lignicole
Lignières
lignifier
limettier
liminaire
limitable
limitatif
limogeage
limogeant
limonaire
limoneuse
limonière
limoselle
limousine
limpidité
Lindbergh
Lindemann
linéament
linéarité
linéature
linguette
linguiste
Linköping
linnéenne
linoléine
linotypie
Linselles
Liouville
lipidémie
lipidique
lipophile
lipophobe
lipotrope
liquation
liquéfier
liquidant
liquidien
liquidité
liquoreux
L'Isle-Adam
Lissajous
Lissitzky
lithodome
lithogène
lithopone
litigieux
lits-cages
littérale
littéraux
littorale
littoraux
littorine
lituanien
Liu-chouen
Liu Shaoqi
Liutprand
Liuvigild
Liverpool
Livradois
livraison
livresque
Ljubljana
Llobregat
lobotomie
lobulaire
lobuleuse
localiser
locataire
Locatelli
Lochristi
lock-outer
loculaire
loculeuse
locutrice
logicisme
logopédie
logorrhée
Logothète
Lohengrin
lointaine
lombalgie
Lombardie
lombostat
loméchuse
londonien
Long Beach
Longchamp
long drink
longévité
longitude
longtemps
longuette
Longueuil
longueurs
longue-vue
Loon-Plage
loquacité
loqueteau
loqueteux
lord-maire
lorgnette
loricaire
Los Alamos
Loschmidt
lotionner
lotissant
lotisseur
louangeur
loucherie
loucheuse
Louisiane
loup-garou
lourdaude
Lou-tcheou
louvetant
louveteau
louvetier
louvoyage
louvoyant
Lovecraft
loyalisme
loyaliste
lubricité
lubrifier
lucimètre
lucrative
Luc-sur-Mer
ludologue
Luftwaffe
Luimneach
luminaire
luminance
lumineuse
luminisme
luministe
lunatique
Lundström
lunetière
Lunéville
lusitaine
Lusitania
Lusitanie
lusophone
lustrerie
luthérien
Luxemburg
luxuriant
luxurieux
Luzarches
Lycabette
Lycophron
lymphoïde
lyncheuse
Lyonnaise
lyonnaise
lysergide
Lysimaque
lysimaque
MacArthur
MacBurney
Maccabées
macchabée
MacDonald
Macdonald
Macédoine
macédoine
Machecoul
mâchement
Machiavel
machiavel
machinale
machinant
machinaux
machmètre
mâchonner
mâchurant
Mackensen
Mackenzie
Maclaurin
MacMillan
Macmillan
maçonnage
Mâconnais
mâconnais
maçonnant
macrocyte
macropode
macropsie
madapolam
madécasse
Madeleine
madeleine
madériser
madourais
madrépore
madrigaux
madrilène
Maelström
maelström
maffieuse
magasiner
Magdalena
Magdeburg
Maghniyya
maghrébin
magistère

9

magistral
magistrat
magnanier
magnanime
magnésien
magnésite
magnésium
magnétisé
magnétite
magnétron
magnifier
magnitude
magnolier
magouille
magouillé
Maguelone
Mahajanga
mahométan
Maidstone
Maiduguri
Maignelay
maigrelet
mail-coach
mailleton
mailloche
maillotin
Maimonide
main-forte
mainlevée
mainmorte
maintenir
Maintenon
maïolique
Maiquetía
maisonnée
maîtresse
maîtriser
Maizières
majolique
majordome
Majorelle
majorette
majorquin
majuscule
Makarenko
Makeïevka
malachite
maladroit
mal-aimées
malandrin
Malaparte
malappris
Malatesta
Malaucène
malavisée
malayalam
malchance
maléfique
malékisme
Maleville
Malevitch
Malgrange
malhabile
malicieux
Malicorne
malignité
malikisme
Malinvaud
Malipiero
malléable
Mallemort
Malliavin
mal-logées
Malmaison
malmenant
malonique
Malouines
malpighie
malpropre
malséante
Malte-Brun
maltraité
Malvoisie
malvoisie
malvoyant
mamelonné
Mamelouks
mammalien
mammifère
manageant
mancheron
manchette
mandarine
mandatant
mandature
mandchoue
mandéenne
mandéisme
Mandelieu
mandement
mandibule
mandingue
mandoline
mandriner
Manessier
Mangalore
manganate
manganèse
manganeux
Manganine
manganite
mangeable
mangeoire
mangeotté
mange-tout
mangetout
mangouste
Manhattan
manichéen
manicorde
maniement
manifeste
manifesté
manigance
manigancé
manipuler
manivelle
Manizales
mannequin
manoeuvre
manoeuvré
manomètre
manquante
mansardée
Mansfield
Mansourah
mantelure
mantouane
manualité
manubrium
manucurer
manuéline
manuscrit
manuterge
Mao Zedong
maquereau
maquignon
maquiller
maquisard
marabouté
Maracaibo
maraîcher
maraîchin
Maramureş
marasquin
maraudage
maraudant
maraudeur
maravédis
marbrerie
marbreuse
marbrière
marcassin
Marcellin
Marcellus
marchande
marchandé
marchante
marchéage
marcheuse
Marcillac
Marcomans
marcotter
Mardochée
Mardonios
maréchale
maréchaux
mareyeuse
margaille
margarine
Margarita
margauder
Margeride
marginale
marginant
marginaux
margotant
margotter
margoulin
Mariannes
Mariazell
Marienbad
Marignane
marihuana
marijuana
Marinetti
Maringues
Marinides
marinière
marinisme
Marioupol
maritorne
marivaudé
marketing
Markowitz
Markstein
marmaille
marmelade

9

marmitage
marmitant
Marmolada
marmonner
Marmontel
marmoréen
marmotter
marmouset
marocaine
Maroilles
maroilles
marollien
maronnant
maroquiné
marotique
marouette
maroufler
marquante
marqueter
Marquette
marqueuse
marquisat
Marquises
Marrakech
Marsannay
Marseille
Marsoulas
marsupial
martelage
martelant
marteleur
martienne
Martignac
Martignas
Martigues
Martinson
martyrisé
martyrium
Marvejols
marxienne
marxisant
mascarade
masculine
Masinissa
massacrer
massepain
massicoté
massifier
Massignon
Massillon
Massinger
massivité
mass media
massorète
masticage
mastiquer
masturber
matabiche
Matamoros
matchiche
match-play
matelassé
matériaux
maternage
maternant
maternisé
maternité
matineuse
matinière
matissant
matorrals
matraquer
matriçage
matriçant
matricide
matriciel
matriclan
matricule
matronyme
Matsumoto
Matsuyama
Matteotti
matthiole
matutinal
maugrabin
maugréant
maugrebin
Maumusson
maurandie
mauresque
mauricien
Maurienne
mauviette
Maxéville
maximiser
mayennais
Mayerling
Mayflower
mazdéenne
mazdéisme
mazoutant
Mbuji-Mayi
McCormick
McCullers
méandrine
mécanique
mécaniser
mécanisme
mécaniste
Méchithar
méconduit
mécontent
mécoptère
mécréante
médaillée
médailler
médaillon
medal play
médiastin
médiateur
médiation
médiatisé
médicinal
médiévale
médiévaux
médisance
médisante
méditatif
médulleux
mégacéros
mégacôlon
mégacycle
mégahertz
mégalithe
mégaphone
mégaptère
mégatonne
Meghalaya
mégissant
mégissier
méhariste
meilleure
méiotique
Meiringen
méjugeant
Mékhithar
mélampyre
Mélanésie
mélangeur
mélanique
mélanisme
Melbourne
mêlé-casse
Mélisande
Melitopol
mellifère
melliflue
mélodieux
mélodique
mélodiste
mélodrame
mélomanie
mélongène
mélongine
mélophage
Melpomène
Melsbroek
mémorable
mémoriaux
mémoriser
menaçante
ménageant
ménagerie
ménagiste
menchevik
Menchikov
mendélien
mendiante
mendicité
mendigote
mendigoté
ménestrel
ménétrier
Ménigoute
méningite
méniscale
méniscaux
méniscite
mennonite
ménopause
ménotaxie
mensonger
menstruel
menstrues
mensuelle
mentalisé
mentalité
mentholée
mentionné
mentonnet
menuisant
menuisier
ményanthe
méprenant
méprendre
méprisant
mercaptan
mercerisé

9

mercureux
mercuriel
merdoyant
mère-grand
Merelbeke
Méréville
Méricourt
meringuer
Mérinides
méristème
méritante
méritoire
Merlebach
mérostome
Merseburg
merveille
mérycisme
mésallier
Mesa Verde
mescaline
mésentère
mésestime
mésestimé
mesmérien
mésocarpe
mésoderme
mésomérie
mésopause
messagère
Messagier
Messaline
messieurs
mestrance
Meštrović
mesurable
métacarpe
métallier
métallisé
métamérie
métaphase
métaphore
métaphyse
Métastase
métastase
métastasé
métatarse
métathèse
météorisé
météorite
méthadone
méthanals
méthanier
méthanisé
méthylène
métissage
métissant
métonymie
métricien
métronome
métropole
meublante
Meursault
meursault
meurtrier
mexicaine
Meximieux
Meyerbeer
Meyerhold
mezzanine
mezza voce
miauleuse
mi-carêmes
micheline
Michelson
Michoacán
micoquien
microbien
microfilm
microglie
microlite
micro-onde
micropsie
micropyle
microtome
Middleton
midinette
midrashim
mielleuse
mieux-être
mièvrerie
migmatite
mignonnet
mignotant
migrateur
migration
Mijoteuse
milanaise
mildiousé
Milioukov
militaire
militante
milk-shake
Millardet
Mille-Îles
millenium
millépore
Millerand
millésime
millésimé
Millevoye
milliaire
milliasse
millivolt
Milwaukee
mimétique
mimétisme
mimodrame
mimolette
mimologie
mimosacée
minahouet
minaudant
minaudier
minervals
Minervois
minervois
miniature
miniaturé
minimiser
ministère
Minkowski
minnesang
Minnesota
minoratif
minorquin
Minotaure
minoterie
minuscule
minutaire
minuterie
minutieux
mirabelle
mirabilis
miraculée
Mirambeau
Mirandole
Mirecourt
mire-oeufs
mirifique
mirliflor
mirmillon
miroitant
miroitier
misandrie
misérable
miséreuse
misogynie
Misourata
mispickel
missilier
mistoufle
mitigeant
mitonnant
mitotique
mitoyenne
mitraille
mitraillé
Mitry-Mory
Mixtèques
mixtionné
Mizoguchi
Mnémosyne
Mnésiclès
mobilière
mobiliser
mobilisme
Mobylette
Moctezuma
modeleuse
modéliser
modélisme
modéliste
modernisé
modernité
modifiant
modulable
modulaire
modulante
moelleuse
Mogadishu
moinillon
Moïsseïev
moissonné
Molenbeek
moleskine
molestant
molinisme
moliniste
mollasson
mollement
molluscum
mollusque
molybdène
momentané
momifiant
monadisme
monarchie
monastère

9

monaurale
monauraux
mondanité
Monestiés
monétaire
Monétique
monétiser
mongolien
Monicelli
moniliose
Monistrol
monitoire
monitorat
monitrice
môn-khmère
monnayage
monnayant
monnayeur
monoacide
monoamine
monocâble
monocoque
monocorde
monocycle
monodique
monogamie
monolithe
monologue
monologué
monomanie
monomètre
monophasé
monoplace
monopsone
monoptère
monostyle
monotonie
monotrace
monotrème
monotrope
Monpazier
monsignor
Montagnac
Montaigne
Montaigut
montaison
Montargis
Montauban
Montbazon
Mont Blanc
mont-blanc
Montcenis
Montendre
Montereau
Monterrey
Monterson
monte-sacs
Montespan
Montesson
Montezuma
Montgeron
Montguyon
Monthermé
Montholon
monticole
monticule
Montignac
Montlhéry
Mont-Louis
Montlouis
Montluçon
Montmagny
Montpezat
montrable
Montredon
Montreuil
montreuse
Montrevel
Montrouge
Mont-Royal
Montsalvy
Montségur
monts-joie
montueuse
Montville
moquetter
Morādābād
morailles
moraillon
moraliser
moralisme
moraliste
moratoire
morbidité
morcelant
mordacité
mordancer
Mordelles
mordicant
mordiller
mordorant
mordorure
morfondre
morganite
Morgarten
morgeline
morguenne
moribonde
moricaude
Morienval
morigéner
Mormoiron
morphisme
mortaiser
mortalité
Mortenson
Mort-Homme
mortifère
mortifier
Mortillet
morts-bois
mortuaire
morutière
mosaïquée
moscovite
mosellane
Mossadegh
Mössbauer
motionner
motivante
motociste
motocross
motocycle
motoneige
motopaver
motopompe
motor-home
motorisée
motoriser
motoriste
motorship
motricité
mots-clefs
mot-valise
moucharde
mouchardé
moucheron
mouchetée
moucheter
mouchetis
mouchette
Mouchotte
moudjahid
moufetant
mouffette
mouflette
mouillage
mouillant
Mouillard
mouillère
mouilleur
mouilloir
mouillure
moujingue
moulinage
moulinant
moulineur
moulinier
moulurage
moulurant
Mounikhia
Mounychia
Mourmansk
Mourmelon
moussante
mousseron
mousseuse
moustache
moustachu
Moustiers
moustique
moutonnée
moutonner
mouvement
moyennant
Moyen-Pays
Muang Thaï
mucoracée
mugissant
mulassier
mule-jenny
muletière
Multatuli
multilobé
multipare
multiplet
multiplex
multiplié
multitube
multitude
multivoie
munichois
municipal
munissant
muralisme
muraliste
mûrissage
mûrissant

murmurant
Muromachi
Murray Bay
mur-rideau
musardant
musardise
muscadier
muscadine
muscardin
muscarine
musculeux
muselière
muserolle
music-hall
musiquant
Mussolini
mustélidé
musulmane
mutilante
mutinerie
Mutsuhito
mutualisé
mutualité
Muybridge
mycoderme
mycologie
mycologue
mycorhize
mycosique
myélinisé
myélocyte
Mykérinos
Mykerinus
myocastor
myogramme
myographe
myopathie
myopotame
myriapode
Myrmidons
myrobalan
myrobolan
myroxylon
mysticète
mysticité
mystifier
mythifier
mythomane
myxoedème
Nabatéens
Nachtigal
Nāder Chāh
Nādir Chāh
Nāgārjuna
Nāgercoil
Nahr al-'Āṣī
naissance
naissante
naïvement
Nana Sahib
Nanda Devi
nanifiant
Nan-tch'ang
Nan-tch'ong
Nantucket
narcotine
narghileh
narquoise
narrateur
narration
narrative
nasaliser
Nasbinals
Nashville
nasillant
nasillard
nasilleur
nataliste
natatoire
nationale
nationaux
nativisme
nativiste
naturelle
naturisme
naturiste
Naucratis
naufragée
naufrager
naumachie
Naundorff
naupathie
nauséeuse
nautonier
navarrais
Navarrenx
navetteur
navigable
navigante
naviguant
Naviplane
navrement
néanmoins
néantiser
nébuleuse
nébuliser
nécessité
nécrologe
nécromant
nécropole
nécropsie
nécrosant
Nectanebo
nectarine
Nederland
Néfertari
Néfertiti
négatrice
négligent
négociant
Nègrepont
négrillon
négritude
Nekrassov
nématique
néoblaste
néocomien
néoformée
néo-indien
néolocale
néolocaux
néomycine
néonatale
néonatals
néopilina
néoplasie
néoplasme
néozoïque
népalaise
népenthès
néphéline
néphélion
néphridie
népotisme
neptunium
néritique
nervation
nervosité
nervurant
n'est-ce pas
nestorien
Nestorius
Netchaïev
nettement
nettoyage
nettoyant
nettoyeur
Neuchâtel
Neuenburg
neurinome
neuronale
neuronaux
névralgie
névrilème
névroglie
Newcastle
New Jersey
New Mexico
newtonien
Ngan-houei
niaiserie
niaiseuse
Nicaragua
Nicéphore
Nicholson
nickelage
nickelant
Nicolaier
nicolaïte
Nicolette
Nicomédie
Nicopolis
nictation
nictitant
nidifiant
nids-de-pie
Nietzsche
nigériane
night-club
nihilisme
nihiliste
Nikolaïev
nilotique
nitratant
nitration
nitrifier
nitrogène
nitrosyle
nitrurant
nivelette
niveleurs
niveleuse
Nivernais
nivernais
noblement
noctuelle
nodulaire
noduleuse

9

9

Nohant-Vic
noiseraie
noisetier
nomadiser
nomadisme
nombrable
nombreuse
nominatif
nommément
nomothète
non-aligné
non-engagé
non-fumeur
non-initié
non-métaux
nonpareil
non-retour
nonuplant
non-valeur
non-viable
non-voyant
nordicité
nord-ouest
normalien
normalisé
normalité
Normandie
normative
norvégien
nosologie
nostalgie
notamment
notariale
notariaux
notatrice
notifiant
notionnel
notonecte
notoriété
Notre-Dame
Notre-Dame
nougatine
nouménale
nouménaux
nouveau-né
nouveauté
nouvelles
novatoire
novatrice
noyautage
noyautant
noyauteur
nucléaire
nucléique
nuisances
nullement
nullipare
numéraire
numérique
numériser
numéroter
numismate
nummulite
Nungesser
nuragique
Nuremberg
nurseries
nutriment
nutrition
nutritive
nyctalope
nymphette
nystagmus
nystatine
obédience
obéissant
obélisque
Oberkampf
obituaire
objectale
objectant
objectaux
objecteur
objection
objective
objectivé
obligeant
obliquant
obliquité
oblitérer
obnubilée
obnubiler
Obodrites
obombrant
Obradović
Obrenović
obscénité
obscurcir
obscurité
obsédante
observant
obsession
obstinant
obstruant
obtempéré
obtention
occipital
Occitanie
occlusion
occlusive
occultant
occupante
occurrent
océanaute
Océanides
océanique
octaviant
Octeville
octogonal
octostyle
octroyant
octuplant
oculogyre
ocytocine
odalisque
odontoïde
oedicnème
Oehmichen
oeil-de-pie
oeilleton
oeillette
oekoumène
oenilisme
oenolique
oenolisme
oenologie
oenologue
oenothera
oenothère
oesophage
oeuvrette
Offenbach
offensant
offenseur
offensive
officiant
officiaux
officière
officieux
officinal
offusquer
Ogasawara
Ogbomosho
oghamique
oignonade
oiselière
Oldenburg
oléifiant
oléiforme
oléomètre
olfaction
olfactive
oligarque
oligocène
oligopole
olivaison
oliveraie
olivétain
Ollioules
olographe
olympiade
olympique
olympisme
ombellale
ombellule
ombilical
ombiliqué
ombrageux
ombrienne
ombudsman
Omdourman
Omeyyades
ommatidie
onagracée
oncologie
oncologue
oncotique
onctueuse
ondemètre
ondinisme
ondoyante
ondulante
onduleuse
onguicule
onguiculé
onkotique
ontogénie
ontologie
onusienne
opacifier
opalisant
openfield
opérateur
opération
operculée
ophiolite
ophiuride
ophtalmie

opiniâtre
opiomanie
Oppenheim
Oppenordt
opportune
opposable
opposante
oppressée
oppresser
oppressif
opprimant
optimiser
optimisme
optimiste
optionnel
optomètre
oralement
oralisant
orangeade
orangerie
orangette
orangiste
oratorien
orbitaire
orcanette
orchestre
orchestré
Orchomène
ordinaire
ordonnant
ordurière
oreillard
oreillons
Orenbourg
organelle
organique
organisée
organiser
organisme
organiste
organsiné
Orhan Gazi
orientale
orientant
orientaux
orienteur
oriflamme
originale
originaux
Orléanais
orléanais
ornementé

orniérage
ornithose
orobanche
orogenèse
orpheline
orthodoxe
orthoépie
orthopnée
orthoptie
oscabrion
oscillant
osmomètre
osmotique
Osnabrück
ossements
ossifiant
ostéalgie
ostensive
ostensoir
ostéogène
ostéolyse
ostracode
ostrogote
ostrogoth
Ostrołëka
Ostrovski
oto-rhinos
otorragie
Ottignies
ouaouaron
Ouarsenis
ouatinant
oubliable
oubliette
oublieuse
ougandais
ougrienne
ouillière
Oulan-Oude
Ouled Naïl
ourlienne
Ouro Preto
Ouroumtsi
Oustiourt
Outaouais
outardeau
outillage
outillant
outilleur
outrageux
Outremont
outre-Rhin

outrigger
ouverture
ouvraison
Ouyang Xiu
ovalisant
ovarienne
ovationné
overdrive
oviparité
oviscapte
ovogenèse
ovulation
oxhydryle
oxydation
oxygénant
Ōyama Iwao
ozocérite
ozokérite
ozonateur
ozonisant
ozoniseur
pacageant
pacemaker
Pachelbel
pacifiant
Pacifique
pacifique
pacifisme
pacifiste
packageur
packaging
pacotille
pactisant
Paderborn
padischah
Paesiello
paganiser
paganisme
pagayeuse
page-écran
pagnotant
paillarde
Paillasse
paillasse
pailletée
pailleter
paillette
pailleuse
Paimboeuf
Paisiello
paissance
Pakanbaru

palabrant
palafitte
Palaiseau
palamisme
palanquée
palanquer
palanquin
palatiale
palatiaux
Palatinat
palatinat
Palembang
paléocène
paléogène
Palestine
palettisé
palilalie
palinodie
palissade
palissadé
palissage
palissant
pâlissant
palladien
palladium
palliatif
pallicare
pallikare
palmarium
palmature
Palm beach
palmeraie
palmifide
palmipède
palmitine
palonnier
palpation
palpébral
palpitant
paltoquet
paludière
paludisme
Pampelune
Pamphylie
Pamukkale
panachage
panachant
panachure
panatella
pan-bagnat
pandectes
paneteric

9

panetière
paniculée
panifiant
paniquant
paniquard
Pankhurst
Panmunjom
panneauté
pannicule
pannonien
panonceau
panossant
pansement
pantelant
pantomime
pantoufle
pantouflé
papelarde
paperasse
papeterie
papetière
papilleux
papillome
papillote
papilloté
Papouasie
papouille
papuleuse
paquetage
paqueteur
parabiose
Paracelse
parachevé
parachute
parachuté
paradeuse
paradigme
paradoxal
paraffine
paraffiné
paragrêle
parallaxe
parallèle
paralysée
paralyser
paralysie
paramécie
paramètre
paranoïde
parapente
paraphant
parapheur
paraphyse
parapluie
parascève
parasiter
parasites
parchemin
parcmètre
parcourir
pardessus
par-devers
pardonner
Pardubice
pare-brise
pare-chocs
pare-fumée
parementé
parentale
parentaux
parentèle
paressant
paresseux
parfilage
parfilant
parfondre
parfumant
parfumeur
Paricutín
pariétale
pariétaux
paripenné
parisette
paritaire
parjurant
Parkinson
parlement
Parménide
Parménion
parmesane
Parnassós
parodiant
parodique
parodiste
parodonte
parolière
paronymie
paronyque
paroxysme
paroxyton
parqueter
parqueuse
parquière
parrainer
parricide
parsemant
partageur
partageux
Parthenay
Parthénon
partiaire
participe
participé
particule
partielle
partinium
partisane
partiteur
partition
partitive
parurerie
parurière
parvenant
pascalien
Pasdeloup
paso doble
passagère
passation
passavant
passe-haut
passéisme
passéiste
passement
passe-pied
passe-plat
passepoil
passeport
passerage
passereau
passerine
passerose
passionné
passivant
passivité
Pasternak
pasticher
pastorale
pastoraux
pastorien
Patagonie
Patañjali
pataugeur
patchouli
patchwork
pateliner
patenôtre
patentage
patentant
paternité
Pathet Lao
pathogène
patienter
patinette
patineuse
patinoire
pâtissant
pâtissier
patoisant
patouillé
patricial
patriciat
patricien
patriclan
patronage
patronale
patronaux
patronner
patronyme
patte-d'oie
pâturable
pauchouse
Paul Émile
paulienne
paulinien
paulownia
paumoyant
paupérisé
paupiette
Pausanias
pause-café
pauvresse
pauvrette
Pavarotti
pavlovien
pavoisant
paysagère
paysannat
peaufiner
peau-rouge
peaussier
Pech-Merle
Peckinpah
péclotant
pectorale
pectoraux
pédagogie
pédagogue
pédaleuse

9

pédéraste
pédiatrie
pédicelle
pédicellé
pédiculée
pédicurie
pédipalpe
pédologie
pédologue
pédomètre
pédoncule
pédonculé
pédophile
pegmatite
peigne-cul
peigneuse
peignures
peinturer
péjoratif
pékinoise
pélagique
pélasgien
Pélissier
Pellegrue
pelletage
pelletant
pelleteur
Pelletier
pelletier
pellicule
pelliculé
Pellisson
pellucide
Pélopidas
peloteuse
pelotonné
peluchant
pelucheux
pelvienne
pemphigus
pénaliser
pénaliste
penalties
Peñarroya
pendaison
pendentif
pendiller
pendillon
pendulant
pendulier
pénétrant
pénicillé

péninsule
pénitence
pénitente
pénologie
pense-bête
pensionné
pentaèdre
Pentagone
pentagone
pentamère
pentapole
pentatome
Pentecôte
pépiement
pépinière
péquenaud
perborate
percaline
percement
perceptif
percevant
percevoir
percheron
percheuse
perchiste
percutané
percutant
percuteur
Perdiccas
perdition
perdrigon
perdurant
pérennant
pérennisé
pérennité
perfectif
perfoliée
perforage
perforant
perfusant
perfusion
Pergolèse
Périandre
périanthe
périastre
Péribonca
Péribonka
péricarde
péricarpe
périclité
péricrâne
péricycle

péridural
Périgueux
périgueux
périhélie
périlleux
périmètre
périnatal
périnéale
périnéaux
péripétie
périptère
périscope
périssant
péristome
péristyle
périthèce
péritoine
Permalloy
permanent
perméable
permettre
permienne
permissif
permutant
péronière
péronisme
péroniste
péroreuse
peroxyder
perpétrer
perpétuel
perpétuer
Perpignan
Perrégaux
Perrichon
perroquet
persécuté
perséides
Perseigne
persévéré
persienne
persifler
persillée
persister
personale
personnel
persuader
persuasif
pertinent
perturber
Pertusato
pervenche

pervertir
pervibrer
pesamment
pesanteur
pèse-acide
pèse-bébés
pèse-moûts
pèse-sirop
pesticide
pestiféré
pétalisme
pétaloïde
pétarader
Petchenga
pétéchial
Petermann
Petersson
pétillant
petit-bois
Petite-Île
petitesse
petit-fils
petit-four
petit-gris
petit-lait
pétitoire
petit pois
Petlioura
pétouillé
Pétrarque
pétrifier
pétrogale
Petrograd
pétrolier
pétulance
pétulante
Peutinger
Peyrolles
Peyronnet
Pforzheim
phagocyte
phagocyté
phalanger
Phalanges
phalarope
phallique
phalloïde
phanatron
phantasme
Pharamond
pharillon
pharisien

9 pharmacie
pharyngal
pharyngée
Phéaciens
phénicien
phéniquée
phénolate
phénomène
phénotype
phéromone
philanthe
Philibert
Philippes
philippin
philistin
Philomèle
phlyctène
Phnom Penh
phocéenne
phocidien
phocomèle
pholidote
phonateur
phonation
phoniatre
phonolite
phosphate
phosphaté
phosphène
phosphine
phosphite
phosphore
phosphoré
phosphure
photogène
photolyse
photopile
photostat
phototype
phragmite
phraseuse
phrénique
phtaléine
phtalique
phtiriase
phtisique
phylarque
physicien
phytocide
phytotron
piaffante
piaffeuse
piaillant
piaillard
piailleur
pianotage
pianotant
Piazzetta
picholine
Picquigny
picridium
pics-verts
picturale
picturaux
pied-de-roi
pied-droit
piédestal
piédouche
piédroits
pieds-bots
pierreuse
pies-mères
piétaille
piétement
piétinant
pifomètre
pigeonner
pigmenter
pignocher
Pilcomayo
pilocarpe
pilonnage
pilonnant
piloselle
pilosisme
Piłsudski
pilulaire
pimentant
pinailler
pinardier
pincelier
pincement
Pincevent
pincharde
ping-pongs
pingrerie
pinnipède
Pinocchio
pintadeau
pintadine
piocheuse
pionnière
pipelette
pipe-lines
pipéracée
piper-cubs
pipéronal
pique-feux
pique-note
piquetage
piquetant
piqueteur
piraterie
piriforme
Pirithoos
Pirmasens
piroguier
pirouette
pirouetté
Pisanello
piscicole
piscivore
pisiforme
pisolithe
pissement
pissenlit
pistoleur
pistonner
pitonnage
pitonnant
pitoyable
pivotante
pizzicati
pizzicato
Plabennec
placarder
placement
placidité
plafonner
plagiaire
plaidable
plaidante
plaideuse
plaidoyer
plaignant
plain-pied
plaintive
Plaisance
plaisance
plaisante
plaisanté
planchant
planchéié
planifier
plan-masse
planquant
plantaire
planteuse
plaquette
plaqueuse
plasmifié
plasmique
plastifié
plastigel
plastique
plastiqué
plastisol
platelage
platement
platinage
platinant
platinite
platitude
plâtrerie
plâtreuse
plâtrière
plausible
plein-vent
Plekhanov
plénitude
pléonasme
Plessetsk
pleurarde
pleurésie
pleureuse
Pleurtuit
pleuvassé
pleuviner
pleuvoter
Plexiglas
plisseuse
Plogastel
ploiement
plombémie
plomberie
plongeant
plongeoir
plongeuse
Ploubalay
Plouescat
Plouhinec
plucheuse
plumaison
plum-cakes
pluralité
plurielle
plusieurs
plus-value

9

Plutarque
plutonien
plutonium
pluvieuse
Pluvigner
pluvinant
pneumonie
pocharder
poco a poco
Poděbrady
Podgornyï
podolithe
podologie
podologue
podomètre
poétereau
poétisant
poignante
poignardé
poinçonné
pointeuse
pointillé
poireauté
poirotant
poissarde
poisseuse
poitevine
poivrière
polarisée
polariser
polémique
polémiqué
polémiste
Poliakoff
policeman
policemen
policière
Polisario
polissage
polissant
polisseur
polissoir
Politburo
politesse
politique
politiser
Pollaiolo
pollinose
polluante
pollueuse
pollution
polonaise
Polonceau
poltronne
polyacide
polyakène
polyamide
polyamine
polyandre
Polycarpe
polychète
Polyclète
polycopie
polycopié
Polycrate
polyester
Polyeucte
polygamie
Polygnote
polygonal
polygynie
polylobée
polymérie
Polynésie
polyoside
polypeuse
polyphasé
Polyphème
polyptère
polysémie
polystyle
Polythène
polytonal
Poméranie
pommadant
pommelant
pommeraie
pomoerium
pomologie
pomologue
Pompadour
Pompadour
Pompignan
pomponner
ponantais
ponctuant
pondaison
pondérale
pondérant
pondéraux
pondéreux
pont-canal
Pont-Croix
Pont-Euxin
Pont-euxin
Pontianak
pontifier
Pont-l'Abbé
pont-levis
Pontorson
Pontrieux
pont-route
Ponts-de-Cé
pontuseau
Poperinge
pop musics
populaire
populeuse
populisme
populiste
porcherie
Pordenone
Pornichet
porophore
porphyrie
portative
Port Blair
Port-Bouêt
porte-bébé
porte-clés
porte-épée
portefaix
porte-fort
porte-lame
portelone
portement
porte-menu
portemine
porte-vent
porte-voix
portfolio
Porticcio
Portillon
portillon
Portinari
Port-Louis
Porto-Novo
Porto Rico
Port-Royal
Port-Salut
portuaire
portugais
posemètre
posidonie
posologie
possédant
possessif
postdater
postérité
postillon
postnatal
postposer
postulant
posturale
posturaux
potassant
potassium
Potemkine
potentiel
potinière
potomanie
potomètre
pot-pourri
pots-de-vin
pouce-pied
poucettes
Pouchkine
pou-de-soie
poudingue
poudrerie
poudrette
poudreuse
poudrière
poudroyer
pouillard
pouilleux
poulinant
pouponner
pourboire
pourfendu
pourlèche
pourléché
pourpoint
pourprine
pourridié
poursuite
poursuivi
Pourtalet
pourvu que
pousse-toc
poussette
poussière
poutargue
poutrelle
Pouzauges
Pouzzoles
Praguerie

9

praguoise
prairials
pralinage
pralinant
Pralognan
prandiale
prandiaux
praticien
pratiquer
pratiques
Pratolini
Praxitèle
préalable
préalpine
préambule
préaviser
précarisé
précarité
précédant
précédent
préceinte
prêcheuse
précieuse
précipice
précipité
précisant
précision
précocité
précompte
précompté
préconçue
préconisé
prédateur
prédation
prédicant
prédictif
prédigéré
prédiquer
prédisant
prédominé
Pré-en-Pail
préétabli
préexisté
préfaçant
préfacier
préférant
préfiguré
préfixale
préfixant
préfixaux
préfixion
préformer
prégnance
prégnante
préjudice
prélasser
prélatine
prélature
prélavage
prélevant
préludant
prématuré
prémédité
premier-né
Preminger
Prémontré
prémontré
prénatale
prénatals
prénataux
prénommée
prénommer
prénotion
préoccupé
préparant
prépayant
préposant
prérégler
préromane
Presbourg
presbytie
prescient
prescrire
préséance
présénile
présenter
préserver
présidant
président
présidial
présidium
presqu'île
prés-salés
pressante
press-book
Pressburg
pressenti
presseuse
presspahn
pressurer
prestance
prestesse
présumant
présurant
prétendre
prétendue
prête-noms
prétérité
Prétextat
prétexter
prétorial
prétorien
Pretorius
prétraité
prêtresse
prévalant
prévaloir
prévenant
préventif
prévision
prévôtale
prévôtaux
prévoyant
priapisme
Priestley
Prigogine
primarité
primatial
Primatice
primerose
primevère
primipare
primipile
primitive
Primoguet
princesse
Princeton
princière
principal
principat
printemps
priodonte
Pritchard
privation
privatisé
privative
privautés
privilège
probation
procédant
procédure
processif
processus
prochaine
prochordé
proclamer
Proclides
proconsul
procréant
Procruste
procurant
procureur
prodiguer
productif
profanant
profectif
proférant
professer
profilage
profilant
profitant
profiteur
profusion
progiciel
prognathe
programme
programmé
progressé
prohibant
projectif
projetant
projeteur
Prokofiev
prolamine
prolapsus
prolifère
proliféré
proligère
prolixité
prolonger
promenade
promenant
promeneur
promenoir
Prométhée
promettre
promiscue
promoteur
promotion
prompteur
promulgué
pronateur
pronation
prononcée
prononcer
pronostic
propagule
propanier

propergol
prophétie
proposant
proprette
Propriano
propriété
propulser
propulsif
propylène
prosaïque
prosaïsme
prosateur
proscrire
proscrite
prosélyte
prosimien
prospecté
prospérer
prosterné
prosthèse
prostitué
protamine
protéique
protester
prothalle
prothorax
protocole
protogine
protonéma
prototype
protoxyde
protuteur
prouvable
provenant
provençal
provigner
proviseur
provision
provocant
provoquer
proxénète
proximale
proximaux
proximité
prud'homal
prud'homie
Prudhomme
prud'homme
prunelaie
prussiate
prussique
psallette
psalliote
psalmiste
psalmodie
psalmodié
psilocybe
psoralène
psoriasis
psychique
psychisme
ptéropode
ptérygote
Ptolémaïs
ptyalisme
pubescent
publiable
publicain
publicité
Publicola
pudibonde
puérilité
puerpéral
Pufendorf
pugiliste
pugnacité
Puigcerdá
puisatier
puisement
puissance
puissante
puissants
Pulchérie
pulicaire
pullorose
pull-overs
pullulant
pulsation
pulsative
pulvérisé
punaisant
punissant
pupitreur
purgation
purgative
purifiant
puritaine
purpurine
purulence
purulente
puseyisme
pustuleux
putassier
putonghua
putréfier
putridité
Puy de Dôme
Puy-de-Dôme
Puymorens
Pygmalion
pylorique
Pyongyang
pyramidal
pyramidée
pyrénéite
pyrogravé
pyromanie
pyromètre
pyrophore
pyrophyte
pyroxylée
pyrrhique
Pythagore
pythienne
pythiques
Qacentina
Qadhdhāfī
quadrette
quadrille
quadrillé
quadrique
quadruple
quadruplé
qualifiée
qualifier
quant-à-soi
quantième
quantifié
quantique
Quaregnon
Quarenghi
quarrable
quartager
quarteron
quartette
quartzeux
quartzite
quasiment
Quasimodo
Quasimodo
quatrième
quat'zarts
québécois
quebracho
Quelimane
Quellinus
quelqu'une
quémander
quereller
Querétaro
quérulent
Quettehou
quetzales
Quicherat
quiconque
quiescent
quiétisme
quiétiste
Quiévrain
quilleuse
Quimperlé
quinconce
quinquina
quintaine
quintette
quinteuse
quintolet
quintuple
quintuplé
quinzaine
quinzième
quinziste
quiproquo
quittance
quittancé
quote-part
quotidien
rabâchage
rabâchant
rabâcheur
rabaisser
Raban Maur
Rabastens
rabat-joie
rabattage
rabattant
rabatteur
rabattoir
rabiboché
rabiotant
raboteuse
rabougrie
rabougrir
raboutant
rabrouant
raccorder
raccourci
raccroché

9

raccusant
racémique
rachetant
rachidien
racketter
raclement
racoleuse
racontant
raconteur
radariste
Radcliffe
Radegonde
radiateur
radiation
radiative
radicante
radicelle
radinerie
radiolyse
radio-taxi
radoteuse
radoubant
Radziwiłł
raffermir
raffinage
raffinant
raffineur
rafflesia
rafflésie
raffolant
raffûtant
rafistolé
rafraîchi
ragoûtant
raidillon
raillerie
railleuse
rail-route
Raimbourg
rainurage
rainurant
raisonnée
raisonner
Rājasthān
rajoutant
rajustant
ralinguer
rallonger
rallumant
ramageant
ramassage
ramassant
ramasseur
Rambuteau
ramendant
ramendeur
rameutant
ramifiant
Ramillies
rampement
ramponeau
rancarder
rançonner
rancunier
randomisé
randonnée
randonner
rangement
rapatriée
rapatrier
rapercher
rapetassé
rapetissé
rapiéçage
rapiéçant
rapinerie
rapointir
rapointis
rapparier
rappelant
rappliqué
rappointi
rapportée
rapporter
rapprêter
rapproché
raréfiant
rarescent
rarissime
Rarotonga
Rasmussen
rassasier
rassemblé
rasséréné
rasseyant
Ras Shamra
rassortir
rassoyant
rassurant
rastafari
Rastignac
Rastrelli
ratatinée
ratatiner
rat-de-cave
râteleuse
râtelures
ratiboisé
ratifiant
ratineuse
ratiociné
rationaux
rationnel
rationner
ratissage
ratissant
ratonnade
Ratsiraka
rattacher
rattraper
raubasine
rauwolfia
ravageant
ravageuse
Ravaillac
Ravaisson
ravaudage
ravaudant
ravaudeur
ravenelle
ravigoter
ravissant
ravisseur
Rawa Ruska
Raynouard
rayonnage
rayonnant
rayonneur
réabonner
réabsorbé
réactance
réactiver
réadapter
ready-made
réaffirmé
réajuster
réalésage
réalésant
réaligner
réalisant
réaménagé
réamorcer
réanimant
réargenté
réarrangé
réassigné
réassorti
réassurer
rebaisser
rebaptisé
rebattant
rebellant
rébellion
rebiffant
rebiquant
reblanchi
reblochon
reboisant
rebordant
reboucher
rebouteur
rebouteux
rebrodant
rebroussé
rebrûlant
rebuffade
rebutante
recacheté
recalculé
recardant
recarrelé
recausant
receleuse
récemment
recensant
recenseur
recension
recentrer
récépissé
récepteur
réception
réceptive
recercler
récession
récessive
recevable
receveuse
rechampir
réchampir
réchampis
rechanger
rechanter
rechapage
rechapant
réchapper
recharger
rechasser
réchauffé

9

rechaussé
recherche
recherché
rechigner
rechutant
récidiver
récipient
récitante
récitatif
réclamant
reclasser
reclouant
réclusion
recoiffer
recollage
recollant
récoltant
récolteur
recomparu
recomposé
recompter
reconduit
réconfort
reconquis
recopiant
recordage
recordant
recordman
recordmen
recorrigé
recoucher
recoupage
recoupant
recourant
recourber
recousant
recouvert
recouvrer
recouvrir
recracher
récréance
récréatif
récrément
recreuser
récriminé
récrivant
recroître
recrutant
recruteur
rectangle
rectifier
rectitude
rectorale
rectoraux
recueilli
recuisant
reculotté
récupérer
récurrent
récursive
récusable
recyclage
recyclant
rédacteur
rédaction
reddition
redéfaire
redéfinir
redemandé
redémarré
redéployé
redevable
redevance
redevenir
rediffusé
rédigeant
redingote
rediscuté
redondant
redonnant
redoublée
redoubler
redoutant
redresser
réductase
réducteur
réduction
réduisant
réécouter
réédifier
rééditant
réédition
rééduquer
réélisant
réemployé
réengager
réessayer
réétudier
réévaluer
réexaminé
réexpédié
réexporté
refaçonné
réfaction
refaisant
réfection
refendant
référence
référencé
refermant
réfléchie
réfléchir
réflectif
reflétant
refleurir
réflexion
réflexive
refondant
reformage
reformant
réformant
reformeur
reformulé
refouillé
refoulant
refouloir
réfracter
refrénant
réfrénant
réfrigéré
refroidir
réfugiant
refusable
réfutable
regagnant
regardant
regardeur
régatière
régénérée
régénérer
régentant
regimbant
regimbeur
régionale
régionaux
régissant
régisseur
registrer
règlement
regonfler
regratter
regreffer
régresser
régressif
regretter
regrimper
regrossir
regrouper
régulière
régurgité
réhabitué
rehausser
réhydraté
Reichsrat
Reichstag
réimporté
réimposer
réimprimé
réincarné
Reinhardt
réinscrit
réinsérer
réintégré
réinventé
réinvesti
réinviter
réitérant
rejaillir
rejetable
rejoindre
rejugeant
relâchant
relaisser
relançant
relaxante
relayeuse
relecture
reléguant
relevable
releveuse
religieux
relogeant
reluisant
reluquant
remâchant
remailler
rémanence
rémanente
remaniant
remarcher
remariage
remariant
remarquer
remballer
rembarqué
rembarrer
rembauché
remblaver

9

remblayer
rembobiné
remboîter
rembouger
rembourré
remboursé
Rembrandt
rembrunir
rembucher
remédiant
remembrer
remémorer
remercier
remettant
remeubler
Remington
rémission
rémittent
remmaillé
remmanché
remmenant
remmouler
remodeler
remontage
remontant
remonteur
remontoir
remontrer
remordant
remorquer
remouillé
rémoulade
remoulage
remoulant
rémouleur
Remoulins
rempaillé
rempiéter
rempilant
remplacer
rempliant
remployer
remplumer
rempocher
remporter
rempotage
rempotant
remprunté
Remscheid
remuement
rémunérer
renâclant
renardeau
renaudant
rencaissé
rencarder
renchérir
rencogner
rencontre
rencontré
rendement
rendormir
rendosser
renégocié
renfaîter
renfermée
renfermer
renfilant
renflouer
renfoncer
renforcer
renformir
renformis
renfrogné
rengainer
rengorger
rengrener
rengréner
reniement
reniflant
reniflard
renifleur
réniforme
rénitence
rénitente
Rennequin
renommant
renonçant
renoncule
renouveau
renouvelé
renseigné
rentamant
rentoiler
rentraire
rentrante
rentrayer
renversée
renverser
renvidage
renvidant
renvideur
renvoyant
réoccuper
réopérant
réorienté
repairant
répandant
réparable
reparlant
repartagé
repartant
repassage
repassant
repasseur
repêchage
repêchant
repeindre
rependant
repensant
repentant
repérable
reperçant
répercuté
reperdant
répétitif
repeupler
repiquage
repiquant
replaçant
replanter
replâtrer
réplétion
réplétive
repliable
répliquer
replisser
replonger
reployant
répondant
répondeur
reportage
reportant
reporteur
reposante
repousser
reprenant
reprendre
repreneur
répressif
réprimant
reprisage
reprisant
reprocher
reproduit
réprouvée
réprouver
reptation
reptilien
répudiant
répugnant
répulsion
répulsive
requérant
Requesens
requêtant
requinqué
requitter
resarcelé
rescinder
rescision
rescousse
résection
réséquant
réserpine
réservant
réservoir
résidanat
résidante
résidence
résidente
résignant
résiliant
résilient
résineuse
résinière
résistant
résoluble
résolutif
résolvant
résonance
résonante
résonnant
résorbant
résorcine
respecter
respectif
respirant
resplendi
resquille
resquillé
ressaigné
ressaisir
ressasser
ressauter
ressayage
ressayant
ressemant

9

ressemblé
ressemelé
ressentir
resserrée
resserrer
resservir
ressortir
ressouder
ressource
ressourcé
ressurgir
ressuyage
ressuyant
restaurer
restituer
restreint
résultant
résultats
résurgent
retailler
retardant
retassure
reteindre
retendant
retendoir
retentant
rétenteur
rétention
reterçage
reterçant
retersant
Rethondes
réticence
réticente
réticulée
réticuler
réticulum
retirable
retissage
retissant
retombant
retondant
retordage
retordant
retordeur
retordoir
rétorquer
rétorsion
retorsoir
retoucher
Retournac
retourner

retraçant
rétracter
rétractif
retraduit
retraitée
retraiter
retranché
retrayant
retreinte
retremper
rétribuer
retriever
rétroagir
rétrocédé
retroussé
retrouver
réunifier
réutilisé
revacciné
revancher
rêvassant
rêvasseur
réveiller
réveillon
revendant
revendeur
réverbère
réverbéré
revercher
reverchon
reverdoir
révérence
révérende
Revermont
reversale
reversant
reversaux
réversion
reversoir
revigorer
révisable
réviseuse
revisitant
revisiter
revissant
revivifié
révocable
révoltant
revolving
révoquant
revoulant
revouloir

révulsant
révulsion
révulsive
rewritant
rewriting
Reykjavík
rhabiller
rhamnacée
rhapsodie
Rheinland
rhéologie
rhéologue
rhéomètre
rhéophile
rhétienne
Rhétiques
rhinanthe
rhingrave
rhizobium
rhizopode
rhizotome
rhodamine
rhodanien
rhodienne
rhombique
rhomboïde
rhônalpin
rhynchite
rhynchote
rhyolithe
rhytidome
Ribécourt
riboulant
ricanante
ricaneuse
Riccoboni
ricercare
ricercari
Richelieu
richelieu
richement
Richemont
richesses
ricochant
rigidifié
rigolarde
Rigoletto
rigoleuse
rigorisme
rigoriste
rigoureux

rillettes
rimailler
ringarder
ringuette
Rio Grande
ripailler
ripoliner
ripostant
Riquewihr
rissolant
ristourne
ristourné
ristrette
ristretto
ritualisé
Riva-Bella
rivaliser
rivelaine
riveraine
riveteuse
rivulaire
Rixensart
roast-beef
Robertson
Robin Hood
roboratif
robotique
robotiser
Rocambole
rocambole
Rochefort
Rochester
Rocheuses
rôdailler
Rodenbach
Roeselare
rogations
rogatoire
rognonner
Roh Tae-Woo
rôle-titre
romançant
Romancero
romancero
Romanches
romancier
Romanèche
romaniser
romanisme
romaniste
ronceraie
Roncevaux

9

ronchonne
ronchonné
rondement
rond-point
ronéotant
ronéotypé
ronflante
ronfleuse
rongement
ronronner
Roosevelt
Roquefort
roquefort
roquentin
Rorschach
Rorschach
Rosamonde
Rose-Croix
rose-croix
roselière
Rosemonde
Rosenberg
rosissant
Rosporden
rossignol
Rostrenen
rotatoire
rotatrice
Rothéneuf
rôtissage
rôtissant
rôtisseur
rotondité
rotruenge
Rotterdam
roturière
roublarde
roucouler
roudoudou
rouennais
roue-pelle
rouergate
rougeâtre
rougeaude
Rougemont
rougeoyer
rouillant
rouillure
rouissage
rouissant
rouissoir
rouleauté
roulement
roulottée
roulotter
roupiller
roupillon
rouquette
rouspéter
roussâtre
rousselet
roussette
routinier
rouverain
royalisme
royaliste
royalties
Royaumont
ruandaise
rubanerie
rubanière
rubéfiant
rubellite
rubéoleux
rubescent
rubicelle
rubiconde
rubriquer
Rubruquis
rudbeckia
rudbeckie
rudenture
rudiments
rugbymans
rugissant
Ruhmkorff
ruisseler
ruisselet
ruminante
Rundstedt
ruralisme
russifier
russisant
rusticage
rusticité
rustiquer
ruthénium
ruthénois
rutilance
rutilante
Ruwenzori
Ruysbroek
rythmique
Saarlouis
Sabellius
sablonner
sabordage
sabordant
saboterie
saboteuse
sabotière
saboulant
saburrale
saburraux
saccadant
saccageur
saccharin
Sacchetti
sacculine
sacerdoce
Sackville
sacralisé
sacrebleu
sacredieu
sacrement
sacrément
sacrifice
sacrifiée
sacrifier
sacrilège
sacripant
sacristie
Sadd al-ʿĀlī
sadducéen
Sadoveanu
Saenredam
safranant
sage-femme
sagittale
sagittaux
sagoutier
sahraouie
Saʿīd Pacha
saiettant
saignante
saigneuse
saillante
Saincaize
sainement
Saint-Ange
Saint-Béat
Saint-Cast
Saint-Céré
Saint-Cirq
Saint-Clar
Sainte-Foy
Saint-Élie
Saint-Éloy
Saint-Fons
Saint-Gall
Saint-Gond
Saint-Haon
Saint-Jean
Saint John
Saint-Just
Saint-Lary
Saint-Léon
Saint-Loup
Saint-Malo
Saint-Mars
Saint-Maur
Saint-Méen
Saint-Omer
Saintonge
Saint-Ouen
Saint Paul
Saint-Paul
Saint-Père
saint-père
Saint-Pons
Saint-Prix
Saint-Quay
Saint-Rémy
Sakalaves
Sakhaline
Śakuntalā
Śākyamuni
Salaberry
Salamanca
salangane
salariale
salariant
salariaux
salicacée
salicaire
Salicetti
salicoque
salicorne
salicylée
salifiant
saligaude
Salindres
Salisbury
salissant
salissure
salivaire
salivante
salmonidé

9

salonarde
Salonique
salonnard
salonnier
saloperie
salopette
salopiaud
salpêtrer
saltation
salubrité
salutaire
salutiste
salvagnin
salvateur
Salzbourg
Samanides
Samarinda
Samarkand
samouraïs
Samoyèdes
Samuelson
san-benito
sanctifié
Sandhurst
sandwichs
sang-froid
sanglante
sangloter
sanhédrin
Sanisette
sanitaire
San Marino
San Martín
San Miguel
sans-coeur
sanscrite
San Severo
sans-façon
sans-faute
sans-grade
sanskrite
sans-le-sou
sans-logis
sansonnet
Sansovino
sans-parti
sans-souci
Santa Anna
Santa Cruz
santaline
Santander
santoline
santonine
Sanvignes
São Miguel
sapinette
sapinière
saponacée
saponaire
saponifié
sapotacée
sapotille
sapropèle
sarabande
Saragosse
Sarakollé
sarbacane
Sarcelles
sarclette
sarcleuse
Sardaigne
sardinier
Sargasses
sarmenter
Sarmiento
sarrasine
sarriette
sarthoise
Saskatoon
Sasolburg
sassafras
sassanide
sassement
Sassenage
sassenage
satanique
satanisme
satellisé
satellite
satiation
Satillieu
satinette
satineuse
Satiricon
satirique
satiriser
satiriste
satisfait
saturable
saturante
saturnien
saturnine
satyrique
saucisson
Sauerland
saugrenue
Saulxures
saumoneau
saumurage
saumurant
saunaison
saupiquet
saupoudré
saut-de-lit
sautereau
Sauternes
sauternes
sautiller
sauvageon
sauvagine
sauvetage
sauveteur
sauvignon
savamment
savonnage
savonnant
savonneux
savonnier
savourant
savoureux
savoyarde
saxifrage
saxophone
scabieuse
scabinale
scabinaux
scabreuse
Scaligeri
Scamandre
Scapa Flow
scaphoïde
scarieuse
scarifier
Scarlatti
scélérate
sceptique
Schaeffer
Schatzman
scheidage
scheidant
Schelling
schelling
Scherchen
Schickard
schilling
Schirmeck
schisteux
schizoïde
Schlesien
Schleswig
schlingué
schlitter
schnauzer
Schneider
schnorkel
Schomberg
Schonberg
Schönberg
Schribaux
Schwechat
sciatique
sciemment
scincoïde
scintillé
Scionzier
scléreuse
sclérosée
scléroser
scolarisé
scolarité
scoliaste
scombridé
scoriacée
scotchant
scotomisé
scoumoune
scout-cars
scoutisme
scrabbler
scratcher
Scriabine
scribanne
scripteur
sculptant
sculpteur
sculpture
scythique
Sébastien
séborrhée
Sécession
sécession
sèchement
secondant
secourant
secoureur
secrétage
secrétant
sécrétant

9

sécréteur
sécrétine
sécrétion
sectateur
sectionné
sectoriel
sectorisé
séculaire
séculière
sécuriser
sédimenté
séditieux
séducteur
séduction
séduisant
Séfévides
Segantini
segmental
segmenter
ségrairie
ségréguée
Seignelay
Seignobos
Seignosse
séismique
séjourner
sélectant
sélecteur
sélection
sélective
séléniate
sélénieux
sélénique
séléniure
Sélinonte
semailles
semainier
sémantème
sémaphore
semblable
semi-aride
semi-cokes
semi-finis
sémillant
séminaire
semi-nasal
semi-ouvré
Sémiramis
sémitique
sémitisme
Semmering
semonçant

semoulier
Senancour
Senderens
sénéchaux
sénescent
senestrée
sénilisme
séniorité
sénologie
sénologue
sénonaise
Senonches
Sénousret
sensation
sensément
sensitive
sensoriel
sensuelle
sentiment
sépaloïde
séparable
sépiolite
septembre
septemvir
septennal
septennat
septicité
septupler
sépulcral
sépulture
Séquanais
séquestre
séquestré
sérançage
sérançant
Séraphins
Sérémange
serfouage
sérialité
sériation
serinette
seringage
seringuer
sermonner
sérologie
serpenter
serpentin
Serpollet
serranidé
serratule
serre-file
serre-fils

serrement
serre-tête
Serrières
serrurier
Sertorius
serviable
serviette
servilité
serviteur
servitude
sésamoïde
Sésostris
Sestriere
seulement
sévillane
sévissant
sévrienne
sex-appeal
sexologie
sexologue
sexonomie
sex-ratios
sex-symbol
sextupler
sextuplés
sexualisé
sexualité
Seyssinet
sforzando
sgraffite
shampoing
shantoung
Sheffield
Shimazaki
shogounal
shogunale
shogunaux
shorthorn
short-tons
Shqipëria
shrapnell
sibilante
sibylline
Sicambres
siccative
sidatique
Siddhārta
sidérante
sidologue
Siegfried
sifflante
siffleuse

siffloter
Sigismond
siglaison
signalant
signaleur
signalisé
signature
signifier
siliceuse
silicique
siliciure
silicosée
Sillanpää
sillonner
Silvacane
Silvestre
simagrées
simiesque
similaire
similiser
similiste
Simmental
simplette
simplifié
simplisme
simpliste
simulacre
simultané
sinapisée
sinapisme
sincérité
Singapore
Singapour
singeries
singleton
singspiel
singulier
sinisante
sinistrée
Sinnamary
sinologie
sinologue
sintérisé
sinuosité
sinusoïde
siphonnée
siphonner
Siqueiros
siroperie
sirupeuse
sirventès
sismicité

9

sitariste
sitologue
situation
Siuan-houa
Siu-tcheou
Sjaelland
Skagerrak
Skriabine
slalomant
slalomeur
Slavejkov
Slaviansk
slavisant
sleepings
Slovaquie
Slovenija
Slovensko
Smalkalde
smaragdin
smectique
smorzando
snack-bars
snobinard
snow-boots
soap opera
sobrement
sobriquet
socialisé
socialité
sociatrie
socquette
sodomiser
soeurette
soft-drink
soi-disant
soiffarde
soignante
soigneuse
solanacée
solariums
solécisme
solennisé
solennité
solénoïde
Solenzara
solfatare
Solferino
solicitor
solidaire
solidifié
soliflore
soliloque
soliloqué
solitaire
sollicité
solognote
Solothurn
solutréen
somatique
somatiser
sombreros
sommation
sommeillé
sommelier
Sommières
sommitale
sommitaux
somnifère
somnolant
somnolent
somptueux
Sông Nhi Ha
sonnaille
sonnaillé
sonomètre
sonoriser
sordidité
sortilège
Sosnowiec
sostenuto
sottement
sottisier
souahélie
Soubirous
soubrette
souchette
soucieuse
soudanais
soudanien
soudoyant
soufflage
soufflant
soufflard
souffleté
souffleur
soufflure
souffrant
soufreuse
Soufrière
soufrière
souhaiter
souillant
souillard
souillure
soui-manga
souimanga
Souk-Ahras
Soukhoumi
soulevant
souligner
soul music
Soulouque
soumettre
soupçonné
soupesant
soupirail
soupirant
soupiraux
souplesse
Souq Ahras
sourcillé
Sourdeval
sourd-muet
souriante
souriceau
souricier
sournoise
sous-barbe
sous-chefs
souscrire
sous-faîte
sous-fifre
sous-garde
sous-genre
sous-gorge
sous-homme
sous-louer
sous-marin
sous-nappe
sous-ordre
sous-palan
sous-payer
sous-pieds
sous-plats
sous-pulls
sous-seing
soussigné
sous-tasse
sous-tendu
sous-titre
sous-titré
soustrait
sous-verge
sous-verre
sous-virer
soutacher
Sou-tcheou
soutenant
souteneur
South Bend
Southport
soutirage
soutirant
Sou Tong-p'o
souvenant
souverain
soviétisé
spacieuse
spadassin
spaghetti
sparadrap
Spartacus
spartéine
sparterie
spartiate
spatangue
spathique
spationef
spécieuse
spécifier
spectacle
spectrale
spectraux
spéculant
spéculaus
spéculoos
spéculums
spermatie
sphagnale
sphénodon
sphénoïde
sphérique
sphéroïde
sphincter
sphingidé
spicilège
Spielberg
spinalien
spinnaker
spiritain
spiritual
spirituel
spirogyre
spiroïdal
spiruline
Spitsberg
Spitteler
Spitzberg

9

splendeur
splendide
splénique
spongieux
spongille
sponsorat
spontanée
sporogone
sportsman
sportsmen
sporulant
springbok
sprinkler
sprintant
spumosité
squameuse
squattant
squeezant
squelette
squirreux
stabilisé
stabilité
staccatos
stagiaire
stagnante
Stakhanov
stalinien
staminale
staminaux
Stanislas
Stanković
stannique
staphylin
starifier
starisant
starlette
Stassfurt
stationné
statuaire
statuette
statufier
Stavanger
Stavropol
stéarique
stégomyie
Steinbeck
Steinberg
steinbock
stellaire
sténosage
sténotype
steppique
stéradian
stercoral
stéréoduc
stérilisé
stérilité
Sternberg
Stevenage
Stevenson
Stieglitz
stigmates
stimugène
stimulant
stimuline
stipendié
stipulant
stock-cars
Stockholm
stockiste
Stockport
stock-shot
stoïcisme
Stokowski
Stolypine
stomacale
stomacaux
stomatite
stop-and-go
stoppeuse
strabique
strabisme
Stradella
Strafford
Stralsund
stramoine
stratégie
Stratford
stratifié
stratiome
stressant
striation
striction
stridence
stridente
striduler
strip-line
stripping
Stromboli
strongyle
strontium
structure
structuré
Struensee
strychnée
strychnos
stucateur
stud-books
studieuse
stupéfait
stupéfier
stupidité
stuporeux
Stuttgart
stylicien
stylisant
stylobate
Stylomine
Stymphale
styptique
styrolène
suavement
subaérien
subalpine
subdivisé
subéreuse
subissant
subjacent
subjectif
subjuguer
Subleyras
sublimant
sublimité
submerger
subodorer
subornant
suborneur
subsidier
subsister
substance
substitué
substitut
subsumant
subtilisé
subtilité
suburbain
subvenant
subversif
subvertir
succédané
succédant
successif
succincte
succomber
succulent
sudatoire
sud-coréen
Sudermann
suffisant
suffixale
suffixant
suffixaux
suffocant
suffoquer
suffusion
suggérant
suggestif
suicidant
suiffeuse
suintante
Sukhothai
sulcature
sulfacide
sulfamide
sulfatage
sulfatant
sulfateur
sulfitage
sulfurage
sulfurant
sulfureux
sulfurisé
Sullom Voe
sulpicien
sulvinite
Sumériens
Sundsvall
Sun Yat-sen
superamas
supérette
superfine
superflue
super-huit
Supérieur
supérieur
supermans
supernova
superposé
superstar
supervisé
supplanté
suppléant
supplétif
suppliant
supplicié
supplique
supporter
supposant

supprimer
suppurant
supputant
surabondé
suractivé
surajouté
Surakarta
surbaissé
surcharge
surchargé
surclassé
surcontre
surcontré
surcostal
surcouper
surdorant
surdosage
surélever
suremploi
suréquipé
surestimé
surévalué
surexcité
surexposé
surfaçage
surfaçant
surfilage
surfilant
surfondue
surfusion
surgelant
surhaussé
surhumain
surimposé
surissant
surjalant
surjectif
surjetant
surlouant
surmenage
surmenant
surmonter
surmouler
surnombre
surnommer
suroxyder
surpasser
surpayant
surpeuplé
surpiquer
surpiqûre
surplombé
surremise
surrénale
surrénaux
sursaturé
sursauter
sursemant
sursoyant
surtaxant
surveillé
survenant
survendre
survirage
survirant
survireur
survivant
survolant
survolter
suscitant
sus-jacent
susnommée
suspecter
suspendre
suspendue
suspensif
suspicion
sustenter
susurrant
suzeraine
sveltesse
Swaziland
Sweelinck
Swinburne
swinguant
Syktyvkar
Sylvestre
sylvestre
sylvicole
sylvinite
symbolisé
sympathie
symphonie
symposium
synagogue
synalèphe
synaptase
synarchie
synchrone
synclinal
syncopale
syncopant
syncopaux
syncytium
syndicale
syndicaux
syndiquée
syndiquer
synergide
syngnathe
synodique
synonymie
synostose
synoviale
synoviaux
syphilide
syrrhapte
Szapolyai
Szathmáry
tabagique
tabagisme
tabassant
tabatière
tabellion
tabétique
tablature
tabletier
tablettes
tabouiser
tabulaire
tachetant
tacheture
taciturne
tacticien
taekwondo
Tafilalet
taillable
taillader
taillerie
tailleuse
T'ai-tchong
taiwanais
Takamatsu
Takatsuki
Takeshita
Talat Paşa
talk-shows
Tallchief
Talloires
talochant
talonnade
talonnage
talonnant
talonneur
talqueuse
tambourin
Tamil Nadu
tamiserie
tamiseuse
tamisière
tamponner
tangerine
tanguière
tannisage
tannisant
tantrique
tantrisme
tanzanien
tapageant
tapageuse
tapissant
tapissier
tapuscrit
taquinant
tarabusté
taraudage
taraudant
taraudeur
taravelle
tarbouche
Tardenois
tardillon
tardiveté
tarentule
tarifaire
tarissant
Tarkovski
tarlatane
Tarquinia
Tarragona
Tarragone
tarsienne
Tartaglia
tartinant
tartreuse
tartrique
tassement
Tatabánya
tâtonnant
taurillon
taurobole
tautomère
tavaïolle
Tavernier
tavernier
Tavoliere
taxatrice
taxaudier

9

taxiarque
taxi-girls
taximètre
taxinomie
Taxiphone
taxonomie
taylorisé
Tch'ang-cha
tcharchaf
tchatcher
Tch'eng-tou
Tchimkent
Tchö-kiang
technique
techniser
teddy-bear
teen-agers
tee-shirts
téflonisé
tégénaire
teigneuse
teilleuse
teintante
téléachat
télébenne
Télécarte
télécopie
téléguidé
Télémaque
télémètre
télénomie
télépathe
téléphone
téléphoné
téléradar
téléradio
télescope
télescopé
télésiège
télétexte
télévente
téléviser
télexiste
tellement
tellurate
tellureux
tellurien
tellurure
télophase
téméraire
Temirtaou
témoigner
Tempelhof
tempérant
tempêtant
Templeuve
Templiers
temporale
temporaux
temporisé
tenailler
tenailles
tenancier
tendineux
tendinite
tendresse
ténébreux
ténébrion
Ténériffe
Tennessee
tennisman
tennismen
tenonnant
ténoriser
ténotomie
tensoriel
tentacule
tentateur
tentation
tentative
tente-abri
tenthrède
tephillim
tephillin
tephrosia
téphrosie
térébelle
térébique
térébrant
terminale
terminant
terminaux
Terneuzen
Terpandre
terpinéol
terramare
terraquée
terrarium
terrasser
Terrasson
terreauté
terrefort
terrestre
terricole
terrienne
terrifier
terrigène
terrorisé
tertiaire
terza rima
terze rime
tessiture
Testament
testament
testateur
testicule
test-match
tétanique
tétaniser
tête-à-tête
tête-bêche
téterelle
tétraèdre
tétragone
tétraline
tétramère
tétrapode
tétrarque
textuelle
texturant
Thackeray
Thaïlande
Thanjāvūr
théâtrale
théâtraux
théâtreux
thébaïque
thébaïsme
Théocrite
Théodahat
théodicée
Théodoric
Théodoros
Théodulfe
Théogonie
théogonie
théologal
théologie
Théophile
Théopompe
théorique
théoriser
théosophe
Théramène
thériaque
théridion
theridium
thermidor
thermique
thesaurus
Thessalie
Thibaudet
Thiérache
Thimerais
thioacide
thionique
thiophène
thio-urées
Thorbecke
Thorndike
Thourotte
thréonine
thrombine
thrombose
Thucydide
Thurgovie
Thüringen
Thurstone
thylacine
Thymerais
thyratron
thyristor
thyroxine
Tibériade
tibétaine
tie-breaks
tièdement
tiercelet
tierceron
timbalier
Timişoara
timonerie
Timurides
Tīmūr Lang
Tinbergen
Tindemans
tintement
Tinténiac
Tiouratam
Tipperary
Tīpū Sāhib
tiqueture
tirailler
tire-au-cul
tire-bonde
tire-botte
tire-clous
tire-d'aile

9

tire-laine
tire-ligne
tire-nerfs
tiretaine
tire-veine
Tirlemont
tisanière
tisonnant
tisonnier
Tisserand
tisserand
titanique
Titchener
Titelouze
titillant
titubante
titulaire
Tizi Ouzou
Toamasina
Tocantins
Togliatti
togolaise
toiletter
toilettes
tokharien
Tokushima
Tolentino
tolérable
tolérance
tolérante
toletière
Toltèques
toluidine
Tomakomai
tombereau
Tomblaine
tomenteux
tondaison
tonétique
tonifiant
tonitruer
tonkinois
tonnelage
tonnelier
tonsurant
tontinant
top niveau
topo-guide
topologie
toponymie
top secret
torchonné
toroïdale
toroïdaux
torpiller
torréfier
torsadant
Tortelier
tortiller
tortillon
tortorant
tortueuse
torturant
Toscanini
totaliser
totémique
totémisme
touarègue
touchante
touchette
Touggourt
touillage
touillant
Toulouges
toungouse
toungouze
toupiller
toupillon
toupinant
touraille
touranien
tourbeuse
tourbière
Tourcoing
tourdille
Tour-du-Pin
tourillon
Tourmalet
tourmente
tourmenté
tournante
tournedos
tournesol
tournette
tourneuse
tournevis
tourniole
tourniqué
tournisse
tournoyer
Tourouvre
tourtière
Tourville
Toussaint
Toussaint
tousserie
tousseuse
toussoter
tout à trac
toutefois
Tout-Paris
tout-petit
Toyohashi
trabouler
tracasser
tracassin
tracement
trachéale
trachéaux
trachéide
trachéite
tractable
tractrice
traditeur
tradition
Trafalgar
traficoté
trafiquer
tragédien
traînante
traînarde
traînassé
traîneuse
trainglot
traitable
traitante
traîtrise
tranchage
tranchant
tranchées
trancheur
tranchoir
Transalaï
transcodé
transcrit
transféré
transfert
transfilé
transfini
transfuge
transfusé
transhumé
transiger
transiter
transitif
transmuer
transmuté
transparu
transpiré
transport
transposé
transsudé
Transvaal
transvasé
transvidé
trapillon
trappiste
traqueuse
Trasimène
trattoria
travaillé
travelage
traversée
traverser
traversin
travertin
travestir
Treblinka
trébucher
trébuchet
tréfilage
tréfilant
tréfileur
tréflière
Trégastel
trégorois
tréhalose
treillage
treillagé
treizième
treiziste
Trélissac
trématage
trématant
trématode
tremblaie
tremblant
trembleur
tremblote
trembloté
trémolite
trémoussé
trempette
trémulant
trentaine
trente-six
trentième
trépanant

9

trépassée
trépasser
Trépassés
trépidant
trépigner
trépointe
tréponème
trésaille
trescheur
trésorier
tressauté
tresseuse
treuiller
trévirant
triadique
trialcool
triandrie
triangulé
triasique
triathlon
triballer
Tribonien
Triboulet
triboulet
tribunaux
Tricastin
tricennal
tricherie
tricheuse
trichinée
trichrome
trickster
tricoises
tricolore
tricotage
tricotant
tricotets
tricoteur
tridentée
triennale
triennaux
trifoliée
triforium
trigéminé
triglyphe
trigramme
trijumeau
trilingue
trilitère
trilobite
trimarder
trimbaler
trimballé
trimestre
trimétaux
trimoteur
trinervée
tringlant
trinquant
trinquart
trinqueur
triolisme
triomphal
triompher
tripaille
tripartie
triphasée
triplette
triploïde
tripotage
tripotant
tripoteur
triptyque
trisaïeul
tristesse
triticale
triturant
trivalent
Trocadéro
trochiter
troglobie
trogonidé
Troisgros
trois-huit
troisième
trois-mâts
tromperie
trompeter
trompette
trompeuse
tronçonné
Trondheim
tronquant
Tronville
trophique
tropicale
tropicaux
tropiques
trop-perçu
trop-plein
troqueuse
trotteuse
trottiner
troublant
troubleau
Troumouse
troupiale
troussage
troussant
Trousseau
trousseau
trousseur
trou-trous
trouvable
trouveuse
Trouville
truandant
trucidant
trucmuche
truculent
truffière
truqueuse
truquiste
trusquiné
Tsiranana
Tsitsihar
Tsubouchi
tubéracée
tubercule
tubéreuse
tubérisée
tubulaire
tubuleuse
tue-diable
Tuileries
tularémie
Tullianum
Tulunides
tuméfiant
tumescent
tumulaire
tungstate
tungstène
tunicelle
tunisoise
tunnelier
turbidité
turbinage
turbinant
turbulent
Turckheim
turinoise
Turkestan
Turkmènes
turlupiné
turlututu
turpitude
turquerie
turquette
turquoise
turriculé
tussilage
tutélaire
tuteurage
tuteurant
Tuticorin
tutoyeuse
tuyautage
tuyautant
tuyauteur
tylenchus
tympanaux
Tynemouth
typologie
typomètre
tyranneau
tyrannisé
Tzimiskès
ubiquiste
ukrainien
ulcératif
ulcéreuse
ulcéroïde
uligineux
ultérieur
ultimatum
ultravide
ululation
ululement
Umayyades
unanimité
unciforme
Ungaretti
unguifère
unicolore
unifoliée
unilingue
unionisme
unioniste
Union Jack
uniovulée
unisexuée
unisexuel
univalent
universel
univocité
Unterwald
upérisant

upwelling
uranifère
uraninite
urbaniser
urbanisme
urbaniste
urédinale
urétérale
urétéraux
urétérite
uréthanne
urinifère
urobiline
urochrome
urokinase
urolagnie
uropygial
uropygien
urticacée
urticaire
urticante
uruguayen
ustensile
usucapion
utilement
utilisant
vacancier
vacataire
vaccinale
vaccinant
vaccinaux
vaccinide
vaccinier
vachement
vacillant
vade-mecum
va-et-vient
vagabonde
vagabondé
vaginisme
vagissant
vagotomie
vagotonie
vaguement
vaillance
vaillante
vainement
vainquant
vainqueur
vaisselle
valdéisme
valdingué
Val-d'Isère
valdôtain
Valensole
Valentino
valériane
valérique
valeureux
valideuse
Valkyries
Vallauris
Vallespir
vallonnée
Vallotton
valoriser
Valteline
vampirisé
vanadique
Vancouver
vandalisé
Van Diemen
Van Dongen
Van Gennep
vanillier
vanilline
vaniteuse
Van Mander
Van Ostade
Van Scorel
Vanua Levu
va-nu-pieds
vaporeuse
vaporiser
varappant
varappeur
variateur
variation
varicelle
variétale
variétaux
varioleux
variqueux
varlopant
varsovien
vaseliner
vasotomie
vasouillé
vassalisé
vassalité
vasselage
Vassiliev
vassiveau
vastement
vaticiner
Vaucanson
vauchérie
Vaudémont
Vaudreuil
Vaugneray
Vauquelin
vaurienne
vavasseur
vectoriel
végétatif
véhémence
véhémente
véhiculer
veilleuse
veinosité
Vélasquez
Velázquez
vélociste
vélocross
vélodrome
veloutant
velouteux
veloutier
veloutine
Venaissin
Venceslas
vendanger
vendéenne
Vendeuvre
vénéneuse
vénérable
Veneziano
Venezuela
vengeance
venimeuse
Venizélos
Ventadour
ventaille
ventilant
ventrèche
ventrière
vératrine
verbalisé
verboquet
verbosité
Verchères
Verdaguer
verdoyant
verdunisé
verdurier
vérétille
Vergennes
vergeoise
vergeture
verglacée
verglacer
Vergniaud
vergobret
Verhaeren
véridique
vérifiant
vérifieur
véritable
vermeille
Vermenton
vermicide
vermiculé
vermidien
vermifuge
vermiller
vermillon
vermineux
verminose
vermivore
vermouler
vermoulue
vernation
vernissée
vernisser
Véronique
véronique
Verrazano
Verrières
versatile
versement
versifier
Vertaizon
vertébral
vertébrée
vertement
verticale
verticaux
verticité
Vertolaye
vertubleu
vertuchou
vertudieu
vertueuse
Vescovato
vésicante
Vespasien
vespérale
vespéraux

9

vestalies
vestiaire
vestibule
vétérance
vétillant
vétillard
vétilleux
veuglaire
vexatoire
vexatrice
viabilisé
viabilité
Viareggio
vibrateur
vibratile
vibration
vibrionné
vicariale
vicariant
vicariaux
vicelarde
vicennale
vicennaux
vicésimal
vice versa
viciateur
viciation
Vicksburg
vicomtale
vicomtaux
Vicq d'Azyr
victorien
vidangeur
vide-caves
vidéo-clip
vidéoclub
vide-poche
vide-pomme
vieillard
vielleuse
Viennoise
viennoise
Vientiane
vif-argent
vigilance
vigilante
Vigneault
Vignemale
vignetage
vignetant
vigneture
vigoureux
vilipendé
Villaines
Villandry
Villedieu
Villejuif
Villemain
Villenave
Villeréal
Villerest
Villerupt
villosité
Vilvoorde
vinaigrer
vincamine
Vincennes
vingtaine
vingt-deux
vingt-et-un
vingtième
vinifiant
vinylique
violaçant
violateur
violation
violenter
violetant
violonant
violoneux
virevolte
virevolté
virginale
virginals
virginaux
virginité
virgulant
viriliser
virilisme
virilocal
virolière
virologie
virologue
virtuelle
virulence
virulente
visagisme
visagiste
viscérale
viscéraux
viscosité
Visigoths
visionner
visiteuse
visqueuse
visualisé
vitalisme
vitaliste
vitaminée
vitelline
Vitellius
vitelotte
vitrifier
vitrioler
Vitrolles
Vittorini
vitulaire
vitupérer
vivandier
viverridé
vives-eaux
vivifiant
vocalique
vocaliser
vocalisme
vociférer
Vogelgrun
Void-Vacon
voïévodat
voïévodie
voilement
voisement
voisinage
voisinant
voiturage
voiturant
voiturier
Vojvodina
Vojvodine
volailler
vol-au-vent
volcanisé
voletante
Volgograd
voligeage
voligeant
volleyant
volleyeur
voltaïque
volte-face
voltigeur
voltmètre
Volubilis
volubilis
volucelle
volumique
volvocale
vomiquier
vomissant
vomissure
vomitoire
vosgienne
vousoyant
voussoyer
vouvoyant
vox populi
voyageage
voyageant
voyageuse
voyagiste
Vranitsky
vrillette
vulcanien
vulcanisé
vulgarisé
vulgarité
vulnérant
vultueuse
Waddenzee
Wädenswil
wagnérien
wagonnier
wahhabite
Wałbrzych
Waldersee
Waldstein
Walkyries
wallabies
Wallensee
wallisien
Walpurgis
Walvis Bay
warranter
Wasquehal
wassingue
Waterbury
Waterford
watergang
Watergate
Watermaal
Watermael
water-polo
wattheure
wattmètre
Wattrelos
Wehrmacht
Weisshorn
Wellesley

Wen-Tcheou
Wergeland
Westfalen
Westmount
West Point
Wettingen
Whitehall
Whitehead
Whitworth
Wieliczka
Wiesbaden
Wilkinson
Willibrod
Wiltshire
Wimbledon
Winnicott
Wisconsin
wisigothe
Wisigoths
Włocławek
Wolfsburg
Wollaston
wombatidé
Woodstock
Worcester
Wou-tcheou
Wouwerman
Wuppertal
würmienne
wyandotte
Wycherley
xanthique
xénarthre
xénélasie
Xénocrate
Xénophane
xénophile
xénophobe
Xérocopie
xérophile
xérophyte
xylophage
xylophone
yacht-club
yachtmans
yachtsman
yachtsmen
Yamaguchi
yohimbehe
yohimbine
Yokkaichi
yorkshire
Yorkshire
Yourcenar
Ypsilanti
ytterbine
ytterbium
yttrifère
Yunus Emre
Ẓāher Chāh
Zákynthos
zambienne
Zamboanga
Zamiatine
zapateado
Zaporojie
Zeebrugge
zélatrice
Zell am See
zénithale
zénithaux
zéphyrien
zéphyrine
Zeravchan
Zermatten
zététique
Zhanjiang
Zhengzhou
Zhou Enlai
ziggourat
zigouillé
zigzaguer
Zimmerman
zincifère
zinzoline
zirconite
zirconium
Zlatooust
zodiacale
zodiacaux
Zonguldak
zoogamète
zoolâtrie
zoomorphe
zoopathie
zoophilie
zoophobie
zoothèque
Zoroastre
Zorobabel
zostérien
Zoutleeuw
Zrenjanin
Zsigmondy
zucchette
Zugspitze
Zuiderzee
zurichois
zwinglien
zymotique

10

Aar-Gothard
abaissable
abaissante
abandonner
abasourdir
abattement
'Abbās Ḥilmī
Abbassides
'Abd al-Mu'min
Abd el-Kader
abdication
abdominale
abdominaux
Abdülhamid
Abdülmecid
abécédaire
Abengourou
aberration
abêtissant
ab intestat
abiogenèse
abjuration
abnégation
abolissant
abominable
abonnement
Abou-Simbel
aboutement
Abramovitz
abréaction
abrègement
abréviatif
abricotier
abrogation
abrogative
abrogeable
absolument
absolution
absorbable
absorbante
absorption
abstention
abstinence
abstinente
abstrayant
Abū al-'Abbās
abyssinien
académique
académisme
acalorique
acanthacée
accablante
accaparant
accapareur

10

accastillé
accélérant
accentuant
acceptable
acceptante
accepteuse
accessible
accessoire
Acciaiuoli
accidentée
accidentel
accidenter
acclimater
accointant
accolement
accommodat
accommoder
accompagné
accordable
accordeuse
accostable
accotement
accouchant
accoucheur
accouplant
accoutrant
accoutumée
accoutumer
accouveuse
accréditer
accréditif
accrescent
accrochage
accrochant
accrocheur
accueillir
acculturer
accumulant
accusateur
accusation
acétifiant
acétimètre
acétomètre
acétonémie
acétonurie
achalandée
achalander
achéménide
acheminant
achèvement
aciculaire
acidifiant
acidimètre
acidiphile
acidophile
acoelomate
a contrario
acoquinant
acoumétrie
acoustique
acquéreuse
acquiescer
acquisitif
acquittant
acrostiche
actionnant
actionneur
activateur
activation
activement
actualiser
actualités
adamantine
adaptateur
adaptation
adaptative
Addis-Ababa
Addis-Abeba
additionné
adéquation
adhésivité
adipopexie
Adirondack
adjectival
adjectiver
adjoignant
adjonction
adjuration
adminicule
administré
admirateur
admiration
admirative
admissible
admittance
admonester
admonition
adolescent
adoratrice
adossement
adoubement
adrénaline
Adriatique
adsorbante
adsorption
adulatrice
adultérant
adultérine
adventiste
adverbiale
adverbiaux
adversaire
adversatif
aéraulique
aérogramme
Aérographe
aéromobile
aéromoteur
aéronavale
aéronavals
aéropathie
aérophagie
aéroportée
aéropostal
aérotherme
Afars Issas
affabilité
affabulant
affairisme
affairiste
affaissant
affalement
afféageant
affectueux
affichette
afficheuse
affichiste
affinement
affirmatif
affleurage
affleurant
affliction
afflictive
affligeant
affolement
affouiller
affourager
affourcher
affranchie
affranchir
affriander
affriolant
affrontant
affruitant
aficionado
africanisé

10

afro-cubain
after-shave
agaricacée
agars-agars
agencement
agenouillé
agglomérat
agglomérer
agglutiner
aggravante
Aghlabides
agitatrice
agnostique
agonisante
agonissant
agrarienne
agrégation
agrégative
agrémenter
agrochimie
aguichante
aguicheuse
Ahmadnagar
Ahura-Mazdâ
ahurissant
Ahvenanmaa
Aïd-el-Kébir
aigre-douce
aigrelette
aigremoine
aigres-doux
aigrissant
Aiguebelle
Aigueperse
aiguillage
aiguillant
aiguilleté
aiguilleur
aiguillier
aiguiseuse
ajaccienne
ajustement
akkadienne
alabandine
alabandite
alambiquée
Alaungpaya
Albe Royale
Albestroff
albigeoise
albumineux
alcalinisé
alcalinité
alchémille
alchimique
alchimiste
alcoolémie
alcoolique
alcoolisée
alcooliser
alcoolisme
alcoologie
alcoologue
alcoomanie
alcoomètre
alcyonaire
Aldrovandi
Alechinsky
Alecsandri
Aleixandre
alémanique
alertement
alevinière
Alexandrie
alexandrin
al-Farazdaq
algébrique
algébriste
algérienne
algolagnie
algonquien
Algonquins
algorithme
aliboufier
aliénateur
aliénation
alignement
alimentant
allantoïde
alléchante
allégation
allégeance
allègement
allégement
allégresse
allegretto
allégretto
allergique
Allobroges
allocation
allochtone
allocution
allongeant
allopathie
allostérie
allotropie
allume-feux
alluvionné
alpenstock
alsacienne
altéragène
altération
alternance
alternante
alternatif
altimétrie
aluminerie
alumineuse
aluminiage
alunissage
alunissant
alvéolaire
amadouvier
Amalasonte
Amalécites
amalgamant
amareyeuse
amarnienne
amatissant
ambiançant
ambidextre
ambigument
ambisexuée
ambitieuse
ambitionné
ambivalent
amblystome
améliorant
aménageant
aménageuse
aménagiste
amendement
aménorrhée
amentifère
amenuisant
américaine
amérindien
Amersfoort
amidonnage
amidonnant
amidonnier
aminoacide
ammoniacal
ammoniaque
ammoniurie
amniotique

10

amnistiant
amodiateur
amodiation
amoncelant
amoralisme
amouracher
amourettes
ampélopsis
ampère-tour
amphibiose
amphictyon
amphigouri
amphimixie
amphineure
amphiphile
Amphipolis
amphisbène
Amphitrite
Amphitryon
amphitryon
amplective
ampliateur
ampliation
ampliative
amplifiant
ampli-tuner
amputation
amygdalite
anabolisme
anacardier
anachorète
anaclinale
anaclinaux
anacoluthe
Anacroisés
anagogique
analogique
analysable
analysante
analyseuse
analytique
anaphorèse
anaplastie
anarchique
anarchisme
anarchiste
anastigmat
anastomose
anastomosé
anastrophe
anastylose
anatocisme
anatomique
anatomiser
anatomiste
Ancerville
ancestrale
ancestraux
ancienneté
ancillaire
Andalousie
Anderlecht
Andolsheim
andouiller
Andrézieux
Andrinople
andrinople
androgénie
androgynie
andrologie
andrologue
Andromaque
andropause
anecdotier
anémomètre
anémophile
anérection
anesthésie
anesthésié
anévrismal
anévrysmal
angiologie
angiologue
anglaisant
angledozer
Angleterre
angliciser
anglicisme
angliciste
anglo-arabe
anglomanie
anglophile
anglophobe
anglophone
anglo-saxon
angoissant
anguiforme
anguillère
anguillidé
anguillule
anhélation
animalcule
animalerie
animalière
animaliser
animatrice
anisogamie
anisotrope
ankylosant
annihilant
Annoeullin
annonceuse
Annonciade
annoncière
annotateur
annotation
annualiser
annulation
annulative
ânonnement
anorexique
anorgasmie
anormalité
antalgique
Antalkidas
Antarctide
antécédent
antéchrist
antenniste
antéposant
antérieure
anthéridie
anthocéros
anthologie
anthracène
anthracite
anthracose
anthropien
anthyllide
antiaérien
antiamaril
antichrèse
anticipant
anticlinal
antidatant
antidopage
antidoping
antienzyme
antifading
antifiscal
antiglisse
antihausse
antillaise
antimoniée
antipathie
Antipatros

antiphrase
antipoison
antiproton
antipyrine
antiquaire
antireflet
antiroulis
antisémite
antisepsie
antisocial
Antisthène
antitoxine
antitussif
antivirale
antiviraux
antoinisme
antonomase
Antraigues
antrustion
anversoise
apagogique
apaisement
apercevant
apercevoir
apéritrice
apesanteur
aphélandra
apiculteur
apiculture
Apocalypse
apocalypse
apocynacée
apolitique
apolitisme
apollinien
Apollodore
Apollonios
apologiste
aponévrose
apophtegme
aporétique
aposiopèse
apostasier
apostiller
apostrophe
apostrophé
Apoxyomène
Appalaches
apparaître
appareillé
apparentée
apparenter
appariteur
apparition
appartenir
appellatif
appesantir
applicable
appliquant
appointage
appointant
Appomattox
apposition
appréciant
appréhendé
apprenante
apprêteuse
apprivoisé
approbatif
approchant
approfondi
appropriée
approprier
approuvant
appuie-bras
appuie-main
appuie-tête
appuis-bras
appuis-main
appuis-tête
après-coups
après-dîner
après-vente
apriorique
apriorisme
aprioriste
aptérygote
apyrétique
aquamanile
aquarellée
aquitanien
'Arābī Pacha
arabisante
arabophone
arachnoïde
aragonaise
arbitrable
arbitraire
arboricole
arbovirose
arbrisseau
arcadienne
arc-boutant
archaïsant
archèterie
archetière
archétypal
archevêché
archevêque
Archiloque
Archipenko
archiptère
architecte
architrave
archiviste
archivolte
Arcimboldi
Arcimboldo
arcs-en-ciel
ardéchoise
ardéiforme
ardennaise
ardoisière
areligieux
Arenenberg
arénophile
aréométrie
Argelander
argenterie
Argenteuil
argenteuse
Argentière
argentique
Argonautes
argumenter
argyronète
Arhlabides
ariégeoise
Aristarque
Aristobule
Arlésienne
arlésienne
arménienne
armillaire
arminienne
Armoricain
armoricain
Arnay-le-Duc
Arnouville
aromatique
aromatiser
arpenteuse
arracheuse
arraisonné
arrangeant
arrangeuse

10

arrière-ban
arrière-bec
arrosement
arrow-roots
arsenicale
arsenicaux
Artaxerxès
Artémision
artérielle
artésienne
arthralgie
arthrodèse
arthropode
articulant
artificiel
artificier
artillerie
artisanale
artisanaux
artistique
artocarpus
aryténoïde
arythmique
asa-foetida
ascendance
ascendante
Asclépiade
asclépiade
ascomycète
ascorbique
aseptisant
asiadollar
asocialité
asparagine
aspergeant
aspergille
asphaltage
asphaltant
asphaltier
asphyxiant
aspidistra
aspirateur
aspiration
Aspromonte
assaillant
assaisonné
assassinat
assassiner
assemblage
assemblant
assembleur
assermenté
assidûment
assiégeant
assignable
assimilant
assistanat
assistance
assistante
associatif
assoiffant
assolement
assommante
assommeuse
assomption
assonancée
assujettie
assujettir
assurément
assyrienne
astérisque
asthénique
asticotant
astreindre
astringent
astroblème
astrologie
astrologue
astronaute
astronomie
astucieuse
asynchrone
ataraxique
atermoyant
athénienne
athermique
athlétique
athlétisme
Atlantique
atlantique
atlantisme
atmosphère
atocatière
atrocement
atrophiant
attachante
attaquable
attaquante
atteignant
attentisme
attentiste
atténuante
atterrante
attifement
attisement
attraction
attractive
attrayante
attrempage
attrempant
attribuant
attributif
attristant
attroupant
aubergiste
aucunement
audacieuse
audibilité
audiencier
audimétrie
audimutité
Audincourt
audiologie
audiomètre
audio-orale
audio-oraux
audiophile
audiophone
auditionné
auditorium
audomarois
audonienne
Aufklärung
augmentant
Augustinus
aujourd'hui
auparavant
Aurangābād
Aurélienne
auscitaine
auscultant
Austerlitz
australien
Autant-Lara
autarcique
autistique
autoalarme
autocentré
autochrome
autochtone
autocratie
autodictée
auto-écoles
autographe
autogreffe
autoguidée

10

auto-immune
auto-immuns
automation
automatisé
automobile
automoteur
autopsiant
autorisant
autoscopie
autostrade
autotracté
autotrophe
autovaccin
autrichien
auvergnate
auxiliaire
auxquelles
avaliseuse
avancement
avantageux
avant-cales
avant-clous
avant-corps
avant-cours
avant-garde
avant-goûts
avant-mains
avant-monts
avant-plans
avant-ports
avant-poste
avant-scène
avant-toits
avant-train
avant-trous
avaricieux
Avellaneda
aventurant
aventureux
aventurier
aventurine
averroïsme
aveuglante
aveugle-née
aveuglette
aviculteur
aviculture
avilissant
avion-cargo
avion-école
avionnerie
avionnette
avitailler
avocaillon
avocassier
avoisinant
avortement
axérophtol
axiomatisé
ayant cause
ayant droit
Azaña y Díaz
azotémique
babillarde
babiroussa
babouvisme
babylonien
baby-sitter
bacchanale
Bacchylide
bacciforme
bachelière
bacillaire
bacillurie
backgammon
background
back-office
bactéridie
badauderie
Baden-Baden
Badgastein
badigeonné
bafouiller
bagarreuse
baguenaude
baguenaudé
Bahāwalpur
Baie-Comeau
Baillairgé
bâillement
bâillonner
bains-marie
baïonnette
balancelle
Balanchine
balançoire
balbutiant
baleinière
Balenciaga
Balikpapan
balistique
balkanique
balkaniser
Ballan-Miré
ballastage
ballastant
ballonnant
ballottage
ballottant
ballottine
balnéation
balourdise
balsamique
balustrade
bambochade
bambochant
bambochard
bambocheur
banalement
banalisant
bananeraie
bancoulier
bandagiste
bandelette
banderille
bande-vidéo
Bandiagara
Bandinelli
banditisme
bangladais
Bangladesh
bannissant
banquetant
banqueteur
bantoustan
baptismale
baptismaux
baptistère
baquetures
baragouiné
baratinant
baratineur
Barbanègre
barbarisme
Barbarossa
Barbe-Bleue
Barbezieux
barbifiant
barboteuse
barbotière
barbouille
barbouillé
barcarolle
Barddhaman
barguigner
Bar-Kokheba

10

barlotière
Barneville
barographe
barométrie
baroquisme
barragiste
barricader
barrissant
Bar-sur-Aube
bartavelle
Barthélemy
Bartolomeo
barycentre
barymétrie
basaltique
basculante
bas-de-casse
basilicale
Basilicate
basilicaux
bas-jointée
bas-jointés
basket-ball
basketteur
bas-reliefs
basse-fosse
Basse-Indre
Basse-Terre
bassinante
bassinoire
bassoniste
bastingage
bastionnée
bastonnade
bastonnant
bastringue
Basutoland
bas-ventres
bataillant
batailleur
batellerie
bathymètre
batifolage
batifolant
batifoleur
bâtisseuse
Baton Rouge
Battenberg
battitures
Batz-sur-Mer
Baudelaire
Baumgarten
Beachy Head
béatifiant
béatifique
Beaufortin
Beaujolais
beaujolais
Beaumanoir
Beausoleil
Beauvaisis
Beauvallon
beaux-pères
bêche-de-mer
bêcheveter
becquetant
becs-de-cane
Bédarrides
bedonnante
bégaiement
belgicisme
Belgiojoso
Bellavitis
belle-doche
Belledonne
belle-fille
Bellegambe
Bellegarde
belle-soeur
Belleville
bellicisme
belliciste
Bellingham
Bellinzona
belliqueux
bémolisant
bénédicité
bénédictin
bénéficier
Ben Gourion
Beni Mellal
béni-oui-oui
bénisseuse
Ben Jelloun
Benkendorf
Benveniste
benzénique
benzolisme
benzylique
béquillant
béquillard
Berlaimont
Berlinguer
berlinoise
Bernadette
Bernadotte
Bernard Gui
bernardine
Bernardino
Bernstorff
Berruguete
Berry-au-Bac
bersaglier
Berthollet
Bertolucci
besogneuse
Bessarabie
bestialité
best-seller
bétaillère
Betancourt
bêtifiante
bétonneuse
bétonnière
Bettelheim
Bettignies
beuglement
Beuzeville
Bhadrāvati
Bhavabhūti
bhoutanais
biacuminée
biberonner
bicamérale
bicaméraux
bichelamar
bichlorure
bichonnage
bichonnant
bichromate
bicipitale
bicipitaux
biculturel
bicyclette
bidonnante
bidonville
bidouiller
biélorusse
bien-aimées
bien-fondés
bienséance
bienséante
biens-fonds
bifurquant
bigaradier
bigourdane

bijouterie
bijoutière
bilatérale
bilatéraux
biligenèse
bilinéaire
bilirubine
billevesée
billonnage
bimestriel
binational
Binet-Simon
binoclarde
binominale
binominaux
biocoenose
bioélément
bioénergie
bioéthique
biographie
biologique
biologiste
biomédical
bipartisme
bipolarisé
bipolarité
Birātnagar
biréacteur
Birkenhead
Birmingham
Birobidjan
Birsmatten
bisaïeules
biscaïenne
biscayenne
biscuitant
biscuitier
biseautage
biseautant
bisexuelle
bismuthine
bissecteur
bissection
bissextile
bistouille
bistourner
biterroise
bitumineux
biunivoque
bivitellin
bivouaquer
bizarrerie
bizarroïde
blackboulé
Blackstone
Blainville
blanc-estoc
blanchâtre
blancs-becs
blanc-seing
blanquette
blanquisme
blasonnant
blasphémer
blastomère
blastopore
blêmissant
Blenkinsop
blépharite
Bletterans
bleueterie
bleuetière
bleuissant
bleusaille
Blind River
bloc-moteur
bloc-sièges
blocs-notes
Bloomfield
Bluntschli
boat people
Boccanegra
Boccherini
Bodléienne
bohémienne
Böhm-Bawerk
Böhmerwald
Boisrobert
boisselier
boitillant
bolivienne
bombagiste
bombardant
bombardier
bonasserie
bondérisée
bondissant
Bonhoeffer
bonimenter
bonne femme
bonne-maman
Bonnétable
bonneterie
bonnetière
Bonneville
Bonsecours
bonshommes
Bonstetten
bootlegger
borborygme
bordelaise
bordélique
borderline
Bordighera
borraginée
borréliose
Bortoluzzi
boruration
Bossoutrot
bostonnant
botswanais
botteleuse
Botticelli
bouboulant
Bouc-Bel-Air
boucharder
Bouchardon
bouche-trou
boucholeur
bouchonnée
bouchonner
bouchoteur
bouclement
bouddhique
bouddhisme
bouddhiste
boudineuse
Bouffémont
bouffonner
bougonnant
bougonneur
bougrement
Bouguenais
Bouillante
bouillante
bouillasse
bouilloire
bouillonné
bouillotte
bouillotté
bouis-bouis
Boukharine
boulangère
Boulder Dam
bouledogue
bouleversé

10

Boulganine
boulimique
boulingrin
Boullongne
boulochage
boulochant
boulodrome
boulonnage
Boulonnais
boulonnais
boulonnant
boulottant
Boumediene
bouquinant
bouquineur
bourbillon
bourbonien
Bourdaloue
Bourdichon
bourdonner
Bourganeuf
bourgeoise
bourgeonné
bourlingué
bourrasque
bourrative
bourrelier
bourrichon
Bourrienne
bourriquet
boursicoté
boursouflé
bousculade
bousculant
bousillage
bousillant
bousilleur
bout-dehors
bouteiller
bouteillon
bouterolle
boute-selle
boutillier
boutiquier
boutonnage
boutonnant
boutonneux
boutonnier
boutons-d'or
bouts-rimés
bouveteuse
Bouxwiller
bow-strings
bow-windows
boxer-short
box-offices
boyauderie
boyaudière
boycottage
boycottant
boycotteur
brachycère
brachyoure
braconnage
braconnant
braconnier
brailleuse
brain-trust
brancarder
branchette
branchiale
branchiaux
branlement
braquemart
braquement
brasillant
Brasschaat
brassicole
Bratislava
bravissimo
bredouille
bredouillé
Brémontier
brésillant
bretonnant
Bretonneau
brettelant
brevetable
bréviligne
bricoleuse
Bricquebec
Bridgeport
brièvement
brigandage
brigandine
brigantine
brillanter
brimbalant
brimborion
briquetage
briquetant
briqueteur
briquetier
brise-béton
brise-glace
brise-lames
brocantant
brocanteur
brocardant
brocatelle
Broederlam
Broken Hill
bromoforme
bronchiole
bronchique
Brongniart
brouettage
brouettant
brouillage
brouillant
brouillard
brouilleur
Broussilov
Broussonet
broutement
brucellose
brugnonier
brumassant
Brunetière
brunissage
brunissant
brunisseur
brunissoir
brunissure
brusquerie
brutaliser
brutalisme
bruxellois
bruxomanie
bruyamment
bryozoaire
Bucentaure
Buchenwald
bûcheronne
Buckingham
Bucoliques
budgétaire
budgétiser
buffetière
Buitenzorg
bull-finchs
Bundeswehr
Buonarroti
Burckhardt
burgaudine
Burgenland

burkinaise
Burlington
Burne-Jones
Buxerolles
Buys-Ballot
Cabanatuan
cabanement
cabaretier
Cabillauds
cabocharde
Cabochiens
cabotinage
cabotinant
cabriolant
cab-signaux
cacahouète
cacaotière
cache-cache
cache-prise
cache-sexes
cachottier
cacodylate
cacographe
cacophonie
cadastrale
cadastrant
cadastraux
cadavéreux
cadenasser
Caderousse
cafardeuse
cafouiller
cafouillis
Cagliostro
cahotement
caille-lait
caillement
cailleteau
caillouter
cailloutis
cajeputier
calabraise
Calacuccia
calaminage
calaminant
calamistré
calamiteux
calanchant
calandrage
calandrant
calandreur
calcareuse
calcédoine
calciférol
calciphobe
calculable
calculette
calculeuse
calédonien
cale-étalon
calendaire
calendrier
calfeutrer
calibreuse
California
Californie
Callimaque
calmissant
calomniant
calomnieux
calorifère
calorifuge
calorifugé
calvinisme
calviniste
camarguais
Cambacérès
cambodgien
cambrement
cambrésien
cambrienne
cambrioler
cambrousse
cameramans
Camerarius
camionnage
camionnant
camionneur
camouflage
camouflant
campagnard
Campanella
campignien
camping-car
Camping-Gaz
Campistron
Campobasso
canadienne
canalicule
canalisant
cananéenne
canardière
cancanière
cancéreuse
cancériser
candélabre
candissant
canéficier
Canguilhem
cannabique
cannabisme
canneberge
cannelloni
cannetière
cannetille
cannissier
Cannizzaro
canoë-kayak
canonicité
canonisant
canonnière
cantatille
cantatrice
Canterbury
cantharide
cantilever
cantinière
cantonaise
cantonnant
cantonnier
Cantorbéry
caoutchouc
capacitive
capésienne
Capesterre
capétienne
Cap-Haïtien
Capharnaüm
capharnaüm
cap-hornier
capillaire
capilotade
capitalisé
capitation
capitoline
capitonner
capitulant
capitulard
caponnière
caporalisé
cappa magna
cappuccino
capricante
capricieux
Capricorne
capricorne

10

capronnier
caprylique
capsulaire
captatoire
captatrice
capte-suies
captivante
capuchonné
capucinade
capverdien
caquetante
carabinier
Caracciolo
caracolant
Caramanlis
caramboler
caramélisé
Caran d'Ache
carapatant
caravanage
caravanier
caravaning
carbamique
carbonaros
carbonatée
carbonater
carbonique
carboniser
carbonnade
carbonylée
carcailler
carcinoïde
cardialgie
cardinalat
caressante
car-ferries
caribéenne
caricature
caricaturé
carillonné
caritative
Carmagnola
Carmagnole
carmagnole
carminatif
carnassier
Carnavalet
carotidien
carotteuse
carottière
carpatique
Carpentier
Carpentras
carpettier
carpocapse
carrossage
carrossant
carrossier
Cartellier
cartellisé
cartes-vues
Carthagène
cartonnage
cartonnant
cartonneux
cartonnier
carton-pâte
cartophile
cartulaire
Cartwright
caryogamie
Casablanca
cascadeuse
cascatelle
casematant
Cassavetes
casse-pieds
casse-pipes
Cassiodore
cassolette
Castellane
Castellion
castillane
Castillejo
castorette
castrateur
castration
casus belli
catabolite
catachrèse
cataclysme
catafalque
catalepsie
Çatal Höyük
catalogage
cataloguer
catalysant
catalyseur
cataplasme
cataplexie
catapulter
catarrhale
catarrhaux
catarrheux
catéchiser
catéchisme
catéchiste
catégorème
catégoriel
catégorisé
catharisme
cathédrale
cathédraux
cathodique
catholicos
catholique
cationique
catoblépas
caucasique
caudataire
caulescent
causalisme
caussenard
causticité
cauteleuse
cautériser
cautionner
cavalcader
Cavalcanti
caverneuse
caviardage
caviardant
cavitation
cégépienne
cégésimale
cégésimaux
ceinturage
ceinturant
célérifère
cellérière
Cellophane
cellulaire
Celtibères
Cendrillon
cendrillon
cénozoïque
censitaire
censoriale
censoriaux
censurable
centenaire
centennale
centennaux
centésimal
cent-gardes
centigrade

10

centilitre
centimètre
centralien
centralisé
centration
centrifuge
centrifugé
centripète
centromère
centrosome
cent-suisse
centuplant
céphalique
Céphalonie
cerdagnole
céréalière
cérémonial
cérémoniel
cerf-volant
certifiant
certificat
céruléenne
cérumineux
césarienne
césarisant
ceylanaise
chagrinant
Chāh Djahān
chahuteuse
chaînetier
chalandise
chalcosine
chalcosite
chaldéenne
chaleureux
Chaliapine
Chalindrey
Chalk River
challenger
chaloupant
chamaerops
chamailler
chamanisme
chamarrant
chamarrure
chambarder
chambellan
chambertin
chambouler
Chambourcy
chambranle
chambrette
chambrière
Chamillart
chamoisage
chamoisant
chamoiseur
chamoisine
chamoniard
Chamousset
Champagney
Champaigne
champenois
champignon
championne
champlever
Champlitte
Champmeslé
Chamrousse
Chancelade
chancelant
chancelier
Chancellor
chancrelle
chandeleur
chandelier
Chandigarh
chanfreiné
changeable
changeante
changement
chansonner
Chanteloup
Chantonnay
chantonner
chantourné
chanvrière
Chao Phraya
chapardage
chapardant
chapardeur
chapeautée
chapeauter
chapelière
chaperonné
chapitrale
chapitrant
chapitraux
chaponnage
chaponnant
chaptalisé
charbonner
charcutage
charcutant
charcutier
chardonnay
Chardonnet
charentais
chargement
chariotage
chariotant
charitable
Charleston
charleston
Charlevoix
Charmettes
charognard
charolaise
Charollais
charophyte
charpentée
charpenter
charretier
charriable
charroyant
chartraine
Chartreuse
chartreuse
chasse-clou
chasséenne
Chassériau
chasse-roue
chassieuse
chastement
Châteaudun
Châteaulin
Chateillon
châtelaine
chatonnant
chatouille
chatouillé
chatoyante
chattemite
Chatterton
chatterton
chaudement
chaud-froid
chauffante
chauffe-eau
chaufferie
chauffeuse
chaussante
chaussette
check-lists
chefs-lieux
Che Guevara

10

chélidoine
chelléenne
Cheltenham
chemiserie
chemisette
chemisière
Chênedollé
chêne-liège
chènevière
Chen Tcheou
Cherbuliez
chercheuse
chérissant
Chersonèse
Chérusques
Chesapeake
Chesterton
chevalerie
chevalière
chevauchée
chevaucher
chevillant
chevillard
chevillier
chevretant
chevretter
chevronnée
chevrotain
chevrotant
chevrotine
chewing-gum
chicanerie
chicaneuse
chicanière
chichement
chichiteux
Chicoutimi
chien-assis
chiennerie
chiffonnée
chiffonner
chiffrable
chiffreuse
Chikamatsu
Childebert
Chimborazo
chimérique
chimiurgie
Chinandega
chinchilla
chinetoque
chinoisant
chipoteuse
chiquement
chiroptère
chiroubles
chirurgien
chitineuse
Chittagong
chlamydiae
chlinguant
chloration
chlorurant
chocolatée
Choéphores
choke-bores
cholagogue
cholédoque
cholérique
chondriome
Chon Tu-hwan
chorédrame
choroïdien
chorologie
chosifiant
chouchouté
choucroute
chourinant
choux-raves
chows-chows
chrétienne
chrétienté
Chris-Craft
christique
Christofle
Christophe
Chrodegang
chromatine
chromisant
chromogène
chromosome
chronicité
chrysalide
chrysocale
chrysolite
chrysomèle
chtonienne
chuchotant
chuchoteur
chuintante
Chuquisaca
ciboulette
cicatriser
Cidambaram
Cienfuegos
cimenterie
Cimmériens
cinchonine
Cincinnati
cinghalais
cinnamique
circassien
circoncire
circoncise
circonvenu
circulaire
circulante
cisaillant
cisèlement
cistercien
cité-jardin
citérieure
cithariste
citronnade
citronnier
citrouille
Ciudad Real
civilement
civilisant
clabaudage
clabaudant
clactonien
clairement
claire-voie
claironner
clairsemée
clandestin
clapissant
clapotante
clapoteuse
clappement
Clapperton
claquement
claquemuré
claquetant
claquettes
clarifiant
clarinette
classement
classifier
claudicant
claudiquer
Clausewitz
claustrale
claustrant
claustraux

10

claveleuse
clavicorde
clayonnage
clayonnant
Clemenceau
clémentine
cleptomane
clergymans
clérouquie
clignement
clignotant
climatique
climatiser
climatisme
clinomètre
clinquante
clins d'oeil
Clipperton
cliquetant
cloche-pied
clofibrate
cloisonnée
cloisonner
clownesque
Cluj-Napoca
coadjuteur
coagulable
coagulante
coalesçant
coalescent
coaptation
coassement
coassociée
cobalamine
cocaïnisme
cocardière
cocasserie
coccidiose
coccinelle
Cochabamba
cochenille
cochléaire
cochléaria
cochonceté
cochonnant
cocoteraie
cocyclique
code-barres
codébiteur
codonateur
coéditrice
coelentéré
coéligible
coelomique
coéquation
coéquipier
coercition
coercitive
Coëtquidan
coexistant
coextensif
coffre-fort
cofinancer
cogitation
cognassier
cohabitant
cohéritant
cohéritier
Coimbatore
coincement
coïncidant
coïncident
coïnculpée
cokéfiable
cokéfiante
Colchester
colchicine
cold-creams
col-de-cygne
coléoptère
coléoptile
colicitant
colifichet
colinéaire
colistière
colitigant
collaborer
collatéral
collectage
collectant
collecteur
collection
collective
collégiale
collégiaux
collembole
collerette
colligeant
colloïdale
colloïdaux
colloquant
collusoire
collutoire
colocation
colonisant
colonnette
colopathie
coloquinte
coloration
colorisant
colostomie
colportage
colportant
colporteur
combattant
combinable
combinarde
comblement
Combraille
comburante
combustion
comédienne
comestible
commandant
Commandeur
commandeur
commandite
commandité
commémorer
commençant
commensale
commensaux
commentant
commerçant
commercial
commettage
commettant
comminutif
commission
commissure
commodités
communarde
communauté
communiant
communiqué
Communisme
communisme
communiste
commutable
commutatif
comorienne
comourants
compactage
compactant
compacteur
comparable

10

comparante
comparatif
compassant
compassion
compatible
compendium
compensant
compétence
compétente
compétitif
compissant
complainte
complanter
complément
complétant
complétion
complétive
complétude
complexant
complexion
complexité
complicité
compliment
compliquée
compliquer
complotant
comploteur
compluvium
comportant
composante
composeuse
compostage
compostant
composteur
compradore
compradors
comprenant
comprendre
compresser
compressif
comprimant
compte-fils
compulsant
compulsion
compulsive
Concarneau
concassage
concassant
concasseur
concélébré
concentrée
concentrer
Concepción
concepteur
conception
conceptuel
concernant
concertant
concertina
concertino
concession
concessive
concevable
conchoïdal
conciliant
concitoyen
concluante
conclusion
conclusive
concoctant
concordant
concourant
concrétant
concrétion
concrétisé
concurrent
concussion
condamnant
condensant
condenseur
conducteur
conduction
conduisant
confection
confédéral
confédérée
confédérer
confédérés
conférence
confessant
confesseur
confession
confidence
confidente
confirmand
confirmant
confiserie
confiseuse
confisquer
confluence
confondant
conformant
conformité
confortant
confronter
congédiant
congelable
congénital
congestion
congestive
congloméré
conglutiné
Congo belge
congolaise
congratulé
congruence
congruente
congrûment
conirostre
conjecture
conjecturé
conjonctif
conjugable
conjuguant
connectant
connecteur
connétable
connivence
connivente
conquérant
consacrant
consanguin
Conscience
conscience
consciente
consécutif
conseiller
consensuel
consentant
conséquent
conservant
conserveur
considérer
consignant
consistant
consolable
consolante
consolidée
consolider
consommant
consomptif
consonance
consonante
consortage
consortial
consortium

10

conspirant
constantan
Constantin
constatant
consteller
consterner
constipant
constituée
constituer
construire
consulaire
consultant
consulteur
consumable
contactant
contacteur
contagieux
contaminer
contempler
contenance
contentant
contention
contentive
contestant
contextuel
contexture
contiguïté
continence
continente
contingent
continuant
continuité
contondant
contorsion
contournée
contourner
contractée
contracter
contrainte
contrariée
contrarier
contrastée
contraster
contre-arcs
contrebuté
contre-choc
contreclef
contrecoup
contredire
contrefait
contre-fers
contre-feux
contre-fils
contrefort
contre-haut
contre-jour
contre-mine
contre-miné
contre-pied
contre-poil
contre-rail
contresens
contre-tiré
contretype
contretypé
contre-vair
contrevent
contrevenu
contre-voie
contribuer
contrister
contrition
contrôlant
contrôleur
contrordre
controuvée
convaincre
convaincue
convecteur
convection
convenable
convenance
convention
conventuel
convergent
conversant
conversion
conviction
conviviale
conviviaux
convocable
convoitant
convoitise
convolutée
convoquant
convoyeuse
convulsant
convulsion
convulsive
cooccupant
coopératif
cooptation
coordonnée
coordonner
coordonnés
Copacabana
copartager
Copenhague
copermuter
coplanaire
copolymère
coposséder
coproduire
coprolalie
coprolithe
coprologie
coprophage
coprophile
copulation
copulative
coqueleuse
coquelicot
coqueluche
coquerelle
coquetière
coquillage
coquillant
coquillard
coquillart
coquillier
coquinerie
corailleur
corbillard
cordelette
cordelière
Cordeliers
cordialité
cordiérite
cordiforme
cordillère
cordon-bleu
cordonnant
cordonnier
Corée du Sud
corinthien
Cormeilles
cormophyte
cornaquant
corned-beef
corn flakes
cornouille
corn-picker
Cornwallis
corollaire
Coromandel
coronarien

10

coronarite
corporatif
corporelle
corps-morts
corpulence
corpulente
corpuscule
correcteur
correction
corrective
corregidor
corrélatif
Corrientes
corrigeant
corrigeuse
corrigible
corroborer
corrodante
corroierie
corrompant
corrupteur
corruption
corsetière
corticoïde
cortinaire
coruscante
cosmétique
cosmodrome
cosmogonie
cosmologie
cosmonaute
Costa Brava
costumière
cosy-corner
cotangente
Côte d'Amour
cotisation
côtoiement
cotonnerie
cotonneuse
cotonnière
couchaillé
couci-couça
couenneuse
couillonné
couinement
coulemelle
coulissant
coulisseau
coulissier
coupailler
coupe-choux
coupe-coupe
coupe-files
coupe-gorge
couperosée
couponnage
courageuse
courailler
couramment
courbature
courbaturé
courbement
Courbevoie
courcaillé
Courcelles
Courchevel
Courmayeur
couronnant
courreries
Courrières
courroucer
courtauder
Courteline
courtisane
courtisant
courtoisie
court-vêtue
court-vêtus
cous-de-pied
coutelière
coutumière
couturière
couventine
couverture
couvre-chef
couvre-feux
couvre-lits
couvrement
couvre-pied
couvre-plat
covariance
covendeuse
cover-girls
coxalgique
crachement
crachinant
crachotant
crampillon
cramponner
crapahuter
crapaudine
crapaütant
crapulerie
crapuleuse
craquelage
craquelant
craquelure
craquement
craquetant
craterelle
cratérisée
cravachant
crayonnage
crayonnant
crayonneur
créancière
créatinine
créativité
crécerelle
crédit-bail
créditrice
crématiste
crématoire
créolisant
créosotage
créosotant
crépinette
crépissage
crépissant
crépuscule
crête-de-coq
crétinerie
crétiniser
crétinisme
creusement
Creutzwald
crevassant
Crèvecoeur
crève-coeur
crevettier
criaillant
criailleur
criminelle
crispation
crissement
cristallin
Cristofori
criticisme
criticiste
critiquant
critiqueur
croche-pied
crochetage
crochetant
crocheteur

10

croisement
Croisilles
croisillon
croissance
croissante
Croix-de-Feu
Croix du Sud
Croix-Haute
Croix-Rouge
croque-mort
crosswoman
crosswomen
croupetons
croustillé
crucifiant
cruciforme
Cruikshank
Cruseilles
cryométrie
cryoscopie
cryptogame
cténophore
Cuauhtémoc
Cubitainer
cucurbitin
cueillette
cueilleuse
Cuernavaca
cuirassant
cuirassier
cuisinette
cuisinière
cuisiniste
cuissettes
cuistrerie
cul-de-jatte
cul-de-lampe
cul-de-poule
culminante
culottière
culs-blancs
culs-de-four
culs-de-porc
cul-terreux
cultivable
culturelle
culturisme
culturiste
Cumberland
cumulative
cumulo-dôme
cunéiforme
Cunningham
cupidement
cuproplomb
cupulifère
curabilité
curarisant
cure-ongles
curriculum
curviligne
curvimètre
cyanophyte
cycladique
cyclo-cross
cycloïdale
cycloïdaux
cyclonique
cyclostome
cyclothyme
cylindrage
cylindrant
cylindraxe
cylindreur
cymbalaire
cymbalière
cymbaliste
cynoglosse
cynorhodon
cyphotique
Cyrénaïque
cyrénaïque
cyrillique
cystoscope
cystotomie
cytochrome
cytoplasme
dactylique
dahoméenne
dalaï-lamas
Dalécarlie
dalmatique
daltonisme
damalisque
Damaskinos
damasquiné
dame-jeanne
damoiselle
dandinette
dangereuse
Danglebert
Dannemarie
dansottant
danubienne
Dar el-Beida
Darjeeling
Darlington
darwinisme
darwiniste
Daugavpils
dauphinois
davidienne
Dawson City
déambulant
débagouler
déballonné
débalourdé
débaptiser
débarquant
débarrassé
débauchage
débauchant
débecqueté
débenzoler
débilement
débilitant
débillardé
débitmètre
déblatérer
débloquant
débobinant
débonnaire
débordante
débosseler
débouchage
débouchant
déboucheur
débouclant
débouillir
déboulonné
débouquant
débourbage
débourbant
débourbeur
débourrage
débourrant
déboursant
déboussolé
déboutonné
débraillée
débrailler
débrancher
débrochage
débrochant
débrouille
débrouillé

10

débrousser
débusquant
décabriste
décacheter
décaféinée
décagonale
décagonaux
décaissant
décalaminé
décalcifié
décalotter
décalquage
décalquant
décalvante
décaniller
décanteuse
décapelant
décapitant
décapotant
décapsuler
décarburer
décarcassé
décarreler
Decauville
decauville
décélérant
décemviral
décemvirat
décentrage
décentrant
décerclant
décérébrer
décerveler
déchaînant
déchantant
déchargeur
décharnant
déchaumage
déchaumant
déchaussée
déchausser
Déchelette
déchiffrer
déchiqueté
déchirante
déchloruré
décidément
décigramme
décimalisé
décimateur
décimation
décintrage
décintrant
déclarante
déclaratif
déclassant
déclaveter
déclencher
déclinable
déclinante
décliqueté
décoffrage
décoffrant
décoiffant
décoinçage
décoinçant
décolérant
décolletée
décolleter
décolleuse
décolonisé
décolorant
décommandé
décompensé
décomplexé
décomposer
décomprimé
décomptant
déconcerté
décongeler
déconnecté
déconsigné
déconvenue
décorateur
décoration
décorative
décortiqué
découchant
découpeuse
découplage
découplant
décourager
découronné
découverte
découvrant
découvreur
décrassage
décrassant
décrépiter
décreusage
décreusant
décrispant
décrochage
décrochant
décrocheur
décroisant
décrottage
décrottant
décrotteur
décrottoir
décryptage
décryptant
décuivrant
déculasser
déculottée
déculotter
décurrente
décuvaison
dédaignant
dédaigneux
dédaléenne
dédicaçant
dédommager
dédouanage
dédouanant
dédoublage
dédoublant
déductible
défaillant
défaitisme
défaitiste
défalquant
défatigant
défatiguer
défaufiler
défaussant
défavorisé
défécation
défectueux
défendable
défenestré
déferlante
défeuiller
défeutrage
défeutrant
défibreuse
déficelant
déficience
déficiente
défigurant
défilement
définiteur
définition
définitive
déflagrant
déflecteur

10

défoliante
défonceuse
déformante
défournage
défournant
défraîchir
défranchie
défrichage
défrichant
défricheur
défroisser
défronçant
défroquant
défruitant
dégagement
dégasoliné
dégazoliné
dégazonner
dégénérant
dégingandé
déglinguer
dégobiller
dégonflage
dégonflant
dégorgeant
dégorgeoir
dégouliner
dégoupillé
dégoûtante
dégouttant
dégradante
dégraisser
dégravoyer
dégressive
dégrillage
dégringolé
dégrippant
dégrossant
dégrouillé
dégroupant
déguenillé
dégueulant
déguillant
de guingois
dégurgiter
déhanchant
déharnaché
déhiscence
déhiscente
déhouiller
déjaugeant
déjections

délai-congé
délaissant
De la Madrid
délaminage
délassante
délectable
délégateur
délégation
Delescluze
délibérant
délicieuse
délictueux
déligneuse
délimitant
délimiteur
délinquant
délitement
délivrance
Della Porta
Della Scala
Della Valle
delphinidé
delphinium
delta-plane
deltaplane
deltoïdien
délustrage
délustrant
démaillage
démaillant
démailloté
démanchant
demandeuse
démangeant
démanteler
démaquillé
démarcatif
démarchage
démarchant
démarcheur
démarquage
démarquant
démarqueur
démasclage
démasclant
démasquant
démastiqué
démazouter
démêlement
démembrant
déménageur
déméritant

démeublant
demi-bottes
demi-canton
demi-cercle
demi-deuils
demi-droite
démiellant
demi-figure
demi-finale
demi-frères
demi-heures
demi-litres
demi-mesure
demi-mondes
demi-pauses
demi-pièces
demi-places
demi-pointe
demi-queues
demi-relief
demi-rondes
demi-saison
demi-soeurs
demi-soldes
demi-soupir
demi-tarifs
demi-teinte
demi-vierge
demi-volées
demi-voltes
démobilisé
démocratie
démodulant
démographe
demoiselle
démolition
démonétisé
démoniaque
démontable
démontrant
démoralisé
Démosthène
démotivant
démoucheté
démuselant
démutisant
démystifié
démythifié
dénasalisé
dénatalité
dénaturant
dénazifier

10 dénébulant
dénébulisé
dénégation
déneigeant
déniaisant
dénicheuse
dénigreuse
dénitrifié
dénivelant
dénombrant
dénotation
dénouement
dénoyauter
densifiant
densimètre
dent-de-lion
dentelaire
dentellier
denticulée
dentifrice
dénudation
dépaillage
dépaillant
dépalisser
dépanneuse
dépaqueter
déparasité
dépareillé
départager
dépatriant
dépaysante
dépècement
dépeignant
dépenaillé
dépénalisé
dépendance
dépendante
dépendeuse
dépensière
dépeuplant
dépiautant
dépilation
déplafonné
déplaisant
déplantage
déplantant
déplantoir
déplâtrage
déplâtrant
dépliement
déplissage
déplissant
déplombage
déplombant
déplorable
dépoétiser
dépointant
dépolarisé
dépolitisé
dépolluant
déportance
déposition
déposséder
dépotement
dépôt-vente
dépouiller
dépouilles
dépravante
dépréciant
dépression
dépressive
déprimante
dépucelage
dépucelant
dépuration
dépurative
députation
déqualifié
déracinant
déraillant
dérailleur
déraisonné
dérangeant
dérasement
dératisant
déréaliser
dérégulant
dérivation
dérivative
dérivetant
dérogation
dérogeance
dérouillée
dérouiller
dérouleuse
déroutante
désabonner
désabusant
désaccordé
désactiver
désadaptée
désadapter
désaffecté
désaffilié
désagréger
désaimanté
désajuster
désaliéner
désaligner
désaltérer
désamorcer
désapparié
désarçonné
désargenté
désarmante
désarrimer
désassorti
désastreux
Désaugiers
désavouant
descellant
descendant
descendeur
descriptif
déséchouer
désembuage
désembuant
désemparée
désemparer
désencadré
désenclavé
désencollé
désendetté
désenflant
désenfumer
désengager
désengorgé
désengrené
désenivrer
désennuyer
désenrayer
désensablé
désensimer
désentoilé
désentravé
désenvaser
désépaissi
déséquiper
désertifié
désertique
désespérée
désespérer
Des Essarts
désétatisé
désexciter
déshabillé

déshabitué
désherbage
désherbant
déshérence
déshéritée
déshériter
déshonnête
déshonneur
déshonorer
déshuilage
déshuilant
déshuileur
déshydraté
desiderata
désincarné
désindexer
désinfecté
désinformé
désinhiber
désintégré
désintérêt
désinvesti
désinvolte
Desjardins
Deslandres
Desmoulins
désobliger
désobstrué
désoccupée
désodorisé
désoeuvrée
désolation
désopilant
désordonné
désorienté
désorption
désoxydant
désoxygéné
Des Périers
despotique
despotisme
desquamant
desquelles
Desrochers
Desrosiers
dessablage
dessablant
Dessalines
dessangler
dessaouler
desséchant
dessellant
desserrage
desserrant
desservant
dessillant
dessoudant
dessoudure
dessoûlant
dessuinter
destituant
déstockant
Destouches
destructif
désulfiter
désulfurer
détachable
détachante
détaillant
détalonner
détartrage
détartrant
détartreur
détaxation
détectable
détectrice
déteignant
détentrice
détergeant
détergence
détergente
détériorer
déterminée
déterminer
déterreuse
détestable
détonateur
détonation
détortillé
détournant
détoxiquer
détractant
détracteur
détraction
détraquant
détrempant
détritique
détrompant
détroquage
détroquant
détrousser
détruisant
deux-pièces
deux-points
deux-quatre
Deux-Sèvres
dévalisant
dévalorisé
devanagari
devancière
développée
développer
déverbatif
dévergondé
déverguant
déviatrice
dévirilisé
De Visscher
dévitalisé
dévitaminé
dévitrifié
dévoiement
Dévolution
dévolution
dévolutive
dévonienne
Devonshire
dévorateur
dévotement
dévouement
dextralité
dextrogyre
dextrorsum
Dhaulāgiri
diabétique
diablement
Diablerets
diabolique
diachromie
diachronie
diaconesse
diagnostic
diagraphie
dialectale
dialectaux
dialectisé
dialogique
dialoguant
diamantant
diamantine
diamétrale
diamétraux
diaphorèse
diaphragme
diaphragmé
diarthrose

10

diathermie
diatomique
diatonique
diatonisme
diazocopie
dichotomie
dichroïque
dichroïsme
Dictaphone
didactique
didactisme
didascalie
Diepenbeek
diéséliser
diéséliste
diététique
Dieulouard
diffamante
différence
différente
difficulté
diffluence
diffluente
difformité
diffracter
diffusante
diffusible
digestible
digitaline
digitalisé
digitoxine
dignitaire
digression
diholoside
dijonnaise
dilacérant
dilapidant
dilatateur
dilatation
dilettante
diligenter
diluvienne
diminuendo
diminution
diminutive
dinanderie
Dinariques
dindonnant
dindonneau
diocésaine
Dioclétien
dioptrique
diphtongue
diphtongué
diplocoque
diplodocus
diplomatie
dipneumone
dipneumoné
dipsacacée
dipsomanie
Directoire
directoire
directorat
directrice
dirigeable
dirigeante
discernant
discipline
discipliné
disc-jockey
discoïdale
discoïdaux
discontinu
disconvenu
discophile
discordant
discounter
discourant
discoureur
discrédité
discrétion
discriminé
disculpant
discursive
discussion
discutable
discuteuse
disetteuse
disgraciée
disgracier
disjoindre
disjoncter
disjonctif
disloquant
dispatcher
dispensant
dispersant
dispersaux
dispersion
dispersive
disponible
disposante
dispositif
disruption
disruptive
dissection
disséminer
dissension
disséquant
dissertant
dissidence
dissidente
dissimulée
dissimuler
dissipatif
dissociant
dissolvant
dissonance
dissonante
dissuadant
dissuasion
dissuasive
dissyllabe
distançant
distancier
distendant
distension
distillant
distinctif
distinguée
distinguer
distordant
distorsion
distractif
distrayant
distribuée
distribuer
dithyrambe
diurétique
divagation
divergeant
divergence
divergente
diversifié
divinateur
divination
divinement
divinisant
divulguant
Diyarbakir
djiboutien
Djoungarie
Dobro Polje
docilement
doctoresse

10

doctrinale
doctrinaux
documentée
documenter
dodécaèdre
dodécagone
Dodécanèse
dodelinant
dogmatique
dogmatiser
dogmatisme
dogmatiste
dolcissimo
Dolgorouki
Dombrowska
Dombrowski
domestique
domestiqué
domicilier
dominateur
domination
dominicain
dominicale
dominicaux
Dominiquin
Domodedovo
Donnemarie
Dorchester
dorénavant
dosimétrie
Dosso Dossi
douairière
Douarnenez
doublement
doublonner
douce-amère
doucereuse
doucissage
doucissant
Doudeville
douillette
douloureux
dragéifier
drageonner
dragonnade
dragonnier
Draguignan
draisienne
dramatique
dramatiser
dramaturge
drap-housse
Dravidiens
dreadlocks
Dreux-Brézé
dreyfusard
dribbleuse
dringuelle
droitement
droits-fils
drolatique
dromadaire
drosophile
dry-farming
dubitative
dudgeonner
duffel-coat
duffle-coat
Du Guesclin
dulcifiant
Dumonstier
Dumoustier
duodécimal
dupliquant
durabilité
Durand-Ruel
durcissant
durcisseur
dures-mères
Dürrenmatt
Düsseldorf
dynamisant
dynamitage
dynamitant
dynamiteur
dynamogène
dynastique
dysacousie
dysarthrie
dysbarisme
dyschromie
dyscinésie
dysenterie
dysgénésie
dysgénique
dysgraphie
dyshidrose
dyskinésie
dyslexique
dysmorphie
dyspnéique
dysprosium
dyssociale
dyssociaux
dystocique
dystrophie
Dzerjinski
Dzoungarie
East Anglia
Eastbourne
East London
Eaux-Bonnes
eaux-fortes
eaux-vannes
ébahissant
Ebbinghaus
éboulement
ébouriffée
ébouriffer
ébranchage
ébranchant
ébranchoir
ébrasement
ébrouement
ébullition
éburnéenne
écailleuse
écarquillé
écartelant
écartement
ecclésiale
ecclésiaux
échafauder
échalasser
échancrant
échancrure
échangeant
échangisme
échangiste
échardonné
écharneuse
échauffant
Ech-Cheliff
échéancier
échelonner
écheniller
échevelant
Echeverría
échevinage
échevinale
échevinaux
échiquetée
Échirolles
échouement
Echternach
Eckersberg

10

éclaboussé
éclairante
éclaireuse
éclatement
éclectique
éclectisme
écliptique
écoeurante
écologique
écologisme
écologiste
économètre
économique
économiser
économisme
économiste
écosystème
écoulement
écouvillon
écrasement
écrêtement
écrivaillé
écrivasser
écrouelles
ectoblaste
ectoplasme
ectoprocte
écussonner
eczémateux
édilitaire
éditoriale
éditoriaux
Edmond Rich
Edmundston
éducatrice
édulcorant
éfaufilant
effacement
effarement
effarouché
effarvatte
effectrice
effectuant
efféminant
effeuiller
efficacité
efficience
efficiente
effilement
effilocher
efflanquée
effleurage
effleurant
effondrant
effraction
effrayante
effroyable
égagropile
égalitaire
égorgement
égosillant
égratigner
égrillarde
égyptienne
Ehrenbourg
Einsiedeln
Eisenhower
Eisenstadt
Eisenstein
Ektachrome
élancement
élasticité
élastomère
électivité
électorale
électoraux
électrifié
électrique
électriser
électuaire
élégamment
élégissant
éléphantin
élévatoire
élévatrice
El-Hadj Omar
Elliot Lake
ellipsoïde
elliptique
élongation
élucubrant
elzévirien
émaciation
émaciement
émaillerie
émailleuse
émancipant
émargement
émasculant
emballeuse
embarquant
embarrassé
embasement
embastillé
embauchage
embauchant
embauchoir
embecquant
embéguiner
embêtement
embiellage
embobeliné
embobinant
emboîtable
embonpoint
embouchant
embouchoir
embouchure
embouquant
embourbant
embourrant
embourrure
embrancher
embraquant
embrassade
embrassant
embrasseur
embrigader
embringuer
embrochant
embrouille
embrouillé
embusquant
émergement
émerveillé
émigration
éminemment
emmagasiné
emmailloté
emmanchant
emmanchure
emmêlement
emmerdante
emmerdeuse
emmiellant
emmitouflé
émolliente
émoluments
émonctoire
émorfilage
émorfilant
émotionnel
émotionner
émottement
émouchette
émoustillé

10

empaillage
empaillant
empailleur
empalement
empanacher
empaqueter
empâtement
empathique
empêcheuse
emphatique
emphytéose
emphytéote
empierrant
empiffrant
empilement
emplanture
emplissage
emplissant
employable
employeuse
empoignade
empoignant
empointure
empoisonné
empoissant
empotement
empourprer
empreindre
empressant
emprésurer
emprisonné
empruntant
emprunteur
émulsifier
émulsionné
enamourant
énamourant
énarthrose
encabanage
encabanant
encadreuse
encagement
encagoulée
encaissage
encaissant
encaisseur
encalminée
encanaillé
encarteuse
encaserner
encasteler
encastrant
encavement
enceignant
enceintant
encenseuse
encerclant
enchaînant
enchantant
enchanteur
enchâssant
enchausser
enchemiser
enchevêtré
enchifrené
enclencher
encliqueté
enclitique
encoignure
encolleuse
encombrant
encomienda
encoprésie
encoublant
encourager
encrassant
encroûtant
encyclique
endémicité
endeuiller
endiablant
endimanché
endoblaste
endoctriné
endodontie
endommager
endoplasme
endoréique
endoréisme
endormante
endormeuse
endorphine
endoscopie
endosperme
endossable
endotoxine
énergisant
énergivore
énergumène
énervation
énervement
enfarinant
enfichable
enfiellant
enfiévrant
enflammant
enfléchure
enfleurage
enfleurant
enfonceuse
enfourcher
enfournage
enfournant
enfreindre
enfutaillé
engageante
engagement
engainante
engazonner
engendrant
engluement
engorgeant
engouement
engouffrer
engraisser
engreneuse
engrossant
engueulade
engueulant
enguichure
enharmonie
enharnaché
enivrement
enjavelant
enjoignant
enjôlement
enjolivant
enjoliveur
enjolivure
enjouement
enlacement
enlèvement
enliassant
enlisement
enluminant
enlumineur
enluminure
ennéagonal
enneigeant
ennoiement
ennuageant
énonciatif
énormément
enquêteuse
enquêtrice
enquiquiné

10

enracinant
enrageante
enraiement
enrayement
enregistré
enrobement
enrôlement
enrouement
enroulable
enrouleuse
enrubanner
ensacheuse
ensaisiner
enseignant
ensemblier
ensemencer
ensoleillé
ensorceler
ensoufrant
entaillage
entaillant
entartrage
entartrant
entéléchie
enténébrer
entéralgie
entérinant
entêtement
entortillé
entournure
entraidant
Entraigues
entrailles
entr'aimant
entraînant
entraîneur
entr'aperçu
Entraygues
entre-bande
entrecoupé
entrefilet
entr'égorgé
entrejambe
entrelacer
entrelardé
entremêler
entre-nerfs
entre-noeud
entreposer
entreprise
entre-rails
entresolée
entre-temps
entretenir
entretenue
entre-tissé
entretoise
entretoisé
entre-tuant
entrouvert
entrouvrir
enturbanné
énumérable
énumératif
énurétique
envasement
enveloppée
envelopper
envenimant
envergeure
enverguant
environner
envoûtante
envoûteuse
épannelant
épargnante
éparpiller
épatamment
épaulé-jeté
épaulement
épeichette
épellation
éperdument
éperonnant
éphéméride
épicanthus
épicondyle
épicrânien
épicurisme
épidémique
épigraphie
épilatoire
épiloguant
épincetant
épineurien
épinglerie
épinglette
épinglière
épiphysite
épiscopale
épiscopaux
épisodique
épispadias
épistolier
épithalame
épithélial
épithélium
épluchette
éplucheuse
épouillage
épouillant
époumonant
épousseter
épouvanter
époxydique
épreignant
éprouvante
éprouvette
épuisement
épuratoire
équanimité
équatorial
équatorien
équilatère
équilibrée
équilibrer
équinoxial
équipement
équipotent
équisétale
équitation
équivalant
équivalent
équivaloir
équivoquer
éradiquant
éraflement
érectilité
éreintante
éreinteuse
érémitique
érémitisme
ergographe
ergométrie
ergostérol
ergotamine
érotisante
érotologie
érotologue
érotomanie
éruciforme
éructation
érugineuse
érythrasma
Erzgebirge
esbroufant

10

esbroufeur
escadrille
escaladant
escalopant
escamotage
escamotant
escamoteur
escampette
escarbille
escarcelle
escarrifié
esclaffant
esclavonne
escogriffe
escomptant
escompteur
escourgeon
escrimeuse
escroquant
Eskilstuna
Esmeraldas
ésotérique
ésotérisme
espacement
espadrille
esparcette
espérances
espionnage
espionnant
espionnite
espressivo
Espronceda
esquichant
esquimaude
esquintant
esquissant
essangeage
essangeant
essencerie
essénienne
essoriller
essouchant
essouffler
estafilade
estampeuse
estampille
estampillé
estérifier
esthétique
esthétiser
esthétisme
estimateur
estimation
estimative
estivation
estomaquer
estonienne
estouffade
estramaçon
estrapassé
estropiant
Eszterházy
étalageant
étalagiste
étalinguer
étalingure
étalonnage
étalonnant
étamperche
étanchéité
étançonner
états-unien
étau-limeur
étemperche
éternisant
éthanoïque
éthérifier
éthérisant
éthéromane
éthers-sels
ethmoïdale
ethmoïdaux
ethnarchie
ethnologie
ethnologue
éthogramme
éthylamine
éthylotest
étincelage
étincelant
étiolement
étiopathie
étiquetage
étiquetant
étiqueteur
étoilement
étonnement
étouffante
étouffeuse
étoupiller
étourderie
étranglant
étrangleur
étrangloir
étreignant
étrésillon
étroitesse
étymologie
eucalyptol
eucalyptus
eudiomètre
Eupatrides
eupeptique
euphémique
euphémisme
euphonique
euphorique
euphoriser
euphotique
Euphronios
Euphrosyne
eupraxique
Eurafrique
eurasienne
Eure-et-Loir
eurobanque
eurodevise
eurodollar
eurodroite
euromarché
européenne
Eurovision
euryhaline
eurytherme
eustatique
eustatisme
eutectique
euthanasie
évacuateur
évacuation
évaluateur
évaluation
évaluative
évanescent
évangélisé
Evansville
évaporable
éveilleuse
évènements
éventuelle
Everglades
évidemment
évincement
éviscérant
évocatoire
évocatrice

10

exacerbant
exactement
exactitude
exaltation
exaspérant
exaucement
ex cathedra
excavateur
excavation
excellence
excellente
excentrant
excitateur
excitation
exclamatif
excommunié
excrétoire
excrétrice
exécration
exécutable
exécutante
exécutoire
exécutrice
exégétique
exemplaire
exemplatif
exemplifié
exerciseur
exfiltrant
exfoliante
exhalaison
exhalation
exhaussant
exhausteur
exhaustion
exhaustive
exhérédant
exhibition
exhumation
exinscrite
exogamique
exorbitant
exorcisant
exotérique
expansible
expatriant
expectante
expectorer
expédiente
expéditeur
expédition
expéditive
expérience
expertiser
expiatoire
expiatrice
expirateur
expiration
explicable
explicatif
expliciter
expliquant
exploitant
exploiteur
explosible
exportable
exposition
expression
expressive
exprimable
expropriée
exproprier
expurgeant
exstrophie
exsudation
extensible
exténuante
extérieure
extérieurs
exterminer
extincteur
extinction
extirpable
extorquant
extorqueur
extracteur
extraction
extractive
extraforte
extralégal
extra-muros
extranéité
extrapoler
extravagué
extravaser
extraverti
extrémisme
extrémiste
extrémités
extrudeuse
exubérance
exubérante
exulcérant
exultation
Eymoutiers
fabricante
fabriquant
fabulateur
fabulation
faces-à-main
facétieuse
facilement
facilitant
façonneuse
façonnière
fac-similés
factorerie
facturette
facturière
facultatif
Fahrenheit
Fahrenheit
faiblement
faïencerie
faïencière
fainéanter
Faisalabad
faisandage
faisandant
faisandeau
fait divers
fait-divers
Fakhr al-Dīn
falciforme
Falkenhayn
fallacieux
falsifiant
Famagouste
fanatisant
fanfaronne
fanfaronné
Fangataufa
fantasmant
faramineux
farcissant
farfouillé
fasciation
fasciculée
fascinante
fascisante
Fassbinder
fastidieux
fatalement
faubourien
faucardant
fauchaison

10

fauconneau
fauconnier
faussement
faux-filets
faux-fuyant
favorisant
fécondable
fécondante
fédéralisé
fédérateur
fédération
fédérative
félicitant
féminisant
femmelette
fendillant
fenestrage
Fénétrange
Fenouillet
féodalisme
fermentant
férocement
ferrailler
ferronnier
ferroutage
ferroutant
ferry-boats
Ferryville
fers-blancs
fertiliser
Fessenheim
festonnant
fétichisme
fétichiste
feudataire
Feuillants
feuilleret
feuilletée
feuilleter
feuilletis
feuilleton
feuillette
Feuquières
Feyerabend
fiabiliser
Fianna Fáil
fibrineuse
fibromyome
fibroscope
ficellerie
fictionnel
fidèlement
fidélisant
fiduciaire
fiers-à-bras
fifty-fifty
fignoleuse
figuration
figurative
figurément
filandière
filandreux
filialiser
filigraner
filmologie
filoguidée
filonienne
filouterie
filtration
finalement
finalisant
finançable
financière
finasserie
finasseuse
finassière
finauderie
Finiguerra
finissante
finisseuse
Finisterre
finlandais
fiscaliser
fiscaliste
fissionner
fistulaire
fistuleuse
Fitzgerald
flaccidité
flaconnage
flagellant
flageolant
flagornant
flagorneur
flambement
flamboyant
flamingant
Flamininus
Flammarion
flammerole
flanc-garde
flatulence
flatulente
flatuosité
flavescent
flemmarder
Flesselles
Flessingue
fleuretant
fleuronnée
flexionnel
flexuosité
flibustant
flibustier
flint-glass
flock-books
floconnant
floconneux
florentine
florissant
flottaison
flottation
flottement
fluatation
fluctuante
fluidifier
fluidisant
fluoration
fluviatile
focalisant
foetologie
foisonnant
folâtrerie
folichonne
Folkestone
fonctionné
fondatrice
fongiforme
fontainier
fontanelle
Fontarabie
Fontenelle
Fontevraud
Fontfroide
forcissant
forclusion
foresterie
forestière
Forêt-Noire
forfaiture
forlançant
forlignant
formalisée
formaliser
formalisme
formaliste

10

formariage
formatrice
Formentera
formicante
formidable
formulable
formulaire
forniquant
forteresse
fortifiant
fortissimo
fossiliser
fossoyeuse
fouaillant
foudroyage
foudroyant
fouilleuse
fouisseuse
foulonnant
foultitude
Fouquières
fourchette
fourgonner
fourmilier
fourmi-lion
fourmilion
fourmiller
Fourneyron
fourniment
fourniture
fourragère
fourrageur
fourre-tout
fourvoyant
foutrement
foutriquet
Foux-d'Allos
fox-terrier
fracassant
fractionné
fracturant
fragiliser
fragmenter
fraiseraie
framboiser
franc-alleu
Francastel
France-Soir
Franchetti
franchiser
francilien
francisant
francisque
franc-maçon
francs-jeux
frangipane
franquetté
franquisme
franquiste
frappement
fraternisé
fraternité
fratricide
frauduleux
Frauenfeld
Fraunhofer
fraxinelle
Frédégonde
fredonnant
free-lances
free-martin
Freischütz
Fréjorgues
frémissant
frénatrice
frénétique
fréquenter
Frère-Orban
fresquiste
frétillant
freudienne
Freyssinet
friabilité
fricadelle
fricandeau
fricassant
fricoteuse
frictionné
Frigidaire
frigorifié
frigoriste
fripouille
frisottant
frisquette
frissonner
froebélien
froidement
froissable
fromagerie
fromentaux
Fromentine
froncement
frondaison
frontalier
frontalité
Frontignan
frontignan
frottement
froufrouté
frous-frous
froussarde
fructifère
fructifier
fructueuse
frustrante
frutescent
fulgurance
fulgurante
fuligineux
fulmicoton
fulminante
fulminique
fumariacée
fume-cigare
fumigateur
fumigation
fumisterie
funérarium
furfuracée
furosémide
fusainiste
fusée-sonde
fusibilité
fusionnant
fustanelle
fustigeant
futilement
gabionnage
gabionnant
gadgétiser
gadolinium
gagne-petit
Gaignières
gaillardie
Gainsbourg
galactique
galanterie
galetteuse
galicienne
galiléenne
galimatias
galipotant
gallicisme
galliforme
gallo-roman
galonnière

Galswinthe
Galsworthy
galvanique
galvaniser
galvanisme
galvaudage
galvaudant
gambillant
gamétocyte
gamopétale
gamosépale
gangétique
gangrenant
gangreneux
garçonnier
garde-à-vous
garde-boeuf
garde-corps
garde-côtes
garde-mites
garde-pêche
garde-place
garde-robes
gardes-port
gardes-voie
garde-temps
gargariser
gargarisme
Gargilesse
gargotière
gargouille
gargouillé
Garigliano
garniérite
garnissage
garnissant
garonnaise
garrottage
garrottant
gasconnade
Gasherbrum
gaspillage
gaspillant
gaspilleur
gastralgie
gastronome
gastropode
gâte-sauces
gauchement
gauchisant
gaullienne
gaultheria
gaulthérie
gazéifiant
gazométrie
gazonnante
gazouiller
gazouillis
geignement
gélatineux
Gelderland
gélivation
gémellaire
gémination
gémissante
gemmologie
gendarmant
généalogie
généralisé
généralité
générateur
génération
générative
générosité
Génésareth
génésiaque
généticien
Gengis Khān
genouillée
génovéfain
gentlemans
géodésique
géographie
géologique
géométrale
géométraux
géométridé
George Town
Georgetown
Géorgienne
géorgienne
Géorgiques
géotextile
géothermie
géraniacée
germandrée
Germanicus
germanique
germaniser
germanisme
germaniste
germinatif
gérontisme
gesticuler
gestualité
Gethsémani
Gettysburg
Ghelderode
Giacometti
gigantisme
gigotement
Gillingham
giobertite
giottesque
glaciation
gladiateur
glanduleux
glapissant
glatissant
glauconite
glénoïdale
glénoïdaux
glissement
globaliser
globalisme
globulaire
globuleuse
Glorieuses
glorifiant
glossateur
Gloucester
glougloute
gloussante
Glubb Pacha
glucidique
Glücksberg
glucomètre
gluconique
glucoserie
glutamique
glutineuse
glycériner
glycérique
glycocolle
glycolique
glycosurie
gneisseuse
gneissique
gnomonique
gobergeant
godaillant
godelureau
Goderville
godichonne
godilleuse
goguenarde

10

10

goinfrerie
gold-points
Gombrowicz
gomme-gutte
gomme-laque
gondolante
gondolière
gonflement
gongorisme
goniomètre
gonococcie
Gontcharov
Gorbatchev
gorgonaire
Gorgonzola
gorgonzola
Gortchakov
Gosainthan
Gottschalk
Gottwaldov
gouaillant
gouailleur
goudronner
gougnafier
goujaterie
goujonnant
gouleyante
goupillant
gourmander
gouttereau
gouvernail
gouvernant
gouverneur
grabataire
graduation
graffiteur
grafignant
graillonné
grainetier
graisseuse
grand-angle
Grand-Bourg
Grand-Champ
grand-chose
grand-croix
grand-ducal
grand-duché
grandement
Grand Ferré
grand-livre
grand-maman
grand-mères
grand-messe
grand-oncle
grand-peine
Grandpuits
grands-ducs
Grands Lacs
grand-tante
Grandville
grand-voile
graniteuse
granitique
granitoïde
granulaire
granuleuse
grape-fruit
graphitant
graphiteux
grappiller
grappillon
graptolite
gras-double
grassement
grasseyant
gratifiant
gratte-ciel
grattement
Graubünden
graveleuse
Gravelines
Gravelotte
gravettien
gravidique
gravifique
gravimètre
gravissant
gravissime
gréco-latin
gredinerie
Greenpeace
Greensboro
grégarisme
grelottant
grenadière
grenadille
Grenadines
grenailler
grenoblois
grenouille
grenouillé
grésillant
Gribeauval
Griboïedov
gribouille
gribouillé
grièvement
griffonner
grignotage
grignotant
Grigorescu
grillardin
grille-pain
grill-rooms
grimaçante
grimacière
Grimbergen
grimpereau
grincement
grincheuse
grippe-sous
grisailler
grisollant
grisonnant
grisouteux
grivèlerie
grognasser
grognement
grognonner
grommelant
grondement
gros-grains
gros-plants
grosso modo
grossoyant
grotesques
grouillant
groupement
grumeleuse
Guadarrama
Guadeloupe
Guantánamo
Guarnerius
Guayasamín
Guebwiller
guérillero
guérissant
guérisseur
guerroyant
guets-apens
Guèvremont
Guggenheim
Guichardin
guichetier
Guilherand
guili-guili

10

Guillaumat
Guillaumin
guillemeté
Guillestre
guillocher
guillochis
guillotine
guillotiné
guindaille
Guinegatte
guinguette
Guinizelli
guitariste
Gujrānwāla
Gulbenkian
Gulf Stream
Guomindang
Guyancourt
Gyllensten
gymnasiale
gymnasiaux
gymnocarpe
gypsophile
gyrocompas
gyropilote
habilement
habilitant
habillable
habilleuse
habitation
habituelle
Hachémites
Hachimites
Hadramaout
Hagondange
Hahnenkamm
halètement
half-tracks
halitueuse
hallebarde
hallucinée
halluciner
halogénure
Halq el-Oued
hamadryade
Hammadides
Hammerfest
hammerless
Hammourabi
Hammou-rapī
hanbalisme
hanchement
handicapée
handicaper
handisport
Hang-tcheou
hannetonné
haplologie
haranguant
harangueur
harassante
harcelante
Hardenberg
harenguier
harmonieux
harmonique
harmoniser
harmoniste
harnachant
Harpignies
Harpocrate
harponnage
harponnant
harponneur
Harrisburg
Hartlepool
hasardeuse
Hasmonéens
hassidique
hassidisme
hâtivement
Haubourdin
hausse-cols
haussement
hautboïste
Hautecombe
Haute-Loire
Haute-Marne
Haute-Saône
Hauteville
Haute-Volta
haut-relief
hauts-fonds
hauturière
hawaiienne
Hazebrouck
hébéphrène
hébergeant
hébertisme
hébertiste
hébétement
hébraïsant
hectolitre
hectomètre
hégélienne
Heidelberg
Heisenberg
hélicoïdal
Héligoland
héliomarin
Héliopolis
héliotrope
héliportée
helladique
hellénique
helléniser
hellénisme
helléniste
Hellespont
helvétique
helvétisme
hématémèse
hémicrânie
hémiplégie
hémisphère
hémistiche
hémitropie
hémogramme
hémolysine
hémopathie
hémophilie
hémoptysie
hémorragie
hémorroïde
hendiadyin
Hennebique
Henne-Morte
hennissant
hépatalgie
hépatocyte
Héphaïstos
heptagonal
Heptaméron
Heptarchie
heptathlon
Héraclides
héraldique
héraldiste
héraultais
herbageant
herboriser
herboriste
Herculanum
hérissonne
hermétique
hermétisme

10

hermétiste
herminette
Hermopolis
Hermosillo
héronnière
Hérouville
herpétique
herscheuse
hertzienne
hésitation
Hespérides
hésychasme
hétérodoxe
hétérodyne
hétérogène
hétéronome
hétéroside
hexagonale
hexagonaux
hexamidine
hibernante
Hidden Peak
Hiérapolis
hiérarchie
hiératique
hiératisme
hiérogamie
highlander
Hildebrand
Hildegarde
Hildesheim
Hilferding
Hindenburg
hindouisme
hindouiste
Hindoustan
hinterland
hipparchie
hippiatrie
hippocampe
Hippocrate
hippodrome
hippologie
hippurique
hirondelle
hirsutisme
Hispaniola
hispanique
hispanisme
hispaniste
histiocyte
histologie
historiant
historique
historisme
hitlérisme
hit-parades
hivernante
hochequeue
Hochfelden
hockeyeuse
hodographe
holistique
hollandais
holocauste
hologramme
holographe
Holopherne
holothurie
homarderie
homéopathe
homocentre
homocerque
homofocale
homofocaux
homographe
homogreffe
homologuer
homophonie
homosexuel
homosphère
homothétie
homozygote
hongroyage
hongroyant
hongroyeur
honnissant
honoraires
honorariat
horizontal
Horkheimer
horlogerie
hornblende
horodateur
horrifiant
horrifique
horripiler
horse-guard
horse power
hors-pistes
hors statut
hostilités
hôtellerie
hôtels-Dieu
hottentote
Hottentots
Hötzendorf
houblonner
Hounsfield
house-boats
houspiller
houssinant
Hou Yao-pang
hovercraft
Huachipato
Hua Guofeng
Huaxtèques
hululement
humanisant
humblement
humidifier
humiliante
Huntsville
hurluberlu
huronienne
Hussein Dey
hybridisme
hydramnios
hydrargyre
hydratable
hydratante
hydrofuger
hydrogénée
hydrogéner
hydrolithe
hydrologie
hydrologue
hydrolyser
hydromètre
hydrophile
hydrophobe
hydrophone
hydropique
hydropisie
hydroptère
Hygiaphone
hygiénique
hygiéniste
hygromètre
hygrophile
hygrophobe
hygrophore
hygroscope
hyoïdienne
hyperdulie
hyperfocal

10

hypermètre
hyperonyme
hypertélie
hypertendu
hypertonie
hypnologie
hypnotique
hypnotiser
hypnotisme
hypocauste
hypocentre
hypochrome
hypocondre
hypocrisie
hypogastre
hypoglosse
hypokhâgne
hypoplasie
hypostasié
hypotendue
hypotensif
hypoténuse
hypothénar
hypothèque
hypothéqué
hypsomètre
hystérésis
hystérique
Iablonovyï
Ibn al-'Arabī
Ibn Bādjdja
Ibn Baṭṭūṭa
Ibn Khaldūn
Ichinomiya
ichtyornis
iconologie
iconoscope
iconostase
idéalement
idéalisant
idempotent
identifier
idéogramme
idéologues
idéomoteur
idiopathie
idiotement
idolâtrant
ignorantin
Ijsselmeer
Ike no Taiga
ilang-ilang
iléo-caecal
Iliouchine
illégalité
illégitime
Ille-sur-Têt
illuminant
illusionné
illustrant
illyrienne
imaginable
imaginaire
imaginatif
imbattable
imbibition
imbriquant
imipramine
imitatrice
immatériel
immaturité
immémorial
immergeant
immettable
immigrante
immobilier
immobilisé
immobilité
immodestie
immolateur
immolation
immondices
immoralité
immortelle
immunisant
immunogène
impalpable
impanation
imparfaite
impartiale
impartiaux
impassible
impatience
impatiente
impatienté
impeccable
impénitent
impensable
impérative
imperdable
impérieuse
impétrante
impétueuse
implacable
implantant
impliquant
implorante
impoliment
importable
importance
importante
importuner
imposition
impossible
imprégnant
imprenable
impresarii
impresario
imprésario
impression
impressive
imprimable
imprimante
imprimatur
imprimerie
improbable
impromptue
improviser
improviste
imprudence
imprudente
impudicité
impuissant
impunément
impurement
imputation
inaccentué
inaccompli
inactivant
inactivité
inactuelle
inadéquate
inaffectif
inamovible
inapparent
inappliqué
inapprécié
inaptitude
inarticulé
inassimilé
inassouvie
inattendue
inattentif
inaugurale
inaugurant
inauguraux

10

inavouable
incapacité
incarcérer
incarnadin
Incarville
incassable
incendiant
incertaine
incessante
incessible
incestueux
Incheville
inchoative
incinérant
incitateur
incitation
incitative
inclémence
inclémente
inclinable
incohérent
incollable
incommoder
incomprise
inconduite
inconstant
incontesté
incontrôlé
incorporel
incorporer
incorrecte
increvable
incriminer
incroyable
incroyance
incroyante
incrustant
incubateur
incubation
inculpable
inculquant
incultivée
incurieuse
indécision
indélébile
indélicate
indemniser
indéniable
indexation
indianisme
indianiste
indicateur
indication
indicative
indiciaire
indicielle
indifférer
indigotier
indigotine
Indiguirka
indiscutée
indisposée
indisposer
indistinct
individuel
indivision
indocilité
indonésien
indophénol
inductance
inductrice
indulgence
indulgente
induration
industriel
inéducable
inefficace
inégalable
inélégance
inélégante
inéligible
inemployée
inéprouvée
inéquation
inertielle
inévitable
inexécutée
inexigible
inexistant
inexorable
inexpiable
inexpliqué
inexploité
inexplorée
inexprimée
in extremis
infaisable
infanterie
infectante
infectieux
inférieure
infidélité
infiltrant
infiniment
infinitive
infinitude
infirmatif
infirmerie
infirmière
inflexible
infligeant
influencer
informatif
informelle
informulée
infortunée
infraction
infrarouge
ingagnable
Ingen-Housz
ingénierie
ingénieuse
ingénument
Ingolstadt
ingrédient
ingurgiter
inhabileté
inhabilité
inhabituel
inhalateur
inhalation
inhibiteur
inhibition
inhibitive
inhomogène
inhumanité
inhumation
inimitable
iniquement
initialisé
initiateur
initiation
initiative
injectable
injonction
injonctive
injurieuse
injustifié
inlassable
innocenter
innommable
innovateur
innovation
inobservée
inoculable
inoffensif

inondation
inopérable
inopérante
inopportun
inorganisé
inoxydable
in partibus
inquiétant
inquiétude
inquilisme
insatiable
inscrivant
insculpant
insécurité
inséminant
insensible
insermenté
insidieuse
insinuante
insipidité
insistance
insistante
insociable
insolation
insolvable
insomnieux
insondable
insonorisé
insonorité
insouciant
insoucieux
inspectant
inspecteur
inspection
inspirante
installant
instamment
instantané
instaurant
instiguant
instillant
instinctif
instituant
instructif
instrument
insufflant
insularité
insulinase
insultante
insupporté
insurgeant
intaillant
intangible
intégrable
intégrante
intégratif
intégrisme
intégriste
intempérie
intemporel
intendance
intendante
intensifié
interactif
interallié
interarabe
interarmes
intercaler
intercéder
intercepté
interclubs
intéressée
intéresser
interférer
interféron
interfluve
interfolié
intérieure
interjeter
Interlaken
interligne
interligné
interloqué
intermezzo
intermodal
internonce
interpellé
interphase
Interphone
interpoler
interposer
interprète
interprété
Interrègne
interrègne
interroger
interrompu
intersecté
intersigne
interstice
intertidal
intertitre
intertrigo
intervalle
intervenir
interverti
interviewé
intestinal
intimation
intimement
intimidant
intitulant
intolérant
intonation
intonative
intoxicant
intoxiquée
intoxiquer
intra-muros
intrigante
intriguant
intriquant
introduire
introniser
introverti
intubation
inutilisée
inutilités
invaginant
invalidant
invalidité
invariable
invariance
invariante
invectiver
invendable
inventaire
inventorié
inventrice
inversable
inversible
invertébré
investigué
invétérant
invincible
inviolable
invitation
invocateur
invocation
involution
involutive
Iochkar-Ola
iodo-ioduré
ionisation
ionogramme
ionosphère

10

ipécacuana
Ipousteguy
iraquienne
iridologie
irlandaise
irradiante
irraisonné
irréalisée
irréalisme
irréaliste
irréfléchi
irrégulier
irréligion
irrigateur
irrigation
irritation
irritative
isallobare
ischémique
Iskenderun
islamisant
islandaise
ismaélisme
isoclinale
isoclinaux
isodynamie
isoédrique
isoglucose
iso-ionique
isoleucine
isoniazide
isotonique
isotopique
Is-sur-Tille
italianisé
itinéraire
itinérante
ivoirienne
ivrognerie
jacasseuse
jacassière
Jacqueline
Jacquemart
jacquemart
jalonneuse
jamaïcaine
jamaïquain
jambonneau
jam-session
Jamshedpur
janissaire
jansénisme
janséniste
japonisant
Jardinerie
jardineuse
jardinière
jargonnant
jarnicoton
jarretelle
Jarretière
jarretière
Jaruzelski
jaunissant
javelliser
jean-foutre
Jean Hyrcan
Jeanne d'Arc
Jersey City
jésuitique
jésuitisme
jet-streams
Jiang Zemin
joaillerie
joaillière
João Pessoa
jobarderie
Joergensen
Jogjakarta
johannique
jointoyant
joncheraie
joséphisme
jouaillant
Jouhandeau
jouissance
jouissante
jouisseuse
jour-amende
journalier
jouvenceau
Juan Carlos
Juan de Fuca
Juan de Juni
Juan de Nova
Jubbulpore
jubilation
judicature
judiciaire
judicieuse
Juiz de Fora
junonienne
jupitérien
jurassique
justicière
justifiant
juvénilité
juxtaposée
juxtaposer
Kabalevski
kabbaliste
Kāfiristān
kafkaïenne
Kalimantan
Kamechliyé
Kamtchatka
Kandersteg
Kansas City
Karakalpak
Karamanlís
Karawanken
Karkonosze
Karlskrona
karpatique
Kazakhstan
Kebnekaise
Keldermans
Kellermann
kératinisé
kératocône
Kermānchāh
Kesselring
Khabarovsk
kharidjite
khédiviale
khédiviaux
Kia-mou-sseu
kibboutzim
kichenotte
kidnappant
kidnappeur
kidnapping
kieselguhr
kilogramme
kilométrer
Kilpatrick
kimberlite
kiosquière
kiosquiste
Kirikkalle
Kiritimati
Kirovograd
Kisselevsk
Kita-kyūshū
Kitwe-Nkana
Kizil Irmak

Klagenfurt
klaxonnant
kleptomane
Koekelberg
Kohlrausch
kolkhozien
Kolmogorov
Kompong Som
Komsomolsk
Kondratiev
Konigsberg
Königsberg
Kortenberg
Kościuszko
Kossyguine
Kota Baharu
Kouang-tong
koudourrou
K'ouen-louen
Kouïbychev
Kou K'ai-tche
Kragujevac
Kramatorsk
Kremikovci
Kretschmer
Kreutzberg
Kronchtadt
Kropotkine
Krušné hory
Ku Klux Klan
Kuryłowicz
La Bédoyère
labelliser
La Bernerie
labferment
labialiser
laborantin
laborieuse
labourable
labyrinthe
Lacédémone
lacération
La Chapelle
La Chaussée
La Clayette
Lacordaire
La Couronne
La Courtine
Lacretelle
lactescent
lactomètre
lactosérum

Ladoumègue
La Follette
La Fontaine
Lafontaine
La Fresnaye
Lagerkvist
La Glacerie
lagomorphe
lagotriche
La Goulette
laideronne
L'Aiguillon
laitonnage
laitonnant
laïusseuse
Lake Placid
La Louvière
L'Alpe-d'Huez
Lambersart
lambrequin
lambrisser
lambrusque
lamellaire
lamelleuse
lamentable
La Montagne
Lamourette
lampadaire
lamprillon
Lancashire
lance-bombe
lance-fusée
lancinante
Landerneau
landolphia
Landrecies
langagière
langoureux
langueyant
Lanjuinais
Lann-Bihoué
Lannemezan
Lanouaille
lansquenet
lanternant
lanterneau
lanthanide
lanugineux
lapidation
Lapoutroie
Laquedives
Larderello

lardonnant
La Reynière
larme-de-Job
larmoyante
La Rochelle
La Rochette
La Sablière
La Salvetat
latéralisé
latéralité
laticifère
latifoliée
latifundia
latinisant
latrodecte
La Turballe
Lauberhorn
laudatrice
laurier-tin
La Vallière
lavallière
lavandière
lavatories
lave-glaces
La Verrière
lawrencium
Lazarsfeld
lazzarones
leadership
Leamington
Le Barcarès
Le Beausset
Le Châtelet
lèchefrite
Le Cheylard
Lecouvreur
Leeuwarden
légalement
légalisant
légendaire
légèrement
légiférant
législatif
légitimant
légitimité
leishmania
leishmanie
leitmotive
leitmotivs
Le Lamentin
Le Lavandou
Le Mas-d'Azil

10

lemniscate
Le Monêtier
Le Mont-Dore
Lencloître
Le Neubourg
lénifiante
lenticelle
lenticulée
lentivirus
Le Peletier
Le Pellerin
lépidolite
lépidostée
lépisostée
léprologie
léproserie
leptospire
Le Ricolais
Les Andelys
Les Aubrais
Les Avirons
Les Brasses
Les Éparges
Les Essarts
Les Houches
les Lecques
Les Mureaux
Lespinasse
lesquelles
Les Rousses
lessivable
lessiveuse
L'Étang-Salé
Le Teilleul
Lethbridge
Le Thoronet
leucémique
leucopénie
Leucopetra
leucorrhée
leucotomie
le Val-André
Le Val-d'Ajol
lève-glaces
Leverkusen
lève-vitres
Levi-Civita
lévigation
lévitation
levrettant
lexicalisé
liaisonner
libelliste
libéralisé
libéralité
libérateur
libération
Libercourt
libérienne
libertaire
libidinale
libidinaux
libidineux
Libreville
licenciant
licencieux
licitation
licitement
Liebknecht
Liedekerke
lieutenant
ligaturant
ligérienne
lignifiant
lignomètre
Ligurienne
ligurienne
L'Île-Rousse
Liliencron
Lilienthal
liliiflore
Lillebonne
limitation
limitative
limitrophe
limnologie
limonadier
limougeaud
lingotière
linguatule
linoléique
Lion-sur-Mer
Lioubertsy
lipochrome
lipogramme
lipoïdique
lipothymie
liquéfiant
liquidable
liquidatif
liquoreuse
liquoriste
lisbonnais
lisibilité
Li Sien-nien
listériose
lithologie
lithophage
lithuanien
litigieuse
littéraire
Little Rock
liturgique
living-room
Li Xiannian
lobectomie
localement
localisant
lock-outant
locomobile
locomoteur
locomotion
locomotive
Loewendahl
logarithme
logicielle
logicienne
logistique
logithèque
logographe
logogriphe
logomachie
Loir-et-Cher
lois-cadres
Lola Montes
lombo-sacré
Lomonossov
Londerzeel
long drinks
Longfellow
longicorne
longiligne
Long Island
long-jointé
Longjumeau
longuement
Lope de Vega
lophophore
loqueteuse
Lorenzetti
Los Angeles
losangique
lotionnant
lotisseuse
Lötschberg
louangeant

louangeuse
louchement
Louis-Marie
Louisville
lourdement
Louverture
louveterie
loxodromie
loyalement
loyalistes
lozérienne
lubrifiant
Lubumbashi
lucernaire
lucidement
luciférase
luciférien
luciférine
Ludendorff
ludothèque
Luluabourg
lumachelle
luminosité
Lundegårdh
lunetterie
lupercales
Lurcy-Lévis
lusitanien
lustration
lutéinique
Lutterbach
Luxembourg
luxuriance
luxuriante
luxurieuse
luzernière
lycoperdon
lymphocyte
lymphokine
lyophilisé
lysergique
Maastricht
macadamisé
macanéenne
macédonien
macérateur
macération
machinerie
machinisme
machiniste
mâchonnant
mâchouillé
Mackintosh
mâconnaise
maçonnerie
maçonnique
Macpherson
macrocosme
macrocyste
macrophage
macrospore
maculature
Madagascar
madérisant
Maëstricht
magasinage
magasinant
magasinier
Magdeleine
maghrébine
magicienne
magistrale
magistraux
magmatique
magmatisme
magnanerie
magnanière
magnétique
magnétiser
magnétisme
magnifiant
magnificat
magnifique
magnoliale
magouiller
Maguelonne
maharadjah
mahométane
Maïakovski
maïeutique
maigrement
maigrichon
maigriotte
mail-coachs
Maillezais
maintenant
mainteneur
maistrance
maîtrisant
majestueux
majoration
majorquine
maladrerie
maladresse
maladroite
malapprise
malcommode
Malebo Pool
mal-en-point
malentendu
Malestroit
malfaisant
malfaiteur
malheureux
malhonnête
malicieuse
Malinovski
Malinowski
malle-poste
mallophage
malodorant
Malplaquet
malsonnant
malthusien
maltraiter
malvoyante
Malzéville
mamelonnée
mamillaire
mammalogie
management
mancenille
Manchester
Manco Cápac
mandarinal
mandarinat
mandataire
Mandelstam
Mandingues
mandragore
mandrinage
mandrinant
manganique
mangeaille
mangeotter
mangonneau
mangoustan
maniérisme
maniériste
manifester
manigancer
maniguette
manipulant
Manitoulin
Mankiewicz
Mannerheim

10

manoeuvrer
manographe
manométrie
manquement
mansuétude
Manteuffel
manucurant
manuscrite
Manzanares
manzanilla
Mao Tsö-tong
mappemonde
maquerelle
maquillage
maquillant
maquilleur
marabouter
maraîchage
maraîchère
maraîchine
maraudeuse
marcassite
Marc Aurèle
marcescent
marchander
marchantia
Marchenoir
marchepied
Marcinelle
marcottage
marcottant
Marcoussis
marécageux
maréchalat
marégraphe
marémoteur
margaudant
margottant
margraviat
Marguerite
marguerite
marianiste
Marin de Tyr
maringouin
mariologie
marivauder
marjolaine
Marly-le-Roi
marmenteau
marmonnant
marmottant
marmousets
Marmoutier
maroquiner
marouflage
marouflant
marquetant
marqueteur
marronnier
marsupiale
marsupiaux
martensite
martingale
Martinique
martinisme
martyriser
marxisante
marxologue
Masaniello
maskinongé
masochisme
masochiste
massacrant
massacreur
Massagètes
massaliote
masselotte
massicoter
massifiant
Massinissa
mastiquant
mastodonte
mastoïdien
mastoïdite
mastologie
mastroquet
masturbant
match-plays
matelassée
matelasser
matelotage
matérielle
maternelle
materniser
Mathusalem
mathusalem
matiérisme
matiériste
Mato Grosso
matraquage
matraquant
matraqueur
matriarcal
matriarcat
matricaire
matrilocal
matriochka
Matsushima
Mattathias
Matterhorn
maturation
matutinale
matutinaux
maudissant
maugrabine
maugrebine
Maupassant
Maupertuis
Maurétanie
Mauritanie
Mauthausen
maxillaire
maximalisé
Maximilien
maximisant
mayennaise
mayonnaise
mazarinade
Mazowiecki
Mazingarbe
McClintock
mécanicien
mécanisant
méchamment
méchanceté
méconduire
méconduite
mécontente
mécontenté
médaillant
médailleur
médaillier
medal plays
médianoche
médiatique
médiatiser
médiatrice
médicalisé
médicament
médicastre
médication
médicinale
médicinaux
médicinier
médiévisme
médiéviste

médiocrité
méditation
méditative
médiumnité
médullaire
médulleuse
mégalocyte
mégalomane
mégalopole
mégisserie
Méhémet-Ali
Meiji tennō
Meissonier
mélancolie
mélanésien
mélangeant
mélanocyte
méléagrine
mêlé-cassis
mélioratif
mélis-mélos
mellifique
mélodieuse
melonnière
melting-pot
membraneux
mémorandum
mémorielle
mémorisant
ménagement
Mendeleïev
mendélisme
mendigoter
méningiome
ménopausée
ménorragie
mensongère
mensualisé
mensualité
mentaliser
mentalisme
mentionner
mentonnier
menuiserie
menus-vairs
méphitique
méphitisme
méprisable
méprisante
mercantile
Mercantour
mercatique
mercenaire
merceriser
mercuriale
mercurique
Merdrignac
mères-grand
méridienne
méridional
meringuant
mésalliant
mésangette
mésaxonien
mésenchyme
mésentente
mésestimer
mesmérisme
mésoblaste
mésomorphe
mésosphère
mésothorax
mésozoïque
messagerie
Mestghanem
métabolisé
métabolite
métacentre
métalangue
métallerie
métallière
métallique
métalliser
métalloïde
métamérisé
métaplasie
métastable
métastaser
métathorax
métazoaire
Metchnikov
météorique
météoriser
météorisme
méthaniser
méthionine
méthodique
méthodisme
méthodiste
méthylique
méticuleux
métrologie
métrologue
métromanie
Metternich
meuglement
meurtrière
mezzotinto
miaulement
micellaire
Michel-Ange
Michelozzo
Mickiewicz
microbille
microcline
microcoque
microcosme
microfiche
microfilmé
microflore
microforme
microgrenu
microlithe
micromètre
Micronésie
micro-ondes
microphage
microphone
microscope
microsonde
microspore
Middelburg
middle jazz
Middle West
mièvrement
mignardise
migraineux
migratoire
migratrice
Mihailović
Mihalovici
mildiousée
milicienne
militarisé
milk-shakes
millefiori
millénaire
milleraies
millerandé
millésimer
millilitre
millimètre
millimétré
mimographe
Minatitlán
minauderie

10

10

minaudière
mincissant
Mindszenty
minéralier
minéralisé
minestrone
miniaturée
minichaîne
minimalisé
minimisant
minoration
minorative
minorquine
minutieuse
miracidium
miraculeux
mirliflore
mirobolant
miroitante
miroiterie
miroitière
Miromesnil
misonéisme
misonéiste
Mistassini
Mithradate
mithraïsme
mithriaque
Mithridate
mitigation
mitrailler
Mitsotákis
Mitsubishi
Mittelland
Mitterrand
mixtionner
mnémonique
Mnouchkine
mobile home
mobilisant
modélisant
modénature
modérateur
modération
modérément
moderniser
modernisme
moderniste
modifiable
Modigliani
modulateur
modulation
Mogadiscio
Mohammedia
Moholy-Nagy
moins-perçu
moins-value
moisissant
moisissure
moissonner
moitissant
molletière
molletonné
mollissant
molybdique
momentanée
momordique
monachisme
monadelphe
monarchien
monastique
Moncontour
Moncoutant
mondanités
Mondelange
Mondeville
mondialisé
monégasque
Monembasía
monétisant
mongolique
mongolisme
mongoloïde
monitorage
monitoring
monnayable
monochrome
monoclinal
monoclonal
monocolore
monocratie
monogatari
monogramme
monolingue
monologuer
Monomotapa
monomoteur
monophasée
monophonie
monoplégie
monopoleur
monopolisé
monosépale
monosperme
monovalent
monozygote
monsignore
monsignori
monsignors
monstrance
Monstrelet
monstrueux
Montagnais
montagnard
montagneux
Montagnier
Montalivet
montanisme
montaniste
Montastruc
Montataire
Montausier
Montbazens
Montbrison
Montchanin
Montdidier
Monte Albán
Montebello
Montebourg
Monte-Carlo
Montego Bay
Montélimar
Montemayor
Montemolín
Monténégro
Montenotte
monte-plats
Montessori
Monteverdi
Montevideo
Monteynard
Montfaucon
Montferrat
Montgomery
Monthureux
Monticelli
Montlosier
Montmajour
Montmartre
Montmaurin
Montmélian
Montmirail
Montmoràeau
montrachet
Montrachet
Montréjeau

10

Montserrat
monumental
moquettant
morainique
moralement
moralisant
morbidesse
morbilleux
morcelable
mordançage
mordançant
mordicante
mordillage
mordillant
morfondant
morguienne
morigénant
Morlanwelz
mormonisme
Morne-à-l'Eau
morphogène
mortadelle
mortaisage
mortaisant
mortes-eaux
mortifiant
morts-gages
morvandeau
morvandiau
Mostaganem
Motherwell
motionnant
motivation
motor-homes
motorisant
Motteville
moucharder
mouchetant
mouchettes
moucheture
mouillable
mouillance
mouillante
Mouilleron
mouillette
Moulinette
moulineuse
moulinière
moulurière
mousqueton
mousseline
moustachue
moustérien
moutardier
moutonnant
moutonneux
moutonnier
mouvementé
moyenâgeux
Moyen-Congo
Mozambique
mozzarelle
Mudanjiang
mugissante
mulassière
mulâtresse
mule-jennys
mulhousien
multicâble
multicarte
multicoque
multiforme
multigrade
multilobée
multimédia
multimètre
multinorme
multiplier
multiposte
multitâche
munichoise
municipale
municipaux
munificent
mûrissante
mûrisserie
murmurante
musaraigne
muscardine
musculaire
musculeuse
muséologie
musicalité
music-halls
musicienne
musiquette
mutabilité
mutagenèse
mutazilite
mutilateur
mutilation
mutualiser
mutualisme
mutualiste
myasthénie
mycélienne
mycénienne
mycoplasme
myélinisée
myocardite
myographie
myrtiforme
mystérieux
mysticisme
mystifiant
mythifiant
mythologie
mythologue
mythomanie
myxomatose
myxomycète
nabatéenne
Nambicuara
Nambikwara
namibienne
nancéienne
Nanoréseau
Nanterrien
nantissant
naphtalène
naphtaline
napolitain
narcotique
narratrice
nasalisant
nasillarde
nasilleuse
Natitingou
naturalisé
naufrageur
nauséabond
Navacelles
navarraise
navetteuse
navigateur
navigation
navisphère
nazaréenne
Neandertal
néantisant
nébulisant
nébuliseur
nébulosité
nécessaire
nécessiter
Neckarsulm

10

nécrologie
nécrologue
nécrophage
nécrophile
nécrophore
nécrotique
Neerwinden
négativité
négligeant
négligence
négligente
négociable
négociante
nématocère
néogrecque
néo-indiens
néologique
néologisme
néonazisme
Néoptolème
Néouvielle
népérienne
néronienne
Nesselrode
Neste d'Aure
nettoyeuse
Neuengamme
Neufchâtel
neufchâtel
Neumünster
neurologie
neurologue
neuronique
neurotomie
neurotrope
neutralisé
neutralité
Neuvy-le-Roi
ne varietur
névritique
névropathe
névroptère
névrotique
névrotomie
New Britain
New Ireland
New Orleans
New Windsor
new-yorkais
New Zealand
niaisement
Nibelungen
nicolaïsme
nictitante
nid-de-poule
Niemcewicz
Nieuwpoort
nigauderie
nigérienne
night-clubs
Nijnekamsk
nitrifiant
nivernaise
N'Kongsamba
nobiliaire
noblaillon
noctambule
noctiluque
Noirétable
Noisy-le-Roi
Noisy-le-Sec
nolisement
nomadisant
no man's land
nominalisé
nomination
nominative
nomogramme
non-alignée
Nonancourt
nonantaine
nonantième
nonchalant
nonciature
non-croyant
non-engagée
non-fumeuse
non-initiée
non-inscrit
nonobstant
non-respect
non-salarié
non-violent
non-voyante
nord-coréen
nordissant
Nördlingen
normalisée
normaliser
Norrköping
nosocomial
notabilité
notairesse
nothofagus
Nottingham
Nouadhibou
Nouakchott
nourricier
nourrisson
nourriture
nouveau-née
nouveau-nés
Nova Iguaçu
Nova Lisboa
Nova Scotia
nucellaire
nucléarisé
nucléoside
nucléotide
nuitamment
numérateur
numération
numérisant
numériseur
numérotage
numérotant
numéroteur
nummulaire
nuptialité
Nyassaland
nyctalopie
nycthémère
Nyiragongo
nymphalidé
nymphéacée
nymphomane
obéissance
obéissante
Oberhausen
objectiver
oblativité
obligation
obligeance
obligeante
oblitérant
obnubilant
obséquieux
observable
observance
obsidienne
obsidional
obstructif
obtempérer
obturateur
obturation
obtusangle

occasionné
occidental
occipitale
occipitaux
occultisme
occultiste
Occupation
occupation
occurrence
occurrente
océanienne
octogonale
octogonaux
oculariste
Oder-Neisse
odontalgie
odontocète
oedémateux
oedipienne
oeil-de-chat
oeils-de-pie
oenométrie
oenothèque
oestradiol
oestrogène
offensante
offertoire
officielle
officieuse
officinale
officinaux
offusquant
ohms-mètres
oignonière
oiseau-lyre
oisellerie
oisivement
Olaus Petri
Oldenbourg
oléagineux
oléorésine
oligarchie
oligochète
oligoclase
oligopsone
olivétaine
Olliergues
olympienne
ombilicale
ombilicaux
ombiliquée
ombrageant
ombrageuse
omnicolore
omnipotent
omniscient
omnisports
onctuosité
ondoiement
ondulation
one-man-show
onguiculée
onomatopée
ontogenèse
oolithique
opacifiant
opalescent
opératoire
opératrice
ophicléide
ophiologie
opposition
oppressant
oppresseur
oppression
oppressive
opprimante
opticienne
optimalisé
optimisant
optométrie
optronique
orangeraie
orang-outan
orchestral
orchestrer
orchidacée
ordinateur
ordination
ordonnance
ordonnancé
ordovicien
oreillarde
oreillette
orfèvrerie
organicien
organisant
organsiner
orgasmique
orgastique
orichalque
orientable
orienteuse
originaire
originelle
orléanaise
orléanisme
orléaniste
ornemental
ornementer
orogénique
orographie
oropharynx
orpaillage
orpailleur
orphelinat
Ors y Rovira
orthodoxie
orthogénie
orthogonal
orthonormé
orthopédie
orthoptère
orthostate
orthotrope
oryctérope
Orzeszkowa
oscillaire
oscillante
osculateur
ossianique
ossianisme
ostensible
ostéogénie
ostéologie
ostéopathe
ostéophyte
ostéotomie
Österreich
ostracisme
ostréicole
Ostricourt
ostrogothe
Ostrogoths
Ottobeuren
ottonienne
Ouad-Médani
ouananiche
Ouarzazate
Oudenaarde
Oudmourtes
ougandaise
Ouistreham
Oulan-Bator
Oulianovsk
Oum er-Rebia

10

Oum Kalsoum
ouralienne
ourdissage
ourdissant
ourdisseur
ourdissoir
Oussourisk
Outarville
outrageant
outrageuse
outrancier
outrepassé
outre-tombe
ouvertures
ouvrageant
ouvre-boîte
ovalbumine
Ovamboland
ovationner
Overijssel
ovulatoire
oxhydrique
oxycarboné
oxycoupage
oxysulfure
pachyderme
Paderewski
paganisant
pagination
paillasson
pailletage
pailletant
pailleteur
palanquant
palatalisé
Paléologue
Palestrina
palettiser
palétuvier
pâlichonne
palindrome
palissader
pâlissante
palissonné
palliative
Palmerston
palmiséqué
palmitique
palpébrale
palpébraux
palpitante
palplanche
palsambleu
paludarium
paludéenne
panaméenne
panamienne
pancartage
Panckoucke
Pandateria
panifiable
paniquante
paniquarde
panneauter
panneresse
panoptique
Pantagruel
pantelante
panthéisme
panthéiste
pantomètre
pantoufler
papavérine
papillaire
papilleuse
papillonné
papilloter
pâquerette
paqueteuse
parabellum
parachever
parachimie
parachuter
paradisier
Paradjanov
paradoxale
paradoxaux
paraffiner
parafiscal
parafoudre
paragraphe
paraguayen
paraissant
paralysant
Paramaribo
paramétrer
paramnésie
parangonné
paranormal
paraphasie
paraphrase
paraphrasé
paraphrène
paraplégie
parapublic
parasitant
parasitose
parastatal
parcellisé
parcheminé
parcimonie
parcomètre
parcotrain
parcourant
pardonnant
pare-balles
pare-éclats
parementer
parenchyme
parentales
parentéral
parenthèse
pare-soleil
paresseuse
parfaisant
parfondant
parfumerie
parfumeuse
paridigité
pariétaire
paripennée
paris-brest
parisienne
parlementé
Parmentier
parnassien
parodontal
paroissial
paroissien
paronomase
parotidien
parotidite
paroxysmal
parpaillot
parquetage
parquetant
parqueteur
parrainage
parrainant
Parrhasios
partageant
partageuse
partenaire
partialité
Particelli
participer

10

Pasargades
pas-de-porte
Paskevitch
passe-bande
passe-droit
passe-lacet
passementé
passe-passe
passe-pieds
passe-plats
passepoilé
passerelle
passe-temps
passiflore
passionnée
passionnel
passionner
pastenague
pasteurien
pasteurisé
pastichant
pasticheur
pastillage
pastoureau
pataugeage
pataugeant
pataugeuse
patelinant
paternelle
pathétique
pathétisme
pathogénie
pathologie
pathomimie
patiemment
patientant
pâtisserie
pâtissière
patoisante
patouiller
patriarcal
patriarcat
patriarche
patriciale
patriciaux
patrilocal
patrimoine
patriotard
patrologie
patronnant
patrouille
patrouillé
pattes-d'oie
Paul Diacre
Paulhaguet
paulinisme
paupériser
paupérisme
pauses-café
pauvrement
paysagiste
Pays basque
peaufinant
peausserie
peccadille
pechblende
Pech-de-l'Aze
pécheresse
pécoptéris
pécuniaire
pédanterie
pédantisme
pédérastie
pédicellée
pédiculose
pédiplaine
pédodontie
pédogenèse
pédonculée
pédophilie
Peenemünde
peigne-culs
peinturant
péjoration
péjorative
Pekalongan
pélagienne
Pélasgique
pélasgique
pèlerinage
Pelissanne
pellagreux
pelle-bêche
pelleterie
pelleteuse
pelletière
pelliculer
Pelloutier
pelotonner
pelucheuse
pélusiaque
pénalement
pénalisant
pendeloque
Penderecki
pendillant
pendouillé
pendulaire
pendulette
pendulière
pénéplaine
pénétrable
pénétrante
pénibilité
pénicillée
penniforme
pense-bêtes
pensionnat
pensionnée
pensionner
pentacorde
pentacrine
pentagonal
pentamètre
pentarchie
pentathlon
Pentélique
Penthièvre
pénultième
peppermint
péquenaude
perce-neige
percepteur
perception
perceptive
percerette
percevable
perciforme
percussion
percutanée
percutante
Perdiguier
perditance
péremption
Pérenchies
pérennante
pérenniser
perfection
perfective
perforante
performant
pergélisol
péricliter
péridinien
péridotite
péridurale

10

périduraux
périlleuse
périnatale
périnatals
périnataux
periodique
périodique
périostite
périphérie
périphrase
périsélène
périsperme
périssable
périssoire
péritonéal
péritonite
périurbain
perlingual
permafrost
permanence
permanente
permettant
permission
permissive
permutable
permutante
Pernambouc
Pernambuco
pernicieux
péronnelle
péroraison
peroxydant
peroxydase
perpétrant
perpétuant
perpétuité
perplexité
Perronneau
perruquier
persécutée
persécuter
Perséphone
Persépolis
persévérer
persicaire
persiflage
persiflant
persifleur
persillade
persillère
persistant
personnage
perspectif
perspicace
persuadant
persuasion
persuasive
persulfate
persulfure
Pertharite
pertinence
pertinente
pertuisane
perturbant
péruvienne
perversion
perversité
pervibrage
pervibrant
Pescadores
pèse-acides
pèse-alcool
pèse-esprit
pèse-lettre
pèse-sirops
pessimisme
pessimiste
Pestalozzi
pestiférée
pestilence
Petaḥ-Tikva
pétaradant
pétaudière
pétauriste
pet-de-nonne
pétéchiale
pétéchiaux
pétillante
Petit-Bourg
Petit-Canal
petitement
pétitionné
petit-nègre
petit-neveu
petits-bois
petits-fils
petits-gris
petits pois
pétouiller
pétrifiant
pétrissage
pétrissant
pétrisseur
pétrolette
pétroleuse
pétrolière
pétrologie
Petrópolis
Petrouchka
peuplement
peupleraie
phacochère
phacomètre
phagocyter
phalangère
phalangien
phalangine
Phalsbourg
pharaonien
pharmacien
pharyngale
pharyngaux
pharyngien
pharyngite
phasemètre
phasianidé
phellogène
Phélypeaux
phénolique
phénologie
phénoménal
phénylique
phéophycée
phérormone
philatélie
philippine
Philistins
Philoctète
philologie
philologue
philosophe
philosophé
phlébotome
Phlégréens
phocomélie
pholcodine
phonatoire
phonatrice
phonémique
phonétique
phonétisme
phoniatrie
phonogénie
phonologie
phonologue
phosphatée

10

phosphater
phosphorée
phosphorer
photocopie
photocopié
photodiode
photologie
Photomaton
photomètre
photonique
photophore
photo-robot
photo-roman
photostyle
phototaxie
phototypie
phrastique
phréatique
phrygienne
Phrynichos
phylactère
phylétique
phylloxera
phylloxéra
phylloxéré
phylogénie
physostome
phytophage
piaculaire
piaffement
piaillarde
piaillerie
piailleuse
pianissimo
pianoforte
pianos-bars
Piau-Engaly
piaulement
picaillons
picaresque
Piccadilly
pichenette
pickpocket
picotement
pied-à-terre
pied-de-lion
pied-de-loup
pied-de-veau
piedestaux
pieds-de-roi
pieds-forts
pieds-noirs
pieds-plats
pie-grièche
piémontais
pierraille
Pierrefort
Pierrelaye
Pierrepont
pierreries
piétinante
piétonnier
piètrement
pieusement
piézomètre
pigeonnant
pigeonneau
pigeonnier
pigmentant
pignochant
pignoratif
Pilat-Plage
pillow-lava
pilo-sébacé
pinaillage
pinaillant
pinailleur
pindarique
pinnothère
pinocytose
pipéronals
pique-boeuf
pique-fleur
pique-nique
pique-niqué
pique-notes
piqueteuse
Pirandello
pirouetter
pisciforme
Pisistrate
pisse-froid
pissotière
pistachier
pistonnant
Pithiviers
pithiviers
Pittsburgh
pituitaire
pityriasis
pivotement
placardant
placoderme
plafonnage
plafonnant
plafonneur
plafonnier
plaidoirie
plaignante
plain-chant
plaisanter
plaisantin
Plan Carpin
planchéier
planchette
planchiste
planétaire
planétoïde
planifiant
planimètre
planipenne
plan-relief
plantation
Plantaurel
plantureux
plaquemine
plasmifier
plasmocyte
plasmodium
plasmolyse
plasmopara
plasticage
plasticien
plasticité
plastifier
plastiquer
plastronné
plasturgie
plate-bande
plate-forme
plate-longe
platinoïde
platonique
platonisme
plats-bords
plébéienne
plébiscite
plébiscité
plécoptère
pleinement
plein-temps
Pleumartin
pleurniché
pleutrerie
pleuvasser
pleuvinant

10

pleuvotant
plissement
plombagine
Plombières
plombières
plombifère
plongeante
plongement
Ploufragan
Plougasnou
Plougastel
Plouigneau
Ploumanac'h
Plouzévédé
plumassier
pluralisme
pluraliste
plurivoque
plus-values
plutonique
plutonisme
pluviosité
pochardant
podzolique
poignarder
poinçonner
point de vue
pointiller
poireauter
Poiseuille
polarisant
polariseur
polatouche
polémarque
polémiquer
policemans
Poliorcète
polissable
polisseuse
polissonne
polissonné
politicard
politicien
politisant
pollinique
polyalcool
polyandrie
polyarchie
polychrome
polycopier
polydipsie
polyglotte
polygonale
polygonaux
polygraphe
polymérisé
polymorphe
polynésien
polynomial
polyphasée
polyphonie
polyploïde
polyptyque
polytherme
polytonale
polytonaux
polyurique
polyvalent
polyvinyle
pompéienne
pomponnant
ponantaise
ponctionné
ponctuelle
pondérable
pondéreuse
Pondichéry
Pontailler
Pont-à-Marcq
Pontarlier
Pontcharra
Pont-de-Buis
Pont-de-Vaux
Pontevedra
Pont-Évêque
pontifiant
pontifical
pontificat
ponton-grue
pontonnier
Pontresina
Pont-Scorff
ponts-levis
ponts-rails
Pool Malebo
Pöppelmann
populacier
popularisé
popularité
population
porcelaine
porchaison
porcs-épics
porphyrine
Porrentruy
Port Arthur
Port-Arthur
Port-de-Bouc
porte-à-faux
porte-autos
porte-balai
porte-barge
porte-bébés
porte-carte
porte-clefs
porte-copie
porte-croix
porte-épées
porte-lames
porte-menus
porte-objet
porte-outil
porte-plume
porte-queue
porte-savon
porte-vents
Port-Gentil
Port-Jérôme
Port Láirge
Port-Navalo
Pôrto Velho
Portoviejo
Portsmouth
Port-Soudan
Port Talbot
portugaise
Posidonius
positionné
positivité
positonium
possédante
possesseur
possession
possessive
postdatant
postérieur
posteriori
postnatale
postnatals
postnataux
post-partum
postposant
postulante
potassique
potentille
potestatif

potimarron
Poudovkine
poudroyant
Pougatchev
pouillerie
pouilleuse
poujadisme
poujadiste
poulailler
poulinière
pouponnant
pourchassé
pourfendre
pourlécher
pourriture
poursuivre
pourvoyant
pourvoyeur
pousse-café
pousse-pied
pousse-tocs
pout-de-soie
poutraison
poux-de-soie
pouzzolane
praesidium
Praetorius
Prandtauer
praséodyme
praticable
pratiquant
préannonce
préavisant
prébendier
précariser
précaution
précédente
précepteur
précession
préchambre
préchauffé
préciosité
précipitée
précipiter
précompter
préconiser
précordial
précurseur
prédatrice
prédécoupé
prédestiné
prédicable
prédicatif
prédiction
prédictive
prédigérée
prédiquant
prédisposé
prédominer
préemballé
prééminent
préemption
préencollé
préétablie
préétablir
préexister
Préfailles
préfecture
préférable
préférence
préfigurer
préformage
préformant
prégénital
préhenseur
préhensile
préhension
préjugeant
prélassant
prélogique
prématurée
préméditer
prémolaire
prémontrée
prénommant
prénuptial
préoccupée
préoccuper
préparatif
prépositif
préréglage
préréglant
prérentrée
présageant
présalaire
presbytère
prescience
presciente
présentant
présentoir
préservant
présidence
présidente
présidiaux
présomptif
press-books
pressentir
pressostat
pressurage
pressurant
pressureur
pressurisé
prestation
prestement
présumable
présupposé
prétendant
prétention
prétériter
prétextant
prétoriale
prétoriaux
prêtraille
prétraitée
prévalence
prévariqué
prévenance
prévenante
prévention
préventive
prévisible
prévoyance
prévoyante
prima donna
primatiale
primatiaux
Primauguet
prime donne
primordial
primulacée
Prim y Prats
Prince Noir
principale
principaux
printanier
prisonnier
privations
privatique
privatisée
privatiser
privatiste
privilégié
Prjevalski
probatoire
procaryote
procédural

10

processeur
procession
processive
prochinois
procidence
proclamant
proctalgie
procuratie
prodigieux
prodiguant
producteur
production
productive
produisant
proéminent
profective
professant
professeur
profession
profitable
profitante
profiteuse
profondeur
proglottis
programmée
programmer
progresser
progressif
prohibitif
projecteur
projectile
projection
projective
prolactine
prolétaire
proliférer
prolifique
promeneuse
prométhéen
prométhéum
promettant
prometteur
promotrice
promouvant
promouvoir
promulguer
pronatrice
pronominal
prononçant
propadiène
propagande
propageant
propension
prophétisé
Propontide
proportion
proposable
proprement
propréteur
propréture
propulsant
propulseur
propulsion
propulsive
prorogatif
prorogeant
proscenium
prosecteur
Proserpine
prosodique
prosopopée
prospecter
prospectif
prospectus
prospérant
prospérité
prostatite
prosterner
prostituée
prostituer
protandrie
Protecteur
protecteur
protection
protégeant
protège-bas
protéolyse
protestant
protidique
protocordé
protogynie
protonique
protophyte
protoptère
protutrice
provenance
provençale
provençaux
proverbial
Providence
providence
provignage
provignant
provincial
provisions
provisoire
provisorat
provocante
provoquant
proxémique
proxysmale
prudemment
Prudhoe Bay
prud'homale
prud'homaux
prunellier
prussienne
psalmodier
psaltérion
pseudonyme
pseudopode
psittacidé
psittacose
psychiatre
psychogène
ptéranodon
ptérygoïde
ptérygotus
pubertaire
pubescence
pubescente
publiciste
Publiphone
puérilisme
puerpérale
puerpéraux
Puerto Rico
Puget Sound
puissances
pulmonaire
pulsionnel
pultrusion
pulvériser
punissable
puntarelle
pupillaire
pupitreuse
purgatoire
purifiante
pustuleuse
putassière
putréfiant
putrescent
putschiste
Puylaurens
Puy-l'Évêque

10

pycnomètre
Pyla-sur-Mer
pyodermite
pyramidale
pyramidaux
pyramidion
pyrénéenne
pyréthrine
pyridoxine
pyrimidine
pyrocorise
pyrogallol
pyrographe
pyrograver
pyrolusite
pyrométrie
pyrrhonien
pyrrhotite
pyrrolique
pythonisse
Qal'at Sim'ān
quadrangle
quadrature
quadriceps
quadrifide
quadriller
quadrilobe
quadripôle
quadrirème
quadrumane
quadrupède
quadrupler
quadruplés
quadruplet
quadruplex
quakeresse
qualifiant
qualitatif
quantifiée
quantifier
quartanier
quart-monde
quartzeuse
quasi-délit
quaternion
Quatre-Bras
quatre-mâts
québécisme
québécoise
Queensland
quelconque
quémandant
quémandeur
quenouille
quercinois
quercitrin
quercitron
quercynois
querellant
querelleur
quérulence
quérulente
questionné
queue-de-pie
queue-de-rat
Quezón City
quiescence
quiescente
Quillebeuf
quinoléine
Quintilien
quintupler
quintuplés
quiritaire
quittancer
rabâcheuse
rabaissant
rabattante
rabatteuse
rabbinique
rabbinisme
rabibocher
raccommodé
raccordant
raccourcir
raccrocher
rachetable
rachialgie
rachitique
rachitisme
racinienne
rackettant
racketteur
racontable
raconteuse
radicalisé
radiculite
radioactif
radioguidé
radiolaire
radiologie
radiologue
radiomètre
radiophare
radiosonde
radio-taxis
raffinerie
raffineuse
rafistoler
rafraîchir
ragoûtante
rai-de-coeur
raidissant
raidisseur
raisonnant
raisonneur
ralinguant
ralliement
ralliforme
Rāmakriṣṇa
ramassette
ramasseuse
ramassoire
ramendeuse
ramescence
Ramonville
ramponneau
Ranavalona
rancardant
rancissant
rançonnant
rançonneur
rancunière
randomiser
randonnant
randonneur
rantanplan
Raon-l'Étape
rapatriant
raperchant
rapetasser
rapetisser
rapidement
rappariant
rappelable
rappliquer
rappointir
rappointis
rapportant
rapporteur
rapprenant
rapprendre
rapprêtant
rapprocher
raquetteur
raréfiable

10

rarescente
rase-mottes
Raspoutine
rassasiant
rassembler
rasséréner
rassissant
rassurante
Ra's Tannūra
ratatinant
ratiboiser
ratiociner
rationnant
Ratisbonne
rats-de-cave
rats-taupes
rattachant
rattrapage
rattrapant
ravalement
ravaudeuse
ravigotant
ravinement
ravissante
ravisseuse
ravitaillé
Rāwalpindī
rayonnante
raz-de-marée
réabonnant
réabsorber
réactivant
réactivité
réactogène
réadaptant
réadmettre
ready-mades
réaffirmer
réagissant
réajustant
réalignant
réalisable
réaménager
réamorçant
réargenter
réarmement
réarranger
réassigner
réassortir
réassurant
réassureur
rebaissant
rebaptiser
rébarbatif
Rebeyrolle
reblanchir
rebouchage
rebouchant
rebouteuse
reboutonné
rebrousser
recacheter
recalcifié
recalculer
récapitulé
recarreler
recenseuse
recentrage
recentrant
réceptacle
réceptrice
recerclant
rechantant
réchappant
rechassant
réchauffer
rechausser
recherchée
rechercher
rechignant
récidivant
réciproque
réciproqué
récitation
réclamante
reclassant
récognitif
recoiffant
récolement
récoltable
récoltante
recommandé
recommencé
récompense
récompensé
recomposer
recomptant
réconcilié
recondamné
reconduire
réconforté
reconquête
reconverti
recordmans
recorriger
recouchant
recourbant
recourbure
recouvrage
recouvrant
recrachant
recréation
récréation
récréative
recreusant
récriminer
recruteuse
rectifiant
rectifieur
rectiligne
rectoscope
recueillie
recueillir
reculement
reculotter
récupérant
récurrence
récurrente
récursoire
récusation
recyclable
rédactrice
redemander
redémarrer
rédempteur
rédemption
redéployer
redescendu
redevenant
rediffuser
rediscuter
redondance
redondante
redoublant
redoutable
redressage
redressant
redresseur
réductible
réductrice
réécoutant
réécriture
réécrivant
réédifiant
rééduquant
réélection

10

rééligible
réellement
réembauché
réémetteur
réemployer
réemprunté
réescompte
réescompté
réessayage
réessayant
réétudiant
réévaluant
réexaminer
réexpédier
réexporter
refaçonner
réfectoire
référencer
références
référendum
réflecteur
réflective
réflexible
réformable
réformette
réformisme
réformiste
reformuler
refouiller
réfractant
réfracteur
réfraction
réfrigérée
réfrigérer
réfringent
réfutation
régalement
régalienne
regardante
regardeuse
régénérant
Regensburg
regimbeuse
registrant
réglementé
regonflage
regonflant
regorgeant
regrattage
regrattant
regrattier
regreffant
régressant
régression
régressive
regrettant
regrimpant
regroupant
régularisé
régularité
régulateur
régulation
régurgiter
réhabilité
réhabituer
rehaussage
rehaussant
réhydrater
reichsmark
Reichstadt
Reichstett
Reichswehr
réimplanté
réimporter
réimposant
réimprimer
réincarner
réinscrire
réinsérant
réinstallé
réintégrer
réinventer
réinvestir
réinvitant
réitératif
rejoignant
rejointoyé
relaissant
relativisé
relativité
relaxation
relégation
relèvement
religieuse
reliquaire
relogement
réluctance
reluisante
remaillage
remaillant
remangeant
remaniable
remaquillé
remarchant
remarquant
remastiqué
remballage
remballant
rembarquer
rembarrant
rembaucher
remblavant
remblayage
remblayant
rembobiner
remboîtage
remboîtant
rembourrer
rembourser
rembuchant
remédiable
remembrant
remémorant
remerciant
remeublant
Remiremont
rémissible
rémittence
rémittente
remmailler
remmancher
remmoulage
remmoulant
remodelage
remodelant
remontante
remonteuse
remontrant
remorquage
remorquant
remorqueur
remouiller
rempailler
rempaqueté
rempiétant
remplaçant
remployant
remplumant
rempochant
remportant
remprunter
rémunérant
renaissant
renardière
rencaisser
rencardant

10

rencognant
rencontrer
rendez-vous
rendormant
rendossant
renégocier
renfaîtant
renfermant
renflement
renflouage
renflouant
renfonçant
renforçant
renfrogner
rengageant
rengainant
rengraissé
rengrenant
rengrénant
renifleuse
renouveler
rénovateur
rénovation
renseigner
rentoilage
rentoilant
rentoileur
rentrayant
renversant
réoccupant
réorganisé
réorienter
repaissant
reparaître
réparateur
réparation
repartager
reparution
repasseuse
repeignant
repentante
Repentigny
répercuter
répertoire
répertorié
répétiteur
répétition
répétitive
repeuplant
replantant
replâtrage
replâtrant
repleuvant
repleuvoir
repliement
répliquant
replissant
répondante
répondeuse
reportrice
repose-pied
repose-tête
repourvoir
repoussage
repoussant
repoussoir
représenté
répresseur
répression
répressive
réprimande
réprimandé
reprochant
reproduire
réprouvant
République
république
répugnance
répugnante
réputation
requérante
requinquer
requittant
resarcelée
rescindant
rescisoire
réserviste
résiduaire
résiduelle
résiliable
résilience
résiliente
résinifère
Résistance
résistance
résistante
résistible
résolument
résolution
résolutive
résolvante
résonateur
résonnante
résorcinol
résorption
respectant
respective
respirable
resplendir
resquiller
ressaigner
ressassant
ressautant
ressembler
ressemeler
ressentant
resserrant
resservant
ressortant
ressoudant
ressourcer
ressources
ressouvenu
ressuscité
restaurant
restituant
Restoroute
restrictif
résultante
résurgence
résurgente
retaillant
reteignant
réticulant
réticulose
rétinienne
retiration
retombante
retordeuse
rétorquant
retouchant
retoucheur
retournage
retournant
rétractant
rétractile
rétraction
rétractive
retraduire
retraitant
retrancher
retransmis
retraversé
retrayante
rétreindre
retrempant

10

rétribuant
rétroactes
rétroactif
rétrocéder
rétroflexe
rétrofusée
rétrograde
rétrogradé
retroussée
retrousser
retroussis
retrouvant
rétrovirus
réunifiant
réunissage
réunissant
réutiliser
Reutlingen
revacciner
revalorisé
revanchant
revanchard
rêvasserie
rêvasseuse
réveillant
révélateur
révélation
revendeuse
revendiqué
réverbérer
reverchant
réversible
revêtement
revigorant
revirement
revitalisé
revivifier
révocation
révoltante
révolution
Rezonville
rhabillage
rhabillant
rhabilleur
Rhea Silvia
rhétorique
rhéto-roman
rhinocéros
rhinologie
rhinolophe
rhizocarpé
rhizoctone
rhizophage
rhizophore
rhizostome
rhodopsine
rhomboèdre
rhomboïdal
Rhône-Alpes
rhônalpine
rhotacisme
rhumatisme
rhumatoïde
ribambelle
Ribbentrop
ribésiacée
riboulante
ricanement
Richardson
richelieus
richerisme
richissime
Richthofen
rickettsie
ridiculisé
Riedisheim
riemannien
Rift Valley
rigidement
rigidifier
rigoureuse
rimaillant
rimailleur
ringardage
ringardant
ripaillant
ripailleur
ripolinant
ripple-mark
Ris-Orangis
risque-tout
ristourner
ritardando
ritualiser
ritualisme
ritualiste
rivalisant
Rive-de-Gier
Rivesaltes
rivesaltes
riz-pain-sel
roast-beefs
Robertiens
robinetier
roborative
robotisant
robustesse
rocaillage
rocailleur
rocailleux
Rocamadour
rocamadour
Rochambeau
rochassier
Rochemaure
rôdaillant
Rodtchenko
rognonnade
rognonnant
roidissant
romanceros
romancière
romanesque
romanichel
romanisant
roman-photo
romantique
romantisme
Romorantin
ronchonner
rond-de-cuir
ronde-bosse
rondelette
ronéotyper
ronflement
ronronnant
Roodepoort
Roquebrune
Roquemaure
Roquevaire
rosaniline
Rosenquist
Rosenzweig
rosiériste
Rossellini
Rossellino
rossinante
Rothenburg
Rothschild
rôtisserie
rôtisseuse
rôtissoire
rotrouenge
rotulienne
rouannette
roubaisien

10

Roubtsovsk
roucoulade
roucoulant
rouennaise
Rouffignac
rouge-gorge
rougeoyant
rouge-queue
rougissant
rouleautée
roulé-boulé
roulottant
Roumanille
roupillant
rouscaillé
rouspétant
rouspéteur
Roussillon
routinière
Rowlandson
royalement
Royaume-Uni
Rub‘ al-Khālī
rubéfiante
rubénienne
rubéoleuse
rubescente
rubigineux
Rubinstein
rubriquant
Ruda Śląska
rudération
rudoiement
rugissante
ruiniforme
ruisselant
rumination
russifiant
russophile
russophone
Rustenburg
rustiquant
ruthénoise
Rutherford
rutilement
Ruysbroeck
Rydz-Śmigły
rythmicité
sabbatique
sablonnant
sablonneux
sabretache
saccageant
saccageuse
saccharase
saccharate
saccharide
saccharine
sacchariné
saccharose
saccharure
sacerdotal
sacraliser
Sacramento
Sacré-Coeur
Sacré-Coeur
sacrifiant
sacrifices
sacristain
sacristine
sacro-saint
saducéenne
safranière
Sagamihara
Sagittaire
sagittaire
Sahāranpur
saharienne
sahélienne
saignement
Saint-Alban
Saint-Amand
Saint-Amans
Saint-Amant
Saint-Amour
saint-amour
Saint-André
Saint-Anton
Saint-Auban
Saint-Aubin
Saint-Avold
Saint-Benin
Saint-Briac
Saint-Brice
Saint-Bruno
Saint-Chély
Saint-Ciers
Saint-Clair
Saint-Claud
Saint-Cloud
Saint Croix
Saint-Cyran
Saint Denis
Saint-Denis
Saint-Donat
Sainte-Anne
Saint Elias
Sainte-Luce
saintement
Sainte-Mère
Sainte-Rose
Saint-Flour
Saint-Genis
Saint-Genix
Saint-Graal
Saint-Héand
Saint-Imier
Saint-Jacut
Saint-James
Saint John's
Saint-John's
Saint-Jouin
Saint-Juéry
Saint Kilda
Saint Kitts
Saint Louis
Saint-Louis
Saint Lucia
Saint-Mamet
Saint-Mandé
Saint-Marin
Saint-Maure
Saint-Orens
Saint-Péray
Saint-Point
Saint-Renan
Saint-Saëns
Saint-Savin
Saint-Sever
Saint-Siège
Saint-Simon
Saint-Trond
Saint-Vaast
Saint-Vaury
Saint-Véran
Saint-Vrain
Saint-Yorre
saisissant
saisonnier
salamalecs
salamandre
Salamanque
salésienne
salicoside
salicylate
salifiable

10

salissante
salivation
Sallanches
Salmanasar
salmanazar
salmonelle
salpêtrage
salpêtrant
salpingite
salsolacée
saltatoire
salutation
salvatrice
Salzgitter
Samaritain
samaritain
Sammartini
Samothrace
San Agustín
San Andréas
San Antonio
San-Antonio
sanatorial
sanatorium
san-benitos
Sancerrois
sanctifier
sanctionné
sanctuaire
sandalette
sandaraque
sanderling
sandinisme
sandiniste
Sandomierz
sandwiches
sang-dragon
sanglotant
sanitaires
Sankt Anton
San-Martino
Sannazzaro
sans-emploi
sansevière
San Stefano
Santa Clara
Santa Marta
Santillana
Santo André
São Gonçalo
saoudienne
sapientiel
sapindacée
saponifier
saprophage
saprophyte
sarcoïdose
sarcophage
sardinelle
sardinerie
sardinière
sardonique
sarmentant
sarmenteux
sarracenia
Sarrebourg
Sarrebruck
Sarrelouis
Sarre-Union
Sassanides
Sātavāhana
satelliser
satirisant
satisfaire
satisfaite
satisfecit
saturateur
saturation
saturnales
saturnisme
satyriasis
saupoudrer
saurissage
saurisseur
sauropsidé
saut-de-loup
sauterelle
sautillant
sauts-de-lit
sauvagerie
sauvegarde
sauvegardé
Sauveterre
Savonarole
Savonnerie
savonnerie
savonnette
savonneuse
savonnière
savoureuse
Saxe-Anhalt
Saxe-Weimar
scaferlati
scaldienne
scandaleux
scandalisé
Scanderbeg
scandinave
scaphandre
scaphopode
scapulaire
scarabéidé
scarifiage
scarifiant
scarlatine
scatologie
scatophile
scellement
scénariste
scénologie
Schaarbeek
schabraque
Schaerbeek
schématisé
scherzando
schisteuse
Schleicher
Schlieffen
Schliemann
schlinguer
schlittage
schlittant
schlitteur
Schloesing
Schnitzler
schnorchel
Schoelcher
scholiaste
Schönbrunn
Schongauer
Schumpeter
Schweitzer
Schwitters
scientisme
scientiste
scintiller
scissipare
scléranthe
sclérogène
sclérosant
scolariser
scorsonère
scotomiser
scrabblant
scrabbleur
scratchant

10

script-girl
scriptural
scrofuleux
scrupuleux
scrutateur
sculptural
Sebastiani
Sébastiano
Sébastopol
sèche-linge
sèche-mains
sécheresse
secondaire
Secondigny
secouement
secourable
secoureuse
secourisme
secouriste
secrétaire
sécréteuse
sécrétoire
sécrétrice
sectarisme
sectatrice
sectionner
sectoriser
sécularisé
sécurisant
sédentaire
sédimenter
séditieuse
séductrice
séduisante
seersucker
segmentale
segmentant
segmentaux
ségrégatif
séguedille
seguidilla
seigneurie
séismicité
séjournant
séléniteux
Séleucides
Seloncourt
semainière
sémantique
sémantisme
Semblançay
semestriel
semi-arides
sémillante
semi-nasale
semi-nasals
semi-nasaux
séminifère
semi-nomade
sémiologie
sémiologue
sémiotique
semi-ouvert
semi-ouvrée
semi-ouvrés
semi-peigné
semi-public
semi-rigide
sémitisant
Semmelweis
semoulerie
Senanayake
sénatorial
Senefelder
sénégalais
Sénégambie
sénescence
sénescente
sensualité
sentinelle
Seo de Urgel
séparateur
séparation
séparément
septénaire
septennale
septennaux
septicémie
Septimanie
septmoncel
septuplant
sépulcrale
sépulcraux
Séquaniens
séquençage
séquenceur
séquentiel
séquestrer
séraphique
serfouette
sérialisme
séricicole
séricigène
seringuant
sermonnant
sermonneur
sérotonine
Serpa Pinto
serpentant
serpenteau
serpentine
Serpoukhov
serre-files
serre-frein
serre-joint
serrurerie
sertissage
sertissant
sertisseur
sertissure
Servandoni
serventois
servofrein
Servranckx
Sestrières
sévèrement
sexagésime
sex-appeals
sexpartite
sex-symbols
sextillion
sextuplant
sextuplées
sexualiser
Seychelles
Sganarelle
Shackleton
shampooing
shampouiné
Shawinigan
Sherbrooke
shintoïsme
shintoïste
shogounale
shogounaux
Shówa Tennó
Shreveport
Shrewsbury
sialagogue
sialorrhée
sibérienne
sicilienne
sidération
sidérolite
sidérostat
sidérurgie

10

Sidi-Brahim
Sierpiński
sifflement
sifflotant
sigillaire
sigmoïdite
signaliser
signataire
signifiant
Signorelli
Sikelianós
silencieux
Silentbloc
silésienne
Silhouette
silhouette
silhouetté
silicicole
sillonnant
silurienne
Simferopol
similarité
similicuir
similisage
similisant
similitude
simoniaque
Simon Stock
Simonstown
simplement
simplicité
simplifier
simulateur
simulation
simultanée
sincipital
sine qua non
singalette
singulière
sinisation
sinistrose
Sin-le-Noble
sinn-feiner
sintériser
Sint-Gillis
sinusienne
sinusoïdal
siphonnant
sismologie
sismologue
sister-ship
sitiomanie
sitostérol
Siyad Barre
Skanderbeg
skateboard
Skellefteå
skiascopie
Skötkonung
slalomeuse
Slauerhoff
slavisante
slavophile
Slochteren
smaragdine
smaragdite
Snake River
snobinarde
soap operas
socialiser
socialisme
socialiste
sociétaire
socinienne
sociodrame
sociologie
sociologue
socratique
Södertälje
sodomisant
soft-drinks
Sognefjord
Sokolovski
soldanelle
solennelle
solenniser
solénoïdal
solidarisé
solidarité
solidement
solidifier
soliloquer
solipsisme
solliciter
solsticial
solubilisé
solubilité
solutionné
somalienne
somatisant
sommeiller
sommelière
Sommerfeld
somnambule
somnolence
somnolente
Somosierra
somptuaire
somptueuse
sonagramme
sonagraphe
Sonderbund
songe-creux
sonnailler
sonorisant
sonothèque
Sophonisbe
sopraniste
sorbetière
sorbonnard
Sorlingues
sortissant
Sotteville
soubresaut
souchetage
soudaineté
soudanaise
soufflante
soufflerie
souffleter
souffleuse
souffrance
souffrante
souhaitant
souimangas
soui-mangas
soulageant
soulignage
soulignant
soul musics
Soumarokov
soumettant
soumission
soundanais
soupçonner
souplement
sourcilier
sourciller
sourdement
sourdingue
souricière
sous-assuré
sous-barbes
sous-cavage
Sousceyrac
sous-classe

10

sous-comité
sous-couche
sous-cutané
sous-diacre
sous-emploi
sous-équipé
sous-espace
sous-espèce
sous-estimé
sous-évalué
sous-exposé
sous-faîtes
sous-fifres
sous-gardes
sous-genres
sous-groupe
sous-hommes
sous-jacent
Sous-le-Vent
sous-louant
sous-maître
sous-marine
sous-marins
sous-marque
sous-nappes
sous-oeuvre
sous-ordres
sous-payant
sous-peuplé
sous-préfet
sous-saturé
soussignée
sous-solage
sous-tasses
sous-tendre
sous-titrer
sous-titres
soustraire
sous-traité
sous-virant
sous-vireur
soutachant
soutenable
soutenance
souterrain
souvenance
souveraine
soviétique
soviétiser
space opera
spaghettis
spallation
spanandrie
sparganier
spatialisé
spatialité
speakerine
spécialisé
spécialité
spéciation
spécifiant
spécifique
spéciosité
spectateur
spéculaire
spéculatif
spermaceti
spermatide
spermicide
sphénisque
sphénoïdal
sphéricité
sphéroïdal
Spilliaert
spinozisme
spinoziste
spirillose
spiritisme
spirituals
spiritueux
spirochète
spiroïdale
spiroïdaux
spiromètre
spoliateur
spoliation
spondaïque
spondylite
spongiaire
spongieuse
sponsoring
sponsorisé
sporadique
sporophyte
sportivité
sportsmans
sportswear
spumescent
squamifère
squirreuse
squirrheux
sri lankais
stabiliser
stadhouder
stagnation
stalactite
stalagmite
Stalinabad
Stalingrad
stalinisme
stannifère
staphylier
staphyline
staphylome
starifiant
star-system
stathouder
stationner
statocyste
statufiant
statutaire
Staudinger
stéarinier
stéatopyge
stégosaure
Steiermark
stellionat
sténohalin
sténotypie
stéphanois
Stephenson
stercorale
stercoraux
stéréobate
stéréotype
stéréotypé
stérilisée
stériliser
stéroïdien
stertoreux
Stésichore
stigmatisé
stimulante
stipendiée
stipendier
stipulante
stockfisch
stock-outil
stock-shots
stoïcienne
stomocordé
Stonehenge
story-board
Stradivari
strapontin
Strasbourg

stratagème
stratifiée
stratifier
Stratonice
Stravinski
strelitzia
Stresemann
stressante
stretching
stridulant
striduleux
Strindberg
strip-lines
strip-poker
strip-tease
strontiane
Štrosmajer
structural
structurée
structurel
structurer
strychnine
stupéfaire
stupéfaite
stupéfiant
stuporeuse
subalterne
subdélégué
subdiviser
subduction
subintrant
subitement
subjacente
subjectile
subjective
subjonctif
subjuguant
subliminal
sublingual
sublunaire
submersion
subodorant
suborbital
subordonné
suborneuse
subreptice
subrogatif
subrogeant
subséquent
subsidence
subsidiant
subsistant
subsonique
substantif
substituer
substratum
subterfuge
subtiliser
suburbaine
subvention
subversion
subversive
successeur
succession
successive
succinique
succombant
succulence
succulente
succursale
succussion
Sucy-en-Brie
sud-coréens
sudorifère
sudoripare
suffisance
suffisante
suffocante
suffoquant
suffragant
suggestion
suggestive
Suhrawardī
suicidaire
sui generis
suintement
sulciforme
sulfateuse
sulfureuse
sulfurique
sulfurisée
sumérienne
Sunderland
Superbesse
superbombe
superficie
superforme
supergrand
supérieure
superlatif
supernovae
superordre
superposer
superviser
supinateur
supination
supplanter
suppléance
suppléante
supplément
supplétive
suppliante
suppliciée
supplicier
supportant
supporteur
supposable
supprimant
suppurante
suprématie
surabonder
suractivée
surajouter
surarbitre
surbaissée
surbaisser
surcharger
surchauffe
surchauffé
surclasser
surcomposé
surcontrer
surcostale
surcostaux
surcoupant
surélevant
suréminent
surenchère
surenchéri
suréquiper
surestarie
surestimer
surévaluer
surexciter
surexposer
surfaceuse
surfacique
surgissant
surhaussée
surhausser
surhumaine
surimposer
surinformé
surjection
surjective
sur-le-champ

10

surligneur
surmontant
surmontoir
surmoulage
surmoulant
surnageant
surnaturel
surnommant
suroxydant
suroxygéné
surpassant
surpeuplée
surpiquant
surplomber
surprenant
surprendre
surproduit
surprotégé
surrection
sursalaire
sursaturée
sursaturer
sursautant
sursitaire
surtension
surtravail
surtravaux
surveiller
survenance
survendant
survireuse
survitesse
survitrage
survivance
survivante
survoltage
survoltant
survolteur
sus-dénommé
sus-jacente
sus-jacents
suspectant
suspendant
suspenseur
suspension
suspensive
suspensoir
suspicieux
sustentant
susurrante
Sutherland
Sverdlovsk
Swammerdam
sweat-shirt
Swedenborg
sweepstake
sycophante
syllabaire
syllabique
syllogisme
symbolique
symboliser
symbolisme
symboliste
symétrique
sympathisé
symphorine
synaptique
synchronie
syncinésie
synclinale
synclinaux
syndactyle
syndiquant
synecdoque
synectique
synergique
synergiste
synoecisme
synoptique
syntaxique
synthétisé
systémique
systolique
Szigligeti
tabellaire
tabernacle
tableautin
tabletière
tabouisant
tabulateur
tachymètre
tacitement
Tādj Maḥall
tahitienne
tailladant
taiwanaise
Takla-Makan
Taklimakan
Talcahuano
talentueux
Talleyrand
talmudique
talmudiste
talonnette
talonnière
tamarinier
tambouille
tambouriné
Tamenghest
Tammerfors
tamponnade
tamponnage
tamponnant
tamponneur
tamponnoir
Tananarive
Tanezrouft
Tanganyika
tangentiel
Tannenberg
Tannhäuser
tape-à-l'oeil
tapisserie
tapissière
tapotement
taquinerie
tarabiscot
tarabuster
taraudeuse
tardigrade
Tarentaise
tarentelle
Târgovişte
Târgu Mureş
tarissable
tarmacadam
Tarnobrzeg
Taroudannt
Tarpéienne
tartelette
Tartempion
tartuferie
Taschereau
tatillonne
tâtonnante
taupinière
tautologie
tautomérie
tavernière
taxidermie
tayloriser
taylorisme
tchadienne
Tchang-houa
Tchan-kiang

10

Tchardjoou
Tchebychev
Tcherenkov
Tcherkassy
Tchernenko
Tchernigov
Tchernobyl
tchernozem
Tchiatoura
tchin-tchin
Tchirtchik
Tch'ong-k'ing
technétium
technicien
technicisé
technicité
technisant
technopole
technopôle
tectonique
Tectosages
teddy-bears
téflonisée
Tegetthoff
teinturier
Tekakwitha
téléalarme
télécabine
télécinéma
télégramme
télégraphe
téléguider
télématisé
télémesure
télémétrie
téléologie
téléonomie
téléostéen
télépathie
téléphonée
téléphoner
téléphonie
télescoper
télévisant
téléviseur
télévision
télévisuel
tellurique
témoignage
témoignant
tempérance
tempérante
tempétueux
temporaire
temporelle
temporiser
tenacement
tenaillant
tenancière
Tenasserim
tendanciel
tendineuse
tendrement
ténébreuse
tennismans
tenonneuse
ténorisant
tentatrice
tepidarium
tératogène
térébinthe
térébrante
Terechkova
tergiversé
terminisme
termitière
ternissant
ternissure
terpénique
terrassant
terrassier
terreauter
Terre de Feu
Terre-Neuve
terre-neuve
terre-plein
terrifiant
terrissant
territoire
terroriser
terrorisme
terroriste
Tertullien
testacelle
testatrice
test-matchs
tétanisant
tête-à-queue
tête-de-clou
tête-de-loup
tétracorde
Tétralogie
tétralogie
tétramètre
tétraptère
tétrarchat
tétrarchie
tétras-lyre
tétrastyle
teufs-teufs
Teutonique
teutonique
Tewkesbury
thalamique
théâtreuse
thématique
théocratie
Théodebald
théodolite
théologale
théologaux
théologien
théoricien
théorisant
théosophie
thérapeute
thermalité
thermicien
thermicité
thermogène
thermolyse
thermostat
thésaurisé
thessalien
Thiaucourt
Thimonnier
thioalcool
Thionville
thiopental
Thomas More
thoracique
thorianite
Thoutmosis
Thrasybule
Thunder Bay
thyroïdien
thyroïdite
thysanoure
Tiahuanaco
tichodrome
tiédissant
tiers-monde
tiers-point
tillandsia
timidement
Timmermans

10

Timochenko
Timourides
Tinchebray
tinctorial
tintamarre
tiraillant
tirailleur
tire-bondes
tire-bottes
tire-braise
tire-fesses
tire-lignes
tire-veille
tire-veines
Tîrgovişte
Tîrgu Mureş
Tissandier
tisserande
tissulaire
tissu-pagne
titanesque
titularisé
Tlatelolco
toarcienne
tocophérol
toilettage
toilettant
Tombouctou
tomenteuse
tonifiante
tonitruant
tonkinoise
tonométrie
top niveaux
topographe
topo-guides
topométrie
torchonner
tord-boyaux
toreutique
toronneuse
torpillage
torpillant
torpilleur
Torquemada
torréfiant
torrentiel
Torricelli
Torrington
torticolis
tortillage
tortillant
tortillard
tortillère
tortricidé
torturante
totalement
totalisant
totaliseur
totipotent
Totonaques
Toucouleur
toulonnais
toulousain
Toungouses
Toungouska
Toungouzes
toupillant
toupilleur
touraillon
tourangeau
tourbillon
tourmaline
tourmentée
tourmenter
tourmentin
tournaillé
Tournefort
tournemain
Tournemine
Tournemire
tourne-vent
tournicoté
tourniquer
tourniquet
tournoyant
tourtereau
Toussaines
toussotant
toute-épice
tout-petits
tout-venant
Townsville
toxicomane
toxidermie
toxoplasme
traboulant
tracassant
tracassier
trachéenne
tractation
trade-union
traducteur
traduction
traduisant
traficoter
trafiquant
trahissant
traînaillé
traînasser
traînement
train-ferry
train-train
traitement
traîtresse
tramontane
trampoline
tranchante
trancheuse
tranquille
transalpin
transandin
transbordé
transcendé
transcoder
transcrire
transférer
transfiler
transfinie
transformé
transfuser
transhumer
transistor
transitant
transition
transitive
translatif
transmigré
transmuant
transmuter
transpercé
transpirer
transplant
transporté
transports
transposée
transposer
transposon
transsudat
transsuder
transvaser
transverse
transvider
trapéziste
trapézoïde
trappillon

traquenard
traumatisé
travaillée
travailler
Travancore
travelling
traversant
traversier
traversine
Trébeurden
Trébizonde
trébuchant
tréfilerie
tréfileuse
tréfoncier
trégoroise
Trégorrois
trégorrois
treillager
treillissé
tremblante
trembleuse
trembloter
trémousser
trémulante
trench-coat
trépassant
trépidante
trépignant
trésorerie
trésorière
tressailli
tressauter
treuillage
treuillant
Trevithick
trianguler
tribadisme
tribalisme
triballant
tribologie
tribordais
tributaire
tricennale
tricennaux
tricéphale
trichineux
trichinose
tricholome
trichromie
triclinium
tricoteuse
tricourant
tricuspide
tridactyle
triérarque
trifouillé
trigéminée
trigonelle
trilatéral
trilogique
trimardant
trimardeur
trimbalage
trimbalant
trimballer
trinitaire
trinitrine
trinquette
trinqueuse
triomphale
triomphant
triomphaux
tripartite
triplement
triplicata
triploïdie
triporteur
tripoteuse
trisaïeule
trisaïeuls
trisannuel
trisecteur
trisection
trisomique
tristement
tristounet
trisyllabe
triumviral
triumvirat
trivalente
Trivandrum
trivialité
trochaïque
trochanter
trochilidé
troglodyte
trois-ponts
trolleybus
trombidion
trompetant
troncation
troncature
tronçonner
tropopause
trop-perçus
trop-pleins
trotskisme
trotskiste
trotte-menu
trottinant
troubadour
troublante
trouillard
trou-madame
trouvaille
truanderie
truchement
truculence
truculente
trusquiner
tsarévitch
tubérosité
tue-mouches
Tugendbund
tumescence
tumescente
tumultueux
tungstique
tunisienne
tupinambis
turbopompe
turbotière
turbotrain
turbulence
turbulente
turcophone
turgescent
turlupiner
turonienne
turriculée
turritelle
tutoiement
tuyauterie
tuyauteuse
Tuyên Quang
Twickenham
tympanique
tympanisme
typographe
typtologie
tyrannique
tyranniser
tyrolienne
tyrosinase
tzarévitch

10

Uitlanders
ulcération
ulcérative
Ulhasnagar
uligineuse
ultérieure
ultracourt
ultraléger
ultravirus
Umm Kulthūm
unanimisme
unanimiste
unièmement
unifilaire
uniformisé
uniformité
Unigenitus
unilatéral
uninominal
unipolaire
uniquement
univalente
universaux
université
'Urābī Pacha
uranoscope
urbanisant
urbi et orbi
urédospore
uro-génital
urographie
uropygiale
uropygiaux
urtication
usurpateur
usurpation
utilisable
utilitaire
utraquiste
Utsunomiya
uxorilocal
vacancière
vaccinable
vacillante
vacuolaire
vadrouille
vadrouillé
vagabonder
vagissante
vaguelette
vaisselier
valaisanne
Val-de-Grâce
Val de Loire
Val-de-Marne
Val-de-Reuil
Valdés Leal
valdinguer
valdôtaine
valetaille
valeureuse
validation
validement
Valladolid
Valledupar
Vallorcine
valorisant
Valparaíso
Valtellina
Val-Thorens
valvulaire
vampirique
vampiriser
vampirisme
vanadinite
Van Beneden
vandaliser
vandalisme
Vandenberg
Van de Poele
Van der Goes
Van de Velde
Vandoeuvre
Van Helmont
vanity-case
vantardise
Van Zeeland
vaporisage
vaporisant
varappeuse
Vardhamāna
varicocèle
varioleuse
variolique
variomètre
variqueuse
varistance
Vasaloppet
vasculaire
vasectomie
vaselinant
vasomoteur
vasouiller
vassalique
vassaliser
vaticinant
vauclusien
Vaucresson
vaudeville
vedettiser
Vega Carpio
végétalien
végétarien
végétation
végétative
véhiculant
véhiculeur
vélocipède
vélomoteur
velouteuse
vendangeur
vénération
vénérienne
vengeresse
Vénissieux
vénitienne
ventileuse
ventricule
vénusienne
verbaliser
verbalisme
verbénacée
Verbruggen
verdelette
verdissage
verdissant
verdoyante
verduniser
verdurière
verglaçant
véridicité
vérifiable
vérifieuse
Vermandois
vermicelle
vermiculée
vermiforme
vermillant
vermineuse
vermisseau
vermoulant
vermoulure
vernissage
vernissant
vernisseur
Verrazzano

10

Verrocchio
verroterie
verrouillé
verruqueux
Versailles
versifiant
vert-de-gris
vertébrale
vertébraux
verticille
verticillé
vertugadin
vésication
vésiculeux
Vesterålen
vétillarde
vétilleuse
vexillaire
Vézénobres
viabiliser
vibraphone
vibratoire
vibrionner
vicariance
vicariante
vice-amiral
vice-consul
vicésimale
vicésimaux
vichyssois
viciatrice
vicinalité
Vic-le-Comte
vicomtesse
Vic-sur-Cère
victorieux
vidangeant
vidéo-clips
vidéophone
vide-poches
vide-pommes
vieillerie
vieillesse
vieillotte
vietnamien
Vieux-Condé
vieux-lille
vigneronne
Vigneulles
vigoureuse
Vijayavada
vilipender
villageois
Villa-Lobos
villanelle
Villanueva
Villarodin
Villenauxe
Villeneuve
Villepinte
Villepreux
Villequier
Vimoutiers
Viña del Mar
vinaigrant
vinaigrier
vindicatif
Vinogradov
Vintimille
violatrice
violemment
violentant
violoniste
virescence
virevolter
virilement
virilisant
virilocale
virilocaux
virtualité
virtuosité
virulicide
visibilité
visionnage
visionnant
visiophone
visitation
visonnière
visualiser
vitrifiant
vitriolage
vitriolant
vitrioleur
vitupérant
vivandière
vivifiante
viviparité
Vlissingen
vocalement
vocalisant
vociférant
voiture-bar
voiture-lit
voiturette
volailleur
volatilisé
volatilité
volcanique
volcaniser
volcanisme
Völklingen
Volkswagen
volley-ball
volleyeuse
volontaire
volontiers
voltairien
voltamètre
voltampère
voltigeant
volubilité
volumétrie
volumineux
voluptueux
vomérienne
voracement
Vorarlberg
Vorochilov
Vörösmarty
vorticelle
voussoyant
voyagement
voyeurisme
vraie-fausse
vulcaniser
vulgariser
vulgarisme
vulnérable
vulnéraire
vulnérante
Waddington
wagnérisme
wagon-poste
wagons-lits
wahhabisme
wallingant
wallonisme
Wall Street
Warnemünde
warrantage
warrantant
Warrington
Washington
Wasselonne
Wassermann
wateringue

10 water-polos
Watson-Watt
wattheures
Wattignies
11 Waziristān
Weizsäcker
Wellington
Wertheimer
Westerwald
Westphalie
Wetterhorn
Wheatstone
Whitehorse
Wienerwald
Wilhelmine
Willebroek
Willemstad
Willendorf
Willibrord
Willoughby
Wilmington
Winchester
winchester
Winterthur
Witkiewicz
Wittenberg
Wittenheim
Wollongong
Wordsworth
Wurtemberg
Wutongqiao
Wyspiański
xénophilie
xénophobie
xéranthème
xérodermie
xiphoïdien
xiphophore
Xixabangma
xylographe
yacht-clubs
yachtsmans
Yang-tcheou
Yang-ts'iuan
yaourtière
Yaşar Kemal
Yatsushiro
Yazilikaya
Yin-tch'ouan
ylang-ylang
Yom Kippour
yorkshires
yougoslave
Youngstown
Youssoufia
yponomeute
Yssingeaux
Yuan Che-k'ai
Yuan Shikai
Zaffarines
Zaporogues
Zapotèques
zézaiement
Zhao Mengfu
Zhao Ziyang
zigouiller
Ziguinchor
zigzaguant
zimbabwéen
Zimmermann
Zinzendorf
Ziyad Barre
zoanthaire
Zollverein
zoologique
zoologiste
zootechnie
Zoulouland
zozotement
zurichoise
zygomorphe
zygomycète
zygopétale

11

abaissement
abandonnant
abbevillien
'Abd al-Raḥmān
abdicataire
Abdul Rahman
abêtissante
abjectement
ablactation
abomination
abondamment
abonnissant
abouchement
aboutissant
abrasimètre
abreuvement
abréviation
abréviative
abrogatoire
abruptement
abrutissant
absentéisme
absentéiste
absinthisme
absolutisme
absolutiste
absolutoire
abstraction
absurdement
Abū al-Faradj
abusivement
académicien
accablement
accapareuse
accastiller
accelerando
accentuelle
acceptation
accidentant
acclamation
acclimatant
accommodant
accompagner
accord-cadre
accoucheuse
accoudement
accoutumant
accréditant
accréditeur
accréditive
accrescente
accrocheuse
accroissant
accueillant

11

acculturant
accusatoire
accusatrice
acétobacter
achalandage
achalandant
acharnement
Achéménides
achoppement
achromatisé
acidifiable
acidifiante
acidimétrie
acidocétose
acotylédone
acousticien
acquiesçant
acquisition
acquisitive
acquittable
acrimonieux
acrobatique
acrocéphale
acrocyanose
acromégalie
actinologie
actionnable
actionnaire
activatrice
actualisant
actuarielle
acuponcteur
acuponcture
acupuncteur
acupuncture
adaptatrice
additionnel
additionner
adénogramme
adénopathie
adiabatique
adiabatisme
Adirondacks
adjectivale
adjectivant
adjectivaux
adjectivisé
adjudicatif
Adlercreutz
administrée
administrer
admiratrice
admonestant
adolescence
adolescente
adoucissant
adoucisseur
adroitement
adversative
aegagropile
aérogastrie
aérologique
aéropostale
aéropostaux
aérosondage
aérospatial
aérostation
affablement
affacturage
affadissant
affairement
affaitement
affectation
affectionné
affectivité
affectueuse
affiliation
affirmation
affirmative
affligeante
affouageant
affouagiste
affouillant
affourchant
affrètement
affriandant
affriolante
affublement
Afghanistan
africaniser
africanisme
africaniste
afrikaander
Afrikakorps
afro-cubaine
afro-cubains
agenouiller
agglomérant
agglutinant
agglutinine
aggravation
agissements
agnus-castus
agoraphobie
agrémentant
agressivité
agriculteur
agriculture
agrippement
agronomique
aguardiente
ahurissante
Aïd-el-Séghir
aide-mémoire
aigue-marine
aiguilletée
aiguilleter
aiguillette
aiguillonné
aiguisement
aimablement
aimantation
Aix-les-Bains
ajournement
Aktioubinsk
alabastrite
Albertville
albumineuse
albuminoïde
albuminurie
Albuquerque
alcalescent
alcalifiant
alcalimètre
alcaliniser
Alcméonides
alcoolature
alcoolisant
alcoométrie
alcoylation
aldéhydique
aldostérone
Aleijadinho
alexandrine
alexandrite
Alfortville
algonkienne
aliénataire
aliénatrice
alimentaire
aliphatique
Aljubarrota
allaitement
allégorique
allègrement
allégrement

11

allégrettos
allergisant
allocataire
allocutaire
allongement
allopurinol
allotissant
allumettier
alluvionner
Almoravides
al-Mutanabbī
Aloxe-Corton
alphabétisé
altercation
alternateur
alternative
altocumulus
altostratus
amarantacée
amateurisme
amazonienne
ambassadeur
ambiophonie
ambitionner
ambivalence
ambivalente
amblyoscope
ambrosiaque
Ambrosienne
ambrosienne
ambulancier
ambulatoire
améliorable
améliorante
aménageable
aménagement
amensalisme
amérasienne
américanisé
amerrissage
amerrissant
ameublement
amicalement
amidonnerie
amidonnière
amidopyrine
amincissant
aminoplaste
ammoniacale
ammoniacaux
amnioscopie
amnistiable
amnistiante
amodiataire
amodiatrice
amollissant
amontillado
amortissant
amortisseur
amouillante
amourachant
amour-en-cage
amour-propre
amovibilité
ampélidacée
ampère-heure
ampèremètre
amphétamine
amphibolite
ampicilline
ampliatrice
amplifiante
amuïssement
amuse-gueule
amylobacter
amyotrophie
anabaptisme
anabaptiste
anabolisant
anaclitique
anacyclique
anaérobiose
analeptique
analgésique
analphabète
analyticité
anamorphose
anaphorique
anaphylaxie
anarchisant
anastigmate
anastomoser
anatomisant
Anaximandre
Ancy-le-Franc
androgenèse
anecdotière
anecdotique
anélastique
anémographe
anémophilie
anencéphale
anépigraphe
anesthésier
anévrismale
anévrismaux
anévrysmale
anévrysmaux
angiectasie
angiomatose
angiosperme
angkorienne
anglicisant
anglo-arabes
anglophilie
anglophobie
Anglo-Saxons
anglo-saxons
angoissante
animalisant
anisotropie
ankylostome
annotatrice
annualisant
anoblissant
anodisation
anonymement
anordissant
anorexigène
anorganique
ansériforme
antagonique
antagonisme
antagoniste
Antarctique
antarctique
antécédence
antécédente
antécédents
antériorité
antérograde
antéversion
anthozoaire
anthracnose
anthropique
anthropoïde
antiadhésif
antiamarile
antiblocage
anticabreur
anticathode
antichambre
anticlinale
anticlinaux
anticyclone
antiferment

antifiscale
antifiscaux
antigivrant
Antigonides
antimatière
antimissile
antimoniate
antimoniure
antineutron
antinomique
antioxydant
antipodisme
antipodiste
antiputride
antiquaille
antiquisant
antirabique
antiracisme
antiraciste
antirouille
antisociale
antisociaux
antisportif
antistrophe
antisudoral
antitoxique
antitussive
Antofagasta
Antommarchi
Antonmarchi
Antseranana
aperception
apériodique
apicultrice
apitoiement
aplanétique
aplanétisme
aplanissant
aplatissage
aplatissant
aplatisseur
aplatissoir
apodictique
Apollinaire
apomorphine
apophysaire
apostasiant
a posteriori
apostillant
apostolique
apostropher
apothicaire
appalachien
apparatchik
appareiller
apparemment
apparentant
appariement
appartement
appartenant
appellation
appellative
appendicite
appétissant
applicateur
application
appontement
appréciable
appréciatif
appréhender
appréhensif
apprivoiser
approbateur
approbation
approbative
approchable
approchante
approfondir
appropriant
approuvable
après-demain
après-dîners
après-guerre
après-rasage
après-soleil
aquaculteur
aquaculture
aquaplanage
aquaplaning
aquiculteur
aquiculture
arabisation
arachnéenne
arbalétrier
arborescent
arc-doubleau
Arc-et-Senans
archaïsante
archéologie
archéologue
archétypale
archétypaux
archidiacre
archimédien
archiprêtre
architravée
Arcy-sur-Cure
areligieuse
arénisation
aréographie
argentifère
argumentant
argyraspide
aristocrate
aristoloche
Aristophane
Arkhangelsk
arlequinade
Armentières
armoricaine
aromatisant
arquebusade
arquebusier
arrache-clou
arrachement
arrache-pied
arraisonner
arrangeable
arrangeante
arrangement
arrérageant
arrestation
arrête-boeuf
arriération
arrière-bans
arrière-becs
arrière-cour
arrière-faix
arrière-fond
arrière-goût
arrière-main
arrière-pays
arrière-plan
arrière-port
arrogamment
Arromanches
artéritique
arthritique
arthritisme
articulaire
artificieux
artiozoaire
artistement
ascaridiase
ascaridiose
ascensionné

11

asémantique
aspergillus
asphyxiante
aspiratoire
assagissant
assaillante
assaisonner
Assarhaddon
assassinant
assèchement
assembleuse
assentiment
assermentée
assermenter
assiégeante
assignation
assimilable
Assiniboine
Assiniboins
association
associative
assortiment
asthmatique
astreignant
astringence
astringente
astrolâtrie
astrométrie
asymétrique
atélectasie
atemporelle
athématique
Athênagoras
athétosique
athymhormie
atlanthrope
atome-gramme
atomisation
atomistique
atrabilaire
attaché-case
attachement
attentionné
atténuateur
atténuation
attestation
attitudinal
attrape-tout
attribuable
attribution
attributive
attristante
audiodisque
audiogramme
audiométrie
audiovisuel
auditionner
audomaroise
augmentable
augmentatif
augustinien
aurantiacée
auriculaire
aurignacien
austèrement
Australasie
Australiens
authentifié
authentique
authentiqué
autoadhésif
autoanalyse
autocensure
autocensuré
autocentrée
autocéphale
autochromie
autocollant
autocopiant
autocuiseur
autodéfense
autodidacte
autofinancé
autogestion
autographie
autographié
autoguidage
auto-immunes
automatique
automatiser
automatisme
automotrice
automouvant
autonomiste
autoplastie
autoportant
autoporteur
autopunitif
autoréglage
autoritaire
autoroutier
autosexable
autosomique
autotractée
autotrophie
auxiliariat
auxiliateur
avachissant
avalancheux
avantageant
avantageuse
avant-bassin
avant-centre
avant-gardes
avant-guerre
avant-postes
avant-projet
avant-propos
avant-scènes
avant-trains
avant-veille
avaricieuse
aventureuse
aventurière
aventurisme
aventuriste
avertissant
avertisseur
aveuglement
aveuglément
aveugles-nés
aveulissant
aveyronnais
avicultrice
avilissante
avitaillant
avitailleur
avitaminose
avocasserie
avocassière
avoirdupois
avoisinante
avunculaire
axénisation
axiologique
axiomatique
axiomatiser
axonométrie
ayants cause
ayants droit
Azerbaïdjan
azoospermie
azotobacter
Bāb al-Mandab
Bab el-Mandeb
baby-sitters

11

baby-sitting
bacchanales
back-offices
Bacqueville
bactéricide
bactériémie
bactérienne
Bada Shanren
badegoulien
Baden-Powell
badigeonner
badigoinces
Badonviller
bafouillage
bafouillant
bafouilleur
baguenauder
Bahía Blanca
Bahr el-Abiad
Bahr el-Azrak
Baie-Mahault
bâillonnant
balai-brosse
balancement
balbutiante
balénoptère
balisticien
balkanisant
Ballancourt
ballastière
Ballenstädt
balletomane
ballon-sonde
Balūchistān
balzacienne
bambocharde
bambocheuse
bancs-titres
Bandar 'Abbās
bandes-vidéo
bandothèque
bandoulière
bangladaise
bangladeshi
banlieusard
Bannockburn
banqueroute
banqueteuse
baptistaire
baragouiner
baraquement
baratineuse
barbaresque
Barberousse
barbichette
barbifiante
barbouiller
barbouillis
barcelonais
Barco Vargas
Bardonnèche
baresthésie
barguignant
baroquisant
barricadant
Bar-sur-Seine
Barychnikov
Baryshnikov
basculement
Bas-en-Basset
bas-jointées
basket-balls
basketteuse
basochienne
basses-cours
basse-taille
Bassin rouge
batailleuse
bateau-phare
bateau-pompe
bateau-porte
bateaux-feux
bathymétrie
bathyscaphe
bathysphère
batifoleuse
battle-dress
Baudelocque
Baudricourt
Baudrillard
Baumgartner
beauceronne
Beauchastel
Beauharnais
Beauharnois
Beauperthuy
Beaurepaire
Beauvillier
beaux-frères
bec-de-corbin
bec-de-lièvre
Bec-Hellouin
bêches-de-mer
bêchevetant
Beckenbauer
becquetance
becs-croisés
béguètement
bégueulerie
Bektāchīyya
belgeoisant
Belin-Béliet
belle-de-jour
belle-de-nuit
Bellérophon
belles-dames
belles-mères
belligérant
belliqueuse
bénédicités
Bénédictine
bénédiction
bénéficiant
bénignement
benoîtement
Bentivoglio
béquillarde
bergamasque
bergamotier
bermudienne
Berre-l'Étang
berrichonne
Bertelsmann
Bessancourt
best-sellers
Béthencourt
Béthoncourt
Bettembourg
Bettencourt
betteravier
Bhartrihari
Bhilainagar
bhoutanaise
Bhubaneswar
biberonnant
bibliologie
bibliomanie
bibliophile
bicamérisme
bicarbonate
bicarbonaté
bidouillage
bidouillant
bidouilleur
Biedermeier
Biélorussie

11 bienfaisant
bienfaiteur
bienheureux
bien-pensant
bifurcation
bignoniacée
bilharziose
bilinguisme
biliverdine
billetterie
billettiste
biloculaire
bimbelotier
bimensuelle
binationale
binationaux
binoculaire
biochimique
biochimiste
biofeedback
biomatériau
biomédicale
biomédicaux
biophysique
biosciences
biosynthèse
biothérapie
Bioy Casares
bipartition
bipolarisée
biquotidien
bisannuelle
bisbrouille
Biscarrosse
Bischwiller
biscotterie
biscuiterie
bisexualité
bissectrice
bistournage
bistournant
bitumineuse
bivitelline
bivouaquant
bizarrement
blackbouler
blanchaille
blanchiment
blanc-manger
blancs-étocs
Blanquefort
blasphémant
blastoderme
Blaue Reiter
Blendecques
blettissant
blettissure
bloc-cuisine
blocs-éviers
blondinette
blondissant
blottissant
bodhisattva
Boismortier
bolchevique
bolchevisme
bolcheviste
Bolingbroke
bollandiste
Bonaventure
bonbonnière
bon-chrétien
bonimentant
bonimenteur
bossas-novas
botswanaise
botulinique
bouchardant
Bouchemaine
bouche-pores
bouche-trous
bouchonnage
bouchonnant
bouchonnier
bouffetance
bouffissage
bouffissant
bouffissure
bouffonnant
bougonneuse
bouillonner
bouillotter
Bouillouses
boulangeant
boulangerie
boulangisme
boulangiste
bouleverser
boulonnaise
boulonnerie
bouquetière
bouquinerie
bouquineuse
bouquiniste
Bourbonnais
bourbonnais
bourbouille
bourdonnant
bourgeoisie
bourgeonner
Bourg-Lastic
Bourg-Madame
bourgmestre
bourguignon
bourlinguer
Bournemouth
bourrelière
boursicoter
boursouflée
boursoufler
bousilleuse
boutiquière
boute-selles
boutonneuse
boutonnière
bouts-dehors
Bouzonville
boxer-shorts
boycotteuse
Brabançonne
brabançonne
brachiation
brachiopode
braconnière
Bracquemond
bradycardie
brahmanique
brahmanisme
braillement
brain-trusts
brancardant
brancardier
branchement
Brandebourg
brandebourg
brandissant
Brands Hatch
bras-le-corps
Brassempouy
Brauchitsch
Brazzaville
bredouiller
bredouillis
bregmatique
Bremerhaven
brésilienne

bretonnante
Bretteville
brillamment
brillantage
brillantant
brillanteur
brillantine
brillantiné
bringuebalé
brinquebalé
briqueterie
brise-glaces
brise-mottes
brise-soleil
Britannicus
britannique
brittonique
brocanteuse
Brocéliande
broméliacée
bronchiteux
brontosaure
Brossolette
brouillasse
brouillassé
brouillerie
brouillonne
brouillonné
broussaille
bruissement
brûle-gueule
brûle-parfum
Brumisateur
brunisseuse
Brunschvicg
brusquement
brutalement
brutalisant
bruxelloise
Bry-sur-Marne
Bucaramanga
buccinateur
budgétisant
budgétivore
Buenos Aires
Buffalo Bill
buffleterie
buissonneux
buissonnier
Bulgnéville
bull-finches
bullionisme
bull-terrier
Buontalenti
bureaucrate
Bureautique
burial-mound
businessman
businessmen
butyromètre
cabaretière
câblogramme
Cabora Bassa
cache-corset
cachectique
cache-entrée
cache-flamme
cache-misère
cache-prises
cache-tampon
cachotterie
cachottière
cacographie
cadavéreuse
cadavérique
cadenassant
caducifolié
cadurcienne
café-concert
café-théâtre
cafouillage
cafouillant
cafouilleur
cafouilleux
caillebotis
Caillebotte
caillebotte
cailloutage
cailloutant
caillouteux
calaisienne
calamistrée
calamiteuse
calandreuse
calcéolaire
calcination
calcitonine
calcschiste
calculateur
calebassier
caleçonnade
caléfaction
calfeutrage
calfeutrant
californien
californium
Callicratès
calligramme
calligraphe
calomnieuse
caloporteur
calorifique
calorifuger
calorimètre
calvadosien
Calvo Sotelo
camaraderie
camarguaise
cambriolage
cambriolant
cambrioleur
cambrousard
camerlingue
camerounais
camionnette
campagnarde
campanienne
camping-cars
Campo del Oro
Campoformio
Campo Grande
canaillerie
canalisable
canapés-lits
cancérigène
cancérisant
cancérogène
candidature
candidement
candisation
Candragupta
canepetière
caniculaire
cannellonis
cannes-épées
cannibalisé
canonisable
Cantabrique
Cantacuzène
cantalienne
cantonnière
caoutchouté
capacimètre
capacitaire
capacitance
caparaçonné

11

cap-horniers
capillarite
capillarité
capitaliser
capitalisme
capitaliste
capitonnage
capitonnant
capitulaire
capitularde
Capo d'Istria
Capodistria
caporal-chef
caporaliser
caporalisme
cappadocien
capricieuse
captativité
capuchonnée
caquètement
caractériel
caractérisé
carambolage
carambolant
caramélisée
caraméliser
caravagisme
caravagiste
caravanière
carbochimie
carbonatant
Carbon-Blanc
carbonifère
carbonisage
carbonisant
Carborundum
carboxylase
carburateur
carburation
carcaillant
Carcassonne
carcinogène
cardinalice
cardiologie
cardiologue
cardio-rénal
cardiotomie
carentielle
caricatural
caricaturer
carillonnée
carillonner
carlinguier
carminative
Carmontelle
carnassière
carnisation
Carnon-Plage
carolingien
Carpentarie
carriérisme
carriériste
carrossable
carrosserie
carte-lettre
cartelliser
cartésienne
cartogramme
cartographe
cartomancie
cartonnerie
cartonneuse
cartonnière
cartooniste
cartophilie
cartothèque
caryocinèse
casernement
casse-croûte
casse-graine
casse-gueule
casse-pattes
casse-pierre
cassitérite
Castelmoron
Castiglione
Castlereagh
castratrice
casuistique
catabatique
catabolique
catabolisme
cataclysmal
catadioptre
cataloguant
catalytique
catapultage
catapultant
catarhinien
catarrheuse
catastrophe
catastrophé
catatonique
catéchisant
catéchumène
catégorique
catégoriser
cathartique
Cathelineau
catholicité
catoptrique
caucasienne
cauchemardé
caulescente
caussenarde
cautérisant
cautionnant
Cavaco Silva
cavalcadant
cavalcadour
cavernicole
Caxias do Sul
Cedar Rapids
célastracée
célébration
célibataire
cémentation
cénesthésie
cénobitique
cénobitisme
centésimale
centésimaux
centigramme
centraliser
centralisme
centraliste
Central Park
centre-ville
centrifuger
cent-suisses
céphalalgie
céphalopode
cérambycidé
Cercy-la-Tour
cérébelleux
cérébralité
cérémonials
cérémonieux
cérumineuse
cervicalgie
cessez-le-feu
cessibilité
chaenichtys
chagrinante
chaînetière
Chalcédoine

11

Chalcidique
chaleureuse
challengeur
Chalonnaise
chamaillant
chamailleur
Chamalières
chambardant
Chamberlain
chamboulant
chamoiserie
chamoiseuse
chamoniarde
champagnisé
Champagnole
Champ-de-Mars
Champdivers
champenoise
Champfleury
championnat
Championnet
champlevant
Champollion
chancelante
chancelière
chancissant
chancissure
chanfreiner
Changarnier
chanoinesse
chansonnant
chansonnier
chantefable
Chantemesse
chanterelle
chantignole
chantonnant
chantourner
chapardeuse
Chapdelaine
chapeautant
chapellenie
chapellerie
chaperonner
chaptaliser
charadriidé
charançonné
charbonnage
charbonnant
Charbonneau
charbonneux
charbonnier
charcuterie
charcutière
charentaise
Charlemagne
charlemagne
Charles-Jean
Charleville
charpentage
charpentant
Charpentier
charpentier
charretière
charronnage
chasse-clous
chasse-marée
chasse-neige
chasseresse
chasse-roues
Chastellain
châtaignier
Châteauguay
Châteauneuf
Châteauroux
Châtelguyon
châtellenie
chatoiement
chatouiller
chatouillis
chats-huants
chats-tigres
Chaṭṭ al-'Arab
Chattanooga
chaude-pisse
chauffe-bain
chauffe-plat
chausse-pied
chauvinisme
chavirement
Chebin el-Kom
chef-d'oeuvre
chefs-gardes
chéiroptère
chélicérate
chemin de fer
cheminement
chenillette
Chenonceaux
chérifienne
Cherrapunji
chevalement
chevauchant
chevau-léger
chevillette
chevrettant
chevrillard
chevrotante
Chevtchenko
chewing- gums
Chibougamau
chiche-kebab
Chichén Itzá
chichiteuse
chiens-assis
chiens-loups
chiffonnade
chiffonnage
chiffonnant
chiffonnier
chiffrement
chinoiserie
Chippendale
chippendale
chiquenaude
chiromancie
chiropraxie
chirurgical
chlorofibre
chloroforme
chloroformé
chloroquine
chlorotique
chocolatier
choisissant
Choisy-le-Roi
cholestérol
chorégraphe
chouannerie
chouchouter
choux-fleurs
choux-navets
Christaller
Christiania
christiania
chromatique
chromatisme
chrominance
chroniciser
chroniqueur
chronologie
chronomètre
chronométré
chrysobéryl
chrysocolle
chrysoprase

11

Chrysostome
chthonienne
chuchoterie
chuchoteuse
chuintement
Chun Doo-hwan
Churriguera
cicatriciel
cicatricule
cicatrisant
cimentation
Cincinnatus
Cinémascope
cinématique
cinémomètre
cinesthésie
circadienne
circonflexe
circonscrit
circonspect
circonvenir
circularisé
circularité
circulation
cirrhotique
Cisjordanie
cité-dortoir
citizen band
citoyenneté
citronnelle
civilisable
clabauderie
cladistique
clair-obscur
claironnant
clairvoyant
clandestine
clapotement
claquemurer
classicisme
classifiant
claudicante
claudiquant
cleptomanie
Clérambault
cléricature
clermontois
clignotante
climatisant
climatiseur
clinicienne
cliquetante
clitoridien
clochardisé
cloisonnage
cloisonnant
clopinettes
close-combat
Clostermann
Clos-Vougeot
clunisienne
coacquéreur
coagulateur
coagulation
coalescence
coalescente
coarctation
coassurance
Coast Ranges
cocaïnomane
coccygienne
Cochinchine
cochonnerie
cocréancier
codébitrice
codemandeur
codes-barres
codétenteur
codirecteur
codirection
codominance
codonataire
codonatrice
coéducation
coefficient
coelacanthe
coéquipière
coéternelle
coexistence
coextensive
cofinançant
cofondateur
cogniticien
cohéritière
coïncidence
coïncidente
cokéfaction
colbertisme
colégataire
Colfontaine
colibacille
colicitante
colinéarité
colin-tampon
colitigante
collaborant
collagénose
collatérale
collatéraux
collationné
collectrice
collégienne
collenchyme
collimateur
collimation
collocation
colocataire
Colombelles
colombienne
colonisable
colorimètre
colporteuse
colposcopie
cols-de-cygne
columbarium
Combarelles
combativité
combattante
combinaison
combinateur
Combrailles
combustible
comestibles
comiquement
comitialité
commanderie
commanditée
commanditer
commémorant
commençante
commentaire
commerçante
commerciale
commerciaux
comminutive
commissaire
commissoire
commissural
commodément
commotionné
communalisé
communément
communiante
communicant
communiquer
communisant

11

commutateur
commutation
commutative
Compact Disc
comparaison
comparaître
comparateur
comparative
comparution
compatriote
compendieux
compensable
compétiteur
compétition
compétitive
compilateur
compilation
complaisant
complantant
complexifié
complimenté
compliquant
comploteuse
componction
compositeur
composition
Compostelle
compradores
comprenette
compressant
compresseur
compression
compressive
comprimable
compte rendu
compte-rendu
compte-tours
computation
concélébrer
concentrant
conceptacle
conceptisme
conceptrice
concertante
concertiste
conchoïdale
conchoïdaux
conciliable
conciliaire
conciliante
conclaviste
concomitant
concordance
concordante
concourante
concouriste
concrétiser
concubinage
concurrence
concurrencé
concurrente
condamnable
condensable
condescendu
condisciple
conditionné
condominium
condottiere
condottieri
conductance
conductible
conductrice
condylienne
confédérale
confédérant
confédéraux
confinement
confirmande
confirmatif
confiscable
confisquant
confiturier
conflictuel
confondante
conformisme
conformiste
confortable
confrontant
confucéenne
confusément
congédiable
congélateur
congélation
congénitale
congénitaux
conglomérat
conglomérer
conglutiner
congratuler
conjectural
conjecturer
conjoncteur
conjonction
conjonctive
conjoncture
conjugaison
conjurateur
conjuration
connaissant
connaisseur
connectable
Connecticut
connectique
connétablie
connotation
conquérante
consanguine
consécution
consécutive
conseillant
conseillère
conseilleur
consentante
conséquence
conséquente
conserverie
Considérant
considérant
consistance
consistante
consistoire
consolateur
consolation
consolidant
consommable
consomption
consomptive
consortiale
consortiaux
constamment
Constantine
constatable
constellant
consternant
constipante
constituant
constitutif
constrictif
constrictor
constructif
consultable
consultante
consultatif
contagieuse
contagionné
contaminant

11

contemplant
contempteur
contentieux
contestable
continental
contingence
contingente
contingenté
continuelle
continûment
contondante
contournant
contractant
contractile
contraction
contractuel
contracture
contracturé
contraindre
contrariant
contrariété
contrastant
contre-alizé
contre-allée
contre-appel
contrebande
contrebasse
contrebuter
contrecarré
contrechamp
contre-chant
contre-chocs
contrecoeur
contrecollé
contredanse
contre-digue
contre-écrou
contre-essai
contrefaçon
contrefaire
contrefaite
contrefiche
contrefichu
contre-filet
contrefoutu
contre-fugue
contre-jours
contre-miner
contre-mines
contre-passé
contre-pente
contre-pieds
contrepoids
contrepoint
contre-porte
contre-rails
contreseing
contresigné
contre-sujet
contretemps
contre-tirer
contretyper
contre-vairs
contrevenir
contreventé
contre-voies
contribuant
contributif
contristant
contrôlable
contrôleuse
controverse
controversé
contusionné
conurbation
convaincant
convenances
conventions
convergeant
convergence
convergente
convertible
convocation
convoiement
cooccupante
coopérateur
coopération
coopérative
coordinence
coordonnant
coordonnées
copaternité
copermutant
copernicien
copossédant
Copperfield
coprésident
coprophagie
coprophilie
copropriété
coquecigrue
coquetterie
coquillette
coquillière
corailleuse
coralliaire
corallienne
corallifère
cordonnerie
cordonnière
Corée du Nord
cornélienne
cornemuseur
cornemuseux
Corner Brook
cornettiste
Cornouaille
cornouiller
corn-pickers
corn-sheller
corporation
corporative
correctrice
corrélateur
corrélation
corrélative
correspondu
corrézienne
corroborant
corruptible
corruptrice
cosmographe
cosmopolite
Costa del Sol
Costa-Gavras
costaricien
cosy-corners
Côte d'Argent
Côte-d'Ivoire
Côtes-du-Nord
cotonéaster
coton-poudre
Cotons-Tiges
couchailler
couchitique
coucoumelle
Coudekerque
coudoiement
couillonner
coulabilité
couleuvreau
couleuvrine
coulissante
Coulommiers
coulommiers
Coulounieix

11

coupaillant
coup-de-poing
coupe-cigare
coupe-jambon
coupe-jarret
coupe-ongles
coupe-papier
coupe-racine
couraillant
courbaturée
courbaturer
courcailler
courcaillet
courrouçant
Courseulles
courtaudant
Courteheuse
courtilière
court-jointé
court-vêtues
couteau-scie
coutellerie
couvre-chefs
couvre-joint
couvre-livre
couvre-nuque
couvre-objet
couvre-pieds
couvre-plats
coxarthrose
crachotante
crachouillé
cracovienne
cramponnant
Cran-Gevrier
crapahutant
crapouillot
crassulacée
crayonneuse
crédibilisé
crédibilité
crémaillère
crématorium
créolophone
crépitation
crépitement
Crest-Voland
crêtes-de-coq
crétinisant
crève-la-faim
crève-vessie
criaillerie
criailleuse
Criel-sur-Mer
criminalisé
criminalité
criminogène
cristalline
cristallisé
cristallite
cristophine
criticaillé
critiquable
critiqueuse
croassement
croc-en-jambe
croche-patte
croche-pieds
crochetable
crocodilien
Crommelynck
croque-au-sel
croque-morts
croquignole
crosswomans
croupissant
croustiller
crucifixion
cruellement
cryoclastie
cryptobiose
cryptogamie
cryptomeria
cryptophyte
cucurbitain
cueillaison
culbutement
culdoscopie
culmination
culpabilisé
culpabilité
culs-de-jatte
culs-de-lampe
culs-terreux
cultivateur
cumulo-dômes
cuniculture
cunnilingus
cupressacée
cupronickel
curarisante
cure-oreille
cyanophycée
cyanuration
cyclisation
cyclohexane
cyclomoteur
cyclopéenne
cyclo-pousse
cyclorameur
cyclothymie
cylindreuse
cylindrique
cylindroïde
cynégétique
cyniquement
cynocéphale
cystectomie
cysticerque
cystoscopie
cystostomie
cytaphérèse
cytologique
cytologiste
cytolytique
Czartoryski
Częstochowa
dalmatienne
daltonienne
damasquiner
dandinement
dangerosité
Daougavpils
Dardanelles
Dar es-Salaam
Dargomyjski
darwinienne
dauphinelle
dauphinoise
Death Valley
débagoulant
débâillonné
déballonner
débalourder
débaptisant
débarcadère
débarrasser
débâtissant
débattement
débecqueter
débenzolage
débenzolant
débéquetant
débilitante
débillarder
débirentier

11

déblaiement
déblatérant
déboisement
déboîtement
débordement
débosselant
débouillant
déboulonner
déboussoler
déboutement
déboutonner
débraillant
débranchant
débridement
débrouiller
débroussant
débudgétisé
décachetage
décachetant
décadenassé
décalaminer
décalcifier
décalottant
décanillant
décantation
décapotable
décapsulage
décapsulant
décapsuleur
décarbonaté
décarburant
décarcasser
décarrelant
décasyllabe
décatissage
décatissant
Decazeville
décembriste
décemvirale
décemviraux
décérébrant
décervelage
décervelant
déchargeant
déchaumeuse
déchaussage
déchaussant
Déchetterie
déchiffonné
déchiffrage
déchiffrant
déchiffreur
déchiquetée
déchiqueter
déchirement
déchlorurer
décimaliser
décisionnel
déclamateur
déclamation
déclaration
déclarative
déclavetant
déclenchant
déclencheur
déclinaison
décliqueter
décloisonné
décollation
décollement
décolletage
décolletant
décolleteur
décoloniser
décolorante
décommander
décompensée
décomplexer
décomposant
décomposeur
décompressé
décomprimer
déconcentré
déconcerter
déconfiture
décongelant
déconnecter
déconnexion
déconseillé
déconsidéré
déconsigner
déconstruit
décontaminé
décontracté
décoratrice
décorticage
décortiquée
décortiquer
découronner
découvreuse
décrépitant
décrépitude
decrescendo
décrets-lois
décrocheuse
décroissant
déculassant
déculottant
décuplement
dédaignable
dédaigneuse
dédicataire
dédicatoire
dédramatisé
défaillance
défaillante
défalcation
défatigante
défatiguant
défaufilant
défavorable
défavoriser
défectueuse
défenestrer
déferlement
déferrement
défeuillant
déficitaire
définissant
définitoire
défiscalisé
déflagrante
défloraison
défloration
défoliation
défoncement
déformation
défoulement
défricheuse
défroissant
dégasoliner
dégazoliner
dégazonnage
dégazonnant
dégénératif
dégingandée
déglacement
déglinguant
déglutition
dégobillant
dégorgement
dégoulinade
dégoulinant
dégoupiller
dégoûtation
dégradation

dégraissage
dégraissant
dégraisseur
dégravoyant
dégrèvement
dégringoler
dégrisement
dégrouiller
déguenillée
dégueulasse
déguisement
dégurgitant
dégustateur
dégustation
déharnacher
De Havilland
déhouillant
déhoussable
déification
délabrement
délaitement
délassement
délectation
délégataire
délégatrice
Delestraint
délibérante
délibératif
délicatesse
délictuelle
délictueuse
délinéament
délinéateur
délinquance
délinquante
délitescent
Della Robbia
Della Rovere
delta-planes
démagnétisé
démagogique
démailloter
démantelant
démantibulé
démaquiller
démarcation
démarcative
démarcheuse
démarqueuse
démastiquer
démazoutant
déménageant
déménageuse
démentielle
demi-brigade
demi-cantons
demi-cercles
demi-colonne
demi-droites
demi-figures
demi-finales
demi-journée
demi-mesures
demi-pension
demi-pointes
demi-portion
demi-produit
demi-reliefs
demi-reliure
demi-saisons
demi-sommeil
demi-soupirs
démissionné
demi-teintes
demi-vierges
démobiliser
démocratisé
démographie
Demoiselles
démolissage
démolissant
démolisseur
démolitions
démonétiser
démonologie
démonte-pneu
démontrable
démoraliser
démotivante
démoucheter
démoustiqué
démultiplié
démunissant
démystifier
démythifier
dénasaliser
dénaturante
dénazifiant
Denderleeuw
Dendermonde
dendritique
dénébuliser
déneigement
dénervation
dénigrement
dénitrifier
dénombrable
dénominatif
dénoyautage
dénoyautant
dénoyauteur
densimétrie
dentellière
dentirostre
dentisterie
dents-de-lion
dénutrition
déontologie
dépalissant
dépaquetage
dépaquetant
déparasiter
dépareillée
dépareiller
département
départiteur
dépassement
dépassionné
dépatouillé
dépaysement
dépenaillée
dépénaliser
dépendances
déperdition
dépérissant
déphosphoré
dépilatoire
déplacement
déplafonner
déplaisante
déploiement
déploration
dépoétisant
dépolariser
dépolissage
dépolissant
dépolitiser
dépolluante
dépollution
déportation
déportement
dépositaire
dépossédant
dépouillage
dépouillant
dépoussiéré

11

dépravation
déprécation
dépréciatif
déprédateur
déprédation
de profundis
déprogrammé
déqualifier
déracinable
déraisonner
dérangeante
dérangement
déréalisant
dérèglement
déréliction
dernière-née
derniers- nés
dérochement
dérogatoire
dérouillant
déroulement
déroutement
désabonnant
désaccorder
désaccouplé
désacralisé
désactivant
désadaptant
désaération
désaffecter
désaffilier
désagréable
désagrément
désaimanter
désajustant
désaliénant
désalignant
désaltérant
désamidonné
désamorçage
désamorçant
désapparier
désappointé
désapprouvé
désarçonner
désargentée
désargenter
désarmement
désarrimage
désarrimant
désarticulé
désassemblé
désassimilé
désassortie
désassortir
désastreuse
désatellisé
désavantage
désavantagé
descendance
descendante
descenderie
descendeuse
déscolarisé
descripteur
description
descriptive
déséchouant
désectorisé
désembourbé
désemparant
désencadrer
désenchaîné
désenchanté
désenclaver
désencoller
désencombré
désencrassé
désendetter
désenflammé
désenfumage
désenfumant
désengorger
désengrener
désenivrant
désennuyant
désenrayant
désensabler
désensimage
désensimant
désentoiler
désentraver
désenvasant
désenvenimé
désenvergué
désépaissir
déséquipant
désertifier
désescalade
désespérant
désétatiser
désexcitant
désexualisé
déshabiller
déshabituer
désherbante
déshéritant
déshonorant
déshumanisé
déshydrater
désignation
désiliciage
désillusion
désincarnée
désincarner
désincrusté
désindexant
désinentiel
désinfecter
désinformer
désinhibant
désintégrer
désinvestir
désistement
desmotropie
désobstruer
désodoriser
désoperculé
désopilante
désordonnée
désorganisé
désorientée
désorienter
désossement
désoxydante
désoxygéner
Desqueyroux
dessalaison
dessalement
dessanglant
dessaoulant
desséchante
dessinateur
dessuintage
dessuintant
dessus-de-lit
déstabilisé
déstalinisé
destinateur
destination
destituable
destitution
destructeur
destruction
destructive
déstructuré

11

désulfitant
désulfurant
désunissant
détachement
détaillante
détalonnage
détalonnant
détartrante
détériorant
déterminant
déterrement
détestation
détortiller
détoxiquant
détractrice
détritivore
détroussant
détrousseur
Deutéronome
Deutschland
Deux-Siciles
dévaloriser
dévaluation
devancement
dévastateur
dévastation
développant
développeur
déverbative
dévergondée
dévergonder
déversement
De Vignolles
devineresse
dévirginisé
déviriliser
dévisageant
devise-titre
dévitaliser
dévitaminée
dévitrifier
dévoilement
dévoratrice
dévotionnel
dextrochère
Dhamaskinós
diabolisant
diacritique
dialectique
dialectiser
dialoguiste
dialypétale
diamantaire
diamorphine
diaphragmer
diapositive
diarrhéique
diastolique
diathermane
dicarbonylé
dictatorial
dictyoptère
didacthèque
didacticiel
Diefenbaker
Diego Garcia
Diégo-Suarez
Diên Biên Phu
diencéphale
diésélisant
Diesenhofer
diététicien
diffamateur
diffamation
Differdange
différencié
différentié
diffractant
diffraction
diffusément
digastrique
digitaliser
digitiforme
digitigrade
dilatatrice
dilatomètre
diligemment
diligentant
dimensionné
dimorphisme
dinosaurien
dinothérium
Dion Cassius
dionysiaque
dionysienne
diphtérique
diphtonguer
dipneumonée
directement
directivité
directorial
discernable
disciplinée
discipliner
disc-jockeys
discomycète
discontinue
discontinué
disconvenir
discopathie
discophilie
discordance
discordante
discothèque
discountant
discoureuse
discourtois
discréditer
discriminer
discutaillé
disertement
disgraciant
disgracieux
disharmonie
disjoignant
disjonctant
disjoncteur
disjonction
disjonctive
dislocation
disparaître
disparation
disparition
dispatchant
dispatching
dispendieux
dispensable
dispensaire
dispersante
disposition
disqualifié
disséminant
dissimulant
dissipateur
dissipation
dissipative
dissociable
dissolution
dissolvante
dissymétrie
distanciant
distillerie
distinction
distinctive
distinguant
distomatose

11

distraction
distractive
distrayante
distribuant
distributif
disulfirame
diversement
diversifier
diverticule
Dives-sur-Mer
divinatoire
divinatrice
divulgateur
divulgation
dix-huitième
dixièmement
dix-neuvième
dix-septième
Djamāl Pacha
docimologie
doctrinaire
documentant
dodécagonal
dodécastyle
dogmatisant
Dolgoroukov
dolomitique
domanialité
domesticité
domestiquer
domiciliant
Dominations
dominatrice
Dominicaine
dominicaine
dominoterie
dommageable
Domodossola
dompte-venin
Don Giovanni
Dong qichang
donjuanisme
dorlotement
Dostoïevski
double-crème
doublonnant
Douglas-Home
douloureuse
draconienne
dragéifiant
drageonnant
Drakensberg
dramatisant
dramaturgie
dravidienne
dreadnought
drépanornis
dreyfusarde
dry-farmings
duché-pairie
dudgeonnant
duffel-coats
duffle-coats
Dunaújváros
Dun-sur-Auron
duodécimain
duodécimale
duodécimaux
duplicateur
duplication
Dupuy de Lôme
durablement
dynamisante
dynamiterie
dynamiteuse
dynamomètre
dyscalculie
dysembryome
dysfonction
dysharmonie
dyskératose
dysmorphose
dyspareunie
dyspepsique
dyspeptique
Eaux-Chaudes
ébaudissant
ébénisterie
éblouissant
éborgnement
ébouillanté
ébourgeonné
ébouriffage
ébouriffant
ébranlement
ébrèchement
ébroïcienne
ébruitement
écarquiller
Ecclésiaste
échafaudage
échafaudant
échalassant
échangeable
échantillon
échappement
échardonner
écharnement
échaudement
échauffante
échauguette
échelonnant
échenillage
échenillant
échenilloir
échinocoque
échinoderme
échiquéenne
échographie
échographié
échosondage
éclabousser
éclairement
éclamptique
écoeurement
éconduisant
économétrie
économisant
économiseur
écorchement
écornifleur
écrabouillé
écrivailler
écrivaillon
écrivassant
écrivassier
écrouissage
écrouissant
écroulement
écussonnage
écussonnant
écussonnoir
eczémateuse
édification
édulcorante
effaroucher
effectivité
effeuillage
effeuillant
effilochage
effilochant
effilocheur
effilochure
effloraison
effrangeant
effritement

effronterie
égalisateur
égalisation
église-halle
égoïstement
égouttement
égratignant
égratignure
égyptologie
égyptologue
Eichendorff
einsteinium
éjaculation
élaboration
élargissant
électricien
électricité
électrifier
électrisant
électrochoc
électrocuté
électrogène
électrolyse
électrolysé
électrolyte
Elektrostal
élémentaire
éléphanteau
Éléphantine
éléphantine
éligibilité
éliminateur
élimination
ellipsoïdal
éloignement
éloquemment
élucidation
emballement
embarcadère
embarcation
embarrassée
embarrasser
embastiller
embaumement
embéguinant
embobeliner
emboîtement
embouteillé
embranchant
embrasement
embrasseuse
embrèvement
embrigadant
embringuant
embrocation
embrouiller
embryogénie
embryologie
embryologue
émerillonné
émerveiller
émiettement
emmagasiner
emmailloter
emménageant
emménagogue
emmerdement
emmitoufler
émotionnant
émoustiller
empailleuse
empanachant
empaquetage
empaquetant
empattement
empêchement
empiècement
empiétement
emplacement
empoisonner
empoissonné
emportement
empourprant
empoussiéré
empreignant
emprésurant
emprisonner
emprunteuse
émulsifiant
émulsionner
énantiomère
encadrement
encaissable
encaissante
encanailler
encaquement
encartouché
encasernant
encastelant
encastelure
encastrable
encaustique
encaustiqué
encensement
encéphaline
encéphalite
enchaussant
enchemisant
enchevauché
enchevêtrer
enchifrenée
enclavement
enclenchant
encliqueter
encochement
encombrante
endentement
endettement
endeuillant
endiguement
endimancher
endocardite
endocrinien
endoctriner
endométrite
endossement
endothélial
endothélium
énergétique
énergisante
enfaîtement
enfantement
enfermement
enfoncement
enfouissant
enfouisseur
enfourchant
enfourchure
enfreignant
enfutailler
engazonnant
engineering
engorgement
engouffrant
engoulevent
engraissage
engraissant
engraisseur
engrangeant
engrènement
enguirlandé
enharnacher
énigmatique
enjambement
enjoliveuse
enképhaline

11

enkystement
enlumineuse
ennéagonale
ennéagonaux
enneigement
énonciation
énonciative
énophtalmie
enorgueilli
enquiquiner
enrégimenté
enregistrer
enrochement
enroulement
enrubannant
ensablement
ensaisinant
ensanglanté
enseignante
ensellement
ensembliste
ensemençant
ensoleillée
ensoleiller
ensommeillé
ensorcelant
ensorceleur
entablement
entassement
entendement
enténébrant
entérocoque
entéro-rénal
entérovirus
enterrement
entichement
entièrement
entomologie
entomophage
entomophile
entonnaison
entonnement
entortiller
entourloupe
entraînable
entraînante
entraîneuse
entrebâillé
entre-bandes
entrechoqué
entrecoupée
entrecouper
entrecroisé
entrecuisse
entre-dévoré
entrefaites
entr'égorger
entre-heurté
entrelaçant
entrelardée
entrelarder
entremêlant
entremettre
entre-noeuds
entreposage
entreposant
entreposeur
entretaillé
entretenant
entre-tisser
entretoiser
entrevoyant
entrouverte
entrouvrant
enturbannée
énucléation
énumération
énumérative
envahissant
envahisseur
enveloppant
environnant
envisageant
envoûtement
enzymatique
enzymologie
éosinophile
Épaminondas
épamprement
épanchement
éparpillant
éphémérides
épicurienne
épicycloïde
épidémicité
épidermique
épidiascope
épididymite
épierrement
épileptique
épileptoïde
épinochette
épirogenèse
épisclérite
épisiotomie
épistolaire
épistolière
épithéliale
épithéliaux
épithélioma
épizootique
épointement
épousailles
époussetage
époussetant
époustouflé
épouvantail
épouvantant
équatoriale
équatoriaux
équidistant
équilatéral
équilibrage
équilibrant
équilibreur
équimolaire
équinoxiale
équinoxiaux
équipollent
équipotence
équisétinée
équivalence
équivalente
équivoquant
éradication
éraillement
Ératosthène
Érechthéion
éreintement
ergonomique
ergonomiste
érotisation
erpétologie
érythréenne
érythrocyte
érythrosine
esbroufeuse
escamotable
escamoteuse
Escandorgue
escarboucle
escarmouche
escarpement
escarrifier
escomptable
escroquerie

eskuarienne
espace-temps
esperluette
espièglerie
esquintante
essartement
essentielle
essonnienne
essorillant
essoufflant
essuie-glace
essuie-mains
essuie-pieds
essuie-verre
est-allemand
estampiller
estérifiant
esthéticien
esthétisant
estimatoire
estomaquant
estompement
estrapasser
Estremadura
Estrémadure
estuarienne
estudiantin
établissant
étalinguant
étanchement
étançonnant
étasunienne
étatisation
états-majors
états-uniens
éternuement
éthérifiant
éthéromanie
éthionamide
éthiopienne
ethnographe
éthologique
éthylénique
éthylomètre
étincelante
étiologique
étiqueteuse
étonnamment
étouffement
étoupillant
étourdiment
étrangement
étrangleuse
étrécissant
étroitement
eucharistie
euclidienne
eudiométrie
euphausiacé
euphorisant
euplectelle
eurafricain
euromissile
euromonnaie
européanisé
eurythermie
eurythmique
euscarienne
Euskaldunak
euskarienne
euskerienne
évacuatrice
évagination
évanescence
évanescente
évangélique
évangéliser
évangélisme
évangéliste
évaporateur
évaporation
évasivement
éventration
éventualité
évhémérisme
évolutivité
Evtouchenko
exagération
exagérément
examinateur
exaspérante
excavatrice
excentrique
excitatrice
exclamation
exclamative
exclusivité
excommuniée
excommunier
excoriation
excursionné
exemplarité
exemplative
exemplifier
exfoliation
exhortation
exigibilité
existentiel
exobiologie
exonération
exophtalmie
exorbitante
expansivité
expectative
expectorant
expéditrice
expérimenté
expertement
expertisant
expiratoire
explication
explicative
explicitant
exploitable
exploitante
exploiteuse
explorateur
exploration
exponentiel
exportateur
exportation
expropriant
expurgation
extemporané
exténuation
extériorisé
extériorité
exterminant
extinctrice
extirpateur
extirpation
extorqueuse
extractible
extractrice
extradition
extralégale
extralégaux
extralucide
extrapolant
extra-utérin
extravagant
extravaguer
extravasant
extravertie
Extremadura
extrêmement

11

extrinsèque
fabricateur
fabrication
fabulatrice
façonnement
facticement
factorielle
facturation
facultative
faiblissant
fainéantant
fainéantise
faire-valoir
faisabilité
faisanderie
faits-divers
fallacieuse
falsifiable
fameusement
familiarisé
familiarité
familistère
fanfaronner
fanfreluche
fantaisiste
fantastique
faramineuse
farfouiller
Farnborough
fascinateur
fascination
fascisation
fastidieuse
fauconnerie
Faulquemont
faunistique
fausse-route
fautivement
faux-bourdon
faux-fuyants
favorisante
favoritisme
Faya-Largeau
Fayl-la-Forêt
fébrilement
fécondateur
fécondation
fédéraliser
fédéralisme
fédéraliste
fédératrice
féminisante
féodalement
ferblantier
féringienne
fermentable
fermentatif
Fernando Poo
ferraillage
ferraillant
ferrailleur
ferrédoxine
ferrocérium
ferrochrome
ferronickel
ferronnerie
ferronnière
ferroviaire
ferrugineux
fertilisant
festivalier
festoiement
feuillaison
feuilletage
feuilletant
fiançailles
fibrillaire
fibrinogène
fibrinolyse
fibroblaste
Fibrociment
fibromateux
fibromatose
fibroscopie
fichtrement
fictivement
fidéicommis
filamenteux
filandreuse
filialement
filialisant
filigranant
filipendule
filmothèque
financement
finistérien
finlandaise
fiscalement
fiscalisant
fissionnant
fissuration
flagellaire
flageolante
flagornerie
flagorneuse
Flamanville
flamboyante
flamingante
flanquement
flavescente
fléchissant
fléchisseur
flegmatique
flemmardant
flemmardise
flétrissant
flétrissure
fleurdelisé
fleurissant
flexibilisé
flexibilité
floconneuse
floculation
florissante
floristique
fluctuation
fluidifiant
fluographie
fluorescent
fluviomètre
foetopathie
foetoscopie
foie-de-boeuf
foisonnante
folklorique
folkloriste
folliculine
folliculite
fomentation
fonctionnel
fonctionner
fondamental
fongibilité
Font-de-Gaume
Fontevrault
Fontvieille
footballeur
Forcalquier
Forest Hills
forfaitaire
forfanterie
forlongeant
formalisant
formulation
fornicateur
fornication

11

Fort-Gouraud
fortifiante
fosbury flop
fossilifère
fossilisant
foudroyante
fouettement
Fougerolles
fourbissage
fourbissant
fourgonnant
fouriérisme
fouriériste
fourmilière
fourmillant
fournissant
fournisseur
fourrageant
Fouta-Djalon
fox-terriers
Fra Angelico
fracassante
fractionnée
fractionnel
fractionner
fragilisant
fragmentant
fraîchement
framboisant
framboisier
Franceville
franchement
franchisage
franchisant
franchiseur
franchising
franciscain
francophile
francophobe
francophone
franc-parler
francs-bords
francs-fiefs
franc-tireur
fraternelle
fraterniser
fraudatoire
frauduleuse
Frayssinous
Fredericton
free-martins
Freiligrath
frémissante
fréquemment
fréquentant
fréquentiel
Frescobaldi
frétillante
frictionnel
frictionner
Friedlingen
frigidarium
frigorifiée
frigorifier
frigorigène
fringillidé
friponnerie
frisottante
frissonnant
fritillaire
frivolement
froissement
frontalière
frontispice
froufrouter
fructifiant
frugalement
frumentaire
frustration
frutescente
fulguration
fuligineuse
full-contact
fulmination
fumigatoire
funérailles
funestement
funiculaire
furonculeux
furonculose
Fürstenberg
furtivement
Furtwängler
fusionnelle
fustigation
futurologie
futurologue
gadgétisant
gaillardise
galactogène
gallo-romain
gallo-romane
gallo-romans
galvanisant
galvanotype
gambergeant
gamétophyte
gangreneuse
García Lorca
garçonnière
garde-bœufs
garde-chasse
garde-malade
garde-manger
garde-marine
garde-meuble
garden-party
garde-places
gardes-mites
gardes-pêche
gardes-ports
gardes-voies
gardiennage
gargarisant
Gargenville
gargouiller
gargouillis
gargoulette
garibaldien
gasconnisme
gaspilleuse
gastéropode
gastronomie
gastroscope
gastrotomie
Gattamelata
gauchisante
gauchissant
gauloiserie
gazonnement
gazouillant
gazouilleur
gélatineuse
gémellipare
gémissement
gemmiparité
gendarmerie
généraliser
généraliste
généralités
génératrice
générosités
génialement
genouillère
gentamicine
Gentileschi

11

gentilhomme
gentillesse
gentillette
génuflexion
géochimique
géochimiste
géométrique
géophysique
géotropisme
Gerbéviller
gériatrique
Gérin-Lajoie
Gerlachovka
germanisant
germination
germinative
gestaltisme
gestaltiste
gesticulant
Ghaznévides
Gherardesca
Ghirlandaio
Ghisonaccia
Giambologna
gigantesque
Giovannetti
giraviation
Gislebertus
glaciologie
glaciologue
glandouillé
glandulaire
glanduleuse
glapissante
gleditschia
glischroïde
globalement
globalisant
globigérine
glossodynie
glossolalie
glossotomie
glouglouter
gloussement
glycérinant
glycogenèse
glyptodonte
glyptologie
gnoséologie
gnosticisme
goal-average
gobeleterie
gobe-mouches
Goleïzovski
Gomberville
gomme-résine
gonadotrope
gondolement
Gondrecourt
gonfalonier
gonfanonier
Gonfreville
goniométrie
gonocytaire
Gontcharova
gouaillerie
gouailleuse
goudronnage
goudronnant
goudronneur
goudronneux
goujonnière
gourgandine
gourmandant
gourmandise
gouttelette
gouvernable
gouvernante
gracieuseté
graffiteuse
graillement
graillonner
graineterie
grainetière
grammairien
grammatical
Grand Ballon
Grand Bassin
Grand Canyon
Grand Coulee
grand-ducale
grand-ducaux
Grande-Grèce
grandelette
Grande Neste
Grande-Terre
grandissant
grandissime
Grand-Maison
grand-mamans
grand-messes
Grand Rapids
grands-croix
grands-mères
grands-papas
grands-pères
grand-tantes
grand-voiles
Grangemouth
granny-smith
granulation
granulocyte
grape-fruits
graphiteuse
graphitique
graphologie
graphologue
graphomètre
grappillage
grappillant
grappilleur
gras-doubles
grasseyante
gratifiante
gratte-pieds
gravillonné
gravimétrie
gravisphère
gravitation
gréco-latine
gréco-latins
gréco-romain
grégorienne
grelottante
grenaillage
grenaillant
grenobloise
grenouiller
Grésivaudan
Grésy-sur-Aix
gribouiller
gribouillis
griffonnage
griffonnant
griffonneur
Griffuelhes
grignoteuse
grillageant
grille-écran
Grillparzer
Grindelwald
grisaillant
grisonnante
grisoumètre
grisouteuse
grivoiserie

11

groenendael
grognassant
grognonnant
groseillier
Grospierres
gros-porteur
grossièreté
grossissant
grouillante
groupuscule
Guadalajara
Guadalcanal
Guan Hanqing
guérilleros
guérissable
guérisseuse
gueuletonné
guichetière
guillemeter
guillerette
guillochage
guillochant
guillochure
guillotinée
guillotiner
guinderesse
gutta-percha
guttiférale
gymnastique
gymnosperme
gynécologie
gynécologue
habillement
habituation
hache-paille
hache-viande
hagiographe
Haillicourt
haillonneux
halieutique
Hallencourt
hallucinant
hallucinose
halopéridol
Hälsingborg
handballeur
handicapant
handicapeur
hannetonner
hanovrienne
hanséatique
harangueuse
harassement
harcèlement
harengaison
harmonieuse
harmonisant
Hatshepsout
haut-de-forme
haute-contre
Hautes-Alpes
Haute-Savoie
Haute-Vienne
haut-le-coeur
haut-le-corps
haut-parleur
hebdomadier
hébéphrénie
hébergement
hébraïsante
hectogramme
hectopascal
hégémonique
hégémonisme
Heillecourt
hélianthème
hélianthine
hélicoïdale
hélicoïdaux
hélicoptère
Héliogabale
héliographe
héliomarine
héliportage
hellénisant
Helsingborg
Helsingfors
hémarthrose
hématocrite
hématologie
hématologue
héméralopie
hémérocalle
hémianopsie
hémiédrique
hemigrammus
hémoculture
hémocyanine
hémodialyse
hémoglobine
hémolytique
hémorroïdal
hendécagone
hennissante
hépatologie
heptagonale
heptagonaux
héraultaise
herborisant
herculéenne
hercynienne
héréditaire
hérésiarque
hérissement
Hermanville
herméticité
héroïnomane
Hertzsprung
Herzégovine
hétéroclite
hétérocycle
hétérodoxie
hétérogamie
hétéronomie
hétéroptère
heuristique
hexadécimal
hexaédrique
hibernation
hideusement
hiérarchisé
hiéroglyphe
hiéronymite
hiérophante
Hildebrandt
himalayenne
Hindou Kouch
hindoustani
hippogriffe
hippomobile
hippophagie
hippopotame
hispanisant
histochimie
histogenèse
histogramme
historicité
historienne
historiette
hitlérienne
Hohenlinden
hollandaise
holographie
homéomorphe
homéopathie
homéostasie

11

homéotherme
home-trainer
homochromie
homogénéisé
homogénéité
homographie
homologuant
homonymique
Hondschoote
hondurienne
hongkongais
hongroierie
honnêtement
honorifique
horizontale
horizontaux
horodatrice
horrifiante
horripilant
hors-d'oeuvre
horse-guards
hospitalier
hospitalisé
hospitalité
hostellerie
hostilement
houblonnage
houblonnant
houblonnier
houppelande
houspillant
houspilleur
Hoyerswerda
Hugues Capet
huit-reflets
humainement
humanitaire
humidifiant
humidimètre
humiliation
hurluberlue
hybridation
hydarthrose
hydratation
hydraulique
hydrocotyle
hydrocution
hydrogénant
hydrographe
hydrolysant
hydrométrie
hydrosphère
hydrothorax
hydrozoaire
hygrométrie
hygroscopie
hyménoptère
hyperboréen
hypercapnie
hyperespace
hyperfocale
hyperfocaux
hypéricacée
hypermarché
hypermnésie
hyperplasie
hypersomnie
hypertendue
hypnotisant
hypnotiseur
hypoacousie
hypocondrie
hypodermose
hyponeurien
hyponomeute
hypospadias
hypostasier
hyposulfite
hypotenseur
hypotension
hypotensive
hypothéquer
hypothermie
hypotonique
hypotrophie
hypsométrie
ichtyocolle
ichtyologie
ichtyophage
ichtyosaure
ichtyostéga
iconoclasme
iconoclaste
iconographe
iconothèque
idées-forces
idempotente
identifiant
identifieur
identitaire
idéographie
idéologique
idéomotrice
idiomatique
idolâtrique
ignifugeant
ignoblement
ignominieux
Île-de-France
iléo-caecale
iléo-caecaux
illettrisme
illuminisme
illusionner
illustratif
illuviation
imagination
imaginative
imbécillité
imbrication
immangeable
immanquable
immatriculé
immédiateté
immémoriale
immémoriaux
immensément
immigration
immobilière
immobiliser
immobilisme
immobiliste
immoralisme
immoraliste
immortalisé
immortalité
immuabilité
immunisante
immunitaire
immunologie
imparipenné
impartition
impatienter
impatronisé
impeachment
impécunieux
impedimenta
impénitence
impénitente
impératrice
imperfectif
imperméable
impersonnel
impertinent
impesanteur
impétration

11

impétuosité
impitoyable
implantable
implication
imploration
impolitesse
impolitique
impopulaire
importateur
importation
importunant
importunité
imprécateur
imprécation
imprécision
imprésarios
imprévision
imprévoyant
improbateur
improbation
improductif
impropriété
improuvable
improvisant
impubliable
impudemment
impuissance
impuissante
impulsivité
inabordable
inaccentuée
inaccomplie
inaccoutumé
inactinique
inactualité
inadaptable
inaffective
inaliénable
inaltérable
inamissible
inapaisable
inapparente
inappétence
inappliquée
inappréciée
inapproprié
inarticulée
inassimilée
inattention
inattentive
incantation
incarcérant
incarnadine
incarnation
incendiaire
incertitude
incestueuse
incidemment
incitatrice
inclassable
inclinaison
inclination
incoercible
incohérence
incohérente
incommodant
incommodité
incompétent
incongruité
inconscient
inconsidéré
inconstance
inconstante
incontestée
incontinent
incontrôlée
inconvenant
incorporant
incrédulité
incrémenter
incriminant
incrustante
incubatrice
inculcation
inculpation
incuriosité
incurvation
indécemment
indécidable
indécodable
indéhiscent
indemnisant
indémodable
indénouable
indentation
indépendant
indésirable
indéterminé
indicatrice
indifférant
indifférent
indigénisme
indigéniste
indigestion
indignation
indignement
indisposant
indistincte
indivisaire
indivisible
indo-aryenne
indochinois
indolemment
indomptable
indubitable
indulgencié
industrieux
ineffaçable
inégalement
inélastique
inéluctable
inémotivité
inénarrable
inépuisable
inéquitable
inestimable
inexcitable
inexcusable
inexécution
inexistante
inexistence
inexpliquée
inexploitée
inexpressif
infaillible
infanticide
infantilisé
infatigable
infatuation
infécondité
infectieuse
inféodation
infériorisé
infériorité
inférovarié
infertilité
infestation
infeutrable
infirmation
infirmative
inflammable
influençant
Infographie
informateur
information
informatisé

11

informative
infrangible
infrasonore
infructueux
ingéniosité
ingratitude
ingurgitant
inhabitable
inhalatrice
inhibitrice
initialiser
initiatique
initiatrice
injoignable
injustement
injustifiée
innervation
innocemment
innocentant
innombrable
innovatrice
inoculation
inoffensive
inopinément
inopportune
inopposable
inorganique
inorganisée
inoubliable
inquiétante
inquisiteur
Inquisition
inquisition
insalubrité
insatisfait
inscription
inscrivante
insectarium
insecticide
insectivore
inséparable
insincérité
insinuation
insolemment
insomniaque
insomnieuse
insonoriser
insouciance
insouciante
insoucieuse
insoupçonné
inspectorat
inspectrice
inspirateur
inspiration
instabilité
instantanée
instigateur
instigation
instinctive
instinctuel
instituteur
institution
instructeur
instruction
instructive
instruisant
instrumenté
insuffisant
insulinémie
insupporter
intégralité
intégrateur
intégration
intégrative
intègrement
intelligent
intempérant
intempéries
intempestif
intensément
intensifier
intentionné
interaction
interactive
interalliée
interarmées
intercalant
intercédant
intercepter
interclasse
interclassé
intercostal
interdisant
intéressant
interfécond
interférant
interférent
interfolier
interfrange
intergroupe
intérimaire
intériorisé
intériorité
interjectif
interjetant
interligner
interloquer
intermodale
intermodaux
internement
interosseux
interpeller
interpolant
interposant
interpréter
interracial
interrompre
intersaison
intersectée
intertidale
intertidaux
intertribal
interurbain
intervenant
intervertir
interviewée
interviewer
intestinale
intestinaux
intimidable
intimidante
intolérable
intolérance
intolérante
intouchable
intoxicante
intoxiquant
intraitable
intransitif
intra-utérin
intrépidité
intrication
intrinsèque
introductif
intronisant
introuvable
introvertie
intumescent
inutilement
invalidante
invectivant
inventivité
inventorier
inversement

invertébrée
investiguer
investiture
invocatoire
invocatrice
involucelle
iodhydrique
iodo-iodurée
iodo-iodurés
ionoplastie
iridectomie
irish-coffee
irradiation
irraisonnée
irrationnel
irrecevable
irrécusable
irréfléchie
irréflexion
irréfutable
irrégulière
irréligieux
irréparable
irrévérence
irrévocable
ischiatique
islamologie
ismaélienne
ismaïlienne
Ismā'īl Pacha
iso-ioniques
isométrique
isostatique
isothérapie
israélienne
Issy-l'Évêque
italianiser
italianisme
jacassement
jacobinisme
jaculatoire
jaillissant
jalonnement
jalons-mires
jalousement
jamaïquaine
jam-sessions
japonisante
Jaufré Rudel
jaunissante
javellisant
Jayawardene
jazzistique
jean-le-blanc
jéjuno-iléon
Jelatchitch
Jelenia Góra
jennérienne
Jésus-Christ
Jeunes-Turcs
jeunes-turcs
jeune-turque
Jiang Jieshi
Joliot-Curie
jordanienne
journalière
journalisme
journaliste
jouvencelle
Jouy-en-Josas
jovialement
joyeusement
Juan-les-Pins
jubilatoire
juglandacée
Jugoslavija
jupe-culotte
jurassienne
juridiction
justaucorps
justiciable
justifiable
justifiante
juxtaposant
Kafr el-Dawar
kalachnikov
Kaliningrad
Kaminaljuyú
kammerspiel
Kānchīpuram
Kanō Sanraku
Kapilavastu
Karadjordje
Karageorges
Karlovy Vary
Kaysersberg
Kazantzákis
kératinisée
kératotomie
Keroularios
keynésienne
kharidjisme
Khmelnitski
kidnappeuse
Kierkegaard
kilocalorie
kilométrage
kilométrant
kinesthésie
kinétoscope
king-charles
Kingersheim
kitchenette
kleptomanie
Klinefelter
Knokke-Heist
Kochanowski
Kolarovgrad
Kommounarsk
K'ong-fou-tseu
Königsmarck
Koraïchites
Kouei-tcheou
Kouo-min-tang
koweïtienne
Krafft-Ebing
Krasnoïarsk
Kreuzlingen
Krugersdorp
Ksar el-Kébir
Kuala Lumpur
Kūbīlāy Khān
Kulturkampf
Kwashiorkor
labellisant
labialisant
laborantine
laboratoire
La Bourboule
Labruguière
La Canourgue
lacertilien
La Chalotais
La Condamine
La Courneuve
lacrymogène
lactescence
lactescente
La Ferté-Macé
La Feuillade
Lafrançaise
laïcisation
La Jonquière
Lakshadweep
La Laurencie
La Madeleine

11

lamarckisme
lambrequins
lambrissage
lambrissant
lamentation
Lamoricière
lampisterie
lamprophyre
La Mulatière
lance-amarre
lance-bombes
lance-flamme
lance-fusées
lance-pierre
lancination
lancinement
Landersheim
landgraviat
Landivisiau
Landsteiner
langoureuse
langoustier
langoustine
languissant
Lanslebourg
lanugineuse
lapalissade
laparotomie
lapis-lazuli
La Quintinie
Largentière
Largillière
La Ricamarie
larmes-de-job
larmoiement
Larmor-Plage
Laroquebrou
laryngienne
latéralisée
latéritique
latifundium
latinisante
La Tour du Pin
la Toussuire
La Tremblade
La Trémoille
Laurentides
laurier-rose
Lauterbourg
Lautréamont
La Vérendrye
La Vieuville
La Villedieu
La Vrillière
La Wantzenau
Le Castellet
Le Chapelier
Le Châtelard
Le Chatelier
lèche-bottes
Le Corbusier
lectisterne
Ledru-Rollin
Leeuwenhoek
Le Fousseret
légionnaire
législateur
législation
législative
législature
légitimiste
Le Grand-Lucé
Le Grau-du-Roi
légumineuse
le Logis-Neuf
Le Monastier
Leoncavallo
lépidoptère
Le Pouliguen
lépromateux
Leptis Magna
lesbianisme
Les Échelles
lèse-majesté
Les Herbiers
lésionnaire
lésionnelle
les Menuires
les Ménuires
lessivielle
Leszczyńska
Leszczyński
Le Téméraire
léthargique
leucocytose
leucoplasie
leucopoïèse
Le Vaudreuil
Lévi-Strauss
lexicalisée
lexicologie
lexicologue
Lézardrieux
L'Hospitalet
liaisonnant
Lianyungang
libéraliser
libéralisme
libéralités
libératoire
libératrice
liberticide
libertinage
liberum veto
libidineuse
libre-pensée
librettiste
licenciable
licencieuse
Liddell Hart
Lien-yun-kang
Lieou Chao-k'i
ligamenteux
liguliflore
lilliputien
limonadière
limougeaude
limousinage
linaigrette
Line Islands
Lingolsheim
linotypiste
liposoluble
liposuccion
liquéfiable
liquéfiante
liquidambar
liquidateur
liquidation
liquidative
liquidienne
lisbonnaise
lisiblement
L'Isle-d'Abeau
lithiasique
lithinifère
lithogenèse
lithographe
lithopédion
lithophanie
lithosphère
littéralité
littérarité
littérateur
littérature
lituanienne

11

living-rooms
Livingstone
Livry-Gargan
lixiviation
Lloyd George
localisable
locomotrice
lofing-match
logiquement
logisticien
lombo-sacrée
lombo-sacrés
Londinières
Londonderry
londonienne
longanimité
long-jointée
long-jointés
long-métrage
Longuenesse
longues-vues
Longueville
lords-maires
Lorenzaccio
Lotharingie
lotissement
loufoquerie
louise-bonne
Louise-Marie
Louis-Gentil
loup-cervier
loups-garous
louvoiement
lubrifiante
Lüdenscheid
Ludwigsburg
lugubrement
Łukasiewicz
luminescent
luminophore
luni-solaire
luthérienne
Lutosławski
lycanthrope
lycopodiale
lymphangite
lymphatique
lymphatisme
lymphopénie
lyophilisat
lyophiliser
lyriquement
lysergamide
macadamiser
macaronique
maccartisme
macchiaioli
macérations
mâchicoulis
machination
mâchouiller
Machu Picchu
macrocheire
macrocystis
macroséisme
Maël-Carhaix
Maeterlinck
magasinière
Magdaléenne
magdalénien
magiquement
Magnac-Laval
magnanimité
Magnanville
magnésienne
magnétisant
magnétiseur
magnigances
magouillage
magouillant
magouilleur
Mahābhārata
Mahārāshtra
maigrelette
maigrissant
mail-coaches
maillechort
main-d'oeuvre
maintenance
maisonnette
Maisonneuve
maître-autel
maître-chien
maîtrisable
majestueuse
majoritaire
malacologie
malaisément
malchanceux
Malebranche
malédiction
Malesherbes
malfaisante
malheureuse
malignement
malléolaire
malles-poste
Mallet du Pan
Mallet-Joris
malmignatte
malodorante
malposition
malpropreté
malsonnante
maltraitant
malveillant
mammalienne
mammectomie
Mammoth Cave
mandarinale
mandarinaux
mandarinier
mandat-carte
mandatement
Mandchourie
mandibulate
manducation
mange-disque
mangeottant
Manguychlak
maniabilité
maniaquerie
manichéenne
manichéisme
Manicouagan
manifestant
manigançant
manoeuvrant
manoeuvrier
manufacture
manufacturé
manumission
manutention
Mao Tsé-toung
maqueraison
maquettiste
maquignonné
maquilleuse
maraboutage
maraboutant
marathonien
Marc-Antoine
marcescence
marcescente
marchandage
marchandant

11

marchandeur
marchandise
Marchiennes
marcionisme
Mar del Plata
marécageuse
marémotrice
marginalisé
marginalité
margouillat
margouillis
margoulette
Margueritte
marguillier
Marie-Amélie
marie-jeanne
Marie-Joseph
Marie-Louise
marie-louise
marie-salope
marionnette
marivaudage
marivaudant
Marlborough
marmoréenne
maroquinage
maroquinant
maroquinier
marqueterie
marseillais
marshmallow
martèlement
Martellange
martyrisant
martyrologe
masculinisé
masculinité
massacrante
massacreuse
massicotant
massivement
mastectomie
masticateur
mastication
Mastroianni
matelassant
matelassier
matelassure
matérialisé
matérialité
maternisant
mathématisé
matraqueuse
matriarcale
matriarcaux
matricielle
matrilocale
matrilocaux
matrimonial
Maubourguet
Maulbertsch
mauricienne
mauritanien
maussaderie
maxillipède
maximaliser
maximaliste
mécanicisme
Mecklenburg
méconnaître
mécontenter
médiathèque
médiatisant
médicalisée
médicaliser
Medicine Hat
médico-légal
médiocratie
médiumnique
mégalomanie
Megalopolis
mégalopolis
mégaloptère
mégathérium
Meissonnier
Melanchthon
mélanoderme
méliorative
melting-pots
Melun-Sénart
membranaire
membraneuse
mémorandums
mémorisable
mendélévium
mendélienne
Mendelssohn
Mendes Pinto
mendigotant
menstruelle
mensualiser
mensuration
mentalement
mentalisant
mentionnant
mentonnière
méprobamate
mercaticien
mercerisage
mercerisant
mercurielle
Merejkovski
méridionale
méridionaux
Merlin Cocai
mérovingien
Mers el-Kébir
merveilleux
Méry-sur-Oise
Mesabi Range
mésalliance
mésaventure
mésestimant
mesmérienne
Mésopotamie
mesquinerie
Messali Hadj
messianique
messianisme
métabolique
métaboliser
métabolisme
métacarpien
métagalaxie
métalangage
métaldéhyde
métallifère
métallisant
métalliseur
métallurgie
métalogique
métamérique
métamérisée
métastasant
métatarsien
métathéorie
métathérien
Metchnikoff
météorisant
méthanisant
méthanoïque
méticuleuse
métonymique
métricienne
métrisation
métropolite

métrorragie
Metzervisse
Mezzogiorno
Miaja Menant
miasmatique
micaschiste
Mickey Mouse
micocoulier
micoquienne
microbienne
microchimie
microclimat
microfilmer
microgrenue
micrométrie
micromodule
micronésien
micropilule
microscopie
microséisme
microsillon
microtubule
mignonnette
migraineuse
militariser
militarisme
militariste
mille-fleurs
mille-pattes
millerandée
millésimant
Millevaches
milliampère
milligramme
millimétrée
millionième
minablement
Minas Gerais
minéralisée
minéraliser
minéralogie
miniaturisé
minimaliser
minimaliste
ministériel
ministrable
minitéliste
Minneapolis
minnesänger
minoritaire
mirabellier
miraculeuse
mirobolante
miroitement
misanthrope
miscibilité
miséricorde
Mississauga
Mississippi
Missolonghi
Mistinguett
Mitchourine
mitoyenneté
mitraillade
mitraillage
mitraillant
mitrailleur
mixtionnant
mobile homes
mobilisable
modératrice
modern dance
modernisant
modern style
modestement
modificatif
modiquement
modulatrice
Mohenjo-Daro
Mohorovičic
moindrement
moins-disant
moins-perçus
moins-values
moissonnage
moissonnant
moissonneur
moléculaire
moliéresque
molinosisme
molinosiste
mollasserie
mollassonne
molletonner
molybdénite
monadologie
monarchique
monarchisme
monarchiste
Monbazillac
mondialiser
mondialisme
Mondonville
Mondoubleau
mondovision
monétarisme
monétariste
Monflanquin
mongolienne
Monnerville
monobasique
monocaméral
monochromie
monoclinale
monoclinaux
monoclonale
monoclonaux
monocristal
monoculaire
monoculture
monogamique
monogénisme
monographie
monoidéisme
monologuant
monophysite
monopoleuse
monopoliser
monopoliste
monosémique
monosyllabe
monothéisme
monothéiste
monovalente
monseigneur
monstrueuse
montagnarde
montagneuse
Montbéliard
Mont-Dauphin
mont-de-piété
Montecatini
monte-charge
Monte-Cristo
Montecristo
monte-en-l'air
Montemboeuf
monténégrin
Montesquieu
Montesquiou
Montfermeil
Montferrand
Montgenèvre
Montgiscard
Montgolfier
Montherlant

11

Montmarault
Montmorency
montmorency
Montpellier
Montpensier
montréalais
Montrevault
Montrichard
monts-blancs
monumentale
monumentaux
moralisante
morbilleuse
Morgenstern
morphinique
morphinisme
morphologie
mortaiseuse
mort-aux-rats
morte-saison
mortifiante
morvandelle
moteur-fusée
motoculteur
motoculture
motorgrader
mots croisés
mots-valises
motu proprio
mouchardage
mouchardant
moucheronné
moudjahidin
mouillement
moulin-à-vent
Moulin-Rouge
mouluration
Mounet-Sully
Mountbatten
Mount Vernon
moussaillon
Moussorgski
Mou-tan-kiang
moutonnerie
moutonneuse
moutonnière
mouvementée
mouvementer
Moÿ-de-l'Aisne
moyenâgeuse
moyennement
Moyen-Orient
mozambicain
mugissement
Muḥammad 'Alī
multicolore
multicouche
multilingue
multiparité
multipliant
multiplieur
multiracial
multirisque
multisalles
Münchhausen
Mundolsheim
munificence
munificente
Mur-de-Barrez
mûrissement
Mūritāniyya
murs-rideaux
musculation
musculature
musellement
musicologie
musicologue
mussitation
mutazilisme
mutilatrice
mutualisant
mutuellisme
mutuelliste
Muzaffarpur
mycologique
mydriatique
myéloblaste
myélogramme
myélomatose
myofibrille
myomectomie
myorelaxant
myriophylle
mystérieuse
mystifiable
mystifiante
Naḥḥās Pacha
Nahuel Huapí
Namaqualand
Nānga Parbat
Nanterriens
napoléonien
napolitaine
Narāyanganj
Narbonnaise
narcissique
narcissisme
narcodollar
narcolepsie
nasillement
nasonnement
nationalisé
nationalité
naturalisée
naturaliser
naturalisme
naturaliste
naufrageant
naufrageuse
nauséabonde
naviculaire
navigatrice
Navratilova
nécessitant
nécessiteux
nécromancie
nécrophilie
nectarifère
néerlandais
négativisme
négatoscope
négligeable
négociateur
négociation
négrillonne
nématocyste
néocomienne
néogothique
néo-indienne
néokantisme
néolithique
néoplasique
néoréalisme
néoréaliste
néothomisme
néphrétique
néphrologie
néphrologue
néphropexie
nestorienne
nettoiement
Neuf-Brisach
Neufchâteau
Neunkirchen
neuroblaste
neurochimie

11

neuropathie
neutraliser
neutralisme
neutraliste
neutronique
neutropénie
neutrophile
névralgique
névropathie
Newport News
newtonienne
newton-mètre
new-yorkaise
Ngô Dinh Diêm
nicotinique
nictitation
nids-de-poule
Niederbronn
Niedermeyer
nietzschéen
Nijni Taguil
Nishinomiya
nitratation
nitrate-fuel
nitrifiante
nitrobacter
nitrosation
nitruration
nivellement
nivo-pluvial
Nogent-le-Roi
noircissant
noircissure
Noirmoutier
nombrilisme
nominaliser
nominalisme
nominaliste
nomographie
non-accompli
non-activité
nonagénaire
nonchalance
nonchalante
non-croyante
non-directif
non-inscrite
non-marchand
non-paiement
non-recevoir
non-résident
non-salariée
non-violence
non-violente
nord-coréens
normalement
normalienne
normalisant
normativité
Northampton
Northumbrie
norvégienne
nosocomiale
nosocomiaux
nosoconiose
nosographie
nostalgique
Nostradamus
notablement
notificatif
notionnelle
notoirement
nourricière
nourrissage
nourrissant
nourrisseur
nouveau-nées
nouvelliste
Nouzonville
Novorossisk
nucléariser
nucléonique
nucléophile
nudibranche
Nueva España
Nuevo Laredo
numérologie
numérologue
nycthéméral
Nyíregyháza
nymphomanie
Nysa Łużycka
objectivant
objectivité
objurgation
obligataire
obligatoire
obliquement
Obrénovitch
obscurément
obsécration
obséquieuse
observateur
observation
obsidionale
obsidionaux
obsolescent
obstétrical
obstétrique
obstination
obstinément
obstruction
obstructive
obtempérant
obturatrice
occasionnel
occasionner
occidentale
occidentaux
occitanisme
occultation
océanologie
océanologue
octaédrique
octogénaire
octosyllabe
oculomoteur
Oda Nobunaga
odieusement
odontologie
odontomètre
odoriférant
Oecolampade
oecuménique
oecuménisme
oecuméniste
oedémateuse
oeil-de-boeuf
oeil-de-tigre
oeilletonné
oeils-de-chat
Ōe Kenzaburō
oenanthique
oenologique
oesophagien
oesophagite
officialisé
officialité
Offranville
offsettiste
oléagineuse
oléiculteur
oléiculture
oligophrène
ombellifère
omnipotence

11

omnipotente
omniprésent
omniscience
omnisciente
oncologiste
ondulatoire
onguligrade
oniromancie
onomastique
ontologique
ontologisme
onychophore
onzièmement
opacimétrie
opalescence
opalescente
opalisation
opéra-ballet
operculaire
ophioglosse
ophiolâtrie
ophtalmique
opiniâtreté
opisthodome
opothérapie
Oppenheimer
opportunité
oppressante
optimaliser
optionnelle
orang-outang
Oranienburg
orbiculaire
orchestrale
orchestrant
orchestraux
ordonnancer
ordonnateur
organicisme
organiciste
organisable
organologie
organsinant
orgueilleux
orientation
orientement
originalité
ornemaniste
ornementale
ornementant
ornementaux
ornithogale
orphéoniste
orthocentre
orthodontie
orthodromie
orthogenèse
orthogonale
orthogonaux
orthographe
orthonormée
orthophonie
orthoptique
orthoptiste
oscillateur
oscillation
osculatrice
ostentation
ostéoblaste
ostéoclasie
ostéoclaste
ostéogenèse
ostéopathie
ostéoporose
Ostrogorski
Ottmarsheim
Ouagadougou
ourdisseuse
outrageante
outrancière
outre-Manche
outrepassée
outrepasser
ouvertement
ouvrabilité
ouvre-boîtes
ouvriérisme
ouvriériste
Ouzbékistan
ovalisation
ovationnant
ovipositeur
ovovivipare
Oxenstierna
oxycarbonée
oxychlorure
oxygénation
ozonisation
ozonosphère
pachydermie
Pacy-sur-Eure
pages-écrans
paillardise
Pain de Sucre
Pair-non-Pair
pakistanais
Palais-Royal
palangrotte
palataliser
palefrenier
paléoclimat
paléographe
paléozoïque
palestinien
palettisant
palettiseur
palimpseste
palissadant
palissandre
palissonner
palladienne
palmatifide
palmiséquée
palpitation
palynologie
panafricain
panarabisme
Panathénées
panathénées
panchen-lama
Pancho Villa
panclastite
pancréatite
pandémonium
panégyrique
panégyriste
panier-repas
panneautant
panoramique
pans-bagnats
panslavisme
panslaviste
Pantelleria
pantographe
pantouflant
pantouflard
Pão de Açúcar
Paoustovski
Papandhréou
papavéracée
papelardise
paperassier
Paphlagonie
papier-émeri
papilionacé

11

papillonner
papillotage
papillotant
papyrologie
papyrologue
parabolique
paraboloïde
paracentèse
paracétamol
parachevant
parachutage
parachutant
paraffinage
paraffinant
parafiscale
parafiscaux
paralangage
paralogique
paralogisme
paralysante
paralytique
paramédical
parangonner
paranoïaque
paranormale
paranormaux
paranthrope
paraphernal
paraphraser
paraphrénie
parasitaire
parasitisme
parastatale
parastataux
parcellaire
parcelliser
parcheminée
pardonnable
parégorique
paremantant
parementure
parentalies
parentérale
parentéraux
paresthésie
paridigitée
paritarisme
parlementer
parodontale
parodontaux
parodontose
paroissiale
paroissiaux
paronymique
Paropamisus
paroxysmaux
parpaillote
partageable
partenarial
partenariat
participant
participial
particulier
parturiente
parturition
pascalienne
pas de Calais
Pas-de-Calais
Pas de la Case
Paskievitch
passacaille
Passarowitz
passe-boules
passe-droits
passe-lacets
passementer
passepoilée
passe-volant
passing-shot
passioniste
passionnant
passivation
passivement
pastelliste
pasteurella
pasteuriser
pasticheuse
pastilleuse
pastorienne
pastoureaux
pastourelle
Pa-ta-chan-jen
Pāṭaliputra
pataugeoire
pathogenèse
patibulaire
patouillant
patriarcale
patriarcaux
patricienne
patrilocale
patrilocaux
patrimonial
patriotarde
patriotique
patriotisme
patristique
patronnesse
patrouiller
patte-de-loup
Paul-Boncour
paulinienne
paupérisant
pavimenteux
pavlovienne
pavoisement
paysannerie
Pearl Harbor
Peaux-Rouges
peaux-rouges
pédagogique
pédantesque
pédiatrique
pédiculaire
Pei Ieoh Ming
peinturluré
pélargonium
pélasgienne
pellagreuse
pelle-pioche
pelliculage
pelliculant
pelliculeux
Péloponnèse
pelotonnant
pénalisante
pendouiller
pénétration
péniblement
pénicilline
pénicillium
pénitencier
pénitentiel
pensionnant
pensivement
pentagonale
pentagonaux
Pentateuque
Penthésilée
perce-pierre
perceptible
percheronne
perchlorate
percnoptère
percolateur
percolation

11

percomorphe
péremptoire
pérennisant
péréquation
perestroïka
Pérez Galdós
perfectible
perfidement
perforateur
perforation
performance
performante
performatif
perfringens
péricardite
périchondre
périclitant
périgordien
périgourdin
périodicité
péritonéale
péritonéaux
périurbaine
perlinguale
perlinguaux
permutation
pernicieuse
perpétuelle
persécutant
persécuteur
persécution
persévérant
persifleuse
persistance
persistante
personnelle
personnifié
perspective
pèse-esprits
pèse-lettres
pèse-liqueur
pétaradante
Peterlingen
pétillement
petit-beurre
petite-fille
petite-nièce
pétitionner
petit-maître
Petitpierre
petits-fours
petits-laits
petit-suisse
pétouillant
pétrifiante
pétrisseuse
pétrochimie
pétrodollar
pétrogenèse
pétrographe
pétrolifère
pets-de-nonne
Peyrehorade
phagocytant
phagocytose
phalangette
phalangiste
phalanstère
phallocrate
Pham Van Dông
phanérogame
pharaonique
pharisaïque
pharisaïsme
pharisienne
pharmacopée
phelloderme
phénicienne
phénoménale
phénoménaux
phénoplaste
Philippines
philippique
Philopoemen
philosopher
philosophie
phlébologie
phlébologue
phlébotomie
phlegmoneux
phocidienne
phonéticien
phonogramme
phonographe
phonométrie
phonothèque
phosphatage
phosphatant
phosphatase
phosphorant
phosphoreux
phosphorite
phosphoryle
photochimie
photocopier
photo-finish
photogenèse
photographe
photométrie
photophobie
photosphère
photothèque
phrénologie
phycomycète
phyllotaxie
phylloxérée
phylogenèse
physicienne
physiocrate
physiologie
physionomie
physostigma
phytéléphas
phytozoaire
piaillement
pianistique
Piatra Neamţ
Piccolomini
pictogramme
pied-de-biche
pied-de-poule
pied-d'oiseau
pieds-de-lion
pieds-de-loup
pieds-de-veau
pieds-droits
piémontaise
Pierrefitte
Pierrefonds
Pierrelatte
piétinement
piétonnière
piézographe
pigeonnante
pigmentaire
pignorative
pillow-lavas
pilocarpine
pilo-sébacée
pilo-sébacés
pimprenelle
pinailleuse
Pinar del Río
pipistrelle
pique-boeufs
pique-fleurs

11

pique-niquer
pique-niques
pirouettant
pisolitique
piteusement
pithiatique
pithiatisme
pittoresque
pittosporum
Pixerécourt
placentaire
placidement
Placoplâtre
plagioclase
plaisamment
plaisancier
plaisantant
planchéiage
planchéiant
plan-concave
plan-convexe
planétarium
planifiable
planimétrie
planisphère
plansichter
plans-masses
Plantagenêt
plantigrade
plantureuse
plasmatique
plasmifiant
plastifiant
plastiquage
plastiquant
plastiqueur
plastronner
plateresque
platinifère
platonicien
plébisciter
plein emploi
plein-emploi
pleins-temps
pleins-vents
pléistocène
plésiosaure
pléthorique
pleurétique
pleurnicher
pleurodynie
pleuronecte
pleurotomie
pleuvassant
Plouguenast
ploutocrate
plumasserie
plumassière
plum-pudding
pluriannuel
pluricausal
plurilingue
plurivalent
plutonienne
pluviomètre
pneumatique
pneumocoque
pneumologie
pneumologue
pneumonique
pochoiriste
pochothèque
poétisation
Poggendorff
pogonophore
poignardant
poinçonnage
poinçonnant
poinçonneur
Pointe-Noire
pointillage
pointillant
pointilleux
points de vue
poireautant
poisson-chat
poisson-épée
poisson-globe
poisson-lune
poissonneux
poissonnier
poisson-scie
poitrinaire
Poivilliers
polarimètre
polémiquant
polémologie
polémologue
policologie
polissonner
politicarde
politologie
politologue
pollakiurie
Polonnaruwa
polychromie
polycopiant
polyculture
polydactyle
polyédrique
polygénique
polygénisme
polygonacée
polymériser
polynévrite
polynomiale
polynomiaux
polyoléfine
polypeptide
polyploïdie
polypropène
polysémique
polystyrène
polysulfure
polysyllabe
polysynodie
polythéisme
polythéiste
polyvalence
polyvalente
pomiculteur
pomologiste
pompiérisme
Ponce Pilate
ponctionner
ponctualité
ponctuation
pondérateur
pondération
Poniatowski
Pont-à-Celles
Ponta Grossa
Pont-Audemer
pont-bascule
Pontchâteau
Pont-de-Roide
Pont-de-Veyle
Ponte-Leccia
pontifiante
pontificale
pontificaux
Pont-l'Évêque
pont-l'évêque
Pontoppidan
ponts-canaux
ponts-routes

11

Pontvallain
populacière
populariser
Porcheville
pornographe
porphyrique
porphyroïde
portabilité
Port-Cartier
porte-amarre
porte-à-porte
porte-avions
porte-balais
porte-barges
porte-billet
porte-cartes
porte-cigare
porte-copies
porte-crayon
porte-fanion
Porte-Glaive
porte-glaive
porte-greffe
porte-hauban
porte-montre
porte-objets
porte-outils
porte-papier
porte-paquet
porte-parole
porte-queues
porte-savons
Portes de Fer
Port-Étienne
Port-Grimaud
Port-Lyautey
Port Moresby
Pôrto Alegre
Port of Spain
portoricain
portraituré
Port-Vendres
Portzmoguer
positionner
positivisme
positiviste
positronium
possessoire
possibilité
postérieure
postillonné
postmoderne
postulation
potamochère
potamologie
potentielle
potestative
potron-minet
pots-pourris
pouces-pieds
Pougatchiov
Poulo Condor
poult-de-soie
pouponnière
pourcentage
pourchasser
pourfendant
pourfendeur
pourléchant
pourparlers
pourrissage
pourrissant
pourrissoir
poursuiteur
poursuivant
pourvoyeuse
poussiéreux
poussinière
pouts-de-soie
pragmatique
pragmatisme
pragmatiste
praticienne
pratiquante
Praz-sur-Arly
précambrien
précarisant
précellence
préceptorat
préceptrice
préchauffer
précipitant
précisément
précocement
précomptant
préconisant
précordiale
précordiaux
prédécoupée
prédestinée
prédestiner
prédicateur
prédication
prédicative
prédictible
prédisposer
prédominant
préemballée
prééminence
prééminente
préencollée
préexistant
préfabriqué
préfectoral
préfigurant
préfixation
prégénitale
prégénitaux
préhistoire
préhominien
préjudiciel
prélèvement
prématurité
préméditant
première-née
premiers-nés
prémonition
Přemyslides
prénuptiale
prénuptiaux
préoccupant
préoedipien
préparateur
préparatifs
préparation
préposition
prépositive
prépsychose
préretraite
préretraité
prérogative
presbytéral
préscolaire
prescrivant
présentable
préservatif
présomption
présomptive
pressentant
presse-purée
pressuriser
prestataire
prestigieux
prestissimo
présupposer
prêt-à-coudre

prêt-à-manger
prêt-à-monter
prétantaine
prêt-à-porter
prétendante
prétentaine
prétentieux
prétéritant
prétérition
prétorienne
prévariquer
primeuriste
primordiale
primordiaux
principauté
printanière
prioritaire
Priscillien
prismatique
prisonnière
privatisant
privilégiée
privilégier
probabilité
procédurale
procéduraux
procédurier
prochinoise
proclitique
proconsulat
procréateur
procréation
proctologie
proctologue
procurateur
procuration
prodigalité
prodigieuse
prodromique
productible
productique
productrice
proéminence
proéminente
profanateur
profanation
professoral
professorat
profiterole
progéniture
progestatif
programmant
programmeur
progressant
progression
progressive
prohibition
prohibitive
Prokopievsk
prolétariat
prolétarien
prolétarisé
proliférant
prolongeant
prometteuse
promiscuité
promontoire
promptement
promptitude
promulguant
pronominale
pronominaux
prononçable
pronostique
pronostiqué
propagateur
propagation
prophétesse
prophétique
prophétiser
prophétisme
prophylaxie
proportions
proposition
propre-à-rien
prorogation
prorogative
proscrivant
prospectant
prospecteur
prospection
prospective
prostatique
prosternant
prostituant
prostration
protectorat
protectrice
protège-slip
protéiforme
protéinique
protéinurie
protestable
protestante
prothésiste
prothétique
protococcus
protoétoile
protoplasma
protoplasme
protozoaire
protractile
protubérant
proudhonien
proverbiale
proverbiaux
provinciale
provinciaux
provisionné
provitamine
provocateur
provocation
prurigineux
psalmodiant
Psammétique
psilocybine
psittacisme
psychiatrie
psychodrame
psychologie
psychologue
psychopathe
psychopompe
psychotique
psychotrope
ptolémaïque
publication
pudiquement
puérilement
Puertollano
Puerto Montt
puissamment
pullulation
pullulement
pulvérisant
pulvériseur
pulvérulent
Punta Arenas
pupillarité
puritanisme
pusillanime
putréfiable
putrescence
putrescente
putrescible
pycnogonide

11

pyocyanique
pyrimidique
pyrogravant
pyrogravure
pyroligneux
pyrotechnie
pyrrhonisme
Qala'at Sim'ān
quadratique
quadriennal
quadrillage
quadrillant
quadrupédie
quadruplant
quadruplées
qualifiable
qualifiante
qualitative
quantifiant
quantitatif
quarantaine
quarantième
quartageant
quartannier
quart-de-rond
quarteronne
quartzifère
quasi-délits
quaternaire
quatorzième
quatre-temps
quatre-vingt
quatrillion
quelquefois
quelque part
quelques-uns
quémandeuse
qu'en-dira-t-on
quercinoise
quercitrine
quercynoise
querelleuse
Questembert
questionner
queues-de-pie
queues-de-rat
quichenotte
quinquennal
quinquennat
Quinte-Curce
quintillion
quintuplant
quintuplées
quittançant
quotes-parts
quotidienne
Queraychites
rabattement
rabelaisien
rabibochant
rabouillère
rabouilleur
raccommoder
raccompagné
raccrochage
raccrochant
raccrocheur
rachidienne
Rachmaninov
radicalaire
radicaliser
radicalisme
radicotomie
radiculaire
radioactive
radiobalise
radiobalisé
radiocobalt
radiocompas
radiogramme
radioguider
radiolarite
radiolésion
radiophonie
radio-réveil
radioscopie
radiosource
raffinement
rafistolage
rafistolant
Rafsandjani
ragaillardi
rageusement
ragougnasse
rahat-lokoum
rais-de-coeur
raisonnable
raisonneuse
Rajahmundry
rajustement
Rakhmaninov
rallongeant
Rāmakrishna
Rambouillet
Ramón y Cajal
rançonneuse
randomisant
randonneuse
Ranjīt Singh
rapatriable
rapetassage
rapetassant
rapetissant
raphaélique
rapiècement
rappareillé
rappliquant
rapporteuse
rapprochage
rapprochant
raquetteuse
raréfaction
Ra's al-Khayma
raspoutitsa
rassemblant
rassembleur
rassérénant
ratatouille
ratiboisant
ratiocinant
rationalisé
rationalité
rationnaire
rationnelle
rattrapable
Ravensbrück
ravigotante
ravilissant
ravissement
ravitailler
rayonnement
réabsorbant
réaccoutumé
réactionnel
réactualisé
réadmettant
réadmission
réaffirmant
réalisateur
réalisation
réanimateur
réanimation
réapprenant
réapprendre
réargentant
réassignant

11

réassurance
rebaptisant
rébarbative
rebâtissant
rebattement
reboisement
rebouilleur
reboutonner
rebroussant
recachetant
recalcifier
recalculant
récapituler
recarrelant
recensement
réceptionné
réceptivité
récessivité
rechangeant
rechargeant
réchauffage
réchauffant
réchauffeur
rechaussant
recherchant
récidivante
récidivisme
récidiviste
réciprocité
réciproquer
réclamation
récognition
recollement
recommandée
recommander
recommencer
récompenser
recomposant
réconcilier
recondamner
réconforter
reconnaître
reconquérir
Reconquista
reconsidéré
reconstitué
reconstruit
reconvertir
recoupement
recouvrable
récriminant
recrutement
rectifiable
rectifieuse
recto-colite
rectoscopie
recueillant
reculottant
récupérable
récursivité
redécouvert
redécouvrir
redéfaisant
redemandant
redémarrage
redémarrant
rédemptrice
redéployant
redescendre
rédhibition
rediffusant
rediffusion
rediscutant
redistribué
redoublante
redresseuse
rééducation
réembaucher
réemployant
réemprunter
réengageant
réensemencé
rééquilibré
réescompter
réexaminant
réexpédiant
réexportant
refaçonnant
référençant
référentiel
réflexivité
réflexogène
réformateur
réformation
reformulant
refouillant
refoulement
réfractaire
réfractrice
réfrangible
refrènement
réfrènement
réfrigérant
réfringence
réfringente
régionalisé
registraire
réglementer
regorgement
regrattière
regrettable
régulariser
régulatrice
régurgitant
réhabilitée
réhabiliter
réhabituant
réhydratant
Reichenbach
réification
réimplanter
réimportant
réimprimant
réincarcéré
réincarnant
réincorporé
reine-claude
réinsertion
réinstaller
réintégrant
réintroduit
réinventant
réitération
réitérative
rejointoyer
réjouissant
relâchement
relationnel
relativiser
relativisme
relativiste
relevailles
religiosité
remaniement
remaquiller
remarquable
remasticage
remastiquer
rembarquant
rembauchant
remblayeuse
rembobinant
rembougeant
rembourrage
rembourrant
rembourrure

11

remboursant
remmaillage
remmaillant
remmailloté
remmanchant
remnogramme
remontrance
remorqueuse
remouillant
rempaillage
rempaillant
rempailleur
rempaqueter
remplaçable
remplaçante
remplissage
remplissant
rempruntant
remue-ménage
Renaissance
renaissance
renaissante
rencaissage
rencaissant
rencontrant
renégociant
renfrognant
rengagement
rengorgeant
rengraisser
Renier de Huy
reniflement
renoncement
renouvelant
rénovatrice
renseignant
rentabilisé
rentabilité
rentoileuse
rentraiture
renversante
réorchestré
réorganiser
réorientant
réouverture
réparations
réparatrice
répartiteur
répartition
répercutant
répertorier
répétitrice
replacement
réplication
reploiement
replongeant
repolissage
repolissant
repose-pieds
repoussante
représenter
réprimander
réprobateur
réprobation
reproductif
reprogrammé
reptilienne
républicain
répudiation
requinquant
réquisition
resalissant
rescindable
rescindante
réservation
résidentiel
résignation
résiliation
Resistencia
résistivité
resocialisé
résolutoire
respectable
respectueux
respirateur
respiration
responsable
resquillage
resquillant
resquilleur
ressaignant
ressemblant
ressemelage
ressemelant
ressourçant
ressouvenir
ressusciter
restituable
restitution
restreindre
restriction
restrictive
restructuré
retardateur
retardement
réticulaire
retordement
retoucheuse
Retournemer
rétractable
retraitante
retranchant
retranscrit
retravaillé
retraverser
rétreignant
rétribution
rétroaction
rétroactive
rétrocédant
rétrograder
retroussant
rétroviseur
réunionnais
réunionnite
réussissant
réutilisant
revaccinant
revaloriser
revancharde
revanchisme
réveillonné
révélatrice
revendiquer
réverbérant
révérenciel
reversement
rêveusement
révisionnel
revitaliser
revivifiant
reviviscent
révocatoire
rez-de-jardin
rhabilleuse
Rhadamanthe
Rhaznévides
rhéologique
rhétoricien
rhéto-romane
rhéto-romans
rhexistasie
rhinoscopie
rhizocarpée
rhodanienne
Rhode Island

rhodophycée
rhomboïdale
rhomboïdaux
rhumatisant
rhumatismal
ribaudequin
Ribeauvillé
riboflavine
Ricciarelli
Richard's Bay
ridiculiser
Rieupeyroux
rifampicine
rigidifiant
rimailleuse
rince-bouche
rince-doigts
rinforzando
Riourikides
ripailleuse
ripple-marks
ristournant
ritournelle
ritualisant
riveraineté
riziculteur
riziculture
Robespierre
rocailleuse
Roch ha-Shana
rock and roll
Rockefeller
rodomontade
Rohan-Chabot
Rokossovski
rôles-titres
Romainville
roman-fleuve
Romé de l'Isle
ronchonnant
ronchonneur
ronds-de-cuir
ronds-points
ronéotypant
Roquecourbe
rosé-des-prés
Rosh ha-Shana
rosicrucien
Rostopchine
rotativiste
rotogravure
roublardise
roucoulante
roues-pelles
rougeoyante
rougissante
rouscailler
rouspétance
rouspéteuse
rousserolle
roussissant
roussissure
roustissant
Rozay-en-Brie
rubéfaction
rubigineuse
rugissement
ruine-de-Rome
ruisselante
Rüsselsheim
Saarbrücken
sablonneuse
sablonnière
sabordement
saccharifié
saccharinée
saccharoïde
sacerdotale
sacerdotaux
sac-poubelle
sacralisant
sacramental
sacramentel
sacrificiel
sacro-sainte
sacro-saints
Sá de Miranda
sadique-anal
sadiquement
safari-photo
sages-femmes
saillissant
Saint-Acheul
Saint-Agnant
Saint-Agrève
Saint-Aignan
Saint Albans
Saint-Amarin
Saint-Arnaud
Saint-Astier
Saint-Aulaye
Saint-Aygulf
Saint-Benoît
Saint-Blaise
Saint-Bonnet
Saint-Brévin
Saint-Brieuc
Saint-Calais
Saint-Cernin
Saint-Chamas
Saint-Chéron
Saint-Claude
saint-crépin
saint-cyrien
Saint-Didier
Saint-Dizier
Sainte-Barbe
sainte-barbe
Sainte-Baume
Sainte-Beuve
Sainte-Croix
Saint-Égrève
Sainte-Lucie
Sainte-Marie
Sainte-Maure
sainte-maure
Sainte-Odile
Saint-Esprit
Saint-Esprit
Saint-Estève
Sainte-Vehme
Saint-Gelais
Saint-Genest
Saint-Geniez
Saint-Geoire
Saint George
Saint-Gildas
Saint-Gilles
Saint-Girons
Saint-Gobain
Saint Helena
Saint Helens
Saint-Hélier
Saint-Honoré
saint-honoré
Saint-Hubert
Saint-Ismier
Saint-Jeoire
Saint-Jérôme
Saint-Joseph
Saint-Julien
Saint-Junien
Saint-Lazare
Saint-Lizier
Saint-Loubès
Saint-Martin

11

Saint-Médard
Saint-Memmie
Saint-Michel
Saint-Mihiel
Saint-Moritz
Saint-Nizier
Saint-Office
Saint-Office
Saint-Palais
saintpaulia
saint-paulin
Saint Phalle
Saint-Pierre
saint-pierre
Saint-Priest
Saint-Privat
Saint-Romain
Saint-Saulge
Saint-Saulve
Saint-Servan
Saint-Sorlin
saints-pères
saint-synode
Saint Thomas
Saint-Trojan
Saint-Tropez
Saint-Valery
Saint-Varent
Saint-Venant
Saint-Vivien
Saint-Vulbas
Saint-Yrieix
saisie-arrêt
saisissable
saisissante
saisonnière
Saldjuqides
saliculture
salicylique
Sallaumines
Salles-Curan
salmigondis
Salpêtrière
salvadorien
samaritaine
Sambreville
Samory Touré
sanatoriale
sanatoriaux
sanatoriums
Sancho Pança
sanctifiant
sanctionner
sanctuarisé
Sandouville
Sanforisage
sanguinaire
sanguisorbe
Sankt Gallen
Sankt Moritz
Sankt Pölten
San Murezzan
San Salvador
sans-culotte
sans-papiers
Santa Isabel
Santa Monica
São Bernardo
sapientiaux
saponifiant
sapotillier
sarcastique
sarcomateux
Sardanapale
sarmenteuse
Sarrancolin
sarrancolin
satellisant
satisfiable
saturnienne
saucissonné
sauf-conduit
saupoudrage
saupoudrant
saurisserie
saurisseuse
saute-mouton
sautillante
sauts-de-loup
sauvagement
sauvageonne
sauvegarder
Savannakhet
savoir-faire
savoir-vivre
Saxe-Cobourg
scandaleuse
scandaliser
Scandinavie
scanographe
Scaramouche
scénarimage
scénographe
scepticisme
Schaffhouse
Scharnhorst
schématique
schématiser
schématisme
Schickhardt
Schifflange
schistosité
schizogamie
schizogonie
schizothyme
schlinguant
Schlöndorff
Schrödinger
Schuschnigg
Schwarzkopf
Schwarzwald
Schweinfurt
Scialytique
scintillant
scitaminale
scléromètre
sclérosante
sclérotique
scolarisant
scolasticat
scolastique
scoliotique
scolopendre
scootériste
scopolamine
scorbutique
Scot Érigène
scotomisant
scrabbleuse
script-girls
scripturale
scripturaux
scrofulaire
scrofuleuse
scrupuleuse
scrutatrice
sculpturale
sculpturaux
scutellaire
Second-Bakou
secrétariat
secrètement
sectionnant
sectionneur
sectorielle
sectorisant

séculariser
sécurisante
sécuritaire
sédentarisé
sédentarité
sédimentant
segmentaire
ségrégation
ségrégative
seigneurial
Seine-et-Oise
Sei Shōnagon
séismologie
sélaginelle
sélectionné
sélectivité
séléniteuse
sélénologie
self-control
self-made-man
self-made-men
self-service
sémanticien
séméiologie
semen-contra
semi-durable
semi-globale
semi-liberté
semi-lunaire
séminariste
semi-nomades
sémioticien
semi-ouverte
semi-ouverts
semi-ouvrées
semi-peignés
semi-polaire
semi-produit
semi-publics
semi-rigides
sémitisante
semi-voyelle
sempiternel
sénatorerie
sénatoriale
sénatoriaux
sénégalaise
Sennachérib
sensibilisé
sensibilité
sensiblerie
sensorielle
sensualisme
sensualiste
sentencieux
sentimental
séparatisme
séparatiste
séparatrice
septantaine
septantième
septentrion
séquestrant
serbo-croate
sereinement
sérénissime
sergent-chef
sérigraphie
sermonnaire
sermonneuse
sérologique
sérologiste
séronégatif
séropositif
serpentaire
serpigineux
serpillière
serre-freins
serre-joints
serre-livres
Serre-Ponçon
sertisseuse
servilement
servomoteur
sexagénaire
sexagésimal
sexualisant
seychellois
’s-Gravenhage
Shaftesbury
Shakespeare
shampouiner
Shéhérazade
Sherrington
Shimonoseki
siccativité
sidérolithe
sidéroxylon
Sidi-Ferruch
Sienkiewicz
Sierra Leone
Sigmaringen
signalement
signalisant
silencieuse
silhouetter
silicotique
Sillon alpin
Silverstone
simarubacée
Sima Xiangru
simplifiant
simulatrice
sinanthrope
sincèrement
sincipitale
sincipitaux
singularisé
singularité
sinn-feiners
sintérisant
Sint-Martens
Sint-Niklaas
Sint-Pieters
Sint-Truiden
sinusoïdale
sinusoïdaux
siphomycète
sismogramme
sismographe
sismométrie
sister-ships
Sitting Bull
sixièmement
skye-terrier
slavistique
sleeping-car
smithsonite
sociabilisé
sociabilité
socialement
socialisant
sociétariat
sociogenèse
sociogramme
sociométrie
soixantaine
soixante-dix
soixantième
soldatesque
solennisant
solénoïdale
solénoïdaux
solidariser
Solidarność
solidifiant

11 solifluxion
soliloquant
sollicitant
solliciteur
sollicitude
Solliès-Pont
solsticiale
solsticiaux
solubiliser
solutionner
solutréenne
solvabilité
solvatation
somatotrope
sommeillant
sommellerie
somniloquie
somptuosité
sonnaillant
sophistique
sophistiqué
sophrologie
sophrologue
sophronique
soporifique
sorbonnarde
sorcellerie
sordidement
sortie-de-bal
sot-l'y-laisse
soubreveste
soudabilité
soudanienne
soufflement
souffletant
souffreteux
souhaitable
soulagement
soulèvement
soûlographe
soupçonnant
soupçonneux
souquenille
sourcilière
sourcillant
sourcilleux
sourds-muets
sous-assurer
sous-calibré
sous-cavages
sous-classes
sous-clavier
sous-comités
sous-couches
souscrivant
sous-cutanée
sous-cutanés
sous-déclaré
sous-diacres
sous-emplois
sous-employé
sous-entendu
sous-équipée
sous-équipés
sous-espaces
sous-espèces
sous-estimer
sous-évaluer
sous-exposer
sous-famille
sous-filiale
sous-groupes
sous-jacente
sous-jacents
sous-maîtres
sous-marines
sous-marques
sous-normale
sous-orbital
sous-peuplée
sous-peuplés
sous-préfète
sous-préfets
sous-produit
sous-saturée
sous-saturés
sous-secteur
sous-section
sous-solages
sous-soleuse
sous-station
sous-système
sous-tendant
sous-tension
sous-titrage
sous-titrant
soustractif
sous-traiter
soustrayant
sous-utilisé
sous-vireurs
sous-vireuse
soutènement
souterraine
Southampton
soviétisant
space operas
Spagnoletto
Spallanzani
spartakisme
spartakiste
spasmodique
spasmophile
spatialiser
spationaute
spécialiser
spécialiste
spécificité
spectatrice
spéculateur
spéculation
spéculative
spéléologie
spéléologue
spermaphyte
spermatique
spermophile
sphénoïdale
sphénoïdaux
sphéroïdale
sphéroïdaux
sphéromètre
spina-bifida
spinalienne
spirituelle
spiritueuse
spirographe
spoliatrice
spongiosité
sponsoriser
spontanéité
sporadicité
sporotriche
sporozoaire
sporulation
Springfield
spumescente
squattérisé
Squaw Valley
squirrheuse
sri lankaise
Sseu-ma Ts'ien
Sseu-tch'ouan
stabat mater
stabilisant
stabulation

11

stagflation
stalinienne
staminifère
standardisé
Stanley Pool
Stara Zagora
starisation
Starobinski
star-systems
station-aval
stationnant
statistique
statthalter
stéarinerie
stéatopygie
Steenvoorde
stéganopode
Steinberger
Steinkerque
stendhalien
sténogramme
sténographe
sténohaline
sténotherme
stéphanoise
stercoraire
stéréoscope
stéréotaxie
stéréotomie
stéréotypée
stéréotypie
stérilement
stérilisant
Sterlitamak
stéroïdique
stertoreuse
stéthoscope
Stiernhielm
stigmatique
stigmatisée
stigmatiser
stigmatisme
stigmomètre
stimulateur
stimulation
stipendiant
stipulation
Stockhausen
stoïquement
stolonifère
stomachique
Stoney Creek
story-boards
stratégique
stratifiant
stratopause
strictement
stridulante
striduleuse
strioscopie
strip-pokers
strip-teases
stroboscope
strombolien
strongylose
strophantus
Strossmayer
structurale
structurant
structuraux
stupéfiante
stupidement
stylicienne
stylisation
stylistique
stylo-feutre
stylographe
subaérienne
subatomique
subdéléguer
subdivisant
subdivision
subintrante
subjonctive
sublimation
subliminale
subliminaux
sublinguale
sublinguaux
submergeant
submersible
suborbitale
suborbitaux
subordonnée
subordonner
subornation
subrécargue
subrogateur
subrogation
subrogative
subsaharien
subséquente
subsidiaire
subsistance
subsistante
substantiel
substantive
substantivé
substituant
substitutif
subtilement
subtilisant
subtropical
succenturié
successible
successoral
sud-africain
sud-coréenne
sudorifique
suffixation
suffocation
suffragette
suggestible
sulfatation
sulfhydryle
sulfonation
sulpicienne
superbement
supercherie
superficiel
superfluide
superfluité
supériorité
Superlioran
supermarché
superovarié
superposant
superprofit
supertanker
Supervielle
supervisant
superviseur
supervision
supplantant
supplétoire
suppliciant
supportable
supportrice
supposition
suppression
suppuration
supputation
suprêmement
surabondant
suractivité
surajoutant

11

suralimenté
surarmement
surbaissant
surcapacité
surchauffer
surclassant
surcomposée
surcomprimé
surcontrant
surdi-mutité
sureffectif
suréminente
surémission
surenchérir
surentraîné
suréquipant
surestimant
surévaluant
surexcitant
surexploité
surexposant
surgélateur
surgélation
surhaussant
surimposant
surinformer
surmontable
surnatalité
suroxygénée
surpâturage
surplombant
surprenante
surpression
surproduire
surprotéger
surréalisme
surréaliste
sursaturant
surveillant
survêtement
susceptible
suscription
sus-dénommée
sus-dénommés
sus-jacentes
suspicieuse
Susquehanna
susurrement
suzeraineté
sweat-shirts
sybaritique
sybaritisme
syllabation
symbiotique
symbolisant
sympathique
sympathiser
symphonique
symphoniste
synanthérée
synarthrose
synchronisé
synchrotron
syncrétique
syncrétisme
syncrétiste
syndactylie
syndicalisé
syndication
synesthésie
syngnathidé
synonymique
syntactique
synthétique
synthétiser
synthétisme
syntoniseur
systématisé
Szombathely
Szymanowski
tabletterie
tabulatrice
tachéomètre
tachycardie
tachygraphe
tachyphémie
tacticienne
Tadjikistan
Tagliamento
tagliatelle
tai-chi-chuan
taillandier
Taillebourg
taille-douce
Taishō tennō
talentueuse
Tallahassee
Tamanrasset
tambouriner
tamponneuse
Tancarville
Tanegashima
tangibilité
Tang Taizong
tanzanienne
Tao Yuanming
tapis-brosse
tarabiscoté
tarabustant
tardillonne
tardivement
tarissement
tartufferie
Tate Gallery
tâtonnement
tauromachie
tautochrone
taxi-brousse
taxinomique
taxinomiste
taylorisant
Tchaïkovski
Tcheboksary
tchérémisse
Tcherkesses
Tchernovtsy
tchernoziom
Tchétchènes
Tchoibalsan
Tchouktches
Tchouvaches
techniciser
techniciste
Technicolor
technocrate
technologie
technologue
Tegucigalpa
Tehuantepec
teinturerie
teinturière
télécopieur
télédiffusé
télégénique
télégestion
télégraphie
télégraphié
téléguidage
téléguidant
télékinésie
télématique
télématiser
téléphonant
télescopage
télescopant
télétravail

télétravaux
tellurienne
télolécithe
Teluk Betung
tempérament
température
tempétueuse
temporalité
temporisant
tendancieux
tennis-elbow
tennistique
tensioactif
tensiomètre
tensorielle
tentes-abris
ténuirostre
Teotihuacán
tératogénie
tératologie
Ter Brugghen
Terbrugghen
térébratule
tergiverser
termaillage
terminaison
terminateur
Terpsichore
terre Adélie
terre à terre
terreautage
terreautant
terre-neuvas
terre-pleins
terrifiante
territorial
terrorisant
testimonial
test-matches
tête-de-Maure
tête-de-nègre
têtes-de-clou
têtes-de-loup
tétradyname
tétraplégie
tétraploïde
tétras-lyres
texturation
thaïlandais
thalassémie
thalidomide
thallophyte
thaumaturge
théâtralisé
théâtralité
Thémistocle
théobromine
théogonique
théologique
Théophraste
théorétique
thermalisme
thermocline
thermomètre
thermopompe
Thermopyles
thermoscope
théromorphe
thésauriser
thesmothète
Thiberville
thiopentals
thiosulfate
thixotropie
Thorvaldsen
thrombocyte
thrombolyse
thyréotrope
tiers-mondes
tiers-points
timbre-poste
time-sharing
tinctoriale
tinctoriaux
Tippoo Sahib
tire-au-flanc
tire-bouchon
tire-braises
tire-larigot
Tissapherne
tissu-éponge
titillation
titrimétrie
titrisation
titulariser
Tocqueville
Tolboukhine
tolbutamide
tomographie
tonitruante
tonnellerie
tonographie
topinambour
topographie
topologique
toponymique
torchonnant
Tordesillas
torrentueux
Torstensson
totalisante
totalitaire
totipotence
totipotente
touche-à-tout
Touen-houang
toulonnaise
toulousaine
toupilleuse
touraillage
tourangelle
touranienne
Tourgueniev
tourillonné
touristique
Tourlaville
tourmentant
tournailler
tourneboulé
tournicoter
tourniquant
tournoyante
tourterelle
tout-à-l'égout
toxicologie
toxicologue
toxicomanie
tracasserie
tracassière
tractoriste
trade-unions
traductrice
traduisible
traficotant
trafiquante
tragédienne
traînailler
traînassant
trait d'union
trajectoire
tranchefile
transaction
transalpine
transandine
transbahuté
transborder

11

transcender
transcodage
transcodant
transcutané
transférant
transférase
transfiguré
transfilant
transformée
transformer
transfusant
transfusion
transgressé
transhumant
transigeant
transissant
transitaire
transitoire
translation
translative
translucide
transmanche
transmettre
transmigrer
transmuable
transmutant
Transoxiane
transparent
transpercer
transpirant
transplanté
transporter
transposant
transsexuel
transsudant
transvasant
transversal
transvidant
transylvain
trapézoïdal
trappistine
traumatique
traumatiser
traumatisme
travaillant
travailleur
travailloté
traversable
travers-banc
traversière
travestisme
trébuchante
tréfoncière
trégorroise
treillageur
treillisser
tremblement
tremblotant
trémoussant
trémulation
trench-coats
trentenaire
trépanation
trépidation
tressaillir
tressautant
Tres Zapotes
Triangle d'or
triangulant
triatomique
tribométrie
tricalcique
tricératops
trichineuse
trichomonas
trichoptère
triclinique
trifouiller
trilatérale
trilatéraux
trimballage
trimballant
trimestriel
trinidadien
triomphante
tripartisme
triphtongue
triplicatas
triqueballe
trisaïeules
trisectrice
Trismégiste
triturateur
trituration
triumvirale
triumviraux
trochophore
trois-quarts
trois-quatre
trombidiose
tromboniste
trompe-l'oeil
tronconique
tronçonnage
tronçonnant
tronculaire
tropicalisé
troposphère
trottinette
Troubetskoï
trouble-fête
trouillarde
trous-madame
trousse-pied
troussequin
trusquinant
Tryggvesson
trypanosome
tryptophane
Tselinograd
Tsiolkovski
tuberculeux
tuberculine
tuberculose
tubériforme
tubulidenté
tubuliflore
tuméfaction
tumultueuse
tupi-guarani
turbellarié
turboforage
turbomoteur
turgescence
turgescente
turlupinant
tutti frutti
tutti quanti
typhoïdique
typiquement
typographie
typologique
tyrannicide
tyrannisant
Ueda Akinari
ukrainienne
ultracourte
ultrafiltre
ultralégère
ultra-petita
ultrasonore
ultraviolet
unanimement
underground
unificateur
unification

uniformiser
unijambiste
unilatérale
unilatéraux
unilinéaire
uninominale
uninominaux
unisexuelle
universelle
univitellin
Unterwalden
upérisation
'Uqba ibn Nāfi'
uro-génitale
uro-génitaux
uropygienne
uruguayenne
usinabilité
usuellement
usufruitier
usurpatoire
usurpatrice
utilisateur
utilisation
utriculaire
Uxellodunum
uxorilocale
uxorilocaux
vaccinateur
vaccination
vaccinifère
vacillement
vadrouiller
vagabondage
vagabondant
vagissement
vagolytique
vagotonique
vaguemestre
vaillamment
valablement
Valdemar Ier
valdinguant
Valentigney
Valentinien
valentinite
Valentinois
valentinois
Valle-Inclán
Valleraugue
Valleyfield
vallisnérie
valorisante
Valras-Plage
vampirisant
Van Coehoorn
vandalisant
Van de Graaff
Van den Bosch
Vandervelde
Van der Waals
vanity-cases
Van Ruisdael
Van Ruysdael
Van Schendel
Vargas Llosa
variabilité
varsovienne
Vasco de Gama
vascularisé
vasectomisé
vasomotrice
vasouillant
vassalisant
Vassilevski
va-t-en-guerre
Vatnajökull
Vaucouleurs
Vaux-le-Pénil
vectorielle
vedettariat
végétalisme
végétaliste
végétarisme
végétations
véhiculaire
vélivoliste
velléitaire
veloutement
vendangeant
vendangeoir
vendangerot
vendangette
vendangeuse
vendémiaire
vénéricarde
vénézuélien
ventilateur
ventilation
Ventimiglia
ventriloque
verbalement
verbalisant
verbascacée
verdoiement
verdunisant
Vereeniging
vérificatif
Verkhoïansk
vermiculure
vermillonné
vernisseuse
Vernouillet
verrouiller
verrucosité
verruqueuse
versaillais
versatilité
versicolore
vert-de-grisé
verticalité
verticillée
vertigineux
vésicatoire
vésiculaire
vésiculeuse
vespasienne
vesse-de-loup
vétérinaire
Veyre-Monton
viabilisant
vibrionnant
vice-amiraux
vice-consuls
vice-recteur
vice-royauté
Vic-Fezensac
vichyssoise
vicissitude
Vic-sur-Aisne
victorienne
victorieuse
victuailles
vidéodisque
vidéogramme
vide-ordures
vidéothèque
Vieil-Armand
vifs-argents
Vigée-Lebrun
vigilamment
vignettiste
Vijayanagar
vilainement
vilebrequin
vilipendant

11 Villafranca
villageoise
Villandraut
Ville-d'Avray
12 Villemomble
Villersexel
vinaigrerie
vinaigrette
vinblastine
vincristine
vindicative
vingt-quatre
viniculture
violoncelle
virevoltant
virilisante
virologique
virologiste
vishnouisme
visiblement
visionnaire
visionneuse
visitandine
visualisant
vitaminique
viticulteur
viticulture
vitrifiable
vitrioleuse
vitrophanie
vivisection
Vlaardingen
Vladikavkaz
Vladivostok
vocabulaire
voceratrice
volatiliser
volcanisant
volley-balls
volontariat
voltigement
volumineuse
voluptueuse
vomissement
vomito negro
vouvoiement
vrombissant
vulcanienne
vulcanisant
vulgarisant
vulgum pecus
Wackenroder
wagnérienne
wagon-foudre
wagons-poste
wagon-trémie
Wallenstein
wallingante
wallisienne
Walter Tyler
Wambrechies
water-closet
Wattassides
Weierstrass
Weissmuller
Westminster
white-spirit
Winckelmann
wintergreen
Wintzenheim
Wissembourg
Wittelsbach
Wittelsheim
Wou-t'ong-k'iao
Württemberg
xanthélasma
xanthoderme
Xérographie
xylographie
Yalong Jiang
Ya-long-kiang
Yangzi Jiang
Yellowknife
Yellowstone
Yougoslavie
Zelentchouk
zéphyrienne
Zhangjiakou
Zhoukoudian
Zielona Góra
zigouillant
zooflagellé
zoopathique
zoosporange
zoothérapie
zoroastrien
zostérienne
Zweibrücken
Zwijndrecht
zwinglienne
zygomatique
zygopetalum
zymotechnie

12

abandonnique
Abdalwadides
abêtissement
abondanciste
aboutissants
abréagissant
abrutissante
absorptivité
Abū al-'Atāhiya
abyssinienne
accaparement
accastillage
accastillant
accélérateur
accélération
accentuation
accessoirisé
accidentelle
acclimatable
accointances
accommodante
accompagnant
accordailles
accouchement
accouplement
accoutrement
accoutumance
accroche-plat
accueillante
accumulateur
accumulation
acétaldéhyde
acétonémique

12

acétylénique
acheminement
achromatique
achromatiser
achromatisme
acido-basique
acoquinement
acqua-toffana
acquittement
acrimonieuse
acrocéphalie
actinométrie
actinomycète
actinomycose
actionnariat
Actor's Studio
actuellement
acuponctrice
acupunctrice
adaptabilité
additionnant
additionneur
adéquatement
adjectiviser
adjudant-chef
adjudicateur
adjudication
adjudicative
administrant
adoptianisme
adorablement
adoucissante
adrénergique
adultération
aérobiologie
aéroglisseur
aéromobilité
aéronautique
aérospatiale
aérospatiaux
aérostatique
aérothérapie
affabulation
affadissante
affaissement
affectionnée
affectionner
affermissant
affleurement
affourageant
affreusement
affrontement
Afrancesados
africanisant
Afrique du Sud
afro-cubaines
agenouillant
agenouilloir
agglutinante
agnosticisme
agrammatical
agrammatisme
agrandissant
agrandisseur
agréablement
agricultrice
agrochimique
agropastoral
aguerrissant
ahurissement
aide-soignant
Aigos-Potamos
Aigrefeuille
aigres-douces
aigrissement
Aiguebelette
Aigues-Mortes
aiguilletage
aiguilletant
aiguillonner
Ailly-sur-Noye
Aire-sur-la-Lys
alanguissant
Alcalá Zamora
alcalescence
alcalescente
alcalifiante
alcalimétrie
alcalinisant
alcoolisable
alcoolomanie
Aléoutiennes
Alet-les-Bains
Alexandrette
algonquienne
aliénabilité
alimentation
allantoïdien
allélomorphe
allergisante
allergologie
allergologue
allitération
allopathique
allostérique
allotropique
allumettière
allusivement
alluvionnant
almicantarat
alourdissant
alphabétique
alphabétisée
alphabétiser
alphabétisme
altérabilité
amaigrissant
amalgamation
ambassadrice
ambitionnant
ambulacraire
ambulancière
amélioration
amenuisement
américaniser
américanisme
américaniste
amérindienne
ameublissant
amincissante
ammonisation
amniocentèse
amollissante
amortissable
amours-en-cage
ampères-tours
amphibologie
amphictyonie
amphithéâtre
amplis-tuners
amuse-gueules
anabolisante
anacardiacée
anachronique
anachronisme
anaglyptique
anallergique
anaphrodisie
anarchisante
anastomosant
anathématisé
anciennement
Ancus Martius
Andersen Nexø
andouillette
Andrea Pisano

12

androcéphale
androstérone
Andrzejewski
anéantissant
anélasticité
anencéphalie
anesthésiant
anesthésique
anesthésiste
Angèle Merici
angiocholite
angiographie
angioplastie
angiotensine
anglicanisme
anglo-normand
anglo-saxonne
Angra Pequena
anguillulose
angusticlave
angustifolié
anharmonique
anhydrobiose
Anna Ivanovna
année-lumière
annihilation
anniversaire
annonciateur
annonciation
annuellement
annulabilité
anormalement
anovulatoire
Antananarivo
antécambrien
antédiluvien
antéposition
anthérozoïde
anthraciteux
anthropienne
anthroponyme
antiacridien
antiadhésive
antiaérienne
antiatomique
antibiotique
anticalcaire
anticalcique
anticasseurs
anticipation
anticlérical
anticyclique
anticyclonal
antidérapant
antidétonant
antiémétique
antiétatique
antifasciste
antifongique
antifriction
antigivrante
antilithique
antiméridien
antinational
antineutrino
antipaludéen
antiparasite
antiparasité
antipathique
antiphonaire
antipoétique
antiquisante
antiseptique
antisismique
antisportive
antistatique
antisudorale
antisudoraux
antisyndical
antithétique
antiulcéreux
antiunitaire
antivénéneux
antivénérien
antivenimeux
Antoine-Marie
Anurādhapura
anxieusement
anxiolytique
aplacentaire
aplatissoire
apollinienne
apologétique
apoplectique
apostolicité
apostrophant
apparaissant
appareillade
appareillage
appareillant
appareilleur
appartenance
appassionato
appétissante
appoggiature
appréciateur
appréciation
appréciative
appréhendant
appréhension
appréhensive
apprivoisant
apprivoiseur
approbatrice
approximatif
apragmatique
apragmatisme
après-guerres
après-rasages
après-soleils
aprioritique
aquacultrice
aquafortiste
aquarelliste
aquariophile
aquatintiste
aquicultrice
aquitanienne
arachnoïdien
arbalétrière
arbitragiste
arborescence
arborescente
arborisation
arc-boutement
Arc-en-Barrois
archéoptéryx
archétypique
archidiocèse
archiphonème
architecture
architecturé
Arcis-sur-Aube
arcs-boutants
Ardant du Picq
argumentaire
argumentatif
Arias Sánchez
aristocratie
arithmétique
arithmomanie
Arles-sur-Tech
arminianisme
aromatisante
arrache-clous
arraisonnant

arrière-corps
arrière-cours
arrière-fleur
arrière-fonds
arrière-garde
arrière-gorge
arrière-goûts
arrière-mains
arrière-neveu
arrière-nièce
arrière-plans
arrière-ports
arrière-salle
arrière-train
arrondissage
arrondissant
arrondissure
artériotomie
arthropathie
arthroscopie
articulateur
articulation
artificielle
artificieuse
artiodactyle
ascensionnel
ascensionner
Ascoli Piceno
aseptisation
aspergillose
aspermatisme
assainissant
assainisseur
assaisonnant
assermentant
assertorique
asservissant
asservisseur
assibilation
assimilateur
assimilation
assortissant
assoupissant
assouvissant
assyriologie
assyriologue
astigmatisme
astreignante
astrologique
astronomique
asymptotique
atermoiement
Athis-de-l'Orne
Atlantic City
atlantosaure
attentatoire
attentionnée
atterrissage
atterrissant
attiédissant
attitudinale
attitudinaux
attouchement
attributaire
attributions
attroupement
auditionnant
Audun-le-Roman
Audun-le-Tiche
augmentation
augmentative
augustinisme
Aumont-Aubrac
Aunay-sur-Odon
aurification
auscultation
austénitique
australienne
austronésien
authenticité
authentifier
authentiquer
autoadhésive
autoallumage
autoamorçage
autobloqueur
autobronzant
auto-caravane
autocassable
autocensurer
autochenille
autocollante
autocopiante
autocratique
autocritique
autodérision
autoérotique
autoérotisme
autofinancer
autographier
auto-immunité
automaticien
automaticité
automatisant
automouvante
autoportante
autoporteuse
autoportrait
autopropulsé
autopunition
autopunitive
autorisation
autoroutière
auto-stoppeur
autotrempant
autrichienne
auxiliatrice
avalancheuse
avant-bassins
avant-contrat
avant-coureur
avant-creuset
avant-dernier
avant-guerres
avant-projets
avant-veilles
avertisseuse
aveugles-nées
aveyronnaise
avilissement
avion-citerne
avions-cargos
avions-écoles
avoirdupoids
axiomatisant
Ax-les-Thermes
Aylwin Azocar
ayuntamiento
Azay-le-Rideau
azéotropique
azothydrique
babylonienne
baby-sittings
baccalauréat
bachi-bouzouk
bacilliforme
badigeonnage
badigeonnant
badigeonneur
bafouilleuse
baguenaudant
baguenaudier
baguettisant
Bahr el-Ghazal
baise-en-ville
balanoglosse

12

balbutiement
ballettomane
ballonnement
ballottement
Baltrusaïtis
banalisation
bande-annonce
banderillero
Banjermassin
banlieusarde
bannissement
Banzer Suárez
baragouinage
baragouinant
baragouineur
Baraqueville
barbiturique
barbiturisme
barbouillage
barbouillant
barbouilleur
barcelonaise
barométrique
baroquisante
Barquisimeto
barrage-poids
barrage-voûte
Barranquilla
barrissement
bartholinite
basidiospore
Basse-Navarre
basses-fosses
Bassompierre
Bateau-Lavoir
bateau-lavoir
bateau-mouche
bateau-pilote
battellement
baudelairien
Beaconsfield
Beau de Rochas
Beaumarchais
beaux-parents
bec-de-corbeau
Bechuanaland
becs-de-corbin
becs-de-lièvre
Beecher-Stowe
béhaviorisme
béhavioriste
belgeoisante
bélinogramme
bélinographe
belle-famille
belles-de-jour
belles-de-nuit
belles-doches
belles-filles
belles-soeurs
bellifontain
belligérance
belligérante
Benckendorff
bénéficiaire
bénévolement
Benoît-Joseph
benzonaphtol
berbéridacée
Bergen-Belsen
Bergen Op Zoom
Berlichingen
Berzé-la-Ville
bestialement
bêtabloquant
bêtathérapie
betteravière
bibliographe
bibliophilie
bibliothèque
bicarbonatée
bicentenaire
biculturelle
bidouilleuse
Bielsko-Biała
bienfaisance
bienfaisante
bienfaitrice
bienheureuse
bien-pensante
bien-pensants
bienveillant
bilatéralité
bimbeloterie
bimbelotière
bimestrielle
bimétallique
bimétallisme
bimétalliste
bimillénaire
Bin el-Ouidane
biographique
bio-industrie
biomécanique
biomorphique
biomorphisme
biotechnique
biotypologie
biréfringent
blackboulage
blackboulant
Black Muslims
blanchissage
blanchissant
blanchisseur
blancs-estocs
blancs-seings
Blankenberge
Blasco Ibáñez
blastogenèse
blastomycète
blastomycose
blêmissement
blennorragie
bleuissement
blocs-moteurs
Bloemfontein
body-building
Bois-Colombes
Boisguilbert
boissellerie
boitillement
boit-sans-soif
bombardement
bonapartisme
bonapartiste
bondieuserie
bondissement
bonification
bonimenteuse
bonnes femmes
bonnes-mamans
boogie-woogie
borosilicate
borosilicaté
borraginacée
bossellement
Boucherville
bouchonnière
bouffonnerie
Bougainville
bougonnement
Bouillargues
bouillissage
bouillonnant
bouillottant

12

boule-de-neige
boulevardier
bouleversant
bourbonienne
Bourbon-Lancy
bourbonnaise
bourdonnante
Bourg-de-Péage
bourgeoisial
bourgeonnant
Bourg-la-Reine
Bourg-Léopold
Bourguignons
bourlinguant
bourlingueur
bourrèlement
bourrellerie
boursicotage
boursicotant
boursicoteur
boursouflage
boursouflant
boursouflure
Boussingault
boustifaille
boute-en-train
bouteillerie
bradykinésie
bradypsychie
Brahmapoutre
branchiopode
Braunschweig
Bray-sur-Seine
Bray-sur-Somme
bredouillage
bredouillant
bredouilleur
Breil-sur-Roya
breitschwanz
Brest-Litovsk
Bretton Woods
Briançonnais
brillantiner
brindezingue
bringuebaler
brinquebaler
Brinvilliers
brise-copeaux
bromhydrique
bronchiteuse
bronchitique
bronchorrhée
bronchoscope
brouillamini
brouillasser
brouillonner
Brown-Séquard
brûle-parfums
Brunelleschi
brunissement
bucco-génital
Buenaventura
buissonneuse
buissonnière
bulbiculture
bureaucratie
burial-mounds
businessmans
Bussy-Rabutin
byzantinisme
byzantiniste
cabalistique
Cabeza de Vaca
cabin-cruiser
cache-corsets
cache-entrées
cache-flammes
cache-tampons
cacophonique
caducifoliée
cafouilleuse
Cagayan de Oro
Cagnes-sur-Mer
caillouteuse
calculatrice
calédonienne
cales-étalons
califourchon
Calligrammes
calligraphie
calligraphié
calomniateur
calorimétrie
calorisation
calvairienne
cambodgienne
cambrésienne
cambrioleuse
cambroussard
camerounaise
campaniforme
campanulacée
campignienne
canadianisme
canalisation
cancérologie
cancérologue
cancoillotte
cannabinacée
cannibalique
cannibaliser
cannibalisme
canoës-kayaks
canonisation
Cantabriques
cantharidine
cantonnement
canularesque
Cany-Barville
caoutchouter
caparaçonner
Capdenac-Gare
capitainerie
capitalisant
capitulation
caporalisant
caprolactame
capsule-congé
capverdienne
caractérisée
caractériser
carambouille
caramélisant
caravagesque
carbonarisme
carbonitruré
carboxylique
carcinologie
cardiogramme
cardiographe
cardiopathie
cardio-rénale
cardio-rénaux
caricaturale
caricaturant
caricaturaux
carillonnant
carillonneur
Carolingiens
Carolus-Duran
carotidienne
carpetbagger
carpiculture
Carqueiranne
Carry-le-Rouet
cartellisant

12

carte-réponse
carthaginois
cartographie
cartographié
cartomancien
carton-feutre
carton-paille
carton-pierre
cartons-pâtes
cartoucherie
cartouchière
caryolytique
caryophyllée
cash and carry
casse-pierres
casse-vitesse
Cassitérides
castagnettes
Castagniccia
Castelginest
Casteljaloux
Castille-León
Castillonnès
cataclysmale
cataclysmaux
catalectique
cataleptique
catastropher
catéchuménat
catégoricité
catégorielle
catégorisant
catherinette
cathétérisme
cathétomètre
catholicisme
cauchemarder
Caulaincourt
Cavaillé-Coll
cellulitique
cellulosique
centralienne
centralisant
centrifugeur
cérébelleuse
cérémonielle
cérémonieuse
cerfs-volants
Cerro Bolìvar
Cerro de Pasco
certainement
cessionnaire
Chaban-Delmas
chalcopyrite
chamaillerie
chamailleuse
champagniser
Champdeniers
Champtoceaux
chancellerie
Chandernagor
Chandragupta
chanfreinant
chansonnette
chansonnière
chantepleure
chantignolle
chantournant
chaperonnant
chaplinesque
Chapochnikov
chaptalisant
charançonnée
charbonnerie
charbonneuse
charbonnière
chardonneret
Charlesbourg
Charles-Félix
Charles Quint
charpenterie
charte-partie
chassé-croisé
Châteaubourg
Châteaugiron
Château-Yquem
Châtelaillon
Châtelperron
chatouillant
chatouilleux
chaudronnier
chauds-froids
chauffagiste
Chauffailles
chauffe-bains
chauffe-pieds
chauffe-plats
chaufferette
chaufournier
chausse-pieds
chausse-trape
chauve-souris
Chef-Boutonne
chefs-d'oeuvre
chemins de fer
chémocepteur
chênes-lièges
Chennevières
Cheremetievo
Chesterfield
cheval-arçons
cheval-vapeur
Chevardnadze
chevauchante
chevau-légers
chevrotement
chiasmatique
chiffonnière
chimiquement
chinoiseries
chiromancien
chiropractie
chirurgicale
chirurgicaux
chirurgienne
chlorhydrate
chloroformer
chlorométrie
chlorophycée
chlorophylle
chloroplaste
chocolaterie
chocolatière
cholécystite
cholérétique
cholériforme
chondriosome
chondrostéen
chorégraphie
choroïdienne
chouchoutage
chouchoutant
chouettement
chou-palmiste
Christchurch
christianisé
christologie
chromatopsie
chromisation
chromosphère
chroniqueuse
chronogramme
chronographe
chronométrer
chronométrie
chrysanthème

chrysomélidé
chrysophycée
chuchotement
Chuquicamata
cicatrisable
cicatrisante
ciclosporine
Cid Campeador
cinémathèque
cinémographe
cinquantaine
cinquantième
Cintegabelle
circassienne
circoncisant
circoncision
circonscrire
circonspecte
circonstance
circonvenant
circonvoisin
circulariser
circulatoire
cirrocumulus
cirrostratus
cisaillement
Cisleithanie
cistercienne
cités-jardins
Citlaltépetl
Ciudad Juárez
civilisateur
civilisation
clactonienne
Clairambault
claires-voies
claironnante
clairvoyance
clairvoyante
claquemurant
claudication
claustration
claveciniste
Claye-Souilly
clémentinier
cléricalisme
clermontoise
clientélisme
Clignancourt
clignotement
climatérique
climatologie
climatologue
clindamycine
cliniquement
cliquètement
clochardiser
cloisonnisme
close-combats
Clytemnestre
coagulatrice
cocaïnomanie
cochonnaille
coconisation
cocréancière
codétentrice
codicillaire
codificateur
codification
codirectrice
coéchangiste
coelioscopie
coenesthésie
coffres-forts
cofondatrice
cohabitation
Cola di Rienzo
collationner
collectionné
collectivisé
collectivité
collégialité
Collobrières
Colocotronis
cologarithme
Colomb-Béchar
colombophile
colonialisme
colonialiste
colonisateur
colonisation
colonoscopie
colorimétrie
colorisation
colymbiforme
comandataire
combientième
combinatoire
comblanchien
Combs-la-Ville
commandement
commanditant
commémoratif
commencement
commentateur
comminatoire
commissariat
commissionné
commissurale
commissuraux
Commonwealth
commotionner
communaliser
communicable
communicante
communicatif
communiquant
communisante
commutatrice
Compact Discs
comparatisme
comparatiste
compartiment
compatissant
compendieuse
compensateur
compensation
compétitrice
compilatrice
complaisance
complaisante
complètement
complexifier
complication
complimenter
comportement
compositrice
compréhensif
compressible
compromettre
comptabilisé
comptabilité
concélébrant
concentrique
conceptuelle
concertation
Conciergerie
conciergerie
conciliabule
conciliateur
conciliation
concitoyenne
concomitance
concomitante
concrètement
concrétisant

12

12

concupiscent
concurrencer
condamnation
condensateur
condensation
condescendre
Condé-sur-Vire
conditionnée
conditionnel
conditionner
condoléances
conductivité
confectionné
conférencier
confidentiel
confirmation
confirmative
confiscation
confiturerie
confiturière
conformateur
conformation
conformément
confraternel
confusionnel
congédiement
congestionné
conglomérant
conglutinant
congratulant
congrégation
congressiste
conjecturale
conjecturant
conjecturaux
conjonctival
conjoncturel
conjuratrice
connaissable
connaissance
connaisseuse
connectivite
conquistador
consciemment
conscientisé
conscription
consécrateur
consécration
conseilleuse
consensuelle
consentement
conservateur
conservation
considérable
consignation
consistorial
consolatrice
consommateur
consommation
consomptible
conspirateur
conspiration
constatation
consternante
constipation
Constituante
constituante
constitution
constitutive
constricteur
constriction
constrictive
constringent
constructeur
construction
constructive
construisant
consultation
consultative
consumérisme
consumériste
contagionner
contagiosité
containérisé
contemplatif
contemporain
contemptrice
conteneurisé
contentement
contentieuse
contestateur
contestation
contextuelle
continentale
continentaux
contingenter
continuateur
continuation
contorsionné
contraceptif
contractante
contracturer
contraignant
contrariante
contrastante
contre-alizés
contre-allées
contre-amiral
contre-appels
contrebasson
contre-braqué
contrebutant
contrecarrer
contre-chants
contrecollée
contre-courbe
contre-digues
contredisant
contre-écrous
contre-emploi
contre-essais
contreficher
contre-filets
contrefoutre
contre-fugues
contre-lettre
contremaître
contremarche
contremarque
contremarqué
contre-mesure
contre-minant
contrepartie
contre-passer
contre-pentes
contreplaqué
contre-pointe
contrepoison
contre-portes
contre-projet
contrescarpe
contresigner
contre-sujets
contre-taille
contre-timbre
contre-tirant
contretypant
contre-valeur
contrevenant
contreventer
contrevérité
contre-visite
contribuable
contribution
contributive
controversée

12

controverser
contusionner
convaincante
convalescent
conventionné
conventuelle
conversation
convivialité
convulsionné
convulsivant
cooccurrence
coopératisme
coopératrice
coordinateur
coordination
copartageant
copieusement
copossession
coprésidence
coprésidente
coproculture
coproduction
coproduisant
coquelucheux
coquettement
coraciiforme
cordialement
cordons-bleus
corinthienne
Cormontaigne
Cormontreuil
Cornouailles
corn-shellers
coronarienne
coronographe
corporatisme
corporatiste
correctement
correspondre
cortisonique
cosignataire
cosmétologie
cosmétologue
cosmogonique
cosmographie
cosmologique
cosmologiste
Cossé-Brissac
Côte-Saint-Luc
côtes-du-rhône
couchaillant
couillonnade
couillonnant
coulissement
coupe-cigares
coupe-circuit
coupe-jarrets
coupe-légumes
coupellation
coupe-papiers
coupe-racines
coups-de-poing
courbaturant
courcaillant
couronnement
courriériste
Cours-la-Ville
court-circuit
courtepointe
court-jointée
court-jointés
court-métrage
coûteusement
couvre-joints
couvre-livres
couvre-nuques
couvre-objets
crachotement
crachouiller
craquèlement
craquètement
cratériforme
crayon-feutre
crédibiliser
crédirentier
crédits-bails
créolisation
cressonnette
cressonnière
crétinisante
crève-vessies
criaillement
criminaliser
criminaliste
criminologie
criminologue
cristallerie
cristallisée
cristalliser
cristalloïde
criste-marine
cristobalite
criticailler
croche-pattes
crocs-en-jambe
croisiériste
croque-madame
croquignolet
cross-country
crossing-over
croupissante
croustillant
crucifiement
cryobiologie
cryophysique
cryothérapie
cryptogramme
cryptographe
cucurbitacée
cuirassement
culpabiliser
cultéranisme
cultivatrice
culturalisme
culturaliste
culturologie
cumulo-nimbus
cunnilinctus
cuproalliage
curarisation
curculionidé
cure-oreilles
curieusement
cuti-réaction
cyanhydrique
cybernétique
cycliquement
cyclopentane
cyclopropane
cystographie
cytobiologie
cytostatique
dacryadénite
dactylologie
Dallapiccola
damasquinage
damasquinant
dames-jeannes
d'arrache-pied
Daytona Beach
déambulation
débâillonner
déballastage
déballonnant
débalourdant
débarbouillé

12 débarquement
débarrassant
débecquetant
débilisation
débillardant
débirentière
débonnaireté
débordements
déboulonnage
déboulonnant
débouquement
débourrement
déboursement
déboussolant
déboutonnage
déboutonnant
débrouillage
débrouillant
débrouillard
débudgétiser
débusquement
décadenasser
décaissement
décalaminage
décalaminant
décalcifiant
décalcomanie
décamétrique
décapitalisé
décapitation
décapuchonné
décarbonater
décarcassant
décathlonien
décélération
décentralisé
décentrement
déchaînement
déchaperonné
déchargement
déchausseuse
déchiffonner
déchiffrable
déchiffreuse
déchiquetage
déchiquetant
déchiqueteur
déchiqueture
déchlorurant
décidabilité
décimalisant
décimétrique
décintrement
déclamatoire
déclamatrice
déclaratoire
déclassement
déclinatoire
décliquetage
décliquetant
décloisonner
décoincement
décolleteuse
décolonisant
décoloration
décommandant
décomplexant
décomposable
décompresser
décomprimant
déconcentrer
déconcertant
décongestion
déconnectant
déconseiller
déconsidérer
déconsignant
déconstruire
décontaminer
décontenancé
décontractée
décontracter
décortiquant
décourageant
découronnant
découverture
décrassement
décrépissage
décrépissant
décrispation
décrochement
décroisement
décroissance
décroissante
décryptement
décuscuteuse
dédommageant
dédouanement
dédoublement
dédramatiser
défavorisant
défectuosité
défenestrant
définissable
défiscaliser
déflagration
défluviation
défournement
défrichement
dégarnissage
dégarnissant
dégasolinage
dégasolinant
dégazolinage
dégazolinant
dégénérative
déglaciation
déglutissant
dégonflement
dégoupillant
dégoûtamment
dégraissante
dégraisseuse
dégressivité
dégringolade
dégringolant
dégrouillant
dégroupement
dégustatrice
déhanchement
déharnachant
Deir el-Bahari
délais-congés
délaissement
délibération
délibérative
délibérément
délicatement
délimitation
déliquescent
délitescence
délitescente
Della Quercia
déloyalement
delphinarium
deltoïdienne
démagnétiser
démaillotant
démanchement
demanderesse
démangeaison
démantibuler
démaquillage
démaquillant
démastiquant
démédicalisé

12

démembrement
déménagement
démesurément
demi-brigades
demi-colonnes
demi-douzaine
demi-journées
démilitarisé
demi-longueur
demi-mondaine
déminéralisé
demi-pensions
demi-portions
demi-position
demi-produits
demi-reliures
demi-sommeils
démissionner
démobilisant
démocratique
démocratiser
démodulateur
démodulation
démolisseuse
démonétisant
démonstratif
démonte-pneus
démoralisant
démotivation
démouchetant
démoustiquer
démultiplier
démutisation
démystifiant
démythifiant
dénantissant
dénasalisant
dénaturalisé
dénaturation
dénébulation
dénébulisant
Deng Xiaoping
Dengyō Daishi
dénicotinisé
dénitrifiant
dénombrement
dénominateur
dénomination
dénominative
dénonciateur
dénonciation
dénucléarisé
déparasitant
dépareillant
départageant
départissant
dépassionner
dépatouiller
dépénalisant
dépeuplement
déphosphater
déphosphorer
dépigeonnage
déplafonnant
déplantation
dépoitraillé
dépolarisant
dépolitisant
dépopulation
dépossession
dépôts-ventes
dépoussiérer
dépréciateur
dépréciation
dépréciative
déprédatrice
dépressurisé
déprogrammer
déqualifiant
déracinement
déraidissant
déraillement
déraisonnant
dératisation
déréglementé
dérégulation
dermatologie
dermatologue
dermographie
dernièrement
dérougissant
désaccordant
désaccoupler
désaccoutumé
désacraliser
désaffectant
désaffection
désaffiliant
désagrégeant
désaimantant
désaltérante
désambiguïsé
désamidonner
désappariant
désappointée
désappointer
désapprenant
désapprendre
désapprouver
désarçonnant
désargentant
désarticuler
désassembler
désassimiler
désatelliser
désavantager
descellement
déscolariser
descriptible
descriptrice
désectoriser
désembourber
désencadrant
désenchaîner
désenchanter
désenclavant
désencollage
désencollant
désencombrer
désencrasser
désendettant
désenflammer
désengageant
désengrenant
désensablant
désensorcelé
désentoilage
désentoilant
désentravant
désenveloppé
désenvenimer
désenverguer
déséquilibre
déséquilibré
désertifiant
désespérance
désespérante
désétatisant
désexualiser
déshabillage
déshabillant
déshabituant
déshonorante
Deshoulières
déshumaniser
déshumidifié

12

déshydratant
déshydrogéné
désincarcéré
désincarnant
désincruster
désinfectant
désinfecteur
désinfection
désinflation
désinformant
désinsectisé
désinsertion
désintégrant
désintéressé
désintoxiqué
désinvolture
désobéissant
désobligeant
désobstruant
désodorisant
désolidarisé
désoperculer
désorganiser
désorientant
désoxydation
désoxygénant
désoxyribose
desquamation
dessablement
dessèchement
desserrement
dessiccateur
dessiccation
dessinatrice
déstabiliser
déstaliniser
Destelbergen
destinataire
destructible
destructrice
déstructurer
désurchauffe
désurchauffé
déterminable
déterminante
déterminatif
déterminisme
déterministe
détortillant
détournement
détoxication
détraquement
détumescence
Deuil-la-Barre
deutsche Mark
deuxièmement
dévalorisant
dévastatrice
développable
développante
dévergondage
dévergondant
dévernissant
déverrouillé
dévirginiser
dévirilisant
dévitalisant
dévitrifiant
dextrocardie
diabétologie
diabétologue
diachronique
diacoustique
diagnostique
diagnostiqué
dialecticien
dialectisant
diamantifère
diaphragmant
diathermique
Diaz de la Peña
dicarbonylée
dicaryotique
dichotomique
dicotylédone
dictatoriale
dictatoriaux
dictionnaire
diélectrique
diffamatoire
diffamatrice
différemment
différenciée
différencier
différentiel
différentier
digitalisant
dilacération
dilapidateur
dilapidation
dilatabilité
dimensionnel
dimensionner
dioscoréacée
diphtonguant
diplomatique
directionnel
directivisme
directoriale
directoriaux
disaccharide
discarthrose
discernement
disciplinant
discographie
discontinuer
disconvenant
discourtoise
discréditant
discrètement
discriminant
disculpation
discutailler
disgracieuse
dispendieuse
dispensateur
dispersement
dispositions
disqualifier
dissemblable
dissemblance
dissentiment
dissertation
dissipatrice
dissociation
distancement
distillateur
distillation
distinguable
distribuable
distributeur
distribution
distributive
diversifiant
divertimento
divertissant
divinisation
divisibilité
divortialité
divulgatrice
djiboutienne
documentaire
dodécagonale
dodécagonaux
dodelinement
dolichocôlon

12

Domesday Book
domesticable
domestiquant
domiciliaire
donjuanesque
Don Quichotte
don Quichotte
double-croche
douces-amères
doucettement
Doulaincourt
Doura-Europos
douteusement
Douwes Dekker
douzièmement
dramatisante
draps-housses
dressing-room
Dubois-Crancé
Duguay-Trouin
dulçaquicole
Dun Laoghaire
duodécimaine
Dupont-Sommer
durcissement
Dust Moḥammad
dynamisation
dynamographe
dysentérique
dysgénésique
dysménorrhée
dystrophique
East Kilbride
ébahissement
éblouissante
ébouillanter
ébourgeonner
ébouriffante
ébranchement
ébulliomètre
ébullioscope
Eça de Queirós
écarquillant
écartèlement
échantignole
échappatoire
échardonnant
échauboulure
échauffement
échauffourée
échinocactus
échographier
écholocation
éclaboussant
éclaboussure
éclairagisme
éclairagiste
écornifleuse
écouvillonné
écrabouiller
écrivaillant
écrivailleur
écrivassière
ectodermique
ectoparasite
éducationnel
édulcoration
effarouchant
effervescent
effeuilleuse
efficacement
effilocheuse
effleurement
efflorescent
effondrement
effrontément
égalisatrice
égalitarisme
égocentrique
égocentrisme
éjaculatoire
électrifiant
électrisable
électrisante
électrocopie
électrocuter
électrologie
électrolyser
électromètre
électronique
électronvolt
électrophile
électrophone
électroscope
électrovalve
électrovanne
Elf Aquitaine
éliminatoire
éliminatrice
élisabéthain
ellipsoïdale
ellipsoïdaux
El-Mohammadia
élucubration
elzévirienne
émancipateur
émancipation
émasculation
embarbouillé
embarquement
embarrassant
embastillant
embellissant
emblématique
embobelinant
embouquement
embourgeoisé
embouteiller
emboutissage
emboutissant
emboutisseur
embrassement
embrochement
embrouillage
embrouillant
embryocardie
embryogenèse
embryonnaire
embryopathie
embryoscopie
émerillonnée
émerveillant
emmagasinage
emmagasinant
emmaillotant
emmanchement
emmarchement
emménagement
emmitouflant
emmouscaillé
émotionnable
émotionnante
émotionnelle
émoustillant
empaillement
empierrement
empoisonnant
empoisonneur
empoissonner
emporte-pièce
empoussiérer
empressement
emprisonnant
émulsifiable
émulsifiante
émulsionnant

12

énantiotrope
encaissement
encanaillant
encapuchonné
encartouchée
encastrement
encaustiquer
encépagement
encéphalique
encerclement
enchaînement
enchantement
enchâssement
enchérissant
enchérisseur
enchevaucher
enchevêtrant
enchevêtrure
encliquetage
encliquetant
encombrement
encoprétique
encourageant
encrassement
encroûtement
Encyclopédie
encyclopédie
endimanchant
endivisionné
endoctrinant
endodermique
endométriome
endométriose
endommageant
endomorphine
endoparasite
endoscopique
endossataire
endothéliale
endothéliaux
endurcissant
énéolithique
énergéticien
enfantillage
enfournement
enfutaillant
engendrement
engrangement
Enguinegatte
enguirlander
enhardissant
enharmonique
enharnachant
enjolivement
enlaidissant
ennoblissant
enorgueillir
enquiquinant
enquiquineur
enracinement
enrégimenter
enregistrant
enregistreur
enrésinement
enrichissant
ensanglanter
enseignement
ensoleillant
ensommeillée
ensorcelante
ensorceleuse
entérinement
entérocolite
entérokinase
entéro-rénale
entéro-rénaux
entérovaccin
enthousiasme
enthousiasmé
enthousiaste
entomostracé
entortillage
entortillant
entraînement
entrebâiller
entrechoquer
entrecoupant
entrecroiser
entre-déchiré
entre-dévorer
entrefenêtre
entre-heurter
entrelardant
entremettant
entremetteur
entreprenant
entreprendre
entrepreneur
entretailler
entre-tissant
entretoisant
envahissante
enveloppante
envenimation
envenimement
envieusement
environnante
envisageable
enzymopathie
éosinophilie
épaississant
épaississeur
épanouissant
épaulés-jetés
épenthétique
épicondylite
épicrânienne
épicycloïdal
épigastrique
épigraphique
épigraphiste
épineurienne
épine-vinette
épipélagique
épiphénomène
épirogénique
épiscopalien
époustoufler
épouvantable
équarrissage
équarrissant
équarrisseur
équatorienne
équidistance
équidistante
équilatérale
équilatéraux
équilibrante
équilibriste
équipollence
équipollente
équiprobable
éreutophobie
ergothérapie
Ergué-Gabéric
Ermenonville
érotiquement
érotologique
Ervy-le-Châtel
érythémateux
escargotière
escarpolette
escarrifiant
eschatologie
esclavagisme
esclavagiste

12

espaces-temps
espagnolette
espérantiste
esquimautage
essouchement
essuie-glaces
essuie-verres
est-allemande
est-allemands
estampillage
estampillant
esthésiogène
esthétisante
estrapassant
estudiantine
étalonnement
états-unienne
étaux-limeurs
Etchmiadzine
ethnographie
ethnologique
étourdissant
étranglement
étrésillonné
étymologique
étymologiste
Eulenspiegel
euphorbiacée
euphorisante
eurafricaine
eurasiatique
européaniser
euryhalinité
Eurypontides
euthanasique
évangéliaire
évangélisant
évanouissant
évaporatoire
évènementiel
événementiel
éviscération
exacerbation
examinatrice
exaspération
excédentaire
excellemment
excentration
excentricité
exceptionnel
excitabilité
exclusivisme
excommuniant
excrémentiel
excroissance
excursionner
exemplifiant
exfiltration
exhaussement
exhaustivité
exhérédation
exorcisation
exosquelette
exothermique
expatriation
expectorante
expérimental
expérimentée
expérimenter
exploitation
exploratoire
exploratrice
explosimètre
exportatrice
expressément
expressivité
expromission
expropriante
extemporanée
extensionnel
extensomètre
extérioriser
extéroceptif
extra-courant
extrasystole
extra-utérine
extra-utérins
extravagance
extravagante
extravaguant
extraversion
exulcération
Fabius Pictor
Fabre d'Olivet
fabricatrice
fâcheusement
facilitation
factionnaire
facture-congé
faiblissante
faillibilité
familialisme
familiariser
fanatisation
fanfaronnade
fanfaronnant
Fantin-Latour
fantomatique
faradisation
Faremoutiers
farfouillant
farouchement
fascinatrice
Fatḥpūr-Sīkrī
fatigabilité
faubourienne
faux-bourdons
faux-semblant
fécondatrice
fédéralisant
feld-maréchal
féminisation
fémoro-cutané
fendillement
fenestration
Fennoscandie
ferblanterie
fermentation
fermentative
ferricyanure
ferroalliage
ferrocyanure
ferrugineuse
fertilisable
fertilisante
fesse-mathieu
festivalière
feuillantine
feuille-morte
Fianarantsoa
fibrillation
fibromateuse
fictionnelle
fidélisation
fifty-fifties
filamenteuse
fildeferiste
filmographie
filtre-presse
finalisation
finno-ougrien
flagellateur
flagellation
flamboiement
flancs-gardes
flandricisme

flegmatisant
fleurdelisée
fleurettiste
flexibiliser
flexionnelle
flexographie
flint-glasses
floriculture
flottabilité
fluidifiante
fluidisation
fluorescéine
fluorescence
fluorescente
fluotournage
fluviographe
focalisation
foies-de-boeuf
foisonnement
folliculaire
Folschviller
foncièrement
fonctionnant
fondamentale
fondamentaux
footballeuse
foraminifère
forêt-galerie
formaldéhyde
formellement
fornicatrice
Fort-de-France
Fort McMurray
fortuitement
fosbury flops
foudroiement
fouette-queue
fourgonnette
fourgon-pompe
fourmis-lions
fournisseuse
fourvoiement
fracassement
fractionnant
fracturation
fragmentaire
fraîchissant
franc-comtois
Franche-Comté
Francheville
franchissant
francilienne
francisation
franciscaine
franc-maçonne
Franconville
francophilie
francophobie
francophonie
francs-alleux
francs-maçons
frangipanier
Frankenstein
fransquillon
fraternisant
fredonnement
frémissement
french cancan
fréquentable
fréquentatif
frétillement
frictionnant
frigorifiant
frigorifique
frileusement
frissonnante
Frobisher Bay
froebélienne
froufroutant
Fuenterrabìa
fugitivement
full-contacts
furieusement
furonculeuse
fusées-sondes
fusionnement
gaine-culotte
Gainsborough
galactophore
gallicanisme
gallo-romaine
gallo-romains
gallo-romanes
galvanomètre
galvanotypie
gamétogenèse
gammagraphie
gangstérisme
garantissant
garde-magasin
garde-meubles
garden-partys
garde-rivière
gardes-chasse
gardes-malade
gardes-marine
gargouillade
gargouillant
Garnier-Pagès
Gaston Phébus
gastrectomie
gastromycète
gastroscopie
gastrulation
gauloisement
gazouillante
gazouilleuse
Geispolsheim
gélification
gélifraction
généalogique
généalogiste
généralement
généralisant
généthliaque
généticienne
géocentrique
géocentrisme
géodynamique
géographique
géophysicien
géopolitique
Géorgie du Sud
géostratégie
géosynchrone
géosynclinal
géotechnique
géothermique
germanisante
germanophile
germanophobe
germanophone
gérontologie
gérontologue
gérontophile
gesticulante
gestionnaire
Gheorghiu-Dej
gibbérelline
Gif-sur-Yvette
glacialement
glagolitique
glandouiller
glapissement
glischroïdie
globalisante

12

globe-trotter
globicéphale
glockenspiel
glougloutant
gloutonnerie
glycogénique
glycosurique
glyptothèque
goal-averages
goguenardise
gommes-guttes
gommes-laques
gonochorique
gonochorisme
goudronneuse
gouvernement
graillonnant
grammaticale
grammaticaux
Grande Brière
Grande-Synthe
grandissante
Grand Lac Salé
Grand Paradis
grands-angles
grands-duchés
grands-livres
grands-mamans
grands-messes
grands-oncles
grands-tantes
grands-voiles
Grandvillars
grappilleuse
grasseyement
grassouillet
gratte-papier
gratuitement
Graufesenque
gravettienne
gravillonner
gréco-latines
gréco-romaine
gréco-romains
grelottement
grenouillage
grenouillant
grenouillère
grésillement
Grevenmacher
gribouillage
gribouillant
gribouilleur
griffonneuse
grignotement
Grigorovitch
grisonnement
groenlandais
Groseilliers
gros-porteurs
grossissante
Grothendieck
grouillement
Guadalquivir
guadeloupéen
gueule-de-loup
gueuletonner
guillemetant
guillotinant
guillotineur
Guinée-Bissau
Guiry-en-Vexin
Gujan-Mestras
gynécomastie
gyroscopique
habeas corpus
habilitation
habitabilité
hache-légumes
hagiographie
haillonneuse
haineusement
Halicarnasse
hallebardier
hallstattien
hallucinante
halogénation
haltérophile
Hammarskjöld
Hampton Court
Hampton Roads
handballeuse
handicapante
hannetonnage
hannetonnant
harmoniciste
harnachement
harponnement
Hartzenbusch
Ḥasan i-Ṣabbāḥ
Haute-Garonne
hautes-contre
haut-fourneau
Haut-Karabakh
haut-parleurs
hauts-de-forme
Hauts-de-Seine
hauts-reliefs
hebdomadaire
hebdomadière
hectopascals
hédonistique
hégélianisme
Heiligenblut
Heilong Jiang
Heilongjiang
Hei-long-kiang
héliographie
héliograveur
héliogravure
héliotropine
hellénisante
héllénisante
helminthiase
helminthique
hématopoïèse
hématozoaire
hémiplégique
hémiptéroïde
hémorragique
hémorroïdale
hémorroïdaux
hémostatique
Hénin-Liétard
hennissement
Henrichemont
hépatisation
heptaédrique
heptasyllabe
Hérimoncourt
héritabilité
héroï-comique
héroïnomanie
héroïquement
herpétologie
hétérocerque
hétérogreffe
hétéromorphe
hétérophorie
hétérosexuel
hétérosphère
hétérotherme
hétérotrophe
hétérozygote
heureusement
hexachlorure

12

hexadécimale
hexadécimaux
hexafluorure
hiérarchique
hiérarchiser
Higashiōsaka
hippiatrique
hippologique
hippotechnie
hispanisante
hispano-arabe
hispanophone
histaminique
histologique
historicisme
historiciste
histrionique
histrionisme
Hofmannsthal
Hohenstaufen
Hohenzollern
hollywoodien
Holmenkollen
holométabole
holoprotéine
Hombourg-Haut
homéothermie
home-trainers
hominisation
homocyclique
homogénéisée
homogénéiser
homologation
homophonique
homosexuelle
homothétique
hongkongaise
honorabilité
honoris causa
honteusement
horriblement
horripilante
horticulteur
horticulture
hospitalière
hospitaliser
hospitalisme
Houa Kouo-fong
houblonnière
houspilleuse
Hubertsbourg
Huddersfield
huitièmement
humanisation
humification
humoristique
hydraulicien
hydrocarboné
hydrocarbure
hydrocéphale
hydrofugeant
hydrographie
hydrologique
hydrologiste
hydrolysable
hydrominéral
hydroponique
hydroquinone
hydrosoluble
hydrothermal
hyménomycète
hyperacousie
hyperbolique
hyperboloïde
hypergolique
hyperlipémie
hypermétrope
hypernerveux
hypersonique
hypertélique
hypertenseur
hypertension
hyperthermie
hypertonique
hypertrophie
hypertrophié
hypnagogique
hypnotiseuse
hypocalcémie
hypochloreux
hypochlorite
hypocycloïde
hypodermique
hypoesthésie
hypoglycémie
hypokaliémie
hypophysaire
hypostasiant
hypostatique
hypothalamus
hypothécable
hypothécaire
hypothéquant
hypothétique
hystériforme
hystéromètre
Ibn al-Haytham
Ibn al-Muqaffa'
Ibrāhīm Pacha
iconographie
iconologique
idéalisateur
idéalisation
identifiable
Ievtouchenko
ignifugation
ignifugeante
ignipuncture
ignominieuse
ilangs-ilangs
illégalement
illégitimité
illicitement
illisibilité
illumination
illusionnant
illustrateur
illustration
illustrative
imbécilement
immanentisme
immatérielle
immatriculer
immaturation
immobilisant
immodérément
immoralement
immortaliser
immuablement
immunisation
immutabilité
impaludation
imparidigité
imparipennée
impartialité
impartissant
impatiemment
impatientant
impatroniser
impécunieuse
impénétrable
imperfection
imperfective
impérialisme
impérialiste
impérissable

impertinence
impertinente
impétigineux
implantation
impondérable
impopularité
importatrice
import-export
impraticable
imprécatoire
imprécatrice
imprégnation
impressionné
imprévisible
imprévoyance
imprévoyante
improbatrice
improductive
improprement
imprudemment
imputabilité
inabrogeable
inacceptable
inaccessible
inaccordable
inaccoutumée
inachèvement
inactivation
inadaptation
inadéquation
inadmissible
inadvertance
inaliénation
inanalysable
inapplicable
inapprivoisé
inappropriée
inattaquable
inauguration
incalculable
incandescent
incantatoire
incapacitant
incessamment
inchauffable
inchavirable
inchiffrable
incinérateur
incinération
inclinomètre
incoagulable
incommodante
incommutable
incomparable
incompatible
incompétence
incompétente
incomplétude
inconcevable
incongelable
incongrûment
inconscience
inconsciente
inconséquent
inconsidérée
inconsistant
inconsolable
incontinence
incontinente
inconvenance
inconvenante
inconvénient
incorporable
incorporéité
incorporelle
incorrection
incorrigible
incrémentiel
incriminable
incrustation
incultivable
incurabilité
indéchirable
indéclinable
indécollable
indéfectible
indéfendable
indéfiniment
indéformable
indéfrisable
indéhiscente
indélébilité
indemnisable
indemnitaire
indémontable
indépassable
indépendance
indépendante
indéréglable
indétectable
indéterminée
Indianapolis
indianologie
indifférence
indifférente
indiscipline
indiscipliné
indiscrétion
indiscutable
indisponible
indissoluble
individuelle
indivisément
indochinoise
indo-européen
indométacine
indonésienne
Indre-et-Loire
indulgencier
industrielle
industrieuse
inébranlable
inefficacité
inégalitaire
inélégamment
inemployable
Inés de Castro
inesthétique
inexactement
inexactitude
inexécutable
inexpérience
inexplicable
inexplorable
inexplosible
inexpressive
inexprimable
inexpugnable
inextensible
inextirpable
inextricable
infantiliser
infantilisme
inférioriser
inférovariée
infibulation
infidèlement
infiltration
inflammation
influençable
informations
informatique
informatiser
informatrice
infroissable
infructueuse

12

infusibilité
ingénieriste
inhabituelle
inharmonieux
inimaginable
ininterrompu
initialement
initialisant
inobservable
inobservance
inoccupation
inquisitoire
inquisitrice
inracontable
insalifiable
insalissable
insalivation
insatisfaite
inscriptible
insécabilité
inséminateur
insémination
inséparables
insignifiant
insolubilisé
insolubilité
insonorisant
insoumission
insoupçonnée
insoutenable
inspiratoire
inspiratrice
installateur
installation
instaurateur
instauration
instigatrice
instillation
institutions
institutrice
instructions
instrumental
instrumenter
insubordonné
insuffisance
insuffisante
insufflateur
insufflation
insupportant
insurrection
intarissable
intellection
intellectuel
intelligence
intelligente
intelligible
intempérance
intempérante
intempestive
intemporelle
intensifiant
intensionnel
intentionnée
intentionnel
intercalaire
interceptant
intercepteur
interception
intercesseur
intercession
interclasser
intercostale
intercostaux
intercotidal
intercurrent
interdiction
interdigital
intéressante
interféconde
interférence
interférente
interfoliage
interfoliant
intérioriser
interjection
interjective
interlignage
interlignant
interloquant
interminable
intermission
intermittent
internégatif
intéroceptif
interosseuse
interpellant
interpénétré
interpositif
interprétant
interpréteur
interraciale
interraciaux
interrogatif
interrogeant
interrompant
interrupteur
interruption
intersection
intersession
intersidéral
interstitiel
intertextuel
intertribale
intertribaux
interurbaine
intervenante
intervention
interversion
interviewant
intervieweur
intimidateur
intimidation
intoxication
intracrânien
intransitive
intra-utérine
intra-utérins
intraveineux
introducteur
introduction
introductive
introduisant
introjection
intromission
introspectif
introversion
intumescence
intumescente
inutilisable
invagination
invalidation
inventoriage
inventoriant
invérifiable
invertissant
investiguant
investissant
investisseur
invisibilité
involontaire
invulnérable
iodo-iodurées
irascibilité
irish-coffees
irish-terrier
ironiquement
irrachetable

12

irréalisable
irrédentisme
irrédentiste
irréductible
irréformable
irréfragable
irrégularité
irréligieuse
irrémédiable
irrémissible
irrésistible
irrésolution
irrespirable
irréversible
irritabilité
isentropique
Isigny-le-Buat
Isigny-sur-Mer
islamisation
isochronique
isochronisme
isodynamique
isomorphisme
Isozaki Arata
italianisant
Ivry-sur-Seine
Iwaszkiewicz
Jacksonville
jaillissante
Jankélévitch
japonaiserie
jarovisation
jaunissement
Jean-Baptiste
je-ne-sais-quoi
Johannesburg
jointoiement
joint-venture
Joué-lès-Tours
joujouthèque
jours-amendes
Juárez García
Jugon-les-Lacs
juillettiste
jupitérienne
justificatif
juxtaposable
Kaifu Toshiki
kaléidoscope
kamptozoaire
Kantorovitch
Khieu Samphan
Khorramchahr
Khrouchtchev
Khurramchahr
Kilimandjaro
kilométrique
kilotonnique
kimbanguisme
Kirghizistan
kolkhozienne
Kolokotrónis
Komen-Waasten
kommandantur
Kostrowitzky
Kota Kinabalu
Kouang-tcheou
Kouan Han-k'ing
Kouropatkine
Kovalevskaïa
Krementchoug
Kristiansand
Kristianstad
kyrie eleison
labanotation
labiodentale
labyrinthite
La Calprenède
lacédémonien
La Chaise-Dieu
lacrymo-nasal
lactalbumine
lactoflavine
La Ferté-Alais
La Ferté-Milon
La Grand-Combe
La Grand-Croix
La Haye-Pesnel
laissé-courre
laisser-aller
Lake District
La Meilleraie
La Meilleraye
lamellé-collé
lamellicorne
lamelliforme
laminectomie
lance-amarres
lance-flammes
lance-grenade
lance-missile
lance-pierres
Laneuveville
Langle de Cary
langue-de-chat
languedocien
languissante
La Pacaudière
laparoscopie
La Possession
Lappeenranta
Largillierre
Lariboisière
La Roche-Posay
laryngologie
laryngologue
laryngoscope
laryngotomie
La Talaudière
latéralement
latérisation
latifundiste
latinisation
La Trimouille
laurier-sauce
lauriers-tins
Le Bar-sur-Loup
Le Bois-d'Oingt
lèche-vitrine
Lech-Oberlech
légalisation
légionellose
législatives
législatrice
légitimation
légitimement
Le Grand-Bourg
Le Grand-Lemps
leishmaniose
Le Merlerault
lenticulaire
Leopoldsburg
Léopoldville
lépidosirène
lépromateuse
leptocéphale
leptospirose
Leroi-Gourhan
Le Roy Ladurie
Lesdiguières
Les Pavillons
les Sables d'Or
leucocytaire
Le Val-de-Meuse
levalloisien
lexicographe

12

L'Haÿ-les-Roses
libanisation
libéralement
libéralisant
libre-échange
libre-penseur
libre-service
licenciement
Lichnerowicz
Lichtenstein
ligamentaire
ligamenteuse
L'Île-Bouchard
limnologique
linéairement
lingua franca
linguistique
lipoprotéine
liquéfacteur
liquéfaction
liquidatrice
L'Isle-en-Dodon
Lisle-sur-Tarn
Lissitchansk
lithographie
lithographié
lithologique
lithotitreur
lithuanienne
Lizy-sur-Ourcq
Lobatchevski
localisateur
localisation
Locmariaquer
locotracteur
logomachique
logorrhéique
loi-programme
Lollobrigida
lombarthrose
lombo-sacrées
long-courrier
longitudinal
long-jointées
Loretteville
Lot-et-Garonne
Louveciennes
loxodromique
Luang Prabang
lubriquement
luciférienne
Ludwigshafen
luminescence
luminescente
luni-solaires
lusitanienne
luthéranisme
luxueusement
lycanthropie
lymphangiome
lymphoblaste
lymphocytose
lymphopoïèse
Lyons-la-Forêt
lyophilisant
Lys-lez-Lannoy
Maasmechelen
macadamisant
maccarthysme
macédonienne
machine-outil
mâchonnement
mâchouillant
Macías Nguema
macrocéphale
macrocytaire
macrographie
macroscélide
madelonnette
mademoiselle
madérisation
madréporaire
madréporique
madrigaliste
magistrature
magnanarelle
magnétisable
magnétisante
magnétiseuse
magnétomètre
magnétopause
magnétophone
magnétoscope
magnétoscopé
magnificence
Magnitogorsk
Magny-en-Vexin
magouilleuse
Magyarország
maigrichonne
Mailly-le-Camp
Maine de Biran
Maine-et-Loire
mainmortable
mains-d'oeuvre
Mainvilliers
Makhatchkala
malacostracé
maladivement
malchanceuse
malentendant
malformation
malhonnêteté
malléabilisé
malléabilité
malnutrition
Malo-les-Bains
malthusienne
maltraitance
malveillance
malveillante
malversation
mammographie
mammoplastie
mancenillier
mandat-lettre
Mandchoukouo
mandibulaire
mandoliniste
manécanterie
mange-disques
manifestante
manipulateur
manipulation
manoeuvrable
manoeuvrière
manométrique
manuellement
manufacturer
manu militari
maquignonner
marchandeuse
Marckolsheim
maréchalerie
maréchaussée
marginaliser
marginalisme
Marguerittes
Marie-Galante
Marie-Thérèse
maritalement
Marly-la-Ville
marmonnement
marmottement
maroquinerie
maroquinière

12

Marquenterre
Marsa el-Brega
Marseillaise
marseillaise
marteau-pilon
Martin du Gard
martiniquais
Marx Brothers
Mascareignes
masculiniser
Mas-Soubeyran
masticatoire
masticatrice
mastoïdienne
masturbation
Matabeleland
matelassière
matérialiser
matérialisme
matérialiste
mathématique
mathématiser
matrilignage
matrimoniale
matrimoniaux
Mavrocordato
maximalisant
maximisation
Mazār-e Charif
mécanicienne
mécanisation
mécanographe
Mecklembourg
méconduisant
mécontentant
médecine-ball
médicalement
médicalisant
medicine-ball
médico-légale
médico-légaux
médico-social
médiocrement
Méditerranée
mégalithique
mégalithisme
mégaloblaste
mégatonnique
mélancolique
mélanésienne
mélanodermie
Melchisédech
mélitococcie
mémorialiste
mémorisation
Mendès France
Méndez de Haro
Ménilmontant
méningitique
méningocoque
ménopausique
menstruation
mensualisant
mensurations
Mergenthaler
méritocratie
Merleau-Ponty
Mérovingiens
Mers-les-Bains
merveilleuse
Méry-sur-Seine
mésencéphale
mésentérique
Méso-Amérique
mésodermique
mésoéconomie
mésolithique
mésopotamien
mésothérapie
mesquinement
messeigneurs
métabolisant
Métallifères
métallogénie
métamorphisé
métamorphose
métamorphosé
métaphorique
métaphysique
métastatique
métempsycose
métencéphale
météoritique
météorologie
météorologue
méthacrylate
méthodologie
méthylorange
méticulosité
métrologique
métrologiste
meurtrissant
meurtrissure
Mézidon-Canon
mezzo-soprano
microalvéole
microanalyse
microbalance
microcéphale
microcircuit
micro-cravate
microcristal
microédition
microfilmant
micrographie
microlitique
microvoiture
Middelkerque
Midi-Pyrénées
Mierosławski
Milford Haven
militantisme
militarisant
mille-feuille
millénarisme
millénariste
millepertuis
millerandage
milliardaire
milliardième
millionnaire
Milly-la-Forêt
Milne-Edwards
Mīnā' al-Aḥmadī
minéralisant
minéralurgie
miniaturiser
miniaturiste
Minicassette
minimalisant
minimisation
misanthropie
miscellanées
Mishima Yukio
missionnaire
mithriacisme
mithridatisé
mitochondrie
mitraillette
mitrailleuse
Mitscherlich
mnémotechnie
mobilisateur
mobilisation
modélisation
modérantisme

12

modérantiste
modern dances
modificateur
modification
modificative
modus vivendi
Moëlan-sur-Mer
Moḥammed Rezā
moins-disants
moissonneuse
molletonnant
molletonneux
momification
mondialement
mondialisant
monétisation
monoatomique
monocamérale
monocaméraux
monoclinique
monocristaux
monocyclique
monocylindre
monolithique
monolithisme
mononucléose
monoparental
monopartisme
monophonique
monophysisme
monopolisant
monothélisme
Mons-en-Pévèle
monstrillidé
monstruosité
montalbanais
Montalembert
montbéliarde
Mont-de-Marsan
monte-charges
Montecuccoli
Montecucculi
monténégrine
Montes Claros
Montgaillard
montgolfière
Montier-en-Der
montmartrois
Montmorillon
Montparnasse
montréalaise
monts-de-piété
moralisateur
moralisation
morbihannais
morcellement
mordillement
morganatique
Moro-Giafferi
morphinomane
morphogenèse
mortellement
motocyclette
motocyclisme
motocycliste
motonautique
motonautisme
motoneigisme
motoneigiste
motorisation
moucharabieh
moucheronner
moudjahidine
mousquetaire
mousqueterie
moustérienne
moustiquaire
moutonnement
mouvementant
moyen-métrage
mozambicaine
mucilagineux
Muḥammad Rizā
mulhousienne
multifenêtre
multifilaire
multilatéral
multinévrite
multiplexage
multiplexeur
multipliable
multiplicité
multipolaire
municipalisé
municipalité
Murrumbidgee
muséographie
musicalement
musicographe
mussipontain
Mustafa Kemal
mutuellement
myélographie
myorelaxante
myrmécophile
mystiquement
mythologique
mytilotoxine
Nabopolassar
Nagelmackers
Nakhitchevan
Nakhon Pathom
nantissement
naphtazoline
narco-analyse
narcodollars
nasalisation
nationaliser
nationalisme
nationaliste
naturalisant
navalisation
navigabilité
navire-jumeau
néanthropien
néantisation
nébulisation
nécessitante
nécessiteuse
nec plus ultra
nécrologique
nécromancien
néerlandaise
négativement
négligemment
négociatrice
Nègrepelisse
néoclassique
néoformation
néo-hébridais
néo-indiennes
néomortalité
néonatalogie
néo-zélandais
néphrectomie
néphropathie
nerveusement
neurasthénie
neurologique
neurologiste
neutralisant
neuvièmement
New Brunswick
Newfoundland
New Hampshire
newsmagazine

12

new-yorkaises
Niagara Falls
nicaraguayen
Nicolas-Favre
nid-d'abeilles
nidification
nimbo-stratus
nitrobenzène
nitrosomonas
nivo-pluviale
nivo-pluviaux
Noël Chabanel
Noisy-le-Grand
nomenclateur
nomenclature
nomenklatura
nominalement
nominalisant
non-accomplie
non-agression
non-comparant
non-directive
non-euclidien
non-exécution
non-existence
non-figuratif
non-ingérence
non-marchande
nord-africain
nord-coréenne
Nordenskjöld
Nort-sur-Erdre
notification
notificative
nourrissante
nouvellement
Novaïa Zemlia
novélisation
Novomoskovsk
Novossibirsk
nucléarisant
nue-propriété
numérisation
numérotation
numismatique
nummulitique
nutritionnel
nyctaginacée
nycthémérale
nycthéméraux
Oberammergau
objectivisme
objectiviste
obligeamment
oblitérateur
oblitération
obnubilation
obséquiosité
observatoire
observatrice
obsessionnel
obsolescence
obsolescente
obstétricale
obstétricaux
obstétricien
occasionnant
océanographe
oculomotrice
odontalgique
odoriférante
oecuménicité
oeilletonner
oeils-de-boeuf
oeils-de-tigre
oenométrique
oenothéracée
oesophagique
officialiser
oiseau-mouche
oiseaux-lyres
oléicultrice
oligarchique
oligo-élément
oligophrénie
Olivier Twist
Olonne-sur-Mer
omnidirectif
omniprésence
omniprésente
onchocercose
oniromancien
onychomycose
onychophagie
Opéra-Comique
opéra-comique
opérationnel
ophiographie
ophiolitique
opisthotonos
opportunisme
opportuniste
opposabilité
optimalisant
optimisation
optométriste
opus incertum
orageusement
Orange-Nassau
orangs-outans
Orcades du Sud
Orderic Vital
ordinogramme
Ordjonikidze
ordonnançant
ordonnancier
ordonnatrice
ordovicienne
oreille-de-mer
oréopithèque
organicienne
organigramme
organisateur
organisation
organochloré
organogenèse
orgueilleuse
orientalisme
orientaliste
Orléansville
ornithologie
ornithologue
orographique
orthogénisme
orthographié
orthopédique
orthopédiste
oscillatoire
oscillomètre
oscilloscope
ossification
ostentatoire
ostéologique
ostéomalacie
ostéomyélite
ostéoplastie
ostéosarcome
otospongiose
outrecuidant
outrepassant
ouvre-huîtres
ovariectomie
pacificateur
pacification
paillassonné
paisiblement

12

pakistanaise
palatalisant
palefrenière
paléographie
paléothérium
palettisable
palingénésie
palissadique
palissonnant
palissonneur
pamphlétaire
pamplemousse
panafricaine
panaméricain
panchen-lamas
pancréatique
paniers-repas
panification
panislamique
panislamisme
panophtalmie
pantalonnade
pantouflarde
paperasserie
paperassière
papier-calque
papier-filtre
papiers-émeri
papilionacée
papillonnage
papillonnant
papillonneur
papillotante
parachutisme
parachutiste
paradisiaque
paraguayenne
parallélisme
paramédicale
paramédicaux
paramétrique
parangonnage
parangonnant
paraphernale
paraphernaux
paraphimosis
paraphrasant
paraphraseur
paraplégique
parapublique
parascolaire
parasismique
parasiticide
parathormone
parathyroïde
paratonnerre
paratyphique
paratyphoïde
paravalanche
parcellarisé
parcellisant
parcimonieux
pareillement
parfaitement
parisianisme
Park Chung-hee
parkinsonien
parlementant
parnassienne
paroissienne
parotidienne
paroxysmique
paroxystique
partenariale
partenariaux
partialement
participante
participatif
participiale
participiaux
particulière
passablement
passementant
passementier
passe-partout
passériforme
passe-velours
passe-volants
passing-shots
passionnante
passionnelle
pasteurienne
pasteurisant
pataphysique
paternalisme
paternaliste
pathogénique
pathologique
pathologiste
patrilignage
patrimoniale
patrimoniaux
patronymique
patrouillant
patrouilleur
pattemouille
pattes-de-loup
pattinsonage
pavimenteuse
payer-prendre
Pecquencourt
pédérastique
pédestrement
pédicellaire
pédonculaire
peinardement
peinturlurer
pélagianisme
pelles-bêches
pelletiérine
pelliculaire
pelliculeuse
pelvigraphie
pénalisation
pendouillant
pénétromètre
péninsulaire
pénitencerie
pénitentiaux
Pennsylvanie
pensionnaire
pentadactyle
pentatonique
pentecôtisme
pentecôtiste
pépiniériste
perce-oreille
perce-pierres
perchlorique
Père-Lachaise
Pérez de Ayala
perfectionné
perforatrice
performative
périanthaire
périarthrite
péricardique
périgourdine
périnatalité
périphérique
périphlébite
périscolaire
périscopique
périssologie
pérityphlite
perlimpinpin

permanencier
permanganate
perméabilité
permissivité
permittivité
permsélectif
perpétration
perpétuation
perpignanais
perquisition
Perros-Guirec
persécutrice
persévérance
persévérante
persona grata
personnalisé
personnalité
personnifier
perspicacité
perspiration
pertinemment
perturbateur
perturbation
pervibrateur
pervibration
Pervoouralsk
pèse-liqueurs
pèse-personne
Pessõa Câmara
pestilentiel
Petchenègues
Peterborough
petit-déjeuné
pétitionnant
petits-beurre
petits-neveux
pétrarquisme
Petrodvorets
pétrographie
Petrozavodsk
peureusement
phagédénisme
phagocytaire
phalangienne
phallocratie
pharaonienne
pharmacienne
pharyngienne
phascolomidé
phénanthrène
phénocristal
phénoménisme
phénoméniste
phénotypique
Philadelphie
philanthrope
philatélique
philatéliste
philharmonie
Philippiques
philodendron
philologique
philosophale
philosophant
phléborragie
phlegmoneuse
phlogistique
phonématique
phonocapteur
phonogénique
phonolitique
phonologique
phosphoreuse
phosphorique
phosphorisme
photocathode
photocomposé
photocopiant
photocopieur
photogénique
photographie
photographié
photograveur
photogravure
photomontage
photopériode
photos-finish
photos-robots
photos-romans
phraséologie
phtisiologie
phtisiologue
phylloxérien
phylogénique
physicalisme
physiocratie
physiquement
phytohormone
phytophthora
pictographie
pied-de-cheval
pied-de-mouton
pieds-de-biche
pieds-de-poule
pieds-d'oiseau
Pierre-Bénite
pies-grièches
pigmentation
pilo-sébacées
pinacothèque
pince-oreille
Pinturicchio
pique-niquant
pique-niqueur
Piriac-sur-Mer
piroplasmose
pisciculteur
pisciculture
pisolithique
pissaladière
placentation
plafonnement
plains-chants
plaisancière
plaisanterie
plan-concaves
plan-convexes
planctonique
planctophage
Plan-de-Cuques
planétologie
plans-reliefs
plaqueminier
plaque-modèle
plasticienne
plastiqueuse
plastronnant
plateau-repas
plates-bandes
plates-formes
plates-longes
platyrhinien
plausibilité
plébiscitant
pléonastique
pleurnichant
pleurnichard
pleurnicheur
Plissetskaïa
Ploeuc-sur-Lié
Plouguerneau
ploutocratie
plum-puddings
pluricausale
pluricausals
pluricausaux

12

plurilatéral
plurivalente
pluviométrie
pneumopathie
pneumothorax
poétiquement
poinçonneuse
Pointe-à-Pitre
Pointe-Claire
pointilleuse
pointillisme
pointilliste
point-virgule
poissonnerie
poissonneuse
poissonnière
polarimétrie
polarisation
polémoniacée
pole position
Polichinelle
polichinelle
policlinique
poliomyélite
polissonnant
politicienne
politisation
poltronnerie
polyaddition
polyarthrite
polycarpique
polychlorure
polychroïsme
polyclinique
polycyclique
polydactylie
polyéthylène
polyglobulie
polygonation
polyholoside
polymérisant
polynésienne
polyphonique
polyphoniste
polytonalité
polytropique
polyuréthane
pomicultrice
pomme de terre
pompeusement
ponctionnant
pondératrice
Ponta Delgada
Pont-à-Mousson
Pont-aux-Dames
Pont-de-Chéruy
Pont-de-l'Arche
Pont-de-Salars
Pont-en-Royans
pontons-grues
Pont-sur-Yonne
Popocatépetl
popularisant
porcelainier
pornographie
Porquerolles
Port-au-Prince
Port-Camargue
porte-affiche
porte-amarres
porte-bagages
porte-billets
porte-bonheur
porte-bouquet
porte-cigares
porte-couteau
porte-crayons
porte-drapeau
porte-fanions
porte-fenêtre
portefeuille
porte-glaives
porte-greffes
porte-haubans
porte-malheur
portemanteau
porte-monnaie
porte-montres
Port-en-Bessin
porte-papiers
porte-paquets
Port Harcourt
Portoferraio
portoricaine
Porto-Vecchio
portraitiste
portraiturer
Port-sur-Saône
positionnant
positionneur
positivement
possessivité
possiblement
postériorité
postillonner
postposition
postprandial
postscolaire
post-scriptum
potentialisé
potentialité
poudroiement
poults-de-soie
pourchassant
pourfendeuse
pourrissante
poursuiteuse
poursuivante
pousse-pousse
poussiéreuse
poussivement
Pozzo di Borgo
pratiquement
Prats-de-Mollo
Pré-aux-Clercs
précairement
précancéreux
précautionné
précédemment
préchauffage
préchauffant
prêchi-prêcha
préciputaire
préclassique
précolombien
préconscient
précontraint
prédécesseur
prédestinant
prédéterminé
prédicatrice
prédilection
prédisposant
prédominance
prédominante
préélectoral
préexistante
préexistence
préfabriquée
préfectorale
préfectoraux
préférentiel
préfloraison
préfoliaison
préfoliation
préformation

12

préglaciaire
préhistorien
préislamique
préliminaire
prémenstruel
premièrement
prémilitaire
prémonitoire
prémunissant
préoccupante
préolympique
préparatoire
préparatrice
prépondérant
préprogrammé
préretraitée
presbytérale
presbytéraux
presbytérien
prescripteur
prescription
présélecteur
présélection
présentateur
présentation
présentement
préservateur
préservation
préservative
présidentiel
présidialité
présomptueux
presse-bouton
presse-citron
presse-étoupe
presse-viande
pressurisant
prestigieuse
présupposant
prétendument
prétentieuse
prêts-à-coudre
prêts-à-manger
prêts-à-monter
prêts-à-porter
prévariquant
préventorium
prévisionnel
primatologie
primesautier
primipilaire
primitivisme

Prince Albert
Prince Edward
Prince George
Prince Rupert
principautés
privatdocent
privatdozent
privatisable
privilégiant
probabilisme
probabiliste
probablement
proboscidien
procédurière
procès-verbal
Proche-Orient
proclamation
procréatique
procréatrice
productivité
profanatrice
professorale
professoraux
profondément
progestative
progestérone
prognathisme
programmable
programmeuse
progressisme
progressiste
prolégomènes
prolétariser
prolongateur
prolongation
prolongement
prométhazine
prométhéenne
promotionnel
promulgation
promyélocyte
pronostiquer
propagatrice
proparoxyton
prophétisant
propitiation
proportionné
propres-à-rien
propriétaire
proscripteur
proscription
prosélytisme

prosobranche
prospectrice
prosthétique
prostitution
protactinium
protagoniste
protéagineux
protège-dents
protège-slips
protège-tibia
protérandrie
protérogynie
protestation
prothrombine
protococcale
protocolaire
protogalaxie
protonotaire
protoplanète
protostomien
protothérien
protubérance
protubérante
providentiel
provignement
provincialat
provisionnel
provisionner
provocatrice
proxénétisme
prurigineuse
pseudotumeur
psychanalyse
psychanalysé
psychiatrisé
psychogenèse
psychokinèse
psychométrie
psychomoteur
psychopathie
psychorigide
psychosocial
psychromètre
ptéridophyte
ptérobranche
ptérodactyle
ptérosaurien
ptérygoïdien
publicitaire
publipostage
publiquement
pudibonderie

12

Pueblo Bonito
puériculture
Puerto La Cruz
pugilistique
pulsionnelle
pulvérisable
pulvérulence
pulvérulente
punching-ball
Punta del Este
pupinisation
purificateur
purification
putréfaction
puvathérapie
pyrogallique
pyrogénation
pyroligneuse
pyrométrique
pyrrhonienne
pythagorique
pythagorisme
quadragésime
quadriennale
quadriennaux
quadrijumeau
quadrilatère
quadrimoteur
quadriphonie
quadriplégie
quadrivalent
qualificatif
quantifiable
quantitative
quart-de-pouce
quarts-de-rond
quarts-mondes
quasi-contrat
quasi-monnaie
quatre-épices
quatre-quarts
quatre-quatre
quatre-vingts
quattrocento
quelque chose
quelques-unes
Querqueville
questionnant
questionneur
Quetzalcóatl
queue-d'aronde
queue-de-morue
Quiévrechain
quincaillier
quindécemvir
quinquennale
quinquennaux
quintessence
Quinze-Vingts
rabaissement
rabonnissant
rabouilleuse
raccommodage
raccommodant
raccommodeur
raccompagner
raccordement
raccrocheuse
racornissant
radicalement
radicalisant
radiculalgie
radiesthésie
radioamateur
radiobaliser
radiocarbone
radiodermite
radiodiffusé
radioélément
radiogalaxie
radiographie
radiographié
radioguidage
radioguidant
radio-isotope
radiologique
radiologiste
radionécrose
radioréveils
radiosondage
radoucissant
ragaillardir
rahat-lokoums
rahat-loukoum
raidissement
raisonnement
rajeunissant
ralentissant
ralentisseur
rallongement
ramification
ramollissant
rancissement
rançonnement
rapatriement
raphaélesque
raplatissant
rappareiller
rappariement
rassasiement
rassembleuse
rassissement
rassortiment
rastaquouère
ratification
rationalisée
rationaliser
rationalisme
rationaliste
rationnement
rattachement
Rauschenberg
ravitaillant
ravitailleur
réabonnement
réabsorption
réaccoutumer
réactivation
réactualiser
réadaptation
réajustement
réalignement
réalisatrice
réaménageant
réanimatrice
réapparaître
réapparition
réarrangeant
rebondissant
reboutonnant
recalcifiant
récalcitrant
récapitulant
réceptionner
recevabilité
rechargeable
rechargement
réciproquant
reclassement
récollection
recommandant
recommençant
récompensant
recomposable
réconciliant
recondamnant

12

reconduction
reconduisant
réconfortant
reconquérant
reconsidérer
reconstituer
reconstruire
reconvention
reconversion
recorrigeant
recourbement
recouvrement
recrépissage
recrépissant
recrudescent
rectificatif
recto-colites
récupérateur
récupération
rédactionnel
redécouvrant
redescendant
rédhibitoire
redistribuer
redoublement
redressement
réembauchant
réempruntant
réengagement
réenregistré
réensemencer
rééquilibrer
réescomptant
réévaluation
réexpédition
référendaire
réflectorisé
réflexologie
réformatrice
réfrigérante
regarnissant
régénérateur
régénération
régimentaire
régionaliser
régionalisme
régionaliste
registration
réglementant
regonflement
regroupement
régularisant
réhabilitant
rehaussement
Reichshoffen
réimplantant
réimposition
réimpression
réincarcérer
réincorporer
reine-des-prés
réinscrivant
réinstallant
réintégrable
réintégrande
réintroduire
rejointoyant
réjouissance
réjouissante
rélargissant
relativement
relativisant
remaquillant
remastiquant
remblaiement
remboîtement
remboursable
rembranesque
rembuchement
remembrement
remémoration
remerciement
remilitarisé
réminiscence
remmailloter
remnographie
remonte-pente
rempailleuse
rempaquetant
rempiétement
remplacement
rempoissonné
rémunérateur
rémunération
renfermement
renflouement
renfoncement
renforçateur
renforcement
rengraissant
rengrènement
renonciateur
renonciation
renonculacée
renouvelable
renouvelante
rentabiliser
renversement
réoccupation
réorchestrer
réordination
réorganisant
reparaissant
repartageant
répartissant
répartitrice
répercussion
répertoriant
répétitivité
repeuplement
replantation
repopulation
repositionné
repourvoyant
représailles
représentant
réprimandant
réprobatrice
reproducteur
reproduction
reproductive
reproduisant
reprogrammer
reprographie
reprographié
républicaine
réquisitions
réquisitoire
réservataire
résipiscence
resocialiser
respectueuse
respiratoire
resquilleuse
ressemblance
ressemblante
ressentiment
resserrement
ressouvenant
ressuscitant
restaurateur
Restauration
restauration
restreignant
restrictions
restructurer

12

resurchauffe
resurchauffé
resurgissant
résurrection
rétablissant
retardataire
retardatrice
retentissant
réticulation
réticulocyte
retournement
rétractation
rétractilité
retraduisant
retraitement
retranscrire
retravailler
retraversant
rétrécissant
rétrocession
rétrogradant
rétrospectif
rétroversion
réunionnaise
réutilisable
revalorisant
réveillonner
revendicatif
revendiquant
réverbérante
reverdissant
révérencieux
revernissant
revitalisant
reviviscence
reviviscente
révocabilité
révolutionné
rhabdomancie
rhétoriqueur
rhéto-romanes
rhino-pharynx
rhinoplastie
rhododendron
Rhône-Poulenc
rhumatisante
rhumatismale
rhumatismaux
rhumatologie
rhumatologue
rhynchonelle
ribonucléase
ribouldingue
rickettsiose
ridiculement
ridiculisant
Riec-sur-Belon
riemannienne
Rio de Janeiro
Río de la Plata
Risorgimento
rituellement
Rivière-Salée
rizicultrice
Robbe-Grillet
Robert-Houdin
robinetterie
robotisation
Rochechouart
roche-magasin
rocking-chair
Rocquencourt
Roi-Guillaume
romanichelle
romanisation
romans-photos
romanticisme
ronchonneuse
rondes-bosses
rondouillard
ronronnement
rosés-des-prés
roubaisienne
roucoulement
rouflaquette
rougeoiement
rouges-gorges
rouges-queues
rougissement
roulés-boulés
rouscaillant
Rouyn-Noranda
Royer-Collard
rudimentaire
ruines-de-Rome
sabot-de-Vénus
sabre-briquet
saccharifère
saccharifier
Sacher-Masoch
sacramentaux
sacro-iliaque
sacro-saintes
sacs-poubelle
sadique-anale
Saint-Ambroix
Saint Andrews
Saint-Anthème
Saint-Antoine
Saint-Antonin
Saint-Arnoult
Saint-Avertin
Saint-Bernard
saint-bernard
Saint-Chamond
Saint-Chinian
Saint-Cyprien
saint-cyriens
Sainte-Enimie
Sainte-Hélène
Sainte-Marthe
Sainte-Maxime
Saint-Émilion
saint-émilion
Sainte-Savine
Sainte-Sévère
Sainte-Sophie
Saint-Estèphe
Saint-Étienne
Saint-Exupéry
Saint-Fargeau
Saint-Ferréol
Saint-Florent
Saint-Fulgent
Saint-Galmier
Saint-Gaudens
Saint-Gengoux
Saint-Georges
Saint-Germain
Saint-Gothard
Saint-Gratien
Saint-Guénolé
Saint-Guilhem
Saint-Hilaire
Saint-Honorat
Saint-Jacques
Saint-Lambert
Saint-Laurent
Saint-Léonard
Saint-Lunaire
Saint-Macaire
Saint-Maixent
Saint-Martory
Saint-Mathieu
Saint-Maurice
Saint-Maximin

12

Saint-Nazaire
Saint-Nicolas
saintongeais
Saint-Pardoux
Saint-Paterne
Saint-Paulien
Saint-Pol Roux
Saint-Quentin
Saintrailles
Saint-Rambert
Saint-Raphaël
Saint-Riquier
Saint-Sauveur
Saint-Sulpice
Saint-Trivier
Saint-Vallier
Saint-Vincent
saisissement
salification
salmonellose
saltimbanque
Salt Lake City
Sanary-sur-Mer
San Cristóbal
sanctifiante
sanctionnant
sanctuariser
San Francisco
sang-de-dragon
San Gimignano
sanglotement
Sanguinaires
sanguinolent
Sankt Florian
San Pedro Sula
sans-culottes
San Sebastián
sanskritiste
Santo Domingo
Santos-Dumont
São Francisco
Saône-et-Loire
sapientielle
saponifiable
sarcomateuse
Sartrouville
Saskatchewan
satellisable
Sathonay-Camp
satisfaction
satisfaisant
saturabilité

saucissonner
sauf-conduits
saupoudreuse
saurophidien
saut-de-mouton
sautillement
sauvegardant
sauve-qui-peut
sauveterrien
Sauxillanges
Savines-le-Lac
saxifragacée
saxophoniste
scandalisant
scanographie
scaphandrier
scatologique
scélératesse
scéniquement
scénographie
Schaffhausen
Schéhérazade
schématisant
Schiaparelli
Schiltigheim
schismatique
schizophasie
schizophrène
schizothymie
Scholastique
Schopenhauer
Schweinfurth
scientifique
scintillante
scissiparité
sclérenchyme
sclérodermie
sclérophylle
scolarisable
Scotland Yard
scripophilie
scripturaire
scyphozoaire
sèche-cheveux
sécularisant
sécurisation
sédentariser
sédimentaire
segmentation
seigneuriage
seigneuriale
seigneuriaux

Seine-et-Marne
séismographe
seizièmement
Seldjoukides
sélectionnée
sélectionner
self-controls
self-made-mans
self-services
sémaphorique
sémasiologie
semestrielle
semi-chenillé
semi-conserve
semi-consonne
semi-durables
semi-globales
semi-libertés
semi-lunaires
semi-officiel
sémiologique
semi-ouvertes
semi-polaires
semi-produits
semi-publique
semi-remorque
semi-voyelles
sempervirent
sénéchaussée
sensationnel
sensibiliser
sensiblement
sensitomètre
sentencieuse
sentimentale
sentimentaux
septennalité
septicémique
septièmement
septuagésime
séquentielle
serfouissage
serfouissant
sergent-major
sérieusement
Sérifontaine
séronégative
séropositive
sérothérapie
serpentement
serpigineuse
serviabilité

12

Severodvinsk
sexagésimale
sexagésimaux
sexuellement
seychelloise
Shāhjahānpur
shampouinant
shampouineur
Shijiazhuang
shipchandler
Shisha Pangma
show-business
sidérurgique
sidérurgiste
Sidi Bel Abbes
sifflotement
signalétique
significatif
Signy-l'Abbaye
Signy-le-Petit
Sikhote-Aline
silhouettant
simplifiable
simultanéité
Sindelfingen
singapourien
singulariser
sinistrement
sino-tibétain
Sint-Genesius
siphonaptère
siphonogamie
siphonophore
sismologique
skye-terriers
sleeping-cars
Snel Van Royen
sociabiliser
socialisante
socinianisme
sociologique
sociologisme
sociologiste
solarigraphe
solarisation
solidarisant
Soljenitsyne
solliciteuse
solubilisant
solutionnant
somatisation
sommairement
Songhua Jiang
sonorisation
sophistiquée
sophistiquer
sortie-de-bain
sorties-de-bal
soubassement
soudainement
Soufflenheim
souffreteuse
Soulac-sur-Mer
soulignement
soûlographie
soumaintrain
soumissionné
soupçonnable
soupçonneuse
sourcilleuse
sourde-muette
sournoiserie
sous-alimenté
sous-assurant
sous-calibrée
sous-calibrés
sous-clavière
sous-claviers
sous-comptoir
souscripteur
souscription
sous-cutanées
sous-déclarer
sous-diaconat
sous-effectif
sous-employer
sous-ensemble
sous-entendre
sous-entendus
sous-équipées
sous-estimant
sous-évaluant
sous-exploité
sous-exposant
sous-familles
sous-filiales
sous-humanité
sous-jacentes
sous-location
sous-marinier
sous-ministre
sous-multiple
sous-normales
sous-officier
sous-orbitale
sous-orbitaux
sous-peuplées
sous-préfètes
sous-pression
sous-produits
sous-quartier
sous-refroidi
sous-saturées
sous-secteurs
sous-sections
sous-soleuses
sous-stations
sous-systèmes
sous-tangente
sous-tensions
sous-titrages
soustracteur
soustraction
soustractive
sous-traitant
sous-utiliser
sous-vêtement
sous-vireuses
South Shields
soutien-gorge
souveraineté
soviétologue
spadiciflore
spasmophilie
spatialisant
spécialement
spécialisant
spectromètre
spectroscope
spéculatrice
spermatocyte
spermogramme
Spessivtseva
sphinctérien
spiritualisé
spiritualité
spirochétose
splanchnique
splénectomie
sponsorisant
spontanéisme
spontanéiste
spontanément
sportivement
squattériser
squelettique

stabilisante
Stalinogorsk
Stambolijski
standardiser
standardiste
Stanislavski
Stanleyville
staphisaigre
Stara Planina
starting-gate
Staten Island
stathoudérat
stationnaire
stations-aval
statiquement
statisticien
Stauffenberg
steeple-chase
stégocéphale
sténodactylo
sténographie
sténographié
sténotypiste
sterculiacée
stéréochimie
stéréognosie
stéréogramme
stéréométrie
stéréophonie
stéréoscopie
stéréovision
stérilisante
sternutation
stéroïdienne
stichomythie
stigmatisant
stilligoutte
stochastique
stocks-outils
Stoke-on-Trent
stomatologie
stomatologue
Stradivarius
stradivarius
stratosphère
strepsiptère
streptocoque
stricto sensu
stridulation
stroboscopie
strophantine
structurable
structurante
structurelle
stupéfaction
stylisticien
subaquatique
subconscient
subdéléguant
subjectivité
Sublime-Porte
subliminaire
subordonnant
subrogatoire
subsistances
substantiver
substituable
substitution
substitutive
substruction
substructure
subtropicale
subtropicaux
suburbicaire
subventionné
succenturiée
successorale
successoraux
sud-africaine
sud-africains
sud-américain
sud-coréennes
suffisamment
suggestionné
suggestivité
sulfhydrique
sulfovinique
Sun Zhongshan
superalliage
Superdévoluy
superfamille
superovariée
superposable
supersonique
superstition
supplication
suppositoire
suprématisme
surabondance
surabondante
suralimentée
suralimenter
surchargeant
surchauffant
surchauffeur
surcomprimée
surcomprimer
surdéterminé
surdéveloppé
surdi-mutités
surélévation
surentraîner
surexcitable
surexcitante
surexploiter
surgissement
surinfection
surinformant
surintendant
surintensité
surlendemain
surmortalité
surmultiplié
surnaturelle
surnuméraire
surpassement
surplombante
surveillance
surveillante
sus-dénommées
sus-dominante
sus-hépatique
susmentionné
sustentation
sylviculteur
sylviculture
sympathisant
synchronique
synchroniser
synchronisme
syndicaliser
syndicalisme
syndicaliste
syndicataire
synovectomie
syntacticien
synthétisant
synthétiseur
syphilitique
systématique
systématisée
systématiser
Szent-Györgyi
tachéométrie
tachypsychie
tactiquement

12

tagliatelles
taillanderie
taille-crayon
talismanique
talkie-walkie
tambourinage
tambourinant
tambourineur
tambour-major
tamponnement
tangentielle
tangiblement
T'ang T'ai-tsong
tapis-brosses
tarabiscotée
Tarass Boulba
tardenoisien
tarification
Tarraconaise
taupe-grillon
tautologique
taxidermiste
taxis-brousse
Tch'ang-tcheou
Tchao Mong-fou
Tcheliabinsk
Tcheng-tcheou
Tchérémisses
Tcheremkhovo
Tcherepovets
Tchistiakovo
Tchitcherine
Tchouang-tseu
technicienne
technicisant
technocratie
tectibranche
tégumentaire
Tel-Aviv-Jaffa
téléacheteur
Téléboutique
télécommande
télécommandé
télédiffuser
téléécriture
télégraphier
télématisant
télencéphale
téléobjectif
téléologique
télépathique
téléphérique
téléphonique
téléphoniste
télépointage
téléreporter
télescopique
téleutospore
télévisuelle
Tell al-Amarna
telluromètre
tenaillement
tendancielle
tendancieuse
Teng Siao-p'ing
tennis-elbows
Tenochtitlán
tensioactive
tentaculaire
Tenzin Gyatso
tératogenèse
térébenthine
tergiversant
terminologie
terminologue
ternissement
terrassement
terre-neuvien
terre-neuvier
terriblement
territoriale
territoriaux
terrorisante
Tessy-sur-Vire
testiculaire
testimoniale
testimoniaux
testostérone
tétanisation
têtes-de-Maure
tétracycline
tétradactyle
tétraédrique
tétraploïdie
tétrasyllabe
tétratomique
Tezcatlipoca
thaïlandaise
thanatologie
Thaon di Revel
thaumaturgie
théâtraliser
théâtralisme
théocratique
théologienne
théophylline
théoricienne
théorisation
théosophique
thermicienne
thermidorien
thermistance
thermochimie
thermocouple
thermogenèse
thermométrie
thermosiphon
thermosphère
thésaurisant
thésauriseur
thessalienne
Thessaloníki
thoracentèse
thoracotomie
thrombopénie
thrombotique
thuriféraire
thyroïdienne
thysanoptère
tiédissement
timbre-amende
timbres-poste
time-sharings
tintinnabulé
tiraillement
tire-bouchons
tiroir-caisse
tissus-pagnes
titularisant
Tong K'i-tch'ang
tonométrique
torréfacteur
torréfaction
Torremolinos
torrentielle
torrentueuse
Torres Vedras
tortillement
tortionnaire
totalisateur
totalisation
touche-touche
tourbillonné
tourillonner
tournaillant
tournebouler

12

tournebroche
tourne-disque
tourne-pierre
tournicotant
tournoiement
toussotement
Toutankhamon
toutes-épices
tout-puissant
toxoplasmose
trachéophyte
trachéotomie
tradescantia
traditionnel
tragi-comédie
tragi-comique
tragiquement
traînaillant
traits d'union
tranquillisé
tranquillité
transaminase
transbahuter
transbordant
transbordeur
transcendant
transcrivant
transcutanée
transducteur
transduction
transférable
transfigurer
transformant
transgénique
transgresser
transhorizon
transhumance
transhumante
Transilvania
transitivité
transluminal
transmettant
transmetteur
transmigrant
transmission
transmutable
transpalette
transparence
transparente
transperçant
transpirante
transplanter
transpolaire
transpondeur
transportant
transporteur
transposable
transsonique
transuranien
transversale
transversaux
transylvaine
Transylvanie
trapézoïdale
trapézoïdaux
Trás-os-Montes
traumatisant
travailleuse
travaillisme
travailliste
travailloter
travers-bancs
treillageant
treillissant
tremblotante
trempabilité
trépignement
tressaillant
triangulaire
triathlonien
tribulations
Trichinopoly
trichogramme
trichophyton
Trie-sur-Baïse
trifouillant
triglycéride
triloculaire
trimbalement
trinqueballe
triomphateur
tripartition
tripatouillé
Tripolitaine
trique-madame
trirectangle
trisannuelle
tristounette
trivialement
trochosphère
trois-étoiles
Trois-Vallées
trompe-la-mort
trompettiste
tronçonneuse
trophallaxie
trophoblaste
tropicaliser
trottinement
trouble-fêtes
trousse-queue
trypsinogène
Tsiang Tsö-min
tuberculeuse
tuberculoïde
tubérisation
turbidimètre
turbomachine
Turkménistan
tyrannosaure
tyrothricine
Tyrrhénienne
Uilenspiegel
Ujungpandang
ultrabasique
ultramoderne
ultramontain
ultrasonique
unificatrice
uniformément
uniformisant
uniloculaire
unipersonnel
United States
universalisé
universalité
univitelline
urbanisation
urbanistique
urobilinurie
uro-génitales
ustilaginale
Ústí nad Labem
usufruitière
utilisatrice
utilitarisme
utilitariste
Uttar Pradesh
Uusikaupunki
Uylenspiegel
vaccinatrice
vaccinostyle
vadrouillant
vadrouilleur
vaisselleric
Valence-d'Agen

12

Valenciennes
valenciennes
valentinoise
Valère Maxime
valérianacée
valérianelle
Vallery-Radot
Vallerysthal
vallonnement
valorisation
valpolicella
Vals-les-Bains
Van Artevelde
Van den Vondel
Van der Meulen
Van der Weyden
Van Ruusbroec
vapocraquage
vapocraqueur
vaporisateur
vaporisation
Varangéville
vascularisée
vasectomiser
vasopressine
vaticinateur
vaticination
vauclusienne
Vaulx-en-Velin
Vauvenargues
végétalienne
végétarienne
vélocimétrie
ventriloquie
ventripotent
verbeusement
verdissement
vérificateur
vérification
vérificative
vermiculaire
vermillonner
vernaculaire
verrouillage
verrouillant
verrouilleur
versaillaise
vers-libriste
vert-de-grisée
vert-de-grisés
vertigineuse
vespertilion
vesses-de-loup
vestibulaire
vexillologie
vibromasseur
vice-consulat
Vic-en-Bigorre
vice-recteurs
vice-royautés
vicieusement
Vic-sur-Seille
victimologie
Victor-Amédée
vidéographie
vidéolecteur
Vieilleville
vieillissant
Vielé-Griffin
viennoiserie
vietnamienne
vieux-croyant
Villacoublay
Villahermosa
Villaviciosa
Villecresnes
ville-dortoir
Villefranche
villégiature
villégiaturé
Villeparisis
Villers-le-Lac
Villetaneuse
Villeurbanne
vinificateur
vinification
Viollet-le-Duc
viscosimètre
visuellement
viticultrice
vitivinicole
vitupération
vivificateur
vivification
vocalisateur
vocalisation
vociférateur
vocifération
voiture-balai
voiture-poste
voitures-bars
voitures-lits
volatilisant
volcanologie
volcanologue
volontarisme
volontariste
voltairienne
Volta Redonda
Volucompteur
volumétrique
Vô Nguyên Giap
Vorochilovsk
Vosne-Romanée
vulcanologie
vulcanologue
vulgairement
wagon-citerne
Warwickshire
Wasserbillig
water-ballast
water-closets
wellingtonia
Welwyn Garden
West Bromwich
Westinghouse
white-spirits
Winnipegosis
Winston-Salem
Winterhalter
wisigothique
Wittgenstein
Xaintrailles
xanthophycée
xanthophylle
xérophtalmie
xérophytique
xiphoïdienne
Yamoussoukro
Yang Shangkun
ylangs-ylangs
Zarathoustra
Zarathushtra
zimbabwéenne
zingibéracée
zinjanthrope
zoomorphique
zoomorphisme
zootechnique
zoroastrisme

abaisse-langue
abâtardissant
Abbaye-aux-Bois
abbevillienne
aberdeen-angus
Ablon-sur-Seine
abonnissement
aboutissement
abracadabrant
abri-sous-roche
abrutissement
abstraitement
académicienne
accélératrice
accéléromètre
acceptabilité
accessibilité
accessoiriser
accessoiriste
acclimatation
acclimatement
accommodation
accommodement
accomplissant
accordéoniste
accords-cadres
accourcissant
accroche-coeur
accroche-plats
accroissement
accroupissant
acculturation
acétification
acétylcholine
achromatisant
achromatopsie
acidification
acido-basiques
acousticienne
acquiescement
acrylonitrile
actualisation
additionnelle
adjectivement
adjectivisant
adjudicataire
adjudicatrice
administratif
admirablement
admissibilité
admonestation
adoucissement
aérodynamique
aérodynamisme
aéromodélisme
aéroportuaire
aérotechnique
aéroterrestre
aérothermique
affadissement
affaiblissant
affaiblisseur
affectionnant
affouillement
affouragement
afro-américain
afro-asiatique
afro-brésilien
aggiornamento
agglomération
agglutination
agglutinogène
agrammaticale
agrammaticaux
agressivement
agro-industrie
agropastorale
agropastoraux
agrumiculture
aide-comptable
aide-soignante
aigues-marines
aiguillonnant
Aïn Temouchent
Aire-sur-l'Adour
Aix-en-Provence
Aixe-sur-Vienne
Aix-la-Chapelle
Akademgorodok
Alain-Fournier
Alby-sur-Chéran
alcoolisation
aléatoirement
algorithmique
allume-cigares
alluvionnaire
alphabétisant
Alphonse-Marie
aluminisation
amaigrissante
Amān Allāh Khān
amaryllidacée
Ambartsoumian
américanisant
Améric Vespuce
amiante-ciment
amincissement
aminophylline
amoindrissant
amollissement
amoncellement
amortissement
amoureusement
amours-propres
ampélographie
ampères-heures
amphiarthrose
amphigourique
amplificateur
amplification
anachorétique
anachorétisme
anacréontique
anathématiser
Andhra Pradesh
anesthésiante
anfractuosité
angéliquement
anglo-normande
anglo-normands
anglo-saxonnes
angustifoliée
animadversion
Annecy-le-Vieux
années-lumière
annexionnisme
annexionniste
annonciatrice
annualisation
anoblissement
antéhypophyse
antéislamique
anthraciteuse
anthraquinone
anthropogénie
anthropologie
anthropologue

13 anthroponymie
anthropophage
anthropophile
antibiogramme
antibourgeois
anticancéreux
anticipatoire
anticléricale
anticléricaux
anticoagulant
anticorrosion
anticyclonale
anticyclonaux
antidérapante
antidétonante
antiémétisant
Antikomintern
antimitotique
antimycosique
antinataliste
antinationale
antinationaux
antinucléaire
antipaludique
antiparallèle
antiparasiter
antiparticule
antipersonnel
antipollution
antipyrétique
antiradiation
antirationnel
antireligieux
antisalissure
antisatellite
antisémitisme
anti-sous-marin
antisyndicale
antisyndicaux
antitétanique
antithermique
antivénéneuse
antivenimeuse
Antoine Daniel
apathiquement
aphrodisiaque
aplanissement
aplatissement
apocalyptique
aponévrotique
apostériorité
appalachienne
apparentement
appauvrissant
appertisation
applaudimètre
applaudissant
applaudisseur
applicabilité
appointements
appréciatrice
apprentissage
apprivoisable
apprivoiseuse
approbativité
appropriation
approvisionné
approximation
approximative
aquariophilie
aquatubulaire
Arabo-Persique
arbitralement
arboriculteur
arboriculture
archangélique
archéologique
archiduchesse
archimandrite
archimédienne
architectonie
architectural
architecturer
archivistique
arcs-doubleaux
Argelès-Gazost
Argelès-sur-Mer
argumentateur
argumentation
argumentative
aristotélique
aristotélisme
arithméticien
arithmomancie
aromathérapie
aromatisation
arrière-bouche
arrière-choeur
arrière-cousin
arrière-fleurs
arrière-gardes
arrière-gorges
arrière-neveux
arrière-nièces
arrière-pensée
arrière-saison
arrière-salles
arrière-trains
arrière-vassal
Ars-sur-Formans
Ars-sur-Moselle
artériectomie
artériopathie
Arthez-de-Béarn
arthrographie
arthrogrypose
arthroplastie
artichautière
articulatoire
ascensionnant
Aschaffenburg
asclépiadacée
asomatognosie
aspiro-batteur
assagissement
asservissante
assimilatrice
associativité
assombrissant
assoupissante
assouplissant
Assourbanipal
assourdissant
astéréognosie
asthénosphère
astrobiologie
astrométrique
astrométriste
astronautique
astrophysique
asynchronisme
atmosphérique
atomes-grammes
attachés-cases
attendrissant
attendrisseur
attentivement
attrape-mouche
attrape-nigaud
Aubergenville
Aubert de Gaspé
Aubervilliers
audiovisuelle
augustinienne
Aurec-sur-Loire
aurignacienne

13

auscultatoire
authentifiant
authentiquant
autobronzante
autocensurant
autocinétique
autocorrectif
autocouchette
autodirecteur
autoélévateur
autofinançant
autographiant
autographique
auto-immunités
auto-induction
auto-infection
automobilisme
automobiliste
automorphisme
autonettoyant
autopropulsée
autoréférence
autoréparable
autoritarisme
auto-stoppeurs
auto-stoppeuse
autosuffisant
autotrempante
Auvers-sur-Oise
Auxi-le-Château
avachissement
avant-contrats
avant-coureurs
avant-creusets
avant-dernière
avant-derniers
avant-gardisme
avant-gardiste
avant-première
avants-centres
avertissement
aveulissement
avitaillement
axisymétrique
axonométrique
bachi-bouzouks
bactériologie
bactériophage
badegoulienne
badigeonneuse
bâillonnement
Bains-les-Bains
balais-brosses
balisticienne
balkanisation
ballons-sondes
Baloutchistan
bancarisation
banqueroutier
Banyuls-sur-Mer
baragouineuse
barbouilleuse
Barcelonnette
barrages-poids
barren grounds
bas-de-chausses
basidiomycète
Bassas da India
Basse-Autriche
Basse-Goulaine
basses-tailles
bateau-citerne
bateaux-phares
bateaux-pompes
bateaux-portes
bathymétrique
Baume-les-Dames
béatification
Beaucroissant
beau-petit-fils
becs-de-corbeau
Bédos de Celles
belles-lettres
bellifontaine
Belo Horizonte
Béloutchistan
bercelonnette
Berchtesgaden
bergeronnette
berginisation
bertillonnage
bêtabloquante
biauriculaire
bibliographie
bicaméralisme
bicarburation
bien-pensantes
bienveillance
bienveillante
Billy-Montigny
Bingham Canyon
bioacoustique
bioclimatique
biocompatible
bioconversion
biodégradable
biogéographie
bio-industries
biomagnétisme
biquadratique
biquotidienne
biréfringence
biréfringente
Black Panthers
blanchissante
blanchisserie
blanchisseuse
blancs-mangers
blasphémateur
blettissement
bloc-cylindres
bloc-diagramme
blocs-cuisines
Blue Mountains
Bobo-Dioulasso
body-buildings
Bogny-sur-Meuse
Bois-Guillaume
Boissy d'Anglas
bondérisation
bonheur-du-jour
bons-chrétiens
boogie-woogies
Boris Godounov
borne-fontaine
borosilicatée
Bort-les-Orgues
bouche-à-bouche
bouchonnement
bouffonnement
bougainvillée
bouillabaisse
bouillon-blanc
bouillonnante
Boulay-Moselle
boules-de-neige
boulevardière
bouleversante
bourdonnement
Bourg-Argental
Bourg-en-Bresse
bourgeoisiale
bourgeoisiaux
bourguignonne
bourlingueuse
boursicoteuse

13

boustrophédon
bouton-d'argent
brachycéphale
Braine-l'Alleud
Braine-le-Comte
brainstorming
bredouilleuse
brick-goélette
Brière de l'Isle
brigadier-chef
brillantinant
bringuebalant
brinquebalant
bromocriptine
bronchectasie
bronchoscopie
brouillassant
brouillonnant
broussailleux
Bruay-en-Artois
bucco-dentaire
bucco-génitale
bucco-génitaux
budgétisation
buisson-ardent
Bully-les-Mines
bureaucratisé
burlesquement
Bussy d'Amboise
butyrophénone
cabin-cruisers
cafés-concerts
cafés-théâtres
calcification
calciothermie
calculabilité
calembredaine
calfeutrement
californienne
calligraphier
calomniatrice
calorifugeage
calorifugeant
caloriporteur
Caltanissetta
calvadosienne
Camaret-sur-Mer
Cambo-les-Bains
caméléonesque
camion-citerne
Campina Grande
Canadian River
cancérisation
cancérogenèse
cancérophobie
canne-béquille
cannibalesque
cannibalisant
canoniquement
caoutchoutage
caoutchoutant
caoutchouteux
caparaçonnant
capitalisable
capital-risque
capitulations
caporaux-chefs
cappadocienne
caprification
caprifoliacée
caractérielle
caractérisant
caravansérail
carbonatation
carbonisation
carbonitrurer
carburéacteur
carcinogenèse
carcinomateux
cardiographie
cardiomégalie
cardiotonique
carême-prenant
caricaturiste
carillonneuse
carnavalesque
carnification
carolingienne
Carrero Blanco
cartésianisme
cartes-lettres
cartes-réponse
carthaginoise
cartilagineux
cartographier
cartophiliste
caséification
Casimir-Perier
Castellammare
Castelnaudary
Castelo Branco
cataclysmique
Catalauniques
cataplectique
catastrophant
catéchisation
catéchistique
catécholamine
cauchemardant
cauchemardeux
cautérisation
cautionnement
cavalièrement
cénesthésique
centimétrique
centrafricain
centres-villes
centrifugeant
centrifugeuse
céphalothorax
céramographie
cercopithèque
cérébro-spinal
Cernay-la-Ville
certificateur
certification
césalpiniacée
Cesson-Sévigné
Chalcocondyle
chalcographie
chambardement
Chambonnières
chamboulement
champagnisant
Champs Élysées
Champs-Élysées
Chandrasekhar
chantonnement
Charbonnières
charismatique
charlatanerie
charlatanisme
Charles-Albert
Charles Martel
Charlottetown
charnellement
chasse-mouches
chasse-pierres
Chassey-le-Camp
châssis-presse
châtaigneraie
Château-Arnoux
Château-Bougon
Chateaubriand
chateaubriand
Châteaubriant

13

châteaubriant
Château-Chinon
Château-du-Loir
Château-Lafite
Château-Landon
Château-Latour
Châteauponsac
Châteaurenard
Château-Salins
Châtellerault
chatouilleuse
Chaudes-Aigues
chaudes-pisses
Chaudfontaine
chaudronnerie
chaudronnière
chausse-trapes
chausse-trappe
chauves-souris
chéleutoptère
chémoceptrice
chénopodiacée
cheval-d'arçons
chevaleresque
chevauchement
chevaux-vapeur
cheveu-de-Vénus
Chevilly-Larue
chèvrefeuille
chiches-kebabs
chiffonnement
Chilly-Mazarin
chiropracteur
chiropratique
chlorhydrique
chlamydomonas
chloroformant
chloropicrine
cholinergique
chondrichtyen
chondroblaste
chondromatose
chosification
Chostakovitch
chott el-Djérid
chrestomathie
christianiser
christianisme
chromatophore
chromosomique
chroniquement
chronologique
chronométrage
chronométrant
chronométreur
cicatricielle
cicatrisation
cinesthésique
cinquièmement
circonférence
circonstancié
circonvoisine
circularisant
circumduction
circumlunaire
circumpolaire
cités-dortoirs
Ciudad Bolívar
Ciudad Guayana
Ciudad Obregón
civilisatrice
Civitavecchia
clairs-obscurs
clandestinité
clarification
clarinettiste
classiquement
claustromanie
claustrophobe
climatisation
cliquettement
clitoridienne
clochardisant
cloisonnement
clopin-clopant
coagulabilité
Coatzacoalcos
cobalthérapie
cobelligérant
cocaïnisation
cocontractant
Cocotte-Minute
codificatrice
coeur-de-pigeon
cofinancement
cogniticienne
colibacillose
colin-maillard
collaborateur
collaboration
collationnant
collationnure
collectionner
collectiviser
collectivisme
collectiviste
collisionneur
Collor de Mello
colombophilie
colonisatrice
colossalement
comestibilité
commanditaire
commémoraison
commémoration
commémorative
commendataire
commensalisme
commensurable
commentatrice
commercialisé
commisération
commissionner
commotionnant
communalisant
communautaire
communicateur
communication
communicative
commutativité
compagnonnage
comparabilité
comparaissant
compartimenté
compatibilité
compatissante
compensatoire
compensatrice
compère-loriot
compétitivité
complexifiant
complimentant
complimenteur
compréhension
compréhensive
compromettant
compromission
comptabiliser
compte-chèques
compte-gouttes
comptes-rendus
compulsionnel
concaténation
concentrateur
concentration
conceptualisé

13

conciliatoire
conciliatrice
concordataire
concupiscence
concupiscente
concurremment
concurrençant
concurrentiel
condamnatoire
condescendant
conditionnant
conditionneur
confabulation
confectionner
confédération
conférencière
confessionnal
confessionnel
configuration
confiscatoire
conflagration
conflictuelle
confraternité
confrontation
confucianisme
confucianiste
congestionner
conglutinante
conglutinatif
Congo-Kinshasa
congréganiste
conjointement
conjonctivale
conjonctivaux
conjonctivite
conjugalement
connaissances
connaissement
conquistadors
consanguinité
consciencieux
conscientiser
conséquemment
conservatisme
conservatoire
conservatrice
considération
consignataire
consistoriale
consistoriaux
consolidation
consommatrice
consonantique
consonantisme
conspiratrice
constantinien
Constantinois
constellation
consternation
constringente
constructible
constructrice
contactologie
contactologue
contagionnant
containériser
contaminateur
contamination
contemplateur
contemplation
contemplative
contemporaine
conteneuriser
contestataire
contestatrice
contingentant
continuatrice
contorsionner
contournement
contraception
contraceptive
contractilité
contractuelle
contracturant
contradicteur
contradiction
contraignable
contraignante
contrairement
contrarotatif
contravention
contre-amiraux
contre-attaque
contre-attaqué
contrebalancé
contrebandier
contre-braquer
contrecarrant
contre-châssis
contre-courant
contre-courbes
contre-culture
contre-emplois
contre-enquête
contre-épreuve
contre-exemple
contrefacteur
contrefaisant
contre-fenêtre
contrefichant
contrefoutant
contre-hermine
contre-indiqué
contre-lettres
contremarquer
contre-mesures
contre-passant
contrepèterie
contreplacage
contreplaquer
contre-plongée
contre-pointes
contre-pouvoir
contre-projets
Contre-Réforme
contresignant
contre-société
contre-tailles
contre-timbres
contre-valeurs
contrevenante
contreventant
contre-visites
Contrexéville
controlatéral
controversant
contusionnant
convalescence
convalescente
conventionnée
conventionnel
conventionner
convertissage
convertissant
convertisseur
convolvulacée
convulsionner
convulsivante
coordinatrice
coordonnateur
copartageante
coparticipant
copernicienne
coquelucheuse
Corday d'Armont
coresponsable

Corpus Christi
corpusculaire
correctionnel
correspondant
corroboration
Cosne-sur-Loire
Cossé-le-Vivien
costaricienne
Côte d'Émeraude
Côte Vermeille
cotons-poudres
couche-culotte
coupe-circuits
coupon-réponse
Courcouronnes
court-bouillon
court-circuité
court-courrier
courtisanerie
court-jointées
courtoisement
couteaux-scies
crachouillant
craintivement
cramponnement
craniosténose
crapaud-buffle
craquettement
créationnisme
créationniste
Crécy-sur-Serre
crédibilisant
crédirentière
crénothérapie
crépusculaire
Crépy-en-Valois
crétinisation
Creys-Malville
criminalisant
cristallinien
cristallisant
cristallisoir
criticaillant
croquembouche
croque-mitaine
cross-countrys
croupissement
croustillante
cruciverbiste
cryochirurgie
cryotechnique
cryoturbation
cryptogamique
cryptographie
Csokonai Vitéz
culpabilisant
curiethérapie
cuti-réactions
cyanoacrylate
cybernéticien
cyclothymique
cyclotourisme
cylindre-sceau
Cynoscéphales
cypho-scoliose
cytogénétique
cytoplasmique
dacryo-adénite
dacryocystite
dactylogramme
dactylographe
dactyloscopie
daguerréotype
déambulatoire
débâillonnant
débarbouiller
débranchement
débrouillarde
débroussaillé
débudgétisant
décadenassant
décapitaliser
décapsulation
décapuchonner
décarbonatant
décarburation
décarcération
décavaillonné
décentraliser
décérébration
déchaperonner
déchaussement
déchiffonnant
déchiffrement
décisionnelle
déclenchement
décloisonnant
décomposition
décompressant
décompresseur
décompression
déconcentrant
déconcertante
déconditionné
décongélation
déconseillant
déconsidérant
décontaminant
décontenancer
décontractant
décontraction
décortication
décourageante
découragement
décrédibilisé
décriminalisé
décroissement
déculpabilisé
déculturation
dédifférencié
dédommagement
dédramatisant
déductibilité
défensivement
défervescence
défeuillaison
définitionnel
défiscalisant
défléchissant
défleurissant
déforestation
dégauchissage
dégauchissant
dégazonnement
déglutination
dégoulinement
dégourdissant
dégravoiement
dégrossissage
dégrossissant
déguerpissant
délibératoire
déliquescence
déliquescente
delphinologie
démagnétisant
démaigrissant
démantèlement
démantibulant
démaquillante
dématérialisé
démédicaliser
demi-bouteille
demi-douzaines
demi-finaliste
démilitariser

13

demi-longueurs
demi-mondaines
déminéraliser
demi-pirouette
demi-positions
démissionnant
demi-tendineux
démobilisable
démocratisant
démographique
démonstrateur
démonstration
démonstrative
démoralisante
démoustiquant
démultipliant
démystifiante
dénationalisé
dénaturaliser
dénicotiniser
dénitratation
dénivellation
dénivellement
dénonciatrice
densification
densimétrique
dénucléariser
déontologique
déparaffinage
départemental
dépassionnant
dépatouillant
dépérissement
déphosphorant
dépoitraillée
dépolarisante
dépolissement
dépouillement
dépoussiérage
dépoussiérant
dépoussiéreur
dépréciatrice
dépressuriser
déprogrammant
déraisonnable
déréalisation
déréglementer
dérisoirement
dermatoglyphe
dermatoptique
dernières-nées
désabonnement
désaccouplant
désaccoutumer
désacralisant
désactivation
désadaptation
désagrégation
désaliénation
désalignement
désambiguïser
désamidonnant
désappointant
désapprouvant
désarticulant
désassemblant
désassimilant
désatellisant
désavantageux
déscolarisant
désectorisant
déségrégation
désembourbant
désemplissant
désenchaînant
désenchantant
désencombrant
désencrassant
désenflammant
désengagement
désengorgeant
désensibilisé
désensorceler
désentortillé
désenvelopper
désenvenimant
désenverguant
déséquilibrée
déséquilibrer
désertisation
désespérément
désexcitation
désexualisant
déshéritement
déshumanisant
déshumidifier
déshydratante
déshydrogéner
désidéologisé
désillusionné
désincarcérer
désincrustant
désindexation
désinentielle
désinfectante
désinsectiser
désintéressée
désintéresser
désintoxiquer
desmodromique
désobéissance
désobéissante
désobligeante
désodorisante
désoeuvrement
désolidariser
désoperculant
désorganisant
dessaisissant
dessertissage
dessertissant
dessous-de-bras
dessous-de-plat
dessus-de-porte
déstabilisant
déstalinisant
destructivité
déstructurant
désulfuration
désurchauffer
désynchronisé
désyndicalisé
détérioration
détermination
déterminative
deus ex machina
dévalorisante
développement
déverrouiller
dévirginisant
devises-titres
dévotionnelle
diagnostiquer
diagonalement
dialectalisme
dialectisante
dialectologie
dialectologue
dialectophone
diamagnétique
diamagnétisme
diamidophénol
diaminophénol
dieffenbachia
diésélisation
diététicienne

diéthylénique
différenciant
différentiant
difficilement
difficultueux
digestibilité
digitoplastie
dilapidatrice
dilettantisme
dimensionnant
Diogène Laërce
diphtongaison
disciplinable
disciplinaire
discontinuant
discontinuité
disconvenance
discothécaire
discourtoisie
discriminante
discutaillant
discutailleur
disparaissant
dispensatrice
disponibilité
disproportion
disqualifiant
dissémination
dissimilation
dissimilitude
dissimulateur
dissimulation
dissyllabique
dissymétrique
distanciation
distinctement
distraitement
distributaire
distributrice
dithyrambique
diverticulose
divertissante
divisionnaire
divisionnisme
divisionniste
doctoralement
documentation
dodécasyllabe
Dol-de-Bretagne
domestication
domiciliation
Donneau de Visé
Doon de Mayence
doubles-crèmes
Downing Street
drageonnement
dramatisation
drépanocytose
dressing-rooms
Droichead Átha
Drummondville
Du Bois-Reymond
Duchamp-Villon
duchés-pairies
Ducos du Hauron
Ducray-Duminil
dulcification
Dumbarton Oaks
Dun-le-Palestel
Duque de Caxias
dynamiquement
dynamogénique
éblouissement
ébouillantage
ébouillantant
ébourgeonnage
ébourgeonnant
ébulliométrie
ébullioscopie
ecclésiologie
échantignolle
échantillonné
échelonnement
échinococcose
échographiant
éclaircissage
éclaircissant
économétrique
écouvillonner
écrabouillage
écrabouillant
écrivailleuse
ectoblastique
éditorialiste
effectivement
effervescence
effervescente
effeuillaison
effeuillement
effleurissant
efflorescence
efflorescente
églises-halles
élargissement
électoralisme
électoraliste
électricienne
électrisation
électroaimant
électrochimie
électrocinèse
électrocutant
électrocution
électrodermal
électrofaible
électrolysant
électrolyseur
électrométrie
électromoteur
électronicien
électro-osmose
éléphantesque
éléphantiasis
élisabéthaine
élogieusement
émancipatrice
embarbouiller
embarrassante
emberlificoté
embourgeoiser
embouteillage
embouteillant
emboutisseuse
embranchement
embrigadement
embroussaillé
embryogénique
embryologique
embryologiste
emmouscailler
émoustillante
emphysémateux
emphytéotique
empiriquement
empoisonnante
empoisonneuse
empoissonnant
emporte-pièces
empoussiérant
empuantissant
émulsionnable
émulsionnante
énantiomorphe
encapuchonner
encaustiquage
encaustiquant

13

enchanteresse
enchérisseuse
enchevauchant
enchevauchure
enclenchement
encourageante
encouragement
endivisionner
endoblastique
endocrinienne
endolorissant
endommagement
endomorphisme
endothermique
énergiquement
enfouissement
enfourchement
engazonnement
engloutissant
engouffrement
engourdissant
engraissement
enguirlandant
enquiquinante
enquiquineuse
enrégimentant
enregistrable
enregistreuse
enrichissante
ensaisinement
ensanglantant
ensemencement
ensevelissant
entéropneuste
enthousiasmer
entomologique
entomologiste
entrebâillant
entrebâilleur
Entrecasteaux
entrechoquant
entrecroisant
entre-déchirer
Entre-deux-Mers
entre-dévorant
entr'égorgeant
entre-haïssant
entre-heurtant
entrelacement
entremêlement
entremetteuse
entreprenante
entrepreneuse
entretaillant
envahissement
enveloppement
environnement
épaississante
épanouissante
éparpillement
épicycloïdale
épicycloïdaux
épidémiologie
épileptiforme
Épinay-sur-Orge
épiscopalisme
épistémologie
épistémologue
époustouflant
équilibration
équipartition
équipementier
équipotentiel
équitablement
ergastoplasme
Ernest-Auguste
érotomaniaque
erpétologique
erpétologiste
érysipélateux
érythémateuse
érythroblaste
érythrodermie
érythromycine
érythrophobie
érythropoïèse
Espírito Santo
essentialisme
essentialiste
Essey-lès-Nancy
essoufflement
establishment
est-allemandes
esthéticienne
estourbissant
Étables-sur-Mer
établissement
étançonnement
états-uniennes
éternellement
ethnobiologie
Étienne-Martin
étincellement
étoile-d'argent
étourdissante
étrésillonner
eucharistique
eudiométrique
euphorisation
eurocentrisme
européanisant
eurostratégie
Évaux-les-Bains
Évian-les-Bains
excessivement
exclusivement
excursionnant
exécrablement
existentielle
exophtalmique
expansibilité
expectoration
expérimentale
expérimentant
expérimentaux
explicitation
explicitement
explosibilité
exponentielle
expropriateur
expropriation
extensibilité
extériorisant
exterminateur
extermination
extérocepteur
extéroceptive
extraconjugal
extracorporel
extra-courants
extrapolation
extrascolaire
extrasensible
extra-utérines
Extrême-Orient
Fabian Society
fabuleusement
factorisation
fait-diversier
falsificateur
falsification
familiarisant
familièrement
fanatiquement
fangothérapie
fantasmagorie

fantasmatique
fastueusement
fausses-routes
faux-monnayeur
faux-semblants
favorablement
fécondabilité
feld-maréchaux
feldspathique
feldspathoïde
félicitations
fémoro-cutanée
fémoro-cutanés
ferraillement
ferrallitique
fertilisation
fesse-mathieux
fiévreusement
filialisation
finistérienne
finno-ougriens
fiscalisation
flagellatrice
flatteusement
fléchissement
Fleury-Mérogis
flexibilisant
Flins-sur-Seine
Florianópolis
Floridablanca
fluorhydrique
foeto-maternel
fonctionnaire
fonctionnelle
Fontainebleau
fontainebleau
forcipressure
Foreign Office
Forges-les-Eaux
formalisation
fortification
fossilisation
fouette-queues
fougueusement
Fourchambault
fourmillement
fractionnaire
fractionnelle
fractionnisme
fractionniste
fragilisation
fragmentation
franc-comtoise
France Télécom
franchissable
franc-maçonnes
François Régis
francophonisé
Francorchamps
franc-quartier
francs- comtois
francs-parlers
francs-tireurs
Frédéric-Henri
Frederiksberg
Frederiksborg
french cancans
fréquentation
fréquentative
fréquentielle
frictionnelle
fripouillerie
frissonnement
Froeschwiller
froufroutante
Fuerteventura
fume-cigarette
funambulesque
futurologique
gaillardement
galéopithèque
Galla Placidia
gallo-romaines
galvanisation
gammathérapie
ganglionnaire
García Márquez
garde-barrière
garde-chiourme
garden-parties
gardes-chasses
gardes-magasin
gardes-malades
gardes-rivière
gargantuesque
garibaldienne
gastéromycète
gastronomique
gauchissement
gazéification
gazouillement
gélatiniforme
géliturbation
Gelsenkirchen
gémelliparité
gemmothérapie
généralisable
généralisante
généralissime
General Motors
généreusement
génétiquement
Gennevilliers
gentilshommes
géomagnétique
géomagnétisme
géostrophique
géotectonique
Gerbier-de-Jonc
germanisation
germanophilie
germanophobie
gérontocratie
gérontophilie
gesticulation
gibbérellique
gigantomachie
glaciologique
glandouillant
globalisateur
globalisation
globe-trotters
glorieusement
glorificateur
glorification
gloutonnement
glycoprotéine
glyptographie
gommes-résines
Gonçalves Dias
goniométrique
gorge-de-pigeon
Gournay-en-Bray
Goussainville
goutte-à-goutte
grabatisation
Grâce-Hollogne
gracieusement
graduellement
Graffenstaden
grammairienne
Grand-Charmont
Grand-Couronne
Grand-Couronné
Grande Rivière
Grand-Fougeray

13

grandiloquent
grandissement
grands-parents
Grandvilliers
granulométrie
graphiquement
graphologique
gratification
gravillonnage
gravillonnant
gravimétrique
Great Yarmouth
gréco-romaines
grenouillette
gribouilleuse
grilles-écrans
griséofulvine
groenlandaise
grommellement
Grossglockner
grossièrement
grossissement
Guatemala City
guatémaltèque
Guémené-Penfao
Guernica y Luno
gueules-de-loup
gueuletonnant
Gui de Lusignan
Guillaume Tell
guillotineuse
Guimarães Rosa
guttas-perchas
gynécologique
Hailé Sélassié
hallucination
hallucinogène
halte-garderie
haltérophilie
hargneusement
harmonisation
Hārūn al-Rachīd
Hassi Messaoud
haut-de-chausse
Haute-Autriche
haute-fidélité
hébéphrénique
hectométrique
héliciculteur
héliciculture
héliograveuse
héliothérapie
hellénisation
hellénistique
hématologique
hématologiste
hémisphérique
hémodynamique
hémorroïdaire
Hénin-Beaumont
Henriette-Anne
hépatomégalie
herbe-aux-chats
herborisation
herboristerie
Hermaphrodite
hermaphrodite
herméneutique
héroï-comiques
Hertfordshire
hétérogénéité
hétéromorphie
Heusden-Zolder
Hevesy de Heves
hiérarchisant
hippocratique
hippocratisme
hippophagique
hispano-arabes
histiocytaire
histoplasmose
hodjatoleslam
holographique
homéopathique
homéostatique
homme-sandwich
homocentrique
homocinétique
homogamétique
homogénéisant
homographique
homomorphisme
homosexualité
honorablement
horizontalité
Hornoy-le-Bourg
horripilateur
horripilation
horticultrice
hortillonnage
hospitalisant
Hradec Králové
Huang Gongwang
humanitarisme
Hundertwasser
hydrargyrisme
hydrocarbonée
hydrocéphalie
hydroclasseur
hydrocraquage
hydrofilicale
hydrofugation
hydrogénation
hydrogéologie
hydroglisseur
hydrominérale
hydrominéraux
hydronéphrose
hydrosilicate
hydrostatique
hydrothérapie
hydrothermale
hydrothermaux
hydrotimétrie
hydroxylamine
hygrométrique
hygroscopique
hyperazotémie
hyperboréenne
hypercalcémie
hyperesthésie
hyperglycémie
hyperkaliémie
hypermétropie
hypernerveuse
hyperréalisme
hyperréaliste
hypersensible
hyperstatique
hypertrophiée
hypertrophier
hypnopompique
hypocalorique
hypocritement
hypocycloïdal
hypogastrique
hypophosphite
hyposécrétion
hyposulfureux
hypothyroïdie
hypsométrique
hystérectomie
ichtyologique
ichtyologiste
idéalisatrice
identiquement

13

idéographique
idiosyncrasie
Iekaterinodar
Ille-et-vilaine
illisiblement
illogiquement
illusionnisme
illusionniste
illusoirement
illustratrice
illustrissime
immarcescible
immatérialité
immatriculant
immédiatement
immortalisant
immunodéprimé
immunologique
immunologiste
impardonnable
impartageable
impassibilité
impatronisant
impécuniosité
imperceptible
imperfectible
imperforation
impérialement
impersonnelle
imperturbable
impétigineuse
implacabilité
implantologie
implicitement
impolarisable
importunément
impossibilité
imprédictible
impréparation
impressionner
imprimabilité
improbabilité
imprononçable
improvisateur
improvisation
impudiquement
impulsivement
imputrescible
inacceptation
inaffectivité
inamovibilité
inapplication
inappréciable
inapprivoisée
inapprochable
inarrangeable
inassimilable
inauthentique
incandescence
incandescente
incapacitante
incarcération
incessibilité
inclusivement
incombustible
inconciliable
inconditionné
inconfortable
inconséquence
inconséquente
inconsistance
inconsistante
inconsommable
inconstatable
incontestable
incontrôlable
inconvertible
incorporation
incorruptible
incrédibilité
incrimination
incrochetable
incurablement
indécrottable
indéfrichable
indélicatesse
indémaillable
indemnisation
indémontrable
indénombrable
indéracinable
indiciblement
indifférencié
indirectement
indiscernable
indisciplinée
indispensable
indisposition
indissociable
individualisé
individualité
individuation
indulgenciant
industrialisé
inéchangeable
ineffablement
inéligibilité
inescomptable
inexigibilité
inexorabilité
inexpérimenté
inexploitable
inextinguible
infalsifiable
infantilisant
infectiologie
infériorisant
infinitésimal
inflammatoire
infléchissant
inflexibilité
inflorescence
infographiste
informaticien
informatisant
ingouvernable
inguérissable
ingurgitation
inharmonieuse
inhospitalier
inhumainement
ininflammable
inintelligent
inintéressant
ininterrompue
injustifiable
inobservation
inopportunité
inorganisable
inqualifiable
inquisitorial
insaisissable
insatiabilité
inséminatrice
insensibilisé
insensibilité
insignifiance
insignifiante
insolubiliser
insolvabilité
installatrice
instantanéité
instauratrice
instinctuelle
instrumentale
instrumentant

13

instrumentaux
insubmersible
insubordonnée
insupportable
insurmontable
insurpassable
intangibilité
intégralement
intelligences
intemporalité
intensivement
interactivité
interafricain
interagissant
interallemand
interbancaire
intercalation
interclassant
intercommunal
interconnecté
intercotidale
intercotidaux
interculturel
intercurrente
interdigitale
interdigitaux
intéressement
interethnique
intériorisant
interlocuteur
intermédiaire
intermittence
intermittente
international
intéroceptive
interpénétrer
interpolateur
interpolation
interposition
interprétable
interprétatif
interquartile
interrégional
interrogateur
interrogation
interrogative
interrogeable
intersidérale
intersidéraux
intersyndical
intertropical
intervieweuse

intimidatrice
intra-atomique
intradermique
intraduisible
intransigeant
intraoculaire
intra-utérines
intraveineuse
intrépidement
introductrice
intronisation
introspection
introspective
intuitivement
invariabilité
investigateur
investigation
investisseuse
invincibilité
inviolabilité
invisiblement
ionosphérique
irish-terriers
Irlande du Nord
irrationalité
irrationnelle
irrattrapable
irrécouvrable
irrécupérable
irremplaçable
irrépressible
irréprochable
irrespectueux
irresponsable
isoélectrique
isomérisation
isosyllabique
italianisante
itérativement
ithyphallique
jaillissement
jargonaphasie
Jauréguiberry
javellisation
je-m'en-fichisme
je-m'en-fichiste
je-m'en-foutisme
je-m'en-foutiste
jeunes-turques
joint-ventures
journellement
Jouy-le-Moutier

Juan Fernández
judéo-allemand
judéo-chrétien
judéo-espagnol
jupes-culottes
juridiquement
jurisconsulte
jurisprudence
justificateur
justification
justificative
Juvisy-sur-Orge
juxtalinéaire
juxtaposition
kabbalistique
Kahramanmaraş
Kangchenjunga
kaolinisation
Kapoustine Iar
Karl-Marx-Stadt
kenyapithèque
kératoplastie
keynésianisme
Khemis Melyana
kilowattheure
kinesthésique
kremlinologie
La Bourdonnais
La Bourdonnaye
labyrinthique
laconiquement
lacrymo-nasaux
La Faute-sur-Mer
Lagny-sur-Marne
La Grande-Motte
La Haye-du-Puits
laisser-courre
laissés-courre
laissez-passer
lamellirostre
La Mothe-Achard
La Motte-Fouqué
lance-grenades
lance-missiles
lance-roquette
lance-torpille
landsgemeinde
langue-de-boeuf
langues-de-chat
Lans-en-Vercors
Lanslevillard
La Popelinière

13

La Pouplinière
La Queue-en-Brie
La Roche-sur-Yon
laryngectomie
laryngoscopie
La Seyne-sur-Mer
La Souterraine
latitudinaire
Latour-de-Carol
Laugerie-Haute
laurier-cerise
lauriers-roses
lauriers-sauce
Lauterbrunnen
La Verpillière
lave-vaisselle
Le Blanc-Mesnil
lèche-vitrines
Lecomte du Noüy
Lège-Cap-Ferret
Le Lion-d'Angers
Le Mas-d'Agenais
Le Mée-sur-Seine
Le Mesnil-le-Roi
lépidodendron
Le Poiré-sur-Vie
Le Pont-de-Claix
Les Contamines
Lesparre-Médoc
Levi ben Gerson
Lévis-Mirepoix
lexicographie
lexicologique
Liaqat 'Alī Khān
libéro-ligneux
libres-pensées
Liechtenstein
lignification
Ligny-le-Châtel
L'Île-aux-Moines
lilliputienne
L'Isle-Jourdain
lithographier
lithothamnium
lithotripteur
litispendance
littéralement
livre-cassette
Llano Estacado
localisatrice
location-vente
lofing-matches
logarithmique
logisticienne
lointainement
Loire-sur-Rhône
Lomas de Zamora
lombriculture
long-courriers
longitudinale
longitudinaux
longs métrages
longs-métrages
Lons-le-Saunier
Loos-en-Gohelle
López Arellano
Louang Prabang
louises-bonnes
Louis-Philippe
loups-cerviers
lubrification
lucrativement
Lucrèce Borgia
Ludovic Sforza
lumineusement
lymphocytaire
lymphographie
lymphosarcome
machiavélique
machiavélisme
machinalement
Mackenzie King
macrobiotique
macrocéphalie
macrocosmique
macrodécision
macroéconomie
macromolécule
macroscopique
macrosporange
madelonnettes
Madhya Pradesh
magdalénienne
magnanimement
magnétisation
magnétochimie
magnétométrie
magnétomoteur
magnétoscoper
magnétosphère
Mahābalipuram
Maison-Blanche
Maisons-Alfort
maître-à-danser
maître-penseur
maîtres-autels
maîtres-chiens
malabsorption
malencontreux
malentendante
malhabilement
malléabiliser
Mallet-Stevens
malproprement
mandats-cartes
mangoustanier
manifestation
manifestement
manipulatrice
manodétendeur
Mantes-la-Jolie
Mantes-la-ville
Manuel Deutsch
manufacturant
manufacturier
manutentionné
maquignonnage
maquignonnant
marathonienne
marchandisage
marginalement
marginalisant
Marie-Caroline
maries-louises
maries-salopes
Marie-Victorin
Marin La Meslée
Marne-la-Vallée
marteau-piolet
martensitique
martiniquaise
martin-pêcheur
masculinisant
Massachusetts
Massif central
massification
matérialisant
mathématicien
mathématiques
mathématisant
matrilinéaire
mauritanienne
maxillo-facial
mécaniquement
mécanographie
méconnaissant

13

médecine-balls
médiaplanning
médiatisation
médicamenteux
medicine-balls
médico-sociale
médico-sociaux
médico-sportif
méditerranéen
mégacaryocyte
mégalérythème
mégalocytaire
Mehun-sur-Yèvre
mellification
Menéndez Pidal
mensuellement
mentalisation
mercantilisme
mercantiliste
mercaticienne
merchandising
mercurescéine
mercurochrome
Merlin de Douai
mérovingienne
Merthyr Tydfil
Meslay-du-Maine
méso-américain
mésoblastique
Messerschmitt
métacarpienne
métacentrique
métachlamydée
métallisation
métallurgique
métallurgiste
métamorphique
métamorphiser
métamorphisme
métamorphoser
métamyélocyte
métaphysicien
métapsychique
métatarsienne
météorisation
méthacrylique
métropolitain
Meung-sur-Loire
mezzo-sopranos
microbiologie
microcassette
microcéphalie
microcosmique
microcristaux
microdécision
microéconomie
microlithique
micrométrique
micronésienne
micronisation
microphonique
microphysique
microscopique
microsporange
microtracteur
Middlesbrough
mielleusement
militairement
mille-feuilles
millimétrique
minéralogique
minéralogiste
miniaturisant
ministérielle
Minucius Felix
misérabilisme
misérabiliste
misérablement
missi dominici
mithridatiser
mithridatisme
mobilisatrice
modernisateur
modernisation
modificatrice
moelleusement
molletonneuse
momentanément
monnaie-du-pape
monocamérisme
monocinétique
monographique
monolinguisme
mononucléaire
monoparentale
monoparentaux
Monophthalmos
Mons-en-Baroeul
Montagne Noire
montalbanaise
Montchrestien
Montivilliers
montmartroise
monumentalité
moralisatrice
morbihannaise
Morelos y Pavón
Moreto y Cabaña
Moret-sur-Loing
morphinomanie
morphologique
Mortefontaine
mortes-saisons
mortification
mortinatalité
moteurs-fusées
Mouans-Sartoux
moucheronnant
mouillabilité
moyen-courrier
moyen-oriental
Moẓaffar al-Din
mucilagineuse
mucoviscidose
multiculturel
multiethnique
multilatérale
multilatéraux
multilinéaire
multinational
multipartisme
multiplicande
multiplicatif
multiraciale
multiraciaux
multistandard
municipaliser
munitionnaire
Mûr-de-Bretagne
musicographie
musicologique
Musschenbroek
mussipontaine
Mussy-sur-Seine
mutationnisme
mutationniste
Muẓaffar al-Dīn
myélencéphale
myorelaxation
mystificateur
mystification
mytiliculteur
mytiliculture
myxoedémateux
napoléonienne
Naqsh-i Roustem

narco-analyses
narquoisement
nationalisant
Natsume Sōseki
naturellement
Navas de Tolosa
navire-citerne
navire-hôpital
Nay-Bourdettes
néandertalien
négociabilité
négro-africain
néo-calédonien
néodarwinisme
néo-hébridaies
néo-hébridaise
néoplatonisme
néotectonique
néo-zélandaise
néphélémétrie
Néris-les-Bains
nestorianisme
neuchâteloise
Neuilly-le-Réal
neurobiologie
neurochimique
neuroleptique
neuroplégique
neurosciences
neutralisante
neutrographie
Neuves-Maisons
Nevado del Ruiz
New Providence
New South Wales
newtons-mètres
Nguyên Van Linh
nids-d'abeilles
Niedersachsen
nietzschéenne
Nijnevartovsk
Nijni-Novgorod
nitrates-fuels
nitrification
nivo-glaciaire
noctambulisme
Noeux-les-Mines
Nogent-sur-Oise
noircissement
noli-me-tangere
nomenclatrice
non-alignement
non-assistance
nonchalamment
non-combattant
non-comparante
non-conformité
non-engagement
non-figuration
non-figurative
non-jouissance
noradrénaline
nord-africaine
nord-africains
nord-américain
nord-coréennes
normalisateur
normalisation
Norrent-Fontes
Nouveau-Québec
Novokouznetsk
Numa Pompilius
numériquement
objectivation
objectivement
oblitératrice
obscurantisme
obscurantiste
obscurcissant
occasionnelle
occidentalisé
occupationnel
océanographie
océanologique
odontologiste
oeil-de-perdrix
oeilletonnage
oeilletonnant
oesophagienne
offensivement
officialisant
oléandomycine
oligo-éléments
omnidirective
omnipraticien
Onet-le-Château
onirothérapie
onomasiologie
onomatopéique
ontogénétique
opacification
opéras-ballets
ophtalmologie
ophtalmologue
ophtalmomètre
ophtalmoscope
opiniâtrement
opportunément
oppositionnel
orangs-outangs
orchestrateur
orchestration
ordinairement
oreilles-de-mer
organiquement
organisatrice
organochlorée
originalement
ornementation
ornithomancie
ornithorynque
Ortega y Gasset
orthodontiste
orthodromique
orthogonalité
orthographier
orthophonique
orthophoniste
orthoscopique
orthostatique
oscillogramme
oscillographe
osiériculture
ostéosynthèse
ostréiculteur
ostréiculture
ostrogothique
Oubangui-Chari
ouest-allemand
outrecuidance
outrecuidante
ovoviviparité
Pachuca de Soto
pacificatrice
pacifiquement
paillassonner
paille-en-queue
palais Bourbon
paléochrétien
paléoécologie
paléolithique
paléontologie
paléontologue
paléosibérien
palestinienne
palettisation

13

palladianisme
palynologique
Panaméricaine
panaméricaine
pandiculation
pangermanisme
pangermaniste
panhellénique
panhellénisme
pantothénique
Papadhópoulos
papier-monnaie
papiers-calque
papillonnante
papillonneuse
papillotement
parachèvement
parachronisme
parafiscalité
parallactique
parallèlement
paramilitaire
parapétrolier
parapharmacie
paraphraseuse
paraphrénique
parapsychique
parasexualité
parasitologie
Paray-le-Monial
parcellariser
parcimonieuse
Parkérisation
parlementaire
parodontolyse
participation
participative
particularisé
particularité
partiellement
pascal-seconde
pas-grand-chose
passagèrement
Passamaquoddy
passe-crassane
passementerie
passementière
passe-montagne
passifloracée
passionnément
pasteurellose
paterfamilias
patrilinéaire
patte-mâchoire
patte-nageoire
paupérisation
pavillonnaire
pavillonnerie
Paz Estenssoro
peinturlurant
pélécaniforme
pelles-pioches
pelletisation
péloponnésien
pelotonnement
pénétrabilité
pénicillinase
pénitentiaire
pénitentielle
Penne-d'Agenais
pennsylvanien
pentadécagone
pentédécagone
perce-muraille
perce-oreilles
pérégrination
pérennisation
perfectionner
périglaciaire
périnatalogie
péripatétisme
péristaltique
péristaltisme
permanencière
permanganique
permsélective
permutabilité
péronosporale
perpignanaise
persévération
personnaliser
personnalisme
personnaliste
personnifiant
perturbatrice
pervertissant
pèse-personnes
petit déjeuner
petit-déjeuner
petites-filles
petites-nièces
pétitionnaire
petits-enfants
petits-maîtres
petits-suisses
pétrification
pétrochimique
pétrochimiste
Petropavlovsk
phalanstérien
pharmacologie
pharmacologue
pharmacomanie
phénobarbital
phénocristaux
phénothiazine
phénylalanine
philanthropie
Philippeville
Philippopolis
philistinisme
philosophique
phlébographie
phonéticienne
phonocaptrice
phosphatation
phospholipide
photobiologie
photochimique
photocomposer
photocopieuse
photoémetteur
photogéologie
photographier
photohistoire
photométrique
photopolymère
photosensible
photostoppeur
photosynthèse
phototactisme
photothérapie
phototropisme
phylloxérique
physico-chimie
physiologique
physiologiste
physionomiste
physisorption
phytobiologie
phytoflagellé
phytoplancton
phytothérapie
pictorialisme
pied-d'alouette
pieds-de-cheval

13

pieds-de-mouton
Piero di Cosimo
Pierre le Grand
Pigault-Lebrun
pince-oreilles
pince-sans-rire
pique-assiette
pique-niqueurs
pique-niqueuse
pirouettement
piscicultrice
pisse-vinaigre
pitoyablement
plaintivement
planctonivore
planificateur
planification
planimétrique
plasmaphérèse
plasticulture
plasmocytaire
plateaux-repas
plathelminthe
platonicienne
plébiscitaire
Plélan-le-Grand
Plélan-le-Petit
Pleumeur-Bodou
pleurnicharde
pleurnicherie
pleurnicheuse
pleuronectidé
plombaginacée
Plomb du Cantal
Ploudalmézeau
pluriannuelle
plurilatérale
plurilatéraux
pluripartisme
pneumatophore
pneumoconiose
pneumocystose
Pobedonostsev
podzolisation
poecilotherme
poïkilotherme
poil-de-carotte
poinçonnement
poissons-chats
poissons-épées
poissons-lunes
poissons-scies
polarographie
poldérisation
pole positions
poliorcétique
polissonnerie
politicologie
politicologue
politiquement
pollicitation
pollinisation
polybutadiène
polycentrique
polycentrisme
polycondensat
polyembryonie
polymérisable
polymorphisme
polynucléaire
polypropylène
Polytechnique
polytechnique
polytransfusé
polyuréthanne
polyvinylique
pommes de terre
Pontchartrain
Pont-du-Château
pont-promenade
ponts-bascules
populairement
porcelainière
porte-aéronefs
porte-affiches
porte-aiguille
porte-bannière
porte-bouquets
porte-brancard
porte-couteaux
porte-document
porte-drapeaux
porte-étendard
Port Elizabeth
Port-Joinville
portrait-robot
portraiturant
possessionnel
postclassique
postcommunion
postglaciaire
posthypophyse
postillonnant
postprandiale
postprandiaux
potentialiser
potentiomètre
potron-jacquet
pourrissement
préadaptation
préadolescent
préalablement
précambrienne
précancéreuse
précarisation
précautionner
précieusement
précipitation
précombustion
préconception
préconisation
préconsciente
précontrainte
précordialgie
prédélinquant
prédéterminer
préélectorale
préélectoraux
préenregistré
préexcellence
préfiguration
préhellénique
préhispanique
préhistorique
préindustriel
préjudiciable
préjudicielle
préliminaires
prématurément
prémédication
préméditation
premières-nées
préoccupation
préoedipienne
préopératoire
prépondérance
prépondérante
préprogrammée
préraphaélite
préromantique
préromantisme
prescriptible
présénescence
présentatrice
préservatrice
présocratique

13

présomptueuse
presse-citrons
presse-étoupes
pressentiment
presse-papiers
prêtre-ouvrier
prévaricateur
prévarication
préventologie
préventoriums
prévisibilité
primesautière
primitivement
Primo de Rivera
primogéniture
Prince-Édouard
Prince of Wales
princièrement
privatisation
problématique
procès-verbaux
prochainement
proconsulaire
productivisme
productiviste
professionnel
profilographe
profitabilité
programmateur
programmation
progressivité
prolétarienne
prolétarisant
prolifération
prolongements
prononciation
pronostiquant
pronostiqueur
pro-occidental
propagandisme
propagandiste
propédeutique
propharmacien
propitiatoire
proportionnée
proportionnel
proportionner
proprioceptif
prosaïquement
prosternation
prosternement
protéagineuse
protège-cahier
protège-tibias
protéolytique
protérozoïque
protestataire
proudhonienne
provisionnant
Prusse-Rhénane
pseudarthrose
pseudoscience
psychanalyser
psychanalyste
psychasthénie
psychédélique
psychédélisme
psychiatrique
psychiatrisée
psychiatriser
psychokinésie
psychologique
psychologisme
psychomotrice
psychosociale
psychosociaux
psychotonique
psychrométrie
puéricultrice
Puerto Cabello
Puget-Théniers
pulsoréacteur
pulvérisateur
pulvérisation
punching-balls
purificatoire
purificatrice
pusillanimité
pyélonéphrite
pyroclastique
pyrotechnique
pythagoricien
Qin Shi Huangdi
quadragénaire
quadragésimal
quadrichromie
quadrilatéral
quadripartite
quadripolaire
quadrisyllabe
quadrivalente
qualification
qualificative
quarantenaire
Quartier latin
quarts-de-pouce
quasi-contrats
quasi-monnaies
Quatre-Cantons
Quatre-Nations
quatre-saisons
quatrièmement
Queipo de Llano
questionnaire
questionneuse
queue-de-cheval
queue-de-cochon
queue-de-renard
queues-d'aronde
queues-de-morue
Quezaltenango
quincaillerie
quincaillière
Quinquagésime
quintefeuille
quinzièmement
quotidienneté
rabelaisienne
rabougrissant
raccommodable
raccommodeuse
raccompagnant
radioactivité
radiobalisage
radiobalisant
radiobiologie
radiocassette
radiocommande
radiodiffuser
radiographier
radio-isotopes
radionavigant
radiophonique
radioreporter
radios-réveils
radiotélévisé
radiothérapie
radiotrottoir
raffermissant
rahat-loukoums
rajeunissante
Rambervillers
ramollissante
randomisation
rapetissement
rapointissant

rappareillant
rapprochement
rassemblement
rassortissant
ratiocination
rationalisant
ravitailleuse
réaccoutumant
réactionnaire
réactionnelle
réactualisant
réaménagement
réarrangement
réassignation
réassortiment
rebroussement
rebrousse-poil
récalcitrante
récapitulatif
réceptionnant
rechampissage
réchampissage
réchampissant
réchauffement
rechaussement
récipiendaire
recombinaison
recommandable
recomparaître
recomposition
reconductible
réconfortante
reconnaissant
reconsidérant
reconstituant
récriminateur
récrimination
recristallisé
recroquevillé
recrudescence
recrudescente
rectangulaire
rectificateur
rectification
rectificative
rectilinéaire
recueillement
récupératrice
redéfinissant
rédemptoriste
redéploiement
redimensionné
redistribuant
réductibilité
réduplication
réédification
réenregistrer
réensemençant
rééquilibrage
rééquilibrant
réexportation
référentielle
refinancement
réfléchissant
réflectorisée
refleurissant
réflexogramme
reforestation
réfractomètre
réfrigérateur
réfrigération
refroidissant
refroidisseur
régénératrice
Regiomontanus
régionalisant
réglementaire
regrossissant
régulièrement
régurgitation
réhabilitable
réimportation
réincarcérant
réincarnation
réincorporant
reines-claudes
reines-des-prés
réinscription
réintégration
rejaillissant
réjouissances
relationnelle
relationniste
religionnaire
rembarquement
remboursement
rembrunissant
remilitariser
remmaillotant
remonte-pentes
rempoissonner
remue-méninges
rémunératoire
rémunératrice
rencaissement
renchérissant
renchérisseur
renégociation
renformissant
renonciataire
renonciatrice
renseignement
rentabilisant
réorchestrant
réorientation
repositionner
répréhensible
représentable
représentante
représentatif
reproductible
reproductrice
reprogrammant
reprographier
requin-marteau
réquisitionné
réquisitorial
résidentielle
resocialisant
ressaisissant
ressortissant
ressourcement
ressurgissant
restauratrice
restructurant
resurchauffer
retentissante
retranchement
retransmettre
retravaillant
rétroactivité
rétroagissant
rétrocontrôle
rétrogression
rétropédalage
rétrospective
retroussement
retrouvailles
réunification
réutilisation
revaccination
revascularisé
réveille-matin
réveillonnant
revendicateur
revendication

13

revendicative
réverbération
révérencielle
révérencieuse
réversibilité
révisionnelle
révisionnisme
révisionniste
révolutionner
rez-de-chaussée
rhabdomancien
rhétoricienne
rhinencéphale
rhino-pharyngé
rhomboédrique
Riabouchinski
Ribeirão Preto
ribonucléique
Riesengebirge
Rigil Kentarus
ritualisation
Rivière-Pilote
rocambolesque
Rocheservière
rocking-chairs
Rojas Zorrilla
Rolling Stones
roll on-roll off
romans-fleuves
ronchonnement
rondouillarde
Roost-Warendin
Roquebillière
rosicrucienne
Rosny-sous-Bois
Rostropovitch
Rouget de Lisle
roussissement
Rozoy-sur-Serre
ruissellement
Ruiz de Alarcón
Ruolz-Montchal
rurbanisation
Russie Blanche
russification
sabellianisme
sabots-de-Vénus
saccharifiant
saccharimètre
saccharomyces
sacralisation
sacramentaire
sacramentelle
sacrificateur
sacrificielle
sacro-iliaques
sadiques-anaux
safaris-photos
Saint-Affrique
Saint-Bertrand
Saint-Christol
saint-cyrienne
Saint-Domingue
Sainte-Adresse
Sainte-Hermine
Sainte-Livrade
Sainte-Pélagie
saintes-barbes
Saintes-Maries
Sainte-Suzanne
Sainte-Thérèse
Saint-Eustache
Saint-Évremond
Saint-Félicien
Saint-François
saint-frusquin
Saint-Gaultier
Saint-Ghislain
saint-glinglin
Saint-Herblain
Saint-Mandrier
Saint-Nectaire
saint-nectaire
saintongeaise
Saint-Philbert
Saint-Pourçain
Saint-Savinien
Saint-Sépulcre
saint-simonien
saints-synodes
Saint-Victoret
saisie-brandon
saisie-gagerie
saisies-arrêts
salaisonnerie
Salies-de-Béarn
Salies-du-Salat
Salin-de-Giraud
salsepareille
salvadorienne
Salzkammergut
Sampiero Corso
San Bernardino
sanctuarisant
sanguinolente
San Luis Potosí
Santa Catarina
sapeur-pompier
saprophytisme
Sarreguemines
satellisation
satiriquement
satisfaisante
saucissonnage
saucissonnant
saute-ruisseau
sauts-de-mouton
Sauzé-Vaussais
scarificateur
scarification
schizophrénie
Schwarzenberg
scientificité
scintigraphie
scintillateur
scintillation
scintillement
scissionniste
scolarisation
scotomisation
scribouillard
scribouilleur
secrétairerie
sectionnement
sectorisation
sédentarisant
sédimentation
ségrégabilité
Seine-Maritime
sélectionnant
sélectionneur
sélectivement
sélénhydrique
sélénographie
self-induction
Selles-sur-Cher
sémanticienne
semblablement
séméiologique
semi-chenillée
semi-chenillés
semi-conserves
semi-consonnes
semi-grossiste
semi-nomadisme
semi-officiels

sémioticienne
Semipalatinsk
semi-perméable
semi-publiques
semi-remorques
semnopithèque
sempervirente
sempiternelle
Semur-en-Auxois
senestrochère
sensibilisant
sensitométrie
sensori-moteur
septembriseur
septentrional
Septime Sévère
septuagénaire
séquestration
sergents-chefs
sériciculteur
sériciculture
sérumalbumine
servocommande
Sèvre Nantaise
sexualisation
shakespearien
shampouineuse
Shetland du Sud
Shigefumi-Mori
Shōtoku Taishi
sidérographie
sidérolitique
signalisation
signification
significative
Sihanoukville
similigravure
simultanéisme
simultanément
singularisant
sino-tibétaine
sino-tibétains
sintérisation
Sint-Katelijne
sismothérapie
six-quatre-deux
sociabilisant
socialisation
sociobiologie
sociocritique
socioculturel
socio-éducatif
sociométrique
sociothérapie
soigneusement
Soisy-sur-Seine
solidairement
solitairement
sollicitation
somnambulique
somnambulisme
sophistiquant
sophrologique
sorties-de-bain
soucieusement
soumissionner
Souphanouvong
sournoisement
sous-acquéreur
sous-alimentée
sous-alimenter
sous-brigadier
sous-calibrées
sous-clavières
sous-comptoirs
sous-continent
sous-déclarant
sous-développé
sous-diaconats
sous-directeur
sous-dominante
sous-effectifs
sous-employant
sous-ensembles
sous-entendant
sous-exploiter
sous-glaciaire
sous-humanités
sous-locataire
sous-locations
sous-maîtresse
sous-mariniers
sous-ministres
sous-multiples
sous-nutrition
sous-officiers
sous-orbitaire
sous-pressions
sous-programme
sous-quartiers
sous-refroidie
sous-refroidis
sous-tangentes
sous-traitance
sous-traitants
sous-utilisant
sous-ventrière
sous-vêtements
Southend-on-Sea
soutiens-gorge
souvenir-écran
soviétisation
spacieusement
spasmolytique
spécieusement
spécification
spectaculaire
spectrogramme
spectrographe
spectrométrie
spectroscopie
spéléologique
spermatogonie
spermatophore
spermatophyte
spermatozoïde
spiritualiser
spiritualisme
spiritualiste
splendidement
splénomégalie
sporotrichose
squattérisant
Staal de Launay
stabilisateur
stabilisation
stakhanovisme
stakhanoviste
stalagmomètre
standardisant
staphylocoque
starting-block
starting-gates
stationnement
statoréacteur
statue-colonne
steeple-chases
stendhalienne
sténographier
stéréo-isomère
stéréotaxique
stéréotomique
stérilisateur
stérilisation
sternutatoire
Stiring-Wendel

13

strangulation
stratigraphie
strato-cumulus
streptococcie
streptomycine
strioscopique
strip-teaseuse
strombolienne
structuration
studieusement
stylos-feutres
subconsciente
subdésertique
subéquatorial
subjectivisme
subjectiviste
subordination
subsaharienne
subséquemment
substantielle
substantivant
subtilisation
subventionner
subvertissant
succinctement
succursalisme
succursaliste
sud-africaines
sud-américaine
sud-américains
sud-vietnamien
suggestionner
sulfinisation
Sully-sur-Loire
Sulpice Sévère
Superbagnères
superbénéfice
superchampion
supercritique
superficielle
superfinition
superfluidité
superposition
superstitieux
supranational
suprasensible
suralimentant
surbaissement
surcomprimant
surcreusement
surdéterminer
surdéveloppée
surentraînant
suréquipement
surestimation
surévaluation
surexcitation
surexploitant
surexposition
surgénérateur
surgénération
surhaussement
surimposition
surimpression
surintendance
surintendante
surmédicalisé
surmultipliée
surpeuplement
surplombement
surpopulation
surproducteur
surproduction
surproduisant
surprotection
surprotégeant
sursaturation
sursimulation
sus-dominantes
sus-maxillaire
susmentionnée
syllogistique
sylvicultrice
symbolisation
sympathisante
symptomatique
synchronisant
synchroniseur
syndicalisant
synoviorthèse
syntagmatique
synthétisable
syntonisation
syringomyélie
systématicien
systématisant
tachistoscope
tachyarythmie
taille-crayons
tailles-douces
tambourinaire
tambourineuse
Tanjung Karang
tapageusement
Ṭāriq ibn Ziyād
Tarn-et-Garonne
tauromachique
taylorisation
Tchang Kaï-chek
Tchang-kia-k'eou
Tch'ang-tch'ouen
Tchao Tseu-yang
Tcheou Ngen-lai
techniquement
technocratisé
technologique
technologiste
technoscience
téléacheteuse
téléaffichage
télécommander
télédétection
télédiffusant
télédiffusion
télégraphiant
télégraphique
télégraphiste
téléimprimeur
téléprompteur
téléreportage
téléscripteur
télésouffleur
Témiscamingue
temporisateur
temporisation
tératologique
térébinthacée
téréphtalique
terre-neuviens
terre-neuviers
testamentaire
tétrachlorure
tétraplégique
textuellement
thanatopraxie
théâtralement
théâtralisant
théocentrisme
théorématique
théoriquement
Théoule-sur-Mer
thérapeutique
thermocautère
thermoclastie
thermoformage
thermographie

13

thermogravure
thermoïonique
thésauriseuse
thesmophories
Thessalonique
Thetford Mines
thiocarbonate
Thomas a Kempis
Thomas Beckett
thrombokinase
Thury-Harcourt
tiercefeuille
tiers-mondisme
tiers-mondiste
tintinnabuler
tire-bouchonné
Tirso de Molina
tissus-éponges
Toluca De Lerdo
tonicardiaque
topographique
Torre del Greco
Torres Quevedo
tortueusement
totalitarisme
tourbillonner
tourillonnant
Tournan-en-Brie
tourne-à-gauche
tourneboulant
tourne-disques
Tournefeuille
tourne-pierres
tour-opérateur
tout-puissants
toxicologique
toxi-infection
trachée-artère
tragi-comédies
tragi-comiques
traîne-savates
trains-ferries
tranférentiel
tranquilliser
transafricain
transbahutant
transcanadien
Transcaucasie
transcendance
transcendante
transcripteur
transcription
transculturel
transdermique
transfèrement
transfigurant
transformable
transformante
transformisme
transformiste
Transgabonais
transgressant
transgression
Transhimālaya
transistorisé
transitionnel
Transjordanie
translocation
translucidité
transluminale
transluminaux
transmissible
transmutation
transnational
transparaître
transpiration
transplantant
transportable
transporteuse
transpositeur
transposition
transpyrénéen
transsaharien
transsexuelle
Transsibérien
transstockeur
transsudation
transvasement
transvestisme
transylvanien
traumatisante
traumatologie
travaillotant
travestissant
treizièmement
tremblotement
trémoussement
tréponématose
triamcinolone
triangulation
tricentenaire
trichocéphale
Triel-sur-Seine
trigémellaire
trigonométrie
trimballement
trimestrielle
trinidadienne
triomphalisme
triomphaliste
triomphatrice
tripatouiller
trique-madames
trisyllabique
troglodytique
troisièmement
Trois-Rivières
trombinoscope
trompeusement
tronçonnement
tropicalisant
Truchtersheim
Trucial States
trufficulture
trutticulture
Tsarskoïe Selo
Tsiang Kiai-che
Tuc-d'Audoubert
turboréacteur
typographique
ultramontaine
ultrapression
ultrasensible
ultraviolette
unicellulaire
universaliser
universalisme
universaliste
universitaire
urétérostomie
usufructuaire
vadrouilleuse
valence-gramme
valenciennois
valétudinaire
Van der Meersch
Van Heemskerck
vaniteusement
Van Ruysbroeck
variolisation
vasectomisant
vasomotricité
vaticinatrice
vaudevilliste
Vaux-le-Vicomte
vedettisation

13 véhémentement
Veliko Tărnovo
Vendin-le-Vieil
Venezia Giulia
14 vénézuélienne
Vening Meinesz
ventre-de-biche
ventriculaire
ventripotente
verbalisateur
verbalisation
verbicruciste
verbigération
Vercingétorix
verdunisation
véridiquement
vérificatrice
véritablement
vermillonnant
vernalisation
vernix caseosa
versificateur
versification
vers-libristes
vert-de-grisées
verticalement
vertueusement
vestimentaire
Viardot-García
vibraphoniste
vice-consulats
vice-président
Victoriaville
vide-bouteille
vidéocassette
vieillissante
Vieira da Silva
vieux-croyants
Villard-Bonnot
Villard-de-Lans
Villefontaine
villégiaturer
Villehardouin
Villers-Bocage
Villers-sur-Mer
Villiers-le-Bel
Vincent de Paul
vingtièmement
vinificatrice
Virginia Beach
virtuellement
Viry-Châtillon
Visakhapatnam
viscéralement
visualisation
vitrification
Vitry-en-Artois
Vitry-sur-Seine
vivificatrice
vocalisatrice
vocifératrice
voitures-poste
volatilisable
vomitos negros
vraisemblable
vraisemblance
vrombissement
vulcanisation
vulgarisateur
vulgarisation
vulnérabilisé
vulnérabilité
Wagner-Jauregg
wagons-foudres
wagons-trémies
water-ballasts
Wilhelmshaven
Windischgrätz
Witwatersrand
Wolverhampton
xanthogénique
xylographique
Yang-tseu-kiang
zoogéographie
zootechnicien
zoroastrienne
zwinglianisme

14

abaisse-langues
abasourdissant
abolitionnisme
abolitionniste
abominablement
abracadabrante
abris-sous-roche
académiquement
acanthocéphale
accélérographe
accessoirement
accessoirisant
accidentologie
accompagnateur
accompagnement
accroche-coeurs
acétocellulose
achondroplasie
acquit-à-caution
actinothérapie
action research
adénocarcinome
adénoïdectomie
adiposo-génital
adjudants-chefs
administrateur
administration
administrative
admirativement
adverbialement
aérocondenseur
aérogénérateur
aérotransporté
affaiblissante

14

affermissement
affranchissant
africanisation
afro-américaine
afro-américains
afro-asiatiques
afro-brésiliens
agenouillement
agrandissement
agranulocytose
agro-industries
Aguascalientes
aides-soignants
alanguissement
Albinus Flaccus
alexandrinisme
algébriquement
allergologiste
alluvionnement
Almeida Garrett
alourdissement
Alpes-Maritimes
alphanumérique
Alsace-Lorraine
aluminothermie
amaigrissement
ambitieusement
Amélie-les-Bains
ameublissement
ammonification
Ammonios Saccas
amphibologique
amphictyonique
amplificatrice
amygdalectomie
anagrammatique
analogiquement
analphabétisme
analytiquement
anaphylactique
anarchiquement
anastigmatique
anathématisant
anatomiquement
Andrea del Sarto
anéantissement
anglo-américain
Anglo-Normandes
anglo-normandes
Anizy-le-Château
ankylostomiase
antécambrienne
antédiluvienne
antépénultième
antéprédicatif
antérieurement
anthropogenèse
anthropométrie
anthropomorphe
anthropophagie
anthroposophie
anthropozoïque
antiacridienne
antialcoolique
antialcoolisme
antiallergique
antibourgeoise
antibrouillage
antibrouillard
anticancéreuse
anticoagulante
anticommunisme
anticommuniste
anticommutatif
anticorpuscule
anticyclonique
antidéflagrant
antidépresseur
antidiurétique
antiéconomique
antiémétisante
antihygiénique
antilogarithme
antimaçonnique
antipaludéenne
antiparasitant
antipsychiatre
antirachitique
antireligieuse
anti-sous-marine
anti-sous-marins
antisoviétique
antisymétrique
antiterroriste
antithyroïdien
antivariolique
antivénérienne
appareillement
appendiculaire
appesantissant
applaudisseuse
appréciabilité
apprivoisement
approvisionner

14 Arabie Saoudite
arabo-islamique
arachnoïdienne
arbitrairement
arboricultrice
archanthropien
archichlamydée
archiconfrérie
archidiocésain
archiépiscopal
archiépiscopat
architecturale
architecturant
architecturaux
arcs-boutements
argumentatrice
aristocratique
aristocratisme
aristotélicien
Arpajon-sur-Cère
arraisonnement
arrière-bouches
arrière-cerveau
arrière-choeurs
arrière-cousine
arrière-cousins
arrière-cuisine
arrière-pensées
arrière-saisons
arrière-vassaux
arrondissement
artériographie
artisanalement
artistiquement
ascensionnelle
ascensionniste
aspiro-batteurs
assainissement
assaisonnement
assermentation
asservissement
assoupissement
assourdissante
assouvissement
assujettissant
astrophysicien
astucieusement
athérosclérose
attendrissante
atterrissement
attiédissement
attrape-mouches
attrape-nigauds
Aubigny-sur-Nère
audacieusement
audiofréquence
audionumérique
Aulnay-sous-Bois
austronésienne
Authon-du-Perche
autoaccusateur
autoaccusation
autobiographie
autocastration
autoconduction
autocorrection
autocorrective
autocouchettes
autodirectrice
autodiscipline
autoélévatrice
autoexcitateur
auto-imposition
auto-inductance
auto-inductions
auto-infections
autolimitation
autolubrifiant
automaticienne
automatisation
automédication
automutilation
autonettoyante
autonomisation
autopropulseur
autopropulsion
autorégulateur
autorégulation
autos-caravanes
auto-stoppeuses
autosuffisance
autosuffisante
autosuggestion
auxiliairement
Avalokiteśvara
avant-dernières
avant-gardismes
avant-gardistes
avant-premières
Avesnes-le-Comte
avions-citernes
axiomatisation
azerbaïdjanais
Bade-Wurtemberg

14

Bagnols-sur-Cèze
Bain-de-Bretagne
balnéothérapie
baluchitherium
bandes-annonces
Banque mondiale
banqueroutière
Banská Bystrica
barbe-de-capucin
barbituromanie
Barclay de Tolly
barrages-voûtes
Basse-Normandie
bateaux-lavoirs
bateaux-mouches
bateaux-pilotes
bathypélagique
baudelairienne
Beaulieu-sur-Mer
Beauvoir-sur-Mer
bébé-éprouvette
bec-de-perroquet
belles-familles
benzodiazépine
Bercenay-en-Othe
bernard-l'ermite
Besse-sur-Issole
bibliothécaire
biculturalisme
bihebdomadaire
bilatéralement
Billaud-Varenne
binauriculaire
biodégradation
bioélectricité
bioénergétique
biospéléologie
biotechnologie
bipolarisation
blanchissement
blasphématoire
blasphématrice
blennorragique
blocs-cylindres
Bois-de-la-Chaise
Bois-de-la-Chaize
Boisguillebert
bonheurs-du-jour
Bonne-Espérance
bonnet-de-prêtre
Bonneval-sur-Arc
Bophuthatswana
bothriocéphale
Bouches-du-Rhône
Boucourechliev
bougainvillier
bouillonnement
bouleversement
Boulogne-sur-Mer
bourgeoisement
bourgeonnement
bourse-à-pasteur
boursouflement
bouton-pression
boutons-d'argent
bracelet-montre
bredouillement
Breuil-Cervinia
Brides-les-Bains
Brillat-Savarin
bronchiectasie
broussailleuse
brûle-pourpoint
bucco-dentaires
bureaucratique
bureaucratiser
Bures-sur-Yvette
Buttes-Chaumont
byzantinologie
byzantinologue
Cabrera Infante
cache-brassière
cache-poussière
cache-radiateur
Cadet Rousselle
calligraphiant
calligraphique
calorimétrique
Caluire-et-Cuire
cancérologique
caoutchouteuse
capilliculteur
capilliculture
capitalisation
capsules-congés
carabistouille
caractérologie
carambouillage
carambouilleur
caramélisation
carbonitrurant
carcinomateuse
cardiothyréose
carillonnement

14

Carrera Andrade
Carroz-d'Arâches
cartellisation
cartes-réponses
Cartier-Bresson
cartilagineuse
cartographiant
cartographique
cartomancienne
cartons-feutres
cartons-pailles
cartons-pierres
caryophyllacée
casse-noisettes
cassettothèque
Castel del Monte
Castel Gandolfo
Castelnau-le-Lez
Castelsarrasin
castramétation
Castro y Bellvís
catadioptrique
catastrophique
catastrophisme
catastrophiste
catégorisation
catholiquement
cauchemardeuse
Caudebec-en-Caux
Caumont-l'Éventé
Celles-sur-Belle
cénesthopathie
Centrafricaine
centrafricaine
centralisateur
centralisation
centraméricain
centrifugation
céphalosporine
céréaliculture
cérébro-spinale
cérébro-spinaux
chaland-citerne
chalcolithique
Challes-les-Eaux
Chalon-sur-Saône
Champigneulles
Champs-sur-Marne
chantournement
chaptalisation
charadriiforme
charitablement
charlatanesque
chartes-parties
chasse-goupille
chassés-croisés
Chasse-sur-Rhône
châssis-presses
Château-d'Olonne
Château-Gontier
Château-Margaux
Château-Porcien
Château-Queyras
Château-Renault
Château-Thierry
Châteauvillain
chatouillement
chauffe-biberon
chausse-trappes
Che-kia-tchouang
chémorécepteur
cheveux-de-Vénus
chimiosynthèse
chimiotactisme
chimiothérapie
chirographaire
chiromancienne
chiropraticien
chlorophyllien
chlorpromazine
Cholem Aleichem
cholinestérase
chondrosarcome
chorégraphique
choux-palmistes
chrématistique
chrétiennement
christianisant
Christian-Jaque
chromatogramme
chronobiologie
chronométreuse
chronométrique
chrysomonadale
cinématographe
cinéthéodolite
cinquantenaire
circonlocution
circonspection
circonstanciée
circonstanciel
circonvolution
circulairement
Cirey-sur-Blaise

14

Ciudad Trujillo
Ciudad Victoria
classificateur
classification
claustrophobie
Clichy-sous-Bois
climatologique
clinorhombique
Clive de Plassey
Clohars-Carnoët
coarticulation
cobelligérante
cocarcinogène
cocontractante
Cocottes-Minute
codemanderesse
coeurs-de-pigeon
colin-maillards
collaboratrice
collectionnant
collectionneur
collectivement
collectivisant
collégialement
Collot d'Herbois
combustibilité
commercialiser
commissionnant
communicatrice
compartimenter
complaisamment
complémentaire
complimenteuse
comportemental
compréhensible
compromettante
compromissoire
comptabilisant
comptes-chèques
Compton-Burnett
concélébration
conceptualiser
conceptualisme
Conches-en-Ouche
conchyliologie
concrétisation
condescendance
condescendante
conditionnelle
conditionneuse
conductibilité
confectionnant
confectionneur
confessionnaux
confidentielle
confraternelle
confusionnelle
confusionnisme
congestionnant
conglomération
conglutination
conglutinative
conjoncturelle
conjoncturiste
conquistadores
consciencieuse
conscientisant
Constantinople
consubstantiel
containérisant
contaminatrice
contemplatrice
conteneurisant
continentalité
contorsionnant
contractualisé
contradictoire
contrapontiste
contrapuntique
contrapuntiste
contrarotative
contre-attaquer
contre-attaques
contrebalancer
contrebandière
contrebassiste
contrebatterie
contre-braquant
contrebutement
contre-courants
contre-cultures
contre-enquêtes
contre-épreuves
contre-espalier
contre-exemples
contrefactrice
contre-fenêtres
contre-hermines
contre-indiquée
contre-indiquer
contre-indiqués
contre-la-montre
contremarquant
contrepartiste

14 contreplaquant
contre-plongées
contre-pouvoirs
contre-sociétés
contrôlabilité
controlatérale
controlatéraux
controversable
controversiste
convenablement
conventionnant
convertibilité
convulsionnant
convulsivement
coordonnatrice
coparticipante
copropriétaire
Coquilhatville
coraciadiforme
Cornelius Nepos
coronaropathie
corporellement
corrélationnel
correspondance
correspondante
cosmographique
cosmopolitisme
coupons-réponse
courageusement
court-circuiter
court-courriers
courts-circuits
courts-métrages
Crans-sur-Sierre
crapuleusement
crayons-feutres
criminellement
criminologiste
cristallisable
cristallisante
cristes-marines
Croissant-Rouge
croque-mitaines
croque-monsieur
croquignolette
cross-countries
cryoconducteur
culpabilisante
culturellement
cumulativement
cuproaluminium
cyclomotoriste
cypho-scolioses
cytodiagnostic
cytogénéticien
dacryo-adénites
dactylographie
dactylographié
daguerréotypie
Dammarie-les-Lys
dangereusement
Dante Alighieri
débarbouillage
débarbouillant
débonnairement
débouillissage
déboulonnement
débrouillement
débroussailler
décapitalisant
décapuchonnant
décasyllabique
décavaillonner
décentralisant
déchaperonnant
déchristianisé
décimalisation
décollectivisé
décolonisation
décompensation
déconditionner
décongestionné
déconstruction
déconstruisant
décontenançant
déconventionné
découronnement
décrédibiliser
décriminaliser
décrochez-moi-ça
déculpabiliser
dédifférencier
défenestration
défibrillateur
défibrillation
définitivement
déflationniste
défraîchissant
dégauchisseuse
dégénérescence
délicieusement
Della Francesca
délocalisation
dématérialiser

14

démédicalisant
demi-bouteilles
demi-circulaire
demi-finalistes
démilitarisant
déminéralisant
demi-pirouettes
démissionnaire
démobilisateur
démobilisation
démonétisation
démonstratrice
démontrabilité
démoralisateur
démoralisation
démoustication
démultiplexage
dénasalisation
dénationaliser
dénaturalisant
dénazification
dénébulisation
dénicotinisant
dénicotiniseur
dénucléarisant
départementale
départementaux
dépénalisation
dépersonnalisé
dépigmentation
déplafonnement
déplorablement
dépolarisation
dépolitisation
dépressurisant
déréglementant
dermatologiste
dermatomyosite
dermographisme
désaccoutumant
désaffectation
désaimantation
désaisonnalisé
désambiguïsant
désapprobateur
désapprobation
désassortiment
désavantageant
désavantageuse
désembouteillé
désencadrement
désenclavement
désendettement
désensablement
désensibiliser
désensorcelant
désentortiller
désenveloppant
déséquilibrant
désétatisation
déshumanisante
déshumidifiant
déshydratation
déshydrogénant
désidéologiser
désidérabilité
désillusionner
désincarcérant
désincarnation
désincrustante
désinformateur
désinformation
désinsectisant
désintégration
désintéressant
désintoxiquant
désobstruction
désolidarisant
désorientation
désoxygénation
despotiquement
dessous-de-table
déstabilisante
Destutt de Tracy
désurchauffant
désurchauffeur
désynchroniser
désyndicaliser
détestablement
deutérostomien
dévalorisation
déverrouillage
déverrouillant
déviationnisme
déviationniste
dévirilisation
dextromoramide
diaboliquement
diagnostiquant
dialecticienne
diamétralement
diaphanoscopie
diatoniquement
didactiquement

14

diencéphalique
différentiable
différentielle
difficultueuse
diffusionnisme
diffusionniste
digitopuncture
dimensionnelle
Dimitri Donskoï
dinitrotoluène
diploblastique
directionnelle
discographique
discrimination
discutailleuse
disponibilités
dissimulatrice
dissociabilité
distributivité
divertissement
documentaliste
documentariste
dodécaphonique
dodécaphonisme
dodécaphoniste
dogmatiquement
dolichocéphale
domiciliataire
Donaueschingen
dons Quichottes
dopaminergique
doubles-croches
doucereusement
Douchy-les-Mines
Doué-la-Fontaine
douillettement
Dour-Sharroukên
dramatiquement
Droste-Hülshoff
dubitativement
Dubois de Crancé
Dumont d'Urville
Dupetit-Thouars
dynamométrique
Ecclésiastique
ecclésiastique
échantillonner
éclaboussement
écologiquement
économétricien
économiquement
écouvillonnant
éducationnelle
effarouchement
effroyablement
Éguzon-Chantôme
élasticimétrie
électriquement
électrocautère
électrodermale
électrodermaux
électrodialyse
électroérosion
électroformage
électrolysable
électrolytique
électroménager
électromotrice
électronégatif
électro-osmoses
électrophorèse
électropositif
électrothermie
électrovalence
Élie de Beaumont
Élisabethville
elliptiquement
El-Marsa El-Kébir
embarbouillant
embellissement
emberlificoter
embourgeoisant
embrouillamini
embrouillement
embroussailler
émerveillement
emmagasinement
emmaillotement
emmouscaillant
emphatiquement
emphysémateuse
empoisonnement
emprisonnement
empyreumatique
encanaillement
encapuchonnant
enchérissement
enchevêtrement
encorbellement
encyclopédique
encyclopédisme
encyclopédiste
endivisionnant
endocrinologie

endocrinologue
endoctrinement
endormissement
endurcissement
énergéticienne
enlaidissement
ennoblissement
enquiquinement
enregistrement
enrichissement
ensoleillement
ensorcellement
entérobactérie
enthousiasmant
entortillement
entourloupette
entr'apercevant
entrapercevant
entr'apercevoir
entre-déchirant
entrepositaire
entretoisement
épaississement
épanouissement
épicontinental
épidermomycose
épigrammatique
Épinay-sur-Seine
épines-vinettes
épiscopalienne
épisodiquement
époustouflante
équarrissement
Équeurdreville
Ercilla y Zúñiga
ergothérapeute
érysipélateuse
érythrocytaire
eschatologique
Esch-sur-Alzette
estérification
esthétiquement
Estienne d'Orves
éthérification
ethnocentrique
ethnocentrisme
ethnographique
étoiles-d'argent
étourdissement
étrésillonnant
euphoniquement
eurocommunisme
eurocommuniste
euro-obligation
euroterrorisme
eutrophication
eutrophisation
évangélisateur
évangélisation
évanouissement
Evans-Pritchard
évènementielle
événementielle
éventuellement
évolutionnisme
évolutionniste
exanthématique
exceptionnelle
excrémentielle
excursionniste
exécutoirement
exemplairement
exhaustivement
expansionnisme
expansionniste
expéditivement
exploitabilité
expressivement
expropriatrice
extensionalité
extensionnelle
extérieurement
exterminatrice
extraconjugale
extraconjugaux
extraordinaire
extrapyramidal
extrasensoriel
extraterrestre
extrême-onction
facétieusement
factures-congés
falsifiabilité
falsificatrice
Fanfan la Tulipe
Farébersviller
Fauville-en-Caux
faux-monnayeurs
Feira de Santana
fémoro-cutanées
fermentescible
Ferney-Voltaire
ferromanganèse
ferromolybdène

14

feuilletoniste
fibrinolytique
fiduciairement
filtres-presses
financièrement
finlandisation
finno-ougrienne
Fischer-Dieskau
flamingantisme
Flavius Josèphe
fluidification
Flushing Meadow
fluviométrique
foeto-maternels
fonctionnalisé
fonctionnalité
fonctionnariat
fonctionnarisé
fonctionnement
forêts-galeries
formidablement
Fort-Mahon-Plage
fourgons-pompes
fractionnement
franc-bourgeois
franc-comtoises
franchissement
franchouillard
franco-canadien
franco-français
François Borgia
François-Joseph
François Xavier
francophoniser
fransquillonné
fraternisation
frénétiquement
fréquencemètre
Fresnoy-le-Grand
freudo-marxisme
froufroutement
fructification
fructueusement
Furius Camillus
gaines-culottes
galvanocautère
galvanoplastie
gammaglobuline
García Calderón
garde-française
gardes-barrière
gardes-chiourme
gardes-magasins
gardes-rivières
gargouillement
gastro-entérite
Gémiste Pléthon
généralisateur
généralisation
génito-urinaire
gentilhommière
gentleman-rider
géochronologie
géologiquement
géomorphologie
géophysicienne
géostatistique
géothermomètre
Geraardsbergen
gewurztraminer
Giovanni Pisano
Girodet-Trioson
globalisatrice
glorificatrice
Gómez de la Serna
gonadotrophine
Góngora y Argote
gouvernemental
Goya y Lucientes
grammaticalisé
grammaticalité
grand-angulaire
Grande Barrière
Grande-Bretagne
grande-duchesse
Grande-Roquette
Grandes Rousses
grandiloquence
grandiloquente
graphitisation
grasping-reflex
grassouillette
gravitationnel
Greenfield Park
Gréoux-les-Bains
Grimmelshausen
guadeloupéenne
Gui de Dampierre
Guyon du Chesnoy
gyromagnétique
habituellement
hagiographique
hallstattienne
hallucinatoire

14

harmoniquement
Haroun al-Rachid
Hartmann von Aue
Harunobu Suzuki
haut-de-chausses
Haute-Normandie
Hautes-Pyrénées
hauts-de-chausse
hauts-fourneaux
héboïdophrénie
Heist-op-den-Berg
héliciculture
héliocentrique
héliocentrisme
héliosynchrone
hélitransporté
hélitreuillage
Hemel Hempstead
hémochromatose
hémocompatible
hémoglobinurie
hendécasyllabe
Henley-on-Thames
Henriette-Marie
hépatonéphrite
hépatopancréas
herbes-aux-chats
hermaphrodisme
hermétiquement
herpétologique
herpétologiste
Hersin-Coupigny
hétérocyclique
hétérométabole
hétéroprotéine
hétérosexuelle
Hettange-Grande
hiératiquement
hiéroglyphique
historiographe
historiquement
Hô Chi Minh-Ville
hollywoodienne
holocristallin
holophrastique
homéomorphisme
homme-orchestre
Horatius Cocles
Houang Kong-wang
humidificateur
humidification
Huon de Bordeaux
hydraulicienne
hydrocarbonate
hydrocortisone
hydrodynamique
hydrographique
hydromécanique
hygiéniquement
hyperémotivité
hyperfréquence
hyperlipidémie
hypersécrétion
hypersomniaque
hyperthyroïdie
hypertrophiant
hypertrophique
hypoallergique
hypocondriaque
hypocoristique
hypocycloïdale
hypocycloïdaux
hypoglycémiant
hypothalamique
hypovitaminose
hystérographie
iconographique
identificateur
identification
idéologisation
Iekaterinbourg
Ignace de Loyola
illégitimement
Illiers-Combray
immobilisation
immunodéprimée
immunothérapie
immunotolérant
imparfaitement
impartialement
impassiblement
impeccablement
impérativement
impérieusement
imperméabilisé
imperméabilité
impersonnalité
impétueusement
implacablement
impressionnant
improductivité
improvisatrice
inaliénabilité
inaltérabilité

14

inauthenticité
incoercibilité
incommunicable
incomplètement
incompréhensif
incompressible
inconditionnée
inconditionnel
inconnaissable
inconsciemment
incontournable
incoordination
incorrectement
incrémentielle
incroyablement
indéchiffrable
indécomposable
indéfinissable
indélicatement
indéniablement
indépendamment
indescriptible
indestructible
indéterminable
indéterminisme
indifféremment
indifférenciée
indiscrètement
individualisée
individualiser
individualisme
individualiste
indivisibilité
indo-européenne
Indo-Gangétique
indole-acétique
industrialiser
industrialisme
inefficacement
inévitablement
inexcitabilité
inexorablement
inexpérimentée
infaillibilité
infantilisante
inférieurement
infinitésimale
infinitésimaux
inflammabilité
inflationniste
inflexiblement
informationnel
informatisable
infraliminaire
infrastructure
infréquentable
ingénieusement
inhospitalière
inintelligence
inintelligente
inintelligible
inintéressante
initialisation
injurieusement
inlassablement
inopposabilité
inorganisation
inquisitoriale
inquisitoriaux
insatiablement
insatisfaction
insatisfaisant
insensibiliser
insensiblement
insidieusement
insolubilisant
insonorisation
insoupçonnable
instantanément
institutionnel
instrumentaire
instrumentiste
insuffisamment
intellectuelle
intelligemment
intelligentsia
intensionnelle
intentionnelle
interactionnel
interafricaine
interallemande
interaméricain
interclasseuse
intercommunale
intercommunaux
interconnecter
interconnexion
interdépendant
interférentiel
interféromètre
interglaciaire
intérieurement
interlocutoire
interlocutrice

14

intermédiation
Internationale
internationale
internationaux
interocéanique
interpellateur
interpellation
interpénétrant
interpersonnel
interpolatrice
interprétariat
interprétation
interprétative
interrégionale
interrégionaux
interrogatoire
interrogatrice
intersexualité
interstellaire
interstitielle
intersubjectif
intersyndicale
intersyndicaux
intertextuelle
intertropicale
intertropicaux
intervertébral
intervocalique
intra-atomiques
intracardiaque
intracrânienne
intransigeance
intransigeante
intransitivité
intranucléaire
intuitionnisme
invariablement
investigatrice
investissement
invinciblement
irrationalisme
irrationaliste
irrecevabilité
irréfutabilité
irrespectueuse
irrévérencieux
irrévocabilité
isochromatique
isolationnisme
isolationniste
Ivano-Frankovsk
Ivry-la-Bataille
Jacopone da Todi
Jacques Édouard
Jalapa Enríquez
Jaques-Dalcroze
Jean-Christophe
jésuitiquement
Josquin Des Prés
journalistique
judéo-allemande
judéo-allemands
judéo-chrétiens
judiciairement
judicieusement
Julio-Claudiens
juridictionnel
justificatrice
Kaiserslautern
Karadjordjević
kératinisation
Khatchatourian
kinésithérapie
Kinoshita Junji
Klosterneuburg
Konstantinovka
Labastide-Murat
laborieusement
Lacaze-Duthiers
lacédémonienne
La Chaux-de-Fonds
La Colle-sur-Loup
lacrima-christi
La Ferté-Bernard
La Ferté-Gaucher
lamellés-collés
lamellibranche
lamentablement
La Mothe Le Vayer
Lamotte-Beuvron
La Motte-Picquet
lance-roquettes
lance-torpilles
languedocienne
langues-de-boeuf
languissamment
Largo Caballero
Laroque-Timbaut
laryngologiste
latéralisation
latéritisation
Latour-de-France
Latour Maubourg
La Valette-du-Var

14

Le Bourg-d'Oisans
Le Bourget-du-Lac
Leconte de Lisle
Leffrinckoucke
Le Grand-Bornand
Le Mesnil-Esnard
Lenoir-Dufresne
Léonard de Vinci
Le Taillan-Médoc
leucopoïétique
levalloisienne
Le Verdon-sur-Mer
lexicalisation
libéralisation
libéro-ligneuse
libres-échanges
libres-penseurs
libres-services
Licinius Stolon
Ligny-en-Barrois
L'Île-Saint-Denis
L'Isle-d'Espagnac
lithographiant
lithographique
lithosphérique
littérairement
Livron-sur-Drôme
Loèche-les-Bains
Loison-sous-Lens
lois-programmes
Longny-au-Perche
Longué-Jumelles
Loriol-sur-Drôme
Lorrez-le-Bocage
luxembourgeois
lyophilisation
Machado de Assis
machines-outils
macroglobuline
macrographique
magistralement
magnétomotrice
magnéto-optique
magnétoscopant
magnifiquement
maître-cylindre
maîtres-à-danser
maladroitement
malencontreuse
malhonnêtement
malicieusement
malintentionné
malléabilisant
malthusianisme
mandats-lettres
manufacturable
manufacturière
manutentionner
Marcq-en-Baroeul
Marcus Antonius
Mariánské Lázně
Marie-Christine
Marie de Magdala
Marie Madeleine
marionnettiste
Marles-les-Mines
marteaux-pilons
martin-chasseur
Martínez Campos
matériellement
maternellement
Mavrokordhátos
maxillo-faciale
maxillo-faciaux
maximalisation
mécanothérapie
méconnaissable
méconnaissance
mécontentement
médecin-conseil
médicalisation
médicamenteuse
Medici-Riccardi
médico-sportifs
médico-sportive
mégalomaniaque
mélodieusement
mélodramatique
méniscographie
mensongèrement
mensualisation
Méphistophélès
mesdemoiselles
méso-américaine
méso-américains
mésopotamienne
métallochromie
métallographie
métamorphisant
métamorphosant
météorologique
météorologiste
méthémoglobine
méthodiquement

méthodologique
métropolitaine
microchirurgie
microglossaire
micrographique
micrométéorite
micro-organisme
micropodiforme
micros-cravates
microstructure
microtechnique
Mies van der Rohe
militarisation
millivoltmètre
Milly-Lamartine
minéralisateur
minéralisation
minimalisation
mini-ordinateur
minutieusement
misanthropique
miséricordieux
mithridatisant
mnémotechnique
modernisatrice
Moissy-Cramayel
molécule-gramme
Molitg-les-Bains
mondialisation
monétarisation
monnaies-du-pape
monochromateur
monocotylédone
monométallisme
monométalliste
monopolisateur
monopolisation
monopolistique
monoprocesseur
monosaccharide
monosyllabique
Montaigu-Zichem
Montana-Vermala
montpelliérain
montre-bracelet
Morsang-sur-Orge
Moulins-lès-Metz
Mouton-Duvernet
moyen-courriers
moyen-orientale
moyen-orientaux
moyens-métrages
Moyeuvre-Grande
Mucius Scaevola
multiloculaire
multinationale
multinationaux
multiplicateur
multiplication
multiplicative
multiprogrammé
multipropriété
multitubulaire
multivibrateur
municipalisant
musicothérapie
mystificatrice
mytilicultrice
myxoedémateuse
Nabuchodonosor
nabuchodonosor
naevo-carcinome
naturalisation
navires-jumeaux
néanthropienne
nécessairement
nécromancienne
négro-africaine
négro-africains
negro spiritual
némathelminthe
néo-calédoniens
néocapitalisme
néocapitaliste
néoclassicisme
néogrammairien
néo-hébridaises
néolibéralisme
néolithisation
néoplasticisme
néoplatonicien
néopositivisme
néopositiviste
néo-zélandaises
Neubrandenburg
neurasthénique
neurobiochimie
neurochirurgie
neuromédiateur
neurosécrétion
neurovégétatif
neutralisation
New Westminster
Ngeou-yang Sieou

14

14

Nguyên Van Thiêu
nicaraguayenne
nitrocellulose
nitroglycérine
nivo-glaciaires
Nogent-le-Rotrou
Nogent-sur-Marne
Nogent-sur-Seine
nominalisation
nominativement
non-belligérant
non-combattante
non-comparution
non-concurrence
non-conformisme
non-conformiste
non-directivité
non-euclidienne
non-spécialiste
noramidopyrine
nord-africaines
nord-américaine
nord- américains
nord-vietnamien
normalisatrice
Normandie-Maine
Northumberland
Nouveau-Mexique
Nouvelle-Écosse
Nouvelle-France
Nouvelle-Guinée
Nouvelle-Zemble
Novotcherkassk
nucléarisation
nucléoprotéide
nucléoprotéine
nucléosynthèse
nues-propriétés
numerus clausus
nu-propriétaire
Nūr al-Dīn Maḥmūd
nutritionnelle
nutritionniste
obsessionnelle
obstétricienne
occidentaliser
occidentaliste
octosyllabique
Oehlenschläger
oeils-de-perdrix
oesophagoscope
officiellement
officieusement
oiseaux-mouches
Oldenbarnevelt
Olympe de Gouges
oniromancienne
opéras-comiques
opérationnelle
ophtalmoscopie
opisthobranche
optimalisation
orchestratrice
ordonnancement
organoleptique
originairement
originellement
ornithologique
ornithologiste
orthographiant
orthographique
orthorhombique
ostensiblement
ostéochondrose
ostréicultrice
ouest-allemande
ouest-allemands
ouralo-altaïque
outrageusement
ouvre-bouteille
oxydoréductase
oxydoréduction
oxyhémoglobine
paillassonnage
paillassonnant
pailles-en-queue
palatalisation
paléanthropien
paléoasiatique
paléobotanique
paléographique
palingénésique
pamplemoussier
panafricanisme
panchromatique
pantagruélique
Paolo Veneziano
Pape-Carpentier
papiers-filtres
papillonnement
paradigmatique
paradoxalement
paralittéraire
paramagnétique

14

paramagnétisme
parapétrolière
paraphrastique
parathyroïdien
parcellarisant
parcellisation
pare-étincelles
parenchymateux
Parentis-en-Born
paresseusement
parisyllabique
parkinsonienne
parodontologie
parthénogenèse
Parthénopéenne
particulariser
particularisme
particulariste
pascals-seconde
passe-montagnes
passe-tout-grain
pasteurisation
paternellement
pathétiquement
Pavillons-Noirs
pécuniairement
pédopsychiatre
peintre-graveur
Peisey-Nancroix
péjorativement
Pelletier-Doisy
perce-murailles
perceptibilité
pérégrinations
Pérez de Cuellar
perfectibilité
perfectionnant
périlleusement
périnéorraphie
périodiquement
péripatéticien
périphrastique
périssodactyle
péritéléphonie
péritélévision
perquisitionné
personnalisant
pestilentielle
petit-bourgeois
petit-déjeunant
Petite-Rosselle
pétrographique
phallocratique
pharmaceutique
phénobarbitals
phénoménologie
phénoménologue
phénylbutazone
philharmonique
phonétiquement
phonographique
phosphorescent
photocomposant
photocomposeur
photoémettrice
photographiant
photographique
photomécanique
photorécepteur
photoreportage
photorésistant
photostoppeuse
photovoltaïque
phraséologique
phycoérythrine
phylloxérienne
phylogénétique
physico-chimies
physiognomonie
physiothérapie
phytopharmacie
phytosanitaire
Piazza Armerina
pictographique
pieds-d'alouette
Pierre-Buffière
Pierre-de-Bresse
Pierrefontaine
Pinochet Ugarte
pique-assiettes
pique-niqueuses
pithécanthrope
planétairement
planificatrice
plaques-modèles
plastification
platoniquement
Pleine-Fougères
pleurnichement
ploutocratique
plus-que-parfait
pluviométrique
pneumallergène
pneumonectomie

14 points-virgules
poissons-globes
Poix-de-Picardie
polygonisation
polymérisation
polypeptidique
polyplacophore
polysaccharide
polysyllabique
polytechnicien
polytransfusée
polytraumatisé
ponctuellement
ponts-promenade
popularisation
pornographique
porphyrogénète
Port-des-Barques
porte-aiguilles
porte-bannières
porte-bouteille
porte-brancards
porte-cigarette
porte-documents
porte-étendards
porte-étrivière
porte-parapluie
porte-serviette
portes-fenêtres
Port-la-Nouvelle
positionnement
postcombustion
postcommunisme
postcommuniste
postindustriel
postmodernisme
postopératoire
postromantique
potentialisant
Pougues-les-Eaux
pouliethérapie
poussette-canne
préadolescente
précautionnant
précautionneux
précipitamment
précipitations
précisionnisme
précolombienne
prédélinquante
prédestination
prédéterminant
prédictibilité
prédisposition
préélémentaire
préenregistrée
préétablissant
préfabrication
préférablement
préférentielle
préfinancement
préhistorienne
préinscription
prémenstruelle
prépositionnel
prépsychotique
préraphaélisme
presbyophrénie
presbytérienne
présélectionné
présidentiable
présidentielle
presse-raquette
pressurisation
préstratégique
présupposition
pretium doloris
prévaricatrice
préventivement
prévisionnelle
prévisionniste
Prévost-Paradol
primo-infection
Prince-de-Galles
prince-de-galles
principalement
printanisation
probationnaire
proche-orientale
proche-orientaux
productibilité
programmatique
programmatrice
promotionnelle
pronostiqueuse
pro-occidentale
pro-occidentaux
prophylactique
proportionnant
propositionnel
propriocepteur
proprioception
proprioceptive
prospectiviste

prostaglandine
prostatectomie
protège-cahiers
protestantisme
protohistorien
protoplasmique
protubérantiel
providentielle
Provinces-Unies
provincialisme
provisionnelle
provisoirement
pseudomembrane
psychanalysant
psychiatrisant
psychoaffectif
psychobiologie
psychocritique
psycholeptique
psychométrique
psychophysique
psychorigidité
psychothérapie
ptéridospermée
putrescibilité
pyrosulfurique
pyrotechnicien
quadragésimale
quadragésimaux
quadrangulaire
quadrilatérale
quadrilatéraux
quadriréacteur
quantificateur
quantification
quartier-maître
quatre-feuilles
quatre-vingt-dix
Quentin Durward
questionnement
queues-de-cheval
queues-de-cochon
queues-de-renard
quinquagénaire
raccommodement
raccourcissant
rachianalgésie
racornissement
Radcliffe-Brown
radicalisation
radiesthésiste
radioaltimètre
radioastronome
radiodiffusant
radiodiffusion
radiofréquence
radiographiant
radiorécepteur
radioreportage
radiotechnique
radiotéléphone
radiotélescope
radiotélévisée
radoucissement
rafraîchissant
rajeunissement
ralentissement
ramasse-miettes
ramollissement
rappointissant
ravitaillement
réassortissant
reblanchissant
rebondissement
récapitulation
récapitulative
réceptionnaire
réceptionniste
rechristianisé
réciproquement
Recklinghausen
Recklinghausen
réclusionnaire
recommandation
recommencement
réconciliation
reconnaissable
reconnaissance
reconnaissante
reconstituante
reconstitution
reconstruction
reconstruisant
récriminatrice
recristalliser
recroquevillée
recroqueviller
rédactionnelle
redimensionner
rédintégration
redistribution
redoutablement
réductionnisme
réductionniste

14

14 réenregistrant
réfléchissante
réfrangibilité
réglementation
régularisation
réhabilitation
réimplantation
Reine-Charlotte
Reine-Élisabeth
réinstallation
réintroduction
réintroduisant
réinvestissant
rejointoiement
relativisation
religieusement
remilitarisant
Rémire-Montjoly
rempoissonnant
renchérisseuse
Rennes-les-Bains
renouvellement
renseignements
rentabilisable
réorganisateur
réorganisation
repositionnant
représentation
représentative
reprographiant
républicanisme
réquisitionner
réquisitoriale
réquisitoriaux
respectabilisé
respectabilité
respectivement
resplendissant
responsabilisé
responsabilité
Ressons-sur-Matz
ressortissante
resurchauffant
resurchauffeur
rétablissement
retentissement
rétractabilité
retranscrivant
retransmettant
retransmission
rétrécissement
rétrogradation
revalorisation
revasculariser
revendicatrice
révérendissime
revitalisation
revivification
révolutionnant
Rheinland-Pfalz
rhino-pharyngée
rhino-pharyngés
rhombencéphale
rhumatologique
rhythm and blues
Ricci-Curbastro
rigoureusement
Rillieux-la-Pape
Rimski-Korsakov
rince-bouteille
Rio Grande do Sul
Roche-la-Molière
roche-réservoir
roches-magasins
Roissy-en-France
Romans-sur-Isère
Rostov-sur-le-Don
Rougon-Macquart
roussillonnais
Rueil-Malmaison
Sablé-sur-Sarthe
sabres-briquets
saccharimétrie
sadiques-anales
sadomasochisme
sadomasochiste
Sains-en-Gohelle
Saint-Benin-d'Azy
Saint-Berthevin
saint-cyriennes
Saint-Cyr-l'École
Saint-Cyr-sur-Mer
Saint-Doulchard
Sainte-Chapelle
sainte-nitouche
Sainte-Sigolène
Sainte-Victoire
Saint-Florentin
saint-florentin
Saint-Hippolyte
Saint-Hyacinthe
Saint-Jean-d'Acre
Saint-Jean-de-Luz
Saint-John Perse

Saint-Marcellin
saint-marcellin
Saint-Pol-de-Léon
Saint-Pol-sur-Mer
Saint-Porchaire
Saint-Sacrement
Saint-Sébastien
saint-simoniens
saint-simonisme
Saint-Thégonnec
salidiurétique
Salins-les-Bains
salmoniculture
sanctificateur
sanctification
San Juan de Pasto
saperlipopette
saponification
Sarah Bernhardt
sardoniquement
Sarlat-la-Canéda
satisfiabilité
sauveterrienne
Savigny-sur-Orge
Savoie-Carignan
savoureusement
scapulo-huméral
sceau-de-Salomon
scénographique
schématisation
schistosomiase
schizothymique
Schleiermacher
Schoendoerffer
Schola cantorum
Schützenberger
science-fiction
scléroprotéine
scribouilleuse
scrofulariacée
sécessionniste
secondairement
sécularisation
sédimentologie
Seille Lorraine
sélectionneuse
self-government
self-inductance
self-inductions
sémantiquement
semi-auxiliaire
semi-chenillées
semi-circulaire
semi-conducteur
semi-grossistes
semi-nomadismes
semi-officielle
semi-perméables
sensationnelle
sensibilisante
sensori-moteurs
sensori-motrice
sentimentalité
septentrionale
septentrionaux
septicopyoémie
sergents-majors
séricicultrice
sérodiagnostic
séropositivité
Serre-Chevalier
Servius Tullius
servomécanisme
Sèvre Niortaise
shérardisation
’s-Hertogenbosch
sidérolithique
Sierck-les-Bains
sigillographie
simplificateur
simplification
singapourienne
singulièrement
sino-tibétaines
Sint-Gillis-Waas
sitogoniomètre
situationnisme
situationniste
social-chrétien
sociocentrisme
socio-éducatifs
socio-éducative
soit-communiqué
solennellement
solidification
Solre-le-Château
solubilisation
somatotrophine
somptueusement
Soorts-Hossegor
sophistication
souffre-douleur
Soultz-Haut-Rhin
soumissionnant

14

sourdes-muettes
sous-acquéreurs
sous-administré
sous-alimentant
sous-amendement
sous-arbrisseau
sous-brigadiers
sous-commission
sous-continents
sous-développée
sous-développés
sous-directeurs
sous-directrice
sous-dominantes
sous-équipement
sous-estimation
sous-évaluation
sous-exploitant
sous-exposition
sous-glaciaires
sous-gouverneur
sous-lieutenant
sous-locataires
sous-maîtresses
sous-maxillaire
sous-médicalisé
sous-nutritions
sous-orbitaires
sous-peuplement
sous-préfecture
sous-production
sous-programmes
sous-prolétaire
sous-refroidies
sous-scapulaire
sous-secrétaire
sous-traitances
sous-ventrières
Souvanna Phouma
souverainement
spasmophilique
spatialisation
spatio-temporel
spécialisation
spécifiquement
spectrographie
spermatogenèse
sphinctérienne
spiritualisant
sporadiquement
Springer Verlag
Sseu-ma Siang-jou
stabilisatrice
stalagmométrie
staphylococcie
starting-blocks
station-service
statisticienne
statutairement
sténographiant
sténographique
stéréochimique
stéréo-isomères
stéréo-isomérie
stéréométrique
stéréophonique
stéréoscopique
stigmatisation
Stockton-on-Tees
stoechiométrie
stomatologiste
stomatoplastie
strasbourgeois
stratification
strip-teaseuses
stroboscopique
structuralisme
structuraliste
stylisticienne
subéquatoriale
subéquatoriaux
subjectivement
subrepticement
substantialité
substantifique
subventionnant
successibilité
successivement
sud-américaines
sud-vietnamiens
suggestibilité
suggestionnant
Sully Prudhomme
supercarburant
superfétatoire
supérieurement
superintendant
superphosphate
superplastique
superpuissance
superstitieuse
superstructure
supplémentaire
supranationale

14

supranationaux
suprasegmental
supraterrestre
surabondamment
surcompression
surdéterminant
surendettement
surgénératrice
surmédicaliser
surprise-partie
surproductrice
susceptibilité
sus-maxillaires
sweating-system
symboliquement
symétriquement
sympathectomie
syntacticienne
Székesfehérvár
Tain-l'Hermitage
talkies-walkies
tambourinement
tambours-majors
tardenoisienne
taupes-grillons
Taxco de Alarcón
tchécoslovaque
Tcheou-k'eou-tien
Tchernikhovsky
Tchernychevski
Tcherrapoundji
Tchicaya U Tam'si
technocratique
technocratiser
technocratisme
télangiectasie
téléchargement
télécommandant
téléconférence
télédiagnostic
téléimpression
télématisation
télémécanicien
télémessagerie
téléspectateur
télétraitement
tellurhydrique
temporairement
temporisatrice
tergiversation
Termini Imerese
terminologique
terre-neuvienne
territorialité
tertiarisation
thalassocratie
Thaon-les-Vosges
thermidorienne
thermochimique
thermométrique
thermopropulsé
thermostatique
thermotactisme
thésaurisation
thiosulfurique
Thonon-les-Bains
thoracoplastie
Thorens-Glières
thyroïdectomie
Tierra del Fuego
tiers-mondismes
tiers-mondistes
timbres-amendes
tintinnabulant
tire-bouchonner
tiroirs-caisses
Tiruchirapalli
titularisation
Tonnay-Boutonne
Tonnay-Charente
Torigni-sur-Vire
Toukhatchevski
tourbillonnant
tour-opérateurs
Toussus-le-Noble
toute-puissance
toute-puissante
toxicomaniaque
toxicomanogène
toxi-infectieux
toxi-infections
traditionnelle
traîtreusement
tranquillement
tranquillisant
transactionnel
transafricaine
transbordement
transcaucasien
transcendantal
transconteneur
transformateur
transformation
transfusionnel

14

transistoriser
transitivement
Transleithanie
transmigration
transnationale
transnationaux
transocéanique
transplantable
transportation
tressaillement
triathlonienne
tricontinental
trifonctionnel
trigonocéphale
triomphalement
tripatouillage
tripatouillant
tripatouilleur
Tristan da Cunha
Tristan L'Ermite
trypanosomiase
tuberculinique
turbocompressé
tympanoplastie
tyndallisation
tyranniquement
ultérieurement
ultraroyaliste
uniformisation
Union française
unipersonnelle
universalisant
Unkiar-Skelessi
Ūthmān ibn 'Affān
Vailly-sur-Aisne
Vaires-sur-Marne
valenciennoise
valeureusement
Vallon-Pont-d' Arc
Van de Woestijne
Van Leeuwenhoek
vasculo-nerveux
vasodilatateur
vasodilatation
vaudevillesque
Vélez de Guevara
véliplanchiste
Vermeer de Delft
Vernet-les-Bains
versificatrice
Vestmannaeyjar
vice-présidence
vice-présidente
vice-présidents
Victor-Emmanuel
Victoria Nyanza
vide-bouteilles
vidéofréquence
vieillissement
Vieux-Habitants
vigoureusement
Vila Nova de Gaia
villafranchien
villégiaturant
Villers-Semeuse
ville-satellite
villes-dortoirs
villeurbannais
Vincent Ferrier
violoncelliste
viscoélastique
viscoplastique
viscoréduction
Vishakhapatnam
vitrocéramique
Vittorio Veneto
voitures-balais
volatilisation
volcanologique
volontairement
voltairianisme
Vorochilovgrad
Voyer d'Argenson
vulcanologique
vulgarisatrice
vulnérabiliser
wagon-réservoir
wagons-citernes
wagon-tombereau
Wallis-et-Futuna
Wilhelm Meister
Wilhelmstrasse
wurtembergeois
Yang Chang-k'ouen
Zorrilla y Moral

15

abasourdissante
abâtardissement
abstentionnisme
abstentionniste
accompagnatrice
accomplissement
accourcissement
accroupissement
acétylcellulose
acétylcoenzyme A
acquits-à-caution
adiposo-génitale
adiposo-génitaux
administratrice
Adolphe-Frédéric
Aemilius Lepidus
aérotransportée
affaiblissement
affectueusement
affirmativement
affranchissable
afibrinogénémie
afro-américaines
afro-brésilienne
agrammaticalité
agroalimentaire
aides-comptables
aides-soignantes
Aiguilles-Rouges
airedale-terrier
Alcalá de Henares
alcalino-terreux
alcoolification
Alexandre Nevski
allégoriquement
alphabétisation
alternativement
aluminosilicate
Ambérieu-en-Bugey
américanisation
amiantes-ciments
Ammien Marcellin
amoindrissement
anaphrodisiaque
anesthésiologie
anglo-américaine
anglo-américains
Anjero-Soudjensk
antéprédicative
anthropologique
anthropologiste
antiasthmatique
antiautoritaire
antibiothérapie
anticapitaliste
anticommutative
anticonformisme
anticonformiste
antidéflagrante
antidéplacement
antidiphtérique
antiépileptique
antigravitation
antimilitarisme
antimilitariste
antimonarchique
antimonarchiste
antinévralgique
antipatriotique
antipatriotisme
antiprurigineux
antipsychiatrie
antipsychotique
antirationnelle
antirépublicain
antiscorbutique
anti-sous-marines
antispasmodique
antituberculeux
apostoliquement
appauvrissement
appendicectomie
applaudissement
approbativement
approfondissant
approvisionnant
approvisionneur
arabo-islamiques
archichancelier
archidiocésaine
archiépiscopale
archiépiscopaux
architectonique
Argenton-Château
arithméticienne
Arnolfo di Cambio
arrière-boutique
arrière-cerveaux

15

arrière-cousines
arrière-cuisines
arrière-voussure
artérioscléreux
artériosclérose
assombrissement
assomptionniste
assouplissement
assourdissement
assujettissante
assurance-crédit
attendrissement
Aubigny-en-Artois
audioconférence
Aulnoye-Aymeries
authentiquement
autoaccusatrice
autocommutateur
autodestructeur
autodestruction
autoexcitatrice
autofécondation
autofinancement
auto-immunitaire
auto-impositions
auto-inductances
autolubrifiante
automatiquement
autorégulatrice
autoritairement
auto sacramental
autos-couchettes
autosubsistance
autotransfusion
Autriche-Hongrie
avantageusement
aventureusement
Avesnes-sur-Helpe
azerbaïdjanaise
bactériologique
bactériologiste
Bagnoles-de-l'Orne
Bagnols-les-Bains
Baile Átha Cliath
Balaruc-les-Bains
ballet-pantomime
barbes-de-capucin
Barère de Vieuzac
barotraumatisme
Barrancabermeja
basse-Californie
bateaux-citernes
Beaumes-de-Venise
Beaumont-le-Roger
Beaumont-sur-Oise
Beaune-la-Rolande
beaux-petits-fils
bébés-éprouvette
becs-de-perroquet
Bénévent-l'Abbaye
bernard-l'hermite
Bethmann-Hollweg
bibliographique
bienveillamment
bioclimatologie
bioluminescence
Blangy-sur-Bresle
blocs-diagrammes
Boigny-sur-Bionne
bonnets-de-prêtre
bornes-fontaines
Boué de Lapeyrère
bouillons-blancs
Boulainvilliers
Bourg-lès-Valence
Bourgneuf-en-Retz
Bourgoin-Jallieu
bourses-à-pasteur
boutons-pression
brandebourgeois
Brétigny-sur-Orge
bricks-goélettes
Brie-Comte-Robert
brigadiers-chefs
Bruay-sur-l'Escaut
Buckinghamshire
buissons-ardents
bulletin-réponse
bureaucratisant
cache-brassières
cache-radiateurs
calomnieusement
Calonne-Ricouart
Calpurnius Pison
camions-citernes
cannes-béquilles
cannibalisation
capillicultrice
capricieusement
caractérisation
caractéristique
carambouilleuse
cardiomyopathie
carêmes-prenants

Carhaix-Plouguer
Carrier-Belleuse
Castanet-Tolosan
catégoriquement
cauchemardesque
Cavalaire-sur-Mer
centralisatrice
centraméricaine
České Budějovice
Československo,
chaleureusement
Châlons-sur-Marne
Champagne-Mouton
champagnisation
champignonnière
champignonniste
Charenton-du-Cher
Charenton-le-Pont
Charles-de-Gaulle
Charles-Emmanuel
Charnay-lès-Mâcon
chasse-goupilles
Château-Gaillard
Châteaumeillant
châtelperronien
Châtenay-Malabry
Châtenoy-le-Royal
chauffe-assiette
chauffe-biberons
Chaumont-en-Vexin
Chauveau-Lagarde
Chavín de Huantar
chémoréceptrice
chloramphénicol
cholestérolémie
chromatographie
chromodynamique
chryséléphantin
churrigueresque
cinématographie
circonscription
circonvallation
circumstellaire
circumterrestre
Cirey-sur-Vezouze
clandestinement
classificatoire
classificatrice
Clermont-Ferrand
Cléry-Saint-André
climatothérapie
clitoridectomie
clochardisation
Cloyes-sur-le-Loir
cobaltothérapie
coccolithophore
collationnement
collectionneuse
collectionnisme
Collet-d'Allevard
Colorado Springs
Comines-Warneton
commercialement
commercialisant
commissionnaire
commissurotomie
comparativement
compartimentage
compartimentant
compères-loriots
complémentarité
comportementale
comportementaux
compressibilité
compulsionnelle
Comtat Venaissin
conceptualisant
concessionnaire
conchyliculteur
conchyliculture
concurrentielle
concussionnaire
Condé-sur-l'Escaut
Condé-sur-Noireau
conditionnement
confectionneuse
confessionnelle
confidentialité
confortablement
congénitalement
congratulations
consécutivement
Constance Chlore
constantinienne
constitutionnel
constructivisme
constructiviste
contactologiste
contemporanéité
contingentement
continuellement
contorsionniste
contractualiser
contre-assurance

15

contre-attaquant
contrebalançant
contre-empreinte
contre-épaulette
contre-espaliers
contre-expertise
contre-extension
contre-indiquant
contre-indiquées
contremaîtresse
contre-manifesté
contre-offensive
contre-passation
contrepointiste
contre-productif
contre-publicité
contre-transfert
contrevallation
contreventement
conventionnelle
conversationnel
convulsionnaire
coparticipation
Coralli Peracini
Corbeil-Essonnes
coreligionnaire
coronarographie
correctionnelle
corrélativement
corticostéroïde
corticosurrénal
corticothérapie
Cortina d'Ampezzo
couches-culottes
course-croisière
course-poursuite
court-circuitant
courts-bouillons
Cousin-Montauban
Couve de Murville
crapauds-buffles
Crécy-en-Ponthieu
Crécy-la-Chapelle
criminalisation
criminalistique
cristallinienne
cristallisation
cristallochimie
cristallogenèse
cristallographe
cristallomancie
Croissy-sur-Seine
crossoptérygien
cryoalternateur
cryoconductrice
cryotempérature
cryptogénétique
cryptographique
cul-de-basse-fosse
culpabilisation
cuniculiculture
cuproammoniaque
curriculum vitae
cybernéticienne
cylindres-sceaux
cytomégalovirus
dactylographier
dame-d'onze-heures
Danican-Philidor
débarbouillette
débrouillardise
débroussaillage
débroussaillant
débudgétisation
débureaucratisé
décalcification
décarboxylation
décavaillonnant
déchristianiser
Décines-Charpieu
décloisonnement
décollectiviser
déconcentration
déconditionnant
décongestionner
déconsidération
décontamination
déconventionner
décrédibilisant
décriminalisant
déculpabilisant
dédaigneusement
dédifférenciant
défavorablement
défectueusement
définitionnelle
dégauchissement
dégourdissement
dégrossissement
delirium tremens
démagnétisation
démaigrissement
dématérialisant
demi-circulaires

démobilisatrice
démocratisation
démoralisatrice
démystificateur
démystification
démythification
dénationalisant
dénitrification
dépersonnaliser
déphosphoration
dépressionnaire
déprogrammation
déqualification
désaccoutumance
désacralisation
désagréablement
désaisonnaliser
désappointement
désapprobatrice
désarticulation
désassimilation
désassortissant
désastreusement
désatellisation
déscolarisation
désectorisation
désembourgeoisé
désembouteiller
désenchantement
désencombrement
désensibilisant
désentortillant
désépaississant
désertification
déshumanisation
désidéologisant
désillusionnant
désincrustation
désinformatrice
désintoxication
désinvestissant
désobligeamment
désorganisateur
désorganisation
dessaisissement
déstabilisateur
déstabilisation
déstalinisation
déstructuration
désynchronisant
désyndicalisant
Déville-lès-Rouen
dévitrification
dialectiquement
diaphragmatique
dictionnairique
différenciateur
différenciation
différentiateur
différentiation
Diogène de Laërte
Dion Chrysostome
discrétionnaire
discriminatoire
disproportionné
distributionnel
diversification
Divonne-les-Bains
Djalāl al-Din Rumi
Dniepropetrovsk
Domitius Corbulo
donation-partage
donquichottisme
Doudart de Lagrée
douloureusement
Drieu la Rochelle
Duplessis-Mornay
Du Pont de Nemours
dyschromatopsie
dysembryoplasie
dysorthographie
ébourgeonnement
échantillonnage
échantillonnant
échantillonneur
échotomographie
éclaircissement
écrabouillement
électrification
électroaffinité
électrobiologie
électrochimique
électrolocation
électroménagère
électronégative
électronicienne
électronogramme
électroponcture
électroportatif
électropositive
électropuncture
électrostatique
électrothérapie
électrotropisme

15

éléphantiasique
emberlificotant
emberlificoteur
embroussaillant
empoissonnement
empuantissement
encéphalogramme
encéphalopathie
endolorissement
Enghien-les-Bains
engloutissement
engourdissement
énigmatiquement
ensevelissement
enthousiasmante
entrebâillement
entrechoquement
entrecroisement
entrepreneurial
environnemental
épicontinentale
épicontinentaux
épidémiologique
épidémiologiste
épiphénoménisme
épiphénoméniste
épistémologique
épistémologiste
équimoléculaire
équipotentielle
érythroblastose
escarrification
Esnault-Pelterie
essentiellement
étouffe-chrétien
euro-obligations
européanisation
évangéliquement
évangélisatrice
excentriquement
excommunication
exemplification
exhibitionnisme
exhibitionniste
existentialisme
existentialiste
expéditionnaire
expérimentateur
expérimentation
expert-comptable
expressionnisme
expressionniste
extemporanément
extériorisation
extéroceptivité
extrabudgétaire
extracorporelle
extragalactique
extrajudiciaire
extrapyramidale
extrapyramidaux
extrastatutaire
extrême-oriental
Fabre d'Églantine
Faches-Thumesnil
facultativement
faits-diversiers
fallacieusement
familiarisation
fantasmagorique
fantastiquement
fastidieusement
Fère-Champenoise
Fère-en-Tardenois
ferrimagnétisme
ferroélectrique
ferromagnétique
ferromagnétisme
feuilletonesque
finno-ougriennes
flegmatiquement
Flines-lez-Raches
Floris de Vriendt
fluvio-glaciaire
foeto-maternelle
fonctionnaliser
fonctionnalisme
fonctionnaliste
fonctionnariser
fonctionnarisme
fondamentalisme
fondamentaliste
Fontaine-l'Évêque
Fontenay-le-Comte
Fort-Archambault
franchouillarde
franc-maçonnerie
franc-maçonnique
franco-canadiens
franco-française
François d'Assise
François de Paule
François de Sales
francophonisant

15

franco-provençal
francs-bourgeois
francs-quartiers
fransquillonner
fraternellement
frauduleusement
Frédéric-Auguste
Frédéric-Charles
freudo-marxismes
Friedrichshafen
fusée-détonateur
fuso-spirillaire
ganglioplégique
García Gutiérrez
gardes-barrières
gardes-chiourmes
Garin de Monglane
gastro-entérites
gélatino-bromure
généralisatrice
génito-urinaires
gentleman-farmer
gentlemen-riders
géométriquement
géostationnaire
géothermométrie
gestalt-thérapie
Giscard d'Estaing
glucocorticoïde
glycogénogenèse
glycorégulation
gonadostimuline
González Márquez
gouvernementale
gouvernementaux
Gouvion-Saint-Cyr
grammaticaliser
gréco-bouddhique
Grégoire de Nysse
Grégoire de Tours
Grégoire Palamas
Guatemala Ciudad
Guyton de Morveau
haltes-garderies
Hardouin-Mansart
harmonieusement
haut-commissaire
hautes-fidélités
hauts-de-chausses
hélitransportée
hématopoïétique
héréditairement
hétérogamétique
hétéromorphisme
hétérosexualité
hexacoralliaire
hiérarchisation
Himāchal Pradesh
hippocastanacée
hippopotamesque
hispano-moresque
historiographie
holocristalline
homme-grenouille
hommes-sandwichs
homogénéisateur
homogénéisation
horizontalement
hormonothérapie
hospitalisation
Houphouët-Boigny
Huntington Beach
hydrocharidacée
hydroélectrique
hydrothérapique
hydrotraitement
hypercorrection
hyperglycémiant
hypervitaminose
hypochlorhydrie
hypoglycémiante
hypophosphoreux
identificatoire
Illustre-Théâtre
immanquablement
immatriculation
immunocompétent
immunodépressif
immunoglobuline
immunostimulant
immunotolérante
impatronisation
impénétrabilité
imperméabiliser
impitoyablement
impondérabilité
impraticabilité
imprescriptible
impressionnable
impressionnante
impressionnisme
impressionniste
imprévisibilité
inaccessibilité

15 inadmissibilité
inapprivoisable
incommensurable
incommutabilité
incompatibilité
incompréhension
incompréhensive
inconséquemment
inconsidérément
inconstructible
indéboulonnable
indébrouillable
indéfectibilité
indéformabilité
indépendantisme
indépendantiste
indétermination
indifférentisme
indisponibilité
indissolubilité
indistinctement
individualisant
indole-acétiques
indubitablement
industrialisant
inéluctablement
inépuisablement
inextensibilité
infaillibiliste
infailliblement
infantilisation
infatigablement
infériorisation
infléchissement
informaticienne
informatisation
infranchissable
infroissabilité
inopportunément
insatisfaisante
insensibilisant
inséparablement
instinctivement
instrumentation
insubordination
insurrectionnel
intellectualisé
intellectualité
intelligibilité
intensification
intentionnalité
interaméricaine
interattraction
intercellulaire
interchangeable
interconnectant
interculturelle
interdépendance
interdépendante
interférométrie
intergalactique
interindividuel
interindustriel
intériorisation
intermétallique
intermusculaire
internalisation
intéroceptivité
interpellatrice
interplanétaire
interprofession
interspécifique
intersubjective
intertextualité
intervertébrale
intervertébraux
intervertissant
intracellulaire
intramontagnard
intramusculaire
intransmissible
intransportable
intrinsèquement
intussusception
invraisemblable
invraisemblance
invulnérabilité
irréconciliable
irréductibilité
irréfutablement
irrégulièrement
irréparablement
irrépréhensible
irrétrécissable
irrévérencieuse
irréversibilité
irrévocablement
Jeanne-Françoise
Joinville-le-Pont
Jouffroy d'Abbans
judéo-allemandes
judéo-chrétienne
juge-commissaire
Jumilhac-le-Grand

15

jurisprudentiel
jusqu'au-boutisme
jusqu'au-boutiste
Juvigny-le-Tertre
kaléidoscopique
Kaloghreopoúlos
Kamensk-Ouralski
Kamerlingh Onnes
Kaunitz-Rietberg
Kerschensteiner
Kolār Gold Fields
Kuala Terengganu
La Barthe-de-Neste
labyrinthodonte
La Châtaigneraie
lactodensimètre
La Galissonnière
Lamalou-les-Bains
Lambres-lez-Douai
La Motte-Servolex
langoureusement
langue-de-serpent
La Rochefoucauld
La Roche-sur-Foron
La Suze-sur-Sarthe
latino-américain
La Tour d'Auvergne
La Tranche-sur-Mer
La Trinité-sur-Mer
lauriers-cerises
Lefèvre d'Étaples
législativement
Le Gond-Pontouvre
Le Grand-Quevilly
Lemaire de Belges
Le Petit-Couronne
Le Petit-Quevilly
Leprince-Ringuet
Le Relecq-Kerhuon
Les Aix-d'Angillon
Les Ancizes-Comps
Les Trois-Bassins
les Trois-Évêchés
lettre-transfert
Levallois-Perret
lexicographique
libéro-ligneuses
libre-échangisme
libre-échangiste
Limeil-Brévannes
L'Isle-sur-le-Doubs
livres-cassettes
location-gérance
locations-ventes
Loire-Atlantique
lombard-vénitien
Lourenço Marques
Lusigny-sur-Barse
luxembourgeoise
Luxeuil-les-Bains
Luz-Saint-Sauveur
macroéconomique
macrosociologie
Madeleine-Sophie
magnésiothermie
magnétocassette
magnétostatique
Magny-les-Hameaux
Maisons-Laffitte
maître-assistant
maîtres-penseurs
majestueusement
majoritairement
malacoptérygien
malheureusement
malintentionnée
manoeuvrabilité
manutentionnant
Marange-Silvange
Marche-en-Famenne
Marcillac-Vallon
maréchal-ferrant
marginalisation
Marguerite-Marie
Marie-Antoinette
Marsannay-la-Côte
Marsile de Padoue
marteaux-piolets
martins-pêcheurs
matérialisation
mathématicienne
mathématisation
Mato Grosso do Sul
Mauléon-Licharre
Maure-de-Bretagne
mécanographique
mécanorécepteur
médico-sportives
Médinet el-Fayoum
méditerranéenne
médullosurrénal
Méhallet el-Kobra
Menenius Agrippa
Menzel-Bourguiba

15 mésintelligence
méso-américaines
métalloprotéine
métamorphosable
métaphysicienne
métapsychologie
méticuleusement
microbiologiste
microdissection
microéconomique
micro-intervalle
micro-ordinateur
micro-organismes
microprocesseur
microsociologie
Minas de Ríotinto
minéralisatrice
miniaturisation
mini-ordinateurs
miraculeusement
miséricordieuse
Mittellandkanal
Mönchengladbach
Mondorf-les-Bains
monocaméralisme
monochromatique
monocylindrique
monopolisatrice
monstrueusement
Montagne Blanche
Montfort-l'Amaury
Montigny-lès-Metz
Montlieu-la-Garde
montmorillonite
montpelliéraine
Montreuil-Bellay
Montreuil-Juigné
Montreuil-Sur-Mer
Mont-Saint-Aignan
Mont-Saint-Martin
Moravská Ostrava
multicellulaire
multiculturelle
multiplicatrice
multiprocesseur
multiprogrammée
multitraitement
musicographique
mutatis mutandis
mystérieusement
naevo-carcinomes
narcotrafiquant
nationalisation
navires-citernes
navires-hôpitaux
néandertalienne
négro-africaines
negro spirituals
néo-calédonienne
néocolonialisme
néocolonialiste
Netzahualcóyotl
Neuilly-en-Thelle
Neuilly-sur-Marne
Neuilly-sur-Seine
Neung-sur-Beuvron
neurochirurgien
neurodépresseur
neuropsychiatre
neuroradiologie
neurovégétative
neutronographie
Neuville-aux-Bois
nigéro-congolais
non-belligérance
non-belligérante
non-conciliation
non-dénonciation
non-directivisme
non-intervention
nord- américaines
Nord-Pas-de-Calais
nord-vietnamiens
Norodom Sihanouk
Nouvelle-Espagne
Nouvelle-Grenade
Nouvelle-Irlande
Nouvelle-Sibérie
Nouvelle-Zélande
Noyelles-Godault
nue-propriétaire
obligatoirement
obscurcissement
obséquieusement
occasionnalisme
occidentalisant
occupationnelle
océanographique
octocoralliaire
officialisation
oléopneumatique
oligodendroglie
oligopolistique
omnipraticienne

ophtalmologique
ophtalmologiste
oppositionnelle
Oradour-sur-Glane
oreille-de-souris
organisationnel
organomagnésien
organophosphoré
Orgères-en-Beauce
orthogonalement
ouest-allemandes
Ousmane dan Fodio
Oust-Kamenogorsk
outre-Atlantique
ouvre-bouteilles
Ouzouer-le-Marché
Ouzouer-sur-Loire
oxyacétylénique
oxygénothérapie
Ozoir-la-Ferrière
Pagny-sur-Moselle
Palavas-les-Flots
paléochrétienne
paléogéographie
paléohistologie
paléomagnétisme
paléontologique
paléontologiste
paléosibérienne
Palma de Majorque
panaméricanisme
pancréatectomie
papiers-monnaies
paraboliquement
paralittérature
parallélépipède
parallélogramme
paranéoplasique
parapsychologie
parapsychologue
parasympathique
parasynthétique
parenchymateuse
parlementarisme
particularisant
pathognomonique
patriotiquement
pattes-mâchoires
pattes-nageoires
pédagogiquement
pédopsychiatrie
péloponnésienne
Pematangsiantar
pennsylvanienne
penthiobarbital
perceptiblement
percussionniste
péremptoirement
perfectionnisme
perfectionniste
permissionnaire
pernicieusement
perpendiculaire
perpétuellement
perquisitionner
personnellement
pervertissement
petite-maîtresse
petits-bourgeois
petits déjeuners
phalanstérienne
phallocentrique
phallocentrisme
pharmacodynamie
pharmacologique
pharmacologiste
phénakistiscope
phénoménalement
phénylcétonurie
philanthropique
Philippe Auguste
Philippe Égalité
phosphocalcique
phosphoprotéine
phosphorescence
phosphorescente
phosphorylation
photocomposeuse
photoconducteur
photoconduction
photoélasticité
photoélectrique
photogrammétrie
photopériodique
photopériodisme
photorésistante
phototransistor
physico-chimique
phytogéographie
phytopathologie
phytosociologie
phytothérapeute
Pietro da Cortona
piézo-électrique

15

Pilâtre de Rozier
planétarisation
plantureusement
Pléneuf-Val-André
Plessis-lès-Tours
pluricellulaire
pneumogastrique
pneumopéritoine
Poitou-Charentes
poliomyélitique
politicaillerie
polysynthétique
polytraumatisée
Ponson du Terrail
Pont-Sainte-Marie
Pont-Saint-Esprit
ponts-promenades
populationniste
Port-aux-Français
porte-bouteilles
porte-cigarettes
porte-conteneurs
porte-étrivières
porte-parapluies
porte-serviettes
portraits-robots
Port-Sainte-Marie
possessionnelle
postérieurement
postsynchronisé
potentiellement
Pouilly-en-Auxois
Pouilly-sur-Loire
précautionneuse
préindustrielle
prépositivement
présélectionner
présidentielles
présonorisation
presse-raquettes
prêtres-ouvriers
Prieur-Duvernois
Primel-Trégastel
primo-infections
prioritairement
priscillianisme
processionnaire
prodigieusement
professionnelle
progressivement
projectionniste
prolétarisation
pronominalement
pronunciamiento
propharmacienne
prophétiquement
proportionnelle
protectionnisme
protectionniste
protohistorique
proverbialement
Prusse-Orientale
psychanalytique
psychasthénique
psychoaffective
psychochirurgie
psychogénétique
psycholinguiste
psychométricien
psychomotricité
psychopédagogie
psychosensoriel
psychosomatique
psychotechnique
psychrométrique
Puy-Saint-Vincent
pyroélectricité
pythagoricienne
qualitativement
quarante-huitard
quatorzièmement
quatre-de-chiffre
quatre-vingtième
Quesnoy-sur-Deûle
Quintilius Varus
quotidiennement
rachianesthésie
radarastronomie
radioactivation
radioalignement
radioastronomie
radioconducteur
radiodiagnostic
radioélectrique
radiogoniomètre
radiomessagerie
radionavigation
radioprotection
radiorésistance
radiotélégramme
radiotéléphonie
radiotélévision
radiothérapeute
raffermissement

15

rafraîchissante
Raimond Bérenger
raisonnablement
Randstad Holland
rationalisation
rationnellement
réactualisation
réappparaissant
réapprovisionné
recalcification
recherche-action
rechristianiser
recommandataire
recomparaissant
reconventionnel
reconvertissant
recristallisant
recroquevillant
redimensionnant
rééchelonnement
réensemencement
refroidissement
régionalisation
réglementarisme
réincarcération
reine-marguerite
rejaillissement
releasing factor
remarquablement
renchérissement
rentabilisation
réorchestration
réorganisatrice
requalification
requins-marteaux
réquisitionnant
resocialisation
respectabiliser
resplendissante
responsabiliser
ressaisissement
restructuration
retranscription
rétroactivement
rétroprojecteur
rétropropulsion
revascularisant
révolutionnaire
Rezā Chāh Pahlavi
rhabdomancienne
rhino-pharyngées
rhino-pharyngien
rhino-pharyngite
Riemenschneider
rince-bouteilles
Riom-ès-Montagnes
roman-feuilleton
Romilly-sur-Seine
roussillonnaise
Royal Dutch-Shell
sabre-baïonnette
Saincaize-Meauce
Sains-Richaumont
Saint-Amans-Soult
Saint-Barthélemy
Saint Catharines
Sainte-Geneviève
Sainte-Menehould
Saint-Geniez-d'Olt
Saint-Genis-Laval
Saint-Jean-d'Aulps
Saint-Jean-du-Gard
Saint-Julien-l'Ars
Saint-Lary-Soulan
Saint-Leu-la-Forêt
Saint-Martin-de-Ré
Saint-Paul-lès-Dax
Saint-Père-en-Retz
Saint Petersburg
saint-simonienne
saint-simonismes
Saint-Symphorien
saisie-exécution
saisies-brandons
saisies-gageries
Ṣalāḥ al-Dīn Yūsuf
Salon-de-Provence
Sampiero d'Ornano
sanctificatrice
San José de Cúcuta
Santa Fe de Bogotá
São João de Meriti
sapeurs-pompiers
Saratoga Springs
sarcastiquement
Savigny-le-Temple
Savigny-sur-Braye
scandaleusement
scapulo-humérale
scapulo-huméraux
sceaux-de-Salomon
schématiquement
schizophrénique
Schwäbisch Gmünd

15 scottish-terrier
scrupuleusement
sédentarisation
sedia gestatoria
Seine-Saint-Denis
Sekondi-Takoradi
sélénographique
self-governments
self-inductances
semi-automatique
semi-auxiliaires
semi-circulaires
semi-conducteurs
semi-conductrice
semi-convergente
semi-officielles
semi-submersible
sénatus-consulte
Sennecey-le-Grand
sensibilisateur
sensibilisation
sensorimétrique
sensori-motrices
sentimentalisme
sérovaccination
serviette-éponge
Sévère Alexandre
Severnaïa Zemlia
Sextus Empiricus
shakespearienne
silencieusement
Silvestre de Sacy
simplificatrice
Snorri Sturluson
social-démocrate
socioculturelle
sociodramatique
socio-économique
socio-éducatives
soixante-dixième
soixante-huitard
Soligny-la-Trappe
Sophia-Antipolis
Souabe-Franconie
Souen Tchong-chan
soumissionnaire
sous-administrée
sous-administrés
sous-affrètement
sous-amendements
sous-arbrisseaux
sous-commissions
sous- développées
sous-directrices
sous-équipements
sous-estimations
sous-évaluations
sous-expositions
sous-gouverneurs
sous-lieutenants
sous-maxillaires
sous-médicalisée
sous-médicalisés
sous-peuplements
sous-préfectoral
sous-préfectures
sous-productions
sous-prolétaires
sous-prolétariat
sous-scapulaires
sous-secrétaires
sous-secrétariat
souvenirs-écrans
spanioménorrhée
sparring-partner
spatio-temporels
spectrochimique
spectrométrique
spectroscopique
spéculativement
Spinello Aretino
spirituellement
splénomégalique
spondylarthrite
standardisation
stations-service
statistiquement
statues-colonnes
staturo-pondéral
stéréographique
stéréo-isoméries
strasbourgeoise
stratégiquement
Stratford-on-Avon
stratigraphique
stratosphérique
streptococcique
subkilotonnique
substantialisme
substantialiste
substantivation
substantivement
sud-vietnamienne
superchampionne

15

superforteresse
superplasticité
superproduction
supraconducteur
supraconduction
suprasegmentale
suprasegmentaux
suraccumulation
suralimentation
surcompensation
surconsommation
surdéterminante
surenchérissant
surenchérisseur
surentraînement
surexploitation
surmédicalisant
surrégénérateur
surrégénération
sweating-systems
sympathiquement
sympatholytique
symptomatologie
synallagmatique
synchronisation
syndicalisation
synthétiquement
systématicienne
systématisation
Tchécoslovaquie
technocratisant
technostructure
tectonophysique
Téglath-Phalasar
télémaintenance
téléspectatrice
terre-neuviennes
tertiairisation
tétrasyllabique
théologiquement
thermodynamique
thermonucléaire
thermoplastique
thermopropulsée
thermopropulsif
thermorécepteur
thermorésistant
thrombophlébite
thromboplastine
thyréostimuline
Tilly-sur-Seulles
timbre-quittance
tire-bouchonnant
toiture-terrasse
Torre Annunziata
Toulon-sur-Arroux
Toulouse-Lautrec
tourbillonnaire
tourbillonnante
toxi-infectieuse
trachées-artères
traditionalisme
traditionaliste
trajectographie
tranférentielle
tranquillisante
transatlantique
trans-avant-garde
transcanadienne
transcendantale
transcendantaux
transculturelle
transfiguration
transformatrice
transfrontalier
transistorisant
transitionnelle
transmodulation
transmutabilité
transparaissant
transphrastique
transplantation
transpyrénéenne
transsaharienne
transsexualisme
transylvanienne
traumatologique
traumatologiste
traveller's check
travestissement
Treffort-Cuisiat
trésorier-payeur
triboélectrique
tricontinentale
tricontinentaux
tridimensionnel
trigonométrique
Trinité-et-Tobago
trinitrotoluène
tripatouilleuse
triploblastique
Tristan L'Hermite
Trith-Saint-Léger
trophoblastique

15 tropicalisation
Trouville-sur-Mer
Trujillo y Molina
Ts'in Che Houang-ti
16 tuberculination
tuberculisation
Tullus Hostilius
tumultueusement
turbocompressée
turbopropulseur
turbosoufflante
Tuxtla Gutiérrez
ultrafiltration
ultramicroscope
ultramontanisme
unidimensionnel
unidirectionnel
unilatéralement
Union soviétique
universellement
vaccinothérapie
Vaison-la-Romaine
valences-grammes
Valence-sur-Baïse
Val-Saint-Lambert
valse-hésitation
vascularisation
vasculo-nerveuse
vasodilatatrice
Vassili Chouïski
Vaughan Williams
Venance Fortunat
Vénétie Julienne
Verneuil-sur-Avre
vice-présidences
vice-présidentes
victorieusement
Vidal de La Blache
vidéoconférence
vieux-catholique
Vigneux-sur-Seine
ville-champignon
Villemur-sur-Tarn
Villenave-d'Ornon
Villeneuve-d'Ascq
Villeneuve-le-Roi
Villers-lès-Nancy
villeurbannaise
viscoélasticité
viscoplasticité
visioconférence
vitiviniculture
Vitry-le-François
Vladimir-Souzdal
voluptueusement
Vredeman de Vries
vulnérabilisant
wagon-restaurant
Waldeck-Rousseau
Windward Islands
wurtembergeoise
Yverdon-les-Bains
zootechnicienne

16

abasourdissement
acanthoptérygien
accidentellement
affranchissement
afro-brésiliennes
Aillant-sur-Tholon
airedale-terriers
alcalino-terreuse
Alise-Sainte-Reine
alphabétiquement
Ambarès-et-Lagrave
anathématisation
Andernos-les-Bains
Angles-sur-l'Anglin
anglo-américaines
anthropobiologie
anthropométrique
anthropopithèque
antiaméricanisme
anticléricalisme
anticolonialisme
anticolonialiste
anticonjoncturel
antidémocratique
antiesclavagiste
Antigua et Barbuda
antihistaminique
anti-impérialisme

anti-impérialiste
antipelliculaire
antiphlogistique
antiprurigineuse
antirépublicaine
antiscientifique
antisyphilitique
antithyroïdienne
antituberculeuse
appesantissement
approvisionneuse
archanthropienne
archéomagnétisme
archipresbytéral
Argent-sur-Sauldre
aristotélicienne
arithmétiquement
Arques-la-Bataille
arrière-boutiques
arrière-grand-mère
arrière-grand-père
arrière-petit-fils
arrière-voussures
artérioscléreuse
artificiellement
artificieusement
Arunachal Pradesh
Asnières-sur-Seine
associationnisme
assujettissement
astronomiquement
astrophysicienne
audioprothésiste
auriculothérapie
australopithèque
authentification
autobiographique
autoconsommation
autodestructrice
autogestionnaire
auto-immunisation
auto-immunitaires
auto-intoxication
automitrailleuse
autoradiographie
autosatisfaction
bactériostatique
Bagnères-de-Luchon
Ballons des Vosges
Barbey d'Aurevilly
Beaufort-en-Vallée
Beauvoir-sur-Niort
Behren-lès-Forbach
Belle-Isle-en-Terre
belle-petite-fille
Belmont-de-la-Loire
Berliner Ensemble
Biache-Saint-Vaast
bibliothéconomie
Bigot de Préameneu
biobibliographie
biodégradabilité
Blagovechtchensk
Boileau-Despréaux
Boissy-saint-Léger
Bonneuil-sur-Marne
Bordet-Wassermann
Bordj Bou Arreridj
Borgnis-Desbordes
Bormes-les-Mimosas
Boulogne-sur-Gesse
Bourg-saint-Andéol
bracelets-montres
brandebourgeoise
Brienne-le-Château
British Petroleum
Brive-la-Gaillarde
broncho-pneumonie
Bruyères-le-Châtel
Buis-les-Baronnies
bulletins-réponse
Cagniard de La Tour
Caldera Rodríguez
Cap-de-la-Madeleine
Cappelle-la-Grande
caractérologique
carbohémoglobine
carbonitruration
cardio-pulmonaire
cardio-vasculaire
Carreño de Miranda
Castelnau-de-Médoc
Castille-La Manche
céphalo-rachidien
cérémonieusement
Chaillé-les-Marais
chalands-citernes
Chalette-sur-Loing
Chambolle-Musigny
Chambray-lès-Tours
chamito-sémitique
Champagne-Ardenne
Charente-Maritime
Chasseloup-Laubat

16

Châtel-sur-Moselle
Châtillon-Coligny
chauffe-assiettes
Chaumont-sur-Loire
Chazelles-sur-Lyon
chimiorésistance
chimiothérapique
chiropraticienne
chlorophyllienne
cholécystectomie
cholécystostomie
chondrocalcinose
Chrétien de Troyes
christianisation
Christine de Pisan
chryséléphantine
cinémitrailleuse
circonscriptible
circonstancielle
circumambulation
circumnavigation
Clairvaux-les-Lacs
Clermont-l'Hérault
Clermont-Tonnerre
coadministrateur
collectivisation
Comédie-Française
Comédie-Italienne
commedia dell'arte
commercialisable
commissionnement
communicationnel
compendieusement
complexification
comptabilisation
conchylicultrice
conjecturalement
Conques-sur-Orbiel
conscientisation
considérablement
consilium fraudis
consubstantielle
containérisation
conteneurisation
contractualisant
contre-assurances
contre-empreintes
contre-épaulettes
contre-espionnage
contre-expertises
contre-extensions
contre-indication
contre-manifester
contre-offensives
contre-passations
contre-prestation
contre-productifs
contre-productive
contre-propagande
contre-publicités
contre-révolution
contresignataire
contre-terrorisme
contre-terroriste
contre-torpilleur
contre-transferts
conventionnement
copolymérisation
corbeille-d'argent
Cormelles-le-Royal
correctionnalisé
corrélationnelle
correspondancier
corticostimuline
corticosurrénale
corticosurrénaux
Cournon-d'Auvergne
Courville-sur-Eure
Craponne-sur-Arzon
Creney-près-Troyes
cristallographie
cryoconservation
cryodessiccation
cryoluminescence
cryptocommuniste
culs-de-basse-fosse
Cyrano de Bergerac
cytogénéticienne
dactylographiant
dactylographique
dames-d'onze-heures
Dammartin-en-Goële
Dampierre-en-Burly
Dangé-Saint-Romain
débroussailleuse
débureaucratiser
décartellisation
décavaillonneuse
décentralisateur
décentralisation
déchristianisant
décollectivisant
décongestionnant
déconventionnant

démédicalisation
démilitarisation
déminéralisation
demi-pensionnaire
démocratiquement
démultiplicateur
démultiplication
démystificatrice
dénaturalisation
Denfert-Rochereau
dénicotinisation
dénucléarisation
départementalisé
dépersonnalisant
dépigeonnisation
dépolymérisation
dépressurisation
déréglementation
déresponsabilisé
désafférentation
désaisonnalisant
désambiguïsation
désapprovisionné
Desbordes-Valmore
désembourgeoiser
désembouteillant
désétablissement
déshydrogénation
désincarcération
désindustrialisé
désinsectisation
désintéressement
désorganisatrice
déstabilisatrice
deutérocanonique
diacétylmorphine
dictatorialement
diesel-électrique
différenciatrice
diplomatiquement
discourtoisement
dispendieusement
disproportionnée
disqualification
Dnieprodzerjinsk
Domart-en-Ponthieu
Domrémy-la-Pucelle
dynamoélectrique
dyschondroplasie
échantillonneuse
échocardiogramme
écholocalisation
économétricienne
Eisenhüttenstadt
électrobiogenèse
électrocinétique
électrodynamique
électromécanique
électroménagiste
électromyogramme
électroniquement
électronographie
électronucléaire
électroportative
électrostriction
électrotechnique
emberlificoteuse
embourgeoisement
encéphalographie
encéphalomyélite
endocrinologiste
enorgueillissant
entrecolonnement
entre-deux-guerres
entrepreneuriale
entrepreneuriaux
environnementale
environnementaux
Épinay-sous-Sénart
épipaléolithique
épithélioneurien
épouvantablement
Erckmann-Chatrian
ethnomusicologie
ethnopsychiatrie
ethnopsychologie
étrésillonnement
étymologiquement
européocentrisme
expérimentatrice
exterritorialité
extrahospitalier
extrapatrimonial
extrasensorielle
extraterritorial
extravéhiculaire
extrême-orientale
extrême-orientaux
extrêmes-onctions
Ferrière-la-Grande
ferroélectricité
Fischer von Erlach
Flandre-Orientale
Fleury-les-Aubrais

16

Fleury-sur-Andelle
Flogny-la-Chapelle
fluvio-glaciaires
foeto-maternelles
fonctionnalisant
fonctionnarisant
fondamentalement
Fontaine-lès-Dijon
Fontenay-aux-Roses
Fontenay-le-Fleury
Fontenay-sous-Bois
Fouquier-Tinville
fragmentairement
Franchet d'Esperey
franc-maçonneries
franc-maçonniques
franco-canadienne
franco-françaises
Françoise Romaine
franco-provençale
franco-provençaux
fransquillonnant
Fresnay-sur-Sarthe
Fresnes-sur-Escaut
fusil-mitrailleur
fuso-spirillaires
galvanoplastique
gardes-françaises
Garges-lès-Gonesse
gastro-intestinal
gélatino-bromures
gélatino-chlorure
gentlemans-riders
gentlemen-farmers
géographiquement
géomorphologique
Gerlache de Gomery
Gevrey-Chambertin
glosso-pharyngien
glycérophtalique
grammaticalement
grammaticalisant
Granados y Campiña
Grande-Chartreuse
grandes-duchesses
grands-angulaires
gravitationnelle
gréco-bouddhiques
Grenade-sur-l'Adour
Guémené-sur-Scorff
Ḥasan ibn al-Ṣabraḥ
haut-commissariat
Haut-Koenigsbourg
hebdomadairement
hétérochromosome
Hidalgo y Costilla
hiérarchiquement
hispano-américain
hispano-mauresque
hispano-moresques
hommes-orchestres
homogénéisatrice
horokilométrique
Hurtado de Mendoza
hydrocoralliaire
hydroélectricité
hydrométallurgie
hydropneumatique
hyperchlorhydrie
hyperglycémiante
hypersensibilité
hypothécairement
hypothétiquement
ignominieusement
immunocompétente
immunodéficience
immunodépresseur
immunodépressive
immunostimulante
immunosuppressif
imparisyllabique
imperceptibilité
imperméabilisant
imperturbabilité
imprédictibilité
imputrescibilité
inassouvissement
incombustibilité
incomparablement
incompréhensible
inconcevablement
inconditionnelle
inconvertibilité
incorrigiblement
incorruptibilité
incristallisable
indéfectiblement
indiscutablement
indissolublement
individuellement
industriellement
inébranlablement
inexplicablement
inextricablement

16

informationnelle
informatiquement
infructueusement
infundibuliforme
ingénieur-conseil
inintelligemment
insaisissabilité
institutionnelle
instrumentalisme
insubmersibilité
insulinothérapie
intarissablement
intellectualiser
intellectualisme
intellectualiste
intelligiblement
intempestivement
interactionnelle
intercirculation
interconnectable
intercontinental
interentreprises
interférentielle
interminablement
interministériel
intermoléculaire
internationalisé
internationalité
interpénétration
interpersonnelle
intramoléculaire
intramontagnarde
intransitivement
involontairement
Inzinzac-Lochrist
Ioujno-Sakhalinsk
irréductiblement
irrémédiablement
irrémissiblement
irrésistiblement
irresponsabilité
irréversiblement
Isidore de Séville
Jaligny-sur-Besbre
Jean-Marie Vianney
Jemeppe-sur-Sambre
judéo-chrétiennes
junior entreprise
juridictionnelle
Juvénal des Ursins
kinésithérapeute
Kingston-upon-Hull
Kutchuk-Kaïnardji
La Baule-Escoublac
La Bernerie-en-Retz
Lacapelle-Marival
La Côte-Saint-André
La Forêt-Fouesnant
L'Aiguillon-sur-Mer
laissé-pour-compte
La Londe-les-Maures
langues-de-serpent
Laragne-Montéglin
La Rochejaquelein
latino-américaine
latino-américains
La Trinité-Porhoët
Lattre de Tassigny
La Voulte-sur-Rhône
Le Château-d'Oléron
Le Châtelet-en-Brie
Leeuw-Saint-Pierre
Le Grand-Pressigny
Le Kremlin-Bicêtre
Le Plessis-Trévise
Les Avants-Sonloup
Les Sables-d'Olonne
leuco-encéphalite
Lexington-Fayette
libre-échangismes
libre-échangistes
linguistiquement
L'Isle-sur-la-Sorgue
lithotypographie
Livius Andronicus
Loigny-la-Bataille
Loménie de Brienne
Lorenzo Veneziano
Louvigné-du-Désert
lymphoréticulose
machine-transfert
macroinstruction
macro-instruction
macromoléculaire
magnétodynamique
magnétostriction
maître-assistante
maîtres-cylindres
Maizières-lès-Metz
malayo-polynésien
malléabilisation
maniaco-dépressif
Manlius Torquatus
manutentionnaire

16

Maria Chapdelaine
Mariana de la Reina
Marnes-la-Coquette
Martínez de la Rosa
Martínez Montañés
martins-chasseurs
Masdjed-e Soleymān
Masdjid-i Sulaymān
mathématiquement
Mauzé-sur-le-Mignon
médecins-conseils
médullosurrénale
médullosurrénaux
mélancoliquement
méphistophélique
Méribel-les-Allues
merveilleusement
métalinguistique
métallographique
métalloplastique
métamathématique
métaphoriquement
métaphosphorique
métaphysiquement
Meurthe-et-Moselle
Mézières-en-Brenne
microcalorimètre
micro-intervalles
micro-ordinateurs
microtraumatisme
milliampèremètre
mithridatisation
Moisdon-la-Rivière
molécules-grammes
monoamine-oxydase
Montaigu-de-Quercy
Montceau-les-Mines
Montecatini-Terme
Montpont-en-Bresse
montres-bracelets
Montrond-les-Bains
morganatiquement
Mortagne-au-Perche
Mortagne-sur-Sèvre
Moulins-Engilbert
Mourmelon-le-Grand
Mülheim an der Ruhr
multipostulation
multirécidiviste
municipalisation
narcotrafiquante
néo-calédoniennes
néogrammairienne
néomercantilisme
néoplatonicienne
Neufchâtel-en-Bray
Neuilly-Plaisance
neurobiochimique
neurochirurgical
neuroendocrinien
neurofibromatose
neurophysiologie
neuropsychiatrie
neuropsychologie
neuropsychologue
Neuville-de-Poitou
Neuville-sur-Saône
nigéro-congolaise
Nogent-en-Bassigny
non-contradiction
non-dissémination
non-prolifération
nord-vietnamienne
Nouveau-Brunswick
Nouvelle-Bretagne
Noyelles-sous-Lens
nus-propriétaires
obstructionnisme
obstructionniste
omnidirectionnel
optoélectronique
Oradour-sur-Vayres
oreilles-de-souris
organométallique
organophosphorée
orgueilleusement
Ormesson-sur-Marne
orthochromatique
orthosympathique
paléanthropienne
parathyroïdienne
parcellarisation
particulièrement
passionnellement
pathologiquement
peintres-graveurs
penthiobarbitals
perfectionnement
péri-informatique
péripatéticienne
perquisitionnant
personnalisation
personnification
petite-bourgeoise

16

Peyriac-Minervois
phénoménologique
phéochromocytome
photocompositeur
photocomposition
photoconductrice
photoélectricité
photosensibilité
photosynthétique
physico-chimiques
physiopathologie
Pic de La Mirandole
Pietermaritzburg
piézo-électricité
piézo-électriques
pince-monseigneur
Plaisance-du-Touch
plénipotentiaire
Plestin-les-Grèves
pochette-surprise
poisson-perroquet
politique-fiction
polycondensation
polytechnicienne
Pontault-Combault
porte-jarretelles
Portes-lès-Valence
Portet-sur-Garonne
postindustrielle
postsynchroniser
poussettes-cannes
préamplificateur
préapprentissage
prédétermination
prépositionnelle
presbytérianisme
présélectionnant
présidentialisme
prestidigitateur
prestidigitation
prétentieusement
procellariiforme
professionnalisé
prohibitionnisme
prohibitionniste
proportionnalité
propositionnelle
protohistorienne
protubérantielle
psychiatrisation
psychodramatique
psychopathologie
psychoplasticité
psychosociologie
psychosociologue
psychotechnicien
psychothérapeute
psychothérapique
Puvis de Chavannes
pyrophosphorique
pyrotechnicienne
quadrisyllabique
quantitativement
quarante-huitarde
quarante-huitards
quartiers-maîtres
Quevedo y Villegas
Quincy-sous-Sénart
raccourcissement
radioélectricien
radioélectricité
radiogoniométrie
radio-immunologie
radiosensibilité
radiotélégraphie
rafraîchissement
ragaillardissant
ramasseuse-presse
Ravaisson-Mollien
réapprovisionner
rechristianisant
Reggio di Calabria
Reggio nell'Emilia
Régnier-Desmarais
réimperméabilisé
releasing factors
remilitarisation
rempoissonnement
Renau d'Éliçagaray
représentativité
reproductibilité
Requesens y Zúñiga
respectabilisant
respectueusement
resplendissement
responsabilisant
Réunion-Téléphone
Revigny-sur-Ornain
rhino-pharyngiens
rhino-pharyngites
Rhode-Saint-Genèse
Rio Grande do Norte
Rochefort-en-Terre
roches-réservoirs

16

Romanèche-Thorins
Romulus Augustule
saccharification
saccharimétrique
Sahara occidental
Saillat-sur-Vienne
Sainghin-en-Weppes
Saint-Alban-Leysse
Saint-Apollinaire
Saint-Aubin-sur-Mer
Saint-Briac-sur-Mer
Saint-Cirq-Lapopie
Saint-Cyr-sur-Loire
Sainte-Anne-d'Auray
Sainte-Foy-lès-Lyon
Sainte-Mère-Église
saintes-nitouches
Saint-Genest-Lerpt
Saint-Germer-de-Fly
Saint-Jean-d'Angély
Saint-Jean-de-Braye
Saint-Jean-de-Losne
Saint-Jean-de-Monts
Saint-Jean-le-Blanc
Saint-Joseph d'Alma
Saint-Loup-Lamairé
Saint-Méen-le-Grand
Saint-Ouen-l'Aumône
Saint-Paul-De-Vence
Saint-Pé-de-Bigorre
Saint-Pétersbourg
Saint-Romain-en-Gal
saint-simoniennes
Salignac-Eyvignes
Salinas de Gortari
San-Martino-di-Lota
São José dos Campos
São Luís do Maranho
Sault-Sainte-Marie
sciences-fictions
scientifiquement
scottish-terriers
Scylax de Caryanda
ségrégationnisme
ségrégationniste
Seiches-sur-le-Loir
semestriellement
semi-automatiques
semi-conductrices
semi-convergentes
semi-présidentiel
semi-submersibles
Semur-en-Brionnais
sénatus-consultes
sensationnalisme
sensibilisatrice
sentencieusement
sentimentalement
Serémange-Erzange
Sesto San Giovanni
Sévérac-le-Château
Seyssinet-Pariset
sigillographique
Sillé-le-Guillaume
Sint-Genesius-Rode
Sint-Martens-Latem
Sint-Pieters-Leeuw
social-démocratie
sociale-démocrate
sociaux-chrétiens
socio-économiques
sociologiquement
soixante-huitarde
soixante-huitards
Sorgue de Vaucluse
Soultz-sous-Forêts
soupçonneusement
sous-administrées
sous-affrètements
sous-alimentation
sous-arachnoïdien
sous-consommation
sous-entrepreneur
sous-exploitation
sous-médicalisées
sous-préfectorale
sous-préfectoraux
sous-prolétariats
sous-secrétariats
sparring-partners
spatio-temporelle
spectrographique
sphygmomanomètre
spiritualisation
staturo-pondérale
staturo-pondéraux
stéréospécifique
stoechiométrique
stratoforteresse
structurellement
subdivisionnaire
Sud-Ouest africain
sud-vietnamiennes
supraconductrice

16

supranationalité
suralcoolisation
suramplificateur
surdétermination
surenchérisseuse
surprises-parties
surrégénératrice
synchrocyclotron
synchroniquement
systématiquement
tachistoscopique
tailleur-pantalon
tangentiellement
Tassin-la-Demi-Lune
Teisserenc de Bort
télédistribution
télé-enseignement
téléinformatique
télémanipulateur
téléphoniquement
téléphotographie
téléradiographie
télésurveillance
télétransmission
tendancieusement
territorialement
thalassothérapie
théophilanthrope
thermoconvection
thermodynamicien
thermoélectrique
thermopropulsion
thermopropulsive
thermorégulateur
thermorégulation
thermorésistante
Thorigny-sur-Marne
thromboembolique
thymoanaleptique
Till Eulenspiegel
tomodensitomètre
torrentiellement
tourbillonnement
toutes-puissantes
toxi-infectieuses
trachéo-bronchite
transactionnelle
trans-avant-garde
transcaucasienne
transcontinental
transfrontalière
transfusionnelle
translittération
transmissibilité
transversalement
traveller's checks
traveller's cheque
Tremblay-en-France
trente-et-quarante
triboélectricité
trichloréthylène
trifonctionnelle
triphénylméthane
turboalternateur
turbocompresseur
universalisation
Van Musschenbroek
vasculo-nerveuses
vasoconstricteur
vasoconstriction
Venarey-lès-Laumes
Verdun-sur-Garonne
Verdun-sur-le-Doubs
Verneuil-sur-Seine
vertébrothérapie
vieux-catholiques
Villaines-la-Juhel
Villars-les-Dombes
Villeneuve-de-Berg
Villeneuve-Loubet
Villeneuve-sur-Lot
Villers-Cotterêts
Villers-Saint-Paul
villes-satellites
Villiers-sur-Marne
vitaminothérapie
wagons-réservoirs
wagons-tombereaux
Welwyn Garden City
yorkshire-terrier
zoothérapeutique

acétylsalicylique
acido-alcalimétrie
Aiguebelette-le-Lac
alcalino-terreuses
anatomopathologie
Andrea del Castagno
Androuet du Cerceau
anesthésiologiste
anthropocentrique
anthropocentrisme
anthropomorphique
anthropomorphisme
anthropotechnique
anticonceptionnel
anticoncurrentiel
anticryptogamique
anti-impérialismes
anti-impérialistes
anti-inflammatoire
antiparlementaire
antipéristaltique
antipsychiatrique
antiréglementaire
antistreptolysine
approfondissement
approvisionnement
approximativement
archipresbytérale
archipresbytéraux
Argenton-sur-Creuse
Argentré-du-Plessis
arrière-grand-oncle
arrière-grand-tante
arrière-petit-neveu
arrière-petits-fils
assurances-crédits
astrophotographie
australanthropien
autodétermination
auto-immunisations
auto-intoxications
autos-sacramentals
Availles-Limouzine
Bacqueville-en-Caux
Bagnères-de-Bigorre
ballets-pantomimes
Bandar Seri Begawan
Baraguey d'Hilliers
Baume-les-Messieurs

17

Beaulieu-lès-Loches
Beaumont-de-Lomagne
Beaumont-sur-Sarthe
Bhumibol Adulyadej
Blainville-sur-l'Eau
Blainville-sur-Orne
Blanche de Castille
Bonnières-sur-Seine
Bordères-sur-l'Échez
Bosnie-Herzégovine
Boulay de la Meurthe
Bourbonne-les-Bains
Bourg-saint-Maurice
brachiocéphalique
Brières-les-Scellés
Brioux-sur-Boutonne
Brissot de Warville
broncho-pneumonies
bureaucratisation
câblodistributeur
câblodistribution
Calderón de la Barca
Campagne-lès-Hesdin
Campbell-Bannerman
Canet-en-Roussillon
cardio-pulmonaires
cardio-vasculaires
Carnoux-en-Provence
Carrières-sur-Seine
Cassagnes-Bégonhès
Castelmoron-sur-Lot
Caudebec-lès-Elbeuf
Cavelier de La Salle
céphalo-rachidiens
Chalonnes-sur-Loire
Chambon-sur-Voueize
chamito-sémitiques
Chamonix-Mont-Blanc
Champagne-sur-Seine
Champigny-sur-Marne
chasseur-cueilleur
Château-la-Vallière
Châteauneuf-du-Faou
Châteauneuf-du-Pape
Châtelaillon-Plage
châtelperronienne
Châtillon-en-Bazois
Châtillon-sur-Indre
Châtillon-sur-Loire

Châtillon-sur-Marne
Châtillon-sur-Seine
Chaussée des Géants
chimiluminescence
Choderlos de Laclos
cholécystographie
chondrodystrophie
chorio-épithéliome
chrétien-démocrate
chronologiquement
cinématographique
Claudius Marcellus
Clermont-en-Argonne
climatopathologie
coadministratrice
Collin d'Harleville
Colombey-les-Belles
commercialisation
Comodoro Rivadavia
compartimentation
compréhensibilité
conceptualisation
confessionnalisme
Conflans-en-Jarnisy
constitutionnelle
consubstantialité
consubstantiation
contractuellement
contre-espionnages
contre-indications
contre-manifestant
contre-performance
contre-préparation
contre-prestations
contre-productives
contre-propagandes
contre-proposition
contre-révolutions
contre-terrorismes
contre-terroristes
contre-torpilleurs
conventionnalisme
conversationnelle
corbeilles-d'argent
correctionnaliser
correspondancière
Coudenhove-Kalergi
Courcelles-lès-Lens
courses-croisières
courses-poursuites
Courseulles-sur-Mer
craniopharyngiome
Crèvecoeur-le-Grand
Criquetot-l'Esneval
cristallochimique
cristallophyllien
Curzon of Kedleston
Dampierre-sur-Salon
Daniele da Volterra
débroussaillement
débureaucratisant
décentralisatrice
déconditionnement
déculpabilisation
dédifférenciation
De la Madrid Hurtado
dématérialisation
demi-pensionnaires
démocrate-chrétien
démonstrativement
dénationalisation
dendrochronologie
départementaliser
déraisonnablement
déresponsabiliser
désapprovisionner
désembourgeoisant
désensibilisation
déshumidificateur
déshumidification
désillusionnement
désindustrialiser
désintermédiation
désinvestissement
désynchronisation
désyndicalisation
disciplinairement
distributionnelle
Dollard des Ormeaux
Dollard-des-Ormeaux
Domenico Veneziano
donations-partages
Dunoyer de Segonzac
dysfonctionnement
Echeverría Álvarez
électroacoustique
électrodéposition
électrodiagnostic
électrodomestique
électromagnétique
électromagnétisme
électromécanicien
électromyographie
électroradiologie

17

électrotechnicien
émetteur-récepteur
Émirats arabes unis
Emmanuel-Philibert
empiriocriticisme
épithélialisation
Escrivá de Balaguer
Estrées-Saint-Denis
ethnolinguistique
expérimentalement
experts-comptables
exponentiellement
extrahospitalière
extrapatrimoniale
extrapatrimoniaux
extraterritoriale
extraterritoriaux
extrême-orientales
Feuquières-en-Vimeu
Flers-en-Escrebieux
fonctionnellement
Fontaines-sur-Saône
Fouquières-lès-Lens
fraiseur-outilleur
Francfort-sur-l'Oder
franco-canadiennes
François-Ferdinand
francophonisation
franco-provençales
Frédéric-Guillaume
Freyming-Merlebach
Fribourg-en-Brisgau
fusées-détonateurs
Fustel de Coulanges
Garcilaso de la Vega
gastro-entérologie
gastro-entérologue
gastro-intestinale
gastro-intestinaux
gélatino-chlorures
gentlemans-farmers
glomérulonéphrite
glosso-pharyngiens
Gonzalve de Cordoue
Grand-Fort-Philippe
grand-guignolesque
Grand-Saint-Bernard
Greater Wollongong
Guinée-Équatoriale
gynandromorphisme
Habsbourg-Lorraine
Hauteville-Lompnes
hauts-commissaires
hémoglobinopathie
Hermanville-sur-Mer
Hermès Trismégiste
hispano-américaine
hispano-américains
hispano-mauresques
hommes-grenouilles
Horthy de Nagybánya
hyperfolliculinie
hypersustentateur
hypersustentation
immunodéficitaire
immunosuppresseur
immunosuppressive
immunotechnologie
imperceptiblement
imperméabilisante
impersonnellement
imperturbablement
inaccomplissement
incommunicabilité
incompressibilité
inconditionnalité
inconfortablement
inconstitutionnel
incontestablement
Indes-Occidentales
indestructibilité
indifférenciation
individualisation
industrialisation
inintelligibilité
insensibilisation
institutionnalisé
insurrectionnelle
intellectualisant
intercontinentale
intercontinentaux
interindividuelle
interindustrielle
internationaliser
internationalisme
internationaliste
interrogativement
intersubjectivité
interventionnisme
interventionniste
irréprochablement
Issy-les-Moulineaux
Jeanbon Saint-André
Jerez de la Frontera

Jouvenel des Ursins
juges-commissaires
junior entreprises
jurisprudentielle
La Celle-Saint-Cloud
La Chapelle-la-Reine
La Charité-sur-Loire
La Cierva y Codorníu
La Fare-les-Oliviers
La Ferté-Saint-Aubin
La Garenne-Colombes
laissée-pour-compte
laissés-pour-compte
La Mothe-Saint-Héray
Lamure-sur-Azergues
La Nouvelle-Orléans
Lassay-les-Châteaux
latino-américaines
Le Cateau-Cambrésis
Le Loroux-Bottereau
Le Mayet-de-Montagne
Le Mont-Saint-Michel
Le Moyne d'Iberville
Le Nain de Tillemont
Leninsk-Kouznetski
Le Palais-sur-Vienne
Le Perreux-sur-Marne
Le Plessis-Bouchard
Le Plessis-Robinson
Le Pré-Saint-Gervais
Les Baux-de-Provence
Les Clayes-sous-Bois
Les Pennes-Mirabeau
lettres-transferts
leuco-encéphalites
Lézignan-Corbières
lieutenant-colonel
location-accession
locations-gérances
longitudinalement
lumpenprolétariat
Lussac-les-Châteaux
macroglobulinémie
macrophotographie
magnétoélectrique
Maignelay-Montigny
maîtres-assistants
maniaco-dépressifs
maniaco-dépressive
Marañón y Posadillo
maréchaux-ferrants
Marquette-lez-Lille
Martignas-sur-Jalle
marxisme-léninisme
marxiste-léniniste
médico-pédagogique
médullosurrénales
Meilhan-sur-Garonne
méthémoglobinémie
microcalorimétrie
microélectronique
micro-informatique
micromanipulateur
microphotographie
microsociologique
Miramont-de-Guyenne
Moirans-en-Montagne
Monistrol-sur-Loire
monodépartemental
Montfaucon-en-Velay
Montfort-le-Gesnois
Montigny-en-Gohelle
Montlouis-sur-Loire
Montoir-de-Bretagne
Montoire-sur-le-Loir
Montpezat-de-Quercy
Montpon-Ménestérol
Montreuil-sous-Bois
Montrevel-en-Bresse
morphologiquement
morphopsychologie
multidimensionnel
multimilliardaire
multimillionnaire
Murviel-lès-Béziers
musculo-membraneux
Nashville-Davidson
Neuillé-Pont-Pierre
Neuilly-Saint-Front
neurochirurgicale
neurochirurgicaux
neurochirurgienne
neurolinguistique
neurotransmetteur
neurotransmission
Neuville-en-Ferrain
Newcastle upon Tyne
nigéro-congolaises
non-discrimination
non-représentation
nord-vietnamiennes
Nouvelle-Amsterdam
Nouvelle-Calédonie
Nouvelles-Hébrides

17

nues-propriétaires
Nuits-Saint-Georges
occasionnellement
occidentalisation
Oloron-Sainte-Marie
Opéra de la Bastille
organisationnelle
paléoclimatologie
parapsychologique
Paray-Vieille-Poste
parcimonieusement
parthénogénétique
particularisation
péri-informatiques
personne-ressource
petites-maîtresses
Petit-Saint-Bernard
pharmacocinétique
pharmacodynamique
pharmacovigilance
philosophiquement
phosphoglycérique
photodissociation
photolithographie
photoluminescence
photomacrographie
photomicrographie
physiologiquement
Pierre-Saint-Martin
piézo-électricités
pinces-monseigneur
Plougastel-Daoulas
pluridimensionnel
Pointe-aux-Trembles
Pont-Sainte-Maxence
porte-hélicoptères
postsynchronisant
prestidigitatrice
Preuilly-sur-Claise
problématiquement
professionnaliser
professionnalisme
Prusse-Occidentale
psychoanaleptique
psychodysleptique
psychologiquement
psychométricienne
psychopédagogique
psychophysiologie
psychorééducateur
psychosensorielle
Puligny-Montrachet
quarante-huitardes
Radetzky von Radetz
radical-socialisme
radical-socialiste
radioconcentrique
radiolocalisation
radiophotographie
radiotéléphoniste
réapprovisionnant
recherches-actions
reconventionnelle
recristallisation
réglementairement
réimperméabiliser
reines-marguerites
Renaud de Châtillon
Renau d'Élissagaray
reporter-cameraman
Rétif de la Bretonne
rétrospectivement
revascularisation
révolutionnarisme
révolutionnariste
Rhénanie-Palatinat
rhino-pharyngienne
Rhodes-Extérieures
Rhodes-Intérieures
Rochefort-Montagne
Rohrbach-lès-Bitche
romans-feuilletons
sabres-baïonnettes
Saint-Amand-les-Eaux
Saint-Amand-Longpré
Saint-André-de-l'Eure
Saint-Bonnet-de-Joux
Saint-Cast-le-Guildo
Saint-Chély-d'Apcher
Saint-Clair-sur-Epte
Saint-Cyr-au-Mont-d'Or
Saint-Denis-d'Oléron
Sainte-Foy-la-Grande
Saint-Éloy-les-Mines
Saint-Germain-du-Puy
Saint-Germain-Laval
Saint-Gilles-Du-Gard
Saint-Haon-le-Châtel
Saint Helena Island
Saint-Jacut-de-la-Mer
Saint-Jean-Brévelay
Saint-Jean-en-Royans
Saint-Laurent-du-Var
Saint-Laurent-Nouan

17

Saint-Leu-d'Esserent
Saint-Louis-du-Rhône
Saint-Marc Girardin
Saint-Mars-la-Jaille
Saint-Martin-de-Crau
Saint-Martin-d'Hères
Saint-Maurice-l'Exil
Saint-Palais-sur-Mer
Saint-Pierre-d'Irube
Saint-Pierre-du-Mont
Saint-Pierre-Église
Saint-Sorlin-d'Arves
Saint-Valery-en-Caux
saisies-exécutions
Santiago del Estero
Sanvignes-les-Mines
São Tomé et Príncipe
Sauveterre-de-Béarn
Schleswig-Holstein
secrétariat-greffe
semi-logarithmique
semi-présidentiels
sempiternellement
Serrano y Domínguez
serviettes-éponges
significativement
Sint-Jans-Molenbeek
Sint-Joost-ten-Noode
Sint-Pieters-Woluwe
Six-Fours-les-Plages
social-démocraties
sociale-chrétienne
sociaux-démocrates
sociolinguistique
soixante- huitardes
Solís y Rivadeneira
sous-alimentations
sous-arachnoïdiens
sous-consommations
sous-développement
sous-entrepreneurs
sous-exploitations
spatio-temporelles
spectrophotomètre
stéréocomparateur
Stratford-upon-Avon
substantiellement
superficiellement
supraconductivité
surcapitalisation
surenchérissement
surinvestissement
surmédicalisation
surmultiplication
sympathomimétique
Talavera de la Reina
Tallemant des Réaux
Tarascon-sur-Ariège
technocratisation
Teilhard de Chardin
télécommunication
télé-enseignements
télégraphiquement
télésignalisation
théophilanthropie
thermodurcissable
thermoélectricité
thermorégulatrice
timbres-quittances
toitures-terrasses
tomodensitométrie
trachéo-bronchites
Transamazoniennes
transcontinentale
transcontinentaux
transformationnel
transistorisation
traveller's cheques
traversée-jonction
trésoriers-payeurs
triboluminescence
tridimensionnelle
trimestriellement
trompette-de-la-mort
trompette-des-morts
tuberculinisation
unidimensionnelle
unidirectionnelle
Union sud-africaine
Vaillant-Couturier
Valence-d'Albigeois
Valerius Publicola
valses-hésitations
Varennes-sur-Allier
Varennes-Vauzelles
vasoconstrictrice
Vassieux-en-Vercors
Vendeuvre-sur-Barse
ventriculographie
Verdaguer i Santaló
vérificationnisme
Verneuil-en-Halatte
Vernoux-en-Vivarais
vidéotransmission

17 vieille-catholique
Villaret de Joyeuse
Villarodin-Bourget
Villebon-sur-Yvette
18 villes-champignons
voiture-restaurant
Vouneuil-sur-Vienne
voyageur-kilomètre
vraisemblablement
wagons-restaurants
Woluwe-Saint-Pierre
yorkshires-terriers

18

acido-alcalimétries
Acte unique européen
Adamello-Presanella
administrativement
affectio societatis
agammaglobulinémie
Aigrefeuille-d'Aunis
Alexandra Fedorovna
Altar de Sacrificios
Andrézieux-Bouthéon
angiocardiographie
anticonjoncturelle
antigouvernemental
antigravitationnel
anti-inflammatoires
anti-inflationniste
Antonello da Messina
aristocratiquement
arrière-grands-mères
arrière-grands-pères
arrière-petite-fille
arrière-petite-nièce
Aurelle de Paladines
autos sacramentales
autotransformateur
Barbotan-les-Thermes
Barneville-Carteret
Beaulieu-en-Rouergue
Bellerive-sur-Allier
Belleville-sur-Loire
Bertrade de Montfort
Bohain-en-Vermandois
Boussy-saint-Antoine
Brienon-sur-Armançon
Brueys d'Aigaïlliers
Capesterre-Belle-Eau
carboxyhémoglobine
cardio-respiratoire
Castellón de la Plana
céphalo-rachidienne
Charlotte-Élisabeth
Chartres-de-Bretagne
Charvieu-Chavagneux
Châteauneuf-du-Rhône
Châteauneuf-la-Forêt
Châteauneuf-sur-Cher
Châtenois-les-Forges
chirurgien-dentiste
chorio-épithéliomes
chromolithographie
chronophotographie
collaborationniste
commissaire-priseur
communautarisation
communicationnelle
comportementalisme
concentrationnaire
conditionnellement
confidentiellement
congrégationalisme
congrégationaliste
consciencieusement
constitutionnalisé
constitutionnalité
contractualisation
contradictoirement
contre-dénonciation
contre-manifestante
contre-manifestants
contre-performances
contre-préparations
contre-propositions
convulsivothérapie
correctionnalisant
Corrençon-en-Vercors
Cosne-Cours-sur-Loire
Coudekerque-Branche
cristallographique
déchristianisation
décongestionnement

départementalisant
dépersonnalisation
déresponsabilisant
désapprovisionnant
désavantageusement
désindustrialisant
désoxyribonucléase
dessous-de-bouteille
Deutsch de La Meurthe
diesels-électriques
Dombasle-sur-Meurthe
Dompierre-sur-Besbre
Donnemarie-Dontilly
Drumettaz-Clarafond
électrocapillarité
électrocoagulation
électrodynamomètre
électroluminescent
électrométallurgie
électrophysiologie
évapotranspiration
exceptionnellement
extraordinairement
extraparlementaire
Flandre-Occidentale
fonctionnarisation
Fontevrault-l'Abbaye
Francfort-sur-le-Main
Friville-Escarbotin
fusils-mitrailleurs
gastro-entérologues
glosso-pharyngienne
Godefroi de Bouillon
Gonfreville-l'Orcher
Gorzów Wielkopolski
grammaticalisation
grand-guignolesques
Grégoire de Nazianze
Grignion de Montfort
Grimod de La Reynière
hauts-commissariats
Herrade de Landsberg
hispano-américaines
histocompatibilité
hydrodésulfuration
immunofluorescence
immunosuppresseuve
imperméabilisation
imprescriptibilité
impressionnabilité
incommensurabilité
ingénieurs-conseils
inintelligiblement
institutionnaliser
institutionnalisme
insulinodépendance
intellectuellement
intentionnellement
interchangeabilité
intercommunautaire
intercompréhension
interdépartemental
interdisciplinaire
interministérielle
internationalisant
interprofessionnel
intradermo-réaction
intransmissibilité
irrespectueusement
irrétrécissabilité
Jacopo della Quercia
judéo-christianisme
Jurien de la Gravière
Juvigny-sous-Andaine
La Chapelle-Saint-Luc
La Chapelle-sur-Erdre
La Chartre-sur-le-Loir
Laethem-Saint-Martin
La Ferté-sous-Jouarre
laissées-pour-compte
La Meilleraie-Tillay
La Penne-sur-Huveaune
La Salette-Fallavaux
La Salvetat-Peyralès
La Salvetat-sur-Agout
La Tour du Pin Chambly
La Villedieu-du-Clain
Le Buisson-de-Cadouin
Lecoq de Boisbaudran
Le Louroux-Béconnais
Le Mesnil-Saint-Denis
Le Monêtier-les-Bains
Le Moyne de Bienville
Le Pont-de-Beauvoisin
Leprince de Beaumont
Licinius Licinianus
machines-transferts
Madonna di Campiglio
maîtres-assistantes
malayo-polynésienne
Malemort-sur-Corrèze
malencontreusement
Malicorne-sur-Sarthe
Mandelieu-la-Napoule

18

maniaco-dépressives
Manlius Capitolinus
Margny-lès-Compiègne
Marolles-les-Braults
mécanicien-dentiste
médico-pédagogiques
méningo-encéphalite
Michel de Villanueva
microfractographie
micro-informatiques
microprogrammation
moissonneuse-lieuse
Molenbeek-Saint-Jean
Mongolie-Extérieure
Mongolie-Intérieure
monoamines-oxydases
monodépartementale
monodépartementaux
Montfaucon-d'Argonne
Montfort-en-Chalosse
Monthureux-sur-Saône
Montpellier-le-Vieux
Morières-lès-Avignon
Mouilleron-en-Pareds
Mountbatten of Burma
multiconfessionnel
multidisciplinaire
multimédiatisation
multiplicativement
multiprogrammation
musculo-membraneuse
Naberejnyie Tchelny
Nanteuil-le-Haudouin
national-socialisme
national-socialiste
néo-impressionnisme
néo-impressionniste
neuroendocrinienne
neurophysiologique
Neuvy-Saint-Sépulcre
Nogent-sur-Vernisson
Nouvelle-Angleterre
odontostomatologie
omnidirectionnelle
parallélépipédique
Pernes-les-Fontaines
Pétion de Villeneuve
petites-bourgeoises
pharmacodépendance
phonocardiographie
photographiquement
physiopathologique
Plombières-les-Bains
pluridisciplinaire
pneumo-phtisiologie
pneumo-phtisiologue
pochettes-surprises
poissons-perroquets
politiques-fictions
Pontailler-sur-Saône
Pralognan-la-Vanoise
préférentiellement
professionnalisant
prospecteur-placier
providentiellement
Prunelli-di-Fiumorbo
psycholinguistique
psychorééducatrice
psychosociologique
psychotechnicienne
Pyrénées-Orientales
quatre-vingt-dixième
Quillebeuf-sur-Seine
Rabastens-de-Bigorre
radiocommunication
radioélectricienne
radiotélégraphiste
ramasseuses-presses
Rayol-Canadel-sur-Mer
réimperméabilisant
reporters-cameramen
responsabilisation
Restif de la Bretonne
rhino-pharyngiennes
Richmond upon Thames
Roland de La Platière
Rosières-en-Santerre
Rougemont-le-Château
Rutherford of Nelson
Saint-Agatha-Berchem
Saint-Amand-Montrond
Saint-Amant-Tallende
Saint-André-de-Cubzac
Saint-André-les-Alpes
Saint-Aubin-d'Aubigné
Saint-Brévin-les-Pins
Saint-Brice-en-Coglès
Saint-Didier-en-Velay
Sainte-Luce-sur-Loire
Saint-Germain-du-Bois
Saint-Germain-en-Laye
Saint-Gildas-de-Rhuys
Saint-Gildas-des-Bois
Saint-Hilaire-de-Riez

Saint-Jean-Cap-Ferrat
Saint-Jean-de-Bournay
Saint-Josse-ten-Noode
Saint-Jouin-de-Marnes
Saint-Julien-du-Sault
Saint-Laurent-Blangy
Saint-Laurent-du-Pont
Saint-Maixent-l'École
Saint-Martin-Vésubie
Saint-Maur-des-Fossés
Saint-Michel-sur-Orge
Saint-Nicolas-de-Port
Saint-Nom-la-Bretèche
Saint-Pierre-d'Oléron
Saint-Quay-Portrieux
Saint-Sever-Calvados
Saint-Vaast-la-Hougue
Saint-Vincent-de-Paul
Saint-Vivien-de-Médoc
San Miguel de Tucumán
San Salvador de Jujuy
São Bernardo do Campo
secrétaire-greffier
sellerie-garnissage
semi-logarithmiques
semi-présidentielle
Septèmes-les-Vallons
Sidoine Apollinaire
Sint-Katelijne-Waver
sociales-démocrates
social-impérialisme
socioprofessionnel
Sotteville-lès-Rouen
sous-arachnoïdienne
sous-développements
spectrohéliographe
spectrophotométrie 18
stéréophotographie
Straits Settlements
superstitieusement
tailleurs-pantalons 19
Talleyrand-Périgord
Tascher de La Pagerie
technico-commercial
thermodynamicienne
thermoélectronique
thermoluminescence
thermovinification
Tournon-Saint-Martin
traditionnellement
transcendantalisme
Tremblay-lès-Gonesse
trompettes-de-la-mort
trompettes-des-morts
Tronville-en-Barrois
ultracentrifugeuse
Vandoeuvre-lès-Nancy
Vélizy-Villacoublay
Velleius Paterculus
Verrières-le-Buisson
vidéocommunication
Vierwaldstättersee
Villedieu-les-Poêles
Villenauxe-la-Grande
Villeneuve-de-Marsan
Villeneuve-sur-Yonne
Villeneuve-Tolosane
Watermaal-Bosvoorde
Watermael-Boitsfort
Woluwe-Saint-Lambert
Yorck von Wartenburg
Zita de Bourbon-Parme

19

aérothermodynamique
Alexis Mikhaïlovitch
Ambrières-les-Vallées
analyste-programmeur
anarcho-syndicalisme
anarcho-syndicaliste
Andelot-Blancheville
anticonceptionnelle
anticoncurrentielle
anticonstitutionnel
antiferromagnétisme
antigouvernementale
antigouvernementaux
anti-inflationnistes
antiparlementarisme
antipoliomyélitique
antiprotectionniste
arrière-grands-oncles
arrière-grands-tantes
arrière-petits-neveux

19

Arromanches-les-Bains
Baudouin de Courtenay
Beaulieu-sur-Dordogne
belles-petites-filles
Berchem-Sainte-Agathe
Bessines-sur-Gartempe
Bornéo-Septentrional
Boulogne-Billancourt
Bourbon-l'Archambault
Bretteville-sur-Laize
broncho- pneumopathie
cardio-respiratoires
Carrières-sous-Poissy
Castelnau-Montratier
Castillon-la-Bataille
céphalo-rachidiennes
Chanteloup-les-Vignes
Charette de La Contrie
Charleville-Mézières
Chassagne-Montrachet
chasseurs-cueilleurs
Châteauneuf-de-Randon
Châteauneuf-les-Bains
Châteauneuf-sur-Loire
chrétienne-démocrate
chrétiens-démocrates
Colombie britannique
Conrad von Hötzendorf
constitutionnaliser
contre-acculturation
contre-dénonciations
contre-manifestantes
contre-manifestation
conventionnellement
Cormeilles-en-Parisis
Coulonges-sur-l'Autize
Coulounieix-Chamiers
cristallophyllienne
Dampierre-en-Yvelines
démocrate-chrétienne
démocrates-chrétiens
désoxyribonucléique
distributionnalisme
Douvres-la-Délivrande
Du Vergier de Hauranne
échoencéphalogramme
électrocardiogramme
électrocardiographe
électrolocalisation
électroluminescence
électroluminescente
électromécanicienne
électroradiologiste
électrorétinogramme
électrotechnicienne
émetteurs-récepteurs
environnementaliste
extrajudiciairement
Fisher of Kilverstone
Font-Romeu-Odeillo-Via
fraiseurs-outilleurs
Frontenay-Rohan-Rohan
Gargilesse-Dampierre
gentleman's agreement
glosso-pharyngiennes
Godoy Álvarez de Faria
Gretz-Armainvilliers
Harlay de Champvallon
Hartmannswillerkopf
Hollande-Méridionale
Honduras britannique
Houthalen-Helchteren
hyperfonctionnement
hypothético-déductif
incommensurablement
incompréhensibilité
inconstitutionnelle
institutionnalisant
intellectualisation
interdépartementale
interdépartementaux
interdisciplinarité
intergouvernemental
intradermo-réactions
invraisemblablement
irrévérencieusement
Jarville-la-Malgrange
Kekulé von Stradonitz
Kerguelen de Trémarec
Komsomolsk-sur-l'Amour
La Chapelle-aux-Saints
La Chapelle-en-Vercors
La Guerche-de-Bretagne
La Guerche-sur-l'Aubois
Languedoc-Roussillon
La Révellière-Lépeaux
L'Argentière-la-Bessée
Le Lardin-Saint-Lazare
Le Péage-de-Roussillon
Le Plessis-Belleville
les Sables-d'Or-les-Pins
Le Touquet-Paris-Plage
lieutenants-colonels
locations-accessions

Ludwigshafen am Rhein
lymphogranulomatose
Machault d'Arnouville
mandat-contributions
marxistes-léninistes
méningo-encéphalites
Menthon-Saint-Bernard
Metternich-Winneburg
microphotographique
minéralier-pétrolier
Montereau-Fault-Yonne
Montesquiou-Fezensac
Montgomery of Alamein
Montigny-en-Ostrevent
multidimensionnelle
néo-impressionnistes
neuroendocrinologie
Niederbronn-les-Bains
Nouvelle-Galles du Sud
organisateur-conseil
Origny-Sainte-Benoîte
parasympatholytique
Pasteur Vallery-Radot
perpendiculairement
personnes-ressources
Peyrolles-en-Provence
photoélasticimétrie
photo-interprétation
photomultiplicateur
physico-mathématique
Piero della Francesca
Pierrefitte-sur-Seine
Pieyre de Mandiargues
Piotrków Trybunalski
pistolet-mitrailleur
pluridimensionnelle
pluridisciplinarité
pneumo-phtisiologues
polychlorobiphényle
polyradiculonévrite
Port-en-Bessin-Huppain
postimpressionnisme
postimpressionniste
postsynchronisation
précautionneusement
professionnellement
proportionnellement
psychopharmacologie
psychophysiologique
psychothérapeutique
Pyrénées-Atlantiques
quatre-cent-vingt-et-un
Quinctius Flamininus
radicaux-socialistes
radiométallographie
Ramonville-Saint-Agne
réapprovisionnement
reporters-cameramans
République arabe unie
réticulo-endothélial
révolutionnairement
Romorantin-Lanthenay
Roquebrune-Cap-Martin
Roquebrune-sur-Argens
Roquefort-sur-Soulzon
Saint-Amand-en-Puisaye
Saint-Aubin-du-Cormier
Saint-Aubin-lès-Elbeuf
Saint-Benoît-sur-Loire
Saint-Brice-sous-Forêt
Sainte-Anne-de-Beaupré
Sainte-Claire Deville
Sainte-Croix-de-Verdon
Sainte-Livrade-sur-Lot
Sainte-Marie-aux-Mines
Saint-Étienne-de-Tinée
Saint-Florent-le-Vieil
Saint-Florent-sur-Cher
Saint-Genest-Malifaux
Saint-Genix-sur-Guiers
Saint-Georges-d'Oléron
Saint-Germain-des-Prés
Saint-Germain-du-Plain
Saint-Germain-Lembron
Saint-Honoré-les-Bains
Saint-Jacques-de-l'Épée
Saint-Jean-Bonnefonds
Saint-Jean-de-la-Ruelle
Saint-Jean-Pied-de-Port
Saint-Just-en-Chaussée
Saint-Just-en-Chevalet
Saint-Laurent-des-Eaux
Saint-Laurent-et-Benon
Saint-Louis-lès-Bitche
Saint-Loup-sur-Semouse
Saint-Mandrier-sur-Mer
Saint-Martin-Boulogne
Saint-Martin-d'Auxigny
Saint-Martin-en-Bresse
Saint-Martin-le-Vinoux
Saint-Médard-en-Jalles
Saint-Nicolas-de-Redon
Saint-Nicolas-du-Pélem
Saint-Pierre-d'Albigny

19 Saint-Pierre-des-Corps
Saint-Pierre-Quiberon
Saint-Pierre-sur-Dives
Saint-Pol-sur-Ternoise
20 Saint-Rambert-en-Bugey
Saint-Rémy-de-Provence
Saint-Rémy-sur-Durolle
Saint-Trojan-les-Bains
Saint-Valery-sur-Somme
Saint-Yrieix-la-Perche
saisie-revendication
Saltykov-Chtchedrine
Sankt Anton am Arlberg
Santa Cruz de Tenerife
Sauveterre-de-Guyenne
Sebastiani de La Porta
Sebastiano del Piombo
secrétariats-greffes
semi-présidentielles
sociales-chrétiennes
Sonnini de Manoncourt
sous-arachnoïdiennes
sténodactylographie
survolteur-dévolteur
Talmont-Saint-Hilaire
technico-commerciale
technico-commerciaux
thromboélastogramme
Toussaint Louverture
transformationnelle
transsubstantiation
traversées-jonctions
trigonométriquement
ultracentrifugation
vieilles-catholiques
Villafranca di Verona
Villeneuve-la-Garenne
Villiers de L'Isle-Adam
Virginie-Occidentale
Voisins-le-Bretonneux
voitures-restaurants
voyageurs-kilomètres

20

Aigrefeuille-sur-Maine
Alpes-de-Haute-Provence
Amnesty International
analyste-programmeuse
antigravitationnelle
antiségrégationniste
Arnouville-lès-Gonesse
arrière-grands-parents
arrière-petites-filles
arrière-petites-nièces
arrière-petits-enfants
Australie-Méridionale
Australie-Occidentale
Brabant-Septentrional
broncho-pneumopathies
Châteauneuf-sur-Sarthe
Châtillon-Sous-Bagneux
Chennevières-sur-Marne
Chevigny-Saint-Sauveur
chirurgiens-dentistes
commissaires-priseurs
constitutionnalisant
contre-acculturations
contre-électromotrice
contre-interrogatoire
contre-investissement
contre-manifestations
correctionnalisation
départementalisation
désapprovisionnement
désindustrialisation
Djamāl al-Din al-Afghāni
Djubrān Khalīl Djubrān
Doulaincourt-Saucourt
Echegaray y Eizaguirre
électrocardiographie
Entraigues-sur-Sorgues
Entraygues-sur-Truyère
gentlemen's agreements
Geoffroy Saint-Hilaire
Gondrecourt-le-Château
Hérouville-Saint-Clair
hypercholestérolémie
hypothético-déductifs
hypothético-déductive
inconditionnellement
inconstitutionnalité
intergouvernementale
intergouvernementaux
internationalisation

interprofessionnelle
La Chapelle-d'Abondance
La Chapelle-de-Guinchay
Lanslebourg-Mont-Cenis
Laroche-Saint-Cydroine
Le Chambon-Feugerolles
Le Nouvion-en-Thiérache
Les Pavillons-sous-Bois
Licinius Crassus Dives
Lorrez-le-Bocage-Préaux
mandats-contributions
Mareuil-sur-Lay-Dissais
mécaniciens-dentistes
Mecklembourg-Strelitz
Mendele Mocher Sefarim
Mendelssohn-Bartholdy
moissonneuse-batteuse
moissonneuses-lieuses
Montcalm de Saint-Véran
Montesquieu-Volvestre
Montigny-le-Bretonneux
Montredon-Labessonnié
Moustiers-Sainte-Marie
Moutiers-les-Mauxfaits
multiconfessionnelle
nationaux-socialistes
non-interventionniste
oto-rhino-laryngologie
Peñarroya-Pueblonuevo
pénicillinorésistant
photomultiplicatrice
photosensibilisation
physico-mathématiques
Prats-de-Mollo-la-Preste
professionnalisation
prospecteurs-placiers
psychoprophylactique
Quinctius Cincinnatus
réticulo-endothéliale
réticulo-endothéliaux
réticulo-endothéliose
révolutionnarisation
Saint-André-les-Vergers
Saint-Antonin-Noble-Val
Saint-Bonnet-le-Château
Saint-Ciers-sur-Gironde
Saint-Didier-au-Mont-d'Or
Sainte-Sévère-sur-Indre
Saintes-Maries-de-la-Mer
Saint-Georges-sur-Loire
Saint-Gervais-les-Bains
Saint-Grégoire-le-Grand
Saint-Guilhem-le-Désert
Saint-Hilaire-des-Loges
Saint-Hilaire-Du-Touvet
Saint-Hippolyte-du-Fort
Saint-Jean-de-Maurienne
Saint-Julien-Chapteuil
Saint-Julien-les-Villas
Saint-Laurent-du-Maroni
Saint-Laurent-sur-Gorre
Saint-Léonard-de-Noblat
Saint-Macaire-en-Mauges
Saint-Mamet-la-Salvetat
Saint-Martin-de-Londres
Saint-Martin-des-Champs
Saint-Martin-de-Valamas
Saint-Pierre-le-Moûtier
Saint-Pierre-lès-Elbeuf
Saint-Pons-de-Thomières
Saint-Romain-de-Colbosc
Saint-Sauveur-Lendelin
Saint-Symphorien-de-Lay
Saint-Symphorien-d'Ozon
Santiago de Compostela
Scherpenheuvel-Zichem
secrétaires-greffiers
sellerie-bourrellerie
sellerie-maroquinerie
selleries-garnissages
Sint-Lambrechts-Woluwe
socioprofessionnelle
Soisy-sous-Montmorency
Sporades équatoriales
Suffren de Saint-Tropez
Tancrède de Hauteville
technobureaucratique
Terrasson-la-Villedieu
Ukraine subcarpatique
Valera y Alcalá Galiano
Villefranche-sur-Saône
Villeneuve-lès-Avignon
Wattignies-la-Victoire
Wavre-Sainte-Catherine

21

Amélie-les-Bains-Palalda
analystes-programmeurs
anticonstitutionnelle
archiviste-paléographe
Aulnoy-lez-Valenciennes
Ballancourt-sur-Essonne
Belsunce de Castelmoron
Benedetti Michelangeli
Besse-et-Saint-Anastaise
Blénod-lès-Pont-à-Mousson
Castellammare di Stabia
Charbonnières-les-Bains
chrétiennes-démocrates
cinématographiquement
constitutionnellement
contre-électromotrices
contre-interrogatoires
contre-investissements
contre-révolutionnaire
Delamare-Deboutteville
démocrates-chrétiennes
Eustache de Saint-Pierre
exsanguino-transfusion
François de Neufchâteau
Garmisch-Partenkirchen
hexachlorocyclohexane
hypothético-déductives
Illkirch-Graffenstaden
institutionnalisation
La Chapelle-Saint-Mesmin
Les Contamines-Montjoie
magnétohydrodynamique
minéraliers-pétroliers
Montigny-lès-Cormeilles
Montmoreau-Saint-Cybard
Montmorency-Bouteville
Notre-Dame-de-Bellecombe
Notre-Dame-de-Bondeville
Notre-Dame-de-Gravenchon
organisateurs-conseils
parasympathomimétique
pénicillinorésistante
photos-interprétations
pistolets-mitrailleurs
Plogastel-Saint-Germain
Pont-de-Buis-lès-Quimerch
Port-Saint-Louis-du-Rhône
radiocristallographie
reconventionnellement

Ribécourt-Dreslincourt **21**
Rothenburg ob der Tauber
Ruiz de Alarcón y Mendoza
Ruthénie Subcarpatique
Ruthénie subcarpatique **22**
Saint-Barthélemy-d'Anjou
Sainte-Maure-de-Touraine
Saint-Étienne-de-Montluc
Saint-Étienne-du-Rouvray
Saint-Genis-de-Saintonge
Saint-Geoire-en-Valdaine
Saint-Georges-de-Didonne
Saint-Germain-au-Mont-d'Or
Saint-Germain-des-Fossés
Saint-Germain-les-Belles
Saint-Gervais-d'Auvergne
Saint-Gilles-Croix-de-Vie
Saint-Jacques-de-la-Lande
Saint-Julien-en-Genevois
Saint-Just-Saint-Rambert
Saint-Martin-de-Seignanx
Saint-Michel-De-Provence
Saint-Nicolas-de-la-Grave
Saint-Orens-de-Gameville
Saint-Pardoux-la-Rivière
Saint-Paul-de-Fenouillet
Saint-Pierre-et-Miquelon
Saint-Privat-la-Montagne
Saint-Rémy-lès-Chevreuse
Saint-Sauveur-en-Puisaye
Saint-Sauveur-le-Vicomte
Saint-Trivier-de-Courtes
Saint-Vincent-de-Tyrosse
saisies-revendications
Saulxures-sur-Moselotte
social-révolutionnaire
survolteurs-dévolteurs
Thiaucourt-Regniéville
United States of America
Vauquelin de La Fresnaye
Vercel-Villedieu-le-Camp
Villeneuve-l'Archevêque

22

analystes-programmeuses
Baignes-Sainte-Radegonde
Barbezieux-Saint-Hilaire
Barthélemy-saint-Hilaire

22

Bellegarde-sur-Valserine
Bernardin de Saint-Pierre
Champdeniers-Saint-Denis
Châteauneuf-en-Thymerais
Châteauneuf-sur-Charente
Châtillon-sur-Chalaronne
Colombey-les-Deux-Églises
Conflans-Sainte-Honorine
conjoncteur-disjoncteur
contre-révolutionnaires
Desmarets de Saint-Sorlin
dessinateur-cartographe
Don Quichotte de la Manche
électroencéphalogramme
exsanguino-transfusions
Fabiola de Mora y de Aragón
Fabius Maximus Rullianus
Flahaut de La Billarderie
Hollande-Septentrionale
hospitalo-universitaire
hystérosalpingographie
La Chapelle-d'Armentières
Le Monastier-sur-Gazeille
L'Hospitalet de Llobregat
Méndez de Haro y Sotomayor
moissonneuses-batteuses
oto-rhino-laryngologiste
Primo de Rivera y Orbaneja
Provence-Alpes-Côte d'Azur
recherche-développement
Saint-Alban-sur-Limagnole
Saint-Arnoult-en-Yvelines
Saint-Donat-sur-l'Herbasse
Sainte-Geneviève-des-Bois
Saint-Étienne-de-Baïgorry
Saint-Fargeau-Ponthierry
Saint-François-Longchamp
Saint-Gengoux-le-National
Saint-Germain-lès-Arpajon
Saint-Germain-lès-Corbeil
Saint-Hilaire-du-Harcouët
Saint-Julien-de-Concelles
Saint-Julien-de-Vouvantes
Saint-Lazare-de-Jérusalem
Saint-Michel-de-Maurienne
Saint-Nicolas-d'Aliermont
Saint-Paul-Trois-Châteaux
Saint-Pourçain-sur-Sioule
Saint-Quentin-en-Yvelines
Saint-Sébastien-sur-Loire
Saint-Yrieix-sur-Charente
selleries-bourrelleries

selleries-maroquineries
sociale-révolutionnaire
sterno-cléido-mastoïdien
Varces-Allières-et-Risset
Villefranche-de-Conflent
Villefranche-de-Rouergue
Villeneuve-Saint-Georges

23

archivistes-paléographes
Arette-Pierre-Saint-Martin
Châteauneuf-lès-Martigues
Coucy-le-Château-Auffrique
dessinatrice-cartographe
électroencéphalographie
Fabius Maximus Verrucosus
Grandpuits-Bailly-Carrois
hospitalo-universitaires
inconstitutionnellement
Laneuveville-devant-Nancy
Les Eyzies-de-Tayac-Sireuil
Montastruc-la-Conseillère
oto-rhino-laryngologistes
Ottignies-Louvain-la-Neuve
Papouasie-Nouvelle-Guinée
Pierrefontaine-les-Varans
Saint-Bruno-de-Montarville
Saint-Laurent-en-Grandvaux
Saint-Martin-de-Belleville
Saint-Pierre-de-Chartreuse
Saint-Sulpice-les-Feuilles
Saint-Symphorien-sur-Coise
Saint-Trivier-sur-Moignans
Santiago De Los Caballeros
sociaux-révolutionnaires
Villefranche-de-Lauragais

24

Afrique-Orientale anglaise
Agence spatiale européenne
Bourgtheroulde-Infreville
Castiglione delle Stiviere
conjoncteurs-disjoncteurs
dessinateurs-cartographes

24
25
26
27

La Rochefoucauld-Liancourt
Le Peletier de Saint-Fargeau
Montebello della Battaglia
Petropavlovsk-Kamtchatski
recherches-développements
Rhénanie-du-Nord-Westphalie
Saint-Bertrand-de-Comminges
Saint Christopher and Nevis
Saint-Laurent-de-Chamousset
Saint-Laurent-de-la-Salanque
Saint-Michel-l'Observatoire
Saint-Nizier-du-Moucherotte
Saint-Philbert-de-Grand-Lieu
Saint-Vincent et Grenadines
Scey-sur-Saône-et-Saint-Albin
sociales-révolutionnaires
Tanjung Karang-Teluk Betung

25

Afrique-Orientale allemande
anticonstitutionnellement
dessinatrices-cartographes
Équeurdreville-Hainneville
Francesco di Giorgio Martini
Regnaud de Saint-Jean-D'Angély
Sainte-Geneviève-sur-Argence
Saint-Étienne-de-Saint-Geoirs
Saint-Étienne-lès-Remiremont
Saint-Jacques-de-Compostelle
Saint-Maximin-la-Sainte-Baume
Vigneulles-lès-Hattonchâtel

26

Champs-sur-Tarentaine-Marchal
Regnault de Saint-Jean-d'Angély

27

Afrique-Equatoriale française
Afrique-Occidentale française
La Rochefoucauld-Doudeauville

Saint Empire romain germanique 27
Saint-Georges-lès-Baillargeaux

28 28

Boucher de Crèvecoeur de Perthes
Saint-Gervais-les-Trois-Clochers 29

29 32

Cité des sciences et de l'industrie
Éclaron-Braucourt-Sainte-Livière 36

32 41

Mecklembourg-Poméranie-Occidentale

36

Royaume-Uni de Grande-Bretagne et d'Irlande

41

Union des républiques socialistes soviétiques

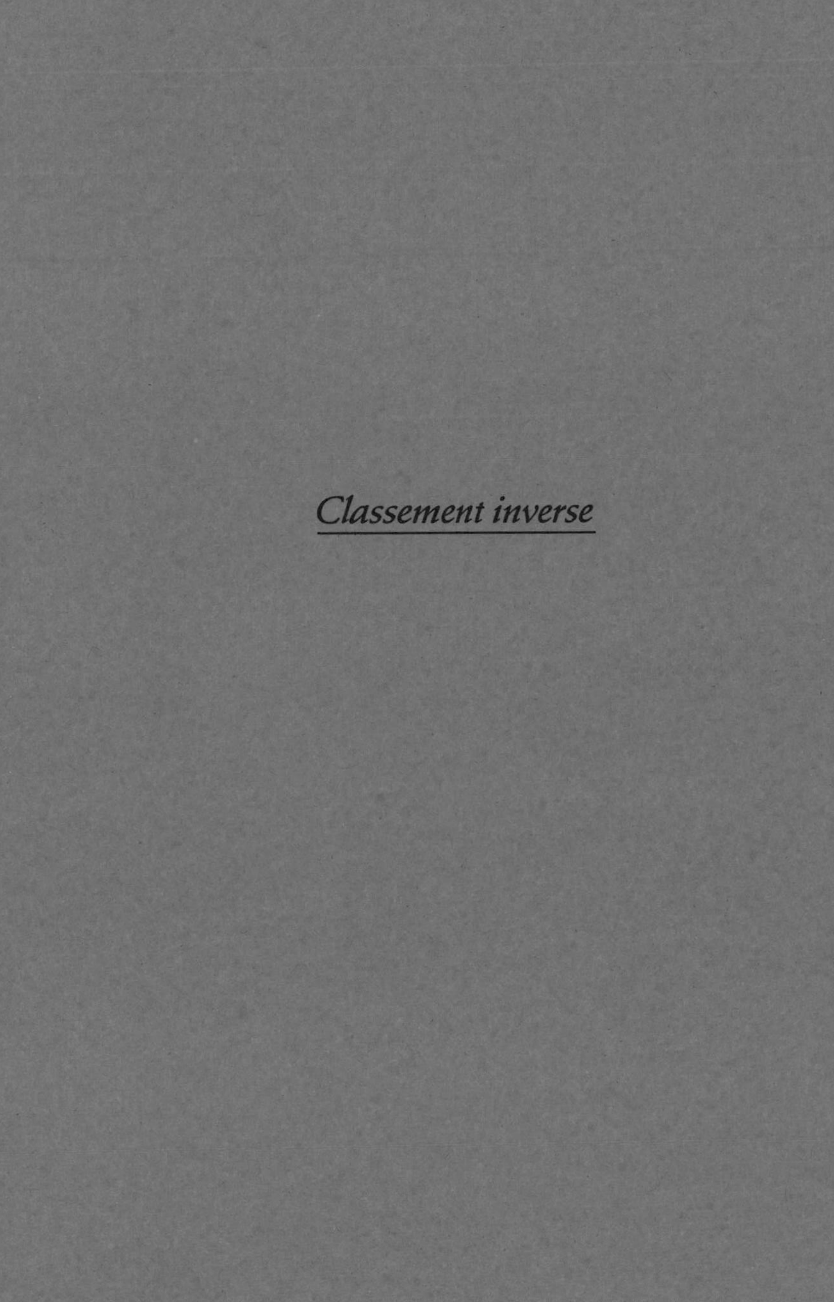

Classement inverse

1

2

1

a
à
b
c
d
e
f
g
h
i
j
k
l
m
n
o
ô
p
q
r
s
t
u
v
w
x
y
z

2

Aa
Bâ
B.A.
Ba
C.A.
Ca
ça
çà
da
fa
Ga
ha
ka
La
la
là
ma
Na
na
Pa
Râ
Ra
ra
SA
sa
Ta
ta
VA
va
C.B.
Cb
dB
Nb
Ob
Pb
Rb
Sb
Tb
Wb
Yb
Ac
oc
P.C.
PC
Sc
Tc
w.-c.
B.D.
CD
Cd
cd
Gd
K.D.
Md
Nd
Pd
rd
Be
Ce
ce
de
dé
Fe
Gé
Gê
Ge
He
hé
je
le
lé
me
Ne
ne
né
Ré
Rê
Re
ré
Se
se
Te
te
té
vé
Xe
Cf
Hf
If
if
kF
R.F.
Ag
fg
Hg
kg
Mg
Q.G.
R.G.
Ah
ah
ch
eh
oh
pH
Rh
rH
Th
th
Wh
aï
Bi
Ci
ci
fi
G.I.
hi
Li
Li
li
mi
mi-
Ni
ni
pi
Q.I.
ri
SI
Si
si
Ti
xi
Z.I.
D.J.
Bk
O.K.
pK
UK
Al
al
Cl
il
Tl
A/m
Am
Cm
cm
FM
Fm
km
lm
Pm
Sm
Tm
an
B.N.
en
In
in
in-
Mn
on
Rn
Sn
un
Zn
Co
do
F.O.
go
Ho
Ho
ho
Io
K.-O.
Mo
No
No
nô
Oô
Pô
Po
BP
L.P.

2 Np
O.P.
Bq
Ar
3 Br
Cr
Er
Fr
G.R.
gr
Ir

Kr
Lr
or
Pr
S.-R.
Sr
sr
tr
Ur
Zr

As
as
Cs
Es
ès
Is
O.S.
Os
os
P.S.
Q.S.

SS
us
vs
Ys
At
et
Pt
St
st
ut
Au

au
Cu
du
dû
Eu
eu
Lu
lu
mu
mû

nu
ou
où
Pu
pu
Ru
ru
su
tu
vu

wu
C.V.
CV
eV
P.-V.
T.V.
U.V.
Ax
Cx
ex-

lx
Ay
ay
Dy
Ey
Gy
Cz
Hz
oz
pz

3

Aba
M'Ba
D. C. A.
Ica
Ida
Oda
R.D.A.
Bea
C.E.A.
D.E.A.
Léa
O.E.A.
réa
C.F.A.
R.F.A.
aga
CIA
dia
Lia
ria
via
Zia
Oka
oka
ska
fla
HLA
Ila
Pla
I.M.A.
PMA
ana
DNA
E.N.A.
I.N.A.

boa
Goa
hPa
O.P.A.
S.P.A.
Spa
spa
ara
Dra
Ira
Kra
C.S.A.
ESA
USA
E.T.A.
êta
O.U.A.
B.V.A.
T.V.A.
exa-
Bāb
cab
dab
Rab
rab
T. A. B.
Zāb
Zab
PCB
deb
KGB
Dib
nib
R.I.B.
bob

cob
C.O.B.
fob
Job
job
kob
lob
rob
Orb
pub
tub
bac
fac
lac
mac
sac
tac
Z.A.C.
Abc
abc
BBC
N.B.C.
P.C.C.
bec
mec
sec
tec
C.F.C.
C.G.C.
bic
fic
G.I.C.
hic
pic
sic

tic
Vic
M.J.C.
I.M.C.
R.M.C.
ANC
C.N.C.
I.N.C.
onc
D.O.C.
foc
J.O.C.
roc
soc
toc
Arc
arc
etc
T.T.C.
Buc
duc
Huc
Luc
suc
T.U.C.
PVC
I.A.D.
lad
rad
Z.A.D.
Cid
kid
nid
O.J.D.
Cod

Lod
Rod
yod
SPD
L.S.D.
sud
Kyd
S.A.E.
Ube
ace
Ede
ide
ode
bée
béé
C.E..E..
fée
Lee
née
réé
Sée
tee
zée
Ife
age
âge
âgé
C.G.E.
ohé
rhé
thé
aïe
Cie
Die
fié

G.I.E.
hie
Lie
lie
lié
mie
nié
oie
Pie
pie
vie
ale
blé
clé
île
olé
âme
S.M.E.
âne
une
Noé
Poe
zoé
O.P.E.
ope
are
ère
gré
ire
øre
öre
pré
ure
ase
Ise

ose
osé
usé
été
ôté
due
gué
Huê
Hue
hue
hué
mue
mué
nue
nué
pué
que
Rue
rue
rué
Sue
sué
tué
vue
Ave
Ève
ive
ove
ové
Éwé
axe
axé
bye
mye
rye

Èze
caf
paf
RAF
P.C.F.
E.D.F.
SDF
U.D.F.
A.-E.F.
nef
off
pff
Gif
kif
pif
Rif
rif
tif
Vif
vif
Z.I.F.
Elf
M.L.F.
J.M.F.
A.-O.F
bof
Hof
lof
Yof
R.P.F.
C.R.F.
I.S.F.
T.S.F.
ouf
tuf

3

L.V.F.	O.M.I.	val	dom	con	Apo	Bar	mas
gag	R.M.I.	Bêl	nom	Don	pro	bar	O.A.S.
tag	Ani	bel	Qom	don	Aso	car	P.A.S.
B.C.G.	uni	gel	rom	Éon	ESO	far	pas
P.-D. G.	coi	sel	tom	éon	ISO	jar	ras
AEG	Foi	tel	I.R.M.	Fon	S.T.O.	Mar	sas
még-	foi	ail	UTM	gon	duo	par	tas
reg	goï	cil	hum	ion	Iwo	sar	ABS
G.I.G.	loi	fil	Qum	Mon	oxo	Var	C.E.S.
T.I.G.	Moi	kil	gym	mon	Oyo	var	ces
zig	Moï	mil	Pym	non	Cap	U.D.R.	des
O.N.G.	moi	Nil	ban	son	C.A.P.	ber	dès
Gog	roi	oïl	dan	ton	cap	Der	Fès
Zog	soi	sil	Fan	won	Gap	der	les
erg	toi	vil	fan	A. R. N.	gap	Fer	lès
Bug	api	Wil	gan	B.S.N.	rap	fer	mes
bug	épi	Ill	Han	V.S.N.	C.C.P.	Mer	ses
Zug	spi	Bol	han	bun	B.E.P.	mer	tes
I.V.G.	UPI	bol	jan	Dun	C.E.P.	ter	Ifs
bah	Cri	col	kan	fun	cep	U.E.R.	C.G.S.
Váh	cri	Dol	Man	Kun	hep	ver	I.G.S.
H.C.H.	tri	dol	man	Mun	LEP	U.F.R.	C.H.S.
Och	Uri	fol	Pan	Yun	L.E.P.	Aïr	I.H.S.
V.I.H.	ksi	Mol	pan	dyn	NEP	air	Q.H.S.
Ath	psi	mol	tan	Fyn	pep	kir	ais
euh	Cui	sol	Van	C.A.O.	sep	mir	bis
bai	fui	vol	van	Cão	tep	sir	lis
gai	Gui	G.P.L.	A. D. N.	Dao	A.F.-P.	tir	mis
haï	gui	O.R.L.	S.D.N.	dao	C.F.P.	‘Amr	Niš
lai	hui	R.T.L.	ben	E.A.O.	bip	C.N.R.	pis
mai	lui	cul	F.E.N.	FAO	hip	U.N.R.	ris
rai	nui	nul	Sen	Gao	kip	Bor	sis
raï	oui	Cam	sen	lao	V.I.P.	cor	Vis
saï	ouï	Dam	yen	Mao	Zip	for	vis
FBI	qui	dam	zen	Nao	O.L.P.	Tor	ils
obi	Rej	Ham	I.G.N.	P.A.D.	AMP	R.P.R.	Ems
ici	yak	Lam	Ain	Sao	T.N.P.	Q.S.R.	O.M.S.
P.C.I.	Eck	Sam	fin	tao	bop	dur	Ans
lei	Lek	IBM	gin	Yao	hop	fur	uns
Pei	lek	Q.C.M.	lin	Abo	pop	Mur	Cos
F.F.I.	tek	f.é.m.	min	Ibo	top	Mûr	dos
agi	Onk	Hem	Nin	Eco	Arp	mur	Fos
khi	Nok	hem	pin	Edo	M.R.P.	mûr	Jos
phi	Krk	nem	Sin	Méo	V.R.P.	Our	Kós
Uji	bal	rem	tin	ego	Q.S.P.	pur	MOS
ski	cal	Sem	vin	Aho	A. T. P.	sur	nos
Ali	dal	Ohm	yin	rhô	B.T.P.	sûr	P.O.S.
‘Alī	gal	ohm	F.L.N.	C.I.O.	Z.U.P.	Tyr	S.O.S.
Ili	Hal	H.L.M.	R.M.N.	Rio	B.V.P.	bas	vos
pli	mal	Ulm	Inn	Omo	exp	cas	Ars
ami	pal	U.L.M.	Bon	Ino	coq	jas	ars
F.M.I.	sal	D.O.M.	bon	zoo	Aar	las	C.R.S.

3

ers
Ors
B.T.S.
M.T.S.
4
Bus
bus
gus
Hus
jus
pus
sus
Lys
lys
bât
C.A.T.
fat
Jāt
mat
mât
Nat
pat
qat
rat
T. A. T.
D.D.T.

cet
jet
let
net
pet
set
Têt
Têt
têt
C.G.T.
B.I.T.
bit
dit
gît
hit
kit
lit
O.I.T.
vit
Olt
GMT
T.N.T.
bot
dot
hot

kot
Lot
lot
mot
Pot
pot
rot
rôt
sot
tôt
Apt
art
D.S.T.
est
M.S.T.
ost
pst
ATT
ITT
P.T.T.
but
fût
I.U.T.
lut

out
rut
zut
Fyt
A.Z.T.
bau
eau
Pau
R.A.U.
tau
vau
Ubu
écu
feu
heu
jeu
Leu
leu
peu
Yeu
C.H.U.
chu
Diu
piu

élu
glu
plu
ému
P. M. U.
O.N.U.
cou
Dou
fou
hou
mou
pou
sou
zou
bru
cru
crû
Dru
dru
Kru
Csu
P.S.U.
Tsu
BTU

Ozu
LAV
CDV
GeV
lev
MeV
F.I.V.
T. G. V.
HIV
Tiv
Law
OKW
Löw
Dax
fax
Max
Sax
wax
Bex
Gex
tex
Aix
Dix
dix

six
Vix
box
Fox
fox
aux
eux
Fux
lux
Gay
gay
Jay
Lay
Nay
Ray
ray
Say
Tay
Ady
bey
dey
Key
Ney
Rey

Ely
Amy
boy
Foy
goy
Moÿ
Roy
Bry
dry
Fry
psy
Guy
Huy
puy
gaz
Paz
Raz
raz
fez
lez
nez
riz
Luz
ruz

4

Faaa
Draa
B.A.-Ba
baba
daba
gaba
Ka'ba
Saba
Emba
Toba
isba
Cuba
Juba
Kuba
Luba
tuba
caca
raca
C.E.C.A.
deçà
déca

déca-
mica
pica
inca
coca
Roca
dada
fada
Adda
Edda
Léda
Ueda
Veda
Aïda
sida
coda
soda
Juda
Lüda
Paéa
Édéa

Rhéa
aléa
Brea
Uvéa
alfa
sofa
Urfa
Oufa
gaga
raga
Saga
saga
méga-
giga-
Riga
Inga
yoga
Naha
agha
Gaia
maïa

raïa
Apia
aria
Fria
quia
ixia
naja
raja
Béja
déjà
C.N.J.A.
soja
Nika
Moka
moka
gala
lala
tala
Ebla
Béla
Cela

cela
delà
Gela
Rila
Vila
Cola
cola
holà
Kola
kola
Pola
Zola
aula
Pula
Tula
Pyla
Gama
Ḥamā
Kāma
Kama
lama

Rāma
Zama
Tema
Cima
Lima
sima
Alma
coma
soma
Numa
puma
Bāṇa
Cana
fana
kana
mana
Nana
nana
Ṣan'ā'
sana
Tana

Iéna
Jena
Lena
Jina
Viña
vina
Anna
Enna
doña
zona
Isnā
Etna
buna
Duna
Luna
puna
Choa
Capa
papa
pipa
Kopa

4

Bara
Kara
Nara
Pará
para
Sara
tara
vara
acra
Odra
féra
Gera
Héra
téra-
Āgrā
I.N.R.A.
Bora
bora
Dora
Tora
aura
Jura
Tura
eyra
Syra
Ezra
Ḥasā
NASA
Vasa
mesa
Pisa
visa
M.K.S.A.
Rosa
Tosa
Xosa
Issa
Ossa
Bat'a
Bata
rata
Tata
tata
bêta
feta
Geta
Méta
Oeta
peta-
zêta
mita
Ōita

pita
Zita
iota
jota
Kota
nota
Árta
skua
Java
java
kava
leva
Neva
Çiva
diva
Śiva
Hova
nova
Suva
kawa
Adwa
Sīwa
Iowa
taxa
moxa
Gayā
maya
raya
Biya
Goya
Roya
Gaza
Taza
Rezā
Rizā
Cuza
Raab
Ghāb
Rhāb
Moab
Mzab
Webb
crib
bulb
Lamb
rumb
Tumb
snob
club
ubac
A.D.A.C.
réac

clac
flac
C.N.A.C.
arac
Crac
crac
Drac
frac
trac
vrac
Riec
arec
grec
avec
P.E.G.C.
laïc
chic
clic
flic
S.M.I.C.
à-pic
spic
bric
cric
Eric
fric
tric
talc
banc
zinc
donc
jonc
choc
vioc
bloc
floc
ploc
broc
croc
froc
troc
étoc
Marc
marc
parc
porc
turc
fisc
busc
musc
C.F.T.C.
bouc

truc
stuc
Head
Mead
Riad
Joad
Arad
Asad
Fu'ād
P.G.C.D.
Reed
shed
lied
pied
sied
bled
oued
Wafd
C. Q. F. D.
Fahd
T.V.H.D.
caïd
laid
raid
Reid
muid
veld
Wild
Gand
Land
rand
Sand
Zend
zend
Sind
Bond
bond
fond
gond
rond
Bund
Lund
Sund
Wood
bard
dard
fard
Gard
jard
lard
nard
tard

yard
B.E.R.D.
B.I.R.D.
bord
Ford
gord
lord
Nord
nord
Byrd
Baud
baud
Laud
taud
Vaud
Knud
NKVD
Yazd
Yezd
dabe
Labe
Labé
rabe
Abbe
abbé
bébé
Hébé
Albe
Elbe
gobé
Kōbe
lobe
lobé
robe
robé
Orbe
orbe
Aube
aube
cube
cubé
jubé
tube
tubé
dace
face
Gacé
lacé
Macé
race
racé
Wace

Dèce
lice
Nice
vice
vice-
Ince
once
noce
C.S.C.E.
duce
Luce
Lucé
puce
sucé
Bade
cade
fade
fadé
gade
Jade
jade
made
rade
radé
Sade
Vadé
O.C.D.E.
aède
Bède
cédé
Hédé
Lede
mède
pédé
Zédé
Agde
aide
aidé
bide
Gide
ride
ridé
vide
vidé
Alde
Inde
inde
onde
ondé
code
codé
godé

iode
iodé
mode
rodé
rôdé
sodé
Aude
Budé
Eude
Jude
Rude
rude
Hyde
abée
idée
âgée
Égée
Rhee
liée
Élée
Klee
Énée
Épée
épée
Cree
créé
gréé
orée
urée
Osée
osée
usée
buée
guéé
huée
nuée
ruée
suée
tuée
ovée
uvée
café
mafé
nafé
nife
pifé
elfe
lofé
Urfé
Cage
cage
gage

4

gagé
mage
nage
nagé
page
rage
ragé
sage
Tage
Legé
Lège
Bige
lège
figé
lige
pige
pigé
tige
Ange
ange
doge
loge
logé
toge
orge
urgé
Auge
auge
Augé
juge
jugé
luge
lugé
muge
Mahé
ache
èche
éché
Rehe
Othe
baie
gaie
haie
laie
maie
paie
raie
saie
taie
scie
scié
Leie

chié
skié
Élie
glie
plie
plié
amie
unie
foie
joie
moie
soie
voie
épié
Brie
brie
crié
Érié
prié
Trie
trié
Asie
fuie
ouïe
suie
maje
cake
saké
Wake
béké
Téké
Boké
coke
dyke
Bâle
bale
cale
calé
Dale
gale
Hale
halé
hâle
hâlé
jale
kalé
Male
Mâle
mâle
pale
palé
pâle

râle
râlé
sale
Salé
salé
talé
walé
Yale
Éblé
A.E.L.E.
bêlé
Célé
celé
fêle
fêlé
gelé
hélé
mêlé
Pelé
pelé
télé
Uélé
vêlé
Zele
zèle
zélé
aile
ailé
bile
bilé
file
filé
hile
mile
pile
pilé
vile
allé
elle
ollé
Dole
Dôle
dôle
dolé
Éole
Iole
mole
môle
Molé
Pole
pôle
rôle

sole
tôle
vole
volé
yole
orle
Isle
culé
Iule
iule
mule
Dyle
Ryle
came
camé
dame
damé
famé
lame
lamé
pâmé
rame
ramé
acmé
dème
mémé
même
semé
sème
Aime
aimé
cime
dîme
lime
limé
mime
mimé
rime
rimé
bôme
bômé
Côme
Dôme
dôme
Home
home
Lomé
môme
nome
Rome
tome
tomé

arme
armé
orme
fumé
Hume
humé
Aymé
cyme
cane
cané
fane
fané
Kane
Pane
pané
acné
adné
cène
gène
gêne
gêné
Mené
mené
Méné
néné
pêne
René
rêne
séné
igné
aine
aîné
biné
ciné
dîné
fine
mine
miné
viné
Elne
Anne
inné
Bône
cône
gone
none
sone
zone
zoné
Erne
Orne
orne

orné
urne
aune
dune
hune
lune
luné
Pune
rune
tune
dyne
Tyne
évoé
cape
capé
lapé
pape
râpe
râpé
sape
sapé
tape
tapé
cèpe
nèpe
Pepe
pépé
pipe
pipé
ripe
ripé
tipé
alpe
A.N.P.E.
dope
dopé
Hope
lope
Pope
pope
topé
Aspe
aspe
dupe
dupé
jupe
pupe
type
typé
Aare
faré
gare

garé
lare
mare
Maré
Paré
paré
rare
tare
taré
Èbre
Acre
acre
âcre
ocre
ocré
aéré
Cère
Fère
géré
Héré
hère
mère
Méré
néré
père
séré
ogre
Ohře
Aire
aire
airé
cire
ciré
dire
Eire
Éire
Liré
lire
mire
miré
Pire
pire
rire
sire
tire
tiré
Vire
vire
viré
bore
Coré
coré

4

Dore
Doré
doré
foré
korê
More
more
pore
sore
tore
âpre
erre
erré
âtre
être
Aure
bure
Cure
cure
curé
dure
duré
Eure
hure
juré
Kure
Lure
mûre
muré
pure
sure
Sûre
sûre
ivre
Eyre
lyre
base
basé
case
casé
hase
jasé
nase
rase
rasé
vase
lèse-
lésé
pesé
D.G.S.E.
aise
aisé
bise
bisé
lise
mise
misé
Oise
Pise
pisé
sise
Visé
visé
Anse
anse
ansé
Bose
dose
dosé
pose
posé
Rose
rose
rosé
erse
Asse
esse
buse
busé
Duse
fusé
muse
musé
Ruse
ruse
rusé
Suse
lyse
lysé
bâté
date
daté
gâté
hâte
hâté
mate
maté
mâté
pâte
pâté
rate
raté
tâté
Vaté
acte
bête
fête
fêté
jeté
pété
Sète
tété
tête
bite
Cité
cité
dite
gîte
gîté
lité
mite
mité
pite
rite
site
Tite
vite
ante
ente
enté
bote
cote
coté
côte
côté
doté
hôte
lote
note
noté
pote
rote
roté
vote
voté
apte
Epte
opté
Este
este
esté
Bute
buté
futé
jute
juté
luté
muté
pute
Laue
feue
igue
Niue
élue
flué
émue
boue
Boué
Coué
Doué
doué
Éoué
houe
houé
joue
Joué
joué
Loue
Loué
loué
moue
noue
noué
roue
roué
soue
toué
voué
crue
drue
grue
bave
bavé
cave
Cavé
cavé
gave
gavé
havé
hâve
lave
lavé
pavé
rave
Save
fève
Hève
levé
névé
rêve
rêvé
sève
cive
dive
live
Nive
pive
rive
rivé
vive
ulve
Hove
lové
nové
Arve
cuve
cuvé
Lowe
Saxe
saxe
taxe
taxé
sexe
vexé
Aixe
fixe
fixé
mixé
nixe
rixe
boxe
boxé
foxé
luxe
luxé
bayé
Laye
laye
layé
maye
paye
payé
rayé
yé-yé
Skye
moye
moyé
noyé
Roye
gaze
gazé
mazé
naze
Bèze
Cèze
Mèze
pèze
Rezé
onze
Piaf
piaf
Olaf
Graf
S.N.C.F.
chef
bief
fief
kief
clef
bref
riff
Boff
Orff
Baïf
naïf
Ṭā'if
skif
snif
soif
Stif
juif
suif
calf
self
golf
Wolf
Olof
roof
prof
C.N.P.F.
cerf
nerf
serf
surf
turf
Basf
sauf
neuf
oeuf
veuf
Oluf
pouf
rouf
drag
B.C.B.G.
Haig
whig
Brig
bang
Fang
gang
Lang
rang
sang
T'ang
Tang
yang
ding
King
Ling
Ming
oing
Qing
ring
Dong
dông
gong
Long
long
Song
tong
Jung
smog
grog
Berg
Borg
Durg
Haug
D.E.U.G.
thug
Boug
joug
Zoug
chah
shah
Noah
Ptah
Utah
Bach
Mach
Mach
Cech
Lech
Pech

4

Tech
Rich
Foch
Koch
Koch
loch
Roch
Esch
Auch
Oudh
sikh
Linh
Ipoh
Sarh
cash
Nash
rash
Wash
Kish
Bush
bush
rush
Ba'th
Bath
bath
math
ACTH
Seth
Loth
Roth
luth
Ruth
peuh
geai
chai
thaï
Skaï
brai
frai
vrai
étai
guai
Huai
quai
nabi
bibi
Albi
Gobi
Lobi
subi
Tubi
ceci

déci
déci-
cadi
Sa'di
cédi
Midi
midi
Lodi
Tödi
obéi
Frei
Safi
défi
hi-fi
sufi
pagi
vagi
mégi
régi
Rigi
yogi
mugi
rugi
Veii
Fuji
Baki
kaki
maki
raki
saki
kiki
Bali
Cali
Dalí
Kālī
kali
Mali
mali
pali
pâli
sali
wali
Héli
Yili
Coli
joli
poli
soli
kami
rami
demi
gémi

Remi
Rémi
mimi
Olmi
Tomi
vomi
Mani
rani
zani
Beni
béni
déni
Reni
Ifni
Agni
fini
mini
boni
Coni
muni
puni
Zuñi
ovni
aboi
aloi
Éloi
émoi
époi
quoi
papi
tapi
képi
pipi
tipi
M.M.P.I.
O.M.P.I.
Hopi
aspi
Tupi
tupi
Bari
cari
dari
gari
Mari
mari
pari
sari
tari
abri
Neri
Néri

Péri
péri
Omri
I.N.R.I.
Cori
lori
Pori
Guri
mûri
suri
Iaşi
Ki-si
Risi
Rosi
rosi
bâti
cati
mati
pâti
sati
Tati
Seti
yeti
titi
inti
coti
Loti
loti
rôti
Asti
asti
cuti
agui
glui
amuï
foui
joui
roui
brui
étui
havi
Rāvi
ravi
Lévi
sévi
Kivi
Livi
envi
kiwi
maxi
taxi
Cixi

Jixi
Auxi
Wuxi
Puyi
nazi
zizi
Lozi
Mozi
Luzi
hadj
Cluj
Deák
Arak
arak
Irak
krak
Back
jack
pack
rack
yack
neck
teck
kick
Bock
bock
dock
rock
Buck
trek
haïk
Paik
brik
Erik
Palk
Melk
folk
Polk
Rank
tank
Genk
Monk
funk
Munk
punk
Blok
amok
Cook
look
mark
Park
Sark

berk
jerk
Cork
York
Rask
desk
Omsk
Orsk
souk
Nuuk
Baal
Vaal
Waal
féal
réal
égal
rial
sial
'Amal
anal
goal
Aral
oral
étal
dual
aval
uval
Özal
C.N.C.L.
Jodl
Maël
tael
Abel
obel
Geel
Néel
Peel
réel
ciel
fiel
Kiel
miel
Niel
Riel
riel
Snel
Doel
Joël
Noël
Noël
noël
Brel

Orel
Étel
duel
fuel
quel
axel
Uzel
Figl
Kehl
Cohl
Kohl
bail
Fail
mail
rail
oeil
Veil
Weil
foil
poil
Bril
gril
Guil
exil
Ball
Gall
Hall
hall
Bell
Tell
tell
Zell
Bill
bill
Mill
Till
Böll
Bull
bull
full
Hull
pull
khôl
viol
cool
pool
arol
stol
VTOL
Marl
S.A.R.L.
merl

4

girl
C.I.S.L
maul
Paul
Saül
acul
peul
seul
soul
soûl
Toul
yawl
Kayl
O.C.A.M.
Adam
édam
team
Cham
miam
Siam
Tiam
clam
Élam
imam
Aram
Gram
tram
Asam
Guam
exam
ICBM
SLBM
IRBM
MRBM
P.P.C.M.
C.A.E.M.
f.c.é.m.
idem
Diêm
Flem
item
stem
Böhm
Röhm
daim
faim
olim
goïm
Prim
Salm
film
Hamm

Édom
Thom
Riom
boom
zoom
Perm
würm
rhum
sium
Blum
boum
doum
goum
Moum
arum
thym
Dean
Jean
jean
Lean
Péan
péan
ahan
Chan
khan
pian
Sian
tian
Vian
Xi'an
Akan
clan
élan
flan
plan
vlan
Aman
aman
Oman
'Umān
Aran
bran
cran
Iran
Oran
O.T.A.N.
Juan
Yuan
yuan
Ivan
iwan
Swan

cyan
ISBN
Caen
Jaén
Aden
Eden
Éden
éden
Agen
bien
Gien
lien
mien
rien
sien
tien
Vien
Wien
Olen
amen
Boën
open
bren
Wren
aven
Sven
Owen
Hahn
Kahn
Lehn
föhn
Bain
bain
Caïn
gain
jaïn
Main
main
nain
pain
sain
Tain
tain
vain
zain
Odin
hein
rein
Sein
sein
afin
Rhin

skin
clin
Zlín
Amin
coin
foin
loin
soin
spin
brin
crin
Érin
orin
trin
Juin
juin
ovin
Rijn
Köln
Mann
Benn
Penn
Finn
Bonn
faon
kaon
Laon
paon
Raon
taon
acon
Odon
Déon
León
Léon
néon
péon
Rhön
thon
Dion
fion
Lion
lion
pion
Rion
Sion
Amon
ânon
gnon
Loon
Roon
Aron

Bron
Eton
Iton
Huon
muon
Avon
cyon
Lyon
Nyon
barn
Tarn
Bern
Cern
Born
Horn
Jorn
Zorn
ISSN
jeun
Meun
Ahun
Thun
alun
brun
Grün
Irún
Trun
Duun
ciao
Miao
I.M.A.O.
prao
Gabo
Nébo
Li Bo
Zibo
Bobo
bobo
Esbo
jaco
déco
dico
pico-
Vico
coco
moco
fado
Yedo
Lido
lido
dodo
ordo

judo
Oc-èo
Iseo
Yafo
info
Dago
Bego
Lego
Vigo
Ango
gogo
logo
Tōgō
Togo
Hugo
Lugo
Écho
écho
Jo-ho
Soho
Veio
S.F.I.O.
agio
Chio
Ohio
Thio
Clio
brio
trio
dojo
jojo
Tōjō
Akko
calo
halo
Lalo
Malo
Salo
mélo
vélo
kilo
kilo-
Milo
Silo
silo
allô
Golo
lolo
Polo
polo
Solo
solo

Oslo
Como
sumo
Cano
Kanō
Kano
nano-
Reno
Teno
Cino
lino
Mino
Miño
Bono
mono
Nono
sono
Arno
Brno
Li Po
pipo
sipo
topo
typo
Caro
Faro
faro
Garo
haro
taro
Ebro
zéro
afro
Giro
miro
Miró
Moro
maso
peso
Yeso
Viso
NATO
Satō
Léto
Neto
veto
dito
Mito
Tito
alto
koto
loto

4

moto
Soto
Toto
toto
osto
atto-
Otto
auto
Haxo
saxo
Nexø
Yo-Yo
Enzo
Gozo
zozo
ouzo
Giap
clap
drap
swap
jeep
Alep
O.P.E.P.
skip
clip
slip
grip
trip
camp
vamp
lump
I.F.O.P.
flop
drop
trop
stop
Rapp
Bopp
lisp
R.A.T.P.
coup
houp
Loup
loup
youp
Cuyp
Iraq
Lacq
Cinq
cinq
Saar
Lear

Afar
Agar
Char
char
Thar
Omar
'Umar
anar
épar
Isar
ksar
tsar
star
Hvar
czar
tzar
micr-
Badr
aber
Ader
Oder
béer
réer
Eger
Cher
cher
fier
hier
Lier
lier
nier
amer
Ymer
Aser
oser
user
Yser
ôter
Auer
Guer
huer
muer
Nuer
nuer
puer
ruer
suer
tuer
Tver
axer
oxer
Bohr

Ruhr
haïr
pair
Vair
vair
Meir
agir
émir
Ymir
unir
coir
hoir
Loir
loir
Noir
noir
soir
voir
'Asīr
cuir
fuir
ouïr
Ador
Ghor
Thor
Dior
Anor
Györ
Barr
Karr
Parr
Berr
Kerr
birr
torr
brrr
Miṣr
S.S.S.R.
Baur
gaur
Maur
saur
beur
heur
leur
peur
Chur
cour
Dour
four
gour
jour

pour
Sour
tour
azur
Maas
Waas
Egas
chas
Dias
lias
glas
amas
Boas
upas
bras
Gras
gras
Kras
kvas
kwas
M.S.B.S.
S.S.B.S.
lacs
Pécs
Lods
lods
Waes
ides
Sées
Alès
C.N.E.S.
Inês
unes
Arès
Grès
grès
ores
près
très
Ases
Cues
nues
vues
Ives
Yves
Uzès
legs
Ochs
Bais
dais
jais
Laïs

lais
mais
maïs
Rais
raïs
Saïs
ibis
Acis
reis
Agis
Amis
émis
omis
anis
R.N.I.S.
bois
fois
Gois
mois
pois
Rois
Apis
bris
Criş
Gris
gris
Iris
iris
pris
Isis
buis
huis
puis
avis
axis
bals
cals
gals
Hals
pals
sals
Vals
vals
sels
Wels
Igls
ails
fils
Wols
Homs
bans
dans

Lans
sans
cens
gens
Lens
Mens
Sens
sens
Pins
Enns
Lons
Mons
Pons
Huns
Laos
naos
ados
clos
Amos
Boos
Loos
Cros
Éros
éros
Gros
gros
laps
reps
seps
Lips
cops
Rops
Aups
Bars
Fārs
gars
jars
Kars
Mars
mars
Vars
cers
fers
Gers
Hers
Mers
pers
Sers
vers
C.N.R.S.
fors
hors

lors
mors
tors
murs
Ours
ours
Bass
jass
Tass
yass
Bess
Hess
mess
Ness
Liss
miss
riss
boss
Ross
Voss
U.R.S.S.
Wyss
mets
rets
arts
Caus
abus
obus
P.C.U.S.
feus
Reus
Zeus
plus
anus
nous
Sous
sous
tous
vous
opus
Prus
urus
usus
Oxus
news
pays
Rays
boys
goys
Atys
Guys
Puys

abat
scat
beat
béat
Déat
méat
A. F. A. T.
afat
chat
khat
Fiat
fiat
ikat
flat
plat
Prat
état
Axat
kyat
oyat
Wyat
tact
hect-
C.F.D.T.
Todt
Alet
blet
Clet
flet
îlet
Smet
Anet
Onet
crêt
fret
prêt
guet
Huet
muet
suet
raft
Taft
pfft
lift
Rift
rift
loft
baht
fait
lait
rait
obit
édit
coït
doit
soit
toit
frit
cuit
duit
huit
nuit
Avit
exit
Fijt
malt
SALT
Belt
kilt
silt
tilt
colt
volt
Ault
Sylt
gant
Kant
tant
cent
dent
Gent
gent
Kent
lent
Vent
vent
oint
dont
mont
Pont
pont
Hunt
abot
écot
Scot
phot
Thot
Biot
flot
îlot
plot
foot
Spot
spot
trot
stot
Lyot
rapt
Sept
sept
Bart
fart
hart
kart
part
Bert
Vert
vert
bort
Fort
fort
Gort
Mort
mort
Nort
Oort
port
sort
tort
hast
lest
Pest
test
West
zest
List
Rist
zist
host
Most
Fust
Füst
must
Oust
oust
GATT
Watt
watt
Pitt
Witt
Pott
Pott
Butt
putt
haut
saut
pfut
chut
Cnut
Knut
août
bout
coût
goût
moût
tout
brut
Prut
beau
Léau
peau
seau
veau
Thau
Piau
Viau
unau
grau
Ésaü
étau
Cebu
zébu
embu
imbu
accu
déçu
reçu
vécu
cocu
indu
dodu
ardu
urdu
dieu
fieu
lieu
pieu
Bleu
bleu
émeu
pneu
voeu
areu
aveu
Idfū
Gifu
Mi Fu
Kōfu
Du Fu
bégu
Pegu
aigu
Zogu
dahu
Oahu
échu
Jéhu
Wuhu
palu
valu
Yalu
relu
velu
tolu
Lulu
lulu
Oulu
Sulu
S.A.M.U.
menu
tenu
ténu
venu
chou
Thou
clou
flou
Amou
émou
Anou
gnou
Brou
brou
prou
trou
Isou
itou
repu
Daru
paru
écru
féru
Méru
Perú
guru
kuru
insu
issu
ossu
Ōtsu
Bātū
fétu
têtu
vêtu
hotu
Hutu
Tutu
tutu
revu
Kivu
A.D.A.V.
Olav
Kiev
Lvov
Azov
Merv
MIRV
Shaw
show
Blow
slow
Crow
Lwów
Sfax
Ajax
apax
trax
Onex
apex
faix
Paix
paix
Alix
Foix
noix
Poix
poix
voix
prix
aulx
lynx
Inox
Knox
Marx
baux
Caux
eaux
faux
maux
taux
Vaux
vaux
ceux
deux
feux
jeux
yeux
flux
doux
houx
Joux
poux
Roux
roux
toux
onyx
Pnyx
oryx
Styx
Agay
Clay
Bray
Gray
gray
Wray
K-way
baby
Alby
Auby
Duby
Juby
Tuby
Pacy
Arcy
Lucy
Sucy
lady
Eddy
Indy
body
Scey
Grey
Urey
Dufy
Nagy
Vigy
Lely
Agly
moly
poly
Arly
Orly
Isly
Lyly

4 Lamy
mamy
Demy
Remy
5 Vimy
Cany
Gény
Igny
Osny
Bloy
Amoy

papy
cary
Gary
Mary
Déry
Méry
Airy
Viry
Tory
tory
Orry

jury
Évry
Ivry
aisy
cosy
Assy
Issy
Baty
City
Coty
Roty

Haüy
Jouy
Mouy
Davy
Ervy
sexy
Buxy
Lizy
Luzy
Díaz
Graz

Praz
Łódź
Páez
chez
Diez
Riez
Suez
quiz
Ruiz
Aviz
Belz

ranz
Benz
Lenz
Linz
günz
Booz
Broz
Harz
Merz
Görz

Batz
Katz
Metz
Retz
Witz
witz
Yutz
Bruz
Cruz
jazz

5

Bekaa
Beqaa
Kaaba
Shaba
Akaba
‘Aqaba
Taïba
Chiba
Galba
Melba
gamba
Kamba
mamba
samba
Pemba
Nimba
Zomba
rumba
Sumba
E.N.S.B.A.
nouba
Aruba
tsuba
abaca
Vraca
ataca
Dacca
tacca
decca
yucca
ipéca
spica
Arica
Talca
panca

Vinça
Broca
atoca
Lorca
Tosca
Cauca
Nazca
nazca
Gadda
Lydda
Breda
Saida
Saïda
Blida
Wajda
Oujda
Fulda
Ganda
panda
vanda
Benda
Venda
Fonda
Mundā
Munda
munda
barda
Varda
Borda
Korda
Gouda
gouda
Ṣaydā
cobéa
Médéa

soleá
Luleå
Ivrea
hévéa
fovéa
Ouvéa
Jaffa
diffa
luffa
Haïfa
loofa
Braga
oméga
Onega
saïga
taïga
valga
Volga
ganga
Tanga
linga
conga
Tonga
Varga
Verga
Iorga
Ourga
Omaha
Praha
Sebha
kacha
Mácha
pacha
‘Ā’icha
Rocha

Mucha
Arīḥā
Cunha
alpha
typha
Cerha
Matha
Botha
Gotha
gotha
Hoxha
Praia
tibia
média
podia
mafia
tafia
Sofia
Bahia
Askia
Malia
melia
Allia
Iulia
Julia
Zulia
Lamía
tamia
zamia
ténia
Munia
sépia
Appia
paria
varia

Zaria
Beria
feria
Doria
noria
Soria
furia
à quia
rayia
Bhājā
Miaja
Nadja
Ḥodja
Écija
Jinja
Rioja
rioja
Abuja
Dhaka
Ōsaka
nebka
Bubka
vodka
Kafka
hakka
polka
panka
tanka
Dinka
tonka
Trnka
Açoka
Aśoka
Kupka
parka

Furka
Kotka
houka
stuka
Žižka
Scala
Viala
smala
koala
Atala
tabla
qibla
Tadla
voilà
M’sila
Ávila
Hekla
Balla
calla
Falla
Galla
Valla
cella
Pella
Ḥilla
Villa
villa
mulla
Sulla
Sylla
Simla
Scola
Ndola
Diola
Akola

5

Imola
Isola
Tesla
tesla
Wisła
Mitla
Adula
Toula
uvula
Abyla
guzla
Tuzla
shama
Glâma
Padma
uléma
énéma
tréma
magma
sigma
Balma
Palma
Talma
gamma
comma
karma
Lerma
Norma
fatma
douma
Adana
Ghāna
Ghana
Ohana
Thāna
Piana
grana
asana
Hodna
Pydna
faena
Adena
Aréna
Tafna
cagna
jaïna
Maïna
Dvina
Jamnā
Jumna
canna
Senna
Cinna
sunna
Poona
Varna
Batna
Paṭnā
sauna
Socoa
Samoa
Amapá
prépa
Weipa
Pampa
pampa
Tampa
sympa
L-dopa
cappa
kappa
kippa
coppa
Foppa
Vespa
stupa
Raqqa
Zarqā'
Ceará
Tzara
sabra
Cobra
cobra
Accra
L.I.C.R.A.
Lycra
Indra
mudra
Hydra
opéra
Brera
infra
daïra
naira
Beira
Feira
Moira
agora
Thora
Vlora
Évora
Capra
copra
supra
Carrà
Larra
serra
Baṣra
Mátra
Pétra
Nitra
ultra
Dutra
sutra
extra
Saura
Piura
goura
Koura
lavra
Vaasa
Gafsa
balsa
salsa
Tulsa
sensa
Xhosa
Mjøsa
Arosa
Harṣa
Marsa
Bursa
Byrsa
Massa
yassa
Lissa
Nissa
Plata
Macta
recta
Gaeta
thêta
pietà
dzêta
Keita
S.E.I.T.A.
Akita
U.N.I.T.A.
Suita
Ialta
Salta
Yalta
Delta
delta
pelta
Volta
Lanta
Ṭanṭā
quota
Gupta
Warta
Cirta
Horta
basta
rasta
Vesta
Costa
Matta
Motta
Ceuta
Liu-ta
Ōmuta
Nahua
nahua
caoua
Adoua
Capua
Juruá
Álava
Opava
cueva
Neiva
Shiva
Oliva
calva
halva
selva
Silva
carva
Narva
Nerva
Litva
Touva
Urawa
Ōmiya
oriya
Kenya
Konya
Sūrya
thuya
Icaza
Ibiza
colza
sanza
Penza
Monza
Hunza
Tisza
Couza
pizza
nabab
rabab
rebab
Achab
Assab
Akyab
Glubb
acheb
Horeb
Kateb
sahib
Namib
plomb
rhumb
Crumb
Jacob
Gharb
Rharb
scrub
Isaac
tabac
Lubac
Le Gac
gaïac
Najac
Dulac
hamac
sumac
Nérac
sérac
Dirac
couac
rebec
Orbec
échec
Briec
Malec
Perec
Aurec
ORSEC
kabic
indic
asdic
dolic
panic
Binic
repic
Tepic
aspic
Auric
lyric
basic
couic
Blanc
blanc
flanc
franc
ajonc
tronc
Médoc
médoc
ad hoc
sinoc
Maroc
Duroc
estoc
clerc
caduc
Leduc
Tu Duc
Le Luc
plouc
bagad
Tchad
Akkad
Aḥmad
Árpád
farad
Murad
E.N.S.A.D.
Fouad
El-Wad
Riyāḍ
Ziyad
Tweed
tweed
taled
Ahmed
plaid
Irbid
froid
Ohrid
David
Nadjd
Nedjd
Weald
Field
fjeld
Fould
Aland
éland
gland

5 Öland
Amand
Brand
grand
stand
quand
trend
Svend
blond
mound
Pound
round
éphod
Monod
flood
Girod
égard
liard
Érard
isard
Itard
huard
Tyard
Baird
laird
abord
fjord
Avord
gourd
hourd
lourd
sourd
tourd
chaud
Viaud
noeud
Freud
Nufūd
palud
Mulud
Cloud
Lloyd
Baiae
Danaé
Pirae
novae
Raabe
arabe
crabe
trabe
niébé
glèbe
plèbe
grèbe
amibe
bribe
galbe
galbé
bulbe
gambe
iambe
ïambe
jambe
limbe
nimbe
nimbé
bombe
bombé
combe
tombe
tombé
adobe
Niobé
globe
snobé
arobe
orobe
probe
Barbe
barbe
barbé
gerbe
gerbé
herbe
herbé
serbe
verbe
birbe
sorbe
turbe
türbe
daube
daubé
Laube
agace
agacé
Glace
glace
glacé
place
placé
grâce
trace
tracé
Stace
Lecce
S.D.E.C.E.
nièce
pièce
Boèce
Grèce
slice
slicé
joice
épice
épicé
Erice
dolce
Gance
lance
lancé
Rance
rance
Rancé
tancé
pence
Tence
Vence
mince
pince
pincé
rincé
foncé
joncé
nonce
Ponce
ponce
poncé
ronce
Croce
darce
farce
garce
berce
bercé
cerce
gerce
gercé
perce
Percé
percé
tercé
Circé
Force
force
forcé
Korçë
fasce
fascé
vesce
sauce
saucé
douce
pouce
épucé
Bruce
Joyce
Baade
Meade
Reade
clade
Amade
bradé
grade
gradé
stade
ruade
évadé
dyade
Egede
tiède
guède
Suède
suède
suédé
laide
raide
acide
séide
égide
Élide
élidé
amide
imide
Cnide
roide
apidé
aride
bride
bridé
oside
Guide
guide
guidé
suidé
avide
évidé
Ovide
ovidé
gilde
tilde
Wilde
Nolde
solde
soldé
bande
bandé
Candé
lande
Mandé
mandé
Zandé
Mende
Mendé
Tende
dinde
Linde
Pinde
bonde
bondé
Condé
condé
fondé
monde
mondé
ronde
Sonde
sonde
sondé
géode
diode
anode
apode
épode
brodé
Erode
érodé
exode
ixode
barde
bardé
carde
cardé
dardé
farde
fardé
Garde
garde
gardé
harde
hardé
jarde
lardé
sarde
Tarde
tardé
merde
merdé
Verde
borde
bordé
corde
cordé
horde
nordé
kurde
caudé
gaude
taude
leude
Zhu De
éludé
boudé
coude
coudé
soude
soudé
prude
étude
Leyde
Clyde
oxyde
oxydé
Albee
Elbée
cobée
lobée
Eubée
jacée
racée
Nicée
Alcée
lycée
fadée
Médée
ridée
ondée
codée
iodée
sodée
Judée
gagée

5

Tégée
Aggée
figée
Vigée
augée
athée
chiée
criée
calée
hâlée
palée
salée
talée
Valée
fêlée
gelée
mêlée
Pelée
pelée
zélée
ailée
allée
bolée
colée
tôlée
volée
culée
camée
famée
lamée
ramée
Le Mée
Némée
almée
bômée
armée
fumée
panée
adnée
gênée
menée
Renée
ignée
aînée
vinée
année
innée
zonée
apnée
Ernée
usnée
aunée

lunée
capéé
napée
râpée
tapée
cépée
pépée
pipée
typée
marée
tarée
aérée
Nérée
Pérée
agréé
cirée
tirée
virée
Borée
borée
Corée
dorée
Gorée
Morée
toréé
Spree
Arrée
Atrée
curée
durée
jurée
purée
Ivrée
pesée
aisée
risée
visée
ansée
I.N.S.E.E.
posée
rosée
fusée
jusée
musée
rusée
batée
bâtée
pâtée
ratée
actée
jetée
tétée

litée
mitée
Antée
entée
cotée
potée
butée
futée
bouée
douée
fouée
jouée
rouée
touée
cavée
lavée
levée
rêvée
buvée
cuvée
foxée
rayée
moyée
noyée
gazée
baffe
gaffe
gaffé
biffe
biffé
piffé
riffe
tiffe
Tuffé
golfe
Golfe
Wolfe
surfé
adage
péage
phage
liage
plage
image
imagé
orage
usage
usagé
étage
étagé
otage
stage

nuage
suage
tuage
badge
Liège
liège
liégé
piège
piégé
siège
siégé
Boëge
drège
Frege
grège
joggé
Pogge
Adige
beige
neige
neigé
épigé
érigé
exigé
belge
bulge
Bange
Cange
cange
Dangé
fange
Gange
lange
langé
mangé
rangé
Tange
vengé
linge
singe
singé
conge
congé
longe
longé
Monge
Ponge
pongé
rongé
songe
songé
Synge

éloge
barge
large
marge
margé
targe
berge
Hergé
Serge
serge
sergé
verge
vergé
forge
forgé
gorge
gorgé
Morge
Norge
purge
purgé
bauge
Baugé
jauge
jaugé
sauge
Kluge
bouge
bougé
fougé
gouge
Rouge
rouge
Rougé
Souge
vouge
grugé
Brahe
bâche
bâché
cache
caché
fâché
gâche
gâché
hache
haché
kache
lâche
lâché
mâche
mâché

Pache
tache
taché
tâche
tâché
vache
bêche
bêché
dèche
lèche
léché
mèche
méché
péché
pêche
pêché
rêche
sèche
séché
aiche
aiché
biche
biché
fiche
fiché
liché
miche
niche
niché
riche
Elche
anche
boche
Coche
coche
coché
côché
Hoche
hoché
loche
loché
Moche
moche
Moché
poche
poché
roche
roché
arche
Arche
esche
esché

5

bûche
bûché
duché
huche
huché
juché
Ouche
ouche
puche
Ruche
ruche
ruché
Hai He
évohé
raphé
hyphe
Nashe
Mathé
Pathé
Bethe
Léthé
Bothe
mythe
Couhé
thaïe
claie
plaie
craie
vraie
Isaïe
gabie
labié
gobie
Tobie
lubie
Nubie
Dacie
Sicié
vicié
Lucie
Lycie
radié
dédié
Médie
rédie
oïdie
Vidie
Lydie
défié
méfié
magie
régie

ligie
vigie
algie
bogie
orgie
palie
délié
relié
vélie
bilié
cilié
allié
enlié
Éolie
folie
folié
jolie
polie
dulie
Julie
lamie
mamie
ramie
demie
momie
manie
manié
sanie
dénié
génie
Henie
renié
finie
Ionie
sonie
tonie
punie
broie
groie
proie
Troie
lapié
pépie
pépié
impie
copie
copié
expié
Carie
carie
carié
Marie

marié
parié
varié
écrié
férie
férié
périe
série
sérié
girie
borie
strie
strié
Burie
Curie
curie
furie
kyrie
Syrie
Basie
Mésie
Sosie
sosie
Mysie
bâtie
Satie
pitié
lotie
rôtie
sotie
ortie
Ostie
tutie
pluie
truie
Pavie
pavie
ravie
obvie
obvié
dévié
Livie
envie
envié
Lowie
taxie
lexie
dixie
nazie
gadjé
Meije
poljé

Blake
Drake
Lübke
Locke
Speke
Rilke
Ranke
choke
Hooke
Stoke
jerké
Burke
Hawke
Saale
écale
écalé
féale
réale
égale
égalé
châle
tjäle
anale
opale
orale
étale
étalé
duale
avalé
ovale
uvale
awalé
câble
câblé
fable
Gable
gable
gâble
jable
jablé
nable
râble
râblé
sable
Sablé
sablé
table
tablé
yèble
Bible
bible
cible

ciblé
pible
riblé
amble
amblé
omble
noble
bâcle
bâclé
macle
maclé
racle
raclé
tacle
taclé
Uccle
giclé
sicle
oncle
socle
cycle
iodlé
jodlé
yodlé
obèle
Adèle
vièle
poêle
poêlé
épelé
brêlé
frêle
grêle
grêlé
prèle
prêle
atèle
stèle
rafle
raflé
nèfle
gifle
giflé
rifle
riflé
enflé
mufle
règle
réglé
Aigle
aigle
bigle

biglé
sigle
angle
ongle
onglé
bugle
Zahlé
baile
édile
Odile
agile
Émile
poilé
toile
voile
voilé
zoïle
épilé
asile
utile
huile
huilé
ruilé
tuile
tuilé
axile
exilé
balle
ballé
dalle
dallé
Galle
galle
Gallé
Halle
halle
Malle
malle
palle
rallé
salle
Sallé
talle
tallé
belle
Celle
celle
Delle
Melle
pelle
pellé
selle

sellé
telle
Zelle
aillé
bille
billé
cillé
fille
gille
Lille
Mille
mille
nille
oille
pillé
Sillé
tille
tillé
ville
Villé
colle
collé
folle
molle
mollé
Rolle
tollé
bulle
bullé
Lulle
nulle
Tulle
tulle
obole
école
idole
geôle
fiole
viole
violé
Nkolé
gnole
Boole
Poole
Opole
arole
drôle
frôlé
grole
isolé
étole
ample
asple
Carle
harle
Marle
parlé
ferlé
merle
perle
perlé
hurlé
ourlé
Nesle
Vesle
Lisle
Risle
Gaule
gaule
gaulé
Maule
saule
taule
Taulé
éculé
adulé
Deûle
feulé
meule
meulé
peule
seule
veule
Thulé
ululé
émule
émulé
inule
Boule
boule
boulé
boulê
coule
coulé
foule
foulé
goule
houle
ioulé
Joule
joule
moule
moulé
poule
roule
roulé
Soule
soûle
soûlé
Brûlé
brûlé
ovule
ovulé
uvule
Gävle
Bayle
acyle
Beyle
chyle
amyle
Boyle
Doyle
Hoyle
aryle
style
stylé
agame
blâme
blâmé
clamé
brame
bramé
cramé
drame
prame
trame
tramé
étamé
thème
blême
noème
poème
Brême
brème
crème
crémé
dogme
Vehme
Böhme
abîme
abîmé
écimé
seime
élimé
animé
brimé
crime
frime
frimé
grime
grimé
prime
primé
trimé
oxime
Balme
calme
calmé
Palme
palme
palmé
filmé
gamme
Hamme
femme
gemme
gemmé
lemme
comme
gomme
gommé
homme
Lomme
nommé
pomme
pommé
Somme
somme
sommé
tomme
chômé
biome
glome
amome
gnome
zoomé
arôme
brome
bromé
Drôme
drome
Prome
atome
myome
carme
larme
Parme
parme
berme
derme
ferme
fermé
germe
germé
terme
firme
corme
forme
formé
Lorme
norme
normé
Cosme
baume
Baumé
baumé
Gaume
paume
paumé
écume
écumé
neume
rhume
rhumé
Fiume
glume
plume
plumé
boumé
brume
brumé
grume
chyme
abyme
azyme
Saane
ahané
thane
Diane
diane
liane
flâne
flâné
glane
glané
plane
plané
émané
Crane
crâne
crâné
urane
hydne
ébène
scène
chêne
diène
Wiene
akène
alêne
glène
gléné
amené
amène
foène
foëne
arène
créné
frêne
grené
Irène
axène
hyène
Syène
ozène
bagne
cagne
fagne
gagné
Magne
magné
pagne
règne
régné
Digne
digne
Ligne
ligne
Ligné
ligné
Migne
pigne
signe
signé
vigne
cogne
cogné
pogne
rogne
rogné
bugne
Cygne

5

cygne
daine
faine
gaine
gainé
haine
jaïne
laine
lainé
Maine
naine
Paine
rainé
saine
Taine
vaine
Udine
Heine
Leine
peine
peiné
reine
Seine
seine
veine
veiné
zéine
Égine
Ugine
Chine
chine
chiné
Rhine
Kline
Pline
amine
aminé
imine
koinè
moine
épine
épiné
opiné
érine
trine
urine
uriné
usine
usiné
puîné
Quine
quine
quiné
ruine
ruiné
aviné
ovine
oviné
Aulne
aulne
damné
Temné
Timné
hymne
banne
canne
canné
manne
panne
panné
tanne
tanné
vanne
vanné
benne
henné
Penne
penne
penné
renne
Senne
senne
Yenne
Linné
Minne
pinne
bonne
conne
Donne
donne
donné
nonne
sonné
tonne
tonné
Yonne
Saône
icône
Leone
phone
Rhône
clone
cloné
anone
Boone
Épône
drone
irone
prône
prôné
trône
trôné
atone
Stone
axone
ozone
ozoné
hypne
carne
Carné
carné
darne
Marne
marne
marné
Berne
berne
berné
cerne
cerné
Herne
Lerne
terne
Verne
verne
borne
borné
corne
corné
morne
morné
Torne
turne
Aisne
Cosne
Faune
faune
Jaune
jaune
sauné
jeune
jeûne
jeûné
Rhune
thune
aluné
Brune
brune
prune
Payne
Wayne
Seyne
Veyne
Boyne
De Foe
Defoe
méloé
Chloé
Siloé
Comoé
canoë
Féroé
Méroé
agape
chape
chapé
SHAPE
drapé
étape
crêpe
crêpé
guêpe
chipé
fripe
fripé
tripe
stipe
guipé
Calpé
palpe
palpé
salpe
pulpe
campé
hampe
lampe
lampé
rampe
rampé
vampé
Sempé
tempe
pompe
pompé
écope
écopé
chope
chopé
clope
dropé
trope
Ésope
myope
happe
happé
jappé
nappe
nappé
zappé
cippe
Lippe
lippe
nippe
nippé
tippé
zippé
huppe
huppé
carpe
carpé
harpe
herpe
serpe
Gaspé
jaspe
jaspé
gaupe
taupe
taupé
coupe
coupé
loupe
loupé
poupe
soupe
soupé
drupe
Icare
scare
égaré
O'Hare
phare
tiare
tiaré
avare
cabré
Fabre
Habré
Labre
labre
sabre
sabré
Vabre
zabre
Debré
zèbre
zébré
fibre
libre
Tibre
vibré
ambre
ambré
ombre
ombré
robre
sobre
arbre
macre
nacre
nacré
sacre
Sacré
sacré
Ancre
ancre
ancré
encre
encré
lucre
Sucre
sucre
sucré
cadre
cadré
ladre
Madre
madré
cèdre
cidre
André
Indre
Erdre
ordre
ordré
hydre
Caere
ibère
obéré
acéré
chère
bière

5

fière
Bléré
amère
moere
moëre
opéré
Frère
frère
Isère
stère
stéré
guère
avéré
Evere
bâfré
cafre
safre
Affre
offre
fifre
pagre
degré
nègre
pègre
Segrè
Segré
Sègre
Aigre
aigre
bigre
migré
Tigre
tigre
Tigré
tigré
Ingré
Baire
faire
haire
Maire
maire
paire
raire
taire
vairé
Zaïre
zaïre
sbire
adiré
élire
boire
Coire

Doire
foire
foiré
Loire
Moire
moire
moiré
Noire
noire
poire
poiré
voire
Épire
Spire
spire
frire
étiré
buire
cuire
luire
nuire
Solre
genre
acore
score
adoré
clore
Flore
flore
Vlorë
Moore
spore
store
câpre
lèpre
cipre
aspre
Dupré
Barre
barre
barré
carre
carré
Jarre
jarre
marre
marré
narré
Sarre
Berre
Ferré
ferré

perré
Serre
serre
serré
terre
terré
verre
verré
cirre
pâtre
hêtre
mètre
métré
pétré
litre
Mitre
mitre
mitré
nitre
nitré
pitre
titre
titré
vitre
Vitré
vitré
antre
entre
entré
cotre
notre
nôtre
votre
vôtre
astre
autre
outre
outré
Aytré
Faure
Fauré
laure
lauré
Maure
maure
sauré
taure
écuré
heure
liure
amure
amuré

gouré
loure
louré
Touré
apuré
épure
épuré
usure
Sture
azuré
Favre
havre
navré
Wavre
lèvre
sevré
givre
givré
livre
livré
vivre
vivré
ouvré
Leyre
Veyre
Koyré
apyre
Chase
phase
ukase
blase
blasé
A.N.A.S.E.
arasé
brasé
crase
frasé
O.T.A.S.E.
stase
évasé
obèse
thèse
dièse
diésé
alèse
alésé
blésé
Émèse
tmèse
noèse
grésé
Baïse

baise
baisé
Meise
alise
anisé
Boise
boisé
moise
moisé
Moïse
moïse
noise
poise
toise
toisé
voisé
arisé
brise
brisé
crise
Frise
frise
frisé
grise
grisé
irisé
prise
prisé
Guise
guise
puisé
avisé
salse
valse
valsé
Celse
pulsé
Temse
danse
dansé
ganse
gansé
Hanse
hanse
manse
panse
pansé
censé
dense
mense
pensé
sensé

Ronse
chose
alose
close
glose
glosé
gnose
Orose
prose
ptôse
lapse
Lipse
gypse
darse
tarse
herse
hersé
Perse
perse
tersé
verse
versé
cirse
Corse
corse
corsé
Morse
morse
torse
nurse
Ourse
ourse
basse
Casse
casse
cassé
Hasse
lasse
lassé
masse
Massé
massé
nasse
passe
passé
sassé
Tasse
tasse
tassé
Besse
cesse
cessé

5

fesse
fessé
gesse
Hesse
messe
pesse
vesse
vessé
bisse
bissé
hisse
hissé
lisse
lissé
pisse
pissé
tissé
vissé
Bosse
bosse
bossé
cosse
Cossé
cossé
dosse
fosse
fossé
gosse
rosse
rossé
tossé
gusse
mussé
russe
Rotsé
cause
causé
lause
pause
pausé
abusé
Meuse
yeuse
cluse
amusé
bouse
payse
physe
Abate
béate
agate
skate

plate
épate
épaté
urate
ouate
ouaté
ovate
jacté
lacté
pacte
becté
secte
dicté
docte
Gaète
thète
diète
piété
Viète
gnète
boëte
poète
arête
Crète
crête
crêté
frété
prête
prêté
étêté
guète
quête
quêté
cafté
lifté
aphte
faite
faîte
gaîté
laite
laité
saïte
édité
déité
agité
White
alité
élite
imité
unité
boité
boîte

coite
coïté
moite
épite
frite
usité
otite
cuite
cuité
duite
fuite
suite
évité
balte
calté
halte
Malte
Malte
malté
celte
pelte
pelté
velte
volte
volté
culte
Comte
comte
comté
Dante
ganté
hanté
jante
mante
pante
santé
tante
vanté
Xante
Zante
denté
fente
lente
pente
rente
renté
sente
tente
tenté
vente
venté
ointe

pinte
pinté
tinté
bonté
conte
Conté
conté
fonte
honte
Jonte
Monte
monte
monté
ponte
ponté
tonte
junte
à-côté
écoté
Lhote
biote
rioté
Flote
ilote
prote
azote
azoté
capté
lepte
copte
carte
carté
farté
marte
tarte
ferté
perte
serte
verte
aorte
Corte
forte
Morte
morte
Porte
porte
porté
sorte
myrte
Syrte
baste
caste

faste
hasté
vaste
ceste
geste
leste
lesté
peste
pesté
reste
resté
testé
veste
zeste
zesté
ciste
liste
listé
piste
pisté
Aoste
poste
posté
buste
Juste
juste
ouste
Yuste
kyste
xyste
batte
datte
gatte
gatté
jatte
latte
latté
matte
natte
natté
patte
patté
Bette
bette
cette
dette
Jette
lette
nette
tette
bitte
Vitte

Witte
botte
botté
Cotte
cotte
hotte
hotté
lotte
motte
motté
sotte
butte
butté
hutte
lutte
lutté
putté
faute
fauté
haute
saute
sauté
meute
chute
chuté
bluté
flûte
flûté
aoûté
bouté
coûté
doute
douté
goûté
joute
jouté
route
routé
soute
toute
voûte
voûté
brute
gruté
sexte
texte
mixte
Sixte
sixte
Leyte
alyte
embue

embué
imbue
erbue
déçue
reçue
vécue
cocue
indue
dodue
ardue
lieue
bleue
queue
bague
bagué
dague
ragué
vague
vagué
bègue
béguë
légué
aiguë
bigue
ciguë
digue
figue
gigue
Ligue
ligue
ligué
zigue
algue
bogue
dogue
rogue
rogué
vogue
Vogüé
vogué
argué
argüé
Ergué
orgue
fugue
fugué
cohue
Balue
salué
velue
dilué
remue

remué
dénué
menue
tenue
ténue
venue
sinué
Éboué
cloué
floue
floué
énoué
Droué
froué
proue
troué
avoué
repue
caque
caqué
Éaque
jaque
laque
laqué
maque
maqué
pâque
raqué
saqué
taque
taqué
vaqué
bique
Mique
nique
pique
piqué
tique
tiqué
coque
loque
moque
moqué
poqué
roque
roqué
toque
toqué
arqué
orque
asque
osque

nuque
tuque
écrue
férue
morue
sprue
Josué
issue
ossue
têtue
vêtue
situé
bévue
revue
sexué
agave
agavé
Piave
clavé
élavé
slave
épave
brave
bravé
crave
Drave
drave
dravé
Grave
grave
gravé
suave
Scève
élevé
élève
Kleve
brève
crevé
crève
drève
Grève
grève
grevé
trêve
Jahvé
Yahvé
naïve
ogive
clivé
olive
Brive
drive

drivé
grive
privé
juive
avivé
salve
valve
valvé
selve
volve
vulve
sylve
sanve
larve
larvé
varve
Herve
Hervé
serve
verve
morve
torve
fauve
mauve
Sauve
sauve
sauvé
neuve
oeuvé
veuve
couvé
douve
Houve
Jouve
louve
louvé
étuve
étuvé
Kabwe
biaxe
Araxe
Ubaye
égayé
Blaye
drayé
frayé
Ysaye
étayé
Debye
debye
Libye
Selye

aboyé
choyé
ployé
broyé
Barye
barye
blaze
pièze
alézé
Brézé
guèze
gaize
laize
Taizé
seize
alize
alizé
Flize
brize
Avize
Janzé
Henze
bonze
gonze
Berzé
Eauze
lauze
Mauzé
douze
Druze
druze
Graaf
pilaf
mataf
grief
Le Kef
bénef
bésef
bézef
blaff
staff
Rueff
skiff
sniff
Wolff
Banff
Lwoff
bluff
récif
nocif
gélif
canif

manif
tarif
périf
oisif
datif
hâtif
M.A.T.I.F.
natif
actif
Rétif
rétif
Sétif
motif
votif
bouif
revif
Woolf
Wolof
wolof
wharf
Whorf
smurf
beauf
boeuf
Joeuf
éteuf
Hufūf
Chouf
Diouf
plouf
Sohag
oflag
Grieg
Bragg
Craig
kabig
Zadig
Zweig
anti-g
mézig
sézig
tézig
écang
Chang
xiang
slang
étang
Laing
seing
coing
Loing
poing

5

dring
Ts'ing
Ewing
swing
Along
Meung
Neung
Young
Magog
Kharg
Bourg
bourg
Rabah
Sabah
Kedah
schah
rajah
Allāh
Shoah
Sarah
Torah
surah
syrah
Phtah
pouah
Leach
coach
krach
Buëch
Reich
ranch
Hench
winch
lunch
Munch
punch
Lynch
Lynch
Bloch
Énoch
Hooch
looch
Broch
hasch
Pasch
Fesch
Bosch
catch
match
Patch
patch
ketch

kitch
pitch
sotch
Rouch
Aoudh
Esnèh
Gizeh
Neagh
Hoogh
Krogh
Waugh
rough
aleph
Stoph
clash
flash
smash
crash
Walsh
blush
flush
Baath
Heath
Elath
spath
aneth
Édith
Smith
Trith
Linth
Booth
Barth
Harth
Perth
Firth
Forth
Worth
Fürth
'Abduh
fedaï
bahaï
béhaï
Bohai
Po-hai
Sakai
Jókai
balai
délai
Sinaï
Coraï
koraï
Kasaï

Masai
assai
essai
Altaï
Douai
Houai
rabbi
alibi
halbi
lambi
zombi
Ricci
Amici
voici
Pulci
ranci
Sāñcī
Cenci
minci
Vinci
farci
merci
forci
durci
douci
souci
Saadi
Gaddi
tiédi
Mahdī
mahdi
raidi
roidi
tridi
candi
hindi
bondi
Gondi
lundi
duodi
Bardi
hardi
mardi
pardi
Verdi
verdi
nordi
ourdi
Gaudí
jeudi
Hebei
Hubei

Hefei
Ho-fei
Unkei
Ho-pei
suffi
soufi
réagi
élégi
Chigi
Golgi
Golgi
surgi
rougi
ébahi
spahi
trahi
rachi
Rachi
Kōchi
Righi
Delhi
Pen-hi
amphi
Kashi
Rashi
Hu Shi
sushi
Su Shi
Sethi
torii
hadji
Fidji
taiji
Meiji
meiji
Shiji
kanji
Ōgaki
Iwaki
Che-ki
t'ai-ki
Pen-k'i
Kinki
harki
Gorki
Hublī
oubli
Hūglī
Chili
Moili
avili
milli-

molli
Lulli
Paoli
aboli
aïoli
repli
ampli
empli
marli
sirli
Forli
Rütli
Pauli
oculi
Gazli
Zeami
agami
Miami
Djāmi
Itami
blêmi
frémi
atémi
calmi
otomi
Suomi
parmi
Fermi
fermi
dormi
Nurmi
roumi
Mbini
acini
blini
Inini
Luini
banni
zanni
henni
Nenni
nenni
honni
Leoni
agoni
Ngoni
Rioni
garni
Berni
Terni
terni
verni

jauni
réuni
aluni
bruni
Hanoi
monoï
paroi
arroi
en-soi
envoi
okapi
clapi
flapi
glapi
crépi
Hampi
sampi
Lippi
Coppi
youpi
Benqi
Chari
Inari
a pari
cabri
labri
décri
indri
chéri
émeri
guéri
azéri
Negri
aigri
Henri
maori
Diori
Capri
barri
marri
Berri
Ferri
terri
pétri
cauri
ahuri
houri
souri
quasi
saisi
moisi
Grisi

5

Hansi
ainsi
lapsi
farsi
parsi
rassi
Sissi
Mossi
Rossi
aussi
Tutsi
Wou-si
glati
Amati
amati
coati
abêti
Preti
mufti
Lahti
Haïti
moiti
Krìti
Fanti
nanti
centi-
menti
senti
Conti
Monti
Ponti
Mopti
Martí
parti
serti
corti
sorti
Eesti
Misti
insti
rösti
Hatti
Patti
Pitti
putti
tutti
Mbuti
Piauí
bleui
enfui
Anhui
Fukui
celui
relui
ennui
inouï
appui
bravi
gravi
naevi
suivi
Calvi
carvi
Nervi
nervi
servi
couvi
Loewi
Craxi
Benxi
Guo Xi
Zhu Xi
Jiayi
Kia-yi
Belyï
P'ou-yi
zanzi
Laozi
lazzi
Pazzi
Gozzi
Tokaj
tokaj
Spaak
Isaak
Kodak
break
freak
steak
Kanak
kanak
Nānak
gopak
hopak
Perak
Husák
Batak
Dayak
kayak
Black
black
snack
arack
crack
Pieck
Tieck
click
brick
Crick
trick
stick
quick
Penck
Fonck
block
Pløck
Knock
Grock
stock
Marck
Berck
Yorck
Gluck
Kluck
truck
uzbek
Čapek
Hašek
Hayek
cheik
Iznik
Nāsik
Dusík
batik
Frank
Brink
drink
Brook
brook
kapok
Clark
Stark
quark
Ozark
beurk
Biisk
Tomsk
Minsk
plouk
Graal
kraal
Iqbal
fécal
bocal
focal
local
vocal
ducal
nucal
hadal
Widal
modal
nodal
idéal
iléal
Bréal
Tagal
tagal
vagal
légal
régal
jugal
glial
Trial
trial
axial
Cajal
Makal
Tikal
halal
Hilāl
Kemal
Uxmal
banal
canal
fanal
pénal
rénal
vénal
final
annal
sonal
tonal
zonal
papal
Népal
copal
nopal
viral
moral
dural
mural
Oural
rural
sural
basal
nasal
sisal
fatal
Natal
natal
octal
létal
métal
rital
Vital
vital
dotal
total
joual
Laval
naval
raval
Féval
Reval
nival
rival
Orval
Duval
coxal
gayal
riyal
loyal
royal
Rizal
Leibl
Lendl
Staël
Babel
label
Bebel
Le Bel
lebel
Rebel
Nobel
recel
Vedel
Bodel
Gödel
Model
idéel
Effel
Eifel
Kagel
pagel
dégel
Hegel
regel
Urgel
Sahel
Amiel
Criel
oriel
Triel
Jijel
Ukkel
Memel
Gomel
Fumel
jumel
panel
Vanel
Pinel
Monel
Lunel
napel
appel
Rupel
Farel
Borel
Forel
Morel
Sorel
Curel
Basel
Ussel
fusel
ratel
Vatel
bétel
untel
hôtel
motel
artel
autel
cruel
usuel
Davel
Havel
Javel
navel
Ravel
tavel
Revel
Texel
pixel
Bozel
Stahl
peuhl
émail
babil
Arbil

5

Erbil
Cecil
vieil
Breil
Creil
Bueil
Rueil
éveil
vigil
Idjil
Tamil
tamil
fenil
Genil
pénil
baril
péril
viril
toril
avril
Absil
fusil
Musil
outil
Deuil
deuil
feuil
seuil
civil
Trakl
Abell
Gsell
Lyell
Neill
Weill
Thill
drill
grill
krill
troll
atoll
scull
kreml
cobol
Tobol
licol
Nicol
nicol
aldol
shéol
algol
Gogol

ergol
Jehol
kohol
thiol
apiol
triol
salol
xylol
bémol
Carol
Tyrol
envol
Fayol
Mayol
Rayol
maërl
Kābul
bacul
recul
cucul
aïeul
Nieul
Méhul
Ellul
cumul
F.I.N.U.L.
Raoul
saoul
Séoul
fioul
Mosul
crawl
béryl
Herzl
Occam
secam
I.R.C.A.M.
Tcham
ogham
Priam
islam
Ménam
Annam
Céram
Agram
Hiram
E.N.S.A.M.
Assam
S.A.C.E.M.
modem
Duhem
Salem

Belém
Kanem
Sanem
Menem
harem
totem
claim
Ichim
Selim
kilim
denim
Arnim
Tarim
Perim
Vitim
Maxim
goyim
stemm
Grimm
Fromm
Radom
renom
bloom
groom
vroom
CD-ROM
Epsom
Bytom
Storm
Sturm
sébum
album
pedum
sédum
oléum
sagum
bégum
Nahum
opium
velum
vélum
pilum
fanum
broum
vroum
Axoum
sérum
forum
fatum
Tatum
taxum
caban

Laban
raban
Keban
Liban
Ziban
Alban
Duban
ruban
Lacan
Racan
décan
encan
padan
Medan
Médan
redan
Sedan
sedan
Aldan
paean
océan
clean
ASEAN
Pagan
Sagan
Logan
Behan
hi-han
Rohan
Orhan
Wuhan
Saïan
Irian
Évian
Séjan
pékan
Balan
balan
palan
Salan
Celan
uhlan
bilan
Milan
milan
Golan
Holan
Atlan
Dylan
Damān
daman
maman

Raman
Leman
Léman
Zeman
liman
'Ammān
roman
toman
Arman
Osman
atman
nanan
Yan'an
Henan
Renan
Agnan
Dinan
Jinan
Sinan
Conan
Ho-nan
Hunan
empan
Copán
Saran
varan
écran
Méran
Tiran
Coran
coran
joran
loran
Duran
Évran
tyran
Ḥasan
Masan
Pisan
pisan
Ulsan
mosan
Fusan
Pusan
Pātan
Satan
Vatan
gitan
mitan
titan
antan
Hotan

Wotan
autan
rouan
Lavan
Bevan
Sevan
divan
texan
Dayan
Royan
Bryan
Kazan
Ni Zan
Nizan
Haydn
Oeben
Ruben
Baden
Emden
loden
Arden
Auden
égéen
Green
green
Steen
Hagen
Rügen
Cohen
païen
chien
îlien
arien
Grien
Balen
Allen
Kölen
solen
Yémen
Ilmen
Emmen
lumen
rumen
Šumen
Yu-men
Yumen
hymen
Menen
Donen
Lünen
Papen
Eupen

5

Karen
Loren
Buren
Düren
Ibsen
Assen
Essen
Olten
Rouen
Elven
mayen
Payen
doyen
moyen
aryen
Plzeň
Bozen
foehn
Chain
djaïn
Alain
Blain
Clain
plain
drain
grain
train
Étain
étain
Yvain
Twain
Gabin
Rabin
Sabin
Yibin
robin
Tobin
Aubin
aubin
Lubin
Ficin
ricin
Socin
badin
gadin
ladin
radin
aldin
andin
ondin
Bodin
Rodin

Rhein
flein
Klein
plein
frein
Stein
affin
enfin
Rufin
vagin
Begin
Bégin
Elgin
engin
Ba Jin
Bakin
dakin
Pa Kin
Pékin
pékin
câlin
malin
salin
Belin
félin
vélin
Ahlin
filin
Jilin
Ki-lin
Colin
colin
Dolin
Rolin
Solin
solin
Wolin
gamin
Temin
cumin
canin
Janin
Manin
tanin
Bénin
bénin
Menin
menin
venin
Bonin
rônin
funin

khoin
groin
lapin
Papin
rapin
sapin
tapin
Pépin
pépin
Yi-pin
alpin
lopin
orpin
Dupin
Lupin
lupin
Pupin
rupin
supin
Carin
Marin
marin
tarin
Varin
Warin
écrin
serin
vérin
Ki-rin
borin
Kōrin
Morin
burin
Jurin
purin
surin
Turin
gyrin
Basin
basin
arsin
lusin
catin
latin
matin
mâtin
Patin
patin
satin
tétin
sit-in
Antin

potin
rotin
Artin
butin
lutin
mutin
Thuin
Bouin
Aquin
équin
Pavin
ravin
Açvin
Bevin
devin
Revin
divin
alvin
bovin
Aśvin
Lewin
Ne Win
Erwin
Vexin
Fuxin
Bazin
Mézin
Anzin
luzin
Thann
Brenn
djinn
Brünn
Flynn
Thaon
Craon
Gabon
Abbon
Ebbon
Le Bon
Lebon
ambon
Arbon
bubon
Bacon
bacon
façon
Macon
Mâcon
mâcon
maçon
tacon

accon
leçon
cocon
arçon
Luçon
suçon
radon
bedon
Redon
bidon
Didon
Sidon
codon
Odéon
odéon
Théon
Cléon
iléon
Créon
Fréon
lagon
Magon
wagon
digon
angon
Dogon
argon
Orgon
Jugon
Mahón
Othon
scion
Elion
Ilion
ilion
plion
anion
union
apion
Arion
Brion
brion
Orion
Avion
avion
Ixion
Dijon
Gijón
Nikon
Yukon
galon
jalon

Salon
salon
Talon
talon
Ablon
belon
Belon
Bélon
Delon
félon
Gélon
melon
selon
filon
Milon
Pilon
pilon
Colón
colon
côlon
Folon
Holon
Solon
Arlon
Orlon
mulon
Nylon
Ramon
démon
Hémon
Cimon
Limón
limon
Simon
Timon
timon
Ammon
jomon
armon
Aymon
canon
cañon
Fanon
fanon
Manon
Cenon
Denon
penon
renon
tenon
xénon
Zénon

5

Agnon
Ognon
binon
linon
sinon
Conon
Donon
Junon
capon
Japon
japon
lapon
tapon
pépon
ippon
jupon
typon
Aaron
Baron
baron
Caron
Faron
varon
Héron
héron
Néron
Perón
Biron
ciron
giron
Miron
Oiron
Piron
Akron
coron
Morón
toron
étron
Auron
buron
Huron
huron
juron
luron
mûron
Évron
Byron
Myron
Jason
méson
peson
bison
Mi Son
oison
Pison
tison
vison
Boson
boson
bâton
Caton
maton
pâton
raton
Acton
béton
jeton
peton
séton
téton
giton
miton
piton
Coton
coton
goton
toton
Aston
Otton
futon
Luton
gluon
Druon
gruon
Bavon
savon
Devon
devon
Suwon
paxon
saxon
taxon
Nexon
Nixon
Exxon
Bayon
hayon
Layon
layon
rayon
sayon
Noyon
Guyon
gazon
Alzon
Auzon
Luzon
Béarn
Stern
cairn
Braun
aucun
Audun
Jegun
Mehun
cajun
falun
Melun
Ṭūlūn
immun
Toruń
Ossun
pétun
Autun
Lu Xun
Sizun
Shawn
clown
Brown
crown
Wołyń
Katyn
cacao
Macao
tchao
Nékao
calao
filao
Damão
Durão
Davao
Balbo
Cambo
mambo
Bembo
combo
gombo
jumbo
Garbo
turbo
Chaco
Sacco
Lecco
secco
hocco
Greco
Delco
banco
Bioco
croco
Carco
turco
disco
Bosco
bosco
Taxco
Cuzco
Amado
crado
Prado
hebdo
credo
Guido
Valdo
boldo
kendo
Hondō
kondo
rondo
clodo
kyudo
vidéo
rodéo
Orfeo
Roméo
Ronéo
Cuneo
paréo
météo
C.G.T.-F.O
imago
Arago
Riego
frigo
vulgo
tango
bingo
dingo
Bongo
bongo
Congo
Kongo
Longo
mungo
à gogo
cargo
largo
Borgo
Idaho
facho
macho
Jōchō
Hai-ho
Minho
Sapho
xipho
Bashō
litho
Sotho
My Tho
radio
audio
hélio
Oglio
folio
polio
fonio
Darío
Berio
morio
Bosio
patio
ratio
Anzio
Enzio
gadjo
banjo
barjo
shako
gecko
Nikkō
Kenkō
Bioko
Pablo
Gwelo
réglo
philo
Eeklo
gallo
Bello
hello
Tello
Lillo
Collo
mollo
Venlo
écolo
niolo
prolo
stylo
Alamo
primo
Malmö
promo
Izumo
Peano
Ciano
Piano
piano
guano
sténo
Ogino
phono
Giono
porno
Bruno
Kovno
Rovno
igloo
Espoo
Karoo
diapo
SWAPO
quipo
Mokpo
campo
Nampo
tempo
Poopó
Taupo
macro
accro
micro
micro-
Moero
apéro
fuero
Negro
Zorro
métro
rétro
Douro
douro
Gouro
Oruro
aviso
Carso
verso
corso
lasso
Rosso
Érato

5

Prato
hecto
hecto-
recto
Aneto
édito
Boito
Quito
Aalto
Salto
salto
Dolto
molto
femto-
Kantō
Cento
lento
Cinto
Pinto
Tinto
photo
Kyōto
Sarto
Fertö
Porto
porto
Pasto
hosto
Lotto
potto
putto
Acuto
sexto
bravo
Svevo
provo
Tōkyō
Le Cap
jalap
hanap
cégep
salep
julep
manip
scalp
champ
clamp
tramp
Tromp
be-bop
galop
salop

Sinop
scoop
sloop
sirop
Shepp
Krupp
pin-up
à-coup
croup
group
Gracq
Roncq
Marcq
Sercq
Ourcq
Ṭāriq
Fārūq
tabar
Akbar
Oscar
oscar
Júcar
Kádár
Nadar
radar
Zadar
Lifar
Sāgar
Abgar
Edgar
Elgar
Lehár
Bihār
Bihar
Zohar
Dakar
Iskăr
vélar
Vilar
Kolār
polar
Samar
Gomar
Tomar
canar
nanar
dinar
sonar
espar
Harar
Adrar
César

césar
Katar
Qaṭar
tatar
sitar
Antar
'Aṭṭār
douar
Invar
Dewar
bazar
P.O.S.D.R.
Scaër
Bāber
Haber
Geber
Weber
weber
Biber
liber
gober
lober
rober
Auber
Buber
cuber
Huber
suber
tuber
lacer
racer
Bucer
sucer
Nader
rader
céder
aider
eider
rider
vider
coder
goder
ioder
roder
rôder
créer
gréer
guéer
mi-fer
pifer
enfer
lofer

gager
nager
rager
Léger
léger
Reger
Eiger
figer
Niger
piger
Siger
Alger
loger
Roger
urger
juger
luger
Suger
écher
Poher
éther
obier
acier
scier
chier
skier
Blier
Olier
plier
ânier
épier
crier
prier
Trier
trier
osier
étier
évier
Ajjer
Bojer
Baker
joker
poker
caler
haler
hâler
râler
saler
taler
Adler
bêler
celer

fêler
geler
héler
mêler
peler
vêler
biler
filer
miler
piler
aller
doler
voler
culer
Euler
Tyler
Wyler
camer
damer
lamer
Mamer
pâmer
ramer
Samer
semer
khmer
aimer
limer
mimer
rimer
Ajmer
Römer
tomer
vomer
armer
fumer
humer
Sumer
Banér
caner
faner
paner
Abner
gêner
mener
biner
dîner
liner
miner
viner
zoner
orner

tuner
caper
laper
râper
saper
taper
Ieper
Neper
piper
riper
tiper
imper
doper
toper
duper
super
typer
garer
parer
tarer
ocrer
aérer
gérer
Serer
airer
cirer
mirer
tirer
virer
dorer
forer
errer
curer
Dürer
durer
jurer
murer
baser
caser
jaser
laser
maser
raser
léser
peser
Weser
biser
miser
riser
viser
doser
loser

5

poser
roser
Buser
buser
fuser
muser
ruser
lyser
bâter
dater
gâter
hâter
mater
mâter
Pater
Pater
rater
tâter
Vater
fêter
jeter
péter
téter
citer
gîter
liter
miter
enter
inter
coter
doter
noter
roter
voter
opter
aster
ester
Uster
buter
juter
luter
muter
Bauer
Mauer
fluer
douer
houer
jouer
louer
Nouer
nouer
rouer
touer
vouer
baver
caver
gaver
haver
Laver
laver
paver
lever
rêver
hiver
river
lover
nover
cuver
faxer
taxer
vexer
fixer
mixer
boxer
luxer
Bayer
bayer
layer
Mayer
payer
rayer
Meyer
Peyer
Boyer
foyer
loyer
noyer
soyer
Voyer
voyer
gazer
mazer
chair
blair
Clair
clair
flair
épair
Kabīr
sabir
subir
nadir
obéir
kéfir
vagir
mégir
régir
mugir
rugir
dahir
fakir
pâlir
salir
polir
Pamir
gémir
vomir
Izmir
bénir
tenir
venir
finir
munir
punir
seoir
choir
avoir
Ozoir
Sapir
tapir
tarir
férir
périr
mûrir
surir
désir
gésir
rosir
bâtir
catir
matir
pâtir
vêtir
cotir
lotir
rôtir
Thuir
amuïr
fouir
jouir
rouir
bruir
havir
ravir
sévir
vizir
Gabor
tabor
vibor
décor
mucor
Nador
Fédor
Vidor
Widor
Tudor
Lagor
angor
Bogor
ichor
Bihor
major
Major
Cukor
Tylor
Timor
Armor
ténor
AFNOR
Sapor
Topor
Ensor
essor
Kotor
rotor
Butor
butor
fluor
cruor
Arvor
Nazor
Viaur
Bābur
Tibur
odeur
lieur
rieur
sieur
fleur
pleur
Coeur
coeur
soeur
lueur
sueur
tueur
regur
Ségur
Namur
fémur
Semur
Adour
ajour
Amour
amour
Ksour
ksour
impur
futur
Steyr
cabas
là-bas
'Abbās
Le Bas
mi-bas
en-cas
Lucas
cycas
Midas
Judas
judas
Degas
argas
Dugas
alias
Goiás
trias
Rojas
Cujas
Dukas
Calas
hélas
lilas
Ellás
Atlas
atlas
Damas
damas
famas
ramas
Dumas
Linas
ninas
Jonas
psoas
papas
repas
appas
haras
Maraş
Borås
Arras
stras
Duras
Rosas
Assas
patas
Cruas
Havas
Rivas
Sivas
Texas
Mayas
Bazas
Gibbs
clebs
Krebs
Kembs
Combs
Doubs
awacs
Turcs
stucs
Dodds
Leeds
lieds
poids
fonds
Gabès
tabès
Ambès
abcès
accès
décès
fèces
recès
vécés
excès
Fades
Gades
Gadès
Hadès
Mèdes
Andes
ondes
Eudes
idées
Drees
Grées
huées
gages
Sages

5

Anges
Gygès
Baïes
Véies
Thiès
voies
Ariès
Vries
balès
Hales
Wales
elles
Arles
Jules
jules
Eames
James
Ahmès
Himes
limes
Nîmes
Someş
Tomes
armes
Cumes
Eanes
Manès
mânes
Vanes
Beneš
Genès
Gênes
Ménès
Agnès
fines
mines
Jones
nones
Funès
aloès
C.A.P.E.S.
vapes
Alpes
Dupes
Cérès
Peres
pères
Xeres
xérès
agrès
après
Ypres

êtres
Aurès
Bures
Mureş
aises
Roses
Oates
pâtes
bêtes
Jutes
feues
blues
Naves
Devès
Dives
Rives
Boves
Noves
Voves
Dawes
Cowes
Hayes
Kayes
Reyes
Razès
Cozes
Mengs
Sachs
Fuchs
rashs
rushs
maths
Goths
Thaïs
biais
liais
niais
Blais
épais
Drais
frais
guais
ouais
Nabis
pubis
rubis
lacis
macis
occis
Arcis
Ducis
jadis

radis
éléis
mégis
Régis
logis
Athis
Takis
palis
Wilis
colis
nolis
Solís
volis
Aulis
tamis
admis
démis
remis
semis
Komis
Tomis
Tanis
Cenis
Denis
pénis
bonis
Sonis
Aunis
Tunis
abois
Diois
Blois
trois
lapis
tapis
Maris
Paris
Pâris
Idrīs
Néris
Boris
Doris
doris
loris
épris
Auris
oasis
assis
pâtis
Fétis
métis
Attis

Louis
louis
Davis
lavis
devis
Lévis
Nevis
divis
Lewis
lexis
Hicks
Banks
links
Turks
Hawks
rials
sials
étals
avals
Gaëls
ciels
oeils
Wells
pulls
Déols
Peuls
pouls
souls
Adams
Reims
Flims
Worms
drums
céans
Jeans
jeans
Rians
Crans
Stans
Evans
biens
Giens
miens
siens
tiens
Ivens
Owens
Johns
Sains
reins
Flins
moins

soins
Mions
skons
Lyons
Nyons
Burns
skuns
Downs
chaos
Du Bos
Dubos
Cocos
Ducos
Bidos
endos
Ordos
spéos
Lagos
logos
Argos
échos
Athos
ethos
alios
Fejos
Palos
éclos
Délos
kilos
Mílos
Miloš
Allos
solos
Vólos
Pylos
Samos
Tênos
Minos
Tínos
Nepos
repos
Maros
Páros
paros
saros
héros
per os
Körös
Pôros
suros
Evros
Sýros

Ipsos
Issos
matos
bitos
altos
Davos
De Vos
Devos
Naxos
Náxos
blaps
chips
temps
corps
épars
Avars
Leers
Giers
tiers
Flers
Boers
Cuers
avers
alors
Maurs
Feurs
leurs
Cours
cours
jours
Tours
Puurs
Miass
glass
Grass
loess
Suess
Weiss
criss
kriss
Cross
cross
Gross
Stoss
Gauss
gauss
Mauss
Heuss
Neuss
Reuss
abats
ébats

5

Keats
Yeats
afats
Ghāts
états
Trets
Nuits
puits
vents
fonts
Monts
Scots
flots
boots
Verts
sauts
Smuts
Bouts
Claus
unaus
Kraus
cabus
rébus
gibus
Arbus
Cacus
ficus
incus
locus
fucus
mucus
Indus
lieus
bleus
iléus
émeus
pneus
Creus
refus
pagus
négus
Argus
argus
Arhus
Gaius
laïus
Arius
Malus
malus
palus
talus
Camus

camus
Ramus
Remus
humus
Janus
Lanús
Vénus
vénus
minus
sinus
bonus
tonus
Tūnus
maous
émous
lupus
Varus
varus
Verus
xérus
virus
Horus
Morus
Purus
Cyrus
Jésus
jésus
Issus
obtus
ictus
Titus
lotus
motus
Artus
favus
Anzus
ladys
polys
Denys
torys
Pepys
cosys
Beuys
Rhuys
Louÿs
Powys
Labat
Rabat
rabat
débat
ribat
Vicat

ducat
Aydat
exeat
dégât
légat
achat
opiat
Objat
zakat
Dalat
salat
oblat
éclat
Eilat
Pilat
aplat
à-plat
Domat
Banat
banat
Bénat
sénat
agnat
Donat
appât
Barat
carat
Harāt
Marat
Parat
cérat
Herāt
Dorat
Jorat
Morat
sprat
jurat
Murat
Sūrat
rosat
lysat
Houat
Touat
squat
Bruat
vivat
Royat
Auzat
tract
exact
amict
T. A. B. D. T.

Arndt
Kundt
Wundt
Hardt
Gerdt
Cabet
débet
gibet
Tibet
Bobet
bobet
lacet
tacet
cadet
bidet
godet
skeet
défet
effet
caget
Paget
Atget
auget
Puget
quiet
objet
rejet
sujet
galet
Malet
palet
valet
filet
gilet
Milet
pilet
bolet
Colet
Dolet
tolet
volet
mulet
armet
ormet
fumet
Eymet
Canet
Janet
Manet
benêt
Genet
genet

genêt
venet
Binet
minet
Vinet
Monet
Capet
C.A.P.E.T.
papet
Aspet
caret
Faret
haret
Maret
taret
adret
béret
Céret
Péret
Siret
tiret
Viret
foret
forêt
goret
Moret
arrêt
Furet
furet
Muret
muret
suret
biset
octet
motet
bluet
fluet
fouet
gouet
jouet
nouet
rouet
Vouet
cavet
navet
Levet
civet
Givet
livet
Rivet
rivet
Bovet

orvet
Duvet
duvet
jayet
Mayet
Rayet
Poyet
Bizet
bizet
kraft
drift
Swift
Delft
Hooft
doigt
vingt
Vergt
yacht
Recht
Wight
trait
Dabit
habit
débit
subit
récit
dédit
ledit
médit
redit
on-dit
audit
dudit
ci-gît
digit
délit
Split
Arlit
samit
Izmit
Tanit
bénit
croît
droit
dépit
répit
pipit
écrit
éfrit
Durit
Petit
petit

5

Inuit
inuit
bruit
fruit
Lavit
smalt
Tielt
smolt
Sault
moult
Soult
Klimt
béant
géant
néant
réant
séant
chant
Thant
fiant
liant
niant
riant
plant
amant
Brant
Grant
orant
osant
usant
étant
ôtant
huant
muant
nuant
puant
quant
ruant
suant
tuant
avant
axant
oyant
adent
agent
Trent
avent
évent
maint
saint
ceint
feint

geint
peint
teint
Flint
flint
joint
Point
point
suint
amont
front
shunt
Blunt
Pount
Cabot
cabot
jabot
nabot
rabot
sabot
rebot
Ribot
elbot
robot
jacot
tacot
accot
bécot
bicot
Nicot
picot
Ascot
escot
Didot
Bagot
cagot
fagot
magot
ragot
mégot
bigot
gigot
ligot
Angot
argot
ergot
cahot
idiot
chiot
Eliot
griot
pajot

calot
dalot
falot
Malot
palot
pâlot
délot
velot
pilot
Colot
bulot
culot
mulot
Jamot
canot
minot
pinot
Annot
Junot
shoot
capot
dépôt
impôt
Sopot
Marot
tarot
lérot
pérot
Corot
purot
Pitot
sitôt
pavot
dévot
pivot
fayot
Amyot
guyot
mazot
Buzot
Dropt
écart
smart
épart
op art
spart
huart
quart
Swart
Ebert
Ibert
Evert

flirt
short
Niort
sport
Yport
heurt
court
Piast
toast
Pabst
id est
Diest
Brest
Crest
ouest
Zeist
whist
twist
Aalst
Zemst
Ernst
Alost
Frost
Prost
Karst
karst
Horst
horst
Vorst
Fürst
Faust
D.E.U.S.T.
trust
Wyatt
psitt
Gantt
Montt
Scott
chott
chaut
début
rebut
en-but
Iseut
affût
bahut
Salut
salut
canut
raout
About
about

scout
Agout
égout
ajout
knout
brout
Prout
atout
stout
input
Asyūṭ
bizut
Liszt
Libau
Lobau
Bacău
sceau
fléau
préau
Palau
Belau
Eylau
Ca Mau
Hanau
Lenau
Renau
senau
Donau
Aarau
Ossau
Mitau
gluau
gruau
Le Vau
boyau
coyau
hoyau
joyau
noyau
tuyau
Buzău
tribu
barbu
herbu
urubu
conçu
perçu
fendu
pendu
rendu
tendu
vendu

fondu
pondu
tondu
Perdu
perdu
mordu
tordu
enfeu
caïeu
adieu
Thiêu
épieu
Drieu
enjeu
Lekeu
alleu
Vimeu
neveu
cayeu
moyeu
Taegu
exigu
Xingu
Enugu
déchu
fichu
Sibiu
Cheju
haïku
Turku
exclu
réélu
goglu
poilu
fallu
Upolu
déplu
replu
Carlu
merlu
goulu
moulu
voulu
Raimu
Chimú
Jammu
promu
Chenu
chenu
grenu
avenu
connu

5

Inönü
cornu
Viṣṇu
miaou
tabou
Sebou
hibou
licou
rocou
Cadou
padou
Midou
Edfou
Mi Fou
bagou
cagou
sagou
Ségou
Pigou
AEIOU
cajou
Pajou
sajou
bijou
Anjou
Bakou
Dukou
Dalou
Ya-lou
iglou
filou
pilou
genou
Renou
aïnou
minou
papou
ripou
garou
écrou
mérou
Pérou
vesou
bisou
matou
Patou
tatou
Laxou
bayou
voyou
zazou
bizou
Aozou
trapu
crépu
quipu
rompu
Beppu
lippu
Otaru
accru
décru
recru
recrû
Gweru
Mweru
Nehru
Patru
Nauru
Uhuru
Eluru
couru
Gansu
pansu
fessu
tissu
bossu
cossu
Metsu
cousu
pentu
vertu
tortu
battu
pattu
foutu
prévu
Han Yu
Kiryū
sicav
Konev
Narev
Botev
Pskov
Orlov
Popov
Kirov
Vazov
squaw
Narew
Arzew
Arziw
Solow
Bülow
Gamow
Arrow
addax
relax
panax
donax
hapax
alpax
borax
Morax
furax
cedex
Index
index
codex
sphex
télex
silex
Solex
culex
rumex
carex
sirex
Lurex
murex
Pyrex
Essex
latex
Claix
Étaix
Cadix
hélix
choix
Croix
croix
Groix
strix
Artix
Bruix
Vaulx
Bronx
redox
phlox
intox
Dierx
féaux
Meaux
réaux
égaux
Chaux
chaux
Niaux
émaux
anaux
oraux
étaux
duaux
Puaux
Évaux
uvaux
iceux
aïeux
cieux
fieux
lieux
mieux
pieux
Rieux
vieux
creux
Dreux
freux
preux
gueux
queux
choux
Sioux
sioux
époux
Orbay
Du Fay
Dufay
Tokay
tokay
Delay
Velay
inlay
Molay
Nolay
Mūlāy
gamay
Le May
Limay
Fumay
Panay
Pinay
Vinay
Arnay
Aunay
Paray
Moray
spray
Auray
Pasay
Orsay
Patay
Bruay
Bavay
Otway
Lezay
Nozay
Rozay
Libby
hobby
lobby
Rugby
rugby
Dolby
Danby
Derby
derby
Chécy
Crécy
Lancy
Nancy
Sancy
Bercy
Cercy
Percy
Torcy
Coucy
Toucy
caddy
paddy
Soddy
dandy
Kandy
Bondy
Fundy
Hardy
Verdy
Arudy
Tobey
Ducey
Bugey
Briey
Haley
Ailey
Riley
Ciney
Piney
poney
Güney
Carey
Marey
Cirey
Sirey
Corey
Forey
Vorey
Losey
Essey
Pusey
Vevey
Dewey
buggy
Cergy
Porgy
Baugy
Leahy
Dechy
Vichy
vichy
Buchy
Imphy
Mocky
sulky
funky
junky
Gorky
husky
Mably
Boëly
Bally
Lally
Kelly
Ailly
Killy
Milly
Tilly
Bully
Lully
Pully
Sully
Penly
Harly
Marly
Valmy
mammy
sammy
tommy
Soumy
Meany
Arany
Gagny
Lagny
Magny
Pagny
Ligny
Signy

Vigny	Peary	Vitry	Séguy	López	Imroz	5
Bogny	Clary	Thury	Le Muy	Jerez	Szasz	
Dugny	Fabry	Givry	Le Puy	jerez	Reisz	
jenny	Oudry	Lowry	Erquy	Pérez	Hilsz	
penny	Cléry	Grésy	Duruy	Forez	Grosz	
Prony	Emery	Doisy	Grévy	Morez	Abetz	6
Jarny	Émery	Loisy	Sauvy	Torez	Gretz	
Parny	Avery	Noisy	Neuvy	assez	Opitz	
derny	Thiry	Soisy	Loewy	Vitez	Spitz	
Verny	Guiry	Massy	époxy	Potez	fritz	
Morny	Henry	Passy	Thizy	Navez	Ruitz	
Rosny	henry	Vassy	Anizy	Cádiz	Waltz	
Cluny	Barry	Wassy	Donzy	Ḥāfiẓ	Seltz	
Alcoy	Carry	Tessy	Varzy	Ḥafīẓ	Seltz	
Godoy	carry	Bussy	Verzy	rémiz	Wiltz	
Semoy	Jarry	Mussy	Achaz	Köniz	Hertz	
Vinoy	Parry	penty	La Paz	Moniz	hertz	
Le Roy	Berry	Conty	Ahvāz	Pfalz	Wurtz	
Leroy	Ferry	zloty	recez	ruolz	Vaduz	
Tavoy	ferry	Marty	Rodez	Mainz	Ramuz	
Rozoy	lorry	Getty	Ḥāfeẓ	Heinz	Ormuz	
Crépy	curry	Sauty	Vélez	Culoz	Haouz	
hippy	Tatry	Péguy	Núñez	Chooz	Taʻizz	
guppy	Mitry					

6

djamaa	De Sica	qasida	Nouméa	Sangha
djemaa	Cuenca	Arvida	alinéa	sebkha
Vantaa	Huesca	Skikda	Andrea	Gurkha
Imbaba	Muisca	Uganda	Moorea	boukha
Cuiabá	Toluca	Aranda	Carafa	al-Doha
Annaba	Joiada	Luanda	Ruṣāfa	Pyrrha
koubba	hamada	Ruanda	Sraffa	Ilesha
Kariba	Armada	Rwanda	Staffa	geisha
Rouiba	armada	agenda	Haiffa	Leitha
Djerba	Canada	Olinda	Málaga	Lajtha
aucuba	canada	Kaunda	malaga	Bertha
Bakuba	espada	mounda	Sanaga	Plouha
Baluba	Masada	Baroda	alpaga	Bejaia
Djouba	posada	Neruda	téléga	Mamaia
Yoruba	Nevada	Pravda	Ortega	tupaïa
maraca	lambda	cobaea	Dougga	Rubbia
Urraca	Djedda	cobaea	Thonga	acacia
Oaxaca	Ágreda	épicéa	Tsonga	García
Boyacá	réséda	Mircea	Ladoga	fascia
Zenica	oppida	Oradea	béluga	stadia
arnica	Lérida	Goudéa	Reicha	Kindia
Gorica	Mérida	quelea	datcha	Rhodia

6

cardia
maffia
Foggia
loggia
Borgia
Ischia
seghia
raphia
Akakia
Adalia
aralia
Italia
dahlia
Dhūlia
Ourmia
Khaniá
taenia
zinnia
Marnia
Sarnia
Gdynia
charia
Ikaría
Andria
Aléria
Peoria
gloria
kerria
yttria
Alésia
kentia
Bastia
Hestia
seguia
zaouïa
chouia
Llivia
Latvia
razzia
tupaja
navaja
Ṭandja
Granja
Baroja
Melaka
Tanaka
baraka
Lusaka
jataka
Boubka
Tcheka
Rijeka

Topeka
Eurêka
eurêka
Koffka
Bangka
vedika
troïka
markka
Glinka
judoka
chapka
Igarka
Alaska
briska
Polska
Viatka
Suzuka
Fédala
Ségala
ségala
kamala
Canala
impala
Kerala
Musala
Motala
Potala
Douala
Kaválа
ouvala
bla-bla
Puebla
au-delà
être-là
Azuela
favela
fla-fla
Wargla
Brăila
Ulfila
Orfila
makila
Dalila
Totila
Attila
Taxila
Barkla
paella
Biella
Viella
Stella
Scylla

Nicola
Angola
Oriola
Bitola
Loyola
Tuxtla
macula
radula
dioula
morula
insula
pyjama
Manāma
Panamá
panama
tarama
Alsama
Toyama
Viedma
schéma
ouléma
cinéma
Sarema
eczéma
smegma
bregma
stigma
zeugma
Brahmā
Ōshima
Tolima
minima
Fāṭima
Fátima
optima
maxima
Guelma
Glomma
Tacoma
Dodoma
Sodoma
zygoma
Nujoma
stroma
dharma
plasma
alisma
trauma
Diduma
Struma
Kolyma
vimana

Cumaná
zénana
España
Paraná
Tirana
torana
Purāṇa
Kuṣāna
Tswana
Guyana
Athéna
méléna
Morena
Suréna
Cesena
Jaffna
Michna
Mishna
Macina
Encina
médina
Regina
Žilina
Molina
Femina
gomina
Farina
marina
Merina
Latina
Khulnā
Salona
Gerona
Katona
Amarna
Kriṣṇa
Kistnā
Kaduna
Yamunā
Kiruna
Futuna
Plevna
Balboa
balboa
Lisboa
Gagnoa
quinoa
varroa
Pessoa
Macapá
Jalapa
Mazepa

Schipa
Petipa
Champa
Europa
grappa
Scarpa
Sherpa
sherpa
stoupa
Atbara
Angara
Sahara
méhara
vihara
Amhara
Ankara
Câmara
Samara
samara
Asmara
Aymara
aymara
canara
apsara
'Antara
Juvara
Hazāra
cracra
libera
Ribera
Kagera
Valera
caméra
Matera
Lavéra
Rivera
Biafra
Koufra
Andhra
Mithra
Vieira
Beskra
Biskra
Tabora
Angora
angora
Ellorā
Zamora
rémora
menora
Campra
sierra

hourra
mantra
tantra
Sintra
contra
castra
Mistra
Neutra
soutra
Madura
Japurá
Yapurá
gopura
datura
Tipasa
Gerasa
Wałęsa
Ganeśa
Teresa
Stresa
mimosa
Lhassa
Nyassa
Tbessa
Odessa
Élissa
Orissa
yakusa
Amiata
balata
Galata
Zenāta
Napata
Zapata
errata
patata
Umtata
muleta
nepeta
Meseta
peseta
mechta
naphta
Tchita
Nikita
Narita
Reşiţa
Vuelta
Ajaṇṭā
quant à
quanta
Aminta

Giunta
Bogotá
Dakota
Toyota
omerta
huerta
fiesta
cuesta
Avesta
Quetta
Cúcuta
Akouta
Puszta
Papoua
Garoua
Nantua
Ungava
Šumava
Morava
Vltava
Moskva
Huelva
Padova
Canova
Genova
Oshawa
Yukawa
Ottawa
Ojibwa
Lebowa
Sadowa
rédowa
Cunaxa
Celaya
wilaya
piraya
Visaya
zawiya
Lagoya
Nagoya
Maurya
vaisya
caitya
Krleža
Couiza
Cuanza
Kwanza
Mwanza
Faenza
Ouenza
Sforza
coryza

piazza
Brazza
Orezza
baobab
toubab
serdab
Skylab
Chenāb
mihrab
Zagreb
toubib
Ghālib
Colomb
aplomb
ski-bob
radoub
tombac
Figeac
Séméac
Zodiac
Piriac
Barjac
Callac
Bellac
tillac
Soulac
micmac
tarmac
Meymac
Chanac
Magnac
Gignac
Rignac
Signac
Cognac
cognac
Rognac
Épinac
Carnac
Jarnac
cornac
Sornac
Pibrac
Aubrac
ric-rac
Chirac
Florac
Vitrac
Vayrac
Ceyrac
Barsac
Pessac

ressac
Jussac
Lussac
tic-tac
Balzac
Jonzac
Larzac
chebec
Québec
malbec
Bolbec
Ruffec
gallec
fennec
tanrec
tenrec
parsec
Gossec
Betzec
C.F.E.-C.G.C.
lambic
syndic
trafic
public
déclic
Stamic
Pornic
agaric
Alaric
Andrić
Odoric
mastic
Volvic
Neuvic
Arlanc
Mézenc
manioc
Tlaloc
Oyapoc
pébroc
accroc
escroc
radsoc
trisoc
mastoc
nostoc
Cajarc
Du Parc
Duparc
viaduc
bolduc
Ploeuc

Delluc
Monluc
Gstaad
Bagdad
Timgad
djihad
Ershad
Conrad
Mourad
tan-sad
Nystad
Behzād
Bihzād
C.N.U.C.E.D.
Szeged
bipied
Mehmed
Alfred
Ørsted
El-Oued
Honvéd
Ozalid
Madrid
Djérid
Astrid
Norwid
Bonald
Harald
Obwald
Asfeld
kobold
Alföld
Arnold
Harold
Hérold
ligand
Argand
Briand
friand
Kokand
Uhland
Roland
Arland
Island
romand
Armand
Morand
Strand
truand
refend
rebond
Sebond

6 fécond
Second
second
Le Gond
Edmond
LeMond
Osmond
Dupond
girond
Freund
Ashdod
Blénod
Gounod
Seynod
Atwood
Nemrod
tabard
bobard
jobard
tubard
bécard
Aicard
Picard
picard
Sicard
bocard
Nocard
Rocard
tocard
tucard
Médard
Godard
cafard
hagard
sagard
Bégard
bégard
regard
Achard
Erhard
chiard
Thiard
briard
criard
Balard
malard
pelard
Allard
polard
tôlard
culard
mulard

camard
homard
canard
panard
bénard
Lenard
Renard
Renard
renard
binard
Dinard
Pinard
pinard
conard
zonard
Izoard
Popard
Gérard
Girard
hasard
nasard
vasard
busard
musard
bâtard
patard
fêtard
pétard
retard
têtard
mitard
motard
potard
Eluard
couard
bavard
Savard
Revard
buvard
Howard
Bayard
fayard
boyard
foyard
fuyard
Bazard
Hazard
lézard
Lizard
bâbord
d'abord
sabord

débord
rebord
vibord
in-bord
accord
record
Ricord
Oxford
oxford
Lagord
Delors
milord
bitord
Sigurd
Rabaud
ribaud
tacaud
badaud
Nadaud
nigaud
Rigaud
bliaud
salaud
penaud
Renaud
finaud
Arnaud
faraud
maraud
taraud
Giraud
miraud
Pataud
pataud
Pétaud
Artaud
Rouaud
Maḥmūd
Mahmud
Talmud
Nefoud
Pégoud
Likoud
baroud
Ormuzd
reggae
Philae
Bassae
cacabé
Mugabe
carabe
Souabe

Crabbe
cubèbe
Achebe
éphèbe
Eusèbe
imbibé
inhibé
exhibé
talibé
Scribe
scribe
Foulbé
flambe
flambé
crambe
rhombe
plombe
plombé
trombe
engobe
engobé
bilobé
colobe
Arnobe
dérobé
enrobé
arrobe
ébarbé
acerbe
téorbe
bourbe
courbe
courbé
fourbe
tourbe
tourbé
Hécube
incube
incubé
jujube
Danube
adoubé
retubé
titubé
entubé
intubé
Polybe
Nosy Be
sébacé
micacé
audace
effacé

biface
sagace
fugace
opiacé
palace
salace
délacé
enlacé
limace
panace
menace
menacé
tenace
Ignace
bonace
rapace
in pace
espace
espacé
Thrace
thrace
Horace
vorace
besace
Alsace
alsace
rosace
rosacé
Lusace
cétacé
sétacé
rotacé
fouace
vivace
Végèce
dépecé
espèce
Lutèce
vibice
indice
office
calice
Galice
malice
délice
hélice
cilice
milice
silice
Ellice
police
policé

comice
lanice
varice
Sirice
Košice
natice
cotice
notice
novice
Kielce
béance
séance
chance
fiancé
élancé
France
usance
stance
muance
nuance
nuancé
avance
avancé
agence
agencé
émincé
coincé
épincé
grincé
Prince
prince
évincé
pioncé
énoncé
oponce
fronce
froncé
négoce
véloce
féroce
atroce
Niepce
tierce
Tiercé
tiercé
exercé
Peirce
écorce
écorcé
amorce
amorcé
source
Beauce
exaucé
Manuce
capuce
astuce
aubade
façade
décade
alcade
rocade
tocade
arcade
oréade
naïade
chiadé
Eliade
Iliade
triade
balade
baladé
malade
salade
pelade
Pylade
Démade
nomade
manade
panade
ménade
gonade
monade
Troade
parade
paradé
déradé
tirade
dorade
rasade
pesade
noyade
dryade
Chedde
abcédé
accédé
décédé
recédé
excédé
Tolède
La Mède
remède
pinède
bipède
obsédé
plaidé
cébidé
décidé
lucide
gadidé
Énéide
uréide
affidé
bifide
rigide
algide
valide
validé
félidé
bolide
Éolide
solide
timide
Armide
humide
numide
canidé
ranidé
géoïde
zooïde
froide
ovoïde
hyoïde
lapidé
rapide
sapide
Lépide
lipide
cupide
paridé
déridé
Doride
muridé
baside
abside
résidé
apside
ursidé
fétide
fluide
équidé
druide
dévidé
livide
vivide
envidé
bovidé
pyxide
scalde
Childe
ghilde
guilde
Isolde
scandé
viande
viandé
clandé
glande
glandé
amande
brande
Grande
grande
blende
amende
amendé
scindé
blinde
blindé
élinde
guindé
abondé
blonde
émondé
inondé
Sponde
aronde
Fronde
fronde
frondé
grondé
exondé
décodé
encodé
pagode
triode
démodé
synode
sarode
dérodé
Hérode
désodé
liardé
abordé
chorde
chordé
exorde
bourde
gourde
hourdé
lourde
lourdé
sourde
tourde
Dresde
Guesde
chaude
Claude
fraude
fraudé
palude
Le Lude
dénudé
Froude
exsudé
Latude
trabée
galbée
bombée
tombée
gerbée
glacée
aracée
épicée
lancée
pincée
rincée
foncée
Phocée
percée
forcée
fascée
saucée
gradée
évadée
Amédée
suédée
bridée
bandée
Vendée
bondée
fondée
sondée
Dundee
dundee
dundée
élodée
gardée
bordée
cordée

6

caudée
coudée
imagée
dragée
usagée
liégée
épigée
Pangée
rangée
pongée
apogée
vergée
gorgée
bâchée
fâchée
hachée
lâchée
sachée
Zachée
léchée
Michée
nichée
archée
juchée
ruchée
lychee
Alphée
Orphée
labiée
viciée
radiée
dédiée
déliée
Héliée
biliée
ciliée
alliée
foliée
cariée
mariée
variée
fériée
striée
yankee
azalée
câblée
râblée
sablée
tablée
emblée
maclée
raclée

giclée
nucléé
poêlée
grêlée
enflée
réglée
onglée
voilée
exilée
vallée
Gellée
Bollée
bullée
isolée
parlée
perlée
Attlee
saulée
éculée
coulée
foulée
goulée
moulée
roulée
Apulée
brûlée
stylée
Apamée
framée
Cadmée
pygmée
animée
Crimée
primée
palmée
gammée
gemmée
gommée
nommée
pommée
chômée
ipomée
bromée
fermée
germée
vermée
formée
normée
paumée
Idumée
amenée
grenée

Irénée
lignée
cognée
lainée
veinée
chinée
aminée
Guinée
guinée
puînée
quinée
avinée
damnée
limnée
cannée
pannée
tannée
vannée
pennée
donnée
sonnée
dionée
ozonée
carnée
cernée
bornée
cornée
mornée
chapée
campée
lampée
Pompée
flopée
épopée
lippée
Coppée
Poppée
huppée
taupée
coupée
poupée
égarée
ambrée
ombrée
nacrée
sacrée
recréé
récréé
incréé
sucrée
madrée
Andrée

ordrée
acérée
opérée
avérée
ragréé
dégréé
regréé
tigrée
Ougrée
adirée
moirée
poirée
soirée
spirée
denrée
chorée
barrée
carrée
ferrée
serrée
verrée
torrée
pétrée
mitrée
nitrée
titrée
vitrée
entrée
Astrée
outrée
laurée
courée
azurée
givrée
livrée
vivrée
ouvrée
blasée
évasée
Thésée
alésée
Élisée
boisée
voisée
brisée
frisée
irisée
prisée
avisée
censée
pensée
sensée

Persée
versée
corsée
cassée
passée
fessée
rossée
nausée
Élysée
abatée
platée
épatée
ouatée
cactée
lactée
dictée
crêtée
laitée
agitée
usitée
nuitée
suitée
peltée
hantée
dentée
ventée
montée
pontée
écotée
Protée
protée
azotée
portée
Tyrtée
hastée
postée
battée
jattée
pattée
hottée
flûtée
aoûtée
voûtée
baguée
roguée
fuguée
dénuée
trouée
laquée
maquée
béquée
piquée

6

toquée
arquée
située
sexuée
élavée
travée
élevée
crevée
privée
valvée
larvée
corvée
oeuvée
couvée
étuvée
frayée
alézée
carafe
parafe
parafé
agrafe
agrafé
girafe
Résafé
briefé
piaffé
tiaffe
staffé
fieffé
greffe
greffé
chiffe
sniffé
coiffe
coiffé
briffé
griffe
griffé
suiffé
étoffe
étoffé
bluffé
bouffe
bouffé
Gouffé
pouffé
touffe
truffe
truffé
Recife
calife
tarifé

attifé
guelfe
libage
robage
cubage
eubage
tubage
laçage
pacage
pacagé
racage
picage
encagé
Bocage
bocage
ridage
vidage
codage
godage
rodage
aréage
bagage
wagage
dégagé
engagé
sciage
pliage
épiage
triage
Uriage
étiage
calage
halage
salage
Delage
Pélage
pelage
vêlage
filage
pilage
rôlage
volage
damage
lamage
ramage
ramagé
limage
fumage
humage
fanage
Manage
managé

Ménage
ménage
ménagé
binage
finage
minage
vinage
zonage
Arnage
tunage
râpage
tapage
tapagé
cépage
ripage
alpage
dopage
garage
parage
tarage
aérage
déragé
cirage
mirage
tirage
virage
enragé
dorage
forage
curage
murage
rasage
Lesage
pesage
lisage
visage
dosage
rosage
datage
matage
ratage
jetage
mitage
potage
mutage
fluage
fouage
louage
nouage
rouage
souage
touage

gavage
havage
lavage
pavage
ravage
ravagé
levage
rivage
cuvage
sexage
fixage
mixage
rayage
voyage
voyagé
gazage
bridge
bridgé
Ariège
allège
allégé
manège
arpège
arpégé
abrégé
agrégé
Brugge
rédigé
dreige
obligé
volige
voligé
rémige
fumigé
dirigé
strige
aurige
litige
mitigé
attigé
lévigé
change
changé
frange
frangé
grange
Orange
orange
orangé
bringé
gringe
élongé

plonge
plongé
éponge
épongé
oronge
axonge
endogé
délogé
relogé
limogé
hypogé
abrogé
dérogé
arrogé
charge
chargé
émargé
cierge
Vierge
vierge
clergé
émergé
George
égorgé
courge
épurge
refuge
Ligugé
adjugé
déjugé
méjugé
rejugé
déluge
égrugé
stryge
écaché
flache
apache
craché
drache
draché
Abéché
chèche
blèche
flèche
fléché
éméché
Loèche
brèche
crèche
créché
drêche

6

prêche
prêché
évêché
laîche
Maîche
maiche
seiche
chiche
cliché
Aniche
friche
triche
triché
guiche
Quiché
quiche
velche
welche
banche
banché
Canche
canche
hanche
hanché
Manche
manche
ranche
Sanche
tanche
penché
Binche
jonché
lunché
lynché
Lao Che
mioche
pioche
pioché
cloche
cloché
floche
amoché
broche
broché
croche
croché
proche
troche
Suoche
Larche
Marche
marche
marché
herché
lerche
Perche
perche
perché
porche
torche
torché
catché
matché
Bitche
fauche
fauché
gauche
rauché
pluché
bouche
bouché
couche
couché
douche
douché
Fouché
Hou Che
louche
louché
mouche
mouché
Sou Che
souche
touche
touché
bruche
cruche
pruche
Psyché
psyché
Hooghe
Huyghe
graphe
Caïphe
silphe
sylphe
lymphe
nymphe
syrphe
glyphe
cirrhe
myrrhe
flashé
smashé
crashé
Lao She
Agathe
spathe
Goethe
Édithe
Xanthe
menthe
synthé
Marthe
Sarthe
Berthe
berthe
Ourthe
Mouthe
scythe
La Baie
pagaie
pagaïe
sagaie
Achaïe
ormaie
aunaie
ivraie
futaie
Arabie
Trébie
stibié
Gambie
Zambie
zombie
phobie
anobie
Serbie
Corbie
émacié
gracié
riccie
zoécie
Aricie
mancie
farcie
Mercie
Murcie
fascié
soucié
Acadie
Caddie
caddie
écidie
iridié
Candie
mendié
rhodié
amodié
hardie
étudié
Ruffié
édifié
déifié
réifié
unifié
solfié
confié
plagié
élégie
boggie
Mongie
Bougie
bougie
Sophie
orphie
Authie
tuthie
pythie
junkie
cookie
Thalie
Italie
oublie
oublié
publié
Adélie
Clélie
Émilie
pallié
rallié
Conlie
scolie
coolie
spolié
Étolie
déplié
replié
poulie
Apulie
épulie
agamie
cadmie
cadmié
anémie
anémié
trémie
urémie
chimie
amimie
anomie
ketmie
thymie
Scanie
phanie
Uranie
uranie
avanie
régnié
ethnie
bannie
agonie
phonie
Fionie
clonie
ironie
atonie
garnie
hernie
hernié
vernie
Misnie
Bosnie
Botnie
ormoie
Savoie
flapie
chipie
scopie
Utopie
utopie
myopie
hippie
yuppie
harpie
roupie
toupie
atypie
Acarie
Icarie
otarie
starie
avarie
avarié
Ombrie
décrié
récrié
hydrie
Ibérie
féerie

6

Égérie
égérie
chérie
ânerie
tuerie
azérie
aigrie
Ingrie
mairie
pairie
hoirie
voirie
maorie
scorie
aporie
Barrie
marrie
Ferrié
kerrie
latrie
patrie
Estrie
Istrie
écurie
ahurie
anurie
tourie
pyurie
Styrie
abasie
poésie
saisie
étisie
gnosie
parsie
Nursie
cassie
messie
vessie
Russie
amusie
châtié
Rhétie
goétie
amitié
initié
moitié
nantie
sentie
scotie
Béotie
partie

sortie
Bastié
nastie
hostie
sottie
inouïe
essuie
suivie
convié
survie
exuvie
praxie
ataxie
alexie
anoxie
razzié
galéjé
Skopje
bintje
remake
kanake
Bouaké
Coecke
stocké
Handke
Tubeke
Batéké
Updike
Mörike
slikke
Clarke
Moltke
cabale
cabalé
pibale
bubale
décalé
fécale
recalé
focale
locale
vocale
escale
ducale
fucale
nucale
Mycale
hadale
Dédale
dédale
pédale
pédalé

modale
nodale
idéale
iléale
rafale
affalé
fagale
vagale
légale
régale
régalé
cigale
jugale
mygale
déhalé
inhalé
exhalé
chialé
gliale
axiale
Tamale
némale
Aumale
banale
ranale
pénale
rénale
vénale
finale
annale
tonale
zonale
papale
sépale
tépale
bipale
empalé
virale
morale
durale
murale
rurale
surale
pyrale
basale
La Sale
nasale
resalé
Vésale
fatale
natale
octale

détalé
létale
pétale
vitale
dotale
totale
Attale
squale
cavale
cavalé
navale
ravalé
dévalé
nivale
rivale
orvale
coxale
loyale
Royale
royale
chablé
diable
fiable
niable
viable
arable
érable
étable
établé
stable
tuable
Hubble
hièble
faible
crible
criblé
semblé
comble
comblé
humble
meuble
meublé
Double
double
doublé
rouble
truble
oracle
siècle
chicle
zancle
cincle

sarclé
cercle
cerclé
Riscle
muscle
musclé
boucle
bouclé
puddlé
Cybèle
décelé
recelé
ficelé
fidèle
modelé
modèle
Steele
dégelé
regelé
Angèle
anhélé
Thièle
allèle
démêlé
Sémélé
emmêlé
jumelé
agnelé
annelé
capelé
appelé
burelé
burèle
ciselé
oiselé
fuselé
muselé
batelé
râtelé
dételé
côtelé
potelé
attelé
javelé
tavelé
Pévèle
révélé
nivelé
cuvelé
éraflé
trèfle
tréflé

6

baffle
riffle
sifflé
mofflé
buffle
bufflé
renflé
gonfle
gonflé
ronflé
morflé
moufle
Beagle
beagle
Glé-Glé
L'Aigle
seigle
trigle
mangle
sangle
sanglé
cinglé
jingle
single
jonglé
jungle
beuglé
meuglé
peuhle
habile
labile
débile
sébile
Mobile
mobile
Nobile
jubilé
nubile
facile
Cécile
décile
Sicile
docile
défilé
refilé
affilé
effilé
enfilé
vigile
argile
sénile
Étoile
étoile
étoilé
dépilé
empile
empilé
agrile
virile
Basile
désilé
ensilé
futile
mutilé
rutile
rutilé
civile
Challe
thalle
stalle
icelle
ocelle
ocellé
scellé
réelle
bielle
miellé
nielle
niellé
vielle
viellé
moelle
Apelle
aselle
duelle
Ouellé
quelle
Ruelle
ruelle
baille
baillé
bâillé
caille
caillé
faille
faillé
maille
maillé
paille
paillé
raillé
taille
taillé
scille
peille
Reille
Seille
seille
teille
teillé
veille
veillé
smille
smillé
boille
roillé
arille
arillé
brillé
drille
drillé
grille
grillé
trille
trillé
vrille
vrillé
ouille
ouillé
quille
Nkollé
arolle
crolle
crollé
grolle
trolle
Zwolle
Boulle
boulle
idylle
psylle
branle
branlé
embole
racolé
accolé
récolé
Nicole
picolé
cocolé
Arcole
indole
fléole
olé olé
aréole
créole
affolé
rigole
rigolé
Aihole
gniole
étiolé
cajolé
enjôlé
samole
immolé
dipôle
parole
vérole
vérolé
pirole
virole
virolé
enrôlé
furole
désolé
insolé
assolé
entôlé
revolé
envolé
gazole
triple
triplé
semple
Temple
temple
simple
peuple
peuplé
couple
couplé
souple
Searle
pairle
Bresle
Mansle
Nestlé
acaule
chaulé
diaule
miaulé
piaule
piaulé
gnaule
épaule
épaulé
fabulé
tabulé
fibule
lobule
lobulé
subulé
tubule
tubulé
facule
macule
maculé
acculé
fécule
féculé
pécule
reculé
loculé
oscule
cédule
bidule
ridule
ondulé
module
modulé
nodule
Gudule
aïeule
éteule
gueule
gueulé
infule
régule
régulé
ligule
ligulé
ongulé
jugulé
Kekulé
gélule
pilule
hululé
limule
simulé
cumulé
canule
canulé
annulé
lunule
Baoulé
saoule
saoulé
aboulé
éboulé

écoulé
Sioule
croule
croulé
papule
tipule
copule
copulé
cupule
férule
mérule
curule
Ursule
notule
rotule
mutule
Dozulé
luzule
crawlé
kabyle
éthyle
alkyle
allyle
vinyle
bétyle
cotyle
butyle
puzzle
madame
vidame
vidamé
affamé
infâme
bigame
engamé
Calame
calame
bilame
Paname
igname
Paramé
cérame
déramé
sésame
rétamé
entame
entamé
squame
oedème
schème
Bohême
bohème

bohême
énième
unième
Falémé
xylème
sémème
monème
barème
Carême
carême
écrémé
chrême
birème
lexème
flegme
énigme
zeugme
asthme
isthme
rythme
rythmé
décime
décimé
rédimé
vidimé
infime
régime
ranimé
minime
périmé
arrimé
Zosime
ultime
intime
intimé
estime
estimé
Maxime
maxime
flamme
flammé
Gramme
gramme
flemme
Pacôme
sacome
radôme
Sodome
idiome
gliome
axiome
Salomé

génome
binôme
innomé
monôme
lipome
lupome
Gérôme
géromé
Jérôme
chrome
chromé
butome
réarmé
charme
charmé
alarme
alarmé
égermé
inerme
sperme
Dhorme
L'Horme
énorme
fourme
gourme
gourmé
phasme
miasme
spasme
Érasme
Oresme
déisme
séisme
âgisme
alisme
prisme
trisme
mousmé
heaume
chaume
chaumé
psaume
enfumé
légume
inhumé
exhumé
allumé
volume
okoumé
agrume
strume
Kurume

résumé
assumé
bitume
bitumé
didyme
enzyme
cabane
cabané
rabane
Albane
rubané
pacane
bécane
ricané
alcane
arcane
lucane
padane
bédane
Modane
Océane
océane
effané
engane
organe
éthane
Aniane
Ariane
Réjane
balane
silane
bimane
romane
banane
choane
borane
Morane
basane
basané
pisane
tisane
insane
mosane
Catane
satané
tatane
octane
cétane
gitane
titane
butane
cutané

iguane
douane
havane
pavane
pavané
savane
hexane
texane
Roxane
Guyane
Mécène
mécène
alcène
éocène
lycène
cadène
Vedène
indène
Modène
Kleene
Greene
Eugène
zygène
sthène
sciène
aliéné
Priène
galène
halené
Hélène
sélène
Silène
silène
allène
Molène
molène
xylène
ramené
démené
emmené
Domène
Ismène
Eumène
eumène
Sumène
pinène
troène
carène
caréné
égrené
thrène
sirène

6

enrêné
morène
murène
Cyrène
pyrène
Misène
Elsene
assené
asséné
La Tène
patène
butène
fouëne
khâgne
stagné
duègne
baigné
daigné
saigné
beigne
peigne
peigné
teigne
aligné
cligné
poigne
soigné
érigne
grigne
grigné
guigne
guigné
grogne
grogné
trogne
hargne
vergne
borgne
lorgné
Jougne
Daphné
daphné
chaîne
chaîné
djaïne
Blaine
Flaine
plaine
Braine
draine
drainé
graine

grainé
traîne
traîné
babine
cabine
Sabine
sabine
débine
débiné
bibine
bobine
bobiné
erbine
Racine
racine
raciné
Yacine
riciné
unciné
mucine
badine
badiné
padine
radine
radiné
Fedine
Médine
aldine
andine
ondine
dodine
dodiné
théine
oléine
Pleine
pleine
freiné
affine
affiné
paginé
sagine
tagine
algine
angine
rugine
vahiné
échine
échiné
tajine
pékiné
Fokine
câline

câliné
saline
valine
Céline
féline
Méline
doline
byline
famine
gamine
gaminé
laminé
déminé
géminé
hémine
dominé
gominé
nominé
ruminé
canine
Panine
Lénine
menine
rénine
idoine
égoïne
Avoine
avoine
lapine
lapiné
rapine
rapiné
sapine
tapiné
L'Épine
Lépine
Repine
alpine
copine
copiné
rupine
rupiné
farine
fariné
Marine
marine
mariné
narine
Sarine
serine
seriné
sérine

vérine
borine
buriné
purine
suriné
gésine
lésine
lésiné
résine
résiné
éosine
arsine
lysine
Gâtine
gâtine
latine
mâtine
mâtiné
patine
patiné
ratine
ratiné
satiné
rétine
tétine
potiné
butiné
cutine
lutine
lutiné
mutine
mutiné
rutine
couiné
fouine
fouiné
gouine
équine
bruine
bruiné
pruine
ravine
raviné
deviné
divine
alvine
enviné
bovine
boviné
toxine
auxine
myxine

Razine
Jeanne
channe
Joanne
Roanne
épanné
Bienne
mienne
Sienne
sienne
tienne
Vienne
Djenné
Brenne
drenne
paonne
abonné
adonné
Lionne
lionne
pionne
Olonne
ânonné
Dronne
étonné
Ancône
madone
Dodone
Bléone
Sagone
Logone
oogone
aphone
Salone
Silone
pylône
ramoné
démone
Gimone
Pomone
aumône
annone
ionone
Capone
lapone
saponé
Gérone
péroné
Vérone
erroné
Ausone
Latone

6

cétone
détoné
Savone
bryone
evzone
lierne
Pierné
Vierne
Sterne
sterne
Averne
Edirne
écorné
piorné
viorne
Hoorne
éburné
Veurne
diurne
tourne
tourné
Smyrne
Daisne
Huisne
Crosne
crosne
mort-né
Beaune
Agaune
lacune
pécune
aucune
lagune
faluné
immune
Thoune
pétuné
alcyne
Phryné
Chiloé
Monroe
Crusoé
décapé
escape
Priape
canapé
dérapé
retape
retapé
gouape
recepé
récépé

excipé
Oedipe
oedipe
tulipe
manipe
étripé
Euripe
équipe
équipé
scalpé
inalpé
coulpe
poulpe
crampe
étampe
étampé
trempe
trempé
grimpe
grimpé
guimpe
trompe
trompé
Olympe
Olympe
lycope
galope
galopé
salope
salopé
éclopé
Canope
canope
Sinope
Europe
hysope
métope
Chappe
clappé
frappe
frappé
grappe
trappe
trappé
Dieppe
Nieppe
steppe
flippé
klippe
grippe
grippé
droppé

stoppé
houppe
houppé
Scarpe
Sharpe
scirpe
usurpé
crispé
occupé
croupe
groupe
groupé
troupe
étoupe
étoupé
polype
Myzeqe
gabare
Kadaré
La Fare
effaré
Mégare
cigare
Briare
hilare
samare
Pomaré
Ténare
ignare
déparé
réparé
séparé
emparé
Harare
Tarare
tarare
curare
tatare
Mutare
square
Novare
Lazare
Nazaré
glabre
guèbre
chibre
guibre
cambré
Sambre
membre
membré
timbre

timbré
hombre
nombre
nombré
sombre
sombré
marbre
marbré
Coubre
Diacre
diacre
Fiacre
fiacre
exécré
cancre
faucre
Phèdre
dièdre
exèdre
sandre
cendre
cendré
fendre
gendre
pendre
rendre
Tendre
tendre
vendre
gindre
oindre
fondre
pondre
tondre
perdre
mordre
tordre
Seudre
coudre
foudre
moudre
poudre
poudré
Libère
libéré
Tibère
aubère
pubère
lacéré
macéré
ulcère
ulcéré

Madère
madère
Abdère
fédéré
sidéré
modéré
La Fère
déféré
référé
infère
inféré
légère
Mégère
mégère
digéré
ingéré
cogéré
adhéré
sphère
éthéré
aciéré
ânière
Brière
prière
trière
Galère
galère
galéré
colère
toléré
mémère
réméré
khmère
dimère
Himère
Homère
généré
Ténéré
vénéré
monère
Lepère
pépère
repère
repéré
vipère
Ampère
ampère
espéré
supère
Barère
parère
liseré

6
liséré
misère
inséré
latere
patère
ictère
altéré
aptère
artère
révéré
Sévère
sévère
Tevere
rayère
tuyère
Vézère
nizeré
Anzère
Lozère
Giffre
Liffré
coffre
coffré
Joffre
gaufre
gaufré
soufre
soufré
onagre
maigre
vaigre
Aligre
émigré
malgré
pingre
congre
hongre
hongré
bougre
lougre
chaire
alaire
blairé
Claire
claire
flairé
glaire
glairé
plaire
araire
braire
praire
traire
suaire
ovaire
occire
dédire
médire
redire
cheire
épeire
Freire
hégire
La Hire
délire
déliré
relire
Ramire
admiré
Lemire
gloire
croire
ivoire
Empire
empire
empiré
aspiré
expiré
écrire
désiré
satire
détiré
retiré
attiré
squire
bruire
navire
déviré
arboré
accore
décoré
pécore
picoré
encore
dédoré
redoré
Indore
Tagore
Lahore
Johore
éphore
majoré
éclore
Chlore
chlore
chloré
Ellore
coloré
éploré
pylore
Mamoré
timoré
ignoré
minoré
honoré
sonore
péroré
Aurore
aurore
essoré
Mysore
fluoré
dévoré
diapré
pampre
rompre
propre
stupre
Chypre
charre
amarre
amarré
Lierre
lierre
Pierre
pierre
Sierre
guerre
beurre
beurré
leurre
leurré
Seurre
bourre
bourré
courre
fourre
fourré
mourre
châtré
plâtre
plâtré
quatre
piètre
prêtre
urètre
guêtre
guêtré
maître
naître
paître
reître
goitre
épître
huître
filtre
filtré
cantre
Centre
centre
centré
rentré
ventre
cintre
cintré
contre
contré
montre
montré
apôtre
dartre
martre
Sartre
tartre
tartré
tertre
castré
mestre
oestre
bistre
bistré
cistre
sistre
rostre
lustre
lustré
rustre
battre
lettre
lettré
mettre
Littré
vautré
feutre
feutré
neutre
boutre
coutre
foutre
loutre
poutre
dextre
élytre
récuré
arcure
vidure
enduré
induré
iodure
ioduré
ordure
fleuré
pleuré
apeuré
épeuré
Yzeure
pagure
figure
figuré
ligure
augure
auguré
sciure
chiure
pliure
abjuré
adjuré
de jure
injure
galure
salure
talure
déluré
fêlure
gelure
pelure
silure
allure
alluré
molure
La Mure
Lamure
ramure
lémure
emmuré
armure
fumure
panure
cénure
ménure

tenure
zonure
lunure
ajouré
anoure
râpure
tapure
dépuré
impure
piqûre
parure
virure
borure
dorure
forure
masure
césure
mesure
mesuré
assuré
mature
mâture
nature
pâture
pâturé
rature
raturé
saturé
obturé
vêture
biture
bituré
enture
roture
future
suture
suturé
nouure
bavure
lavure
levure
rivure
luxure
rayure
oxyure
Febvre
chèvre
bièvre
fièvre
lièvre
mièvre
Nièvre
plèvre
Woëvre
enivré
Moivre
poivre
poivré
cuivre
cuivré
guivre
guivré
suivre
pauvre
oeuvre
oeuvré
Louvre
rouvre
Ancyre
La Hyre
satyre
embase
occase
recasé
Pégase
pégase
ligase
myiase
oukase
Gélase
Damase
zymase
kinase
synase
lipase
abrasé
ébrasé
écrasé
dérasé
phrase
phrasé
pétase
extase
envasé
ascèse
Éphèse
Genèse
genèse
cinèse
empesé
Varèse
Pavese
chaise
biaise
biaisé
niaise
niaisé
alaise
alaisé
glaise
glaisé
apaisé
braise
braisé
fraise
fraisé
incise
incisé
excise
excisé
balise
balisé
valise
église
enlisé
Molise
nolisé
Tamise
tamisé
remise
remisé
nanisé
tanisé
vanisé
Venise
sinisé
ionisé
croisé
Iroise
cerise
merise
égrisé
éprise
arrisé
Assise
assise
bêtise
altise
cotisé
attisé
cytise
Louise
mouise
épuisé
ravisé
devise
devisé
révisé
divise
divisé
clamsé
transe
Odense
Orense
sconse
ribose
lycose
mycose
aldose
méiose
arkose
gélose
osmose
dépose
déposé
repose
reposé
imposé
apposé
opposé
exposé
virose
morose
arrosé
cétose
mitose
nivôse
hexose
éparse
averse
bourse
course
coursé
thyrse
agasse
Chasse
chasse
chassé
châsse
liasse
classe
classé
amassé
coassé
brasse
brassé
crasse
Grasse
Grassé
grasse
Édesse
déesse
liesse
blessé
ânesse
boësse
Bresse
dressé
presse
pressé
tresse
tressé
baisse
baissé
caisse
laisse
laissé
Neisse
clisse
clissé
glisse
glissé
plissé
poisse
poissé
épissé
crissé
drisse
trissé
cuisse
Suisse
suisse
Écosse
écossé
adossé
Brosse
brosse
brossé
crosse
crossé
drosse
drossé
grosse
causse
fausse
faussé
gaussé
hausse
haussé
gousse

6

housse
houssé
mousse
moussé
pousse
poussé
rousse
Sousse
toussé
Prusse
Raysse
abysse
alysse
Ulysse
Buysse
tsé-tsé
Lhotse
poutsé
clause
Mabuse
accusé
récusé
incuse
Bocuse
excuse
excusé
Méduse
méduse
médusé
lieuse
pieuse
rieuse
Creuse
creuse
creusé
gueuse
gueusé
tueuse
refusé
infuse
infusé
Raguse
éthuse
Écluse
écluse
éclusé
Péluse
camuse
canuse
blouse
blousé
flouse

épouse
épousé
grouse
empuse
céruse
cérusé
mésusé
obtuse
Abbate
débâté
Hécate
Sadate
iodate
éléate
oléate
régate
régaté
uniate
asiate
galate
ablaté
oblate
éclaté
Belate
relaté
Velate
dilaté
Pilate
démâté
tomate
agnate
annate
sonate
croate
empâté
appâté
carate
karaté
dératé
pirate
piraté
borate
boraté
strate
surate
patate
retâté
astate
fluate
savate
épacte
tracté

exacte
éjecté
édicté
éructé
uraète
bébête
hébété
embêté
ascète
afféte
mufeté
tagète
végété
acheté
gaieté
quiète
déjeté
rejeté
caleté
galeté
haleté
saleté
fileté
moleté
voleté
gamète
comète
isoète
népète
répété
arpète
rareté
âcreté
écrêté
âpreté
arrêté
cureté
dureté
fureté
pureté
sûreté
ossète
zétète
en-tête
entêté
fivete
riveté
duveté
moufté
doigté
Fichte
naphte

Jephté
traite
traité
habité
débité
albite
orbite
subite
Tacite
tacite
cécité
récité
licite
licité
incité
ascite
lucite
excité
ladite
dédite
médité
redite
audité
nudité
iléite
uvéite
digité
cogité
ophite
chiite
halite
délité
vélite
milité
illite
colite
oolite
tolite
aplite
sémite
limite
limité
comité
somite
ermite
vanité
bénite
sinité
bonite
gunite
gunité
droite

capité
dépité
pépite
karité
parité
abrité
écrite
cérite
hérité
mérite
mérité
vérité
sorite
irrité
pyrite
hésité
visite
visité
matité
ratite
aétite
petite
entité
mutité
acuité
équité
bruité
fruité
truite
truité
cavité
va-vite
lévite
invite
invité
laxité
fixité
mixité
exalté
guelte
svelte
adulte
soulte
exulté
béante
géante
séante
chanté
liante
riante
Planté
plante

planté
amante
brante
cranté
orante
usante
puante
suante
tuante
ex ante
édenté
fiente
fienté
Trente
trente
éventé
mainte
sainte
feinte
feinté
teinte
teinté
jointe
pointe
pointé
quinte
suinté
éhonté
éponte
Brontë
dronte
Oronte
shunté
caboté
jaboté
nabote
raboté
saboté
ribote
accoté
bécoté
décote
mi-côte
picote
picoté
cocoté
suçoté
radoté
cagote
fagoté
ragote
dégoté

mégoté
bigote
gigoté
ligoté
ergoté
zygote
cahoté
idiote
mijoté
falote
belote
pelote
peloté
zélote
hilote
pilote
piloté
canoté
dénoté
annoté
shooté
Groote
Capote
capote
capoté
papoté
sapote
tapoté
dépoté
empoté
popote
typote
taroté
siroté
litote
dévote
revoté
pivoté
vivoté
fayoté
coyote
zozoté
adapté
inapte
adepte
inepte
compte
compté
dompté
adopté
coopté
Égypte

crypte
crypté
écarté
charte
clarté
aparté
Sparte
sparte
Duarte
quarte
quarté
cherté
fierté
alerte
alerté
inerte
flirté
avorté
heurté
courte
iourte
tourte
yourte
chaste
plaste
sieste
Oreste
preste
presté
déiste
ajiste
triste
twisté
existé
aposté
verste
ajusté
fruste
truste
trusté
chatte
blatte
flatté
gratte
gratté
miette
blette
flette
boette
Arette
brette
bretté

frette
fretté
guette
guetté
luette
muette
suette
ivette
boitte
fritte
fritté
quitte
quitté
péotte
Flotte
flotte
flotté
glotte
émotté
crotte
crotté
frotté
grotte
trotte
trotté
goutte
goutté
Beauté
beauté
Léauté
Plaute
débuté
rebuté
pieuté
zieuté
bleuté
ameuté
émeute
queuté
zyeuté
réfuté
affûté
enfûté
cahute
taluté
déluté
soluté
volute
minute
minuté
abouté
ébouté

écoute
écouté
scoute
choute
ajoute
ajouté
clouté
brouté
croûte
croûté
député
réputé
amputé
imputé
scruté
Matute
bizuté
jouxté
Cocyte
oocyte
baryte
écobué
barbue
herbue
évacué
gradué
pendue
rendue
tendue
vendue
fondue
tondue
perdue
mordue
tordue
Ibagué
blague
blagué
élagué
drague
dragué
Prague
Brigue
brigue
brigué
exiguë
cangue
gangue
gangué
langue
langué
mangue

6

tangue
tangué
dengue
dingue
dingué
lingue
zingué
Longue
longue
Longué
drogue
drogué
cargue
cargué
Fargue
largue
largué
nargué
targué
vergue
morgue
morgué
Sorgue
fougue
déchue
fichue
évalué
exclue
reflué
afflué
influé
déglué
englué
poilue
pollué
évolué
berlue
goulue
moulue
voulue
commué
promue
chenue
grenue
avenue
connue
cornue
taboue
taboué
emboué
accoué
secoué

rocoué
gadoue
Padoue
padoue
bafoué
engoué
échoué
bajoue
déjoué
rejoué
enjoué
reloué
alloué
La Noue
Bénoué
dénoué
renoué
Ogooué
Capoue
papoue
Haroué
ébroué
écroué
enroué
tatoué
dévoué
trapue
crépue
rompue
lippue
abaque
icaque
chaque
claque
claqué
flaque
plaque
plaqué
opaque
Braque
braque
braqué
craque
craqué
traque
traqué
macque
pacqué
sacqué
Becque
socque
chèque

thèque
évêque
caïque
laïque
chique
chiqué
clique
plique
inique
unique
apiqué
épique
brique
briqué
crique
friqué
trique
triqué
urique
étique
otique
Utique
calque
calqué
talqué
pulque
banque
banqué
manque
manqué
minque
conque
jonque
choqué
phoque
vioque
bloqué
cloque
cloqué
floqué
époque
croqué
troque
troqué
psoque
évoqué
barque
marque
marqué
parqué
cirque
porque

torque
turque
basque
casque
casqué
masque
masqué
vasque
bisque
bisqué
disque
risque
risqué
busqué
jusque
musqué
rauque
rauqué
éduqué
énuqué
couque
houque
souqué
touque
truqué
stuqué
accrue
décrue
décrué
recrue
verrue
courue
pansue
massue
fessue
ressué
bossue
bossué
cossue
Matsue
cousue
statue
statué
laitue
pentue
Tortue
tortue
battue
pattue
foutue
asexué
décavé

encavé
excavé
Mohave
Mojave
délavé
relavé
Gonâve
dépavé
repavé
morave
étrave
Batave
batave
Octave
octave
zouave
goyave
endêvé
Lodève
Megève
achevé
Salève
relevé
relève
enlevé
Genève
sénevé
Estève
glaive
vacive
nocive
endive
salive
salivé
gélive
solive
Ninive
dérive
dérivé
arrivé
étrive
oisive
dative
hâtive
native
active
activé
rétive
motivé
votive
estive
estivé

6

ravivé
alcôve
rénové
Ninove
innové
énervé
chauve
décuvé
encuvé
réduve
fleuve
preuve
flouve
Prouvé
prouvé
trouvé
Struve
Vésuve
Sittwe
Veluwe
Woluwe
uniaxe
malaxé
relaxe
relaxé
La Maxe
désaxé
détaxe
détaxé
indexé
télexé
annexe
annexé
affixe
affixé
infixe
Eudoxe
abbaye
cobaye
aye-aye
pagaye
pagayé
bégayé
La Haye
balayé
délayé
relayé
rimaye
papaye
repayé
cipaye
impayé

dérayé
enrayé
essayé
Bouaye
Reziye
zézayé
bye-bye
capeyé
Oupeye
faseyé
rallye
ondoyé
rudoyé
éployé
dénoyé
ennoyé
côtoyé
tutoyé
dévoyé
envoyé
ennuyé
appuyé
essuyé
Lacaze
dégazé
topaze
balèze
mélèze
De Sèze
Desèze
Fraize
Tubize
Decize
Gleizé
treize
Belize
pezize
zwanze
zwanzé
Klenze
Deinze
quinze
bronze
bronzé
Zabrze
Anduze
Dieuze
Greuze
gueuze
flouze
La Suze
U.R.S.S.A.F.

E.D.F.-G.D.F.
Unicef
relief
József
Le Goff
Kempff
rosbif
calcif
poncif
lascif
tardif
kif-kif
Wyclif
Chélif
chérif
shérif
évasif
pensif
érosif
cursif
massif
passif
mussif
abusif
élusif
statif
fictif
chétif
unitif
émotif
captif
furtif
festif
Restif
fautif
esquif
Arnulf
bichof
Neuhof
Ekelöf
Ouolof
ouolof
Babeuf
Elbeuf
elbeuf
chnouf
barouf
stalag
Elbląg
fellag
goulag
zigzag

talweg
Liebig
Koenig
Figuig
Elaziğ
Danzig
Mutzig
ladang
Padang
Pohang
Malang
Salang
Semang
Da Nang
Penang
Li Tang
rotang
Anyang
Lo-yang
P'o-yang
Poyang
Li Peng
Li P'eng
hareng
fading
wading
Boeing
Yijing
Ta-k'ing
viking
Yi-king
coking
Ösling
timing
Si-ning
Xining
Yining
honing
zoning
doping
Daqing
Béring
Göring
string
Turing
casing
rating
living
Irving
rowing
fixing
Andong

Oudong
Zigong
dugong
Gugong
ma-jong
Mékong
oblong
Jilong
Ki-long
Dulong
sarong
Datong
Ta-t'ong
hot dog
prolog
Herzog
Alborg
Vyborg
Molitg
Tausug
stawug
casbah
Daddah
rupiah
radjah
smalah
fellah
mellah
mollah
mullah
Bramah
Jinnah
coprah
hurrah
Howrah
Pessah
tussah
Tantah
Siouah
Madách
Banach
speech
Lamech
varech
Luzech
Illich
Jülich
Remich
Munich
Zurich
Zürich
French

6

trench
brunch
Moloch
moloch
Hénoch
Church
Frisch
Mersch
kirsch
kitsch
putsch
Bausch
flysch
sketch
Scotch
scotch
Kertch
Baruch
Irtych
turbeh
sakieh
Minîèh
Zahleh
Guizèh
Armagh
Ralegh
Slough
Ladakh
kazakh
cheikh
Joseph
joseph
périph
Guelph
Lagash
squash
Kadesh
Qadesh
finish
Wabush
taleth
Lameth
hadith
Judith
talith
zénith
Avioth
Eberth
Oberth
Woerth
Duluth
bizuth

Chleuh
chleuh
Ouadaï
Valdaï
Sendai
Bao Dai
congaï
cabiai
haïkaï
déblai
Adonaï
Bidpāi
Kansai
bonsaï
Kassaï
Massaï
Tessai
Hantaï
Yantai
Yen-t'ai
Tubuaï
Thìvai
Bolyai
Polabí
ourébi
cagibi
Galibi
biribi
vrombi
Jacobi
fourbi
gourbi
grisbi
ébaubi
étréci
Médici
Merici
chanci
aminci
noirci
adouci
décadi
affadi
Maradi
Matadi
samedi
nonidi
octidi
brandi
grandi
éfendi
blondi

Urundi
Guardi
anordi
ébaudi
Mas'ūdī
Taibei
boghei
nikkei
Ciskei
Brunei
T'ai-pei
Pompéi
Hou-pei
Messei
Mattei
bouffi
rififi
Amalfi
Petőfi
assagi
fromgi
judogi
élargi
Giorgi
envahi
avachi
Secchi
fléchi
tai-chi
chichi
Rānchī
Karchi
letchi
litchi
Sotchi
gauchi
rouchi
Gāndhī
K'ang-hi
Longhi
Kouo Hi
Akashi
Xánthi
Ts'eu-hi
Savaii
Hawaii
Panaji
Himeji
Kainji
Rudaki
Sōseki
rikiki

Tarski
Gorski
Nevski
kabuki
buzuki
alcali
Kigali
somali
Ben Ali
népali
resali
Umtali
établi
faibli
anobli
Chadli
Mohéli
Sāngli
Nobili
simili
ravili
bailli
failli
jailli
sailli
amolli
trulli
démoli
Napoli
dépoli
repoli
impoli
paroli
néroli
Rivoli
Tivoli
rempli
muesli
Füssli
Grütli
aveuli
tumuli
Lutuli
Fuzuli
Bādāmi
salami
Bel-Ami
Kanami
tatami
Neẓāmi
Niẓāmī
ennemi

brahmi
surimi
ch'timi
Engómi
Enkomi
fourmi
vélani
aplani
romani
Anagni
défini
infini
Bikini
bikini
Rimini
Jomini
Pāṇini
Panini
Vanini
Papini
Marini
Parini
Orsini
Latini
abonni
Bodoni
Benoni
Maroni
Moroni
Busoni
Isorni
fourni
démuni
impuni
Bīrūnī
désuni
emploi
non-moi
surmoi
Rocroi
effroi
orfroi
corroi
octroi
couroi
kouroi
renvoi
convoi
barzoï
genépi
génépi
scampi

champi
Ciompi
Crespi
Crispi
croupi
pécari
safari
nagari
Figari
Pahārī
méhari
canari
Lipari
Vasari
qatari
houari
Javari
cricri
voceri
céleri
Aimeri
dépéri
Luteri
Kaverī
maigri
gri-gri
grigri
Kediri
Kāviri
Labori
priori
pilori
Aomori
satori
favori
amerri
nourri
pourri
flétri
Amauri
fleuri
joruri
Likasi
Kumasi
choisi
Edrisi
Idrīsī
Chan-si
Jhānsi
transi
Chen-si
Rákosi
Kaposi
Potosí
Alessi
grossi
réussi
roussi
Chiusi
Sanūsī
débâti
rebâti
décati
Galaţi
aplati
Turati
Rosati
patati
Ligeti
Chieti
muphti
arditi
Tahiti
wapiti
Giunti
alloti
averti
amorti
roesti
rousti
bletti
Onetti
Viotti
blotti
abouti
agouti
abruti
cui-cui
Xia Gui
Bangui
langui
targui
icelui
enfoui
réjoui
ébloui
écroui
Créqui
sesqui-
autrui
ressui
pehlvi
chauvi
Malawi
Kangxi
jingxi
Shanxi
Bielyï
Bo Juyi
Mengzi
Kongzi
Rienzi
El Hadj
hadjdj
Sutlej
Bitolj
kodiak
oumiak
ostiak
koulak
Karnak
anorak
Dvořák
Rohtak
Arawak
ostyak
Lübeck
Fameck
kopeck
Planck
Franck
Starck
Sierck
nubuck
chebek
Balbek
Kazbek
ouzbek
Dubček
Osijek
Olenek
Gierek
Dussek
Mrożek
Domagk
scheik
tadjik
moujik
Bialik
Rybnik
Pernik
Putnik
Narvik
Wervik
Inuvik
Lombok
Bartók
Newark
Ślcask
Gdańsk
Słupsk
Koursk
Bratsk
Ijevsk
Kirkūk
Farouk
Ourouk
Sitruk
Mohawk
tribal
Pombal
tombal
global
verbal
chacal
buccal
caecal
amical
apical
bancal
tincal
afocal
Pascal
pascal
discal
fiscal
que dal
féodal
Myrdal
caudal
Ardeal
linéal
pinéal
boréal
lutéal
nivéal
morfal
plagal
inégal
galgal
Tergal
frugal
archal
Bréhal
Imphāl
labial
tibial
facial
racial
fécial
oncial
social
radial
médial
Bélial
filial
lilial
hallal
génial
monial
marial
férial
serial
curial
fétial
gavial
jovial
Baïkal
Haykal
Djalāl
Djamāl
hiémal
animal
primal
anomal
normal
sismal
Daumal
chenal
signal
Épinal
spinal
urinal
atonal
azonal
vernal
Raynal
Rampal
Bhopāl
Cabral
sacral
Zicral
Andral
amiral
foiral
spiral
choral
floral
amoral
corral

6

mitral
astral
neural
plural
crural
dorsal
vassal
causal
Fayṣal
hiatal
rectal
acétal
foetal
comtal
Cantal
cantal
santal
dental
mental
captal
septal
Portal
portal
Durtal
distal
costal
postal
brutal
Ötztal
Chaval
Cheval
cheval
ogival
narval
Derval
Nerval
serval
Dorval
Nezval
Ismaël
Israël
Hebbel
djebel
lambel
Fröbel
cancel
carcel
Marcel
Vercel
Cladel
Bradel
Guidel

Händel
Mandel
Mendel
Wendel
Findel
mindel
rondel
Gardel
bordel
Scheel
déréel
irréel
Eiffel
Werfel
Machel
Rachel
Michel
Auchel
Fréhel
Rethel
Daniel
véniel
sériel
Huriel
Meckel
teckel
nickel
shekel
Stekel
Hillel
Flamel
Dehmel
Primel
Kemmel
Rimmel
Lommel
Rommel
Hummel
kummel
Rummel
Carmel
formel
murmel
oxymel
Chanel
Opinel
tunnel
Brunel
Chapel
Csepel
Seipel
rappel

gospel
Sospel
Coypel
barrel
Carrel
pétrel
Laurel
Diesel
diesel
Wiesel
Roisel
persel
Cassel
Kassel
Bessel
Kessel
bissel
missel
Oissel
Ijssel
Kossel
Châtel
Keitel
cartel
Martel
martel
Hertel
mortel
castel
pastel
rastel
listel
Postel
Fustel
Vittel
Paluel
Samuel
Manuel
manuel
annuel
Buñuel
lequel
auquel
duquel
Teruel
casuel
visuel
actuel
rituel
mutuel
sexuel
Crevel

Louvel
Nouvel
nouvel
Rouxel
Pleyel
Maazel
Mälzel
Menzel
Glozel
Ratzel
Tetzel
Dubail
Du Fail
camail
Ismā‘īl
sérail
Corail
corail
bétail
détail
mézail
soleil
Limeil
pareil
Le Teil
méteil
orteil
écueil
réveil
profil
marfil
morfil
surfil
faufil
Haskil
Chāmil
grémil
chenil
Trinil
gas-oil
gasoil
Goupil
goupil
amaril
puéril
terril
Brasil
frasil
Brésil
brésil
grésil
persil

subtil
Gentil
gentil
pontil
tortil
pistil
coutil
Breuil
treuil
Gesell
Cavell
Wavell
Powell
Orwell
O'Neill
Bofill
El-Qoll
Argyll
Jekyll
Jambol
torcol
glycol
Bandol
schéol
mongol
Warhol
Baliol
mariol
Loriol
Auriol
Eshkol
raskol
formol
thymol
phénol
Magnol
Pagnol
Lon Nol
alcool
stérol
pyrrol
crésol
consol
scatol
toluol
survol
polyol
podzol
benzol
peyotl
Rabaul
calcul

Nabeul
Dezful
Banjul
Kaboul
maboul
Soboul
Sadoul
redoul
Vogoul
vogoul
Frioul
Tamoul
tamoul
Arnoul
Béroul
Vesoul
consul
Crésyl
Rhovyl
McAdam
quidam
ramdam
lingam
Graham
dirham
Durham
durham
Latham
litham
Miriam
Jhelam
Dammām
hammam
Ozanam
Roboam
Wagram
ashram
baïram
beïram
bayram
litsam
tam-tam
wigwam
S.P.A.D.E.M.
ibidem
tandem
Bardem
Edegem
Izegem
sachem
Sichem
Arnhem
El-Djem
chelem
Skolem
Harlem
Dranem
Bornem
Éphrem
Kassem
Eyquem
mégohm
Le Daim
Behaim
essaim
Róheim
Panjim
Sikkim
Pourim
passim
toutim
napalm
sitcom
Condom
condom
slalom
chilom
shilom
Billom
crénom
prénom
pronom
surnom
pogrom
Keesom
D.O.M.-T.O.M.
tom-tom
O.R.S.T.O.M.
custom
I.N.S.E.R.M.
caecum
dum-dum
Te Deum
muséum
parfum
targum
Bochum
zythum
labium
erbium
radium
médium
oïdium
indium
podium
sodium
kalium
hélium
osmium
minium
omnium
aérium
cérium
atrium
curium
césium
Latium
Actium
Jhelum
péplum
phylum
summum
Glanum
plénum
magnum
Barnum
lokoum
Saloum
Bamoum
Aksoum
Batoum
Fayoum
sacrum
quorum
natrum
pensum
factum
rectum
gnetum
septum
scutum
vacuum
baryum
Canaan
pléban
Gréban
forban
Durban
turban
risban
hauban
Vauban
Kouban
Deccan
volcan
cancan
Duncan
carcan
Hyrcan
toscan
boucan
toucan
Ābādān
Ibadan
Bogdan
Éridan
Handan
Randan
Cardan
cardan
Mardān
Cerdan
cerdan
Jordan
Caudan
Houdan
houdan
Soudan
soudan
Sigean
Méjean
Stefan
Fanfan
Reagan
Reggan
origan
Kalgan
Si-ngan
slogan
Morgan
Cachan
Fo-chan
afghan
Wakhān
Anshan
Foshan
Nathan
Pathan
Wou-han
radian
médian
rufian
Fujian
Dalian
banian
fenian
parian
Adrian
Ossian
Trajan
Roujan
Abakan
Arakan
Seikan
Dekkan
Balkan
Kankan
Miélan
Plélan
Moëlan
brelan
Raglan
raglan
Pellan
Tollan
prolan
Kaplan
biplan
Darlan
merlan
verlan
Meulan
Ceylan
Meylan
chaman
Tubman
Alcman
Zeeman
Alemán
gagman
Wigman
Rahman
'Uthmān
caïman
'Adjmān
Lokman
Colman
dolman
Tolman
yeoman
Luqmān
barman
Farman
Karman
Karman
karman
Kermān
birman
firman
Kirmān

6 Forman
Tasman
desman
hetman
Altman
Cotman
Hotman
Truman
Newman
Cayman
Guzmán
rhénan
Glénan
Magnan
magnan
Aignan
Hainan
Tainan
Tsi-nan
Yun-nan
Yunnan
Hou-nan
Poznań
samoan
trépan
Campan
sampan
tympan
tarpan
Gibran
cadran
Audran
Iseran
safran
Wahrān
Qumrān
Cioran
Lioran
serran
Latran
estran
Hauran
Sevran
Ḥawrān
Syzran
faisan
Guisan
Rilsan
Wonsan
Kunsan
Persan
persan
Hassan
Ni Tsan
paysan
Gaétan
flétan
caftan
Multān
sultan
d'antan
Han-tan
Montan
Khotan
Cartan
Tartan
tartan
Sistān
Bhutān
Lê Duan
Chouan
chouan
Ma Yuan
Qu Yuan
Erevan
Erivan
Morvan
Taiwan
Ḥilwān
kenyan
Bunyan
Riazan
alezan
balzan
Kenzan
Tarzan
tarzan
Fezzan
graben
Leoben
Ogaden
Cobden
Wadden
Leiden
Tilden
golden
Sölden
gulden
Minden
Dryden
sabéen
lycéen
sidéen
achéen
peléen
péléen
spleen
coréen
Siegen
Wengen
Jongen
Bergen
Horgen
Aachen
lichen
Riehen
Wu Zhen
Fabien
nubien
pubien
ancien
Lucien
Indien
indien
lydien
argien
Galien
malien
salien
Ta-lien
éolien
Julien
julien
Damien
simien
Ammien
danien
pénien
ionien
Ulpien
Appien
Darién
O'Brien
Adrien
aérien
dorien
Arrien
Jurien
syrien
oasien
Gatien
Tatien
Titien
Jovien
jovien
kraken
Laeken
Veblen
Bailén
Nijlen
Hellên
pollen
Kjølen
Xiamen
gramen
examen
Niémen
Bremen
gagmen
dolmen
yeomen
barmen
Carmen
germen
Tienen
Sarnen
minoen
Voeren
Dairen
Warren
Mürren
gouren
Kelsen
Velsen
Dilsen
Pilsen
Hansen
Hansen
Nansen
Jensen
Finsen
Bunsen
Bunsen
larsen
Fersen
Hessen
Lessen
pecten
Kloten
Murten
Austen
Susten
Witten
Hutten
gluten
Plauen
Écouen
Pleven
Quéven
Alfvén
Sliven
Sirven
Leuven
Leuwen
Blixen
libyen
troyen
Bilzen
Herzen
Lützen
design
Urbain
urbain
aubain
cubain
ricain
Lucain
dédain
Le Dain
andain
rifain
regain
Bohain
Ujjain
Lekain
vilain
demain
Romain
romain
Somain
humain
Denain
Fenain
Le Nain
Ornain
copain
Berain
Derain
airain
borain
Forain
forain
durain
fusain
Pétain
putain
levain
sixain
dizain
sizain

6

onzain
rabbin
bambin
Lambin
lambin
Sambin
Harbin
larbin
Herbin
corbin
Forbin
turbin
vaccin
buccin
succin
calcin
Tencin
Poncin
farcin
larcin
hircin
porcin
Pascin
doucin
Aladin
gradin
Bredin
gredin
dandin
gandin
Vendin
rondin
anodin
Cardin
jardin
Hesdin
Baudin
Gaudin
Naudin
Boudin
boudin
made in
Schein
Esmein
Monein
Serein
serein
dasein
bec-fin
Baffin
biffin
coffin

muffin
puffin
surfin
pidgin
Mangin
Longin
Chāhīn
Cachin
Kachin
machin
Cochin
Keihin
Pothin
Ganjin
Nankin
nankin
Tonkin
Perkin
Ruskin
Zetkin
opalin
pralin
hyalin
Döblin
Dublin
Lublin
déclin
Seclin
enclin
drelin
grelin
Guilin
Ballin
Tallin
Collin
Rollin
Dullin
kaolin
Ugolin
Joplin
Barlin
carlin
Garlin
marlin
Varlin
Berlin
Merlin
merlin
Roslin
Paulin
boulin
Moulin

moulin
chemin
carmin
Jasmin
jasmin
Cognin
tannin
hennin
léonin
Bernin
Sernin
Alboïn
recoin
Digoin
témoin
Ébroïn
besoin
Scapin
Crépin
vulpin
Campin
Chopin
Turpin
taupin
poupin
Macrin
sucrin
Aldrin
Plérin
utérin
Guérin
aigrin
florin
Ilorin
Azorín
caprin
coprin
cyprin
Perrin
pétrin
citrin
lutrin
saurin
taurin
Gourin
tourin
Wavrin
Meyrin
tocsin
raisin
Voisin
voisin

Ronsin
Hersin
Mersin
Yersin
Yersin
horsin
oursin
bassin
Cassin
Dassin
Tassin
Bessin
dessin
messin
Tessin
bousin
Cousin
cousin
Fou-sin
Leysin
gratin
piétin
Arétin
crétin
fretin
Pantin
pantin
Tintin
tintin
Plotin
Martin
Bertin
fortin
destin
festin
Austin
Justin
Bottin
Bottin
hautin
Alcuin
béguin
Seguin
Daquin
d'Aquin
faquin
taquin
péquin
requin
sequin
coquin
Liévin

alevin
Grévin
Stevin
Calvin
Kelvin
kelvin
provin
Carvin
Cervin
nervin
Corvin
Cauvin
Kazvin
Qazvin
Godwin
Darwin
pinyin
zinzin
tauzin
Feyzin
Hamann
lycaon
Kumāon
Yanaon
Gibbon
gibbon
Třeboň
Cambon
jambon
bonbon
barbon
Sorbon
Roybon
flacon
glaçon
Dracon
chicon
balcon
Falcon
Cancon
lançon
rançon
pinçon
flocon
Garçon
garçon
zircon
gascon
faucon
Phédon
amidon
bridon

6

guidon
Randon
tendon
dindon
bondon
dondon
London
cardon
Gardon
gardon
jardon
lardon
pardon
Verdon
cordon
Gordon
Meudon
Boudon
Houdon
Gédéon
pigeon
Siméon
Fénéon
Actéon
Buffon
Aragon
dragon
fragon
Oregon
Saigon
Langon
tangon
jargon
Sargon
Targon
morgon
bougon
mâchon
bichon
nichon
Inchon
cochon
pochon
Luchon
siphon
typhon
Authon
Python
python
zython
gabion
Albion

podion
ludion
légion
région
galion
talion
Hélion
hélion
Pélion
camion
fanion
L'Union
papion
arpion
espion
agrion
virion
horion
morion
porion
turion
lésion
vision
fusion
cation
dation
gâtion
nation
ration
action
Pétion
Kition
lotion
motion
notion
potion
option
Divion
Taejon
Danjon
donjon
Saujon
Goujon
goujon
Haakon
Chalon
Dralon
étalon
Avalon
sablon
riblon
poêlon

frelon
grêlon
Trélon
Téflon
aiglon
tiglon
onglon
Odilon
Chilon
Philon
Quilon
zyklon
Ballon
ballon
gallon
Tallon
Vallon
vallon
Wallon
wallon
billon
Dillon
sillon
Villon
Rollon
banlon
Cho Lon
violon
stolon
merlon
perlon
meulon
boulon
foulon
soûlon
Toulon
épulon
Brûlon
Beamon
Aramon
aramon
goémon
Mammon
gnomon
dromon
germon
Hermon
sermon
mormon
saumon
poumon
étymon

Thenon
guenon
Gagnon
pagnon
Lignon
mignon
oignon
pignon
Vignon
pognon
rognon
Chinon
Memnon
Hannon
pennon
phonon
Thonon
Carnon
Vernon
Brunon
Cocoon
saloon
chapon
crépon
fripon
guipon
rampon
tampon
pompon
pin-pon
Nippon
nippon
harpon
tarpon
coupon
poupon
Charon
Sharon
Hébron
Dacron
micron
mucron
hadron
Cédron
godron
Oberon
Hiéron
Piéron
Fléron
Oléron
éperon
opéron

Fréron
tigron
Mugron
vairon
Chiron
Thiron
Coiron
Loiron
Voiron
aviron
ronron
thoron
Oloron
Capron
capron
Sopron
larron
marron
Varron
varron
perron
Gorron
natron
patron
citron
litron
mitron
Mauron
mouron
touron
levron
Livron
Styron
blason
Gibson
Hobson
pacson
Tucson
Hudson
Maison
maison
raison
saison
Vaison
Edison
foison
Loison
poison
toison
frison
grison
prison

6

Nelson
telson
Gilson
Wilson
Samson
Lanson
Sanson
tenson
pinson
Vinson
Jonson
paqson
Carson
Gerson
Hirson
ourson
basson
casson
Masson
besson
Cesson
tesson
Watson
Dawson
Loyson
Beaton
Keaton
chaton
Platon
craton
necton
dicton
piéton
Breton
breton
Ashton
laiton
chiton
boiton
friton
triton
Guiton
Dalton
Galton
Pelton
Milton
Bolton
Fulton
Canton
canton
Danton
fanton

santon
centon
fenton
Menton
menton
ponton
tonton
photon
croton
proton
lepton
carton
parton
Merton
Virton
corton
Horton
Morton
Norton
Burton
baston
Gaston
feston
teston
veston
Weston
fiston
liston
miston
piston
Boston
boston
Huston
Patton
Betton
letton
Cotton
Hutton
Lytton
deuton
teuton
Pluton
pluton
bouton
Mouton
mouton
Newton
newton
Paxton
Dayton
rhyton
Guyton

oxyton
slavon
élevon
Klaxon
clayon
playon
crayon
trayon
alcyon
pleyon
canyon
Troyon
baryon
Géryon
Meryon
Quezón
Pinzón
Crozon
Curzon
Éguzon
Mouzon
Troarn
Webern
Bibern
Vänern
Tauern
Severn
Bayern
Luzern
auburn
tribun
chacun
Cancún
Mao Dun
Verdun
Loudun
shogun
Fushun
Lüshun
El-Aiun
Madiun
Kunlun
commun
Argoun
Irgoun
Mimoun
simoun
Le Brun
Lebrun
Embrun
embrun
Hamsun

Samsun
Lauzun
Ḥusayn
Boleyn
Bilbao
Cao Cao
Côn Dao
Galeão
Néchao
Callao
Che T'ao
Shi Tao
sertão
Malabo
lavabo
Sasebo
Ningbo
Huambo
Piombo
Venaco
Monaco
caraco
zydeco
illico
Mexico
México
Blanco
Franco
franco
franco-
rococo
siroco
fiasco
Osasco
Enesco
Unesco
Temuco
Orozco
Abbado
mikado
Salado
Manado
Menado
Casado
albédo
Oviedo
Toledo
Olmedo
Laredo
livedo
libido
aïkido

Brando
escudo
Bornéo
stéréo
Tobago
asiago
galago
virago
Jivago
indigo
Arrigo
Rovigo
ginkgo
Loango
gringo
albugo
Navaho
rancho
poncho
So-tch'ö
gaucho
sorgho
Sappho
Cantho
Nebbio
Bobbio
Gubbio
Duccio
AFL-CIO
rancio
Mincio
Tercio
studio
Maceió
adagio
Reggio
Poggio
Fangio
Serlio
daïmio
Kuopio
deusio
tertio
Baguio
baguio
deuzio
Marajó
Navajo
Ahidjo
schako
Bamako
Rothko

6

Veliko
Cranko
Pédalo
mégalo
Pueblo
Almelo
pomelo
Iloilo
Ivajlo
folklo
Otello
trullo
gigolo
rigolo
Gilolo
Jilolo
Airolo
amerlo
modulo
populo
dynamo
Teramo
Bayamo
Eskimo
eskimo
Cosimo
ultimo
Chetmo
chromo
pneumo
Albano
mécano
Elcano
Nagano
Lugano
Maiano
Celano
Milano
Romano
Ornano
Merano
Murano
Cyrano
Pisano
Arzano
Kladno
Grodno
Moreno
Urbino
Ficino
Ticino
ladino

domino
Marino
Torino
casino
latino
Aquino
Ioujno
kimono
chrono
Adorno
giorno
Osorno
Fresno
Van Loo
Vanloo
Karroo
da capo
Ning-po
Oulipo
a tempo
Jacopo
Tseu-po
schupo
Figaro
figaro
Nogaro
Bokaro
Pesaro
Mataró
Jivaro
gabbro
Örebro
Velcro
cuadro
libero
cicero
vocero
boléro
numéro
Herero
torero
Aveiro
Bororo
Hierro
Khosrô
Castro
bistro
enduro
El Paso
Jancsó
Seveso
Tromsø

Alonso
arioso
Caruso
Sábato
Ambato
rubato
legato
Olmeto
Veneto
Pareto
Loreto
Moreto
Soweto
Pachto
pachto
Lobito
subito
cogito
Rialto
tiento
Trento
shinto
quinto
Caboto
zigoto
Sokoto
ex-voto
quarto
presto
ghetto
duetto
Giotto
Bhutto
tenuto
Maputo
Banquo
in vivo
ex vivo
Belovo
Kosovo
Tamayo
Dengyō
daimyo
arroyo
Arroyo
Rienzo
Isonzo
corozo
Sturzo
Arezzo
Carnap
turnep

bip-bip
Fécamp
Du Camp
bishop
Bishop
Maïkop
Prokop
Dunlop
Le Barp
Natorp
hold-up
pick-up
Gallup
gallup
Le Pecq
Lecocq
Vidocq
Tawfīq
Elounq
Anabar
minbar
Dunbar
loubar
lascar
Lescar
clédar
Gondar
Vardar
sirdar
Tuléar
Alvear
Hoggar
hangar
tungar
Bechar
caviar
Qādjār
Otakar
Neckar
tablar
Juglar
dollar
Kollár
Goslar
Kevlar
Adémar
Weimar
calmar
Kalmar
Colmar
Wismar
Phanar

thénar
Molnár
Mannar
casoar
Gaspar
Jaspar
Kaspar
Harrar
quasar
pulsar
avatar
nectar
Ishtar
instar
costar
Mostar
jaguar
magyar
falzar
Kléber
galber
nimber
bomber
tomber
Humber
snober
barber
gerber
herber
dauber
fauber
Gruber
Khyber
agacer
glacer
placer
tracer
slicer
épicer
Cancer
cancer
lancer
tancer
pincer
rincer
foncer
joncer
poncer
bercer
gercer
percer
tercer

forcer
saucer
épucer
leader
loader
brader
grader
évader
Tedder
Raeder
feeder
lieder
raider
Heider
élider
spider
brider
guider
évider
Calder
Wilder
polder
solder
Zolder
bander
Gander
Länder
mander
Sander
tender
Linder
Zinder
fonder
monder
sonder
broder
éroder
barder
carder
darder
farder
garder
harder
larder
tarder
Herder
merder
border
corder
éluder
bouder
couder

souder
Feyder
oxyder
De Geer
capéer
agréer
toréer
Kiefer
gaffer
biffer
piffer
confer
woofer
surfer
péager
viager
Amager
usager
étager
piéger
siéger
jigger
dogger
jogger
Fugger
Geiger
neiger
ériger
exiger
danger
langer
manger
ranger
Tanger
Menger
venger
Binger
Singer
singer
longer
ronger
songer
Hunger
Jünger
marger
Berger
berger
verger
forger
gorger
Bürger
burger

Murger
purger
jauger
bouger
fouger
gruger
Kruger
Krüger
bâcher
cacher
fâcher
gâcher
hacher
lâcher
mâcher
Pacher
tacher
tâcher
vacher
Becher
bêcher
lécher
mécher
pécher
pêcher
sécher
aicher
bicher
ficher
licher
nicher
Richer
cocher
côcher
hocher
Kocher
locher
nocher
pocher
rocher
archer
escher
bûcher
hucher
jucher
rucher
casher
kasher
Fisher
Esther
Luther
Rouher

gabier
gibier
aubier
Dacier
licier
vicier
pucier
radier
Bédier
dédier
Didier
Nodier
théier
défier
méfier
tufier
Rogier
Augier
cahier
calier
Falier
palier
ablier
Bélier
bélier
délier
relier
ailier
pilier
Allier
allier
enlier
bolier
tôlier
damier
lamier
ramier
tamier
zamier
Gémier
cimier
limier
Nimier
ormier
fumier
canier
lanier
manier
panier
denier
dénier
renier

linier
minier
rônier
zonier
#hunier
Napier
papier
pépier
pipier
copier
jupier
expier
carier
marier
parier
varier
écrier
Perier
sérier
cirier
étrier
strier
mûrier
casier
gésier
lisier
gosier
rosier
hâtier
ratier
métier
setier
altier
entier
côtier
lotier
Potier
potier
putier
davier
ravier
obvier
dévier
févier
Levier
levier
Vivier
vivier
envier
Cuvier
cuvier
gazier

6

Hozier
shaker
quaker
Becker
Necker
cocker
docker
rocker
Dekker
Fokker
tanker
bunker
junker
Hooker
broker
stoker
Parker
jerker
écaler
dealer
égaler
thaler
étaler
avaler
câbler
jabler
râbler
sabler
tabler
cibler
ribler
ambler
bâcler
macler
racler
tacler
gicler
Hodler
iodler
jodler
yodler
oudler
poêler
épeler
brêler
grêler
rafler
gifler
rifler
enfler
régler
bigler

Kahler
Mahler
Köhler
Wöhler
Mailer
Sailer
poiler
voiler
épiler
huiler
ruiler
tuiler
exiler
baller
daller
Haller
raller
taller
Waller
Keller
peller
seller
ailler
biller
ciller
filler
fillér
Miller
piller
tiller
coller
buller
Fuller
Muller
Müller
Müller
violer
frôler
isoler
Kepler
Parler
parler
ferler
perler
hurler
ourler
Hitler
Ortler
Butler
gauler
Tauler
aduler

feuler
meuler
ululer
émuler
bouler
couler
fouler
iouler
mouler
rouler
soûler
brûler
ovuler
styler
blâmer
clamer
bramer
Cramer
cramer
tramer
étamer
Bodmer
crémer
Rohmer
abîmer
écimer
élimer
animer
brimer
frimer
grimer
primer
trimer
Balmer
calmer
Palmer
palmer
filmer
gemmer
gommer
nommer
pommer
sommer
Kummer
chômer
boomer
zoomer
Narmer
fermer
germer
former
Mesmer

paumer
écumer
rhumer
plumer
boumer
Doumer
brumer
ahaner
flâner
glaner
planer
émaner
crâner
Wiener
gléner
amener
créner
grener
gagner
magner
Wagner
régner
Tegnér
ligner
signer
cogner
rogner
Rahner
gainer
lainer
rainer
peiner
veiner
chiner
épiner
opiner
uriner
usiner
ruiner
aviner
damner
canner
Tanner
tanner
vanner
Jenner
Renner
donner
sonner
tonner
cloner
prôner

trôner
ozoner
marner
berner
cerner
Werner
borner
Corner
corner
Körner
Turner
Turner
sauner
jeûner
aluner
Bruner
Draper
draper
crêper
chiper
friper
guiper
Kuiper
palper
camper
damper
lamper
ramper
vamper
pomper
dumper
écoper
choper
Cooper
droper
happer
japper
napper
zapper
kipper
nipper
ripper
tipper
zipper
Hopper
Popper
Jasper
jasper
couper
louper
souper
Cowper

cowper
égarer
cabrer
sabrer
zébrer
vibrer
ambrer
ombrer
nacrer
sacrer
ancrer
encrer
sucrer
cadrer
obérer
acérer
opérer
stérer
avérer
bâfrer
migrer
führer
foirer
moirer
étirer
adorer
barrer
carrer
Karrer
marrer
narrer
ferrer
serrer
terrer
métrer
nitrer
titrer
vitrer
entrer
outrer
saurer
écurer
amurer
gourer
lourer
apurer
épurer
azurer
navrer
sevrer
givrer
livrer
ouvrer
teaser
blaser
Glaser
araser
braser
Fraser
fraser
évaser
diéser
aléser
bléser
gréser
baiser
Kaiser
kaiser
Keiser
Reiser
aniser
boiser
moiser
toiser
ariser
briser
friser
griser
iriser
priser
puiser
aviser
valser
Walser
pulser
danser
ganser
panser
penser
Djoser
looser
herser
terser
verser
corser
casser
Gasser
lasser
masser
Nasser
passer
sasser
tasser
cesser
fesser
messer
vesser
bisser
hisser
lisser
pisser
tisser
visser
bosser
cosser
rosser
tosser
musser
causer
Hauser
mauser
pauser
abuser
amuser
geyser
épater
frater
ouater
quater
jacter
becter
dicter
piéter
fréter
prêter
étêter
quêter
Exeter
cafter
lifter
éditer
agiter
aliter
imiter
boiter
coïter
cuiter
éviter
Aalter
calter
malter
Walter
welter
Holter
volter
canter
ganter
hanter
vanter
renter
tenter
venter
linter
Pinter
pinter
sinter
tinter
conter
monter
ponter
hunter
rioter
rooter
capter
Carter
carter
farter
Oerter
Porter
porter
lester
pester
rester
tester
zester
Lister
lister
pister
Elster
Ulster
Coster
Foster
poster
gatter
latter
natter
getter
setter
bitter
Ritter
botter
hotter
motter
Potter
butter
cutter
lutter
putter
fauter
Lauter
sauter
chuter
bluter
flûter
Sluter
bouter
coûter
douter
goûter
jouter
router
voûter
gruter
Ruyter
embuer
Breuer
baguer
raguer
vaguer
léguer
liguer
voguer
arguer
argüer
fuguer
saluer
diluer
remuer
dénuer
sinuer
clouer
flouer
énouer
frouer
trouer
avouer
caquer
laquer
maquer
raquer
saquer
taquer
vaquer
piquer
tiquer
moquer
poquer
roquer
toquer
arquer

6

situer
Weaver
claver
braver
draver
graver
élever
crever
grever
cliver
Oliver
driver
priver
aviver
Denver
Hoover
sauver
couver
louver
étuver
égayer
brayer
drayer
frayer
étayer
stayer
Baeyer
Speyer
Dreyer
aboyer
choyer
ployer
broyer
proyer
Du Ryer
écuyer
Heuyer
blazer
Frazer
Banzer
panzer
Münzer
Butzer
Abwehr
mohair
éclair
impair
Du Vair
Djābir
rancir
mincir
Capcir
farcir
forcir
durcir
doucir
Agadir
tiédir
raidir
roidir
candir
bondir
verdir
nordir
ourdir
réagir
élégir
surgir
rougir
ébahir
trahir
menhir
saphir
képhir
avilir
mollir
abolir
emplir
Shamir
blêmir
frémir
calmir
dormir
avenir
bannir
hennir
honnir
agonir
garnir
ternir
vernir
jaunir
réunir
alunir
brunir
suçoir
ridoir
vidoir
rodoir
échoir
plioir
hâloir
saloir
valoir
semoir
fumoir
manoir
Lenoir
Renoir
espoir
paroir
miroir
tiroir
rasoir
musoir
matoir
entoir
butoir
bavoir
lavoir
ravoir
savoir
devoir
revoir
rivoir
vivoir
diapir
clapir
glapir
crépir
soupir
Djarīr
chérir
guérir
quérir
offrir
aigrir
barrir
terrir
pétrir
ahurir
courir
mourir
ouvrir
saisir
loisir
moisir
rassir
glatir
amatir
abêtir
moitir
nantir
mentir
sentir
partir
tartir
sertir
sortir
bleuir
enfuir
gravir
servir
élixir
Thabor
Kaldor
Val-d'Or
Bendor
Condor
condor
Mondor
Fiodor
Saugor
Hathor
Le Thor
senior
junior
Angkor
Taylor
Lob Nor
indoor
trésor
tussor
stator
Hector
Victor
Cantor
Mentor
mentor
portor
Castor
castor
Nestor
octuor
Louxor
Dniepr
Lavaur
obscur
labeur
gobeur
laceur
noceur
suceur
fadeur
hideur
videur
codeur
rôdeur
ardeur
pudeur
gréeur
gageur
nageur
rageur
logeur
jugeur
lugeur
maïeur
scieur
skieur
plieur
épieur
crieur
Prieur
prieur
trieur
Majeur
majeur
haleur
pâleur
râleur
saleur
valeur
fileur
pileur
voleur
rameur
semeur
limeur
rimeur
fumeur
humeur
rumeur
tumeur
faneur
gêneur
meneur
teneur
veneur
bineur
dîneur
mineur
choeur
sapeur
tapeur
vapeur
pipeur
dupeur
pareur
cireur

mireur
tireur
vireur
doreur
foreur
erreur
fureur
jureur
jaseur
raseur
peseur
diseur
liseur
viseur
doseur
poseur
roseur
dateur
tâteur
acteur
jeteur
péteur
coteur
moteur
auteur
buteur
tuteur
boueur
joueur
loueur
toueur
faveur
gaveur
haveur
laveur
paveur
saveur
rêveur
riveur
viveur
buveur
mixeur
boxeur
mayeur
payeur
voyeur
Tozeur
Arthur
Sukkur
Vellur
Saumur
giaour

Labour
labour
Sibour
Dufour
séjour
humour
Assour
La Tour
Latour
Matour
détour
retour
entour
autour
Cavour
Nāgpur
Jaipur
Raipur
Rāmpur
Kānpur
Maisūr
Guntūr
Anadyr
zéphyr
Taïmyr
martyr
Vesaas
anabas
ici-bas
Rombas
Corbas
fracas
tracas
Haldas
Gildas
vindas
Moréas
Taifas
Vargas
Burgas
Macías
Nicias
médias
Augias
Josias
Lysias
Caxias
Phokas
Puskas
Doukas
Callas
Dallas

Pallas
Hellas
Millas
millas
frimas
Palmas
palmas
Thomas
thomas
ananas
Kaunas
trépas
lampas
compas
Scopas
Maupas
rebras
Madras
madras
Esdras
opéras
dégras
Valras
Walras
Barras
fatras
matras
Patras
Tatras
tétras
Fouras
Kansas
sensas
Bartas
Tartas
Cestas
Kapuas
Cuevas
Privas
Mohács
Lukács
échecs
comics
Francs
Fields
à-fonds
Mogods
égards
abords
Lloyd's
Hobbes
Thèbes

Trèbes
ïambes
limbes
Combes
Dombes
lombes
Barbès
Tarbes
Grâces
grâces
succès
procès
Varces
forces
Prades
Quades
Agides
Alides
Brides
Valdès
Valdés
Landes
Wendes
Rhodes
gardes
hardes
Sardes
Bordes
Cordes
Gordes
laudes
études
fumées
menées
visées
profès
terfès
Ganges
Donges
Froges
Garges
Bergès
Borges
Forges
Morges
Vosges
Bauges
Mauges
Gouges
Bruges
Fruges
miches

Loches
Arches
Hughes
arrhes
rashes
bushes
rushes
braies
faciès
ladies
orgies
Salies
Méliès
nénies
Tàpies
tories
Furies
cosies
Wilkes
Stokes
stokes
Hawkes
Saales
Thalès
sables
Bègles
règles
Angles
Rugles
Avilés
Galles
Halles
halles
Vallès
Celles
celles
Selles
selles
Welles
Gilles
gilles
nilles
Dulles
Sholes
Naples
Marles
Ortles
boules
Thames
opimes
Holmes
Jammes

6

Hermès
hermès
kermès
termes
Bormes
formes
Lormes
Pesmes
Fismes
Cagnes
Fagnes
signes
Tignes
Flines
Guînes
ruines
Meknès
Cannes
Lannes
Vannes
Gennes
Rennes
péones
Thônes
Harnes
Marnes
Pernes
Bornes
Dornes
Hornes
Furnes
Townes
Beynes
Keynes
Veynes
Luynes
Camões
agapes
tripes
pompes
nippes
herpès
Étupes
Charès
Soares
Suarès
Sabres
Le Crès
Ardres
Ludres
Ibères
Mieres
Clères
guères
Hyères
Cafres
affres
Sofres
Ingres
Vaires
Açores
Weöres
Flores
florès
vêpres
auprès
exprès
cyprès
Barrès
Serres
serres
Verrès
Yerres
Görres
Torres
Durrës
nôtres
vôtres
Istres
Caures
Jaurès
Maures
lèvres
Sèvres
sèvres
vivres
Salses
Ramsès
Marses
Narsès
misses
Fosses
Cluses
Druses
Égates
Pictes
Baltes
Celtes
Mantes
Nantes
gentes
bontés
Contes
Montes
à-côtés
certes
pertes
Cortés
cortes
Portes
syrtes
fastes
gestes
restes
Costes
postes
Lattes
soutes
gogues
Jogues
Nogués
orgues
Hugues
Grouès
Pâques
Pâques
onques
loques
Arques
Osques
issues
Slaves
Graves
graves
Clèves
Trèves
Suèves
valves
Belvès
silves
Vanves
Tauves
Xerxès
Sieyès
Illyés
Cloyes
Troyes
Druzes
coachs
ranchs
winchs
lunchs
punchs
matchs
roughs
clashs
flashs
flushs
smashs
crashs
blushs
rabais
Rebais
dadais
Thiais
balais
Calais
Malais
malais
palais
Valais
relais
Allais
jamais
Homais
panais
Tanaïs
ornais
Copaïs
Marais
marais
Koraís
Morais
brebis
Anubis
glacis
précis
concis
Baucis
Amadis
tandis
fondis
bardis
taudis
elaeis
néréis
haggis
Nangis
Rungis
margis
gâchis
hachis
rachis
orchis
sialis
oxalis
Tiflis
Wallis
Genlis
Senlis
replis
gaulis
Adulis
coulis
roulis
épulis
brûlis
Thémis
salmis
commis
promis
permis
vermis
hormis
koumis
soumis
tennis
Adonis
adonis
Bernis
Pernis
vernis
Adūnīs
mi-bois
Arbois
aubois
Du Bois
Dubois
niçois
badois
audois
bâlois
Galois
palois
Valois
rémois
Semois
nîmois
danois
génois
kinois
minois
Dunois
empois
varois
norois
matois
patois
lotois
Artois

6

putois
pavois
aixois
Auxois
Bazois
Kempis
Glaris
débris
picris
ibéris
Mœris
Azéris
Leiris
Osiris
Maoris
dépris
mépris
repris
appris
cypris
Harris
gerris
Lorris
Morris
Norris
cauris
sauris
Tauris
souris
Blasis
Amasis
brisis
ptôsis
myosis
sursis
Cassis
cassis
lassis
rassis
abatis
gratis
isatis
Thétis
iritis
Säntis
ventis
fontis
tortis
pastis
lattis
Elýtis
laguis
unguis
Daluis
depuis
maquis
acquis
requis
enquis
exquis
Aravis
pelvis
Clovis
parvis
Tarvis
mauvis
praxis
Alexis
Zeuxis
onyxis
Brezis
lazzis
smocks
skunks
Brooks
idéals
régals
trials
tagals
banals
finals
sonals
tonals
copals
nopals
murals
Casals
sisals
fatals
natals
ritals
navals
ravals
gayals
riyals
Engels
aïeuls
Ophuls
Bad Ems
Brahms
Bibans
Albans
dedans
Le Mans
Romans
Ornans
Marans
Marans
Oisans
Titans
Albens
Rubens
Eybens
encens
Égéens
Queens
défens
Argens
Amiens
Kriens
Valens
Renens
dépens
Warens
mérens
Éduens
Levens
moyens
Aryens
Alains
Stains
Sabins
Salins
Écrins
Lérins
Morins
Ursins
Latins
façons
Sénons
Broons
répons
Hurons
tâtons
Jevons
Saxons
rayons
Bezons
aucuns
Laruns
Cilaos
ovibos
Lesbos
Caicos
Marcos
Arados
Galdós
surdos
Abydos
Chagos
Njegoš
Burgos
azygos
Paphos
pathos
Hélios
Hêlios
amnios
Darios
Byblos
Laclos
déclos
mi-clos
enclos
Duclos
tholos
Carlos
Szamos
Cadmos
cosmos
Pátmos
pianos
llanos
Lemnos
Límnos
Cronos
Kronos
Tarnos
Desnos
Campos
campos
propos
dispos
Pharos
Claros
Ímbros
Andros
Zagros
Legros
Negros
regros
Zákros
Carros
Garros
Perros
couros
kouros
Skýros
Hyksos
versos
Nessos
Rítsos
rectos
Santos
bastos
puttos
relaps
biceps
cynips
thrips
Champs
champs
Chéops
Kheops
Pélops
Cripps
à-coups
Tatars
Anders
Enfers
Angers
Rogers
Chiers
Thiers
Salers
salers
Mamers
Khmers
Somers
waters
Peters
Havers
obvers
devers
dévers
Nevers
Revers
revers
divers
Rivers
Anvers
envers
Arvers
Auvers
Boxers
foyers
Noyers
recors
Cahors
cahors

6

dehors
Gisors
détors
retors
Givors
moeurs
Amours
atours
by-pass
strass
Fliess
stress
gneiss
speiss
schuss
Wemyss
débats
oblats
à-plats
Cadets
effets
Donets
Adrets
arrêts
aguets
traits
Babits
habits
Géants
Cloots
tarots
op arts
Soorts
débuts
Emmaüs
Manaus
senaus
Phébus
Erebus
oribus
nimbus
Probus
Airbus
morbus
Pincus
blocus
crocus
gradus
fundus
Exodus
uraeus
enfeus

coleus
aureus
diffus
confus
profus
tragus
valgus
Mingus
fongus
Longus
tophus
typhus
Aarhus
Fabius
Möbius
Möbius
Accius
Decius
radius
médius
Ennius
Nonius
Darius
Marius
Sirius
Tatius
Aetius
Fréjus
verjus
Châlus
occlus
Reclus
reclus
inclus
Paulus
oculus
Caylus
orémus
Varmus
thymus
Uranus
Magnus
acinus
clonus
Taunus
prunus
mahous
cajous
remous
Aïnous
Papous
ripous

absous
bayous
campus
Pappus
corpus
acarus
Glarus
utérus
chorus
Florus
cirrus
Burrus
citrus
intrus
Taurus
rhésus
Crésus
crésus
lapsus
Tarsus
versus
cursus
Lassus
dessus
Nessus
cossus
byssus
abusus
hiatus
cactus
rictus
foetus
quitus
Avitus
contus
raptus
Vertus
Plutus
Brutus
Sextus
sixtus
naevus
plexus
hobbys
lobbys
derbys
dandys
Téthys
tommys
koumys
jennys
hippys

ophrys
lorrys
Massys
Metsys
grabat
sabbat
combat
wombat
laïcat
avocat
forçat
Lurçat
muscat
soldat
mandat
Condat
orgeat
Bugeat
'Arafāt
calfat
Morgat
nougat
rachat
Bichat
Bréhat
Alciat
médiat
Effiat
veniat
rapiat
Viriat
goujat
Teyjat
Pialat
prélat
violat
isolat
méplat
replat
Sarlat
burlat
imamat
Gramat
climat
primat
Balmat
Fermat
format
bas-mât
khanat
grenat
magnat

cognat
Aulnat
Gannat
Bonnat
Beynat
Dorpat
Bhārat
Ararat
cadrat
cédrat
regrat
ingrat
émirat
quirat
odorat
Duprat
Ferrat
verrat
Daurat
Seurat
pissat
diktat
Valtat
Comtat
comtat
Settat
aoûtat
broyat
Troyat
Manzat
Crozat
Gerzat
impact
intact
affect
infect
abject
sélect
aspect
direct
strict
Brandt
Arendt
Warndt
Staudt
barbet
carbet
sorbet
Loubet
placet
Anicet
exocet

6

Darcet
d'Arcet
tercet
doucet
Poucet
Guadet
verdet
Bordet
nordet
baudet
Daudet
préfet
Raffet
Buffet
buffet
Piaget
gadget
budget
Pinget
larget
gorget
rouget
cachet
sachet
Bechet
déchet
Fichet
fichet
nichet
pichet
Richet
Cochet
cochet
hochet
Rochet
rochet
archet
huchet
Suchet
Dughet
Sylhet
Japhet
Joliet
joliet
putiet
soviet
trajet
projet
surjet
jacket
racket
Becket
ticket
rocket
basket
Phuket
chalet
eyalet
Poblet
reflet
réglet
Anglet
anglet
onglet
ballet
Vallet
pellet
billet
Millet
millet
sillet
collet
follet
Mollet
mollet
Nollet
Hamlet
Cholet
piolet
violet
drôlet
Caplet
replet
varlet
ourlet
seulet
boulet
goulet
noulet
poulet
stylet
Guimet
Hikmet
sommet
cermet
vermet
Flumet
plumet
Granet
Adenet
chenet
Trenet
Mignet
signet
Quinet
vannet
Bonnet
bonnet
Monnet
sonnet
Barnet
carnet
Vernet
cornet
jaunet
jeunet
brunet
Agapet
clapet
Pripet
isopet
ysopet
Coppet
toupet
Tiaret
Lebret
Albret
sacret
décret
secret
Chéret
Guéret
guéret
magret
regret
Mairet
Loiret
Noiret
Poiret
apprêt
jarret
Ferret
ferret
Perret
cotret
sauret
Thuret
Mouret
touret
livret
Undset
offset
griset
verset
corset
Dorset
basset
passet
Gosset
Cusset
Musset
jet-set
Pictet
pontet
protêt
Lartet
Portet
fustet
Sautet
bleuet
daguet
boguet
Huguet
muguet
menuet
Thouet
Clouet
Arouet
brouet
Drouet
baquet
caquet
haquet
paquet
taquet
acquêt
béquet
biquet
Piquet
piquet
Riquet
coquet
hoquet
loquet
poquet
roquet
toquet
désuet
Blavet
chevet
brevet
Olivet
olivet
velvet
Servet
vervet
bouvet
Jouvet
louvet
Touvet
Raizet
Crozet
Brecht
Bright
Wright
défait
méfait
refait
acabit
gambit
inédit
crédit
prédit
bandit
pandit
lendit
non-dit
susdit
maudit
érudit
Koweït
confit
profit
Ranjīt
châlit
Carlit
granit
aconit
Benoit
Benoît
benoît
adroit
noroît
étroit
suroît
pitpit
Ugarit
labrit
décrit
récrit
esprit
prurit
havrit
Tilsit
instit
recuit
incuit
déduit
réduit
séduit

6

enduit
induit
Duguit
minuit
acquit
Kikwit
Seeckt
cobalt
Anhalt
indult
Raoult
Agoult
gobant
lobant
robant
cubant
tubant
laçant
vacant
sécant
suçant
Dadant
radant
cédant
pédant
aidant
ridant
vidant
codant
godant
iodant
rodant
rôdant
créant
gréant
guéant
pifant
enfant
infant
lofant
échant
Nohant
sciant
chiant
skiant
pliant
épiant
criant
Driant
Friant
priant
triant

calant
galant
halant
hâlant
râlant
salant
Talant
talant
valant
bêlant
celant
fêlant
gelant
hélant
mêlant
pelant
vêlant
bilant
filant
pilant
allant
dolant
volant
culant
camant
damant
lamant
pâmant
ramant
semant
aimant
limant
mimant
rimant
tomant
armant
fumant
humant
canant
fanant
manant
panant
gênant
Menant
menant
tenant
venant
binant
Dinant
dînant
minant
vinant

ponant
zonant
ornant
Dunant
capant
lapant
râpant
sapant
tapant
pipant
ripant
tipant
dopant
topant
dupant
typant
garant
parant
tarant
ocrant
aérant
gérant
airant
cirant
mirant
tirant
virant
dorant
forant
errant
curant
durant
jurant
murant
basant
casant
jasant
rasant
besant
lésant
pesant
bisant
disant
gisant
lisant
misant
visant
dosant
posant
rosant
issant
busant

fusant
jusant
musant
rusant
lysant
bâtant
datant
gâtant
hâtant
matant
mâtant
ratant
tâtant
actant
octant
fêtant
jetant
pétant
tétant
vêtant
citant
gîtant
litant
mitant
entant
cotant
dotant
notant
rotant
votant
optant
estant
autant
butant
jutant
lutant
mutant
fluant
gluant
douant
houant
jouant
louant
nouant
rouant
touant
vouant
Bruant
bruant
bavant
cavant
gavant

havant
lavant
pavant
savant
Tavant
devant
Levant
levant
rêvant
rivant
vivant
lovant
novant
buvant
cuvant
taxant
vexant
fixant
mixant
boxant
luxant
bayant
layant
payant
rayant
seyant
Noyant
noyant
voyant
Bryant
fuyant
gazant
mazant
jacent
accent
décent
récent
redent
bident
ardent
Régent
régent
Nogent
Argent
argent
urgent
client
Orient
orient
talent
relent
dolent

cément
dément
ciment
piment
moment
dûment
jument
nûment
arpent
parent
Herent
absent
latent
patent
fluent
vivent
auvent
plaint
craint
éteint
Balint
forint
sprint
Egmont
Gimont
Domont
Lomont
Ermont
Cumont
Du Mont
Dumont
Le Pont
Dupont
Graunt
défunt
Chabot
chabot
clabot
crabot
Talbot
Marbot
turbot
chicot
fricot
tricot
Farcot
surcot
Lescot
boscot
boucot
cradot
Bardot
bardot
Baudot
cageot
pageot
aligot
lingot
Margot
Turgot
bachot
cachot
Hohhot
rabiot
fafiot
rafiot
foliot
Doriot
Goriot
loriot
petiot
barjot
Rājkot
câblot
moblot
hublot
ocelot
grelot
ballot
Callot
gallot
Vallot
bellot
billot
Gillot
Collot
rollot
merlot
perlot
boulot
goulot
poulot
soûlot
brûlot
marmot
pecnot
Cuénot
pagnot
vignot
Cugnot
Bonnot
jeunot
Brunot
flipot
tripot
Pol Pot
sampot
suppôt
Loupot
Ducrot
chérot
fiérot
frérot
Poirot
Igorot
Barrot
barrot
garrot
Parrot
Perrot
Yvetot
tantôt
laptot
Cortot
fistot
plutôt
Routot
Drouot
Caquot
prévôt
Guizot
script
exempt
prompt
abrupt
Hobart
encart
Bidart
Bogart
rohart
Béjart
Eckart
malart
Domart
Sénart
binart
départ
pop art
Stuart
Favart
javart
Savart
savart
Mozart
Fabert
Hébert
Egbert
Albert
Ambert
Robert
robert
Aubert
Hubert
offert
Tihert
Mamert
Ripert
Appert
appert
Rupert
expert
désert
disert
insert
Dutert
pivert
ouvert
t-shirt
accort
effort
Deport
déport
Le Port
report
emport
import
apport
Du Port
Duport
Erfurt
yaourt
sud-est
digest
Genest
Forest
Kleist
Christ
christ
Riemst
Nernst
ex post
Hearst
Proust
Escaut
défaut
là-haut
Mahaut
rehaut
taïaut
Arnaut
héraut
assaut
tayaut
tribut
raffut
catgut
chahut
chalut
azimut
debout
embout
Dubout
bagout
ragoût
dégoût
Kohout
rajout
va-tout
Davout
mazout
Bézout
Auzout
Rājput
comput
output
Meerut
Bierut
Bayrūt
statut
karbau
surbau
Boucau
boucau
Moldau
Landau
landau
Lindau
Lebeau
arceau
puceau
cadeau
radeau
bedeau
rideau
tufeau
daleau
doleau
hameau
Rameau
rameau

6

gémeau
Pomeau
ormeau
jumeau
meneau
agneau
pineau
anneau
Auneau
Juneau
pipeau
Copeau
copeau
appeau
Moreau
moreau
ypréau
Arreau
Bureau
bureau
pureau
sureau
naseau
réseau
biseau
ciseau
oiseau
roseau
erseau
asseau
fuseau
museau
bateau
gâteau
Rateau
râteau
céteau
têteau
liteau
coteau
poteau
Caveau
caveau
javeau
biveau
niveau
cuveau
Fizeau
Aargau
Torgau
burgau
Dachau

rafiau
atriau
Millau
Rhinau
carnau
Murnau
Beznau
La Crau
sarrau
Nassau
Passau
Dessau
Bissau
tussau
Littau
aloyau
Bengbu
Thimbu
fourbu
Iguaçu
revécu
vaincu
aperçu
Enescu
décidu
résidu
assidu
épandu
étendu
éperdu
Bordeu
tudieu
milieu
Jurieu
essieu
schleu
Debreu
hébreu
Mo-tseu
cheveu
griffu
touffu
kung-fu
bakufu
Hūlāgū
ambigu
telugu
copahu
crochu
Trochu
Sindhu
Penghu

Timphu
Honshū
Sesshū
Kyūshū
Xinzhu
Espriu
Franju
Chinju
Chonju
gagaku
sodoku
Eitoku
Cefalu
Pagalu
Makālū
Tuvalu
conclu
mamelu
mafflu
absolu
résolu
dévolu
révolu
complu
émoulu
ingénu
obtenu
détenu
retenu
obvenu
advenu
devenu
revenu
Vishnu
charnu
Chaunu
Le Faou
bambou
boubou
Toubou
torcou
Moscou
coucou
Amadou
amadou
Éridou
nandou
hindou
Sardou
ourdou
vaudou
doudou

Corfou
gorfou
foufou
Tou Fou
grigou
Guigou
cachou
Wou-hou
Fuzhou
Luzhou
Suzhou
Wuzhou
Xuzhou
biniou
acajou
joujou
Haikou
Hankou
Borkou
Maclou
marlou
loulou
zoulou
Bornou
Daunou
nounou
quipou
Marrou
verrou
Rotrou
gourou
Kourou
grisou
Kan-sou
Girsou
Kossou
Chatou
Poitou
bantou
Baotou
Tartou
Vertou
pistou
foutou
toutou
youyou
Itaipú
reparu
apparu
membru
Landru
Semeru

Maseru
congru
jabiru
bourru
ventru
Nakuru
Ieyasu
CDU-CSU
de visu
Boussu
moussu
Kōetsu
dévêtu
revêtu
in situ
pointu
abattu
ébattu
Mobutu
déjà-vu
Bukavu
pourvu
Hongwu
Ryūkyū
Cho Oyu
Kikuyu
Numazu
Iguazú
Koniev
Drumev
Laptev
Néguev
Ume älv
Tambov
Markov
Joukov
Živkov
Pavlov
Krylov
Adamov
Asimov
Jdanov
Ivanov
Leonov
Tairov
Lavrov
Kovrov
Braşov
Prešov
Bassov
Vertov
Rostov

outlaw
Sandow
Kraków
Pankow
Bellow
Barlow
Harlow
Tarnów
Barrow
Swatow
Rostow
Gorzów
Syphax
spalax
smilax
Scylax
climax
thorax
storax
styrax
Vindex
reflex
scolex
duplex
Wessex
Sussex
vertex
cortex
vortex
Castex
Lastex
Renaix
Desaix
sandix
préfix
Weenix
Phénix
phénix
mi-voix
Le Brix
Merckx
sphinx
Syrinx
syrinx
larynx
cow-pox
volvox
Decaux
fécaux
bocaux
focaux
locaux

vocaux
ducaux
nucaux
hadaux
Bedaux
modaux
nodaux
Sceaux
idéaux
iléaux
Pleaux
vagaux
légaux
jugaux
gliaux
axiaux
Velaux
banaux
canaux
fanaux
pénaux
rénaux
vénaux
finaux
annaux
zonaux
papaux
viraux
coraux
moraux
duraux
muraux
ruraux
suraux
basaux
nasaux
octaux
létaux
métaux
vitaux
dotaux
totaux
Tavaux
Devaux
nivaux
rivaux
coxaux
boyaux
loyaux
royaux
Soyaux
Cazaux

hideux
caïeux
odieux
Unieux
épieux
galeux
bileux
pileux
alleux
Arleux
fameux
rameux
fumeux
vineux
râpeux
ocreux
séreux
véreux
cireux
vireux
poreux
Évreux
vaseux
oiseux
osseux
gâteux
pâteux
péteux
miteux
piteux
juteux
boueux
noueux
aqueux
baveux
Bayeux
Cayeux
cayeux
joyeux
soyeux
gazeux
reflux
afflux
influx
Pollux
hiboux
Decoux
Ledoux
redoux
Gréoux
Brioux
bijoux

Mijoux
jaloux
Limoux
genoux
ripoux
Leroux
Arroux
Lezoux
bombyx
coccyx
sandyx
Cambay
Bombay
D'Orbay
Torbay
Graçay
Nançay
Gençay
Ogoday
Corday
margay
Saclay
Bellay
Tanlay
Finlay
Le Play
Harlay
Corlay
Meslay
Boulay
Moulay
Chimay
Grenay
Stenay
Épinay
Volnay
volnay
Aulnay
Tonnay
Marnay
Bernay
Cernay
Mornay
Launay
Pilpay
Man Ray
Terray
Murray
Gavray
Civray
Ramsay
Lassay

Lessay
Plouay
Midway
Granby
Gatsby
Whitby
Annecy
Évrecy
Drancy
Cuincy
Quincy
Quercy
Pobedy
Shandy
brandy
Isabey
Golbey
Brécey
Moncey
Leakey
Mickey
hockey
jockey
Dudley
Halley
Belley
colley
volley
Henley
Harley
Morley
Wesley
Sisley
Fawley
Cowley
Huxley
Cayley
Niamey
Abomey
Sidney
Sydney
Creney
Orkney
Volney
Romney
Darney
Sarney
Ferney
Horney
Burney
Disney
Pompey

6 Florey
Larrey
Surrey
O'Casey
7 Peisey
Wolsey
Ramsey
Jersey
jersey
Mersey
Massey
Jussey
Harvey
Cavafy
groggy
Blangy
Frangy
Clichy
Cauchy
Gauchy
Douchy
dinghy
Murphy
Horthy
Zwicky
whisky
Kodály
Erdély
Bailly
Mailly
Vailly
Scilly
Amilly
Boilly
Juilly
Écully
Branly
Charly
shimmy
Albany
Bárány
Nomeny
Chagny
Éragny
Boigny
Joigny
Loigny
Grigny
Irigny
Origny
Isigny
Longny
Flogny
Margny
Pougny
Bakony
Antony
Charny
Czerny
Tourny
Chauny
cow-boy
Denjoy
Quemoy
Aulnoy
Lannoy
Hornoy
Brunoy
Rob Roy
Chéroy
De Troy
Mauroy
Fontoy
Woippy
Charpy
Sanary
rotary
Savary
Bovary
Landry
Caudry
Gaudry
Houdry
Valéry
Lémery
Thoiry
O. Henry
Malory
Monory
Satory
cherry
sherry
Gratry
Grétry
Guitry
gentry
Tertry
Dautry
Amaury
Fleury
Beuvry
Hevesy
Choisy
Juvisy
Moissy
Poissy
Roissy
Boussy
Roussy
Beltsy
Bounty
Beatty
Tanguy
Créquy
Halévy
Longwy
Dubayy
Vélizy
Chanzy
Blanzy
lapiaz
Hedjaz
Chirāz
Gattaz
Pravaz
Móricz
Lombez
Valdez
Buchez
Arthez
Orthez
Embiez
Boulez
Juárez
Suárez
Thorez
Deprez
Montez
Renwez
Djāḥiẓ
Tabriz
Curtiz
Rivalz
Brienz
Lorenz
sbrinz
Dalloz
Mermoz
Carroz
Claesz
Friesz
Kalisz
Miłosz
Milosz
Stwosz
ersatz
Slodtz
Donetz
Nimitz
Dönitz
Moritz
Soultz
Frantz
Quantz
chintz
quartz
Wiertz
Schütz
Olmütz
Maḥfūẓ
Hormuz
Soïouz
Soyouz
Schwyz

7

markkaa
Hiiumaa
Bou Craa
Ali Baba
Lualaba
mastaba
Orizaba
Paraíba
Kolamba
marimba
Colomba
macumba
Lumumba
Córdoba
cordoba
Yorouba
ostraca
Malacca
Rébecca
Fonseca
Jamaica
arabica
Mochica
Formica
Legnica
America
tapioca
carioca
Menorca
Pachuca
Narbadā
flagada
jangada
Fallada
Granada
pignada
Massada
Bezwada
Henzada
Deledda
Rhondda
Velléda
Rigveda
Vologda
Sakaida
Procida
candida
El-Beida
Hodeïda
Derrida
corrida
Baganda
Ouganda
véranda
Miranda

Noranda
addenda
Bamenda
fazenda
Cabinda
Makonda
Rotonda
Fachoda
Barbuda
Sibiuda
bermuda
Burayda
althaea
nymphéa
El-Goléa
La Línea
Chelsea
Swansea
Raïatea
falsafa
fellaga
Ciénaga
Noriega
Cossiga
Kananga
Katanga
Belinga
Maringá
seringa
cotinga
milonga
Majunga
Virunga
Le Fauga
Kalouga
bélouga
Chibcha
padicha
Bouddha
bouddha
Punākha
khalkha
al-Mukhā
Batalha
Covilhã
piranha
Onitsha
al-Dawḥa
Liepaïa
Ushuaia
Picabia
Trebbia

Quercia
Brescia
Heredia
Tarpeia
Boureïa
ratafia
Rach Gia
Georgia
Perugia
chéchia
Ning-hia
Boothia
Ayuthia
camélia
Morelia
Aurelia
monilia
bonamia
Goiânia
Romania
România
Catania
zizania
ximenia
El-Menia
Armenia
bégonia
mahonia
pétunia
Pistoia
séquoia
Olympia
malaria
Cumbria
Liberia
Nigeria
Almería
Imperia
Devéria
Alegría
sangria
Meloria
emporia
Vitoria
Vitória
freesia
fuchsia
Divisia
quassia
opuntia
Chaouia
Chaouïa

Moravia
Batavia
batavia
Bolivia
Segovia
Ningxia
Venezia
Gorizia
Grouzia
Liepaja
Mitidja
Kouldja
Chārdja
Latvija
Nemanja
Lárnaka
Ružička
nagaïka
nahaïka
paprika
Gomułka
Soyinka
Nagaoka
Takaoka
Morioka
bazooka
Fukuoka
mazurka
chapska
falbala
Karbalā'
mandala
Patiāla
tralala
anomala
Chapala
Kampala
Uppsala
Marsala
marsala
Rintala
Tarbela
Kerbela
candela
Mandela
par-delà
Estrela
Ouargla
Wulfila
Djamila
Djemila
revoilà

Baduila
L'Aquila
tequila
Mukallā
Whyalla
capella
Ercilla
Balilla
Melilla
Sevilla
tombola
Gondola
Stodola
pergola
Fabiola
Moviola
Spinola
Spínola
Coppola
Curzola
Dracula
Korčula
Nampula
neurula
Alabama
Atacama
Niihama
diorama
Okayama
Hobbema
Eyadema
zygnéma
Roraima
Kashima
Mishima
Iwo Jima
a minima
a maxima
Proxima
digamma
hygroma
chiasma
Mahātmā
mahatma
curcuma
Bakouma
ecthyma
ikebana
apadana
bandana
Fergana
Tubiana

Indiana
Juliana
Mariana
Turkana
Sullana
Mounana
Campana
Laurana
Smetana
lantana
Mentana
Fontana
Montana
Tijuana
nirvana
Haryana
melaena
dracena
Bibiena
Villena
Bolsena
Masséna
Maïzena
Orcagna
Krishnā
Krishna
pimbina
tachina
Burkina
Jannina
Bernina
ocarina
Imerina
retsina
Cortina
Karviná
Kolomna
hosanna
Orsenna
Madonna
Colonna
Carmona
Persona
Arizona
Maderna
Cadorna
Kelowna
Delagoa
Mururoa
bon-papa
catalpa
Tchampa

7

psilopa
Mazeppa
Agrippa
al-Ṭabqa
Bambara
bambara
baccara
cascara
Mascara
mascara
Pescara
euscara
Toleara
Niagara
foggara
tangara
sikhara
Toliara
Marmara
kannara
Caprara
Carrara
Gourara
eskuara
Guevara
Odawara
Aldabra
Coimbra
éphédra
toundra
Shkodra
Berbera
gerbera
bandera
Kundera
Riviera
euskera
choléra
tempera
Cabrera
Caprera
Carrera
Herrera
drosera
Cziffra
Tanagra
tanagra
Madeira
Pereira
Palmira
lempira
Góngora
sophora
Atakora
Bassora
Alompra
Sāmarrā
Juvarra
Camorra
ondatra
Sumatra
Sinatra
Kenitra
Borotra
Ṣuquṭrā
Mathurā
Achoura
Tripura
purpura
Sātpura
Katsura
Ventura
Kérkyra
Mombasa
Ali Paşa
madrasa
Tarrasa
Manresa
Almansa
Reynosa
Micipsa
medersa
Bokassa
Balassa
Tébessa
harissa
Lárissa
aglossa
Canossa
Haoussa
haoussa
Kapitsa
Alma-Ata
toccata
Niigata
La Plata
prorata
Wichita
Foujita
partita
Ribalta
Atlanta
maranta
Magenta
magenta
polenta
La Venta
Jakarta
Alberta
La Porta
Sagasta
canasta
célesta
turista
Batista
robusta
ricotta
Batouta
Managua
Antigua
Quechua
quechua
Quichua
quichua
Tonghua
Xuanhua
Namaqua
Sumbava
Suceava
Ielgava
Jelgava
Daugava
baklava
Pallava
Ostrava
Poltava
yeshiva
Escrivá
Moldova
Craiova
Moskova
Pavlova
Lietuva
Sumbawa
Okinawa
Counaxa
Vizcaya
willaya
Vindhya
ouguiya
Mu'āwiya
Antakya
Cālukya
Antalya
Zápolya
Netanya
Sakarya
Malatya
Matanza
El-Wanza
Cosenza
Potenza
Mendoza
Spinoza
Custoza
Maritza
Godthåb
Pendjab
Basarab
mahaleb
Maghreb
Newcomb
Coulomb
coulomb
fan-club
Loudéac
Langeac
Dorléac
Meilhac
Seilhac
Tolbiac
Marciac
Pipriac
Mauriac
Peyriac
Massiac
Pontiac
muntjac
Gaillac
Ceillac
Juillac
Potomac
estomac
Luzenac
Blagnac
Trignac
Ribérac
cétérac
Séverac
Padirac
Floirac
Fronsac
Brassac
Laissac
Moissac
Brissac
Quissac
Boussac
Meyssac
Anáhuac
Kerouac
bivouac
Ambazac
Olonzac
Gémozac
gros-bec
Laennec
craspec
Gouarec
Liberec
néogrec
Lautrec
pète-sec
Riantec
alambic
aérobic
Jelačić
A.S.S.E.D.I.C.
Pavelić
ombilic
basilic
Titanic
arsenic
lombric
Rodéric
Orderic
Croisic
plastic
loustic
Longvic
Miskolc
Le Blanc
Leblanc
Poulenc
Memlinc
Trégunc
Lanvéoc
clinfoc
raccroc
polysoc
Leclerc
Lambesc
Habacuc
aqueduc
oléoduc
gazoduc
Montluc
Olomouc
Balaruc
Dhānbād

7

boghead
Machhad
Beograd
Novi Sad
Mechhed
trépied
Manfred
scoured
Oersted
oersted
barmaid
El-Obeïd
Rhodoïd
tabloïd
Bayezid
Romuald
Nidwald
Ostwald
Krefeld
Benfeld
Lawfeld
wergeld
Léopold
Arnauld
big band
Deffand
brigand
Weygand
Simiand
Yarkand
Laaland
chaland
Seeland
Zeeland
Wieland
goéland
Oakland
Galland
Welland
Bolland
Lolland
Rolland
Jylland
Vinland
Copland
Ferland
Zetland
Gotland
Gutland
Jütland
Dowland
Rowland
flamand
Helmand
Hilmand
command
Vermand
normand
Ferrand
Montand
Rostand
week-end
West End
plafond
profond
bas-fond
Bremond
Raimond
Helmond
Lhomond
Raymond
Ekelund
Øresund
Macleod
Bacolod
Mazenod
clébard
lombard
loubard
placard
raccard
Piccard
smicard
rancard
rencard
pinçard
brocard
frocard
Giscard
faucard
Goddard
blédard
fendard
pendard
soudard
blafard
Giffard
ringard
vachard
Richard
richard
mochard
pochard
Ruchard
Panhard
Einhard
Nithard
Gothard
demiard
tablard
Abélard
riflard
Szilard
Ballard
Tallard
billard
pillard
Villard
bollard
Dollard
lollard
mollard
Vollard
nullard
taulard
foulard
soûlard
trimard
Guimard
Pommard
pommard
plumard
Thenard
bagnard
cagnard
fagnard
Magnard
Regnard
lignard
Mignard
mignard
Mainard
peinard
veinard
Chinard
épinard
Bonnard
connard
Léonard
léonard
Barnard
Bernard
cornard
Besnard
Hesnard
Maynard
bézoard
guépard
léopard
Gaspard
poupard
Ouvrard
thésard
Voisard
grisard
puisard
Ponsard
Ronsard
Cassard
cossard
dossard
rossard
hussard
housard
Baltard
vantard
Liotard
mastard
pistard
costard
moutard
routard
Édouard
Frouard
coquard
toquard
crevard
Harvard
Bouvard
Leeward
steward
tribord
d'accord
raccord
Bedford
Salford
Rumford
balourd
mi-lourd
Dutourd
Chabaud
clabaud
Thibaud
Rimbaud
Larbaud
Reybaud
boucaud
Bugeaud
Pergaud
réchaud
Milhaud
Arthaud
Aillaud
soûlaud
Grimaud
grimaud
Regnaud
quinaud
Raynaud
Raynaud
Reynaud
crapaud
noiraud
Barraud
Gouraud
Ibn Sa'ūd
costaud
rustaud
Malamud
Eekhoud
Mouloud
Nimroud
Hari Rud
syllabe
Barnabé
Entebbe
Turnèbe
Caraïbe
caraïbe
prohibé
Nossi-Bé
ingambe
mi-jambe
enjambé
regimbé
incombé
palombe
Colombe
colombe
aplombé
strombe
retombé
corymbe
englobé
unilobé
épilobe
trilobé
Macrobe
microbe
imberbe

7

engerbé
enherbé
superbe
Viterbe
adverbe
théorbe
absorbé
adsorbé
résorbé
succube
radoubé
caroube
marrube
inocybe
herbacé
Boccace
candace
galéace
préface
préfacé
surface
surfacé
tophacé
alliacé
foliacé
coriace
déglacé
Wallace
violacé
Laplace
déplacé
replacé
biplace
amylacé
grimace
grimacé
arénacé
pugnace
drupacé
retracé
ostracé
crétacé
pultacé
testacé
loquace
olivacé
rapiécé
clamecé
Lucrèce
spadice
Laodice
édifice

orifice
Teplice
Duplice
Sulpice
propice
hospice
auspice
avarice
caprice
Morrice
matrice
matricé
Patrice
patrice
actrice
motrice
tutrice
Maurice
statice
factice
justice
service
Gliwice
vacance
créance
enfance
Balance
balance
balancé
relance
relancé
romance
romancé
Numance
Venance
finance
financé
garance
garancé
gérance
sérancé
errance
Durance
rasance
aisance
pitance
Pouancé
devancé
voyance
Byzance
décence
récence

licence
Vicence
cadence
cadencé
Régence
régence
urgence
faïence
faïencé
science
Talence
Valence
valence
silence
démence
semence
carence
carencé
Térence
absence
essence
latence
potence
potencé
Maxence
Fayence
Mayence
défonce
défoncé
enfoncé
engoncé
semonce
semoncé
dénoncé
renonce
renoncé
annonce
annoncé
précoce
repercé
retercé
La Force
déforcé
efforcé
divorce
divorcé
immiscé
prépuce
Vespuce
tribade
gambade
gambadé

Barbade
saccade
saccadé
Moncade
cascade
cascadé
muscade
Leucade
foucade
alidade
rondade
ennéade
brigade
pochade
Pléiade
pléiade
péliade
pariade
myriade
thyiade
ballade
Hellade
aillade
pholade
roulade
chamade
brimade
pommade
pommadé
Grenade
grenade
grenadé
pignade
tornade
charade
Andrade
dégradé
foirade
ferrade
Herrade
tétrade
estrade
extradé
daurade
torsade
torsadé
passade
pintade
boutade
aiguade
toquade
bravade

couvade
succédé
précédé
concédé
procédé
Diomède
Labrède
possédé
Changde
danaïde
morbide
turbide
biacide
diacide
placide
oxacide
déicide
suicide
suicidé
écocide
Phocide
biocide
muscidé
élucidé
glucide
trucidé
Candide
candide
sordide
turdidé
scheidé
tinéidé
néréide
trifide
perfide
Brigide
frigide
pongidé
turgide
raphide
oxalide
Euclide
nuclide
rallidé
épulide
agamidé
diamide
aramide
cnémide
ozonide
cuboïde
ganoïde

conoïde
lipoïde
hypoïde
héroïde
viroïde
trépidé
limpide
torpide
turpide
vespidé
hispide
cuspide
stupide
sparidé
débridé
hybride
hybridé
Locride
ibéride
piéride
stéride
Floride
torride
putride
Tauride
subside
préside
présidé
capside
anatidé
Méotide
protide
ovotide
peptide
Bastide
bastide
liquide
liquidé
gravide
renvidé
cervidé
corvidé
Schelde
Schilde
débandé
friande
La Lande
Lalande
Zélande
Irlande
Islande
demande

demandé
limande
romande
Mirande
jurande
truande
truandé
lavande
légende
légendé
Allende
ramendé
Ostende
Lalinde
débondé
Sebonde
faconde
féconde
fécondé
seconde
secondé
Joconde
infondé
Makondé
La Londe
immonde
Ormonde
osmonde
Gironde
gironde
rotonde
Sabunde
Yaoundé
diacode
inféodé
cathode
Méthode
méthode
période
Hésiode
Commode
commode
tripode
uropode
isopode
rebrodé
corrodé
tétrode
épisode
rapsode
platode
pentode

cestode
custode
voïvode
débardé
jobarde
jobardé
tubarde
cacardé
recardé
picarde
bocardé
cocarde
tocarde
cafarde
cafardé
hagarde
La Garde
mégarde
regardé
Algarde
écharde
briarde
criarde
délardé
polarde
tôlarde
mularde
camarde
canardé
panarde
bénarde
renarde
conarde
zonarde
hasardé
nasarde
vasarde
musarde
musardé
bâtarde
fêtarde
retardé
motarde
attardé
outarde
couarde
bavarde
bavardé
fuyarde
bazardé
lézarde
lézardé

démerdé
emmerde
emmerdé
saperde
sabordé
débordé
rebordé
accordé
décordé
recordé
encordé
absurde
ribaude
badaude
La Gaude
nigaude
échaudé
penaude
renaudé
finaude
minaudé
faraude
maraude
maraudé
taraudé
miraude
pataude
ravaudé
prélude
préludé
Dixmude
Planude
accoudé
Brioude
batoude
extrudé
cistude
bioxyde
dioxyde
époxyde
flambée
plombée
Toynbee
jacobée
bilobée
dérobée
enrobée
Frisbee
Lilybée
sébacée
micacée
oléacée

effacée
opiacée
ulmacée
panacée
menacée
linacée
pinacée
moracée
rosacée
musacée
sétacée
vitacée
rotacée
rutacée
taxacée
buxacée
gynécée
policée
fiancée
élancée
avancée
coincée
tiercée
exercée
caducée
resucée
Baradée
Thaddée
obsédée
décidée
affidée
aroïdée
Potidée
Chaldée
glandée
blindée
guindée
inondée
spondée
hélodée
démodée
Asmodée
désodée
nucléée
incréée
fieffée
greffée
coiffée
étoffée
bouffée
aulofée
Saas Fee

7

dégagée
engagée
enragée
allégée
agrégée
obligée
périgée
mitigée
grangée
orangée
bringée
plongée
endogée
hypogée
chargée
émergée
crachée
trachée
fléchée
éméchée
jonchée
trochée
perchée
fauchée
pluchée
bouchée
couchée
nymphée
trophée
Morphée
gryphée
stibiée
émaciée
fasciée
iridiée
rhodiée
étudiée
ralliée
anémiée
herniée
jussiée
initiée
recalée
d'emblée
meublée
doublée
musclée
énucléé
bouclée
ficelée
dégelée
jumelée
agnelée
annelée
burelée
fuselée
batelée
râtelée
côtelée
potelée
révélée
tréflée
renflée
cinglée
zooglée
cochlée
défilée
affilée
effilée
Galilée
étoilée
mutilée
Aquilée
ocellée
miellée
faillée
maillée
paillée
taillée
veillée
arillée
grillée
vrillée
crollée
Boullée
affolée
vérolée
désolée
envolée
suppléé
peuplée
épaulée
lobulée
subulée
tubulée
acculée
reculée
loculée
ondulée
ligulée
ongulée
simulée
crawlée
affamée
Mérimée
périmée
intimée
flammée
plommée
innomée
gourmée
allumée
rubanée
La Canée
athanée
romanée
basanée
satanée
cutanée
Athénée
athénée
aliénée
hyménée
saignée
peignée
poignée
soignée
chaînée
traînée
ricinée
uncinée
pékinée
délinéé
géminée
périnée
burinée
matinée
mâtinée
satinée
mutinée
envinée
abonnée
erronée
dyspnée
éburnée
fournée
journée
tournée
mort-née
priapée
équipée
trempée
grimpée
éclopée
mélopée
canopée
conopée
frappée
grippée
occupée
effarée
méharée
séparée
Césarée
cambrée
membrée
timbrée
marbrée
procréé
cendrée
bondrée
libérée
fédérée
modérée
éthérée
aciérée
panerée
altérée
émigrée
congréé
maugréé
Le Pirée
aspirée
Désirée
retirée
arborée
décorée
chlorée
colorée
éplorée
timorée
ignorée
fluorée
diaprée
pièrrée
beurrée
bourrée
fourrée
centrée
rentrée
ventrée
cintrée
contrée
tartrée
Mortrée
Destrée
bistrée
lettrée
feutrée
indurée
iodurée
figurée
délurée
allurée
ajourée
mesurée
assurée
saturée
poivrée
cuivrée
guivrée
empyrée
écrasée
empesée
biaisée
alaisée
Colisée
vanisée
croisée
égrisée
Titisee
épuisée
reposée
imposée
opposée
arrosée
brassée
blessée
pressée
adossée
poussée
Odyssée
odyssée
accusée
refusée
éclusée
épousée
cérusée
Hécatée
Galatée
éclatée
empâtée
dératée
boratée
bractée
hébétée
affétée
déjetée
arrêtée
entêtée

habitée
excitée
digitée
limitée
capitée
abritée
fruitée
truitée
invitée
exaltée
édentée
éventée
éhontée
picotée
gigotée
ergotée
empotée
tarotée
adoptée
écartée
avortée
heurtée
Aristée
ajustée
trustee
abattée
crottée
frottée
talutée
cloutée
réputée
amputée
évacuée
graduée
ganguée
languée
droguée
évoluée
enjouée
renouée
dévouée
craquée
becquée
friquée
manquée
cloquée
marquée
casquée
masquée
risquée
mosquée
busquée
musquée
asexuée
décavée
délavée
achevée
relevée
enlevée
dérivée
arrivée
activée
Mérovée
énervée
trouvée
désaxée
affixée
impayée
dévoyée
envoyée
appuyée
bronzée
Coetzee
Nescafé
dégrafé
Santa Fe
O'Keeffe
Seneffe
rebiffé
agriffé
chauffe
chauffé
étouffé
khalife
anatife
pontife
Tartufe
tartufe
Babbage
jambage
bombage
gerbage
herbage
herbagé
Burbage
glaçage
placage
traçage
saccage
saccagé
lançage
pinçage
rinçage
zincage
fonçage
ponçage
blocage
flocage
parcage
perçage
forçage
lit-cage
trucage
stucage
bradage
guidage
évidage
bandage
Sandage
fendage
pendage
sondage
tondage
bardage
cardage
fardage
verdage
bordage
cordage
tordage
soudage
afféagé
Le Péage
paréage
agréage
mazéage
biffage
élagage
dragage
langage
tangage
rengagé
zingage
largage
bâchage
gâchage
hachage
lâchage
bêchage
léchage
méchage
séchage
fichage
rochage
reliage
alliage
copiage
mariage
pariage
package
linkage
étalage
étalagé
câblage
sablage
riblage
bâclage
maclage
raclage
réglage
toilage
voilage
huilage
dallage
hallage
tallage
billage
millage
pillage
sillage
tillage
village
collage
écolage
Berlage
gaulage
meulage
coulage
foulage
moulage
roulage
soulagé
brûlage
tramage
étamage
crémage
écimage
grimage
primage
calmage
filmage
gemmage
dommage
gommage
hommage
chômage
fromage
fermage
formage
écumage
plumage
glanage
planage
apanage
aménagé
crénage
grenage
gagnage
lignage
rognage
gainage
lainage
chinage
usinage
cannage
tannage
vannage
pennage
tonnage
aconage
clonage
carnage
marnage
bornage
cornage
surnagé
visnage
saunage
alunage
crêpage
guipage
pompage
propagé
nappage
coupage
loupage
cabrage
sabrage
vibrage
ombrage
ombragé
ancrage
encrage
sucrage
cadrage
pairage
moirage
étirage
barrage
ferrage

7

serrage
terrage
métrage
titrage
vitrage
outrage
outragé
saurage
courage
azurage
sevrage
givrage
ouvrage
ouvragé
brasage
alésage
grésage
présage
présagé
boisage
frisage
puisage
pansage
capsage
copsage
gypsage
hersage
corsage
nursage
cassage
massage
passage
sassage
tassage
message
lissage
tissage
vissage
bossage
paysage
abatage
factage
étêtage
faîtage
laitage
évitage
maltage
voltage
ventage
vintage
contage
montage

pontage
îlotage
captage
fartage
partage
partagé
fortage
portage
lestage
testage
listage
pistage
postage
battage
lattage
nattage
cottage
buttage
sautage
ajutage
blutage
routage
cocuage
baguage
remuage
ennuagé
clouage
laquage
taquage
piquage
élevage
clivage
avivage
servage
Sauvage
sauvage
veuvage
étuvage
drayage
frayage
étayage
broyage
Astyage
Borzage
solfège
assiégé
collège
ségrégé
chorège
Corrège
protégé
cortège

Norvège
grébige
prodige
déneigé
reneigé
enneigé
affligé
infligé
négligé
zellige
colligé
Sverige
corrigé
voltige
voltigé
vertige
vestige
fustigé
Du Cange
du Cange
vidange
vidangé
alfange
échange
échangé
Tihange
Uckange
Talange
mélange
mélangé
démangé
remangé
Marange
dérangé
arrangé
étrange
mésange
losange
losangé
essangé
Pétange
louange
louangé
Hayange
Audenge
sphinge
méninge
méningé
syringe
allonge
allongé
laryngé

mal-logé
horloge
subrogé
prorogé
épitoge
héberge
hébergé
alberge
gobergé
auberge
immergé
asperge
aspergé
détergé
divergé
dégorgé
regorgé
engorgé
Panurge
expurgé
insurgé
déjaugé
pataugé
grabuge
apifuge
préjugé
Carouge
carouge
rabâché
débâché
macache
Bidache
Lagache
relâche
relâché
allache
remâché
ganache
panache
panaché
arraché
ensaché
patache
détaché
entaché
potache
attache
attaché
gouache
gouaché
houache
cabèche

Bobèche
bobèche
Ardèche
grièche
calèche
alléché
dépêche
dépêché
repêché
empêché
ébréché
asséché
revêche
livèche
fraîche
Labiche
cibiche
godiche
épeiche
affiche
affiché
enfiché
caliche
caniche
déniché
péniche
boniche
La Riche
Leriche
fétiche
entiché
potiche
aguiche
aguiché
Blanche
blanche
flanché
Planche
planche
planché
émanché
épanché
branche
branché
franche
tranche
tranché
étanche
étanché
clenche
grinche
guinché

7

bronche
bronché
tronche
caboche
sacoche
décoché
ricoché
encoche
encoché
bidoche
Brioché
brioche
brioché
galoche
taloche
taloché
valoche
filoché
cinoche
empoché
Baroche
La Roche
Laroche
déroché
enroché
arroche
basoche
patoche
pétoche
bavoché
cherché
Uzerche
écorché
fourche
fourché
hersché
scotché
ébauche
ébauché
Veauche
débuché
embûche
déjuché
faluche
paluche
peluche
peluché
Coluche
épluché
nunuche
abouché
Écouché

capuche
nuraghe
Huang He
kazakhe
paraphe
paraphé
Josèphe
Adolphe
strophe
amorphe
aglyphe
Sisyphe
agnathe
marathe
éolithe
oolithe
cérithe
acanthe
Drenthe
plinthe
Olynthe
La Mothe
Meurthe
Égisthe
lécythe
chleuhe
saulaie
boulaie
chênaie
frênaie
épinaie
aulnaie
cannaie
monnaie
cédraie
oseraie
effraie
orfraie
hêtraie
olivaie
bilabié
éphébie
Namibie
Béhobie
Zénobie
aérobie
Dourbie
ébaubie
Vésubie
donacie
officié
Galicie

Cilicie
négocié
associé
eutocie
fiducie
Arcadie
maladie
irradié
remédié
comédie
sine die
expédié
cécidie
ascidie
Numidie
conidie
mélodie
monodie
parodie
parodié
répudié
rubéfié
cokéfié
tuméfié
raréfié
bouffie
pacifié
nidifié
codifié
modifié
salifié
gélifié
lamifié
ramifié
momifié
nanifié
panifié
lénifié
vinifié
bonifié
tonifié
vérifié
aurifié
purifié
ossifié
gâtifié
ratifié
bêtifié
notifié
vivifié
cocufié
tabagie

gabegie
effigie
otalgie
myalgie
clergie
anergie
énergie
Géorgie
réfugié
Phrygie
syzygie
avachie
graphie
apathie
xanthie
Scythie
ordalie
Athalie
asialie
Eulalie
Somalie
somalie
établie
anoblie
lobélie
aphélie
homélie
Carélie
parélie
aurélie
Broglie
cécilie
lucilie
affilié
humilié
résilié
Caillié
faillie
saillie
phyllie
embolie
ancolie
Podolie
défolié
exfolié
acholie
scholie
dépolie
impolie
rempli é
supplié
Nauplie

simulie
aboulie
parulie
Kabylie
achylie
vidamie
infamie
bigamie
endémie
Néhémie
ennemie
lipémie
Jérémie
toxémie
sodomie
dolomie
thermie
anosmie
athymie
Albanie
Lucanie
Océanie
remanié
vésanie
tétanie
litanie
zizanie
ingénié
Eugénie
sthénie
vilenie
ximénie
Arménie
arsénié
Olténie
daphnie
lacinié
définie
infinie
actinie
blennie
Laconie
aphonie
félonie
colonie
simonie
Laponie
Estonie
Livonie
fournie
impunie
désunie

7

Valdoie
Olympie
recopié
ectopie
youppie
charpie
croupie
groupie
inexpié
gabarié
angarie
Adjarie
salarié
Samarie
démarié
remarié
déparié
apparié
qatarie
Tatarie
notarié
estarie
Sibérie
lacerie
Algérie
paierie
aciérie
scierie
soierie
cokerie
galerie
tôlerie
volerie
momerie
mômerie
fumerie
vénerie
finerie
râperie
piperie
duperie
daterie
gâterie
hétérie
literie
coterie
loterie
poterie
astérie
rouerie
laverie
rêverie

rizerie
Hongrie
frairie
Prairie
prairie
excorié
théorie
calorie
colorié
armorié
charrié
pourrie
fratrie
décurie
incurie
Fleurie
fleurie
Ligurie
injurié
pénurie
Étrurie
dysurie
Mazurie
Illyrie
Assyrie
aphasie
aplasie
Aspasie
Eurasie
astasie
extasié
Silésie
Polésie
kinésie
amnésie
parésie
hérésie
atrésie
Tunisie
choisie
phtisie
transie
Nicosie
agnosie
apepsie
asepsie
adipsie
biopsie
zoopsie
chassie
réussie
indusie

décatie
Galatie
aplatie
hématie
Croatie
Hypatie
facétie
Vénétie
canitie
idiotie
ineptie
inertie
avertie
amortie
plastie
Orestie
néottie
argutie
minutie
aboutie
époutié
abrutie
targuie
réjouie
Turquie
Moravie
Octavie
octavié
Bolivie
demi-vie
Ségovie
Argovie
synovie
Mazovie
induvie
galaxie
apraxie
pyrexie
eutexie
Eudoxie
hypoxie
Salazie
Skoplje
Quincke
Lebbeke
Permeke
Zernike
Malinké
malinké
Soninké
netsuke
kabbale

tribale
timbale
tombale
cymbale
globale
verbale
buccale
caecale
amicale
apicale
bancale
Cancale
cancale
afocale
percale
pascale
discale
fiscale
mandale
sandale
vandale
féodale
caudale
rixdale
pale-ale
linéale
pinéale
céréale
boréale
lutéale
nivéale
morfale
plagale
inégale
inégalé
Bengale
frugale
Omphale
labiale
tibiale
faciale
raciale
onciale
sociale
radiale
médiale
filiale
liliale
géniale
moniale
mariale
fériale

curiale
joviale
surjalé
hiémale
animale
primale
anomale
normale
sismale
signalé
spinale
atonale
azonale
vernale
tripale
charale
sacrale
amirale
spirale
spiralé
chorale
florale
amorale
mitrale
astrale
neurale
plurale
crurale
pré-salé
dorsale
vassale
dessalé
causale
hiatale
rectale
foetale
apétale
comtale
Tantale
tantale
dentale
mentale
Montale
crotale
septale
portale
vestale
distale
costale
postale
brutale
chevalé

7

ogivale
accablé
sécable
vocable
opéable
guéable
affable
sciable
skiable
pliable
amiable
friable
valable
filable
volable
aimable
fumable
tenable
minable
capable
gérable
papable
curable
durable
ensablé
dosable
datable
jetable
retable
entablé
cotable
notable
potable
attablé
mutable
jouable
louable
rouable
lavable
vivable
buvable
taxable
payable
dribble
dribblé
audible
pénible
lisible
risible
visible
fusible
tremble

tremblé
ignoble
affublé
soluble
trouble
troublé
débâcle
débâclé
embâcle
cénacle
renâclé
pinacle
miracle
manicle
sanicle
article
Étéocle
Le Locle
binocle
monocle
recyclé
bicycle
barbelé
isocèle
harcelé
morcelé
urodèle
cordelé
Scheele
congelé
surgelé
nickelé
Villèle
ukulélé
pommelé
grumelé
crénelé
grenelé
cannelé
carnèle
crêpelé
rappelé
engrêlé
carrelé
corrélé
ébiselé
bosselé
mantelé
pantelé
dentelé
protèle
martelé

sittèle
bottelé
cautèle
clavelé
grivelé
Herzele
souffle
soufflé
reniflé
girofle
Duruflé
déréglé
shingle
épingle
épinglé
tringle
tringlé
aveugle
aveuglé
remugle
gracile
uracile
poecile
concile
tréfilé
renfilé
profilé
parfilé
surfilé
faufilé
fragile
Virgile
entoilé
dévoilé
envoilé
rempilé
compilé
pompile
amarile
fébrile
stérile
puérile
nitrile
Marsile
sessile
fissile
missile
fossile
subtile
tactile
ductile
centile

Gentile
ventilé
reptile
fertile
hostile
nautile
inutile
textile
servile
Caballé
déballé
emballé
Pigalle
trialle
La Salle
Lasalle
gabelle
labelle
sabelle
tabelle
rebelle
rebellé
libelle
libellé
ombelle
ombellé
nacelle
ficelle
micelle
rocelle
nucelle
Pucelle
pucelle
excellé
ridelle
videlle
Jodelle
judelle
idéelle
pagelle
nigelle
tigelle
échelle
Gohelle
camelle
gamelle
lamelle
lamellé
mamelle
femelle
gémelle
semelle

jumelle
cenelle
venelle
agnelle
gonelle
marelle
airelle
girelle
morelle
burelle
surelle
baselle
Giselle
giselle
oiselle
ensellé
Moselle
catelle
hâtelle
patelle
entelle
attelle
tutelle
écuelle
douelle
rouelle
cruelle
truelle
usuelle
javelle
civelle
Nivelle
nivelle
novelle
voyelle
gazelle
Gezelle
écaille
écaillé
égaillé
Chaillé
piaillé
Riaillé
émaillé
Braille
braille
braillé
craillé
draille
éraillé
graillé
traille

7

ouaille
babillé
habillé
bacille
vacillé
oscillé
cédille
godille
godillé
abeille
Vieille
vieille
oreille
treille
oseille
éveillé
fifille
Régille
sigillé
Achille
Delille
famille
ramille
De Mille
armille
ormille
Manille
manille
vanille
vanillé
papille
pupille
gorille
morille
zorille
étrille
étrillé
Avrillé
Cyrille
nasillé
résille
fusillé
pétillé
vétille
vétillé
titillé
outillé
feuille
feuillé
Neuillé
Bouillé
bouille

couille
douille
fouille
fouillé
gouille
houille
mouille
mouillé
nouille
Pouille
pouillé
rouille
rouillé
souille
souillé
touille
touillé
Vouillé
équille
squille
Bâville
Deville
Déville
Neville
Séville
maxille
vexille
Bazille
Vizille
La Colle
décollé
recollé
Nicolle
encollé
fofolle
girolle
corolle
Ayrolle
Cayolle
Fayolle
Tibulle
cuculle
Bérulle
Catulle
sibylle
aphylle
ébranlé
guibole
symbole
apicole
bricole
bricolé

avicole
mendole
gondole
gondolé
rubéole
urcéolé
phléole
La Réole
auréole
auréolé
roséole
nivéole
alvéole
alvéolé
raffolé
mongole
babiole
luciole
foliole
sépiole
bariolé
dariole
mariole
variole
variolé
pétiole
pétiolé
ostiole
raviole
inviolé
formolé
bagnole
fignolé
Vignole
somnolé
alcoolé
Walpole
duopole
coupole
scarole
azerole
pyrrole
pétrole
Fiesole
console
consolé
dessolé
rissole
rissolé
Mausole
scatole
Pactole

pactole
pistole
systole
vacuole
frivole
convolé
survolé
steeple
haliple
périple
exemple
sinople
Whipple
décuple
décuplé
nonuplé
octuple
octuplé
déparlé
reparlé
déferlé
emperlé
Seattle
Whittle
La Baule
Griaule
globule
barbule
abacule
éjaculé
saccule
spéculé
édicule
spicule
calculé
floculé
inoculé
Hercule
hercule
circulé
bascule
basculé
crédule
acidulé
pendule
pendulé
esseulé
égueulé
coagulé
mergule
virgule
virgulé

cellule
pullulé
trémulé
stimulé
gemmule
formule
formulé
plumule
granule
granulé
veinule
pinnule
maboule
saboulé
taboulé
déboulé
ciboule
riboulé
découlé
Théoule
défoulé
refoulé
Cagoule
cagoule
vogoule
tamoule
démoulé
Le Moule
remoulé
semoule
ampoule
ampoulé
écroulé
déroulé
enroulé
crapule
stipule
stipulé
serpule
rebrûlé
imbrûlé
sporulé
capsule
capsulé
russule
spatule
spatulé
noctule
fistule
Vistule
postulé
pustule

7

valvule
condyle
Eschyle
méthyle
Carlyle
uranyle
phényle
alcoyle
nitryle
dactyle
acétyle
azotyle
distyle
systyle
benzyle
diffamé
malfamé
isogame
exogame
wargame
Bergame
Pergame
acclamé
déclamé
réclame
réclamé
exclamé
macramé
lactame
dictame
rentamé
diadème
dixième
sixième
onzième
emblème
Thélème
Bellême
phonème
trirème
suprême
extrême
parsemé
sursemé
ressemé
baptême
abstème
système
empyème
Kurzeme
drachme
crithme

mal-aimé
essaimé
sublime
sublimé
réanimé
inanimé
unanime
escrime
escrimé
déprime
déprimé
réprimé
imprimé
opprimé
exprimé
victime
ragtime
centime
septime
toutime
empalmé
Anselme
dilemme
Maremme
Waremme
dégommé
engommé
rogomme
dénommé
renommé
innommé
Maromme
assommé
glécome
sarcome
biscôme
leucome
Vendôme
isodome
ostéome
angiome
slalomé
coelome
myélome
diplôme
diplômé
adénome
trinôme
économe
fibrome
pogrome
achrome

léprome
épitomé
fantôme
São Tomé
scotome
protomé
distome
vacuome
rhizome
vacarme
désarmé
refermé
affermé
enfermé
dégermé
Palerme
asperme
affirmé
infirme
infirmé
déformé
méforme
reformé
Réforme
réforme
réformé
informe
informé
De L'orme
Delorme
orgasme
chiasme
marasme
ténesme
babisme
cubisme
racisme
sadisme
védisme
iodisme
ludisme
nudisme
théisme
épéisme
aréisme
sufisme
schisme
chiisme
holisme
domisme
nanisme
jinisme

éonisme
ionisme
monisme
cynisme
maoïsme
taoïsme
égoïsme
papisme
lépisme
mérisme
vérisme
chrisme
purisme
lyrisme
gâtisme
titisme
autisme
mutisme
truisme
civisme
laxisme
rexisme
sexisme
fixisme
nazisme
torysme
embaumé
Bapaume
empaumé
royaume
parfumé
enrhumé
enclume
rallumé
Laplume
déplumé
emplumé
embrumé
subsumé
présumé
consumé
Natsume
costume
costumé
coutume
néodyme
anonyme
éponyme
Mbabane
l'Albane
mirbane
haubané

chicane
chicané
cancané
Toscane
toscane
boucané
Haldane
bardane
sardane
cerdane
pas-d'âne
dos-d'âne
profane
profané
Reggane
tsigane
tzigane
longane
afghane
méthane
badiane
médiane
Pomiane
feniane
Susiane
Spokane
Berkane
cyclane
forlane
soulane
birmane
rhénane
samoane
trépané
campane
propane
bucrane
safrané
Tigrane
bugrane
marrane
Tourane
faisane
persane
platane
sultane
pentane
Fontane
heptane
tartane
soutane
prytane

7

Rhôxane
kenyane
alezane
balzane
échidné
Sembene
épicène
miocène
forcené
obscène
Érigène
Origène
néogène
Diogène
érogène
exogène
pyogène
oxygène
oxygéné
Duchêne
saphène
ruthène
hygiène
Stekene
scalène
phalène
euglène
hellène
Bollène
amylène
Alcmène
Guémené
Chimène
malmené
remmené
promené
formène
surmené
noumène
Comnène
propène
terpène
andrène
refréné
réfréné
effréné
engrené
styrène
pantène
néotène
haptène
Sartène

toluène
slovène
proxène
Trézène
benzène
Aubagne
cocagne
Ascagne
regagné
Balagne
Limagne
Lomagne
Romagne
Espagne
Laragne
lasagne
esbigné
Aubigné
indigne
indigné
maligne
éloigné
désigné
résigné
insigne
assigné
Gétigné
Sévigné
cigogne
gigogne
vigogne
Bologne
Cologne
Pologne
Sologne
Limogne
ivrogne
besogne
besogné
épargne
épargné
éborgné
Dourgne
répugné
Arachné
aeschne
urbaine
aubaine
cubaine
ricaine
cocaïne
bedaine

Sedaine
rifaine
dégaine
dégainé
engainé
achaine
délainé
Vilaine
vilaine
semaine
domaine
romaine
humaine
papaïne
agrainé
égrainé
Ukraine
boraine
foraine
moraine
misaine
mitaine
futaine
Bazaine
dizaine
stibine
lambine
lambiné
combine
combiné
globine
turbine
turbiné
vaccine
vacciné
calciné
lanciné
sarcine
hircine
porcine
fascine
fasciné
piscine
fuscine
leucine
glucine
doucine
brucine
glycine
gredine
suédine
dandiné

anodine
jardiné
sardine
boudiné
codéine
caféine
baleine
baleiné
haleine
sereine
caséine
osséine
lutéine
déveine
oléfine
raffiné
confiné
surfine
imaginé
origine
marginé
Chahine
Lachine
machine
machiné
tachine
archine
Eschine
lithine
lithiné
Zadkine
Rankine
Laskine
sea-line
opaline
praline
praliné
Staline
hyaline
décliné
dicline
encline
incliné
aveline
myéline
aniline
colline
choline
violine
carline
berline
Tatline

inuline
bouline
mouliné
pouliné
diamine
flamine
cramine
étamine
staminé
examiné
Locminé
cheminé
éliminé
culminé
fulminé
abominé
carminé
hermine
terminé
vermine
acuminé
alumine
aluminé
thymine
alanine
guanine
adénine
lignine
quinine
léonine
thonine
Bounine
Amboine
Sidoine
Lemoine
héroïne
bétoine
cétoine
Antoine
pivoine
alépine
épépiné
crépine
Campine
chopine
clopiné
inopiné
terpine
jaspiné
poupine
toupiné
clarine

amariné
Oparine
tsarine
ouarine
tzarine
pébrine
fibrine
ombrine
encrine
sucrine
ésérine
utérine
thorine
caprine
capriné
terrine
verrine
citrine
vitrine
taurine
dourine
raisiné
saisine
voisine
voisiné
cuisine
cuisiné
myosine
pepsine
bassine
bassiné
cassine
Massine
dessiné
Messine
messine
Eltsine
cousine
cousiné
platine
platiné
gratiné
ouatine
ouatiné
pectine
pectiné
piétiné
émétine
crétine
luétine
chitine
coltiné

cantine
cantiné
tantine
dentine
sentine
fontine
Pontine
tontine
tontiné
Khotine
biotine
Sartine
tartine
tartiné
castine
obstiné
destiné
Custine
Rustine
cystine
bottine
routine
Soutine
sextine
Sixtine
rhytine
béguine
biguine
taquine
taquiné
coquine
flavine
aleviné
olivine
nervine
pluviné
alexine
dioxine
fanzine
benzine
Morzine
indemne
automne
arcanne
La Panne
De Panne
dépanné
empanné
furanne
suranné
pyranne
rouanne

Cézanne
Sézanne
Suzanne
Andenne
Ardenne
égéenne
géhenne
païenne
chienne
îlienne
arienne
Brienne
Étienne
Famenne
La Penne
bipenne
bipenné
empenne
empenné
garenne
pérenne
Pirenne
étrenne
étrenné
Turenne
antenne
couenne
Ravenne
Cayenne
Mayenne
doyenne
doyenné
moyenne
moyenné
aryenne
Guyenne
Corinne
Craonne
bobonne
façonné
maçonne
maçonné
déconné
arçonné
bedonné
redonné
bidonné
ordonné
Argonne
mahonne
Brionne
Calonne

galonné
jalonné
talonné
félonne
melonné
pilonné
Colonne
colonne
Volonne
canonné
tenonné
caponne
laponne
juponné
baronne
Garonne
maronné
Péronne
gironné
huronne
luronne
résonné
tisonné
Essonne
bâtonné
matonne
tâtonné
bétonné
détonné
mitonné
pitonné
entonné
cotonné
savonné
Divonne
Vivonne
saxonne
Auxonne
Bayonne
rayonne
rayonné
gazonné
Alzonne
carbone
carboné
chacone
tricône
zircone
sulfone
sulfoné
épigone
trigone

isogone
gorgone
hémione
cyclone
Bellone
violoné
anémone
Crémone
crémone
pulmoné
hormone
mormone
saumoné
bignone
quinone
Volpone
componé
Hippone
nippone
matrone
détrôné
Pétrone
neurone
personé
dissoné
sissone
lactone
acétone
Suétone
syntone
écotone
Crotone
peptone
Cortone
histone
lettone
Sicyone
Amazone
amazone
canzone
incarné
lucarne
acharné
écharné
giberne
hiberné
décerné
Lucerne
baderne
moderne
Falerne
falerne

7 galerne
Salerne
caserne
caserné
materné
paterne
citerne
alterne
alterné
interne
interné
poterne
externe
caverne
Saverne
taverne
hiverné
Payerne
luzerne
Osborne
suborné
décorné
bicorne
licorne
encorné
tadorne
bigorne
bigorné
litorne
ajourné
Saturne
saturne
Lacaune
béjaune
Delaune
tribune
chacune
rancune
déjeuné
Le Jeune
Lejeune
Béthune
commune
Neptune
Fortune
fortune
fortuné
portune
La Seyne
épigyne
Lemoyne
Gortyne
Kawagoe
Ivanhoé
Nominoë
Arsinoé
Antinoë
McEnroe
rescapé
rechapé
soupape
satrape
attrape
attrapé
décrêpé
Sergipe
Philipe
défripé
dissipé
désalpe
désalpé
inculpé
dépulpé
décampé
estampe
estampé
estompe
estompé
syncope
syncopé
apocope
apocopé
Procope
Rhodope
Antiope
cyclope
Fallope
varlope
varlopé
sténopé
estrope
biotope
isotope
échappé
schappe
varappe
varappé
égrappé
Jemeppe
Voreppe
Ménippe
agrippé
Lysippe
achoppé
échoppe
échoppé
escarpe
escarpé
La Harpe
écharpe
écharpé
Euterpe
extirpé
panorpe
Saint-Pé
découpe
découpé
recoupe
recoupé
La Loupe
bradype
écotype
biotype
isobare
barbare
Pindare
Tyndare
fanfare
bulgare
eschare
cathare
cithare
déclaré
gammare
préparé
unipare
ovipare
comparé
Carrare
carrare
Ferrare
hectare
guitare
Tartare
tartare
Cyaxare
magyare
macabre
Calabre
palabre
palabré
Bélâbre
délabré
cinabre
algèbre
célèbre
célébré
funèbre
défibré
calibre
calibré
félibre
chambre
chambré
obombré
Sidobre
octobre
lugubre
salubre
polacre
Odoacre
pouacre
chancre
vaincre
décadré
encadré
escadre
trièdre
parèdre
Gueldre
Sauldre
Léandre
Méandre
méandre
Flandre
épandre
prendre
étendre
ceindre
feindre
geindre
peindre
teindre
joindre
moindre
poindre
sourdre
émoudre
anhydre
désaéré
berbère
Cerbère
cerbère
sincère
viscère
pondéré
cardère
préféré
différé
alifère
conféré
proféré
péagère
viagère
étagère
exagéré
suggéré
lingère
congère
bergère
fougère
gougère
cachère
jachère
vachère
pechère
enchère
cochère
archère
anthère
Cythère
Aubière
théière
tufière
palière
salière
bélière
filière
Molière
tôlière
volière
culière
Lumière
lumière
lanière
manière
maniéré
panière
tanière
linière
minière
pinière
zonière
ornière
rapière
pipière
jupière
tarière
cirière
arrière

arriéré
vasière
lisière
visière
rosière
matière
ratière
têtière
litière
altière
entière
côtière
potière
Bavière
ravière
civière
Rivière
rivière
gazière
rizière
moukère
phalère
Béclère
Billère
pie-mère
chimère
trimère
commère
comméré
isomère
énuméré
phanère
exonéré
Tampere
tempéré
compère
réopéré
coopéré
Nyerere
tessère
a latere
blatéré
cratère
statère
uretère
réitéré
critère
haltère
diptère
mastère
zostère
austère

Mystère
mystère
cautère
naguère
clayère
frayère
cloyère
écuyère
bruyère
gruyère
Truyère
Donzère
zeuzère
balafre
balafré
chiffre
chiffré
gouffre
goinfre
goinfré
Beaufre
épaufré
podagre
Allègre
allègre
intègre
intégré
immigré
dénigré
camphre
camphré
lobaire
tubaire
Macaire
Le Caire
pécaïre
ficaire
sicaire
vicaire
podaire
défaire
refaire
affaire
affairé
épiaire
triaire
aviaire
malaire
salaire
éclaire
éclairé
vélaire

filaire
Hilaire
hilaire
pilaire
Allaire
ollaire
molaire
môlaire
Polaire
polaire
solaire
Lemaire
ulmaire
panaire
sénaire
binaire
linaire
vinaire
ulnaire
lunaire
repaire
repairé
impaire
appairé
laraire
agraire
horaire
Césaire
rosaire
cataire
dataire
hétaïre
notaire
Astaire
douaire
prédire
ouï-dire
avodiré
maudire
Pereire
suffire
confire
déchiré
réélire
Thomire
reboire
ciboire
enfoiré
hiloire
doloire
mémoire
armoire

Le Poiré
Issoire
Natoire
bétoire
pétoire
notoire
vampire
respiré
inspiré
soupiré
décrire
récrire
sourire
messire
soutiré
recuire
déduire
réduire
séduire
enduire
induire
Caluire
reluire
esquire
chaviré
trévire
trévité
surviré
Ars-en-Ré
élaboré
Marboré
naucore
mandore
Pandore
pandore
Diodore
inodore
mordoré
surdoré
météore
perforé
amphore
Tanjore
déclore
enclore
défloré
Vellore
déploré
imploré
exploré
Guaporé
évaporé

oospore
massore
tussore
tortoré
épampré
pourpre
pourpré
Beaupré
beaupré
gabarre
La Barre
débarré
embarré
bécarre
bicarré
escarre
bagarre
bagarré
bigarré
démarré
simarre
Jouarre
Navarre
bizarre
Pizarre
déferré
enferré
épierré
Duperré
enserré
déterré
enterré
atterré
équerre
équerré
Noverre
Auxerre
squirre
Andorre
Bigorre
abhorré
schorre
saburre
ébourré
susurré
albâtre
théâtre
palâtre
folâtre
folâtré
mulâtre
ranatre

7

marâtre
parâtre
vératre
rosâtre
Électre
plectre
spectre
Bicêtre
ancêtre
mal-être
pH-mètre
emmétré
vumètre
fenêtre
fenêtré
pénétré
non-être
dépêtré
empêtré
impétré
fichtre
traître
arbitre
arbitré
talitre
bélître
cloître
cloîtré
croître
pupitre
attitré
philtre
chantre
diantre
éventré
peintre
Le Nôtre
sceptre
dioptre
chartre
meurtre
piastre
Maistre
meistre
cuistre
monstre
prostré
flustre
frustré
abattre
ébattre
émettre
omettre
pleutre
Solutré
adextré
exhaure
Métaure
carbure
carburé
garbure
glaçure
plaçure
Épicure
pinçure
rinçure
procure
procuré
gerçure
Mercure
mercure
obscure
évidure
perduré
verdure
bordure
soudure
gageure
prieure
prieuré
majeure
Soleure
demeure
demeuré
mineure
écoeuré
tuteuré
biffure
sulfure
sulfuré
fulguré
hachure
hachuré
mâchure
mâchuré
ophiure
paliure
reliure
osmiure
striure
conjuré
parjure
parjuré
écalure
râblure
raclure
McClure
occlure
inclure
exclure
enflure
réglure
voilure
tellure
collure
coulure
foulure
moulure
mouluré
roulure
brûlure
étamure
palmure
bromure
murmure
murmuré
paumure
saumure
saumuré
glanure
cyanure
cyanuré
coenure
grenure
rognure
rainure
rainuré
veinure
chinure
ruinure
vannure
léonure
Labouré
labouré
Ciboure
tamouré
détouré
entouré
savouré
crêpure
guipure
suppuré
jaspure
coupure
zébrure
madrure
hydrure
moirure
carrure
ferrure
serrure
nitrure
nitruré
givrure
brasure
évasure
présure
présuré
brisure
frisure
censure
censuré
tonsure
tonsuré
morsure
cassure
rassuré
fissure
fissuré
tissure
stature
Facture
facture
facturé
lecture
préture
toiture
Voiture
voiture
voituré
friture
trituré
culture
denture
penture
tenture
monture
tonture
clôture
clôturé
azoture
capture
capturé
lepture
rupture
torture
torturé
Pasture
posture
batture
bitture
bitturé
bouture
bouturé
Couture
couture
couturé
mouture
pouture
texture
texturé
mixture
ébavuré
gravure
nervure
nervuré
flexure
dasyure
cadavre
Le Havre
Lefèvre
orfèvre
orfévré
balèvre
dégivré
délivre
délivré
vouivre
revivre
chanvre
Hanovre
pieuvre
Corcyre
collyre
Palmyre
lampyre
martyre
Anabase
Oribase
laccase
Caucase
oxydase
déphasé
biphasé
diphasé
emphase
amylase
gymnase
débrasé
embrasé

7

sucrase
lactase
maltase
protase
Lambèse
diocèse
exégèse
anthèse
réalésé
Farnèse
soupesé
Thérèse
diérèse
exérèse
diurèse
Nicaise
fadaise
judaïsé
balaise
Falaise
falaise
malaise
malaisé
cimaise
cymaise
ornaise
punaise
punaisé
daraise
mésaise
arabisé
Soubise
soubise
grécisé
précise
précisé
laïcisé
concise
fascisé
anodisé
Anchise
Cochise
réalisé
égalisé
coalisé
opalisé
oralisé
avalisé
ovalisé
enclise
cyclisé
utilisé

stylisé
chemise
chemisé
thomise
promise
atomisé
soumise
tannisé
agonisé
ironisé
ozonisé
déboisé
reboisé
Amboise
auboise
niçoise
badoise
ardoise
ardoisé
audoise
dégoisé
bâloise
paloise
Héloïse
rémoise
nîmoise
armoise
danoise
Vanoise
génoise
kinoise
empoise
varoise
matoise
patoisé
lotoise
pavoisé
dévoisé
aixoise
starisé
émerisé
upérisé
défrisé
dégrisé
déprise
déprisé
méprise
méprisé
reprise
reprisé
emprise
rassise

russisé
agatisé
étatisé
pactisé
poétisé
hantise
érotisé
baptisé
sottise
déguisé
aiguisé
menuise
menuisé
acquise
requise
exquise
slavisé
Trévise
trévise
susvisé
marxisé
impulsé
expulsé
révulsé
expansé
recensé
encensé
Défense
défense
offense
offensé
immense
dépense
dépensé
repensé
insensé
intense
réponse
jambose
narcose
viscose
leucose
glucose
glucosé
acidose
apodose
lordose
surdose
cyphose
typhose
orthose
San Jose

San José
São José
mi-close
implosé
explosé
amylose
gommose
Formose
cyanose
cyanosé
pycnose
sténose
mannose
zoonose
hypnose
préposé
adipose
composé
proposé
supposé
dispose
disposé
fibrose
nécrose
nécrosé
nitrosé
névrose
névrosé
lactose
amitose
maltose
pentose
ventôse
relapse
synapse
éclipse
éclipsé
ellipse
synopse
retersé
obverse
adverse
déversé
reversé
diverse
inverse
inversé
détorse
retorse
entorse
Accurse
tabassé

jacasse
jacassé
bécasse
cocasse
jocasse
Ducasse
ducasse
fadasse
bidasse
godasse
bagasse
échasse
chiasse
délassé
mélasse
filasse
folasse
molasse
culasse
damassé
ramassé
Manassé
finassé
pinasse
vinasse
bonasse
conasse
croassé
dépassé
repassé
bipasse
impasse
carasse
harasse
harassé
tirasse
borasse
morasse
strasse
bêtasse
entassé
potasse
potassé
jouasse
bavassé
lavasse
rêvassé
abbesse
rudesse
sagesse
vanesse
aînesse

7

finesse
Gonesse
papesse
typesse
caresse
caressé
paresse
paressé
adresse
adressé
agressé
ogresse
stressé
ivresse
vitesse
altesse
hôtesse
abaisse
abaissé
épaisse
graisse
graissé
mégissé
palissé
éclisse
éclissé
délissé
mélisse
pelisse
canisse
génisse
froissé
tapissé
sarisse
hérissé
bâtisse
Matisse
pâtissé
ratissé
jetisse
métisse
métissé
retissé
écuissé
bruissé
Lavisse
dévissé
revissé
cabosse
cabossé
embossé
endossé

La Fosse
colosse
molosse
panosse
panossé
jarosse
désossé
chausse
chaussé
décussé
laïussé
aumusse
maousse
blousse
gloussé
émoussé
Brousse
brousse
frousse
trousse
troussé
because
décausé
recausé
cambuse
raccusé
Marcuse
gobeuse
laceuse
noceuse
suceuse
radeuse
hideuse
videuse
codeuse
rôdeuse
gageuse
nageuse
rageuse
logeuse
jugeuse
lugeuse
scieuse
odieuse
skieuse
plieuse
épieuse
crieuse
trieuse
galeuse
haleuse
râleuse

saleuse
vêleuse
bileuse
fileuse
pileuse
voleuse
dameuse
fameuse
rameuse
semeuse
limeuse
rimeuse
armeuse
fumeuse
faneuse
gêneuse
meneuse
teneuse
bineuse
dîneuse
vineuse
râpeuse
tapeuse
pipeuse
dupeuse
pareuse
vareuse
ocreuse
séreuse
véreuse
cireuse
mireuse
tireuse
vireuse
doreuse
foreuse
poreuse
jaseuse
raseuse
vaseuse
peseuse
diseuse
liseuse
oiseuse
poseuse
osseuse
dateuse
gâteuse
pâteuse
jeteuse
péteuse
miteuse

piteuse
juteuse
boueuse
joueuse
loueuse
noueuse
aqueuse
baveuse
gaveuse
haveuse
laveuse
rêveuse
riveuse
viveuse
buveuse
boxeuse
payeuse
Joyeuse
joyeuse
soyeuse
voyeuse
gazeuse
diffuse
diffusé
confuse
profuse
perfusé
aethuse
Lécluse
recluse
incluse
arbouse
jalousé
pelouse
Pérouse
décrusé
intruse
contuse
dépaysé
Cambyse
dialyse
dialysé
analyse
analysé
Masbate
Taubaté
toccate
zincate
avocate
Mascate
Leucate
soldate

mandaté
calfaté
sulfate
sulfaté
Lydgate
frégate
frégaté
Vulgate
Margate
médiate
rapiate
muriate
oxalate
chélate
frelaté
méplate
trématé
primate
dalmate
colmaté
aromate
bromate
stomate
formaté
uranate
phénate
mainate
odonate
picrate
Socrate
sucrate
hydrate
hydraté
agérate
ingrate
ferrate
serrate
citrate
nitrate
nitraté
sourate
cassate
lactate
acétate
cantate
azotate
alouate
cravate
cravaté
solvate
Zelzate
intacte

7

débecté
affecté
infecte
infecté
abjecte
objecté
injecté
délecté
sélecte
sélecté
humecté
eunecte
directe
insecte
détecté
halicte
stricte
décocté
gypaète
diabète
Papeete
préfète
suffète
budgété
exégète
vergeté
Taygète
cacheté
lâcheté
racheté
tacheté
mocheté
esthète
Société
société
empiété
impiété
variété
ébriété
satiété
anxiété
projeté
forjeté
surjeté
reflété
athlète
pelleté
billeté
colleté
violeté
Spolète
replète
bouleté
agamète
pommeté
fermeté
plumeté
planète
vigneté
honnête
saynète
tempête
tempêté
perpète
accrété
décrété
secrète
secrété
sécrété
excrété
affrété
apprêté
jarreté
sarrète
corseté
tue-tête
netteté
bégueté
caqueté
béqueté
requeté
requête
requêté
piqueté
tiqueté
enquête
enquêté
coqueté
hoqueté
claveté
breveté
naïveté
helvète
sauveté
louveté
clephte
klephte
judaïté
défaite
enfaîté
délaité
allaité
caraïte
karaïte
qaraïte
çivaïte
sivaïte
moabite
mzabite
probité
opacité
siccité
grécité
précité
laïcité
unicité
calcite
dulcite
suscité
raucité
leucite
alucite
luddite
lyddite
réédité
inédite
crédité
acidité
aridité
avidité
rhodite
cardite
cordite
surdité
susdite
maudite
crudité
érudite
eccéité
jadéite
judéité
angéite
innéité
ipséité
ostéite
soffite
sulfite
confite
profité
tergite
zeugite
orchite
angiite
melkite
réalité
Égalité
égalité
analité
oralité
dualité
qualité
hyalite
myélite
pyélite
édilité
agilité
utilité
mellite
nullité
zéolite
zoolite
hoplite
poplité
perlite
stylite
adamite
inimité
palmite
mammite
sommité
marmite
marmité
dermite
Hermite
termite
amanite
inanité
granite
granité
uranite
adénite
aménité
syénite
dignité
lignite
kaïnite
rhinite
Trinité
trinité
mannite
sunnite
ébonite
alunite
déboîté
emboîté
benoîte
adroite
miroité
étroite
crépité
stipité
palpité
pulpite
charité
ovarite
émérite
ypérite
guérite
effrité
spirite
quirite
thorite
diorite
cuprite
ferrite
métrite
nitrite
azurite
névrite
rewrité
obésité
blésité
densité
myosite
kassite
hussite
inusité
apatite
rectite
tectite
biotite
quotité
azotite
partite
aortite
mastite
cystite
hittite
vacuité
nocuité
réduite
viduité
induite
ténuité
annuité
ébruité
jésuite
ensuite
fatuité
pituite

7 gravité
suavité
brévité
vulvite
servite
bauxite
basalte
récolte
récolté
dévolté
révolte
révolté
Méaulte
faculté
occulte
occulté
inculte
tumulte
résulté
insulte
insulté
vicomte
vicomté
bacante
vacante
décanté
sécante
tocante
cédante
pédante
andante
enfanté
infante
déganté
sciante
adiante
chiante
pliante
amiante
criante
déjanté
galante
râlante
bêlante
ailante
filante
allante
volante
atlante
aimante
aimanté
fumante

gênante
tenante
nonante
tapante
Lépante
dopante
Barante
garante
marante
gérante
Mérante
Morante
errante
Otrante
rasante
pesante
gisante
issante
fusante
octante
pétante
votante
mutante
gluante
savante
Levante
vivante
vexante
payante
seyante
voyante
fuyante
jacente
décente
récente
Vicente
redenté
al dente
endenté
ardente
rudenté
régente
régenté
argenté
urgente
cliente
orienté
dolente
lamenté
cémenté
démente
cimenté

pimenté
fomenté
arpenté
parente
parenté
Tarente
tarente
arrenté
absente
absenté
latente
patente
patenté
détente
retenté
entente
intenté
attente
attenté
fluente
cruenté
mévente
revente
inventé
plainte
crainte
éreinté
freinte
éteinte
ajointé
éjointé
épointé
sprinté
chuinté
raconté
refonte
Sagonte
volonté
démonté
remonte
remonté
apponté
Caronte
géronte
défunte
cacaoté
claboté
craboté
barbote
barboté
chicote
chicoté

fricoté
tricoté
bas-côté
épidote
jugeote
ronéoté
aligoté
gargote
margoté
bachoté
rabioté
galiote
folioté
amniote
lépiote
agriote
petiote
pécloté
ballote
parlote
dorloté
soûlote
golmote
pianoté
pagnoté
mignoté
gymnote
connoté
clapoté
chipoté
tripoté
rempoté
compote
despote
dicrote
fiérote
cairote
poiroté
épirote
baisoté
dansoté
maltôte
crevoté
prévôté
velvote
accepté
excepté
scripte
sculpté
exempte
exempté
acompte

prompte
volupté
abrupte
jubarte
encarté
Iriarte
essarté
Astarté
Iaxarte
liberté
puberté
La Ferté
némerte
experte
Caserte
déserte
déserté
diserte
ouverte
Bizerte
accorte
escorte
escorté
cohorte
exhorté
déporté
reporté
emporté
importé
apporté
exporté
écourté
Sébaste
sébaste
Jocaste
néfaste
dynaste
céraste
dévasté
asbeste
Alceste
inceste
modeste
infesté
Ségeste
digeste
Trieste
majesté
céleste
délesté
molesté
funeste

empesté
agreste
La Teste
détesté
attesté
Thyeste
cibiste
jobiste
cubiste
tubiste
jaciste
raciste
jéciste
jociste
tuciste
modiste
eudiste
nudiste
rudiste
sudiste
théiste
épéiste
gagiste
légiste
pigiste
logiste
schiste
lakiste
baliste
holiste
poliste
soliste
Gémiste
ulmiste
fumiste
laniste
moniste
maoïste
taoïste
égoïste
papiste
dépisté
alpiste
copiste
cariste
mariste
vériste
aoriste
curiste
juriste
puriste
basiste

désisté
résisté
insisté
assisté
batiste
titiste
altiste
artiste
autiste
zutiste
caviste
laxiste
rexiste
sexiste
fixiste
Lacoste
accosté
Arioste
riposte
riposté
imposte
robuste
arbuste
Locuste
locuste
dégusté
Auguste
auguste
rajusté
injuste
vénusté
vétuste
vétusté
enkysté
dénatté
Monatte
empatté
baratte
baratté
squatté
déwatté
Cayatte
bobette
aubette
facette
facetté
recette
sucette
cadette
vedette
endetté
mofette

cagette
sagette
tagette
tigette
logette
saietté
émietté
ariette
sujette
galette
palette
ablette
belette
ailette
Colette
molette
mulette
ramette
limette
tomette
Hymette
canette
manette
genette
nénette
rénette
venette
binette
dînette
finette
linette
minette
tinette
ponette
dunette
lunette
lunetté
gâpette
tapette
pipette
lopette
topette
arpette
jupette
lirette
tirette
Lorette
lorette
strette
burette
curette
lurette

murette
surette
casette
rasette
pesette
disette
risette
gosette
mosette
Rosette
rosette
assette
fusette
musette
aluette
bluette
fluette
bouette
couette
fouetté
jouette
mouette
rouette
bavette
lavette
navette
civette
divette
Rivette
buvette
cuvette
bowette
layette
moyette
cazette
gazette
mazette
Alzette
mozette
sagitté
mélitte
De Witte
débotté
cocotte
cocotté
dégotté
gigotté
rigotte
sciotte
chiotte
griotte
calotte

calotté
pâlotte
culotte
culotté
hulotte
La Motte
emmotté
menotte
linotte
carotte
carotté
marotte
gavotte
Gaxotte
Mayotte
Cazotte
égoutté
La Faute
papauté
Lepaute
cruauté
boyauté
Loyauté
loyauté
noyauté
royauté
tuyauté
tribute
culbute
culbuté
exécuté
percuté
discuté
cuscute
rameuté
équeuté
raffûté
chahuté
rechute
rechuté
verjuté
azimuté
commuté
permuté
Chanute
rabouté
débouté
Redoute
redoute
Redouté
redouté
aléoute

7

dégoûté
rajouté
velouté
filouté
maroute
écroûté
déroute
dérouté
biroute
absoute
envoûté
mazouté
supputé
dispute
disputé
recruté
hirsute
Calixte
ovocyte
acolyte
scolyte
Cimabue
fourbue
vaincue
décidue
assidue
étendue
éperdue
schleue
griffue
touffue
indagué
la Hague
alpagué
Birague
divagué
délégué
relégué
télègue
allégué
Nimègue
ambiguë
endigué
sarigue
irrigué
bésigue
fatigue
fatigué
navigué
mézigue
sézigue
tézigue

écangue
écangué
élingue
élingué
flingue
flingué
bringue
bringué
fringue
fringué
gringue
swingué
églogue
pirogue
exergue
fourgue
fourgué
Le Bugue
enjugué
crochue
dévalué
mamelue
mafflue
conflué
absolue
résolue
dévolue
révolue
éberlué
émoulue
ingénue
détenue
retenue
atténué
exténué
revenue
diminué
insinué
charnue
éternué
amadoué
hindoue
Cordoue
surdoué
vaudoue
abajoue
décloué
recloué
encloué
affloué
surloué
zouloue

rabroué
encroué
bantoue
Mantoue
inavoué
conspué
macaque
encaqué
Ithaque
iliaque
isiaque
valaque
polaque
canaque
arnaque
arnaqué
cloaque
baraque
baraqué
caraque
Urraque
ouraque
casaque
cosaque
Estaque
attaque
attaqué
grecque
grecqué
déféqué
tchèque
Sénèque
sapèque
réséqué
métèque
aztèque
rabique
rebiqué
cubique
cacique
sadique
abdiqué
médique
védique
indiqué
iodique
modique
sodique
ludique
pudique
oléique
aréique

kufique
magique
algique
logique
éthique
Lalique
malique
salique
oblique
obliqué
mélique
relique
vélique
silique
colique
dolique
folique
aulique
sémique
ohmique
mimique
comique
vomique
osmique
humique
manique
panique
paniqué
génique
vinique
conique
ionique
Monique
sonique
tonique
punique
runique
tunique
tuniqué
cynique
dioïque
stoïque
quoique
azoïque
dépiqué
repique
repiqué
topique
lupique
typique
darique
sérique

Afrique
borique
boriqué
dorique
Norique
torique
étriqué
aurique
purique
lyrique
basique
nasique
musique
musiqué
Bétique
rétique
antique
ontique
gotique
optique
astiqué
Attique
attique
mutique
zutique
dytique
lytique
Iquique
civique
lexique
Mexique
toxique
Cyzique
quelque
Foulque
foulque
houlque
flanqué
planque
planqué
franque
scinque
blinqué
trinqué
tronqué
bicoque
Micoque
biloqué
manoque
chnoque
cinoque
sinoque

baroque
Laroque
estoqué
révoqué
invoqué
Néarque
énarque
éparque
étarqué
exarque
hourque
fiasque
flasque
brasque
frasque
Fiesque
fresque
presque
brisque
puisque
kiosque
lorsque
brusque
brusqué
glauque
caduque
reluqué
ulluque
eunuque
ensuqué
fétuque
membrue
Delerue
congrue
charrue
bourrue
ventrue
obstrué
sangsue
moussue
infatué
ponctué
fluctué
habitué
pointue
évertué
abattue
bisexué
concave
moldave
emblave
emblavé
enclave
enclavé
Esclave
esclave
vellave
Barnave
La Grave
aggravé
engravé
dépravé
entrave
entravé
cassave
Gustave
prélevé
soulevé
embrevé
dégrevé
gencive
lascive
khédive
tardive
archivé
déclive
évasive
censive
pensive
érosive
cursive
massive
passive
passivé
lessive
lessivé
missive
mussive
abusive
élusive
fictive
chétive
unitive
cultivé
émotive
captive
captivé
furtive
festive
fautive
esquive
esquivé
qui vive
qui-vive
convive
bivalve
Chenôve
Algarve
Minerve
minerve
innervé
observé
réserve
réservé
incurvé
La Sauve
Deneuve
abreuvé
épreuve
effluve
éprouvé
Strouve
Vitruve
Marlowe
névraxe
syntaxe
surtaxe
surtaxé
réflexe
implexe
duplexé
connexe
unisexe
convexe
préfixe
préfixé
suffixe
suffixé
prolixe
stomoxe
Hesbaye
Biscaye
Hendaye
congaye
déblayé
monnayé
prépayé
surpaye
surpayé
débrayé
Vibraye
embrayé
défrayé
effrayé
retrayé
Puisaye
ressayé
fish-eye
volleyé
Kanggye
Türkiye
merdoyé
verdoyé
coudoyé
soudoyé
déployé
reployé
employé
Duployé
larmoyé
paumoyé
Aulnoye
bornoyé
carroyé
corroyé
octroyé
fossoyé
vousoyé
chatoyé
apitoyé
festoyé
nettoyé
renvoyé
convoyé
louvoyé
vouvoyé
ressuyé
chalaze
Trélazé
Zambèze
squeeze
squeezé
terfèze
Vergèze
planèze
trapèze
Corrèze
Mourèze
in-seize
Firenze
Frounze
Le Sauze
Deleuze
la Douze
in-douze
Briouze
Pelouze
De Graaf
mot-clef
aéronef
Tazieff
Pitoëff
Cardiff
Cheliff
mastiff
Roscoff
take-off
Neuhoff
Bénioff
sous-off
Mintoff
calecif
maladif
Baillif
abrasif
invasif
adhésif
cohésif
décisif
incisif
émulsif
dolosif
émissif
poussif
effusif
allusif
locatif
vocatif
sédatif
créatif
négatif
ergatif
ablatif
oblatif
relatif
conatif
curatif
duratif
rotatif
optatif
putatif
laxatif
fixatif
réactif
inactif
tractif
électif
additif
auditif
fugitif

7

volitif
vomitif
génitif
lénitif
punitif
positif
jointif
adoptif
éruptif
abortif
sportif
box-calf
Aistolf
Athaulf
Beowulf
Demidof
bischof
kouglof
witloof
Mondorf
Altdorf
Hittorf
Brébeuf
Laubeuf
Pléneuf
dix-neuf
Surcouf
chadouf
Tindouf
pignouf
schnouf
Yousouf
Den Haag
santiag
landtag
filibeg
Touareg
touareg
thalweg
Kellogg
pfennig
Slesvig
Hertwig
Zagazig
Leipzig
Dantzig
big bang
Cao Bang
Weifang
harfang
Yungang
Rotgang

Yichang
Xi Jiang
Si-kiang
Yun-kang
siamang
trépang
tripang
sampang
linsang
Morsang
pur-sang
Bussang
mustang
Guiyang
Luoyang
Kaifeng
ginseng
Onnaing
Seraing
Estaing
dancing
forcing
Reading
pudding
Golding
holding
Baoding
Harding
pouding
Dowding
jogging
Kuching
Cushing
Cushing
Beijing
Shijing
Nanjing
Che-king
Pei-king
smoking
parking
feeling
Keeling
peeling
Fehling
mailing
Memling
Qinling
Kipling
Carling
Darling
curling

Oesling
Essling
Pauling
bowling
Fleming
lemming
Kunming
Wyoming
Canning
Manning
Nanning
warning
Brüning
Arloing
Cysoing
T'ai-p'ing
Taiping
camping
dumping
jumping
looping
lapping
zapping
Goering
Behring
Dühring
Stiring
leasing
Lansing
nursing
Lessing
Bissing
skating
meeting
rafting
lifting
Banting
Pao-ting
footing
karting
basting
casting
lasting
listing
putting
Heyting
K'ai-fong
mah-jong
Kou-kong
Gia Long
Geelong
barlong

Kaesong
Nantong
Baldung
Bandung
pacfung
Hamhung
Wirsung
Hartung
bulldog
Tagalog
tagalog
Rydberg
iceberg
Heiberg
Dalberg
Valberg
Holberg
Arlberg
Bamberg
Lemberg
Erzberg
Esbjerg
Seaborg
Aalborg
Garborg
Tilburg
Hamburg
Limburg
Marburg
Warburg
Cabourg
Jobourg
Du Bourg
In Salah
Nkrumah
Haganah
Déborah
poussah
Jéhovah
Laibach
Holbach
Forbach
Villach
Barlach
Cranach
Reinach
Sempach
Djerach
Salzach
Illzach
Golfech
Belpech

Montech
schlich
Tillich
Ehrlich
Zülpich
Aldrich
Kontich
Norwich
Ipswich
Murdoch
De Hooch
Ronarc'h
Driesch
Aletsch
bortsch
scratch
Wasatch
Stretch
Manytch
Allauch
chaouch
Lelouch
farouch
Embabèh
keffieh
Gezireh
Chou Teh
Raleigh
Van Gogh
De Hoogh
borough
Mardikh
Vic-Bilh
Anouilh
Cam Ranh
Nam Dinh
Alīgarh
midrash
kaddish
yiddish
Candish
Goliath
Brumath
Odenath
Sārnāth
Neurath
Macbeth
Lambeth
talleth
turbith
tallith
Asquith

7

Corinth
Hogarth
Haworth
bismuth
Kossuth
Baradai
Baradaï
Ouaddaï
Galigaï
Kasugai
Qinghai
Songhaï
songhaï
Sonrhaï
Bocskai
remblai
virelai
Obernai
Tournai
Cambrai
minerai
Madurai
samurai
Brassaï
Hokusai
Olduvai
panjabi
Abū Ẓabī
Abitibi
Nairobi
Barocci
Colucci
Tanucci
rétréci
revoici
Portici
infarci
endurci
Gramsci
radouci
touladi
Hunyadi
attiédi
enlaidi
déraidi
primidi
septidi
sextidi
Vivaldi
organdi
agrandi
Morandi
effendi
al-Kindī
rebondi
arrondi
Burundi
enhardi
reverdi
alourdi
étourdi
Einaudi
bigoudi
Han Wudi
désobéi
Opus Dei
Wang Wei
Kadhafi
abréagi
fromegi
rélargi
resurgi
dérougi
Karāchi
Hitachi
gnocchi
fraîchi
kamichi
enrichi
blanchi
franchi
Fieschi
nuraghi
sloughi
marathi
Tchou Hi
Hōryū-ji
sirtaki
Okazaki
Potocki
Waikiki
Vālmīki
pirojki
tabaski
téléski
Voljski
Wroński
véloski
monoski
motoski
Trotski
teocali
bengali
hallali
Ucayali
Ghazālī
Rhazālī
rétabli
ennobli
ameubli
Chébéli
Shebeli
vreneli
Zwingli
swahili
Tassili
tassili
Vassili
Coralli
Cavalli
embelli
Corelli
Torelli
vieilli
cueilli
lapilli
bouilli
ramolli
osmanli
Piccoli
brocoli
Pascoli
Pacioli
ravioli
ailloli
Tripoli
tripoli
malpoli
Gozzoli
Luthuli
stimuli
niaouli
Denizli
grizzli
origami
tsunami
gin-rami
gourami
affermi
endormi
Batoumi
Fanfani
afghani
Taviani
Viviani
Foulani
Magnani
Hernani
Trapani
Guarani
guarani
soprani
Battānī
Galvani
Bārzānī
Otopeni
Apuseni
Torigni
assaini
Caccini
Puccini
Mancini
Concini
Boldini
Bellini
Cellini
Fellini
Pannini
Sonnini
Guarini
Cassini
Rossini
Platini
Martini
Martini
Tartini
Pertini
Lazzini
Mazzini
Mitanni
rabonni
Marconi
marconi
Goldoni
Melloni
Mannoni
Capponi
Tassoni
canzoni
Manzoni
dégarni
regarni
Gavarni
déverni
reverni
racorni
rajeuni
prémuni
Rìo Muni
Río Muni
Donskoï
remploi
chez-moi
tournoi
vice-roi
Niterói
beffroi
antiroi
charroi
pour-soi
chez-soi
Tolstoï
chez-toi
pourvoi
Topkapï
décrépi
recrépi
Galuppi
thlaspi
assoupi
Imabari
Zuccari
Foscari
muscari
zingari
Rothari
Akinari
Ferrari
Sassari
Waltari
Scutari
alizari
colibri
enchéri
Alfieri
Salieri
Polieri
Gasperi
Ferreri
Kayseri
amaigri
Nīlgiri
saïmiri
a priori
Tottori
équarri
Thierri
atterri
aguerri
Dimitri

7 meurtri
dénutri
Lopburi
Viipuri
Venturi
venturi
Nimayrī
Nemeyri
Malvési
Kiang-si
mafiosi
reversi
uva-ursi
Balassi
épaissi
Firdūsī
Jiamusi
malbâti
Gauhāti
raplati
compati
serrati
Istrati
Buzzati
Riqueti
frichti
anéanti
Achanti
Ashanti
Chianti
chianti
dénanti
garanti
Desanti
ralenti
démenti
repenti
retenti
départi
reparti
réparti
biparti
mi-parti
imparti
Alberti
diverti
inverti
assorti
Tibesti
Ploeşti
Piteşti
investi

Bugatti
Lipatti
Canetti
Menotti
dégluti
embouti
Durruti
alangui
Chergui
chergui
Han Shui
cacaoui
serfoui
méchoui
Viliouï
épanoui
évanoui
Blanqui
Pahlavi
pahlavi
Caprivi
Mondovi
asservi
assouvi
Jiangxi
Guangxi
Shaanxi
Károlyi
Polanyi
Apponyi
Groznyï
Po Kiu-yi
néonazi
Anasazi
Rákóczi
Arghezi
Kolwezi
pupazzi
Albizzi
Strozzi
Jacuzzi
Peruzzi
Satledj
Voronej
Pilniak
sandjak
tokamak
nunatak
Sarawak
colback
cut-back
Pollack

Kaolack
Cormack
Harnack
talpack
Cuttack
Seebeck
Hohneck
bifteck
Holweck
Wozzeck
lambick
Schlick
gimmick
Kubrick
F'Derick
carrick
Garrick
derrick
Herrick
Patrick
Warwick
Berwick
Ryswick
Eysenck
Lubbock
Peacock
haddock
paddock
Pollock
schnock
Oyapock
pibrock
Rostock
pottock
La Marck
Lamarck
Van Dyck
Van Eyck
Baalbek
Janáček
Benedek
Dilbeek
Rubroek
Zátopek
Maaseik
Siwālik
Ménélik
Doornik
beatnik
Riourik
prussik
Van Dijk

Suffolk
Norfolk
Alfrink
Oleniok
Bangkok
Szolnok
new-look
chinook
Danmark
De Klerk
Selkirk
New York
Atatürk
Vitebsk
Ekofisk
Ouralsk
Norilsk
Podolsk
Briansk
Saransk
Kamensk
Rybinsk
Leninsk
Angarsk
Zagorsk
Donetsk
Lipetsk
Okhotsk
Karabük
mameluk
Shilluk
chibouk
haïdouk
fondouk
Mardouk
kalmouk
Tobrouk
nansouk
nanzouk
volapük
Masaryk
Arrabal
Setúbal
monacal
cloacal
caracal
radical
médical
vésical
musical
metical
lexical

bifocal
ovoïdal
absidal
cotidal
synodal
Souzdal
New Deal
palléal
floréal
Perréal
unguéal
récifal
illégal
Sénégal
Funchal
Marchal
nymphal
cambial
glacial
spécial
asocial
crucial
mondial
cardial
cordial
spatial
initial
nuptial
Martial
martial
partial
bestial
trivial
éluvial
fluvial
pluvial
coaxial
Toubkal
Kārikāl
décimal
demi-mal
minimal
optimal
maximal
thermal
anormal
séismal
décanal
éthanal
Lakanal
Arsenal
arsenal

7

Juvénal
orignal
racinal
vicinal
ordinal
vaginal
séminal
liminal
Viminal
nominal
matinal
biennal
ammonal
coronal
bitonal
sternal
diurnal
journal
jéjunal
grippal
groupal
libéral
fédéral
sidéral
rudéral
scléral
huméral
numéral
général
minéral
latéral
sudoral
préoral
maïoral
majoral
chloral
fémoral
immoral
humoral
tumoral
caporal
sororal
auroral
mayoral
urétral
central
ventral
oestral
Mistral
mistral
rostral
Austral
austral
lustral
foutral
biaural
pleural
augural
sutural
Barisāl
amensal
abyssal
sinusal
palatal
fractal
végétal
Bimétal
orbital
cubital
récital
digital
génital
capital
hôpital
marital
Chantal
Quental
pointal
quintal
frontal
scrotal
Chaptal
Liestal
Cristal
cristal
Herstal
glottal
lingual
Aigoual
saroual
rorqual
De Laval
roseval
Orcival
estival
revival
Clerval
affixal
bathyal
déloyal
quetzal
Raphaël
Mirabel
Jézabel
décibel
Méribel
Miribel
Vroubel
chancel
Friedel
Haendel
Brendel
Blondel
blondel
Arundel
Claudel
Braudel
strudel
surréel
spiegel
Bruegel
antigel
Vrangel
Wrangel
glaciel
Gabriel
pluriel
Noisiel
partiel
Murviel
Haeckel
Kunckel
Heinkel
Duhamel
caramel
trommel
calomel
Aubanel
Espinel
Channel
Inconel
colonel
charnel
éternel
Fresnel
Quesnel
scalpel
Freppel
picarel
Esterel
Estérel
Bihorel
naturel
pèse-sel
demi-sel
Grimsel
Zoersel
Roussel
Brussel
Seyssel
Mortsel
Clausel
Télétel
Minitel
cheptel
Chastel
graduel
Malouel
Le Mouël
sarouel
censuel
mensuel
sensuel
inusuel
factuel
cultuel
virtuel
gestuel
textuel
Gemayel
Algazel
Maelzel
bretzel
Clauzel
Eckmühl
bercail
Cap-d'Ail
tramail
trémail
gemmail
fermail
trénail
harpail
Raspail
foirail
Sarrail
vitrail
bobtail
vantail
ventail
portail
aiguail
travail
Ardabil
stencil
sourcil
Boabdil
Corbeil
Verceil
Verfeil
Le Theil
Beg-Meil
sommeil
vermeil
Beloeil
conseil
Créteil
Monteil
accueil
recueil
Arcueil
Ligueil
orgueil
Draveil
fil-à-fil
sans-fil
Danakil
fournil
fuel-oil
nombril
bouvril
fraisil
groisil
volatil
pointil
Vineuil
Auneuil
Mareuil
Ébreuil
Moreuil
Auteuil
Luxeuil
fenouil
incivil
Bourvil
Thalwil
Dumézil
De Stijl
Kendall
Tyndall
Tyndall
Chagall
Val-Hall
Walsall
Reubell
Rewbell
Purcell
Daniell
brinell
Parnell

7

Pedrell
Durrell
Russell
Cattell
Marvell
Maxwell
maxwell
Carroll
gaïacol
biergol
diergol
menthol
Balliol
Planiol
vitriol
Maillol
éthanol
eugénol
cévenol
Guignol
guignol
Kurnool
Paimpol
Nikopol
Rivarol
Chabrol
chabrol
Pomerol
pomerol
parasol
girasol
Asansol
aérosol
sous-sol
naphtol
Bristol
bristol
sénevol
antivol
ichtyol
Panazol
Husserl
Přemysl
nahuatl
Prandtl
axolotl
Naipaul
caracul
tapecul
linceul
glaïeul
filleul
tilleul
ligneul
karakul
picpoul
Mossoul
Cobenzl
macadam
Potsdam
Abraham
Beecham
Bingham
Maugham
Markham
Gresham
Chatham
Bentham
nuoc-mâm
Soummam
Hungnam
Surinam
El-Asnam
Viêt-nam
Wolfram
wolfram
al-Ahrām
Mizoram
Tristam
Khayyām
Waregem
Evergem
Berchem
Okeghem
requiem
schelem
Scholem
Haarlem
ad litem
Oued-Zem
Éphraïm
Anaheim
Mülheim
Kunheim
Rosheim
Rixheim
Ibrāhīm
Joachim
al-Ḥākim
al-Ḥakīm
intérim
Garizim
Malcolm
schlamm
Norodom
Alsthom
Euratom
Belgaum
oppidum
Mitchum
cambium
niobium
terbium
calcium
iridium
rhodium
lithium
gallium
pallium
thulium
cadmium
holmium
fermium
uranium
rhénium
hafnium
hahnium
Samnium
oxonium
thorium
yttrium
caesium
tritium
minimum
optimum
maximum
ladanum
Picenum
sternum
jéjunum
surboum
loukoum
pantoum
labarum
décorum
castrum
Erzurum
opossum
erratum
stratum
punctum
quantum
scrotum
Paestum
ad nutum
Khārezm
Artaban
Caliban
scriban
rubican
indican
Mohican
pélican
Vatican
Magadan
Péladan
ramadan
Lavedan
Buridan
Dourdan
Jourdan
al-Sūdān
propfan
Tourfan
ouragan
yatagan
Mazagan
achigan
Le Vigan
Changan
Khingan
Yen-ngan
cadogan
catogan
Kourgan
Ispahan
Vaughan
Darkhan
Meilhan
Paulhan
darshan
McLuhan
Gracián
gardian
ruffian
Lothian
Jullian
Vulpian
Tao Qian
Florian
Servian
pluvian
Karajan
Abidjan
Andijan
catalan
gamelan
capelan
icoglan
Chillán
Quillan
ortolan
triplan
éperlan
Andaman
Caraman
al-Yaman
Weidman
Goodman
Coleman
Wiseman
Goffman
drogman
Bergman
Soliman
Ahriman
taximan
Eijkman
Walkman
Bellman
Pullman
pullman
Feynman
Ottoman
ottoman
Chapman
Sherman
Boorman
Waksman
Gassman
Whitman
Eastman
wattman
Schuman
Flaxman
jazzman
Grignan
Léognan
Huainan
Tournan
Matapan
Mayapán
halbran
Djubrān
Plédran
Téhéran
jaseran
vétéran
Laveran
bougran

7

Dhahrān
alcoran
Muroran
Gontran
Bertran
fortran
Elbasan
khoisan
Barisan
artisan
Coursan
bressan
Moissan
Yucatán
Samatan
cafetan
Cajetan
occitan
capitan
Séistan
Tristan
Dunstan
Roustan
Bhoutan
Palauan
Sichuan
Dom Juan
San Juan
Don Juan
don Juan
Fan Kuan
Anjouan
Hélouân
Assouan
Tétouan
nauruan
Taiyuan
Taoyuan
K'iu Yuan
Palawan
Burdwān
Popayán
Bisayan
Bāmiyān
Saroyan
Damazan
Mimizan
Pleyben
Tlemcen
Almadén
Moukden
Vianden

Hampden
Ramsden
has been
phocéen
mandéen
vendéen
Bardeen
mazdéen
archéen
booléen
araméen
ghanéen
guinéen
linnéen
cornéen
azuréen
élyséen
Edingen
Röntgen
röntgen
Splügen
Guichen
München
hawaïen
amibien
gambien
zambien
combien
lesbien
Porcien
acadien
iridien
rhodien
gardien
Gordien
gordien
fuégien
vosgien
Enghien
pythien
fidjien
irakien
Tolkien
Fou-kien
italien
abélien
chilien
émilien
azilien
Gallien
Tallien
Mollien

boolien
étolien
ourlien
paulien
adamien
permien
wormien
würmien
crânien
iranien
asinien
bosnien
féroïen
carpien
acarien
icarien
ovarien
ombrien
Hadrien
atérien
ougrien
Cyprien
terrien
saurien
Vaurien
vaurien
étésien
capsien
tarsien
onusien
Gratien
rhétien
haïtien
Multien
kantien
laotien
béotien
martien
aoûtien
soutien
Flavien
pelvien
marxien
Lanaken
Brocken
Franken
Cadalen
Segalen
Tebelen
Lenglen
Bethlen
Guillén

Heerlen
duramen
Long-men
Bushmen
taximen
abdomen
wattmen
albumen
Tioumen
cérumen
jazzmen
Vatanen
Brunnen
Citroën
Mälaren
McLaren
Lokeren
Beveren
Suffren
Sachsen
Nielsen
Mommsen
Thomsen
Giessen
Meissen
Janssen
Gaussen
Thyssen
Aertsen
Lofoten
Schoten
Britten
Salouen
peulven
mi-moyen
citoyen
mitoyen
Alhazen
maghzen
makhzen
Gentzen
Bautzen
thébain
plébain
rurbain
Vulcain
vulcain
douçain
mondain
Hordain
Houdain
soudain

Méchain
poulain
Germain
germain
roumain
clarain
refrain
Aigrain
parrain
merrain
terrain
Lorrain
lorrain
vitrain
Antrain
entrain
malsain
horsain
châtain
huitain
septain
certain
Mortain
hautain
voûtain
Sylvain
sylvain
neuvain
couvain
douvain
Louvain
douzain
carabin
jacobin
Kharbin
Éliacin
médecin
capucin
baladin
paladin
Saladin
citadin
Dunedin
blondin
grondin
Chardin
gourdin
Bresdin
Holbein
Henlein
Bahreïn
Bassein

7

dessein
Hossein
Hussein
Ḥussein
Epstein
Erstein
drive-in
églefin
couffin
demi-fin
frangin
Pérugin
Joachin
crachin
Ronchin
trochin
dauphin
murrhin
Bas-Rhin
Menuhin
El-Tajín
Tianjin
Hodgkin
Sorokin
alcalin
gibelin
gobelin
jobelin
Gamelin
Hamelin
Lemelin
agnelin
patelin
ravelin
aquilin
Böcklin
Quellin
Kremlin
kremlin
Hermlin
drumlin
Cogolin
cipolin
Ripolin
Chaplin
Praslin
lupulin
Maximin
Gédymin
féminin
Jeannin
Apennin

Antonin
benjoin
sucepin
calepin
galopin
grappin
Crespin
crispin
Tabarin
tamarin
Le Marin
romarin
patarin
Navarin
navarin
savarin
Mazarin
Mandrin
mandrin
poudrin
Pèlerin
pèlerin
pépérin
pipérin
vipérin
Séverin
sizerin
chagrin
ivoirin
Comorin
bourrin
Vautrin
galurin
Maturin
Maturín
pâturin
Douvrin
magasin
Sarasin
chamsin
khamsin
Limosin
agassin
brassin
gressin
Trissin
coussin
Poussin
poussin
Roussin
roussin
abyssin

théatin
Palatin
palatin
baratin
Moratín
abiétin
l'Arétin
muretin
Plantin
Trentin
Aventin
Quintin
cabotin
picotin
fagotin
calotin
pilotin
popotin
Pérotin
purotin
Hourtin
Plestin
Faustin
Stettin
crottin
trottin
scrutin
Holguín
sanguin
Gauguin
Halluin
babouin
bédouin
sagouin
malouin
milouin
Tarquin
Berquin
Lorquin
turquin
pasquin
Lesquin
mesquin
Josquin
bouquin
rouquin
octavin
angevin
échevin
pèse-vin
tâte-vin
éparvin

épervin
chauvin
Lieuvin
Baldwin
fedayin
Sarazin
Annezin
muezzin
Cardijn
Lincoln
Riemann
Spemann
Hofmann
Hermann
Bormann
Neumann
Schwann
Jalgaon
machaon
pharaon
Strabon
Cirebon
Chambon
Jeanbon
Annobón
charbon
Bourbon
bourbon
limaçon
caleçon
hameçon
Comecon
séneçon
caveçon
Rubicon
vidicon
Hélicon
hélicon
plançon
étançon
Alençon
poinçon
tronçon
soupçon
Alarcón
Courçon
courçon
Valadon
céladon
espadon
comédon
édredon

Langdon
Cupidon
Mézidon
abandon
Brandon
brandon
Swindon
pagodon
rigodon
chardon
Yverdon
Bourdon
bourdon
Gourdon
Moisdon
Snowdon
drageon
dudgeon
surgeon
orphéon
nucléon
Mauléon
Torreón
balafon
carafon
girafon
greffon
chiffon
griffon
bouffon
Nipigon
fourgon
Frachon
fanchon
manchon
ronchon
crochon
torchon
Cauchon
fauchon
bouchon
louchon
cruchon
Prud'hon
Agulhon
Qui Nhon
Pyrrhon
Menthon
berthon
Couthon
succion
Phocion

7

Marcion
Clodion
Gordion
ischion
Amphion
Authion
opilion
billion
million
fermion
opinion
Lannion
Réunion
réunion
Sounion
Scipion
lampion
morpion
vibrion
alérion
chorion
Amorion
Laurion
évasion
élision
mulsion
pulsion
mansion
pension
tension
érosion
version
torsion
Gassion
passion
cession
session
fission
mission
jussion
station
ovation
faction
rection
section
diction
fiction
miction
onction
coction
édition
mention
émotion
portion
bastion
gestion
caution
élution
brution
mixtion
éluvion
Nouvion
flexion
fluxion
Arpajon
Beaujon
Rätikon
Ascalon
Absalon
chablon
doublon
houblon
Madelon
échelon
mamelon
Fénelon
bufflon
mouflon
sanglon
epsilon
upsilon
aquilon
Avallon
moellon
bâillon
Gaillon
haillon
maillon
paillon
seillon
Chillon
Crillon
grillon
orillon
guillon
quillon
Apollon
apollon
Foullon
Demolon
Simplon
Zabulon
télamon
palémon
flegmon
artimon
Salomon
Solomon
Strymon
cabanon
Organon
Trianon
Marañón
Brienon
Simenon
Alagnon
chignon
moignon
Grignon
grignon
guignon
quignon
Avignon
grognon
trognon
lorgnon
brugnon
chaînon
Shannon
Épernon
Cournon
Tournon
Laocoon
Rangoon
Kowloon
cartoon
crampon
Montpon
croupon
macaron
mégaron
Éclaron
membron
Cesbron
omicron
tendron
Caudron
goudron
biberon
Luberon
Lubéron
maceron
Cicéron
puceron
augeron
Achéron
paleron
saleron
aileron
culeron
Cameron
fumeron
gaperon
hypéron
liseron
Couëron
néphron
Clairon
clairon
potiron
environ
Scarron
Charron
charron
guêtron
poltron
Nontron
isotron
cistron
neutron
fleuron
paturon
chevron
poivron
Beuvron
Aveyron
Acheson
Bateson
Dodgson
Lang Son
Dông Son
Bergson
liaison
Oraison
oraison
nuaison
Madison
Addison
cloison
Jackson
Erikson
Carlson
Chamson
Thomson
chanson
Granson
Johnson
Pearson
Kherson
Emerson
courson
Bresson
cresson
caisson
Clisson
unisson
boisson
moisson
Poisson
poisson
Brisson
frisson
Buisson
buisson
cuisson
Émosson
écusson
mousson
alysson
abat-son
blouson
ducaton
négaton
rogaton
Balaton
Nélaton
ripaton
Straton
Moncton
Phaéton
phaéton
rejeton
caneton
maneton
paneton
vireton
cureton
grifton
Langton
demi-ton
capiton
positon
stilton
fromton
planton
quanton
Trenton
Quinton
Fronton
fronton

7

peloton
miroton
Hampton
Compton
krypton
Wharton
Quarton
avorton
Preston
Winston
Marston
Houston
Guitton
glouton
croûton
Drayton
baryton
sabayon
otocyon
tachyon
embryon
Montyon
dugazon
Trabzon
Cabezón
horizon
Vierzon
Halpern
western
pattern
Vättern
Capvern
konzern
pop-corn
leghorn
saxhorn
Raeburn
Hepburn
Lou Siun
mesclun
shogoun
Chamoun
nerprun
Baḥrayn
Fonteyn
Jocelyn
Olsztyn
dazibao
Curaçao
curaçao
Qingdao
Lin Biao

Lin Piao
Palikao
São João
Tristão
collabo
placebo
Oshogbo
Li Taibo
Arecibo
nélombo
Colombo
colombo
nelumbo
Abe Kōbō
Subiaco
guanaco
sirocco
Nabucco
Pacheco
Pellico
Tampico
tampico
Chirico
Orinoco
Ionesco
Jalisco
Delgado
Machado
Cansado
Hurtado
Megiddo
torpédo
Quevedo
Azevedo
Tōkaidō
bushido
Rolando
Orlando
négondo
secundo
negundo
Le Bardo
Ricardo
Boiardo
Matsudo
Langreo
Arnolfo
transfo
Sénoufo
lombago
lumbago
Chicago

farrago
Mondego
Turbigo
prurigo
lentigo
vertigo
Hidalgo
hidalgo
Durango
Folengo
Marengo
marengo
Domingo
Bakongo
embargo
Camargo
Arapaho
Jéricho
Lesotho
Ajaccio
broccio
Oyashio
Ghýthio
Fidelio
Azeglio
in-folio
Olympio
Rosario
Ontario
Imperio
Caserio
proprio
Mauguio
Stelvio
Vesuvio
Manuzio
Vallejo
azulejo
Bermejo
Montijo
Nechako
Gromyko
Mieszko
Buffalo
Hengelo
Zermelo
travelo
Rapallo
métallo
Uccello
Mugello
Othello

Capello
Ravello
Utrillo
Murillo
ramollo
diabolo
tombolo
piccolo
Foscolo
Dandolo
trémolo
Tiepolo
Otterlo
Saint-Lô
musculo-
dactylo
Balsamo
Petsamo
San Remo
Sanremo
septimo
pro domo
Meccano
chicano
Chocano
Gargano
Modiano
in-plano
Legnano
soprano
Serrano
Bassano
Caetano
Pontano
cebuano
galvano
Bolzano
ripieno
Carreño
Stalino
Zarlino
Cassino
Calvino
Logroño
Locarno
Sukarno
Maderno
a giorno
Livorno
Unamuno
Gniezno
Gestapo

Li T'ai-po
Limpopo
zingaro
Utamaro
Cornaro
lamparo
Cattaro
Faliero
pampero
Maspero
brasero
Passero
in utero
Almagro
allegro
allégro
Obihiro
Kushiro
Goajiro
Mindoro
Sapporo
Pizarro
in vitro
maestro
Tommaso
extenso
mafioso
furioso
amoroso
Calypso
calypso
Picasso
Chiasso
Sikasso
Spalato
animato
sfumato
vibrato
ab irato
agitato
de facto
Orvieto
Spoleto
magnéto
Akihito
Miskito
asiento
lamento
mémento
Toronto
Peixoto
Suharto

7

Christo
in petto
risotto
Tchou Tö
ex aequo
centavo
Pančevo
Haskovo
Bielovo
Ivanovo
Tărnovo
Tirnovo
Gabrovo
zemstvo
boscoyo
chorizo
scherzo
pupazzo
Durazzo
Melozzo
Saluzzo
Imhotep
one-step
midship
Duchamp
Elskamp
sex-shop
Perekop
boskoop
Bottrop
hard-top
non-stop
ketchup
check-up
Pra-Loup
Kastrup
Mordacq
Darracq
Pontacq
Prahecq
Montcuq
Van Laar
Alkmaar
Malabār
malabar
milk-bar
Nicobar
escobar
Khaybar
side-car
minicar
Alencar

autocar
cheddar
Dāmodar
Üsküdar
schofar
bédégar
Kachgar
réalgar
Qiqihar
al-Azhar
kandjar
mudéjar
drakkar
Shankar
Ottokar
canular
calamar
Hincmar
Adhémar
Palomar
lupanar
coaltar
couguar
Bolívar
bolivar
samovar
Medawar
alcazar
Salazar
Van Laer
cacaber
Kroeber
imbiber
inhiber
exhiber
flamber
plomber
engober
dérober
enrober
ébarber
courber
tourber
Glauber
incuber
adouber
retuber
tituber
entuber
intuber
effacer
opiacer

délacer
enlacer
menacer
espacer
dépecer
policer
fiancer
élancer
nuancer
avancer
agencer
Spencer
spencer
émincer
coincer
épincer
grincer
évincer
pioncer
énoncer
froncer
tiercer
exercer
écorcer
amorcer
Chaucer
exaucer
chiader
balader
parader
dérader
abcéder
accéder
décéder
recéder
excéder
obséder
plaider
décider
valider
lapider
dérider
Le Rider
résider
dévider
envider
boulder
scander
viander
glander
amender
scinder

blinder
guinder
abonder
émonder
inonder
fronder
gronder
exonder
décoder
encoder
Shkodër
démoder
déroder
liarder
aborder
hourder
lourder
frauder
dénuder
exsuder
Red Deer
Vermeer
recréer
récréer
ragréer
dégréer
regréer
parafer
agrafer
briefer
piaffer
staffer
greffer
sniffer
coiffer
briffer
griffer
suiffer
étoffer
bluffer
bouffer
pouffer
truffer
Lucifer
tarifer
Antifer
attifer
pacager
encager
bocager
dégager
engager

ramager
manager
ménager
tapager
dérager
enrager
Onsager
potager
ravager
Voyager
voyager
bridger
alléger
arpéger
abréger
agréger
rédiger
obliger
voliger
fumiger
diriger
mitiger
attiger
léviger
changer
franger
oranger
Klinger
Usinger
élonger
plonger
éponger
déloger
reloger
limoger
abroger
déroger
arroger
charger
émarger
émerger
égorger
Kreuger
adjuger
déjuger
méjuger
rejuger
égruger
écacher
cracher
dracher
flécher

7 émécher
crécher
prêcher
clicher
tricher
bancher
hancher
rancher
pencher
joncher
luncher
lyncher
piocher
clocher
amocher
brocher
crocher
marcher
hercher
percher
porcher
torcher
Fischer
Vischer
catcher
matcher
Faucher
faucher
gaucher
raucher
Blücher
plucher
Boucher
boucher
coucher
doucher
loucher
moucher
toucher
voucher
Slipher
flasher
smasher
crasher
Noether
Walther
Günther
Werther
copaïer
crabier
Gambier
jambier
barbier
gerbier
herbier
Verbier
Corbier
morbier
sorbier
écubier
glacier
placier
émacier
gracier
épicier
lancier
foncier
roncier
Mercier
mercier
Percier
sorcier
saucier
poucier
soucier
Pradier
landier
mendier
rondier
amodier
fardier
merdier
verdier
bordier
cordier
soudier
étudier
caféier
édifier
déifier
réifier
unifier
solfier
confier
plagier
imagier
fichier
Richier
rochier
Pothier
luthier
étalier
câblier
fablier
sablier
tablier
oublier
publier
poêlier
atelier
néflier
muflier
onglier
toilier
voilier
huilier
tuilier
hallier
pallier
rallier
cellier
sellier
Tellier
millier
Tillier
collier
rollier
tullier
écolier
geôlier
violier
spolier
déplier
replier
Berlier
perlier
taulier
meulier
boulier
roulier
soulier
cadmier
anémier
crémier
premier
palmier
gommier
pommier
sommier
larmier
fermier
Termier
cormier
baumier
Daumier
paumier
plumier
goumier
ébénier
Chénier
plénier
grenier
Régnier
gainier
lainier
Rainier
épinier
usinier
cannier
vannier
Bonnier
Monnier
aconier
thonier
carnier
Garnier
Tarnier
Bernier
dernier
Vernier
vernier
cornier
Dornier
saunier
Meunier
meunier
Mounier
prunier
Moynier
clapier
drapier
crêpier
guêpier
fripier
tripier
Dampier
pompier
taupier
avarier
décrier
récrier
encrier
sucrier
madrier
Négrier
négrier
poirier
câprier
Carrier
carrier
Perrier
terrier
verrier
vitrier
Laurier
laurier
Courier
Fourier
tourier
usurier
février
lévrier
vivrier
ouvrier
brasier
alisier
censier
tarsier
cassier
massier
fessier
Messier
messier
Tessier
lissier
dossier
obusier
bousier
châtier
arêtier
liftier
faîtier
laitier
initier
boîtier
Peltier
gantier
dentier
rentier
sentier
Montier
pontier
îlotier
Cartier
cartier
Mortier
mortier
Portier
portier
postier

7

bustier
dattier
Nattier
nattier
bottier
Pottier
Gautier
sautier
moutier
routier
soutier
grutier
baguier
Séguier
figuier
viguier
Anguier
jaquier
piquier
clavier
gravier
Olivier
olivier
Janvier
janvier
Ranvier
convier
pluvier
bouvier
Rouvier
alizier
razzier
galéjer
speaker
cracker
knicker
sticker
stocker
Plücker
clinker
cabaler
décaler
recaler
pédaler
affaler
régaler
déhaler
inhaler
exhaler
chialer
empaler
resaler

détaler
cavaler
ravaler
dévaler
chabler
établer
cribler
sembler
combler
meubler
doubler
sarcler
cercler
muscler
boucler
puddler
hurdler
déceler
receler
ficeler
modeler
Wheeler
dégeler
regeler
Scheler
anhéler
démêler
emmêler
jumeler
agneler
anneler
capeler
appeler
ciseler
oiseler
fuseler
museler
bateler
râteler
dételer
atteler
javeler
taveler
révéler
niveler
cuveler
érafler
siffler
moffler
buffler
renfler
gonfler

ronfler
morfler
Stigler
sangler
cingler
jongler
beugler
meugler
jubiler
défiler
refiler
affiler
effiler
enfiler
spoiler
étoiler
dépiler
empiler
désiler
ensiler
mutiler
rutiler
D'aviler
Daviler
sceller
nieller
vieller
bailler
bâiller
cailler
failler
mailler
pailler
railler
tailler
teiller
veiller
smiller
roiller
briller
driller
griller
triller
vriller
Stiller
cuiller
ouiller
Daimler
Himmler
branler
racoler
accoler

récoler
picoler
cocoler
affoler
rigoler
étioler
cajoler
enjôler
immoler
viroler
enrôler
désoler
insoler
assoler
entôler
revoler
envoler
tripler
Doppler
Doppler
peupler
coupler
Veksler
Hassler
Elssler
Kastler
chauler
miauler
piauler
épauler
fabuler
maculer
acculer
féculer
reculer
onduler
moduler
Bleuler
gueuler
réguler
juguler
hululer
simuler
cumuler
canuler
annuler
saouler
abouler
ébouler
écouler
crouler
copuler

crawler
steamer
affamer
engamer
déramer
rétamer
entamer
écrémer
rythmer
décimer
Ricimer
rédimer
vidimer
Gélimer
ranimer
périmer
arrimer
Latimer
intimer
estimer
Bellmer
trimmer
drummer
Cranmer
bloomer
chromer
réarmer
charmer
alarmer
égermer
Biermer
Messmer
chaumer
enfumer
inhumer
exhumer
allumer
résumer
assumer
bitumer
cabaner
rubaner
ricaner
effaner
Bikaner
basaner
pavaner
Gardner
Ordener
Wegener
aliéner
halener

7

ramener
démener
emmener
caréner
égrener
enrêner
assener
asséner
stagner
Boegner
baigner
daigner
saigner
peigner
aligner
cligner
soigner
grigner
guigner
grogner
lorgner
Fechner
Lochner
Buchner
Büchner
chaîner
drainer
grainer
traîner
débiner
bobiner
raciner
badiner
radiner
dodiner
freiner
Steiner
affiner
paginer
échiner
Schiner
câliner
gaminer
laminer
déminer
géminer
dominer
gominer
nominer
ruminer
lapiner
rapiner

tapiner
copiner
rupiner
fariner
mariner
seriner
buriner
suriner
lésiner
résiner
mâtiner
patiner
ratiner
satiner
potiner
butiner
lutiner
mutiner
couiner
fouiner
bruiner
raviner
deviner
Luckner
Falkner
scanner
épanner
Branner
Brenner
Skinner
abonner
adonner
ânonner
étonner
ramoner
crooner
coroner
détoner
Kvarner
Stirner
écorner
piorner
tourner
Gessner
Messner
Pevsner
Kästner
Brauner
faluner
pétuner
décaper
scraper

déraper
retaper
receper
recéper
exciper
étriper
équiper
scalper
inalper
étamper
tremper
grimper
Quimper
tromper
Whymper
galoper
saloper
clapper
frapper
trapper
stepper
skipper
clipper
flipper
gripper
chopper
dropper
stopper
houpper
usurper
crisper
Prosper
occuper
grouper
étouper
effarer
déparer
réparer
séparer
emparer
cambrer
timbrer
nombrer
sombrer
marbrer
exécrer
cendrer
poudrer
libérer
lacérer
macérer
ulcérer

fédérer
sidérer
Doderer
modérer
déférer
référer
inférer
digérer
ingérer
cogérer
adhérer
aciérer
galérer
tolérer
générer
vénérer
repérer
espérer
liserer
lisérer
insérer
altérer
révérer
coffrer
gaufrer
soufrer
émigrer
hongrer
blairer
flairer
glairer
délirer
admirer
empirer
aspirer
expirer
désirer
détirer
retirer
attirer
dévirer
arborer
décorer
picorer
dédorer
redorer
majorer
colorer
ignorer
minorer
honorer
pérorer

essorer
dévorer
diaprer
amarrer
beurrer
leurrer
bourrer
fourrer
châtrer
plâtrer
guêtrer
filtrer
centrer
rentrer
cintrer
contrer
montrer
castrer
bistrer
lustrer
vautrer
feutrer
récurer
endurer
indurer
fleurer
pleurer
apeurer
épeurer
figurer
augurer
abjurer
adjurer
délurer
emmurer
ajourer
dépurer
mesurer
assurer
pâturer
raturer
saturer
obturer
biturer
suturer
enivrer
poivrer
cuivrer
oeuvrer
recaser
abraser
ébraser

écraser
déraser
phraser
envaser
empeser
biaiser
niaiser
glaiser
apaiser
braiser
fraiser
inciser
exciser
Dreiser
baliser
enliser
noliser
tamiser
remiser
naniser
taniser
siniser
ioniser
croiser
égriser
arriser
cotiser
attiser
épuiser
cruiser
raviser
deviser
réviser
diviser
clamser
Wurmser
Spenser
déposer
reposer
imposer
apposer
opposer
exposer
arroser
courser
chasser
classer
amasser
coasser
brasser
blesser
dresser
presser
tresser
baisser
laisser
clisser
glisser
plisser
poisser
épisser
crisser
trisser
écosser
adosser
brosser
crosser
drosser
fausser
gausser
hausser
housser
mousser
pousser
tousser
poutser
accuser
récuser
excuser
méduser
creuser
gueuser
refuser
infuser
écluser
blouser
épouser
mésuser
debater
débâter
sweater
régater
ablater
éclater
relater
dilater
démâter
empâter
appâter
pirater
retâter
Lavater
tracter
éjecter
édicter
éructer
hébéter
embêter
tweeter
végéter
acheter
déjeter
rejeter
caleter
galeter
haleter
fileter
moleter
voleter
Déméter
répéter
baréter
écrêter
arrêter
cureter
fureter
entêter
riveter
duveter
drifter
Stifter
moufter
doigter
Richter
Richter
traiter
habiter
débiter
réciter
liciter
inciter
exciter
méditer
auditer
cogiter
déliter
militer
limiter
guniter
dépiter
Jupiter
abriter
hériter
mériter
irriter
hésiter
visiter
bruiter
inviter
spalter
exalter
exulter
chanter
planter
cranter
édenter
fienter
éventer
feinter
teinter
pointer
suinter
shunter
caboter
jaboter
raboter
saboter
accoter
bécoter
picoter
cocoter
suçoter
radoter
fagoter
dégoter
mégoter
gigoter
ligoter
ergoter
cahoter
mijoter
peloter
piloter
canoter
dénoter
annoter
scooter
shooter
capoter
papoter
tapoter
dépoter
empoter
siroter
revoter
pivoter
vivoter
fayoter
zozoter
adapter
compter
dompter
adopter
coopter
crypter
écarter
charter
starter
quarter
alerter
flirter
avorter
heurter
géaster
toaster
Webster
Chester
chester
prester
blister
twister
exister
Falster
hamster
Munster
Münster
munster
booster
aposter
Vorster
ajuster
cluster
truster
flatter
gratter
bretter
fretter
guetter
fritter
quitter
flotter
émotter
crotter
frotter
trotter
flutter
goutter
débuter
rebuter
pieuter

7 zieuter
bleuter
ameuter
queuter
zyeuter
réfuter
affûter
enfûter
déluter
minuter
abouter
ébouter
écouter
ajouter
clouter
brouter
croûter
députer
réputer
amputer
imputer
scruter
bizuter
jouxter
écobuer
évacuer
graduer
blaguer
élaguer
draguer
briguer
tanguer
dinguer
zinguer
droguer
carguer
larguer
narguer
targuer
morguer
Bouguer
évaluer
refluer
affluer
influer
dégluer
engluer
polluer
évoluer
commuer
tabouer
embouer
accouer
secouer
rocouer
bafouer
engouer
échouer
déjouer
rejouer
relouer
allouer
dénouer
renouer
ébrouer
écrouer
enrouer
tatouer
dévouer
Ouzouer
claquer
plaquer
braquer
craquer
traquer
pacquer
sacquer
Bécquer
chiquer
cliquer
apiquer
briquer
triquer
calquer
talquer
banquer
manquer
choquer
bloquer
cloquer
floquer
croquer
troquer
évoquer
marquer
parquer
casquer
masquer
bisquer
risquer
busquer
rauquer
éduquer
énuquer
souquer
truquer
stuquer
décruer
ressuer
bossuer
statuer
décaver
encaver
excaver
délaver
relaver
papaver
dépaver
repaver
endêver
achever
relever
enlever
saliver
dériver
arriver
activer
vétiver
motiver
estiver
raviver
rénover
innover
énerver
décuver
encuver
prouver
trouver
Brouwer
malaxer
relaxer
désaxer
détaxer
indexer
télexer
annexer
pagayer
bégayer
balayer
délayer
relayer
papayer
repayer
copayer
dérayer
enrayer
essayer
métayer
zézayer
capeyer
faseyer
Lockyer
ondoyer
rudoyer
bajoyer
caloyer
éployer
dénoyer
ennoyer
Dunoyer
côtoyer
tutoyer
dévoyer
envoyer
Berryer
ennuyer
appuyer
essuyer
dégazer
freezer
zwanzer
bronzer
Müntzer
kreuzer
Leclair
Duclair
vrombir
fourbir
étrécir
chancir
amincir
noircir
adoucir
affadir
brandir
grandir
blondir
anordir
ébaudir
bouffir
assagir
élargir
envahir
avachir
fléchir
gauchir
Aboukir
resalir
établir
faiblir
anoblir
ravilir
faillir
jaillir
saillir
amollir
démolir
dépolir
repolir
remplir
aveulir
Casimir
casimir
Jitomir
kroumir
aplanir
obtenir
détenir
retenir
obvenir
advenir
devenir
revenir
définir
Patinir
abonnir
fournir
démunir
désunir
traçoir
linçoir
perçoir
évidoir
fendoir
pendoir
tendoir
fondoir
pondoir
tordoir
boudoir
asseoir
hachoir
déchoir
séchoir
fichoir
nichoir
pochoir
juchoir
chaloir
avaloir

7

à-valoir
jabloir
racloir
rifloir
régloir
falloir
isoloir
parloir
bouloir
couloir
fouloir
rouloir
vouloir
brûloir
fermoir
germoir
planoir
rognoir
urinoir
guipoir
coupoir
terroir
mouroir
ouvroir
alésoir
grésoir
linsoir
bonsoir
versoir
lissoir
pissoir
bossoir
fossoir
Montoir
montoir
dortoir
battoir
buttoir
sautoir
blutoir
boutoir
foutoir
taquoir
piquoir
prévoir
couvoir
mouvoir
pouvoir
drayoir
croupir
dépérir
maigrir

amerrir
nourrir
pourrir
flétrir
fleurir
couvrir
rouvrir
Plaisir
plaisir
choisir
transir
grossir
réussir
roussir
débâtir
rebâtir
décatir
aplatir
cinétir
dévêtir
revêtir
allotir
avertir
amortir
roustir
blettir
blottir
aboutir
abrutir
languir
enfouir
réjouir
éblouir
écrouir
Armavir
Elzévir
elzévir
duumvir
chauvir
Abū Bakr
Sobibór
Maribor
picador
Mogador
tchador
Bojador
mirador
matador
Ecuador
Côte d'Or
Côte-d'Or
stridor

mont-d'or
Anthéor
Senghor
Gwālior
similor
Modulor
athanor
Aliénor
Antênor
O'connor
Kuku Nor
Windsor
sponsor
Louqsor
Molitor
Numitor
monitor
Stentor
stentor
birotor
Beautor
quatuor
septuor
sextuor
Revizor
Dniestr
tombeur
gerbeur
daubeur
glaceur
placeur
traceur
lanceur
minceur
rinceur
fonceur
ponceur
farceur
berceur
perceur
douceur
bradeur
tiédeur
laideur
raideur
roideur
soldeur
candeur
fendeur
tendeur
vendeur
fondeur

pondeur
rondeur
sondeur
tondeur
brodeur
cardeur
gardeur
verdeur
tordeur
boudeur
soudeur
gaffeur
golfeur
surfeur
piégeur
joggeur
mangeur
vengeur
rongeur
songeur
largeur
margeur
forgeur
purgeur
jaugeur
rougeur
gâcheur
hacheur
lâcheur
mâcheur
bêcheur
lécheur
pécheur
pêcheur
sécheur
bûcheur
malheur
bonheur
relieur
manieur
copieur
marieur
parieur
rockeur
chaleur
avaleur
câbleur
hâbleur
sableur
tableur
ambleur
racleur

gicleur
régleur
épileur
dalleur
pilleur
tilleur
colleur
violeur
frôleur
ampleur
parleur
hurleur
couleur
douleur
fouleur
mouleur
rouleur
brûleur
clameur
étameur
frimeur
primeur
gemmeur
Lanmeur
chômeur
dormeur
écumeur
plumeur
flâneur
glaneur
planeur
crâneur
greneur
preneur
gagneur
rogneur
laineur
chineur
canneur
tanneur
vanneur
senneur
donneur
honneur
sonneur
prôneur
ozoneur
marneur
jeûneur
Ricoeur
chipeur
palpeur

7

campeur
pompeur
jappeur
torpeur
coupeur
soupeur
stupeur
sabreur
vibreur
encreur
cadreur
bâfreur
offreur
aigreur
moireur
étireur
barreur
ferreur
Terreur
terreur
horreur
métreur
coureur
livreur
ouvreur
aléseur
faiseur
boiseur
briseur
priseur
cuiseur
valseur
danseur
censeur
penseur
senseur
tenseur
herseur
verseur
torseur
curseur
casseur
masseur
passeur
sasseur
lisseur
pisseur
tisseur
bosseur
causeur
amuseur
couseur

amateur
épateur
orateur
facteur
lecteur
recteur
secteur
vecteur
licteur
docteur
rhéteur
fréteur
préteur
prêteur
quêteur
cafteur
éditeur
moiteur
malteur
lenteur
menteur
senteur
conteur
monteur
capteur
rupteur
porteur
Pasteur
pasteur
testeur
pisteur
batteur
metteur
botteur
butteur
lutteur
fauteur
hauteur
sauteur
chuteur
bouteur
douteur
goûteur
jouteur
routeur
tagueur
ligueur
rigueur
vigueur
fugueur
remueur
éboueur

laqueur
liqueur
piqueur
tiqueur
moqueur
Le Sueur
flaveur
draveur
graveur
éleveur
suiveur
ferveur
serveur
Sauveur
sauveur
étuveur
frayeur
trayeur
aboyeur
broyeur
Réaumur
rambour
tambour
Oradour
Balfour
Darfour
ouïgour
bonjour
glamour
Seymour
Kippour
Kippour
Nippour
contour
Destour
vautour
Bijāpur
Rangpur
Shâhpur
Jodhpur
Udaipur
Manipur
Morlaàs
demi-bas
sous-bas
Pays-Bas
Caracas
Paracas
choucas
Posadas
agendas
csardas

czardas
Pythéas
Pelléas
Valréas
Artigas
Bourgas
Calchas
Phidias
Mathias
Exékias
Callias
Hippias
clarias
Ctésias
Prusias
Critias
Penzias
Barajas
Carajás
échalas
Gil Blas
Ruy Blas
Ménélas
matelas
fla-flas
verglas
Douglas
Ulfilas
Nicolas
Satolas
Daoulas
Bahamas
Palamas
Palamás
Miramas
Cabimas
Aubenas
cadenas
Pézenas
Levinas
jaconas
Alagoas
Chiapas
apsaras
pataras
Maurras
plâtras
nostras
Coutras
Queyras
galetas
Veritas

Amyntas
Pelotas
Eurotas
Borduas
Palavas
canevas
Metaxás
Marsyas
ski-bobs
Les Arcs
tan-sads
nu-pieds
défends
achards
remords
Sorabes
Célèbes
Delibes
Antibes
Horaces
espèces
vibices
Offices
offices
délices
comices
sévices
stances
avances
Saluces
Orcades
salades
Varades
Lagides
Zirides
Atrides
Fualdès
Brandes
émondes
Lempdes
Lourdes
Pygmées
Les Mées
données
Estrées
brisées
Platées
étoffes
ambages
bagages
ramages
parages

7

enragés
Barèges
Vitigès
Granges
Limoges
Vierges
Georges
Chorges
Riorges
Bourges
Dourges
Iapyges
coaches
Apaches
Arêches
Évêchés
Seiches
ranches
winches
Conches
lunches
broches
troches
Garches
Marches
matches
pluches
bouches
Couches
Brunhes
Delphes
clashes
flashes
smashes
crashes
blushes
flushes
Barthes
Parthes
Perthes
Scythes
Stabies
hobbies
lobbies
derbies
Pardies
Cuffies
lochies
Orchies
junkies
huskies
Solliès

sammies
tommies
Oignies
pennies
Tönnies
hippies
Harpies
Cabriès
ferries
lorries
De Vries
Saisies
parties
Crookes
finales
annales
Morales
humbles
Arbèles
Angeles
Argelès
Wingles
pickles
Challes
icelles
scellés
Chelles
Ixelles
paroles
Étaples
triplés
simples
Charles
Chasles
Beatles
Sicules
gueules
Hérules
Rutules
Kabyles
Quilmes
flammes
Charmes
Viarmes
chermès
thermes
miasmes
Raismes
Rieumes
agrumes
Didymes
Sicanes

arcanes
Guyanes
Mycènes
Athènes
Eumenês
Baignes
Laignes
chaînes
babines
Sabines
Décines
Malines
malines
Comines
Ménines
Alpines
Marines
Eysines
matines
Savines
Caulnes
Lugones
colones
Senones
Fresnes
Avesnes
mort-nés
Beddoes
Étampes
Trappes
Suippes
Camarès
Bénarès
Linares
Lambres
Cimbres
Lumbres
cendres
Londres
londrès
foudres
Albères
Cáceres
Orgères
Achères
Glières
galères
Sérères
misères
Sévères
Cazères
maigres

Langres
langres
Congrès
congrès
Tongres
progrès
Comores
ci-après
propres
Des Prés
plâtres
Guîtres
Contres
Castres
rostres
lettres
ordures
Ligures
Bièvres
Desvres
oeuvres
Douvres
Louvres
Rouvres
accises
assises
courses
châsses
Brosses
Causses
excuses
Aegates
pénates
Pirates
Sudètes
tagetes
Vénètes
Zénètes
pépètes
Ossètes
en-têtes
vélites
Fuentes
Saintes
pointes
clartés
Chattes
gouttes
écoutes
Bondues
grègues
fargues

Bergues
Lorgues
Sorgues
Saugues
Pougues
Jacques
jacques
oncques
Lucques
cliques
Conques
Parques
Basques
Jouques
Touques
Bataves
Mordves
Écouves
Lucayes
Érinyes
Harpyes
Decazes
Gleizes
reliefs
fortifs
prélegs
Vikings
Springs
ma-jongs
hot dogs
speechs
brunchs
aurochs
chleuhs
landais
Chalais
déblais
anglais
Millais
omanais
Oranais
oranais
Agenais
rennais
harnais
marnais
tarnais
Resnais
Chapais
Segrais
ségrais
engrais

7 havrais
Marsais
Passais
maltais
nantais
Protais
Drouais
laquais
Bravais
Gervais
mauvais
Blayais
Nisibis
indécis
Medicis
Médicis
Francis
froncis
paradis
hourdis
Sourdis
hippeis
Kaváfis
Adalgis
perchis
torchis
couchis
Memphis
Xenakis
Chaalis
Somalis
Novalis
Chablis
chablis
doublis
Civilis
paillis
taillis
surplis
courlis
éboulis
Les Ulis
réadmis
eudémis
Artémis
Cabanis
Ancenis
lychnis
Daphnis
chionis
tournis
suédois
meldois
gardois
vaudois
Vigeois
parfois
pragois
anchois
gallois
lillois
gaulois
chamois
siamois
drômois
Roumois
alénois
chinois
Sannois
finnois
harnois
bernois
angrois
engrois
zaïrois
Barrois
sarrois
norrois
Maurois
Blésois
blésois
gersois
hessois
Aussois
crétois
comtois
gantois
pantois
montois
dartois
gravois
grivois
Louvois
Sarapis
Sérapis
champis
Thespis
Sybaris
ascaris
méharis
Tamaris
tamaris
Canaris
Kanáris
panaris
liparis
Salbris
lambris
Tiberis
Seféris
Numéris
grigris
coloris
favoris
compris
rappris
surpris
Vestris
Némésis
Parisis
parisis
mycosis
sycosis
Ahmosis
pyrosis
châssis
Plessis
Éleusis
Polítis
Pointis
pilotis
agrotis
trustis
abattis
frottis
São Luís
ribouis
conquis
croquis
marquis
Peyruis
Pertuis
pertuis
préavis
vis-à-vis
indivis
chervis
Metsijs
Votiaks
Ostiaks
Votyaks
Ostyaks
Ouzbeks
tribals
tombals
chacals
bancals
tincals
pascals
boréals
morfals
galgals
Michals
marials
serials
gavials
jovials
atonals
foirals
chorals
corrals
causals
acétals
cantals
santals
captals
narvals
servals
camails
Mongols
Moghols
Barjols
Bagnols
Bozouls
Banyuls
banyuls
tam-tams
factums
endéans
Orléans
Louhans
Fenians
Balkans
Alamans
Caïmans
yéomans
barmans
Dormans
Coumans
Heymans
Moirans
Sarrans
Autrans
Faisans
Bessans
Gervans
Les Vans
Achéens
néméens
Huygens
Sadiens
Indiens
Damiens
Doriens
Dickens
Eyskens
Hellens
Siemens
siemens
Camoens
Samoëns
Coppens
suspens
Clarens
Behrens
Thorens
Laurens
Melsens
non-sens
Horsens
Bassens
Martens
Stevens
Bauwens
Albains
Romains
humains
Robbins
confins
leggins
Mougins
Wilkins
Hopkins
Hawkins
Collins
Oullins
Tullins
Moulins
Timmins
besoins
Voisins
Pontins
Provins
Vervins
Gibbons
Vascons
abscons
Lingons
podions
Châlons

Wallons
rillons
Coirons
Éburons
Fourons
Grisons
Grisons
Parsons
Ressons
Pictons
Settons
Teutons
moutons
d'aucuns
embruns
Hawkyns
pronaos
lavabos
Ólimbos
parados
lave-dos
Chandos
pelagos
Papagos
Pyrrhos
Xanthos
benthos
Photios
Tapajós
Attalos
Lenclos
forclos
Morelos
Psellos
trullos
Pathmos
Solomós
Thermos
Biganos
Romanos
Ouranos
tétanos
temenos
albinos
Molinos
mérinos
Ictinos
Mýkonos
à-propos
Atropos
voceros
Ándhros
Queirós
Thássos
Cnossos
Knossós
Iquitos
Ploutos
schnaps
triceps
forceps
turneps
Lesseps
Philips
Decamps
mi-temps
Cécrops
mi-corps
Clohars
Villars
Thouars
Magyars
Khazars
Lubbers
Randers
Wenders
Snyders
Seghers
Vihiers
Illiers
Juliers
Pamiers
deniers
Teniers
papiers
Périers
Retiers
Viviers
Waziers
Béziers
Yonkers
Junkers
Guilers
Wallers
Lillers
Villers
Sollers
Roulers
Sommers
Gompers
Jaspers
Reuters
Wouters
travers
univers
convers
pervers
devoirs
loisirs
Vercors
dix-cors
faveurs
Boxeurs
labours
débours
rebours
décours
recours
secours
en-cours
velours
mamours
Nemours
Limours
Donbass
schlass
sensass
Burgess
topless
Laxness
express
Corliss
Milloss
bicross
Strauss
bas-mâts
Émirats
gravats
Les Gets
Kuznets
starets
jet-sets
Castets
desdits
lesdits
tenants
Barents
parents
pop arts
essarts
Roberts
t-shirts
statuts
Thueyts
landaus
Bauhaus
sarraus
pedibus
minibus
omnibus
Abribus
rasibus
jacobus
autobus
Pourbus
Cottbus
bifidus
Lepidus
nucleus
nucléus
schleus
hippeus
Dreyfus
Bacchus
Pyrrhus
ichthus
Balthus
Malthus
Perthus
Apicius
Mencius
Clodius
Bergius
Caelius
Duilius
Manlius
Mummius
Gropius
Celsius
Cassius
Vossius
Photius
Grotius
Curtius
Naevius
Milvius
de cujus
Proclus
perclus
angélus
phallus
embolus
carolus
surplus
Nābulus
Regulus
Romulus
cumulus
tumulus
vidimus
trismus
Sabinus
Aepinus
Carinus
cosinus
Latinus
Brennus
Tournus
tournus
cachous
Zoulous
burnous
nounous
Peïpous
tripous
Elbrous
dessous
dissous
Bantous
toutous
Gomarus
humérus
abstrus
oestrus
Fleurus
papyrus
Thapsus
Crassus
Toussus
stratus
tractus
sanctus
fructus
habitus
cubitus
Andrews
jockeys
dinghygs
whiskys
cow-boys
rotarys
cherrys
sherrys
shabbat
célibat
délicat
al-Sādāt
Théodat
exsudat
lauréat

7

califat
Saragat
ablégat
renégat
agrégat
Flachat
crachat
Pālghāt
Cunlhat
loufiat
plagiat
Pripiat
Nantiat
Bastiat
pugilat
miellat
Saillat
oléolat
péculat
Audimat
Kitimat
décanat
aplanat
mécénat
juvénat
bougnat
Catinat
colonat
ice-boat
cat-boat
nacarat
Camarat
apparat
oxycrat
Gujerat
Domérat
malfrat
lévirat
vizirat
Le Dorat
éphorat
maïorat
priorat
majorat
Honorat
sororat
tutorat
mayorat
Charrat
Pourrat
filtrat
contrat

castrat
adstrat
transat
Pionsat
Goursat
Rémusat
Étretat
habitat
constat
Apostat
apostat
graduat
adéquat
kumquat
Salavat
adjuvat
Hedāyat
Cébazat
Ennezat
compact
contact
inexact
respect
suspect
correct
verdict
convict
Rastadt
Schwedt
Scheidt
Schmidt
Courbet
gourbet
Grandet
grandet
Bénodet
Girodet
Chaudet
en effet
Bourget
bréchet
Fréchet
guichet
jonchet
brochet
crochet
trochet
parchet
Berchet
fauchet
louchet
Mouchet

souchet
Meythet
Jolliet
Berliet
Frémiet
inquiet
cricket
doublet
Anaclet
gibelet
gobelet
Orgelet
orgelet
agnelet
annelet
capelet
pipelet
ciselet
oiselet
roselet
osselet
muselet
batelet
hâtelet
sifflet
mouflet
ginglet
singlet
sifilet
gaillet
Maillet
maillet
paillet
Meillet
oeillet
épillet
juillet
cacolet
Sadolet
Triolet
triolet
bavolet
triplet
simplet
complet
couplet
sterlet
cumulet
capulet
Mazamet
Mahomet
gourmet

calumet
Cadenet
havenet
beignet
poignet
Babinet
cabinet
robinet
Médinet
Freinet
hutinet
baronet
Fastnet
parapet
whippet
cabaret
Nogaret
Camaret
minaret
lavaret
lazaret
Lancret
concret
discret
ableret
soleret
laneret
caseret
intérêt
coffret
Maigret
clairet
propret
fleuret
pauvret
twin-set
grasset
Grasset
Knesset
knesset
Boesset
Saisset
Dausset
fausset
gousset
Boysset
creuset
quintet
Breguet
ginguet
Ringuet
longuet

droguet
Sauguet
Jouguet
claquet
braquet
traquet
jacquet
becquet
Pecquet
cliquet
briquet
criquet
friquet
triquet
banquet
conquêt
Choquet
Floquet
croquet
troquet
Marquet
parquet
Pirquet
Bosquet
bosquet
Chuquet
bouquet
Fouquet
Bossuet
Jolivet
Ganivet
Le Fayet
vilayet
Le Mayet
Bajazet
Bénezet
Tensift
Schacht
Utrecht
insight
parfait
forfait
surfait
tôt-fait
souhait
Le Trait
retrait
entrait
attrait
extrait
Garabit
déficit

7

lieu-dit
lieudit
ringgit
conflit
exploit
décroît
endroit
Detroit
détroit
introït
incipit
cockpit
gabarit
Ougarit
réécrit
rescrit
inscrit
prakrit
contrit
Securit
transit
appétit
Foottit
précuit
circuit
surcuit
biscuit
traduit
conduit
produit
Mauduit
dix-huit
six-huit
détruit
gratuit
fortuit
aquavit
akvavit
Dehmelt
Wehnelt
wehnelt
Hasselt
Bidault
Préault
Renault
Hinault
Cunault
Hérault
Hurault
Rouault
Orvault
Héroult

Tazoult
Brabant
brabant
galbant
nimbant
bombant
tombant
snobant
probant
barbant
gerbant
herbant
daubant
agaçant
glaçant
plaçant
traçant
peccant
sliçant
épiçant
lançant
tançant
pinçant
rinçant
fonçant
jonçant
ponçant
berçant
gerçant
perçant
terçant
forçant
sauçant
épuçant
bradant
évadant
élidant
bridant
guidant
évidant
soldant
bandant
mandant
fendant
pendant
rendant
tendant
vendant
fondant
mondant
pondant
sondant

tondant
brodant
érodant
bardant
cardant
dardant
fardant
gardant
hardant
lardant
tardant
merdant
perdant
bordant
cordant
mordant
tordant
éludant
boudant
coudant
soudant
oxydant
gageant
nageant
rageant
figeant
pigeant
logeant
urgeant
jugeant
lugeant
échéant
capéant
agréant
toréant
gaffant
biffant
piffant
olifant
surfant
élégant
bâchant
cachant
fâchant
gâchant
hachant
lâchant
mâchant
sachant
tachant
tâchant
bêchant

déchant
léchant
méchant
péchant
pêchant
séchant
aichant
bichant
fichant
lichant
nichant
cochant
côchant
hochant
lochant
pochant
rochant
eschant
bûchant
huchant
juchant
ruchant
ambiant
viciant
radiant
dédiant
défiant
méfiant
déliant
reliant
alliant
enliant
maniant
déniant
reniant
pépiant
copiant
expiant
cariant
mariant
pariant
variant
écriant
sériant
striant
obviant
déviant
enviant
jerkant
écalant
égalant
étalant

avalant
câblant
jablant
râblant
sablant
tablant
ciblant
riblant
amblant
bâclant
maclant
raclant
taclant
giclant
iodlant
jodlant
yodlant
poêlant
épelant
brêlant
grêlant
raflant
giflant
riflant
enflant
réglant
biglant
poilant
voilant
épilant
huilant
ruilant
tuilant
exilant
ballant
dallant
rallant
tallant
pellant
sellant
Aillant
aillant
billant
cillant
pillant
tillant
collant
Bullant
bullant
violant
frôlant
isolant

7 implant
explant
parlant
ferlant
perlant
hurlant
ourlant
gaulant
adulant
feulant
meulant
ululant
émulant
boulant
coulant
foulant
ioulant
moulant
roulant
soûlant
voulant
brûlant
ovulant
stylant
diamant
blâmant
clamant
flamant
bramant
Cramant
cramant
tramant
étamant
crémant
abîmant
écimant
élimant
animant
brimant
frimant
grimant
primant
trimant
calmant
palmant
filmant
gemmant
gommant
nommant
pommant
sommant
chômant
zoomant
fermant
germant
dormant
formant
Mormant
paumant
écumant
rhumant
plumant
boumant
brumant
ahanant
flânant
glanant
planant
émanant
crânant
glénant
amenant
crénant
grenant
prenant
avenant
gagnant
magnant
régnant
lignant
oignant
signant
cognant
rognant
gainant
lainant
rainant
peinant
veinant
chinant
épinant
opinant
urinant
usinant
ruinant
avinant
damnant
cannant
tannant
vannant
donnant
sonnant
tonnant
clonant
prônant
trônant
ozonant
marnant
bernant
cernant
Vernant
bornant
cornant
Mornant
saunant
jeûnant
alunant
drapant
crêpant
chipant
fripant
tripant
guipant
palpant
campant
lampant
rampant
vampant
pimpant
pompant
rompant
écopant
chopant
dropant
happant
jappant
nappant
zappant
nippant
tippant
zippant
jaspant
coupant
loupant
soupant
égarant
cabrant
sabrant
zébrant
vibrant
ambrant
ombrant
nacrant
sacrant
ancrant
encrant
sucrant
cadrant
hydrant
obérant
acérant
opérant
stérant
avérant
bâfrant
offrant
migrant
foirant
moirant
étirant
adorant
odorant
barrant
carrant
marrant
narrant
warrant
ferrant
serrant
terrant
métrant
nitrant
titrant
vitrant
entrant
intrant
outrant
saurant
écurant
amurant
courant
gourant
lourant
mourant
apurant
épurant
azurant
navrant
sevrant
givrant
livrant
ouvrant
blasant
arasant
brasant
frasant
évasant
diésant
alésant
blésant
grésant
baisant
faisant
taisant
élisant
anisant
boisant
moisant
toisant
arisant
brisant
frisant
grisant
irisant
prisant
cuisant
luisant
nuisant
puisant
avisant
valsant
pulsant
dansant
gansant
pansant
pensant
glosant
Hersant
hersant
tersant
versant
corsant
cassant
lassant
massant
passant
sassant
tassant
cessant
fessant
vessant
bissant
hissant
lissant
pissant
tissant
vissant
Wissant
bossant
cossant

rossant
tossant
mussant
causant
pausant
abusant
amusant
abatant
épatant
ouatant
jactant
bectant
dictant
piétant
frétant
prêtant
étêtant
quêtant
caftant
liftant
éditant
agitant
alitant
imitant
boitant
coïtant
spitant
cuitant
évitant
caltant
maltant
voltant
gantant
hantant
vantant
mentant
rentant
sentant
tentant
ventant
pintant
tintant
contant
montant
pontant
riotant
captant
cartant
fartant
partant
portant
sortant

lestant
pestant
restant
testant
zestant
distant
listant
pistant
instant
postant
battant
gattant
lattant
nattant
mettant
bottant
hottant
mottant
buttant
luttant
puttant
fautant
sautant
chutant
blutant
flûtant
boutant
coûtant
doutant
foutant
goûtant
joutant
routant
voûtant
grutant
sextant
embuant
baguant
raguant
vaguant
léguant
liguant
voguant
arguant
argüant
fuguant
saluant
diluant
remuant
dénuant
sinuant
clouant

flouant
énouant
frouant
trouant
avouant
caquant
laquant
maquant
raquant
saquant
taquant
vaquant
piquant
tiquant
moquant
poquant
roquant
toquant
arquant
situant
clavant
en-avant
bravant
dravant
gravant
élevant
crevant
grevant
clivant
drivant
privant
suivant
avivant
solvant
servant
sauvant
couvant
louvant
mouvant
pouvant
étuvant
égayant
drayant
frayant
trayant
étayant
aboyant
choyant
ployant
broyant
croyant
bruyant

Faizant
Vincent
trident
évident
surdent
prudent
tangent
sergent
pschent
escient
Lorient
patient
revient
violent
opulent
Clément
clément
élément
nuement
segment
pigment
augment
gaîment
aliment
uniment
comment
Froment
froment
sarment
ferment
serment
crûment
éminent
serpent
Norrent
torrent
Laurent
présent
content
onguent
Brévent
convent
fervent
couvent
souvent
enceint
dépeint
repeint
épreint
étreint
déteint
reteint

atteint
adjoint
rejoint
ci-joint
enjoint
bipoint
appoint
reprint
Blâmont
Gramont
Piémont
piémont
Balmont
Talmont
Belmont
Helmont
Marmont
Vermont
Lormont
Gaumont
Jeumont
Drumont
Reymont
affront
emprunt
Talabot
pied-bot
galibot
Poulbot
poulbot
étambot
calicot
haricot
abricot
asticot
Charcot
péridot
Viardot
Peugeot
Vougeot
larigot
marigot
parigot
flingot
manchot
bouchot
Bagehot
Soukhot
Pelliot
pouliot
corniot
loupiot

7

chariot
Aubriot
Blériot
Hanriot
Floriot
Herriot
glaviot
Cheviot
Sialkot
bibelot
Didelot
Andelot
angelot
camelot
fémelot
matelot
javelot
sanglot
cubilot
mélilot
caillot
maillot
paillot
complot
Charlot
charlot
amerlot
potamot
demi-mot
bobinot
Oudinot
Maginot
colinot
Cournot
galipot
jackpot
Livarot
livarot
chabrot
Diderot
Lönnrot
biarrot
Pierrot
pierrot
Poltrot
bistrot
fox-trot
poivrot
Morisot
Poinsot
Brissot
cuissot

queusot
paletot
bientôt
cuistot
jacquot
Frémyot
Clouzot
concept
percept
dix-sept
tribart
jambart
Sombart
Herbart
dog-cart
rancart
brocart
trocart
land art
fendart
Doudart
Eckhart
Melkart
prélart
Clamart
Liénart
rempart
plupart
poupart
Melqart
Conrart
hansart
Mansart
Gossart
Ashtart
inquart
coquart
Stewart
Chabert
Guibert
Gilbert
Hilbert
Colbert
Fulbert
Cambert
Lambert
Lambert
Rambert
Humbert
Gerbert
Herbert
Norbert

faubert
haubert
Goubert
Joubert
concert
Seifert
Rückert
dessert
Mertert
pic-vert
Chevert
sievert
Prévert
colvert
Cap-Vert
Vauvert
couvert
rouvert
piéfort
raifort
Belfort
renfort
confort
Somport
rapport
support
Gosport
Newport
consort
ressort
yogourt
Belfast
ballast
Marrast
Nord-Est
nord-est
Everest
Midwest
Far West
Key West
Kapnist
compost
Chârost
Prévost
Amherst
Zermatt
Cassatt
Rastatt
Cobbett
Fawcett
Beckett
Hammett

Bennett
Sennett
Tippett
Garrett
Schmitt
Leavitt
boycott
Sinnott
Destutt
Lescaut
gerfaut
nilgaut
Flahaut
Machaut
Hainaut
Sarraut
levraut
sursaut
ressaut
Bertaut
Gastaut
scorbut
Calicut
Bhārhut
Mongkut
Godbout
surcoût
Torhout
Mariout
Assiout
lock-out
vermout
faitout
partout
surtout
Restout
cajeput
occiput
kérabau
Spandau
Isabeau
lambeau
tombeau
barbeau
Mirbeau
corbeau
manceau
pinceau
rinceau
monceau
ponceau
bloc-eau

Marceau
berceau
cerceau
morceau
guideau
bandeau
Sandeau
rondeau
bardeau
fardeau
serdeau
cordeau
Baudeau
Trudeau
Feydeau
vive-eau
tuffeau
Dangeau
Jargeau
câbleau
tableau
Boileau
tuileau
Belleau
vau-l'eau
bouleau
rouleau
chameau
pommeau
plumeau
grumeau
trumeau
chéneau
chêneau
Bléneau
créneau
Queneau
vigneau
moineau
panneau
vanneau
conneau
tonneau
carneau
Garneau
cerneau
Verneau
pruneau
chapeau
drapeau
oripeau
Velpeau

7

rampeau
carpeau
Chareau
Chéreau
poireau
Thoreau
barreau
carreau
terreau
porreau
Outreau
Taureau
taureau
Foureau
ouvreau
closeau
marseau
gerseau
Verseau
verseau
casseau
tasseau
aisseau
houseau
château
Plateau
plateau
Cocteau
tréteau
faîteau
manteau
venteau
linteau
marteau
Morteau
Casteau
listeau
hosteau
Watteau
flûteau
couteau
claveau
cerveau
Nouveau
nouveau
Sarzeau
gerzeau
Sundgau
Thurgau
touchau
fabliau
nobliau

Despiau
bestiau
flûtiau
Zwickau
Breslau
Lacanau
Troppau
Deburau
Herisau
Vung Tau
survécu
Iliescu
Chengdu
répandu
défendu
refendu
Capendu
dépendu
rependu
appendu
détendu
retendu
entendu
attendu
revendu
invendu
refondu
répondu
appondu
retondu
reperdu
démordu
remordu
détordu
retordu
pare-feu
camaïeu
pardieu
Tardieu
Mathieu
non-lieu
tonlieu
Saulieu
Crémieu
Lagnieu
Andrieu
Jussieu
Meyzieu
hors-jeu
Beaujeu
col-bleu
parbleu

corbleu
morbleu
bas-bleu
Lao-tseu
désaveu
subaigu
suraigu
contigu
quôc-ngu
infichu
branchu
fourchu
Aracaju
Kwangju
Chongju
Sinuiju
Saikaku
Sharaku
Sanraku
bunraku
Shikoku
Shōtoku
seppuku
prévalu
farfelu
chevelu
joufflu
feuillu
dissolu
Manaslu
remoulu
revoulu
Köprülü
Kwazulu
contenu
abstenu
soutenu
subvenu
prévenu
malvenu
convenu
provenu
parvenu
survenu
souvenu
continu
Martinů
méconnu
reconnu
inconnu
caribou
Port-Bou

Hai-k'eou
Han-k'eou
Tou-k'eou
Guépéou
Maupeou
Pao-t'eou
Salagou
Canigou
manchou
P'eng-hou
Barthou
Guizhou
Ganzhou
Lanzhou
Wenzhou
Jinzhou
mildiou
Hauriou
sapajou
Yingkou
andalou
Lamalou
gabelou
caillou
tinamou
Vishnou
Cotonou
Peng-pou
Espérou
potorou
Pachtou
pachtou
manitou
Shantou
Coustou
Hong-wou
canezou
Lévezou
Lévézou
Illampu
Tsugaru
comparu
disparu
Caruaru
Paladru
malotru
accouru
recouru
secouru
encouru
Jiangsu
shiatsu

Sōtatsu
décousu
recousu
Vanuatu
Tuamotu
rabattu
débattu
rebattu
embattu
infoutu
imprévu
entrevu
m'as-tu-vu
Shimizu
Kataïev
Fadeïev
Gouriev
Roublev
Tupolev
Kamenev
Brejnev
Plovdiv
Tel-Aviv
Pite Älv
Demidov
Liakhov
Aksakov
Kazakov
Nabokov
Kharkov
Romanov
Simonov
Vlassov
Saratov
Molotov
Crashaw
Wrocław
Basedow
Glasgow
Virchow
Glashow
know-how
Gutzkow
Lucknow
Chorzów
Rzeszów
Téléfax
Halifax
Fairfax
Oyonnax
anthrax
demodex

7

tubifex
narthex
Triplex
triplex
simplex
Kleenex
Chessex
Goretex
Télétex
décitex
Roubaix
surfaix
Carhaix
Morlaix
Dupleix
Couzeix
Phoenix
phoenix
Lacroix
tamarix
Hendrix
perdrix
Astérix
Beatrix
La Vaulx
Morcenx
Mourenx
pharynx
juke-box
Palafox
tribaux
tombaux
globaux
verbaux
surbaux
Les Baux
buccaux
caecaux
amicaux
apicaux
afocaux
Lascaux
pascaux
discaux
fiscaux
féodaux
caudaux
Rameaux
Gémeaux
gémeaux
linéaux
pinéaux

pipeaux
boréaux
ciseaux
Cîteaux
lutéaux
Puteaux
nivéaux
Foveaux
plagaux
inégaux
Margaux
margaux
frugaux
déchaux
Michaux
Sochaux
Jouhaux
labiaux
tibiaux
faciaux
raciaux
féciaux
onciaux
sociaux
radiaux
médiaux
filiaux
liliaux
géniaux
moniaux
mariaux
fériaux
curiaux
fétiaux
joviaux
Duclaux
hiémaux
animaux
primaux
gemmaux
anomaux
Carmaux
fermaux
normaux
sismaux
chenaux
Cugnaux
Moinaux
spinaux
urinaux
atonaux
azonaux

Ternaux
vernaux
sacraux
amiraux
spiraux
Malraux
choraux
floraux
amoraux
Metraux
mitraux
vitraux
astraux
neuraux
pluraux
cruraux
dorsaux
vassaux
causaux
hiataux
rectaux
foetaux
comtaux
vantaux
dentaux
mentaux
ventaux
septaux
portaux
surtaux
distaux
costaux
postaux
brutaux
travaux
chevaux
Crevaux
ogivaux
Delvaux
Lanvaux
Mouvaux
aloyaux
gibbeux
bulbeux
herbeux
verbeux
glaceux
ponceux
ronceux
merdeux
caséeux
orageux

nuageux
neigeux
fangeux
fâcheux
mécheux
rocheux
pucheux
matheux
vicieux
radieux
pédieux
mafieux
bilieux
sanieux
copieux
carieux
sérieux
curieux
furieux
Avrieux
Lisieux
envieux
anxieux
sableux
grêleux
bigleux
frileux
huileux
calleux
galleux
villeux
bulleux
houleux
crémeux
gommeux
écumeux
plumeux
spumeux
brumeux
uraneux
Bagneux
cagneux
ligneux
Vigneux
haineux
laineux
veineux
épineux
urineux
ruineux
marneux
adipeux

pulpeux
pompeux
Hébreux
fibreux
ombreux
onéreux
affreux
foireux
lépreux
ferreux
Perreux
terreux
pétreux
nitreux
vitreux
heureux
peureux
givreux
gréseux
taiseux
gypseux
pisseux
bouseux
acéteux
aphteux
laiteux
boiteux
venteux
honteux
Monteux
azoteux
pesteux
motteux
coûteux
douteux
goûteux
rugueux
sinueux
laqueux
piqueux
muqueux
luxueux
cheveux
nerveux
verveux
morveux
crayeux
Brizeux
Benelux
Darboux
joujoux
Falloux

Gignoux
Carnoux
Vernoux
tripoux
Perroux
Catroux
Levroux
Ventoux
Trévoux
Pelvoux
trionyx
aptéryx
Maracay
Faraday
faraday
Holiday
Herblay
Vézelay
Artenay
Savenay
Aizenay
Argonay
Annonay
Charnay
Épernay
Gournay
Tournay
Fresnay
Quesnay
Mezeray
Rouvray
Vouvray
vouvray
Lindsay
Lyndsay
Houssay
Uruguay
Ridgway
taxiway
tramway
Shumway
Oldoway
fairway
Cerizay
wallaby
Burnaby
stand-by
Sotheby
Allenby

Grimsby
Clamecy
Mennecy
Buzancy
Regency
Pobiedy
Malmédy
Kennedy
Reverdy
Loctudy
Dilthey
Monthey
Southey
whiskey
Wembley
Bradley
Moseley
Lashley
Shelley
trolley
Stanley
Darnley
Shapley
Presley
Paisley
Crawley
Dahomey
Debeney
cockney
Hockney
Vianney
Whitney
chutney
Cheyney
McCarey
Venarey
Joffrey
Hawtrey
Melisey
Dempsey
Chassey
Moussey
Chausey
Lyautey
Larivey
Étréchy
Attichy
Grouchy
Palacký

Brodsky
Kreisky
Chomsky
Slánský
Kautsky
Chambly
Hooghly
Grailly
Ambilly
Romilly
Rumilly
Cérilly
Batilly
Neuilly
Pouilly
pouilly
Souilly
Pavilly
Razilly
Creully
Decroly
Tabarly
grizzly
Domrémy
Bétheny
Bobigny
Orbigny
Aubigny
Jaligny
Coligny
Poligny
Soligny
Marigny
Périgny
Aurigny
Lésigny
Lusigny
Attigny
Savigny
Revigny
Juvigny
Firminy
Peyrony
Taverny
Novotný
play-boy
Écommoy
Fresnoy
Quesnoy

Chaunoy
Geffroy
Rouvroy
Calgary
Bellary
Hillary
Bendery
Scudéry
Sillery
Chémery
Prémery
Trémery
Tannery
Dennery
d'Ennery
Cuisery
nursery
Cauvery
Conakry
Gregory
Báthory
hickory
Vignory
Du Barry
Thierry
country
Sudbury
Tilbury
tilbury
Fosbury
Andrésy
Palissy
Croissy
Debussy
Chakhty
penalty
Duranty
Liberty
Amnesty
Arletty
Dévoluy
Landivy
Pontivy
Quierzy
Avoriaz
Forclaz
Chappaz
Narváez
Mouchez

Souchez
Barthez
Mathiez
tord-nez
Jiménez
Gris-Nez
merguez
Márquez
show-biz
Schweiz
Kirghiz
kirghiz
Leibniz
Albéniz
Agassiz
Bregenz
Koblenz
Muttenz
kolkhoz
sovkhoz
Berlioz
Badajoz
fest-noz
Condroz
Schwarz
Elbourz
Kertész
Heifetz
Görlitz
Stamitz
Regnitz
Kaunitz
Tirpitz
Lausitz
Lorentz
Ropartz
Tammouz
Elbrouz
gin-fizz
Stamitz
Regnitz
Kaunitz
Tirpitz
Lausitz
Lorentz
Ropartz
Tammouz
Elbrouz
gin-fizz

Nausicaa
Saaremaa
Sorocaba
djellaba
Curitiba
Manitoba
simaruba
Alcobaça
Titicaca
Boudicca
mélodica
Guernica
La Marica
Poza Rica
Subotica
flamenca
Mallorca
Amin Dada
Intifada
Cocanāda
Ensenada
Kākināḍā
Drogheda
Klaïpeda
Boulaïda
El-Jadida
Chillida
hacienda
anaconda
Medjerda
Kzyl-Orda
Dobrogea
calathéa
Mauna Kea
El-Djelfa
rutabaga
Ashikaga
Nobunaga
Berlanga
churinga
caatinga
Ipatinga
Huizinga
Saratoga
Gulbarga
brouhaha
Amitābha
Ali Pacha
Oustacha

cachucha
Sargodha
fellagha
Saldanha
Changsha
Golgotha
Jugurtha
Ghardaïa
Araguaia
charabia
Colombia
Columbia
estancia
Palencia
Valencia
valencia
Sciascia
Aquileia
Chioggia
Mangalia
Cornelia
Coppélia
Ismaïlia
Brasília
magnolia
sesbania
gardénia
puccinia
bauhinia
Rondônia
bignonia
paranoïa
Zaccaria
Beccaria
Syr-Daria
Ave Maria
Montería
hattéria
pizzeria
Victoria
victoria
Pretoria
maestria
fantasia
ecclésia
Malaysia
Valentia
Izvestia
Punaauia

alléluia
Gustavia
Valdivia
Monrovia
La Spezia
Surabaja
maharaja
Ṣanhādja
Khadīdja
Ngazidja
Rāmānuja
Mbandaka
Toyonaka
moussaka
Nakhodka
karatéka
svastika
swastika
Hintikka
Hanoukka
Sri Lanka
Terlenka
Shizuoka
Nebraska
schapska
Hrvatska
darbouka
derbouka
Yokosuka
Makeevka
Kadievka
Gorlovka
Lalibala
polygala
Abū al-ʿAlāʾ
ravenala
Kalevala
Lalibela
Rourkela
panatela
Benguela
zarzuela
Port-Vila
Walhalla
Ben Bella
Marbella
roccella
brucella
a capella

cappella
guérilla
Zorrilla
Castilla
Anguilla
Coca-Cola
Agricola
tchitola
Scaevola
raplapla
Caligula
bamboula
gastrula
blastula
Yokohama
Cinérama
panorama
Wakayama
Fuji-Yama
Kōriyama
Fukuyama
Kinechma
Tsushima
Oklahoma
trichoma
Kostroma
pro forma
chloasma
Santa Ana
Maracanã
Ferghana
gymkhana
Guadiana
Ludhiāna
Hadriana
Gondwana
Botswana
mahayana
Rāmāyaṇa
hinayana
dracaena
Pasadena
Longhena
N'Djamena
Solimena
La Serena
Mantegna
katchina
Catilina

8

Taormina
Ioánnina
Londrina
Teresina
squatina
Priština
El-Aouïna
Berezina
Perpenna
Porsenna
Maradona
Badalona
Pamplona
Cataluña
La Coruña
Bidassoa
Krakatoa
Tshikapa
Arequipa
mea culpa
Vadodara
Gāndhāra
Ichihara
Boukhara
Bhatpara
gurdwara
Fujiwara
Alhambra
Albufera
Galliera
Carriera
De Valera
habanera
et cetera
chistera
monstera
Talavera
Svizzera
al-Djofra
La Guaira
Terceira
caldeira
Bandeira
al-Qāhira
Envalira
Mufulira
Altamira
Mahāvīra
Bora Bora
Théodora
Crna Gora
Petchora
diaspora
Socotora
Canberra
Volterra
fouchtra
dicentra
claustra
Qunayṭra
Usumbura
Djurjura
Haut-Jura
Kamakura
gandoura
Jayapura
Kālidāsa
Kinshasa
Hargeisa
Pollensa
Cimarosa
Filitosa
Mombassa
Borrassà
Bourassa
Del Cossa
Vinnitsa
Hattousa
Kawabata
Yamagata
Traviata
Hirakata
Kalamáta
Macerata
Misurata
taratata
analecta
Maladeta
señorita
Racoviţă
placenta
merzlota
Djakarta
Réquista
Kenyatta
Gambetta
pancetta
vendetta
Molfetta
Barletta
Sassetta
Calcutta
Nowa Huta
Abeokuta
tamandua
jussieua
Rancagua
Zhanghua
Adamaoua
Massaoua
T'ong-houa
Sakalava
piassava
Jayadeva
sacoléva
Nuku-Hiva
Vaganova
Vila Nova
Casanova
Makarova
La Cierva
Kakogawa
Tokugawa
Ichikawa
Fujisawa
Kurosawa
Kanazawa
Warszawa
Chippewa
Surabaya
Tchicaya
Bodh-Gayā
Himālaya
cattleya
Luanshya
Ifrīqiya
Sigiriya
Chālukya
stegomya
Moulouya
Lemdiyya
Espéraza
Dobrudža
Pallanza
Piacenza
Sigüenza
Zaragoza
Custozza
Spacelab
surplomb
piper-cub
ciné-club
aéro-club
calambac
Lavardac
Jumilhac
ammoniac
flic flac
Cadillac
Marillac
Aurillac
Pauillac
Rouillac
Souillac
Muzillac
Apurímac
Capdenac
Donzenac
Armagnac
armagnac
Aubignac
Treignac
Salignac
Polignac
Solignac
Mérignac
Aurignac
Cotignac
cotignac
Savignac
Bergerac
Chomérac
fric-frac
trictrac
cul-de-sac
havresac
monte-sac
Podensac
Lubersac
Estissac
Boulazac
Lanrezac
Segonzac
blanc-bec
Caudebec
avant-bec
Bannalec
fenugrec
Le Dantec
Carantec
Gundulić
Andronic
Copernic
porc-épic
téraspic
Frédéric
Geiséric
Genséric

8

polytric
pop music
Carnatic
Karadžić
cul-blanc
fer-blanc
bat-flanc
Lanfranc
antichoc
monobloc
ciné-parc
Mauclerc
grand-duc
Bar-le-Duc
archiduc
Ilāhābād
Carlsbad
Karlsbad
Trinidad
skinhead
Lindblad
Muḥammad
Titograd
Upaniṣad
Randstad
Flagstad
Karlstad
Halmstad
Zaanstad
Kaapstad
Lelystad
cale-pied
sous-pied
Mohammed
Reccared
coloured
Brønsted
Port-Saïd
Polaroïd
Clodoald
Odenwald
Grunwald
Gottwald
Drinfeld
Mansfeld
icefield
Idlewild
manifold
Foucauld
jazz-band
Prem Cand
Marchand

marchand
Svealand
Nagaland
Götaland
homeland
Beveland
Langland
Auckland
Falkland
Vailland
Mainland
Bonpland
Saarland
Oberland
Norrland
Shetland
shetland
Scotland
Portland
portland
Zululand
Maryland
maryland
allemand
gourmand
ordinand
Hélinand
Cournand
Boffrand
Belgrand
Bertrand
Southend
révérend
Land's End
Demāvend
happy end
Dedekind
Wedekind
Jongkind
vagabond
pudibond
moribond
furibond
infécond
rubicond
tire-fond
demi-fond
haut-fond
Bohémond
Richmond
Montrond
Dortmund

fox-hound
compound
Arinthod
Bethenod
fast-food
Wedgwood
Longwood
Hawkwood
Belgorod
Novgorod
furibard
Svalbard
chambard
flambard
Montbard
chançard
brancard
briscard
Guiscard
standard
étendard
soiffard
Yazdgard
pilchard
pinchard
clochard
fauchard
Houchard
mouchard
Éginhard
Bernhard
milliard
Rémalard
faiblard
roublard
vicelard
papelard
ginglard
Abailard
Gaillard
gaillard
paillard
oeillard
Vuillard
rigolard
épaulard
gueulard
cumulard
Hadamard
flemmard
chaumard
geignard

poignard
Grignard
grignard
guignard
grognard
traînard
fouinard
salonard
funboard
Flodoard
salopard
pleurard
camisard
brassard
poissard
cuissard
Brossard
plantard
flottard
cloutard
broutard
Jacquard
jacquard
Allevard
Bonivard
savoyard
blizzard
Chambord
hors-bord
plat-bord
faux-bord
whipcord
Bradford
hereford
Stafford
Bickford
bickford
Rockford
Stamford
Hartford
Périgord
Pénicaud
moricaud
lourdaud
rougeaud
échafaud
saligaud
Gourgaud
touchaud
corniaud
courtaud
Léautaud

Pasiphaé
dies irae
mozarabe
pèse-bébé
diatribe
duc-d'Albe
Sarralbe
Cambambe
calbombe
succombé
déplombé
polylobé
rhubarbe
joubarbe
exacerbé
Malherbe
désherbé
préverbe
proverbe
euphorbe
Vallorbe
planorbe
spirorbe
débourbé
embourbé
Lecourbe
recourbé
perturbé
masturbé
Lasseube
Masseube
dédicace
dédicacé
efficace
thridace
mysidacé
hordéacé
Boniface
postface
scoriacé
Lovelace
lovelace
verglacé
argilacé
triplace
remplacé
surplace
populace
farinacé
saponacé
Pharnace
carapace
Avempace
pancrace
tubéracé
disgrâce
crustacé
exercice
blandice
Eurydice
maléfice
bénéfice
artifice
La Palice
Triplice
complice
supplice
Bérénice
Polynice
aruspice
nourrice
Béatrice
oratrice
factrice
lectrice
rectrice
tectrice
éditrice
fautrice
practice
solstice
Katowice
Trivulce
bombance
guidance
tendance
mordancé
engeance
échéance
doléance
Bragance
élégance
ambiance
ambiancé
radiance
défiance
méfiance
alliance
variance
déviance
forlancé
dormance
Torrance
outrance
gourance
luisance
nuisance
jactance
Lactance
bectance
laitance
partance
portance
distance
distancé
instance
Servance
mouvance
croyance
crédence
évidence
Prudence
prudence
exigence
Fulgence
tangence
vergence
audience
sapience
patience
Coblence
violence
opulence
clémence
commencé
Magnence
éminence
Clarence
Florence
florence
Lawrence
présence
sentence
séquence
Provence
jouvence
décoincé
Leprince
province
renfoncé
prononcé
raiponce
défroncé
Belsunce
Thouarcé
commerce
commercé
Properce
sesterce
inexercé
renforcé
réamorcé
Chaource
chaource
coalescé
inexaucé
dérobade
troubade
estacade
estocade
brandade
Carnéade
griffade
bourgade
Schéhadé
Miltiade
galéjade
escalade
escaladé
régalade
mouclade
Langlade
enfilade
taillade
tailladé
oeillade
grillade
phyllade
accolade
rigolade
peuplade
reculade
tapenade
sérénade
baignade
marinade
limonade
caronade
journade
escapade
galopade
croupade
séfarade
bigarade
algarade
camarade
pétarade
pétaradé

8

piperade
Belgrade
Désirade
bourrade
Bertrade
poivrade
croisade
glissade
Caussade
maussade
escouade
persuadé
dissuadé
Charybde
Enschede
Nicomède
Ganymède
Lacepède
solipède
lagopède
Tancrède
exhérédé
samoyède
Thébaïde
thébaïde
Adélaïde
entraide
entraidé
carabidé
Iturbide
triacide
Siracide
régicide
homicide
ténicide
lapicide
coricide
raticide
scincidé
coïncidé
génocide
virocide
virucide
aphididé
plocéidé
céphéide
nucléide
aranéide
clupéidé
ostréidé
protéide
strigidé

arachide
Colchide
Sylphide
sylphide
syrphidé
sylviidé
hapalidé
invalide
invalidé
éphélide
camélidé
annélide
Basilide
Argolide
pélamide
pyramide
pyramidé
intimidé
phasmidé
plasmide
océanide
lycénidé
alfénide
sciénidé
murénidé
hominidé
actinide
Nabonide
argonide
Simonide
péponide
sturnidé
amiboïde
cricoïde
sarcoïde
discoïde
fongoïde
siphoïde
xiphoïde
typhoïde
hyaloïde
tabloïde
cycloïde
chéloïde
myéloïde
colloïde
haploïde
diploïde
amyloïde
styloïde
sigmoïde
ethmoïde

adénoïde
glénoïde
crinoïde
hypnoïde
androïde
anéroïde
stéroïde
négroïde
choroïde
thyroïde
deltoïde
mastoïde
rhizoïde
dilapidé
cynipidé
Euripide
insipide
ascaride
eucaride
vipéridé
Hypéride
astéride
léporidé
bourride
apatride
sciuridé
siluridé
holoside
rutoside
hydatide
carotide
parotide
Aristide
languide
noctuidé
impavide
Koksijde
Van Velde
Bathilde
Mathilde
Roskilde
Clotilde
salbande
chalande
Hollande
hollande
Finlande
flamande
quémandé
commande
commandé
Marmande

normande
opérande
Guérande
offrande
faisandé
prébende
prébendé
commende
Oostende
provende
rescindé
Golconde
profonde
Termonde
penthode
plasmode
décapode
mégapode
parapode
hexapode
copépode
antipode
lycopode
octopode
polypode
aleurode
hyposodé
rhapsode
nématode
voïévode
rambarde
bombarde
bombardé
lombarde
placardé
anacarde
smicarde
rancardé
rencardé
pinçarde
brocardé
isocarde
myocarde
faucardé
pendarde
blafarde
l'Algarde
ringarde
ringardé
vacharde
richarde
mocharde

pocharde
pochardé
caviardé
pillarde
nullarde
taularde
poularde
soûlarde
trimardé
fagnarde
mignarde
peinarde
veinarde
connarde
léonarde
chapardé
léopardé
pouparde
thésarde
mansarde
mansardé
cossarde
rossarde
hussarde
vantarde
moutarde
routarde
crevarde
raccordé
Concorde
concorde
concordé
procordé
discorde
discordé
Vilvorde
esgourde
balourde
falourde
palourde
clabaudé
thibaude
margaudé
soûlaude
quinaude
émeraude
noiraude
rustaude
galvaudé
impaludé
consoude
dessoudé

ressoudé
Gertrude
hébétude
quiétude
habitude
solitude
finitude
latitude
altitude
aptitude
attitude
aldéhyde
pélamyde
chlamyde
monoxyde
peroxyde
peroxydé
suroxydé
désoxydé
Maccabée
scarabée
prohibée
enjambée
retombée
unilobée
trilobée
sigisbée
herbacée
éricacée
joncacée
iridacée
tophacée
typhacée
rubiacée
méliacée
liliacée
tiliacée
alliacée
foliacée
lamiacée
violacée
déplacée
amylacée
palmacée
ébénacée
arénacée
lemnacée
anonacée
cornacée
drupacée
acéracée
ostracée

lauracée
dipsacée
cactacée
crétacée
pultacée
myrtacée
testacée
olivacée
malvacée
Boadicée
Laodicée
balancée
faïencée
potencée
enfoncée
androcée
divorcée
saccadée
possédée
suicidée
orchidée
débridée
floridée
infondée
inféodée
embardée
hasardée
retardée
attardée
accordée
échaudée
auloffée
étouffée
ombragée
ouvragée
assiégée
ségrégée
protégée
enneigée
mélangée
dérangée
losangée
méningée
allongée
laryngée
mal-logée
subrogée
immergée
insurgée
relâchée
panachée
détachée

attachée
empêchée
branchée
tranchée
briochée
écorchée
fourchée
peluchée
coryphée
diarrhée
otorrhée
pyorrhée
Amalthée
Timothée
Dorothée
bilabiée
associée
tuméfiée
lamifiée
réfugiée
affiliée
humiliée
arséniée
laciniée
inexpiée
salariée
notariée
charriée
extasiée
Cherokee
inégalée
céphalée
surjalée
signalée
spiralée
tremblée
barbelée
surgelée
pommelée
crénelée
cannelée
prunelée
crêpelée
rappelée
engrêlée
corrélée
gantelée
mantelée
dentelée
clavelée
gravelée
grivelée

8

giroflée
épinglée
trochlée
d'affilée
ombellée
lamellée
ensellée
truellée
écaillée
éraillée
habillée
éveillée
sigillée
achillée
vanillée
outillée
feuillée
mouillée
urcéolée
alvéolée
bariolée
variolée
pétiolée
inviolée
frisolée
mausolée
acidulée
esseulée
égueulée
granulée
giboulée
refoulée
ampoulée
imbrûlée
spatulée
propylée
diffamée
malfamée
Ptolémée
mal-aimée
inanimée
déprimée
opprimée
dénommée
renommée
innommée
diplômée
Borromée
diatomée
réformée
présumée
costumée

prytanée
forcenée
oxygénée
Idoménée
effrénée
haquenée
araignée
indignée
éloignée
résignée
combinée
turbinée
Dulcinée
dulcinée
muscinée
boudinée
baleinée
raffinée
confinée
lithinée
Collinée
graminée
staminée
cheminée
carminée
acuminée
inopinée
taupinée
cuisinée
dessinée
platinée
gratinée
pectinée
Mantinée
obstinée
destinée
surannée
bipennée
ordonnée
wagonnée
melonnée
gironnée
tisonnée
bétonnée
savonnée
rayonnée
carbonée
sulfonée
violonée
saumonée
componée
Chéronée

personée
polypnée
incarnée
acharnée
alternée
internée
encornée
ajournée
fortunée
rescapée
dissipée
inculpée
syncopée
apocopée
échappée
escarpée
découpée
comparée
délabrée
chambrée
pondérée
préférée
différée
exagérée
maniérée
arriérée
tempérée
balafrée
chiffrée
simagrée
intégrée
pedigree
immigrée
camphrée
Érythrée
affairée
éclairée
enfoirée
inspirée
élaborée
jamboree
chicorée
mordorée
évaporée
pourprée
bicarrée
bigarrée
déterrée
pénétrée
empêtrée
cloîtrée
attitrée

prostrée
frustrée
adextrée
mijaurée
carburée
demeurée
sulfurée
conjurée
thio-urée
voiturée
couturée
orfévrée
déphasée
biphasée
diphasée
malaisée
coalisée
atomisée
ardoisée
dévoisée
agatisée
baptisée
déguisée
susvisée
expulsée
révulsée
expansée
Bodensee
offensée
Walensee
insensée
glucosée
préposée
composée
supposée
disposée
nitrosée
névrosée
La Bassée
tabassée
damassée
ramassée
dépassée
chaussée
décussée
écomusée
dialysée
analysée
sulfatée
frelatée
affectée
injectée

8

vergetée
pochetée
pelletée
billetée
bouletée
pommetée
plumetée
accrétée
apprêtée
jarretée
tiquetée
enquêtée
brevetée
précitée
poplitée
inimitée
marmitée
granitée
miroitée
stipitée
inusitée
révoltée
insultée
redentée
endentée
rudentée
argentée
orientée
patentée
cruentée
démontée
remontée
cacaotée
tripotée
exceptée
exemptée
déportée
emportée
attestée
assistée
enkystée
déwattée
lunettée
sagittée
gigottée
culottée
emmottée
discutée
verjutée
azimutée
déboutée
dégoûtée

veloutée
déléguée
reléguée
fatiguée
éberluée
diminuée
surdouée
encrouée
inavouée
baraquée
tuniquée
boriquée
étriquée
planquée
ensuquée
infatuée
habituée
bisexuée
aggravée
dépravée
entravée
cultivée
réservée
éprouvée
préfixée
retrayée
employée
autodafé
esclaffé
regreffé
Wycliffe
décoiffé
recoiffé
assoiffé
dégriffé
échauffé
Tartuffe
tartuffe
Tenerife
esbroufe
esbroufé
flambage
plombage
engobage
enrobage
ébarbage
dépeçage
marécage
dépicage
coinçage
épinçage
écorçage

amorçage
solidage
déridage
dévidage
glandage
épandage
étendage
blindage
guindage
émondage
décodage
encodage
abordage
hourdage
piégeage
forgeage
jaugeage
agrafage
greffage
coiffage
réengagé
mort-gage
fléchage
clichage
banchage
lynchage
piochage
brochage
herchage
perchage
fauchage
rauchage
bouchage
couchage
mouchage
géophage
Carthage
verbiage
rhodiage
dépliage
cadmiage
stockage
décalage
recalage
pédalage
régalage
criblage
doublage
sarclage
cerclage
bouclage
puddlage

robelage
ficelage
pucelage
modelage
démêlage
semelage
jumelage
agnelage
capelage
ciselage
fuselage
batelage
râtelage
dételage
attelage
javelage
nivelage
cuvelage
sifflage
bufflage
gonflage
décilage
mucilage
défilage
affilage
effilage
enfilage
dépilage
empilage
ensilage
scellage
niellage
stellage
caillage
maillage
paillage
taillage
teillage
smillage
grillage
grillagé
vrillage
ouillage
racolage
accolage
rigolage
virolage
entôlage
remplage
couplage
chaulage
maculage

8 régulage
émoulage
populage
rétamage
écrémage
arrimage
ensimage
grammage
chromage
chaumage
enfumage
allumage
bitumage
méjanage
lamanage
affenage
déménagé
emménagé
carénage
égrenage
Moyen Âge
peignage
chaînage
drainage
grainage
traînage
bobinage
racinage
badinage
freinage
éveinage
affinage
salinage
laminage
déminage
copinage
farinage
marinage
Borinage
burinage
patinage
ratinage
satinage
acconage
colonage
ramonage
limonage
tournage
lagunage
décapage
dérapage
retapage
recepage
recépage
étripage
stripage
équipage
inalpage
étampage
trempage
aréopage
frappage
steppage
grippage
droppage
stoppage
groupage
tararage
cambrage
timbrage
poudrage
aciérage
repérage
ampérage
arrérage
lisérage
coffrage
suffrage
gaufrage
naufrage
naufragé
soufrage
vaigrage
retirage
dédorage
chlorage
essorage
amarrage
bourrage
fourrage
fourragé
plâtrage
filtrage
centrage
rentrage
cintrage
lustrage
lettrage
feutrage
poutrage
soutrage
récurage
fleurage
pleurage
mesurage
assurage
pâturage
raturage
cuivrage
empesage
braisage
fraisage
balisage
tamisage
remisage
tanisage
vanisage
égrisage
dévisagé
envisagé
arrosage
chassage
brassage
dressage
pressage
tressage
glissage
plissage
cuissage
brossage
moussage
poussage
creusage
éclusage
non-usage
démâtage
piratage
galetage
filetage
moletage
canetage
foretage
curetage
furetage
rivetage
débitage
délitage
Ermitage
ermitage
gunitage
héritage
bruitage
chantage
avantage
avantagé
pointage
cabotage
rabotage
sabotage
picotage
radotage
fagotage
mégotage
ligotage
ergotage
agiotage
pelotage
pilotage
silotage
canotage
capotage
papotage
dépotage
empotage
zérotage
comptage
domptage
cryptage
quartage
quartagé
courtage
ajustage
abattage
grattage
frettage
frittage
flottage
émottage
frottage
affûtage
enfûtage
délutage
minutage
cloutage
broutage
bizutage
écobuage
engluage
embouage
affouage
affouagé
échouage
tatouage
claquage
plaquage
braquage
craquage
pacquage

8

apiquage
calquage
marquage
masquage
truquage
décruage
ressuage
encavage
délavage
dépavage
repavage
Caravage
relevage
enlevage
balivage
arrivage
estivage
ravivage
embuvage
décuvage
encuvage
breuvage
malaxage
indexage
balayage
délayage
dérayage
enrayage
essayage
métayage
mareyage
dénoyage
ennoyage
essuyage
dégazage
bronzage
Coolidge
Oak Ridge
porridge
Cambodge
stratège
coobligé
pfennige
quadrige
transigé
demi-tige
prestige
vendange
vendangé
rechange
rechangé
inchangé

archange
Morhange
Phalange
phalange
Bellange
boulange
boulangé
Guénange
effrangé
La Grange
Lagrange
Algrange
engrangé
Florange
sporange
Botrange
fontange
Hettange
Nilvange
Thuringe
rallonge
rallongé
prolonge
prolongé
replongé
forlongé
surlonge
mensonge
pharyngé
eucologe
ménologe
décharge
déchargé
recharge
rechargé
litharge
gamberge
gambergé
submergé
convergé
Moncorgé
rengorgé
Walburge
démiurge
Maubeuge
lucifuge
ténifuge
ignifuge
ignifugé
bien-jugé
rembougé
Mer Rouge

viscache
rondache
mordache
malgache
Gerlache
goulache
grenache
barnache
harnaché
bernache
recraché
Carrache
pistache
Eustache
eustache
rattaché
soutache
soutaché
bravache
cravache
cravaché
pimbêche
maubèche
La Flèche
biflèche
perlèche
Campeche
campêche
surpêche
desséché
bretèche
chevêche
houaiche
grébiche
gribiche
barbiche
pouliche
flamiche
bonniche
corniche
défriche
défriché
Autriche
fortiche
pastiche
pastiché
postiche
esquiché
derviche
déhanché
calanché
palanche

éclanche
Allanche
démanché
dimanche
emmanché
Comanche
Romanche
romanche
ébranché
revanche
revanché
Malinche
bamboche
bamboché
caldoche
Antioche
bouloché
pignoché
épinoche
rempoché
débroché
embroché
accroche
accroché
décroché
reproche
reproché
approche
approché
Gavroche
gavroche
fantoche
La Marche
Lamarche
démarche
démarché
remarché
raperché
reverché
quetsche
tchatche
scratché
débauche
débauché
embauche
embauché
trébuché
rembuché
greluche
merluche
babouche
débouché

8

rebouché
embouche
embouché
accouché
découché
recouché
manouche
farouche
essouché
Latouche
retouche
retouché
perruche
autruche
De Hooghe
épitaphe
acalèphe
Rodolphe
Astolphe
triomphe
triomphé
dimorphe
catarrhe
squirrhe
Gomorrhe
isobathe
Viriathe
myopathe
passe-thé
zéolithe
otolithe
oxylithe
oenanthe
jacinthe
Corinthe
absinthe
Tirynthe
amandaie
jonchaie
coudraie
pineraie
rôneraie
roseraie
rouvraie
cerisaie
saussaie
houssaie
amphibie
Colombie
lithobie
nécrobie
La Turbie

collybie
monoecie
alopécie
déprécié
apprécié
Phénicie
Mauricie
licencié
dissocié
dystocie
infarcie
autarcie
remercié
endurcie
Séleucie
tragédie
congédié
coccidie
perfidie
tigridie
subsidié
incendie
incendié
Magendie
rebondie
arrondie
tripodie
prosodie
rapsodie
voïvodie
Picardie
étourdie
Saint-Dié
réétudié
stupéfié
torréfié
putréfié
liquéfié
barbifié
opacifié
spécifié
calcifié
dulcifié
crucifié
réédifié
acidifié
gazéifié
mythifié
qualifié
amplifié
planifié
magnifié

lignifié
signifié
réunifié
scarifié
clarifié
starifié
lubrifié
sacrifié
glorifié
terrifié
horrifié
pétrifié
nitrifié
vitrifié
falsifié
densifié
chosifié
versifié
massifié
russifié
béatifié
gratifié
rectifié
acétifié
pontifié
certifié
fortifié
mortifié
justifié
mystifié
statufié
Carnegie
chorégie
fastigié
pubalgie
antalgie
coxalgie
la Mongie
anagogie
apagogie
analogie
trilogie
écologie
géologie
néologie
ufologie
biologie
zoologie
apologie
urologie
otologie
myologie

dyslogie
allergie
synergie
théurgie
liturgie
Malachie
Valachie
synéchie
pétéchie
enrichie
anarchie
énarchie
éparchie
dyarchie
Munychie
agraphie
atrophie
atrophié
La Bâthie
empathie
acidalie
dyslalie
anomalie
physalie
parhélie
parmélie
dysmélie
Roumélie
concilié
swahilie
mésallié
embellie
vieillie
bouillie
ramollie
osmanlie
unifolié
trifolié
perfolié
Mongolie
malpolie
Anatolie
panoplie
granulie
apogamie
isogamie
exogamie
adynamie
uricémie
calcémie
leucémie
glycémie

académie
épidémie
pandémie
ischémie
kaliémie
cholémie
hydrémie
natrémie
azotémie
anoxémie
arythmie
alchimie
boulimie
accalmie
bonhomie
économie
isonomie
achromie
trisomie
anatomie
dystomie
aspermie
endormie
cacosmie
dysosmie
éponymie
sesbanie
Hyrcanie
leucanie
Jordanie
Béthanie
Germanie
Birmanie
Tasmanie
Roumanie
Rhénanie
Posnanie
Campanie
Hispanie
Lituanie
Tanzanie
épigénie
biogénie
orogénie
ovogénie
asthénie
Ruthénie
néoménie
Messénie
Munténie
néoténie
Slovénie

puccinie
Virginie
virginie
bauhinie
pollinie
calomnie
calomnié
insomnie
Polymnie
tyrannie
décennie
baronnie
Lycaonie
ovogonie
euphonie
Wallonie
harmonie
Pannonie
myatonie
syntonie
isotonie
dystonie
Lettonie
Slavonie
Amazonie
Gavarnie
saturnie
céraunie
communié
Labrunie
La Reynie
Volhynie
Bithynie
Montjoie
mont-joie
baudroie
lamproie
courroie
thérapie
satrapie
nid-de-pie
estampie
Éthiopie
diplopie
entropie
estropié
assoupie
Barbarie
barbarie
Bulgarie
Zacharie
Dammarie

rapparié
Tartarie
herberie
agacerie
glacerie
épicerie
mercerie
forcerie
glycérie
braderie
solderie
penderie
tenderie
fonderie
broderie
garderie
borderie
corderie
bouderie
pruderie
imagerie
lingerie
singerie
songerie
Margerie
bergerie
fâcherie
sacherie
vacherie
pêcherie
sécherie
archerie
lutherie
rookerie
câblerie
hâblerie
sablerie
muflerie
toilerie
voilerie
huilerie
tuilerie
gallérie
sellerie
tullerie
drôlerie
veulerie
foulerie
soûlerie
brûlerie
crémerie
isomérie

Formerie
rhumerie
flânerie
crânerie
gainerie
lainerie
moinerie
tannerie
vannerie
connerie
sonnerie
meunerie
draperie
crêperie
friperie
triperie
sucrerie
ladrerie
cidrerie
Cafrerie
verrerie
pitrerie
vitrerie
présérie
maïserie
boiserie
griserie
closerie
lasserie
visserie
rosserie
causerie
ouaterie
bactérie
laiterie
boiterie
friterie
malterie
ganterie
menterie
Carterie
porterie
hystérie
batterie
sauterie
bluterie
figuerie
viguerie
coquerie
moquerie
roquerie
juiverie

8

fauverie
beuverie
Bouverie
bouverie
bonzerie
amaigrie
Hétairie
hétairie
métairie
frigorie
euphorie
historié
La Jarrie
rapatrié
dépatrié
expatrié
phratrie
symétrie
dioptrie
Neustrie
dénutrie
oligurie
cholurie
nycturie
centurie
azoturie
polyurie
valkyrie
Walkyrie
walkyrie
dysbasie
fatrasie
rassasié
dystasie
géodésie
Rhodésie
esthésie
agénésie
frénésie
Magnésie
magnésie
acinésie
akinésie
ecmnésie
Gaspésie
énurésie
Malaisie
tanaisie
hectisie
synopsie
autopsie
autopsié
gambusie
agueusie
jalousie
parousie
malbâtie
primatie
Dalmatie
Sarmatie
La Boétie
Helvétie
inimitié
calvitie
garantie
repentie
Laventie
enzootie
repartie
bipartie
mi-partie
invertie
assortie
dynastie
modestie
amnistie
amnistié
Christie
balbutié
Iakoutie
Yakoutie
épanouie
Moldavie
eau-de-vie
Cracovie
Moscovie
Gergovie
Varsovie
agalaxie
ataraxie
épitaxie
zootaxie
cachexie
dyslexie
anorexie
apyrexie
anatexie
panmixie
apomixie
asphyxie
asphyxié
Abkhazie
Crémazie
néonazie
Purkinje
plum-cake
Knob Lake
keepsake
Wernicke
Guericke
déstocké
Rozebeke
Bamiléké
Klondike
semi-coke
kalmouke
Décébale
brimbalé
trimbalé
monacale
cloacale
radicale
médicale
filicale
vésicale
musicale
urticale
lexicale
bifocale
quiscale
cycadale
airedale
amygdale
Rochdale
ovoïdale
absidale
cotidale
scandale
Glendale
synodale
palléale
Acireale
Monreale
unguéale
récifale
illégale
fringale
polygale
acéphale
nymphale
cambiale
glaciale
spéciale
asociale
cruciale
mondiale
cardiale
cordiale
spatiale
initiale
nuptiale
martiale
partiale
bestiale
triviale
éluviale
fluviale
pluviale
coaxiale
décimale
minimale
optimale
maximale
thermale
anormale
séismale
décanale
vicinale
ordinale
vaginale
séminale
liminale
nominale
matinale
biennale
coronale
bitonale
sternale
jéjunale
grippale
groupale
libérale
tubérale
fédérale
sidérale
rudérale
sclérale
humérale
numérale
générale
minérale
latérale
sudorale
préorale
maïorale
fémorale
immorale
humorale

8

tumorale
sororale
aurorale
mayorale
urétrale
centrale
ventrale
oestrale
rostrale
australe
lustrale
foutrale
biaurale
pleurale
augurale
suturale
amensale
Pharsale
abyssale
sinusale
palatale
fractale
végétale
dipétale
orbitale
cubitale
digitale
génitale
capitale
maritale
amentale
frontale
scrotale
éristale
glottale
linguale
estivale
affixale
bathyale
déloyale
probable
peccable
bancable
évocable
éducable
pendable
vendable
perdable
soudable
oxydable
logeable
jugeable

agréable
largable
viciable
sociable
endiablé
maniable
expiable
mariable
variable
enviable
égalable
cyclable
réglable
isolable
blâmable
sommable
chômable
prenable
gagnable
damnable
palpable
coupable
opérable
quérable
étirable
adorable
livrable
ouvrable
faisable
irisable
dansable
pensable
cassable
passable
dessablé
inusable
imitable
évitable
rentable
cartable
portable
sortable
testable
instable
mettable
immuable
avouable
clivable
solvable
ployable
croyable
Scrabble

scrabblé
miscible
crédible
éligible
exigible
tangible
fongible
terrible
horrible
paisible
loisible
nuisible
sensible
passible
cessible
fissible
possible
amovible
flexible
Étiemble
ensemble
assemblé
Grenoble
Vignoble
vignoble
démeublé
remeublé
immeuble
encoublé
dédoublé
redoublé
chasuble
bernacle
spiracle
pentacle
obstacle
bernicle
furoncle
pétoncle
Sophocle
Patrocle
décerclé
recerclé
encerclé
démasclé
débouclé
épicycle
tricycle
Matabélé
sphacèle
déficelé
chancelé

étincelé
amoncelé
dépucelé
infidèle
remodelé
anophèle
triskèle
caramélé
péramèle
pêle-mêle
sang-mêlé
grommelé
épannelé
décapelé
bourrelé
ruisselé
démuselé
orbitèle
tubitèle
arantèle
écartelé
brettelé
craquelé
enjavelé
échevelé
dénivelé
écervelé
insufflé
mornifle
persiflé
désenflé
dégonflé
regonflé
camouflé
panoufle
baroufle
maroufle
marouflé
espiègle
préréglé
triangle
étranglé
rotengle
recingle
resingle
résingle
strongle
inhabile
atrabile
délébile
immobile
strobile

8 volubile
obnubilé
imbécile
domicile
indocile
Belle-Île
émorfilé
éfaufilé
strigile
évangile
narghilé
annihilé
géophile
zoophile
lyophile
assimilé
bogomile
juvénile
rentoilé
L'Estoile
éolipile
désopilé
scissile
volatile
saxatile
érectile
quartile
narguilé
déshuilé
incivile
triballe
triballé
Lamballe
remballé
que dalle
Flémalle
Lassalle
installé
glabelle
Isabelle
isabelle
tombelle
poubelle
crécelle
mancelle
parcelle
sarcelle
descellé
Naucelle
prédelle
tendelle
bondelle

rondelle
déréelle
irréelle
flagelle
flagellé
margelle
archelle
enfiellé
démiellé
emmiellé
vénielle
sérielle
kyrielle
chamelle
trémelle
pommelle
formelle
paumelle
glumelle
flanelle
planelle
Grenelle
quenelle
spinelle
cannelle
vannelle
gonnelle
tonnelle
prunelle
chapelle
Riopelle
Cappelle
carpelle
coupelle
ombrelle
querelle
querellé
Degrelle
maurelle
tourelle
mam'selle
capselle
dessellé
tesselle
aisselle
touselle
unetelle
bretelle
crételle
vantelle
dentelle
mortelle

mistelle
sittelle
sautelle
manuelle
annuelle
laquelle
séquelle
casuelle
visuelle
actuelle
rituelle
mutuelle
sexuelle
gravelle
helvelle
cervelle
vervelle
douvelle
nouvelle
mam'zelle
donzelle
La Caille
racaille
rocaille
médaille
médaillé
godaillé
rôdaillé
pagaille
criaillé
volaille
démaillé
remaillé
limaille
rimaillé
Canaille
canaille
tenaille
tenaillé
pinaillé
dépaillé
ripaille
ripaillé
empaillé
déraillé
tiraillé
muraille
cisaille
cisaillé
Bataille
bataille
bataillé

détaillé
retaille
retaillé
entaille
entaillé
intaille
intaillé
futaille
fouaille
fouaillé
gouaille
gouaillé
jouaillé
touaille
rhabillé
bulbille
gambillé
barbille
gerbille
bisbille
Faucille
faucille
fendillé
pendillé
mordillé
pareille
Mireille
zoreille
orseille
Écueillé
réveillé
Chemillé
grémille
vermille
vermillé
chenille
chenillé
guenille
pampille
torpille
torpillé
gaspillé
goupille
goupillé
roupillé
toupillé
fibrille
fibrillé
négrille
bigrille
spirille
brasillé

brésillé
grésillé
sensille
égosillé
persillé
dessillé
bousillé
frétillé
boitillé
mantille
gentille
lentille
tortille
tortillé
myrtille
Bastille
bastille
bastillé
Castille
pastille
distillé
instillé
sautillé
treuillé
Queuille
déguillé
Aiguille
aiguille
aiguillé
anguille
épouillé
brouille
brouillé
grouillé
trouille
maquillé
béquille
béquillé
Coquille
coquille
coquillé
esquille
Chaville
cheville
chevillé
Friville
Oakville
calville
Melville
Damville
Banville
Janville
Jarville
Merville
Terville
Yerville
Fauville
Neuville
guibolle
Candolle
mariolle
foirolle
grisollé
de Gaulle
parabole
métabole
faribole
péribole
caracole
caracolé
aquacole
orbicole
tubicole
madicole
oléicole
salicole
limicole
vinicole
rupicole
aéricole
agricole
viticole
aquicole
saxicole
rizicole
lancéolé
flageolé
rougeole
nucléole
malléole
glaréole
lauréole
batifolé
mentholé
Carniole
cabriole
cabriolé
affriolé
gloriole
carriole
vitriolé
gratiole
bestiole
Laguiole
laguiole
traviole
Sarakolé
taillole
goménolé
cévenole
chignole
torgnole
Décapole
décapole
mégapole
hélépole
équipolé
monopole
Acropole
acropole
faverole
féverole
contrôle
contrôlé
camisole
émissole
boussole
Capitole
capitole
diastole
bénévole
vélivole
batayole
thiazole
disciple
multiple
dépeuplé
repeuplé
accouple
accouplé
découplé
ensouple
centuple
centuplé
septuple
septuplé
sextuple
sextuplé
mandorle
Vidourle
Dombasle
Carlisle
unicaule
hydraule
affabulé
dénébulé
déambulé
Cléobule
immaculé
miraculé
molécule
radicule
pédicule
pédiculé
ridicule
véhicule
véhiculé
calicule
silicule
canicule
Janicule
panicule
paniculé
sanicule
funicule
utricule
auricule
auriculé
vésicule
réticule
réticulé
articulé
cuticule
navicule
opercule
operculé
émasculé
bousculé
opuscule
stridulé
démodulé
filleule
bégueule
dégueulé
engueulé
scrofule
dérégulé
fuligule
spergule
squamule
accumulé
traboule
traboulé
bouboulé
Marcoule
roucoulé
remmoulé
vermoulé

surmoule
surmoulé
dessoûlé
manipule
manipulé
scrupule
Home Rule
clausule
capitule
capitulé
intitulé
plantule
sportule
uniovulé
salicylé
spondyle
benzoyle
éolipyle
stéaryle
épistyle
prostyle
monoxyle
myroxyle
pyroxyle
pyroxylé
amalgame
amalgamé
endogame
monogame
autogame
polygame
proclamé
Chāh-nāmè
Suriname
inentamé
desquamé
Nicodème
nicodème
graphème
morphème
anathème
épithème
apothème
érythème
millième
huitième
tantième
centième
septième
neuvième
deuxième
seizième

douzième
problème
technème
mi-carême
théorème
épistémê
syntagme
bien-aimé
entr'aimé
envenimé
monorime
comprimé
supprimé
surprime
bout-rimé
légitime
légitimé
maritime
enflammé
digramme
engramme
Bonhomme
bonhomme
surhomme
prénommé
surnommé
susnommé
consommé
glaucome
trachome
gléchome
trichome
lymphome
xanthome
fécalome
entolome
mélanome
séminome
ergonome
agronome
autonome
polynôme
syndrome
prodrome
athérome
Nichrome
ribosome
aegosome
allosome
liposome
lysosome
autosome

stéatome
hématome
mycétome
Brantôme
symptôme
ignivome
gendarme
gendarmé
Ducharme
Mallarmé
guisarme
risberme
épiderme
synderme
renfermé
Villermé
confirmé
préformé
difforme
aliforme
uniforme
conforme
conformé
néoformé
chiourme
sarcasme
fantasme
fantasmé
dadaïsme
judaïsme
bahaïsme
béhaïsme
lamaïsme
mosaïsme
çivaïsme
sivaïsme
arabisme
snobisme
lesbisme
laïcisme
fascisme
luddisme
mahdisme
valdisme
sabéisme
fidéisme
caféisme
athéisme
acméisme
innéisme
soufisme
machisme

tachisme
sikhisme
saphisme
sophisme
orphisme
réalisme
dualisme
cyclisme
anilisme
carlisme
boulisme
beylisme
stylisme
adamisme
chimisme
animisme
thomisme
bromisme
atomisme
clanisme
planisme
onanisme
uranisme
irénisme
jaïnisme
sunnisme
sionisme
héroïsme
tropisme
utopisme
hippisme
charisme
tsarisme
ingrisme
onirisme
entrisme
tourisme
parsisme
étatisme
statisme
tactisme
piétisme
élitisme
saktisme
cultisme
kantisme
mentisme
scotisme
béotisme
égotisme
ilotisme
érotisme

8

exotisme
baptisme
nautisme
slavisme
atavisme
suivisme
fauvisme
marxisme
lobbysme
darbysme
dandysme
déchaumé
posthume
remplumé
amertume
Bienaymé
épendyme
homonyme
synonyme
toponyme
hyponyme
paronyme
acronyme
antonyme
autonyme
coenzyme
ribozyme
lysozyme
encabané
Brisbane
vaticane
Peau-d'Âne
guide-âne
phrygane
barkhane
diaphane
Épiphane
uréthane
épiphane
lanthane
Sogdiane
Colmiane
gentiane
coq-à-l'âne
catalane
Roxelane
Maillane
Allemane
brahmane
pédimane
opiomane
mélomane
pyromane
ottomane
Zakopane
maharané
membrane
olécrane
Coltrane
artisane
crassane
bressane
Ecbatane
occitane
spontané
dédouané
nauruane
La Havane
caravane
Relizane
Plouzané
Ouezzane
tridacne
nota bene
boulbène
pliocène
holocène
thiofène
attagène
mutagène
indigène
fumigène
morigéné
antigène
oncogène
endogène
halogène
halogéné
allogène
homogène
kérogène
pyrogène
cétogène
autogène
hexogène
cryogène
gazogène
Sans-Gêne
sans-gêne
phosgène
disthène
pyralène
Mytilène
éthylène
Térylène
butylène
Alcamène
Célimène
turkmène
Cléomène
écoumène
limonène
Lecapène
scorpène
halbrené
gangrené
gangrène
rengrené
rengréné
anthrène
Néoprène
isoprène
sphyrène
kérosène
carotène
pyroxène
Cerdagne
La Plagne
Campagne
campagne
compagne
Bretagne
montagne
Mortagne
imprégné
dédaigné
sphaigne
varaigne
d'Aubigné
dépeigné
empeigne
enseigne
enseigné
grafigné
rechigné
réaligné
forligné
souligné
témoigné
empoigne
empoigné
trépigné
Salsigne
consigne
consigné
provigné
Louvigné
rencogné
Gascogne
Dordogne
Langogne
vergogne
Boulogne
Coulogne
charogne
Bourogne
Bastogne
Auvergne
ouabaïne
thébaine
thébaïne
rurbaine
procaïne
fredaine
dondaine
mondaine
soudaine
Trudaine
rengaine
rengainé
déchaîné
enchaîné
Verlaine
poulaine
ptomaïne
Germaine
germaine
roumaine
migraine
marraine
parrainé
Lorraine
lorraine
entraîné
Touraine
malsaine
huitaine
centaine
Fontaine
fontaine
certaine
hautaine
chevaine
neuvaine
Douvaine
douzaine
carabine
carabiné

8

trombine
débobiné
embobiné
jacobine
déraciné
enraciné
médecine
officine
salicine
conicine
séricine
vaticiné
capucine
Engadine
citadine
xylidine
pyridine
Blandine
amandine
blondine
Borodine
sourdine
paludine
narcéine
hordéine
déthéiné
nucléine
ambréine
protéine
cystéine
verveine
mauvéine
demi-fine
peaufiné
fumagine
invaginé
frangine
albuginé
crachiné
trichine
trichiné
morphine
Dauphiné
dauphine
murrhine
xanthine
Denikine
alcaline
ptyaline
isocline
gibeline
zibeline

dodeliné
cameline
caméline
armeline
agneline
capeline
pipe-line
pipeline
popeline
vaseline
vaseliné
pateline
pateliné
javeline
dragline
phalline
lanoline
ripoliné
Caroline
gazoline
esculine
induline
figuline
lupuline
insuline
ursuline
thiamine
calamine
calaminé
Salamine
dopamine
foraminé
vitamine
vitaminé
efféminé
acheminé
inséminé
brahmine
innominé
chaumine
albumine
albuminé
légumine
illuminé
enluminé
mélanine
Papanine
Karenine
Essenine
Kalinine
féminine
thionine

saponine
opsonine
sardoine
chanoine
fibroïne
aubépine
atropine
stéarine
enfariné
Gagarine
héparine
Mazarine
exocrine
mandriné
subérine
pèlerine
pipérine
vipérine
ansérine
entériné
chagrine
chagriné
longrine
ivoirine
aspirine
fluorine
doctrine
poitrine
lustrine
lettrine
feutrine
dextrine
aneurine
figurine
chouriné
aegyrine
butyrine
magasiné
fuchsine
draisine
avoisiné
émulsine
myrosine
tyrosine
cytosine
érepsine
trypsine
quassine
moissine
glossine
houssine
houssiné

poussine
abyssine
Ieltsine
Mélusine
mélusine
créatine
Palatine
palatine
gélatine
gélatiné
hématine
sonatine
baratiné
kératine
ratatiné
squatine
cavatine
abiétine
smaltine
suintine
cabotine
cabotiné
nicotine
ergotine
comptine
courtine
trottiné
cicutine
barytine
sanguine
bédouine
malouine
acoquiné
basquine
mesquine
bouquiné
rouquine
embruiné
angevine
Bucovine
chauvine
pleuviné
magazine
rendzine
condamné
Mariamne
Vertumne
Gardanne
Marianne
Fibranne
verranne
Lausanne

8

paysanne
caouanne
Avicenne
sabéenne
lycéenne
sidéenne
achéenne
peléenne
péléenne
coréenne
Duchenne
nubienne
pubienne
ancienne
indienne
lydienne
argienne
malienne
salienne
émilienne
éolienne
julienne
simienne
danienne
pénienne
Ionienne
ionienne
Appienne
aérienne
dorienne
syrienne
oasienne
antienne
Estienne
jovienne
minoenne
Mersenne
pantenne
chevenne
libyenne
Cheyenne
troyenne
réabonné
Valbonne
bombonne
bonbonne
Carbonne
Narbonne
Sorbonne
Lisbonne
Eaubonne
chaconne
braconné
rançonné
floconné
garçonne
gasconne
fredonné
amidonné
maldonne
randonné
dindonné
lardonné
pardonné
cordonné
pigeonne
pigeonné
plafonné
dragonne
jargonné
bougonne
bougonné
mâchonné
bichonne
bichonné
cochonne
cochonné
siphonné
gabionné
Silionne
camionné
espionne
espionné
visionné
fusionné
rationné
actionné
lotionné
motionné
goujonné
étalonné
sablonné
aiglonne
ballonné
vallonné
wallonne
sillonné
boulonné
foulonné
marmonné
sermonné
mignonne
rognonné
chaponné
Craponne
friponne
tamponné
Pomponne
pomponné
nipponne
harponné
pouponné
Charonne
éperonné
ronronné
marronne
patronne
patronné
citronné
couronne
couronné
levronne
blasonné
raisonné
foisonné
frisonne
grisonne
grisonné
Gensonné
consonne
personne
bessonne
Sissonne
sissonne
chatonné
piétonne
bretonne
cretonne
laitonné
cantonné
Brotonne
cartonné
Martonne
bastonné
festonné
mistonne
pistonné
bostonné
lettonne
teutonne
boutonné
moutonné
klaxonné
clayonné
crayonné
wishbone
trombone
silicone
décagone
hexagone
corégone
Antigone
octogone
polygone
tréphone
géophone
Shoshone
Hermione
Sirmione
Cervione
Babylone
époumoné
roténone
Al Capone
Jacopone
cicérone
Camerone
Gaborone
aleurone
Nakasone
ecdysone
dicétone
monotone
Guittone
décharné
concerné
discerné
Debierne
Audierne
alaterne
quaterne
lanterne
lanterné
basterne
gouverne
gouverné
Selborne
unicorne
tricorne
flagorné
caliorne
cromorne
cothurne
Libourne
défourné
enfourné
Séjourné
séjourné

8

détourné
retourne
retourné
Livourne
nocturne
Le Chesne
Duchesne
Duquesne
chevesne
Huveaune
avifaune
Rodogune
demi-lune
Tokimune
doudoune
guitoune
Ensérune
aérodyne
girodyne
hypogyne
misogyne
Burgoyne
Jellicoe
Lugné-Poe
Sillitoe
Esculape
esculape
antipape
rattrapé
municipe
anticipé
émancipé
Príncipe
principe
cure-pipe
constipé
disculpé
insculpé
Chalampé
détrempe
détrempé
retrempe
retrempé
attrempé
Gartempe
regrimpé
détrompé
xylocope
diascope
épiscope
otoscope
Stanhope
Calliope
escalope
escalopé
Pénélope
antilope
Trollope
amétrope
isotrope
amblyope
réchappé
kidnappé
la Trappe
Leucippe
Philippe
dégrippé
épicarpe
décrispé
rat-taupe
réoccupé
inoccupé
minijupe
surcoupe
surcoupé
soucoupe
chaloupe
chaloupé
touloupe
dégroupé
regroupé
attroupé
géotrupe
Télétype
Lumitype
logotype
génotype
Linotype
Monotype
monotype
palicare
Poincaré
dare-dare
héligare
aérogare
centiare
mudéjare
palikare
Baia Mare
Delamare
disamare
Satu Mare
accaparé
pupipare
vivipare
Delaware
hardware
software
Chalabre
vertèbre
vertébré
pervibré
Delambre
décembre
démembré
remembré
novembre
encombre
encombré
dénombré
pénombre
sisymbre
opprobre
élucubré
consacré
massacre
massacré
sépulcre
échancré
médiocre
loi-cadre
décaèdre
octaèdre
hexaèdre
cathèdre
hémièdre
polyèdre
calandre
calandré
malandre
bélandre
filandre
Ménandre
monandre
répandre
misandre
Lysandre
défendre
refendre
Le Gendre
Legendre
engendré
dépendre
rependre
appendre
éprendre
détendre
retendre
entendre
attendre
revendre
plaindre
craindre
éteindre
cylindre
cylindré
refondre
effondré
répondre
appondre
retondre
reperdre
démordre
remordre
désordre
détordre
retordre
découdre
recoudre
remoudre
absoudre
résoudre
délibéré
impubère
dilacéré
exulcéré
criocère
éviscéré
bayadère
immodéré
vociféré
oléifère
légiféré
salifère
pilifère
lanifère
vinifère
conifère
aérifère
cérifère
aurifère
rotifère
aquifère
bocagère
ménagère
potagère
lanigère
autogéré

8

jonchère
porchère
torchère
gauchère
peuchère
bouchère
oosphère
panthère
jambière
rombière
gerbière
Corbière
daubière
glacière
épicière
foncière
roncière
mercière
sorcière
saucière
bordière
Cordière
cordière
coudière
soudière
caféière
imagière
archière
étalière
jablière
sablière
toilière
tuilière
tellière
oullière
tullière
écolière
geôlière
perlière
taulière
meulière
moulière
crémière
première
trémière
fermière
jaumière
plénière
gainière
lainière
épinière
crinière
usinière
bannière
cannière
marnière
dernière
cornière
saunière
meunière
drapière
crêpière
guêpière
fripière
tripière
pompière
paupière
taupière
soupière
sucrière
cédrière
négrière
ciprière
cyprière
barrière
Carrière
carrière
derrière
Ferrière
perrière
verrière
nitrière
vitrière
tourière
usurière
vivrière
ouvrière
censière
massière
fessière
Bissière
dossière
aussière
chatière
platière
arêtière
liftière
faîtière
laitière
gantière
pantière
rentière
portière
costière
postière
bustière
nattière
routière
aiguière
gravière
bouvière
accéléré
décéléré
oeillère
cuillère
ouillère
décoléré
métamère
éphémère
Évhémère
Erpe-Mère
dure-mère
cashmere
monomère
mésomère
polymère
dégénéré
régénéré
incinéré
rémunéré
exaspéré
inespéré
prospère
prospéré
beau-père
récupéré
vitupéré
miserere
miséréré
confrère
réinséré
délétère
invétéré
oblitéré
inaltéré
adultère
adultéré
acrotère
isoptère
clystère
mouquère
trouvère
métayère
caloyère
goulafre
échiffre
empiffré
décoffré
suroffre
ensoufré
déflagré
pellagre
vinaigre
vinaigré
palangre
malingre
pyrèthre
bulbaire
limbaire
lombaire
vaccaire
précaire
calcaire
bancaire
cercaire
cnidaire
soléaire
linéaire
parfaire
forfaire
surfaire
grégaire
vulgaire
Lothaire
radiaire
biliaire
ciliaire
miliaire
alliaire
foliaire
topiaire
rétiaire
scalaire
ovalaire
asilaire
bullaire
lanlaire
scolaire
déplaire
oculaire
adulaire
ovulaire
uvulaire
frimaire
primaire
palmaire
mammaire
sommaire

8

Gromaire
brumaire
planaire
cténaire
urinaire
quinaire
thonaire
ternaire
pulpaire
libraire
hydraire
attraire
extraire
usuraire
corsaire
pessaire
chataire
lactaire
nectaire
sectaire
élitaire
unitaire
Voltaire
voltaire
dentaire
Clotaire
hastaire
annuaire
ripuaire
ossuaire
actuaire
estuaire
clavaire
calvaire
valvaire
volvaire
vulvaire
larvaire
bien-dire
autogire
Cheshire
tirelire
Déjanire
lardoire
nageoire
Grégoire
mâchoire
avaloire
jabloire
Valloire
Bouloire
grimoire

écumoire
Mer Noire
accroire
ducroire
passoire
aratoire
Oratoire
oratoire
victoire
prétoire
pantoire
Montoire
histoire
exutoire
drayoire
conspiré
réécrire
inscrire
traduire
conduire
produire
détruire
sous-viré
Chauviré
ellébore
édulcoré
subodoré
Théodore
Mont-Dore
revigoré
Gringore
isochore
anaphore
zoophore
Bosphore
off shore
offshore
pléthore
amélioré
forclore
uniflore
folklore
décoloré
bicolore
incolore
indolore
matamore
remémoré
Rushmore
Glen More
sycomore
claymore

lécanore
Éléonore
insonore
Izernore
tubipore
Cawnpore
zoospore
polypore
limivore
fumivore
omnivore
impropre
rembarré
chamarré
Lesparre
esquarre
Sancerre
sancerre
Defferre
empierré
Tonnerre
tonnerre
desserré
resserre
resserré
Nanterre
Santerre
parterre
Daguerre
Laguerre
enquerre
babeurre
débourré
embourré
verdâtre
La Châtre
pédiatre
gériatre
bellâtre
écolâtre
idolâtre
idolâtré
violâtre
zoolâtre
déplâtré
replâtré
emplâtre
saumâtre
jaunâtre
brunâtre
noirâtre
grisâtre

bleuâtre
olivâtre
diamètre
trimètre
ohm-mètre
ohmmètre
odomètre
géomètre
uromètre
luxmètre
bien-être
salpêtre
salpêtré
perpétré
peut-être
chevêtre
Lemaître
renaître
repaître
paraître
chapitre
chapitré
surtitre
infiltré
exfiltré
décentré
recentré
excentré
Argentré
chaintre
décintré
ci-contre
encontre
démontré
remontré
détartré
entartré
encastré
cadastre
cadastré
oléastre
palastre
pilastre
Lamastre
pinastre
apoastre
désastre
pédestre
palestre
semestre
bimestre
Depestre

8

senestre
senestré
sénestre
alpestre
rupestre
équestre
registre
registré
ministre
sinistre
sinistré
claustré
lacustre
balustre
palustre
délustré
illustre
illustré
rabattre
débattre
rebattre
embattre
de Lattre
illettré
admettre
démettre
remettre
épeautre
Lepautre
défeutré
accoutré
bipoutre
Épidaure
centaure
restauré
instauré
plombure
ébarbure
courbure
fourbure
enlaçure
sinécure
pédicure
postcure
manucure
manucuré
froidure
Mandeure
mangeure
vergeure
varheure
affleuré
effleuré
enfleuré
plateure
coiffure
griffure
défiguré
inauguré
brochure
trochure
mouchure
surliure
criblure
doublure
conclure
sarclure
engelure
démêlure
ciselure
tavelure
éraflure
effilure
niellure
maillure
encolure
triplure
tubulure
effanure
écornure
tournure
enamouré
énamouré
anomoure
macroure
Lectoure
protoure
bravoure
étampure
cambrure
membrure
marbrure
gaufrure
glairure
chlorure
chloruré
fluorure
diaprure
fourrure
couvrure
ébrasure
démesure
démesuré
fraisure
incisure
réassuré
blessure
fressure
pressuré
scissure
plissure
épissure
Saussure
voussure
creusure
cubature
arcature
créature
ligature
ligaturé
filature
colature
immature
armature
dénaturé
insaturé
ossature
fracture
fracturé
droiture
écriture
aventure
aventuré
ceinture
ceinturé
peinture
peinturé
teinture
jointure
pointure
aperture
questure
gratture
enlevure
gélivure
dérayure
enrayure
revoyure
Lefebvre
enfiévré
genièvre
décuivré
ensuivre
survivre
Moyeuvre
recouvré
lévogyre
Porphyre
porphyre
Blantyre
parabase
rhéobase
monobase
colocase
nucléase
protéase
anaphase
triphasé
écophase
prophase
isophase
amibiase
lithiase
mydriase
diaclase
Athanase
saponase
estérase
diastase
Anastase
Vologèse
Borghèse
diathèse
synthèse
prothèse
épiclèse
Piranèse
anamnèse
Véronèse
aphérèse
synérèse
Scorsese
landaise
La Chaise
déniaisé
anglaise
anglaisé
Saumaise
omanaise
oranaise
rennaise
marnaise
tarnaise
inapaisé
hébraïsé
havraise
maltaise
nantaise

8

mortaise
mortaisé
foutaise
mauvaise
indécise
francisé
exorcisé
nomadisé
fluidisé
Adalgise
focalisé
localisé
vocalise
vocalisé
idéalisé
légalisé
banalisé
canalisé
pénalisé
finalisé
moralisé
nasalisé
totalisé
dévalisé
rivalisé
fidélisé
modélisé
Vézelise
mobilisé
similisé
virilisé
civilisé
créolisé
bémolisé
nébulisé
islamisé
dynamisé
Artémise
minimisé
optimisé
maximisé
mainmise
sodomisé
chromisé
urbanisé
mécanisé
paganisé
organisé
romanisé
humanisé
tétanisé
technisé

féminisé
hominisé
latinisé
divinisé
colonisé
canonisé
éternisé
immunisé
gerboise
suédoise
Val-d'Oise
meldoise
vandoise
gardoise
vaudoise
pragoise
galloise
lilloise
gauloise
chamoisé
siamoise
drômoise
chinoise
chinoisé
finnoise
bernoise
Ambroise
décroisé
zaïroise
sarroise
blésoise
gersoise
hessoise
crétoise
comtoise
gantoise
pantoise
montoise
Pontoise
grivoise
cervoise
sinapisé
polarisé
césarisé
tubérisé
madérisé
éthérisé
numérisé
satirisé
arborisé
théorisé
colorisé

valorisé
mémorisé
ténorisé
sonorisé
vaporisé
motorisé
autorisé
favorisé
surprise
prêtrise
maîtrise
maîtrisé
sécurisé
somatisé
fanatisé
dératisé
monétisé
politisé
néantisé
feintise
robotisé
aseptisé
courtisé
démutisé
amenuisé
tabouisé
inépuisé
banquise
conquise
Marquise
marquise
préavisé
malavisé
télévisé
indivise
Overijse
compulsé
propulsé
convulsé
condensé
compensé
dispense
dispensé
suspense
Hortense
absconse
Alphonse
silicose
silicosé
toxicose
Théodose
overdose

psychose
nymphose
cirrhose
symbiose
scoliose
acariose
pluviôse
Juan José
alcalose
forclose
lévulose
ankylose
ankylosé
nosémose
exosmose
albumose
mélanose
diagnose
Krkonoše
antéposé
réimposé
postposé
anidrose
sidérose
sclérose
sclérosé
néphrose
arthrose
chlorose
fluorose
Mont Rose
Montrose
dartrose
dextrose
amaurose
oxyurose
argyrose
stéatose
hématose
kératose
fructose
athétose
énostose
exostose
virtuose
ichtyose
schizose
syllepse
prolepse
caryopse
isohypse
comparse

8

dispersé
traverse
traversé
renverse
renversé
converse
conversé
perverse
introrse
extrorse
déboursé
mi-course
Fracasse
fracassé
tracassé
fricasse
fricassé
Delcassé
concassé
barcasse
carcasse
rascasse
tiédasse
galéasse
sargasse
fougasse
rechassé
enchâssé
enliassé
déclassé
reclassé
prélassé
fillasse
millasse
mollasse
hommasse
biomasse
brumasse
brumassé
tignasse
connasse
Parnasse
trépassé
lampassé
compassé
surpassé
embrasse
embrassé
décrassé
encrassé
cuirasse
cuirassé

terrasse
terrassé
ressassé
soutasse
crevasse
crevassé
confesse
confessé
professé
terfesse
largesse
richesse
duchesse
joliesse
noblesse
mollesse
drôlesse
promesse
kermesse
faunesse
Jeunesse
jeunesse
La Bresse
redresse
redressé
Kégresse
négresse
régressé
tigresse
mairesse
pairesse
empressé
oppressé
expresse
détresse
bassesse
poétesse
bretesse
bretessé
comtesse
justesse
hautesse
prouesse
bonzesse
gonzesse
rabaissé
rebaissé
décaissé
encaisse
encaissé
affaissé
délaissé

relaissé
Narcisse
narcisse
abscisse
saucisse
réglisse
déplissé
replissé
coulisse
coulissé
prémisse
cannisse
vernissé
jaunisse
angoisse
angoissé
empoissé
paroisse
compissé
clarisse
vibrisse
jocrisse
jectisse
mantisse
non-tissé
tontisse
boutisse
esquisse
esquissé
Grévisse
clovisse
rendossé
Chalosse
buglosse
La Brosse
dégrossé
engrossé
carrosse
carrossé
défaussé
rehaussé
exhaussé
Barbusse
secousse
mahousse
repousse
repoussé
jarousse
Larousse
diapause
désabusé
Syracuse

coaccusé
gibbeuse
bulbeuse
herbeuse
verbeuse
daubeuse
glaceuse
placeuse
traceuse
lanceuse
rinceuse
fonceuse
ponceuse
ronceuse
farceuse
berceuse
perceuse
bradeuse
soldeuse
tendeuse
vendeuse
fondeuse
pondeuse
sondeuse
tondeuse
brodeuse
cardeuse
gardeuse
merdeuse
tordeuse
boudeuse
soudeuse
caséeuse
gaffeuse
golfeuse
surfeuse
orageuse
nuageuse
piégeuse
joggeuse
neigeuse
fangeuse
mangeuse
rongeuse
songeuse
margeuse
forgeuse
fâcheuse
gâcheuse
lâcheuse
mâcheuse
bêcheuse

8 lécheuse
mécheuse
pêcheuse
sécheuse
pocheuse
rocheuse
bûcheuse
matheuse
vicieuse
radieuse
pédieuse
mafieuse
relieuse
bilieuse
manieuse
sanieuse
copieuse
carieuse
marieuse
parieuse
sérieuse
curieuse
furieuse
envieuse
anxieuse
rockeuse
étaleuse
avaleuse
câbleuse
hâbleuse
sableuse
ambleuse
racleuse
grêleuse
régleuse
bigleuse
toileuse
épileuse
Frileuse
frileuse
huileuse
calleuse
galleuse
valleuse
pilleuse
tilleuse
villeuse
colleuse
bulleuse
violeuse
frôleuse
parleuse
hurleuse
fouleuse
houleuse
rouleuse
crémeuse
frimeuse
gemmeuse
gommeuse
chômeuse
dormeuse
écumeuse
plumeuse
spumeuse
brumeuse
flâneuse
glaneuse
planeuse
crâneuse
greneuse
preneuse
cagneuse
gagneuse
ligneuse
rogneuse
haineuse
laineuse
acineuse
veineuse
chineuse
épineuse
urineuse
ruineuse
canneuse
tanneuse
vanneuse
donneuse
prôneuse
marneuse
jeûneuse
adipeuse
chipeuse
pulpeuse
campeuse
pompeuse
jappeuse
coupeuse
soupeuse
sabreuse
fibreuse
ombreuse
macreuse
décreusé
recreusé
cadreuse
onéreuse
bâfreuse
affreuse
offreuse
foireuse
étireuse
lépreuse
barreuse
ferreuse
terreuse
métreuse
pétreuse
nitreuse
titreuse
vitreuse
heureuse
peureuse
coureuse
givreuse
livreuse
ouvreuse
aléseuse
gréseuse
faiseuse
taiseuse
briseuse
priseuse
valseuse
danseuse
penseuse
gypseuse
herseuse
verseuse
casseuse
masseuse
passeuse
sasseuse
lisseuse
pisseuse
tisseuse
visseuse
bosseuse
causeuse
amuseuse
couseuse
épateuse
acéteuse
prêteuse
quêteuse
cafteuse
aphteuse
laiteuse
boiteuse
friteuse
menteuse
venteuse
conteuse
honteuse
monteuse
azoteuse
porteuse
pesteuse
batteuse
lutteuse
sauteuse
coûteuse
douteuse
goûteuse
jouteuse
tagueuse
ligueuse
fugueuse
rugueuse
remueuse
sinueuse
laqueuse
piqueuse
tiqueuse
moqueuse
muqueuse
luxueuse
draveuse
graveuse
éleveuse
suiveuse
nerveuse
serveuse
verveuse
morveuse
couveuse
étuveuse
crayeuse
trayeuse
aboyeuse
broyeuse
percluse
Vaucluse
pochouse
Mulhouse
Naplouse
farlouse
perlouse

8

Toulouse
talmouse
coépouse
ventouse
partouse
abstruse
diaphyse
épiphyse
symphyse
apophyse
paralysé
catalyse
catalysé
hémolyse
lipolyse
pyrolyse
autolyse
cytolyse
pélobate
acrobate
délicate
silicate
suricate
Tiridate
antidate
antidaté
Hakodate
horodaté
postdate
postdaté
aculéate
lauréate
Sandgate
renégate
Houlgate
Ramsgate
formiate
surikate
chanlate
omoplate
écarlate
squamate
casemate
casematé
stigmate
stemmate
chromate
automate
eugénate
sélénate
alginate
carinate

thionate
benzoate
carapaté
péripate
stéarate
Isocrate
Euphrate
chlorate
tartrate
butyrate
Sarasate
épistate
constaté
apostate
prostate
adéquate
compacte
compacté
Naupacte
Bibracte
réfracté
détracté
rétracté
entracte
contacté
inexacte
dialecte
collecte
collecté
connecté
respecté
inspecté
suspecte
suspecté
correcte
vindicte
concocté
oviducte
circaète
Albacete
épinceté
ammocète
eumycète
asyndète
musagète
indigète
crocheté
moucheté
prophète
épithète
rempiété
sobriété

inquiète
inquiété
arbalète
habileté
pailleté
Manolete
obsolète
complète
complété
orcanète
trompeté
rouspété
Filarete
colcrete
concrète
concrété
discrète
tendreté
légèreté
propreté
rapprêté
fleureté
impureté
chevreté
pauvreté
fausseté
Épictète
à tue-tête
lave-tête
sainteté
chasteté
claqueté
craqueté
becqueté
cliqueté
briqueté
étiqueté
banqueté
conquête
marqueté
parqueté
bouqueté
brièveté
dériveté
oisiveté
rétiveté
isohyète
renfaîté
parfaite
surfaite
souhaité
retraite

retraité
inhabité
cohabité
mozabite
phlébite
jacobite
cénobite
acerbité
exorbité
sagacité
fugacité
salacité
ténacité
capacité
rapacité
véracité
voracité
vivacité
modicité
pudicité
Félicité
félicité
illicite
conicité
tonicité
basicité
toxicité
francité
vélocité
férocité
atrocité
caducité
cheddite
quiddité
hérédité
lucidité
rigidité
algidité
validité
solidité
timidité
humidité
rapidité
sapidité
cupidité
fétidité
fluidité
lividité
vividité
saoudite
velléité
planéité

8

éclogite
trichite
melchite
scaphite
graphite
graphité
posthite
localité
modalité
idéalité
légalité
molalité
banalité
pénalité
vénalité
finalité
annalité
tonalité
moralité
nasalité
fatalité
natalité
létalité
vitalité
dotalité
totalité
rivalité
fidélité
Bakélite
typhlite
habilité
labilité
débilité
mobilité
nubilité
facilité
docilité
chéilite
humilité
sénilité
virilité
motilité
futilité
civilité
Stellite
faillite
régolite
aérolite
pisolite
insolite
rhyolite
cryolite

lazulite
Vinylite
calamite
calamité
annamite
dynamite
dynamité
Yosemite
délimité
illimité
antimite
intimité
sodomite
dolomite
chromite
epsomite
L'Hermite
thermite
énormité
urbanité
organite
balanite
romanité
humanité
insanité
sélénite
splénite
yéménite
ilménite
sérénité
arsénite
affinité
infinité
vaginite
salinité
félinité
mélinite
féminité
latinité
actinite
rétinite
divinité
ébionite
mylonite
limonite
ammonite
saponite
maronite
éternité
sternite
immunité
impunité

autunite
remboîté
exploité
convoité
tokyoïte
décapité
sybarite
hilarité
molarité
polarité
imparité
inabrité
alacrité
inscrite
dendrite
sidérite
cohérité
célérité
démérite
démérité
témérité
immérité
cinérite
aspérité
latérite
altérité
entérite
artérite
sévérité
néphrite
téphrite
arthrite
taborite
priorité
majorité
chlorite
ténorite
minorité
sonorité
autorité
fluorite
favorite
urétrite
pentrite
contrite
gastrite
roburite
sécurité
aleurite
pleurite
maturité
lazurite

parasite
parasité
andésite
revisité
transité
mucosité
nodosité
rugosité
pilosité
vinosité
opposite
sérosité
morosité
porosité
aquosité
glossite
réussite
sinusite
stéatite
hématite
hépatite
kératite
proctite
smaltite
quantité
identité
oerstite
barytite
précuite
biscuité
conduite
exiguïté
ubiquité
iniquité
défruité
affruité
gratuite
gratuité
fortuite
vide-vite
nocivité
gélivité
nativité
activité
rétivité
réinvité
synovite
annexite
monazite
asphalte
asphalté
survolté

8

ausculté
La Voulte
consulte
consulté
tombante
probante
barbante
agaçante
glaçante
traçante
peccante
Alicante
alicante
brocante
brocanté
berçante
perçante
mandante
pendante
fondante
perdante
mordante
tordante
soudante
oxydante
rageante
échéante
élégante
déchanté
méchante
rechanté
fichante
enchanté
ambiante
radiante
médiante
défiante
méfiante
cariante
variante
déviante
Atalante
avalante
poilante
ballante
collante
isolante
déplanté
replanté
implanté
parlante
perlante

hurlante
coulante
foulante
moulante
roulante
soûlante
brûlante
diamanté
Bramante
calmante
dormante
écumante
planante
prenante
avenante
gagnante
régnante
tannante
sonnante
tonnante
brunante
tripante
lampante
rampante
pimpante
coupante
amarante
quarante
vibrante
sucrante
hydrante
opérante
migrante
spirante
odorante
marrante
warranté
Ferrante
entrante
courante
gourante
mourante
navrante
givrante
ouvrante
brisante
frisante
grisante
cuisante
luisante
pulsante
dansante

pensante
cassante
lassante
passante
cessante
causante
amusante
épatante
spitante
huitante
tentante
montante
Septante
septante
partante
portante
sortante
restante
distante
instante
battante
remuante
piquante
toquante
crevante
suivante
servante
mouvante
soixante
égayante
croyante
bruyante
Ruzzante
descente
tridenté
évidente
prudente
tangente
Teniente
patiente
patienté
violente
violenté
opulente
clémente
segmenté
pigmenté
augmenté
alimenté
commenté
sarmenté
fermenté

éminente
serpente
serpenté
suspente
soupente
Charente
Sorrente
présente
présenté
contente
contenté
sustenté
fervente
sirvente
survente
enceinte
enceinté
étreinte
atteinte
accointé
adjointe
ci-jointe
dépointé
appointé
esquinté
anodonte
archonte
Bellonte
surmonté
affronté
effronté
emprunté
Chimbote
abricoté
asticoté
hors-cote
anecdote
antidote
Hérodote
parigote
ravigote
ravigoté
dizygote
crachoté
manchote
chuchoté
symbiote
pholiote
loupiote
chariote
cypriote
patriote

8

échalote
camelote
matelote
sifflote
sangloté
copilote
paillote
rigolote
comploté
escamoté
clignoté
grignoté
gnognote
actinote
bank-note
décapoté
galipoté
sclérote
numéroté
biarrote
pleurote
chevroté
poivrote
créosote
créosoté
toussoté
Aristote
aliquote
pleuvoté
réadapté
inadapté
précepte
décompte
décompté
mécompte
recompté
escompte
escompté
indompté
sarcopte
décrypté
pancarte
Delsarte
concerté
desserte
disserté
couverte
Lauzerte
conforté
eau-forte
Mer Morte
colporté
remporté
comporte
comporté
cloporte
rapporté
supporté
bistorte
vidéaste
cinéaste
héliaste
ballasté
gymnaste
peltaste
Nordeste
dermeste
Préneste
anapeste
bupreste
conteste
contesté
protesté
dadaïste
lamaïste
mosaïste
cambiste
clubiste
laïciste
fasciste
mahdiste
nordiste
feudiste
fidéiste
innéiste
turfiste
péagiste
plagiste
oligiste
pongiste
machiste
tachiste
fichiste
sophiste
luthiste
tankiste
réaliste
dualiste
avaliste
câbliste
bibliste
cycliste
Calliste
tulliste
violiste
carliste
pauliste
oculiste
bouliste
styliste
chimiste
animiste
palmiste
thomiste
atomiste
pianiste
planiste
ébéniste
ruiniste
agoniste
sioniste
ironiste
corniste
lampiste
pompiste
utopiste
harpiste
diariste
tsariste
Évariste
choriste
storiste
serriste
entriste
attristé
mauriste
touriste
subsisté
consisté
isosiste
persisté
bassiste
dossiste
étatiste
piétiste
élitiste
dentiste
scotiste
égotiste
protiste
baptiste
flûtiste
péquiste
casuiste
revuiste
claviste
slaviste
épaviste
gréviste
suiviste
coexisté
marxiste
l'Arioste
périoste
composté
staroste
flibuste
flibusté
Procuste
réajusté
Salluste
incrusté
darbyste
otocyste
vichyste
analyste
Sangatte
surpatte
regratté
mahratte
gambette
jambette
gombette
barbette
herbette
placette
piécette
lancette
pincette
rincette
avocette
garcette
doucette
studette
moufette
targette
sergette
vergette
rougette
cachette
gâchette
Hachette
hachette
machette
vachette
pêchette
bichette
lichette

8

pochette
bûchette
zuchette
rubiette
Joliette
joliette
Juliette
Damiette
Mariette
assiette
rackетté
Chalette
tablette
raclette
odelette
omelette
goélette
riflette
réglette
aiglette
onglette
toilette
toiletté
voilette
tuilette
mallette
sellette
billette
fillette
Villette
mollette
violette
drôlette
emplette
merlette
paulette
meulette
seulette
amulette
boulette
goulette
houlette
poulette
roulette
Calmette
palmette
gommette
pommette
tommette
fermette
vignette
rainette
reinette
veinette
épinette
bannette
cannette
bonnette
nonnette
sonnette
cornette
sornette
jaunette
jeunette
brunette
crapette
tripette
pompette
carpette
perpette
serpette
Charette
ambrette
ombrette
sucrette
opérette
regretté
aigrette
aigretté
barrette
Sarrette
sarrette
serrette
meurette
courette
Gourette
levrette
levretté
anisette
noisette
frisette
grisette
nuisette
puisette
gansette
cassette
massette
tassette
pissette
bossette
cossette
fossette
causette
amusette
cousette
baguette
goguette
chouette
alouette
brouette
brouetté
jaquette
maquette
raquette
biquette
liquette
piquette
coquette
moquette
moquetté
Roquette
roquette
clavette
crevette
olivette
corvette
fauvette
sauvette
louvette
clayette
Laffitte
Brigitte
schlitte
schlitté
Carlitte
Magritte
acquitté
requitté
barbotte
chicotte
marcotte
marcotté
mascotte
biscotte
boscotte
boycotté
longotte
margotté
bachotte
Mariotte
grelotté
ballotte
ballotté
bellotte
parlotte
boulotte
boulotté
goulotte
roulotte
roulotté
chamotte
golmotte
marmotte
marmotté
quenotte
cagnotte
décrotté
garrotte
garrotté
frisotté
dansotté
turlutte
dégoutté
biseauté
dépiauté
primauté
crapaüté
Amirauté
amirauté
Sarraute
sursauté
ressauté
privauté
charcuté
choreute
irréfuté
involuté
arc-bouté
réécouté
inécouté
lock-outé
louloute
moumoute
encroûté
ferrouté
bissexte
prétexte
prétexté
contexte
presbyte
gonocyte
monocyte
pélodyte
ammodyte
trachyte
épiphyte
néophyte
zoophyte

8

Kotzebue
rétribué
attribué
désembué
barbecue
répandue
détendue
entendue
invendue
banlieue
schlague
madrague
zigzagué
Gonzague
collègue
ségrégué
subaiguë
suraiguë
besaiguë
bisaiguë
prodigue
prodigué
bordigue
becfigue
La Brigue
Rodrigue
garrigue
intrigue
intrigué
contiguë
Lartigue
instigué
divulgué
harangue
harangué
varangue
exsangue
ralingue
ralingué
chlingué
bilingue
ramingue
Huningue
meringue
meringué
seringue
seringué
oblongue
dialogue
dialogué
analogue
épilogue

épilogué
écologue
géologue
zoologue
apologue
prologue
urologue
isologue
Lafargue
pygargue
Camargue
Rouergue
dévergué
envergué
Laforgue
Lycurgue
Lebesgue
subjugué
conjugué
la Hougue
Lespugue
infichue
branchue
fourchue
réévalué
farfelue
chevelue
joufflue
feuillue
dépollué
dissolue
transmué
contenue
soutenue
prévenue
malvenue
convenue
parvenue
survenue
continue
continué
méconnue
reconnue
inconnue
manchoue
renfloué
sous-loué
désavoué
barbaque
zodiaque
orgiaque
héliaque

maniaque
syriaque
épimaque
Symmaque
cornaqué
albraque
embraqué
Barraqué
terraqué
matraque
matraqué
patraque
détraqué
bastaque
slovaque
embecqué
La Mecque
Lapicque
La Rocque
parce que
est-ce que
oothèque
disséqué
pastèque
alcaïque
judaïque
Jamaïque
romaïque
mosaïque
mosaïqué
altaïque
Arabique
arabique
iambique
ïambique
limbique
phobique
globique
calcique
zincique
turcique
érucique
éradiqué
dyadique
prédiqué
syndiqué
anodique
merdique
nordique
acnéique
linéique
trafiqué

golfique
coufique
tragique
Belgique
fongique
alogique
bachique
béchique
saphique
orphique
typhique
lithique
gothique
mythique
sialique
italique
oxalique
biblique
cyclique
gaélique
gallique
réplique
répliqué
impliqué
applique
appliqué
dupliqué
expliqué
amylique
stylique
adamique
cramique
anémique
urémique
chimique
amimique
filmique
anomique
gnomique
bromique
atomique
dermique
formique
sismique
cosmique
thymique
clanique
Granique
uranique
pycnique
scénique
édénique

8

phénique
phéniqué
irénique
axénique
ethnique
clinique
gymnique
tannique
hunnique
iconique
phonique
bionique
clonique
ironique
atonique
bernique
cornique
forniqué
faunique
monoïque
héroïque
adipique
tropique
utopique
hippique
surpiqué
atypique
fabrique
fabriqué
imbriqué
lubrique
rubrique
rubriqué
picrique
hydrique
Ibérique
ibérique
féerique
Amérique
stérique
onirique
kymrique
Manrique
caprique
cuprique
barrique
ferrique
métrique
citrique
nitrique
intriqué
yttrique
liasique
mnésique
Persique
persique
massique
physique
viatique
pratique
pratiqué
étatique
statique
lactique
tactique
hectique
pectique
Arctique
arctique
acétique
rhétique
thétique
émétique
noétique
poétique
critique
critiqué
Baltique
baltique
Celtique
celtique
cantique
mantique
biotique
érotique
exotique
azotique
peptique
septique
aortique
portique
mastiqué
distique
rustique
rustiqué
cystique
kystique
mystique
nautique
boutique
atavique
ataxique
atoxique
jazzique
décalque
décalqué
défalqué
inculqué
calanque
palanque
palanqué
Sénanque
pétanque
Palenque
Alacoque
diadoque
suffoqué
loufoque
débloqué
breloque
colloque
colloqué
disloqué
Orénoque
schnoque
pébroque
escroqué
défroque
défroqué
détroqué
entroque
univoque
convoqué
provoqué
débarqué
embarqué
Lamarque
démarque
démarqué
Remarque
remarque
remarqué
monarque
navarque
luperque
Majorque
remorque
remorqué
Minorque
rétorqué
extorqué
bifurqué
Nolasque
démasqué
marasque
tarasque
tudesque
moresque
ubuesque
Lévesque
Aubisque
Rufisque
ménisque
marisque
morisque
Manosque
débusqué
embusqué
offusqué
étrusque
sambuque
rééduqué
heiduque
débouqué
embouqué
felouque
perruque
diptyque
disparue
tonitrué
malotrue
décousue
effectué
perpétué
entre-tué
destitué
restitué
institué
accentué
débattue
rebattue
infoutue
garde-vue
imprévue
entrevue
brise-vue
carte-vue
unisexué
vide-cave
remblavé
conclave
panslave
margrave
burgrave
Cosgrave
chou-rave
Tamatave
Saint-Avé

8

inachevé
Van Cleve
surélevé
Painlevé
sacolève
Congreve
maladive
récidive
récidivé
proclive
Tite-Live
Païolive
enjolivé
Auterive
abrasive
invasive
adhésive
cohésive
décisive
incisive
émulsive
dolosive
coursive
émissive
poussive
effusive
allusive
locative
sédative
créative
négative
ablative
oblative
relative
conative
curative
durative
rotative
optative
putative
laxative
réactive
réactivé
inactive
inactivé
tractive
élective
additive
additivé
auditive
fugitive
volitive

vomitive
lénitive
punitive
positive
jointive
démotivé
immotivé
adoptive
éruptive
abortive
sportive
univalve
trivalve
Gonzalve
mangrove
conferve
trinervé
préservé
conserve
conservé
guimauve
réprouvé
approuvé
retrouvé
Zimbabwe
Lilongwe
parataxe
simplexe
complexe
complexé
perplexe
Péréfixe
antéfixe
paradoxe
équinoxe
remblayé
sous-payé
rentrayé
réessayé
grasseyé
langueyé
flamboyé
rougeoyé
remployé
atermoyé
tournoyé
foudroyé
poudroyé
hongroyé
charroyé
guerroyé
grossoyé

voussoyé
jointoyé
fourvoyé
kamikaze
La Chaize
kolkhoze
sovkhoze
quatorze
barbouze
perlouze
Naurouze
partouze
al-Nadjaf
Marggraf
baby-beef
derechef
sous-chef
Métabief
Leontief
demi-clef
astronef
Falstaff
Kniaseff
Birkhoff
Van't Hoff
Malakoff
Hittorff
schnouff
gérondif
répulsif
impulsif
expulsif
révulsif
expansif
défensif
offensif
intensif
ostensif
extensif
implosif
explosif
corrosif
immersif
détersif
inversif
récursif
récessif
excessif
agressif
jouissif
occlusif
inclusif

exclusif
extrusif
combatif
siccatif
éducatif
laudatif
purgatif
radiatif
formatif
normatif
lucratif
itératif
narratif
épuratif
pulsatif
causatif
imitatif
captatif
portatif
gustatif
privatif
olfactif
défectif
affectif
effectif
objectif
adjectif
bijectif
injectif
sélectif
directif
déductif
inductif
réplétif
explétif
primitif
dormitif
plumitif
cognitif
apéritif
nutritif
sensitif
factitif
partitif
intuitif
attentif
adventif
inventif
plaintif
craintif
réceptif
digestif

arbustif
exécutif
évolutif
réflexif
Théodulf
Cynewulf
Zamenhof
Peterhof
Meyerhof
Stutthof
Struthof
Pribilof
Lagerlöf
tire-nerf
Burgdorf
Naundorf
Windsurf
Rutebeuf
mire-œuf
teuf-teuf
patapouf
Bergslag
philibeg
Winnipeg
antigang
Nanchang
Yi-tch'ang
Sin-hiang
Zhejiang
Xinjiang
Sin-kiang
kaoliang
Xinxiang
Magelang
Semarang
Nha Trang
demi-sang
Dunhuang
Heng-yang
Hengyang
Ngan-yang
Xianyang
Chen-yang
Shenyang
Hien-yang
Leao-yang
Liaoyang
Wang Meng
Bandoeng
Lallaing
parpaing
bastaing

Fielding
building
standing
briefing
Pershing
Brushing
Worthing
cracking
shocking
trekking
starking
Atheling
shilling
Ts'in-ling
yearling
sterling
Stirling
riesling
Quisling
Weitling
Freyming
training
stakning
planning
Leao-ning
Liaoning
Browning
browning
Marcoing
sleeping
tramping
Nyköping
shopping
clearing
dressing
pressing
Dongting
Tong-t'ing
yachting
Branting
shirting
trotting
lobbying
Viêt-cong
Pingdong
Shandong
Liaodong
Nanchong
sou-chong
Sông Hông
Haiphong
Taizhong

Kao-hiong
Gaoxiong
Hong Kong
Hongkong
Tseu-kong
Shillong
Qianlong
K'ien-long
Wang Mong
ping-pong
folksong
P'ing-tong
Ngan-tong
Chan-tong
Leao-tong
packfung
Pham Hung
Nibelung
Belitung
shantung
Taganrog
Guldberg
Runeberg
Freiberg
Mühlberg
Cullberg
Bromberg
Weinberg
Nürnberg
Rifbjerg
Neipperg
Göteborg
Sandburg
Lüneburg
Freiburg
Naumburg
Duisburg
Boksburg
Ginsburg
Wartburg
Salzburg
Würzburg
Fribourg
fribourg
Hambourg
Limbourg
Combourg
faubourg
padichah
'Abd Allāh
Abdullah
Savannah

Sakkarah
Saqqarah
Dendérah
massorah
Méneptah
Mineptah
Rohrbach
Rossbach
Rouffach
Balkhach
almanach
Eisenach
cétérach
cromlech
high-tech
bakchich
haschich
Gombrich
Heydrich
Dietrich
Sandwich
sandwich
Penmarch
Diekirch
Illkirch
Altkirch
Ter Borch
goulasch
hachisch
Garmisch
Andersch
Lubitsch
potlatch
borchtch
Gurvitch
tarbouch
dahabieh
Ansarieh
Djézireh
Tecumseh
Corcaigh
Rayleigh
Vanbrugh
Karabakh
Oïstrakh
Viêt-minh
Firuz koh
Mehrgarh
scottish
Nazareth
Gilbreth
Meredith

8

8

Griffith
wisigoth
Klaproth
Bosworth
Hayworth
Bayreuth
mammouth
Monmouth
Yarmouth
vermouth
Plymouth
Beyrouth
Mori Ōgai
entre-haï
Chang-hai
Shanghai
Ts'ing-hai
Leang K'ai
Liang Kai
étambrai
Courtrai
samouraï
Tōshūsai
Abū Dhabī
al-Fārābī
estourbi
Carducci
Vespucci
Petrucci
Comaneci
éclairci
obscurci
accourci
Takoradi
mercredi
vendredi
refroidi
quintidi
quartidi
Grimaldi
Gassendi
Raimondi
Sismondi
Leopardi
abâtardi
dégourdi
engourdi
assourdi
applaudi
al-Mas'ūdī
Agnus Dei
Transkei
Ienisseï
Kyōkutei
Hia Kouei
rétroagi
interagi
ressurgi
Rājshāhī
mariachi
Bektāchī
défléchi
réfléchi
infléchi
dégauchi
Terauchi
Malpighi
Respighi
New Delhi
Maebashi
Gu kaizhi
scenarii
Hachiōji
Catterjī
Bourbaki
souvlaki
Nagasaki
Takasaki
Murasaki
Kawasaki
Hirosaki
Miyazaki
Tanizaki
Słowacki
Rudnicki
Krasicki
Krasucki
Helsinki
Sobieski
Chouïski
Kowalski
Żeromski
Polanski
Żeleński
Annenski
Kerenski
Babinski
Babinski
Nijinski
Belinski
kolinski
Tcherski
Sikorski
après-ski
zakouski
Rimouski
Walewski
Zao Wou-ki
bouzouki
Mexicali
Nephtali
affaibli
Disraeli
souahéli
Gabrieli
enseveli
pili-pili
teocalli
Arāvalli
Bombelli
Vercelli
Magnelli
Minnelli
Prunelli
Crivelli
défailli
rejailli
armailli
assailli
Pozzuoli
désempli
accompli
assoupli
wienerli
Beltrami
Toyotomi
raffermi
Baguirmi
rendormi
renformi
Khārezmī
Cipriani
Graziani
Illimani
maharani
Ndzouani
Gallieni
Mascagni
Morgagni
bahreïni
redéfini
indéfini
semi-fini
monokini
Pasolini
catimini
Paganini
Vivarini
Severini
Morosini
Spontini
Komotiní
Giovanni
Piccinni
Colleoni
Boccioni
Taglioni
Albinoni
macaroni
Alberoni
Tricouni
rembruni
Khomeyni
réemploi
inemploi
Villeroi
palefroi
Geoffroi
désarroi
interroi
pourquoi
Stanovoï
waterzoi
réchampi
déguerpi
accroupi
Wulumuqi
Soungari
Kalahari
Mata Hari
Cagliari
pelotari
Guattari
Godāvari
hourvari
sans-abri
assombri
attendri
amoindri
béribéri
renchéri
Caffieri
Ruggieri
Zampieri
Guarneri
démaigri
mistigri
rabougri

hara-kiri
al-Ḥarīrī
daiquiri
fortiori
endolori
tandoori
Muratori
Thonburi
défleuri
refleuri
effleuri
Lapaouri
Missouri
Oussouri
bistouri
appauvri
Vārāṇasī
Sulawesi
Kouang-si
dessaisi
ressaisi
Brindisi
cramoisi
el-Edrisi
maffiosi
Koumassi
Petrassi
Tbilissi
dégrossi
regrossi
Éphrussi
Brancusi
Ferdowsi
Kiribati
Frascati
Chari'ati
Salviati
gujarati
Amravati
Saliceti
graffiti
Ado-Ekiti
al-Wāsiṭī
ouistiti
mercanti
empuanti
Clementi
apprenti
consenti
ressenti
rapointi
Visconti
triparti
Ghiberti
Gioberti
desserti
subverti
converti
perverti
rassorti
ressorti
Trimūrti
Ploieşti
travesti
sacristi
sapristi
Toliatti
concetti
confetti
libretti
Rossetti
Olivetti
Vanzetti
Giolitti
Galeotti
Bussotti
Cernăuţi
inabouti
Djibouti
englouti
Han Wou-ti
Gardafui
Oubangui
sahraoui
boui-boui
riquiqui
Roustavi
Consalvi
desservi
resservi
Cotopaxi
Radványi
Benghazi
antinazi
Ferenczi
Zhuangzi
Legrenzi
Kongfuzi
Negruzzi
tie-break
Koltchak
Kazanlăk
Bonampak
Moubarak
Skagerak
feed-back
zwieback
come-back
drawback
play-back
Gladbeck
Groddeck
spardeck
Habeneck
romsteck
rumsteck
Moby Dick
Limerick
limerick
Chadwick
Pickwick
Van Dijck
Vlaminck
Greenock
Thurrock
Bismarck
Delbrück
Hunsrück
Kimchaek
Maidanek
Majdanek
Windhoek
Stabroek
Naltchik
pachalik
chachlik
Kopernik
Spoutnik
refuznik
Boufarik
Keflavík
Vestdijk
Kortrijk
cake-walk
herd-book
stud-book
Telemark
télémark
Danemark
Finnmark
Hyde Park
Arm's Park
Špilberk
Lougansk
Smolensk
Atchinsk
Stalinsk
Simbirsk
Plesetsk
Irkoutsk
mamelouk
Chillouk
Sihanouk
tomahawk
Élagabal
Hannibal
Adherbal
déverbal
zodiacal
stomacal
syndical
beylical
inamical
tropical
clérical
vertical
cortical
cervical
néolocal
méniscal
toroïdal
Durandal
Durendal
Lowendal
Cadoudal
trachéal
périnéal
Montréal
bractéal
Parsifal
madrigal
Warangal
conjugal
Portugal
Tāj Mahal
sénéchal
maréchal
Stendhal
zénithal
official
absidial
prandial
allodial
brachial
familial
binomial
domanial
colonial

8

canonial
vicarial
salarial
notarial
impérial
prairial
Escorial
mémorial
armorial
Escurial
abbatial
palatial
comitial
synovial
diluvial
alluvial
illuvial
Istiqlāl
extrémal
proximal
lacrymal
méthanal
tympanal
duodénal
nouménal
surrénal
scabinal
vaccinal
cardinal
imaginal
original
marginal
virginal
machinal
staminal
Germinal
germinal
terminal
Quirinal
inguinal
automnal
décennal
vicennal
triennal
diaconal
diagonal
régional
national
rational
cyclonal
hormonal
patronal
neuronal
cantonal
hibernal
infernal
hivernal
tribunal
shogunal
communal
drop-goal
syncopal
cérébral
carcéral
viscéral
pondéral
vespéral
urétéral
littéral
intégral
temporal
corporal
pectoral
rectoral
doctoral
pastoral
littoral
matorral
saburral
théâtral
spectral
arbitral
binaural
monaural
épidural
furfural
pictural
cultural
postural
guttural
reversal
colossal
prénatal
néonatal
objectal
pariétal
variétal
trimétal
non-métal
Darnétal
al-Akhṭal
barbital
sommital
L'Hôpital
vicomtal
oriental
Emmental
emmental
parental
prévôtal
sagittal
azimutal
carnaval
Grandval
Perceval
médiéval
Bonneval
khédival
gingival
Bougival
festival
Buzenval
Arsonval
Roberval
minerval
préfixal
suffixal
Neusiedl
Judicaël
Ruisdael
Ruysdael
Maelwael
Schnabel
Schnebel
Parrocel
bulb-keel
permagel
Schlegel
hydrogel
Arzachel
Herschel
Breughel
indiciel
ludiciel
officiel
logiciel
Ézéchiel
matériel
artériel
mémoriel
inertiel
Schinkel
béchamel
Goudimel
hydromel
Ploërmel
informel
Chabanel
Jouvenel
originel
criminel
solennel
shrapnel
maternel
paternel
archipel
sapropel
estoppel
Valmorel
temporel
corporel
culturel
Van Wesel
sulfosel
éther-sel
Broussel
Duchâtel
coquetel
immortel
Le Portel
Morestel
résiduel
Montluel
Emmanuel
Tréfouël
inactuel
ponctuel
habituel
éventuel
bisexuel
Tautavel
chandail
attirail
monorail
autorail
poitrail
pont-rail
cocktail
éventail
frontail
appareil
cercueil
guide-fil
droit-fil
mange-mil
Le Mesnil
Louvroil
Anquetil

8

Chabeuil
cerfeuil
Bonneuil
Verneuil
Vouneuil
Dubreuil
écureuil
Breteuil
Nanteuil
fauteuil
Adliswil
alguazil
handball
base-ball
football
Marshall
Portsall
Cornwall
Campbell
Sabadell
Mitchell
Brummell
Bushnell
O'Connell
O'donnell
Wicksell
Caldwell
Farewell
Bothwell
Stilwell
Cromwell
Lasswell
croskill
mandrill
Zangwill
Solihull
push-pull
sous-pull
ras-le-bol
cache-col
monergol
catergol
Ravachol
Schiphol
komsomol
Champmol
méthanol
diphénol
espagnol
rhodinol
terpinol
baba cool

dialcool
Ternopol
Interpol
Tiraspol
Saint-Pol
glycérol
Pignerol
Esquirol
Le Ferrol
carburol
entresol
cortisol
paléosol
lithosol
hydrosol
Limassol
corossol
sorbitol
mannitol
taxi-girl
call-girl
Przemyśl
Kwakiutl
Jean-Paul
Belzébul
Istanbul
casse-cul
bisaïeul
Bailleul
épagneul
Chevreul
Choiseul
non-cumul
Barnaoul
Djamboul
Bouthoul
capitoul
Schiedam
schiedam
ice-cream
Sydenham
miam-miam
réhoboam
Jéroboam
jéroboam
diazépam
cramcram
aspartam
Bethléem
Maldegem
Zottegem
Zwevegem

Zedelgem
Wevelgem
Oudergem
Corbehem
Ockeghem
Téteghem
Santarém
Veszprém
Hemiksem
Zaventem
Bayt Laḥm
matefaim
Oświęcim
hassidim
séfardim
Waldheim
Durkheim
Blenheim
Hoenheim
Mannheim
Stroheim
Habsheim
Molsheim
Entzheim
alastrim
Montcalm
téléfilm
Fredholm
Bornholm
Menez Hom
prête-nom
Cattenom
Saint-Nom
baby-boom
showroom
Angström
angström
Malstrom
malstrom
Sjöström
Benidorm
Avaricum
pallidum
linoléum
populéum
Serapéum
serapeum
lutécium
silicium
francium
caladium
vanadium

rubidium
scandium
taxodium
patagium
nobélium
mycélium
thallium
psyllium
phormium
géranium
sélénium
hyménium
actinium
Lavinium
méconium
polonium
ammonium
europium
velarium
vélarium
solarium
samarium
aquarium
vivarium
pomerium
gynérium
imperium
ciborium
emporium
masurium
Bruttium
diluvium
illuvium
cymbalum
spéculum
coagulum
extremum
crithmum
labdanum
laudanum
duodénum
Lugdunum
badaboum
Karakoum
Avvakoum
Erzeroum
schproum
Khartoum
variorum
électrum
ageratum
adiantum

8

factotum
Martaban
Seremban
Colomban
Culiacán
anglican
gallican
pemmican
jerrican
Caloocan
jerrycan
peucédan
Sheridan
Mussidan
picardan
Ampurdán
Gévaudan
blue-jean
Kordofan
Toboggan
toboggan
cardigan
Michigan
Nelligan
hooligan
houligan
korrigan
Namangan
De Morgan
Ramat Gan
T'ang-chan
Ngan-chan
Chanchán
Tian-chan
T'ien-chan
Hamadhān
Morbihan
Agha Khān
Tangshan
Tian Shan
Jonathan
Sima Qian
Mondrian
Guderian
nigérian
Chatrian
Astrakan
astrakan
Millikan
bataclan
Magellan
mosellan

McMillan
sévillan
Coriolan
rataplan
demi-plan
plan-plan
monoplan
Tamerlan
Mac Orlan
Mazatlán
portulan
Friedman
Vredeman
Bridgman
perchman
Bochiman
Harriman
musulman
Carloman
préroman
Spearman
doberman
Lederman
alderman
Dagerman
Inkerman
Superman
superman
Omdurman
talisman
crossman
yachtman
rugbyman
Süleyman
Buchanan
Artagnan
Carignan
Marignan
Lusignan
Lézignan
gnangnan
Houai-nan
Locronan
chenapan
Belmopan
Zurbarán
trimaran
Malibran
télécran
mazagran
cormoran
andorran

trantran
cisjuran
Khorāsān
Khurāsān
Parmesan
parmesan
valaisan
Fouji-San
partisan
formosan
Du Mersan
Gruissan
orviétan
Pelletan
Secrétan
Siang-t'an
Xiangtan
Argentan
argentan
Carentan
La Hontan
Barbotan
cabestan
Golestān
Lorestān
Nurestān
Pakistan
Gulistān
Luristān
Nūristān
Yinchuan
Cordouan
cordouan
Fan K'ouan
Kairouan
mantouan
Yangquan
Dong Yuan
Tong Yuan
Sullivan
Myingyan
Barbazan
Messiaen
Schwaben
Todleben
Totleben
Mulhacén
Debrecen
Ijmuiden
Culloden
bigouden
caribéen

saducéen
chaldéen
Aberdeen
paludéen
trachéen
dédaléen
galiléen
chelléen
céruléen
panaméen
dahoméen
macanéen
cananéen
pyrénéen
éburnéen
européen
nazaréen
chasséen
nabatéen
Wimpffen
Nijmegen
Bolligen
Erlangen
Tübingen
Solingen
Beringen
Roentgen
roentgen
Steichen
Grenchen
groschen
Wou Tchen
chouchen
Shenzhen
biscaïen
kafkaïen
Félibien
namibien
danubien
sélacien
alsacien
ajaccien
lutécien
magicien
logicien
galicien
milicien
stoïcien
musicien
opticien
francien
toarcien

8

arcadien
tchadien
akkadien
canadien
comédien
aphidien
ophidien
hyoïdien
acridien
méridien
davidien
scaldien
Claudien
freudien
saoudien
plébéien
nancéien
pompéien
pélagien
géorgien
phrygien
tue-chien
hawaiien
régalien
somalien
ouralien
mycélien
hégélien
sahélien
Aurélien
sicilien
Quellien
gaullien
tyrolien
rotulien
panamien
bohémien
Maximien
océanien
rubénien
mycénien
athénien
arménien
sirénien
essénien
racinien
socinien
hominien
arminien
Papinien
rétinien
audonien
filonien
junonien
néronien
huronien
turonien
chtonien
estonien
ottonien
dévonien
amarnien
brownien
cégépien
oedipien
olympien
saharien
agrarien
césarien
cambrien
libérien
sibérien
ligérien
nigérien
algérien
galérien
Valérien
vomérien
sumérien
vénérien
népérien
lozérien
ivoirien
Majorien
comorien
ligurien
silurien
lémurien
illyrien
assyrien
eurasien
salésien
silésien
arlésien
capésien
artésien
accisien
tunisien
parisien
prussien
T'ao Ts'ien
vénusien
sinusien
Novatien
capétien
Chrétien
chrétien
lutétien
tahitien
Politien
Domitien
vénitien
maintien
égyptien
iraquien
Octavien
bolivien
diluvien
péruvien
hertzien
Mulliken
Mechelen
Van Allen
Capellen
Kapellen
Steinlen
cyclamen
réexamen
spécimen
Newcomen
aldermen
supermen
crossmen
yachtmen
rugbymen
Saarinen
Kekkonen
Tongeren
Wetteren
Chéphren
Khephren
Nichiren
Van Buren
Tervuren
Jacobsen
Amundsen
shamisen
Tilimsen
Sørensen
Andersen
Guertsen
Mao Touen
Welhaven
New Haven
Newhaven
Pont-Aven
Lesneven
Zonhoven
biscayen
Jan Mayen
Van Goyen
Siegbahn
Iserlohn
africain
mexicain
marocain
Jourdain
Pont-d'Ain
prochain
Bouchain
bouchain
Guillain
sous-main
Pontmain
inhumain
Guesnain
riverain
suzerain
nourrain
quatrain
piétrain
naissain
tibétain
Maritain
puritain
lusitain
Aquitain
aquitain
plantain
trentain
lointain
écrivain
rosalbin
colombin
concubin
Chérubin
chérubin
clavecin
Szczecin
muscadin
grenadin
comtadin
Nūr al-Dīn
almandin
lavandin
ragondin
girondin
Ficardin

8

Dujardin
Le Lardin
Girardin
Sinn Féin
Moulmein
Kufstein
Holstein
Manstein
Einstein
Kirstein
extrafin
aiglefin
aigrefin
superfin
sauvagin
fraîchin
briochin
Guerchin
Sainghin
séraphin
Haut-Rhin
Tolbuhin
Chongjin
Patinkin
algonkin
Zworykin
Cromalin
chevalin
Koszalin
Guesclin
Goncelin
Roscelin
Michelin
orphelin
Pathelin
Zeppelin
zeppelin
fifrelin
Josselin
manuélin
jaquelin
Poquelin
Wölfflin
Koechlin
Reuchlin
Kouei-lin
inquilin
Esquilin
Franklin
corallin
Medellín
vitellin
tefillin
sibyllin
fridolin
pangolin
zinzolin
tremplin
esterlin
masculin
Dumoulin
Benjamin
benjamin
Li Che-min
mi-chemin
Villemin
Li Shimin
anavenin
Saturnin
saturnin
coin-coin
sainfoin
Richepin
Montépin
pitchpin
subalpin
préalpin
Césalpin
cisalpin
escarpin
Turlupin
mandarin
Gasparin
Tartarin
tartarin
crincrin
Flandrin
flandrin
gorgerin
vacherin
Pellerin
Garnerin
Couperin
tisserin
pulvérin
rouverin
Schwerin
Geoffrin
pérégrin
Chalgrin
Santorin
pourprin
Cointrin
mathurin
purpurin
voiturin
sarrasin
la Voisin
Narām-Sin
organsin
Alfonsín
mocassin
Aucassin
carassin
assassin
Chaussin
Pélussin
broussin
T'ien-tsin
argousin
Limousin
limousin
prélatin
cadratin
Keewatin
Felletin
bulletin
cassetin
roquetin
Enfantin
enfantin
galantin
lamantin
levantin
Byzantin
byzantin
argentin
Valentin
Barentin
Cotentin
bisontin
barbotin
turbotin
chicotin
biscotin
margotin
ballotin
libertin
Levertin
Célestin
célestin
intestin
Augustin
augustin
Baudouin
chafouin
pingouin
marsouin
tintouin
casaquin
Arlequin
arlequin
ramequin
Janequin
maroquin
trusquin
lie-de-vin
pot-de-vin
Langevin
poitevin
taste-vin
Léguevin
Chindwin
Gershwin
feddayin
Sarrazin
Mauvezin
Béhanzin
Pratteln
Goldmann
Telemann
Hoffmann
Bachmann
Eichmann
Beckmann
Erckmann
Kuhlmann
Ruhlmann
Gell-Mann
Cullmann
Helpmann
Lippmann
Weismann
Bultmann
Hartmann
Schumann
Weizmann
Malegaon
Bhatgaon
Villebon
Tjirebon
Casaubon
Cazaubon
malfaçon
ostracon
Stilicon
salpicon
Himilcon

8

Briançon
palançon
Armançon
Jurançon
jurançon
Besançon
Salençon
écoinçon
Tarascon
Poséidon
mirmidon
myrmidon
guéridon
bastidon
Basildon
corindon
tétrodon
Girardon
Le Verdon
rigaudon
trudgeon
badigeon
plongeon
bourgeon
Panthéon
panthéon
caméléon
Timoléon
Napoléon
napoléon
Anacréon
glucagon
Harpagon
harpagon
estragon
martagon
vessigon
parangon
analogon
Valdahon
Mac-Mahon
Arcachon
patachon
godichon
pâlichon
folichon
bonichon
blanchon
Planchon
cabochon
polochon
fourchon

baluchon
alluchon
capuchon
Proudhon
Xénophon
Marathon
marathon
Manéthon
Pangaion
Asunción
caladion
Chlodion
Gytheion
troufion
religion
némalion
Espalion
Aftalion
trublion
ganglion
Iráklion
trillion
acromion
phormion
Endymion
endymion
dominion
désunion
Sérapion
champion
grimpion
Scorpion
scorpion
croupion
Hilarion
histrion
décurion
occasion
abrasion
invasion
adhésion
cohésion
décision
incision
excision
dérision
révision
division
émulsion
avulsion
évulsion
scansion

éclosion
émersion
aversion
éversion
pression
scission
émission
omission
affusion
effusion
infusion
allusion
illusion
obtusion
libation
vacation
location
vocation
sédation
nidation
sudation
idéation
création
légation
négation
aviation
ablation
oblation
délation
relation
himation
somation
agnation
conation
donation
aération
giration
datation
natation
citation
cotation
dotation
notation
rotation
votation
mutation
nutation
équation
novation
taxation
vexation
fixation

luxation
réaction
inaction
fraction
traction
exaction
éjection
élection
érection
évection
friction
éviction
sanction
fonction
jonction
ponction
sujétion
délétion
ambition
addition
sédition
audition
volition
ignition
finition
monition
munition
punition
position
pétition
dévotion
adoption
éruption
question
locution
ablution
dilution
solution
parution
giravion
alluvion
illuvion
annexion
Le Donjon
Dietikon
Wetzikon
gonfalon
Pantalon
pantalon
tromblon
Ashkelon
chamelon

8 Ashqelon
caquelon
Miquelon
Flin Flon
flonflon
biathlon
Tassilon
Jagellon
graillon
Mabillon
Focillon
modillon
ardillon
oreillon
sémillon
manillon
vanillon
papillon
Carillon
carillon
morillon
durillon
oisillon
tatillon
cotillon
Bouillon
bouillon
couillon
Pouillon
souillon
Pavillon
pavillon
tavillon
Kakiemon
Philémon
phlegmon
Rashōmon
giraumon
gonfanon
tympanon
estagnon
salignon
lumignon
Varignon
Pérignon
Matignon
Gueugnon
Martinon
Couesnon
épiploon
Le Tampon
Mascaron
mascaron
fanfaron
Montbron
Mouscron
escadron
chaudron
Quiberon
laideron
Calderón
érigéron
vengeron
longeron
Bergeron
forgeron
tâcheron
Apchéron
bûcheron
vigneron
chaperon
napperon
grateron
laiteron
Sisteron
deutéron
coqueron
Du Perron
bêtatron
bévatron
électron
ignitron
positron
kénotron
cryotron
plastron
klystron
diapason
infrason
ultrason
Jakobson
Grandson
bande-son
épiaison
calaison
salaison
tomaison
fumaison
fanaison
fenaison
venaison
lunaison
paraison
déraison
véraison
nouaison
cuvaison
trahison
garnison
pâmoison
guérison
Harrison
arcanson
échanson
Argenson
Berenson
Robinson
Bjørnson
Thompson
Anderson
Grierson
Paterson
Meyerson
canasson
Ericsson
Ormesson
Radisson
calisson
palisson
salisson
polisson
Hérisson
hérisson
pâtisson
Davisson
Carlsson
Chausson
chausson
Aubusson
Strawson
Tennyson
Sheraton
plancton
micheton
molleton
Appleton
Carleton
frometon
magnéton
banneton
hanneton
panneton
hoqueton
griveton
griffton
Brighton
Laughton
Billiton
mirliton
marmiton
Stockton
Hamilton
Scranton
Argenton
argenton
Valenton
Barenton
Edmonton
esponton
mironton
Brampton
Crampton
Kingston
capiston
short ton
esclavon
dicaryon
Longuyon
Barbizon
Pitcairn
Dearborn
Hagedorn
Coehoorn
chadburn
Bhādgāun
Dehra Dūn
Saverdun
Liverdun
Issoudun
Ducommun
Cameroun
homespun
importun
opportun
Behistun
quelqu'un
Freetown
Cape Town
Yorktown
Brooklyn
Maranhão
Baliqiao
El Callao
Mindanao
Ts'ao Ts'ao
Ts'ing-tao
Doniambo
Coquimbo

8

Salammbô
Akosombo
Carabobo
Angelico
Domenico
cocorico
Acapulco
barranco
flamenco
Lourenço
Magnasco
osso-buco
Alvarado
Eldorado
eldorado
Colorado
Hokkaidō
Gesualdo
commando
Belmondo
Lombardo
Betsiléo
solidago
Santiago
tout de go
San Diego
alter ego
vitiligo
Mocenigo
impétigo
fandango
conjungo
gaspacho
Ayacucho
Houang-ho
Rimailho
Muqdisho
Lê Duc Tho
Masaccio
libeccio
Baroccio
Palladio
Kuroshio
Badoglio
Vecellio
scénario
oratorio
Fantasio
sex-ratio
Le Clézio
Alentejo
Kouo Mo-jo

Sanjurjo
Gretchko
Dovjenko
Lyssenko
antihalo
tchapalo
méli-mélo
ex nihilo
Sangallo
Gargallo
Marcello
Torcello
Bandello
Bargello
Adamello
Cappello
caudillo
Trujillo
Amarillo
Carrillo
Saltillo
Castillo
Pinerolo
Westerlo
São Paulo
Geronimo
Haavelmo
ecce homo
Yoritomo
Pontormo
Giordano
Marciano
Giuliano
Belgrano
Brentano
Vigevano
Castagno
Piombino
Borodino
oto-rhino
Avellino
Masolino
Calepino
pilipino
ténorino
neutrino
Trissino
Trentino
Bronzino
Guéhenno
kakemono
makimono

Soekarno
Waterloo
Su Dongpo
Chemulpo
Quarnaro
Avogadro
San Pedro
saladero
Escudero
Sampiero
sombrero
Barreiro
cruzeiro
Polidoro
Comodoro
Río de Oro
Vanikoro
Pissarro
Chamorro
vespétro
Palestro
maffioso
grazioso
Lombroso
maestoso
Chamisso
staccato
ostinato
moderato
Irapuato
Grosseto
Tch'ang-tö
Hirohito
Mosquito
bel canto
Río Tinto
Yamamoto
Kumamoto
Minamoto
poto-poto
del Sarto
in-quarto
concerto
Callisto
Koivisto
libretto
terzetto
lave-auto
Bassouto
continuo
statu quo
Guo Moruo

Río Bravo
in-octavo
Sarajevo
Balakovo
Kemerovo
Sztutowo
Huancayo
Chiclayo
Bulawayo
handicap
Walschap
ball-trap
Tonlé Sap
township
Avercamp
Guingamp
Ronchamp
Oostkamp
free-shop
ciné-shop
agit-prop
auto-stop
beaucoup
Pareloup
Sverdrup
Zia ul-Haq
Le Relecq
Audruicq
millibar
Zanzibar
zanzibar
snack-bar
piano-bar
stock-car
Hamilcar
scout-car
Pavlodar
hospodar
Goodyear
Moẓaffar
Muẓaffar
Srinagar
Jāmnagar
agar-agar
Kandahar
Qandahār
antichar
Putiphar
nénuphar
Farquhar
El-Hadjar
Mouaskar

8

cellular
Valdemar
coquemar
Avenzoar
Macassar
macassar
Amritsar
racontar
colcotar
cougouar
cultivar
Temesvár
Kaposvár
Peshāwar
kala-azar
Cortázar
Bani Sadr
scrubber
prohiber
enjamber
regimber
incomber
aplomber
retomber
englober
engerber
enherber
absorber
adsorber
résorber
radouber
préfacer
surfacer
déglacer
violacer
déplacer
replacer
grimacer
Bernácer
retracer
rapiécer
clamecer
matricer
balancer
relancer
romancer
financer
garancer
sérancer
devancer
cadencer
carencer
défoncer
enfoncer
engoncer
semoncer
dénoncer
renoncer
annoncer
repercer
retercer
déforcer
efforcer
divorcer
immiscer
gambader
saccader
cascader
pommader
grenader
dégrader
extrader
torsader
succéder
précéder
concéder
procéder
posséder
suicider
élucider
trucider
scheider
trépider
débrider
hybrider
présider
outsider
liquider
renvider
Le Helder
Demolder
débander
Osiander
Xylander
demander
truander
légender
ramender
débonder
féconder
seconder
inféoder
rebroder
corroder
débarder
jobarder
cacarder
recarder
bocarder
cafarder
regarder
délarder
canarder
hasarder
musarder
retarder
attarder
bavarder
bazarder
lézarder
démerder
emmerder
saborder
déborder
reborder
accorder
décorder
recorder
encorder
échauder
renauder
minauder
marauder
tarauder
ravauder
préluder
accouder
extruder
jonkheer
énucléer
suppléer
délinéer
procréer
congréer
maugréer
dégrafer
mâchefer
entrefer
brise-fer
rebiffer
agriffer
Schöffer
Toepffer
chauffer
étouffer
spirifer
herbager
saccager
afféager
rengager
packager
étalager
soulager
fromager
teen-ager
aménager
surnager
propager
ombrager
outrager
ouvrager
présager
passager
Messager
messager
paysager
partager
ennuager
assiéger
protéger
Honegger
Rosegger
déneiger
reneiger
enneiger
Scaliger
affliger
infliger
négliger
colliger
corriger
voltiger
fustiger
Lustiger
vidanger
échanger
Bélanger
mélanger
Erlanger
démanger
remanger
Béranger
déranger
Spranger
arranger
étranger
essanger
louanger

8

Bérenger
Salinger
springer
allonger
horloger
subroger
proroger
héberger
goberger
immerger
asperger
déterger
diverger
Duverger
dégorger
regorger
engorger
expurger
insurger
déjauger
patauger
préjuger
rabâcher
débâcher
relâcher
remâcher
panacher
arracher
ensacher
détacher
entacher
attacher
gouacher
allécher
dépêcher
repêcher
empêcher
ébrécher
assécher
afficher
enficher
dénicher
enticher
aguicher
flancher
plancher
épancher
brancher
trancher
étancher
guincher
broncher
décocher
ricocher
encocher
talocher
filocher
empocher
dérocher
enrocher
bavocher
chercher
écorcher
fourcher
Miescher
Genscher
pinscher
herscher
Thatcher
Fletcher
scotcher
ébaucher
débucher
déjucher
pelucher
éplucher
aboucher
parapher
Galibier
plombier
L'Herbier
bourbier
tourbier
jujubier
fouacier
officier
policier
tunicier
nuancier
princier
négocier
associer
sourcier
peaucier
Daladier
saladier
irradier
remédier
expédier
alandier
amandier
Grandier
buandier
parodier
taxodier
paludier
répudier
Neumeier
estafier
rubéfier
cokéfier
tuméfier
raréfier
greffier
truffier
pacifier
nidifier
codifier
modifier
salifier
gélifier
ramifier
momifier
nanifier
panifier
lénifier
vinifier
bonifier
tonifier
vérifier
aurifier
purifier
ossifier
gâtifier
ratifier
bêtifier
notifier
vivifier
cocufier
réfugier
Fléchier
Berthier
kapokier
localier
escalier
pédalier
échalier
espalier
Cavalier
cavalier
Duvalier
doublier
bouclier
échelier
oiselier
roselier
batelier
râtelier
hôtelier
manglier
sanglier
mobilier
affilier
familier
humilier
résilier
fusilier
quillier
défolier
exfolier
parolier
virolier
remplier
templier
supplier
peuplier
féculier
séculier
régulier
pilulier
Récamier
badamier
heaumier
légumier
rubanier
pacanier
arganier
organier
remanier
bananier
casanier
latanier
butanier
douanier
ingénier
Patenier
dizenier
peignier
Reignier
guignier
Sangnier
Tergnier
chaînier
grainier
bobinier
robinier
salinier
Gélinier

8

marinier
résinier
matinier
potinier
Maulnier
pionnier
acconier
limonier
timonier
aumônier
péronier
charnier
Fournier
fournier
Tournier
Plisnier
tulipier
équipier
recopier
houppier
pourpier
croupier
troupier
polypier
gabarier
salarier
démarier
remarier
déparier
apparier
Chabrier
marbrier
cendrier
baudrier
coudrier
poudrier
camérier
gaufrier
oeufrier
ivoirier
excorier
colorier
armorier
Charrier
charrier
pierrier
guerrier
beurrier
courrier
fourrier
plâtrier
huîtrier

destrier
Fautrier
ordurier
injurier
armurier
parurier
Sérurier
roturier
levurier
chevrier
poivrier
extasier
chaisier
fraisier
balisier
tamisier
remisier
cerisier
merisier
bêtisier
Le Gosier
boursier
coursier
crassier
quassier
Cressier
pressier
baissier
caissier
Teissier
huissier
brossier
grossier
haussier
poussier
éclusier
Sérusier
Sabatier
alfatier
régatier
kolatier
cafetier
Peletier
giletier
muletier
panetier
lunetier
papetier
savetier
buvetier
layetier
gazetier

doigtier
bénitier
droitier
héritier
fruitier
chantier
sabotier
cocotier
fagotier
argotier
échotier
canotier
minotier
sapotier
Chartier
quartier
courtier
Moustier
psautier
émeutier
minutier
égoutier
cloutier
époutier
morutier
Tréguier
languier
manguier
icaquier
vraquier
jacquier
chéquier
aréquier
banquier
parquier
Pasquier
octavier
goyavier
Elsevier
Elzevier
Ollivier
Duvivier
épervier
bronzier
Van Acker
Honecker
Baedeker
Kaminker
surjaler
signaler
dessaler
chevaler

accabler
ensabler
entabler
attabler
dribbler
trembler
affubler
troubler
débâcler
renâcler
recycler
Chandler
harceler
morceler
cordeler
congeler
surgeler
nickeler
pommeler
grumeler
créneler
greneler
rappeler
carreler
corréler
ébiseler
bosseler
panteler
denteler
marteler
Ketteler
botteler
griveler
souffler
renifler
dérégler
Spengler
épingler
tringler
aveugler
Strehler
tréfiler
renfiler
profiler
parfiler
surfiler
faufiler
entoiler
dévoiler
envoiler
rempiler
compiler

8

ventiler
déballer
emballer
pis-aller
rebeller
libeller
exceller
écailler
égailler
piailler
émailler
brailler
crailler
érailler
grailler
babiller
habiller
vaciller
osciller
godiller
oreiller
éveiller
Schiller
thriller
étriller
nasiller
fusiller
pétiller
vétiller
titiller
outiller
feuiller
fouiller
houiller
mouiller
rouiller
souiller
touiller
décoller
recoller
encoller
ébranler
bricoler
gondoler
auréoler
raffoler
barioler
formoler
fignoler
somnoler
consoler
dessoler
rissoler
convoler
survoler
décupler
nonupler
octupler
déparler
reparler
déferler
emperler
Kreisler
Geissler
Koestler
Whistler
éjaculer
spéculer
calculer
floculer
inoculer
circuler
basculer
aciduler
penduler
égueuler
coaguler
virguler
pulluler
trémuler
stimuler
formuler
granuler
sabouler
débouler
ribouler
découler
défouler
refouler
démouler
remouler
écrouler
dérouler
enrouler
stipuler
rebrûler
sporuler
capsuler
postuler
Wat Tyler
diffamer
acclamer
déclamer
réclamer
exclamer
rentamer
doux-amer
Longemer
Guynemer
outre-mer
outre-mer
outremer
parsemer
sursemer
Bessemer
bessemer
ressemer
môn-khmer
essaimer
Gordimer
sublimer
réanimer
escrimer
déprimer
réprimer
imprimer
opprimer
exprimer
Mortimer
empalmer
dégommer
engommer
dénommer
renommer
assommer
slalomer
diplômer
désarmer
refermer
affermer
enfermer
dégermer
affirmer
infirmer
déformer
reformer
réformer
informer
embaumer
empaumer
parfumer
enrhumer
rallumer
déplumer
emplumer
embrumer
subsumer
présumer
consumer
costumer
haubaner
chicaner
cancaner
boucaner
profaner
trépaner
safraner
Muntaner
sylvaner
Krüdener
oxygéner
malmener
remmener
promener
surmener
refréner
réfréner
engrener
Riesener
regagner
esbigner
indigner
éloigner
designer
désigner
résigner
cosigner
assigner
besogner
épargner
éborgner
répugner
Kirchner
dégainer
engainer
délainer
agrainer
égrainer
lambiner
combiner
turbiner
vacciner
calciner
lanciner
fasciner
dandiner
Gardiner
jardiner

8

Kardiner
boudiner
Scheiner
raffiner
confiner
imaginer
marginer
machiner
praliner
décliner
incliner
eye-liner
mouliner
pouliner
examiner
cheminer
éliminer
culminer
fulminer
abominer
terminer
aluminer
épépiner
clopiner
jaspiner
toupiner
amariner
voisiner
cuisiner
bassiner
dessiner
cousiner
platiner
gratiner
ouatiner
piétiner
coltiner
cantiner
tontiner
tartiner
obstiner
destiner
taquiner
aleviner
pluviner
Bruckner
Faulkner
dépanner
empanner
empenner
étrenner
moyenner
façonner
maçonner
déconner
arçonner
bedonner
redonner
bidonner
ordonner
galonner
jalonner
talonner
pilonner
canonner
tenonner
juponner
maronner
résonner
tisonner
bâtonner
tâtonner
bétonner
détonner
mitonner
pitonner
entonner
cotonner
savonner
rayonner
gazonner
violoner
schooner
détrôner
dissoner
incarner
acharner
écharner
hiberner
décerner
caserner
materner
alterner
interner
hiverner
suborner
décorner
encorner
bigorner
ajourner
déjeuner
rechaper
attraper
décrêper
défriper
dissiper
désalper
inculper
dépulper
décamper
estamper
De Momper
estomper
syncoper
varloper
échapper
varapper
égrapper
agripper
stripper
achopper
échopper
écharper
extirper
découper
recouper
déclarer
préparer
comparer
palabrer
délabrer
célébrer
défibrer
calibrer
chambrer
obombrer
décadrer
encadrer
désaérer
pondérer
préférer
différer
conférer
proférer
exagérer
suggérer
arriérer
commérer
énumérer
exonérer
tempérer
réopérer
coopérer
Messerer
blatérer
réitérer
balafrer
chiffrer
goinfrer
épaufrer
intégrer
immigrer
dénigrer
affairer
éclairer
repairer
appairer
déchirer
respirer
inspirer
soupirer
Cassirer
soutirer
chavirer
trévirer
survirer
élaborer
mordorer
surdorer
perforer
déflorer
déplorer
implorer
explorer
évaporer
tortorer
épamprer
débarrer
embarrer
bagarrer
bigarrer
démarrer
déferrer
enferrer
épierrer
enserrer
déterrer
enterrer
atterrer
équerrer
abhorrer
ébourrer
susurrer
folâtrer
emmétrer
fenêtrer
pénétrer
dépêtrer

8

empêtrer
impétrer
arbitrer
dénitrer
cloîtrer
éventrer
frustrer
carburer
procurer
perdurer
demeurer
écoeurer
tuteurer
sulfurer
fulgurer
hachurer
mâchurer
conjurer
parjurer
moulurer
murmurer
saumurer
cyanurer
rainurer
labourer
détourer
entourer
savourer
suppurer
nitrurer
présurer
censurer
tonsurer
rassurer
fissurer
facturer
voiturer
triturer
clôturer
capturer
torturer
bitturer
bouturer
texturer
ébavurer
nervurer
dégivrer
délivrer
déphaser
débraser
embraser
réaléser

soupeser
judaïser
punaiser
arabiser
gréciser
préciser
laïciser
fasciser
anodiser
réaliser
égaliser
coaliser
opaliser
oraliser
avaliser
ovaliser
cycliser
utiliser
styliser
chemiser
atomiser
tanniser
agoniser
ironiser
ozoniser
déboiser
reboiser
dégoiser
patoiser
pavoiser
stariser
émeriser
upériser
défriser
dégriser
dépriser
mépriser
repriser
russiser
étatiser
pactiser
poétiser
érotiser
baptiser
déguiser
aiguiser
menuiser
slaviser
marxiser
impulser
expulser
révulser

recenser
encenser
offenser
dépenser
repenser
imploser
exploser
Permoser
cyanoser
préposer
composer
proposer
supposer
disposer
nécroser
éclipser
reterser
déverser
reverser
inverser
tabasser
jacasser
délasser
damasser
ramasser
finasser
croasser
dépasser
repasser
harasser
entasser
potasser
bavasser
rêvasser
caresser
paresser
adresser
agresser
stresser
abaisser
graisser
mégisser
palisser
éclisser
délisser
froisser
tapisser
hérisser
pâtisser
ratisser
métisser
retisser

écuisser
bruisser
dévisser
revisser
cabosser
embosser
endosser
panosser
désosser
chausser
laïusser
glousser
émousser
trousser
décauser
recauser
raccuser
diffuser
perfuser
jalouser
décruser
dépayser
dialyser
analyser
mandater
calfater
sulfater
frégater
frelater
trémater
colmater
formater
hydrater
nitrater
cravater
débecter
affecter
infecter
objecter
injecter
délecter
sélecter
humecter
détecter
moufeter
budgéter
cacheter
racheter
tacheter
cathéter
empiéter
projeter

8

forjeter
surjeter
refléter
pelleter
colleter
violeter
vigneter
tempêter
décréter
secréter
sécréter
excréter
affréter
apprêter
jarreter
corseter
masséter
bégueter
caqueter
béqueter
requêter
piqueter
enquêter
coqueter
hoqueter
claveter
breveter
louveter
Halffter
enfaîter
délaiter
allaiter
susciter
rééditer
créditer
profiter
marmiter
graniter
déboîter
emboîter
miroiter
crépiter
palpiter
effriter
rewriter
ébruiter
graviter
récolter
dévolter
révolter
occulter
résulter

insulter
décanter
enfanter
déganter
déjanter
aimanter
endenter
régenter
argenter
orienter
lamenter
cémenter
cimenter
pimenter
fomenter
arpenter
arrenter
absenter
patenter
retenter
intenter
attenter
Deventer
inventer
Badinter
éreinter
ajointer
éjointer
épointer
sprinter
chuinter
raconter
démonter
remonter
apponter
claboter
craboter
barboter
chicoter
fricoter
tricoter
ronéoter
margoter
bachoter
rabioter
folioter
pécloter
dorloter
pianoter
pagnoter
mignoter
connoter

clapoter
chipoter
tripoter
rempoter
poiroter
baisoter
dansoter
crevoter
accepter
excepter
sculpter
exempter
encarter
essarter
déserter
escorter
exhorter
déporter
reporter
emporter
importer
apporter
exporter
écourter
dévaster
roadster
infester
triester
délester
molester
Lanester
empester
détester
attester
dragster
gangster
magister
dépister
désister
résister
insister
assister
Leinster
accoster
De Coster
riposter
déguster
rajuster
Brewster
enkyster
dénatter
empatter

baratter
squatter
facetter
endetter
saietter
émietter
fouetter
De Sitter
débotter
cocotter
dégotter
calotter
culotter
carotter
égoutter
boyauter
noyauter
tuyauter
culbuter
exécuter
percuter
discuter
rameuter
équeuter
raffûter
chahuter
rechuter
Schlüter
commuter
permuter
rabouter
débouter
redouter
dégoûter
rajouter
velouter
filouter
écroûter
dérouter
envoûter
mazouter
computer
supputer
disputer
recruter
Adenauer
indaguer
Balaguer
alpaguer
divaguer
déléguer
reléguer

8

allléguer
endiguer
irriguer
fatiguer
naviguer
écanguer
élinguer
flinguer
bringuer
fringuer
swinguer
fourguer
enjuguer
dévaluer
confluer
éberluer
atténuer
exténuer
diminuer
insinuer
éternuer
amadouer
déclouer
reclouer
enclouer
afflouer
surlouer
rabrouer
conspuer
encaquer
arnaquer
baraquer
attaquer
grecquer
déféquer
réséquer
rebiquer
abdiquer
indiquer
obliquer
paniquer
dépiquer
repiquer
étriquer
musiquer
astiquer
flanquer
planquer
blinquer
trinquer
tronquer
biloquer
estoquer
révoquer
invoquer
étarquer
brusquer
reluquer
obstruer
infatuer
ponctuer
fluctuer
habituer
évertuer
emblaver
enclaver
aggraver
engraver
dépraver
entraver
prélever
soulever
embrever
dégrever
archiver
Gulliver
Red River
passiver
lessiver
cultiver
captiver
esquiver
revolver
walk-over
pull-over
Hannover
innerver
observer
réserver
incurver
abreuver
éprouver
surtaxer
duplexer
préfixer
suffixer
déblayer
monnayer
prépayer
surpayer
débrayer
embrayer
De Crayer
défrayer
effrayer
ressayer
volleyer
Niemeyer
cacaoyer
merdoyer
verdoyer
coudoyer
soudoyer
déployer
reployer
employer
surloyer
larmoyer
paumoyer
Monnoyer
bornoyer
carroyer
corroyer
octroyer
fossoyer
vousoyer
chatoyer
apitoyer
festoyer
nettoyer
renvoyer
convoyer
louvoyer
vouvoyer
hainuyer
hennuyer
rocouyer
berruyer
ressuyer
squeezer
Politzer
Pulitzer
Kreutzer
landwehr
Châhpuhr
Canadair
Sinclair
menu-vair
rétrécir
endurcir
radoucir
attiédir
enlaidir
déraidir
agrandir
rebondir
arrondir
enhardir
reverdir
alourdir
étourdir
désobéir
abréagir
rélargir
resurgir
dérougir
fraîchir
enrichir
blanchir
franchir
rétablir
ennoblir
ameublir
embellir
vieillir
cueillir
bouillir
ramollir
Cantemir
Vladimir
Clodomir
affermir
endormir
contenir
abstenir
soutenir
subvenir
prévenir
convenir
provenir
parvenir
survenir
souvenir
assainir
rabonnir
dégarnir
regarnir
dévernir
revernir
racornir
rajeunir
prémunir
ébarboir
amorçoir
dévidoir
étendoir
émondoir
drageoir

8

purgeoir
bougeoir
grugeoir
surseoir
rasseoir
messeoir
greffoir
crachoir
perchoir
couchoir
mouchoir
dévaloir
revaloir
sarcloir
démêloir
affiloir
tailloir
grilloir
tamanoir
pied-noir
saignoir
peignoir
bobinoir
laminoir
apparoir
gaufroir
soufroir
bourroir
reposoir
arrosoir
chassoir
dressoir
pressoir
glissoir
épissoir
houssoir
moussoir
poussoir
voussoir
arrêtoir
chantoir
plantoir
accotoir
dépotoir
comptoir
heurtoir
abattoir
grattoir
frottoir
trottoir
claquoir
marquoir

décevoir
recevoir
redevoir
pourvoir
Beauvoir
pleuvoir
émouvoir
enrayoir
décrépir
recrépir
assoupir
enchérir
acquérir
requérir
enquérir
souffrir
amaigrir
équarrir
atterrir
aguerrir
meurtrir
accourir
recourir
secourir
encourir
épaissir
raplatir
compatir
anéantir
dénantir
garantir
ralentir
démentir
repentir
retentir
départir
repartir
répartir
impartir
divertir
invertir
assortir
Monastir
investir
déglutir
emboutir
alanguir
Langmuir
serfouir
épanouir
évanouir
décemvir

triumvir
asservir
assouvir
Ann Arbor
toréador
Labrador
labrador
Salvador
Horde d'Or
Corne d'Or
Philidor
corridor
messidor
monts-d'or
Hossegor
Selangor
Melchior
melchior
Klingsor
Levassor
Mercator
Piscator
médiator
Almanzor
flambeur
plombeur
ébarbeur
effaceur
apiéceur
dépeceur
noirceur
écorceur
chiadeur
baladeur
paradeur
plaideur
décideur
froideur
dévideur
glandeur
épandeur
grandeur
blondeur
émondeur
frondeur
grondeur
décodeur
encodeur
vocodeur
lourdeur
fraudeur
impudeur

parafeur
piaffeur
staffeur
greffeur
coiffeur
griffeur
bluffeur
bouffeur
touffeur
tapageur
ravageur
voyageur
bridgeur
mitigeur
changeur
plongeur
chargeur
égorgeur
cracheur
prêcheur
trécheur
clicheur
tricheur
puncheur
lyncheur
piocheur
brocheur
marcheur
hercheur
percheur
catcheur
faucheur
raucheur
coucheur
doucheur
Loucheur
loucheur
toucheur
grapheur
Le Prieur
monsieur
pédaleur
chialeur
cavaleur
ravaleur
cribleur
doubleur
sarcleur
puddleur
receleur
modeleur
ciseleur

oiseleur
bateleur
râteleur
javeleur
niveleur
siffleur
gonfleur
Honfleur
ronfleur
Barfleur
Harfleur
jongleur
effileur
enfileur
empileur
nielleur
vielleur
bailleur
bâilleur
railleur
tailleur
meilleur
teilleur
veilleur
quilleur
racoleur
rigoleur
cajoleur
enjôleur
enrôleur
entôleur
coupleur
miauleur
onduleur
chouleur
émouleur
crawleur
affameur
rétameur
Ploemeur
arrimeur
chromeur
charmeur
Pleumeur
allumeur
ricaneur
lamaneur
Elseneur
baigneur
saigneur
peigneur
seigneur

soigneur
grogneur
chaîneur
draineur
graineur
traîneur
débineur
bobineur
affineur
lamineur
démineur
burineur
lésineur
patineur
satineur
butineur
fouineur
scanneur
ramoneur
Tourneur
tourneur
rancoeur
Mercoeur
consoeur
décapeur
épulpeur
étampeur
trempeur
grimpeur
trompeur
galopeur
frappeur
trappeur
steppeur
stoppeur
cambreur
marbreur
cohéreur
empereur
coffreur
gaufreur
soufreur
maigreur
hongreur
flaireur
péroreur
dévoreur
fourreur
centreur
montreur
pleureur
mesureur

assureur
couvreur
écraseur
phraseur
fraiseur
baliseur
tamiseur
croiseur
réviseur
diviseur
émulseur
imposeur
arroseur
chasseur
classeur
Brasseur
brasseur
dresseur
presseur
tresseur
glisseur
plisseur
grosseur
Pousseur
pousseur
rousseur
tousseur
épouseur
sécateur
créateur
négateur
aviateur
éclateur
délateur
zélateur
filateur
armateur
sénateur
donateur
aérateur
curateur
citateur
notateur
rotateur
mutateur
Équateur
équateur
novateur
taxateur
vexateur
fixateur
réacteur

tracteur
exacteur
éjecteur
électeur
érecteur
acheteur
répéteur
fureteur
traiteur
débiteur
orbiteur
auditeur
limiteur
géniteur
moniteur
sapiteur
visiteur
bruiteur
chanteur
planteur
puanteur
quanteur
feinteur
pointeur
caboteur
jaboteur
raboteur
saboteur
radoteur
ergoteur
agioteur
peloteur
bimoteur
canoteur
coapteur
compteur
dompteur
écarteur
flirteur
avorteur
toasteur
questeur
ajusteur
trusteur
abatteur
flatteur
gratteur
émetteur
bretteur
guetteur
flotteur
émotteur

8

frotteur
trotteur
coauteur
locuteur
affûteur
minuteur
écouteur
cotuteur
blagueur
élagueur
dragueur
langueur
zingueur
longueur
largueur
pollueur
secoueur
tatoueur
plaqueur
braqueur
craqueur
traqueur
Pecqueur
chiqueur
croqueur
troqueur
marqueur
parqueur
truqueur
défaveur
receveur
releveur
dériveur
activeur
trouveur
malaxeur
indexeur
pagayeur
bégayeur
balayeur
relayeur
essayeur
mareyeur
tutoyeur
envoyeur
essuyeur
bronzeur
Monségur
Damanhūr
Mangalur
Villemur
chaufour
ouighour
demi-jour
abat-jour
désamour
demi-tour
alentour
pourtour
Durgapur
Kolhāpur
Sholāpur
Mirzāpur
Jabalpur
Lyallpur
Bilaspur
al-Manṣūr
deleatur
Saint-Cyr
Barrabas
Barabbas
passe-bas
Arguedas
Árgüedas
Léonidas
Tulsī Dās
Gigondas
Nymphéas
pancréas
boutefas
Las Vegas
Batangas
Pataugas
Falachas
Falashas
Sédécias
spondias
Hérodias
Matthias
Olympias
Ampurias
Asturias
Tirésias
Prousias
Ochozias
falbalas
Vaugelas
coutelas
cervelas
Altuglas
Les Lilas
Agésilas
Boleslas
Ladislas
Laffemas
Fantômas
Habermas
Cárdenas
Juliénas
juliénas
Campinas
Coconnas
Péronnas
Amazonas
Maurepas
hypocras
Västerås
Hatteras
débarras
embarras
patatras
Honduras
Las Casas
Arkansas
taffetas
vasistas
Guipavas
Abū Nuwās
Matanzas
gros-becs
Reynolds
big bands
bad-lands
Midlands
Lowlands
Normands
week-ends
tréfonds
bas-fonds
Lombards
mi-lourds
Caraïbes
Colombes
Curiaces
grimaces
insuccès
prémices
services
vacances
finances
Auzances
sciences
Cascades
Ennéades
Pléiades
Lusiades
Cyclades
Sporades
Estrades
Danaïdes
Néréides
Beskides
Hébrides
Nasrides
taurides
Ghurides
Rhurides
subsides
Hafsides
Arlandes
calendes
Nérondes
périodes
Bagaudes
Bermudes
Tchoudes
Macabées
triplées
Pyrénées
mort-nées
laissées
Soulages
Jumièges
Bessèges
mélanges
louanges
Palinges
Taninges
méninges
mal-logés
aspergès
Faverges
Pélasges
Pérouges
Gamaches
speeches
planches
brunches
fourches
sketches
Eutychès
nuraghes
Varilhes
Marathes
Lapithes
chleuhes
dinghies
whiskies

8

féralies
complies
latomies
Fourmies
litanies
Feignies
Soignies
gémonies
Canaries
Falèries
cherries
sherries
Castries
Asturies
demi-vies
Vandales
pale-ales
morfales
Héraclès
Périclès
besicles
bésicles
Damoclès
binocles
Dorgelès
Kouriles
Sept-Îles
échelles
jumelles
Venelles
Nivelles
Noyelles
écailles
Noailles
ouailles
Alpilles
Antilles
fouilles
Houilles
Pouilles
pouilles
Marolles
Bagnoles
Vignoles
Hexaples
steeples
Issarlès
Ghadamès
Rhadamès
mesdames
pandèmes
extrêmes

Septèmes
mal-aimés
alkermès
Solesmes
Thoutmès
Tsiganes
Tziganes
Zyrianes
Fontanes
Séquanes
Limagnes
lasagnes
Valognes
domaines
Pradines
Caudines
sea-lines
Yvelines
Thémines
Commines
Pennines
Védrines
latrines
Bessines
Lessines
Bouvines
Chaulnes
Ardennes
Migennes
Marennes
marennes
Varennes
Cévennes
Allonnes
Gorgones
Dow Jones
Amazones
Salernes
Tavernes
Arvernes
Suresnes
Commynes
Averroès
Chosroès
Chosroês
cacatoès
kakatoès
Jemmapes
Préalpes
Rhodopes
Cyclopes
Barbares

Vaccarès
Baléares
soleares
palmarès
Olivares
ténèbres
Flandres
Berbères
Menderes
Bordères
Surgères
Fougères
Orcières
Molières
lumières
manières
Asnières
Morières
arrières
Rosières
Mézières
Bagnères
Noguères
Bruyères
Gruyères
affaires
Estaires
déboires
mémoires
cisoires
Trévires
à-peu-près
Les Orres
ad patres
Leuctres
pH-mètres
Chartres
Las Cases
reprises
impenses
Jorasses
époisses
Molosses
chausses
Phraatès
Sarmates
Carpates
serrates
Teutatès
variétés
Moabites
lesdites

crudités
utilités
Édomites
Samnites
Charites
Hurrites
Kassites
Hittites
Alawites
facultés
Ardentes
volontés
bas-côtés
libertés
lunettes
pépettes
mirettes
chiottes
menottes
Carnutes
schleues
Varègues
Églogues
Bouygues
Canaques
Cosaques
pataquès
Gracques
Olmèques
obsèques
Aztèques
Bétiques
quelques
Foulques
Fourques
Volsques
frusques
Chauques
Moluques
Esclaves
Pictaves
Maldives
archives
réserves
Écrouves
ayes-ayes
fish-eyes
Abruzzes
sous-offs
box-calfs
leggings
Hastings

8

mah-jongs
français
Tronçais
ruandais
Langeais
Marchais
jersiais
bastiais
Le Palais
népalais
Chablais
Rabelais
Langlais
angolais
togolais
Nikolais
assamais
libanais
albanais
Milanais
milanais
havanais
javanais
guyanais
antenais
Brignais
Balinais
Gâtinais
caennais
Lyonnais
lyonnais
gabonais
bolonais
polonais
Sénonais
sénonais
japonais
béarnais
icaunais
Vivarais
écossais
basquais
Beauvais
cannabis
imprécis
Publicis
De Amicis
Ben Badīs
Meyrueis
salsifis
Morangis
arrachis

gnocchis
Aperghis
physalis
Portalis
friselis
syphilis
Lannilis
Karellis
treillis
fouillis
Coriolis
raviolis
Trípolis
propolis
rossolis
cochylis
gin-ramis
anthémis
entremis
extremis
transmis
insoumis
Val-Cenis
Gavrinis
dinornis
épyornis
gâte-bois
antebois
antibois
sainbois
sous-bois
mort-bois
hautbois
François
liégeois
grégeois
guingois
Binchois
cauchois
sarthois
Perthois
De Valois
Devalois
Langlois
Caillois
amiénois
pékinois
malinois
Illinois
béninois
tapinois
turinois

viennois
sournois
tournois
Autunois
bavarois
vice-rois
Algérois
algérois
hongrois
tunisois
Boussois
creusois
cacatois
Courtois
courtois
brestois
praguois
dacquois
Iroquois
iroquois
carquois
narquois
Vauquois
genevois
Lascaris
Rotharis
Laskaris
Phalaris
Bótsaris
Botzaris
ex-libris
gloméris
gris-gris
clitoris
réappris
phimosis
synopsis
reversis
Malassis
ramassis
Senousis
Toutatis
plumetis
grènetis
Depretis
appentis
Parentis
Maréotis
clapotis
myosotis
agrostis
botrytis

cambouis
cochevis
chènevis
Ben Nevis
cut-backs
Kalmouks
caracals
musicals
meticals
floréals
glacials
éthanals
ammonals
bitonals
chlorals
mistrals
australs
foutrals
fractals
récitals
sarouals
rorquals
rosevals
revivals
quetzals
Goebbels
décibels
pèse-sels
sarouels
desquels
lesquels
auxquels
trénails
foirails
aiguails
travails
beau-fils
fuel-oils
Grignols
sous-sols
Abrahams
Williams
williams
minimums
optimums
maximums
doldrums
castrums
Araucans
au-dedans
Sarrians
Conflans

Vouglans
Challans
taximans
Exelmans
Ottomans
Huysmans
wattmans
jazzmans
Jordaens
labadens
Araméens
Iduméens
Saadiens
Fuégiens
Flaviens
Doullens
Flourens
Brassens
faux-sens
mi-moyens
Germains
certains
Jacobins
Tonneins
demi-fins
becs-fins
O'Higgins
Gobelins
Apennins
Antonins
Sancoins
Seyssins
Bédouins
Pahouins
greubons
chiffons
opinions
reculons
retirons
environs
Coëvrons
poissons
Poissons
Soissons
abat-sons
rogatons
Égletons
demi-tons
Amontons
Soustons
Pittacos
Séleucos

Barbados
Granados
intrados
extrados
Calvados
calvados
taconeos
Bissagos
Gallegos
hidalgos
Papághos
Makários
huis clos
Cypsélos
tombolos
spéculos
Dardanos
Rhômanos
Bernanos
sopranos
Cratinos
Andernos
Alcinoos
zingaros
Port-Cros
Cisneros
allégros
demi-gros
albatros
furiosos
Dionysos
thanatos
Négritos
mémentos
Asbestos
Phaistos
pupazzos
princeps
anableps
one-steps
bips-bips
Descamps
Bontemps
sex-shops
rollmops
Kamloops
hard-tops
milk-bars
side-cars
Cinq-Mars
Cendrars
Chambers

Snijders
Sorbiers
Villiers
lauriers
Poitiers
Moûtiers
Thiviers
Oliviers
Verviers
Louviers
Vouziers
knickers
Flatters
Canjuers
Bachkirs
Avaloirs
en-dehors
au-dehors
Chaleurs
chaleurs
ailleurs
couleurs
primeurs
honneurs
horreurs
concours
parcours
discours
Six-Fours
Ouïgours
Bouhours
Vaujours
toujours
jodhpurs
Montsûrs
Kouzbass
mêlé-cass
Douglass
ray-grass
Sottsass
tubeless
business
Guinness
Dollfuss
Zehrfuss
deux-mâts
ice-boats
cat-boats
respects
honchets
jonchets
stariets

sifflets
Capulets
cabinets
intérêts
twin-sets
tôt-faits
lieudits
Détroits
brisants
éléments
dog-carts
piéforts
rapports
consorts
Syllabus
syllabus
thrombus
Columbus
microbus
mordicus
Lupercus
hibiscus
bas-bleus
basileus
Odusseus
Gracchus
Arcadius
Claudius
Sibelius
Topelius
Lucilius
nauplius
splénius
Comenius
Licinius
Arminius
Olibrius
olibrius
Olybrius
Valerius
Syagrius
phtirius
Honorius
risorius
Canisius
Heinsius
Clausius
Horatius
Goltzius
court-jus
ci-inclus
vitellus

8

Camillus
Lucullus
stimulus
volvulus
thalamus
Postumus
pandanus
Hotmanus
Montanus
Pontanus
Labienus
terminus
Quirinus
couscous
Vilnious
Antinoüs
Couperus
Assuérus
borassus
ci-dessus
au-dessus
serratus
détritus
Christus
Barclays
tramways
wallabys
Sotheby's
Courteys
Saint-Lys
play-boys
nurserys
penaltys
oaristys
Mureybat
prédicat
syndicat
beylicat
clinicat
candidat
régendat
Secondat
commodat
voïvodat
samizdat
orangeat
dead-heat
khalifat
Plouagat
Cattégat
Kattegat
seringat
rouergat
exarchat
galuchat
Josaphat
noviciat
immédiat
Bouchiat
galapiat
vicariat
salariat
notariat
corrélat
chocolat
alcoolat
hydrolat
pied-plat
sous-plat
granulat
Consulat
consulat
postulat
économat
achromat
anonymat
sultanat
Romagnat
assignat
rabbinat
combinat
raffinat
Coconnat
bâtonnat
diaconat
patronat
incarnat
alternat
internat
externat
Tribunat
tribunat
Fortunat
autocoat
Huelgoat
Baccarat
baccarat
scélérat
censorat
lectorat
rectorat
doctorat
pastorat
substrat
Intelsat
éméritat
résultat
Argentat
potentat
attentat
La Ciotat
despotat
podestat
Sélestat
intestat
rhéostat
manostat
aérostat
gyrostat
cryostat
acolytat
Laghouat
reliquat
khédivat
artefact
abstract
prospect
indirect
district
succinct
distinct
instinct
Humboldt
Gerhardt
alphabet
quolibet
zérumbet
galoubet
esparcet
muscadet
farfadet
Le Pradet
Girardet
Dubuffet
blanchet
flanchet
tranchet
Tronchet
tronchet
ricochet
Pinochet
fourchet
Pécuchet
émouchet
Graulhet
brise-jet
jumbo-jet
chevalet
paraclet
bracelet
bricelet
Poncelet
poncelet
porcelet
rondelet
verdelet
Michelet
tonnelet
chapelet
aigrelet
carrelet
corselet
Châtelet
châtelet
Quételet
roitelet
gantelet
mantelet
coquelet
cervelet
Stofflet
soufflet
pamphlet
stérilet
Méhallet
Morellet
Sébillet
barillet
Feuillet
feuillet
douillet
Pouillet
récollet
Bagnolet
serpolet
pistolet
sextolet
surmulet
vitoulet
Hammamet
Ansermet
Massenet
Jouvenet
jardinet
moulinet
raisinet
bassinet
tantinet

8

Martinet
martinet
Le Cannet
wagonnet
baronnet
bâtonnet
Falconet
Vallonet
Perronet
Peyronet
cabernet
encornet
Plancoët
Turcaret
mascaret
Villaret
Lautaret
Plouaret
celebret
halecret
traceret
formeret
banneret
couperet
dosseret
Carteret
Casteret
hotteret
coqueret
Signoret
Tintoret
Gabarret
électret
tabouret
libouret
Somerset
cabasset
Grousset
Ducretet
Le Pontet
Radiguet
Lecanuet
Le Faouët
Androuet
Foucquet
affiquet
loriquet
potiquet
trinquet
quinquet
frisquet
mousquet

Bonnivet
Bancroft
Connacht
Olbracht
Ulbricht
Schlucht
sunlight
redéfait
bienfait
Soumgait
tire-lait
pèse-lait
Tademaït
rentrait
fortrait
portrait
abstrait
distrait
vautrait
interdit
déconfit
chienlit
wagon-lit
surcroît
piédroit
non-droit
décrépit
prescrit
sanscrit
conscrit
proscrit
souscrit
prétérit
sanskrit
réquisit
accessit
éconduit
usufruit
instruit
Seingalt
Tidikelt
Tafilelt
Mansholt
kilovolt
Thibault
Gerbault
Herbault
Foucault
Machault
Grimault
Regnault
Quinault

Soupault
Andrault
Barrault
Perrault
marsault
Dassault
Airvault
cacabant
imbibant
inhibant
exhibant
flambant
plombant
engobant
dérobant
enrobant
ébarbant
courbant
tourbant
incubant
adoubant
retubant
titubant
entubant
intubant
effaçant
opiaçant
délaçant
enlaçant
menaçant
espaçant
dépeçant
radicant
poliçant
vésicant
urticant
fiançant
élançant
nuançant
avançant
agençant
éminçant
coinçant
épinçant
grinçant
évinçant
pionçant
énonçant
fronçant
tierçant
exerçant
écorçant

amorçant
exauçant
chiadant
baladant
paradant
déradant
abcédant
accédant
décédant
recédant
excédant
obsédant
plaidant
décidant
validant
lapidant
déridant
résidant
dévidant
envidant
scandant
viandant
glandant
épandant
amendant
étendant
scindant
blindant
guindant
abondant
émondant
inondant
frondant
grondant
exondant
décodant
encodant
démodant
dérodant
liardant
abordant
hourdant
lourdant
fraudant
adjudant
dénudant
exsudant
étageant
piégeant
siégeant
joggeant
érigeant

8

exigeant
langeant
mangeant
rangeant
vengeant
singeant
longeant
rongeant
songeant
margeant
forgeant
gorgeant
purgeant
jaugeant
bougeant
fougeant
grugeant
fainéant
mécréant
recréant
récréant
ragréant
dégréant
regréant
malséant
messéant
parafant
agrafant
briefant
piaffant
staffant
greffant
sniffant
coiffant
briffant
griffant
suiffant
étoffant
bluffant
bouffant
pouffant
truffant
tarifant
attifant
délégant
fatigant
navigant
fringant
arrogant
écachant
crachant
drachant

fléchant
éméchant
créchant
prêchant
clichant
trichant
banchant
hanchant
penchant
jonchant
lunchant
lynchant
piochant
clochant
amochant
brochant
crochant
marchant
herchant
perchant
torchant
catchant
matchant
Bauchant
fauchant
rauchant
pluchant
bouchant
couchant
douchant
louchant
mouchant
touchant
éléphant
oliphant
flashant
smashant
crashant
émaciant
graciant
souciant
mendiant
amodiant
étudiant
oléfiant
édifiant
déifiant
réifiant
unifiant
solfiant
confiant
plagiant

oubliant
publiant
palliant
ralliant
spoliant
dépliant
repliant
cadmiant
anémiant
avariant
décriant
récriant
souriant
châtiant
initiant
conviant
razziant
galéjant
stockant
cabalant
décalant
recalant
pédalant
affalant
régalant
déhalant
inhalant
exhalant
chialant
empalant
resalant
détalant
cavalant
ravalant
dévalant
chablant
établant
criblant
semblant
comblant
meublant
doublant
sarclant
cerclant
musclant
bouclant
puddlant
décelant
recelant
ficelant
modelant
dégelant

regelant
anhélant
démêlant
emmêlant
jumelant
agnelant
annelant
capelant
appelant
ciselant
oiselant
fuselant
muselant
batelant
râtelant
dételant
attelant
javelant
tavelant
révélant
nivelant
cuvelant
éraflant
sifflant
mofflant
bufflant
renflant
gonflant
ronflant
morflant
sanglant
cinglant
jonglant
beuglant
meuglant
sibilant
jubilant
défilant
refilant
affilant
effilant
enfilant
vigilant
étoilant
dépilant
empilant
désilant
ensilant
mutilant
rutilant
scellant
niellant

8

viellant
baillant
bâillant
caillant
faillant
maillant
paillant
raillant
saillant
taillant
Vaillant
vaillant
teillant
veillant
smillant
roillant
brillant
drillant
grillant
trillant
vrillant
ouillant
branlant
racolant
accolant
récolant
picolant
cocolant
affolant
rigolant
étiolant
cajolant
enjôlant
immolant
virolant
enrôlant
désolant
insolant
assolant
entôlant
revolant
envolant
triplant
complant
peuplant
couplant
chaulant
miaulant
piaulant
épaulant
fabulant
ambulant

maculant
acculant
féculant
reculant
ondulant
modulant
gueulant
régulant
jugulant
hululant
simulant
cumulant
canulant
annulant
saoulant
aboulant
éboulant
écoulant
émoulant
croulant
copulant
pétulant
crawlant
affamant
infamant
engamant
déramant
rétamant
entamant
Lalemant
écrémant
rythmant
décimant
rédimant
vidimant
ranimant
périmant
dirimant
arrimant
intimant
estimant
chromant
réarmant
charmant
alarmant
égermant
chaumant
enfumant
inhumant
exhumant
allumant
résumant

assumant
bitumant
cabanant
rubanant
ricanant
défanant
effanant
basanant
pavanant
aliénant
halenant
ramenant
démenant
emmenant
carénant
égrenant
enrênant
éprenant
assenant
assénant
obtenant
détenant
retenant
attenant
obvenant
devenant
revenant
covenant
stagnant
prégnant
baignant
daignant
faignant
saignant
ceignant
feignant
geignant
peignant
teignant
alignant
clignant
joignant
poignant
soignant
grignant
guignant
grognant
lorgnant
chaînant
drainant
grainant
traînant

débinant
bobinant
racinant
badinant
radinant
dodinant
ordinant
freinant
affinant
paginant
échinant
câlinant
gaminant
laminant
déminant
géminant
dominant
gominant
nominant
ruminant
lapinant
rapinant
tapinant
copinant
rupinant
farinant
marinant
serinant
burinant
surinant
lésinant
résinant
mâtinant
patinant
ratinant
satinant
potinant
butinant
lutinant
mutinant
couinant
fouinant
bruinant
ravinant
devinant
épannant
abonnant
adonnant
ânonnant
étonnant
ramonant
résonant

8

assonant
détonant
écornant
piornant
tournant
falunant
pétunant
décapant
dérapant
retapant
recepant
récepant
excipant
étripant
équipant
scalpant
inalpant
étampant
trempant
grimpant
trompant
galopant
salopant
clappant
frappant
trappant
flippant
grippant
droppant
stoppant
houppant
usurpant
crispant
occupant
groupant
étoupant
effarant
hilarant
déparant
réparant
séparant
emparant
cambrant
timbrant
nombrant
sombrant
marbrant
exécrant
quadrant
cendrant
poudrant
libérant

lacérant
macérant
ulcérant
fédérant
sidérant
modérant
déférant
référant
inférant
digérant
ingérant
cogérant
adhérant
aciérant
galérant
tolérant
générant
vénérant
repérant
espérant
liserant
lisérant
insérant
altérant
révérant
coffrant
gaufrant
soufrant
flagrant
fragrant
émigrant
hongrant
blairant
flairant
glairant
délirant
admirant
empirant
aspirant
expirant
désirant
détirant
retirant
attirant
dévirant
arborant
décorant
picorant
dédorant
redorant
majorant
colorant

ignorant
minorant
honorant
pérorant
essorant
dévorant
diaprant
amarrant
aberrant
beurrant
leurrant
bourrant
fourrant
châtrant
plâtrant
guêtrant
filtrant
centrant
rentrant
cintrant
contrant
montrant
castrant
bistrant
lustrant
vautrant
feutrant
récurant
endurant
indurant
fleurant
pleurant
apeurant
épeurant
figurant
augurant
abjurant
adjurant
délurant
emmurant
ajourant
dépurant
mesurant
assurant
pâturant
raturant
saturant
obturant
biturant
suturant
enivrant
poivrant

cuivrant
oeuvrant
couvrant
rouvrant
recasant
abrasant
ébrasant
écrasant
dérasant
phrasant
envasant
empesant
biaisant
niaisant
glaisant
plaisant
apaisant
braisant
fraisant
incisant
excisant
dédisant
médisant
redisant
balisant
relisant
enlisant
nolisant
tamisant
remisant
nanisant
tanisant
sinisant
ionisant
croisant
égrisant
arrisant
cotisant
attisant
épuisant
ravisant
devisant
révisant
divisant
clamsant
éclosant
déposant
reposant
imposant
apposant
opposant
exposant

8

arrosant
coursant
chassant
classant
amassant
coassant
brassant
blessant
dressant
pressant
tressant
Ouessant
baissant
haïssant
laissant
naissant
paissant
agissant
clissant
glissant
plissant
unissant
poissant
épissant
crissant
trissant
puissant
écossant
adossant
brossant
crossant
drossant
faussant
gaussant
haussant
houssant
moussant
poussant
toussant
poutsant
accusant
récusant
excusant
médusant
creusant
gueusant
refusant
infusant
éclusant
blousant
épousant
mésusant

débâtant
régatant
ablatant
éclatant
relatant
dilatant
démâtant
empâtant
appâtant
piratant
retâtant
tractant
éjectant
édictant
éructant
hébétant
embêtant
végétant
achetant
déjetant
rejetant
caletant
galetant
haletant
filetant
moletant
voletant
répétant
écrêtant
arrêtant
curetant
furetant
entêtant
dévêtant
revêtant
rivetant
duvetant
mouftant
doigtant
traitant
habitant
débitant
récitant
licitant
incitant
excitant
méditant
auditant
cogitant
délitant
militant
limitant

gunitant
Capitant
dépitant
abritant
héritant
méritant
irritant
hésitant
visitant
équitant
bruitant
invitant
exaltant
exultant
chantant
plantant
crantant
édentant
fientant
éventant
feintant
teintant
pointant
suintant
shuntant
cabotant
jabotant
rabotant
sabotant
accotant
bécotant
picotant
cocotant
suçotant
radotant
fagotant
dégotant
mégotant
gigotant
ligotant
ergotant
cahotant
mijotant
pelotant
pilotant
canotant
dénotant
annotant
shootant
capotant
papotant
tapotant

dépotant
empotant
égrotant
sirotant
revotant
pivotant
vivotant
fayotant
zozotant
adaptant
comptant
domptant
adoptant
cooptant
cryptant
écartant
quartant
alertant
flirtant
avortant
heurtant
pourtant
prestant
twistant
existant
Constant
constant
apostant
ajustant
trustant
abattant
ébattant
flattant
grattant
émettant
omettant
brettant
frettant
guettant
frittant
quittant
flottant
émottant
crottant
frottant
trottant
gouttant
débutant
rebutant
pieutant
zieutant
bleutant

8

ameutant
queutant
zyeutant
réfutant
affûtant
enfûtant
délutant
minutant
aboutant
éboutant
écoutant
ajoutant
cloutant
broutant
croûtant
députant
réputant
amputant
imputant
scrutant
bizutant
jouxtant
écobuant
évacuant
graduant
blaguant
élaguant
draguant
briguant
tanguant
dinguant
zinguant
droguant
carguant
larguant
narguant
targuant
morguant
évaluant
occluant
incluant
excluant
refluant
affluant
influant
dégluant
engluant
polluant
évoluant
commuant
tabouant
embouant

accouant
secouant
rocouant
bafouant
engouant
échouant
déjouant
rejouant
relouant
allouant
dénouant
renouant
ébrouant
écrouant
enrouant
tatouant
dévouant
claquant
plaquant
braquant
craquant
traquant
pacquant
sacquant
chiquant
apiquant
briquant
triquant
calquant
talquant
banquant
manquant
choquant
bloquant
cloquant
floquant
croquant
troquant
évoquant
marquant
parquant
casquant
masquant
bisquant
risquant
busquant
rauquant
éduquant
énuquant
souquant
truquant
stuquant

décruant
ressuant
bossuant
statuant
décavant
encavant
excavant
délavant
relavant
dépavant
repavant
décevant
recevant
redevant
ci-devant
endêvant
au-devant
achevant
relevant
enlevant
salivant
écrivant
dérivant
arrivant
activant
motivant
estivant
ravivant
revivant
rénovant
innovant
énervant
décuvant
encuvant
pleuvant
adjuvant
émouvant
prouvant
trouvant
malaxant
relaxant
désaxant
détaxant
indexant
télexant
annexant
pagayant
bégayant
balayant
délayant
relayant
repayant

dérayant
enrayant
essayant
zézayant
capeyant
faseyant
asseyant
ondoyant
rudoyant
éployant
dénoyant
ennoyant
assoyant
côtoyant
tutoyant
dévoyant
revoyant
envoyant
enfuyant
ennuyant
appuyant
essuyant
dégazant
zwanzant
bronzant
adjacent
indécent
réticent
Innocent
innocent
pour-cent
acescent
décadent
excédent
cure-dent
accident
Occident
occident
incident
strident
résident
impudent
indigent
diligent
émergent
gradient
quotient
Tachkent
bivalent
divalent
Conflent
indolent

insolent
féculent
virulent
purulent
ligament
filament
lacement
sucement
fadement
ridement
rudement
gréement
sagement
figement
logement
jugement
véhément
gaiement
paiement
pliement
râlement
salement
bêlement
vêlement
vilement
mêmement
armement
tènement
finement
ornement
lapement
sapement
tapement
ripement
parement
rarement
agrément
virement
âprement
durement
jurement
mûrement
purement
sûrement
aisément
gisement
posément
bêtement
vêtement
nouement
lavement
pavement

vivement
fixement
payement
fragment
braiment
vraiment
pédiment
sédiment
rudiment
régiment
joliment
poliment
liniment
boniment
orpiment
bâtiment
tourment
document
indûment
tégument
argument
monument
rémanent
immanent
imminent
déponent
apparent
déférent
référent
afférent
efférent
adhérent
inhérent
cohérent
Cressent
pénitent
rénitent
impotent
défluent
affluent
effluent
influent
fréquent
éloquent
paravent
Bénévent
abrivent
abat-vent
Gersaint
enfreint
empreint
rétreint

astreint
conjoint
disjoint
Miramont
piedmont
Ribemont
Offémont
Delémont
Oisemont
Réalmont
Grammont
rodomont
Clermont
Bourmont
Gourmont
Hautmont
Beaumont
Chaumont
lave-pont
Paimpont
Montpont
faux-pont
Domfront
discount
Peer Gynt
paquebot
escarbot
persicot
massicot
Duns Scot
Renaudot
mendigot
ostrogot
escargot
Blanchot
Aarschot
Houhehot
stradiot
salopiot
maigriot
cachalot
Lancelot
Gravelot
Stavelot
Soufflot
tringlot
Chaillot
cabillot
godillot
vieillot
Veuillot
pouillot

Rigollot
rotoplot
surmulot
caboulot
ciboulot
Martenot
huguenot
péquenot
solognot
traminot
cheminot
Johannot
snow-boot
barefoot
baby-foot
cache-pot
hochepot
entrepôt
tallipot
black-rot
Tabourot
aussitôt
Shabouot
Clicquot
yeshivot
transept
flambart
Fischart
Maillart
champart
broutart
Hocquart
Willaert
Gossaert
Calvaert
Sigebert
Caribert
Gualbert
Guilbert
Isambert
Alembert
Dagobert
Schobert
Carobert
Le Robert
Flaubert
Schubert
navicert
souffert
Wiechert
Steinert
inexpert

8 Haaltert
tee-shirt
pied-fort
Treffort
Chamfort
Montfort
Beaufort
Beaufort
beaufort
Malemort
téléport
héliport
altiport
aéroport
autoport
Beauport
Nieuport
réassort
nasitort
Dancourt
Boncourt
Goncourt
Drocourt
Jaucourt
yoghourt
Arbogast
Limonest
Budapest
Bucarest
De Forest
Leforest
baby-test
sud-ouest
Almquist
Van Aelst
glasnost
Bathurst
Pfastatt
kilowatt
Blackett
Crockett
Smollett
panicaut
Truffaut
Clairaut
quartaut
attribut
uppercut
contre-ut
Farragut
Landshut
runabout
marabout
boy-scout
Sourgout
racahout
Wormhout
Turnhout
black-out
knock-out
pèse-moût
mêle-tout
antitout
fait-tout
préciput
sinciput
Lilliput
Pruntrut
Institut
institut
Clerfayt
al-Kuwayt
escabeau
Mirabeau
Mirebeau
flambeau
lionceau
pourceau
faisceau
guindeau
chaudeau
morte-eau
girafeau
toucheau
simbleau
doubleau
chrémeau
Delumeau
organeau
haveneau
traîneau
bobineau
Gobineau
colineau
Papineau
Gatineau
Fourneau
fourneau
Fresneau
Doisneau
troupeau
perdreau
hobereau
Augereau
lapereau
vipereau
vipéreau
hâtereau
mâtereau
blaireau
bihoreau
bourreau
fourreau
chevreau
blocs-eau
paisseau
vaisseau
boisseau
cuisseau
ruisseau
Rousseau
rousseau
vousseau
écriteau
chanteau
pointeau
fronteau
Le Coteau
tourteau
Cousteau
Longueau
écheveau
godiveau
baliveau
soliveau
caniveau
hâtiveau
Chauveau
Métezeau
bitoniau
salopiau
vipériau
matériau
Gaboriau
Esquimau
esquimau
Hagetmau
Rathenau
Birkenau
Blumenau
Haguenau
Jungfrau
Krakatau
Moronobu
invaincu
préconçu
inaperçu
Eminescu
individu
Kātmāndū
Paysandú
descendu
suspendu
inétendu
prétendu
distendu
survendu
confondu
parfondu
morfondu
surfondu
Bandundu
distordu
garde-feu
coupe-feu
boutefeu
pique-feu
pot-au-feu
prie-Dieu
Fête-Dieu
demi-dieu
Bourdieu
Ponthieu
Matthieu
chef-lieu
Charlieu
courlieu
Montlieu
Beaulieu
Dolomieu
Dandrieu
Condrieu
Ambérieu
emposieu
Chassieu
Charvieu
franc-jeu
Canteleu
Saint-Leu
Envermeu
K'ong-tseu
Mong-tseu
L'Île-d'Yeu
Montaigu
barbichu
tohu-bohu
nunchaku
Kinabalu

équivalu
melliflu
superflu
Gelibolu
irrésolu
Honolulu
vermoulu
Brătianu
saugrenu
codétenu
maintenu
redevenu
bienvenu
biscornu
cariacou
casse-cou
Pompidou
Ying-k'eou
Chan-t'eou
garde-fou
télougou
mandchou
Sin-tchou
chouchou
Hangzhou
Yangzhou
Shen Zhou
pioupiou
carcajou
kinkajou
cantalou
tire-clou
glouglou
Le Boulou
Salacrou
frou-frou
froufrou
trou-trou
Kiang-sou
Caventou
Ourartou
corrompu
réapparu
Pichegru
incongru
concouru
parcouru
discouru
jiu-jitsu
courbatu
Mengistu
combattu
Viti Levu
dépourvu
repourvu
Kisarazu
Boleslav
Iaroslav
Andreïev
Noureïev
Zinoviev
Moguilev
Toupolev
Kichinev
Tchekhov
Roubliov
Gorchkov
Koulikov
Malenkov
Saltykov
Kornilov
Oustinov
Litvinov
Larionov
Samsonov
Platonov
Godounov
Andropov
Sakharov
Zakharov
Souvorov
Dimitrov
rickshaw
Moose Jaw
craw-craw
happy few
chow-chow
talk-show
Piotrków
bungalow
cash-flow
crow-crow
Heathrow
Saint-Max
contumax
opopanax
Astyanax
Pertinax
vidéotex
Champeix
crucifix
Chamonix
surchoix
Mirepoix
mirepoix
Hurepoix
Clairoix
Genevoix
abat-voix
Coysevox
Coyzevox
monacaux
cloacaux
radicaux
médicaux
vésicaux
musicaux
lexicaux
bifocaux
ovoïdaux
absidaux
cotidaux
synodaux
Bordeaux
bordeaux
palléaux
oripeaux
Carpeaux
Cuiseaux
Puiseaux
venteaux
marteaux
Vitteaux
unguéaux
vrai-faux
récifaux
illégaux
nymphaux
cambiaux
glaciaux
spéciaux
asociaux
cruciaux
mondiaux
cardiaux
cordiaux
spatiaux
initiaux
nuptiaux
martiaux
partiaux
bestiaux
triviaux
éluviaux
fluviaux
pluviaux
coaxiaux
Caillaux
Sept-Laux
décimaux
demi-maux
minimaux
optimaux
maximaux
thermaux
anormaux
séismaux
décanaux
arsenaux
orignaux
racinaux
vicinaux
ordinaux
vaginaux
séminaux
liminaux
nominaux
matinaux
biennaux
coronaux
bitonaux
sternaux
jéjunaux
grippaux
groupaux
apparaux
libéraux
fédéraux
sidéraux
rudéraux
scléraux
huméraux
numéraux
généraux
minéraux
latéraux
sudoraux
préoraux
maïoraux
majoraux
fémoraux
immoraux
humoraux
tumoraux
caporaux
sororaux
auroraux
mayoraux

8

urétraux
centraux
ventraux
oestraux
rostraux
austraux
lustraux
biauraux
pleuraux
auguraux
suturaux
amensaux
abyssaux
sinusaux
palataux
végétaux
Bimétaux
orbitaux
cubitaux
digitaux
génitaux
capitaux
hôpitaux
maritaux
pointaux
quintaux
frontaux
Hanotaux
scrotaux
cristaux
glottaux
linguaux
Masevaux
Marivaux
estivaux
Clervaux
affixaux
bathyaux
déloyaux
bourbeux
tourbeux
siliceux
chanceux
nauséeux
Changeux
suiffeux
flacheux
faucheux
plucheux
camaïeux
scabieux
spacieux
Bracieux
gracieux
spécieux
précieux
Corcieux
soucieux
studieux
maffieux
élogieux
oublieux
Rillieux
tonlieux
Crémieux
Bonnieux
hernieux
Les Pieux
scarieux
glorieux
Darrieux
Heyrieux
Reyrieux
Vassieux
factieux
amitieux
Captieux
captieux
pluvieux
Gouvieux
rouvieux
siffleux
argileux
fielleux
mielleux
vielleux
moelleux
pailleux
fabuleux
nébuleux
lobuleux
tubuleux
loculeux
onduleux
noduleux
anguleux
papuleux
populeux
squameux
venimeux
chromeux
bitumeux
vénéneux
khâgneux
saigneux
teigneux
soigneux
hargneux
angineux
lamineux
lumineux
farineux
résineux
matineux
bruineux
stanneux
limoneux
lacuneux
sirupeux
polypeux
macareux
scabreux
nombreux
cendreux
poudreux
subéreux
tubéreux
ulcéreux
scléreux
coléreux
Wimereux
généreux
miséreux
Devereux
glaireux
désireux
chloreux
vaporeux
pierreux
plâtreux
goitreux
Montreux
dartreux
tartreux
amoureux
fiévreux
cuivreux
butyreux
niaiseux
glaiseux
crasseux
poisseux
mousseux
comateux
duveteux
vaniteux
capiteux
quinteux
raboteux
cahoteux
goutteux
croûteux
Trégueux
Langueux
fongueux
fougueux
talqueux
Tinqueux
visqueux
onctueux
vultueux
montueux
vertueux
tortueux
fastueux
flexueux
giboyeux
ennuyeux
saindoux
Gembloux
Combloux
cailloux
Guilloux
Le Loroux
Charroux
courroux
cérambyx
sardonyx
Glace Bay
North Bay
Valençay
valençay
Hallyday
Mandalay
Tremblay
Viroflay
du Bellay
fair-play
Macaulay
Bercenay
Châtenay
Fontenay
Saguenay
Sathonay
Esternay
Malaunay
Delaunay
chambray

8

9

Chambray
Paraguay
Hathaway
Broadway
Steinway
Thénezay
Crézancy
Le Raincy
Commercy
Montmédy
Murād Bey
Colombey
Sennecey
Selongey
Berkeley
Wolseley
Costeley
Chailley
McKinley
Van Orley
Kingsley
Valromey
Pechiney
hot money
Mulroney
Alderney
attorney
McBurney
Alleppey
Humphrey
Mercurey
mercurey
Wallasey
Anglesey

Thoissey
Le Russey
Camagüey
chop suey
McCarthy
Kentucky
Panofsky
Stavisky
Snoilsky
Komenský
Shlonsky
Vasarely
Tinguely
De Wailly
Dardilly
Bareilly
Gentilly
Sartilly
Preuilly
brouilly
Monopoly
Val d'Arly
Fort-Lamy
gin-rummy
Corbigny
Daubigny
Marcigny
Faucigny
Formigny
Guérigny
Thorigny
Monsigny
Persigny
Bassigny

Lassigny
Wassigny
Brétigny
Quetigny
Rantigny
Montigny
Pontigny
Martigny
Xertigny
Chevigny
Souvigny
Cheverny
Bonnefoy
Boğazköy
Châtenoy
Fontenoy
Delannoy
Duvernoy
Fourcroy
Balleroy
Jouffroy
Le Crotoy
Guéthary
extra-dry
Chambéry
yeomanry
lavatory
car-ferry
Coventry
Bradbury
Maunoury
Andrássy
Frescaty
Servanty

Flaherty
Saint-Guy
revenez-y
Landouzy
Bad Ragaz
La Clusaz
Różewicz
González
Blanc-Nez
pince-nez
cache-nez
Martínez
Aranjuez
Enríquez
Peruwelz
Kienholz
Konstanz
Albornoz
Barentsz
Mané-Katz
Lipchitz
Steinitz
Pillnitz
Chemnitz
Ustaritz
Lüderitz
Biarritz
Choltitz
Horowitz
Sierentz
Schwartz
kibboutz
Veracruz
free jazz

9

Sillanpää
Beersheba
Bourguiba
Bastelica
harmonica
Costa Rica
Salamanca
Péribonca
Athabasca
Boussaâda
Marmolada
Kishiwada

Esméralda
Karaganda
jacaranda
Samarinda
Puigcerdá
Kyzyl-Orda
barracuda
Ben Yehuda
Kampuchéa
Abū Ḥanīfa
Khouribga
Darbhanga

Mahajanga
soui-manga
souimanga
Zamboanga
Petchenga
Rarotonga
cahin-caha
cha-cha-cha
Sa'īd Pacha
Tch'ang-cha
Aïd-el-Adha
Sông Nhi Ha

audiencia
Andalucìa
mass media
Hollandia
chlamydia
rauwolfia
Mounychia
Mounikhia
forsythia
rudbeckia
Australia
Tartaglia

9

Alba Iulia
Lusitania
Tarquinia
Apollonia
paulownia
araucaria
Amou-Daria
ganaderia
Shqipëria
cafétéria
trattoria
rafflesia
Indonesia
hortensia
tephrosia
Maiquetía
bilharzia
Dobroudja
Slovenija
Bălgarija
Ratsiraka
Karnātaka
Ostrołëka
Kokoschka
balalaïka
Treblinka
Brzezinka
Péribonka
Athabaska
Rawa Ruska
Landowska
Dąbrowska
Banja Luka
Hiratsuka
Makeïevka
Wieliczka
Guatemala
Çakuntalā
Śakuntalā
bla-bla-bla
Venezuela
Caracalla
Riva-Bella
Stradella
a cappella
panatella
Bobadilla
camarilla
Publicola
Jyväskylä
dalaï-lama
diaporama
Matsuyama
protonéma
Al-Hoceima
Kagoshima
Hiroshima
Tokushima
Fukushima
terza rima
Moctezuma
Montezuma
Ljubljana
Tsiranana
marihuana
marijuana
Calenzana
Cartagena
Magdalena
Vojvodina
néopilina
Katharina
casuarina
Toamasina
Qacentina
Argentina
Albertina
quinquina
Karsavina
Santa Anna
Tarragona
Barcelona
Annapūrnā
Nāgārjuna
Guipúzcoa
grand-papa
Atahualpa
Hunedoara
Timişoara
Alcántara
El-Kantara
Ogasawara
Kashiwara
Solenzara
Alexandra
alexandra
Halmahera
oenothera
soap opera
et caetera
Ginastera
Antequera
Essaouira
Ras Shamra
La Marmora
La Skhirra
Kāma-sūtra
Bujumbura
Djurdjura
Petlioura
jettatura
angustura
Cemal Paşa
Enver Paşa
Talat Paşa
vice versa
Masinissa
Lampedusa
duplicata
chipolata
Misourata
Takeshita
Kinoshita
Margarita
dolce vita
Elephanta
Constanţa
Minnesota
Siddhārta
Surakarta
Malatesta
Piazzetta
Cinecittà
Aconcagua
Nicaragua
Chihuahua
chihuahua
putonghua
Siuan-houa
kouan-houa
Gargantua
gargantua
Balaklava
Calatrava
Beer-Shev'a
Acquaviva
bossa-nova
supernova
Akhmatova
bar-mitsva
Akutagawa
Asahigawa
Asahikawa
Meghalaya
Tatabánya
Catalunya
Peñarroya
Kutubiyya
Maghniyya
Anṣariyya
Fortaleza
influenza
Aurangzeb
Nana Sahib
Tīpū Sāhib
Awrangzīb
vidéoclub
yacht-club
night-club
antitabac
koulibiac
Tinténiac
Bourbriac
Ravaillac
Marcillac
Condillac
Frontenac
Cassagnac
Montagnac
Cavaignac
Herbignac
d'Aubignac
Montignac
Martignac
Rastignac
Retournac
bric-à-brac
tout à trac
culs-de-sac
Florensac
Trélissac
Gay-Lussac
Sosnowiec
Plouhinec
Guilvinec
Plabennec
Cléguérec
Languidic
Childéric
Chilpéric
Théodoric
Le Croisic
soul music
pronostic
Guillevic
Obradović
Stanković
Obrenović

Meštrović
Nohant-Vic
Godescalc
Mont Blanc
mont-blanc
kilofranc
eurofranc
hic et nunc
Languedoc
blanc-étoc
pousse-toc
contre-arc
cul-de-porc
jeune-turc
Lalouvesc
Bois-le-Duc
stéréoduc
Ahmadābād
Morādābād
Ahmedabad
Allāhābād
Achkhabad
Islāmābād
Leninabad
Hyderābād
Khorsabad
Khursabād
Kirovabad
Firozābād
Marienbad
Leukerbad
Hermandad
Whitehead
Leningrad
Volgograd
Petrograd
Flamsteed
Gottsched
pouce-pied
cou-de-pied
passe-pied
plain-pied
Siegfried
Gottfried
Ben Djedid
Remscheid
apartheid
moudjahid
Celluloïd
sang-froid
Camp David
Gondobald

MacDonald
Macdonald
Grünewald
Unterwald
Bielefeld
Klarsfeld
Sheffield
Bromfield
openfield
Mansfield
Léovigild
Liuvigild
Meyerhold
Samarkand
Friedland
Wergeland
dixieland
Baekeland
Cleveland
Swaziland
Sjaelland
Chailland
Groenland
Rheinland
Helgoland
Flevoland
Nederland
Sauerland
Friesland
Lallemand
Ferdinand
Millerand
Tisserand
tisserand
mère-grand
Liutprand
South Bend
différend
Saint-Gond
Pharamond
Sigismond
Stralsund
Robin Hood
Hollywood
Willibrod
Bielgorod
chauffard
Blanchard
chinchard
cabochard
Pritchard
Schickard

binoclard
Bachelard
soufflard
reniflard
piaillard
braillard
babillard
vieillard
oreillard
égrillard
nasillard
vétillard
feuillard
Mouillard
pouillard
souillard
cagoulard
Gallimard
Kergomard
goguenard
combinard
snobinard
Archinard
salonnard
Fragonard
communard
maquisard
broussard
froussard
fouettard
Home Guard
Raynouard
paniquard
brisquard
boulevard
balbuzard
franc-bord
désaccord
Guildford
Strafford
Waterford
Stratford
Brantford
Gondebaud
Vergniaud
salopiaud
cabillaud
Bouillaud
Bouillaud
péquenaud
Duvignaud
Malinvaud

hippophaé
astrolabe
burkinabé
Antsirabé
Pont-l'Abbé
porte-bébé
désinhibé
ducs-d'Albe
choliambe
choriambe
calebombe
catacombe
surplombé
hécatombe
Douchanbe
xénophobe
lipophobe
multilobé
garde-robe
sous-barbe
Faidherbe
Fayd'herbe
Faydherbe
réabsorbé
archicube
multitube
psilocybe
clitocybe
face-à-face
volte-face
interface
entrelacé
lave-glace
lève-glace
demi-place
monoplace
contumace
gallinacé
monotrace
furfuracé
Ponts-de-Cé
périthèce
demi-pièce
Pardubice
appendice
immondice
préjudice
box-office
sacrifice
La Pallice
précipice
haruspice

9

9

cicatrice
créatrice
négatrice
aviatrice
délatrice
zélatrice
donatrice
curatrice
citatrice
notatrice
rotatrice
novatrice
taxatrice
vexatrice
fixatrice
tractrice
électrice
érectrice
débitrice
auditrice
génitrice
monitrice
émettrice
locutrice
cotutrice
Primatice
adventice
armistice
injustice
impédance
Abondance
abondance
vengeance
déchéance
récréance
préséance
manigance
manigancé
arrogance
malchance
confiance
free-lance
vigilance
rutilance
vaillance
brillance
ambulance
pétulance
Casamance
prégnance
cofinancé
dominance
luminance
résonance
assonance
assonancé
clearance
cogérance
tolérance
espérance
vétérance
Air France
flagrance
fragrance
clairance
attirance
ignorance
aberrance
mestrance
endurance
Fleurance
assurance
Plaisance
plaisance
médisance
naissance
paissance
glissance
puissance
réactance
substance
prestance
cuistance
Constance
constance
quittance
quittancé
redevance
indécence
réticence
innocence
acescence
décadence
incidence
stridence
résidence
impudence
indigence
diligence
émergence
obédience
bivalence
covalence
indolence
insolence
féculence
virulence
purulence
véhémence
ensemencé
rémanence
immanence
imminence
désinence
apparence
déférence
référence
référencé
inférence
ingérence
adhérence
inhérence
cohérence
révérence
appétence
pénitence
rénitence
impotence
existence
affluence
effluence
influence
influencé
fréquence
éloquence
quinconce
Cappadoce
sacerdoce
mezza voce
idée-force
désamorcé
ressource
ressourcé
acquiescé
gâte-sauce
courroucé
la Barbade
barricade
barricadé
cavalcade
cavalcadé
embuscade
débandade
orangeade
rebuffade
étouffade
embrigadé
Alcibiade
Franciade
Hérodiade
jérémiade
anchoïade
olympiade
Tibériade
marmelade
fusillade
Feuillade
rémoulade
ready-made
esplanade
promenade
talonnade
colonnade
canonnade
ratonnade
cotonnade
carbonade
oignonade
cassonade
cantonade
estrapade
attrapade
mascarade
hit-parade
Benserade
décigrade
sans-grade
ambassade
palissade
palissadé
incartade
Van Ostade
croustade
anchoyade
rétrocédé
intercédé
Déroulède
Archimède
Andromède
intermède
palmipède
pinnipède
cirripède
citharède
tenthrède
dépossédé
copossédé
pèse-acide

9

sulfacide
antiacide
thioacide
monoacide
hydracide
polyacide
herbicide
fongicide
germicide
vermicide
acaricide
parricide
matricide
pesticide
larvicide
ethnocide
phytocide
pellucide
splendide
Thucydide
trachéide
palmifide
sphingidé
allergide
synergide
lysergide
ciconiidé
mustélidé
syphilide
consolidé
sulfamide
cyanamide
acétamide
polyamide
serranidé
sassanide
biguanide
Parménide
arachnide
vaccinide
cyprinidé
falconidé
trogonidé
Maimonide
salmonidé
rhomboïde
coracoïde
hélicoïde
scincoïde
lambdoïde
conchoïde
scaphoïde

lymphoïde
cardioïde
alcaloïde
sépaloïde
pétaloïde
phalloïde
triploïde
cotyloïde
sésamoïde
humanoïde
paranoïde
sphénoïde
solénoïde
cancroïde
ulcéroïde
sphéroïde
astéroïde
sinusoïde
odontoïde
ichtyoïde
schizoïde
gonozoïde
intrépide
bicuspide
semi-aride
scombridé
colubridé
anhydride
glycéride
Margeride
élatéridé
viverridé
ophiuride
Heaviside
glucoside
polyoside
abbasside
wombatidé
cariatide
caryatide
Atlantide
haliotide
Labastide
agrostide
téléguidé
filoguidé
topo-guide
autoguidé
ultravide
transvidé
Smalkalde
Artevelde

Balthilde
demi-solde
sarabande
marchande
marchandé
affriandé
achalandé
Delalande
Thaïlande
guirlande
Courlande
redemandé
allemande
gourmande
gourmandé
Rio Grande
Aigurande
Mélisande
dividende
vilipendé
révérende
Insulinde
vagabonde
vagabondé
surabondé
tire-bonde
pudibonde
moribonde
furibonde
inféconde
rubiconde
bien-fondé
Radegonde
Rosamonde
Rosemonde
demi-monde
micro-onde
Combronde
demi-ronde
ostracode
transcodé
Kozhikode
accommodé
incommode
incommodé
myriapode
tétrapode
amphipode
chénopode
macropode
ptéropode
rhizopode

électrode
trématode
furibarde
chambardé
guimbarde
péricarde
chançarde
brancardé
endocarde
soiffarde
bouffarde
chef-garde
sous-garde
cent-garde
pincharde
clocharde
boucharde
bouchardé
moucharde
mouchardé
faiblarde
roublarde
vicelarde
papelarde
gaillarde
paillarde
rigolarde
gueularde
cumularde
flemmarde
flemmardé
Audenarde
geignarde
poignardé
grignarde
guignarde
traînarde
fouinarde
salonarde
La Bérarde
pleurarde
poissarde
cuissarde
savoyarde
Mesa Verde
hexacorde
manicorde
monocorde
prochordé
Vilvoorde
lambourde
lampourde

9

moricaude
lourdaude
rougeaude
échafaudé
saligaude
courtaude
courtaudé
marivaudé
Buxtehude
interlude
Oulan-Oude
transsudé
désuétude
assuétude
longitude
amplitude
plénitude
magnitude
turpitude
négritude
lassitude
béatitude
platitude
gratitude
rectitude
multitude
certitude
servitude
hémioxyde
hydroxyde
protoxyde
macchabée
Bethsabée
polylobée
salicacée
urticacée
aroïdacée
hordéacée
araliacée
scoriacée
verglacée
argilacée
bétulacée
alismacée
solanacée
farinacée
rhamnacée
saponacée
tubéracée
hédéracée
pipéracée
cypéracée

onagracée
mucoracée
mimosacée
abiétacée
sapotacée
crustacée
théodicée
prononcée
inexercée
inexaucée
pyramidée
hyposodée
léopardée
mansardée
impaludée
assoiffée
dégriffée
naufragée
affouagée
coobligée
inchangée
pharyngée
déhanchée
Mardochée
approchée
débauchée
embouchée
accouchée
séborrhée
logorrhée
Prométhée
Eurysthée
licenciée
incendiée
calcifiée
crucifiée
qualifiée
sacrifiée
certifiée
fastigiée
atrophiée
unifoliée
trifoliée
perfoliée
estropiée
historiée
rapatriée
expatriée
amnistiée
asphyxiée
Milwaukee
endiablée

assemblée
redoublée
caramélée
bourrelée
craquelée
échevelée
dénivelée
écervelée
dégonflée
étranglée
obnubilée
flagellée
médaillée
empaillée
détaillée
fendillée
chenillée
persillée
bastillée
aiguillée
brouillée
lancéolée
mentholée
goménolée
demi-volée
découplée
Kasterlee
immaculée
miraculée
pédiculée
paniculée
auriculée
réticulée
articulée
operculée
uniovulée
salicylée
pyroxylée
inentamée
bien-aimée
envenimée
comprimée
légitimée
enflammée
prénommée
susnommée
consommée
renfermée
conformée
néoformée
pare-fumée
antifumée

spontanée
halogénée
halbrenée
enseignée
strychnée
déchaînée
carabinée
déracinée
filicinée
hirudinée
déthéinée
albuginée
trichinée
bétulinée
foraminée
vitaminée
efféminée
innominée
albuminée
illuminée
enfarinée
chagrinée
gélatinée
ratatinée
abiétinée
embruinée
condamnée
randonnée
siphonnée
ballonnée
vallonnée
citronnée
couronnée
maisonnée
raisonnée
moutonnée
orthopnée
décharnée
détournée
canne-épée
porte-épée
anticipée
émancipée
constipée
inoccupée
chaloupée
vertébrée
encombrée
consacrée
échancrée
cylindrée
délibérée

9

immodérée
autogérée
cuillerée
dégénérée
régénérée
inespérée
invétérée
inaltérée
resserrée
excentrée
senestrée
sinistrée
illustrée
illettrée
centaurée
chlorurée
démesurée
dénaturée
insaturée
aventurée
triphasée
inapaisée
civilisée
organisée
hominisée
colonisée
sinapisée
polarisée
tubérisée
arborisée
motorisée
autorisée
aseptisée
inépuisée
malavisée
Zell am See
Wallensee
compensée
Struensee
silicosée
ankylosée
sclérosée
Waldersee
dispersée
traversée
renversée
fricassée
déclassée
trépassée
lampassée
compassée
embrassée

cuirassée
Tennessee
empressée
oppressée
bretessée
encaissée
délaissée
vernissée
angoissée
désabusée
coaccusée
paralysée
horodatée
mouchetée
pailletée
charretée
bouquetée
retraitée
inhabitée
exorbitée
illimitée
exploitée
inabritée
imméritée
enchantée
diamantée
tridentée
fermentée
affrontée
effrontée
empruntée
abricotée
inadaptée
indomptée
concertée
rapportée
assiettée
aigrettée
levrettée
brouettée
acquittée
roulottée
frisottée
irréfutée
involutée
inécoutée
encroûtée
ségréguée
conjuguée
terraquée
détraquée
mosaïquée

syndiquée
appliquée
phéniquée
imbriquée
affriquée
palanquée
défroquée
débarquée
accentuée
unisexuée
inachevée
mainlevée
additivée
démotivée
immotivée
trinervée
conservée
réprouvée
complexée
Waddenzee
Zuiderzee
pause-café
Luftwaffe
isogreffe
Radcliffe
Ténériffe
ébouriffé
réchauffé
Théodulfe
colombage
engerbage
surfaçage
déglaçage
rapiéçage
applicage
matriçage
masticage
rusticage
garançage
sérançage
faïençage
défonçage
déblocage
démarcage
reterçage
grenadage
scheidage
renvidage
galandage
débardage
bocardage
cafardage

bavardage
sabordage
recordage
retordage
échaudage
maraudage
taraudage
ravaudage
voyageage
voligeage
épongeage
limogeage
égrugeage
marchéage
chauffage
étouffage
non-engagé
désengagé
seringage
rabâchage
panachage
arrachage
ensachage
détachage
déméchage
repêchage
affichage
branchage
tranchage
décochage
encochage
dérochage
écorchage
herschage
ébauchage
épluchage
mélophage
xylophage
oesophage
bailliage
gabariage
remariage
coloriage
charriage
dessalage
recyclage
nickelage
crénelage
tonnelage
carrelage
vasselage
bosselage

9 platelage
martelage
bottelage
travelage
soufflage
épinglage
tréfilage
profilage
parfilage
surfilage
faufilage
entoilage
tussilage
centilage
cartilage
déballage
emballage
hypallage
écaillage
émaillage
babillage
habillage
treillage
treillagé
cueillage
batillage
outillage
feuillage
fouillage
mouillage
touillage
décollage
recollage
encollage
bricolage
gondolage
bariolage
fignolage
Loon-Plage
déferlage
démoulage
remoulage
déroulage
capsulage
essaimage
exprimage
empalmage
dédommagé
endommagé
dégommage
engommage
affermage
reformage
haubanage
boucanage
réaménagé
surmenage
engrenage
Sassenage
sassenage
Stevenage
délignage
éborgnage
délainage
égrainage
turbinage
fascinage
jardinage
boudinage
raffinage
pralinage
moulinage
aluminage
amarinage
voisinage
cousinage
platinage
coltinage
béguinage
alevinage
dépannage
empannage
empennage
façonnage
maçonnage
bidonnage
talonnage
pilonnage
canonnage
baronnage
bétonnage
pitonnage
entonnage
savonnage
rayonnage
gazonnage
patronage
écharnage
maternage
hivernage
rechapage
attrapage
décrêpage
estampage
estompage
égrappage
découpage
recoupage
défibrage
calibrage
décadrage
désaérage
orniérage
commérage
compérage
passerage
chiffrage
saxifrage
éclairage
appairage
soutirage
survirage
perforage
Anchorage
épamprage
démarrage
déferrage
épierrage
déterrage
enterrage
atterrage
équerrage
fenêtrage
arbitrage
tuteurage
sulfurage
moulurage
saumurage
rainurage
labourage
découragé
encouragé
affouragé
détourage
entourage
voiturage
bouturage
ébavurage
dégivrage
déphasage
débrasage
réalésage
chemisage
tannisage
déboisage
reprisage
aiguisage
surdosage
sténosage
ramassage
Le Passage
repassage
adressage
graissage
palissage
délissage
polissage
finissage
mûrissage
catissage
ratissage
métissage
retissage
rôtissage
fouissage
rouissage
bruissage
dévissage
embossage
troussage
décrusage
calfatage
sulfatage
frégatage
frelatage
trématage
colmatage
formatage
humectage
déroctage
cachetage
pelletage
bouletage
vignetage
cannetage
secrétage
apprêtage
caquetage
paquetage
piquetage
clavetage
sauvetage
affaitage
délaitage
sulfitage
marmitage
Hermitage
emboîtage

9

dévoltage
décantage
davantage
argentage
arpentage
patentage
éreintage
épointage
démontage
remontage
appontage
clabotage
crabotage
barbotage
fricotage
tricotage
bachotage
foliotage
pianotage
clapotage
chipotage
tripotage
rempotage
encartage
départagé
repartagé
copartage
copartagé
essartage
reportage
délestage
forestage
dépistage
accostage
rabattage
embattage
barattage
curettage
culottage
carottage
égouttage
noyautage
tuyautage
culbutage
équeutage
chalutage
filoutage
déroutage
serfouage
enclouage
dépiquage
repiquage

astiquage
charruage
emblavage
esclavage
prélavage
dessévage
archivage
lessivage
essanvage
accouvage
duplexage
déblayage
monnayage
débrayage
embrayage
ressayage
carroyage
corroyage
nettoyage
convoyage
louvoyage
ressuyage
Cambridge
Muybridge
Coleridge
Beveridge
télésiège
spicilège
sacrilège
florilège
sortilège
privilège
désagrégé
Zeebrugge
motoneige
autoneige
Hiroshige
désobligé
félibrige
recorrigé
Coton-Tige
Dudelange
Sérémange
Gandrange
Malgrange
Bong Range
réarrangé
Saint-Ange
alkékenge
challenge
rotruenge
lave-linge

Poperinge
Saintonge
nécrologe
interrogé
surcharge
surchargé
Baillargé
flamberge
autoberge
concierge
manuterge
sous-verge
sous-gorge
calcifuge
vermifuge
fébrifuge
hydrofuge
hydrofugé
transfuge
Montrouge
peau-rouge
callipyge
empanaché
Cadarache
Thiérache
bourrache
amouraché
moustache
escabèche
tête-bêche
pourlèche
pourléché
flammèche
Romanèche
ventrèche
antisèche
matabiche
matchiche
bourriche
orobanche
avalanche
Leclanché
Ballanche
Laplanche
remmanché
débranché
embranché
La Tranche
retranché
déclenche
déclenché
enclenche

enclenché
pervenche
La Tronche
rabiboché
effiloche
effiloché
mailloche
guilloche
guilloché
vide-poche
Delaroche
raccroché
anicroche
bancroche
rapproché
bon marché
recherche
recherché
écoperche
La Guerche
affourché
enfourché
Nietzsche
dispatché
rembauché
chevauché
trucmuche
tarbouche
piédouche
farlouche
ferlouche
Cartouche
cartouche
lambruche
baudruche
bostryche
yohimbehe
Hohenlohe
Hachinohe
diagraphe
épigraphe
géographe
biographe
olographe
myographe
cénotaphe
synalèphe
théosophe
zoomorphe
isomorphe
anaglyphe
triglyphe

9

apocryphe
syngnathe
prognathe
télépathe
étiopathe
allopathe
mégalithe
Galalithe
podolithe
monolithe
aérolithe
pisolithe
rhyolithe
cryolithe
hélianthe
périanthe
philanthe
Érymanthe
rhinanthe
ményanthe
Hyacinthe
hyacinthe
helminthe
wisigothe
Aix-en-Othe
Karlsruhe
La Malbaie
tremblaie
prunelaie
ronceraie
fougeraie
palmeraie
pommeraie
noiseraie
oliveraie
zoophobie
troglobie
anaérobie
hématobie
pharmacie
disgracié
apothécie
paramécie
bénéficié
supplicié
géomancie
distancié
renégocié
coassocié
éclaircie
Nicomédie
logopédie

réexpédié
néphridie
pourridié
apatridie
ommatidie
Normandie
maurandie
stipendié
psalmodie
psalmodié
palinodie
arthrodie
rhapsodie
voïévodie
Lombardie
dégourdie
planchéié
rigidifié
solidifié
humidifié
fluidifié
dragéifié
simplifié
plasmifié
saponifié
éthérifié
estérifié
émulsifié
classifié
stratifié
sanctifié
fructifié
quantifié
identifié
plastifié
revivifié
dénazifié
dysphagie
otorragie
stratégie
lombalgie
ostéalgie
hémialgie
névralgie
dorsalgie
causalgie
nostalgie
pédagogie
démagogie
cacologie
oncologie
mycologie

pédologie
podologie
idéologie
rhéologie
théologie
ergologie
éthologie
étiologie
axiologie
mimologie
homologie
pomologie
oenologie
pénologie
sénologie
sinologie
topologie
typologie
aérologie
sérologie
agrologie
virologie
nosologie
posologie
ontologie
cytologie
sexologie
doxologie
bryologie
cryologie
léthargie
hydrargie
biénergie
asynergie
chirurgie
naumachie
réfléchie
infléchie
monarchie
synarchie
malpighie
digraphie
sympathie
zoopathie
myopathie
naupathie
Carinthie
Zaporojie
rudbeckie
palilalie
écholalie
Australie

Thessalie
affaiblie
souahélie
périhélie
Saint-Élie
microglie
névroglie
domicilié
zoophilie
asymbolie
aérocolie
latifolié
asystolie
multiplié
accomplie
acalculie
dysboulie
Pamphylie
endogamie
allogamie
monogamie
autogamie
polygamie
plombémie
lipidémie
cétonémie
tularémie
hyperémie
polysémie
hypoxémie
eurythmie
géochimie
biochimie
ophtalmie
prud'homie
télénomie
antinomie
taxinomie
ergonomie
aéronomie
agronomie
autonomie
taxonomie
sexonomie
bichromie
dichromie
lobotomie
vagotomie
ténotomie
vasotomie
autotomie
dysthymie

homonymie
synonymie
toponymie
paronymie
métonymie
antonymie
autonymie
épiphanie
opiomanie
mélomanie
monomanie
hypomanie
pyromanie
potomanie
Acarnanie
Poméranie
Occitanie
Lusitanie
Iphigénie
hémogénie
ontogénie
cryogénie
urolagnie
compagnie
bahreïnie
indéfinie
ignominie
Abyssinie
Franconie
glauconie
Calédonie
posidonie
Patagonie
Théogonie
théogonie
diaphonie
symphonie
apophonie
dysphonie
Babylonie
hégémonie
cérémonie
acrimonie
antimonié
pneumonie
catatonie
vagotonie
monotonie
hypotonie
acrodynie
misogynie
polygynie

patte-d'oie
monts-joie
rabat-joie
pou-de-soie
garde-voie
entrevoie
multivoie
oeil-de-pie
nids-de-pie
orthoépie
enthalpie
télécopie
Xérocopie
autocopie
diascopie
anuscopie
polycopie
polycopié
amétropie
isotropie
amblyopie
Gillespie
linotypie
bain-marie
contrarié
hémiédrie
triandrie
misandrie
plomberie
fourberie
buanderie
étenderie
gronderie
chefferie
bagagerie
ménagerie
Lavigerie
orangerie
flacherie
clicherie
tricherie
Pulchérie
porcherie
gaucherie
vauchérie
boucherie
coucherie
loucherie
cavalerie
diablerie
jonglerie
raillerie

taillerie
cajolerie
féculerie
métamérie
mésomérie
polymérie
rubanerie
beignerie
grognerie
badinerie
radinerie
affinerie
câlinerie
gaminerie
rapinerie
copinerie
lésinerie
mutinerie
timonerie
aumônerie
japonerie
clownerie
tromperie
saloperie
siroperie
marbrerie
poudrerie
confrérie
gaufrerie
pingrerie
ivoirerie
beurrerie
plâtrerie
lustrerie
armurerie
parurerie
mièvrerie
lamaserie
niaiserie
tamiserie
écloserie
brasserie
grasserie
caisserie
huisserie
brosserie
grosserie
tousserie
gueuserie
baraterie
piraterie
affèterie

afféterie
paneterie
papeterie
diphtérie
fruiterie
saboterie
cagoterie
bigoterie
ergoterie
minoterie
sparterie
chatterie
flatterie
minuterie
clouterie
Praguerie
dinguerie
droguerie
Jacquerie
jacquerie
turquerie
rabougrie
anarthrie
librairie
ségrairie
Bachkirie
Kroumirie
allégorie
catégorie
dysphorie
approprié
exproprié
sociatrie
pédiatrie
gériatrie
idolâtrie
zoolâtrie
géométrie
biométrie
isométrie
asymétrie
industrie
La Mettrie
pédicurie
calciurie
cétonurie
hématurie
porphyrie
dysphasie
achalasie
xénélasie
anaplasie

9

9

néoplasie
dysplasie
docimasie
dyscrasie
Austrasie
Anastasie
épistasie
biostasie
apostasie
apostasié
isostasie
Papouasie
analgésie
rafflésie
Mélanésie
dysmnésie
Indonésie
Polynésie
pleurésie
fantaisie
cramoisie
ambroisie
Malvoisie
malvoisie
téphrosie
épilepsie
dyspepsie
athrepsie
éclampsie
macropsie
nécropsie
micropsie
Circassie
Ferrassie
diglossie
Dalhousie
paralysie
acrobatie
Bouriatie
spermatie
agalactie
prophétie
péripétie
non-initié
impéritie
apprentie
anodontie
épizootie
orthoptie
tripartie
convertie
Fourastié
sacristie
inaboutie
presbytie
kalicytie
épiphytie
parapluie
sahraouie
Lattaquié
Slovaquie
eaux-de-vie
Thurgovie
chronaxie
dyspraxie
ménotaxie
aréflexie
apoplexie
dysorexie
stégomyie
antinazie
Kirghizie
Mackenzie
bilharzie
milk-shake
Thorbecke
Harelbeke
Merelbeke
Thorndike
cannibale
zodiacale
stomacale
syndicale
beylicale
inamicale
tropicale
cléricale
triticale
verticale
corticale
cervicale
néolocale
volvocale
intercalé
méniscale
avant-cale
toroïdale
trachéale
périnéale
bractéale
astragale
laryngale
pétrogale
conjugale
maréchale
bicéphale
encéphale
Bucéphale
Stymphale
zénithale
bilabiale
absidiale
prandiale
allodiale
Caragiale
brachiale
familiale
binomiale
domaniale
coloniale
canoniale
troupiale
vicariale
salariale
notariale
impériale
armoriale
abbatiale
palatiale
comitiale
synoviale
diluviale
alluviale
illuviale
Pamukkale
ombellale
Vignemale
extrémale
proximale
lacrymale
duodénale
nouménale
surrénale
sphagnale
scabinale
vaccinale
urédinale
cardinale
imaginale
originale
marginale
virginale
machinale
staminale
germinale
terminale
inguinale
automnale
décennale
vicennale
triennale
diaconale
diagonale
régionale
nationale
cyclonale
hormonale
patronale
neuronale
personale
cantonale
hibernale
infernale
hivernale
shogunale
communale
syncopale
cérébrale
carcérale
viscérale
pondérale
vespérale
urétérale
littérale
intégrale
temporale
pectorale
rectorale
doctorale
pastorale
littorale
saburrale
théâtrale
spectrale
arbitrale
binaurale
monaurale
épidurale
picturale
culturale
posturale
gutturale
reversale
colossale
prénatale
néonatale
objectale
pariétale

variétale
décrétale
sommitale
vicomtale
orientale
parentale
prévôtale
sagittale
azimutale
déciduale
médiévale
khédivale
gingivale
préfixale
suffixale
effaçable
insécable
monocâble
révocable
plaidable
décidable
amendable
inondable
abordable
mangeable
congéable
forgeable
malléable
perméable
corvéable
ineffable
irrigable
fatigable
navigable
graciable
tue-diable
oubliable
publiable
repliable
non-viable
serviable
kayakable
préalable
semblable
décelable
gonflable
empilable
taillable
modulable
cumulable
annulable
estimable
infumable
aliénable
intenable
joignable
devinable
gournable
incunable
incapable
réparable
séparable
imparable
nombrable
exécrable
libérable
ingérable
tolérable
vénérable
repérable
misérable
insérable
altérable
admirable
désirable
retirable
attirable
mémorable
honorable
favorable
quarrable
filtrable
montrable
incurable
endurable
mesurable
assurable
pâturable
saturable
épuisable
révisable
imposable
opposable
arrosable
classable
haïssable
récusable
excusable
refusable
indatable
dilatable
tractable
éjectable
achetable
rejetable
traitable
habitable
débitable
excitable
limitable
véritable
irritable
équitable
adaptable
comptable
domptable
adoptable
Constable
constable
Dunstable
abattable
flottable
réfutable
imputable
évaluable
commuable
injouable
chéquable
banquable
recevable
redevable
relevable
dérivable
invivable
imbuvable
prouvable
trouvable
impayable
pitoyable
indicible
coercible
irascible
inaudible
faillible
futurible
illisible
divisible
invisible
plausible
infusible
rassemblé
ressemblé
candomblé
paso doble
résoluble
insoluble
spectacle
habitacle
Empédocle
Agathocle
couvercle
mégacycle
hémicycle
péricycle
kilocycle
monocycle
motocycle
colpocèle
hydrocèle
resarcelé
ensorcelé
cicindèle
asphodèle
décongelé
parallèle
entremêlé
ressemelé
phocomèle
Philomèle
érésipèle
érysipèle
sapropèle
paragrêle
décarrelé
recarrelé
débosselé
Praxitèle
démantelé
clientèle
parentèle
encastelé
décervelé
renouvelé
essoufflé
Bondoufle
pantoufle
pantouflé
mistoufle
équiangle
dessanglé
rectangle
acutangle
cure-ongle
tire-d'aile
malhabile
cantabile
difficile
crocodile

9

Petite-Île
coupe-file
serre-file
transfilé
défaufilé
bédéphile
cinéphile
basiphile
pédophile
rhéophile
Théophile
halophile
hémophile
ammophile
xénophile
cynophile
lipophile
xérophile
basophile
Paul Émile
fac-similé
campanile
présénile
primipile
horripilé
photopile
ustensile
vibratile
versatile
intactile
infantile
infertile
presqu'île
trimballé
prothalle
escabelle
mirabelle
térébelle
rubicelle
radicelle
pédicelle
pédicellé
tunicelle
varicelle
étincelle
volucelle
citadelle
haridelle
chandelle
Bourdelle
Aulu-Gelle
glacielle
plurielle
partielle
Columelle
columelle
organelle
ravenelle
colonelle
coronelle
charnelle
éternelle
La Capelle
Lacapelle
roue-pelle
aquarelle
aquarellé
téterelle
Majorelle
chlorelle
poutrelle
naturelle
filoselle
piloselle
limoselle
faisselle
vaisselle
bagatelle
curatelle
Chantelle
constellé
grattelle
cotutelle
graduelle
censuelle
mensuelle
sensuelle
inusuelle
factuelle
noctuelle
cultuelle
virtuelle
gestuelle
textuelle
caravelle
taravelle
manivelle
Granvelle
algazelle
fonçaille
blocaille
carcaillé
margaille
chamaille
chamaillé
remmaillé
marmaille
grenaille
grenaillé
sonnaille
sonnaillé
tripaille
rempaillé
harpaille
coupaillé
débraillé
ferraille
ferraillé
mitraille
mitraillé
couraillé
touraille
trésaille
grisaille
grisaillé
piétaille
avitaillé
ventaille
travaillé
dégobillé
codicille
pénicillé
sourcillé
brindille
tourdille
corbeille
sommeillé
vermeille
Corneille
corneille
Latreille
conseillé
groseille
Marseille
bouteille
merveille
surveillé
spongille
camomille
charmille
fourmillé
décanillé
échenillé
coronille
grappillé
éparpillé
houspillé
étoupille
étoupillé
quadrille
quadrillé
essorillé
crousille
vérétille
scintillé
pointillé
épontille
pacotille
sapotille
apostille
apostillé
flottille
écoutille
broutille
endeuillé
défeuillé
effeuillé
gadouille
bidouillé
andouille
bafouille
bafouillé
cafouillé
refouillé
affouillé
magouille
magouillé
zigouillé
déhouillé
remouillé
genouillé
papouille
dépouille
dépouillé
dérouillé
vasouillé
arsouille
patouillé
pétouillé
gazouillé
jonquille
resquille
resquillé
Abbeville
Maleville
Amnéville
Lunéville
Eppeville

Méréville
Octeville
Maxéville
Nashville
Sackville
Granville
Ézanville
Grenville
Bainville
Dainville
Joinville
Tronville
Iberville
Guerville
Courville
Tourville
Montville
Deauville
Liouville
Trouville
Knoxville
Crouzille
tavaïolle
Sarakollé
équipollé
fumerolle
muserolle
épiphylle
amphibole
Rocambole
rocambole
carambole
carambolé
Discobole
discobole
taurobole
hyperbole
auto-école
calcicole
dulcicole
piscicole
gallicole
arénicole
lignicole
floricole
terricole
monticole
horticole
sylvicole
protocole
farandole
girandole
Mirandole
espingole
absidiole
matthiole
tourniole
cambriolé
gaudriole
artériole
centriole
espagnole
extrapolé
pentapole
oligopole
nécropole
métropole
interpolé
glycérolé
banderole
fougerole
casserole
busserole
entresolé
Valensole
inconsolé
rafistolé
débenzolé
contemplé
surpeuplé
quadruple
quadruplé
quintuple
quintuplé
Pech-Merle
Quimperlé
L'Arbresle
Belle-Isle
Newcastle
acétabule
mandibule
vestibule
préambule
funambule
tentacule
fascicule
fasciculé
forficule
pellicule
pelliculé
follicule
vermiculé
pannicule
fébricule
turriculé
matricule
denticule
denticulé
lenticule
lenticulé
monticule
particule
gesticulé
testicule
onguicule
onguiculé
clavicule
recalculé
pédoncule
pédonculé
homoncule
renoncule
caroncule
homuncule
tubercule
majuscule
minuscule
incrédule
camaldule
hiérodule
bisaïeule
épagneule
cargneule
propagule
triangulé
libellule
ombellule
dissimulé
reformulé
informulé
campanule
dessaoulé
chamboulé
débagoulé
encagoulé
barigoule
farigoule
La Napoule
glomérule
péninsule
décapsulé
serratule
tarentule
ergastule
Augustule
strongyle
diphényle
carbonyle
carbonylé
micropyle
oxhydryle
nitrosyle
didactyle
hexastyle
péristyle
aréostyle
monostyle
hypostyle
octostyle
polystyle
carboxyle
hydroxyle
belle-dame
Notre-Dame
Notre-Dame
jusquiame
porte-lame
mélodrame
mimodrame
docudrame
myopotame
aspartame
myxoedème
blasphème
blasphémé
Polyphème
énanthème
exanthème
quatrième
troisième
vingtième
quantième
trentième
cinquième
treizième
quinzième
névrilème
Angoulême
enthymème
oedicnème
tréponème
monotrème
clairsemé
emphysème
sémantème
méristème
paradigme
biorythme

9

pantomime
magnanime
terze rime
réimprimé
inexprimé
désarrimé
millésime
millésimé
désensimé
rarissime
surestimé
mésestime
mésestimé
oriflamme
diagramme
anagramme
épigramme
trigramme
programme
programmé
myogramme
sage-femme
Prudhomme
prud'homme
sous-homme
Mort-Homme
vide-pomme
Puy de Dôme
Puy-de-Dôme
hybridome
rhytidome
lithodome
majordome
motor-home
stratiome
papillome
hypholome
granulome
condylome
cardamome
cinnamome
carcinome
neurinome
anthonome
chironome
métronome
astronome
chondrome
vélodrome
cynodrome
aérodrome
autodrome

trichrome
urochrome
desmosome
leptosome
antiatome
pentatome
dichotome
microtome
rhizotome
péristome
mérostome
léiomyome
mycoderme
endoderme
héloderme
hypoderme
mésoderme
ectoderme
diatherme
Monthermé
isotherme
réaffirmé
unciforme
oléiforme
filiforme
coliforme
réniforme
lariforme
piriforme
pisiforme
ensiforme
fusiforme
iodoforme
néoplasme
pléonasme
phantasme
thébaïsme
caodaïsme
archaïsme
hébraïsme
prosaïsme
strabisme
iotacisme
solécisme
logicisme
stoïcisme
atticisme
exorcisme
mérycisme
nomadisme
monadisme
juridisme

druidisme
freudisme
paludisme
valdéisme
mandéisme
mazdéisme
canoéisme
exoréisme
passéisme
hanafisme
pacifisme
tabagisme
visagisme
dirigisme
illogisme
gauchisme
psychisme
graphisme
morphisme
éréthisme
chafiisme
malékisme
malikisme
vocalisme
idéalisme
légalisme
kémalisme
finalisme
moralisme
muralisme
ruralisme
fatalisme
pétalisme
vitalisme
loyalisme
royalisme
ptyalisme
babélisme
modélisme
angélisme
mobilisme
nihilisme
oenilisme
sénilisme
virilisme
gaullisme
embolisme
triolisme
oenolisme
simplisme
populisme
botulisme

éthylisme
palamisme
islamisme
dynamisme
totémisme
intimisme
optimisme
alarmisme
urbanisme
mécanisme
paganisme
organisme
arianisme
mélanisme
romanisme
humanisme
satanisme
eugénisme
galénisme
djaïnisme
albinisme
ondinisme
vaginisme
molinisme
féminisme
luminisme
léninisme
lapinisme
alpinisme
marinisme
latinisme
actinisme
équinisme
laconisme
hédonisme
unionisme
démonisme
japonisme
péronisme
priapisme
sinapisme
olympisme
acharisme
gomarisme
césarisme
éthérisme
fakirisme
empirisme
rigorisme
aphorisme
dolorisme
humorisme

tantrisme
centrisme
castrisme
lettrisme
figurisme
naturisme
futurisme
anévrisme
argyrisme
pilosisme
fanatisme
donatisme
hépatisme
docétisme
ascétisme
eidétisme
quiétisme
mimétisme
génétisme
cinétisme
sémitisme
finitisme
droitisme
adultisme
bigotisme
argotisme
ergotisme
idiotisme
hilotisme
janotisme
népotisme
chartisme
scoutisme
euphuisme
altruisme
incivisme
arrivisme
nativisme
activisme
puseyisme
bovarysme
anévrysme
paroxysme
Guillaume
guillaume
agripaume
empyreume
désenfumé
transhumé
accoutumé
épididyme
cacochyme
ethnonyme
matronyme
patronyme
barbacane
sarbacane
Silvacane
bec-de-cane
anglicane
gallicane
jerricane
hurricane
Cispadane
succédané
korrigane
salangane
colophane
Xénophane
halothane
nigériane
valériane
Bactriane
Louisiane
Vientiane
mosellane
sévillane
aquaplane
Naviplane
aéroplane
Quelimane
musulmane
mythomane
anglomane
boulomane
préromane
dipsomane
érotomane
athermane
Marignane
péricrâne
filigrane
filigrané
andorrane
cisjurane
parmesane
cartisane
partisane
formosane
tarlatane
simultané
momentané
percutané
cordouane
mantouane
Ghilizane
filanzane
paléocène
oligocène
Damascène
Malaucène
molybdène
clomifène
collagène
Commagène
aborigène
terrigène
mélongène
carbogène
glycogène
paléogène
ostéogène
pathogène
lithogène
cariogène
anxiogène
filmogène
cyanogène
aminogène
androgène
hydrogène
hydrogéné
iatrogène
nitrogène
estrogène
apyrogène
photogène
érotogène
allergène
stimugène
thiophène
phosphène
acouphène
Clisthène
Polythène
butadiène
désaliéné
polyakène
psoralène
aposélène
aveugle-né
madrilène
cantilène
styrolène
méthylène
propylène
acétylène
Théramène
Trasimène
Anaximène
Orchomène
phénomène
Melpomène
higoumène
oekoumène
Lambaréné
isocarène
L'Escarène
rasséréné
phlyctène
tungstène
Carpiagne
Allemagne
Champagne
Champagné
champagne
Compiègne
Sardaigne
ressaigné
châtaigne
Montaigne
renseigné
Perseigne
non-aligné
désaligné
tire-ligne
Gascoigne
réassigné
soussigné
égratigné
barguigné
Delavigne
Bourgogne
bourgogne
Catalogne
catalogne
renfrogné
La Corogne
Dauvergne
africaine
mexicaine
marocaine
bourdaine
prochaine
Tomblaine
tire-laine
rivelaine
inhumaine

9 riveraine
suzeraine
tibétaine
tiretaine
cheftaine
vingtaine
capitaine
puritaine
lusitaine
Aquitaine
aquitaine
trentaine
lointaine
quintaine
quinzaine
Scriabine
Skriabine
yohimbine
Colombine
colombine
thrombine
rembobiné
ytterbine
biturbine
concubine
thylacine
revacciné
balancine
ratiociné
ocytocine
résorcine
halluciné
néomycine
muscadine
grenadine
comtadine
pintadine
histidine
toluidine
benzidine
girondine
Vojvodine
gabardine
décaféiné
phtaléine
Madeleine
madeleine
linoléine
acroléine
spartéine
tire-veine
extrafine
dioléfine
paraffine
paraffiné
superfine
sauvagine
lentigine
mélongine
Prigogine
protogine
aubergine
La Machine
Indochine
briochine
Joséphine
phosphine
lécithine
Pouchkine
Potemkine
moleskine
percaline
mescaline
Sakhaline
cornaline
tétraline
Messaline
santaline
chevaline
morgeline
micheline
néphéline
orpheline
carmeline
Valteline
ganteline
manuéline
jaqueline
urobiline
inquiline
coralline
vitelline
vanilline
sibylline
mandoline
picholine
crinoline
santoline
zinzoline
strip-line
globuline
sacculine
masculine
stimuline
dégouliné
spiruline
fistuline
vincamine
rhodamine
cardamine
benjamine
prolamine
arylamine
monoamine
balsamine
contaminé
protamine
histamine
réexaminé
polyamine
trigéminé
disséminé
portemine
récriminé
incriminé
encalminé
prédominé
Stylomine
déterminé
exterminé
biacuminé
Manganine
mezzanine
Iessenine
thréonine
santonine
saturnine
Bakounine
Macédoine
macédoine
stramoine
antimoine
péritoine
subalpine
préalpine
Cisalpine
cisalpine
Agrippine
réserpine
Aubespine
turlupiné
Stolypine
muscarine
mandarine
grégarine
margarine
coumarine
nectarine
alizarine
endocrine
éphédrine
méandrine
glycérine
glycériné
tangerine
Catherine
ballerine
cholérine
Kasserine
passerine
érythrine
littorine
pourprine
Laperrine
vératrine
purpurine
zéphyrine
raubasine
sarrasine
Farnésine
ensaisiné
organsiné
adénosine
Bécassine
bécassine
assassine
assassiné
limousine
nougatine
Zamiatine
prélatine
nystatine
sécrétine
palmitine
aconitine
Dewoitine
cobaltine
enfantine
galantine
églantine
levantine
byzantine
Argentine
argentine
bisontine
barbotine
narcotine
Lamartine

libertine
invertine
Palestine
Célestine
intestine
colistine
Christine
augustine
agglutiné
veloutine
embéguiné
chafouine
maroquiné
trusquiné
Derjavine
poitevine
thyroxine
anatoxine
exotoxine
hydrazine
Fonvizine
Karamzine
Galitzine
scribanne
enrubanné
uréthanne
télébenne
phocéenne
mandéenne
vendéenne
mazdéenne
booléenne
araméenne
ghanéenne
guinéenne
linnéenne
cornéenne
azuréenne
élyséenne
hawaïenne
amibienne
gambienne
zambienne
lesbienne
acadienne
iridienne
rhodienne
gardienne
fuégienne
vosgienne
pythienne
fidjienne

irakienne
italienne
abélienne
chilienne
émilienne
azilienne
boolienne
étolienne
ourlienne
paulienne
adamienne
permienne
würmienne
crânienne
iranienne
asinienne
bosnienne
féroïenne
carpienne
Caspienne
icarienne
ovarienne
ombrienne
atérienne
ougrienne
terrienne
Maurienne
vaurienne
sévrienne
capsienne
tarsienne
persienne
onusienne
rhétienne
haïtienne
kantienne
laotienne
béotienne
martienne
aoûtienne
pelvienne
marxienne
paripenné
La Garenne
morguenne
citoyenne
mitoyenne
désabonné
charbonné
Bourbonne
refaçonné
étançonné

poinçonné
tronçonné
soupçonné
abandonné
Chardonne
coordonné
bourdonné
Dieudonné
drageonné
dudgeonné
chiffonne
chiffonné
griffonné
bouffonne
bouffonné
fourgonné
ronchonne
ronchonné
torchonné
bouchonné
vibrionné
pensionné
passionné
fissionné
stationné
ovationné
sectionné
mentionné
émotionné
bastionné
cautionné
mixtionné
détalonné
doublonné
houblonné
échelonné
mamelonné
bufflonne
bâillonné
grognonne
grognonné
cramponné
Cambronne
goudronné
biberonné
augeronne
claironné
environné
poltronne
fleuronné
chevronné
liaisonné

cloisonné
chansonné
coursonne
moissonné
frissonné
écussonné
mégatonne
capitonné
chantonné
pelotonné
kilotonne
gloutonne
dégazonné
engazonné
méthadone
belladone
ennéagone
Tarragone
tétragone
Pentagone
pentagone
heptagone
archégone
sporogone
mégaphone
téléphone
téléphoné
Taxiphone
bigophone
allophone
xylophone
homophone
lusophone
saxophone
Giorgione
Bouglione
Barcelone
portelone
Maguelone
phéromone
Pordenone
Frosinone
lithopone
calcarone
lazzarone
synchrone
isochrone
cortisone
monopsone
Gladstone
Maidstone
Thurstone

9

réincarné
premier-né
dernier-né
encaserné
consterné
prosterné
baliverne
Malicorne
salicorne
cavicorne
Hawthorne
Gros-Morne
maritorne
Swinburne
Melbourne
contourné
bistourné
ristourne
ristourné
taciturne
nouveau-né
Pampelune
scoumoune
infortune
infortuné
importune
importuné
opportune
quelqu'une
Fort Wayne
androgyne
Mnémosyne
Golitsyne
Sullom Voe
handicapé
participe
participé
casse-pipe
suréquipé
déséquipé
pédipalpe
coïnculpé
Théopompe
motopompe
autopompe
télescope
télescopé
Caméscope
kinescope
périscope
endoscope
baroscope

aéroscope
horoscope
gyroscope
nyctalope
interlope
phalarope
guiderope
emmétrope
azéotrope
monotrope
lipotrope
sous-nappe
Chrysippe
développé
enveloppe
enveloppé
métacarpe
péricarpe
endocarpe
pilocarpe
mésocarpe
artocarpe
Polycarpe
hypotaupe
préoccupé
désoccupé
Guadalupe
archétype
ronéotypé
phénotype
sténotype
phototype
prototype
caryotype
hyperbare
pallicare
ricercare
gyrophare
pallikare
Roeselare
Cellamare
terramare
nullipare
primipare
multipare
désemparé
solfatare
enténébré
décérébré
équilibre
équilibré
gingembre

septembre
concombre
surnombre
insalubre
ambulacre
simulacre
involucre
tétraèdre
icosaèdre
pentaèdre
heptaèdre
Périandre
coriandre
esclandre
Scamandre
Terpandre
Cassandre
Alexandre
polyandre
descendre
suspendre
déprendre
méprendre
reprendre
apprendre
prétendre
Montendre
distendre
survendre
enceindre
dépeindre
repeindre
épreindre
étreindre
déteindre
reteindre
atteindre
adjoindre
rejoindre
enjoindre
confondre
parfondre
morfondre
sous-ordre
distordre
saupoudré
dissoudre
clepsydre
réverbère
réverbéré
Laloubère
chélicère

insincère
cladocère
incarcéré
Saint-Céré
confédéré
Belvédère
belvédère
considéré
indifféré
baccifère
zincifère
crucifère
mellifère
prolifère
proliféré
chylifère
mammifère
gemmifère
gommifère
gummifère
uranifère
urinifère
somnifère
alunifère
florifère
cuprifère
yttrifère
lactifère
mortifère
pestiféré
guttifère
unguifère
interféré
transféré
herbagère
fromagère
passagère
messagère
paysagère
prédigéré
proligère
réfrigéré
étrangère
Dāvangere
harengère
Bérengère
horlogère
La Léchère
Bosschère
géosphère
biosphère
exosphère

oenothère
Canebière
tourbière
gibecière
officière
policière
princière
buandière
chaudière
paludière
greffière
truffière
douchière
Gouthière
cavalière
érablière
oiselière
roselière
muselière
batelière
hôtelière
tréflière
mobilière
familière
ouillière
parolière
virolière
Tavoliere
épaulière
féculière
séculière
régulière
chaumière
légumière
rubanière
casanière
tisanière
douanière
grainière
bobinière
lapinière
sapinière
pépinière
marinière
résinière
matinière
potinière
gazinière
pionnière
limonière
aumônière
péronière

charnière
fournière
falunière
équipière
Écarpière
Courpière
croupière
cigarière
marbrière
fondrière
poudrière
Soufrière
soufrière
clairière
ivoirière
guerrière
fourrière
plâtrière
huîtrière
ventrière
Sestriere
ordurière
parurière
roturière
chevrière
poivrière
chaisière
glaisière
braisière
fraisière
tamisière
croisière
La Rosière
boursière
coursière
brassière
baissière
caissière
glissière
brossière
grossière
haussière
poussière
éclusière
tabatière
alfatière
régatière
cafetière
giletière
toletière
muletière
cimetière

canetière
panetière
genêtière
lunetière
papetière
Furetière
buvetière
gazetière
cubitière
droitière
héritière
fruitière
frontière
sabotière
fagotière
échotière
courtière
tourtière
gouttière
émeutière
cloutière
morutière
tanguière
Jonquière
parquière
bauquière
étrivière
épervière
Fourvière
bronzière
Brouckère
écaillère
Feuillère
houillère
mouillère
tétramère
pentamère
Grand'Mère
grand-mère
belle-mère
môn-khmère
aggloméré
tautomère
Ellesmere
congénère
Latécoère
grand-père
obtempéré
désespéré
Saint-Père
saint-père
demi-frère

beau-frère
Val-d'Isère
déblatéré
climatère
caractère
trilitère
désaltéré
mésentère
amphotère
mégaptère
hémiptère
périptère
mécoptère
homoptère
monoptère
polyptère
dicastère
monastère
magistère
Finistère
ministère
primevère
persévéré
cacaoyère
corroyère
hainuyère
hennuyère
La Bruyère
berruyère
déchiffré
engouffré
sous-fifre
réintégré
chat-tigre
xénarthre
salicaire
pulicaire
cimicaire
loricaire
urticaire
Beaucaire
décadaire
solidaire
lapidaire
nucléaire
alinéaire
balnéaire
redéfaire
tarifaire
Anschaire
cambiaire
glaciaire

9

plagiaire
stagiaire
milliaire
herniaire
partiaire
tertiaire
bestiaire
vestiaire
bréviaire
Cavalaire
tutélaire
veuglaire
jubilaire
bifilaire
similaire
basilaire
stellaire
axillaire
aréolaire
bipolaire
dipolaire
complaire
tabulaire
lobulaire
tubulaire
séculaire
loculaire
cédulaire
modulaire
nodulaire
angulaire
jugulaire
pilulaire
tumulaire
annulaire
populaire
Cérulaire
insulaire
titulaire
vitulaire
rivulaire
lord-maire
grammaire
tégénaire
caténaire
ordinaire
culinaire
laminaire
séminaire
liminaire
luminaire
limonaire
saponaire
coronaire
lacunaire
lagunaire
téméraire
numéraire
cinéraire
funéraire
honoraire
rentraire
contraire
abstraire
distraire
Bélisaire
émissaire
glossaire
faussaire
vacataire
locataire
légataire
donataire
cométaire
monétaire
orbitaire
militaire
solitaire
sanitaire
paritaire
cavitaire
plantaire
éventaire
salutaire
minutaire
belluaire
disquaire
statuaire
obituaire
mortuaire
portuaire
salivaire
c'est-à-dire
interdire
Berkshire
yorkshire
Yorkshire
Hampshire
Wiltshire
Cachemire
cachemire
jalon-mire
pourboire
mangeoire
Gringoire
baignoire
patinoire
décisoire
dérisoire
glissoire
épissoire
infusoire
illusoire
sudatoire
aléatoire
rogatoire
dilatoire
dînatoire
eupatoire
giratoire
moratoire
juratoire
natatoire
rotatoire
novatoire
vexatoire
auditoire
vomitoire
monitoire
écritoire
méritoire
pétitoire
La Ravoire
Bas-Empire
transpiré
prescrire
proscrire
souscrire
éconduire
instruire
Bressuire
Yunus Emre
sous-genre
collaboré
choke-bore
hellébore
corroboré
Héliodore
héliodore
commodore
Pythagore
Anaxagore
sémaphore
métaphore
Nicéphore
canéphore
choéphore
gonophore
porophore
pyrophore
phosphore
phosphoré
Doryphore
doryphore
détérioré
Bangalore
Mangalore
soliflore
unicolore
tricolore
inexploré
commémoré
Baltimore
déshonoré
Singapore
millépore
madrépore
incorporé
ascospore
expectoré
drugstore
herbivore
piscivore
frugivore
vermivore
granivore
carnivore
corrompre
malpropre
empourpré
redémarré
Dampierre
Dompierre
cimeterre
fumeterre
guéguerre
sous-verre
rembourré
douceâtre
beigeâtre
rougeâtre
archiatre
opiniâtre
phoniatre
hippiatre
acariâtre
Cléopâtre
roussâtre

décamètre
paramètre
hexamètre
parcmètre
ondemètre
télémètre
posemètre
machmètre
décimètre
lucimètre
audimètre
éclimètre
périmètre
dosimètre
altimètre
taximètre
focomètre
pédomètre
endomètre
podomètre
rhéomètre
oléomètre
aréomètre
pifomètre
ergomètre
kilomètre
kilométré
bolomètre
osmomètre
manomètre
monomètre
sonomètre
typomètre
baromètre
gyromètre
pyromètre
potomètre
optomètre
gazomètre
voltmètre
wattmètre
acoumètre
fluxmètre
champêtre
mieux-être
connaître
décalitre
décilitre
demi-litre
gyromitre
accroître
décroître

recroître
banc-titre
rôle-titre
sous-titre
sous-titré
lève-vitre
épicentre
concentré
bas-ventre
rencontre
rencontré
surcontre
surcontré
Prémontré
prémontré
patenôtre
Lancastre
épigastre
périastre
Fillastre
Zoroastre
orchestre
orchestré
trimestre
terrestre
séquestre
séquestré
Silvestre
Sylvestre
sylvestre
combattre
commettre
promettre
permettre
soumettre
calfeutré
dinosaure
Minotaure
décarburé
enfonçure
procédure
bringeure
demi-heure
wattheure
meilleure
désulfuré
bisulfure
préfiguré
envergure
panachure
ébréchure
bavochure

écorchure
épluchure
phosphure
siliciure
séléniure
arséniure
enverjure
anomalure
dessalure
encablure
entablure
barbelure
grumelure
crénelure
cannelure
chapelure
crêpelure
engrêlure
bosselure
mantelure
dentelure
gravelure
chevelure
grivelure
soufflure
faufilure
ensellure
écaillure
émaillure
éraillure
feuillure
mouillure
rouillure
souillure
bariolure
acétylure
empaumure
engrenure
aluminure
Collioure
découpure
surpiqûre
épaufrure
déchirure
mordorure
embarrure
bigarrure
déferrure
tellurure
embrasure
emprésuré
enclosure

damassure
retassure
salissure
vomissure
finissure
froissure
embossure
chaussure
décousure
sulcature
mandature
linéature
ciliature
miniature
miniaturé
tablature
prélature
prématuré
palmature
dysmature
signature
cadrature
sursaturé
dictature
relecture
structure
structuré
vergeture
tacheture
fermeture
vigneture
tiqueture
confiture
garniture
emboîture
fioriture
tessiture
acculturé
inculture
sépulture
devanture
rudenture
argenture
sculpture
ouverture
La Pasture
imposture
angusture
égoutture
enclouure
emblavure
engravure

9

Bellièvre
désenivré
Vendeuvre
couleuvre
manoeuvre
manoeuvré
désoeuvré
semi-ouvré
Tourouvre
Gourbeyre
oculogyre
spirogyre
mélampyre
hydrobase
bénincase
métaphase
télophase
monophasé
polyphasé
lambliase
phtiriase
desmolase
hydrolase
cellulase
urokinase
isomérase
réductase
synaptase
invertase
Métastase
métastase
métastasé
hémostase
hypostase
extravasé
désenvasé
transvasé
diapédèse
catéchèse
métathèse
antithèse
épenthèse
hypothèse
prosthèse
Pergolèse
manganèse
diagenèse
épigenèse
biogenèse
orogenèse
ovogenèse
française
ruandaise
jersiaise
bastiaise
népalaise
angolaise
togolaise
libanaise
albanaise
milanaise
havanaise
javanaise
guyanaise
antenaise
caennaise
Lyonnaise
lyonnaise
gabonaise
bolonaise
polonaise
sénonaise
japonaise
béarnaise
Fournaise
fournaise
icaunaise
euphraise
écossaise
basquaise
brise-bise
imprécise
anglicisé
friandise
jobardise
musardise
bâtardise
couardise
catéchisé
franchise
franchisé
globalisé
verbalisé
fiscalisé
vandalisé
déréalisé
irréalisé
labialisé
socialisé
filialisé
animalisé
formalisé
normalisé
signalisé
sacralisé
vassalisé
mentalisé
brutalisé
annualisé
visualisé
actualisé
ritualisé
mutualisé
sexualisé
mot-valise
diésélisé
viabilisé
stabilisé
diabolisé
fragilisé
stérilisé
fossilisé
subtilisé
fertilisé
réutilisé
inutilisé
métallisé
labellisé
satellisé
javellisé
symbolisé
alcoolisé
enchemisé
surremise
entremise
randomisé
économisé
anatomisé
scotomisé
insoumise
volcanisé
vulcanisé
méthanisé
balkanisé
germanisé
galvanisé
hellénisé
myélinisé
crétinisé
indemnisé
tyrannisé
solennisé
pérennisé
carbonisé
préconisé
téflonisé
harmonisé
intronisé
modernisé
maternisé
verdunisé
ratiboisé
framboise
framboisé
liégeoise
vergeoise
cauchoise
sarthoise
amiénoise
pékinoise
béninoise
turinoise
Viennoise
viennoise
sournoise
bavaroise
bec-croisé
algéroise
hongroise
tunisoise
creusoise
courtoise
brestoise
praguoise
dacquoise
iroquoise
narquoise
turquoise
genevoise
précarisé
vulgarisé
gargarisé
scolarisé
pare-brise
cancérisé
mercerisé
bondérisé
paupérisé
cratérisé
sintérisé
cautérisé
pulvérisé
vampirisé
herborisé
météorisé
euphorisé
taylorisé
temporisé

terrorisé
sectorisé
cicatrisé
électrisé
traîtrise
sulfurisé
martyrisé
médiatisé
dramatisé
dogmatisé
climatisé
aromatisé
privatisé
gadgétisé
budgétisé
esthétisé
soviétisé
magnétisé
dépoétisé
hypnotisé
débaptisé
rebaptisé
expertise
expertisé
palettisé
subdivisé
improvisé
supervisé
Paracelse
la Défense
Ildefonse
thrombose
candidose
apothéose
ornithose
parabiose
aérobiose
grandiose
graphiose
moniliose
filariose
fusariose
tréhalose
bacillose
cellulose
endosmose
ecchymose
biocénose
pollinose
verminose
byssinose
juxtaposé

entreposé
surimposé
décomposé
recomposé
superposé
interposé
indisposé
transposé
surexposé
anhidrose
dysidrose
primerose
couperose
couperosé
passerose
érythrose
pullorose
dermatose
galactose
asbestose
synostose
métatarse
dextrorse
remboursé
calebasse
madécasse
mêlé-casse
blondasse
beigeasse
milliasse
échalassé
surclassé
matelassé
caillasse
Paillasse
paillasse
déculassé
Annemasse
plan-masse
cadenassé
grognasse
grognassé
traînassé
Espinasse
paperasse
rapetassé
sous-tasse
écrivassé
pleuvassé
princesse
grandesse
hardiesse

diablesse
faiblesse
bufflesse
souplesse
clownesse
dogaresse
tendresse
intéressé
progressé
bougresse
compresse
compressé
prêtresse
maîtresse
pauvresse
grossesse
politesse
petitesse
sveltesse
prestesse
tristesse
surbaissé
rencaissé
dégraissé
engraissé
Lapalisse
dépalissé
tournisse
défroissé
récépissé
champisse
lambrissé
rapetissé
écrevisse
Saragosse
isoglosse
Seignosse
déchaussé
rechaussé
enchaussé
surhaussé
rescousse
gargousse
trémoussé
frimousse
Labrousse
débroussé
rebroussé
détroussé
retroussé
demi-pause
ménopause

mésopause
arquebuse
flambeuse
enrobeuse
ébarbeuse
bourbeuse
tourbeuse
apiéceuse
dépeceuse
siliceuse
chanceuse
écorceuse
chiadeuse
baladeuse
paradeuse
plaideuse
valideuse
dévideuse
glandeuse
épandeuse
émondeuse
frondeuse
grondeuse
décodeuse
fraudeuse
nauséeuse
agrafeuse
piaffeuse
greffeuse
coiffeuse
griffeuse
suiffeuse
bluffeuse
bouffeuse
tapageuse
ravageuse
voyageuse
bridgeuse
plongeuse
chargeuse
égorgeuse
flacheuse
cracheuse
prêcheuse
clicheuse
tricheuse
lyncheuse
piocheuse
brocheuse
marcheuse
hercheuse
percheuse

9

catcheuse
faucheuse
plucheuse
coucheuse
doucheuse
loucheuse
scabieuse
spacieuse
gracieuse
spécieuse
précieuse
soucieuse
studieuse
maffieuse
élogieuse
oublieuse
hernieuse
scarieuse
glorieuse
factieuse
amitieuse
captieuse
pluvieuse
pédaleuse
chialeuse
goualeuse
cavaleuse
doubleuse
sarcleuse
receleuse
modeleuse
ciseleuse
bateleuse
râteleuse
javeleuse
niveleuse
siffleuse
ronfleuse
jongleuse
défileuse
effileuse
enfileuse
argileuse
empileuse
ensileuse
fielleuse
mielleuse
vielleuse
moelleuse
bâilleuse
pailleuse
railleuse

tailleuse
teilleuse
veilleuse
quilleuse
racoleuse
rigoleuse
cajoleuse
enjôleuse
entôleuse
chauleuse
miauleuse
fabuleuse
nébuleuse
lobuleuse
tubuleuse
loculeuse
onduleuse
noduleuse
anguleuse
papuleuse
populeuse
crawleuse
affameuse
squameuse
écrémeuse
venimeuse
chromeuse
charmeuse
allumeuse
bitumeuse
ricaneuse
effaneuse
vénéneuse
égreneuse
khâgneuse
baigneuse
saigneuse
peigneuse
teigneuse
soigneuse
grogneuse
hargneuse
chaîneuse
draineuse
graineuse
traîneuse
débineuse
bobineuse
affineuse
angineuse
lamineuse
lumineuse

farineuse
lésineuse
résineuse
matineuse
patineuse
ratineuse
satineuse
butineuse
fouineuse
bruineuse
limoneuse
tourneuse
lacuneuse
décapeuse
grimpeuse
trompeuse
galopeuse
stoppeuse
sirupeuse
polypeuse
scabreuse
nombreuse
marbreuse
cendreuse
poudreuse
subéreuse
tubéreuse
ulcéreuse
scléreuse
coléreuse
généreuse
miséreuse
gaufreuse
soufreuse
flaireuse
glaireuse
désireuse
détireuse
vaporeuse
péroreuse
essoreuse
dévoreuse
pierreuse
plâtreuse
goitreuse
cintreuse
montreuse
dartreuse
tartreuse
pleureuse
amoureuse
Chevreuse

fiévreuse
cuivreuse
butyreuse
écraseuse
phraseuse
niaiseuse
glaiseuse
fraiseuse
baliseuse
tamiseuse
réviseuse
diviseuse
arroseuse
chasseuse
brasseuse
crasseuse
dresseuse
presseuse
tresseuse
plisseuse
poisseuse
mousseuse
tousseuse
comateuse
acheteuse
fureteuse
riveteuse
duveteuse
vaniteuse
capiteuse
visiteuse
bruiteuse
chanteuse
planteuse
pointeuse
quinteuse
jaboteuse
raboteuse
saboteuse
radoteuse
ergoteuse
cahoteuse
agioteuse
Mijoteuse
peloteuse
canoteuse
dompteuse
flirteuse
avorteuse
ajusteuse
flatteuse
gratteuse

9

émotteuse
frotteuse
trotteuse
goutteuse
affûteuse
croûteuse
blagueuse
dragueuse
fongueuse
fougueuse
pollueuse
plaqueuse
braqueuse
traqueuse
chiqueuse
talqueuse
croqueuse
troqueuse
marqueuse
parqueuse
visqueuse
truqueuse
onctueuse
vultueuse
montueuse
vertueuse
tortueuse
fastueuse
flexueuse
receveuse
releveuse
trouveuse
pagayeuse
bégayeuse
balayeuse
relayeuse
essayeuse
mareyeuse
giboyeuse
tutoyeuse
envoyeuse
ennuyeuse
essuyeuse
bronzeuse
rediffusé
transfusé
loméchuse
ci-incluse
cornemuse
toungouse
pauchouse
mildiousé

andalouse
Troumouse
Espinouse
cambrouse
anacrouse
La Pérouse
paraphyse
métaphyse
hypophyse
glycolyse
ostéolyse
radiolyse
adipolyse
hydrolyse
hydrolysé
photolyse
histolyse
Dell'Abate
stylobate
hyperbate
duplicate
candidate
bisulfate
Harrogate
Watergate
rouergate
phosphate
phosphaté
immédiate
séléniate
arséniate
prussiate
spartiate
chocolaté
phénolate
carbamate
cyclamate
glutamate
astigmate
acclimaté
cœlomate
diplomate
numismate
manganate
fulminate
aluminate
antennate
carbonate
carbonaté
incarnate
coupe-pâte
disparate

démocrate
Xénocrate
eurocrate
autocrate
Polycrate
réhydraté
scélérate
perborate
Érostrate
tellurate
tungstate
cataracte
diffracté
contracte
contracté
idiolecte
notonecte
prospecté
indirecte
succincte
distincte
disjoncté
Polyeucte
alphabète
pense-bête
mysticète
étrangeté
décacheté
recacheté
polychète
Logothète
nomothète
notoriété
propriété
interjeté
Polyclète
soufflеté
feuilleté
décolleté
zoogamète
Hadrumète
proxénète
doyenneté
entièreté
massorète
épousseté
joyeuseté
tête-à-tête
honnêteté
serre-tête
casse-tête
appui-tête

cacahuète
dépaqueté
empaqueté
débéqueté
échiqueté
déclaveté
bêcheveté
lasciveté
tardiveté
chétiveté
sous-faîte
nicolaïte
prétraité
maltraité
fortraite
abstraite
distraite
wahhabite
barnabite
trilobite
improbité
cucurbite
mordacité
pugnacité
compacité
loquacité
judaïcité
mendicité
nordicité
publicité
sollicité
implicite
duplicité
explicite
explicité
atomicité
sismicité
héroïcité
lubricité
motricité
facticité
septicité
verticité
rusticité
mysticité
cervicite
précocité
univocité
méniscite
surexcité
désexcité
analycité

9

prémédité
accrédité
morbidité
turbidité
placidité
sordidité
frigidité
limpidité
stupidité
hybridité
putridité
liquidité
gravidité
fécondité
rotondité
commodité
Aphrodite
interdite
absurdité
trachéite
pyrénéite
sgraffite
désulfité
bisulfite
déconfite
méningite
laryngite
dégurgité
régurgité
ingurgité
malachite
bronchite
rhynchite
phosphite
globalité
fiscalité
féodalité
irréalité
inégalité
frugalité
socialité
génialité
sérialité
jovialité
animalité
formalité
normalité
atonalité
chiralité
amoralité
pluralité
vassalité

causalité
mentalité
mortalité
brutalité
manualité
annualité
actualité
mutualité
sexualité
Héraclite
périclité
ismaélite
israélite
carmélite
fiabilité
viabilité
amabilité
stabilité
gracilité
fragilité
fébrilité
stérilité
puérilité
subtilité
ductilité
gentilité
fertilité
hostilité
inutilité
servilité
rubellite
gémellité
satellite
anabolite
laccolite
coccolite
alvéolite
batholite
ophiolite
sépiolite
trémolite
phonolite
microlite
frivolité
crédulité
cellulite
nummulite
granulite
extrémité
phragmite
sublimité
unanimité

proximité
diatomite
infirmité
mondanité
manganite
morganite
obscénité
duodénite
austénite
indignité
malignité
bénignité
tendinite
virginité
kaolinite
uraninite
La Trinité
platinite
sulvinite
sylvinite
indemnité
bélemnite
johannite
solennité
pérennité
zirconite
aragonite
mennonite
bentonite
amazonite
modernité
maternité
paternité
décrépite
décrépité
précipité
précarité
linéarité
vulgarité
La Charité
scolarité
primarité
oviparité
disparité
célébrité
salubrité
Théocrite
Démocrite
hypocrite
sanscrite
proscrite
anhydrite

sincérité
ozocérite
déshérité
ozokérite
kiesérite
prétérité
urétérite
postérité
austérité
dextérité
intégrité
sanskrite
météorite
séniorité
apriorité
évaporite
obscurité
magnésite
exquisité
immensité
intensité
gibbosité
verbosité
viscosité
fongosité
curiosité
frilosité
callosité
villosité
animosité
spumosité
veinosité
adiposité
composite
sinuosité
nervosité
adversité
diversité
nécessité
clématite
pegmatite
migmatite
stomatite
dermatite
magnétite
cobaltite
argentite
cémentite
bipartite
balistite
innocuité
assiduité

ambiguïté
ambigüité
absoluité
ingénuité
obliquité
antiquité
instruite
poursuite
concavité
longévité
lascivité
gingivite
déclivité
massivité
passivité
chétivité
émotivité
captivité
festivité
moscovite
connexité
convexité
prolixité
quartzite
virevolte
virevolté
demi-volte
catapulte
catapulté
flambante
titubante
corybante
menaçante
cosécante
radicante
vésicante
urticante
grinçante
exerçante
accédante
excédante
obsédante
plaidante
résidante
abondante
grondante
exigeante
fainéante
fainéanté
mécréante
malséante
piaffante
coiffante
bouffante
adragante
délégante
fatigante
navigante
fringante
arrogante
bacchante
brochante
marchante
couchante
touchante
Diophante
mendiante
étudiante
édifiante
confiante
dépliante
anémiante
souriante
goualante
meublante
doublante
démêlante
appelante
sifflante
gonflante
ronflante
sanglante
cinglante
beuglante
sibilante
jubilante
vigilante
mutilante
rutilante
saillante
vaillante
brillante
brillanté
branlante
affolante
désolante
complanté
supplanté
ambulante
ondulante
modulante
gueulante
canulante
croulante
pétulante
infamante
dirimante
charmante
alarmante
ricanante
aliénante
attenante
stagnante
prégnante
faignante
saignante
feignante
poignante
soignante
traînante
dominante
ruminante
étonnante
résonante
assonante
détonante
tournante
décapante
grimpante
galopante
frappante
crispante
occupante
effarante
hilarante
sidérante
cogérante
tolérante
altérante
flagrante
fragrante
émigrante
délirante
aspirante
expirante
attirante
colorante
ignorante
dévorante
aberrante
filtrante
rentrante
endurante
figurante
saturante
enivrante
couvrante
écrasante
plaisante
plaisanté
apaisante
médisante
sinisante
ionisante
cotisante
épuisante
déposante
reposante
imposante
opposante
exposante
chassante
blessante
pressante
naissante
agissante
glissante
puissante
moussante
blousante
éclatante
dilatante
embêtante
haletante
voletante
entêtante
traitante
habitante
débitante
récitante
incitante
excitante
militante
méritante
irritante
hésitante
équitante
invitante
exaltante
chantante
teintante
suintante
cahotante
égrotante
pivotante
adoptante
existante
constante

9

flottante
frottante
débutante
rebutante
évacuante
polluante
claquante
aliquante
manquante
cinquante
choquante
croquante
marquante
décevante
salivante
arrivante
motivante
estivante
innovante
énervante
adjuvante
émouvante
épouvante
épouvanté
relaxante
bégayante
ondoyante
ennuyante
bronzante
adjacente
indécente
réticente
innocente
innocenté
acescente
décadente
accidenté
incidente
stridente
résidente
impudente
indigente
diligente
diligenté
Agrigente
réargenté
émergente
farniente
réorienté
bivalente
divalente
indolente

insolente
féculente
virulente
purulente
véhémente
ornementé
parementé
agrémenté
fragmenté
sédimenté
bonimenté
tourmente
tourmenté
documenté
argumenté
rémanente
immanente
imminente
déponente
parapente
charpente
charpenté
apparente
apparenté
déférente
afférente
efférente
adhérente
inhérente
cohérente
pénitente
rénitente
impotente
affluente
effluente
influente
fréquente
fréquenté
éloquente
Benavente
télévente
réinventé
préceinte
empreinte
retreinte
astreinte
conjointe
bas-jointé
disjointe
trépointe
aquatinte
dessuinté

créodonte
priodonte
homodonte
parodonte
Sélinonte
confronté
discounté
remprunté
garde-côte
entrecôte
Pentecôte
traficoté
massicoté
pholidote
mendigote
mendigoté
redingote
ostrogote
ptérygote
rhynchote
Cataphote
psalliote
Iscariote
chypriote
tremblote
trembloté
papillote
papilloté
bergamote
huguenote
pique-note
solognote
Polygnote
Lanzarote
asymptote
eucaryote
oviscapte
désadapté
syrrhapte
précompte
précompté
Télécarte
Malaparte
Bonaparte
impuberté
inexperte
main-forte
mainmorte
héliporté
réimporté
aéroporté
réexporté

scoliaste
néoblaste
pédéraste
contraste
contrasté
immodeste
manifeste
manifesté
Almageste
indigeste
admonesté
hébraïste
franciste
vélociste
motociste
exorciste
mélodiste
parodiste
canoéiste
isoséiste
passéiste
pacifiste
bagagiste
ménagiste
garagiste
visagiste
voyagiste
dirigiste
orangiste
perchiste
gauchiste
graphiste
kayakiste
stockiste
cabaliste
idéaliste
légaliste
pénaliste
finaliste
annaliste
moraliste
buraliste
muraliste
fataliste
nataliste
vitaliste
loyaliste
royaliste
modéliste
pugiliste
nihiliste
similiste

9

civiliste
duelliste
gaulliste
simpliste
fabuliste
populiste
islamiste
dynamiste
céramiste
polémiste
intimiste
optimiste
psalmiste
chromiste
alarmiste
urbaniste
mécaniste
organiste
romaniste
humaniste
botaniste
eugéniste
aliéniste
chaîniste
moliniste
féministe
luministe
léniniste
alpiniste
buriniste
fusiniste
latiniste
hédoniste
unioniste
canoniste
japoniste
péroniste
banjoïste
trappiste
hors-piste
radariste
méhariste
gomariste
sitariste
lazariste
libériste
aciériste
galeriste
caméristе
empiriste
satiriste
rigoriste

coloriste
doloriste
humoriste
motoriste
centriste
contristé
castriste
fleuriste
figuriste
naturiste
futuriste
grossiste
donatiste
cédétiste
cégétiste
quiétiste
généticiste
arrêtiste
droitiste
argotiste
chartiste
duettiste
salutiste
linguiste
droguiste
ubiquiste
banquiste
truquiste
altruiste
arriviste
nativiste
activiste
Arioviste
préexisté
télexiste
essayiste
treiziste
quinziste
anagnoste
tarabusté
dipneuste
désajusté
langouste
mangouste
Labrouste
Procruste
améthyste
chanlatte
Guépratte
Lycabette
courbette
grandette

estafette
bouffette
mouffette
orangette
courgette
zucchette
fléchette
Fréchette
manchette
clochette
brochette
fauchette
couchette
mouchette
souchette
touchette
nymphette
oubliette
paupiette
Henriette
gloriette
sarriette
serviette
mauviette
La Salette
La Valette
gimblette
sarclette
bouclette
échelette
pipelette
Espelette
hâtelette
côtelette
squelette
nivelette
gonflette
mouflette
psallette
biellette
caillette
gaillette
paillette
oeillette
vrillette
Nicolette
mimolette
triplette
simplette
starlette
épaulette
Mobylette

gourmette
Chaumette
allumette
orcanette
cadenette
guignette
lorgnette
chaînette
bobinette
midinette
erminette
sapinette
serinette
patinette
satinette
devinette
jeannette
tournette
galipette
trempette
grimpette
trompette
escopette
salopette
houppette
cigarette
soubrette
quadrette
caudrette
poudrette
supérette
caserette
gaufrette
clairette
majorette
proprette
charrette
bourrette
ristrette
fleurette
soeurette
amourette
chevrette
chevretté
pauvrette
oeuvrette
braisette
Sanisette
croisette
parisette
cerisette
épuisette

9

caissette
crossette
poussette
roussette
Infusette
quintette
quartette
braguette
languette
linguette
ringuette
longuette
marouette
girouette
pirouette
pirouetté
claquette
plaquette
socquette
cliquette
briquette
étiquette
banquette
broquette
croquette
barquette
Marquette
turquette
casquette
disquette
rouquette
statuette
échevette
La Fayette
Lafayette
balayette
bronzette
palafitte
tire-botte
demi-botte
wyandotte
mangeotté
bougeotte
chochotte
Mouchotte
cheviotte
décalotté
gibelotte
vitelotte
épiglotte
Charlotte
charlotte

déculotté
reculotté
gnognotte
gelinotte
gélinotte
cagerotte
Thourotte
rouleauté
panneauté
chapeauté
poireauté
terreauté
nouveauté
sans-faute
océanaute
aquanaute
argonaute
aéronaute
tressauté
déloyauté
dénoyauté
haquebute
persécuté
inexécuté
répercuté
rediscuté
indiscuté
crapahuté
parachute
parachuté
convoluté
copermuté
transmuté
marabouté
la Redoute
Ménigoute
surajouté
caillouté
rail-route
autoroute
pont-route
démazouté
télétexte
hors-texte
leucocyte
phagocyte
phagocyté
myélocyte
macrocyte
halophyte
xérophyte
pyrophyte

bryophyte
prosélyte
ampholyte
Hippolyte
contribué
distribué
invaincue
préconçue
inaperçue
promiscue
suspendue
inétendue
prétendue
surfondue
demi-queue
touarègue
bourdigue
défatigué
promulgué
spatangue
cradingue
valdingué
mandingue
poudingue
moujingue
étalingué
déglingué
schlingué
unilingue
trilingue
carlingue
burlingue
Groningue
embringué
Hirsingue
wassingue
distingué
berzingue
barlongue
pédagogue
démagogue
synagogue
décalogue
catalogue
catalogué
oncologue
mycologue
pédologue
sidologue
podologue
ludologue
idéologue

rhéologue
homologue
homologué
pomologue
oenologue
sénologue
sinologue
monologue
monologué
virologue
éthologue
sitologue
sexologue
laimargue
boutargue
poutargue
Doumergue
barbichue
surévalué
plus-value
melliflue
superflue
irrésolue
vermoulue
saugrenue
codétenue
Bienvenüe
bienvenue
biscornue
garde-boue
mandchoue
déséchoué
cantaloue
bouteroue
corrompue
cardiaque
élégiaque
cœliaque
bosniaque
thériaque
Télémaque
Lysimaque
lysimaque
estomaqué
chabraque
foutraque
bivouaqué
diathèque
zoothèque
thébaïque
archaïque
hébraïque

9

prosaïque
deltaïque
voltaïque
strabique
térébique
alambiqué
rhombique
silicique
francique
eutocique
triadique
vanadique
gonadique
faradique
lipidique
véridique
juridique
fatidique
fluidique
druidique
mélodique
monodique
synodique
parodique
claudiqué
impudique
nucléique
choréique
exoréique
protéique
maléfique
bénéfique
Pacifique
pacifique
mirifique
tabagique
pélagique
nuragique
illogique
énergique
géorgique
colchique
psychique
édaphique
graphique
trophique
pyrrhique
apathique
spathique
aléthique
xanthique
benthique

scythique
vocalique
phtalique
Jamblique
acyclique
Angélique
angélique
famélique
ombiliqué
basilique
phallique
idyllique
bucolique
maïolique
majolique
oenolique
compliqué
rappliqué
supplique
aboulique
botulique
éthylique
allylique
vinylique
acrylique
butylique
oghamique
islamique
dynamique
Céramique
céramique
racémique
endémique
polémique
polémiqué
totémique
isthmique
rythmique
chromique
thermique
plasmique
séismique
volumique
mécanique
océanique
organique
mélanique
coranique
satanique
tétanique
titanique
botanique

eugénique
galénique
sélénique
splénique
phrénique
arsénique
technique
alginique
aclinique
Dominique
actinique
stannique
bubonique
laconique
thionique
anionique
avionique
malonique
Salonique
canonique
Véronique
véronique
chronique
cétonique
détonique
tourniqué
diazoïque
benzoïque
néozoïque
olympique
steppique
stéarique
amharique
falarique
quadrique
sphérique
valérique
colérique
homérique
numérique
générique
ictérique
entérique
empirique
satirique
théorique
calorique
chlorique
pylorique
Armorique
bourrique
tantrique

tartrique
gastrique
dysurique
cuivrique
satyrique
butyrique
bibasique
dibasique
incasique
aphasique
triasique
aplasique
génésique
amnésique
phtisique
mycosique
agnosique
classique
prussique
sidatique
hydatique
éléatique
créatique
sciatique
asiatique
hématique
nématique
somatique
fanatique
lunatique
hépatique
erratique
astatique
extatique
aquatique
smectique
déictique
tabétique
ascétique
eidétique
hylétique
mimétique
cométique
génétique
cinétique
Monétique
tonétique
hérétique
zététique
ascitique
politique
sémitique

9

néritique
Lévitique
quantique
identique
déontique
chaotique
robotique
oncotique
argotique
abiotique
méiotique
onkotique
nilotique
démotique
domotique
osmotique
zymotique
marotique
mitotique
sceptique
aseptique
glyptique
cryptique
styptique
clastique
élastique
plastique
plastiqué
drastique
avestique
éristique
gnostique
karstique
caustique
moustique
glottique
batavique
incivique
apraxique
détoxiqué
intoxiqué
efflanqué
requinqué
quiconque
salicoque
gonocoque
monocoque
soliloque
soliloqué
amerloque
équivoque
équivoqué
rembarqué
oligarque
taxiarque
phylarque
ethnarque
Hipparque
hipparque
hiérarque
Pétrarque
tétrarque
anasarque
Plutarque
Dunkerque
fantasque
arabesque
simiesque
burlesque
faunesque
ingresque
mauresque
livresque
dantesque
grotesque
gaguesque
confisqué
odalisque
obélisque
lentisque
mollusque
chibouque
Soulouque
clérouque
galéruque
pourvu que
paronyque
triptyque
Pellegrue
incongrue
courbatue
réhabitué
substitué
constitué
prostitué
longue-vue
dépourvue
ambisexué
rat-de-cave
biconcave
laticlave
autoclave
Villenave
betterave
landgrave
rhingrave
pyrogravé
parascève
parachevé
Geneviève
champlevé
antigrève
overdrive
Bellerive
répulsive
impulsive
expulsive
révulsive
expansive
défensive
offensive
intensive
ostensive
extensive
implosive
explosive
corrosive
immersive
détersive
inversive
récursive
récessive
excessive
agressive
jouissive
occlusive
inclusive
exclusive
extrusive
combative
siccative
fricative
éducative
laudative
purgative
radiative
formative
normative
lucrative
itérative
narrative
épurative
pulsative
causative
imitative
tentative
captative
portative
gustative
privative
olfactive
suractivé
désactivé
défective
affective
effective
objective
objectivé
adjective
adjectivé
bijective
injective
sélective
directive
détective
invective
invectivé
déductive
inductive
réplétive
explétive
primitive
dormitive
cognitive
apéritive
nutritive
sensitive
factitive
partitive
intuitive
incultivé
attentive
adventive
inventive
plaintive
craintive
réceptive
digestive
arbustive
exécutive
évolutive
réflexive
inobservé
Boillesve
Templeuve
inéprouvé
controuvé
parallaxe

9

Basse-Saxe
désindexé
cache-sexe
biconvexe
orthodoxe
Vertolaye
Lamorlaye
désenrayé
redéployé
réemployé
inemployé
dégravoyé
Millevoye
désennuyé
ashkénaze
Saincaize
mycorhize
chimpanzé
Zugspitze
toungouze
Titelouze
tcharchaf
roast-beef
franc-fief
Tallchief
bas-relief
spationef
Kirchhoff
Poliakoff
Korsakoff
Naundorff
Hausdorff
Ruhmkorff
antigélif
Hammam-Lif
demi-tarif
persuasif
dissuasif
compulsif
propulsif
convulsif
suspensif
dispersif
subversif
discursif
successif
concessif
processif
dégressif
régressif
dépressif
répressif
impressif
oppressif
expressif
possessif
permissif
conclusif
indicatif
récréatif
agrégatif
abrogatif
palliatif
ampliatif
cumulatif
annulatif
copulatif
estimatif
nominatif
intonatif
inchoatif
ulcératif
fédératif
génératif
impératif
admiratif
roboratif
décoratif
péjoratif
minoratif
bourratif
figuratif
dépuratif
accusatif
végétatif
dubitatif
récitatif
incitatif
méditatif
limitatif
caritatif
irritatif
adaptatif
évaluatif
dérivatif
rétractif
attractif
extractif
profectif
perfectif
subjectif
projectif
surjectif
réflectif
collectif
amplectif
connectif
respectif
correctif
prédictif
afflictif
injonctif
productif
complétif
supplétif
inhibitif
capacitif
coercitif
expéditif
définitif
infinitif
transitif
répétitif
pendentif
contentif
préventif
perceptif
disruptif
suggestif
congestif
exhaustif
résolutif
dévolutif
involutif
diminutif
Villejuif
Tempelhof
Oberkampf
entre-nerf
Dübendorf
Pufendorf
Rothéneuf
Paimboeuf
Bundestag
Reichstag
Grundtvig
Schleswig
Palembang
Hu Yaobang
watergang
Nan-tch'ang
Zhanjiang
Tchö-kiang
Tīmūr Lang
boomerang
minnesang
Capestang
Pyongyang
Kouei-yang
sous-seing
packaging
Gieseking
Aetheling
Darjīling
Schelling
schelling
upwelling
schilling
Hamerling
Mayerling
K'ouen-ming
happening
De Kooning
Tourcoing
Bourgoing
shampoing
Linköping
Jönköping
stripping
Chongqing
Semmering
factoring
bow-string
marketing
rewriting
revolving
Mao Zedong
Guangdong
T'ai-tchong
Nan-tch'ong
Armstrong
Kim Il-sŏng
chantoung
shantoung
Kim Il-sung
Krivoï-Rog
Engelberg
Spielberg
inselberg
Daremberg
Nuremberg
Schomberg
Babenberg
Rosenberg
Gutenberg
Steinberg
Schonberg
Schönberg

9

Sternberg
Spitsberg
Spitzberg
Magdeburg
Merseburg
Sasolburg
Luxemburg
Oldenburg
Lauenburg
Neuenburg
Wolfsburg
Vicksburg
Flensburg
Pressburg
Raimbourg
Édimbourg
Orenbourg
Cherbourg
Bourbourg
Habsbourg
Presbourg
Augsbourg
Salzbourg
Nāder Chāh
Ẓāher Chāh
Nādir Chāh
padischah
Hezbollah
ayatollah
Kerkennah
Peckinpah
Mansourah
Merlebach
Rodenbach
Offenbach
Feuerbach
Long Beach
Palm beach
Luimneach
Rorschach
Rorschach
mail-coach
El-Harrach
Aber-Vrac'h
Aber-Wrach
Marrakech
Friedrich
Greenwich
bull-finch
haschisch
test-match
Malevitch

Hindū Kūch
Wałbrzych
narghileh
Altyntagh
Mossadegh
bobsleigh
Lindbergh
Edinburgh
Phnom Penh
Hô Chi Minh
Gütersloh
Gilgamesh
Cavendish
Karkemish
feldspath
Élisabeth
Elizabeth
Galbraith
Hindemith
Goldsmith
Highsmith
Hollerith
ostrogoth
Whitworth
Fort Worth
Belzébuth
Tynemouth
Dartmouth
Muang Thaï
Sukhothai
Transalaï
Chou En-lai
Zhou Enlai
Chiangmai
Chiengmai
Tomakomai
Koustanaï
Szapolyai
raccourci
sans-souci
après-midi
avant-midi
Garibaldi
Bartholdi
jaborandi
resplendi
abasourdi
Han-chouei
Ngan-houei
Qadhdhāfī
Muromachi
Yokkaichi

rafraîchi
défraîchi
reblanchi
défranchi
affranchi
Cernuschi
baloutchi
Yamaguchi
Kawaguchi
Mizoguchi
Tsubouchi
Quarenghi
Funabashi
Toyohashi
Hideyoshi
Chatterjī
Amagasaki
Shimazaki
Kurashiki
Berezniki
Piłsudski
Boltanski
Bielinski
Krasiński
Tarkovski
Joukovski
Ostrovski
Lavrovski
Minkowski
Stokowski
Dąbrowski
Grotowski
Takatsuki
Patañjali
kathakali
Sadd al-ʿĀlī
al-Zarqālī
Ḥaydar ʿAlī
préétabli
fontanili
Monicelli
Djidjelli
Farinelli
Antonelli
Rastrelli
Locatelli
accueilli
recueilli
débouilli
Bernoulli
Stromboli
Gallipoli

patchouli
vox populi
Multatuli
Carissimi
Soukhoumi
Kisangani
Geminiani
Cherubini
Comencini
transfini
Cavallini
Angiolini
Mussolini
Pratolini
Borromini
Toscanini
Contarini
Barberini
Vittorini
Segantini
Riccoboni
Antonioni
lazzaroni
Catalauni
Çākyamuni
Śākyamuni
hors-la-loi
suremploi
décret-loi
pied-de-roi
Charleroi
quant-à-soi
Liu Shaoqi
ricercari
rastafari
Portinari
carbonari
Néfertari
Charivari
charivari
Adapazari
tente-abri
Scaligeri
Alighieri
Cavalieri
Baratieri
Ingegneri
De Gasperi
Cerveteri
a fortiori
Ruwenzori
pot-pourri

Maiduguri
Nahr al-'Āṣī
Koutaïssi
Ouroumtsi
pizzicati
Kāmārhāti
Berberati
Amarāvatī
Néfertiti
Ypsilanti
appesanti
pressenti
rappointi
antiparti
sans-parti
Audiberti
De'Roberti
réassorti
Bucureşti
réinvesti
Lochristi
Anticosti
Togliatti
Scarlatti
Salicetti
Sacchetti
Cecchetti
spaghetti
assujetti
Marinetti
gruppetti
Ungaretti
Donizetti
Andreotti
Matteotti
Algarotti
Pavarotti
Guardafui
Nanda Devi
poursuivi
inassouvi
radio-taxi
Mbuji-Mayi
Podgornyï
Orhan Gazi
ashkenazi
al-Ḥallādj
Zonguldak
Broad Peak
Pontianak
Guru Nānak
Pasternak

Skagerrak
flash-back
Gernsback
black jack
Union Jack
half-track
Steinbeck
Schirmeck
McCormick
Brunswick
Sweelinck
steinbock
Hitchcock
interlock
Ayers Rock
Woodstock
Klopstock
Osnabrück
Innsbruck
Molenbeek
Etterbeek
Melsbroek
Ruysbroek
Włocławek
Dubrovnik
Reykjavík
bolchevik
menchevik
long drink
soft-drink
Breendonk
springbok
flock-book
press-book
Białystok
patchwork
Bobrouïsk
Slaviansk
Mourmansk
Dzerjinsk
Akmolinsk
Kouznetsk
Plessetsk
Watermaal
Transvaal
Hasdrubal
ombilical
basilical
arsenical
dominical
Jumrukčal
provençal

homofocal
virilocal
pyramidal
discoïdal
cycloïdal
colloïdal
ethmoïdal
glénoïdal
spiroïdal
sex-appeal
Villeréal
Nachtigal
pharyngal
théologal
Wasquehal
triomphal
catarrhal
Emmenthal
emmenthal
adverbial
patricial
dyssocial
présidial
collégial
uropygial
pétéchial
branchial
marsupial
censorial
prétorial
éditorial
gymnasial
ecclésial
primatial
impartial
khédivial
convivial
vicésimal
cégésimal
prud'homal
baptismal
pont-canal
artisanal
cab-signal
médicinal
officinal
libidinal
anaclinal
synclinal
isoclinal
abdominal
binominal

doctrinal
matutinal
échevinal
tricennal
centennal
septennal
décagonal
hexagonal
octogonal
polygonal
pipéronal
polytonal
shogounal
municipal
principal
épiscopal
palpébral
vertébral
sépulcral
cathédral
bicaméral
puerpéral
bilatéral
Canaveral
antiviral
stercoral
audio-oral
électoral
diamétral
géométral
chapitral
cadastral
ancestral
magistral
claustral
péridural
inaugural
semi-nasal
commensal
dispersal
périnatal
postnatal
dialectal
occipital
bicipital
L'Hospital
segmental
Simmental
fromental
Wuppertal
piédestal
surcostal

9

spiritual
aéronaval
Sourdeval
Morienval
Darsonval
Dauberval
paradoxal
Mont-Royal
Port-Royal
Watermael
Zorobabel
feldwebel
Pachelbel
Le Canadel
Fernandel
David-Neel
plastigel
Kitzbühel
progiciel
matriciel
arc-en-ciel
singspiel
actuariel
sensoriel
tensoriel
factoriel
sectoriel
vectoriel
mercuriel
démentiel
carentiel
essentiel
potentiel
lessiviel
mispickel
schnorkel
Bar-Hillel
Hassi R'Mel
Deschanel
lésionnel
fusionnel
rationnel
notionnel
optionnel
personnel
fraternel
coéternel
Becquerel
becquerel
Van Scorel
atemporel
ménestrel
universel
Arbrissel
carrousel
Neuchâtel
Marmontel
Trégastel
Plogastel
Du Chastel
San Miguel
São Miguel
continuel
bisannuel
menstruel
bimensuel
délictuel
perpétuel
spirituel
accentuel
unisexuel
Machiavel
machiavel
Montrevel
Bournazel
Grotewohl
Lévy-Bruhl
Ouled Naïl
Pré-en-Pail
entre-rail
soupirail
clin d'œil
nonpareil
bouscueil
Bourgueil
bourgueil
contre-fil
Daumesnil
Nāgercoil
hydrofoil
passepoil
courbaril
Excideuil
demi-deuil
Vaudreuil
Montreuil
chevreuil
bouvreuil
Longueuil
Guayaquil
Allschwil
Wädenswil
Saint-Gall
music-hall
Whitehall
Sundsvall
Cherchell
shrapnell
Mariazell
Appenzell
appenzell
Churchill
Radziwiłł
sex-symbol
hausse-col
terpinéol
Collargol
propergol
cerdagnol
campagnol
rossignol
trialcool
babas cool
Blackpool
Liverpool
lambswool
Stavropol
Melitopol
Marioupol
Monistrol
tournesol
plastisol
cover-girl
Saint Paul
Saint-Paul
peigne-cul
gratte-cul
tire-au-cul
trisaïeul
Machecoul
Issyk-Koul
proconsul
Iaroslavl
Ibn Ṭufayl
L'Isle-Adam
Saenredam
Amsterdam
Rotterdam
Hoover Dam
cold-cream
jet-stream
malayalam
madapolam
Abū Tammām
Karakoram
Bafoussam
Tiouratam
Bethlehem
Auderghem
Jérusalem
ad hominem
angstroem
ad valorem
coupe-faim
Trondheim
Bischheim
Turckheim
Oppenheim
Issenheim
Jotunheim
Gambsheim
Ensisheim
Gerstheim
Pforzheim
Blotzheim
Bir Hakeim
midrashim
tephillim
Barenboïm
Abd el-Krim
microfilm
Stockholm
Esztergom
Panmunjom
grill-room
Lundström
Maelström
maelström
Kominform
landsturm
vade-mecum
molluscum
calcanéum
castoréum
colombium
columbium
rhizobium
ytterbium
américium
palladium
picridium
theridium
présidium
berkélium
ecballium
béryllium
germanium
ruthénium

9

millenium
glucinium
aluminium
partinium
zirconium
harmonium
plutonium
neptunium
caldarium
palmarium
terrarium
lactarium
manubrium
pomoerium
critérium
deutérium
triforium
anthurium
martyrium
magnésium
symposium
potassium
strontium
syncytium
impluvium
czimbalum
flagellum
réticulum
diachylum
Tullianum
Kyzylkoum
Karakorum
colostrum
Hilversum
ultimatum
arboretum
ad libitum
continuum
Anti-Liban
galhauban
Montauban
Michoacán
Guerlédan
bigourdan
Saint-Jean
Glamorgan
Zeravchan
Callaghan
Astrakhan
Aureilhan
Léviathan
Rājasthān

stéradian
Christian
Leninakan
Kirovakan
myrobalan
sous-palan
matriclan
patriclan
Le Haillan
Le Taillan
MacMillan
Macmillan
castillan
myrobolan
hyperplan
avant-plan
cameraman
recordman
policeman
gentleman
cinéroman
antiroman
Zimmerman
Wouwerman
Omdourman
ombudsman
tennisman
yachtsman
sportsman
clergyman
Schatzman
d'Artagnan
Gradignan
Pompignan
Perpignan
Pralognan
Montespan
Huascarán
catamaran
Bākhtarān
page-écran
Capistran
courtisan
charlatan
mahométan
mercaptan
Daghestan
Turkestan
Daguestan
Khuzestān
Kurdistān
Khūzistān

Manhattan
harmattan
Golfe-Juan
Wiesbaden
Adelboden
Rosporden
sadducéen
confucéen
manichéen
herculéen
acheuléen
Saint-Méen
arachnéen
cyclopéen
érythréen
sud-coréen
marmoréen
solutréen
holostéen
échiquéen
Halloween
Elchingen
Esslingen
Drulingen
Groningen
Meiringen
Thüringen
Wettingen
Göttingen
Van Dongen
Tinbergen
Oehmichen
Scherchen
Chen-tchen
amphibien
colombien
microbien
batracien
balzacien
stylicien
phénicien
clinicien
ébroïcien
sulpicien
fabricien
patricien
métricien
mauricien
physicien
praticien
tacticien
cadurcien

circadien
palladien
tragédien
phocidien
rachidien
euclidien
vermidien
quotidien
liquidien
dravidien
néo-indien
bermudien
chérifien
collégien
norvégien
féringien
laryngien
pélasgien
coccygien
uropygien
basochien
algonkien
pascalien
mammalien
normalien
spinalien
cantalien
ismaélien
israélien
mendélien
cornélien
zwinglien
ismaïlien
brésilien
reptilien
corallien
marollien
mongolien
condylien
prosimien
néocomien
vulcanien
rhodanien
rhodanien
jordanien
soudanien
campanien
touranien
lituanien
tanzanien
ukrainien
stalinien

9

paulinien
Crépinien
Justinien
darwinien
essonnien
Tribonien
draconien
londonien
chthonien
chélonien
pannonien
daltonien
plutonien
newtonien
amazonien
auburnien
saturnien
étasunien
hercynien
éthiopien
euscarien
tokharien
euskarien
eskuarien
estuarien
subaérien
euthérien
luthérien
euskerien
hitlérien
mesmérien
wagnérien
jennérien
bactérien
zostérien
grégorien
angkorien
oratorien
victorien
prétorien
pastorien
nestorien
historien
épicurien
hondurien
tellurien
hanovrien
géphyrien
zéphyrien
caucasien
Vespasien
amérasien

Schlesien
magnésien
keynésien
cartésien
calaisien
wallisien
clunisien
pharisien
ambrosien
jurassien
dionysien
dalmatien
entretien
koweïtien
Sébastien
micoquien
pavlovien
varsovien
corrézien
Westfalen
Houthalen
Kerguelen
cameramen
recordmen
policemen
Van Diemen
gentlemen
tennismen
yachtsmen
sportsmen
clergymen
Rostrenen
Antwerpen
Verhaeren
Ganshoren
Hasparren
Dupuytren
Bennigsen
Jørgensen
Mackensen
Jespersen
Rasmussen
Sun Yat-sen
Morgarten
Zermatten
Liu-chouen
Fou-chouen
Saint-Ouen
Eindhoven
Beethoven
Einthoven
himalayen

uruguayen
indo-aryen
Terneuzen
presspahn
Saint John
suburbain
jamaïcain
publicain
américain
Escaudain
Chapelain
chapelain
châtelain
Champlain
face-à-main
lendemain
Villemain
baisemain
appui-main
avant-main
surhumain
gagne-pain
massepain
rouverain
souverain
gros-grain
Le Lorrain
Aérotrain
chartrain
Quiévrain
diocésain
olivétain
auscitain
spiritain
valdôtain
incertain
maugrabin
maugrebin
maghrébin
Laurencin
smaragdin
muscardin
Bernardin
bernardin
trop-plein
El-Alamein
chanfrein
aérofrein
Waldstein
Goldstein
Markstein
Bronstein

Bernstein
antiengin
maraîchin
outre-Rhin
euryhalin
Le Vauclin
Kraepelin
craquelin
broquelin
Vauquelin
Chauvelin
Marcellin
tephillin
francolin
Capitolin
capitolin
Hölderlin
margoulin
staphylin
parchemin
Guillemin
Bellarmin
Duralumin
Zrenjanin
salvagnin
rhônalpin
philippin
Tour-du-Pin
saccharin
sous-marin
sanhédrin
malandrin
adultérin
Lohengrin
Tuticorin
Maclaurin
tambourin
Wisconsin
traversin
tracassin
marcassin
spadassin
fantassin
Venaissin
buffletin
charretin
bouquetin
brigantin
adamantin
diamantin
Fromentin
serpentin

9

florentin
roquentin
diablotin
maillotin
Guillotin
chevrotin
Dammartin
San Martín
Cap-Martin
Caumartin
Coubertin
travertin
Tricastin
médiastin
philistin
Paricutín
Danjoutin
Beaudouin
baragouin
baldaquin
brodequin
mannequin
Rennequin
palanquin
algonquin
majorquin
minorquin
marasquin
Malliavin
pots-de-vin
Pont-Euxin
Pont-euxin
Gallitzin
Lindemann
Hahnemann
Heinemann
Drachmann
immelmann
Sudermann
Petermann
Grassmann
Haussmann
Hauptmann
Boltzmann
Heilbronn
Saint-Haon
sans-façon
colimaçon
caparaçon
Void-Vacon
Satiricon
brabançon
Brégançon
charançon
Corrençon
Montluçon
Wimbledon
cotylédon
automédon
Eurymédon
Montredon
Clarendon
iguanodon
sphénodon
glyptodon
bombardon
accordéon
fromageon
sauvageon
Demangeon
écourgeon
esturgeon
Saint-Léon
bandonéon
perdrigon
Esclangon
Coëtlogon
Fort-Mahon
cornichon
berrichon
Perrichon
reblochon
reverchon
greluchon
balluchon
autruchon
Ctésiphon
suspicion
théridion
collodion
contagion
Deucalion
Pygmalion
néphélion
Héraklion
tabellion
rébellion
Parménion
la Réunion
communion
usucapion
ectropion
entropion
hipparion
Bessarion
oscabrion
ténébrion
Haut-Brion
centurion
corrasion
précision
concision
rescision
collision
prévision
provision
répulsion
impulsion
expulsion
révulsion
divulsion
expansion
recension
Ascension
ascension
dimension
bitension
extension
implosion
explosion
corrosion
immersion
aspersion
détersion
réversion
diversion
inversion
détorsion
rétorsion
extorsion
incursion
excursion
accession
récession
Sécession
sécession
agression
égression
obsession
admission
démission
rémission
diffusion
suffusion
confusion
profusion
perfusion
surfusion
occlusion
réclusion
inclusion
exclusion
collusion
intrusion
extrusion
contusion
probation
évocation
éducation
gradation
prédation
fondation
oxydation
agréation
caséation
purgation
viciation
radiation
médiation
filiation
foliation
expiation
variation
sériation
striation
satiation
déviation
déflation
inflation
épilation
lallation
fellation
collation
violation
isolation
adulation
ululation
émulation
ovulation
acylation
crémation
animation
gemmation
sommation
formation
émanation
cognation
damnation

9

phonation
pronation
carnation
vernation
palpation
libration
vibration
opération
itération
Bagration
migration
adoration
narration
nitration
épuration
irisation
pulsation
sensation
cassation
passation
cessation
lactation
nictation
agitation
imitation
saltation
tentation
captation
reptation
gestation
gustation
liquation
situation
élévation
privation
nervation
rédaction
réfaction
olfaction
défection
réfection
affection
infection
abjection
objection
déjection
bijection
injection
sélection
dilection
direction
résection

détection
advection
addiction
indiction
striction
décoction
abduction
adduction
déduction
réduction
séduction
diduction
enduction
induction
déplétion
réplétion
accrétion
sécrétion
excrétion
tradition
reddition
réédition
coédition
condition
perdition
érudition
coalition
abolition
dormition
inanition
cognition
attrition
nutrition
dentition
partition
intuition
obtention
détention
rétention
intention
attention
invention
commotion
promotion
prénotion
acception
déception
réception
exception
exemption
irruption
désertion

insertion
assertion
digestion
ingestion
cogestion
exécution
élocution
pollution
évolution
admixtion
démixtion
immixtion
hydravion
colluvion
Le Nouvion
déflexion
réflexion
inflexion
connexion
convexion
préfixion
chalazion
Mourmelon
décathlon
triathlon
Castellón
médaillon
moraillon
curaillon
bataillon
Cavaillon
cavaillon
Crébillon
barbillon
corbillon
faucillon
raidillon
pendillon
tardillon
réveillon
Grémillon
vermillon
mirmillon
moinillon
cornillon
trapillon
carpillon
goupillon
roupillon
toupillon
pharillon
émerillon

négrillon
taurillon
tourillon
Massillon
Aussillon
Châtillon
Cantillon
lentillon
Bertillon
Portillon
portillon
tortillon
Castillon
postillon
bottillon
Aiguillon
aiguillon
brouillon
gravillon
Chevillon
bouvillon
Lanvollon
mégacôlon
Montholon
diachylon
myroxylon
ichneumon
Bras-Panon
Parthénon
Maintenon
Cro-Magnon
compagnon
Quaregnon
Lamoignon
Massignon
maquignon
sauvignon
Agamemnon
lanternon
Saskatoon
ouaouaron
Avicébron
Adalbéron
tierceron
beauceron
bourgeron
Montgeron
mancheron
percheron
moucheron
cuilleron
Décaméron

9

mousseron
quarteron
gratteron
glouteron
Lycophron
Mormoiron
phanatron
thyratron
magnétron
cyclotron
phytotron
balestron
fenestron
ceinturon
Clapeyron
Josephson
pendaison
pondaison
tondaison
cargaison
siglaison
Malmaison
plumaison
grenaison
saunaison
floraison
livraison
ouvraison
montaison
crevaison
olivaison
cervaison
couvaison
Michelson
Samuelson
Nicholson
Vaucanson
Mortenson
Stevenson
Dickinson
Wilkinson
Parkinson
Martinson
Ben Jonson
Jefferson
Monterson
Pontorson
mollasson
Terrasson
bandes-son
Montesson
Ravaisson
saucisson
Pellisson
Petersson
Maumusson
Robertson
Akhenaton
Princeton
clocheton
brocheton
Middleton
singleton
mailleton
oeilleton
gueuleton
Cap-Breton
Capbreton
Charreton
charreton
Babington
Addington
Eddington
Elkington
Ellington
Arlington
Remington
Bonington
Lexington
Jesselton
Daubenton
Vermenton
Charenton
badminton
Charonton
Wollaston
Germiston
Lauriston
Vallotton
paroxyton
Montguyon
Montbazon
Vertaizon
Komintern
Paderborn
Weisshorn
shorthorn
Apeldoorn
Solothurn
Changchun
auto-immun
Béhistoun
Malte-Brun
Vogelgrun
vingt-et-un
København
break-down
knock-down
Allentown
Jamestown
Kingstown
Pathet Lao
Ōyama Iwao
Nectanebo
Maracaibo
Essequibo
Gran Chaco
Del Monaco
coquerico
De Chirico
Porto Rico
New Mexico
Lanfranco
poco a poco
zapateado
carbonado
desperado
Baracaldo
glissando
sforzando
smorzando
crescendo
Aurobindo
taekwondo
Quasimodo
Quasimodo
stop-and-go
Khajurāho
quebracho
Ogbomosho
Bonifacio
Carpaccio
carpaccio
capriccio
Porticcio
Bamboccio
téléradio
autoradio
Viareggio
Pinocchio
imbroglio
portfolio
contrario
Polisario
D'Annunzio
Korolenko
Makarenko
Slovensko
Kosciusko
Saint-Malo
Bangouélo
Cappiello
Paesiello
Paisiello
Pisanello
Antonello
Donatello
cigarillo
Pollaiolo
water-polo
Goytisolo
Campidano
Di Stefano
Propriano
boliviano
Veneziano
Altiplano
Herculano
Verrazano
Fiumicino
bardolino
Carcopino
San Marino
Solferino
andantino
Valentino
Tolentino
Sansovino
Roh Tae-Woo
Sou Tong-p'o
carbonaro
Querétaro
Catanzaro
Fogazzaro
Romancero
romancero
Trocadéro
Malipiero
Caballero
Espartero
San Severo
Politburo
in extenso
Gran Sasso
pizzicato
Pertusato
Vescovato
ipso facto

9

Ouro Preto
Mutsuhito
san-benito
incognito
contralto
espéranto
Sarmiento
Matsumoto
ex abrupto
Ca' da Mosto
Benedetto
larghetto
Canaletto
Rigoletto
gruppetto
Caporetto
ristretto
sostenuto
distinguo
quiproquo
Porto-Novo
Dimitrovo
Pilcomayo
sparadrap
Krung Thep
Van Gennep
Gaziantep
motorship
vidéo-clip
Longchamp
Beauchamp
pèse-sirop
après-coup
cantaloup
Pasdeloup
Dupanloup
chien-loup
Saint-Loup
Gjellerup
Saint-Cirq
téléradar
antiradar
Krasnodar
teddy-bear
Bhavnagar
Trafalgar
Tsitsihar
Méchithar
Mékhithar
Syktyvkar
Saint-Clar
bichlamar
cauchemar
Yourcenar
balthasar
Balthasar
Gibraltar
superstar
Kolozsvár
Kāthiāwār
Balthazar
balthazar
Guarrazar
succomber
déplomber
exacerber
désherber
débourber
embourber
recourber
perturber
masturber
dédicacer
verglacer
remplacer
mordancer
ambiancer
forlancer
distancer
commencer
décoincer
renfoncer
prononcer
défroncer
commercer
renforcer
réamorcer
coalescer
escalader
taillader
pétarader
persuader
dissuader
exhéréder
entraider
coïncider
Schneider
invalider
intimider
dilapider
quémander
commander
Van Mander
faisander
Santander
Alexander
rescinder
bombarder
placarder
rancarder
rencarder
brocarder
faucarder
ringarder
pocharder
caviarder
trimarder
chaparder
raccorder
concorder
discorder
clabauder
margauder
galvauder
dessouder
ressouder
peroxyder
suroxyder
désoxyder
Meyerbeer
contre-fer
esclaffer
Schaeffer
regreffer
décoiffer
recoiffer
assoiffer
échauffer
Altdorfer
esbroufer
réengager
grillager
déménager
emménager
arrérager
naufrager
fourrager
dévisager
envisager
avantager
quartager
affouager
Heidegger
outrigger
transiger
Huntziger
vendanger
rechanger
phalanger
Boulanger
boulanger
Guéranger
effranger
engranger
Stavanger
Döllinger
Preminger
Feininger
Kiesinger
Massinger
Kissinger
Festinger
Peutinger
rallonger
prolonger
replonger
forlonger
mensonger
décharger
recharger
gamberger
Froberger
Erzberger
submerger
converger
rengorger
Hamburger
hamburger
ignifuger
rembouger
harnacher
recracher
rattacher
soutacher
cravacher
dessécher
maraîcher
défricher
pasticher
esquicher
déhancher
calancher
démancher
emmancher
ébrancher
revancher
bambocher
boulocher

9

pignocher
rempocher
débrocher
embrocher
accrocher
décrocher
reprocher
approcher
démarcher
remarcher
rapercher
revercher
tchatcher
scratcher
débaucher
embaucher
trébucher
rembucher
déboucher
reboucher
emboucher
accoucher
découcher
recoucher
essoucher
retoucher
triompher
Frobisher
Nicolaier
colombier
caroubier
préfacier
grimacier
déprécier
apprécier
souricier
justicier
vacancier
créancier
balancier
romancier
tenancier
financier
devancier
licencier
faïencier
annoncier
dissocier
Lemercier
remercier
muscadier
brigadier
grenadier
congédier
subsidier
Balandier
dinandier
vivandier
incendier
cocardier
pinardier
minaudier
taxaudier
boyaudier
réétudier
stupéfier
torréfier
putréfier
liquéfier
Escoffier
barbifier
opacifier
spécifier
dulcifier
crucifier
réédifier
acidifier
gazéifier
mythifier
qualifier
amplifier
planifier
magnifier
lignifier
signifier
réunifier
scarifier
clarifier
starifier
lubrifier
sacrifier
glorifier
terrifier
horrifier
pétrifier
nitrifier
vitrifier
falsifier
densifier
chosifier
versifier
massifier
russifier
béatifier
gratifier
rectifier
acétifier
pontifier
certifier
fortifier
mortifier
justifier
mystifier
statufier
langagier
Messagier
albergier
atrophier
avant-hier
timbalier
cymbalier
céréalier
animalier
Chevalier
chevalier
pincelier
cordelier
Bachelier
bachelier
chamelier
sommelier
cannelier
tonnelier
tunnelier
chapelier
Tortelier
coutelier
giroflier
épinglier
concilier
missilier
gattilier
mésallier
métallier
Cézallier
cenellier
Le Tellier
joaillier
vanillier
gondolier
magnolier
alcoolier
azerolier
pétrolier
pendulier
singulier
semoulier
balsamier
Dugommier
infirmier
costumier
coutumier
chicanier
cancanier
boucanier
méthanier
magnanier
propanier
lantanier
centenier
semainier
dizainier
vaccinier
jardinier
sardinier
baleinier
avelinier
boulinier
moulinier
cuisinier
cantinier
routinier
alevinier
calomnier
façonnier
wagonnier
galonnier
palonnier
salonnier
Lemonnier
canonnier
tisonnier
bâtonnier
cotonnier
savonnier
capronier
nautonier
casernier
Tavernier
tavernier
rancunier
communier
estropier
rapparier
chambrier
cellérier
chiffrier
camphrier

9

trésorier
historier
gabarrier
Le Verrier
rapatrier
dépatrier
expatrier
ménétrier
chartrier
meurtrier
verdurier
serrurier
facturier
voiturier
hauturier
couturier
genévrier
chanvrier
Duveyrier
rassasier
chemisier
ardoisier
Lavoisier
sottisier
menuisier
dépensier
jambosier
autopsier
jacassier
échassier
mulassier
finassier
putassier
Manessier
mégissier
Pélissier
canissier
tapissier
pâtissier
peaussier
cambusier
arbousier
argousier
avocatier
cédratier
ferratier
puisatier
gravatier
colzatier
buffetier
cachetier
archetier

tabletier
Pelletier
pelletier
bonnetier
ferretier
noisetier
corsetier
coquetier
louvetier
miroitier
églantier
argentier
cimentier
cacaotier
gargotier
compotier
forestier
colistier
amnistier
aérostier
limettier
griottier
culottier
carottier
balbutier
alleutier
chalutier
sagoutier
bijoutier
veloutier
Dumoûtier
piroguier
échiquier
vomiquier
kiosquier
bloc-évier
lessivier
asphyxier
Monpazier
Scionzier
pacemaker
bookmaker
spinnaker
Kronecker
déstocker
brimbaler
trimbaler
endiabler
dessabler
scrabbler
assembler
démeubler

remeubler
encoubler
dédoubler
redoubler
décercler
recercler
encercler
démascler
déboucler
déficeler
chanceler
étinceler
amonceler
dépuceler
remodeler
grommeler
épanneler
décapeler
ruisseler
démuseler
écarteler
bretteler
Spitteler
craqueler
enjaveler
écheveler
déniveler
insuffler
persifler
désenfler
dégonfler
regonfler
camoufler
maroufler
prérégler
étrangler
obnubiler
émorfiler
éfaufiler
annihiler
assimiler
rentoiler
désopiler
déshuiler
sprinkler
triballer
remballer
installer
desceller
flageller
enfieller
démieller

emmieller
quereller
desseller
médailler
godailler
rôdailler
criailler
volailler
démailler
remailler
rimailler
tenailler
pinailler
dépailler
ripailler
empailler
dérailler
tirailler
cisailler
batailler
détailler
retailler
entailler
intailler
fouailler
gouailler
jouailler
rhabiller
gambiller
fendiller
pendiller
mordiller
réveiller
vermiller
torpiller
gaspiller
goupiller
roupiller
toupiller
brasiller
brésiller
grésiller
égosiller
dessiller
bousiller
frétiller
boitiller
tortiller
distiller
instiller
sautiller
treuiller

9

déguiller
aiguiller
épouiller
brouiller
grouiller
maquiller
béquiller
coquiller
cheviller
grisoller
caracoler
flageoler
batifoler
cabrioler
affrioler
vitrioler
contrôler
dépeupler
repeupler
accoupler
découpler
centupler
septupler
sextupler
affabuler
dénébuler
déambuler
véhiculer
réticuler
articuler
émasculer
bousculer
striduler
démoduler
dégueuler
engueuler
déréguler
accumuler
trabouler
boubouler
roucouler
remmouler
vermouler
surmouler
dessoûler
manipuler
capituler
intituler
amalgamer
proclamer
desquamer
Gérardmer

entr'aimer
Elsheimer
Alzheimer
envenimer
comprimer
supprimer
légitimer
enflammer
prénommer
surnommer
consommer
Saint-Omer
gendarmer
renfermer
confirmer
préformer
conformer
Luc-sur-Mer
Fos-sur-Mer
fantasmer
déchaumer
remplumer
encabaner
afrikaner
dédouaner
morigéner
Kitchener
Titchener
gangrener
rengrener
rengréner
imprégner
dédaigner
dépeigner
enseigner
grafigner
rechigner
réaligner
forligner
souligner
témoigner
empoigner
trépigner
consigner
provigner
Pluvigner
rencogner
rengainer
déchaîner
enchaîner
parrainer
entraîner

container
débobiner
embobiner
déraciner
enraciner
vaticiner
peaufiner
invaginer
crachiner
dodeliner
vaseliner
pateliner
ripoliner
calaminer
efféminer
acheminer
inséminer
illuminer
enluminer
enfariner
mandriner
entériner
chagriner
chouriner
magasiner
avoisiner
houssiner
baratiner
ratatiner
cabotiner
trottiner
acoquiner
bouquiner
pleuviner
condamner
réabonner
braconner
rançonner
floconner
fredonner
amidonner
randonner
dindonner
lardonner
pardonner
cordonner
pigeonner
plafonner
jargonner
bougonner
mâchonner
bichonner

cochonner
siphonner
gabionner
camionner
espionner
visionner
fusionner
rationner
actionner
lotionner
motionner
goujonner
étalonner
sablonner
ballonner
sillonner
boulonner
foulonner
marmonner
sermonner
rognonner
chaponner
tamponner
pomponner
harponner
pouponner
éperonner
ronronner
patronner
couronner
blasonner
raisonner
foisonner
grisonner
chatonner
laitonner
cantonner
cartonner
bastonner
festonner
pistonner
bostonner
boutonner
moutonner
klaxonner
clayonner
crayonner
époumoner
décharner
concerner
discerner
lanterner

9 gouverner
flagorner
défourner
enfourner
séjourner
détourner
retourner
rattraper
anticiper
émanciper
constiper
disculper
insculper
détremper
retremper
attremper
regrimper
détromper
escaloper
réchapper
kidnapper
dégripper
décrisper
réoccuper
surcouper
chalouper
dégrouper
regrouper
attrouper
accaparer
pervibrer
démembrer
remembrer
encombrer
dénombrer
élucubrer
consacrer
massacrer
échancrer
calandrer
engendrer
cylindrer
effondrer
délibérer
dilacérer
exulcérer
éviscérer
vociférer
légiférer
accélérer
décélérer
décolérer
dégénérer
régénérer
incinérer
rémunérer
Klemperer
exaspérer
prospérer
récupérer
vitupérer
réinsérer
invétérer
oblitérer
adultérer
empiffrer
décoffrer
ensoufrer
déflagrer
vinaigrer
conspirer
sous-virer
édulcorer
subodorer
revigorer
améliorer
décolorer
remémorer
rembarrer
chamarrer
empierrer
desserrer
resserrer
débourrer
embourrer
idolâtrer
déplâtrer
replâtrer
salpêtrer
perpétrer
chapitrer
infiltrer
exfiltrer
décentrer
recentrer
excentrer
décintrer
démontrer
remontrer
détartrer
entartrer
encastrer
cadastrer
registrer
claustrer
délustrer
illustrer
défeutrer
accoutrer
restaurer
instaurer
manucurer
affleurer
effleurer
enfleurer
défigurer
inaugurer
enamourer
énamourer
chlorurer
réassurer
pressurer
ligaturer
dénaturer
fracturer
aventurer
ceinturer
peinturer
enfiévrer
décuivrer
recouvrer
déniaiser
anglaiser
hébraïser
mortaiser
franciser
exorciser
nomadiser
fluidiser
focaliser
localiser
vocaliser
idéaliser
légaliser
banaliser
canaliser
pénaliser
finaliser
moraliser
nasaliser
totaliser
dévaliser
rivaliser
fidéliser
modéliser
mobiliser
similiser
viriliser
civiliser
créoliser
bémoliser
nébuliser
islamiser
dynamiser
minimiser
optimiser
maximiser
sodomiser
chromiser
urbaniser
mécaniser
paganiser
organiser
romaniser
humaniser
tétaniser
techniser
féminiser
latiniser
diviniser
coloniser
canoniser
éterniser
immuniser
chamoiser
chinoiser
décroiser
polariser
césariser
madériser
éthériser
numériser
satiriser
théoriser
valoriser
coloriser
mémoriser
ténoriser
sonoriser
vaporiser
motoriser
autoriser
favoriser
maîtriser
sécuriser
somatiser
fanatiser
dératiser

monétiser
politiser
néantiser
robotiser
aseptiser
courtiser
démutiser
amenuiser
tabouiser
préaviser
téléviser
compulser
propulser
convulser
condenser
compenser
dispenser
ankyloser
antéposer
réimposer
postposer
scléroser
disperser
traverser
renverser
converser
débourser
fracasser
tracasser
fricasser
concasser
rechasser
enchâsser
enliasser
déclasser
reclasser
prélasser
brumasser
trépasser
compasser
surpasser
embrasser
décrasser
encrasser
cuirasser
terrasser
ressasser
crevasser
confesser
professer
Nungesser
redresser

régresser
empresser
oppresser
rabaisser
rebaisser
décaisser
encaisser
affaisser
délaisser
relaisser
déplisser
replisser
coulisser
vernisser
angoisser
empoisser
compisser
esquisser
rendosser
dégrosser
engrosser
carrosser
défausser
rehausser
exhausser
Althusser
repousser
désabuser
décreuser
recreuser
paralyser
catalyser
antidater
postdater
casemater
carapater
Antipater
constater
compacter
réfracter
détracter
rétracter
contacter
collecter
connecter
respecter
inspecter
suspecter
sphincter
concocter
épinceter
crocheter

moucheter
rempiéter
inquiéter
pailleter
compléter
trompeter
rouspéter
concréter
rapprêter
fleureter
chevreter
claqueter
craqueter
becqueter
cliqueter
briqueter
étiqueter
banqueter
marqueter
parqueter
dériveter
renfaîter
souhaiter
retraiter
cohabiter
féliciter
gauleiter
trochiter
graphiter
habiliter
débiliter
faciliter
dynamiter
délimiter
remboîter
exploiter
convoiter
décapiter
cohériter
déméEriter
parasiter
revisiter
transiter
biscuiter
défruiter
affruiter
réinviter
asphalter
survolter
ausculter
consulter
brocanter

déchanter
rechanter
enchanter
déplanter
replanter
implanter
diamanter
warranter
patienter
violenter
segmenter
pigmenter
augmenter
alimenter
commenter
sarmenter
fermenter
serpenter
présenter
contenter
sustenter
enceinter
accointer
dépointer
appointer
esquinter
surmonter
affronter
emprunter
asticoter
ravigoter
crachoter
chuchoter
charioter
siffloter
sangloter
comploter
escamoter
clignoter
grignoter
décapoter
galipoter
numéroter
chevroter
créosoter
toussoter
pleuvoter
réadapter
décompter
recompter
escompter
décrypter

9

concerter
disserter
conforter
colporter
remporter
comporter
rapporter
supporter
Doncaster
ballaster
Leicester
Worcester
Rochester
contester
protester
polyester
attrister
subsister
consister
persister
coexister
trickster
composter
flibuster
réajuster
incruster
regratter
racketter
toiletter
regretter
levretter
brouetter
moquetter
schlitter
acquitter
requitter
marcotter
boycotter
margotter
grelotter
ballotter
boulotter
roulotter
marmotter
décrotter
garrotter
frisotter
dansotter
dégoutter
biseauter
dépiauter
crapaüter
sursauter
ressauter
charcuter
arc-bouter
réécouter
lock-outer
encroûter
ferrouter
prétexter
Mössbauer
rétribuer
attribuer
désembuer
Verdaguer
zigzaguer
prodiguer
intriguer
instiguer
divulguer
haranguer
ralinguer
chlinguer
meringuer
seringuer
dialoguer
épiloguer
déverguer
enverguer
subjuguer
conjuguer
réévaluer
dépolluer
transmuer
continuer
renflouer
sous-louer
désavouer
cornaquer
embraquer
matraquer
détraquer
embecquer
disséquer
éradiquer
prédiquer
syndiquer
trafiquer
répliquer
impliquer
appliquer
dupliquer
expliquer
forniquer
surpiquer
fabriquer
imbriquer
rubriquer
intriquer
pratiquer
critiquer
mastiquer
rustiquer
décalquer
défalquer
inculquer
palanquer
suffoquer
débloquer
colloquer
disloquer
escroquer
défroquer
détroquer
convoquer
provoquer
débarquer
embarquer
démarquer
remarquer
remorquer
rétorquer
extorquer
bifurquer
démasquer
débusquer
embusquer
offusquer
rééduquer
débouquer
embouquer
tonitruer
effectuer
perpétuer
entre-tuer
destituer
restituer
instituer
accentuer
remblaver
motopaver
retriever
surélever
récidiver
enjoliver
réactiver
inactiver
démotiver
préserver
conserver
Vancouver
réprouver
approuver
retrouver
Mayflower
complexer
remblayer
sous-payer
rentrayer
réessayer
grasseyer
langueyer
flamboyer
plaidoyer
rougeoyer
remployer
atermoyer
tournoyer
foudroyer
poudroyer
hongroyer
charroyer
guerroyer
destroyer
grossoyer
voussoyer
jointoyer
fourvoyer
bulldozer
schnauzer
Riquewihr
entre-haïr
Port Blair
Burgkmair
al-Djazā'ir
estourbir
éclaircir
obscurcir
accourcir
refroidir
abâtardir
dégourdir
engourdir
assourdir
applaudir
rétroagir
interagir

9

ressurgir
défléchir
réfléchir
infléchir
dégauchir
Eskişehir
affaiblir
ensevelir
défaillir
rejaillir
assaillir
désemplir
accomplir
assouplir
raffermir
rendormir
renformir
maintenir
redevenir
bienvenir
redéfinir
rembrunir
retendoir
reverdoir
accordoir
retordoir
échaudoir
accoudoir
plongeoir
égrugeoir
étouffoir
arrachoir
tranchoir
ébauchoir
émouchoir
prévaloir
cueilloir
mouilloir
refouloir
revouloir
assommoir
promenoir
éteignoir
entonnoir
écharnoir
égrappoir
désespoir
découpoir
comparoir
aiguisoir
encensoir
ostensoir
aspersoir
déversoir
reversoir
retorsoir
polissoir
rouissoir
remontoir
rabattoir
égouttoir
concevoir
percevoir
entrevoir
réservoir
abreuvoir
rechampir
réchampir
déguerpir
Vallespir
accroupir
assombrir
attendrir
amoindrir
renchérir
conquérir
démaigrir
rabougrir
endolorir
défleurir
refleurir
effleurir
concourir
parcourir
discourir
appauvrir
découvrir
recouvrir
Balikesir
déplaisir
dessaisir
ressaisir
dégrossir
regrossir
empuantir
consentir
ressentir
rapointir
dessertir
subvertir
convertir
pervertir
rassortir
ressortir
travestir
engloutir
Hammaguir
septemvir
centumvir
desservir
resservir
Campeador
comprador
thermidor
fructidor
bouton-d'or
confiteor
Belphégor
Helsingør
état-major
Côte-de-l'Or
mirliflor
monsignor
Koukou Nor
alligator
Escalator
solicitor
myocastor
thyristor
Deir ez-Zor
Aïd-el-Fitr
Raban Maur
Saint-Maur
Champsaur
Jullundur
Bārābudur
Borobudur
regimbeur
absorbeur
garanceur
enfonceur
annonceur
cascadeur
grenadeur
renvideur
demandeur
défendeur
splendeur
ramendeur
dépendeur
détendeur
entendeur
extendeur
revendeur
covendeur
répondeur
débardeur
cafardeur
regardeur
emmerdeur
accordeur
retordeur
maraudeur
taraudeur
ravaudeur
baroudeur
chauffeur
étouffeur
saccageur
packageur
aménageur
partageur
corrigeur
voltigeur
vidangeur
échangeur
mélangeur
arrangeur
louangeur
pataugeur
rabâcheur
arracheur
ensacheur
détacheur
empêcheur
fraîcheur
afficheur
dénicheur
féticheur
aguicheur
blancheur
trancheur
chercheur
écorcheur
trescheur
herscheur
ébaucheur
éplucheur
parapheur
vérifieur
ingénieur
inférieur
Supérieur
supérieur
citérieur
ultérieur
antérieur
intérieur

9

extérieur
signaleur
dessaleur
non-valeur
dribbleur
trembleur
carreleur
marteleur
botteleur
souffleur
renifleur
chou-fleur
tréfileur
emballeur
écailleur
piailleur
émailleur
brailleur
habilleur
godilleur
cueilleur
éveilleur
nasilleur
fusilleur
artilleur
outilleur
bouilleur
fouilleur
mouilleur
encolleur
bricoleur
fignoleur
pistoleur
basculeur
démouleur
rémouleur
dérouleur
enrouleur
escrimeur
imprimeur
assommeur
slalomeur
endormeur
reformeur
embaumeur
non-fumeur
parfumeur
chicaneur
promeneur
engreneur
repreneur
conteneur

souteneur
raffineur
moulineur
dépanneur
façonneur
avionneur
jalonneur
talonneur
rayonneur
suborneur
sans-coeur
demi-soeur
estampeur
varappeur
découpeur
défibreur
calibreur
encadreur
acquéreur
chiffreur
dénigreur
éclaireur
survireur
bagarreur
démarreur
épierreur
déterreur
pupitreur
éventreur
procureur
Laboureur
laboureur
secoureur
dégivreur
délivreur
déphaseur
confiseur
égaliseur
avaliseur
atomiseur
ozoniseur
aiguiseur
proviseur
recenseur
encenseur
ascenseur
défenseur
offenseur
extenseur
exploseur
composeur
asperseur

inverseur
jacasseur
ramasseur
finasseur
repasseur
vavasseur
Levasseur
rêvasseur
agresseur
assesseur
abaisseur
épaisseur
graisseur
régisseur
polisseur
bénisseur
finisseur
bâtisseur
lotisseur
rôtisseur
fouisseur
jouisseur
ravisseur
endosseur
chausseur
laïusseur
trousseur
diffuseur
dialyseur
analyseur
évocateur
éducateur
stucateur
prédateur
fondateur
laudateur
sulfateur
viciateur
radiateur
médiateur
expiateur
variateur
déviateur
chélateur
collateur
violateur
isolateur
adulateur
émulateur
animateur
formateur
frénateur

phonateur
pronateur
ozonateur
vibrateur
opérateur
migrateur
adorateur
narrateur
épurateur
prosateur
sectateur
dictateur
agitateur
imitateur
tentateur
captateur
testateur
élévateur
salvateur
rédacteur
cofacteur
effecteur
objecteur
injecteur
sélecteur
humecteur
directeur
détecteur
abducteur
adducteur
réducteur
séducteur
inducteur
projeteur
pelleteur
colleteur
bonneteur
sécréteur
excréteur
affréteur
apprêteur
paqueteur
piqueteur
enquêteur
sauveteur
traditeur
coéditeur
créditeur
profiteur
apériteur
partiteur
serviteur

9

récolteur
dévolteur
insulteur
décanteur
pesanteur
accenteur
argenteur
orienteur
arpenteur
détenteur
rétenteur
inventeur
éreinteur
raconteur
remonteur
apponteur
barboteur
fricoteur
tricoteur
folioteur
trimoteur
promoteur
chipoteur
tripoteur
accepteur
récepteur
scripteur
sculpteur
prompteur
déserteur
escorteur
reporteur
apporteur
digesteur
imposteur
rabatteur
débatteur
navetteur
carotteur
noyauteur
tuyauteur
culbuteur
exécuteur
percuteur
discuteur
chahuteur
rebouteur
envoûteur
computeur
recruteur
protuteur
arnaqueur

vainqueur
trinqueur
accouveur
monnayeur
embrayeur
hockeyeur
volleyeur
amareyeur
employeur
corroyeur
fossoyeur
nettoyeur
convoyeur
Montségur
kieselgur
MacArthur
calambour
calembour
basse-cour
Senancour
avant-cour
Pompadour
Pompadour
Ventadour
cul-de-four
carrefour
petit-four
Damanhour
Baïkonour
Singapour
non-retour
Bhaktapur
Kharagpur
Gorakhpur
Bhāgalpur
exequatur
Thanjāvūr
Côte d'Azur
Vicq d'Azyr
branle-bas
contrebas
Perdiccas
Pélopidas
Charondas
Pausanias
Jéchonias
asclépias
fantasias
chasselas
Plexiglas
Venceslas
Stanislas

Anti-Atlas
Marsoulas
Le Cheylas
superamas
Alhucemas
Las Palmas
Christmas
Martignas
bons-papas
n'est-ce pas
contre-pas
fier-à-bras
appui-bras
avant-bras
sassafras
Souk-Ahras
Souq Ahras
Algésiras
claustras
Subleyras
hamadryas
alcarazas
piper-cubs
ciné-clubs
aéro-clubs
fans-clubs
entrelacs
Armagnacs
monte-sacs
avant-becs
pop musics
pare-chocs
ciné-parcs
cale-pieds
sous-pieds
va-nu-pieds
jazz-bands
Highlands
happy ends
bien-fonds
fox-hounds
fast-foods
faux-bords
Guimarães
pèse-bébés
Lémovices
nuisances
Coutances
Almohades
Umayyades
Omeyyades
Samoyèdes

Ayyubides
Arsacides
Abbadides
perséides
Attalides
Invalides
Proclides
Fatimides
Océanides
Samanides
Euménides
Marinides
Mérinides
Tulunides
antirides
Timurides
Idrisides
Séfévides
Ingrandes
Burgondes
Rethondes
Les Agudes
Maccabées
mal-logées
tranchées
feuillées
mal-aimées
Borromées
Fortunées
simagrées
thio-urées
lits-cages
arrérages
Beuvrages
Courrèges
Chambiges
Bituriges
demi-tiges
Phalanges
Fontanges
Comminges
Coulonges
Pouzauges
bien-jugés
Toulouges
Romanches
Avranches
Senonches
fardoches
Luzarches
Kykládhes
népenthès

9

wallabies
Épinicies
branchies
floralies
vestalies
Ramillies
Cuvilliés
économies
Ottignies
Baronnies
singeries
Tuileries
Frameries
nurseries
batteries
armoiries
Valkyries
Walkyries
dionysies
penalties
royalties
Monestiés
Christie's
Les Eyzies
plum-cakes
semi-cokes
Tzimiskès
Australes
australes
prés-salés
Manizales
quetzales
porte-clés
Mnésiclès
Les Angles
Mille-Îles
Sarcelles
brucelles
Mordelles
animelles
Linselles
Coquelles
nouvelles
Bruxelles
Chazelles
semailles
tenailles
morailles
Cavaillès
Bazeilles
Maroilles
maroilles
Aiguilles
Charolles
Vitrolles
Peyrolles
Grisolles
Brézolles
Brignoles
Pouzzoles
sextuplés
Ollioules
Fitz-James
mi-carêmes
bien-aimés
Les Abymes
guide-ânes
atellanes
Turkmènes
Cassagnes
Sanvignes
Villaines
Coulaines
Fontaines
demi-fines
pipe-lines
Carolines
Houplines
Des Moines
Malouines
Chabannes
Mariannes
Vincennes
Vergennes
Éoliennes
Ioniennes
Les Pennes
Chalonnes
cicérones
lanternes
Sauternes
sauternes
gouvernés
Bray-Dunes
demi-lunes
cure-pipes
Deux-Alpes
Philippes
Léocharès
bolivares
Cantabres
Sicambres
décombres
Salindres
Verchères
Corbières
corbières
Callières
Fallières
Sommières
Lignières
Bonnières
Carnières
Ambrières
Carrières
Ferrières
Serrières
Verrières
Bessières
Eyguières
Maizières
pies-mères
Talloires
Centaures
Dioscures
démêlures
râtelures
Maramureş
peignures
écritures
Saulxures
balayures
tricoises
Marquises
Deux-Roses
Sargasses
Khakasses
Trépassés
largesses
richesses
jeunesses
Rocheuses
Arginuses
stigmates
Décumates
pandectes
analectes
lave-têtes
civilités
Dolomites
humanités
Ammonites
Obodrites
autorités
Amorrites
Hourrites
parasites
Alaouites
Éphialtès
Amirantes
Cervantès
sirventès
épreintes
bloc-notes
bank-notes
Descartes
Desportes
poucettes
Fondettes
tablettes
toilettes
rillettes
chocottes
privautés
Entragues
Garrigues
Martigues
Bouzigues
Maringues
Desargues
Isbergues
conjugués
deux-roues
Toltèques
Mixtèques
pythiques
Carniques
tropiques
Ibériques
pratiques
Rhétiques
Calanques
Étrusques
menstrues
brise-vues
vide-caves
Sakalaves
Gonçalves
juke-boxes
sous-chefs
demi-clefs
mots-clefs
tire-nerfs
mire-oeufs
Hitchings
sleepings
ping-pongs
Halbwachs

sandwichs
Burroughs
Visigoths
Wisigoths
Buzançais
ougandais
irlandais
islandais
bâbordais
Lauragais
portugais
Bordelais
bordelais
franglais
antillais
congolais
Charolais
charolais
Cordemais
Ptolémaïs
désormais
Chabanais
soudanais
Orléanais
orléanais
ceylanais
Séquanais
taiwanais
burkinais
ardennais
La Mennais
Lamennais
rouennais
mayennais
Mâconnais
mâconnais
dijonnais
garonnais
aragonais
cantonais
Nivernais
nivernais
calabrais
Thimerais
Thymerais
navarrais
madourais
samouraïs
Dumarsais
Broussais
Choletais
ponantais
Outaouais
circoncis
hendiadis
maravédis
sans-logis
Montargis
Walpurgis
Aménophis
après-skis
hamamélis
mirabilis
Volubilis
volubilis
anthyllis
amaryllis
Annapolis
Nicopolis
conchylis
Sémiramis
compromis
renformis
Montcenis
Ouarsenis
semi-finis
aepyornis
États-Unis
Grandbois
morts-bois
petit-bois
québécois
Livradois
ariégeois
Albigeois
albigeois
Bourgeois
bourgeois
autrefois
toutefois
ardéchois
munichois
zurichois
Levallois
Levallois
Angoumois
Tardenois
ruthénois
Châtenois
tonkinois
berlinois
petit pois
trégorois
biterrois
Auxerrois
anversois
Minervois
minervois
réchampis
Tout-Paris
petit-gris
hara-kiris
entrepris
incompris
malappris
désappris
Sésostris
Vallauris
Boulouris
psoriasis
inlandsis
Cambrésis
hétérosis
coréopsis
catharsis
Le Plessis
Duplessis
Naucratis
mouchetis
cliquetis
graffitis
rapointis
chuchotis
grignotis
Le Mourtis
hydrastis
confettis
frisottis
clafoutis
Saarlouis
Mont-Louis
Montlouis
Port-Louis
Amplepuis
reconquis
Rubruquis
contravis
pont-levis
tournevis
épistaxis
tie-breaks
Fairbanks
herd-books
stud-books
Mamelouks
prairials
méthanals
Nasbinals
virginals
germinals
drop-goals
matorrals
furfurals
prénatals
néonatals
barbitals
Herentals
carnavals
festivals
minervals
bulb-keels
Ehrenfels
Des Autels
éventails
guide-fils
serre-fils
petit-fils
beaux-fils
base-balls
sous-pulls
cache-cols
Marvejols
taxi-girls
call-girls
bisaïeuls
ice-creams
prête-noms
baby-booms
solariums
spéculums
extremums
factotums
afrikaans
blue-jeans
Grampians
demi-plans
Tindemans
Berchmans
Marcomans
aldermans
supermans
crossmans
yachtmans
rugbymans
Couserans
dons Juans
Cananéens
Asmonéens

9

Jébuséens
Nabatéens
Adyguéens
Phéaciens
Hilaliens
Ascaniens
Sumériens
Isauriens
impatiens
Capétiens
Confolens
guet-apens
Senderens
Puymorens
Pirmasens
Requesens
Rabastens
lave-mains
Girondins
Séraphins
Algonkins
Remoulins
néanmoins
Assassins
Tocantins
Myrmidons
Saint-Fons
libations
rogations
exactions
ablutions
flonflons
Jagellons
oreillons
Athis-Mons
Saint-Pons
short-tons
Archélaos
Seignobos
tournedos
gratte-dos
Galápagos
Antiochos
Guarulhos
Kórinthos
Zákynthos
Anthémios
Mardonios
Asclépios
Démétrios
sex-ratios
Wattrelos
Venizélos
Don Carlos
heimatlos
Los Alamos
strychnos
Josefinos
oto-rhinos
Mykérinos
Antigonos
Pirithoos
spéculoos
mégacéros
antihéros
sombreros
Troisgros
Siqueiros
Théodoros
Matamoros
Parnassós
Dos Passos
staccatos
Chiquitos
Dos Santos
librettos
lave-autos
ball-traps
Aliscamps
Alyscamps
Bonchamps
Deschamps
longtemps
printemps
Chautemps
deux-temps
free-shops
ciné-shops
chamérops
anticorps
snack-bars
stock-cars
scout-cars
Saint-Mars
teen-agers
Carothers
escaliers
Templiers
Colomiers
Moustiers
Béveziers
Boufflers
McCullers
doux-amers
eye-liners
par-devers
pull-overs
Bois-Noirs
boute-hors
messieurs
plusieurs
niveleurs
longueurs
demi-jours
Cent-Jours
demi-tours
alentours
black-bass
Dungeness
edelweiss
vélocross
motocross
Anschluss
dead-heats
sous-plats
trois-mâts
résultats
brise-jets
jumbo-jets
entremets
Des Marets
Desmarets
Cauterets
tricotets
lieux-dits
piédroits
puissants
Cinq-Cents
cure-dents
errements
ossements
rudiments
lave-ponts
faux-ponts
Deux-Ponts
deux-ponts
pieds-bots
goguenots
snow-boots
cache-pots
black-rots
beaux-arts
quat'zarts
pics-verts
tee-shirts
baby-tests
boy-scouts
pèse-moûts
blockhaus
spéculaus
bibliobus
Spartacus
autofocus
emposieus
cols-bleus
asparagus
pemphigus
tylenchus
Confucius
Héraclius
Cornelius
Berzelius
Sabellius
Vitellius
Frobenius
Arrhenius
Jansénius
Diktonius
Avenarius
Pretorius
Sertorius
Nestorius
Helvétius
courts-jus
Marcellus
nystagmus
Hotemanus
Quellinus
Mykerinus
garde-fous
Lissajous
tire-clous
froufrous
Soubirous
trou-trous
ci-dessous
au-dessous
Balaïtous
entrevous
Ahasvérus
arbovirus
thesaurus
thésaurus
Casadesus
consensus
collapsus
prolapsus
processus

9

pardessus
infarctus
décubitus
amphioxus
talk-shows
cash-flows
Moyen-Pays
avant-pays
hendiadys
Les Riceys
chop sueys
gin-rummys
Bourgeoys
lavatorys
car-ferrys
indélicat
canonicat
Plouescat
Le Bouscat
Laussedat
voïévodat
Concordat
concordat
Saint-Béat
Llobregat
Théodahat
téléachat
entrechat
Schwechat
Amenemhat
patriciat
actuariat
Ceyzériat
Génissiat
khédiviat
généralat
Bourgelat
cancrelat
corbillat
distillat
aiguillat
apostolat
bénévolat
passe-plat
avunculat
bioclimat
résidanat
artisanat
indigénat
pan-bagnat
auvergnat
Palatinat

palatinat
échevinat
paysannat
septennat
house-boat
ferry-boat
principat
épiscopat
Quicherat
duumvirat
sponsorat
électorat
auditorat
monitorat
Cap-Ferrat
Bundesrat
Reichsrat
infiltrat
magistrat
ziggourat
marquisat
autolysat
archontat
lombostat
homéostat
héliostat
hygrostat
photostat
Prétextat
inadéquat
coacervat
Montpezat
Filliozat
intellect
irrespect
incorrect
Höchstädt
Hallstadt
Darmstadt
Cronstadt
Kronstadt
Rundstedt
Auerstedt
Loschmidt
Karlfeldt
Butenandt
Rembrandt
Reinhardt
Bernhardt
Oppenordt
antilacet
Condorcet

Millardet
Thibaudet
Home Fleet
Galliffet
Le Bourget
Pornichet
Dutrochet
trébuchet
Nantucket
gringalet
Tafilalet
Tourmalet
Pourtalet
tiercelet
grandelet
maigrelet
bourrelet
ruisselet
rousselet
camouflet
Dirichlet
faux-filet
brésillet
gentillet
Mortillet
Breuillet
Serpollet
flageolet
cabriolet
guignolet
quintolet
multiplet
incomplet
landaulet
articulet
Triboulet
triboulet
cassoulet
Kecskemét
guillemet
Lavelanet
Freycinet
blondinet
estaminet
Le Vésinet
coussinet
Seyssinet
Briçonnet
Balconnet
garçonnet
cordonnet
cochonnet

ballonnet
mignonnet
Peyronnet
sansonnet
mentonnet
Le Folgoët
contrepet
vergobret
top secret
indiscret
guilleret
inintérêt
Cap-Ferret
Sénousret
carnotset
marmouset
Cailletet
Jaccottet
harenguet
Badinguet
Primoguet
sourd-muet
Port-Bouêt
minahouet
Aragnouet
saupiquet
sobriquet
Le Conquet
bilboquet
verboquet
perroquet
paltoquet
freluquet
Le Touquet
chou-navet
carnotzet
Lovecraft
Cockcroft
Wehrmacht
Dordrecht
Lamprecht
Arkwright
copyright
Connaught
stupéfait
imparfait
satisfait
petit-lait
soustrait
discrédit
contredit
Dieulefit

9 saut-de-lit
canapé-lit
couvre-lit
pissenlit
maladroit
pied-droit
avant-toit
transcrit
réinscrit
exinscrit
manuscrit
tapuscrit
tout-petit
retraduit
méconduit
reconduit
reproduit
coproduit
introduit
douze-huit
super-huit
trois-huit
in-dix-huit
antibruit
construit
Pleurtuit
affidavit
Roosevelt
millivolt
Géricault
Vigneault
Meursault
meursault
Boursault
prohibant
enjambant
regimbant
incombant
aplombant
retombant
englobant
engerbant
enherbant
absorbant
adsorbant
résorbant
radoubant
préfaçant
surfaçant
déglaçant
violaçant
déplaçant
replaçant
grimaçant
retraçant
rapiéçant
clameçant
prédicant
mordicant
formicant
fabricant
capricant
matriçant
balançant
relançant
romançant
finançant
garançant
sérançant
devançant
cadençant
carençant
défonçant
enfonçant
engonçant
semonçant
dénonçant
renonçant
annonçant
suffocant
provocant
reperçant
reterçant
déforçant
efforçant
divorçant
immisçant
coruscant
gambadant
saccadant
cascadant
pommadant
grenadant
dégradant
extradant
torsadant
succédant
précédant
concédant
procédant
possédant
suicidant
élucidant
trucidant
scheidant
trépidant
débridant
hybridant
présidant
liquidant
renvidant
débandant
demandant
comandant
répandant
truandant
ascendant
défendant
refendant
légendant
ramendant
cependant
dépendant
rependant
appendant
détendant
retendant
entendant
intendant
attendant
revendant
débondant
fécondant
secondant
redondant
refondant
répondant
appondant
retondant
inféodant
rebrodant
corrodant
débardant
jobardant
cacardant
recardant
bocardant
cafardant
regardant
délardant
canardant
hasardant
musardant
retardant
attardant
bavardant
bazardant
lézardant
démerdant
emmerdant
reperdant
sabordant
débordant
rebordant
accordant
décordant
recordant
encordant
démordant
remordant
détordant
retordant
échaudant
renaudant
minaudant
maraudant
taraudant
ravaudant
préludant
accoudant
extrudant
pacageant
encageant
dégageant
engageant
ramageant
manageant
ménageant
tapageant
dérageant
enrageant
ravageant
voyageant
bridgeant
allégeant
arpégeant
abrégeant
agrégeant
rédigeant
obligeant
voligeant
fumigeant
dirigeant
mitigeant
attigeant
lévigeant
changeant
frangeant

élongeant
plongeant
épongeant
délogeant
relogeant
limogeant
abrogeant
dérogeant
arrogeant
chargeant
émargeant
émergeant
égorgeant
adjugeant
déjugeant
méjugeant
rejugeant
égrugeant
énucléant
suppléant
délinéant
procréant
congréant
maugréant
bienséant
dégrafant
rebiffant
agriffant
chauffant
étouffant
bon enfant
inélégant
intrigant
rabâchant
débâchant
relâchant
remâchant
panachant
arrachant
ensachant
détachant
entachant
attachant
gouachant
alléchant
dépêchant
repêchant
empêchant
ébréchant
asséchant
affichant
enfichant

dénichant
entichant
aguichant
flanchant
planchant
épanchant
branchant
tranchant
étanchant
guinchant
bronchant
décochant
ricochant
encochant
talochant
filochant
empochant
dérochant
enrochant
bavochant
cherchant
écorchant
fourchant
herschant
scotchant
ébauchant
débuchant
déjuchant
peluchant
épluchant
abouchant
paraphant
officiant
négociant
associant
irradiant
remédiant
expédiant
parodiant
répudiant
rubéfiant
cokéfiant
tuméfiant
raréfiant
pacifiant
nidifiant
codifiant
modifiant
oléifiant
salifiant
gélifiant
ramifiant

momifiant
nanifiant
panifiant
lénifiant
vinifiant
bonifiant
tonifiant
vérifiant
aurifiant
purifiant
ossifiant
gâtifiant
ratifiant
bêtifiant
notifiant
vivifiant
cocufiant
réfugiant
affiliant
humiliant
résiliant
défoliant
exfoliant
rempliant
suppliant
remaniant
ingéniant
recopiant
gabariant
vicariant
salariant
démariant
remariant
dépariant
appariant
invariant
excoriant
coloriant
armoriant
charriant
injuriant
luxuriant
extasiant
époutiant
octaviant
surjalant
signalant
dessalant
chevalant
prévalant
accablant
ensablant

entablant
attablant
dribblant
tremblant
affublant
troublant
débâclant
renâclant
recyclant
harcelant
morcelant
cordelant
congelant
surgelant
nickelant
pommelant
grumelant
crénelant
grenelant
rappelant
carrelant
corrélant
ébiselant
bosselant
pantelant
dentelant
martelant
bottelant
grivelant
soufflant
reniflant
déréglant
épinglant
tringlant
aveuglant
tréfilant
renfilant
profilant
parfilant
surfilant
faufilant
entoilant
dévoilant
envoilant
rempilant
compilant
ventilant
déballant
emballant
rebellant
libellant
excellant

9

écaillant
égaillant
piaillant
émaillant
braillant
craillant
éraillant
graillant
babillant
habillant
vacillant
oscillant
godillant
cueillant
éveillant
sémillant
étrillant
nasillant
fusillant
pétillant
vétillant
titillant
outillant
feuillant
bouillant
fouillant
mouillant
rouillant
souillant
touillant
décollant
recollant
encollant
ébranlant
bricolant
gondolant
auréolant
raffolant
bariolant
formolant
fignolant
somnolant
consolant
dessolant
rissolant
convolant
survolant
gros-plant
décuplant
nonuplant
octuplant
déparlant
reparlant
déferlant
emperlant
éjaculant
spéculant
calculant
floculant
inoculant
circulant
basculant
acidulant
pendulant
égueulant
coagulant
virgulant
pullulant
trémulant
stimulant
formulant
granulant
saboulant
déboulant
riboulant
découlant
défoulant
refoulant
démoulant
remoulant
écroulant
déroulant
enroulant
revoulant
stipulant
rebrûlant
sporulant
capsulant
postulant
diffamant
acclamant
déclamant
réclamant
exclamant
rentamant
parsemant
sursemant
ressemant
essaimant
sublimant
réanimant
escrimant
déprimant
réprimant
imprimant
opprimant
exprimant
empalmant
dégommant
engommant
dénommant
renommant
assommant
slalomant
diplômant
nécromant
désarmant
refermant
affermant
enfermant
dégermant
affirmant
infirmant
endormant
déformant
reformant
réformant
informant
embaumant
empaumant
parfumant
enrhumant
rallumant
déplumant
emplumant
embrumant
subsumant
présumant
consumant
costumant
haubanant
chicanant
cancanant
boucanant
profanant
trépanant
safranant
oxygénant
malmenant
remmenant
promenant
surmenant
refrénant
réfrénant
engrenant
déprenant
méprenant
reprenant
apprenant
contenant
abstenant
soutenant
subvenant
prévenant
convenant
provenant
parvenant
survenant
souvenant
regagnant
plaignant
craignant
esbignant
indignant
éteignant
éloignant
désignant
résignant
assignant
besognant
épargnant
éborgnant
répugnant
dégainant
engainant
délainant
agrainant
égrainant
lambinant
combinant
turbinant
vaccinant
calcinant
lancinant
fascinant
dandinant
jardinant
boudinant
raffinant
confinant
imaginant
marginant
machinant
pralinant
déclinant
inclinant
moulinant
poulinant

examinant
cheminant
éliminant
culminant
fulminant
abominant
terminant
aluminant
épépinant
clopinant
jaspinant
toupinant
amarinant
voisinant
cuisinant
bassinant
dessinant
cousinant
platinant
gratinant
ouatinant
piétinant
coltinant
cantinant
tontinant
tartinant
obstinant
destinant
taquinant
alevinant
pluvinant
dépannant
empannant
empennant
pérennant
étrennant
moyennant
façonnant
maçonnant
déconnant
arçonnant
bedonnant
redonnant
bidonnant
ordonnant
galonnant
jalonnant
talonnant
pilonnant
canonnant
tenonnant
juponnant
maronnant
résonnant
tisonnant
bâtonnant
tâtonnant
bétonnant
détonnant
mitonnant
pitonnant
entonnant
cotonnant
savonnant
rayonnant
gazonnant
violonant
détrônant
consonant
dissonant
incarnant
acharnant
écharnant
hibernant
décernant
casernant
maternant
alternant
internant
hivernant
subornant
décornant
encornant
bigornant
ajournant
Fouesnant
déjeunant
rechapant
attrapant
décrêpant
sacripant
défripant
dissipant
désalpant
inculpant
dépulpant
décampant
estampant
estompant
syncopant
varlopant
échappant
varappant
égrappant
agrippant
achoppant
échoppant
écharpant
extirpant
découpant
recoupant
déclarant
préparant
comparant
palabrant
délabrant
célébrant
térébrant
défibrant
calibrant
chambrant
obombrant
décadrant
encadrant
désaérant
exubérant
pondérant
préférant
différant
conférant
proférant
exagérant
suggérant
arriérant
commérant
énumérant
itinérant
vulnérant
exonérant
tempérant
réopérant
inopérant
coopérant
blatérant
réitérant
acquérant
requérant
enquérant
balafrant
chiffrant
souffrant
goinfrant
épaufrant
intégrant
immigrant
dénigrant
affairant
éclairant
repairant
appairant
déchirant
respirant
inspirant
soupirant
soutirant
chavirant
trévirant
survirant
élaborant
déodorant
mordorant
surdorant
perforant
déflorant
déplorant
implorant
explorant
évaporant
tortorant
épamprant
débarrant
embarrant
bagarrant
bigarrant
démarrant
déferrant
enferrant
épierrant
enserrant
déterrant
enterrant
atterrant
équerrant
abhorrant
ébourrant
susurrant
folâtrant
emmétrant
fenêtrant
pénétrant
dépêtrant
empêtrant
impétrant
arbitrant
cloîtrant
éventrant
frustrant
comburant

9

carburant
procurant
perdurant
demeurant
écoeurant
tuteurant
sulfurant
fulgurant
hachurant
mâchurant
conjurant
parjurant
moulurant
murmurant
saumurant
cyanurant
rainurant
labourant
accourant
recourant
secourant
bicourant
encourant
détourant
entourant
savourant
suppurant
nitrurant
présurant
censurant
tonsurant
rassurant
fissurant
facturant
voiturant
triturant
clôturant
capturant
torturant
bitturant
bouturant
texturant
ébavurant
nervurant
dégivrant
délivrant
déphasant
débrasant
embrasant
réalésant
soupesant
judaïsant

défaisant
refaisant
punaisant
arabisant
grécisant
précisant
laïcisant
fascisant
prédisant
soi-disant
anodisant
suffisant
confisant
réalisant
égalisant
coalisant
opalisant
oralisant
avalisant
ovalisant
cyclisant
réélisant
utilisant
stylisant
chemisant
atomisant
tannisant
agonisant
ironisant
ozonisant
déboisant
reboisant
dégoisant
patoisant
pavoisant
starisant
émerisant
upérisant
défrisant
dégrisant
déprisant
méprisant
reprisant
russisant
étatisant
pactisant
poétisant
érotisant
baptisant
recuisant
déduisant
réduisant

séduisant
enduisant
induisant
déguisant
aiguisant
reluisant
menuisant
slavisant
marxisant
impulsant
expulsant
révulsant
recensant
encensant
offensant
dépensant
repensant
enclosant
implosant
explosant
cyanosant
préposant
composant
proposant
supposant
disposant
nécrosant
éclipsant
retersant
déversant
reversant
inversant
tabassant
jacassant
délassant
damassant
ramassant
finassant
croassant
dépassant
repassant
harassant
entassant
potassant
bavassant
rêvassant
incessant
caressant
paressant
adressant
agressant
stressant

abaissant
graissant
subissant
obéissant
vagissant
mégissant
régissant
mugissant
rugissant
palissant
pâlissant
salissant
éclissant
délissant
polissant
gémissant
vomissant
bénissant
finissant
munissant
punissant
croissant
froissant
tapissant
tarissant
hérissant
périssant
mûrissant
surissant
rosissant
bâtissant
catissant
matissant
pâtissant
ratissant
métissant
retissant
cotissant
lotissant
rôtissant
écuissant
amuïssant
fouissant
jouissant
rouissant
bruissant
havissant
ravissant
dévissant
revissant
sévissant
cabossant

9

embossant
endossant
panossant
désossant
chaussant
laïussant
gloussant
émoussant
troussant
décausant
recausant
raccusant
diffusant
perfusant
décousant
recousant
jalousant
décrusant
dépaysant
dialysant
analysant
mandatant
calfatant
sulfatant
frégatant
frelatant
trématant
colmatant
formatant
hydratant
nitratant
cravatant
débectant
affectant
infectant
objectant
injectant
délectant
sélectant
humectant
expectant
détectant
moufetant
budgétant
cachetant
rachetant
tachetant
empiétant
projetant
forjetant
surjetant
reflétant
pelletant
colletant
violetant
vignetant
tempêtant
décrétant
secrétant
sécrétant
excrétant
affrétant
apprêtant
jarretant
corsetant
béguetant
caquetant
béquetant
requêtant
piquetant
enquêtant
coquetant
hoquetant
clavetant
brevetant
louvetant
enfaîtant
délaitant
allaitant
suscitant
rééditant
créditant
profitant
marmitant
granitant
déboîtant
emboîtant
miroitant
crépitant
palpitant
effritant
rewritant
nictitant
ébruitant
gravitant
récoltant
dévoltant
révoltant
occultant
résultant
insultant
décantant
enfantant
dégantant
déjantant
aimantant
endentant
régentant
argentant
orientant
lamentant
cémentant
démentant
cimentant
pimentant
fomentant
repentant
arpentant
arrentant
absentant
patentant
retentant
intentant
attentant
inventant
éreintant
ajointant
éjointant
épointant
sprintant
chuintant
racontant
démontant
remontant
appontant
clabotant
crabotant
barbotant
chicotant
fricotant
tricotant
ronéotant
margotant
bachotant
rabiotant
foliotant
péclotant
dorlotant
pianotant
pagnotant
mignotant
connotant
clapotant
chipotant
tripotant
rempotant
poirotant
baisotant
dansotant
crevotant
acceptant
exceptant
sculptant
exemptant
encartant
repartant
essartant
désertant
escortant
exhortant
déportant
reportant
emportant
important
apportant
exportant
écourtant
dévastant
infestant
délestant
molestant
empestant
détestant
attestant
dépistant
désistant
résistant
insistant
assistant
accostant
ripostant
dégustant
rajustant
enkystant
rabattant
débattant
rebattant
embattant
dénattant
empattant
barattant
squattant
facettant
endettant
saiettant
émiettant
admettant
démettant

9

remettant
fouettant
débottant
cocottant
dégottant
calottant
culottant
carottant
égouttant
boyautant
noyautant
tuyautant
culbutant
exécutant
percutant
discutant
rameutant
équeutant
raffûtant
chahutant
rechutant
commutant
permutant
raboutant
déboutant
redoutant
ragoûtant
dégoûtant
rajoutant
veloutant
filoutant
écroûtant
déroutant
envoûtant
mazoutant
supputant
disputant
recrutant
indaguant
alpaguant
divaguant
déléguant
reléguant
alléguant
endiguant
irriguant
fatiguant
naviguant
écanguant
élinguant
flinguant
bringuant

fringuant
swinguant
fourguant
enjuguant
chat-huant
dévaluant
concluant
confluant
éberluant
atténuant
exténuant
diminuant
insinuant
éternuant
amadouant
déclouant
reclouant
enclouant
afflouant
surlouant
rabrouant
conspuant
encaquant
arnaquant
baraquant
attaquant
grecquant
déféquant
réséquant
rebiquant
abdiquant
indiquant
obliquant
paniquant
dépiquant
repiquant
étriquant
musiquant
astiquant
flanquant
planquant
vainquant
blinquant
clinquant
trinquant
tronquant
biloquant
estoquant
révoquant
invoquant
étarquant
brusquant

reluquant
obstruant
infatuant
ponctuant
fluctuant
habituant
évertuant
emblavant
enclavant
aggravant
engravant
dépravant
entravant
passavant
concevant
percevant
Basdevant
prélevant
soulevant
embrevant
dégrevant
archivant
décrivant
récrivant
passivant
lessivant
cultivant
captivant
esquivant
survivant
décalvant
absolvant
résolvant
innervant
observant
réservant
incurvant
abreuvant
éprouvant
surtaxant
duplexant
préfixant
suffixant
déblayant
monnayant
prépayant
surpayant
débrayant
embrayant
défrayant
effrayant
retrayant

attrayant
extrayant
ressayant
volleyant
gouleyant
rasseyant
merdoyant
verdoyant
coudoyant
soudoyant
déployant
reployant
employant
larmoyant
paumoyant
bornoyant
incroyant
carroyant
corroyant
octroyant
sursoyant
rassoyant
fossoyant
vousoyant
chatoyant
apitoyant
festoyant
nettoyant
prévoyant
malvoyant
renvoyant
convoyant
non-voyant
louvoyant
vouvoyant
ressuyant
squeezant
subjacent
sus-jacent
pubescent
rubescent
quiescent
tumescent
sénescent
rarescent
déhiscent
précédent
confident
président
dissident
chiendent
imprudent

entregent
négligent
indulgent
vif-argent
détergent
divergent
résurgent
déficient
efficient
prescient
conscient
expédient
résilient
émollient
récipient
excipient
impatient
va-et-vient
Tchimkent
univalent
trivalent
excellent
somnolent
turbulent
succulent
truculent
corpulent
quérulent
flatulent
linéament
firmament
Testament
testament
bombement
agacement
placement
tracement
lancement
pincement
bercement
gercement
percement
forcement
forcément
doucement
tièdement
laidement
avidement
évidement
mandement
rendement
fondement

rondement
biffement
étagement
rangement
rongement
largement
hachement
lâchement
mâchement
vachement
lèchement
sèchement
richement
hochement
égaiement
étaiement
déliement
maniement
reniement
aboiement
ploiement
broiement
pépiement
également
oralement
étalement
noblement
raclement
giclement
inclément
règlement
agilement
voilement
utilement
bellement
tellement
cillement
follement
mollement
nullement
drôlement
frôlement
isolement
isolément
amplement
parlement
hurlement
feulement
seulement
ululement
roulement
bramement

calmement
nommément
fermement
glanement
crânement
avènement
évènement
événement
dignement
cognement
sainement
vainement
bonnement
garnement
cornement
jeunement
drapement
campement
rampement
happement
jappement
égarement
librement
sobrement
sacrement
sacrément
décrément
récrément
incrément
excrément
chèrement
fièrement
amèrement
aigrement
bigrement
étirement
barrement
carrément
ferrement
serrement
autrement
apurement
épurement
navrement
chasement
blasement
arasement
évasement
blèsement
baisement
boisement
voisement

brisement
puisement
pansement
censément
densément
sensément
versement
bassement
cassement
passement
sassement
tassement
pissement
amusement
béatement
platement
épatement
doctement
piétement
étêtement
alitement
boitement
évitement
lentement
tintement
vertement
fortement
portement
vastement
lestement
justement
battement
nettement
sottement
hautement
aoûtement
vaguement
remuement
dénuement
bravement
gravement
suavement
naïvement
avivement
mouvement
étuvement
égayement
frayement
étayement
condiment
hardiment
détriment

9 nutriment
quasiment
châtiment
gentiment
sentiment
galamment
pesamment
notamment
savamment
décemment
récemment
ardemment
sciemment
émolument
goulûment
permanent
continent
pertinent
abstinent
Lapparent
différent
occurrent
décurrent
récurrent
compétent
mécontent
rémittent
diffluent
confluent
congruent
Pincevent
coupe-vent
brise-vent
porte-vent
connivent
plein-vent
vol-au-vent
contraint
Toussaint
Toussaint
restreint
gold-point
rond-point
pourpoint
West Point
Hennebont
Chalamont
Vaudémont
Rougemont
Richemont
Tirlemont
Damrémont
Danrémont
Entremont
Outremont
Cornimont
Brialmont
Revermont
avant-mont
giraumont
Douaumont
Royaumont
Nègrepont
entrepont
Westmount
bourricot
berlingot
stock-shot
estradiot
Berthelot
trainglot
Le Thillot
aiguillot
grouillot
guillemot
croquenot
Blackfoot
arrow-root
chassepot
Boucherot
Le Creusot
Criquetot
hottentot
Villerupt
godendart
Stuttgart
Blanchart
jaquemart
faire-part
quote-part
Corvisart
Rixensart
Froissart
trinquart
Bloemaert
Beernaert
Anglebert
Philibert
Charibert
Angilbert
Engilbert
d'Alembert
camembert
Canrobert
transfert
Delessert
découvert
recouvert
extrafort
Francfort
Rochefort
terrefort
porte-fort
Hautefort
Roquefort
roquefort
Astaffort
réconfort
inconfort
Mallemort
corps-mort
Europoort
garde-port
Le Tréport
passeport
Southport
Stockport
birapport
hoverport
transport
avant-port
Frankfurt
Stassfurt
Ribécourt
Homécourt
Mirecourt
Achicourt
Héricourt
Méricourt
Liancourt
Élancourt
Azincourt
Beaucourt
Debucourt
Touggourt
Oustiourt
Saint-Cast
breakfast
Gold Coast
Villerest
Alcootest
nord-ouest
check-list
Chaponost
Sandhurst
Pankhurst
Saint-Just
Zlatooust
antitrust
Joumblatt
Andermatt
Hallstatt
hectowatt
Winnicott
Boucicaut
artichaut
Boischaut
Brunehaut
passe-haut
Montaigut
Port-Salut
acting-out
avant-goût
Kalmthout
mange-tout
mangetout
brise-tout
substitut
Clairfayt
Mirambeau
souriceau
Polonceau
panonceau
Du Cerceau
éfourceau
pintadeau
mur-rideau
hirondeau
canardeau
renardeau
batardeau
outardeau
troubleau
trijumeau
chalumeau
cigogneau
baleineau
chemineau
tyranneau
héronneau
saumoneau
ramponeau
bigorneau
étourneau
tombereau
bordereau
hachereau
Cochereau

9

Follereau
passereau
poétereau
Montereau
Cottereau
hottereau
jottereau
sautereau
maquereau
Beaupréau
bigarreau
Palaiseau
damoiseau
bécasseau
Aguesseau
Trousseau
trousseau
pontuseau
bonneteau
boqueteau
loqueteau
louveteau
enfaîteau
chapiteau
Birotteau
Rambuteau
top niveau
vassiveau
renouveau
Bramabiau
Gneisenau
Castelnau
landernau
convaincu
trop-perçu
Călinescu
Antonescu
Ceauşescu
Tamil Nadu
pourfendu
hypotendu
sous-tendu
inattendu
allume-feu
contre-feu
couvre-feu
bateau-feu
Villedieu
sacredieu
Boieldieu
hôtel-Dieu
Depardieu
Fêtes-Dieu
vertudieu
Grand-Lieu
Mandelieu
Richelieu
richelieu
Satillieu
Argenlieu
sacrebleu
vertubleu
Font-Romeu
Beauneveu
moustachu
Mogadishu
Ouyang Xiu
Bangweulu
Gazankulu
Sadoveanu
porte-menu
entretenu
appartenu
intervenu
Temirtaou
guilledou
Katmandou
roudoudou
Kan-tcheou
Lan-tcheou
Wen-Tcheou
Kin-tcheou
Siu-tcheou
Fou-tcheou
Lou-tcheou
Sou-tcheou
Wou-tcheou
Carquefou
coupe-chou
chabichou
vertuchou
Quettehou
Changzhou
Guangzhou
Zhengzhou
avant-clou
Kyprianoú
loup-garou
avant-trou
kangourou
sans-le-sou
grippe-sou
Tch'eng-tou
Tizi Ouzou
Pakanbaru
recomparu
transparu
Amaterasu
lato sensu
Takamatsu
Hamamatsu
court-vêtu
impromptu
turlututu
Vanua Levu
Netchaïev
Nikolaïev
Moïsseïev
Prokofiev
Vassiliev
Diaghilev
Hjelmslev
Bechterev
Balakirev
Kozintsev
leitmotiv
Koulechov
Cholokhov
Boulgakov
Menchikov
Slavejkov
Milioukov
Karavelov
Stakhanov
Plekhanov
Glazounov
Nekrassov
Koutousov
Lermontov
Karamazov
Koutouzov
interview
bow-window
Scapa Flow
Zoutleeuw
prothorax
multiplex
portefaix
casse-noix
Delacroix
Rose-Croix
rose-croix
Pont-Croix
porte-voix
lagothrix
Saint-Prix
trente-six
Navarrenx
Schribaux
déverbaux
zodiacaux
stomacaux
syndicaux
beylicaux
inamicaux
tropicaux
cléricaux
verticaux
corticaux
cervicaux
néolocaux
méniscaux
toroïdaux
trachéaux
périnéaux
Champeaux
vives-eaux
bractéaux
Perrégaux
madrigaux
conjugaux
sénéchaux
maréchaux
zénithaux
officiaux
absidiaux
prandiaux
allodiaux
brachiaux
familiaux
binomiaux
domaniaux
coloniaux
canoniaux
vicariaux
salariaux
notariaux
impériaux
matériaux
mémoriaux
armoriaux
abbatiaux
palatiaux
comitiaux
affûtiaux

9 synoviaux
diluviaux
alluviaux
illuviaux
extrémaux
Esquimaux
proximaux
lacrymaux
tympanaux
duodénaux
nouménaux
surrénaux
scabinaux
vaccinaux
cardinaux
imaginaux
originaux
marginaux
virginaux
machinaux
staminaux
germinaux
terminaux
inguinaux
automnaux
décennaux
vicennaux
triennaux
diaconaux
diagonaux
régionaux
nationaux
rationaux
cyclonaux
hormonaux
patronaux
neuronaux
cantonaux
hibernaux
infernaux
hivernaux
tribunaux
shogunaux
communaux
syncopaux
cérébraux
carcéraux
viscéraux
pondéraux
vespéraux
urétéraux
littéraux
intégraux
soupiraux
temporaux
corporaux
pectoraux
rectoraux
doctoraux
pastoraux
littoraux
saburraux
théâtraux
spectraux
arbitraux
binauraux
monauraux
épiduraux
picturaux
culturaux
posturaux
gutturaux
reversaux
colossaux
prénataux
objectaux
pariétaux
variétaux
trimétaux
non-métaux
sommitaux
vicomtaux
orientaux
parentaux
prévôtaux
sagittaux
azimutaux
Roncevaux
médiévaux
Entrevaux
khédivaux
gingivaux
Clairvaux
préfixaux
suffixaux
entre-deux
cafardeux
hasardeux
vingt-deux
garde-feux
pique-feux
ombrageux
outrageux
courageux
partageux
grincheux
pelucheux
audacieux
judicieux
officieux
malicieux
délicieux
astucieux
demi-dieux
insidieux
mélodieux
religieux
litigieux
spongieux
Meximieux
ingénieux
sélénieux
arsénieux
Bédarieux
impérieux
laborieux
Pontrieux
incurieux
injurieux
luxurieux
chassieux
facétieux
ambitieux
séditieux
minutieux
grumeleux
cauteleux
coqueleux
claveleux
graveleux
lamelleux
écailleux
papilleux
périlleux
vétilleux
Dutilleux
pouilleux
médulleux
rubéoleux
varioleux
globuleux
calculeux
musculeux
granuleux
crapuleux
fistuleux
pustuleux
manganeux
besogneux
tendineux
jardineux
uligineux
érugineux
vermineux
alumineux
fibrineux
chitineux
glutineux
couenneux
cotonneux
savonneux
violoneux
caverneux
calcareux
ténébreux
cancéreux
doucereux
pondéreux
dangereux
stuporeux
liquoreux
Le Perreux
squirreux
théâtreux
chartreux
mercureux
valeureux
sulfureux
tellureux
rigoureux
vigoureux
Lamoureux
savoureux
paresseux
graisseux
gneisseux
loqueteux
graniteux
tomenteux
clapoteux
schisteux
galetteux
disetteux
rebouteux
velouteux
Périgueux
périgueux
variqueux

fructueux 9
impétueux
halitueux
somptueux
quartzeux 10
aigre-doux
Giraudoux
alquifoux
Bretenoux
Barbaroux
Le Louroux
Walvis Bay
Murray Bay
Ploubalay
Maignelay
Seignelay
match-play
medal play
Parthenay
Frontenay
Courtenay
Marsannay
chardonay
Le Chesnay
Echegaray
Thackeray
Vaugneray
Saint-Quay
Hemingway
Beaugency
Bois-d'Arcy
Poděbrady
Irrawaddy
Zsigmondy
Kisfaludy
De Quincey
Ang Voddey
Chevalley
Kimberley
Wycherley
Beardsley
Wellesley
Priestley
MacBurney
Monterrey
Guernesey
New Jersey
Ciba-Geigy
Kandinsky
Curnonsky
Vranitsky
Lissitzky
Butterfly
La Gacilly
Chantilly
chantilly
Saint-Rémy
Alleghany
Cabestany
Batthyány
Allegheny
Giromagny
Montmagny
Étrépagny
Champigny
Picquigny
Chauvigny
mule-jenny
Sainte-Foy
Saint-Éloy
Permalloy
Le Quesnoy
Duquesnoy
Du Caurroy
Saint-Lary
Sinnamary
Szathmary
Tipperary
Villandry
Montlhéry
Mitry-Mory
Salaberry
Commentry
Waterbury
Salisbury
Benin City
Montsalvy
Esterhazy
Esterházy
allume-gaz
Kara-Bogaz
Drumettaz
Bydgoszcz
Grudziądz
Fernández
Hernández
Dumouriez
Gutiérrez
Vélasquez
Velázquez
'Abd al-'Azīz
Abdülaziz
Kronprinz
kronprinz
festoù-noz
Stieglitz
Auschwitz
Leibowitz
Markowitz
Karlowitz
Helmholtz
mégahertz
kilohertz
Santa Cruz

10

Ahvenanmaa
Addis-Ababa
Addis-Abeba
Bar-Kokheba
Cochabamba
N'Kongsamba
Chuquisaca
Cuernavaca
Casablanca
Cluj-Napoca
Juan de Fuca
couci-couça
Torquemada
Vijayavada
Espronceda
Avellaneda
Dar el-Beida
asa-foetida
Saint Kilda
encomienda
Ahura-Mazdâ
Skellefteå
Fangataufa
Balenciaga
Chinandega
Lope de Vega
Ike no Taiga
soumangas
soui-mangas
Glubb Pacha
'Arābī Pacha
'Urābī Pacha
Tekakwitha
Oum er-Rebia
Calacuccia
Saint Lucia
multimédia
Mohammedia
latifundia
Youssoufia
landolphia
East Anglia
leishmania
sarracenia
California
cochléaria
gaultheria
Pandateria
Echeverría
Monembasía
tillandsia

10

marchantia
Nova Scotia
Rhea Silvia
strelitzia
Ibn Bādjdja
matriochka
Petrouchka
Tanganyika
Indiguirka
Ruda Śląska
Toungouska
Dombrowska
Kamtchatka
Della Scala
Gujrānwāla
Campanella
seguidilla
chinchilla
manzanilla
Hispaniola
Carmagnola
Iochkar-Ola
Gorgonzola
gorgonzola
Guadarrama
télécinéma
Xixabangma
Matsushima
érythrasma
Copacabana
Sātavāhana
Kitwe-Nkana
Santillana
Vardhamāna
ipécacuana
cappa magna
Valtellina
Palestrina
Pontresina
concertina
prima donna
Ranavalona
Karlskrona
Bellinzona
Rāmakriṣṇa
Eskilstuna
Nova Lisboa
João Pessoa
Monomotapa
Bandiagara
Sagamihara
Santa Clara
Autant-Lara
plasmopara
Nambicuara
Che Guevara
Nambikwara
ex cathedra
Pontevedra
aphélandra
Bordighera
space opera
Formentera
phylloxera
phylloxéra
Boccanegra
Ors y Rovira
Juiz de Fora
Pontcharra
Somosierra
Finiguerra
Leucopetra
aspidistra
Ra's Tannūra
Tchiatoura
Massinissa
Barbarossa
babiroussa
triplicata
desiderata
Levi-Civita
Haute-Volta
Jogjakarta
Santa Marta
Della Porta
Ibn Baṭṭūṭa
Tchang-houa
Bratislava
pillow-lava
Costa Brava
Villanueva
Petaḥ-Tikva
Terechkova
Juan de Nova
Orzeszkowa
Yazilikaya
Alaungpaya
Chao Phraya
Ichinomiya
Utsunomiya
cuproplomb
larme-de-Job
Berry-au-Bac
Saint-Briac
Rouffignac
Merdrignac
Manco Cápac
Sousceyrac
Kragujevac
arrière-bec
Bricquebec
Noisy-le-Sec
parapublic
semi-public
diagnostic
Mihailović
contre-choc
Silentbloc
Cuauhtémoc
blanc-estoc
Jeanne d'Arc
culs-de-porc
Arnay-le-Duc
Port-de-Bouc
Pernambouc
caoutchouc
Montastruc
Aurangābād
Faisalabad
Stalinabad
Birkenhead
Beachy Head
Stalingrad
Kirovograd
Willemstad
cous-de-pied
cloche-pied
croche-pied
marchepied
contre-pied
couvre-pied
repose-pied
pousse-pied
Halq el-Oued
Lake Placid
Abdülmecid
Valladolid
Abdülhamid
chaud-froid
pisse-froid
De la Madrid
Théodebald
Fitzgerald
Buchenwald
Böhmerwald
Wienerwald

Westerwald
Creutzwald
Frauenfeld
Sommerfeld
Lazarsfeld
Bloomfield
Hounsfield
Rothschild
Saint-Avold
Saint-Héand
New Zealand
Nyassaland
Van Zeeland
New Ireland
Mittelland
Burgenland
Ovamboland
Héligoland
Basutoland
Cumberland
Gelderland
Sunderland
Sutherland
hinterland
Long Island
no man's land
Queensland
Zoulouland
Saint-Amand
confirmand
Hildebrand
Guilherand
supergrand
mères-grand
Mitterrand
Talleyrand
Feyerabend
nauséabond
Saint-Trond
Tugendbund
Sonderbund
background
Puget Sound
politicard
revanchard
bambochard
Aar-Gothard
chamoniard
corbillard
tortillard
brouillard
trouillard
béquillard
coquillard
chevillard
capitulard
Le Cheylard
caussenard
traquenard
campagnard
montagnard
charognard
sorbonnard
Monteynard
skateboard
story-board
dreyfusard
patriotard
horse-guard
Dieulouard
Rutherford
Sognefjord
Willibrord
limougeaud
Saint-Claud
Fontevraud
entre-noeud
Saint-Cloud
Corée du Sud
Croix du Sud
chlamydiae
supernovae
trisyllabe
dissyllabe
anglo-arabe
interarabe
Bellegambe
entrejambe
dithyrambe
lance-bombe
superbombe
Hautecombe
outre-tombe
calciphobe
anglophobe
hydrophobe
hygrophobe
quadrilobe
Mazingarbe
Sophonisbe
Bar-sur-Aube
pilo-sébacé
inefficace
perspicace
Greenpeace
brise-glace
garde-place
sous-espace
Val-de-Grâce
Samothrace
sous-espèce
back-office
Stratonice
toute-épice
Saint-Brice
dentifrice
évocatrice
éducatrice
prédatrice
fondatrice
laudatrice
viciatrice
médiatrice
expiatrice
déviatrice
violatrice
adulatrice
animatrice
formatrice
frénatrice
phonatrice
pronatrice
opératrice
migratrice
adoratrice
narratrice
sectatrice
agitatrice
imitatrice
cantatrice
tentatrice
captatrice
testatrice
élévatrice
salvatrice
rédactrice
effectrice
directrice
détectrice
réductrice
séductrice
inductrice
sécrétrice
excrétrice
enquêtrice
coéditrice

10

créditrice
apéritrice
détentrice
inventrice
promotrice
réceptrice
reportrice
exécutrice
protutrice
subreptice
interstice
ascendance
dépendance
intendance
redondance
allégeance
obligeance
dérogeance
suppléance
bienséance
inélégance
vicariance
invariance
covariance
luxuriance
mouillance
contenance
soutenance
prévenance
convenance
provenance
survenance
souvenance
répugnance
ordonnance
ordonnancé
consonance
dissonance
alternance
exubérance
tempérance
souffrance
maistrance
monstrance
fulgurance
délivrance
suffisance
obéissance
croissance
jouissance
inductance
réluctance
perditance
déportance
importance
varistance
Résistance
résistance
insistance
assistance
admittance
survivance
observance
incroyance
prévoyance
pubescence
quiescence
ramescence
tumescence
sénescence
virescence
déhiscence
procidence
confidence
subsidence
présidence
dissidence
Providence
providence
imprudence
négligence
indulgence
détergence
divergence
résurgence
déficience
efficience
prescience
Conscience
conscience
résilience
expérience
impatience
prévalence
pestilence
excellence
somnolence
turbulence
succulence
truculence
corpulence
quérulence
flatulence
inclémence
recommencé
permanence
continence
pertinence
abstinence
préférence
différence
conférence
déshérence
occurrence
récurrence
compétence
rémittence
diffluence
confluence
congruence
connivence
préannonce
internonce
transpercé
Sainte-Luce
aigre-douce
estouffade
bambochade
Annonciade
Asclépiade
asclépiade
Chancelade
estafilade
persillade
bousculade
engueulade
roucoulade
semi-nomade
empoignade
capucinade
mazarinade
carbonnade
gasconnade
dragonnade
rognonnade
tamponnade
citronnade
bastonnade
tardigrade
multigrade
centigrade
rétrograde
rétrogradé
autostrade
balustrade
embrassade

capilotade
hamadryade
vélocipède
quadrupède
Plouzévédé
aminoacide
psittacidé
virulicide
spermicide
fratricide
tortricidé
scarabéidé
ophicléide
quadrifide
semi-rigide
nymphalidé
chrysalide
trochilidé
anguillidé
anthyllide
Bacchylide
furosémide
lanthanide
phasianidé
achéménide
delphinidé
corticoïde
ptérygoïde
métalloïde
mongoloïde
polyploïde
aryténoïde
arachnoïde
carcinoïde
platinoïde
Fontfroide
bizarroïde
hémorroïde
ellipsoïde
rhumatoïde
planétoïde
granitoïde
allantoïde
trapézoïde
tricuspide
saccharide
cantharide
éphéméride
géométridé
salicoside
nucléoside
diholoside
hétéroside
sauropsidé
spermatide
Antarctide
Propontide
nucléotide
radioguidé
isoniazide
Van de Velde
entre-bande
passe-bande
plate-bande
propagande
dégingandé
réprimande
réprimandé
décommandé
recommandé
Saint-Mandé
millerandé
tisserande
transcendé
appréhendé
pechblende
hornblende
jour-amende
Vieux-Condé
Frédégonde
dévergondé
mappemonde
tiers-monde
quart-monde
fusée-sonde
radiosonde
microsonde
Trébizonde
Peenemünde
Warnemünde
photodiode
raccommodé
malcommode
pseudopode
scaphopode
arthropode
gastropode
Ghelderode
Nesselrode
Oudenaarde
hallebarde
flanc-garde
Hildegarde
Bellegarde
sauvegarde
sauvegardé
avant-garde
cabocharde
binoclarde
entrelardé
piaillarde
babillarde
débillardé
oreillarde
égrillarde
nasillarde
vétillarde
goguenarde
combinarde
snobinarde
communarde
froussarde
paniquarde
transbordé
tétracorde
pentacorde
désaccordé
clavicorde
stomocordé
protocordé
débalourdé
esquimaude
baguenaude
baguenaudé
péquenaude
inquiétude
complétude
mansuétude
similitude
infinitude
exactitude
foultitude
inaptitude
multilobée
dipsacacée
agaricacée
orchidacée
sapindacée
nymphéacée
acanthacée
géraniacée
fumariacée
ribésiacée
salsolacée
primulacée
verbénacée

10

apocynacée
furfuracée
assonancée
phéophycée
consolidée
filoguidée
autoguidée
achalandée
ébouriffée
non-engagée
recherchée
chevauchée
leucorrhée
sialorrhée
aménorrhée
disgraciée
suppliciée
coassociée
stipendiée
stratifiée
quantifiée
latifoliée
antimoniée
contrariée
appropriée
expropriée
non-initiée
resarcelée
pédicellée
aquarellée
débraillée
travaillée
pénicillée
genouillée
dérouillée
entresolée
surpeuplée
fasciculée
vermiculée
turriculée
denticulée
lenticulée
onguiculée
pédonculée
dissimulée
informulée
encagoulée
carbonylée
clairsemée
inexprimée
programmée
accoutumée
simultanée
momentanée
percutanée
hydrogénée
aveugle-née
non-alignée
soussignée
hallucinée
décaféinée
borraginée
trigéminée
encalminée
déterminée
biacuminée
paripennée
coordonnée
chiffonnée
bouchonnée
pensionnée
passionnée
bastionnée
mamelonnée
fleuronnée
chevronnée
cloisonnée
téléphonée
contournée
nouveau-née
infortunée
handicapée
coïnculpée
prosopopée
onomatopée
développée
enveloppée
préoccupée
désoccupée
raz-de-marée
désemparée
équilibrée
germandrée
confédérée
pestiférée
prédigérée
réfrigérée
désespérée
phosphorée
inexplorée
concentrée
prérentrée
prémontrée
miniaturée
prématurée
sursaturée
structurée
désoeuvrée
semi-ouvrée
monophasée
polyphasée
billevesée
irréalisée
formalisée
normalisée
stérilisée
inutilisée
alcoolisée
myélinisée
téflonisée
bondérisée
cratérisée
sulfurisée
privatisée
juxtaposée
indisposée
transposée
couperosée
matelassée
intéressée
surbaissée
La Chaussée
déchaussée
surhaussée
retroussée
ménopausée
lance-fusée
rétrofusée
mildiousée
phosphatée
chocolatée
carbonatée
contractée
autodictée
feuilletée
décolletée
échiquetée
prétraitée
précipitée
déshéritée
accidentée
tourmentée
documentée
charpentée
apparentée
bas-jointée

désadaptée
héliportée
aéroportée
contrastée
lépidostée
lépisostée
déculottée
rouleautée
chapeautée
persécutée
inexécutée
indiscutée
convolutée
distribuée
distinguée
alambiquée
ombiliquée
compliquée
intoxiquée
efflanquée
constituée
prostituée
ambisexuée
suractivée
incultivée
inobservée
inéprouvée
controuvée
inemployée
pousse-café
pauses-café
homogreffe
autogreffe
escogriffe
préchauffé
surchauffe
surchauffé
déplombage
désherbage
débourbage
plasticage
mordançage
séquençage
décoinçage
brigandage
faisandage
ringardage
caviardage
chapardage
clabaudage
galvaudage
essangeage
pataugeage
bastingage
catalogage
maraîchage
défrichage
ébranchage
boulochage
débrochage
accrochage
décrochage
démarchage
débauchage
embauchage
débouchage
rebouchage
sarcophage
lithophage
mallophage
macrophage
nécrophage
microphage
saprophage
coprophage
phytophage
rhizophage
scarifiage
aluminiage
formariage
trimbalage
dessablage
assemblage
dédoublage
démasclage
étincelage
dépucelage
remodelage
craquelage
persiflage
dégonflage
regonflage
camouflage
marouflage
préréglage
émorfilage
rentoilage
déshuilage
remballage
embiellage
rocaillage
démaillage
remaillage
pinaillage
dépaillage
empaillage
orpaillage
entaillage
rhabillage
mordillage
torpillage
gaspillage
dégrillage
bousillage
tortillage
pastillage
treuillage
aiguillage
épouillage
brouillage
maquillage
coquillage
batifolage
vitriolage
sous-solage
Pilat-Plage
découplage
remmoulage
surmoulage
préformage
déchaumage
encabanage
dédouanage
caravanage
soulignage
témoignage
provignage
parrainage
calaminage
délaminage
mandrinage
pèlerinage
magasinage
cabotinage
échevinage
flaconnage
braconnage
amidonnage
plafonnage
bichonnage
gabionnage
camionnage
espionnage
visionnage
étalonnage
billonnage

10

boulonnage
chaponnage
tamponnage
harponnage
couponnage
personnage
laitonnage
cartonnage
boutonnage
clayonnage
crayonnage
défournage
enfournage
retournage
rattrapage
attrempage
antidopage
oxycoupage
pervibrage
calandrage
cylindrage
décoffrage
monitorage
desserrage
débourrage
déplâtrage
replâtrage
salpêtrage
survitrage
décentrage
recentrage
décintrage
détartrage
entartrage
fenestrage
délustrage
défeutrage
affleurage
effleurage
enfleurage
pressurage
ceinturage
recouvrage
mortaisage
similisage
chamoisage
vaporisage
concassage
décrassage
redressage
encaissage
doucissage
verdissage
ourdissage
déplissage
emplissage
garnissage
vernissage
réunissage
alunissage
brunissage
crépissage
pétrissage
saurissage
sertissage
carrossage
rehaussage
repoussage
décreusage
compactage
collectage
crochetage
souchetage
pailletage
briquetage
étiquetage
parquetage
dynamitage
remboîtage
asphaltage
survoltage
déplantage
warrantage
appointage
chariotage
matelotage
escamotage
grignotage
numérotage
créosotage
décryptage
pancartage
colportage
consortage
ballastage
compostage
regrattage
toilettage
commettage
brouettage
schlittage
marcottage
boycottage
ballottage
décrottage
garrottage
biseautage
charcutage
ferroutage
désembuage
renflouage
matraquage
décalquage
détroquage
démarquage
remorquage
sous-cavage
remblayage
réessayage
foudroyage
hongroyage
Lethbridge
chêne-liège
Saint-Siège
surprotégé
perce-neige
Congo belge
Hagondange
Mondelange
Michel-Ange
Fénétrange
Stonehenge
rotrouenge
sèche-linge
délai-congé
plate-longe
maskinongé
porte-barge
canneberge
demi-vierge
Baillairgé
Port Láirge
Erzgebirge
rouge-gorge
coupe-gorge
entr'égorgé
désengorgé
dramaturge
calorifuge
calorifugé
centrifuge
centrifugé
subterfuge
infrarouge
Baton Rouge
Croix-Rouge

stéatopyge
cache-cache
Caran d'Ache
déharnaché
enharnaché
sabretache
multitâche
pelle-bêche
pie-grièche
garde-pêche
archevêché
microfiche
ouananiche
pleurniché
lagotriche
hémistiche
acrostiche
palplanche
endimanché
belle-doche
médianoche
patriarche
euromarché
étamperche
étemperche
Kou K'ai-tche
réembauché
grand-duché
coqueluche
sous-couche
effarouché
polatouche
sonagraphe
paragraphe
télégraphe
marégraphe
cacographe
hodographe
logographe
ergographe
holographe
xylographe
démographe
mimographe
homographe
manographe
topographe
typographe
barographe
Aérographe
pyrographe
autographe
polygraphe
logogriphe
monadelphe
rhinolophe
limitrophe
autotrophe
anastrophe
apostrophe
apostrophé
philosophe
philosophé
Christophe
lagomorphe
zygomorphe
mésomorphe
polymorphe
homéopathe
ostéopathe
névropathe
microlithe
hydrolithe
coprolithe
scléranthe
térébinthe
labyrinthe
Galswinthe
ostrogothe
anacoluthe
orangeraie
joncheraie
peupleraie
bananeraie
fraiseraie
cocoteraie
Bessarabie
Fontarabie
Sénégambie
xénophobie
gonococcie
inapprécié
superficie
orthopédie
triploïdie
anthéridie
bactéridie
gaillardie
décalcifié
recalcifié
démythifié
déqualifié
exemplifié
frigorifié
escarrifié
électrifié
dénitrifié
dévitrifié
intensifié
diversifié
désertifié
injustifié
démystifié
aérophagie
hémorragie
ménorragie
privilégié
paraplégie
hémiplégie
monoplégie
cardialgie
rachialgie
entéralgie
arthralgie
gastralgie
hépatalgie
proctalgie
odontalgie
généalogie
mammalogie
Tétralogie
tétralogie
tribologie
iridologie
téléologie
muséologie
ostéologie
pathologie
lithologie
anthologie
mythologie
sociologie
radiologie
audiologie
angiologie
ophiologie
sémiologie
mariologie
philologie
haplologie
filmologie
gemmologie
sismologie
cosmologie
étymologie
scénologie

10 phénologie
ethnologie
rhinologie
limnologie
iconologie
phonologie
hypnologie
alcoologie
hippologie
nécrologie
andrologie
hydrologie
chorologie
léprologie
coprologie
patrologie
métrologie
pétrologie
astrologie
neurologie
scatologie
foetologie
photologie
érotologie
typtologie
mastologie
histologie
tautologie
bioénergie
chimiurgie
sidérurgie
plasturgie
logomachie
entéléchie
défranchie
affranchie
oligarchie
ethnarchie
hipparchie
hiérarchie
tétrarchie
pentarchie
Heptarchie
polyarchie
diagraphie
épigraphie
géographie
biographie
orographie
urographie
myographie
dysgraphie
exstrophie
dystrophie
théosophie
dysmorphie
télépathie
antipathie
idiopathie
étiopathie
allopathie
colopathie
hémopathie
aéropathie
didascalie
Westphalie
coprolalie
préétablie
phocomélie
philatélie
hypertélie
réconcilié
désaffilié
pédophilie
hémophilie
xénophilie
interallié
recueillie
mélancolie
interfolié
Dalécarlie
hyperdulie
hiérogamie
anisogamie
caryogamie
isodynamie
septicémie
alcoolémie
parachimie
acétonémie
agrochimie
pathomimie
téléonomie
astronomie
loxodromie
diachromie
trichromie
dyschromie
lobectomie
vasectomie
leucotomie
ostéotomie
dichotomie
neurotomie
névrotomie
cystotomie
colostomie
taxidermie
toxidermie
xérodermie
diathermie
géothermie
anorgasmie
lipothymie
leishmanie
Septimanie
mythomanie
sitiomanie
anglomanie
alcoomanie
métromanie
dipsomanie
érotomanie
bruxomanie
hémicrânie
Maurétanie
Mauritanie
ostéogénie
pathogénie
orthogénie
phylogénie
phonogénie
androgénie
myasthénie
leucopénie
algolagnie
zootechnie
transfinie
cosmogonie
téléphonie
cacophonie
homophonie
monophonie
polyphonie
Céphalonie
parcimonie
enharmonie
diachronie
synchronie
hypertonie
Californie
excommunié
androgynie
protogynie
pattes-d'oie
Lapoutroie

pout-de-soie
poux-de-soie
Courbevoie
claire-voie
contre-voie
gardes-voie
queue-de-pie
oeils-de-pie
porte-copie
photocopie
photocopié
diazocopie
skiascopie
endoscopie
autoscopie
cryoscopie
nyctalopie
hémitropie
allotropie
sténotypie
phototypie
Djoungarie
Dzoungarie
non-salarié
Dannemarie
Donnemarie
Louis-Marie
bains-marie
désapparié
surestarie
Sucy-en-Brie
spanandrie
protandrie
Alexandrie
polyandrie
La Glacerie
faïencerie
essencerie
dinanderie
truanderie
jobarderie
homarderie
étourderie
badauderie
nigauderie
finauderie
minauderie
boyauderie
chaufferie
tartuferie
fromagerie
messagerie
sauvagerie
horlogerie
périphérie
gaulthérie
ingénierie
corroierie
animalerie
chevalerie
grivèlerie
soufflerie
épinglerie
tréfilerie
métallerie
ficellerie
oisellerie
batellerie
hôtellerie
piaillerie
émaillerie
joaillerie
vieillerie
artillerie
pouillerie
semoulerie
crapulerie
imprimerie
tautomérie
infirmerie
parfumerie
chicanerie
magnanerie
ivrognerie
gredinerie
Jardinerie
sardinerie
raffinerie
machinerie
aluminerie
crétinerie
taquinerie
coquinerie
chiennerie
maçonnerie
avionnerie
cotonnerie
Savonnerie
savonnerie
La Bernerie
intempérie
maladrerie
goinfrerie
trésorerie
factorerie
bizarrerie
folâtrerie
cuistrerie
pleutrerie
serrurerie
orfèvrerie
confiserie
chemiserie
menuiserie
glucoserie
léproserie
cocasserie
finasserie
bonasserie
rêvasserie
mégisserie
tapisserie
mûrisserie
pâtisserie
rôtisserie
peausserie
goujaterie
archèterie
pelleterie
bonneterie
bleueterie
louveterie
miroiterie
pédanterie
infanterie
galanterie
argenterie
cimenterie
dysenterie
verroterie
foresterie
fumisterie
allostérie
lunetterie
tuyauterie
bijouterie
filouterie
brusquerie
dysarthrie
plaidoirie
inventorié
répertorié
phoniatrie
hippiatrie
télémétrie
audimétrie

10

dosimétrie
altimétrie
aréométrie
ergométrie
manométrie
oenométrie
tonométrie
topométrie
barométrie
pyrométrie
optométrie
cryométrie
gazométrie
volumétrie
acoumétrie
barymétrie
seigneurie
holothurie
ammoniurie
bacillurie
acétonurie
glycosurie
paraphasie
métaplasie
hypoplasie
euthanasie
hypostasié
anesthésie
anesthésié
dysgénésie
syncinésie
dyscinésie
dyskinésie
paramnésie
Micronésie
encoprésie
courtoisie
hydropisie
hypocrisie
catalepsie
antisepsie
polydipsie
rickettsie
dysacousie
Andalousie
hémoptysie
suprématie
diplomatie
théocratie
démocratie
monocratie
autocratie
procuratie
homothétie
pédodontie
endodontie
anaplastie
pédérastie
immodestie
assujettie
clérouquie
inassouvie
phototaxie
cataplexie
adipopexie
amphimixie
orthodoxie
Södertälje
Dobro Polje
Chesapeake
Elliot Lake
sweepstake
Senanayake
Panckoucke
Sherbrooke
Liedekerke
ombilicale
basilicale
arsenicale
dominicale
provençale
homofocale
virilocale
chrysocale
pyramidale
discoïdale
cycloïdale
colloïdale
ethmoïdale
glénoïdale
spiroïdale
martingale
pharyngale
théologale
tricéphale
triomphale
catarrhale
adverbiale
patriciale
dyssociale
collégiale
uropygiale
pétéchiale
branchiale
magnoliale
marsupiale
censoriale
prétoriale
éditoriale
mercuriale
gymnasiale
ecclésiale
primatiale
impartiale
khédiviale
conviviale
vicésimale
cégésimale
prud'homale
baptismale
proxysmale
bacchanale
artisanale
médicinale
officinale
libidinale
demi-finale
anaclinale
synclinale
isoclinale
abdominale
binominale
doctrinale
matutinale
échevinale
tricennale
centennale
septennale
décagonale
hexagonale
octogonale
polygonale
polytonale
shogounale
gamosépale
monosépale
municipale
principale
épiscopale
palpébrale
vertébrale
sépulcrale
cathédrale
bicamérale
puerpérale
bilatérale

antivirale
stercorale
audio-orale
électorale
diamétrale
géométrale
chapitrale
cadastrale
ancestrale
magistrale
claustrale
péridurale
inaugurale
semi-nasale
L'Étang-Salé
commensale
succursale
périnatale
postnatale
dialectale
zygopétale
gamopétale
équisétale
occipitale
bicipitale
segmentale
surcostale
aéronavale
paradoxale
Albe Royale
improbable
absorbable
implacable
impeccable
prédicable
applicable
explicable
praticable
multicâble
finançable
convocable
inéducable
formidable
liquidable
défendable
invendable
fécondable
insondable
imperdable
accordable
inoxydable
dirigeable

changeable
abrogeable
conjugable
détachable
enfichable
négociable
insociable
remédiable
cokéfiable
raréfiable
modifiable
salifiable
panifiable
vérifiable
résiliable
remaniable
indéniable
inexpiable
invariable
charriable
insatiable
inégalable
recyclable
morcelable
congelable
rappelable
habillable
mouillable
incollable
inviolable
consolable
calculable
inoculable
coagulable
formulable
enroulable
imprimable
exprimable
innommable
réformable
présumable
consumable
imprenable
soutenable
convenable
ingagnable
assignable
combinable
vaccinable
imaginable
déclinable
inclinable

abominable
impalpable
inculpable
extirpable
comparable
pondérable
préférable
énumérable
vulnérable
inopérable
chiffrable
intégrable
respirable
déplorable
évaporable
inexorable
pénétrable
arbitrable
labourable
secourable
censurable
infaisable
réalisable
utilisable
méprisable
impensable
désensablé
proposable
supposable
inversable
incassable
inlassable
abaissable
polissable
punissable
froissable
tarissable
périssable
endossable
analysable
hydratable
injectable
délectable
détectable
rachetable
Bonnétable
connétable
Noirétable
brevetable
profitable
inimitable
emboîtable

10

charitable
inévitable
récoltable
orientable
lamentable
racontable
démontable
acceptable
importable
exportable
métastable
détestable
accostable
imbattable
immettable
exécutable
discutable
commutable
permutable
redoutable
inavouable
attaquable
concevable
percevable
increvable
lessivable
cultivable
insolvable
observable
monnayable
employable
incroyable
effroyable
invincible
rééligible
inéligible
coéligible
corrigible
inexigible
intangible
disponible
prévisible
expansible
insensible
ostensible
extensible
explosible
réversible
inversible
impassible
accessible
incessible

admissible
rémissible
impossible
diffusible
compatible
déductible
réductible
digestible
comestible
résistible
inamovible
réflexible
inflexible
Sin-le-Noble
gras-double
tabernacle
réceptacle
grand-oncle
demi-cercle
varicocèle
chrysomèle
Van de Poele
Marc Aurèle
Christofle
boursouflé
emmitouflé
grand-angle
quadrangle
obtusangle
indélébile
locomobile
aéromobile
automobile
acidiphile
amphiphile
discophile
acidophile
audiophile
anglophile
anémophile
arénophile
nécrophile
hydrophile
hygrophile
coprophile
drosophile
gypsophile
russophile
scatophile
cartophile
slavophile
inassimilé

aquamanile
passepoilé
désentoilé
grand-voile
égagropile
préhensile
fluviatile
rétractile
subjectile
projectile
mercantile
coléoptile
bissextile
géotextile
préemballé
La Turballe
Kirikkalle
réinstallé
Della Valle
intervalle
Aiguebelle
ribambelle
testacelle
vermicelle
lenticelle
vorticelle
balancelle
escarcelle
fricadelle
mortadelle
hirondelle
lumachelle
La Rochelle
indicielle
officielle
logicielle
matérielle
artérielle
mémorielle
inertielle
Néouvielle
coulemelle
informelle
soldanelle
villanelle
fontanelle
fustanelle
Fontenelle
coccinelle
Marcinelle
sardinelle
originelle

criminelle
sentinelle
fraxinelle
solennelle
péronnelle
trigonelle
salmonelle
maternelle
paternelle
La Chapelle
interpellé
Sganarelle
puntarelle
mozzarelle
chancrelle
crécerelle
passerelle
craterelle
sauterelle
maquerelle
coquerelle
temporelle
corporelle
culturelle
boute-selle
damoiselle
demoiselle
brocatelle
cascatelle
Lacretelle
jarretelle
turritelle
tarentelle
immortelle
résiduelle
dringuelle
inactuelle
ponctuelle
habituelle
éventuelle
bisexuelle
bartavelle
courcaillé
rouscaillé
guindaille
mangeaille
couchaillé
encanaillé
dépenaillé
traînaillé
tournaillé
Combraille
pierraille
prêtraille
bleusaille
valetaille
ravitaillé
enfutaillé
Lanouaille
écrivaillé
trouvaille
déshabillé
microbille
escarbille
verticille
verticillé
peccadille
grenadille
séguedille
ensoleillé
dépareillé
appareillé
tire-veille
émerveillé
belle-fille
aspergille
vieux-lille
alchémille
Vintimille
Roumanille
mancenille
cochenille
déguenillé
estampille
estampillé
dégoupillé
escadrille
espadrille
banderille
cantatille
cannetille
potentille
détortillé
entortillé
Is-sur-Tille
embastillé
accastillé
émoustillé
croustillé
Poiseuille
gribouille
gribouillé
tambouille
barbouille
barbouillé
bredouille
bredouillé
pendouillé
trifouillé
farfouillé
gargouille
gargouillé
mâchouillé
agenouillé
grenouille
grenouillé
quenouille
cornouille
fripouille
débrouille
débrouillé
embrouille
embrouillé
vadrouille
vadrouillé
dégrouillé
verrouillé
patrouille
patrouillé
citrouille
chatouille
chatouillé
bistouille
démaquillé
remaquillé
tranquille
écarquillé
Grandville
Mondeville
vaudeville
Doudeville
Incheville
Belleville
Bonneville
Barneville
Libreville
Motteville
Sotteville
Hauteville
Malzéville
Beuzeville
Blainville
bidonville
Thionville
Ramonville
Rezonville

10

Incarville
Outarville
Ancerville
Goderville
Louisville
Evansville
Townsville
Huntsville
Decauville
decauville
Arnouville
Hérouville
Ferryville
préencollé
désencollé
glycocolle
Chênedollé
barcarolle
bouterolle
Rebeyrolle
chambranle
collembole
avion-école
silicicole
séricicole
ostréicole
arboricole
brassicole
dégringolé
bronchiole
cerdagnole
Carmagnole
carmagnole
quadripôle
mégalopole
technopole
technopôle
Savonarole
flammerole
incontrôlé
déboussolé
boat people
Andrinople
andrinople
sous-peuplé
Champmeslé
somnambule
noctambule
Aristobule
Thrasybule
canalicule
adminicule
ventricule
inarticulé
animalcule
crépuscule
corpuscule
trisaïeule
anguillule
roulé-boulé
blackboulé
nid-de-poule
cul-de-poule
congratulé
linguatule
récapitulé
épicondyle
polyvinyle
tridactyle
syndactyle
tétrastyle
photostyle
trou-madame
cryptogame
épithalame
chorédrame
sociodrame
stratagème
xéranthème
pénultième
nonantième
astroblème
Néoptolème
quadrirème
catégorème
écosystème
diaphragme
diaphragmé
apophtegme
borborygme
logarithme
algorithme
décomprimé
sexagésime
richissime
gravissime
illégitime
sous-estimé
microfilmé
Neuengamme
sonagramme
télégramme
décigramme
idéogramme
éthogramme
kilogramme
hologramme
hémogramme
nomogramme
ionogramme
monogramme
lipogramme
aérogramme
bonne femme
sus-dénommé
cumulo-dôme
mobile home
méningiome
chondriome
tricholome
staphylome
hétéronome
gastronome
palindrome
tichodrome
boulodrome
cosmodrome
hippodrome
Port-Jérôme
Ektachrome
monochrome
lipochrome
hypochrome
autochrome
cytochrome
polychrome
chromosome
centrosome
phlébotome
cyclostome
physostome
rhizostome
amblystome
fibromyome
téléalarme
autoalarme
placoderme
pachyderme
aérotherme
polytherme
eurytherme
périsperme
endosperme
monosperme
plate-forme
bacciforme

falciforme
sulciforme
perciforme
pisciforme
cruciforme
éruciforme
cordiforme
ardéiforme
cunéiforme
fongiforme
galliforme
ralliforme
vermiforme
ruiniforme
penniforme
multiforme
myrtiforme
anguiforme
surinformé
désinformé
bromoforme
microforme
superforme
transformé
multinorme
orthonormé
hésychasme
cataplasme
mycoplasme
endoplasme
ectoplasme
cytoplasme
toxoplasme
nicolaïsme
mithraïsme
wahhabisme
cannabisme
ostracisme
rhotacisme
québécisme
synoecisme
belgicisme
anglicisme
gallicisme
bellicisme
criticisme
mysticisme
anatocisme
tribadisme
poujadisme
hybridisme
hassidisme
méthodisme
panthéisme
misonéisme
endoréisme
échangisme
syllogisme
écologisme
néologisme
monachisme
catéchisme
fétichisme
masochisme
anarchisme
bouddhisme
joséphisme
trotskisme
tribalisme
hanbalisme
globalisme
verbalisme
vandalisme
féodalisme
irréalisme
socialisme
sérialisme
formalisme
amoralisme
pluralisme
causalisme
mentalisme
brutalisme
ritualisme
mutualisme
ismaélisme
mendélisme
puérilisme
inquilisme
anabolisme
symbolisme
mongolisme
alcoolisme
benzolisme
académisme
euphémisme
extrémisme
unanimisme
pessimisme
économisme
réformisme
volcanisme
orléanisme
indianisme
ossianisme
chamanisme
germanisme
tympanisme
hispanisme
montanisme
galvanisme
hellénisme
jansénisme
cocaïnisme
rabbinisme
sandinisme
machinisme
stalinisme
paulinisme
terminisme
antoinisme
crétinisme
martinisme
calvinisme
darwinisme
wallonisme
mormonisme
diatonisme
platonisme
daltonisme
plutonisme
modernisme
saturnisme
Communisme
communisme
dichroïsme
averroïsme
shintoïsme
barbarisme
dysbarisme
grégarisme
vulgarisme
gargarisme
catharisme
sectarisme
richerisme
maniérisme
matiérisme
hitlérisme
mesmérisme
wagnérisme
paupérisme
ésotérisme
intégrisme
affairisme
vampirisme

10

météorisme
gongorisme
apriorisme
taylorisme
terrorisme
historisme
épicurisme
voyeurisme
secourisme
culturisme
solipsisme
magmatisme
dogmatisme
climatisme
rhumatisme
hiératisme
eustatisme
didactisme
éclectisme
pathétisme
esthétisme
athlétisme
hermétisme
magnétisme
phonétisme
helvétisme
défaitisme
banditisme
rachitisme
méphitisme
apolitisme
érémitisme
spiritisme
jésuitisme
occultisme
pédantisme
gigantisme
atlantisme
sémantisme
romantisme
scientisme
attentisme
gérontisme
hypnotisme
despotisme
bipartisme
hébertisme
hirsutisme
hindouisme
blanquisme
franquisme
baroquisme
médiévisme
babouvisme
néonazisme
spinozisme
macrocosme
microcosme
cataclysme
porte-plume
praséodyme
parenchyme
mésenchyme
cyclothyme
pseudonyme
hyperonyme
antienzyme
becs-de-cane
bigourdane
Cellophane
strontiane
Castellane
castillane
pouzzolane
delta-plane
deltaplane
toxicomane
nymphomane
mégalomane
éthéromane
cleptomane
kleptomane
quadrumane
frangipane
courtisane
pertuisane
mahométane
instantané
tramontane
sous-cutané
amphisbène
anthracène
avant-scène
Carthagène
altéragène
séricigène
psychogène
morphogène
phellogène
dynamogène
inhomogène
chromogène
thermogène
immunogène
sclérogène
hétérogène
oestrogène
tératogène
réactogène
suroxygéné
désoxygéné
Antisthène
Démosthène
propadiène
Boumediene
naphtalène
périsélène
Apoxyomène
énergumène
enchifrené
désengrené
paraphrène
hébéphrène
hypokhâgne
accompagné
tissu-pagne
La Montagne
Interrègne
interrègne
Champaigne
musaraigne
semi-peigné
longiligne
rectiligne
bréviligne
curviligne
interligne
interligné
déconsigné
intersigne
Boullongne
col-de-cygne
suburbaine
jamaïcaine
américaine
minichaîne
porcelaine
châtelaine
marjolaine
pénéplaine
pédiplaine
surhumaine
souveraine
chartraine
diocésaine
olivétaine

auscitaine
nonantaine
La Fontaine
Lafontaine
valdôtaine
incertaine
télécabine
maugrabine
maugrebine
maghrébine
bilirubine
colchicine
Vallorcine
isoleucine
smaragdine
hexamidine
pyrimidine
alabandine
brigandine
pholcodine
muscardine
bernardine
burgaudine
crapaudine
Magdeleine
quinoléine
grand-peine
chanfreiné
plombagine
asparagine
phalangine
maraîchine
Balanchine
Iliouchine
endorphine
bismuthine
Mnouchkine
lymphokine
Kropotkine
Poudovkine
euryhaline
tourmaline
adrénaline
naphtaline
digitaline
microcline
embobeliné
mousseline
Courteline
Jacqueline
rosaniline
trampoline

dégasoliné
capitoline
dégazoliné
discipline
discipliné
borderline
staphyline
cobalamine
décalaminé
éthylamine
imipramine
dévitaminé
ergotamine
parcheminé
Tournemine
contre-mine
contre-miné
plaquemine
discriminé
Wilhelmine
ovalbumine
Boulganine
strychnine
créatinine
cinchonine
méthionine
sérotonine
calcédoine
chélidoine
aigremoine
patrimoine
Chaliapine
rhônalpine
philippine
Proserpine
saccharine
sacchariné
Boukharine
sous-marine
pentacrine
luciférine
speakerine
adultérine
papavérine
méléagrine
pyréthrine
symphorine
endoctriné
trinitrine
tambouriné
aventurine
porphyrine

antipyrine
emmagasiné
oléorésine
chamoisine
chalcosine
rhodopsine
traversine
hémolysine
scarlatine
chromatine
prolactine
brigantine
adamantine
diamantine
clémentine
Fromentine
serpentine
florentine
couventine
indigotine
guillotine
guillotiné
chevrotine
La Courtine
prédestiné
sacristine
ballottine
conglutiné
Raspoutine
Kossyguine
baragouiné
shampouiné
enquiquiné
majorquine
minorquine
damasquiné
pyridoxine
digitoxine
antitoxine
endotoxine
recondamné
enturbanné
dame-jeanne
Sainte-Anne
valaisanne
Pelissanne
caribéenne
saducéenne
chaldéenne
paludéenne
trachéenne
dédaléenne

10

galiléenne
chelléenne
céruléenne
panaméenne
dahoméenne
macanéenne
cananéenne
pyrénéenne
éburnéenne
européenne
nazaréenne
chasséenne
nabatéenne
biscaïenne
kafkaïenne
namibienne
danubienne
alsacienne
ajaccienne
magicienne
logicienne
galicienne
milicienne
stoïcienne
musicienne
opticienne
toarcienne
arcadienne
tchadienne
akkadienne
canadienne
comédienne
hyoïdienne
méridienne
obsidienne
davidienne
scaldienne
freudienne
saoudienne
plébéienne
nancéienne
Bodléienne
pompéienne
Tarpéienne
pélagienne
Géorgienne
géorgienne
phrygienne
hawaiienne
régalienne
somalienne
ouralienne
mycélienne
hégélienne
sahélienne
Aurélienne
sicilienne
gaullienne
tyrolienne
rotulienne
panamienne
bohémienne
océanienne
rubénienne
mycénienne
athénienne
arménienne
essénienne
racinienne
socinienne
arminienne
rétinienne
audonienne
filonienne
junonienne
néronienne
huronienne
turonienne
chtonienne
estonienne
ottonienne
dévonienne
amarnienne
cégépienne
oedipienne
olympienne
saharienne
agrarienne
césarienne
cambrienne
libérienne
sibérienne
ligérienne
nigérienne
algérienne
vomérienne
sumérienne
vénérienne
népérienne
lozérienne
ivoirienne
comorienne
Bourrienne
Ligurienne
ligurienne
silurienne
illyrienne
assyrienne
eurasienne
salésienne
silésienne
Arlésienne
arlésienne
capésienne
artésienne
draisienne
tunisienne
parisienne
prussienne
vénusienne
sinusienne
capétienne
chrétienne
tahitienne
vénitienne
égyptienne
morguienne
iraquienne
bolivienne
diluvienne
péruvienne
hertzienne
planipenne
biscayenne
Lillebonne
Ratisbonne
désarçonné
Belledonne
prime donne
échardonné
subordonné
désordonné
badigeonné
bourgeonné
déplafonné
parangonné
godichonne
pâlichonne
folichonne
capuchonné
championne
occasionné
émulsionné
illusionné
fractionné
frictionné

sanctionné
fonctionné
ponctionné
ambitionné
additionné
auditionné
positionné
pétitionné
questionné
solutionné
alluvionné
Wasselonne
Maguelonne
déballonné
graillonné
papillonné
carillonné
tatillonne
bouillonné
couillonné
déboulonné
pet-de-nonne
fanfaronne
fanfaronné
laideronne
bûcheronne
vigneronne
chaperonné
plastronné
La Couronne
découronné
déraisonné
arraisonné
irraisonné
assaisonné
empoisonné
emprisonné
palissonné
polissonne
polissonné
hérissonne
molletonné
hannetonné
déboutonné
reboutonné
esclavonne
Haute-Saône
oxycarboné
kératocône
dodécagone
Hygiaphone
vibraphone
Dictaphone
Perséphone
Publiphone
arabophone
turcophone
vidéophone
audiophone
visiophone
anglophone
microphone
hydrophone
russophone
Interphone
Lacédémone
phérormone
dipneumone
dipneumoné
asynchrone
minestrone
oligopsone
rhizoctone
allochtone
autochtone
Folkestone
Blackstone
Wheatstone
désincarné
Val-de-Marne
Haute-Marne
Holopherne
subalterne
longicorne
Capricorne
capricorne
Eastbourne
chantourné
auto-immune
Roquebrune
hétérodyne
Euphrosyne
Raon-l'Étape
sous-équipé
hippocampe
cul-de-lampe
turbopompe
uranoscope
iconoscope
fibroscope
microscope
hygroscope
rectoscope
cystoscope
oryctérope
orthotrope
héliotrope
neurotrope
anisotrope
gymnocarpe
rhizocarpé
prédécoupé
coupe-coupe
entrecoupé
Guadeloupe
sous-groupe
contretype
contretypé
stéréotype
stéréotypé
isallobare
fume-cigare
radiophare
sudoripare
scissipare
candélabre
concélébré
invertébré
préchambre
Paul Diacre
sous-diacre
lombo-sacré
convaincre
désencadré
dodécaèdre
rhomboèdre
scaphandre
le Val-André
salamandre
Santo André
Saint-André
Aleixandre
pourfendre
comprendre
rapprendre
surprendre
sous-tendre
enfreindre
empreindre
rétreindre
astreindre
Basse-Indre
disjoindre
hypocondre
superordre
contrordre

10

parafoudre
nématocère
Vic-sur-Cère
brachycère
plombifère
laticifère
cupulifère
squamifère
séminifère
résinifère
stannifère
célérifère
sudorifère
calorifère
fructifère
amentifère
fourragère
phalangère
boulangère
mensongère
maraîchère
surenchère
phacochère
hémisphère
navisphère
homosphère
atmosphère
ionosphère
mésosphère
pinnothère
grimacière
souricière
justicière
vacancière
créancière
romancière
tenancière
financière
devancière
faïencière
annoncière
grenadière
filandière
lavandière
vivandière
cocardière
canardière
renardière
minaudière
pétaudière
boyaudière
langagière
cymbalière
céréalière
animalière
chevalière
La Sablière
cordelière
bachelière
sommelière
chapelière
coutelière
épinglière
métallière
La Vallière
lavallière
joaillière
gondolière
pétrolière
pendulière
singulière
infirmière
costumière
coutumière
chicanière
cancanière
magnanière
safranière
semainière
jardinière
sardinière
baleinière
moulinière
poulinière
taupinière
cuisinière
cantinière
routinière
alevinière
façonnière
galonnière
talonnière
melonnière
canonnière
caponnière
héronnière
visonnière
bétonnière
cotonnière
savonnière
oignonière
tavernière
luzernière
rancunière
La Reynière
chambrière
cellérière
douairière
trésorière
La Verrière
meurtrière
verdurière
moulurière
facturière
hauturière
couturière
chanvrière
chemisière
ardoisière
dépensière
jacassière
mulassière
finassière
putassière
tapissière
pâtissière
atocatière
sorbetière
buffetière
archetière
tabletière
pelletière
molletière
cannetière
bonnetière
Brunetière
Jarretière
jarretière
corsetière
bleuetière
coquetière
termitière
miroitière
Argentière
cacaotière
barbotière
turbotière
lingotière
gargotière
barlotière
pissotière
yaourtière
forestière
colistière
culottière
carottière

bijoutière
kiosquière
chènevière
sansevière
La Louvière
bétaillère
cordillère
persillère
tortillère
anguillère
douce-amère
nycthémère
Sainte-Mère
congloméré
centromère
blastomère
élastomère
copolymère
scorsonère
voltampère
équilatère
phylactère
coelentéré
tétraptère
archiptère
plécoptère
coléoptère
orthoptère
hydroptère
chiroptère
névroptère
protoptère
baptistère
presbytère
phylloxéré
La Bédoyère
Barbanègre
petit-nègre
désintégré
transmigré
syllabaire
matricaire
persicaire
dromadaire
lampadaire
abécédaire
suicidaire
Frigidaire
légendaire
calendaire
secondaire
Lacordaire

cochléaire
bilinéaire
colinéaire
stupéfaire
satisfaire
zoanthaire
indiciaire
judiciaire
fiduciaire
spongiaire
nobiliaire
auxiliaire
pécuniaire
cymbalaire
présalaire
sursalaire
Baudelaire
dentelaire
unifilaire
tabellaire
micellaire
nucellaire
lamellaire
gémellaire
bacillaire
ancillaire
oscillaire
sigillaire
mamillaire
armillaire
capillaire
papillaire
pupillaire
maxillaire
vexillaire
corollaire
médullaire
alvéolaire
radiolaire
prémolaire
unipolaire
vacuolaire
exemplaire
globulaire
piaculaire
spéculaire
aciculaire
circulaire
vasculaire
musculaire
pendulaire
cellulaire

nummulaire
formulaire
granulaire
scapulaire
consulaire
capsulaire
tissulaire
cartulaire
fistulaire
valvulaire
coplanaire
mercenaire
millénaire
centenaire
septénaire
partenaire
imaginaire
originaire
cortinaire
débonnaire
gorgonaire
pulmonaire
alcyonaire
lucernaire
sublunaire
métazoaire
bryozoaire
itinéraire
vulnéraire
littéraire
temporaire
arbitraire
soustraire
adversaire
nécessaire
janissaire
grabataire
mandataire
caudataire
feudataire
signataire
quirataire
Montataire
budgétaire
sociétaire
pariétaire
prolétaire
planétaire
secrétaire
égalitaire
édilitaire
utilitaire

10

dignitaire
trinitaire
censitaire
sursitaire
pituitaire
sédentaire
inventaire
volontaire
libertaire
pubertaire
Sagittaire
sagittaire
tributaire
statutaire
résiduaire
reliquaire
antiquaire
électuaire
sanctuaire
somptuaire
Roquevaire
circoncire
contredire
Lancashire
Devonshire
Tournemire
Ballan-Miré
balançoire
Val de Loire
Haute-Loire
bouilloire
bassinoire
Forêt-Noire
rescisoire
provisoire
récursoire
ramassoire
accessoire
périssoire
rôtissoire
collusoire
probatoire
évocatoire
purgatoire
expiatoire
épilatoire
ovulatoire
crématoire
phonatoire
vibratoire
opératoire
migratoire
épuratoire
saltatoire
captatoire
élévatoire
réfectoire
Directoire
directoire
émonctoire
sécrétoire
excrétoire
territoire
offertoire
répertoire
exécutoire
collutoire
leptospire
transcrire
réinscrire
contre-tiré
retraduire
méconduire
reconduire
reproduire
coproduire
introduire
construire
Travancore
compradore
Cassiodore
Apollodore
Le Mont-Dore
mandragore
Stésichore
xiphophore
lophophore
cténophore
nécrophore
hygrophore
photophore
rhizophore
liliiflore
mirliflore
passiflore
microflore
omnicolore
monocolore
Thomas More
monsignore
Jubbulpore
blastopore
urédospore
macrospore
microspore
Coimbatore
énergivore
Siyad Barre
tintamarre
Grand Ferré
pied-à-terre
Angleterre
Basse-Terre
Sauveterre
Capesterre
Finisterre
Saint-Yorre
blanchâtre
psychiatre
deux-quatre
tétramètre
voltamètre
pentamètre
phasemètre
acidimètre
millimètre
millimétré
planimètre
densimètre
acétimètre
multimètre
centimètre
gravimètre
curvimètre
phacomètre
parcomètre
glucomètre
radiomètre
audiomètre
eudiomètre
goniomètre
variomètre
anémomètre
pycnomètre
lignomètre
clinomètre
économètre
alcoomètre
micromètre
hydromètre
hygromètre
spiromètre
hypsomètre
lactomètre
hectomètre
acétomètre

10

pantomètre
photomètre
piézomètre
hypermètre
débitmètre
tachymètre
bathymètre
enchevêtré
sous-maître
reparaître
apparaître
surarbitre
millilitre
centilitre
hectolitre
Lencloître
intertitre
métacentre
homocentre
hypocentre
autocentré
barycentre
Montmartre
médicastre
hypogastre
Guillestre
défenestré
enregistré
calamistré
administré
conirostre
pèse-lettre
réadmettre
jean-foutre
ambidextre
Neste d'Aure
Rochemaure
Roquemaure
Saint-Maure
stégosaure
Bucentaure
recourbure
iodo-ioduré
dessoudure
inférieure
supérieure
citérieure
ultérieure
antérieure
intérieure
extérieure
amphineure
persulfure
oxysulfure
demi-figure
étalingure
enfléchure
enguichure
emmanchure
embouchure
craquelure
vermoulure
claquemuré
halogénure
encoignure
enluminure
entournure
thysanoure
brachyoure
saccharure
échancrure
déchloruré
bichlorure
chamarrure
embourrure
télémesure
demi-mesure
sous-assuré
commissure
ternissure
brunissure
moisissure
sertissure
courbature
courbaturé
judicature
caricature
caricaturé
troncature
nonciature
maculature
modénature
quadrature
sous-saturé
préfecture
conjecture
conjecturé
moucheture
propréture
forfaiture
fourniture
réécriture
nourriture
pourriture
apiculture
aviculture
emplanture
empointure
couverture
Louverture
contexture
enjolivure
Penthièvre
grand-livre
poursuivre
Vandoeuvre
sous-oeuvre
dextrogyre
hydrargyre
tétras-lyre
oiseau-lyre
vanity-case
peroxydase
strip-tease
interphase
oligoclase
paronomase
antonomase
insulinase
tyrosinase
saccharase
luciférase
paraphrase
paraphrasé
périphrase
antiphrase
iconostase
arthrodèse
parenthèse
hématémèse
Dodécanèse
mutagenèse
biligenèse
pédogenèse
abiogenèse
ontogenèse
Chersonèse
aposiopèse
catachrèse
antichrèse
diaphorèse
anaphorèse
ougandaise
irlandaise
islandaise
portugaise

10

Kebnekaise
bordelaise
antillaise
congolaise
charolaise
soudanaise
orléanaise
ceylanaise
taiwanaise
burkinaise
ardennaise
rouennaise
mayennaise
mâconnaise
dijonnaise
garonnaise
mayonnaise
aragonaise
cantonaise
nivernaise
calabraise
tire-braise
navarraise
ponantaise
Tarentaise
technicisé
chalandise
circoncise
mignardise
vantardise
balourdise
sympathisé
radicalisé
médicalisé
lexicalisé
scandalisé
spécialisé
mondialisé
spatialisé
initialisé
décimalisé
minimalisé
optimalisé
maximalisé
dépénalisé
nominalisé
libéralisé
fédéralisé
généralisé
minéralisé
latéralisé
démoralisé
caporalisé
centralisé
neutralisé
naturalisé
dénasalisé
palatalisé
digitalisé
capitalisé
dévitalisé
revitalisé
chaptalisé
mensualisé
évangélisé
caramélisé
démobilisé
immobilisé
solubilisé
lyophilisé
dévirilisé
volatilisé
parcellisé
cartellisé
métabolisé
monopolisé
dénébulisé
ridiculisé
macadamisé
uniformisé
africanisé
réorganisé
inorganisé
italianisé
alcalinisé
kératinisé
décolonisé
fraternisé
québécoise
ariégeoise
albigeoise
bourgeoise
ardéchoise
munichoise
zurichoise
ruthénoise
tonkinoise
berlinoise
trégoroise
biterroise
anversoise
entretoise
entretoisé
apprivoisé
solidarisé
nucléarisé
dépolarisé
bipolarisé
sécularisé
régularisé
popularisé
titularisé
militarisé
métamérisé
polymérisé
pyrocorise
désodorisé
catégorisé
dévalorisé
revalorisé
insonorisé
sponsorisé
défavorisé
cache-prise
entreprise
incomprise
malapprise
thésaurisé
pasteurisé
pressurisé
schématisé
télématisé
stigmatisé
axiomatisé
automatisé
traumatisé
désétatisé
dialectisé
prophétisé
synthétisé
démonétisé
concrétisé
dépolitisé
convoitise
eurodevise
relativisé
décompensé
récompense
récompensé
anthracose
psittacose
isoglucose
sarcoïdose
emphytéose
grand-chose
amphibiose

coccidiose
borréliose
listériose
brucellose
spirillose
pédiculose
réticulose
anastylose
anastomose
anastomosé
biocoenose
trichinose
surcomposé
présupposé
prédisposé
sous-exposé
saccharose
dyshidrose
Sainte-Rose
diarthrose
énarthrose
arbovirose
sinistrose
aponévrose
myxomatose
parasitose
pinocytose
carpocapse
Apocalypse
apocalypse
Aigueperse
retraversé
bouleversé
tergiversé
transverse
Whitehorse
bas-de-casse
décarcassé
pourchassé
sous-classe
bouillasse
Lespinasse
estrapassé
outrepassé
passe-passe
débarrassé
embarrassé
Superbesse
morbidesse
Gargilesse
vieillesse
grand-messe

diaconesse
maladresse
vengeresse
pécheresse
sécheresse
quakeresse
panneresse
forteresse
allégresse
notairesse
doctoresse
mulâtresse
traîtresse
étroitesse
survitesse
vicomtesse
robustesse
rengraissé
Oder-Neisse
antiglisse
treillissé
pythonisse
entre-tissé
cent-suisse
ronde-bosse
basse-fosse
cynoglosse
hypoglosse
vraie-fausse
antihausse
éclaboussé
drap-housse
cambrousse
Caderousse
L'Île-Rousse
Chamrousse
biélorusse
ayant cause
tropopause
andropause
regimbeuse
surfaceuse
défonceuse
enfonceuse
annonceuse
cascadeuse
demandeuse
ramendeuse
dépendeuse
revendeuse
covendeuse
répondeuse

cafardeuse
regardeuse
hasardeuse
emmerdeuse
accordeuse
retordeuse
maraudeuse
taraudeuse
ravaudeuse
extrudeuse
chauffeuse
étouffeuse
saccageuse
aménageuse
ombrageuse
outrageuse
courageuse
partageuse
corrigeuse
arrangeuse
louangeuse
pataugeuse
rabâcheuse
arracheuse
ensacheuse
empêcheuse
afficheuse
dénicheuse
aguicheuse
trancheuse
grincheuse
chercheuse
herscheuse
pelucheuse
éplucheuse
audacieuse
judicieuse
officieuse
malicieuse
délicieuse
astucieuse
insidieuse
mélodieuse
vérifieuse
religieuse
litigieuse
spongieuse
ingénieuse
impérieuse
laborieuse
incurieuse
injurieuse

10

luxurieuse
chassieuse
facétieuse
ambitieuse
séditieuse
minutieuse
dribbleuse
trembleuse
grumeleuse
botteleuse
cauteleuse
coqueleuse
claveleuse
graveleuse
souffleuse
renifleuse
tréfileuse
ventileuse
emballeuse
lamelleuse
écailleuse
piailleuse
émailleuse
brailleuse
habilleuse
godilleuse
cueilleuse
éveilleuse
papilleuse
périlleuse
nasilleuse
vétilleuse
fouilleuse
pouilleuse
décolleuse
encolleuse
médulleuse
bricoleuse
rubéoleuse
varioleuse
fignoleuse
pétroleuse
globuleuse
calculeuse
musculeuse
granuleuse
dérouleuse
enrouleuse
crapuleuse
fistuleuse
pustuleuse
escrimeuse

assommeuse
slalomeuse
endormeuse
non-fumeuse
parfumeuse
chicaneuse
promeneuse
engreneuse
déligneuse
besogneuse
tendineuse
jardineuse
boudineuse
raffineuse
uligineuse
érugineuse
moulineuse
vermineuse
alumineuse
fibrineuse
chitineuse
glutineuse
dépanneuse
couenneuse
façonneuse
jalonneuse
tenonneuse
toronneuse
bétonneuse
cotonneuse
savonneuse
écharneuse
caverneuse
suborneuse
estampeuse
varappeuse
découpeuse
calcareuse
ténébreuse
défibreuse
calibreuse
encadreuse
cancéreuse
doucereuse
pondéreuse
dangereuse
acquéreuse
chiffreuse
dénigreuse
éclaireuse
survireuse
stuporeuse

liquoreuse
bagarreuse
déterreuse
squirreuse
théâtreuse
pupitreuse
Chartreuse
chartreuse
valeureuse
sulfureuse
secoureuse
rigoureuse
vigoureuse
savoureuse
confiseuse
avaliseuse
aiguiseuse
recenseuse
encenseuse
composeuse
jacasseuse
ramasseuse
finasseuse
repasseuse
rêvasseuse
paresseuse
graisseuse
gneisseuse
polisseuse
bénisseuse
finisseuse
bâtisseuse
lotisseuse
rôtisseuse
fouisseuse
jouisseuse
ravisseuse
laïusseuse
analyseuse
sulfateuse
pelleteuse
sécréteuse
apprêteuse
paqueteuse
piqueteuse
enquêteuse
loqueteuse
bouveteuse
profiteuse
graniteuse
décanteuse
argenteuse

orienteuse
tomenteuse
arpenteuse
éreinteuse
raconteuse
remonteuse
barboteuse
fricoteuse
tricoteuse
clapoteuse
chipoteuse
tripoteuse
accepteuse
encarteuse
schisteuse
rabatteuse
galetteuse
disetteuse
navetteuse
carotteuse
tuyauteuse
discuteuse
chahuteuse
rebouteuse
velouteuse
envoûteuse
recruteuse
variqueuse
trinqueuse
fructueuse
impétueuse
halitueuse
somptueuse
lessiveuse
accouveuse
hockeyeuse
volleyeuse
amareyeuse
employeuse
fossoyeuse
nettoyeuse
convoyeuse
quartzeuse
hypoténuse
protéolyse
thermolyse
plasmolyse
stéréobate
indélicate
Basilicate
lemniscate
Mithradate
Mithridate
persulfate
salicylate
cacodylate
acoelomate
bichromate
auvergnate
carton-pâte
saccharate
clofibrate
Hippocrate
Harpocrate
déshydraté
Pisistrate
orthostate
inadéquate
Ouarzazate
autotracté
latrodecte
désaffecté
désinfecté
déconnecté
incorrecte
intersecté
architecte
ectoprocte
méchanceté
cochonceté
odontocète
Poliorcète
ascomycète
zygomycète
myxomycète
oligochète
spirochète
démoucheté
épaulé-jeté
inhabileté
aiguilleté
guillemeté
soudaineté
ancienneté
malhonnête
déshonnête
argyronète
centripète
anachorète
interprète
interprété
Philoctète
appuie-tête
repose-tête
appuis-tête
Berruguete
cacahouète
rempaqueté
débecqueté
déchiqueté
décliqueté
encliqueté
reconquête
stupéfaite
imparfaite
satisfaite
sous-traité
efficacité
incapacité
anthracite
bénédicité
véridicité
impudicité
simplicité
complicité
endémicité
rythmicité
thermicité
séismicité
technicité
canonicité
chronicité
sphéricité
élasticité
plasticité
causticité
plébiscite
plébiscité
ressuscité
discrédité
smaragdite
flaccidité
invalidité
sigmoïdite
thyroïdite
mastoïdite
insipidité
parotidite
alabandite
commandite
commandité
myocardite
étanchéité
extranéité
paridigité
salpingite 10

10

pharyngite
kharidjite
musicalité
amygdalite
illégalité
spécialité
asocialité
cordialité
spatialité
nuptialité
partialité
bestialité
trivialité
thermalité
anormalité
vicinalité
libéralité
généralité
latéralité
immoralité
neutralité
dextralité
dénatalité
frontalité
mensualité
sensualité
virtualité
gestualité
infidélité
affabilité
réhabilité
inhabilité
friabilité
curabilité
durabilité
notabilité
mutabilité
audibilité
pénibilité
lisibilité
visibilité
fusibilité
immobilité
solubilité
volubilité
indocilité
juvénilité
volatilité
érectilité
mutazilite
catabolite
métabolite
lépidolite
théodolite
sidérolite
chrysolite
graptolite
kimberlite
radiculite
spondylite
antisémite
chattemite
stalagmite
équanimité
légitimité
sous-comité
pyodermite
difformité
uniformité
conformité
thorianite
inhumanité
vanadinite
alcalinité
médiumnité
espionnite
glauconite
péritonite
fraternité
ouvre-boîte
inexploité
maladroite
demi-droite
eurodroite
solidarité
blépharite
Pertharite
similarité
bipolarité
régularité
popularité
insularité
coronarite
viviparité
médiocrité
exinscrite
manuscrite
cordiérite
garniérite
prospérité
Marguerite
marguerite
lèchefrite
insonorité
Amphitrite
insécurité
immaturité
déparasité
martensite
chalcosite
spéciosité
préciosité
pluviosité
nébulosité
luminosité
tubérosité
générosité
flatuosité
onctuosité
virtuosité
flexuosité
université
perversité
marcassite
pyrolusite
épiphysite
prostatite
stalactite
péridotite
pyrrhotite
tripartite
sexpartite
giobertite
périostite
audimutité
méconduite
inconduite
contiguïté
continuité
perpétuité
adhésivité
créativité
négativité
oblativité
relativité
réactivité
inactivité
électivité
positivité
sportivité
complexité
perplexité
archivolte
désinvolte
difficulté
Vic-le-Comte

retombante
absorbante
adsorbante
grimaçante
mordicante
formicante
fabricante
capricante
suffocante
provocante
coruscante
dégradante
possédante
trépidante
ascendante
dépendante
intendante
fécondante
redondante
répondante
corrodante
regardante
emmerdante
débordante
engageante
enrageante
obligeante
dirigeante
changeante
plongeante
suppléante
bienséante
chauffante
étouffante
inélégante
intrigante
détachante
attachante
alléchante
aguichante
tranchante
sycophante
négociante
irradiante
rubéfiante
cokéfiante
lénifiante
tonifiante
purifiante
bêtifiante
vivifiante
humiliante

défoliante
exfoliante
suppliante
vicariante
invariante
luxuriante
accablante
tremblante
troublante
harcelante
pantelante
soufflante
aveuglante
vacillante
oscillante
sémillante
pétillante
Bouillante
bouillante
mouillante
gondolante
consolante
réimplanté
déferlante
circulante
basculante
coagulante
trémulante
stimulante
riboulante
stipulante
postulante
diffamante
réclamante
désaimanté
déprimante
imprimante
opprimante
assommante
désarmante
endormante
déformante
apprenante
prévenante
plaignante
épargnante
répugnante
engainante
lancinante
fascinante
déclinante
culminante

fulminante
bassinante
rossinante
piétinante
pérennante
bedonnante
bidonnante
résonnante
tâtonnante
rayonnante
gazonnante
consonante
dissonante
hibernante
alternante
hivernante
déclarante
comparante
térébrante
exubérante
itinérante
vulnérante
tempérante
inopérante
requérante
souffrante
intégrante
immigrante
éclairante
déchirante
inspirante
perforante
implorante
atterrante
susurrante
pénétrante
impétrante
frustrante
comburante
écoeurante
fulgurante
murmurante
suppurante
rassurante
torturante
arabisante
fascisante
suffisante
agonisante
patoisante
méprisante
érotisante

10 séduisante
reluisante
slavisante
marxisante
offensante
composante
disposante
délassante
harassante
incessante
caressante
stressante
abaissante
obéissante
vagissante
mugissante
rugissante
pâlissante
salissante
gémissante
finissante
croissante
mûrissante
jouissante
ravissante
chaussante
gloussante
diffusante
dépaysante
analysante
hydratante
infectante
expectante
grand-tante
caquetante
profitante
miroitante
palpitante
nictitante
récoltante
révoltante
résultante
insultante
repentante
éreintante
chuintante
remontante
clapotante
acceptante
importante
résistante
insistante

assistante
rabattante
dilettante
exécutante
percutante
permutante
ragoûtante
dégoûtante
déroutante
envoûtante
concluante
atténuante
exténuante
insinuante
attaquante
paniquante
clinquante
fluctuante
aggravante
dépravante
captivante
survivante
décalvante
résolvante
éprouvante
effrayante
retrayante
attrayante
gouleyante
verdoyante
larmoyante
incroyante
chatoyante
prévoyante
malvoyante
non-voyante
subjacente
sus-jacente
pubescente
rubescente
quiescente
tumescente
sénescente
rarescente
déhiscente
précédente
confidente
présidente
dissidente
imprudente
négligente
indulgente

cotangente
désargenté
détergente
divergente
résurgente
déficiente
efficiente
presciente
consciente
expédiente
résiliente
émolliente
désorienté
impatiente
impatienté
chrétienté
univalente
trivalente
excellente
somnolente
turbulente
succulente
truculente
corpulente
quérulente
flatulente
inclémente
réglementé
parlementé
passementé
mouvementé
insermenté
assermenté
permanente
continente
pertinente
abstinente
différente
occurrente
décurrente
récurrente
représenté
compétente
mésentente
mécontente
mécontenté
rémittente
diffluente
congruente
connivente
après-vente
dépôt-vente

complainte
contrainte
demi-teinte
long-jointé
demi-pointe
Villepinte
coloquinte
mastodonte
Aspromonte
Amalasonte
réemprunté
tournicoté
boursicoté
emphytéote
aptérygote
homozygote
monozygote
massaliote
gyropilote
démailloté
emmailloté
hottentote
procaryote
intercepté
réescompte
réescompté
porte-carte
multicarte
déconcerté
découverte
extraforte
réconforté
pianoforte
Henne-Morte
pas-de-porte
insupporté
transporté
scholiaste
endoblaste
mésoblaste
ectoblaste
incontesté
publiciste
angliciste
belliciste
criticiste
poujadiste
héraldiste
méthodiste
talmudiste
panthéiste
misonéiste
bombagiste
bandagiste
étalagiste
aménagiste
barragiste
paysagiste
échangiste
écologiste
biologiste
zoologiste
apologiste
aubergiste
synergiste
catéchiste
affichiste
fétichiste
planchiste
masochiste
anarchiste
putschiste
bouddhiste
trotskiste
kabbaliste
cymbaliste
fiscaliste
irréaliste
socialiste
formaliste
pluraliste
ritualiste
mutualiste
diéséliste
libelliste
symboliste
extrémiste
alchimiste
unanimiste
pessimiste
économiste
anatomiste
réformiste
orléaniste
indianiste
marianiste
germaniste
hispaniste
sopraniste
montaniste
hygiéniste
helléniste
janséniste
Benveniste
fusainiste
sandiniste
machiniste
cuisiniste
calviniste
darwiniste
antenniste
violoniste
harmoniste
bassoniste
moderniste
communiste
hautboïste
shintoïste
cithariste
oculariste
scénariste
guitariste
décabriste
algébriste
maniériste
rosiériste
matiériste
intégriste
affairiste
herboriste
frigoriste
aprioriste
terroriste
liquoriste
pétauriste
secouriste
culturiste
crématiste
dogmatiste
privatiste
hermétiste
défaitiste
occultiste
scientiste
attentiste
adventiste
hébertiste
hindouiste
utraquiste
franquiste
fresquiste
kiosquiste
médiéviste
archiviste
Târgovişte
Tîrgovişte

10

improviste
réserviste
trapéziste
spinoziste
malle-poste
multiposte
wagon-poste
avant-poste
holocauste
hypocauste
Famagouste
macrocyste
statocyste
Guinegatte
cul-de-jatte
effarvatte
esparcette
Bernadette
désendetté
mésangette
épeichette
affichette
planchette
branchette
La Rochette
fourchette
épluchette
émouchette
sandalette
singalette
bicyclette
bandelette
rondelette
verdelette
cordelette
Déchelette
femmelette
aigrelette
tartelette
vaguelette
épinglette
aveuglette
oreillette
cueillette
feuillette
douillette
mouillette
La Follette
pétrolette
cassolette
calculette
pendulette
ciboulette
La Goulette
réformette
pichenette
dandinette
Moulinette
herminette
crépinette
clarinette
cuisinette
rouannette
baïonnette
avionnette
talonnette
colonnette
savonnette
escampette
chambrette
percerette
collerette
pâquerette
castorette
Lamourette
facturette
voiturette
chemisette
ramassette
chaussette
maniguette
guinguette
serfouette
Silhouette
silhouette
silhouetté
musiquette
blanquette
franquette
trinquette
frisquette
éprouvette
La Clayette
Champlitte
Bernadotte
maigriotte
masselotte
Gravelotte
polyglotte
vieillotte
bouillotte
bouillotté
kichenotte
Montenotte
gomme-gutte
Croix-Haute
cosmonaute
astronaute
communauté
contrebuté
yponomeute
thérapeute
chouchouté
glougloutė
choucroute
froufrouté
Restoroute
lymphocyte
histiocyte
mégalocyte
plasmocyte
mélanocyte
hépatocyte
gamétocyte
troglodyte
ostéophyte
cormophyte
cyanophyte
charophyte
sporophyte
saprophyte
protophyte
convaincue
hypotendue
inattendue
Barbe-Bleue
tête-à-queue
rouge-queue
hochequeue
porte-queue
Copenhague
pastenague
extravagué
subdélégué
Ladoumègue
investigué
métalangue
sourdingue
monolingue
bourlingué
wateringue
bastringue
Flessingue
diphtongue
diphtongué
bouledogue

sialagogue
cholagogue
Paléologue
mythologue
sociologue
radiologue
angiologue
sémiologue
philologue
sismologue
ethnologue
phonologue
alcoologue
nécrologue
andrologue
hydrologue
métrologue
astrologue
neurologue
érotologue
marxologue
moustachue
sous-évalué
moins-value
entretenue
déconvenue
Lann-Bihoué
Bourdaloue
chasse-roue
démoniaque
simoniaque
ammoniaque
mithriaque
génésiaque
pélusiaque
gomme-laque
Callimaque
Andromaque
sandaraque
schabraque
néogrecque
logithèque
ludothèque
oenothèque
sonothèque
hypothèque
hypothéqué
palmiséqué
archevêque
Puy-l'Évêque
Pont-Évêque
spondaïque
trochaïque
Cyrénaïque
cyrénaïque
syllabique
cannabique
Hennebique
Mozambique
ascorbique
surfacique
thoracique
dystocique
autarcique
cycladique
helladique
sporadique
molybdique
glucidique
lipoïdique
hassidique
protidique
gravidique
héraldique
revendiqué
cathodique
méthodique
periodique
périodique
épisodique
prosodique
momordique
talmudique
époxydique
linoléique
dyspnéique
endoréique
spécifique
mellifique
prolifique
magnifique
horrifique
béatifique
gravifique
antalgique
coxalgique
losangique
anagogique
apagogique
dialogique
analogique
prélogique
trilogique
écologique
géologique
néologique
biologique
zoologique
allergique
synergique
lysergique
liturgique
Pélasgique
pélasgique
bronchique
anarchique
bouddhique
séraphique
empathique
bioéthique
oolithique
céphalique
vassalique
République
république
encyclique
cocyclique
bordélique
Pentélique
métallique
cyrillique
diabolique
symbolique
glycolique
mongolique
catholique
variolique
phénolique
alcoolique
pyrrolique
systolique
podzolique
inappliqué
inexpliqué
aéraulique
méthylique
phénylique
caprylique
dactylique
benzylique
carbamique
exogamique
thalamique
cinnamique
balsamique
glutamique

10 leucémique
académique
épidémique
ischémique
euphémique
phonémique
azotémique
systémique
proxémique
arythmique
alchimique
boulimique
coelomique
économique
trisomique
diatomique
anatomique
athermique
orgasmique
volcanique
manganique
ossianique
balkanique
alémanique
germanique
tympanique
hispanique
galvanique
orogénique
dysgénique
asthénique
hygiénique
hellénique
terpénique
pique-nique
pique-niqué
benzénique
morainique
rabbinique
succinique
lutéinique
pollinique
fulminique
Martinique
johannique
tyrannique
maçonnique
carbonique
gluconique
sardonique
euphonique
iso-ionique
cationique
cyclonique
mnémonique
gnomonique
harmonique
optronique
neuronique
subsonique
diatonique
platonique
tectonique
photonique
protonique
isotonique
Teutonique
teutonique
plutonique
communiqué
éthanoïque
dichroïque
cénozoïque
mésozoïque
hydropique
isotopique
pindarique
prévariqué
algébrique
isoédrique
oxhydrique
glycérique
cholérique
chimérique
ésotérique
exotérique
hystérique
Eurafrique
vampirique
météorique
euphorique
apriorique
acalorique
rhétorique
historique
électrique
symétrique
dioptrique
mercurique
sulfurique
tellurique
hippurique
polyurique
caucasique
géodésique
jurassique
potassique
gneissique
sabbatique
mercatique
phréatique
emphatique
médiatique
Adriatique
drolatique
dramatique
thématique
magmatique
dogmatique
climatique
dalmatique
aromatique
carpatique
karpatique
socratique
hiératique
eustatique
privatique
didactique
galactique
éclectique
synectique
eutectique
diabétique
exégétique
gangétique
pathétique
esthétique
soviétique
athlétique
phylétique
hermétique
cosmétique
frénétique
magnétique
phonétique
herpétique
aporétique
diurétique
énurétique
apyrétique
diététique
helvétique
rachitique
méphitique
enclitique

apolitique
érémitique
palmitique
granitique
détritique
névritique
jésuitique
basaltique
Atlantique
atlantique
sémantique
romantique
argentique
narcotique
euphotique
cyphotique
sémiotique
amniotique
hypnotique
despotique
nécrotique
névrotique
synaptique
eupeptique
écliptique
elliptique
panoptique
synoptique
désertique
décortiqué
orgastique
démastiqué
remastiqué
monastique
dynastique
phrastique
domestique
domestiqué
tungstique
logistique
balistique
holistique
christique
artistique
autistique
agnostique
acoustique
maïeutique
toreutique
analytique
ataraxique
eupraxique
syntaxique
dyslexique
anorexique
catafalque
orichalque
eurobanque
Salamanque
quelconque
multicoque
diplocoque
microcoque
synecdoque
cholédoque
pendeloque
Archiloque
interloqué
réciproque
réciproqué
chinetoque
biunivoque
plurivoque
polémarque
sous-marque
triérarque
Aristarque
homocerque
Pays basque
monégasque
bourrasque
romanesque
titanesque
clownesque
picaresque
giottesque
francisque
damalisque
sphénisque
astérisque
lambrusque
noctiluque
polyptyque
ponton-grue
désobstrué
court-vêtue
déshabitué
inaccentué
impromptue
point de vue
rats-de-cave
after-shave
désenclavé
yougoslave
scandinave
architrave
désentravé
Tananarive
persuasive
dissuasive
compulsive
propulsive
convulsive
suspensive
dispersive
subversive
discursive
successive
concessive
processive
dégressive
régressive
dépressive
répressive
impressive
oppressive
expressive
possessive
permissive
conclusive
indicative
récréative
agrégative
abrogative
palliative
ampliative
initiative
cumulative
annulative
copulative
estimative
nominative
intonative
inchoative
ulcérative
fédérative
générative
impérative
admirative
roborative
décorative
péjorative
minorative
bourrative
figurative
dépurative

10

végétative
dubitative
incitative
méditative
limitative
caritative
irritative
adaptative
évaluative
dérivative
rétractive
attractive
extractive
profective
perfective
subjective
projective
surjective
réflective
collective
amplective
respective
corrective
prédictive
afflictive
injonctive
productive
complétive
supplétive
inhibitive
capacitive
coercitive
expéditive
définitive
infinitive
transitive
répétitive
contentive
préventive
locomotive
leitmotive
perceptive
disruptive
suggestive
congestive
exhaustive
résolutive
dévolutive
involutive
diminutive
Villeneuve
Terre-Neuve
terre-neuve
interfluve
interviewé
cylindraxe
rétroflexe
décomplexé
hétérodoxe
Villenauxe
Pierrelaye
La Fresnaye
Kamechliyé
rejointoyé
Pech-de-l'Aze
Dreux-Brézé
Karkonosze
Delescluze
corned-beef
couvre-chef
demi-relief
plan-relief
haut-relief
contreclef
Ech-Cheliff
Slauerhoff
Tegetthoff
Albestroff
Pont-Scorff
Ludendorff
Bernstorff
inoffensif
hypotensif
coextensif
progressif
compressif
antitussif
approbatif
rébarbatif
déverbatif
prédicatif
vindicatif
explicatif
démarcatif
liquidatif
ségrégatif
subrogatif
prorogatif
énonciatif
associatif
abréviatif
corrélatif
appellatif
exemplatif
superlatif
législatif
translatif
spéculatif
exclamatif
affirmatif
infirmatif
informatif
imaginatif
carminatif
germinatif
alternatif
dissipatif
déclaratif
préparatif
comparatif
énumératif
coopératif
réitératif
intégratif
mélioratif
pignoratif
corporatif
adversatif
qualitatif
facultatif
potestatif
commutatif
radioactif
rétroactif
interactif
distractif
inaffectif
prospectif
perspectif
restrictif
distinctif
instinctif
subjonctif
conjonctif
disjonctif
obstructif
destructif
instructif
prohibitif
accréditif
récognitif
acquisitif
prépositif
dispositif
compétitif
substantif

inattentif
descriptif
présomptif
consomptif
attributif
consécutif
comminutif
Düsseldorf
Benkendorf
Willendorf
Zinzendorf
Hötzendorf
Quillebeuf
Bourganeuf
garde-boeuf
pique-boeuf
Scanderbeg
Skanderbeg
Kandersteg
Tarnobrzeg
Rosenzweig
Guomindang
Chrodegang
Mudanjiang
Tchan-kiang
ilang-ilang
ylang-ylang
Hou Yao-pang
Tuyên Quang
Zhao Ziyang
Hua Guofeng
antifading
Hilferding
blanc-seing
stretching
Tch'ong-k'ing
Darjeeling
travelling
sanderling
dry-farming
caravaning
shampooing
antidoping
Norrköping
kidnapping
Kesselring
sponsoring
monitoring
Schloesing
Chittagong
Wollongong
Kouang-tong
Mao Tsö-tong
Skötkonung
Aufklärung
Strindberg
Lötschberg
Heidelberg
Koekelberg
Vorarlberg
Wurtemberg
Vandenberg
Hardenberg
Arenenberg
Tannenberg
Heisenberg
Kortenberg
Battenberg
Wittenberg
Konigsberg
Königsberg
Glücksberg
Eckersberg
Kreutzberg
Swedenborg
Buitenzorg
Middelburg
Hindenburg
Rothenburg
Rustenburg
Harrisburg
Regensburg
Gettysburg
Luluabourg
Grand-Bourg
Sarrebourg
Montebourg
Luxembourg
Oldenbourg
Ehrenbourg
Strasbourg
Phalsbourg
Gainsbourg
Petit-Bourg
Le Neubourg
Kermānchāh
maharadjah
Lutterbach
Ploumanac'h
Echternach
Österreich
Metternich
Edmond Rich
stockfisch
Kohlrausch
Paskevitch
tsarévitch
tzarévitch
Lundegårdh
Pittsburgh
Chandigarh
Bangladesh
Mackintosh
Génésareth
Wordsworth
Portsmouth
Yuan Che-k'ai
Yuan Shikai
porte-balai
Ibn al-'Arabī
Hammourabi
urbi et orbi
Bertolucci
Mihalovici
Kremikovci
Arcimboldi
Aldrovandi
Rāwalpindī
approfondi
Suhrawardī
Monteverdi
irréfléchi
Lubumbashi
Mitsubishi
impresarii
Mazowiecki
Penderecki
Prjevalski
Jaruzelski
Wyspiański
Dzerjinski
Sierpiński
Stravinski
Kabalevski
Maïakovski
Sokolovski
Malinovski
Paderewski
Malinowski
Dombrowski
Dolgorouki
Rub' al-Khālī
Méhémet-Ali
Bluntschli
guili-guili
casus belli

10

Torricelli
Monticelli
Particelli
Botticelli
Bandinelli
Signorelli
Guinizelli
tressailli
Acciaiuoli
inaccompli
Chicoutimi
'Abbās Ḥilmī
Ouad-Médani
Modigliani
Sebastiani
Gethsémani
Rossellini
Boccherini
Mistassini
Sammartini
Servandoni
cannelloni
Royaume-Uni
Juan de Juni
sans-emploi
sous-emploi
pieds-de-roi
Marly-le-Roi
Noisy-le-Roi
Neuvy-le-Roi
Hammou-rapī
devanagari
monogatari
Stradivari
Alecsandri
surenchéri
Dhaulāgiri
Cristofori
millefiori
posteriori
monsignori
Montessori
Olaus Petri
amphigouri
désépaissi
Dosso Dossi
scaferlati
Kiritimati
Cincinnati
Bhadrāvati
spermaceti
Szigligeti

Cavalcanti
Buonarroti
extraverti
reconverti
introverti
interverti
désassorti
désinvesti
Franchetti
Giacometti
Lorenzetti
Bhavabhūti
Bernard Gui
aujourd'hui
béni-oui-oui
Iablonovyï
Pestalozzi
Bortoluzzi
Hidden Peak
Kizil Irmak
Karakalpak
canoë-kayak
Adirondack
Ruysbroeck
Trevithick
Kilpatrick
Little Rock
McClintock
alpenstock
Simon Stock
Hazebrouck
Sarrebruck
Diepenbeek
Schaarbeek
Schaerbeek
Willebroek
Tchirtchik
Gottschalk
Cruikshank
ripple-mark
Steiermark
reichsmark
Böhm-Bawerk
Oussourisk
Komsomolsk
Nijnekamsk
Kramatorsk
Kisselevsk
Sverdlovsk
Oulianovsk
Khabarovsk
Roubtsovsk

Çatal Höyük
Saint-Graal
ammoniacal
iléo-caecal
biomédical
pontifical
hyperfocal
uxorilocal
matrilocal
patrilocal
matriarcal
patriarcal
parafiscal
antifiscal
grand-ducal
rhomboïdal
hélicoïdal
conchoïdal
sphénoïdal
solénoïdal
sphéroïdal
sinusoïdal
intertidal
intermodal
Valdés Leal
péritonéal
Ciudad Real
extralégal
Lilienthal
proverbial
solsticial
provincial
antisocial
commercial
précordial
primordial
épithélial
nosocomial
polynomial
cérémonial
immémorial
sanatorial
sénatorial
équatorial
tinctorial
paroissial
prénuptial
consortial
équinoxial
Beni Mellal
Yaşar Kemal
duodécimal

centésimal
paranormal
anévrismal
anévrysmal
paroxysmal
Petit-Canal
phénoménal
anticlinal
monoclinal
subliminal
uninominal
pronominal
mandarinal
intestinal
ennéagonal
pentagonal
heptagonal
orthogonal
méridional
obsidional
binational
monoclonal
archétypal
confédéral
unilatéral
trilatéral
collatéral
parentéral
vice-amiral
décemviral
triumviral
orchestral
procédural
structural
scriptural
sculptural
parastatal
suborbital
prégénital
congénital
uro-génital
sincipital
occidental
ornemental
monumental
thiopental
parodontal
horizontal
sacerdotal
Neandertal
aéropostal
sublingual
perlingual
adjectival
Gribeauval
Abou-Simbel
septmoncel
Coromandel
Londerzeel
Manteuffel
Seo de Urgel
romanichel
schnorchel
gratte-ciel
artificiel
tendanciel
arcs-en-ciel
cérémoniel
immatériel
catégoriel
semestriel
bimestriel
industriel
tangentiel
sapientiel
torrentiel
séquentiel
pulsionnel
passionnel
fictionnel
émotionnel
flexionnel
intemporel
incorporel
Plantaurel
surnaturel
structurel
biculturel
riz-pain-sel
Overijssel
Neufchâtel
neufchâtel
accidentel
Francastel
Plougastel
individuel
trisannuel
Durand-Ruel
Pantagruel
télévisuel
consensuel
inhabituel
conventuel
conceptuel
contextuel
homosexuel
Courchevel
Loewendahl
crédit-bail
Fianna Fáil
gouvernail
contre-rail
Montmirail
surtravail
pare-soleil
Beausoleil
clins d'oeil
tape-à-l'oeil
Miromesnil
contre-poil
antiamaril
Port-Gentil
porte-outil
stock-outil
Val-de-Reuil
Argenteuil
Le Mas-d'Azil
basket-ball
volley-ball
Tādj Maḥall
Motherwell
Broken Hill
oestradiol
Le Val-d'Ajol
pyrogallol
indophénol
résorcinol
pèse-alcool
thioalcool
polyalcool
Hartlepool
Malebo Pool
Simferopol
Sébastopol
calciférol
tocophérol
ergostérol
sitostérol
pergélisol
axérophtol
eucalyptol
script-girl
Le Teilleul
vice-consul
Tchernobyl
tarmacadam

10

Boulder Dam
Swammerdam
Gulf Stream
Ouistreham
Buckingham
Bellingham
Gillingham
Birmingham
Cunningham
Nottingham
Twickenham
Cheltenham
Broederlam
Cidambaram
Mandelstam
Canguilhem
Mathusalem
mathusalem
Mostaganem
Mestghanem
star-system
tchernozem
Bettelheim
Guggenheim
Fessenheim
Wittenheim
Mannerheim
Hildesheim
Riedisheim
Andolsheim
Sidi-Brahim
Tenasserim
kibboutzim
Neckarsulm
Hahnenkamm
living-room
Kompong Som
Capharnaüm
capharnaüm
mémorandum
référendum
prométhéum
chewing-gum
Umm Kulthūm
lawrencium
miracidium
praesidium
compendium
plasmodium
épithélium
proscenium
delphinium
triclinium
gadolinium
positonium
tepidarium
paludarium
funérarium
sanatorium
auditorium
dysprosium
technétium
consortium
compluvium
parabellum
curriculum
Herculanum
Oum Kalsoum
Gasherbrum
Trivandrum
lactosérum
dextrorsum
substratum
post-partum
arrière-ban
Monte Albán
Saint-Alban
Frère-Orban
Saint-Auban
Jean Hyrcan
Coëtquidan
Port-Soudan
Ploufragan
Shawinigan
Pekalongan
Chāh Djahān
Gengis Khān
Gosainthan
Gulbenkian
Montmélian
Li Xiannian
Birobidjan
Takla-Makan
Taklimakan
Ku Klux Klan
chambellan
rantanplan
Minatitlán
Barddhaman
grand-maman
bonne-maman
Qal'at Sim'ān
gallo-roman
rhéto-roman
photo-roman
crosswoman
Saint-Renan
Frontignan
frontignan
Draguignan
Balikpapan
Saint-Véran
Saint-Cyran
Kalimantan
constantan
Kazakhstan
Kāfiristān
Wazīristān
Hindoustan
mangoustan
bantoustan
orang-outan
Yang-ts'iuan
Yin-tch'ouan
Cabanatuan
Chon Tu-hwan
Lannemezan
Baden-Baden
Van Beneden
Hochfelden
Neerwinden
Graubünden
Leeuwarden
Trébeurden
prométhéen
nord-coréen
téléostéen
zimbabwéen
Schlieffen
Richthofen
Volkswagen
Verbruggen
Nördlingen
Völklingen
Reutlingen
Vlissingen
Nibelungen
Grimbergen
pharmacien
thermicien
mécanicien
organicien
technicien
théoricien
généticien
politicien

plasticien
ordovicien
cistercien
xiphoïdien
stéroïdien
choroïdien
thyroïdien
deltoïdien
mastoïdien
carotidien
parotidien
amérindien
capverdien
cambodgien
phalangien
pharyngien
théologien
chirurgien
autrichien
monarchien
corinthien
centralien
australien
thessalien
végétalien
froebélien
francilien
Maximilien
Quintilien
Tertullien
vietnamien
épicrânien
lusitanien
aquitanien
lithuanien
campignien
péridinien
apollinien
abyssinien
riemannien
Li Sien-nien
pharaonien
bourbonien
macédonien
calédonien
pyrrhonien
babylonien
clactonien
mésaxonien
états-unien
anthropien
coronarien
végétarien
antiaérien
luciférien
jupitérien
moustérien
voltairien
elzévirien
équatorien
épineurien
pasteurien
faubourien
mélanésien
indonésien
polynésien
cambrésien
roubaisien
circassien
parnassien
paroissien
malthusien
vauclusien
mulhousien
Dioclétien
Cap-Haïtien
gravettien
djiboutien
algonquien
kolkhozien
Interlaken
Karawanken
Vesterålen
crosswomen
Slochteren
Ottobeuren
Joergensen
Oberhausen
Mauthausen
Leverkusen
Baumgarten
Gyllensten
Birsmatten
Bonstetten
K'ouen-louen
paraguayen
concitoyen
périurbain
afro-cubain
dominicain
Armoricain
armoricain
génovéfain
faces-à-main
appuie-main
tournemain
appuis-main
grille-pain
souterrain
train-train
turbotrain
parcotrain
avant-train
Saint-Vrain
toulousain
napolitain
Samaritain
samaritain
New Britain
chevrotain
sacristain
jamaïquain
Saint-Aubin
autovaccin
vertugadin
incarnadin
Fakhr al-Dīn
transandin
Villarodin
Guichardin
cité-jardin
grillardin
Haubourdin
terre-plein
Zollverein
serre-frein
servofrein
Badgastein
Eisenstein
Rubinstein
tchin-tchin
sténohalin
Du Guesclin
cristallin
bivitellin
Annoeullin
Montemolín
Châteaulin
Manitoulin
Guayasamín
Jiang Zemin
Guillaumin
'Abd al-Mu'min
Montchanin
Saint-Benin
transalpin

10

Plan Carpin
héliomarin
Saint-Marin
alexandrin
Le Pellerin
boulingrin
quercitrin
Montmaurin
gréco-latin
bénédictin
cucurbitin
éléphantin
laborantin
Romorantin
ignorantin
plaisantin
Constantin
Le Lamentin
tourmentin
strapontin
free-martin
Pleumartin
chambertin
laurier-tin
Beaufortin
clandestin
San Agustín
tableautin
consanguin
maringouin
Saint-Jouin
lambrequin
Dominiquin
Saint-Savin
hendiadyin
Einsiedeln
Schliemann
Stresemann
Pöppelmann
Kellermann
Zimmermann
Wassermann
Schönbrunn
estramaçon
franc-maçon
Montfaucon
East London
cynorhodon
ptéranodon
Bouchardon
lycoperdon
escourgeon

sang-dragon
Bourdichon
maigrichon
bourrichon
Concepción
trombidion
pyramidion
irréligion
pied-de-lion
dent-de-lion
fourmi-lion
fourmilion
Castellion
sextillion
quaternion
trade-union
Sarre-Union
Tartempion
Flammarion
psaltérion
brimborion
Ben Gourion
persuasion
dissuasion
indécision
Artémision
télévision
indivision
Eurovision
compulsion
propulsion
convulsion
préhension
propension
suspension
dissension
surtension
distension
submersion
dispersion
subversion
conversion
perversion
contorsion
distorsion
compassion
succession
précession
concession
procession
confession
profession

régression
digression
dépression
répression
impression
oppression
expression
jam-session
possession
commission
permission
soumission
succussion
concussion
percussion
discussion
conclusion
forclusion
pultrusion
incubation
intubation
défécation
abdication
médication
indication
vésication
urtication
troncation
allocation
colocation
révocation
invocation
validation
lapidation
inondation
dénudation
exsudation
balnéation
recréation
récréation
divagation
délégation
relégation
allégation
abnégation
dénégation
agrégation
obligation
fumigation
irrigation
mitigation
navigation

lévigation
élongation
abrogation
dérogation
glaciation
émaciation
spéciation
fasciation
amodiation
spoliation
ampliation
initiation
inhalation
exhalation
anhélation
révélation
jubilation
dépilation
mutilation
spallation
épellation
immolation
désolation
insolation
fabulation
ondulation
modulation
régulation
simulation
annulation
copulation
population
décimation
intimation
estimation
automation
inhumation
exhumation
impanation
aliénation
stagnation
ordination
pagination
gémination
domination
nomination
rumination
supination
divination
détonation
intonation
usurpation
crispation

Occupation

occupation
réparation
séparation
exécration
libération
lacération
macération
ulcération
fédération
sidération
modération
rudération
numération
génération
vénération
altération
émigration
admiration
aspiration
expiration
retiration
décoration
majoration
péjoration
chloration
coloration
minoration
fluoration
aberration
filtration
centration
castration
lustration
induration
figuration
abjuration
adjuration
dépuration
boruration
maturation
saturation
obturation
sinisation
ionisation
cotisation
accusation
récusation
dilatation
fluatation
tractation
éructation
végétation
habitation
récitation
licitation
incitation
excitation
méditation
cogitation
limitation
capitation
irritation
hésitation
visitation
équitation
cavitation
lévitation
invitation
exaltation
exultation
plantation
dénotation
annotation
adaptation
coaptation
cooptation
prestation
flottation
réfutation
salutation
députation
réputation
amputation
imputation
évacuation
graduation
évaluation
adéquation
inéquation
coéquation
excavation
salivation
gélivation
dérivation
activation
motivation
estivation
rénovation
innovation
énervation
relaxation
détaxation

10

indexation
abréaction
réfraction
effraction
infraction
détraction
rétraction
attraction
extraction
confection
perfection
projection
surjection
réélection
collection
inspection
anérection
correction
surrection
trisection
bissection
dissection
protection
convection
prédiction
affliction
conviction
extinction
adjonction
injonction
traduction
subduction
conduction
production
complétion
concrétion
discrétion
imbibition
inhibition
exhibition
coercition
expédition
ébullition
démolition
définition
admonition
apparition
contrition
transition
déposition
imposition
apposition
opposition
exposition
répétition
prétention
contention
abstention
subvention
prévention
convention
locomotion
conception
perception
rédemption
préemption
péremption
assomption
absorption
adsorption
désorption
résorption
corruption
disruption
proportion
suggestion
congestion
exhaustion
combustion
antrustion
précaution
allocution
absolution
résolution
Dévolution
dévolution
révolution
involution
diminution
reparution
complexion
cale-étalon
pentathlon
heptathlon
Beauvallon
avocaillon
noblaillon
touraillon
bourbillon
tourbillon
Chateillon
bouteillon
crampillon
grappillon
trappillon
Cendrillon
cendrillon
lamprillon
étrésillon
croisillon
Roussillon
L'Aiguillon
écouvillon
Binet-Simon
Saint-Simon
backgammon
sine qua non
champignon
Liliencron
interféron
Mouilleron
Heptaméron
potimarron
quercitron
Campistron
Fourneyron
Rowlandson
Richardson
frondaison
porchaison
fauchaison
exhalaison
péroraison
poutraison
demi-saison
flottaison
décuvaison
antipoison
Montbrison
Stephenson
transposon
Macpherson
paillasson
Vaucresson
nourrisson
Photomaton
brise-béton
Shackleton
feuilleton
mousqueton
Waddington
Washington
Wellington
Darlington
Burlington
Leamington

10

Wilmington
Warrington
Torrington
demi-canton
Sankt Anton
Saint-Anton
fulmicoton
jarnicoton
antiproton
Clapperton
Clipperton
Chesterton
Chatterton
chatterton
Edmundston
Charleston
charleston
Palmerston
porte-savon
anglo-saxon
Amphitryon
amphitryon
amphictyon
Lauberhorn
Matterhorn
Wetterhorn
Ibn Khaldūn
Châteaudun
Ben Jelloun
Iskenderun
inopportun
George Town
Georgetown
Youngstown
Simonstown
Falkenhayn
Wutongqiao
Pool Malebo
Paramaribo
Tiahuanaco
Puerto Rico
Tlatelolco
Pernambuco
aficionado
Arcimboldo
ritardando
scherzando
diminuendo
grosso modo
bande-vidéo
Montevideo
Bartolomeo

intertrigo
Moyen-Congo
Nyiragongo
avion-cargo
Pôrto Velho
Mogadiscio
Verrocchio
San Antonio
San-Antonio
Vega Carpio
a contrario
impresario
imprésario
Portoviejo
Castillejo
Timochenko
Rodtchenko
Tchernenko
Archipenko
Kościuszko
São Gonçalo
Port-Navalo
Montebello
Pirandello
Masaniello
Larderello
Hermosillo
Caracciolo
Monte-Carlo
Guantánamo
dolcissimo
pianissimo
fortissimo
bravissimo
San Stefano
Garigliano
Sébastiano
Talcahuano
Verrazzano
cappuccino
Bernardino
Rossellino
San-Martino
concertino
Shōwa Tennō
Meiji tennō
Saint-Bruno
Sannazzaro
Cannizzaro
guérillero
Monténégro
Yatsushiro

Greensboro
Cagliostro
Valparaíso
Belgiojoso
Campobasso
Mato Grosso
Huachipato
Sacramento
Serpa Pinto
mezzotinto
roman-photo
allegretto
allégretto
espressivo
Domodedovo
Chimborazo
intermezzo
Michelozzo
leadership
sister-ship
Grand-Champ
sur-le-champ
Ribbentrop
Blenkinsop
contrecoup
pied-de-loup
tête-de-loup
saut-de-loup
Chanteloup
al-Farazdaq
Pont-à-Marcq
crête-de-coq
voiture-bar
camping-car
Madagascar
sportswear
Ahmadnagar
Ulhasnagar
Birātnagar
asiadollar
eurodollar
bichelamar
Saxe-Weimar
Montélimar
Viña del Mar
El-Hadj Omar
hypothénar
Valledupar
Salmanasar
salmanazar
désinhiber
surplomber

10

réabsorber
entrelacer
manigancer
cofinancer
quittancer
ensemencer
référencer
influencer
désamorcer
ressourcer
acquiescer
courroucer
barricader
cavalcader
embrigader
Abd el-Kader
palissader
rétrocéder
intercéder
déposséder
coposséder
consolider
téléguider
transvider
Senefelder
marchander
affriander
achalander
Argelander
highlander
redemander
gourmander
vilipender
Fassbinder
vagabonder
surabonder
transcoder
accommoder
incommoder
chambarder
brancarder
boucharder
moucharder
flemmarder
poignarder
échafauder
courtauder
marivauder
stadhouder
stathouder
transsuder
Ijsselmeer
Bonhoeffer
ébouriffer
réchauffer
Fraunhofer
désengager
treillager
dédommager
endommager
réaménager
décourager
encourager
affourager
départager
repartager
copartager
ultraléger
désagréger
bootlegger
désobliger
recorriger
réarranger
challenger
Staudinger
interroger
surcharger
hydrofuger
empanacher
amouracher
pourlécher
Schleicher
Schoelcher
remmancher
débrancher
embrancher
retrancher
déclencher
enclencher
rabibocher
effilocher
guillocher
raccrocher
rapprocher
rechercher
affourcher
enfourcher
De Visscher
dispatcher
Loir-et-Cher
rembaucher
chevaucher
populacier
disgracier
canéficier
bénéficier
artificier
supplicier
nourricier
échéancier
outrancier
distancier
audiencier
tréfoncier
renégocier
limonadier
bigaradier
réexpédier
Montdidier
Tissandier
prébendier
stipendier
psalmodier
bombardier
anacardier
moutardier
planchéier
gougnafier
rigidifier
solidifier
humidifier
fluidifier
dragéifier
simplifier
plasmifier
saponifier
éthérifier
estérifier
émulsifier
classifier
stratifier
sanctifier
fructifier
quantifier
identifier
plastifier
revivifier
dénazifier
aliboufier
Rive-de-Gier
pistachier
journalier
minéralier
frontalier
ensemblier
chancelier

chandelier
bourrelier
vaisselier
boisselier
bersaglier
immobilier
domicilier
sourcilier
fourmilier
prunellier
dentellier
Cartellier
médaillier
boutillier
aiguillier
coquillier
chevillier
épistolier
multiplier
Pontarlier
irrégulier
bancoulier
staphylier
Saint-Imier
sparganier
printanier
quartanier
caravanier
Montagnier
fontainier
carabinier
médicinier
stéarinier
tamarinier
magasinier
braconnier
garçonnier
fauconnier
amidonnier
cordonnier
pigeonnier
plafonnier
dragonnier
Thimonnier
capronnier
marronnier
ferronnier
citronnier
saisonnier
prisonnier
piétonnier
cantonnier
mentonnier
pontonnier
cartonnier
boutonnier
moutonnier
brugnonier
Meissonier
cap-hornier
coéquipier
polycopier
contrarier
calendrier
vinaigrier
approprier
exproprier
fox-terrier
aventurier
teinturier
apostasier
paradisier
Montlosier
traversier
tracassier
avocassier
rochassier
plumassier
cognassier
carnassier
cuirassier
terrassier
coulissier
cannissier
carrossier
Montausier
guichetier
Le Peletier
chaînetier
grainetier
robinetier
Le Monêtier
cabaretier
charretier
briquetier
cohéritier
biscuitier
asphaltier
Parmentier
Carpentier
Brémontier
abricotier
anecdotier
indigotier
Dumonstier
flibustier
Dumoustier
regrattier
carpettier
crevettier
cachottier
charcutier
Pelloutier
Marmoutier
cajeputier
Perdiguier
harenguier
Villequier
boutiquier
perruquier
amadouvier
palétuvier
Strosmajer
Weizsäcker
corn-picker
seersucker
strip-poker
intercaler
rassembler
ressembler
ensorceler
décongeler
entremêler
ressemeler
décarreler
recarreler
débosseler
démanteler
encasteler
décerveler
renouveler
essouffler
pantoufler
dessangler
transfiler
défaufiler
horripiler
trimballer
best-seller
consteller
carcailler
poulailler
chamailler
remmailler
grenailler
sonnailler

10

rempailler
coupailler
débrailler
ferrailler
mitrailler
courailler
grisailler
avitailler
Pontailler
travailler
dégobiller
sourciller
sommeiller
conseiller
bouteiller
surveiller
fourmiller
décaniller
écheniller
grappiller
éparpiller
houspiller
étoupiller
quadriller
essoriller
scintiller
pointiller
apostiller
endeuiller
défeuiller
effeuiller
bidouiller
andouiller
bafouiller
cafouiller
refouiller
affouiller
magouiller
zigouiller
déhouiller
remouiller
dépouiller
dérouiller
vasouiller
patouiller
pétouiller
gazouiller
resquiller
Guebwiller
Bouxwiller
caramboler
cambrioler

extrapoler
interpoler
rafistoler
débenzoler
contempler
quadrupler
quintupler
pelliculer
gesticuler
recalculer
trianguler
dissimuler
reformuler
dessaouler
chambouler
débagouler
décapsuler
Schnitzler
bêche-de-mer
blasphémer
Kretschmer
Horkheimer
Wertheimer
réimprimer
désarrimer
millésimer
désensimer
surestimer
mésestimer
programmer
réaffirmer
Pyla-sur-Mer
Lion-sur-Mer
Batz-sur-Mer
désenfumer
transhumer
accoutumer
filigraner
hydrogéner
désaliéner
rasséréner
ressaigner
renseigner
désaligner
réassigner
égratigner
barguigner
renfrogner
Cubitainer
rembobiner
revacciner
ratiociner

halluciner
après-dîner
sinn-feiner
paraffiner
dégouliner
contaminer
réexaminer
disséminer
récriminer
incriminer
prédominer
déterminer
exterminer
turlupiner
glycériner
ensaisiner
organsiner
assassiner
agglutiner
embéguiner
maroquiner
trusquiner
enrubanner
désabonner
charbonner
refaçonner
étançonner
poinçonner
tronçonner
soupçonner
abandonner
coordonner
bourdonner
drageonner
dudgeonner
chiffonner
griffonner
bouffonner
fourgonner
ronchonner
torchonner
bouchonner
vibrionner
pensionner
passionner
fissionner
stationner
ovationner
sectionner
mentionner
émotionner
cautionner

10

mixtionner
détalonner
doublonner
houblonner
échelonner
bâillonner
grognonner
cramponner
goudronner
biberonner
claironner
environner
liaisonner
cloisonner
chansonner
moissonner
frissonner
écussonner
capitonner
chantonner
pelotonner
dégazonner
engazonner
téléphoner
réincarner
encaserner
consterner
prosterner
cosy-corner
contourner
bistourner
ristourner
ampli-tuner
importuner
handicaper
participer
suréquiper
déséquiper
télescoper
développer
envelopper
préoccuper
ronéotyper
désemparer
enténébrer
décérébrer
équilibrer
saupoudrer
réverbérer
incarcérer
confédérer
considérer
indifférer
proliférer
interférer
transférer
réfrigérer
agglomérer
obtempérer
désespérer
déblatérer
désaltérer
persévérer
déchiffrer
engouffrer
réintégrer
transpirer
collaborer
corroborer
phosphorer
détériorer
commémorer
déshonorer
incorporer
expectorer
empourprer
redémarrer
rembourrer
paramétrer
kilométrer
sous-titrer
concentrer
rencontrer
surcontrer
orchestrer
séquestrer
calfeutrer
décarburer
désulfurer
préfigurer
emprésurer
sursaturer
structurer
acculturer
désenivrer
manoeuvrer
métastaser
extravaser
désenvaser
transvaser
angliciser
catéchiser
franchiser
globaliser
verbaliser
fiscaliser
vandaliser
déréaliser
labialiser
socialiser
filialiser
animaliser
formaliser
normaliser
signaliser
sacraliser
vassaliser
mentaliser
brutaliser
annualiser
visualiser
actualiser
ritualiser
mutualiser
sexualiser
diéséliser
fiabiliser
viabiliser
stabiliser
fragiliser
stériliser
fossiliser
subtiliser
fertiliser
réutiliser
métalliser
labelliser
satelliser
javelliser
symboliser
alcooliser
enchemiser
randomiser
économiser
anatomiser
scotomiser
volcaniser
vulcaniser
méthaniser
balkaniser
germaniser
galvaniser
helléniser
crétiniser
indemniser
tyranniser

10 solenniser
pérenniser
carboniser
préconiser
harmoniser
introniser
moderniser
materniser
verduniser
ratiboiser
framboiser
précariser
vulgariser
gargariser
scolariser
cancériser
merceriser
paupériser
sintériser
cautériser
pulvériser
vampiriser
herboriser
météoriser
euphoriser
tayloriser
temporiser
terroriser
sectoriser
cicatriser
électriser
martyriser
médiatiser
dramatiser
dogmatiser
climatiser
aromatiser
privatiser
gadgétiser
budgétiser
esthétiser
soviétiser
magnétiser
dépoétiser
hypnotiser
débaptiser
rebaptiser
expertiser
vedettiser
palettiser
subdiviser
improviser
superviser
juxtaposer
entreposer
surimposer
décomposer
recomposer
superposer
interposer
indisposer
transposer
surexposer
rembourser
échalasser
surclasser
matelasser
déculasser
cadenasser
grognasser
traînasser
rapetasser
écrivasser
pleuvasser
intéresser
progresser
compresser
surbaisser
rencaisser
dégraisser
engraisser
dépalisser
défroisser
lambrisser
rapetisser
déchausser
rechausser
enchausser
surhausser
trémousser
débrousser
rebrousser
détrousser
retrousser
Tannhäuser
rediffuser
transfuser
hydrolyser
phosphater
acclimater
carbonater
réhydrater
diffracter
contracter
prospecter
disjoncter
décacheter
recacheter
interjeter
souffleter
feuilleter
décolleter
Schumpeter
épousseter
dépaqueter
empaqueter
déclaveter
bêcheveter
maltraiter
solliciter
expliciter
surexciter
désexciter
préméditer
accréditer
désulfiter
dégurgiter
régurgiter
ingurgiter
péricliter
décrépiter
précipiter
déshériter
prétériter
nécessiter
virevolter
catapulter
fainéanter
trochanter
brillanter
complanter
supplanter
plaisanter
épouvanter
innocenter
accidenter
diligenter
réargenter
réorienter
ornementer
parementer
agrémenter
fragmenter
sédimenter
bonimenter
tourmenter

10

documenter
argumenter
charpenter
apparenter
fréquenter
réinventer
dessuinter
confronter
discounter
remprunter
traficoter
massicoter
mendigoter
trembloter
papilloter
désadapter
précompter
réimporter
réexporter
contraster
Gloucester
manifester
Colchester
Manchester
Winchester
winchester
Dorchester
admonester
contrister
préexister
Neumünster
tarabuster
désajuster
chevretter
pirouetter
Salzgitter
baby-sitter
mangeotter
décalotter
déculotter
reculotter
panneauter
chapeauter
poireauter
terreauter
tressauter
dénoyauter
persécuter
répercuter
rediscuter
crapahuter
parachuter
copermuter
transmuter
marabouter
surajouter
caillouter
démazouter
phagocyter
Schongauer
Prandtauer
contribuer
distribuer
défatiguer
promulguer
valdinguer
étalinguer
déglinguer
schlinguer
Berlinguer
embringuer
distinguer
cataloguer
homologuer
monologuer
surévaluer
déséchouer
estomaquer
bivouaquer
claudiquer
compliquer
rappliquer
polémiquer
tourniquer
plastiquer
détoxiquer
intoxiquer
requinquer
soliloquer
équivoquer
rembarquer
confisquer
réhabituer
substituer
constituer
prostituer
pyrograver
parachever
cantilever
champlever
Saint-Sever
Blind River
Snake River
Chalk River
désactiver
objectiver
adjectiver
invectiver
Eisenhower
horse power
désindexer
désenrayer
redéployer
réemployer
dégravoyer
désennuyer
angledozer
Schweitzer
Bundeswehr
Reichswehr
kieselguhr
Saint-Clair
Bouc-Bel-Air
contre-vair
Aïd-el-Kébir
raccourcir
resplendir
abasourdir
rafraîchir
défraîchir
reblanchir
affranchir
Diyarbakir
préétablir
accueillir
recueillir
débouillir
entretenir
appartenir
intervenir
dégorgeoir
ébranchoir
embauchoir
embouchoir
équivaloir
étrangloir
Eure-et-Loir
Beaumanoir
Prince Noir
Marchenoir
tamponnoir
France-Soir
suspensoir
ourdissoir
brunissoir
repoussoir

10

déplantoir
présentoir
surmontoir
décrottoir
apercevoir
repourvoir
repleuvoir
promouvoir
demi-soupir
entrouvrir
appesantir
pressentir
rappointir
réassortir
réinvestir
assujettir
rond-de-cuir
similicuir
corregidor
boutons-d'or
Ziguinchor
Chancellor
New Windsor
Oulan-Bator
transistor
Montemayor
débourbeur
séquenceur
quémandeur
Commandeur
commandeur
descendeur
profondeur
trimardeur
chapardeur
esbroufeur
déménageur
naufrageur
fourrageur
vendangeur
déchargeur
envergeur
défricheur
pasticheur
bambocheur
accrocheur
décrocheur
démarcheur
déboucheur
accoucheur
retoucheur
rectifieur
postérieur
scrabbleur
assembleur
chandeleur
pique-fleur
persifleur
étrangleur
rentoileur
déshuileur
querelleur
rocailleur
médailleur
criailleur
volailleur
rimailleur
pinailleur
ripailleur
empailleur
orpailleur
dérailleur
tirailleur
corailleur
batailleur
gouailleur
rhabilleur
torpilleur
gaspilleur
toupilleur
bousilleur
aiguilleur
brouilleur
maquilleur
batifoleur
boucholeur
vitrioleur
monopoleur
contrôleur
véhiculeur
Toucouleur
étau-limeur
mainteneur
surligneur
entraîneur
enlumineur
baratineur
bouquineur
rançonneur
randonneur
plafonneur
bougonneur
déshonneur
camionneur
actionneur
sermonneur
tamponneur
harponneur
raisonneur
crayonneur
gouverneur
flagorneur
rai-de-coeur
Sacré-Coeur
Sacré-Coeur
Crèvecoeur
crève-coeur
belle-soeur
kidnappeur
accapareur
massacreur
calandreur
cylindreur
sous-vireur
détartreur
discoureur
réassureur
pressureur
découvreur
Lecouvreur
exerciseur
totaliseur
nébuliseur
chamoiseur
polariseur
numériseur
téléviseur
propulseur
condenseur
préhenseur
suspenseur
précurseur
concasseur
embrasseur
successeur
processeur
confesseur
professeur
redresseur
répresseur
oppresseur
possesseur
encaisseur
durcisseur
raidisseur
ourdisseur

vernisseur
brunisseur
guérisseur
pétrisseur
saurisseur
sertisseur
catalyseur
incubateur
indicateur
invocateur
horodateur
délégateur
fumigateur
irrigateur
navigateur
gladiateur
amodiateur
spoliateur
ampliateur
initiateur
inhalateur
révélateur
mutilateur
immolateur
fabulateur
tabulateur
osculateur
modulateur
régulateur
simulateur
décimateur
estimateur
aliénateur
ordinateur
dominateur
supinateur
divinateur
codonateur
résonateur
détonateur
usurpateur
réparateur
séparateur
libérateur
macérateur
fédérateur
modérateur
numérateur
générateur
admirateur
aspirateur
expirateur

décorateur
dévorateur
castrateur
saturateur
obturateur
glossateur
accusateur
dilatateur
spectateur
incitateur
excitateur
annotateur
adaptateur
scrutateur
évacuateur
évaluateur
excavateur
activateur
rénovateur
innovateur
biréacteur
compacteur
réfracteur
détracteur
extracteur
contacteur
projecteur
déflecteur
réflecteur
collecteur
connecteur
inspecteur
correcteur
trisecteur
prosecteur
bissecteur
Protecteur
protecteur
convecteur
extincteur
traducteur
conducteur
producteur
crocheteur
pailleteur
rouspéteur
propréteur
briqueteur
étiqueteur
banqueteur
marqueteur
parqueteur

malfaiteur
codébiteur
inhibiteur
expéditeur
graffiteur
dynamiteur
délimiteur
définiteur
exploiteur
appariteur
répétiteur
survolteur
apiculteur
aviculteur
consulteur
brocanteur
enchanteur
apesanteur
emprunteur
chuchoteur
bouchoteur
comploteur
escamoteur
bloc-moteur
marémoteur
locomoteur
idéomoteur
vélomoteur
monomoteur
aéromoteur
vasomoteur
automoteur
numéroteur
précepteur
concepteur
percepteur
rédempteur
escompteur
corrupteur
triporteur
colporteur
rapporteur
supporteur
composteur
exhausteur
racketteur
basketteur
réémetteur
prometteur
raquetteur
schlitteur
boycotteur

10

décrotteur
coadjuteur
harangueur
matraqueur
critiqueur
démarqueur
remorqueur
extorqueur
enjoliveur
conserveur
Courmayeur
hongroyeur
pourvoyeur
Port Arthur
Port-Arthur
Winterthur
troubadour
Rocamadour
rocamadour
culs-de-four
Montmajour
contre-jour
Saint-Flour
Côte d'Amour
Saint-Amour
saint-amour
Yom Kippour
ampère-tour
Mercantour
Moncontour
Jamshedpur
Bahāwalpur
Sahāranpur
imprimatur
ne varietur
Marin de Tyr
Abū al-'Abbās
protège-bas
Antalkidas
Esmeraldas
San Andréas
épispadias
Mattathias
Saint Elias
galimatias
dalaï-lamas
catoblépas
gyrocompas
fiers-à-bras
appuie-bras
Quatre-Bras
appuis-bras
soap operas
Carpentras
Afars Issas
interclubs
yacht-clubs
night-clubs
Grands Lacs
blancs-becs
salamalecs
porcs-épics
soul musics
culs-blancs
fers-blancs
pousse tocs
contre-arcs
grands-ducs
casse-pieds
passe-pieds
biens-fonds
hauts-fonds
plats-bords
Cabillauds
porte-bébés
garde-robes
sous-barbes
lave-glaces
lève-glaces
demi-places
demi-pièces
deux-pièces
immondices
box-offices
sacrifices
free-lances
espérances
puissances
références
ressources
gâte-sauces
Pasargades
Everglades
ready-mades
hit-parades
Aghlabides
Arhlabides
pèse-acides
Séleucides
Hammadides
Héraclides
Sassanides
semi-arides
Hespérides
Bédarrides
Eupatrides
Timourides
Abbassides
topo-guides
demi-soldes
tire-bondes
bien-fondés
demi-mondes
micro-ondes
demi-rondes
sous-gardes
cent-gardes
demi-volées
sextuplées
bien-aimées
porte-épées
morts-gages
Tectosages
bloc-sièges
Allobroges
Les Éparges
Appalaches
sandwiches
Sallanches
vide-poches
Les Houches
tue-mouches
Destouches
milleraies
Landrecies
Pérenchies
Harpignies
Wattignies
Bettignies
pierreries
courreries
lavatories
car-ferries
capte-suies
milk-shakes
corn flakes
lupercales
avant-cales
saturnales
parentales
chiroubles
Los Angeles
cure-ongles
coupe-files
serre-files
fac-similés

pare-balles
Navacelles
Courcelles
Seychelles
Flesselles
écrouelles
desquelles
lesquelles
auxquelles
Préfailles
entrailles
Versailles
Cormeilles
Cruseilles
Croisilles
dépouilles
Buxerolles
Échirolles
Vigneulles
auto-écoles
quadruplés
quintuplés
bisaïeules
Saint-James
brise-lames
porte-lames
bouts-rimés
bonshommes
sous-hommes
vide-pommes
motor-homes
interarmes
tire-lignes
Toussaines
Grenadines
tire-veines
Dessalines
Gravelines
strip-lines
Zaffarines
eaux-vannes
Eaux-Bonnes
coordonnés
Burne-Jones
lazzarones
nouveau-nés
Van der Goes
casse-pipes
Rhône-Alpes
sous-nappes
rats-taupes
Le Barcarès

Manzanares
Vézénobres
lois-cadres
Deslandres
sous-ordres
Celtibères
Cambacérès
confédérés
Plombières
plombières
Gaignières
Courrières
Sestrières
Feuquières
Fouquières
grand-mères
dures-mères
beaux-pères
demi-frères
sous-fifres
honoraires
sanitaires
yorkshires
sous-genres
choke-bores
Pescadores
Choéphores
code-barres
ohms-mètres
demi-litres
sous-titres
lève-vitres
bas-ventres
demi-heures
wattheures
Târgu Mureş
Tîrgu Mureş
baquetures
battitures
ouvertures
Deux-Sèvres
semi-ouvrés
Anacroisés
Les Brasses
sous-tasses
tire-fesses
Les Rousses
demi-pauses
Glorieuses
Toungouses
rétroactes
pense-bêtes

Massagètes
Cassavetes
sous-faîtes
Amalécites
commodités
actualités
hostilités
inutilités
garde-mites
Hachémites
extrémités
Hachimites
mondanités
Rivesaltes
rivesaltes
demi-voltes
Corrientes
bas-jointés
Lola Montes
garde-côtes
pique-notes
blocs-notes
eaux-fortes
Oudmourtes
loyalistes
hors-pistes
mouchettes
Charmettes
amourettes
cuissettes
claquettes
tire-bottes
demi-bottes
rase-mottes
Argonautes
demi-queues
Antraigues
Entraigues
Mandingues
Sorlingues
idéologues
Zaporogues
Olliergues
Fréjorgues
Entraygues
plus-values
Totonaques
les Lecques
Zapotèques
Huaxtèques
Géorgiques
Bucoliques

10

Dinariques
grotesques
Chérusques
cartes-vues
choux-raves
Laquedives
cache-sexes
Artaxerxès
Toungouzes
roast-beefs
bas-reliefs
porte-clefs
demi-tarifs
entre-nerfs
teufs-teufs
bow-strings
mail-coachs
bull-finchs
test-matchs
Ostrogoths
bangladais
hollandais
finlandais
tribordais
sri lankais
new-yorkais
sénégalais
cinghalais
Charollais
Le Ricolais
Beaujolais
beaujolais
soundanais
bhoutanais
botswanais
Bouguenais
Montagnais
Lanjuinais
lisbonnais
Boulonnais
boulonnais
toulonnais
Les Aubrais
héraultais
charentais
piémontais
camarguais
Maillezais
tupinambis
Semmelweis
Ris-Orangis
guillochis
Mitsotákis
Cornwallis
Sint-Gillis
cafouillis
gazouillis
Caramanlis
Karamanlís
torticolis
Hiérapolis
Persépolis
Amphipolis
Héliopolis
Hermopolis
Petrópolis
antiroulis
in extremis
retransmis
Saint Denis
Saint-Denis
Saint-Genis
ichtyornis
petits-bois
Vermandois
villageois
de guingois
grenoblois
bruxellois
stéphanois
champenois
quercinois
prochinois
dauphinois
quercynois
petits pois
audomarois
Sancerrois
Trégorrois
trégorrois
vichyssois
serventois
sui generis
pécoptéris
vert-de-gris
petits-gris
satyriasis
pityriasis
hystérésis
Beauvaisis
Thoutmosis
ampélopsis
mêlé-cassis
chien-assis
Marcoussis
retroussis
feuilletis
Bellavitis
rappointis
spaghettis
proglottis
cailloutis
Pont-de-Buis
bouis-bouis
Sarrelouis
Saint Louis
Saint-Louis
Maupertuis
ponts-levis
Lurcy-Lévis
radio-taxis
half-tracks
dreadlocks
long drinks
soft-drinks
flock-books
press-books
sex-appeals
pipéronals
périnatals
postnatals
spirituals
aéronavals
éthers-sels
entre-rails
ponts-rails
contre-fils
compte-fils
droits-fils
petits-fils
Daugavpils
demi-deuils
music-halls
sex-symbols
hausse-cols
cover-girls
peigne-culs
trisaïeuls
cold-creams
jet-streams
grill-rooms
New Orleans
avant-plans
cameramans
Saint-Amans
recordmans

policemans
gentlemans
Keldermans
Timmermans
tennismans
yachtsmans
sportsmans
clergymans
Bletterans
Saint-Saëns
Hasmonéens
Phlégréens
sud-coréens
Dravidiens
néo-indiens
Cabochiens
Séquaniens
Cimmériens
Robertiens
guets-apens
Val-Thorens
Saint-Orens
Puylaurens
contresens
Montbazens
Saint John's
Saint-John's
sèche-mains
avant-mains
gros-grains
Desjardins
trop-pleins
Desmoulins
sous-marins
Philistins
Algonquins
provisions
privations
déjections
picaillons
Les Avirons
croupetons
auto-immuns
Villa-Lobos
catholicos
Cienfuegos
Phrynichos
hydramnios
Apollonios
Euphronios
Parrhasios
mélis-mélos

Foux-d'Allos
water-polos
Juan Carlos
Sikelianós
Damaskinos
carbonaros
romanceros
anthocéros
rhinocéros
Antipatros
intra-muros
extra-muros
san-benitos
Héphaïstos
porte-autos
quadriceps
vidéo-clips
garde-temps
entre-temps
passe-temps
plein-temps
chamaerops
pèse-sirops
garde-corps
avant-corps
après-coups
pianos-bars
teddy-bears
agars-agars
Uitlanders
contre-fers
Desrochers
Saint-Ciers
Désaugiers
Cordeliers
Des Périers
Desrosiers
volontiers
Vimoutiers
Eymoutiers
Pithiviers
pithiviers
Schwitters
fait divers
fait-divers
menus-vairs
pieds-noirs
compradors
Tammerfors
bout-dehors
monsignors
extérieurs

demi-soeurs
Bonsecours
avant-cours
flint-glass
hammerless
cyclo-cross
pare-éclats
passe-plats
monte-plats
pieds-plats
quatre-mâts
house-boats
ferry-boats
Prim y Prats
faux-filets
Diablerets
marmousets
couvre-lits
wagons-lits
avant-toits
tout-petits
Grandpuits
Feuillants
gros-plants
comourants
sus-jacents
évènements
émoluments
gold-points
porte-vents
deux-points
avant-monts
trois-ponts
stock-shots
arrow-roots
Hottentots
Des Essarts
Les Essarts
pieds-forts
corps-morts
omnisports
transports
avant-ports
check-lists
Saint Kitts
avant-goûts
Ebbinghaus
in partibus
trolleybus
Germanicus
diplodocus
trop-perçus

10

richelieus
nothofagus
épicanthus
Posidonius
Camerarius
Guarnerius
Praetorius
porte-menus
Flamininus
Augustinus
avant-clous
frous-frous
avant-trous
grippe-sous
garde-à-vous
rendez-vous
artocarpus
ultravirus
lentivirus
rétrovirus
prospectus
court-vêtus
Unigenitus
ptérygotus
eucalyptus
leitmotivs
bow-windows
chows-chows
match-plays
medal plays
Les Andelys
mule-jennys
Brasschaat
magnificat
pontificat
certificat
matriarcat
patriarcat
accommodat
transsudat
oeil-de-chat
tétrarchat
honorariat
margraviat
maréchalat
cardinalat
couvre-plat
anastigmat
Guillaumat
assistanat
orphelinat
mandarinat
assassinat
pensionnat
Saint-Donat
stellionat
duffle-coat
trench-coat
duffel-coat
queue-de-rat
aggloméra t
décemvirat
triumvirat
provisorat
directorat
Montferrat
Montserrat
La Salvetat
ab intestat
thermostat
sidérostat
pressostat
non-respect
indistinct
Kronchtadt
Reichstadt
Ingolstadt
Eisenstadt
Burckhardt
passe-lacet
Wall Street
sous-préfet
montrachet
Montrachet
colifichet
porte-objet
pickpocket
Carnavalet
Monstrelet
Le Châtelet
antireflet
entrefilet
Fenouillet
Berthollet
quadruplet
Saint-Mamet
lansquenet
Freyssinet
Chardonnet
Le Thoronet
Broussonet
tristounet
Vasaloppet
feuilleret
désintérêt
Le Beausset
Chamousset
Ille-sur-Têt
Paulhaguet
Primauguet
Malplaquet
tourniquet
bourriquet
foutriquet
mastroquet
Montalivet
hovercraft
Chris-Craft
Tanezrouft
Anderlecht
Liebknecht
Maastricht
Maëstricht
Cartwright
contrefait
caille-lait
satisfecit
Fahrenheit
Fahrenheit
quasi-délit
sauts-de-lit
voiture-lit
passe-droit
ayant droit
Malestroit
non-inscrit
pèse-esprit
gagne-petit
surproduit
grape-fruit
Saxe-Anhalt
succombant
déplombant
exacerbant
désherbant
débourbant
embourbant
recourbant
perturbant
masturbant
dédicaçant
verglaçant
remplaçant
claudicant
intoxicant
mordançant

10

ambiançant
forlançant
distançant
commençant
décoinçant
renfonçant
réamorçant
prononçant
défronçant
commerçant
renforçant
coalesçant
escaladant
tailladant
pétaradant
persuadant
dissuadant
exhérédant
entraidant
coïncidant
invalidant
intimidant
dilapidant
quémandant
commandant
faisandant
descendant
suspendant
prétendant
distendant
survendant
rescindant
confondant
parfondant
morfondant
contondant
bombardant
placardant
rancardant
rencardant
brocardant
faucardant
ringardant
pochardant
caviardant
trimardant
chapardant
raccordant
concordant
discordant
distordant
clabaudant
margaudant
galvaudant
dessoudant
ressoudant
peroxydant
suroxydant
désoxydant
herbageant
saccageant
afféageant
rengageant
étalageant
soulageant
aménageant
surnageant
propageant
ombrageant
outrageant
ouvrageant
présageant
partageant
ennuageant
assiégeant
protégeant
déneigeant
enneigeant
affligeant
infligeant
négligeant
colligeant
corrigeant
voltigeant
fustigeant
vidangeant
échangeant
mélangeant
démangeant
remangeant
dérangeant
arrangeant
essangeant
louangeant
allongeant
subrogeant
prorogeant
hébergeant
gobergeant
immergeant
aspergeant
détergeant
divergeant
dégorgeant
regorgeant
engorgeant
expurgeant
insurgeant
déjaugeant
pataugeant
préjugeant
esclaffant
regreffant
décoiffant
recoiffant
assoiffant
échauffant
esbroufant
suffragant
défatigant
colitigant
wallingant
flamingant
harnachant
recrachant
rattachant
soutachant
cravachant
desséchant
défrichant
pastichant
esquichant
déhanchant
calanchant
démanchant
emmanchant
ébranchant
revanchant
plain-chant
bambochant
boulochant
pignochant
rempochant
débrochant
embrochant
accrochant
décrochant
reprochant
approchant
démarchant
remarchant
raperchant
reverchant
scratchant
débauchant
embauchant

10

trébuchant
rembuchant
débouchant
rebouchant
embouchant
accouchant
découchant
recouchant
essouchant
retouchant
triomphant
dépréciant
appréciant
licenciant
dissociant
remerciant
insouciant
congédiant
subsidiant
incendiant
réétudiant
stupéfiant
torréfiant
putréfiant
liquéfiant
barbifiant
opacifiant
spécifiant
dulcifiant
crucifiant
réédifiant
acidifiant
gazéifiant
mythifiant
qualifiant
amplifiant
planifiant
magnifiant
lignifiant
signifiant
réunifiant
scarifiant
clarifiant
starifiant
lubrifiant
sacrifiant
glorifiant
terrifiant
horrifiant
pétrifiant
nitrifiant
vitrifiant
falsifiant
densifiant
chosifiant
versifiant
massifiant
russifiant
béatifiant
gratifiant
rectifiant
acétifiant
pontifiant
certifiant
fortifiant
mortifiant
justifiant
mystifiant
statufiant
atrophiant
conciliant
mésalliant
calomniant
communiant
estropiant
rappariant
historiant
rapatriant
dépatriant
expatriant
rassasiant
autopsiant
amnistiant
balbutiant
asphyxiant
déstockant
brimbalant
trimbalant
nonchalant
équivalant
endiablant
dessablant
scrabblant
assemblant
démeublant
remeublant
encoublant
dédoublant
redoublant
décerclant
recerclant
encerclant
démasclant
débouclant
déficelant
chancelant
étincelant
amoncelant
dépucelant
remodelant
grommelant
épannelant
décapelant
ruisselant
démuselant
écartelant
brettelant
craquelant
enjavelant
échevelant
dénivelant
insufflant
persiflant
désenflant
dégonflant
regonflant
camouflant
marouflant
préréglant
étranglant
obnubilant
émorfilant
éfaufilant
annihilant
assimilant
rentoilant
désopilant
déshuilant
triballant
remballant
installant
descellant
flagellant
enfiellant
démiellant
emmiellant
querellant
dessellant
médaillant
godaillant
rôdaillant
défaillant
criaillant
démaillant
remaillant
rimaillant

tenaillant
pinaillant
dépaillant
ripaillant
empaillant
déraillant
tiraillant
cisaillant
assaillant
bataillant
détaillant
retaillant
entaillant
intaillant
fouaillant
gouaillant
jouaillant
rhabillant
gambillant
fendillant
pendillant
mordillant
réveillant
vermillant
torpillant
gaspillant
goupillant
roupillant
toupillant
brasillant
brésillant
grésillant
égosillant
dessillant
bousillant
frétillant
boitillant
tortillant
distillant
instillant
sautillant
treuillant
déguillant
aiguillant
épouillant
brouillant
grouillant
maquillant
béquillant
coquillant
chevillant
grisollant
mirobolant
caracolant
flageolant
batifolant
cabriolant
affriolant
vitriolant
contrôlant
cerf-volant
transplant
dépeuplant
repeuplant
accouplant
découplant
centuplant
septuplant
sextuplant
affabulant
dénébulant
déambulant
véhiculant
réticulant
articulant
émasculant
bousculant
stridulant
démodulant
dégueulant
engueulant
dérégulant
accumulant
traboulant
bouboulant
roucoulant
remmoulant
vermoulant
surmoulant
dessoûlant
manipulant
capitulant
intitulant
amalgamant
proclamant
Saint-Amant
desquamant
entr'aimant
envenimant
comprimant
supprimant
légitimant
enflammant
prénommant
surnommant
consommant
gendarmant
renfermant
confirmant
rendormant
préformant
conformant
performant
fantasmant
déchaumant
remplumant
encabanant
dédouanant
morigénant
gangrenant
rengrenant
rengrénant
comprenant
rapprenant
surprenant
maintenant
lieutenant
redevenant
tout-venant
imprégnant
dédaignant
enceignant
dépeignant
repeignant
épreignant
étreignant
enseignant
déteignant
reteignant
atteignant
grafignant
rechignant
réalignant
forlignant
soulignant
adjoignant
rejoignant
enjoignant
témoignant
empoignant
trépignant
consignant
provignant
rencognant
rengainant
déchaînant

10

enchaînant
parrainant
entraînant
débobinant
embobinant
déracinant
enracinant
vaticinant
peaufinant
invaginant
crachinant
dodelinant
vaselinant
patelinant
ripolinant
calaminant
efféminant
acheminant
inséminant
illuminant
enluminant
enfarinant
mandrinant
entérinant
chagrinant
chourinant
magasinant
avoisinant
houssinant
baratinant
ratatinant
cabotinant
trottinant
acoquinant
bouquinant
pleuvinant
condamnant
réabonnant
braconnant
rançonnant
floconnant
fredonnant
amidonnant
randonnant
dindonnant
lardonnant
pardonnant
cordonnant
pigeonnant
plafonnant
jargonnant
bougonnant
mâchonnant
bichonnant
cochonnant
siphonnant
gabionnant
camionnant
espionnant
visionnant
fusionnant
rationnant
actionnant
lotionnant
motionnant
goujonnant
étalonnant
sablonnant
ballonnant
sillonnant
boulonnant
foulonnant
marmonnant
sermonnant
rognonnant
chaponnant
tamponnant
pomponnant
harponnant
pouponnant
éperonnant
ronronnant
patronnant
couronnant
blasonnant
raisonnant
foisonnant
grisonnant
malsonnant
chatonnant
bretonnant
laitonnant
cantonnant
cartonnant
bastonnant
festonnant
pistonnant
bostonnant
boutonnant
moutonnant
klaxonnant
clayonnant
crayonnant
époumonant
décharnant
concernant
discernant
lanternant
gouvernant
flagornant
défournant
enfournant
séjournant
détournant
retournant
rattrapant
anticipant
émancipant
constipant
disculpant
insculpant
détrempant
retrempant
attrempant
regrimpant
corrompant
détrompant
escalopant
réchappant
kidnappant
dégrippant
décrispant
réoccupant
cooccupant
surcoupant
chaloupant
dégroupant
regroupant
attroupant
accaparant
pervibrant
démembrant
remembrant
encombrant
dénombrant
élucubrant
consacrant
massacrant
échancrant
calandrant
engendrant
cylindrant
effondrant
délibérant
dilacérant
exulcérant

éviscérant
vociférant
légiférant
accélérant
décélérant
décolérant
intolérant
dégénérant
régénérant
incinérant
rémunérant
exaspérant
prospérant
récupérant
vitupérant
réinsérant
invétérant
oblitérant
adultérant
conquérant
empiffrant
décoffrant
ensoufrant
déflagrant
vinaigrant
conspirant
sous-virant
édulcorant
subodorant
malodorant
revigorant
améliorant
décolorant
remémorant
rembarrant
chamarrant
empierrant
desserrant
resserrant
débourrant
embourrant
idolâtrant
déplâtrant
replâtrant
salpêtrant
perpétrant
chapitrant
infiltrant
exfiltrant
décentrant
recentrant
excentrant

subintrant
décintrant
démontrant
remontrant
détartrant
entartrant
encastrant
cadastrant
registrant
claustrant
délustrant
illustrant
défeutrant
accoutrant
restaurant
instaurant
manucurant
affleurant
effleurant
enfleurant
défigurant
inaugurant
tricourant
concourant
parcourant
discourant
enamourant
énamourant
chlorurant
réassurant
pressurant
ligaturant
dénaturant
fracturant
aventurant
ceinturant
peinturant
enfiévrant
décuivrant
découvrant
recouvrant
malfaisant
parfaisant
archaïsant
déniaisant
anglaisant
déplaisant
hébraïsant
mortaisant
francisant
exorcisant
nomadisant

fluidisant
énergisant
gauchisant
focalisant
localisant
vocalisant
idéalisant
légalisant
banalisant
canalisant
pénalisant
finalisant
moralisant
nasalisant
totalisant
dévalisant
rivalisant
fidélisant
modélisant
mobilisant
similisant
virilisant
civilisant
créolisant
bémolisant
nébulisant
islamisant
dynamisant
minimisant
optimisant
maximisant
sodomisant
chromisant
urbanisant
mécanisant
paganisant
organisant
romanisant
humanisant
tétanisant
technisant
féminisant
latinisant
divinisant
colonisant
canonisant
japonisant
éternisant
immunisant
chamoisant
chinoisant
décroisant

10

polarisant
curarisant
césarisant
madérisant
éthérisant
numérisant
satirisant
théorisant
colorisant
valorisant
mémorisant
ténorisant
sonorisant
vaporisant
motorisant
autorisant
favorisant
maîtrisant
sécurisant
somatisant
fanatisant
dératisant
monétisant
politisant
sémitisant
néantisant
robotisant
aseptisant
courtisant
démutisant
traduisant
conduisant
produisant
amenuisant
tabouisant
détruisant
préavisant
télévisant
compulsant
propulsant
convulsant
condensant
compensant
dispensant
ankylosant
antéposant
réimposant
postposant
sclérosant
dispersant
traversant
renversant
conversant
déboursant
fracassant
tracassant
fricassant
concassant
rechassant
enchâssant
enliassant
déclassant
reclassant
prélassant
brumassant
trépassant
compassant
surpassant
Maupassant
embrassant
décrassant
encrassant
cuirassant
terrassant
ressassant
crevassant
confessant
professant
redressant
régressant
empressant
oppressant
rabaissant
rebaissant
décaissant
encaissant
affaissant
délaissant
relaissant
renaissant
repaissant
paraissant
rancissant
mincissant
farcissant
forcissant
durcissant
doucissant
tiédissant
raidissant
roidissant
candissant
bondissant
verdissant
nordissant
ourdissant
maudissant
réagissant
élégissant
surgissant
rougissant
ébahissant
trahissant
avilissant
mollissant
abolissant
déplissant
replissant
emplissant
coulissant
blêmissant
frémissant
calmissant
bannissant
hennissant
honnissant
agonissant
garnissant
ternissant
vernissant
jaunissant
réunissant
alunissant
brunissant
angoissant
empoissant
clapissant
glapissant
crépissant
compissant
chérissant
guérissant
aigrissant
florissant
barrissant
terrissant
pétrissant
ahurissant
saisissant
moisissant
rassissant
glatissant
amatissant
abêtissant
moitissant
nantissant

10

sertissant
sortissant
bleuissant
impuissant
esquissant
gravissant
rendossant
dégrossant
engrossant
carrossant
défaussant
rehaussant
exhaussant
repoussant
désabusant
décreusant
recreusant
paralysant
catalysant
antidatant
postdatant
casematant
carapatant
constatant
compactant
réfractant
détractant
rétractant
contactant
collectant
connectant
respectant
inspectant
suspectant
concoctant
épincetant
crochetant
mouchetant
rempiétant
inquiétant
pailletant
complétant
trompetant
rouspétant
concrétant
rapprêtant
fleuretant
chevretant
claquetant
craquetant
becquetant
cliquetant
briquetant
étiquetant
banquetant
marquetant
parquetant
dérivetant
renfaîtant
souhaitant
retraitant
cohabitant
exorbitant
félicitant
colicitant
graphitant
habilitant
débilitant
facilitant
dynamitant
délimitant
remboîtant
exploitant
convoitant
décapitant
cohéritant
déméritant
parasitant
revisitant
transitant
biscuitant
défruitant
affruitant
réinvitant
asphaltant
survoltant
auscultant
consultant
brocantant
déchantant
rechantant
enchantant
déplantant
replantant
implantant
diamantant
warrantant
patientant
violentant
segmentant
pigmentant
augmentant
alimentant
commentant
sarmentant
fermentant
serpentant
présentant
consentant
ressentant
contentant
sust [illegible] .nt
enceintant
accointant
dépointant
appointant
esquintant
surmontant
affrontant
empruntant
asticotant
ravigotant
crachotant
chuchotant
chariotant
sifflotant
sanglotant
complotant
escamotant
clignotant
grignotant
décapotant
galipotant
numérotant
chevrotant
créosotant
toussotant
pleuvotant
réadaptant
décomptant
recomptant
escomptant
décryptant
concertant
dissertant
confortant
colportant
remportant
comportant
rapportant
supportant
ressortant
ballastant
nonobstant
contestant
protestant

10

attristant
subsistant
consistant
persistant
inexistant
coexistant
inconstant
compostant
flibustant
réajustant
incrustant
combattant
regrattant
rackettant
toilettant
commettant
promettant
permettant
soumettant
regrettant
levrettant
brouettant
moquettant
schlittant
acquittant
requittant
marcottant
boycottant
margottant
grelottant
ballottant
boulottant
roulottant
marmottant
décrottant
garrottant
frisottant
dansottant
dégouttant
biseautant
dépiautant
crapaütant
sursautant
ressautant
charcutant
arc-boutant
réécoutant
Moncoutant
lock-outant
encroûtant
ferroutant
prétextant
rétribuant
attribuant
désembuant
zigzaguant
prodiguant
intriguant
instiguant
divulguant
haranguant
ralinguant
chlinguant
meringuant
seringuant
dialoguant
épiloguant
déverguant
enverguant
subjuguant
conjuguant
réévaluant
dépolluant
transmuant
continuant
renflouant
sous-louant
désavouant
cornaquant
embraquant
matraquant
détraquant
embecquant
disséquant
éradiquant
prédiquant
syndiquant
trafiquant
répliquant
impliquant
appliquant
dupliquant
expliquant
forniquant
surpiquant
fabriquant
imbriquant
rubriquant
intriquant
pratiquant
critiquant
mastiquant
rustiquant
décalquant
défalquant
inculquant
palanquant
délinquant
suffoquant
débloquant
colloquant
disloquant
escroquant
défroquant
détroquant
convoquant
provoquant
débarquant
embarquant
démarquant
remarquant
remorquant
rétorquant
extorquant
bifurquant
démasquant
débusquant
embusquant
offusquant
rééduquant
débouquant
embouquant
tonitruant
effectuant
perpétuant
entre-tuant
destituant
restituant
instituant
accentuant
remblavant
dorénavant
auparavant
apercevant
surélevant
récidivant
enjolivant
réécrivant
inscrivant
réactivant
inactivant
démotivant
dissolvant
préservant
conservant
desservant

resservant
repleuvant
promouvant
réprouvant
approuvant
retrouvant
complexant
remblayant
sous-payant
rentrayant
abstrayant
distrayant
réessayant
grasseyant
langueyant
flamboyant
rougeoyant
remployant
atermoyant
tournoyant
non-croyant
foudroyant
poudroyant
hongroyant
charroyant
guerroyant
grossoyant
voussoyant
jointoyant
fourvoyant
pourvoyant
faux-fuyant
sous-jacent
munificent
marcescent
turgescent
coalescent
opalescent
adolescent
caulescent
spumescent
évanescent
accrescent
putrescent
lactescent
frutescent
flavescent
antécédent
coïncident
réfringent
astringent
contingent

convergent
omniscient
ingrédient
ambivalent
équivalent
monovalent
polyvalent
non-violent
médicament
flambement
enrobement
courbement
adoubement
effacement
enlacement
tenacement
espacement
voracement
dépècement
élancement
avancement
agencement
coincement
grincement
évincement
froncement
férocement
atrocement
exaucement
décidément
lucidement
rigidement
validement
solidement
timidement
froidement
rapidement
cupidement
grandement
amendement
grondement
lourdement
sourdement
chaudement
piaffement
attifement
encagement
dégagement
engagement
management
ménagement
voyagement

allègement
allégement
abrègement
changement
plongement
relogement
chargement
émargement
émergement
égorgement
crachement
chichement
hanchement
gauchement
louchement
truchement
bégaiement
enraiement
zézaiement
émaciement
ralliement
dépliement
repliement
ondoiement
rudoiement
ennoiement
côtoiement
tutoiement
dévoiement
localement
vocalement
idéalement
affalement
légalement
régalement
banalement
pénalement
finalement
empalement
moralement
fatalement
totalement
ravalement
loyalement
royalement
diablement
faiblement
comblement
humblement
doublement
bouclement
fidèlement

10

démêlement
emmêlement
bioélément
cisèlement
éraflement
sifflement
renflement
gonflement
ronflement
beuglement
meuglement
habilement
débilement
facilement
docilement
défilement
effilement
étoilement
empilement
virilement
futilement
rutilement
civilement
scellement
réellement
bâillement
caillement
branlement
accolement
récolement
affolement
étiolement
enjôlement
enrôlement
assolement
triplement
simplement
complément
supplément
peuplement
souplement
miaulement
piaulement
épaulement
reculement
hululement
éboulement
écoulement
unièmement
intimement
réarmement
énormément
cabanement
ricanement
saignement
geignement
alignement
clignement
grognement
traînement
pleinement
affinement
couinement
ravinement
divinement
abonnement
ânonnement
étonnement
aucunement
impunément
équipement
clappement
frappement
groupement
effarement
séparément
cambrement
tendrement
modérément
légèrement
sévèrement
maigrement
bougrement
clairement
revirement
proprement
piètrement
foutrement
figurément
impurement
assurément
mièvrement
enivrement
pauvrement
couvrement
embasement
ébrasement
écrasement
dérasement
envasement
niaisement
apaisement
enlisement
nolisement
croisement
attisement
épuisement
arrosement
classement
coassement
grassement
glissement
plissement
crissement
adossement
faussement
haussement
pieusement
creusement
éclatement
empâtement
exactement
hébétement
embêtement
halètement
écrêtement
entêtement
revêtement
traitement
subitement
tacitement
licitement
délitement
droitement
petitement
saintement
suintement
accotement
picotement
gigotement
cahotement
idiotement
tapotement
dépotement
empotement
dévotement
pivotement
zozotement
écartement
alertement
avortement
chastement
prestement
tristement
ajustement
abattement

grattement
flottement
émottement
frottement
aboutement
broutement
longuement
engluement
secouement
engouement
échouement
enjouement
dénouement
ébrouement
enrouement
dévouement
claquement
braquement
craquement
chiquement
iniquement
uniquement
manquement
encavement
achèvement
brièvement
grièvement
relèvement
enlèvement
oisivement
hâtivement
activement
énervement
enrayement
impoliment
compliment
infiniment
fourniment
élégamment
méchamment
couramment
épatamment
nuitamment
instamment
bruyamment
évidemment
prudemment
patiemment
violemment
éminemment
labferment
assidûment
éperdument
ambigument
absolument
résolument
ingénument
congrûment
instrument
prééminent
proéminent
suréminent
inapparent
incohérent
concurrent
impénitent
omnipotent
totipotent
équipotent
idempotent
subséquent
conséquent
Sous-le-Vent
tourne-vent
contrevent
sacro-saint
peppermint
serre-joint
mal-en-point
embonpoint
tiers-point
Saint-Point
Taroudannt
Bouffémont
Remiremont
Guèvremont
Berlaimont
Van Helmont
Pierrepont
Hellespont
Port Talbot
photo-robot
coquelicot
tarabiscot
Buys-Ballot
parpaillot
melting-pot
Bossoutrot
Brongniart
Chamillart
coquillart
braquemart
Jacquemart
jacquemart
Lambersart
Spilliaert
Childebert
Danglebert
Boisrobert
semi-ouvert
entrouvert
sweat-shirt
Tournefort
coffre-fort
Pierrefort
contrefort
boxer-short
croque-mort
Amersfoort
Roodepoort
Nieuwpoort
Bridgeport
Shreveport
gardes-port
handisport
Klagenfurt
ultracourt
Ostricourt
Nonancourt
Betancourt
Guyancourt
Audincourt
Seloncourt
Libercourt
Thiaucourt
Saint-Vaast
Hammerfest
Tamenghest
paris-brest
éthylotest
Middle West
antéchrist
Rosenquist
Lagerkvist
permafrost
brain-trust
Dürrenmatt
Watson-Watt
Reichstett
Nouakchott
contre-haut
soubresaut
Saint-Jacut
Hadramaout
fourre-tout
risque-tout

10

hors statut
hors-statut
Rochambeau
Clemenceau
jouvenceau
fricandeau
Jouhandeau
faisandeau
morvandeau
chauffe-eau
tourangeau
Montréjeau
Morne-à-l'Eau
Baie-Comeau
Longjumeau
Plouigneau
jambonneau
fauconneau
dindonneau
pigeonneau
mangonneau
ramponneau
Perronneau
Bretonneau
Concarneau
Landerneau
lanterneau
Taschereau
grimpereau
tourtereau
gouttereau
Montmoreau
godelureau
pastoureau
Nanoréseau
coulisseau
vermisseau
arbrisseau
cailleteau
marmenteau
serpenteau
pied-de-veau
morvandiau
Chassériau
Nova Iguaçu
entr'aperçu
moins-perçu
Grigorescu
redescendu
malentendu
hypertendu
Terre de Feu
Croix-de-Feu
hôtels-Dieu
palsambleu
cordon-bleu
franc-alleu
Kia-mou-sseu
petit-neveu
Zhao Mengfu
Kita-kyūshū
hurluberlu
trotte-menu
microgrenu
contrevenu
circonvenu
disconvenu
ressouvenu
discontinu
Nouadhibou
Le Lavandou
Hang-tcheou
Yang-tcheou
Chen Tcheou
Natitingou
tête-de-clou
chasse-clou
Plougasnou
Tchardjoou
koudourrou
bouche-trou
Abengourou
Tombouctou
interrompu
Kota Baharu
Chikamatsu
Gorbatchev
Pougatchev
Tchebychev
Kouïbychev
Mendeleïev
Kondratiev
Vinogradov
Griboïedov
Gottwaldov
Tchernigov
Serpoukhov
Gortchakov
Metchnikov
Tcherenkov
Soumarokov
Vorochilov
Broussilov
Paradjanov
Gontcharov
Kolmogorov
Lomonossov
one-man-show
Longfellow
métathorax
mésothorax
quadruplex
Saint-Genix
grand-croix
porte-croix
Saint Croix
Charlevoix
Servranckx
oropharynx
Appomattox
ombilicaux
basilicaux
arsenicaux
dominicaux
provençaux
homofocaux
virilocaux
pyramidaux
discoïdaux
cycloïdaux
colloïdaux
ethmoïdaux
glénoïdaux
spiroïdaux
Yssingeaux
Phélypeaux
Les Mureaux
mortes-eaux
top niveaux
porte-à-faux
pharyngaux
théologaux
triomphaux
catarrhaux
adverbiaux
patriciaux
dyssociaux
présidiaux
collégiaux
uropygiaux
pétéchiaux
branchiaux
marsupiaux
censoriaux
prétoriaux
éditoriaux

gymnasiaux
ecclésiaux
primatiaux
impartiaux
khédiviaux
conviviaux
vicésimaux
cégésimaux
prud'homaux
baptismaux
artisanaux
cab-signaux
médicinaux
officinaux
libidinaux
anaclinaux
synclinaux
isoclinaux
abdominaux
binominaux
doctrinaux
matutinaux
échevinaux
tricennaux
centennaux
septennaux
décagonaux
hexagonaux
octogonaux
polygonaux
polytonaux
shogounaux
municipaux
principaux
épiscopaux
palpébraux
vertébraux
sépulcraux
cathédraux
bicaméraux
puerpéraux
bilatéraux
antiviraux
stercoraux
audio-oraux
électoraux
diamétraux
géométraux
chapitraux
cadastraux
ancestraux
magistraux

claustraux
périduraux
inauguraux
semi-nasaux
commensaux
dispersaux
universaux
périnataux
postnataux
dialectaux
occipitaux
bicipitaux
segmentaux
fromentaux
piedestaux
surcostaux
surtravaux
Pont-de-Vaux
paradoxaux
tord-boyaux
allume-feux
contre-feux
couvre-feux
marécageux
moyenâgeux
avantageux
catarrheux
squirrheux
fallacieux
pernicieux
suspicieux
avaricieux
capricieux
licencieux
silencieux
insoucieux
fastidieux
contagieux
prodigieux
areligieux
chefs-lieux
calomnieux
insomnieux
harmonieux
mystérieux
victorieux
Vénissieux
infectieux
obséquieux
Barbezieux
Andrézieux
francs-jeux

scandaleux
rocailleux
morbilleux
miraculeux
vésiculeux
méticuleux
striduleux
glanduleux
frauduleux
scrofuleux
scrupuleux
membraneux
gangreneux
montagneux
dédaigneux
migraineux
libidineux
oléagineux
rubigineux
fuligineux
lanugineux
trichineux
faramineux
albumineux
volumineux
cérumineux
bitumineux
gélatineux
floconneux
sablonneux
cartonneux
boutonneux
moutonneux
songe-creux
filandreux
cadavéreux
pellagreux
stertoreux
Villepreux
cul-terreux
désastreux
malheureux
chaleureux
Monthureux
langoureux
douloureux
plantureux
aventureux
oedémateux
eczémateux
chichiteux
graphiteux

10 calamiteux
séléniteux
sarmenteux
grisouteux
11 belliqueux
verruqueux
monstrueux
défectueux
affectueux
délictueux
tempétueux
spiritueux
tumultueux
talentueux
voluptueux
incestueux
majestueux
aigres-doux
coupe-choux
Prudhoe Bay
Montego Bay
Thunder Bay
Semblançay
chardonnay
Chantonnay
Tinchebray
Saint-Péray
Willoughby
Chambourcy
Hussein Dey
disc-jockey
Rift Valley
Champagney
Chalindrey
Moholy-Nagy
Galsworthy
Alechinsky
Piau-Engaly
Saint-Chély
Rydz-Śmigły
Piccadilly
Barthélemy
Secondigny
Repentigny
Cantorbéry
Pondichéry
Montgomery
Saint-Juéry
Krušné hory
train-ferry
Saint-Vaury
Canterbury
Tewkesbury
Shrewsbury
Tcherkassy
Lioubertsy
fifty-fifty
Dawson City
Quezón City
Kansas City
Jersey City
Mindszenty
Vörösmarty
Ipousteguy
Porrentruy
Eszterházy
Camping-Gaz
Azaña y Díaz
Niemcewicz
Mickiewicz
Mankiewicz
Witkiewicz
Kuryłowicz
Gombrowicz
Cherbuliez
Douarnenez
L'Alpe-d'Huez
Morlanwelz
Sandomierz
Ingen-Housz
Austerlitz
Abramovitz
Clausewitz
Freischütz
middle jazz

11

Santa Monica
Bahía Blanca
Sancho Pança
Villafranca
García Lorca
Gherardesca
spina-bifida
Sá de Miranda
Hoyerswerda
Oda Nobunaga
ichtyostéga
Bucaramanga
Chattanooga
Mississauga
Djamāl Pacha
Ismā‘īl Pacha
Naḥḥās Pacha
gutta-percha
Della Robbia
Ghisonaccia
Ponte-Leccia
Resistencia
Diego Garcia
gleditschia
Ventimiglia
saintpaulia
Christiania
christiania
Pantelleria
cryptomeria
Capo d'Istria
Capodistria
Jugoslavija
Nysa Łużycka
perestroïka
Leszczyńska
Gerlachovka
pasteurella
Pancho Villa
Domodossola
Vasco de Gama
panchen-lama
physostigma
Tanegashima
épithélioma
xanthélasma
protoplasma
Ra's al-Khayma
Roch ha-Shana
Rosh ha-Shana
Antseranana

Nueva España
Saint Helena
Leptis Magna
Giambologna
Rāmakrishna
Susquehanna
Oxenstierna
Tegucigalpa
Guadalajara
Churriguera
Jelenia Góra
Zielona Góra
Stara Zagora
Mahārāshtra
semen-contra
Pāṭaliputra
Estremadura
Extremadura
Vargas Llosa
Cabora Bassa
Ponta Grossa
raspoutitsa
Gattamelata
Mar del Plata
Mahābhārata
ultra-petita
impedimenta
Aljubarrota
Candragupta
Antofagasta
Reconquista
Cavaco Silva
Navratilova
Gontcharova
bodhisattva
Częstochowa
Polonnaruwa
Nishinomiya
Bektāchīyya
Mūritāniyya
Nyíregyháza
Chichén Itzá
chiche-kebab
Bāb al-Mandab
Chaṭṭ al-'Arab
Bab el-Mandeb
Tippoo Sahib
Sennachérib
larmes-de-job
Monbazillac
Vic-Fezensac
Tehuantepec

Mohorovičic
Bourg-Lastic
travers-banc
jean-le-blanc
Carbon-Blanc
tire-au-flanc
Ancy-le-Franc
électrochoc
Compact Disc
Solidarność
Saint-Brieuc
Bahr el-Abiad
Kaliningrad
Tselinograd
Kolarovgrad
arrache-pied
chausse-pied
trousse-pied
Lüdenscheid
Grindelwald
Schwarzwald
Springfield
Copperfield
Valleyfield
citizen band
non-marchand
Namaqualand
Deutschland
De Havilland
Crest-Voland
Rhode Island
est-allemand
Vieil-Armand
Montferrand
interfécond
arrière-fond
Bracquemond
quart-de-rond
burial-mound
underground
Kierkegaard
Montgiscard
Saint-Médard
Montrichard
Montbéliard
Le Châtelard
pantouflard
Baudrillard
chevrillard
banlieusard
cambrousard
Corée du Nord

Côtes-du-Nord
Port-Grimaud
Saint-Arnaud
Fort-Gouraud
décasyllabe
monosyllabe
octosyllabe
polysyllabe
croc-en-jambe
francophobe
Sainte-Barbe
sainte-barbe
sanguisorbe
désembourbé
Roquecourbe
euphausiacé
essuie-glace
La Ferté-Macé
papilionacé
hyperespace
petite-nièce
Grande-Grèce
Saint-Office
Saint-Office
cardinalice
frontispice
incubatrice
indicatrice
invocatrice
horodatrice
délégatrice
navigatrice
amodiatrice
spoliatrice
ampliatrice
initiatrice
inhalatrice
révélatrice
mutilatrice
fabulatrice
tabulatrice
osculatrice
modulatrice
régulatrice
simulatrice
aliénatrice
dominatrice
divinatrice
codonatrice
usurpatrice
réparatrice
séparatrice

11

libératrice
voceratrice
fédératrice
modératrice
génératrice
impératrice
admiratrice
décoratrice
dévoratrice
castratrice
obturatrice
accusatrice
dilatatrice
spectatrice
incitatrice
excitatrice
annotatrice
adaptatrice
scrutatrice
évacuatrice
excavatrice
activatrice
rénovatrice
innovatrice
réfractrice
détractrice
extractrice
collectrice
inspectrice
correctrice
trisectrice
bissectrice
protectrice
extinctrice
traductrice
conductrice
productrice
codébitrice
inhibitrice
expéditrice
répétitrice
apicultrice
avicultrice
marémotrice
locomotrice
idéomotrice
vasomotrice
automotrice
préceptrice
conceptrice
rédemptrice
corruptrice
supportrice
self-service
descendance
modern dance
concordance
discordance
insouciance
mésalliance
nonchalance
défaillance
performance
maintenance
autofinancé
codominance
chrominance
intolérance
Île-de-France
remontrance
réassurance
coassurance
Renaissance
renaissance
impuissance
conductance
bouffetance
rouspétance
becquetance
capacitance
subsistance
consistance
persistance
inconstance
délinquance
munificence
marcescence
turgescence
coalescence
opalescence
adolescence
évanescence
putrescence
lactescence
antécédence
coïncidence
réfringence
astringence
contingence
convergence
omniscience
ambivalence
équivalence
polyvalence
précellence
non-violence
réensemencé
coordinence
prééminence
proéminence
incohérence
irrévérence
concurrence
concurrencé
inappétence
impénitence
omnipotence
totipotence
équipotence
inexistence
coexistence
conséquence
Quinte-Curce
radiosource
Le Grand-Lucé
taille-douce
demi-brigade
désescalade
garde-malade
La Tremblade
mitraillade
La Feuillade
dégoulinade
arlequinade
caleçonnade
chiffonnade
Oecolampade
onguligrade
digitigrade
plantigrade
antérograde
Peyrehorade
lapalissade
arquebusade
rodomontade
Shéhérazade
maxillipède
tyrannicide
bactéricide
insecticide
infanticide
liberticide
extralucide
translucide
cérambycidé
palmatifide

syngnathidé
charadriidé
fringillidé
lysergamide
éthionamide
tolbutamide
thalidomide
pycnogonide
épicycloïde
paraboloïde
tétraploïde
albuminoïde
anthropoïde
saccharoïde
cylindroïde
Pont-de-Roide
glischroïde
porphyroïde
épileptoïde
argyraspide
antiputride
polypeptide
superfluide
Vandervelde
contrebande
Brocéliande
hache-viande
houppelande
enguirlandé
confirmande
Campo Grande
nauséabonde
Dendermonde
ballon-sonde
anticathode
saint-synode
brachiopode
céphalopode
stéganopode
gastéropode
vénéricarde
politicarde
revancharde
bambocharde
chamoniarde
trouillarde
béquillarde
capitularde
cauchemardé
caussenarde
campagnarde
montagnarde
sorbonnarde
dreyfusarde
patriotarde
miséricorde
Steenvoorde
limougeaude
reine-claude
Saint-Claude
chiquenaude
sollicitude
décrépitude
vicissitude
ingratitude
promptitude
incertitude
métaldéhyde
pilo-sébacée
simarubacée
hypéricacée
verbascacée
ampélidacée
juglandacée
broméliacée
bignoniacée
aurantiacée
crassulacée
polygonacée
papavéracée
célastracée
cupressacée
amarantacée
rhodophycée
cyanophycée
dégingandée
recommandée
millerandée
dévergondée
entrelardée
irish-coffee
inappréciée
frigorifiée
injustifiée
privilégiée
interalliée
excommuniée
non-salariée
boursouflée
inassimilée
passepoilée
Penthésilée
préemballée
contre-allée
dépenaillée
verticillée
ensoleillée
dépareillée
déguenillée
préencollée
incontrôlée
sous-peuplée
inarticulée
Grand Coulee
sus-dénommée
transformée
orthonormée
instantanée
sous-cutanée
suroxygénée
première-née
dernière-née
enchifrenée
disciplinée
dévitaminée
parcheminée
saccharinée
équisétinée
guillotinée
prédestinée
enturbannée
subordonnée
désordonnée
capuchonnée
fractionnée
carillonnée
irraisonnée
oxycarbonée
dipneumonée
désincarnée
demi-journée
poisson-épée
sous-équipée
pharmacopée
rhizocarpée
prédécoupée
entrecoupée
stéréotypée
chasse-marée
invertébrée
lombo-sacrée
synanthérée
phylloxérée
millimétrée
autocentrée
cache-entrée

11

calamistrée
administrée
iodo-iodurée
presse-purée
courbaturée
sous-saturée
médicalisée
lexicalisée
minéralisée
latéralisée
naturalisée
caramélisée
inorganisée
kératinisée
bipolarisée
métamérisée
stigmatisée
libre-pensée
décompensée
surcomposée
Tallahassee
outrepassée
embarrassée
moteur-fusée
autotractée
intersectée
aiguilletée
déchiquetée
commanditée
paridigitée
réhabilitée
inexploitée
désargentée
désorientée
mouvementée
assermentée
long-jointée
incontestée
palmiséquée
inappliquée
inexpliquée
décortiquée
inaccentuée
architravée
interviewée
porte-greffe
hippogriffe
Yellowknife
décorticage
remasticage
amour-en-cage
antiblocage
désamorçage
téléguidage
autoguidage
marchandage
achalandage
vagabondage
échosondage
aérosondage
transcodage
mouchardage
échafaudage
marivaudage
ébouriffage
réchauffage
paralangage
métalangage
effilochage
guillochage
raccrochage
rapprochage
's-Gravenhage
entomophage
ichtyophage
désiliciage
planchéiage
ressemelage
décervelage
autoréglage
trimballage
remmaillage
termaillage
grenaillage
rempaillage
ferraillage
mitraillage
touraillage
échenillage
grappillage
quadrillage
pointillage
effeuillage
bidouillage
bafouillage
cafouillage
magouillage
dépouillage
resquillage
carambolage
cambriolage
rafistolage
débenzolage
Carnon-Plage
Larmor-Plage
Valras-Plage
pelliculage
décapsulage
scénarimage
désarrimage
désensimage
désenfumage
aquaplanage
remue-ménage
concubinage
paraffinage
limousinage
libertinage
maroquinage
gardiennage
charbonnage
poinçonnage
tronçonnage
chiffonnage
griffonnage
bouchonnage
détalonnage
houblonnage
goudronnage
charronnage
cloisonnage
moissonnage
écussonnage
capitonnage
dégazonnage
bistournage
télescopage
équilibrage
saupoudrage
goal-average
déchiffrage
turboforage
redémarrage
rembourrage
long-métrage
kilométrage
sous-titrage
calfeutrage
surpâturage
affacturage
après-rasage
franchisage
carbonisage
mercerisage
Sanforisage
entreposage

11

rapetassage
rencaissage
dégraissage
engraissage
fourbissage
bouffissage
démolissage
dépolissage
repolissage
remplissage
lambrissage
amerrissage
nourrissage
pourrissage
décatissage
aplatissage
écrouissage
déchaussage
phosphatage
décachetage
feuilletage
décolletage
époussetage
dépaquetage
empaquetage
catapultage
brillantage
désavantage
désavantagé
pourcentage
charpentage
dessuintage
papillotage
héliportage
terreautage
dénoyautage
parachutage
maraboutage
cailloutage
plastiquage
chasse-neige
Saint-Saulge
Differdange
Schifflange
Martellange
interfrange
Mesabi Range
zoosporange
tissu-éponge
martyrologe
monte-charge
Lloyd George
Saint George
thaumaturge
Moulin-Rouge
Bassin rouge
Bardonnèche
gardes-pêche
pied-de-biche
contrefiche
sporotriche
outre-Manche
transmanche
Malebranche
nudibranche
pelle-pioche
aristoloche
supermarché
hypermarché
enchevauché
fanfreluche
rince-bouche
multicouche
Scaramouche
escarmouche
encartouché
bathyscaphe
chorégraphe
calligraphe
anépigraphe
paléographe
lithographe
orthographe
hagiographe
héliographe
soûlographe
stylographe
anémographe
sismographe
cosmographe
scanographe
scénographe
sténographe
ethnographe
iconographe
phonographe
pornographe
hydrographe
spirographe
pétrographe
pantographe
photographe
cartographe
piézographe
tachygraphe
catastrophe
catastrophé
antistrophe
percomorphe
homéomorphe
théromorphe
hiéroglyphe
psychopathe
télolécithe
sidérolithe
coelacanthe
Rhadamanthe
euromonnaie
agoraphobie
anglophobie
photophobie
nécromancie
chiromancie
oniromancie
cartomancie
indulgencié
différencié
La Laurencie
poisson-scie
couteau-scie
Sainte-Lucie
quadrupédie
polyploïdie
polysynodie
bradycardie
tachycardie
disqualifié
personnifié
saccharifié
authentifié
complexifié
hippophagie
coprophagie
métrorragie
tétraplégie
cervicalgie
céphalalgie
Lotharingie
minéralogie
phlébologie
malacologie
gynécologie
policologie
musicologie
lexicologie
toxicologie

11

monadologie
archéologie
spéléologie
gnoséologie
psychologie
graphologie
morphologie
exobiologie
glaciologie
cardiologie
séméiologie
bibliologie
physiologie
islamologie
potamologie
polémologie
docimologie
entomologie
séismologie
pneumologie
enzymologie
océanologie
organologie
sélénologie
phrénologie
technologie
actinologie
démonologie
chronologie
immunologie
palynologie
numérologie
néphrologie
sophrologie
futurologie
papyrologie
hématologie
hépatologie
tératologie
proctologie
erpétologie
politologie
odontologie
déontologie
égyptologie
glyptologie
embryologie
ichtyologie
métallurgie
dramaturgie
stéatopygie
tauromachie
irréfléchie
télégraphie
télégraphié
sérigraphie
cacographie
idéographie
aréographie
Infographie
échographie
échographié
holographie
xylographie
démographie
homographie
nomographie
tomographie
monographie
tonographie
topographie
typographie
Xérographie
nosographie
autographie
autographié
fluographie
hypotrophie
autotrophie
amyotrophie
philosophie
discopathie
homéopathie
ostéopathie
adénopathie
neuropathie
névropathie
foetopathie
acromégalie
glossolalie
connétablie
terre Adélie
Marie-Amélie
discophilie
anglophilie
anémophilie
nécrophilie
coprophilie
cartophilie
caducifolié
démultiplié
inaccomplie
dyscalculie
syndactylie
hétérogamie
cryptogamie
schizogamie
Mésopotamie
tachyphémie
bactériémie
insulinémie
wagon-trémie
thalassémie
carbochimie
microchimie
pétrochimie
neurochimie
photochimie
histochimie
énophtalmie
exophtalmie
Saint-Memmie
physionomie
hétéronomie
gastronomie
orthodromie
homochromie
monochromie
autochromie
polychromie
iridectomie
mammectomie
myomectomie
mastectomie
cystectomie
phlébotomie
radicotomie
stéréotomie
cardiotomie
épisiotomie
laparotomie
gastrotomie
pleurotomie
glossotomie
kératotomie
cystostomie
pachydermie
hypothermie
eurythermie
azoospermie
athymhormie
cyclothymie
Cisjordanie
lithophanie
vitrophanie
toxicomanie

nymphomanie
bibliomanie
mégalomanie
éthéromanie
cleptomanie
kleptomanie
tératogénie
embryogénie
chapellenie
châtellenie
lymphopénie
neutropénie
paraphrénie
hébéphrénie
zymotechnie
pyrotechnie
La Quintinie
hypersomnie
Paphlagonie
schizogonie
orthophonie
ambiophonie
radiophonie
disharmonie
dysharmonie
hypercapnie
dyspareunie
pleurodynie
glossodynie
Gérin-Lajoie
pouts-de-soie
poult-de-soie
Haute-Savoie
biothérapie
zoothérapie
opothérapie
isothérapie
queues-de-pie
culdoscopie
radioscopie
amnioscopie
strioscopie
rhinoscopie
colposcopie
fibroscopie
microscopie
hygroscopie
rectoscopie
foetoscopie
cystoscopie
héméralopie
desmotropie
anisotropie
thixotropie
stéréotypie
turbellarié
La Ricamarie
Louise-Marie
Sainte-Marie
Carpentarie
inférovarié
superovarié
Northumbrie
Rozay-en-Brie
hypocondrie
camaraderie
maussaderie
commanderie
faisanderie
descenderie
clabauderie
tartufferie
boulangerie
supercherie
hongroierie
sensiblerie
espièglerie
sorcellerie
sommellerie
tonnellerie
chapellerie
hostellerie
coutellerie
criaillerie
canaillerie
gouaillerie
distillerie
brouillerie
bégueulerie
gendarmerie
stéarinerie
mesquinerie
bouquinerie
paysannerie
chouannerie
fauconnerie
amidonnerie
cordonnerie
cochonnerie
boulonnerie
friponnerie
ferronnerie
cartonnerie
moutonnerie
flagornerie
vallisnérie
vinaigrerie
sénatorerie
teinturerie
gauloiserie
chamoiserie
chinoiserie
grivoiserie
tracasserie
avocasserie
mollasserie
plumasserie
saurisserie
carrosserie
gobeleterie
buffleterie
graineterie
briqueterie
marqueterie
dynamiterie
biscuiterie
forfanterie
effronterie
chuchoterie
dominoterie
ébénisterie
lampisterie
dentisterie
Déchetterie
tabletterie
billetterie
coquetterie
biscotterie
cachotterie
charcuterie
maniaquerie
loufoquerie
escroquerie
conserverie
duché-pairie
métathéorie
kilocalorie
inapproprié
psychiatrie
ophiolâtrie
astrolâtrie
opacimétrie
acidimétrie
planimétrie
titrimétrie
densimétrie

11

gravimétrie
tribométrie
sociométrie
audiométrie
eudiométrie
goniométrie
sismométrie
économétrie
phonométrie
axonométrie
alcoométrie
micrométrie
hydrométrie
hygrométrie
astrométrie
hypsométrie
photométrie
bathymétrie
dissymétrie
aérogastrie
Joliot-Curie
pollakiurie
protéinurie
albuminurie
Mandchourie
succenturié
Australasie
ostéoclasie
leucoplasie
hyperplasie
angiectasie
atélectasie
rhexistasie
homéostasie
cénesthésie
cinesthésie
kinesthésie
synesthésie
baresthésie
paresthésie
télékinésie
hypermnésie
bourgeoisie
narcolepsie
hémianopsie
crève-vessie
Biélorussie
hypoacousie
médiocratie
différentié
orthodontie
extravertie
introvertie
désassortie
cryoclastie
ionoplastie
autoplastie
eucharistie
somniloquie
Yougoslavie
Scandinavie
métagalaxie
anaphylaxie
prophylaxie
chiropraxie
stéréotaxie
phyllotaxie
néphropexie
hétérodoxie
Karadjordje
Bolingbroke
Héliogabale
bringuebalé
brinquebalé
semi-globale
ammoniacale
iléo-caecale
biomédicale
pontificale
hyperfocale
uxorilocale
matrilocale
patrilocale
matriarcale
patriarcale
parafiscale
antifiscale
grand-ducale
rhomboïdale
hélicoïdale
conchoïdale
sphénoïdale
solénoïdale
sphéroïdale
sinusoïdale
intertidale
Chippendale
chippendale
intermodale
péritonéale
extralégale
ornithogale
diencéphale
anencéphale
cynocéphale
acrocéphale
autocéphale
proverbiale
solsticiale
provinciale
antisociale
commerciale
lycopodiale
précordiale
primordiale
épithéliale
sous-filiale
nosocomiale
polynomiale
immémoriale
sanatoriale
sénatoriale
équatoriale
tinctoriale
paroissiale
prénuptiale
consortiale
équinoxiale
duodécimale
centésimale
paranormale
sous-normale
anévrismale
anévrysmale
phénoménale
anticlinale
monoclinale
scitaminale
subliminale
uninominale
pronominale
mandarinale
intestinale
ennéagonale
pentagonale
heptagonale
orthogonale
méridionale
obsidionale
binationale
monoclonale
Sardanapale
archétypale
confédérale
guttiférale
unilatérale

trilatérale
collatérale
parentérale
décemvirale
triumvirale
orchestrale
procédurale
structurale
scripturale
sculpturale
parastatale
dialypétale
suborbitale
prégénitale
congénitale
uro-génitale
sincipitale
occidentale
ornementale
monumentale
parodontale
horizontale
sacerdotale
aéropostale
sublinguale
perlinguale
adjectivale
ineffaçable
remplaçable
prononçable
irrévocable
confiscable
indécidable
intimidable
rescindable
indécodable
indémodable
inabordable
dommageable
aménageable
partageable
négligeable
échangeable
immangeable
arrangeable
imperméable
désagréable
chantefable
infatigable
approchable
intouchable
appréciable

justiciable
licenciable
dissociable
congédiable
putréfiable
liquéfiable
acidifiable
qualifiable
planifiable
vitrifiable
falsifiable
rectifiable
justifiable
mystifiable
satisfiable
inoubliable
impubliable
conciliable
rapatriable
amnistiable
assimilable
contrôlable
comprimable
inestimable
inflammable
consommable
inaliénable
dédaignable
injoignable
entraînable
déracinable
condamnable
pardonnable
actionnable
raisonnable
discernable
gouvernable
rattrapable
irréparable
inséparable
dénombrable
innombrable
intolérable
récupérable
inaltérable
indésirable
améliorable
défavorable
inénarrable
démontrable
encastrable
ministrable

infeutrable
semi-durable
recouvrable
inapaisable
localisable
canalisable
mobilisable
civilisable
organisable
colonisable
canonisable
mémorisable
maîtrisable
inépuisable
condensable
compensable
dispensable
responsable
inopposable
traversable
inclassable
encaissable
guérissable
saisissable
carrossable
déhoussable
irrécusable
inexcusable
constatable
rétractable
connectable
respectable
inéluctable
crochetable
souhaitable
intraitable
inhabitable
indubitable
inexcitable
exploitable
inéquitable
consultable
implantable
augmentable
fermentable
présentable
surmontable
escamotable
décapotable
inadaptable
escomptable
indomptable

11

confortable
supportable
contestable
protestable
regrettable
acquittable
irréfutable
attribuable
transmuable
indénouable
critiquable
immanquable
remarquable
destituable
restituable
irrecevable
improuvable
approuvable
introuvable
autosexable
impitoyable
incoercible
putrescible
réfrangible
infrangible
infaillible
traduisible
indivisible
submersible
successible
inamissible
extractible
perfectible
prédictible
conductible
productible
perceptible
susceptible
corruptible
convertible
suggestible
combustible
désassemblé
Villemomble
garde-meuble
liposoluble
conceptacle
Thémistocle
escarboucle
hétérocycle
époustouflé
hippomobile
Sainte-Odile
tranchefile
francophile
nucléophile
bibliophile
entomophile
spermophile
spasmophile
éosinophile
neutrophile
désassimilé
protoétoile
aegagropile
antiamarile
antimissile
euromissile
contractile
protractile
triqueballe
hémérocalle
église-halle
Saint Phalle
sac-poubelle
jouvencelle
violoncelle
involucelle
morvandelle
zooflagellé
tourangelle
matricielle
actuarielle
sensorielle
tensorielle
factorielle
sectorielle
vectorielle
mercurielle
démentielle
carentielle
essentielle
potentielle
lessivielle
Supervielle
coucoumelle
pimprenelle
sélaginelle
dauphinelle
lésionnelle
fusionnelle
rationnelle
notionnelle
optionnelle
citronnelle
personnelle
fraternelle
coéternelle
ritournelle
chanterelle
tourterelle
atemporelle
pipistrelle
pastourelle
universelle
tagliatelle
euplectelle
Carmontelle
Compostelle
continuelle
bisannuelle
menstruelle
bimensuelle
délictuelle
perpétuelle
spirituelle
accentuelle
unisexuelle
semi-voyelle
entrebâillé
passacaille
criticaillé
blanchaille
hache-paille
broussaille
entretaillé
basse-taille
discutaillé
Cornouaille
antiquaille
retravaillé
colibacille
Fontvieille
ensommeillé
rappareillé
cure-oreille
déconseillé
embouteillé
avant-veille
petite-fille
sous-famille
souquenille
La Trémoille
myofibrille
écrabouillé
bourbouille

glandouillé
crachouillé
bisbrouille
antirouille
dépatouillé
ratatouille
Tourlaville
Brazzaville
Franceville
Porcheville
Charleville
Bulgnéville
Sambreville
Gonfreville
centre-ville
Bretteville
Longueville
Bacqueville
Tocqueville
Decazeville
Flamanville
Hermanville
Magnanville
Offranville
Gargenville
Romainville
Mondonville
Bouzonville
Nouzonville
Tancarville
Thiberville
Gomberville
Monnerville
Albertville
Alfortville
Ribeauvillé
La Vieuville
Sandouville
contrecollé
chrysocolle
ichtyocolle
rousserolle
myriophylle
cavernicole
Champagnole
chantignole
croquignole
porte-parole
profiterole
condisciple
désaccouplé
Romé de l'Isle

démantibulé
microtubule
cicatricule
immatriculé
désarticulé
diverticule
désoperculé
pont-bascule
groupuscule
filipendule
micromodule
brûle-gueule
casse-gueule
amuse-gueule
micropilule
tourneboulé
La Bourboule
pied-de-poule
nids-de-poule
térébratule
Pont-de-Veyle
dicarbonylé
sulfhydryle
phosphoryle
polydactyle
hydrocotyle
dodécastyle
modern style
Bourg-Madame
trous-madame
phanérogame
tétradyname
psychodrame
disulfirame
hippopotame
hélianthème
millionième
dix-huitième
quarantième
septantième
soixantième
dix-septième
dix-neuvième
quatorzième
double-crème
sous-système
Sainte-Vehme
pusillanime
désenvenimé
surcomprimé
grandissime
sérénissime

lance-flamme
cache-flamme
désenflammé
atome-gramme
calligramme
milligramme
centigramme
vidéogramme
sociogramme
radiogramme
audiogramme
câblogramme
myélogramme
sismogramme
adénogramme
sténogramme
remnogramme
phonogramme
déprogrammé
reprogrammé
hectogramme
pictogramme
cartogramme
histogramme
gentilhomme
opisthodome
Douglas-Home
Dupuy de Lôme
Deutéronome
ruine-de-Rome
Saint-Jérôme
ferrochrome
trypanosome
ankylostome
Chrysostome
dysembryome
xanthoderme
phelloderme
mélanoderme
échinoderme
blastoderme
homéotherme
sténotherme
angiosperme
gymnosperme
haut-de-forme
protéiforme
tubériforme
ansériforme
digitiforme
chloroforme
chloroformé

11

iconoclasme
protoplasme
pharisaïsme
panarabisme
antiracisme
psittacisme
mécanicisme
organicisme
classicisme
scepticisme
gnosticisme
antipodisme
monoidéisme
manichéisme
monothéisme
polythéisme
macroséisme
microséisme
absentéisme
caravagisme
boulangisme
paralogisme
ontologisme
revanchisme
monarchisme
dimorphisme
absinthisme
kharidjisme
spartakisme
lamarckisme
radicalisme
néoréalisme
surréalisme
mondialisme
thermalisme
nominalisme
journalisme
libéralisme
fédéralisme
immoralisme
caporalisme
centralisme
neutralisme
naturalisme
amensalisme
végétalisme
capitalisme
sensualisme
évangélisme
immobilisme
nombrilisme
mutazilisme

mutuellisme
catabolisme
métabolisme
néothomisme
conformisme
africanisme
lesbianisme
italianisme
messianisme
brahmanisme
occitanisme
puritanisme
donjuanisme
indigénisme
monogénisme
polygénisme
oecuménisme
jacobinisme
morphinisme
illuminisme
chauvinisme
gasconnisme
antagonisme
pyrrhonisme
marcionisme
bullionisme
hégémonisme
géotropisme
végétarisme
monétarisme
militarisme
paritarisme
pompiérisme
carriérisme
fouriérisme
ouvriérisme
bicamérisme
évhémérisme
illettrisme
amateurisme
aventurisme
molinosisme
narcissisme
adiabatisme
lymphatisme
pithiatisme
schématisme
pragmatisme
stigmatisme
chromatisme
automatisme
traumatisme

séparatisme
prophétisme
synthétisme
aplanétisme
syncrétisme
cénobitisme
sybaritisme
arthritisme
favoritisme
parasitisme
gestaltisme
néokantisme
patriotisme
anabaptisme
conceptisme
maccartisme
tripartisme
colbertisme
travestisme
absolutisme
bilinguisme
vishnouisme
panslavisme
bolchevisme
récidivisme
négativisme
relativisme
positivisme
Sainte-Baume
Font-de-Gaume
réaccoutumé
inaccoutumé
collenchyme
schizothyme
tryptophane
Aristophane
Transoxiane
cocaïnomane
héroïnomane
gallo-romane
rhéto-romane
balletomane
diathermane
extemporané
transcutané
cyclohexane
pléistocène
Jayawardene
cancérigène
Scot Érigène
frigorigène
anorexigène

lacrymogène
carcinogène
criminogène
fibrinogène
cancérogène
électrogène
galactogène
réflexogène
Ératosthène
catéchumène
polypropène
oligophrène
polystyrène
Cantacuzène
Charlemagne
charlemagne
raccompagné
contresigné
cols-de-cygne
périurbaine
afro-cubaine
Dominicaine
dominicaine
armoricaine
désenchaîné
Chapdelaine
Bouchemaine
casse-graine
souterraine
surentraîné
toulousaine
napolitaine
samaritaine
quarantaine
prétantaine
septantaine
soixantaine
prétentaine
Colfontaine
jamaïquaine
hémoglobine
psilocybine
coupe-racine
gentamicine
rifampicine
incarnadine
gourgandine
transandine
visitandine
biliverdine
La Madeleine
Bar-sur-Seine
polyoléfine
Cochinchine
Rostopchine
Tolboukhine
cristophine
diamorphine
apomorphine
hélianthine
sténohaline
encéphaline
enképhaline
thermocline
cristalline
bivitelline
pénicilline
ampicilline
folliculine
tuberculine
La Condamine
scopolamine
amphétamine
provitamine
décontaminé
théobromine
indéterminé
hémocyanine
agglutinine
calcitonine
Assiniboine
Chalcédoine
Marc-Antoine
transalpine
pilocarpine
garde-marine
aigue-marine
héliomarine
alexandrine
globigérine
quercitrine
Mitchourine
couleuvrine
amidopyrine
gomme-résine
bloc-cuisine
érythrosine
gréco-latine
Bénédictine
Éléphantine
éléphantine
brillantine
brillantiné
laborantine
Constantine
vinblastine
clandestine
trappistine
vincristine
langoustine
consanguine
chloroquine
riboflavine
Herzégovine
ferrédoxine
marie-jeanne
confucéenne
manichéenne
Magdaléenne
herculéenne
arachnéenne
cyclopéenne
érythréenne
sud-coréenne
marmoréenne
solutréenne
échiquéenne
colombienne
microbienne
balzacienne
stylicienne
phénicienne
clinicienne
ébroïcienne
sulpicienne
patricienne
métricienne
mauricienne
physicienne
praticienne
tacticienne
cadurcienne
circadienne
palladienne
tragédienne
phocidienne
rachidienne
euclidienne
quotidienne
liquidienne
dravidienne
néo-indienne
bermudienne
chérifienne
collégienne
norvégienne

11 féringienne
laryngienne
pélasgienne
coccygienne
uropygienne
basochienne
algonkienne
pascalienne
mammalienne
normalienne
spinalienne
cantalienne
ismaélienne
israélienne
mendélienne
cornélienne
zwinglienne
ismaïlienne
brésilienne
reptilienne
corallienne
mongolienne
condylienne
néocomienne
vulcanienne
rhodanienne
jordanienne
soudanienne
campanienne
touranienne
lituanienne
tanzanienne
ukrainienne
stalinienne
paulinienne
darwinienne
essonnienne
draconienne
londonienne
chthonienne
daltonienne
plutonienne
newtonienne
amazonienne
saturnienne
étasunienne
hercynienne
éthiopienne
euscarienne
euskarienne
eskuarienne
estuarienne
subaérienne
luthérienne
euskerienne
hitlérienne
mesmérienne
wagnérienne
jennérienne
bactérienne
zostérienne
grégorienne
angkorienne
victorienne
prétorienne
pastorienne
nestorienne
historienne
épicurienne
hondurienne
tellurienne
hanovrienne
zéphyrienne
caucasienne
vespasienne
amérasienne
magnésienne
keynésienne
cartésienne
calaisienne
wallisienne
clunisienne
pharisienne
Ambrosienne
ambrosienne
jurassienne
dionysienne
dalmatienne
Port-Étienne
koweïtienne
micoquienne
Haute-Vienne
cracovienne
pavlovienne
varsovienne
corrézienne
imparipenné
himalayenne
uruguayenne
indo-aryenne
louise-bonne
caparaçonné
Brabançonne
brabançonne
charançonné
insoupçonné
désamidonné
sauvageonne
ébourgeonné
déchiffonné
berrichonne
contagionné
provisionné
ascensionné
dimensionné
excursionné
dépassionné
démissionné
contusionné
collationné
affectionné
sélectionné
conditionné
intentionné
attentionné
commotionné
réceptionné
débâillonné
tardillonne
réveillonné
vermillonné
émerillonné
négrillonne
tourillonné
postillonné
aiguillonné
brouillonne
brouillonné
gravillonné
demi-colonne
pets-de-nonne
maquignonné
beauceronne
percheronne
moucheronné
quarteronne
décloisonné
Carcassonne
mollassonne
saucissonné
empoissonné
oeilletonné
gueuletonné
acotylédone
Sierra Leone
hendécagone

francophone
créolophone
Castiglione
anticyclone
aldostérone
tautochrone
Livingstone
Silverstone
Yellowstone
Bry-sur-Marne
postmoderne
Tissapherne
lectisterne
Moÿ-de-l'Aisne
Vic-sur-Aisne
poisson-lune
inopportune
culs-de-lampe
psychopompe
thermopompe
bateau-pompe
épidiascope
Cinémascope
stroboscope
stéréoscope
stéthoscope
thermoscope
gastroscope
négatoscope
kinétoscope
amblyoscope
marie-salope
lycanthrope
atlanthrope
sinanthrope
paranthrope
misanthrope
gonadotrope
thyréotrope
psychotrope
somatotrope
entourloupe
intergroupe
galvanotype
Shakespeare
coupe-cigare
porte-cigare
bateau-phare
sous-déclaré
gémellipare
ovovivipare
Saint-Lazare
chlorofibre
sous-calibré
rééquilibré
antichambre
désencombré
archidiacre
Pain de Sucre
accord-cadre
Anaximandre
palissandre
redescendre
scolopendre
réapprendre
contraindre
restreindre
périchondre
prêt-à-coudre
wagon-foudre
coton-poudre
réincarcéré
débarcadère
embarcadère
déconsidéré
reconsidéré
inconsidéré
fossilifère
corallifère
métallifère
ombellifère
pétrolifère
vaccinifère
lithinifère
staminifère
platinifère
carbonifère
stolonifère
nectarifère
argentifère
quartzifère
ultralégère
potamochère
dextrochère
planisphère
gravisphère
lithosphère
ozonosphère
troposphère
hydrosphère
photosphère
bathysphère
populacière
Lamoricière
nourricière
outrancière
tréfoncière
limonadière
journalière
frontalière
chancelière
bourrelière
immobilière
sourcilière
fourmilière
courtilière
dentellière
Largillière
serpillière
La Vrillière
coquillière
épistolière
irrégulière
bandoulière
printanière
caravanière
magasinière
poussinière
bonbonnière
braconnière
garçonnière
amidonnière
cordonnière
goujonnière
sablonnière
pouponnière
ferronnière
saisonnière
prisonnière
piétonnière
cantonnière
mentonnière
cartonnière
boutonnière
moutonnière
coéquipière
Salpêtrière
aventurière
teinturière
traversière
tracassière
avocassière
plumassière
carnassière
dépoussiéré
empoussiéré

11

La Mulatière
antimatière
guichetière
chaînetière
grainetière
canepetière
cabaretière
charretière
bouquetière
cohéritière
Largentière
anecdotière
ballastière
regrattière
condottiere
cachottière
charcutière
Labruguière
boutiquière
La Jonquière
crémaillère
conseillère
rabouillère
genouillère
éniantiomère
milliampère
cache-misère
hélicoptère
lépidoptère
trichoptère
mégaloptère
percnoptère
balénoptère
hyménoptère
hétéroptère
chéiroptère
dictyoptère
familistère
phalanstère
Della Rovere
Pôrto Alegre
tête-de-nègre
oeil-de-tigre
apothicaire
unilinéaire
contrefaire
savoir-faire
subsidiaire
incendiaire
conciliaire
coralliaire
vendémiaire
ferroviaire
radicalaire
atrabilaire
parcellaire
flagellaire
scutellaire
fibrillaire
fritillaire
préscolaire
calcéolaire
malléolaire
équimolaire
semi-polaire
luni-solaire
épistolaire
vocabulaire
patibulaire
moléculaire
orbiculaire
radiculaire
pédiculaire
véhiculaire
caniculaire
funiculaire
utriculaire
auriculaire
vésiculaire
réticulaire
articulaire
naviculaire
tronculaire
avunculaire
biloculaire
binoculaire
monoculaire
operculaire
glandulaire
scrofulaire
impopulaire
capitulaire
intérimaire
membranaire
nonagénaire
sexagénaire
octogénaire
trentenaire
Apollinaire
vétérinaire
doctrinaire
poitrinaire
sanguinaire
légionnaire
lésionnaire
visionnaire
rationnaire
actionnaire
sermonnaire
quaternaire
semi-lunaire
anthozoaire
artiozoaire
hydrozoaire
sporozoaire
protozoaire
phytozoaire
Beaurepaire
Le Téméraire
stercoraire
registraire
indivisaire
dispensaire
commissaire
apophysaire
célibataire
abdicataire
dédicataire
allocataire
colocataire
délégataire
colégataire
obligataire
amodiataire
aliénataire
codonataire
prestataire
réfractaire
forfaitaire
capacitaire
déficitaire
héréditaire
velléitaire
totalitaire
humanitaire
immunitaire
prioritaire
majoritaire
minoritaire
autoritaire
sécuritaire
parasitaire
transitaire
dépositaire
identitaire
diamantaire

11

placentaire
élémentaire
segmentaire
pigmentaire
alimentaire
commentaire
frumentaire
serpentaire
baptistaire
allocutaire
gonocytaire
macrocheire
Saint-Geoire
pataugeoire
Saint-Jeoire
aide-mémoire
Pointe-Noire
possessoire
commissoire
dédicatoire
vésicatoire
révocatoire
invocatoire
fraudatoire
obligatoire
fumigatoire
abrogatoire
dérogatoire
jubilatoire
dépilatoire
ambulatoire
jaculatoire
ondulatoire
estimatoire
divinatoire
usurpatoire
libératoire
aspiratoire
expiratoire
laboratoire
accusatoire
trajectoire
supplétoire
définitoire
transitoire
promontoire
péremptoire
préhistoire
consistoire
absolutoire
résolutoire
Côte-d'Ivoire
surproduire
la Toussuire
Terpsichore
trochophore
onychophore
luminophore
pogonophore
déphosphoré
tubuliflore
liguliflore
versicolore
multicolore
Saint-Honoré
saint-honoré
infrasonore
ultrasonore
réincorporé
entre-dévoré
insectivore
budgétivore
détritivore
interrompre
amour-propre
contrecarré
lance-amarre
porte-amarre
lance-pierre
perce-pierre
casse-pierre
Robespierre
Petitpierre
Saint-Pierre
saint-pierre
terre à terre
Grande-Terre
va-t-en-guerre
après-guerre
avant-guerre
essuie-verre
petit-beurre
café-théâtre
Placoplâtre
trois-quatre
vingt-quatre
ampèremètre
capacimètre
humidimètre
alcalimètre
polarimètre
calorimètre
colorimètre
abrasimètre
newton-mètre
tachéomètre
graphomètre
tensiomètre
fluviomètre
pluviomètre
éthylomètre
dynamomètre
cinémomètre
stigmomètre
thermomètre
chronomètre
chronométré
sphéromètre
scléromètre
butyromètre
dilatomètre
odontomètre
grisoumètre
archiprêtre
petit-maître
méconnaître
reconnaître
comparaître
disparaître
devise-titre
ultrafiltre
déconcentré
orthocentre
avant-centre
haute-contre
porte-montre
catadioptre
réorchestré
vaguemestre
bourgmestre
dentirostre
ténuirostre
carte-lettre
entremettre
transmettre
stylo-feutre
tête-de-Maure
Sainte-Maure
sainte-maure
plésiosaure
brontosaure
ichtyosaure
Arcy-sur-Cure
Estrémadure
ampère-heure
postérieure

11

Pacy-sur-Eure
polysulfure
transfiguré
effilochure
guillochure
enfourchure
demi-reliure
antimoniure
encastelure
peinturluré
vermiculure
égratignure
Samory Touré
oxychlorure
rembourrure
autocensure
autocensuré
matelassure
chancissure
noircissure
bouffissure
flétrissure
roussissure
blettissure
cléricature
candidature
alcoolature
législature
musculature
température
littérature
manufacture
manufacturé
contracture
contracturé
conjoncture
acuponcture
acupuncture
déstructuré
restructuré
rentraiture
portraituré
déconfiture
progéniture
investiture
aquaculture
oléiculture
saliculture
viniculture
cuniculture
agriculture
viticulture
aquiculture
riziculture
hémoculture
monoculture
motoculture
polyculture
parementure
Bonaventure
mésaventure
réouverture
pyrogravure
rotogravure
bec-de-lièvre
Montgenèvre
couvre-livre
savoir-vivre
chef-d'oeuvre
main-d'oeuvre
hors-d'oeuvre
lamprophyre
Pas de la Case
attaché-case
ascaridiase
plagioclase
carboxylase
transférase
chrysoprase
phosphatase
biosynthèse
leucopoïèse
glycogenèse
ostéogenèse
pathogenèse
lithogenèse
orthogenèse
sociogenèse
phylogenèse
androgenèse
épirogenèse
pétrogenèse
photogenèse
histogenèse
caryocinèse
Péloponnèse
cytaphérèse
paracentèse
Lafrançaise
bangladaise
hollandaise
finlandaise
sri lankaise
new-yorkaise
sénégalaise
Saint-Blaise
bhoutanaise
botswanaise
Narbonnaise
lisbonnaise
Chalonnaise
boulonnaise
toulonnaise
héraultaise
charentaise
piémontaise
camarguaise
marchandise
gourmandise
standardisé
clochardisé
roublardise
papelardise
gaillardise
paillardise
flemmardise
homogénéisé
hiérarchisé
cannibalisé
radiobalise
radiobalisé
syndicalisé
tropicalisé
défiscalisé
officialisé
resocialisé
matérialisé
marginalisé
criminalisé
régionalisé
nationalisé
rationalisé
communalisé
désacralisé
théâtralisé
hospitalisé
immortalisé
réactualisé
désexualisé
fleurdelisé
sociabilisé
culpabilisé
rentabilisé
déstabilisé
crédibilisé
sensibilisé

flexibilisé
infantilisé
sous-utilisé
cristallisé
désatellisé
vasectomisé
américanisé
européanisé
désorganisé
déshumanisé
champagnisé
dévirginisé
déstalinisé
masculinisé
synchronisé
impatronisé
villageoise
grenobloise
bruxelloise
stéphanoise
champenoise
quercinoise
prochinoise
dauphinoise
quercynoise
audomaroise
entrecroisé
trégorroise
Méry-sur-Oise
vichyssoise
Seine-et-Oise
familiarisé
déscolarisé
circularisé
vascularisé
singularisé
prolétarisé
sédentarisé
sanctuarisé
caractérisé
squattérisé
vert-de-grisé
infériorisé
intériorisé
extériorisé
désectorisé
miniaturisé
dédramatisé
mathématisé
systématisé
achromatisé
informatisé
démocratisé
alphabétisé
débudgétisé
démagnétisé
fainéantise
Marie-Louise
marie-louise
adjectivisé
contredanse
autodéfense
prépsychose
anamorphose
dysmorphose
anaérobiose
cryptobiose
trombidiose
ascaridiose
nosoconiose
bilharziose
furonculose
tuberculose
strongylose
hypodermose
acrocyanose
anthracnose
collagénose
hallucinose
avitaminose
hydarthrose
hémarthrose
synarthrose
coxarthrose
ostéoporose
laurier-rose
angiomatose
myélomatose
fibromatose
distomatose
dyskératose
acidocétose
parodontose
leucocytose
phagocytose
controverse
controversé
contrebasse
garde-chasse
interclasse
interclassé
brouillasse
brouillassé
dégueulasse
décadenassé
ragougnasse
contre-passé
désencrassé
gentillesse
Chantemesse
Longuenesse
chanoinesse
patronnesse
guinderesse
devineresse
chasseresse
transgressé
décompressé
délicatesse
prophétesse
impolitesse
sot-l'y-laisse
tchérémisse
chaude-pisse
entrecuisse
petit-suisse
Metzervisse
ophioglosse
balai-brosse
tapis-brosse
Biscarrosse
cyclo-pousse
taxi-brousse
Barberousse
ayants cause
stratopause
quémandeuse
descendeuse
chapardeuse
esbroufeuse
marécageuse
déménageuse
moyenâgeuse
naufrageuse
avantageuse
vendangeuse
défricheuse
pasticheuse
bambocheuse
accrocheuse
décrocheuse
démarcheuse
accoucheuse
retoucheuse
Courteheuse
catarrheuse

11

squirrheuse
fallacieuse
pernicieuse
suspicieuse
avaricieuse
capricieuse
licencieuse
silencieuse
insoucieuse
fastidieuse
rectifieuse
contagieuse
prodigieuse
areligieuse
calomnieuse
insomnieuse
harmonieuse
mystérieuse
victorieuse
infectieuse
obséquieuse
scandaleuse
scrabbleuse
assembleuse
persifleuse
étrangleuse
rentoileuse
querelleuse
rocailleuse
criailleuse
rimailleuse
pinailleuse
ripailleuse
empailleuse
corailleuse
batailleuse
gouailleuse
rhabilleuse
morbilleuse
gaspilleuse
toupilleuse
bousilleuse
pastilleuse
maquilleuse
batifoleuse
vitrioleuse
monopoleuse
contrôleuse
sous-soleuse
miraculeuse
vésiculeuse
méticuleuse
striduleuse
glanduleuse
frauduleuse
scrofuleuse
scrupuleuse
déchaumeuse
membraneuse
gangreneuse
montagneuse
dédaigneuse
migraineuse
entraîneuse
libidineuse
oléagineuse
rubigineuse
fuligineuse
lanugineuse
trichineuse
faramineuse
albumineuse
légumineuse
enlumineuse
volumineuse
cérumineuse
bitumineuse
gélatineuse
baratineuse
bouquineuse
rançonneuse
floconneuse
randonneuse
bougonneuse
visionneuse
sablonneuse
sermonneuse
tamponneuse
raisonneuse
cartonneuse
boutonneuse
moutonneuse
crayonneuse
flagorneuse
kidnappeuse
accapareuse
massacreuse
calandreuse
filandreuse
cylindreuse
cadavéreuse
pellagreuse
sous-vireuse
stertoreuse
désastreuse
malheureuse
chaleureuse
discoureuse
langoureuse
douloureuse
plantureuse
aventureuse
découvreuse
mortaiseuse
chamoiseuse
embrasseuse
redresseuse
ourdisseuse
vernisseuse
brunisseuse
guérisseuse
pétrisseuse
saurisseuse
sertisseuse
oedémateuse
eczémateuse
rouspéteuse
étiqueteuse
banqueteuse
graffiteuse
chichiteuse
graphiteuse
calamiteuse
dynamiteuse
séléniteuse
exploiteuse
brocanteuse
sarmenteuse
emprunteuse
chuchoteuse
comploteuse
escamoteuse
grignoteuse
colporteuse
rapporteuse
basketteuse
prometteuse
raquetteuse
boycotteuse
grisouteuse
harangueuse
matraqueuse
belliqueuse
critiqueuse
démarqueuse
remorqueuse

extorqueuse
verruqueuse
monstrueuse
défectueuse
affectueuse
délictueuse
tempétueuse
spiritueuse
tumultueuse
talentueuse
voluptueuse
incestueuse
majestueuse
enjoliveuse
remblayeuse
pourvoyeuse
télédiffusé
Schaffhouse
Mickey Mouse
hémodialyse
autoanalyse
thrombolyse
fibrinolyse
électrolyse
électrolysé
thiosulfate
antimoniate
Ponce Pilate
mandibulate
méprobamate
anastigmate
décarbonaté
bicarbonate
bicarbonaté
serbo-croate
physiocrate
phallocrate
technocrate
aristocrate
ploutocrate
bureaucrate
chélicérate
perchlorate
autodidacte
décontracté
pleuronecte
indistincte
analphabète
discomycète
phycomycète
siphomycète
trouble-fête

sous-préfète
thesmothète
mont-de-piété
contrariété
impropriété
copropriété
riveraineté
suzeraineté
citoyenneté
mitoyenneté
grossièreté
malpropreté
opiniâtreté
gracieuseté
immédiateté
contrefaite
préretraite
préretraité
surcapacité
sporadicité
appendicite
périodicité
spécificité
catholicité
épidémicité
historicité
électricité
herméticité
domesticité
analyticité
réciprocité
intrépidité
infécondité
incommodité
péricardite
endocardite
spontanéité
homogénéité
hyposulfite
oesophagite
lymphangite
verticalité
prodigalité
encéphalite
officialité
domanialité
matérialité
comitialité
originalité
marginalité
criminalité
nationalité

rationalité
cérébralité
littéralité
intégralité
temporalité
théâtralité
surnatalité
hospitalité
immortalité
inactualité
ponctualité
éventualité
bisexualité
hétéroclite
probabilité
soudabilité
sociabilité
maniabilité
variabilité
coulabilité
usinabilité
culpabilité
ouvrabilité
faisabilité
rentabilité
portabilité
instabilité
immuabilité
solvabilité
miscibilité
crédibilité
éligibilité
exigibilité
tangibilité
fongibilité
sensibilité
cessibilité
possibilité
amovibilité
flexibilité
versatilité
infertilité
cristallite
imbécillité
amphibolite
recto-colite
cosmopolite
métropolite
folliculite
incrédulité
longanimité
magnanimité

11

épididymite
hiéronymite
molybdénite
masculinité
valentinite
réunionnite
smithsonite
copaternité
importunité
opportunité
surexploité
colinéarité
familiarité
capillarite
capillarité
pupillarité
radiolarite
exemplarité
circularité
singularité
gemmiparité
multiparité
littérarité
sédentarité
insalubrité
hématocrite
non-inscrite
alexandrite
insincérité
épisclérite
cassitérite
phosphorite
infériorité
supériorité
antériorité
intériorité
extériorité
endométrite
alabastrite
prématurité
polynévrite
verrucosité
religiosité
spongiosité
ingéniosité
incuriosité
dangerosité
schistosité
impétuosité
somptuosité
monophysite
pancréatite
panclastite
surdi-mutité
promiscuité
superfluité
incongruité
impulsivité
expansivité
récursivité
récessivité
agressivité
exclusivité
combativité
siccativité
normativité
captativité
non-activité
suractivité
affectivité
effectivité
objectivité
sélectivité
directivité
inventivité
inémotivité
réceptivité
résistivité
évolutivité
réflexivité
désherbante
remplaçante
claudicante
intoxicante
commençante
commerçante
pétaradante
invalidante
intimidante
descendante
prétendante
rescindante
confondante
contondante
concordante
discordante
désoxydante
outrageante
assiégeante
affligeante
dérangeante
arrangeante
échauffante
défatigante
colitigante
wallingante
flamingante
desséchante
désenchanté
approchante
trébuchante
triomphante
hiérophante
insouciante
stupéfiante
liquéfiante
barbifiante
acidifiante
qualifiante
amplifiante
lubrifiante
terrifiante
horrifiante
pétrifiante
nitrifiante
gratifiante
pontifiante
fortifiante
mortifiante
justifiante
mystifiante
conciliante
communiante
amnistiante
balbutiante
asphyxiante
nonchalante
redoublante
chancelante
étincelante
ruisselante
ensanglanté
désopilante
défaillante
assaillante
détaillante
frétillante
sautillante
ébouillanté
amouillante
grouillante
mirobolante
flageolante
affriolante
transplanté
stridulante

roucoulante
performante
surprenante
enseignante
entraînante
chagrinante
avoisinante
pigeonnante
foisonnante
grisonnante
malsonnante
bretonnante
gouvernante
constipante
cooccupante
encombrante
massacrante
délibérante
intolérante
exaspérante
conquérante
déflagrante
édulcorante
malodorante
améliorante
décolorante
subintrante
détartrante
concourante
dénaturante
malfaisante
archaïsante
déplaisante
hébraïsante
énergisante
gauchisante
pénalisante
moralisante
totalisante
virilisante
dynamisante
féminisante
latinisante
japonisante
immunisante
curarisante
valorisante
favorisante
sécurisante
sémitisante
sclérosante
dispersante
renversante
fracassante
oppressante
encaissante
renaissante
rougissante
avilissante
coulissante
frémissante
hennissante
jaunissante
angoissante
glapissante
florissante
ahurissante
saisissante
abêtissante
impuissante
repoussante
paralysante
inquiétante
cliquetante
retraitante
exorbitante
colicitante
débilitante
exploitante
consultante
consentante
esquintante
ravigotante
crachotante
clignotante
chevrotante
concertante
protestante
attristante
subsistante
consistante
persistante
inexistante
inconstante
incrustante
combattante
grelottante
frisottante
dépolluante
trafiquante
pratiquante
délinquante
tonitruante
récidivante
inscrivante
démotivante
dissolvante
distrayante
grasseyante
flamboyante
rougeoyante
tournoyante
non-croyante
foudroyante
sous-jacente
munificente
marcescente
turgescente
coalescente
opalescente
adolescente
caulescente
spumescente
évanescente
accrescente
putrescente
lactescente
frutescente
flavescente
antécédente
coïncidente
tubulidenté
réfringente
astringente
contingente
contingenté
convergente
omnisciente
aguardiente
parturiente
ambivalente
équivalente
monovalente
polyvalente
non-violente
enrégimenté
suralimenté
complimenté
expérimenté
instrumenté
prééminente
proéminente
suréminente
contre-pente
inapparente
incohérente

11

concurrente
impénitente
omnipotente
totipotente
idempotente
subséquente
conséquente
contreventé
sacro-sainte
court-jointé
désappointé
glyptodonte
tarabiscoté
compatriote
remmailloté
parpaillote
travailloté
Hondschoote
mandat-carte
semi-liberté
semi-ouverte
entrouverte
porte-à-porte
contre-porte
bateau-porte
entre-heurté
ultracourte
Ecclésiaste
ostéoblaste
myéloblaste
fibroblaste
neuroblaste
ostéoclaste
iconoclaste
phénoplaste
aminoplaste
Théophraste
lèse-majesté
Grande Neste
palimpseste
soubreveste
unijambiste
antiraciste
organiciste
techniciste
bollandiste
antipodiste
monothéiste
polythéiste
absentéiste
affouagiste
caravagiste
Trismégiste
phalangiste
boulangiste
oncologiste
pomologiste
sérologiste
virologiste
cytologiste
monarchiste
micaschiste
calcschiste
spartakiste
néoréaliste
surréaliste
spécialiste
minimaliste
maximaliste
nominaliste
journaliste
fédéraliste
généraliste
immoraliste
centraliste
neutraliste
naturaliste
végétaliste
capitaliste
sensualiste
ensembliste
évangéliste
minitéliste
immobiliste
pastelliste
mutuelliste
nouvelliste
monopoliste
vélivoliste
géochimiste
biochimiste
légitimiste
taxinomiste
ergonomiste
autonomiste
conformiste
africaniste
ornemaniste
indigéniste
oecuméniste
bouquiniste
tromboniste
orphéoniste
antagoniste
symphoniste
passioniste
cartooniste
linotypiste
séminariste
monétariste
militariste
décembriste
carriériste
fouriériste
ouvriériste
scootériste
pochoiriste
folkloriste
tractoriste
primeuriste
concouriste
aventuriste
panégyriste
prothésiste
fantaisiste
molinosiste
pragmatiste
séparatiste
syncrétiste
gestaltiste
anabaptiste
orthoptiste
concertiste
billettiste
vignettiste
cornettiste
librettiste
offsettiste
maquettiste
absolutiste
dialoguiste
conclaviste
panslaviste
bolcheviste
récidiviste
relativiste
rotativiste
positiviste
timbre-poste
malles-poste
wagons-poste
désincrusté
nématocyste
culs-de-jatte
Pierrelatte
malmignatte

croche-patte
suffragette
vendangette
phalangette
barbichette
épinochette
historiette
grandelette
maigrelette
gouttelette
chenillette
gentillette
aiguillette
coquillette
chevillette
Brossolette
gargoulette
margoulette
kitchenette
comprenette
blondinette
trottinette
camionnette
marionnette
mignonnette
maisonnette
guillerette
linaigrette
vinaigrette
échauguette
esperluette
Pierrefitte
Margueritte
Caillebotte
caillebotte
jupe-culotte
sans-culotte
quichenotte
palangrotte
spationaute
principauté
vice-royauté
électrocuté
hyponomeute
transbahuté
caoutchouté
casse-croûte
fausse-route
banqueroute
thrombocyte
granulocyte
érythrocyte
spermaphyte
thallophyte
gamétophyte
cryptophyte
électrolyte
redistribué
hypertendue
contre-digue
plurilingue
multilingue
camerlingue
triphtongue
emménagogue
phlébologue
gynécologue
musicologue
lexicologue
toxicologue
archéologue
spéléologue
psychologue
graphologue
glaciologue
cardiologue
polémologue
pneumologue
océanologue
technologue
numérologue
néphrologue
sophrologue
futurologue
papyrologue
hématologue
proctologue
politologue
égyptologue
embryologue
subrécargue
désenvergué
Escandorgue
La Canourgue
Valleraugue
contre-fugue
hurluberlue
microgrenue
discontinue
discontinué
insomniaque
paranoïaque
ambrosiaque
dionysiaque
Baudelocque
médiathèque
didacthèque
discothèque
bandothèque
vidéothèque
pochothèque
filmothèque
iconothèque
phonothèque
photothèque
cartothèque
intrinsèque
extrinsèque
Pont-l'Évêque
pont-l'évêque
Issy-l'Évêque
ptolémaïque
pharisaïque
antirabique
tricalcique
Chalcidique
pyrimidique
typhoïdique
stéroïdique
apériodique
spasmodique
aldéhydique
diarrhéique
sudorifique
calorifique
honorifique
soporifique
stratégique
névralgique
nostalgique
pédagogique
démagogique
paralogique
métalogique
mycologique
idéologique
rhéologique
théologique
éthologique
étiologique
axiologique
oenologique
topologique
typologique
aérologique
sérologique

11

virologique
ontologique
cytologique
léthargique
stomachique
monarchique
sympathique
zoopathique
néolithique
oenanthique
néogothique
anacyclique
raphaélique
évangélique
parabolique
catabolique
métabolique
diastolique
apostolique
hydraulique
salicylique
monogamique
panoramique
monosémique
polysémique
eurythmique
géochimique
biochimique
ophtalmique
antinomique
taxinomique
ergonomique
agronomique
prodromique
autosomique
subatomique
triatomique
épidermique
homonymique
synonymique
toponymique
paronymique
métonymique
anorganique
inorganique
messianique
brahmanique
pyocyanique
télégénique
polygénique
éthylénique
oecuménique

protéinique
morphinique
triclinique
botulinique
vitaminique
inactinique
nicotinique
médiumnique
britannique
pharaonique
tronconique
nucléonique
antagonique
théogonique
symphonique
hégémonique
pneumonique
macaronique
sophronique
neutronique
catatonique
vagotonique
hypotonique
brittonique
méthanoïque
paléozoïque
anthropique
philippique
préfabriqué
Cantabrique
octaédrique
hexaédrique
hémiédrique
polyédrique
cylindrique
iodhydrique
métamérique
diphtérique
cadavérique
allégorique
parégorique
catégorique
anaphorique
pléthorique
folklorique
pédiatrique
gériatrique
idolâtrique
géométrique
isométrique
asymétrique
obstétrique

excentrique
catoptrique
digastrique
panégyrique
porphyrique
monobasique
lithiasique
néoplasique
analgésique
athétosique
dyspepsique
narcissique
géophysique
biophysique
adiabatique
catabatique
acrobatique
hanséatique
aliphatique
lymphatique
ischiatique
pithiatique
mydriatique
initiatique
schématique
athématique
télématique
cinématique
pragmatique
flegmatique
bregmatique
énigmatique
stigmatique
asthmatique
zygomatique
idiomatique
axiomatique
chromatique
automatique
spermatique
miasmatique
plasmatique
prismatique
traumatique
pneumatique
enzymatique
quadratique
prostatique
isostatique
syntactique
cachectique
dialectique

11

connectique
apodictique
Antarctique
antarctique
productique
cynégétique
énergétique
prophétique
synthétique
prothétique
Psammétique
aplanétique
syncrétique
néphrétique
théorétique
pleurétique
cénobitique
couchitique
graphitique
anaclitique
proclitique
impolitique
pisolitique
dolomitique
sybaritique
diacritique
dendritique
latéritique
artéritique
arthritique
asémantique
authentique
authentiqué
silicotique
anecdotique
psychotique
cirrhotique
symbiotique
scoliotique
patriotique
épizootique
sclérotique
chlorotique
analeptique
épileptique
dyspeptique
éclamptique
orthoptique
cathartique
sarcastique
anélastique
inélastique
scolastique
onomastique
gymnastique
fantastique
cladistique
sophistique
sophistiqué
stylistique
atomistique
pianistique
tennistique
faunistique
floristique
patristique
heuristique
touristique
statistique
casuistique
slavistique
jazzistique
pronostique
pronostiqué
encaustique
encaustiqué
démoustiqué
Bureautique
scorbutique
halieutique
Scialytique
paralytique
catalytique
vagolytique
hémolytique
cytolytique
bolchevique
antitoxique
pneumocoque
échinocoque
entérocoque
entrechoqué
ventriloque
hérésiarque
cysticerque
Coudekerque
Steinkerque
Albuquerque
jeune-turque
bergamasque
barbaresque
moliéresque
plateresque
pittoresque
soldatesque
pédantesque
gigantesque
mange-disque
vidéodisque
audiodisque
multirisque
Pentateuque
couvre-nuque
coquecigrue
reconstitué
points de vue
Mammoth Cave
plan-concave
Saint-Agrève
Saint-Égrève
Saint-Estève
Porte-Glaive
porte-glaive
inoffensive
hypotensive
coextensive
progressive
compressive
antitussive
approbative
rébarbative
déverbative
prédicative
vindicative
explicative
démarcative
liquidative
ségrégative
subrogative
prérogative
prorogative
énonciative
associative
abréviative
corrélative
appellative
exemplative
législative
translative
spéculative
exclamative
affirmative
infirmative
informative
imaginative
carminative

11

germinative
alternative
dissipative
déclarative
comparative
énumérative
coopérative
réitérative
intégrative
méliorative
pignorative
corporative
adversative
expectative
qualitative
facultative
potestative
commutative
radioactive
rétroactive
interactive
distractive
inaffective
prospective
perspective
restrictive
distinctive
instinctive
subjonctive
conjonctive
disjonctive
obstructive
destructive
instructive
prohibitive
accréditive
acquisitive
diapositive
prépositive
compétitive
substantive
substantivé
inattentive
descriptive
présomptive
consomptive
attributive
consécutive
comminutive
Saint-Saulve
Sainte-Beuve
roman-fleuve
Maisonneuve
La Courneuve
désapprouvé
circonflexe
plan-convexe
Saint-Aulaye
sous-employé
La Vérendrye
contre-alizé
caporal-chef
sergent-chef
Van de Graaff
Metchnikoff
Poggendorff
Eichendorff
Schlöndorff
antiadhésif
autoadhésif
appréhensif
inexpressif
adjudicatif
modificatif
vérificatif
notificatif
séronégatif
dépréciatif
appréciatif
confirmatif
performatif
dénominatif
délibératif
dégénératif
illustratif
quantitatif
consultatif
augmentatif
fermentatif
progestatif
préservatif
tensioactif
soustractif
sureffectif
imperfectif
interjectif
non-directif
constrictif
reproductif
improductif
introductif
constructif
autopunitif
intransitif
séropositif
antisportif
intempestif
contributif
distributif
substitutif
constitutif
Saint-Aygulf
Kulturkampf
Schwarzkopf
le Logis-Neuf
Châteauneuf
foie-de-boeuf
oeil-de-boeuf
arrête-boeuf
Montemboeuf
Brunschvicg
Schuschnigg
Lianyungang
Dong qichang
Yalong Jiang
Yangzi Jiang
Ya-long-kiang
Mou-tan-kiang
Lien-yun-kang
Berre-l'Étang
Kouo-min-tang
orang-outang
Touen-houang
Krafft-Ebing
plum-pudding
contreseing
Vereeniging
dispatching
Pei Ieoh Ming
Tao Yuanming
aquaplaning
coup-de-poing
Guan Hanqing
time-sharing
engineering
franchising
baby-sitting
Pham Van Dông
Tang Taizong
Mao Tsé-toung
Hertzsprung
Teluk Betung
Württemberg
Fürstenberg
Drakensberg
Kaysersberg

Hälsingborg
Helsingborg
Oranienburg
Mecklenburg
Ludwigsburg
Brandebourg
brandebourg
Taillebourg
Lanslebourg
Wissembourg
Bettembourg
Saxe-Cobourg
Lauterbourg
Reichenbach
Wittelsbach
Neuf-Brisach
Van den Bosch
Brauchitsch
Maulbertsch
Brands Hatch
lofing-match
Jelatchitch
Paskievitch
Obrénovitch
Hindou Kouch
Sidi-Ferruch
Castlereagh
Ranjīt Singh
Marlborough
Farnborough
Marie-Joseph
Saint-Joseph
photo-finish
Freiligrath
granny-smith
Grangemouth
Bournemouth
Merlin Cocai
contre-essai
al-Mutanabbī
Frescobaldi
ragaillardi
'Uqba ibn Nāfi'
Antommarchi
Antonmarchi
Gentileschi
Missolonghi
bangladeshi
Jiang Jieshi
Cherrapunji
Shimonoseki
Lieou Chao-k'i

Moussorgski
Dargomyjski
Starobinski
Leszczyński
Ostrogorski
Khmelnitski
Dostoïevski
Vassilevski
Tchaïkovski
Merejkovski
Tsiolkovski
Rokossovski
Paoustovski
Goleïzovski
Lutosławski
Kochanowski
Szymanowski
Poniatowski
Czartoryski
Muḥammad 'Alī
Ricciarelli
enorgueilli
macchiaioli
non-accompli
lapis-lazuli
Rafsandjani
tupi-guarani
hindoustani
Spallanzani
Piccolomini
Montecatini
Mastroianni
Don Giovanni
Troubetskoï
plein emploi
plein-emploi
Nogent-le-Roi
Choisy-le-Roi
Le Grau-du-Roi
Nahuel Huapí
Mississippi
Bhartrihari
Ueda Akinari
condottieri
papier-émeri
a posteriori
tutti quanti
Buontalenti
Giovannetti
tutti frutti
Messali Hadj
Abū al-Faradj

Narāyanganj
Manguychlak
Sterlitamak
Euskaldunak
Bahr el-Azrak
biofeedback
Maeterlinck
Crommelynck
Königsmarck
Ravensbrück
Stoney Creek
Leeuwenhoek
apparatchik
Corner Brook
Vladivostok
Central Park
Novorossisk
Arkhangelsk
Verkhoïansk
Aktioubinsk
Krasnoïarsk
Kommounarsk
Prokopievsk
Zelentchouk
sortie-de-bal
intertribal
paramédical
chirurgical
subtropical
obstétrical
grammatical
hectopascal
hémorroïdal
ellipsoïdal
trapézoïdal
médico-légal
multiracial
interracial
endothélial
matrimonial
patrimonial
testimonial
participial
partenarial
dictatorial
directorial
territorial
seigneurial
aérospatial
nivo-pluvial
Ramón y Cajal
hexadécimal

11

sexagésimal
rhumatismal
cataclysmal
Guadalcanal
sadique-anal
cardio-rénal
entéro-rénal
attitudinal
quadriennal
quinquennal
dodécagonal
paraphernal
monocaméral
nycthéméral
équilatéral
presbytéral
antisudoral
successoral
professoral
préfectoral
commissural
caricatural
conjectural
transversal
pluricausal
sous-orbital
fondamental
sacramental
sentimental
continental
monocristal
intercostal
Elektrostal
Magnac-Laval
station-aval
Palais-Royal
groenendael
Van Ruisdael
Van Ruysdael
Santa Isabel
Van Schendel
Jaufré Rudel
Saint-Michel
préjudiciel
sacrificiel
superficiel
cicatriciel
didacticiel
révérenciel
Saint-Mihiel
kammerspiel
caractériel
ministériel
trimestriel
substantiel
résidentiel
désinentiel
exponentiel
référentiel
pénitentiel
existentiel
fréquentiel
cupronickel
ferronickel
occasionnel
décisionnel
révisionnel
relationnel
irrationnel
réactionnel
fractionnel
frictionnel
fonctionnel
additionnel
dévotionnel
impersonnel
sempiternel
contre-appel
croque-au-sel
sacramentel
Beauchastel
maître-autel
nitrate-fuel
pluriannuel
audiovisuel
contractuel
conflictuel
instinctuel
transsexuel
Villersexel
épouvantail
télétravail
brise-soleil
après-soleil
demi-sommeil
Montfermeil
trompe-l'oeil
radio-réveil
Vaux-le-Pénil
Louis-Gentil
Le Vaudreuil
Nijni Taguil
Baden-Powell
Buffalo Bill
rock and roll
Sitting Bull
Vatnajökull
halopéridol
paracétamol
allopurinol
Stanley Pool
cholestérol
self-control
Costa del Sol
Saint-Acheul
Caxias do Sul
chrysobéryl
Dar es-Salaam
Kānchīpuram
Ngô Dinh Diêm
crève-la-faim
Wintzenheim
Rüsselsheim
Wittelsheim
Mundolsheim
Lingolsheim
Ottmarsheim
Landersheim
Kingersheim
Stiernhielm
tchernoziom
Chebin el-Kom
Carborundum
brûle-parfum
latifundium
endothélium
pénicillium
einsteinium
condominium
pélargonium
pandémonium
positronium
californium
columbarium
frigidarium
insectarium
planétarium
ferrocérium
mégathérium
dinothérium
crématorium
mendélévium
zygopetalum
Uxellodunum
rahat-lokoum
pittosporum

porte-hauban
Teotihuacán
Pontoppidan
Grésivaudan
Charles-Jean
Manicouagan
Livry-Gargan
Kūbīlāy Khān
Zhoukoudian
Azerbaïdjan
Saint-Trojan
Valle-Inclán
arrière-plan
self-made-man
'Abd al-Raḥmān
Abdul Rahman
Qala'at Sim'ān
businessman
Saint-Aignan
Mallet du Pan
grille-écran
Superlioran
Salles-Curan
Tchoibalsan
Balūchistān
Ouzbékistan
Tadjikistan
Afghanistan
tai-chi-chuan
Sseu-tch'ouan
Saint-Servan
Chun Doo-hwan
San Murezzan
Sint-Truiden
Unterwalden
Hohenlinden
nietzschéen
wintergreen
hyperboréen
Vlaardingen
Friedlingen
Peterlingen
Kreuzlingen
Sigmaringen
Neunkirchen
Ter Brugghen
Terbrugghen
aurignacien
académicien
platonicien
copernicien
costaricien
rhétoricien
électricien
mercaticien
esthéticien
phonéticien
diététicien
cogniticien
sémanticien
sémioticien
logisticien
balisticien
acousticien
cappadocien
rosicrucien
trinidadien
archimédien
clitoridien
biquotidien
garibaldien
périgordien
oesophagien
carolingien
mérovingien
appalachien
maître-chien
stendhalien
vénézuélien
crocodilien
lacertilien
Priscillien
abbevillien
strombolien
Saint-Julien
badegoulien
mauritanien
magdalénien
catarhinien
préhominien
endocrinien
Valentinien
palestinien
augustinien
napoléonien
proudhonien
marathonien
californien
Saint-Junien
préoedipien
métacarpien
propre-à-rien
subsaharien
prolétarien
précambrien
métathérien
finistérien
grammairien
salvadorien
zoroastrien
dinosaurien
hyponeurien
saint-cyrien
micronésien
rabelaisien
calvadosien
métatarsien
Sseu-ma Ts'ien
bon-chrétien
lilliputien
Saint-Vivien
Pa-ta-chan-jen
Zweibrücken
Saarbrücken
Sankt Gallen
self-made-men
Philopoemen
businessmen
Bada Shanren
Thorvaldsen
Münchhausen
Stockhausen
Sankt Pölten
Mountbatten
Le Pouliguen
Bremerhaven
Mendelssohn
chauffe-bain
Saint-Gobain
interurbain
mozambicain
républicain
sud-africain
panafricain
eurafricain
portoricain
franciscain
Pontvallain
Chastellain
Chamberlain
après-demain
arrière-main
duodécimain
gréco-romain
gallo-romain
Saint-Romain

11

Port of Spain
cucurbitain
transylvain
bec-de-corbin
moudjahidin
rez-de-jardin
périgourdin
Wallenstein
Mont-Dauphin
univitellin
Ledru-Rollin
Sarrancolin
sarrancolin
Saint-Sorlin
saint-paulin
dompte-venin
Saint-Cernin
saint-crépin
Sillon alpin
La Tour du Pin
Saint-Amarin
intra-utérin
extra-utérin
monténégrin
Grand Bassin
avant-bassin
estudiantin
Saint-Martin
Bec-Hellouin
ribaudequin
vilebrequin
troussequin
Monflanquin
Saint-Brévin
Winckelmann
Clostermann
Bertelsmann
Niederbronn
coupe-jambon
contrefaçon
Serre-Ponçon
Assarhaddon
faux-bourdon
jéjuno-iléon
Sei Shōnagon
tire-bouchon
Bellérophon
Melanchthon
liposuccion
lithopédion
Érechthéion
pieds-de-lion
dents-de-lion
quatrillion
quintillion
Champollion
porte-fanion
trait d'union
septentrion
radiolésion
imprécision
imprévision
subdivision
mondovision
supervision
demi-pension
hypotension
sous-tension
antéversion
progression
compression
suppression
surpression
réadmission
surémission
manumission
rediffusion
transfusion
désillusion
syllabation
réprobation
improbation
approbation
conurbation
déprécation
imprécation
éradication
prédication
syndication
édification
déification
réification
unification
publication
réplication
implication
application
duplication
explication
fornication
fabrication
imbrication
intrication
mastication
défalcation
inculcation
suffocation
collocation
dislocation
embrocation
convocation
provocation
embarcation
démarcation
altercation
bifurcation
rééducation
coéducation
manducation
dégradation
déprédation
élucidation
trépidation
hybridation
liquidation
fécondation
inféodation
énucléation
procréation
propagation
ségrégation
instigation
fustigation
divulgation
subrogation
prorogation
objurgation
expurgation
énonciation
négociation
association
irradiation
répudiation
brachiation
affiliation
humiliation
résiliation
défoliation
exfoliation
excoriation
giraviation
abréviation
lixiviation
illuviation
congélation
surgélation

corrélation
stagflation
compilation
ventilation
appellation
oscillation
titillation
décollation
percolation
consolation
législation
translation
stabulation
éjaculation
spéculation
floculation
inoculation
circulation
musculation
coagulation
pullulation
trémulation
stimulation
formulation
granulation
stipulation
sporulation
postulation
alcoylation
diffamation
acclamation
déclamation
réclamation
exclamation
sublimation
collimation
réanimation
affirmation
infirmation
déformation
réformation
information
profanation
trépanation
oxygénation
indignation
désignation
résignation
assignation
vaccination
calcination
lancination
fascination
imagination
évagination
machination
inclination
élimination
culmination
fulmination
abomination
germination
obstination
destination
sulfonation
incarnation
hibernation
subornation
dissipation
inculpation
extirpation
déclaration
préparation
disparation
célébration
obsécration
désaération
pondération
exagération
arriération
énumération
exonération
coopération
réitération
intégration
immigration
respiration
inspiration
élaboration
perforation
défloration
déploration
imploration
exploration
évaporation
corporation
pénétration
impétration
éventration
prostration
frustration
carburation
procuration
fulguration
conjuration
mouluration
cyanuration
suppuration
nitruration
mensuration
fissuration
facturation
trituration
texturation
arabisation
laïcisation
fascisation
candisation
anodisation
réalisation
égalisation
opalisation
ovalisation
cyclisation
utilisation
stylisation
atomisation
arénisation
axénisation
ozonisation
carnisation
starisation
upérisation
métrisation
titrisation
étatisation
poétisation
érotisation
nitrosation
sulfatation
hydratation
nitratation
solvatation
ablactation
affectation
délectation
coarctation
crépitation
palpitation
mussitation
nictitation
gravitation
occultation
décantation
incantation
aimantation

11

indentation
orientation
lamentation
cémentation
cimentation
fomentation
ostentation
connotation
acceptation
exhortation
déportation
importation
exportation
dévastation
infestation
arrestation
détestation
attestation
aérostation
sous-station
dégustation
commutation
permutation
dégoûtation
computation
supputation
dévaluation
atténuation
exténuation
insinuation
péréquation
infatuation
ponctuation
fluctuation
habituation
aggravation
dépravation
passivation
dénervation
innervation
observation
réservation
incurvation
préfixation
suffixation
rubéfaction
cokéfaction
caléfaction
tuméfaction
raréfaction
rétroaction
interaction
diffraction
contraction
abstraction
distraction
transaction
prospection
codirection
vivisection
sous-section
malédiction
bénédiction
juridiction
déréliction
restriction
distinction
dysfonction
conjonction
disjonction
componction
obstruction
destruction
instruction
rédhibition
prohibition
extradition
déperdition
récognition
prémonition
disparition
prétérition
dénutrition
parturition
acquisition
réquisition
Inquisition
inquisition
préposition
malposition
composition
proposition
supposition
disposition
compétition
répartition
bipartition
impartition
déglutition
inattention
manutention
aperception
description
inscription
suscription
présomption
consomption
réinsertion
demi-portion
télégestion
indigestion
autogestion
rétribution
attribution
consécution
persécution
inexécution
hydrocution
dépollution
dissolution
comparution
destitution
restitution
institution
irréflexion
génuflexion
déconnexion
crucifixion
solifluxion
Fouta-Djalon
Grand Ballon
moussaillon
écrivaillon
microsillon
échantillon
sidéroxylon
bourguignon
Mount Vernon
cache-tampon
colin-tampon
Saint-Chéron
Castelmoron
synchrotron
antineutron
Dun-sur-Auron
harengaison
conjugaison
dessalaison
cueillaison
feuillaison
Grand-Maison
combinaison
déclinaison
inclinaison
terminaison
entonnaison

comparaison
maqueraison
défloraison
efflоraison
morte-saison
intersaison
Tryggvesson
Torstensson
qu'en-dira-t-on
Fredericton
Sherrington
Veyre-Monton
Northampton
Southampton
Aloxe-Corton
saute-mouton
porte-crayon
Grand Canyon
Châtelguyon
Morgenstern
Van Coehoorn
Bannockburn
Vigée-Lebrun
Wou-t'ong-k'iao
Fra Angelico
amontillado
Nuevo Laredo
accelerando
rinforzando
decrescendo
São Bernardo
bandes-vidéo
Aleijadinho
Ghirlandaio
Lorenzaccio
Bentivoglio
Campoformio
Pinar del Río
motu proprio
Chevtchenko
Evtouchenko
Calvo Sotelo
Leoncavallo
prestissimo
Puertollano
Taishō tennō
Mezzogiorno
Fernando Poo
Mohenjo-Daro
vomito negro
Campo del Oro
Ōe Kenzaburō

liberum veto
Tagliamento
Mendes Pinto
safari-photo
Monte-Cristo
Montecristo
Spagnoletto
Lakshadweep
protège-slip
contrechamp
fosbury flop
Krugersdorp
vesse-de-loup
patte-de-loup
pieds-de-loup
têtes-de-loup
sauts-de-loup
crêtes-de-coq
liquidambar
sleeping-car
Pão de Açúcar
Vijayanagar
Bhilainagar
narcodolar
pétrodollar
Kafr el-Dawar
Bhubaneswar
ordonnancer
recommencer
transpercer
rétrograder
motorgrader
radioguider
afrikaander
réprimander
décommander
recommander
transcender
appréhender
dévergonder
raccommoder
Wackenroder
sauvegarder
entrelarder
débillarder
transborder
désaccorder
débalourder
baguenauder
chemin de fer
Portes de Fer
préchauffer

surchauffer
Diesenhofer
chevau-léger
surprotéger
prêt-à-manger
blanc-manger
garde-manger
minnesänger
Schrödinger
Steinberger
entr'égorger
désengorger
calorifuger
centrifuger
déharnacher
enharnacher
pleurnicher
endimancher
réembaucher
effaroucher
apostropher
philosopher
cocréancier
ambulancier
plaisancier
pénitencier
hebdomadier
Saint-Didier
taillandier
brancardier
Biedermeier
décalcifier
recalcifier
démythifier
déqualifier
exemplifier
frigorifier
escarrifier
électrifier
dénitrifier
dévitrifier
intensifier
diversifier
désertifier
démystifier
Montgolfier
privilégier
hospitalier
festivalier
Saint-Hélier
Le Chapelier
Le Chatelier

11

réconcilier
désaffilier
mirabellier
Montpellier
groseillier
sapotillier
marguillier
Beauvillier
interfolier
particulier
micocoulier
Saint-Ismier
palefrenier
châtaignier
mandarinier
maroquinier
quartannier
charbonnier
chiffonnier
bouchonnier
houblonnier
chansonnier
Meissonnier
poissonnier
buissonnier
gonfalonier
gonfanonier
Changarnier
excommunier
coupe-papier
porte-papier
photocopier
désapparier
inventorier
répertorier
skye-terrier
bull-terrier
arbalétrier
procédurier
confiturier
Cran-Gevrier
manoeuvrier
hypostasier
anesthésier
framboisier
Montpensier
calebassier
matelassier
paperassier
écrivassier
arquebusier
Le Corbusier
chocolatier
usufruitier
ferblantier
Charpentier
charpentier
débirentier
bimbelotier
bergamotier
Port-Cartier
Boismortier
Le Monastier
Saint-Astier
langoustier
allumettier
Noirmoutier
autoroutier
carlinguier
Forcalquier
sous-clavier
betteravier
loup-cervier
Saint-Dizier
Saint-Lizier
Saint-Nizier
Diefenbaker
supertanker
désensabler
boursoufler
emmitoufler
Furtwängler
désentoiler
Christaller
réinstaller
Rockefeller
corn-sheller
interpeller
courcailler
rouscailler
couchailler
encanailler
traînailler
tournailler
ravitailler
enfutailler
écrivailler
déshabiller
ensoleiller
dépareiller
appareiller
émerveiller
estampiller
dégoupiller
détortiller
entortiller
embastiller
accastiller
émoustiller
croustiller
gribouiller
barbouiller
bredouiller
pendouiller
trifouiller
farfouiller
gargouiller
mâchouiller
agenouiller
grenouiller
cornouiller
débrouiller
embrouiller
vadrouiller
dégrouiller
verrouiller
patrouiller
chatouiller
démaquiller
remaquiller
écarquiller
Gerbéviller
Badonviller
Bischwiller
désencoller
Weissmuller
dégringoler
déboussoler
franc-parler
blackbouler
congratuler
récapituler
Walter Tyler
bêches-de-mer
Pont-Audemer
Retournemer
diaphragmer
Oppenheimer
décomprimer
sous-estimer
microfilmer
surinformer
désinformer
transformer
Criel-sur-Mer
Dives-sur-Mer

11

désoxygéner
désengrener
accompagner
interligner
déconsigner
home-trainer
chanfreiner
Landsteiner
embobeliner
dégasoliner
dégazoliner
discipliner
décalaminer
contre-miner
discriminer
endoctriner
tambouriner
emmagasiner
guillotiner
prédestiner
conglutiner
baragouiner
shampouiner
enquiquiner
damasquiner
recondamner
désarçonner
échardonner
subordonner
badigeonner
bourgeonner
déplafonner
parangonner
occasionner
émulsionner
illusionner
fractionner
frictionner
sanctionner
fonctionner
ponctionner
ambitionner
additionner
auditionner
positionner
pétitionner
questionner
solutionner
alluvionner
déballonner
graillonner
papillonner
carillonner
bouillonner
couillonner
déboulonner
fanfaronner
chaperonner
plastronner
découronner
déraisonner
arraisonner
assaisonner
empoisonner
emprisonner
palissonner
polissonner
molletonner
hannetonner
déboutonner
reboutonner
désincarner
chantourner
Baumgartner
entrecouper
contretyper
concélébrer
désencadrer
conglomérer
désintégrer
transmigrer
contre-tirer
enchevêtrer
défenestrer
enregistrer
administrer
claquemurer
déchlorurer
sous-assurer
courbaturer
caricaturer
conjecturer
paraphraser
techniciser
chroniciser
sympathiser
radicaliser
médicaliser
scandaliser
spécialiser
mondialiser
spatialiser
initialiser
décimaliser
minimaliser
optimaliser
maximaliser
dépénaliser
nominaliser
libéraliser
fédéraliser
généraliser
minéraliser
démoraliser
caporaliser
centraliser
neutraliser
naturaliser
dénasaliser
palataliser
digitaliser
capitaliser
dévitaliser
revitaliser
chaptaliser
mensualiser
évangéliser
caraméliser
démobiliser
immobiliser
solubiliser
lyophiliser
déviriliser
volatiliser
parcelliser
cartelliser
métaboliser
monopoliser
dénébuliser
ridiculiser
macadamiser
uniformiser
africaniser
réorganiser
italianiser
alcaliniser
décoloniser
fraterniser
entretoiser
apprivoiser
solidariser
nucléariser
dépolariser
séculariser
régulariser
populariser

11

titulariser
militariser
polymériser
désodoriser
catégoriser
dévaloriser
revaloriser
insonoriser
sponsoriser
défavoriser
thésauriser
pasteuriser
pressuriser
schématiser
télématiser
stigmatiser
axiomatiser
automatiser
traumatiser
désétatiser
dialectiser
prophétiser
synthétiser
démonétiser
concrétiser
dépolitiser
relativiser
récompenser
anastomoser
présupposer
prédisposer
sous-exposer
retraverser
bouleverser
tergiverser
décarcasser
pourchasser
estrapasser
outrepasser
débarrasser
embarrasser
rengraisser
treillisser
entre-tisser
éclabousser
stabat mater
déshydrater
amylobacter
nitrobacter
acétobacter
azotobacter
désaffecter
désinfecter
déconnecter
démoucheter
aiguilleter
guillemeter
interpréter
rempaqueter
débecqueter
déchiqueter
décliqueter
encliqueter
plansichter
sous-traiter
plébisciter
ressusciter
discréditer
commanditer
Blaue Reiter
réhabiliter
déparasiter
statthalter
Klinefelter
réimplanter
désaimanter
désargenter
désorienter
impatienter
réglementer
parlementer
incrémenter
passementer
mouvementer
assermenter
représenter
mécontenter
prêt-à-monter
réemprunter
tournicoter
boursicoter
démailloter
emmailloter
intercepter
réescompter
déconcerter
réconforter
prêt-à-porter
insupporter
transporter
cotonéaster
Westminster
désendetter
silhouetter
bouillotter
contrebuter
chouchouter
glouglouter
froufrouter
Beckenbauer
extravaguer
subdéléguer
investiguer
bourlinguer
diphtonguer
Portzmoguer
sous-évaluer
hypothéquer
revendiquer
pique-niquer
communiquer
prévariquer
décortiquer
démastiquer
remastiquer
domestiquer
interloquer
réciproquer
désobstruer
déshabituer
désenclaver
désentraver
interviewer
décomplexer
Strossmayer
Niedermeyer
rejointoyer
Grillparzer
monte-en-l'air
Pair-non-Pair
Ksar el-Kébir
Mers el-Kébir
approfondir
Aïd-el-Séghir
tressaillir
contrevenir
circonvenir
disconvenir
ressouvenir
vendangeoir
faire-valoir
échenilloir
écussonnoir
pourrissoir
aplatissoir
cité-dortoir

11

non-recevoir
surenchérir
reconquérir
redécouvrir
désépaissir
reconvertir
intervertir
désassortir
désinvestir
ronds-de-cuir
Pearl Harbor
San Salvador
Triangle d'or
Poulo Condor
Kwashiorkor
Technicolor
constrictor
clair-obscur
ambassadeur
marchandeur
codemandeur
pourfendeur
réchauffeur
treillageur
challengeur
déclencheur
effilocheur
raccrocheur
identifieur
multiplieur
télécopieur
rassembleur
ensorceleur
écornifleur
handballeur
footballeur
chamailleur
rempailleur
ferrailleur
mitrailleur
avitailleur
travailleur
conseilleur
grappilleur
houspilleur
rabouilleur
rebouilleur
bidouilleur
bafouilleur
cafouilleur
magouilleur
gazouilleur

resquilleur
cambrioleur
haut-parleur
décapsuleur
cyclorameur
programmeur
monseigneur
poinçonneur
griffonneur
ronchonneur
sectionneur
goudronneur
moissonneur
rais-de-coeur
haut-le-coeur
contrecoeur
handicapeur
développeur
anticabreur
équilibreur
coacquéreur
déchiffreur
franc-tireur
franchiseur
métalliseur
économiseur
syntoniseur
pulvériseur
climatiseur
magnétiseur
hypnotiseur
palettiseur
autocuiseur
rétroviseur
superviseur
hypotenseur
entreposeur
décomposeur
compresseur
connaisseur
dégraisseur
engraisseur
adoucisseur
envahisseur
fléchisseur
démolisseur
fournisseur
nourrisseur
aplatisseur
avertisseur
amortisseur
enfouisseur

détrousseur
cornemuseur
réprobateur
improbateur
approbateur
imprécateur
prédicateur
unificateur
applicateur
duplicateur
fornicateur
fabricateur
masticateur
provocateur
déprédateur
liquidateur
fécondateur
cofondateur
retardateur
délinéateur
procréateur
propagateur
instigateur
divulgateur
subrogateur
négociateur
auxiliateur
congélateur
surgélateur
corrélateur
compilateur
ventilateur
oscillateur
percolateur
consolateur
législateur
spéculateur
calculateur
coagulateur
stimulateur
diffamateur
déclamateur
collimateur
réanimateur
réformateur
informateur
profanateur
combinateur
vaccinateur
buccinateur
fascinateur
examinateur

11

éliminateur
terminateur
dessinateur
destinateur
ordonnateur
alternateur
dissipateur
extirpateur
préparateur
comparateur
pondérateur
coopérateur
littérateur
intégrateur
respirateur
inspirateur
perforateur
explorateur
évaporateur
carburateur
procurateur
conjurateur
triturateur
réalisateur
égalisateur
utilisateur
Brumisateur
importateur
exportateur
dévastateur
dégustateur
commutateur
atténuateur
cultivateur
observateur
prospecteur
vice-recteur
codirecteur
sous-secteur
conjoncteur
disjoncteur
acuponcteur
acupuncteur
destructeur
instructeur
décolleteur
bienfaiteur
solliciteur
accréditeur
inquisiteur
ovipositeur
compositeur
compétiteur
départiteur
répartiteur
poursuiteur
aquaculteur
oléiculteur
pomiculteur
agriculteur
viticulteur
aquiculteur
riziculteur
motoculteur
brillanteur
impesanteur
bonimenteur
codétenteur
turbomoteur
cyclomoteur
oculomoteur
servomoteur
descripteur
contempteur
caloporteur
autoporteur
gros-porteur
dénoyauteur
persécuteur
instituteur
pèse-liqueur
chroniqueur
plastiqueur
topinambour
arrière-cour
Paul-Boncour
cavalcadour
belle-de-jour
Cercy-la-Tour
Kuala Lumpur
Muzaffarpur
Sint-Niklaas
Bandar 'Abbās
Saint-Vulbas
Saint-Gildas
Épaminondas
Barco Vargas
phytéléphas
hypospadias
Tordesillas
Saint-Chamas
Saint Thomas
Punta Arenas
trichomonas
grands-papas
panier-repas
radiocompas
space operas
Athênagoras
Costa-Gavras
Jouy-en-Josas
triplicatas
pillow-lavas
bossas-novas
terre-neuvas
arrière-becs
semi-publics
monts-blancs
contre-chocs
blancs-étocs
Jeunes-Turcs
jeunes-turcs
croche-pieds
essuie-pieds
contre-pieds
couvre-pieds
repose-pieds
gratte-pieds
pouces-pieds
contrepoids
Grand Rapids
Cedar Rapids
Line Islands
Pierrefonds
story-boards
horse-guards
francs-bords
entre-noeuds
anglo-arabes
lance-bombes
Malesherbes
Saint-Loubès
pilo-sébacés
brise-glaces
garde-places
sous-espaces
sous-espèces
back-offices
dépendances
magnigances
convenances
biosciences
badigoinces
idées-forces
semi-nomades
semi-rigides

Riourikides
Přemyslides
Achéménides
Alcméonides
Antigonides
Saldjuqides
éphémérides
Wattassides
Laurentides
Almoravides
Ghaznévides
Rhaznévides
entre-bandes
tiers-mondes
chefs-gardes
avant-gardes
Eaux-Chaudes
quadruplées
quintuplées
interarmées
Panathénées
panathénées
coordonnées
nouveau-nées
cannes-épées
semi-ouvrées
lance-fusées
bas-jointées
sous-solages
sous-cavages
Cotons-Tiges
Coast Ranges
porte-barges
demi-vierges
Karageorges
Peaux-Rouges
peaux-rouges
mail-coaches
Millevaches
Tchouvaches
Arromanches
bull-finches
test-matches
Tchouktches
sous-couches
gobe-mouches
Griffuelhes
Wambrechies
parentalies
contre-voies
gardes-voies
porte-copies
intempéries
bacchanales
demi-finales
comestibles
gras-doubles
demi-cercles
coupe-ongles
Deux-Siciles
grand-voiles
multisalles
Colombelles
Pont-à-Celles
Les Échelles
Dardanelles
roues-pelles
Combarelles
boute-selles
Demoiselles
fiançailles
Combrailles
funérailles
épousailles
victuailles
relevailles
Saint-Gilles
De Vignolles
Fougerolles
Courseulles
sous-peuplés
king-charles
trisaïeules
passe-boules
Thermopyles
belles-dames
sages-femmes
sus-dénommés
cumulo-dômes
mobile homes
delta-planes
sous-cutanés
avant-scènes
Tchétchènes
semi-peignés
contre-mines
Sallaumines
Philippines
sous-marines
Marchiennes
aveugles-nés
premiers-nés
derniers- nés
auto-immunes
sous-équipés
Hautes-Alpes
sous-groupes
Bioy Casares
sous-diacres
lombo-sacrés
Port-Vendres
Chamalières
Londinières
Armentières
grands-mères
belles-mères
grands-pères
saints-pères
beaux-frères
chats-tigres
lords-maires
Buenos Aires
jalons-mires
les Menuires
les Ménuires
compradores
bouche-pores
rosé-des-prés
codes-barres
Grospierres
sous-maîtres
bancs-titres
rôles-titres
pèse-lettres
iodo-iodurés
vide-ordures
demi-figures
demi-mesures
sous-saturés
serre-livres
tétras-lyres
vanity-cases
strip-teases
tire-braises
mots-valises
becs-croisés
mots croisés
cache-prises
sous-classes
plans-masses
Tcherkesses
grand-messes
cent-suisses
Bouillouses
Callicratès

11

entrefaites
bénédicités
Koraïchites
Quraychites
libéralités
généralités
sous-comités
gardes-mites
ouvre-boîtes
demi-droites
générosités
grand-tantes
sus-jacentes
demi-teintes
long-jointés
demi-pointes
Tres Zapotes
porte-cartes
avant-postes
mille-pattes
casse-pattes
clopinettes
lèche-bottes
brise-mottes
ponts-routes
porte-queues
moins-values
chasse-roues
Blendecques
pique-niques
iso-ioniques
sous-marques
court-vêtues
longues-vues
couvre-chefs
francs-fiefs
demi-reliefs
préparatifs
garde-bœufs
pique-boeufs
dry-farmings
thaïlandais
néerlandais
hongkongais
porte-balais
pas de Calais
Pas-de-Calais
Saint-Calais
montréalais
Saint-Palais
Saint-Gelais
versaillais

marseillais
pakistanais
Bourbonnais
bourbonnais
réunionnais
aveyronnais
barcelonais
Beauharnais
camerounais
Minas Gerais
La Chalotais
salmigondis
de profundis
Kazantzákis
gribouillis
barbouillis
bredouillis
gargouillis
margouillis
chatouillis
Minneapolis
Megalopolis
mégalopolis
mâchicoulis
fidéicommis
cannellonis
drépanornis
quelquefois
seychellois
sous-emplois
décrets-lois
indochinois
Valentinois
valentinois
Beauharnois
avoirdupois
clermontois
discourtois
tentes-abris
Mallet-Joris
pots-pourris
chiens-assis
caillebotis
macrocystis
Adirondacks
ripple-marks
Van der Waals
cérémonials
thiopentals
contre-rails
Daougavpils
porte-outils

basket-balls
volley-balls
Forest Hills
script-girls
vice-consuls
star-systems
living-rooms
mémorandums
chewing- gums
sanatoriums
arrière-bans
Saint Albans
grand-mamans
gallo-romans
rhéto-romans
cross-womans
Arc-et-Senans
pages-écrans
nord-coréens
perfringens
Australiens
états-uniens
Nanterriens
Saint Helens
Sint-Martens
Aix-les-Bains
afro-cubains
essuie-mains
avant-trains
terre-pleins
serre-freins
Assiniboins
Juan-les-Pins
gréco-latins
free-martins
lambrequins
trade-unions
jam-sessions
Dominations
réparations
macérations
végétations
démolitions
conventions
proportions
porte-avions
Saint-Girons
demi-saisons
demi-cantons
porte-savons
Anglo-Saxons
anglo-saxons

quelques-uns
Pérez Galdós
Keroularios
imprésarios
Dhamaskinós
avant-propos
Dunaújváros
guérilleros
allégrettos
sister-ships
espace-temps
quatre-temps
contretemps
pleins-temps
tricératops
bras-le-corps
haut-le-corps
justaucorps
Afrikakorps
chiens-loups
camping-cars
Champ-de-Mars
Les Herbiers
Poivilliers
Coulommiers
coulommiers
cap-horniers
sans-papiers
fox-terriers
blocs-éviers
corn-pickers
strip-pokers
best-sellers
pourparlers
après-dîners
sinn-feiners
cosy-corners
Sint-Pieters
baby-sitters
Champdivers
faits-divers
contre-vairs
demi-soupirs
Helsingfors
bouts-dehors
états-majors
mille-fleurs
pique-fleurs
choux-fleurs
Vaucouleurs
sous-vireurs
basses-cours
petits-fours
contre-jours
compte-tours
Weierstrass
battle-dress
Lévi-Strauss
couvre-plats
pans-bagnats
duffle-coats
trench-coats
duffel-coats
mort-aux-rats
passe-lacets
sous-préfets
porte-objets
huit-reflets
sourds-muets
choux-navets
rince-doigts
petits-laits
quasi-délits
canapés-lits
passe-droits
pieds-droits
pèse-esprits
grape-fruits
chats-huants
faux-fuyants
sous-jacents
antécédents
vifs-argents
agissements
pleins-vents
sacro-saints
serre-joints
ronds-points
tiers-points
melting-pots
quotes-parts
trois-quarts
semi-ouverts
sweat-shirts
boxer-shorts
croque-morts
gardes-ports
brain-trusts
protococcus
vulgum pecus
Britannicus
moins-perçus
cunnilingus
Dion Cassius
aspergillus
altocumulus
Nostradamus
hemigrammus
chasse-clous
Frayssinous
loups-garous
bouche-trous
entérovirus
Paropamisus
Cincinnatus
altostratus
strophantus
Gislebertus
agnus-castus
Newport News
arrière-pays
disc-jockeys
chaenichtys
close-combat
Nānga Parbat
scolasticat
oeils-de-chat
poisson-chat
Medicine Hat
auxiliariat
partenariat
sociétariat
prolétariat
secrétariat
volontariat
vedettariat
landgraviat
margouillat
chauffe-plat
proconsulat
paléoclimat
microclimat
quinquennat
championnat
queues-de-rat
conglomérat
professorat
inspectorat
protectorat
préceptorat
lyophilisat
Saint-Privat
full-contact
circonspect
Ballenstädt
Hildebrandt

11

Schickhardt
Savannakhet
Belin-Béliet
couvre-objet
avant-projet
contre-sujet
L'Hospitalet
contre-filet
opéra-ballet
Le Castellet
courcaillet
porte-billet
Rambouillet
Vernouillet
ultraviolet
Plantagenêt
potron-minet
Saint-Bonnet
Championnet
Hugues Capet
Le Fousseret
Fayl-la-Forêt
saisie-arrêt
coupe-jarret
water-closet
cache-corset
Bas-en-Basset
Tamanrasset
Maubourguet
porte-paquet
quatre-vingt
Zwijndrecht
dreadnought
insatisfait
superprofit
dessus-de-lit
Saint-Benoît
ayants droit
retranscrit
circonscrit
white-spirit
Saint-Esprit
Saint-Esprit
sauf-conduit
demi-produit
semi-produit
sous-produit
réintroduit
belle-de-nuit
déconstruit
reconstruit
radiocobalt
Clérambault
Baie-Mahault
Montmarault
Fontevrault
Montrevault
Piatra Neamţ
désinhibant
surplombant
réabsorbant
entrelaçant
communicant
manigançant
cofinançant
quittançant
ensemençant
référençant
influençant
convaincant
désamorçant
ressourçant
acquiesçant
courrouçant
barricadant
cavalcadant
embrigadant
palissadant
rétrocédant
intercédant
dépossédant
copossédant
consolidant
téléguidant
transvidant
marchandant
affriandant
achalandant
redemandant
gourmandant
pourfendant
indépendant
vilipendant
sous-tendant
vagabondant
surabondant
transcodant
accommodant
incommodant
chambardant
brancardant
bouchardant
mouchardant
flemmardant
poignardant
échafaudant
courtaudant
marivaudant
transsudant
antioxydant
réengageant
grillageant
déménageant
emménageant
arrérageant
naufrageant
fourrageant
dévisageant
envisageant
avantageant
quartageant
affouageant
transigeant
vendangeant
rechangeant
boulangeant
effrangeant
engrangeant
rallongeant
prolongeant
replongeant
forlongeant
déchargeant
rechargeant
gambergeant
submergeant
convergeant
rengorgeant
ignifugeant
rembougeant
ébouriffant
réchauffant
extravagant
empanachant
amourachant
pourléchant
contre-chant
remmanchant
débranchant
embranchant
retranchant
déclenchant
enclenchant
rabibochant
effilochant
guillochant

raccrochant
rapprochant
recherchant
affourchant
enfourchant
dispatchant
rembauchant
chevauchant
disgraciant
bénéficiant
suppliciant
distanciant
renégociant
réexpédiant
stipendiant
psalmodiant
planchéiant
rigidifiant
solidifiant
humidifiant
fluidifiant
dragéifiant
alcalifiant
simplifiant
plasmifiant
saponifiant
éthérifiant
estérifiant
émulsifiant
classifiant
stratifiant
sanctifiant
fructifiant
quantifiant
identifiant
plastifiant
revivifiant
dénazifiant
domiciliant
multipliant
autocopiant
polycopiant
contrariant
appropriant
expropriant
apostasiant
intercalant
rassemblant
ressemblant
ensorcelant
décongelant
entremêlant
ressemelant
décarrelant
recarrelant
débosselant
démantelant
encastelant
décervelant
renouvelant
essoufflant
pantouflant
dessanglant
transfilant
défaufilant
horripilant
trimballant
constellant
carcaillant
chamaillant
remmaillant
grenaillant
sonnaillant
rempaillant
coupaillant
débraillant
ferraillant
mitraillant
couraillant
grisaillant
avitaillant
travaillant
dégobillant
sourcillant
sommeillant
conseillant
accueillant
recueillant
malveillant
surveillant
fourmillant
décanillant
échenillant
grappillant
éparpillant
houspillant
étoupillant
quadrillant
essorillant
scintillant
pointillant
apostillant
endeuillant
défeuillant
effeuillant
débouillant
bidouillant
bafouillant
cafouillant
refouillant
affouillant
magouillant
zigouillant
déhouillant
remouillant
dépouillant
dérouillant
vasouillant
patouillant
pétouillant
gazouillant
resquillant
autocollant
carambolant
cambriolant
extrapolant
interpolant
rafistolant
passe-volant
débenzolant
contemplant
quadruplant
quintuplant
Montherlant
pelliculant
gesticulant
recalculant
triangulant
dissimulant
reformulant
dessaoulant
chamboulant
débagoulant
décapsulant
blasphémant
réimprimant
désarrimant
millésimant
désensimant
surestimant
mésestimant
programmant
réaffirmant
désenfumant
transhumant
accoutumant

11 filigranant
hydrogénant
désaliénant
Miaja Menant
rassérénant
réapprenant
entretenant
appartenant
inconvenant
intervenant
Saint-Venant
Saint-Agnant
ressaignant
enfreignant
empreignant
rétreignant
astreignant
renseignant
désalignant
disjoignant
réassignant
égratignant
barguignant
renfrognant
rembobinant
revaccinant
ratiocinant
hallucinant
paraffinant
dégoulinant
contaminant
réexaminant
disséminant
récriminant
incriminant
prédominant
déterminant
exterminant
turlupinant
glycérinant
ensaisinant
organsinant
assassinant
agglutinant
embéguinant
maroquinant
trusquinant
enrubannant
désabonnant
charbonnant
refaçonnant
étançonnant
poinçonnant
tronçonnant
soupçonnant
abandonnant
coordonnant
bourdonnant
drageonnant
dudgeonnant
chiffonnant
griffonnant
bouffonnant
fourgonnant
ronchonnant
torchonnant
bouchonnant
vibrionnant
pensionnant
passionnant
fissionnant
stationnant
ovationnant
sectionnant
mentionnant
émotionnant
cautionnant
mixtionnant
détalonnant
doublonnant
houblonnant
échelonnant
bâillonnant
grognonnant
cramponnant
goudronnant
biberonnant
claironnant
environnant
liaisonnant
cloisonnant
chansonnant
moissonnant
frissonnant
écussonnant
capitonnant
chantonnant
pelotonnant
dégazonnant
engazonnant
téléphonant
réincarnant
encasernant
consternant
prosternant
contournant
bistournant
ristournant
importunant
handicapant
participant
suréquipant
déséquipant
télescopant
développant
enveloppant
préoccupant
ronéotypant
désemparant
enténébrant
décérébrant
équilibrant
saupoudrant
réverbérant
protubérant
incarcérant
confédérant
Considérant
considérant
indifférant
proliférant
odoriférant
interférant
transférant
belligérant
réfrigérant
agglomérant
obtempérant
intempérant
désespérant
déblatérant
désaltérant
persévérant
déchiffrant
engouffrant
réintégrant
transpirant
collaborant
corroborant
phosphorant
détériorant
commémorant
déshonorant
incorporant
expectorant
empourprant

redémarrant
rembourrant
kilométrant
sous-titrant
concentrant
rencontrant
surcontrant
orchestrant
séquestrant
calfeutrant
décarburant
désulfurant
préfigurant
emprésurant
sursaturant
structurant
acculturant
antigivrant
désenivrant
manoeuvrant
entrouvrant
métastasant
extravasant
désenvasant
transvasant
redéfaisant
bienfaisant
complaisant
anglicisant
interdisant
moins-disant
insuffisant
allergisant
catéchisant
franchisant
anarchisant
globalisant
verbalisant
fiscalisant
vandalisant
déréalisant
labialisant
socialisant
filialisant
animalisant
formalisant
normalisant
signalisant
sacralisant
vassalisant
mentalisant
brutalisant
annualisant
visualisant
actualisant
ritualisant
mutualisant
sexualisant
diésélisant
viabilisant
stabilisant
diabolisant
fragilisant
stérilisant
fossilisant
subtilisant
fertilisant
réutilisant
métallisant
labellisant
satellisant
javellisant
anabolisant
symbolisant
alcoolisant
enchemisant
randomisant
économisant
anatomisant
scotomisant
volcanisant
vulcanisant
méthanisant
balkanisant
germanisant
hispanisant
galvanisant
hellénisant
crétinisant
indemnisant
tyrannisant
solennisant
pérennisant
carbonisant
préconisant
harmonisant
intronisant
modernisant
maternisant
verdunisant
communisant
ratiboisant
framboisant
belgeoisant
précarisant
vulgarisant
gargarisant
scolarisant
cancérisant
mercerisant
paupérisant
sintérisant
cautérisant
pulvérisant
vampirisant
herborisant
météorisant
euphorisant
taylorisant
temporisant
terrorisant
sectorisant
cicatrisant
électrisant
martyrisant
médiatisant
dramatisant
dogmatisant
climatisant
aromatisant
rhumatisant
privatisant
gadgétisant
budgétisant
esthétisant
soviétisant
magnétisant
dépoétisant
hypnotisant
débaptisant
rebaptisant
expertisant
palettisant
éconduisant
antiquisant
baroquisant
instruisant
subdivisant
improvisant
supervisant
bien-pensant
juxtaposant
entreposant
surimposant
décomposant
recomposant

11

superposant
interposant
indisposant
transposant
surexposant
remboursant
échalassant
surclassant
matelassant
déculassant
cadenassant
grognassant
traînassant
rapetassant
écrivassant
pleuvassant
intéressant
progressant
compressant
surbaissant
rencaissant
connaissant
dégraissant
engraissant
vrombissant
fourbissant
étrécissant
chancissant
amincissant
noircissant
adoucissant
affadissant
brandissant
grandissant
blondissant
anordissant
ébaudissant
bouffissant
assagissant
élargissant
envahissant
avachissant
fléchissant
gauchissant
dépalissant
resalissant
établissant
faiblissant
anoblissant
ravilissant
jaillissant
saillissant
amollissant
démolissant
dépolissant
repolissant
remplissant
aveulissant
aplanissant
définissant
abonnissant
fournissant
démunissant
désunissant
accroissant
décroissant
défroissant
croupissant
lambrissant
dépérissant
maigrissant
amerrissant
nourrissant
pourrissant
flétrissant
fleurissant
choisissant
transissant
grossissant
réussissant
roussissant
débâtissant
rebâtissant
décatissant
aplatissant
rapetissant
appétissant
allotissant
avertissant
amortissant
roustissant
blettissant
blottissant
aboutissant
abrutissant
languissant
enfouissant
réjouissant
éblouissant
écrouissant
déchaussant
rechaussant
enchaussant
surhaussant
trémoussant
débroussant
rebroussant
détroussant
retroussant
rediffusant
transfusant
hydrolysant
phosphatant
acclimatant
carbonatant
réhydratant
diffractant
contractant
prospectant
disjonctant
décachetant
recachetant
interjetant
souffletant
feuilletant
décolletant
époussetant
dépaquetant
empaquetant
débéquetant
déclavetant
bêchevetant
maltraitant
sollicitant
explicitant
surexcitant
désexcitant
préméditant
accréditant
désulfitant
dégurgitant
régurgitant
ingurgitant
périclitant
concomitant
décrépitant
précipitant
déshéritant
prétéritant
nécessitant
virevoltant
catapultant
fainéantant
brillantant
complantant
supplantant

plaisantant
épouvantant
innocentant
accidentant
diligentant
réargentant
réorientant
ornementant
parementant
agrémentant
fragmentant
sédimentant
bonimentant
tourmentant
documentant
argumentant
charpentant
apparentant
pressentant
fréquentant
réinventant
dessuintant
confrontant
discountant
rempruntant
traficotant
massicotant
mendigotant
tremblotant
papillotant
désadaptant
précomptant
réimportant
autoportant
réexportant
contrastant
manifestant
admonestant
équidistant
contristant
préexistant
tarabustant
désajustant
réadmettant
chevrettant
pirouettant
mangeottant
décalottant
déculottant
reculottant
panneautant
chapeautant
poireautant
terreautant
tressautant
dénoyautant
persécutant
répercutant
rediscutant
crapahutant
parachutant
copermutant
transmutant
maraboutant
surajoutant
cailloutant
démazoutant
phagocytant
contribuant
distribuant
défatiguant
promulguant
valdinguant
étalinguant
déglinguant
schlinguant
embringuant
distinguant
cataloguant
homologuant
monologuant
surévaluant
déséchouant
estomaquant
bivouaquant
claudiquant
compliquant
rappliquant
polémiquant
tourniquant
plastiquant
détoxiquant
intoxiquant
requinquant
soliloquant
équivoquant
rembarquant
confisquant
réhabituant
substituant
constituant
prostituant
pyrogravant
parachevant
champlevant
prescrivant
proscrivant
souscrivant
désactivant
objectivant
adjectivant
invectivant
poursuivant
automouvant
myorelaxant
désindexant
désenrayant
soustrayant
redéployant
réemployant
dégravoyant
imprévoyant
entrevoyant
clairvoyant
désennuyant
alcalescent
obsolescent
intumescent
luminescent
arborescent
fluorescent
délitescent
indéhiscent
reviviscent
non-résident
coprésident
intelligent
Côte d'Argent
coefficient
inconscient
Moyen-Orient
plurivalent
équipollent
pulvérulent
délinéament
tempérament
enjambement
superbement
déglacement
déplacement
replacement
emplacement
rapiècement
empiècement
facticement
balancement

11

financement
devancement
défoncement
enfoncement
renoncement
précocement
placidement
candidement
sordidement
perfidement
stupidement
débridement
entendement
commodément
retardement
emmerdement
sabordement
débordement
retordement
absurdement
échaudement
accoudement
étouffement
rengagement
soulagement
aménagement
sauvagement
déneigement
enneigement
voltigement
dérangement
arrangement
étrangement
allongement
hébergement
dégorgement
regorgement
engorgement
relâchement
arrachement
détachement
attachement
empêchement
ébrèchement
assèchement
fraîchement
entichement
épanchement
branchement
franchement
étanchement
encochement
dérochement
enrochement
écorchement
abouchement
déblaiement
non-paiement
remaniement
verdoiement
coudoiement
déploiement
reploiement
larmoiement
chatoiement
apitoiement
festoiement
nettoiement
convoiement
louvoiement
vouvoiement
appariement
globalement
verbalement
amicalement
fiscalement
féodalement
inégalement
frugalement
socialement
filialement
génialement
jovialement
normalement
signalement
dessalement
mentalement
brutalement
chevalement
accablement
affablement
valablement
aimablement
minablement
durablement
ensablement
entablement
notablement
péniblement
lisiblement
visiblement
tremblement
ignoblement
ameublement
affublement
harcèlement
martèlement
soufflement
reniflement
dérèglement
aveuglement
aveuglément
dévoilement
fébrilement
stérilement
puérilement
subtilement
hostilement
inutilement
servilement
emballement
ensellement
musellement
cruellement
usuellement
nivellement
piaillement
braillement
éraillement
graillement
habillement
vacillement
nasillement
pétillement
mouillement
décollement
recollement
ébranlement
gondolement
frivolement
décuplement
déferlement
basculement
pullulement
défoulement
refoulement
écroulement
déroulement
enroulement
dixièmement
sixièmement
onzièmement
suprêmement
extrêmement
unanimement
surarmement

désarmement
enfermement
embaumement
anonymement
refrènement
réfrènement
engrènement
soutènement
indignement
malignement
bénignement
éloignement
éborgnement
vilainement
humainement
lancinement
dandinement
sereinement
raffinement
confinement
cheminement
inopinément
piétinement
obstinément
moyennement
façonnement
jalonnement
nasonnement
tâtonnement
entonnement
rayonnement
gazonnement
acharnement
écharnement
casernement
internement
ajournement
communément
estompement
échappement
agrippement
achoppement
escarpement
recoupement
délabrement
lugubrement
encadrement
moindrement
sincèrement
exagérément
entièrement
austèrement

chiffrement
désagrément
allègrement
allégrement
intègrement
dénigrement
affairement
éclairement
déchirement
notoirement
chavirement
épamprement
bizarrement
déferrement
épierrement
déterrement
enterrement
susurrement
fichtrement
obscurément
écoeurement
embrasement
malaisément
précisément
déboisement
reboisement
pavoisement
dégrisement
déguisement
aiguisement
recensement
encensement
immensément
intensément
déversement
reversement
diversement
inversement
jacassement
délassement
croassement
dépassement
harassement
entassement
abaissement
vagissement
mugissement
rugissement
gémissement
vomissement
froissement
tarissement

hérissement
mûrissement
lotissement
amuïssement
bruissement
ravissement
endossement
désossement
gloussement
hideusement
rageusement
odieusement
fameusement
piteusement
rêveusement
joyeusement
diffusément
confusément
jalousement
dépaysement
mandatement
abjectement
directement
strictement
empiétement
honnêtement
secrètement
affrètement
béguètement
caquètement
survêtement
affaitement
enfaîtement
délaitement
allaitement
déboîtement
emboîtement
benoîtement
adroitement
miroitement
étroitement
crépitement
effritement
ébruitement
enfantement
endentement
orientement
éreintement
épointement
chuintement
appontement
dorlotement

11

11

clapotement
promptement
abruptement
département
appartement
essartement
expertement
disertement
ouvertement
déportement
emportement
modestement
funestement
égoïstement
désistement
artistement
rajustement
injustement
enkystement
rabattement
débattement
rebattement
empattement
endettement
émiettement
fouettement
égouttement
culbutement
déboutement
veloutement
déroutement
envoûtement
recrutement
endiguement
éternuement
encaquement
baraquement
sadiquement
modiquement
pudiquement
magiquement
logiquement
obliquement
comiquement
cyniquement
stoïquement
typiquement
lyriquement
flanquement
brusquement
enclavement
prélèvement
soulèvement
embrèvement
dégrèvement
tardivement
évasivement
pensivement
massivement
passivement
abusivement
fictivement
furtivement
fautivement
abreuvement
impeachment
Fibrociment
étourdiment
blanchiment
assentiment
assortiment
abondamment
arrogamment
vigilamment
vaillamment
brillamment
étonnamment
plaisamment
puissamment
constamment
indécemment
innocemment
incidemment
impudemment
diligemment
indolemment
insolemment
apparemment
fréquemment
éloquemment
antiferment
continûment
incontinent
impertinent
transparent
Saint-Varent
indifférent
interférent
omniprésent
incompétent
moulin-à-vent
engoulevent
Delestraint
couvre-joint
contrepoint
Lautréamont
Faulquemont
Solliès-Pont
Rohan-Chabot
Clos-Vougeot
tire-larigot
passing-shot
crapouillot
vendangerot
Liddell Hart
Melun-Sénart
quelque part
Questembert
Saint-Hubert
café-concert
redécouvert
Blanquefort
maillechort
arrière-port
Schweinfurt
Heillecourt
Gondrecourt
Pixerécourt
Haillicourt
Baudricourt
Ballancourt
Bessancourt
Béthencourt
Hallencourt
Bettencourt
Béthoncourt
Plouguenast
Saint-Priest
Saint-Genest
Knokke-Heist
Jésus-Christ
Scharnhorst
Mistinguett
Puerto Montt
Villandraut
Connecticut
tout-à-l'égout
arrière-goût
Hatshepsout
touche-à-tout
attrape-tout
L'Isle-d'Abeau
Faya-Largeau
arc-doubleau
Mondoubleau
Cathelineau

Charbonneau
couleuvreau
pied-d'oiseau
Neufchâteau
Pontchâteau
éléphanteau
pieds-de-veau
biomatériau
Landivisiau
Chibougamau
La Wantzenau
condescendu
compte rendu
compte-rendu
sous-entendu
correspondu
cessez-le-feu
La Villedieu
Montesquieu
démonte-pneu
K'ong-fou-tseu
Machu Picchu
contrefichu
Diên Biên Phu
Kanō Sanraku
Kouei-tcheou
Papandhréou
Ouagadougou
Montesquiou
Second-Bakou
Zhangjiakou
têtes-de-clou
arrache-clou
Laroquebrou
contre-écrou
Sima Xiangru
Kapilavastu
contrefoutu
Kaminaljuyú
Tourgueniev
Pougatchiov
kalachnikov
Barychnikov
Baryshnikov
Dolgoroukov
Rachmaninov
Rakhmaninov
tennis-elbow
marshmallow
Denderleeuw
hydrothorax
arrière-faix

Maël-Carhaix
Grésy-sur-Aix
soixante-dix
Coulounieix
Saint-Yrieix
Sainte-Croix
grands-croix
ammoniacaux
iléo-caecaux
biomédicaux
pontificaux
hyperfocaux
uxorilocaux
matrilocaux
patrilocaux
matriarcaux
patriarcaux
parafiscaux
antifiscaux
grand-ducaux
rhomboïdaux
hélicoïdaux
conchoïdaux
sphénoïdaux
solénoïdaux
sphéroïdaux
sinusoïdaux
intertidaux
intermodaux
Chenonceaux
murs-rideaux
péritonéaux
pastoureaux
extralégaux
proverbiaux
solsticiaux
provinciaux
antisociaux
commerciaux
précordiaux
primordiaux
épithéliaux
nosocomiaux
polynomiaux
immémoriaux
sanatoriaux
sénatoriaux
équatoriaux
tinctoriaux
paroissiaux
sapientiaux
prénuptiaux

consortiaux
équinoxiaux
duodécimaux
centésimaux
paranormaux
anévrismaux
anévrysmaux
paroxysmaux
ponts-canaux
phénoménaux
anticlinaux
monoclinaux
subliminaux
uninominaux
pronominaux
mandarinaux
intestinaux
ennéagonaux
pentagonaux
heptagonaux
orthogonaux
méridionaux
obsidionaux
binationaux
monoclonaux
archétypaux
confédéraux
unilatéraux
trilatéraux
collatéraux
parentéraux
vice-amiraux
décemviraux
triumviraux
orchestraux
procéduraux
structuraux
scripturaux
sculpturaux
parastataux
suborbitaux
prégénitaux
congénitaux
uro-génitaux
sincipitaux
occidentaux
ornementaux
monumentaux
parodontaux
horizontaux
sacerdotaux
aéropostaux

11 sublinguaux
perlinguaux
télétravaux
adjectivaux
12 malchanceux
bateaux-feux
avalancheux
disgracieux
artificieux
tendancieux
sentencieux
compendieux
dispendieux
irréligieux
prestigieux
ignominieux
cérémonieux
acrimonieux
impécunieux
Lézardrieux
industrieux
prétentieux
contentieux
cérébelleux
sourcilleux
orgueilleux
merveilleux
pointilleux
cafouilleux
pelliculeux
furonculeux
tuberculeux
pyroligneux
serpigineux
prurigineux
vertigineux
ferrugineux
charbonneux
soupçonneux
haillonneux
goudronneux
poissonneux
buissonneux
phlegmoneux
poussiéreux
phosphoreux
culs-terreux
bienheureux
interosseux
cornemuseux
sarcomateux
fibromateux
lépromateux
souffreteux
bronchiteux
nécessiteux
ligamenteux
filamenteux
pavimenteux
caillouteux
respectueux
infructueux
torrentueux
Châteauroux
Rieupeyroux
Desqueyroux
Richard's Bay
Ville-d'Avray
Châteauguay
Port Moresby
Montmorency
montmorency
Death Valley
Squaw Valley
Valentigney
Port-Lyautey
Szombathely
Mounet-Sully
Praz-sur-Arly
Tcheboksary
Karlovy Vary
Rajahmundry
Saint-Valery
Tate Gallery
Londonderry
Shaftesbury
Champfleury
Tchernovtsy
garden-party
Renier de Huy
Beauperthuy
Brassempouy
Vladikavkaz
Sienkiewicz
Łukasiewicz
Saint-Geniez
Saint-Tropez
Diégo-Suarez
Mur-de-Barrez
Sankt Moritz
Saint-Moritz
Passarowitz
Adlercreutz

12

Tarass Boulba
Cabeza de Vaca
lingua franca
Tezcatlipoca
Ponta Delgada
Lollobrigida
Rouyn-Noranda
Volta Redonda
Tel-Aviv-Jaffa
Ibn al-Muqaffa'
Marsa el-Brega
Ibrāhīm Pacha
prêchi-prêcha
Plissetskaïa
Kovalevskaïa
Fuenterrabìa
protège-tibia
Castagniccia
Juárez García
Della Quercia
El-Mohammadia
Novaïa Zemlia
Transilvania
wellingtonia
tradescantia
Higashiōsaka
Bielsko-Biała
Makhatchkala
Pérez de Ayala
valpolicella
Barranquilla
Dallapiccola
San Pedro Sula

Macías Nguema
Shisha Pangma
acqua-toffana
Diaz de la Peña
Angra Pequena
Stara Planina
Tell al-Amarna
Anna Ivanovna
Fianarantsoa
Pessõa Câmara
phytophthora
Alcalá Zamora
Zarathushtra
nec plus ultra
Zarathoustra
Anurādhapura
nomenklatura
Buenaventura
Villaviciosa
Villahermosa
honoris causa
Río de la Plata
Chuquicamata
Isozaki Arata
persona grata
Lappeenranta
Chandragupta
Spessivtseva
Abū al-'Atāhiya
Breil-sur-Roya
Moḥammed Rezā
Muḥammad Rizā
Savines-le-Lac
Villers-le-Lac
Aumont-Aubrac
Cossé-Brissac
Van Ruusbroec
Perros-Guirec
Ergué-Gabéric
Rhône-Poulenc
Viollet-le-Duc
Côte-Saint-Luc
Dust Moḥammad
Kristianstad
d'arrache-pied
Chesterfield
Beaconsfield
Huddersfield
Nordenskjöld
Hammarskjöld
Bourg-Léopold
Bechuanaland

Newfoundland
Matabeleland
Staten Island
anglo-normand
Noisy-le-Grand
Kristiansand
Saint-Chamond
quarts-de-rond
Martin du Gard
pleurnichard
L'Île-Bouchard
Saint-Gothard
Montgaillard
rondouillard
débrouillard
Royer-Collard
Saint-Léonard
Saint-Bernard
saint-bernard
cambroussard
Hénin-Liétard
Brown-Séquard
Prince Edward
Scotland Yard
Géorgie du Sud
Afrique du Sud
Orcades du Sud
tétrasyllabe
heptasyllabe
hispano-arabe
crocs-en-jambe
La Grand-Combe
poisson-globe
germanophobe
contre-courbe
Arcis-sur-Aube
malacostracé
entomostracé
arrière-nièce
emporte-pièce
Saint-Sulpice
ambassadrice
réprobatrice
improbatrice
approbatrice
imprécatrice
prédicatrice
unificatrice
fornicatrice
fabricatrice
masticatrice
provocatrice

déprédatrice
liquidatrice
fécondatrice
cofondatrice
retardatrice
procréatrice
propagatrice
instigatrice
divulgatrice
négociatrice
auxiliatrice
compilatrice
consolatrice
législatrice
spéculatrice
calculatrice
coagulatrice
diffamatrice
déclamatrice
réanimatrice
réformatrice
informatrice
profanatrice
vaccinatrice
fascinatrice
examinatrice
éliminatrice
dessinatrice
ordonnatrice
dissipatrice
préparatrice
pondératrice
coopératrice
inspiratrice
perforatrice
exploratrice
conjuratrice
réalisatrice
égalisatrice
utilisatrice
importatrice
exportatrice
dévastatrice
dégustatrice
commutatrice
cultivatrice
observatrice
prospectrice
codirectrice
acuponctrice
acupunctrice
destructrice

12

bienfaitrice
inquisitrice
compositrice
compétitrice
répartitrice
aquacultrice
oléicultrice
pomicultrice
agricultrice
viticultrice
aquicultrice
rizicultrice
codétentrice
oculomotrice
descriptrice
contemptrice
persécutrice
institutrice
Saint-Maurice
libre-service
indépendance
surabondance
extravagance
microbalance
ressemblance
dissemblance
malveillance
surveillance
transhumance
accoutumance
décontenancé
appartenance
inconvenance
prédominance
Dubois-Crancé
protubérance
belligérance
intempérance
désespérance
persévérance
Fort-de-France
Mendès France
bienfaisance
complaisance
insuffisance
connaissance
décroissance
excroissance
réjouissance
maltraitance
concomitance
inadvertance
équidistance
thermistance
circonstance
inobservance
imprévoyance
clairvoyance
magnificence
alcalescence
obsolescence
détumescence
intumescence
luminescence
arborescence
fluorescence
délitescence
réminiscence
résipiscence
reviviscence
coprésidence
intelligence
inconscience
inexpérience
équipollence
pulvérulence
incontinence
impertinence
transparence
indifférence
interférence
non-ingérence
cooccurrence
omniprésence
quintessence
incompétence
préexistence
non-existence
Port-au-Prince
bande-annonce
laurier-sauce
quart-de-pouce
gardes-malade
appareillade
gargouillade
dégringolade
lance-grenade
pantalonnade
couillonnade
fanfaronnade
Schéhérazade
La Calprenède
parasiticide
psychorigide
macroscélide
chrysomélidé
monstrillidé
phascolomidé
curculionidé
paratyphoïde
hypocycloïde
cristalloïde
hyperboloïde
tuberculoïde
hémiptéroïde
parathyroïde
anthérozoïde
disaccharide
East Kilbride
triglycéride
polyholoside
Van Artevelde
non-marchande
presse-viande
est-allemande
télécommande
télécommandé
réintégrande
timbre-amende
interféconde
queue-d'aronde
photocathode
photopériode
branchiopode
arrière-garde
montbéliarde
pantouflarde
banlieusarde
incomplétude
inexactitude
formaldéhyde
acétaldéhyde
berbéridacée
dioscoréacée
saxifragacée
euphorbiacée
anacardiacée
sterculiacée
polémoniacée
renonculacée
campanulacée
valérianacée
cannabinacée
borraginacée
nyctaginacée
papilionacée

12

zingibéracée
oenothéracée
cucurbitacée
xanthophycée
chlorophycée
chrysophycée
Victor-Amédée
Murrumbidgee
encartouchée
Park Chung-hee
bronchorrhée
dysménorrhée
différenciée
caducifoliée
inférovariée
superovariée
inappropriée
succenturiée
Rivière-Salée
ensommeillée
contrecollée
caryophyllée
dicarbonylée
surcomprimée
inaccoutumée
Vosne-Romanée
extemporanée
Méditerranée
transcutanée
indéterminée
imparipennée
charançonnée
insoupçonnée
affectionnée
sélectionnée
conditionnée
intentionnée
attentionnée
émerillonnée
sous-calibrée
inconsidérée
échauffourée
homogénéisée
rationalisée
fleurdelisée
cristallisée
vascularisée
caractérisée
vert-de-grisée
systématisée
alphabétisée
controversée

sénéchaussée
maréchaussée
bicarbonatée
décontractée
préretraitée
suralimentée
expérimentée
court-jointée
désappointée
tarabiscotée
préfabriquée
sophistiquée
hétérogreffe
désurchauffe
désurchauffé
resurchauffe
resurchauffé
amours-en-cage
autoamorçage
radioguidage
millerandage
dévergondage
radiosondage
raccommodage
Bourg-de-Péage
préchauffage
planctophage
cuproalliage
ferroalliage
superalliage
interfoliage
inventoriage
seigneuriage
boursouflage
désentoilage
déshabillage
appareillage
estampillage
enfantillage
entortillage
accastillage
gribouillage
barbouillage
bredouillage
grenouillage
débrouillage
embrouillage
verrouillage
démaquillage
désencollage
blackboulage
autoallumage

matrilignage
patrilignage
interlignage
dégasolinage
dégazolinage
décalaminage
tambourinage
emmagasinage
baragouinage
damasquinage
badigeonnage
dépigeonnage
parangonnage
papillonnage
déboulonnage
hannetonnage
déboutonnage
pattinsonage
fluotournage
moyen-métrage
court-métrage
arrondissage
blanchissage
bouillissage
dégarnissage
décrépissage
recrépissage
équarrissage
atterrissage
emboutissage
serfouissage
aiguilletage
déchiquetage
décliquetage
encliquetage
télépointage
photomontage
boursicotage
déballastage
publipostage
esquimautage
chouchoutage
vapocraquage
multiplexage
boule-de-neige
libre-échange
méthylorange
capsule-congé
facture-congé
Blankenberge
Prince George
arrière-gorge

12

soutien-gorge
pieds-de-biche
porte-affiche
Audun-le-Tiche
paravalanche
tectibranche
ptérobranche
prosobranche
Villefranche
tournebroche
double-croche
Pont-de-l'Arche
contremarche
oiseau-mouche
bateau-mouche
touche-touche
solarigraphe
musicographe
lexicographe
cardiographe
bibliographe
fluviographe
dynamographe
cinémographe
séismographe
mécanographe
océanographe
bélinographe
chronographe
coronographe
cryptographe
Saint-Estèphe
hétérotrophe
allélomorphe
hétéromorphe
Grande-Synthe
Sainte-Marthe
porte-monnaie
quasi-monnaie
La Meilleraie
francophobie
éreutophobie
ostéomalacie
mélitococcie
rhabdomancie
tragi-comédie
Encyclopédie
encyclopédie
tétraploïdie
glischroïdie
Fennoscandie
dextrocardie
embryocardie
déshumidifié
onychophagie
phléborragie
blennorragie
quadriplégie
géostratégie
radiculalgie
néonatalogie
amphibologie
méthodologie
désidéologie
phraséologie
laryngologie
allergologie
ornithologie
aérobiologie
cytobiologie
cryobiologie
assyriologie
sémasiologie
phtisiologie
vexillologie
dactylologie
victimologie
volcanologie
vulcanologie
indianologie
carcinologie
criminologie
terminologie
biotypologie
cancérologie
météorologie
électrologie
culturologie
périssologie
eschatologie
climatologie
primatologie
stomatologie
dermatologie
rhumatologie
thanatologie
cosmétologie
planétologie
herpétologie
gérontologie
christologie
réflexologie
boogie-woogie
minéralurgie
thaumaturgie
bradypsychie
tachypsychie
gammagraphie
chorégraphie
calligraphie
calligraphié
pelvigraphie
discographie
vidéographie
paléographie
muséographie
lithographie
lithographié
orthographié
radiographie
radiographié
hagiographie
angiographie
ophiographie
héliographie
myélographie
soûlographie
filmographie
mammographie
dermographie
cosmographie
scanographie
scénographie
sténographie
sténographié
ethnographie
remnographie
iconographie
pornographie
macrographie
micrographie
hydrographie
reprographie
reprographié
pétrographie
pictographie
photographie
photographié
cartographie
cartographié
cystographie
flexographie
Philadelphie
hypertrophie
hypertrophié
Sainte-Sophie

psychopathie
cardiopathie
pneumopathie
enzymopathie
néphropathie
arthropathie
embryopathie
stichomythie
talkie-walkie
anencéphalie
acrocéphalie
francophilie
bibliophilie
spasmophilie
éosinophilie
scripophilie
angustifolié
surmultiplié
non-accomplie
Ploeuc-sur-Lié
polyglobulie
polydactylie
siphonogamie
hypocalcémie
hypoglycémie
hypokaliémie
hyperlipémie
stéréochimie
thermochimie
Sainte-Enimie
panophtalmie
xérophtalmie
mésoéconomie
ovariectomie
splénectomie
laminectomie
néphrectomie
gastrectomie
synovectomie
thoracotomie
trachéotomie
laryngotomie
artériotomie
mélanodermie
sclérodermie
homéothermie
hyperthermie
schizothymie
Cisleithanie
décalcomanie
alcoolomanie
arithmomanie
cocaïnomanie
héroïnomanie
Transylvanie
Pennsylvanie
métallogénie
neurasthénie
thrombopénie
oligophrénie
mnémotechnie
hippotechnie
quadriphonie
francophonie
stéréophonie
philharmonie
amphictyonie
protérogynie
poults-de-soie
bêtathérapie
puvathérapie
ergothérapie
aérothérapie
sérothérapie
mésothérapie
cryothérapie
électrocopie
stroboscopie
stéréoscopie
coelioscopie
colonoscopie
laparoscopie
arthroscopie
gastroscopie
embryoscopie
lycanthropie
misanthropie
galvanotypie
Antoine-Marie
protérandrie
mitochondrie
pénitencerie
taillanderie
pudibonderie
Conciergerie
conciergerie
cartoucherie
forêt-galerie
maréchalerie
cristallerie
chancellerie
bourrellerie
vaissellerie
boissellerie
chamaillerie
bouteillerie
capitainerie
maroquinerie
charbonnerie
bouffonnerie
poltronnerie
poissonnerie
gloutonnerie
confiturerie
japonaiserie
viennoiserie
sournoiserie
paperasserie
bondieuserie
chocolaterie
mousqueterie
manécanterie
ferblanterie
plaisanterie
charpenterie
bimbeloterie
robinetterie
hétérophorie
vélocimétrie
alcalimétrie
polarimétrie
calorimétrie
colorimétrie
tachéométrie
stéréométrie
psychométrie
pluviométrie
thermométrie
actinométrie
chronométrie
chlorométrie
bio-industrie
Le Roy Ladurie
urobilinurie
schizophasie
radiesthésie
coenesthésie
hypoesthésie
palingénésie
bradykinésie
anaphrodisie
stéréognosie
chromatopsie
hyperacousie
physiocratie
phallocratie

12

technocratie
méritocratie
aristocratie
ploutocratie
bureaucratie
chiropractie
contrepartie
charte-partie
ostéoplastie
angioplastie
mammoplastie
rhinoplastie
gynécomastie
ventriloquie
radiogalaxie
protogalaxie
trophallaxie
intertribale
protococcale
paramédicale
chirurgicale
subtropicale
obstétricale
grammaticale
hémorroïdale
ellipsoïdale
trapézoïdale
médico-légale
globicéphale
télencéphale
mésencéphale
métencéphale
stégocéphale
macrocéphale
microcéphale
androcéphale
hydrocéphale
leptocéphale
philosophale
interraciale
endothéliale
matrimoniale
patrimoniale
testimoniale
participiale
partenariale
dictatoriale
directoriale
territoriale
seigneuriale
aérospatiale
nivo-pluviale
hexadécimale
sexagésimale
rhumatismale
cataclysmale
sadique-anale
cardio-rénale
entéro-rénale
attitudinale
ustilaginale
quadriennale
quinquennale
dodécagonale
paraphernale
monocamérale
nycthémérale
équilatérale
presbytérale
antisudorale
successorale
professorale
préfectorale
commissurale
caricaturale
conjecturale
Grand Lac Salé
transversale
pluricausale
sous-orbitale
labiodentale
fondamentale
sentimentale
continentale
intercostale
équiprobable
hypothécable
inapplicable
inexplicable
communicable
inextricable
impraticable
domesticable
influençable
indéfendable
inaccordable
envisageable
inabrogeable
rechargeable
inchauffable
irréfragable
irrémédiable
insalifiable
simplifiable
saponifiable
invérifiable
émulsifiable
quantifiable
identifiable
multipliable
dissemblable
incongelable
renouvelable
indéréglable
indécollable
inébranlable
inconsolable
incalculable
incoagulable
inexprimable
programmable
indéformable
irréformable
insoutenable
inexpugnable
inimaginable
indéclinable
incriminable
déterminable
interminable
soupçonnable
émotionnable
développable
inextirpable
incomparable
considérable
impondérable
transférable
invulnérable
déchiffrable
inchiffrable
réintégrable
indéchirable
irrespirable
inchavirable
inexplorable
incorporable
impénétrable
structurable
manoeuvrable
irréalisable
fertilisable
réutilisable
inutilisable
satellisable
alcoolisable

indemnisable
scolarisable
pulvérisable
indéfrisable
cicatrisable
électrisable
privatisable
magnétisable
palettisable
juxtaposable
décomposable
recomposable
superposable
transposable
remboursable
autocassable
indépassable
connaissable
insalissable
définissable
infroissable
intarissable
impérissable
amortissable
inanalysable
hydrolysable
acclimatable
indétectable
irrachetable
surexcitable
épouvantable
fréquentable
inracontable
indémontable
inacceptable
mainmortable
inexécutable
indiscutable
incommutable
transmutable
contribuable
distribuable
distinguable
inattaquable
substituable
inconcevable
incultivable
inobservable
inemployable
intelligible
incorrigible
indisponible
imprévisible
inextensible
inexplosible
irréversible
inaccessible
compressible
inadmissible
irrémissible
incompatible
indéfectible
irréductible
destructible
descriptible
inscriptible
consomptible
irrésistible
sous-ensemble
hydrosoluble
indissoluble
désensorcelé
plaque-modèle
Mons-en-Pévèle
trirectangle
colombophile
myrmécophile
aquariophile
germanophile
haltérophile
électrophile
gérontophile
lance-missile
trinqueballe
arrière-salle
Cintegabelle
sacs-poubelle
romanichelle
artificielle
tendancielle
cérémonielle
immatérielle
catégorielle
semestrielle
bimestrielle
industrielle
tangentielle
sapientielle
torrentielle
séquentielle
valérianelle
Polichinelle
polichinelle
pulsionnelle
passionnelle
fictionnelle
émotionnelle
flexionnelle
rhynchonelle
magnanarelle
intemporelle
incorporelle
surnaturelle
structurelle
biculturelle
mademoiselle
accidentelle
individuelle
trisannuelle
télévisuelle
consensuelle
inhabituelle
conventuelle
conceptuelle
contextuelle
homosexuelle
emmouscaillé
boustifaille
cochonnaille
carton-paille
dépoitraillé
contre-taille
perce-oreille
Vic-sur-Seille
belle-famille
superfamille
semi-chenillé
autochenille
mille-feuille
Aigrefeuille
portefeuille
carambouille
débarbouillé
embarbouillé
pattemouille
La Trimouille
déverrouillé
tripatouillé
Berzé-la-Ville
Combs-la-Ville
Cours-la-Ville
Marly-la-Ville
Léopoldville
Varangéville
Francheville
Vieilleville

12

Loretteville
Baraqueville
Querqueville
Laneuveville
baise-en-ville
Bougainville
Franconville
Ermenonville
Jacksonville
Cany-Barville
Boucherville
Orléansville
Sartrouville
Stanleyville
lamellé-collé
chantignolle
xanthophylle
sclérophylle
chlorophylle
holométabole
vitivinicole
dulçaquicole
microalvéole
Saint-Guénolé
échantignole
extrasystole
sous-multiple
thermocouple
conciliabule
tintinnabulé
point-virgule
pieds-de-poule
tétradactyle
pentadactyle
artiodactyle
ptérodactyle
vaccinostyle
trique-madame
croque-madame
caprolactame
chrysanthème
Saint-Anthème
milliardième
cinquantième
combientième
archiphonème
cologarithme
quadragésime
septuagésime
Valère Maxime
Sainte-Maxime
organigramme
stéréogramme
trichogramme
cardiogramme
spermogramme
ordinogramme
bélinogramme
chronogramme
préprogrammé
loi-programme
cryptogramme
Bray-sur-Somme
ostéosarcome
lymphangiome
endométriome
ruines-de-Rome
chondriosome
hétérotherme
hauts-de-forme
colymbiforme
coraciiforme
lamelliforme
bacilliforme
campaniforme
cholériforme
passériforme
cratériforme
hystériforme
enthousiasme
enthousiasmé
mithriacisme
catholicisme
flandricisme
historicisme
romanticisme
agnosticisme
spontanéisme
éclairagisme
esclavagisme
motoneigisme
sociologisme
biomorphisme
zoomorphisme
isomorphisme
prognathisme
mégalithisme
monolithisme
cannibalisme
syndicalisme
cléricalisme
physicalisme
familialisme
colonialisme
impérialisme
matérialisme
marginalisme
régionalisme
nationalisme
rationalisme
paternalisme
théâtralisme
culturalisme
hospitalisme
orientalisme
motocyclisme
monothélisme
parallélisme
clientélisme
probabilisme
infantilisme
bimétallisme
travaillisme
pointillisme
panislamisme
anglicanisme
gallicanisme
américanisme
canadianisme
pélagianisme
hégélianisme
socinianisme
arminianisme
parisianisme
adoptianisme
luthéranisme
cultéranisme
phagédénisme
orthogénisme
phénoménisme
déterminisme
byzantinisme
augustinisme
cloisonnisme
histrionisme
anachronisme
synchronisme
isochronisme
opportunisme
polychroïsme
millénarisme
carbonarisme
égalitarisme
utilitarisme
volontarisme
consumérisme

cathétérisme
gangstérisme
pythagorisme
gonochorisme
phosphorisme
béhaviorisme
géocentrisme
égocentrisme
zoroastrisme
barbiturisme
progressisme
monophysisme
suprématisme
apragmatisme
astigmatisme
agrammatisme
achromatisme
aspermatisme
comparatisme
coopératisme
corporatisme
alphabétisme
proxénétisme
modérantisme
militantisme
irrédentisme
immanentisme
pentecôtisme
autoérotisme
bonapartisme
monopartisme
motonautisme
parachutisme
prosélytisme
kimbanguisme
pétrarquisme
exclusivisme
objectivisme
directivisme
primitivisme
maccarthysme
Roi-Guillaume
désaccoutumé
sclérenchyme
anthroponyme
Bin el-Ouidane
polyuréthane
morphinomane
ballettomane
cyclopropane
cyclopentane
fémoro-cutané

auto-caravane
esthésiogène
trypsinogène
déshydrogéné
Sainte-Hélène
polyéthylène
épiphénomène
schizophrène
phénanthrène
lépidosirène
nitrobenzène
Cormontaigne
interurbaine
mozambicaine
républicaine
sud-africaine
panafricaine
eurafricaine
portoricaine
franciscaine
demi-mondaine
duodécimaine
gréco-romaine
gallo-romaine
Tripolitaine
Elf Aquitaine
cinquantaine
Sérifontaine
transylvaine
demi-douzaine
prothrombine
indométacine
tyrothricine
clindamycine
moudjahidine
cantharidine
périgourdine
fluorescéine
Bourg-la-Reine
Hauts-de-Seine
Bray-sur-Seine
Méry-sur-Seine
Ivry-sur-Seine
holoprotéine
lipoprotéine
turbomachine
endomorphine
térébenthine
Kouropatkine
Sikhote-Aline
tétracycline
gibbérelline

univitelline
théophylline
naphtazoline
indiscipline
indiscipliné
prédéterminé
surdéterminé
lactalbumine
Saint-Antoine
héliotropine
criste-marine
gardes-marine
Tchitcherine
pelletiérine
intra-utérine
extra-utérine
monténégrine
ciclosporine
angiotensine
vasopressine
lèche-vitrine
strophantine
estudiantine
feuillantine
lactoflavine
Sainte-Savine
mytilotoxine
newsmagazine
prométhazine
Etchmiadzine
Villeurbanne
Carqueiranne
électrovanne
prométhéenne
nord-coréenne
zimbabwéenne
pharmacienne
thermicienne
mécanicienne
organicienne
technicienne
théoricienne
généticienne
politicienne
plasticienne
ordovicienne
cistercienne
xiphoïdienne
stéroïdienne
choroïdienne
thyroïdienne
deltoïdienne

12

mastoïdienne
carotidienne
parotidienne
amérindienne
capverdienne
cambodgienne
phalangienne
pharyngienne
théologienne
chirurgienne
autrichienne
corinthienne
centralienne
australienne
thessalienne
végétalienne
froebélienne
francilienne
vietnamienne
épicrânienne
lusitanienne
aquitanienne
lithuanienne
Tyrrhénienne
campignienne
apollinienne
abyssinienne
riemannienne
pharaonienne
bourbonienne
macédonienne
calédonienne
pyrrhonienne
babylonienne
clactonienne
états-unienne
anthropienne
coronarienne
végétarienne
antiaérienne
luciférienne
jupitérienne
moustérienne
voltairienne
calvairienne
elzévirienne
équatorienne
épineurienne
pasteurienne
faubourienne
mélanésienne
indonésienne
polynésienne
cambrésienne
roubaisienne
circassienne
parnassienne
paroissienne
malthusienne
vauclusienne
mulhousienne
Saint-Étienne
gravettienne
djiboutienne
algonquienne
kolkhozienne
paraguayenne
concitoyenne
franc-maçonne
insubordonné
maigrichonne
décapuchonné
encapuchonné
endivisionné
convulsionné
contorsionné
impressionné
commissionné
soumissionné
confectionné
perfectionné
collectionné
repositionné
susmentionné
subventionné
conventionné
proportionné
suggestionné
congestionné
précautionné
révolutionné
tourbillonné
étrésillonné
écouvillonné
Haute-Garonne
Lot-et-Garonne
déchaperonné
semi-consonne
pèse-personne
paillassonné
rempoissonné
Chef-Boutonne
anglo-saxonne
Pont-sur-Yonne
Port-sur-Saône
radiocarbone
hydrocarboné
dicotylédone
germanophone
hispanophone
électrophone
magnétophone
côtes-du-rhône
phytohormone
parathormone
hydroquinone
progestérone
androstérone
testostérone
géosynchrone
Seine-et-Marne
ultramoderne
Saint-Paterne
wagon-citerne
avion-citerne
lamellicorne
Athis-de-l'Orne
petit-déjeuné
Soljenitsyne
chausse-trape
fourgon-pompe
kaléidoscope
laryngoscope
bronchoscope
ébullioscope
oscilloscope
électroscope
spectroscope
magnétoscope
magnétoscopé
zinjanthrope
philanthrope
hypermétrope
énantiotrope
radio-isotope
surdéveloppé
désenveloppé
contrescarpe
presse-étoupe
Capdenac-Gare
déséquilibre
déséquilibré
contre-timbre
condescendre
entreprendre
désapprendre

payer-prendre
sous-entendre
monocylindre
correspondre
Nort-sur-Erdre
prêts-à-coudre
désincarcéré
foraminifère
saccharifère
diamantifère
trochosphère
chromosphère
thermosphère
hétérosphère
stratosphère
cocréancière
ambulancière
plaisancière
pissaladière
hebdomadière
La Pacaudière
La Talaudière
montgolfière
cartouchière
hospitalière
festivalière
particulière
année-lumière
palefrenière
maroquinière
charbonnière
chiffonnière
bouchonnière
houblonnière
chansonnière
cressonnière
poissonnière
buissonnière
Grande Brière
arbalétrière
procédurière
confiturière
manoeuvrière
Lariboisière
matelassière
paperassière
écrivassière
chocolatière
usufruitière
débirentière
escargotière
bimbelotière

allumettière
autoroutière
sous-clavière
betteravière
garde-rivière
grenouillère
quadrilatère
siphonaptère
strepsiptère
thysanoptère
rastaquouère
Sainte-Sévère
staphisaigre
oeils-de-tigre
Saint-Macaire
hypothécaire
suburbicaire
anticalcaire
hebdomadaire
référendaire
milliardaire
Dun Laoghaire
périanthaire
préglaciaire
bénéficiaire
évangéliaire
domiciliaire
intercalaire
Pointe-Claire
multifilaire
Saint-Hilaire
primipilaire
pédicellaire
codicillaire
protocolaire
parascolaire
périscolaire
postscolaire
multipolaire
transpolaire
mandibulaire
vestibulaire
vernaculaire
tentaculaire
pelliculaire
folliculaire
vermiculaire
lenticulaire
testiculaire
pédonculaire
uniloculaire
triloculaire

triangulaire
péninsulaire
bimillénaire
bicentenaire
subliminaire
préliminaire
millionnaire
pensionnaire
cessionnaire
missionnaire
stationnaire
factionnaire
dictionnaire
tortionnaire
gestionnaire
embryonnaire
antiphonaire
Saint-Lunaire
scyphozoaire
hématozoaire
kamptozoaire
ambulacraire
thuriféraire
surnuméraire
madréporaire
scripturaire
anniversaire
hypophysaire
syndicataire
comandataire
retardataire
cosignataire
destinataire
endossataire
réservataire
propriétaire
pamphlétaire
mousquetaire
publicitaire
inégalitaire
prémilitaire
indemnitaire
antiunitaire
aplacentaire
excédentaire
ligamentaire
fragmentaire
sédimentaire
rudimentaire
régimentaire
documentaire
tégumentaire

12

argumentaire
involontaire
protonotaire
attributaire
préciputaire
leucocytaire
phagocytaire
macrocytaire
moustiquaire
Saint-Nazaire
entre-déchiré
Warwickshire
New Hampshire
Maine-et-Loire
Saône-et-Loire
Indre-et-Loire
aplatissoire
imprécatoire
masticatoire
subrogatoire
oscillatoire
éjaculatoire
circulatoire
anovulatoire
diffamatoire
déclamatoire
combinatoire
déclinatoire
éliminatoire
comminatoire
échappatoire
déclaratoire
préparatoire
respiratoire
inspiratoire
exploratoire
évaporatoire
incantatoire
ostentatoire
attentatoire
observatoire
rédhibitoire
prémonitoire
réquisitoire
inquisitoire
suppositoire
retranscrire
circonscrire
réintroduire
déconstruire
reconstruire
Condé-sur-Vire
Tessy-sur-Vire
siphonophore
galactophore
spadiciflore
organochloré
basidiospore
téleutospore
Deuil-la-Barre
Basse-Navarre
Largillierre
tourne-pierre
Bassompierre
carton-pierre
paratonnerre
pomme de terre
Marquenterre
Vic-en-Bigorre
petits-beurre
laissé-courre
amphithéâtre
quatre-quatre
turbidimètre
viscosimètre
explosimètre
ébulliomètre
oscillomètre
galvanomètre
inclinomètre
hystéromètre
psychromètre
électromètre
spectromètre
pénétromètre
telluromètre
extensomètre
cathétomètre
magnétomètre
sensitomètre
entrefenêtre
porte-fenêtre
multifenêtre
interpénétré
contremaître
réapparaître
Pointe-à-Pitre
papier-filtre
hautes-contre
Clytemnestre
réenregistré
sous-ministre
contre-lettre
mandat-lettre
compromettre
carton-feutre
crayon-feutre
contrefoutre
Brahmapoutre
têtes-de-Maure
tyrannosaure
atlantosaure
hydrocarbure
chantepleure
boursouflure
échauboulure
ferricyanure
ferrocyanure
hexachlorure
polychlorure
hexafluorure
enchevêtrure
carbonitruré
contre-mesure
arrondissure
meurtrissure
éclaboussure
villégiature
villégiaturé
appoggiature
nomenclature
magistrature
architecture
architecturé
ignipuncture
substructure
déchiqueture
microvoiture
téléécriture
désinvolture
bulbiculture
pisciculture
carpiculture
puériculture
floriculture
horticulture
sylviculture
coproculture
joint-venture
découverture
héliogravure
photogravure
Nicolas-Favre
becs-de-lièvre
chefs-d'oeuvre
mains-d'oeuvre

ribonucléase
steeple-chase
helminthiase
entérokinase
transaminase
archidiocèse
lymphopoïèse
hématopoïèse
psychogenèse
morphogenèse
thermogenèse
organogenèse
tératogenèse
gamétogenèse
blastogenèse
embryogenèse
psychokinèse
Marie-Thérèse
thoracentèse
amniocentèse
Trie-sur-Baïse
thaïlandaise
néerlandaise
hongkongaise
Père-Lachaise
montréalaise
versaillaise
Marseillaise
marseillaise
pakistanaise
bourbonnaise
réunionnaise
aveyronnaise
Tarraconaise
barcelonaise
camerounaise
goguenardise
métamorphisé
démédicalisé
potentialisé
personnalisé
municipalisé
déminéralisé
décentralisé
dénaturalisé
universalisé
décapitalisé
spiritualisé
malléabilisé
comptabilisé
insolubilisé
tranquillisé
christianisé
dénicotinisé
embourgeoisé
seychelloise
indochinoise
valentinoise
chassé-croisé
clermontoise
discourtoise
inapprivoisé
désolidarisé
dénucléarisé
parcellarisé
démilitarisé
remilitarisé
containérisé
accessoirisé
réflectorisé
psychiatrisé
conteneurisé
dépressurisé
mithridatisé
anathématisé
désinsectisé
conscientisé
désambiguïsé
collectivisé
autopropulsé
carte-réponse
désoxyribose
onchocercose
onychomycose
actinomycose
blastomycose
métempsycose
mononucléose
quelque chose
métamorphose
métamorphosé
anhydrobiose
otospongiose
leishmaniose
endométriose
rickettsiose
légionellose
salmonellose
aspergillose
anguillulose
piroplasmose
toxoplasmose
photocomposé
radionécrose
lombarthrose
discarthrose
leptospirose
spirochétose
lymphocytose
gardes-chasse
Halicarnasse
Montparnasse
demanderesse
désintéressé
filtre-presse
scélératesse
casse-vitesse
tiroir-caisse
Nègrepelisse
balanoglosse
pamplemousse
pousse-pousse
taxis-brousse
magnétopause
malchanceuse
marchandeuse
pourfendeuse
avalancheuse
effilocheuse
raccrocheuse
disgracieuse
artificieuse
tendancieuse
sentencieuse
compendieuse
dispendieuse
irréligieuse
prestigieuse
ignominieuse
cérémonieuse
acrimonieuse
impécunieuse
industrieuse
prétentieuse
contentieuse
rassembleuse
ensorceleuse
écornifleuse
handballeuse
footballeuse
cérébelleuse
chamailleuse
rempailleuse
mitrailleuse
travailleuse
sourcilleuse

conseilleuse
orgueilleuse
merveilleuse
grappilleuse
houspilleuse
pointilleuse
effeuilleuse
rabouilleuse
bidouilleuse
bafouilleuse
cafouilleuse
magouilleuse
gazouilleuse
resquilleuse
cambrioleuse
pelliculeuse
furonculeuse
tuberculeuse
Le Val-de-Meuse
programmeuse
Villetaneuse
pyroligneuse
serpigineuse
prurigineuse
vertigineuse
ferrugineuse
charbonneuse
poinçonneuse
tronçonneuse
soupçonneuse
griffonneuse
ronchonneuse
haillonneuse
goudronneuse
moissonneuse
poissonneuse
buissonneuse
phlegmoneuse
saupoudreuse
poussiéreuse
déchiffreuse
phosphoreuse
bienheureuse
magnétiseuse
hypnotiseuse
connaisseuse
dégraisseuse
démolisseuse
fournisseuse
avertisseuse
interosseuse
déchausseuse
sarcomateuse
fibromateuse
lépromateuse
décolleteuse
souffreteuse
solliciteuse
bronchiteuse
nécessiteuse
poursuiteuse
ligamenteuse
filamenteuse
bonimenteuse
pavimenteuse
autoporteuse
décuscuteuse
caillouteuse
chroniqueuse
plastiqueuse
respectueuse
infructueuse
torrentueuse
radiodiffusé
Westinghouse
psychanalyse
psychanalysé
narco-analyse
microanalyse
borosilicate
borosilicaté
starting-gate
méthacrylate
permanganate
chlorhydrate
micro-cravate
circonspecte
hyménomycète
actinomycète
gastromycète
blastomycète
monts-de-piété
nue-propriété
protoplanète
souveraineté
débonnaireté
malhonnêteté
insatisfaite
périphlébite
inefficacité
perspicacité
apostolicité
multiplicité
oecuménicité
catégoricité
excentricité
automaticité
authenticité
anélasticité
simultanéité
incorporéité
imparidigité
labyrinthite
cristobalite
présidialité
collégialité
potentialité
impartialité
divortialité
convivialité
septennalité
personnalité
polytonalité
municipalité
bilatéralité
universalité
périnatalité
néomortalité
surmortalité
spiritualité
ostéomyélite
poliomyélite
pérityphlite
insécabilité
révocabilité
décidabilité
malléabilité
perméabilité
fatigabilité
navigabilité
serviabilité
annulabilité
aliénabilité
trempabilité
altérabilité
honorabilité
incurabilité
saturabilité
opposabilité
dilatabilité
habitabilité
excitabilité
héritabilité
irritabilité
adaptabilité
comptabilité

flottabilité
immutabilité
imputabilité
recevabilité
indélébilité
irascibilité
faillibilité
illisibilité
divisibilité
invisibilité
plausibilité
infusibilité
aéromobilité
insolubilité
rétractilité
tranquillité
entérocolite
angiocholite
épicondylite
illégitimité
radiodermite
sous-humanité
Pierre-Bénite
dacryadénite
euryhalinité
bartholinite
auto-immunité
sous-exploité
irrégularité
impopularité
scissiparité
contrevérité
périarthrite
polyarthrite
postériorité
hypochlorite
multinévrite
chalcopyrite
antiparasite
antiparasité
endoparasite
ectoparasite
contre-visite
surintensité
contagiosité
obséquiosité
méticulosité
monstruosité
défectuosité
cholécystite
dégressivité
expressivité

possessivité
permissivité
subjectivité
collectivité
connectivite
conductivité
productivité
transitivité
répétitivité
absorptivité
suggestivité
exhaustivité
permittivité
Franche-Comté
surplombante
communicante
convaincante
indépendante
surabondante
accommodante
incommodante
ignifugeante
ébouriffante
extravagante
chevauchante
fluidifiante
alcalifiante
émulsifiante
sanctifiante
autocopiante
contrariante
expropriante
Marie-Galante
ressemblante
ensorcelante
renouvelante
horripilante
accueillante
malveillante
surveillante
scintillante
gazouillante
autocollante
gesticulante
transhumante
inconvenante
intervenante
astreignante
hallucinante
prédominante
sus-dominante
déterminante

agglutinante
bourdonnante
passionnante
émotionnante
claironnante
environnante
frissonnante
consternante
handicapante
participante
développante
enveloppante
préoccupante
équilibrante
réverbérante
protubérante
odoriférante
belligérante
réfrigérante
intempérante
désespérante
désaltérante
persévérante
transpirante
déshonorante
expectorante
structurante
antigivrante
bienfaisante
complaisante
insuffisante
allergisante
anarchisante
globalisante
socialisante
stabilisante
stérilisante
fertilisante
anabolisante
germanisante
hispanisante
hellénisante
héllénisante
crétinisante
communisante
belgeoisante
euphorisante
terrorisante
cicatrisante
électrisante
dramatisante
aromatisante

12

rhumatisante
esthétisante
magnétisante
antiquisante
baroquisante
bien-pensante
intéressante
dégraissante
amincissante
adoucissante
affadissante
grandissante
envahissante
faiblissante
jaillissante
amollissante
décroissante
croupissante
nourrissante
pourrissante
grossissante
appétissante
abrutissante
languissante
réjouissante
éblouissante
contractante
surexcitante
concomitante
nécessitante
tremblotante
papillotante
autoportante
contrastante
manifestante
équidistante
préexistante
Constituante
constituante
poursuivante
automouvante
myorelaxante
imprévoyante
clairvoyante
alcalescente
obsolescente
intumescente
luminescente
arborescente
fluorescente
délitescente
indéhiscente
reviviscente
coprésidente
intelligente
sous-tangente
inconsciente
plurivalente
équipollente
pulvérulente
déréglementé
sous-alimenté
incontinente
impertinente
remonte-pente
transparente
indifférente
interférente
omniprésente
incompétente
contre-pointe
courtepointe
hétérozygote
bateau-pilote
feuille-morte
Sublime-Porte
enthousiaste
lymphoblaste
trophoblaste
mégaloblaste
chloroplaste
Punta del Este
harmoniciste
historiciste
abondanciste
antifasciste
orthopédiste
latifundiste
standardiste
spontanéiste
chauffagiste
éclairagiste
arbitragiste
esclavagiste
motoneigiste
coéchangiste
généalogiste
pathologiste
sociologiste
radiologiste
cosmologiste
étymologiste
hydrologiste
métrologiste
neurologiste
sidérurgiste
épigraphiste
syndicaliste
madrigaliste
colonialiste
impérialiste
matérialiste
mémorialiste
criminaliste
régionaliste
nationaliste
rationaliste
paternaliste
culturaliste
orientaliste
motocycliste
philatéliste
probabiliste
bimétalliste
aquarelliste
travailliste
pointilliste
chou-palmiste
taxidermiste
américaniste
phénoméniste
claveciniste
mandoliniste
déterministe
byzantiniste
protagoniste
téléphoniste
saxophoniste
polyphoniste
opportuniste
sténotypiste
millénariste
utilitariste
volontariste
équilibriste
vers-libriste
fildefériste
ingénieriste
pépiniériste
courriériste
croisiériste
consumériste
béhavioriste
optométriste
miniaturiste
anesthésiste

congressiste
progressiste
comparatiste
corporatiste
portraitiste
sanskritiste
modérantiste
espérantiste
irrédentiste
aquatintiste
pentecôtiste
Jean-Baptiste
bonapartiste
aquafortiste
juillettiste
trompettiste
fleurettiste
parachutiste
objectiviste
voiture-poste
timbres-poste
Enguinegatte
transpalette
motocyclette
Aiguebelette
exosquelette
mitraillette
andouillette
espagnolette
escarpolette
catherinette
épine-vinette
fourgonnette
madelonnette
chansonnette
cressonnette
tristounette
Alexandrette
chaufferette
Minicassette
sourde-muette
rouflaquette
Gif-sur-Yvette
Don Quichotte
don Quichotte
cancoillotte
gaine-culotte
stilligoutte
barrage-voûte
promyélocyte
réticulocyte
spermatocyte
ptéridophyte
trachéophyte
trousse-queue
fouette-queue
ribouldingue
brindezingue
laryngologue
allergologue
ornithologue
assyriologue
phtisiologue
volcanologue
vulcanologue
criminologue
terminologue
cancérologue
météorologue
climatologue
stomatologue
dermatologue
rhumatologue
diabétologue
soviétologue
cosmétologue
gérontologue
Port-Camargue
généthliaque
sacro-iliaque
paradisiaque
contreplaqué
contre-braqué
cinémathèque
oréopithèque
pinacothèque
bibliothèque
glyptothèque
joujouthèque
anticalcique
palissadique
orthopédique
péricardique
logorrhéique
frigorifique
scientifique
oesophagique
épipélagique
hémorragique
paraplégique
hémiplégique
odontalgique
antifongique
hypnagogique
généalogique
téléologique
ostéologique
pathologique
lithologique
mythologique
sociologique
radiologique
sémiologique
philologique
sismologique
cosmologique
étymologique
ethnologique
limnologique
iconologique
phonologique
hippologique
nécrologique
hydrologique
métrologique
astrologique
neurologique
scatologique
érotologique
histologique
tautologique
anallergique
adrénergique
sidérurgique
logomachique
oligarchique
hiérarchique
épigraphique
géographique
biographique
orographique
dystrophique
théosophique
biomorphique
zoomorphique
paratyphique
télépathique
antipathique
allopathique
mégalithique
antilithique
énéolithique
monolithique
mésolithique
pisolithique
helminthique

12

wisigothique
cannibalique
encéphalique
parapublique
semi-publique
anticyclique
homocyclique
monocyclique
polycyclique
philatélique
hypertélique
pyrogallique
bimétallique
hyperbolique
mélancolique
hypergolique
carboxylique
préislamique
panislamique
géodynamique
isodynamique
septicémique
acétonémique
agrochimique
Opéra-Comique
opéra-comique
tragi-comique
héroï-comique
astronomique
loxodromique
antiatomique
monoatomique
tétratomique
dichotomique
endodermique
hypodermique
mésodermique
ectodermique
diathermique
géothermique
exothermique
parasismique
antisismique
paroxysmique
patronymique
biomécanique
talismanique
glycogénique
pathogénique
phylogénique
phonogénique
épirogénique
photogénique
transgénique
acétylénique
géotechnique
biotechnique
zootechnique
splanchnique
policlinique
monoclinique
polyclinique
histaminique
sulfovinique
abandonnique
mégatonnique
kilotonnique
cosmogonique
téléphonique
cacophonique
homophonique
monophonique
polyphonique
histrionique
anharmonique
enharmonique
hydroponique
diachronique
anachronique
synchronique
isochronique
électronique
ultrasonique
cortisonique
supersonique
hypersonique
transsonique
pentatonique
planctonique
hypertonique
préolympique
télescopique
périscopique
endoscopique
gyroscopique
isentropique
azéotropique
allotropique
polytropique
polycarpique
archétypique
phénotypique
tétraédrique
heptaédrique
sulfhydrique
bromhydrique
cyanhydrique
azothydrique
téléphérique
périphérique
Méso-Amérique
climatérique
mésentérique
dysentérique
allostérique
pythagorique
gonochorique
sémaphorique
métaphorique
phosphorique
perchlorique
madréporique
assertorique
hippiatrique
diélectrique
décamétrique
paramétrique
décimétrique
kilométrique
manométrique
oenométrique
tonométrique
barométrique
pyrométrique
volumétrique
concentrique
géocentrique
égocentrique
épigastrique
glycosurique
barbiturique
ultrabasique
acido-basique
euthanasique
anesthésique
dysgénésique
cellulosique
préclassique
néoclassique
ménopausique
pataphysique
métaphysique
cryophysique
pancréatique
procréatique
eurasiatique

mathématique
emblématique
phonématique
systématique
apragmatique
diplomatique
achromatique
fantomatique
informatique
chiasmatique
schismatique
numismatique
morganatique
sus-hépatique
théocratique
démocratique
autocratique
antiétatique
métastatique
antistatique
hémostatique
hypostatique
aérostatique
cytostatique
subaquatique
catalectique
apoplectique
alphabétique
apologétique
antithétique
épenthétique
homothétique
hypothétique
inesthétique
prosthétique
signalétique
antiémétique
arithmétique
cybernétique
antipoétique
cholérétique
encoprétique
méningitique
bronchitique
syphilitique
glagolitique
ophiolitique
phonolitique
géopolitique
microlitique
cellulitique
nummulitique

austénitique
autocritique
météoritique
aprioritique
thrombotique
antibiotique
autoérotique
asymptotique
dicaryotique
cataleptique
antiseptique
anaglyptique
stochastique
Scholastique
pléonastique
pédérastique
phlogistique
cabalistique
pugilistique
urbanistique
hédonistique
humoristique
linguistique
diagnostique
diagnostiqué
diacoustique
paroxystique
squelettique
aéronautique
motonautique
Téléboutique
xérophytique
anxiolytique
caryolytique
désintoxiqué
papier-calque
saltimbanque
Graufesenque
méningocoque
streptocoque
contremarque
contremarqué
hétérocerque
Middelkerque
semi-remorque
caravagesque
raphaélesque
rembranesque
donjuanesque
chaplinesque
canularesque
tourne-disque

queue-de-morue
angusticlave
antiadhésive
autoadhésive
appréhensive
inexpressive
adjudicative
modificative
vérificative
notificative
séronégative
dépréciative
appréciative
confirmative
performative
dénominative
délibérative
dégénérative
illustrative
quantitative
consultative
augmentative
fermentative
progestative
préservative
tensioactive
soustractive
imperfective
interjective
non-directive
constrictive
reproductive
improductive
introductive
constructive
autopunitive
intransitive
séropositive
antisportive
intempestive
contributive
distributive
substitutive
constitutive
électrovalve
semi-conserve
Beecher-Stowe
Signy-l'Abbaye
La Meilleraye
Ailly-sur-Noye
Chevardnadze
Ordjonikidze

12

adjudant-chef
Benckendorff
boit-sans-soif
Mazār-e Charif
compréhensif
revendicatif
qualificatif
significatif
rectificatif
justificatif
communicatif
internégatif
interrogatif
contemplatif
approximatif
déterminatif
participatif
commémoratif
démonstratif
non-figuratif
argumentatif
fréquentatif
sous-effectif
téléobjectif
permsélectif
rétrospectif
introspectif
omnidirectif
interpositif
contraceptif
intéroceptif
extéroceptif
foies-de-boeuf
oeils-de-boeuf
Magyarország
Braunschweig
Wasserbillig
Luang Prabang
Ujungpandang
Tong K'i-tch'ang
Songhua Jiang
Heilong Jiang
Heilongjiang
Hei-long-kiang
Shijiazhuang
body-building
Kouan Han-k'ing
coups-de-poing
Teng Siao-p'ing
Deng Xiaoping
Houa Kouo-fong
T'ang T'ai-tsong

Stauffenberg
Rauschenberg
Leopoldsburg
Johannesburg
Le Grand-Bourg
Mecklembourg
Charlesbourg
Hubertsbourg
Châteaubourg
Krementchoug
Ḥasan i-Ṣabbāḥ
Daytona Beach
Melchisédech
Lech-Oberlech
Arles-sur-Tech
Mitscherlich
West Bromwich
Sacher-Masoch
Christchurch
Hartzenbusch
Jankélévitch
Grigorovitch
Kantorovitch
moucharabieh
Peterborough
Gainsborough
Haut-Karabakh
Benoît-Joseph
Uttar Pradesh
photos-finish
Commonwealth
Schweinfurth
voiture-balai
Angèle Merici
Mīnā' al-Aḥmadī
sous-refroidi
modus vivendi
Brunelleschi
Dengyō Daishi
Kaifu Toshiki
Thessalonìki
Uusikaupunki
Stambolijski
Stanislavski
Lobatchevski
Mierosławski
Andrzejewski
Schiaparelli
Montecuccoli
Montecucculi
brouillamini
contre-emploi

je-ne-sais-quoi
Deir el-Bahari
manu militari
Moro-Giafferi
papiers-émeri
Fatḥpūr-Sīkrī
Szent-Györgyi
Gheorghiu-Dej
Grothendieck
New Brunswick
Domesday Book
deutsche Mark
Petrozavodsk
Pervoouralsk
Lissitchansk
Tcheliabinsk
Severodvinsk
Novossibirsk
Stalinogorsk
Magnitogorsk
Novomoskovsk
Vorochilovsk
Brest-Litovsk
bachi-bouzouk
sorties-de-bal
San Cristóbal
procès-verbal
antisyndical
anticlérical
agrammatical
épicycloïdal
intercotidal
feld-maréchal
Hofmannsthal
Vallerysthal
médico-social
psychosocial
postprandial
consistorial
bourgeoisial
Mustafa Kemal
hydrothermal
longitudinal
géosynclinal
transluminal
antinational
anticyclonal
intersidéral
hydrominéral
plurilatéral
multilatéral
contre-amiral

préélectoral
agropastoral
lacrymo-nasal
interdigital
bucco-génital
Orderic Vital
expérimental
instrumental
monoparental
phénocristal
microcristal
stations-aval
pied-de-cheval
conjonctival
Bahr el-Ghazal
Saint-Raphaël
Van den Vondel
Uilenspiegel
Eulenspiegel
Uylenspiegel
semi-officiel
glockenspiel
interstitiel
confidentiel
présidentiel
providentiel
pestilentiel
évènementiel
événementiel
incrémentiel
excrémentiel
préférentiel
différentiel
Noël Chabanel
prévisionnel
provisionnel
ascensionnel
dimensionnel
intensionnel
extensionnel
obsessionnel
confusionnel
éducationnel
opérationnel
sensationnel
rédactionnel
directionnel
traditionnel
conditionnel
nutritionnel
intentionnel
promotionnel
exceptionnel
unipersonnel
confraternel
La Haye-Pesnel
conjoncturel
Ervy-le-Châtel
prémenstruel
intellectuel
intertextuel
hétérosexuel
Thaon di Revel
machine-outil
Cormontreuil
médecine-ball
medicine-ball
punching-ball
Cavaillé-Coll
Saint-Ferréol
benzonaphtol
Quetzalcóatl
Popocatépetl
Citlaltépetl
Ibn al-Haytham
Ústí nad Labem
Saint-Guilhem
Winston-Salem
Château-Yquem
Schiltigheim
Soufflenheim
Marckolsheim
Geispolsheim
Nakhon Pathom
dressing-room
Bergen Op Zoom
protactinium
delphinarium
paléothérium
préventorium
rahat-loukoum
post-scriptum
opus incertum
french cancan
Khieu Samphan
Leroi-Gourhan
Sun Zhongshan
Saint-Chinian
Sankt Florian
San Sebastián
Tenochtitlán
Audun-le-Roman
Maine de Biran
Carolus-Duran
Mas-Soubeyran
Mont-de-Marsan
Turkménistan
Kirghizistan
Nakhitchevan
Saskatchewan
Welwyn Garden
Van der Weyden
antipaludéen
indo-européen
guadeloupéen
chondrostéen
Ludwigshafen
Reichshoffen
Hohenstaufen
Valence-d'Agen
Sindelfingen
Berlichingen
Destelbergen
précolombien
hydraulicien
obstétricien
géophysicien
automaticien
syntacticien
dialecticien
énergéticien
stylisticien
statisticien
nécromancien
chiromancien
oniromancien
cartomancien
languedocien
proboscidien
saurophidien
non-euclidien
ptérygoïdien
arachnoïdien
allantoïdien
antiacridien
antiméridien
hollywoodien
comblanchien
épiscopalien
Saint-Paulien
mésopotamien
protostomien
intracrânien
transuranien
platyrhinien
décathlonien

12

triathlonien
lacédémonien
parkinsonien
néanthropien
propres-à-rien
antécambrien
protothérien
antivénérien
sphinctérien
presbytérien
phylloxérien
finno-ougrien
baudelairien
thermidorien
préhistorien
Saint-Cyprien
sauveterrien
ptérosaurien
singapourien
austronésien
levalloisien
tardenoisien
Saint-Gratien
hallstattien
terre-neuvien
antédiluvien
Maasmechelen
Holmenkollen
Van der Meulen
Bergen-Belsen
Schaffhausen
Komen-Waasten
Milford Haven
nicaraguayen
Snel Van Royen
sortie-de-bain
sud-américain
panaméricain
nord-africain
Quiévrechain
élisabéthain
surlendemain
Saint-Germain
contemporain
arrière-train
boute-en-train
soumaintrain
sino-tibétain
bellifontain
ultramontain
mussipontain
becs-de-corbin
entérovaccin
Robert-Houdin
Bloemfontein
Wittgenstein
Frankenstein
Lichtenstein
Vielé-Griffin
Vaulx-en-Velin
Saint-Maximin
Tsiang Tsö-min
Saint-Antonin
perlimpinpin
garde-magasin
roche-magasin
circonvoisin
Banjermassin
Port-en-Bessin
Saint-Quentin
Saint-Avertin
Bussy-Rabutin
Duguay-Trouin
Magny-en-Vexin
Guiry-en-Vexin
L'Isle-en-Dodon
Aunay-sur-Odon
Castille-León
sang-de-dragon
califourchon
thermosiphon
Saint-Émilion
saint-émilion
vespertilion
traits d'union
circoncision
autodérision
stéréovision
appréhension
hypertension
extraversion
reconversion
rétroversion
introversion
interversion
rétrocession
intercession
non-agression
réimpression
sous-pression
intersession
La Possession
dépossession
copossession
expromission
intromission
intermission
transmission
insoumission
répercussion
exacerbation
perturbation
masturbation
dessiccation
claudication
adjudication
pacification
nidification
codification
modification
salification
gélification
ramification
momification
humification
panification
vinification
bonification
tarification
vérification
aurification
purification
ossification
ratification
notification
vivification
complication
supplication
détoxication
intoxication
écholocation
sous-location
confiscation
exhérédation
invalidation
intimidation
dilapidation
impaludation
désoxydation
congrégation
promulgation
prolongation
homologation
ignifugation
déglaciation
dépréciation

appréciation
dénonciation
renonciation
annonciation
dissociation
conciliation
préfoliation
expatriation
propitiation
défluviation
insufflation
désinflation
assibilation
obnubilation
annihilation
assimilation
installation
flagellation
coupellation
fibrillation
distillation
instillation
affabulation
dénébulation
infibulation
déambulation
réticulation
articulation
émasculation
stridulation
démodulation
dérégulation
accumulation
manipulation
dépopulation
repopulation
gastrulation
capitulation
amalgamation
proclamation
desquamation
envenimation
légitimation
inflammation
consommation
confirmation
préformation
malformation
conformation
néoformation
halogénation
pyrogénation

inaliénation
imprégnation
consignation
vaticination
réordination
coordination
invagination
insémination
dénomination
illumination
condamnation
polygonation
anticipation
émancipation
constipation
disculpation
décrispation
réoccupation
inoccupation
pervibration
élucubration
consécration
délibération
dilacération
exulcération
éviscération
vocifération
accélération
décélération
régénération
incinération
rémunération
exaspération
récupération
vitupération
oblitération
allitération
adultération
déflagration
conspiration
perspiration
édulcoration
amélioration
décoloration
remémoration
perpétration
infiltration
exfiltration
excentration
fenestration
registration
claustration

illustration
Restauration
restauration
instauration
inauguration
immaturation
dénaturation
fracturation
francisation
exorcisation
faradisation
fluidisation
focalisation
localisation
vocalisation
idéalisation
légalisation
banalisation
canalisation
pénalisation
finalisation
moralisation
nasalisation
totalisation
navalisation
fidélisation
modélisation
novélisation
débilisation
mobilisation
civilisation
créolisation
nébulisation
islamisation
dynamisation
minimisation
optimisation
maximisation
chromisation
libanisation
urbanisation
mécanisation
organisation
romanisation
humanisation
tétanisation
féminisation
hominisation
pupinisation
latinisation
divinisation
coconisation

12

colonisation
ammonisation
canonisation
immunisation
polarisation
solarisation
curarisation
tubérisation
madérisation
numérisation
latérisation
arborisation
théorisation
calorisation
valorisation
colorisation
mémorisation
sonorisation
vaporisation
motorisation
autorisation
sécurisation
somatisation
fanatisation
hépatisation
dératisation
monétisation
politisation
néantisation
robotisation
aseptisation
démutisation
jarovisation
condensation
compensation
malversation
conversation
constatation
rétractation
cohabitation
habilitation
facilitation
délimitation
exploitation
décapitation
auscultation
consultation
déplantation
replantation
implantation
placentation
segmentation
pigmentation
augmentation
alimentation
fermentation
présentation
sustentation
labanotation
numérotation
réadaptation
inadaptation
concertation
dissertation
contestation
protestation
incrustation
sternutation
réévaluation
continuation
inadéquation
menstruation
perpétuation
accentuation
surélévation
insalivation
réactivation
inactivation
démotivation
préservation
conservation
cuti-réaction
stupéfaction
torréfaction
putréfaction
liquéfaction
satisfaction
gélifraction
soustraction
désaffection
surinfection
désinfection
imperfection
introjection
interjection
présélection
prédilection
intellection
récollection
incorrection
résurrection
insurrection
intersection
interdiction
antifriction
constriction
reconduction
reproduction
coproduction
introduction
transduction
substruction
construction
indiscrétion
polyaddition
microédition
réexpédition
autopunition
réapparition
malnutrition
perquisition
pole position
antéposition
demi-position
réimposition
postposition
tripartition
superstition
reconvention
intervention
interception
prescription
conscription
proscription
souscription
réabsorption
interruption
désinsertion
décongestion
contribution
distribution
non-exécution
irrésolution
substitution
constitution
prostitution
Riec-sur-Belon
La Ferté-Milon
marteau-pilon
Châtelaillon
taupe-grillon
Montmorillon
fransquillon
dolichocôlon
Toutankhamon
Mézidon-Canon

rhododendron
philodendron
Châteaugiron
Châtelperron
presse-citron
démangeaison
préfoliaison
préfloraison
kyrie eleison
contrepoison
contrebasson
Pont-à-Mousson
presse-bouton
pied-de-mouton
saut-de-mouton
trichophyton
proparoxyton
taille-crayon
transhorizon
Lisle-sur-Tarn
Hohenzollern
Yang Shangkun
Cerro de Pasco
San Francisco
São Francisco
Santo Domingo
Pozzo di Borgo
Portoferraio
Actor's Studio
Porto-Vecchio
Pinturicchio
Mishima Yukio
Ievtouchenko
Prats-de-Mollo
sténodactylo
San Gimignano
mezzo-soprano
Andrea Pisano
Ascoli Piceno
antineutrino
Méndez de Haro
Kilimandjaro
banderillero
Rio de Janeiro
Yamoussoukro
Cagayan de Oro
Inês de Castro
Tenzin Gyatso
Mavrocordato
appassionato
Barquisimeto
Pueblo Bonito

quattrocento
ayuntamiento
Risorgimento
divertimento
Mandchoukouo
Cheremetievo
Antananarivo
Tcheremkhovo
Tchistiakovo
Andersen Nexø
Cola di Rienzo
Vô Nguyên Giap
Mailly-le-Camp
Sathonay-Camp
gueule-de-loup
vesses-de-loup
pattes-de-loup
Le Bar-sur-Loup
Ardant du Picq
Lizy-sur-Ourcq
Aylwin Azocar
Colomb-Béchar
Nabopolassar
Cerro Bolìvar
désembourber
autofinancer
réensemencer
concurrencer
enguirlander
Montier-en-Der
cauchemarder
chemins de fer
désavantager
carpetbagger
prêts-à-manger
Grevenmacher
contreficher
enchevaucher
catastropher
sous-officier
ordonnancier
indulgencier
permanencier
différencier
conférencier
hallebardier
boulevardier
baguenaudier
disqualifier
personnifier
saccharifier
authentifier

complexifier
télégraphier
échographier
autographier
Saint-Vallier
quincaillier
mancenillier
démultiplier
Saint-Galmier
frangipanier
porcelainier
plaqueminier
sous-marinier
clémentinier
chaudronnier
avant-dernier
chaufournier
gratte-papier
scaphandrier
irish-terrier
long-courrier
passementier
différentier
crédirentier
sous-quartier
primesautier
Saint-Riquier
Saint-Trivier
terre-neuvier
Douwes Dekker
bringuebaler
brinquebaler
Mergenthaler
désassembler
shipchandler
époustoufler
désassimiler
laisser-aller
entrebâiller
criticailler
entretailler
discutailler
retravailler
rappareiller
déconseiller
embouteiller
écrabouiller
glandouiller
crachouiller
dépatouiller
Folschviller
désaccoupler

12

démantibuler
immatriculer
désarticuler
désoperculer
tournebouler
oreille-de-mer
désenvenimer
surcomprimer
désenflammer
déprogrammer
reprogrammer
Dupont-Sommer
chloroformer
Piriac-sur-Mer
Soulac-sur-Mer
Olonne-sur-Mer
Moëlan-sur-Mer
Cagnes-sur-Mer
Isigny-sur-Mer
Sanary-sur-Mer
réaccoutumer
raccompagner
contresigner
désenchaîner
surentraîner
décontaminer
brillantiner
caparaçonner
désamidonner
ébourgeonner
déchiffonner
contagionner
provisionner
ascensionner
dimensionner
excursionner
dépassionner
démissionner
contusionner
collationner
affectionner
sélectionner
conditionner
commotionner
réceptionner
débâillonner
réveillonner
vermillonner
tourillonner
postillonner
aiguillonner
brouillonner
gravillonner
maquignonner
moucheronner
décloisonner
saucissonner
empoissonner
oeilletonner
gueuletonner
sous-déclarer
rééquilibrer
désencombrer
réincarcérer
déconsidérer
reconsidérer
dépoussiérer
empoussiérer
déphosphorer
réincorporer
entre-dévorer
contrecarrer
chronométrer
déconcentrer
réorchestrer
transfigurer
peinturlurer
autocensurer
manufacturer
contracturer
déstructurer
restructurer
portraiturer
standardiser
clochardiser
homogénéiser
hiérarchiser
cannibaliser
radiobaliser
syndicaliser
tropicaliser
défiscaliser
officialiser
resocialiser
matérialiser
marginaliser
criminaliser
régionaliser
nationaliser
rationaliser
communaliser
désacraliser
théâtraliser
hospitaliser
immortaliser
réactualiser
désexualiser
sociabiliser
culpabiliser
rentabiliser
déstabiliser
crédibiliser
sensibiliser
flexibiliser
infantiliser
sous-utiliser
cristalliser
désatelliser
vasectomiser
américaniser
européaniser
désorganiser
déshumaniser
champagniser
dévirginiser
déstaliniser
masculiniser
synchroniser
impatroniser
entrecroiser
familiariser
déscolariser
circulariser
singulariser
prolétariser
sédentariser
sanctuariser
caractériser
squattériser
inférioriser
intérioriser
extérioriser
désectoriser
miniaturiser
dédramatiser
mathématiser
systématiser
achromatiser
informatiser
démocratiser
alphabétiser
débudgétiser
démagnétiser
cabin-cruiser
adjectiviser
controverser

interclasser
brouillasser
décadenasser
contre-passer
désencrasser
transgresser
décompresser
télédiffuser
électrolyser
déphosphater
décarbonater
décontracter
surexploiter
Winterhalter
désenchanter
ensanglanter
ébouillanter
transplanter
contingenter
enrégimenter
suralimenter
complimenter
expérimenter
instrumenter
contreventer
désappointer
prêts-à-monter
remmailloter
travailloter
prêts-à-porter
téléreporter
entre-heurter
désincruster
globe-trotter
électrocuter
transbahuter
caoutchouter
Schopenhauer
redistribuer
désenverguer
discontinuer
Locmariaquer
authentiquer
sophistiquer
pronostiquer
encaustiquer
démoustiquer
entrechoquer
reconstituer
substantiver
crossing-over
désapprouver
sous-employer
Khorramchahr
Khurramchahr
rocking-chair
ragaillardir
enorgueillir
agenouilloir
sous-comptoir
ville-dortoir
Bateau-Lavoir
bateau-lavoir
Guadalquivir
quindécemvir
Cid Campeador
conquistador
les Sables d'Or
Chandernagor
tambour-major
sergent-major
Fabius Pictor
transpondeur
raccommodeur
transbordeur
surchauffeur
centrifugeur
pleurnicheur
porte-malheur
porte-bonheur
photocopieur
contre-valeur
arrière-fleur
ravitailleur
écrivailleur
appareilleur
gribouilleur
barbouilleur
bredouilleur
vadrouilleur
verrouilleur
patrouilleur
pseudotumeur
entrepreneur
tambourineur
guillotineur
baragouineur
shampouineur
enquiquineur
badigeonneur
additionneur
positionneur
questionneur
papillonneur
carillonneur
empoisonneur
palissonneur
cheval-vapeur
auto-stoppeur
lithotitreur
enregistreur
avant-coureur
paraphraseur
apprivoiseur
thésauriseur
synthétiseur
libre-penseur
hypertenseur
vibromasseur
prédécesseur
intercesseur
agrandisseur
blanchisseur
aéroglisseur
assainisseur
enchérisseur
équarrisseur
épaississeur
ralentisseur
investisseur
emboutisseur
asservisseur
perturbateur
dessiccateur
adjudicateur
pacificateur
codificateur
modificateur
vinificateur
vérificateur
purificateur
vivificateur
renforçateur
intimidateur
dilapidateur
prolongateur
triomphateur
dépréciateur
appréciateur
dénonciateur
renonciateur
annonciateur
conciliateur
calomniateur
nomenclateur
insufflateur

12

assimilateur
installateur
flagellateur
distillateur
articulateur
démodulateur
accumulateur
manipulateur
radioamateur
consommateur
conformateur
vaticinateur
coordinateur
inséminateur
dénominateur
émancipateur
pervibrateur
consécrateur
vociférateur
accélérateur
régénérateur
incinérateur
rémunérateur
récupérateur
oblitérateur
conspirateur
illustrateur
restaurateur
instaurateur
localisateur
vocalisateur
idéalisateur
moralisateur
totalisateur
mobilisateur
civilisateur
organisateur
colonisateur
vaporisateur
condensateur
compensateur
dispensateur
commentateur
présentateur
contestateur
continuateur
préservateur
conservateur
torréfacteur
liquéfacteur
locotracteur
soustracteur
désinfecteur
présélecteur
vidéolecteur
constricteur
reproducteur
introducteur
transducteur
constructeur
téléacheteur
interpréteur
déchiqueteur
pisciculteur
horticulteur
sylviculteur
boursicoteur
quadrimoteur
psychomoteur
phonocapteur
chémocepteur
intercepteur
prescripteur
proscripteur
souscripteur
Volucompteur
interrupteur
transporteur
entremetteur
transmetteur
distributeur
bourlingueur
demi-longueur
vapocraqueur
pique-niqueur
rhétoriqueur
autobloqueur
héliograveur
photograveur
Saint-Sauveur
intervieweur
multiplexeur
belles-de-jour
Fantin-Latour
Shāhjahānpur
kommandantur
Beau de Rochas
Saint-Nicolas
panchen-lamas
Chaban-Delmas
nitrosomonas
paniers-repas
plateau-repas
Torres Vedras
Gujan-Mestras
Jugon-les-Lacs
travers-bancs
blancs-estocs
Pré-aux-Clercs
Compact Discs
Hampton Roads
chauffe-pieds
chausse-pieds
barrage-poids
avoirdupoids
chauds-froids
South Shields
est-allemands
arrière-fonds
burial-mounds
Bretton Woods
Milne-Edwards
Sidi Bel Abbes
Bois-Colombes
essuie-glaces
quatre-épices
toutes-épices
self-services
modern dances
condoléances
accointances
subsistances
aigres-douces
demi-brigades
Abdalwadides
Seldjoukides
Cassitérides
Eurypontides
plates-bandes
jours-amendes
quarts-mondes
fusées-sondes
flancs-gardes
pilo-sébacées
irish-coffees
contre-allées
Trois-Vallées
sous-peuplées
sus-dénommées
miscellanées
sous-cutanées
Midi-Pyrénées
demi-journées
aveugles-nées
sous-équipées
lombo-sacrées

cache-entrées
iodo-iodurées
sous-saturées
long-jointées
porte-greffes
porte-bagages
Garnier-Pagès
goal-averages
sous-titrages
après-rasages
chênes-lièges
Sauxillanges
délais-congés
plates-longes
monte-charges
Saint-Georges
rouges-gorges
pelles-bêches
pies-grièches
belles-doches
grands-duchés
claires-voies
chinoiseries
crève-vessies
fifty-fifties
semi-globales
sous-filiales
sous-normales
uro-génitales
inséparables
semi-durables
garde-meubles
grands-oncles
grands-angles
trois-étoiles
grands-voiles
tagliatelles
semi-voyelles
accordailles
Chauffailles
Saintrailles
Xaintrailles
représailles
Cornouailles
nid-d'abeilles
cure-oreilles
avant-veilles
belles-filles
sous-familles
Porquerolles
avions-écoles
amuse-gueules

roulés-boulés
Pont-aux-Dames
sous-systèmes
lance-flammes
cache-flammes
Calligrammes
bonnes femmes
Ax-les-Thermes
plates-formes
hache-légumes
coupe-légumes
gallo-romanes
rhéto-romanes
prolégomènes
tissus-pagnes
Mascareignes
afro-cubaines
coupe-racines
gréco-latines
dames-jeannes
sud-coréennes
Louveciennes
Valenciennes
valenciennes
néo-indiennes
Aléoutiennes
Castillonnès
demi-colonnes
Villecresnes
quelques-unes
coupe-cigares
porte-cigares
sous-calibrés
Métallifères
Deshoulières
Collobrières
condottieres
Lesdiguières
Chennevières
douces-amères
semi-polaires
luni-solaires
Sanguinaires
semi-lunaires
reine-des-prés
rosés-des-prés
lance-amarres
porte-amarres
lance-pierres
perce-pierres
casse-pierres
après-guerres

avant-guerres
essuie-verres
ouvre-huîtres
porte-montres
demi-reliures
couvre-livres
grands-livres
oiseaux-lyres
new-yorkaises
vert-de-grisés
L'Haÿ-les-Roses
flint-glasses
grands-messes
Tchérémisses
rondes-bosses
basses-fosses
tapis-brosses
draps-housses
sous-soleuses
sous-vireuses
cartons-pâtes
United States
trouble-fêtes
sous-préfètes
épaulés-jetés
recto-colites
surdi-mutités
grands-tantes
sous-jacentes
contre-pentes
dépôts-ventes
sacro-saintes
court-jointés
Trás-os-Montes
semi-libertés
semi-ouvertes
Aigues-Mortes
contre-portes
croche-pattes
castagnettes
Marguerittes
sans-culottes
gommes-guttes
principautés
vice-royautés
rouges-queues
Petchenègues
contre-digues
Bouillargues
Vauvenargues
contre-fugues
gommes-laques

12

Saint-Jacques
Philippiques
Cantabriques
mange-disques
Plan-de-Cuques
couvre-nuques
pontons-grues
plan-concaves
porte-glaives
législatives
plan-convexes
contre-alizés
plans-reliefs
hauts-reliefs
ilangs-ilangs
ylangs-ylangs
plum-puddings
blancs-seings
time-sharings
baby-sittings
néo-hébridais
néo-zélandais
groenlandais
saintongeais
Beaumarchais
La Ferté-Alais
montalbanais
perpignanais
morbihannais
Briançonnais
contre-essais
martiniquais
Grand Paradis
Indianapolis
Colocotronis
Kolokotrónis
carthaginois
Arc-en-Barrois
montmartrois
franc-comtois
chauve-souris
Villeparisis
Winnipegosis
paraphimosis
Baltrusaïtis
millepertuis
canoës-kayaks
hectopascals
pluricausals
contre-appels
crédits-bails
après-soleils
demi-sommeils
radioréveils
stocks-outils
Niagara Falls
self-controls
Black Muslims
brûle-parfums
rahat-lokoums
porte-haubans
arrière-plans
grands-mamans
bonnes-mamans
self-made-mans
photos-romans
businessmans
orangs-outans
Pont-en-Royans
Saint-Gaudens
Carolingiens
Mérovingiens
saint-cyriens
chauffe-bains
Malo-les-Bains
Vals-les-Bains
Mers-les-Bains
Alet-les-Bains
sud-africains
arrière-mains
gréco-romains
gallo-romains
cités-jardins
intra-utérins
extra-utérins
avant-bassins
lauriers-tins
francs-maçons
cheval-arçons
faux-bourdons
tire-bouchons
fourmis-lions
porte-fanions
demi-pensions
sous-tensions
tribulations
informations
mensurations
sous-stations
sous-sections
restrictions
instructions
réquisitions
dispositions
demi-portions
attributions
institutions
cales-étalons
Les Pavillons
Bourguignons
cache-tampons
porte-crayons
Afrancesados
avions-cargos
Aigos-Potamos
Torremolinos
opisthotonos
Doura-Europos
Montes Claros
Eça de Queirós
romans-photos
protège-slips
Le Grand-Lemps
espaces-temps
fosbury flops
arrière-corps
voitures-bars
sleeping-cars
Pont-de-Salars
Grandvillars
Narcodollars
chevau-légers
Marx Brothers
Groseilliers
Mainvilliers
Brinvilliers
Champdeniers
coupe-papiers
porte-papiers
skye-terriers
Faremoutiers
sous-claviers
Nagelmackers
corn-shellers
home-trainers
amplis-tuners
haut-parleurs
étaux-limeurs
messeigneurs
belles-soeurs
anticasseurs
vice-recteurs
sous-secteurs
blocs-moteurs
gros-porteurs
pèse-liqueurs

arrière-cours
passe-velours
Joué-lès-Tours
ampères-tours
show-business
close-combats
chauffe-plats
full-contacts
couvre-objets
avant-projets
contre-sujets
contre-filets
porte-billets
Petrodvorets
coupe-jarrets
water-closets
cache-corsets
porte-paquets
Tcherepovets
quatre-vingts
Quinze-Vingts
voitures-lits
white-spirits
sauf-conduits
demi-produits
semi-produits
sous-produits
contre-chants
plains-chants
passe-volants
cerfs-volants
moins-disants
bien-pensants
aboutissants
arcs-boutants
protège-dents
débordements
beaux-parents
couvre-joints
photos-robots
passing-shots
quatre-quarts
coffres-forts
arrière-ports
arrière-goûts
Gaston Phébus
cumulo-nimbus
sous-entendus
cordons-bleus
démonte-pneus
Stradivarius
stradivarius

Sint-Genesius
Ancus Martius
cirrocumulus
hypothalamus
sabot-de-Vénus
arrache-clous
contre-écrous
habeas corpus
nimbo-stratus
cirrostratus
échinocactus
cunnilinctus
Saint Andrews
tennis-elbows
Aire-sur-la-Lys
garden-partys
baccalauréat
langue-de-chat
actionnariat
commissariat
provincialat
accroche-plat
vice-consulat
catéchuménat
sous-diaconat
almicantarat
stathoudérat
Saint-Honorat
quasi-contrat
avant-contrat
Isigny-le-Buat
Lake District
contre-projet
Robbe-Grillet
grassouillet
croquignolet
chardonneret
Lyons-la-Forêt
Milly-la-Forêt
avant-creuset
Carry-le-Rouet
sabre-briquet
porte-bouquet
Fabre d'Olivet
Le Bois-d'Oingt
autoportrait
Signy-le-Petit
coupe-circuit
microcircuit
court-circuit
belles-de-nuit
électronvolt

Clairambault
Boussingault
Le Merlerault
Saint-Arnoult
ordonnançant
recommençant
transperçant
rétrogradant
outrecuidant
radioguidant
réprimandant
décommandant
recommandant
redescendant
transcendant
appréhendant
malentendant
surintendant
dévergondant
raccommodant
sauvegardant
entrelardant
débillardant
transbordant
désaccordant
débalourdant
baguenaudant
désengageant
treillageant
dédommageant
endommageant
réaménageant
décourageant
encourageant
affourageant
départageant
repartageant
copartageant
désagrégeant
désobligeant
recorrigeant
réarrangeant
interrogeant
surchargeant
hydrofugeant
préchauffant
surchauffant
déharnachant
enharnachant
pleurnichant
endimanchant
réembauchant

12

effarouchant
apostrophant
philosophant
décalcifiant
recalcifiant
démythifiant
déqualifiant
exemplifiant
insignifiant
frigorifiant
escarrifiant
électrifiant
dénitrifiant
dévitrifiant
intensifiant
diversifiant
désertifiant
démystifiant
privilégiant
réconciliant
désaffiliant
interfoliant
excommuniant
photocopiant
désappariant
inventoriant
répertoriant
hypostasiant
anesthésiant
désensablant
faux-semblant
boursouflant
emmitouflant
désentoilant
réinstallant
interpellant
courcaillant
rouscaillant
couchaillant
encanaillant
traînaillant
tournaillant
tressaillant
ravitaillant
enfutaillant
écrivaillant
déshabillant
ensoleillant
dépareillant
appareillant
bienveillant
émerveillant
estampillant
dégoupillant
détortillant
entortillant
embastillant
accastillant
émoustillant
croustillant
gribouillant
barbouillant
bredouillant
pendouillant
trifouillant
farfouillant
gargouillant
mâchouillant
agenouillant
grenouillant
débrouillant
embrouillant
vadrouillant
dégrouillant
verrouillant
patrouillant
chatouillant
démaquillant
remaquillant
écarquillant
désencollant
dégringolant
déboussolant
blackboulant
congratulant
récapitulant
diaphragmant
décomprimant
sous-estimant
microfilmant
surinformant
désinformant
transformant
désoxygénant
désengrenant
entreprenant
désapprenant
contrevenant
circonvenant
disconvenant
ressouvenant
accompagnant
contraignant
restreignant
interlignant
aide-soignant
déconsignant
chanfreinant
embobelinant
dégasolinant
dégazolinant
disciplinant
décalaminant
contre-minant
discriminant
endoctrinant
tambourinant
emmagasinant
guillotinant
prédestinant
conglutinant
baragouinant
shampouinant
enquiquinant
damasquinant
recondamnant
désarçonnant
échardonnant
subordonnant
badigeonnant
bourgeonnant
déplafonnant
parangonnant
occasionnant
émulsionnant
illusionnant
fractionnant
frictionnant
sanctionnant
fonctionnant
ponctionnant
ambitionnant
additionnant
auditionnant
positionnant
pétitionnant
questionnant
solutionnant
alluvionnant
déballonnant
graillonnant
papillonnant
carillonnant
bouillonnant
couillonnant
déboulonnant

fanfaronnant
chaperonnant
plastronnant
découronnant
déraisonnant
arraisonnant
assaisonnant
empoisonnant
emprisonnant
palissonnant
polissonnant
molletonnant
hannetonnant
déboutonnant
reboutonnant
antidétonant
désincarnant
chantournant
antidérapant
autotrempant
interrompant
entrecoupant
contretypant
non-comparant
concélébrant
désencadrant
prépondérant
conglomérant
reconquérant
désintégrant
transmigrant
contre-tirant
enchevêtrant
récalcitrant
défenestrant
enregistrant
administrant
claquemurant
extra-courant
déchlorurant
sous-assurant
courbaturant
caricaturant
conjecturant
redécouvrant
paraphrasant
satisfaisant
technicisant
circoncisant
contredisant
sympathisant
radicalisant

médicalisant
scandalisant
spécialisant
mondialisant
spatialisant
initialisant
décimalisant
minimalisant
optimalisant
maximalisant
dépénalisant
nominalisant
libéralisant
fédéralisant
généralisant
minéralisant
démoralisant
caporalisant
centralisant
neutralisant
naturalisant
dénasalisant
palatalisant
digitalisant
capitalisant
dévitalisant
revitalisant
chaptalisant
mensualisant
évangélisant
caramélisant
démobilisant
immobilisant
solubilisant
lyophilisant
dévirilisant
volatilisant
parcellisant
cartellisant
métabolisant
monopolisant
dénébulisant
ridiculisant
macadamisant
uniformisant
africanisant
réorganisant
italianisant
alcalinisant
décolonisant
fraternisant
entretoisant

apprivoisant
solidarisant
nucléarisant
dépolarisant
sécularisant
régularisant
popularisant
titularisant
militarisant
polymérisant
désodorisant
catégorisant
dévalorisant
revalorisant
insonorisant
sponsorisant
défavorisant
thésaurisant
pasteurisant
pressurisant
schématisant
télématisant
flegmatisant
stigmatisant
axiomatisant
automatisant
traumatisant
désétatisant
dialectisant
prophétisant
synthétisant
démonétisant
concrétisant
dépolitisant
baguettisant
retraduisant
méconduisant
reconduisant
reproduisant
coproduisant
introduisant
construisant
relativisant
récompensant
anastomosant
présupposant
prédisposant
sous-exposant
retraversant
bouleversant
tergiversant
décarcassant

12

pourchassant
estrapassant
outrepassant
débarrassant
embarrassant
reparaissant
apparaissant
rengraissant
rétrécissant
endurcissant
radoucissant
attiédissant
enlaidissant
déraidissant
agrandissant
rebondissant
arrondissant
enhardissant
reverdissant
alourdissant
étourdissant
désobéissant
abréagissant
rélargissant
resurgissant
dérougissant
fraîchissant
enrichissant
blanchissant
franchissant
rétablissant
ennoblissant
ameublissant
embellissant
vieillissant
treillissant
ramollissant
affermissant
assainissant
rabonnissant
dégarnissant
regarnissant
dévernissant
revernissant
racornissant
rajeunissant
prémunissant
décrépissant
recrépissant
assoupissant
enchérissant
amaigrissant

équarrissant
atterrissant
aguerrissant
meurtrissant
épaississant
raplatissant
compatissant
entre-tissant
anéantissant
dénantissant
garantissant
ralentissant
retentissant
départissant
répartissant
impartissant
divertissant
invertissant
assortissant
investissant
déglutissant
emboutissant
alanguissant
serfouissant
épanouissant
évanouissant
tout-puissant
asservissant
assouvissant
éclaboussant
déshydratant
désaffectant
désinfectant
déconnectant
démouchetant
aiguilletant
guillemetant
interprétant
rempaquetant
débecquetant
déchiquetant
décliquetant
encliquetant
sous-traitant
incapacitant
plébiscitant
ressuscitant
discréditant
commanditant
réhabilitant
déparasitant
réimplantant

désaimantant
désargentant
désorientant
impatientant
réglementant
parlementant
passementant
mouvementant
assermentant
représentant
mécontentant
Ménilmontant
réempruntant
tournicotant
boursicotant
démaillotant
emmaillotant
interceptant
réescomptant
déconcertant
réconfortant
insupportant
transportant
inconsistant
désendettant
entremettant
transmettant
silhouettant
bouillottant
contrebutant
chouchoutant
glougloutant
froufroutant
extravaguant
subdéléguant
investiguant
bourlinguant
diphtonguant
sous-évaluant
hypothéquant
revendiquant
pique-niquant
communiquant
prévariquant
décortiquant
démastiquant
remastiquant
domestiquant
bêtabloquant
interloquant
réciproquant
désobstruant

déshabituant
désenclavant
désentravant
transcrivant
réinscrivant
convulsivant
interviewant
décomplexant
vieux-croyant
rejointoyant
repourvoyant
autobronzant
Saint-Vincent
privatdocent
incandescent
recrudescent
convalescent
efflorescent
déliquescent
effervescent
concupiscent
Saint-Fulgent
biréfringent
constringent
subconscient
préconscient
inconvénient
Proche-Orient
quadrivalent
sanguinolent
recourbement
efficacement
remplacement
distancement
commencement
décoincement
renfoncement
renforcement
commandement
profondément
bombardement
peinardement
raccordement
échauffement
réengagement
déménagement
emménagement
encépagement
engrangement
rallongement
prolongement
déchargement
rechargement
harnachement
rattachement
dessèchement
défrichement
déhanchement
démanchement
emmanchement
ébranchement
embrochement
décrochement
emmarchement
rembuchement
accouchement
farouchement
essouchement
attouchement
remblaiement
licenciement
remerciement
congédiement
crucifiement
flamboiement
rougeoiement
atermoiement
tournoiement
foudroiement
poudroiement
jointoiement
fourvoiement
rappariement
rapatriement
rassasiement
balbutiement
trimbalement
radicalement
médicalement
musicalement
illégalement
glacialement
spécialement
mondialement
cordialement
initialement
partialement
bestialement
trivialement
anormalement
nominalement
libéralement
généralement
latéralement
immoralement
maritalement
déloyalement
probablement
agréablement
adorablement
passablement
dessablement
immuablement
tangiblement
terriblement
horriblement
paisiblement
sensiblement
possiblement
dédoublement
redoublement
encerclement
infidèlement
oligo-élément
radioélément
bourrèlement
écartèlement
craquèlement
dégonflement
regonflement
étranglement
imbécilement
morcellement
descellement
formellement
bossellement
mortellement
battellement
manuellement
annuellement
visuellement
actuellement
rituellement
mutuellement
sexuellement
nouvellement
criaillement
tenaillement
empaillement
déraillement
tiraillement
cisaillement
fendillement
mordillement
pareillement
grésillement

12

frétillement
boitillement
tortillement
sautillement
grouillement
bénévolement
dépeuplement
repeuplement
accouplement
ridiculement
roucoulement
huitièmement
septièmement
neuvièmement
deuxièmement
seizièmement
douzièmement
envenimement
légitimement
renfermement
uniformément
conformément
spontanément
dédouanement
rengrènement
enseignement
réalignement
soulignement
trépignement
provignement
soudainement
déchaînement
enchaînement
entraînement
certainement
déracinement
enracinement
dodelinement
acheminement
entérinement
enrésinement
trottinement
acoquinement
mesquinement
anciennement
réabonnement
rançonnement
fredonnement
plafonnement
bougonnement
mâchonnement
fusionnement
rationnement
étalonnement
ballonnement
vallonnement
marmonnement
tamponnement
harponnement
ronronnement
couronnement
raisonnement
foisonnement
grisonnement
cantonnement
moutonnement
discernement
gouvernement
défournement
enfournement
détournement
retournement
dégroupement
regroupement
attroupement
accaparement
démembrement
remembrement
encombrement
dénombrement
médiocrement
engendrement
effondrement
délibérément
immodérément
foncièrement
premièrement
dernièrement
précairement
linéairement
vulgairement
sommairement
improprement
empierrement
desserrement
resserrement
débourrement
décentrement
décintrement
encastrement
pédestrement
sinistrement
accoutrement
affleurement
effleurement
démesurément
recouvrement
gauloisement
décroisement
amenuisement
indivisément
dispersement
renversement
déboursement
soubassement
fracassement
enchâssement
déclassement
reclassement
surpassement
embrassement
décrassement
encrassement
cuirassement
terrassement
redressement
empressement
expressément
rabaissement
décaissement
encaissement
affaissement
délaissement
rancissement
durcissement
tiédissement
raidissement
bondissement
verdissement
surgissement
rougissement
ébahissement
avilissement
coulissement
blêmissement
frémissement
bannissement
hennissement
ternissement
jaunissement
brunissement
glapissement
aigrissement
barrissement
ahurissement
saisissement

rassissement
abêtissement
nantissement
bleuissement
rehaussement
exhaussement
verbeusement
orageusement
fâcheusement
vicieusement
copieusement
sérieusement
curieusement
furieusement
envieusement
anxieusement
frileusement
haineusement
pompeusement
affreusement
heureusement
peureusement
honteusement
coûteusement
douteusement
luxueusement
nerveusement
délicatement
adéquatement
inexactement
correctement
rempiétement
complètement
concrètement
discrètement
craquètement
cliquètement
sous-vêtement
parfaitement
retraitement
illicitement
remboîtement
gratuitement
fortuitement
enchantement
serpentement
présentement
consentement
contentement
affrontement
effrontément
crachotement
chuchotement
sifflotement
sanglotement
clignotement
grignotement
chevrotement
toussotement
décryptement
comportement
réajustement
doucettement
chouettement
coquettement
acquittement
grelottement
ballottement
marmottement
arc-boutement
encroûtement
renflouement
détraquement
tragiquement
publiquement
cycliquement
chimiquement
scéniquement
cliniquement
ironiquement
héroïquement
lubriquement
physiquement
pratiquement
statiquement
tactiquement
poétiquement
érotiquement
mystiquement
débarquement
embarquement
débusquement
débouquement
embouquement
inachèvement
maladivement
enjolivement
poussivement
allusivement
négativement
relativement
fugitivement
positivement
sportivement
grasseyement
indéfiniment
ressentiment
dissentiment
compartiment
rassortiment
obligeamment
inélégamment
suffisamment
incessamment
dégoûtamment
précédemment
imprudemment
négligemment
consciemment
impatiemment
excellemment
pertinemment
différemment
prétendument
incongrûment
sempervirent
Saint-Florent
intercurrent
Stoke-on-Trent
Saint-Laurent
ventripotent
intermittent
inconséquent
Saint-Maixent
privatdozent
précontraint
Charles Quint
Henrichemont
Santos-Dumont
Vallery-Radot
Rochechouart
Prince Albert
Boisguilbert
Saint-Lambert
Saint-Rambert
Montalembert
Prince Rupert
trompe-la-mort
import-export
Clignancourt
Pecquencourt
Rocquencourt
Caulaincourt
Doulaincourt
Hérimoncourt
Hampton Court

12

Port Harcourt
water-ballast
Castelginest
Olivier Twist
Hombourg-Haut
sauve-qui-peut
Heiligenblut
passe-partout
bec-de-corbeau
Azay-le-Rideau
Saint-Fargeau
navire-jumeau
quadrijumeau
Plouguerneau
haut-fourneau
porte-drapeau
pieds-d'oiseau
portemanteau
porte-couteau
Oberammergau
Orange-Nassau
Guinée-Bissau
La Chaise-Dieu
fesse-mathieu
Saint-Mathieu
Tchouang-tseu
arrière-neveu
Kota Kinabalu
Tch'ang-tcheou
Kouang-tcheou
Tcheng-tcheou
Tchao Mong-fou
ininterrompu
stricto sensu
Khrouchtchev
Chapochnikov
pneumothorax
Charles-Félix
Saint-Ambroix
La Grand-Croix
rhino-pharynx
intertribaux
paramédicaux
chirurgicaux
subtropicaux
obstétricaux
grammaticaux
hémorroïdaux
ellipsoïdaux
trapézoïdaux
Champtoceaux
brise-copeaux
médico-légaux
interraciaux
endothéliaux
matrimoniaux
patrimoniaux
testimoniaux
participiaux
partenariaux
dictatoriaux
directoriaux
territoriaux
seigneuriaux
aérospatiaux
pénitentiaux
nivo-pluviaux
hexadécimaux
sexagésimaux
rhumatismaux
cataclysmaux
cardio-rénaux
entéro-rénaux
attitudinaux
quadriennaux
quinquennaux
dodécagonaux
paraphernaux
monocaméraux
nycthéméraux
équilatéraux
presbytéraux
antisudoraux
successoraux
professoraux
préfectoraux
commissuraux
caricaturaux
conjecturaux
transversaux
pluricausaux
sous-orbitaux
fondamentaux
sacramentaux
sentimentaux
continentaux
monocristaux
intercostaux
coquelucheux
révérencieux
parcimonieux
inharmonieux
francs-alleux
chatouilleux
antivenimeux
antivénéneux
intraveineux
protéagineux
mucilagineux
impétigineux
molletonneux
antiulcéreux
précancéreux
hypochloreux
érythémateux
anthraciteux
présomptueux
sèche-cheveux
petits-neveux
hypernerveux
Saint-Pardoux
Saint-Gengoux
Casteljaloux
Saint-Pol Roux
archéoptéryx
Frobisher Bay
Villacoublay
Fort McMurray
La Roche-Posay
Bourbon-Lancy
Kostrowitzky
Claye-Souilly
Trichinopoly
Lys-lez-Lannoy
Langle de Cary
Saint-Exupéry
Saint-Martory
cash and carry
cross-country
Atlantic City
Salt Lake City
Merleau-Ponty
Superdévoluy
Pont-de-Chéruy
Iwaszkiewicz
Lichnerowicz
Arias Sánchez
Blasco Ibáñez
Ciudad Juárez
Banzer Suárez
breitschwanz
Puerto La Cruz

Floridablanca
Southend-on-Sea
Kangchenjunga
Droichead Átha
Viardot-García
Galla Placidia
Bassas da India
Lucrèce Borgia
dieffenbachia
Civitavecchia
Venezia Giulia
Rojas Zorrilla
Moreto y Cabaña
Ciudad Guayana
Khemis Melyana
deus ex machina
Tirso de Molina
Santa Catarina
Primo de Rivera
Lomas de Zamora
Fuerteventura
Congo-Kinshasa
vernix caseosa
Navas de Tolosa
Guimarães Rosa
Caltanissetta
Vieira da Silva
Transhimālaya
Ludovic Sforza
Châteauponsac
Nouveau-Québec
bouillon-blanc
Gerbier-de-Jonc
Lesparre-Médoc
Ṭāriq ibn Ziyād
Hārūn al-Rachīd
chott el-Djérid
Chateaubriand
chateaubriand
judéo-allemand
interallemand
ouest-allemand
Pierre le Grand
Plélan-le-Grand
Witwatersrand
Saint-Bertrand
Saint-Évremond
Du Bois-Reymond
Nijni-Novgorod

porte-brancard
multistandard
porte-étendard
La Mothe-Achard
colin-maillard
scribouillard
Lanslevillard
queue-de-renard
Châteaurenard
Prince-Édouard
Irlande du Nord
attrape-nigaud
Salin-de-Giraud
Braine-l'Alleud
Hassi Messaoud
Shetland du Sud
dodécasyllabe
quadrisyllabe
claustrophobe
superbénéfice
Foreign Office
perturbatrice
adjudicatrice
pacificatrice
codificatrice
modificatrice
vinificatrice
vérificatrice
purificatrice
vivificatrice
intimidatrice
dilapidatrice
triomphatrice
dépréciatrice
appréciatrice
dénonciatrice
renonciatrice
annonciatrice
conciliatrice
calomniatrice
nomenclatrice
assimilatrice
installatrice
flagellatrice
manipulatrice
consommatrice
vaticinatrice
coordinatrice
inséminatrice

émancipatrice
vocifératrice
accélératrice
régénératrice
rémunératrice
récupératrice
oblitératrice
conspiratrice
illustratrice
restauratrice
instauratrice
localisatrice
vocalisatrice
idéalisatrice
moralisatrice
mobilisatrice
civilisatrice
organisatrice
colonisatrice
compensatrice
dispensatrice
commentatrice
présentatrice
contestatrice
continuatrice
préservatrice
conservatrice
reproductrice
introductrice
constructrice
piscicultrice
puéricultrice
horticultrice
sylvicultrice
psychomotrice
phonocaptrice
chémoceptrice
distributrice
outrecuidance
transcendance
litispendance
surintendance
insignifiance
contrebalancé
vraisemblance
bienveillance
disconvenance
prépondérance
désobéissance

13

non-jouissance
sous-traitance
inconsistance
non-assistance
incandescence
recrudescence
convalescence
présénescence
efflorescence
inflorescence
déliquescence
défervescence
effervescence
concupiscence
New Providence
jurisprudence
biréfringence
pseudoscience
technoscience
préexcellence
autoréférence
circonférence
intermittence
inconséquence
Aix-en-Provence
Doon de Mayence
Diogène Laërce
lauriers-sauce
quarts-de-pouce
Améric Vespuce
pont-promenade
Sainte-Livrade
feldspathoïde
spermatozoïde
phospholipide
pleuronectidé
multiplicande
radiocommande
servocommande
anglo-normande
Campina Grande
landsgemeinde
pascal-seconde
queues-d'aronde
pleurnicharde
rondouillarde
débrouillarde
Côte d'Émeraude
dissimilitude
asclépiadacée
amaryllidacée
térébinthacée
chénopodiacée
caprifoliacée
césalpiniacée
convolvulacée
plombaginacée
passifloracée
métachlamydée
contre-plongée
hypertrophiée
angustifoliée
surmultipliée
Marne-la-Vallée
dépoitraillée
semi-chenillée
bougainvillée
Marin La Meslée
préprogrammée
fémoro-cutanée
indisciplinée
insubordonnée
susmentionnée
conventionnée
proportionnée
hydrocarbonée
surdéveloppée
déséquilibrée
organochlorée
inapprivoisée
réflectorisée
psychiatrisée
autopropulsée
arrière-pensée
désintéressée
rez-de-chaussée
borosilicatée
sous-alimentée
contreplacage
Villers-Bocage
calorifugeage
téléaffichage
bactériophage
anthropophage
rétropédalage
embouteillage
écrabouillage
thermoformage
déparaffinage
ébourgeonnage
bertillonnage
hortillonnage
gravillonnage
compagnonnage
maquignonnage
saucissonnage
oeilletonnage
rééquilibrage
dépoussiérage
chronométrage
marchandisage
radiobalisage
éclaircissage
dégauchissage
rechampissage
réchampissage
dégrossissage
apprentissage
dessertissage
convertissage
ébouillantage
téléreportage
caoutchoutage
hydrocraquage
encaustiquage
boules-de-neige
macrosporange
microsporange
rhino-pharyngé
Riesengebirge
soutiens-gorge
Épinay-sur-Orge
Juvisy-sur-Orge
Saint-Eustache
Tsiang Kiai-che
ventre-de-biche
Basse-Autriche
Haute-Autriche
Russie Blanche
Maison-Blanche
abri-sous-roche
tourne-à-gauche
bouche-à-bouche
arrière-bouche
croquembouche
attrape-mouche
profilographe
oscillographe
dactylographe
spectrographe
énantiomorphe
dermatoglyphe
plathelminthe
papier-monnaie
châtaigneraie
germanophobie

cancérophobie
érythrophobie
parapharmacie
streptococcie
ornithomancie
arithmomancie
circonstancié
dédifférencié
indifférencié
sous-refroidie
hypothyroïdie
Sainte-Pélagie
eurostratégie
précordialgie
périnatalogie
pharmacologie
paléoécologie
politicologie
hydrogéologie
photogéologie
sociobiologie
radiobiologie
ethnobiologie
microbiologie
astrobiologie
neurobiologie
photobiologie
phytobiologie
épidémiologie
bactériologie
onomasiologie
ecclésiologie
infectiologie
épistémologie
ophtalmologie
delphinologie
kremlinologie
anthropologie
traumatologie
contactologie
dialectologie
parasitologie
implantologie
préventologie
paléontologie
cryochirurgie
gigantomachie
stratigraphie
scintigraphie
phlébographie
musicographie
lexicographie
chalcographie
biogéographie
zoogéographie
lymphographie
cardiographie
bibliographie
ampélographie
céramographie
thermographie
mécanographie
océanographie
sélénographie
polarographie
sidérographie
arthrographie
neutrographie
glyptographie
cryptographie
hétéromorphie
chrestomathie
artériopathie
cardiomégalie
splénomégalie
hépatomégalie
macrocéphalie
microcéphalie
hydrocéphalie
syringomyélie
colombophilie
aquariophilie
germanophilie
haltérophilie
gérontophilie
Mantes-la-Jolie
hypercalcémie
hyperglycémie
hyperkaliémie
hyperazotémie
tachyarythmie
physico-chimie
électrochimie
magnétochimie
macroéconomie
microéconomie
quadrichromie
laryngectomie
artériectomie
hystérectomie
urétérostomie
érythrodermie
calciothermie
anthroponymie
Transjordanie
pharmacomanie
morphinomanie
claustromanie
anthropogénie
psychasthénie
schizophrénie
spermatogonie
architectonie
polyembryonie
gammathérapie
aromathérapie
curiethérapie
cobalthérapie
fangothérapie
sociothérapie
radiothérapie
héliothérapie
gemmothérapie
sismothérapie
crénothérapie
hydrothérapie
onirothérapie
photothérapie
phytothérapie
laryngoscopie
bronchoscopie
ébullioscopie
dactyloscopie
spectroscopie
philanthropie
hypermétropie
Alphonse-Marie
La Queue-en-Brie
Tournan-en-Brie
halte-garderie
saisie-gagerie
pleurnicherie
quincaillerie
fripouillerie
courtisanerie
charlatanerie
pavillonnerie
chaudronnerie
salaisonnerie
polissonnerie
secrétairerie
blanchisserie
contrepèterie
passementerie
herboristerie
fantasmagorie

13

néphélémétrie
hydrotimétrie
ébulliométrie
granulométrie
trigonométrie
psychrométrie
électrométrie
spectrométrie
magnétométrie
sensitométrie
agro-industrie
Transcaucasie
jargonaphasie
idiosyncrasie
bronchectasie
hyperesthésie
psychokinésie
discourtoisie
astéréognosie
asomatognosie
achromatopsie
Hailé Sélassié
gérontocratie
thermoclastie
arthroplastie
kératoplastie
digitoplastie
Le Poiré-sur-Vie
thanatopraxie
antisyndicale
hydrofilicale
anticléricale
agrammaticale
épicycloïdale
intercotidale
myélencéphale
rhinencéphale
trichocéphale
brachycéphale
multiraciale
médico-sociale
psychosociale
postprandiale
consistoriale
bourgeoisiale
hydrothermale
longitudinale
transluminale
antinationale
anticyclonale
intersidérale
hydrominérale
plurilatérale
multilatérale
péronosporale
préélectorale
agropastorale
interdigitale
bucco-génitale
expérimentale
instrumentale
monoparentale
conjonctivale
imperturbable
irremplaçable
imprononçable
biodégradable
recommandable
raccommodable
impartageable
inéchangeable
inarrangeable
interrogeable
semi-perméable
indéfrichable
irréprochable
inapprochable
inappréciable
préjudiciable
indissociable
inqualifiable
infalsifiable
injustifiable
inconciliable
vraisemblable
inassimilable
indémaillable
incontrôlable
ininflammable
inconsommable
transformable
contraignable
indéracinable
disciplinable
impardonnable
émulsionnable
déraisonnable
indiscernable
ingouvernable
irrattrapable
autoréparable
indénombrable
irrécupérable
indémontrable
enregistrable
commensurable
irrécouvrable
généralisable
capitalisable
démobilisable
volatilisable
inorganisable
apprivoisable
impolarisable
polymérisable
synthétisable
indispensable
coresponsable
irresponsable
insurpassable
franchissable
inguérissable
insaisissable
inconstatable
incrochetable
interprétable
réhabilitable
inexploitable
représentable
insurmontable
aide-comptable
inescomptable
inconfortable
insupportable
transportable
incontestable
indécrottable
électrofaible
immarcescible
imputrescible
intraduisible
répréhensible
suprasensible
ultrasensible
extrasensible
photosensible
hypersensible
insubmersible
irrépressible
transmissible
biocompatible
imperfectible
imprédictible
reconductible
reproductible
constructible

imperceptible
prescriptible
incorruptible
inconvertible
incombustible
inextinguible
antiparallèle
crapaud-buffle
anthropophile
acrylonitrile
interquartile
phytoflagellé
Loos-en-Gohelle
préjudicielle
sacrificielle
superficielle
cicatricielle
révérencielle
caractérielle
ministérielle
trimestrielle
substantielle
résidentielle
désinentielle
exponentielle
référentielle
pénitentielle
existentielle
fréquentielle
occasionnelle
décisionnelle
révisionnelle
relationnelle
irrationnelle
réactionnelle
fractionnelle
frictionnelle
fonctionnelle
additionnelle
dévotionnelle
impersonnelle
sempiternelle
Aix-la-Chapelle
Ars-sur-Moselle
Boulay-Moselle
lave-vaisselle
sacramentelle
pluriannuelle
audiovisuelle
contractuelle
conflictuelle
instinctuelle
transsexuelle
perce-muraille
débroussaillé
embroussaillé
Côte Vermeille
salsepareille
vide-bouteille
demi-bouteille
lance-torpille
désentortillé
tiercefeuille
Tournefeuille
chèvrefeuille
quintefeuille
porte-aiguille
canne-béquille
Victoriaville
Mantes-la-ville
Cernay-la-Ville
Drummondville
Philippeville
recroquevillé
Contrexéville
Sihanoukville
Creys-Malville
Aubergenville
Goussainville
Port-Joinville
échantignolle
rétrocontrôle
contre-exemple
Brière de l'Isle
Rouget de Lisle
macromolécule
antiparticule
Chalcocondyle
mégalérythème
immunodéprimé
Quinquagésime
généralissime
illustrissime
Seine-Maritime
bloc-diagramme
valence-gramme
antibiogramme
oscillogramme
dactylogramme
sous-programme
spectrogramme
réflexogramme
lymphosarcome
mercurochrome
poecilotherme
poïkilotherme
Contre-Réforme
pélécaniforme
gélatiniforme
épileptiforme
garde-chiourme
ergastoplasme
semi-nomadisme
propagandisme
tiers-mondisme
avant-gardisme
simultanéisme
psychologisme
je-m'en-fichisme
métamorphisme
endomorphisme
homomorphisme
automorphisme
polymorphisme
hyperréalisme
triomphalisme
pictorialisme
essentialisme
personnalisme
épiscopalisme
bicaméralisme
électoralisme
commensalisme
universalisme
succursalisme
dialectalisme
spiritualisme
psychédélisme
aéromodélisme
aristotélisme
machiavélisme
misérabilisme
automobilisme
mercantilisme
somnambulisme
noctambulisme
aérodynamisme
transformisme
confucianisme
palladianisme
zwinglianisme
sabellianisme
nestorianisme
keynésianisme
cartésianisme
christianisme

13

pangermanisme
charlatanisme
panhellénisme
philistinisme
néodarwinisme
révisionnisme
divisionnisme
illusionnisme
créationnisme
mutationnisme
fractionnisme
annexionnisme
parachronisme
asynchronisme
néoplatonisme
phototropisme
totalitarisme
humanitarisme
autoritarisme
monocamérisme
théocentrisme
eurocentrisme
polycentrisme
cyclotourisme
hydrargyrisme
mithridatisme
hippocratisme
conservatisme
phototactisme
diamagnétisme
géomagnétisme
biomagnétisme
anachorétisme
péripatétisme
antisémitisme
péristaltisme
préromantisme
consonantisme
obscurantisme
dilettantisme
pluripartisme
multipartisme
transvestisme
je-m'en-foutisme
saprophytisme
monolinguisme
subjectivisme
collectivisme
productivisme
stakhanovisme
Bois-Guillaume
Prusse-Rhénane
passe-crassane
cocarcinogène
hallucinogène
agglutinogène
polybutadiène
polypropylène
Dol-de-Bretagne
Mûr-de-Bretagne
passe-montagne
Cesson-Sévigné
Grâce-Hollogne
sud-américaine
Panaméricaine
panaméricaine
nord-africaine
calembredaine
élisabéthaine
Ille-et-vilaine
Basse-Goulaine
Meslay-du-Maine
contemporaine
La Souterraine
sino-tibétaine
croque-mitaine
Chaudfontaine
Villefontaine
borne-fontaine
Mortefontaine
bellifontaine
ultramontaine
mussipontaine
oléandomycine
érythromycine
streptomycine
mercurescéine
Le Mée-sur-Seine
Triel-sur-Seine
Ablon-sur-Seine
Flins-sur-Seine
Vitry-sur-Seine
Soisy-sur-Seine
Mussy-sur-Seine
glycoprotéine
noradrénaline
aminophylline
acétylcholine
Marie-Caroline
catécholamine
hydroxylamine
contre-hermine
Sainte-Hermine
sérumalbumine
phénylalanine
chloropicrine
circonvoisine
bromocriptine
griséofulvine
phénothiazine
Sint-Katelijne
Henriette-Anne
polyuréthanne
Sainte-Suzanne
nietzschéenne
hyperboréenne
aurignacienne
académicienne
platonicienne
copernicienne
costaricienne
rhétoricienne
électricienne
mercaticienne
esthéticienne
phonéticienne
diététicienne
cogniticienne
sémanticienne
sémioticienne
logisticienne
balisticienne
acousticienne
cappadocienne
rosicrucienne
trinidadienne
archimédienne
clitoridienne
biquotidienne
garibaldienne
oesophagienne
carolingienne
mérovingienne
appalachienne
stendhalienne
vénézuélienne
abbevillienne
strombolienne
badegoulienne
mauritanienne
magdalénienne
endocrinienne
palestinienne
augustinienne
napoléonienne
proudhonienne

marathonienne
californienne
préoedipienne
métacarpienne
subsaharienne
prolétarienne
précambrienne
finistérienne
grammairienne
salvadorienne
zoroastrienne
saint-cyrienne
micronésienne
rabelaisienne
calvadosienne
métatarsienne
lilliputienne
Aixe-sur-Vienne
tire-bouchonné
approvisionné
redimensionné
désillusionné
déconditionné
inconditionné
réquisitionné
manutentionné
décavaillonné
échantillonné
statue-colonne
bourguignonne
Tarn-et-Garonne
Grand-Couronne
Grand-Couronné
pentadécagone
pentédécagone
dialectophone
Loire-sur-Rhône
triamcinolone
butyrophénone
anthraquinone
Lagny-sur-Marne
navire-citerne
camion-citerne
bateau-citerne
monnaie-du-pape
ophtalmoscope
trombinoscope
tachistoscope
chausse-trappe
Louis-Philippe
sous-développé
Aubert de Gaspé
daguerréotype
Castellammare
Saint-Sépulcre
noli-me-tangere
senestrochère
asthénosphère
magnétosphère
permanencière
conférencière
boulevardière
quincaillière
Roquebillière
La Verpillière
avant-première
années-lumière
porcelainière
La Popelinière
La Pouplinière
porte-bannière
chaudronnière
avant-dernière
garde-barrière
sous-ventrière
passementière
crédirentière
artichautière
primesautière
Grande Rivière
gardes-rivière
Rocheservière
stéréo-isomère
photopolymère
chéleutoptère
trachée-artère
thermocautère
Sulpice Sévère
Septime Sévère
pisse-vinaigre
discothécaire
interbancaire
hémorroïdaire
récipiendaire
antinucléaire
mononucléaire
polynucléaire
juxtalinéaire
matrilinéaire
patrilinéaire
rectilinéaire
multilinéaire
périglaciaire
nivo-glaciaire
sous-glaciaire
postglaciaire
intermédiaire
pénitentiaire
trigémellaire
sus-maxillaire
extrascolaire
quadripolaire
circumpolaire
aquatubulaire
spectaculaire
ventriculaire
biauriculaire
intraoculaire
crépusculaire
corpusculaire
rectangulaire
unicellulaire
proconsulaire
quadragénaire
septuagénaire
quarantenaire
tricentenaire
valétudinaire
latitudinaire
disciplinaire
tambourinaire
religionnaire
ganglionnaire
divisionnaire
réactionnaire
fractionnaire
fonctionnaire
munitionnaire
pétitionnaire
questionnaire
alluvionnaire
pavillonnaire
circumlunaire
adjudicataire
sous-locataire
commendataire
concordataire
renonciataire
consignataire
contestataire
protestataire
Saint-Nectaire
saint-nectaire
sous-orbitaire
plébiscitaire
commanditaire

13

paramilitaire
universitaire
bucco-dentaire
sacramentaire
testamentaire
réglementaire
parlementaire
vestimentaire
communautaire
distributaire
lymphocytaire
histiocytaire
mégalocytaire
plasmocytaire
usufructuaire
aéroportuaire
Hertfordshire
patte-nageoire
patte-mâchoire
Aurec-sur-Loire
Cosne-sur-Loire
Meung-sur-Loire
Sully-sur-Loire
Montagne Noire
purificatoire
confiscatoire
conciliatoire
propitiatoire
déambulatoire
articulatoire
inflammatoire
condamnatoire
anticipatoire
délibératoire
rémunératoire
préopératoire
compensatoire
auscultatoire
sternutatoire
conservatoire
photohistoire
pince-sans-rire
chromatophore
spermatophore
pneumatophore
planctonivore
Crécy-sur-Serre
Rozoy-sur-Serre
pommes de terre
laisser-courre
laissés-courre
applaudimètre
saccharimètre
potentiomètre
stalagmomètre
ophtalmomètre
accéléromètre
réfractomètre
contre-fenêtre
recomparaître
transparaître
aéroterrestre
préenregistré
lamellirostre
retransmettre
kilowattheure
enchevauchure
collationnure
tétrachlorure
forcipressure
antisalissure
primogéniture
contre-culture
héliciculture
séricicuIture
ostréiculture
trufficulture
mytiliculture
agrumiculture
lombriculture
osiériculture
arboriculture
plasticulture
trutticulture
similigravure
thermogravure
Mehun-sur-Yèvre
thrombokinase
pénicillinase
ostéosynthèse
photosynthèse
synoviorthèse
érythropoïèse
carcinogenèse
cancérogenèse
électrocinèse
plasmaphérèse
Sainte-Thérèse
néo-hébridaise
néo-zélandaise
groenlandaise
saintongeaise
montalbanaise
perpignanaise
morbihannaise
Sèvre Nantaise
martiniquaise
désidéologisé
surmédicalisé
désyndicalisé
commercialisé
dématérialisé
industrialisé
décriminalisé
dénationalisé
occidentalisé
individualisé
conceptualisé
déculpabilisé
vulnérabilisé
décrédibilisé
désensibilisé
insensibilisé
recristallisé
francophonisé
désynchronisé
Bussy d'Amboise
neuchâteloise
carthaginoise
montmartroise
Auvers-sur-Oise
Nogent-sur-Oise
franc-comtoise
particularisé
revascularisé
laurier-cerise
transistorisé
technocratisé
bureaucratisé
Donneau de Visé
radiotélévisé
coupon-réponse
cartes-réponse
échinococcose
mucoviscidose
pas-grand-chose
sporotrichose
cypho-scoliose
pneumoconiose
pasteurellose
colibacillose
diverticulose
histoplasmose
électro-osmose
craniosténose
arthrogrypose

13

hydronéphrose
pseudarthrose
amphiarthrose
tréponématose
chondromatose
pneumocystose
drépanocytose
archiduchesse
Bourg-en-Bresse
Sainte-Adresse
enchanteresse
châssis-presse
sous-maîtresse
indélicatesse
bouillabaisse
haut-de-chausse
raccommodeuse
centrifugeuse
pleurnicheuse
coquelucheuse
révérencieuse
parcimonieuse
inharmonieuse
photocopieuse
ravitailleuse
écrivailleuse
gribouilleuse
barbouilleuse
bredouilleuse
vadrouilleuse
chatouilleuse
antivenimeuse
Bogny-sur-Meuse
antivénéneuse
entrepreneuse
intraveineuse
protéagineuse
mucilagineuse
impétigineuse
tambourineuse
guillotineuse
baragouineuse
shampouineuse
enquiquineuse
badigeonneuse
questionneuse
papillonneuse
carillonneuse
empoisonneuse
molletonneuse
auto-stoppeuse
précancéreuse
enregistreuse
strip-teaseuse
paraphraseuse
apprivoiseuse
thésauriseuse
blanchisseuse
enchérisseuse
investisseuse
emboutisseuse
érythémateuse
téléacheteuse
anthraciteuse
boursicoteuse
transporteuse
entremetteuse
bourlingueuse
pique-niqueuse
présomptueuse
héliograveuse
hypernerveuse
intervieweuse
polytransfusé
antéhypophyse
posthypophyse
parodontolyse
hydrosilicate
cyanoacrylate
thiocarbonate
interconnecté
basidiomycète
gastéromycète
contre-société
quotidienneté
contre-enquête
scientificité
vasomotricité
translucidité
superfluidité
Hermaphrodite
hermaphrodite
instantanéité
hétérogénéité
Château-Lafite
hypophosphite
parafiscalité
immatérialité
orthogonalité
irrationalité
intemporalité
mortinatalité
monumentalité
horizontalité
individualité
parasexualité
homosexualité
préraphaélite
haute-fidélité
improbabilité
implacabilité
applicabilité
fécondabilité
ségrégabilité
négociabilité
invariabilité
insatiabilité
mouillabilité
inviolabilité
calculabilité
coagulabilité
imprimabilité
comparabilité
vulnérabilité
inexorabilité
pénétrabilité
profitabilité
acceptabilité
permutabilité
insolvabilité
invincibilité
incrédibilité
inéligibilité
inexigibilité
intangibilité
disponibilité
prévisibilité
expansibilité
insensibilité
extensibilité
explosibilité
réversibilité
impassibilité
accessibilité
incessibilité
admissibilité
impossibilité
compatibilité
déductibilité
réductibilité
digestibilité
comestibilité
inamovibilité
inflexibilité
contractilité
antisatellite

13

pusillanimité
non-conformité
dacryo-adénite
clandestinité
consanguinité
confraternité
inopportunité
particularité
gémelliparité
ovoviviparité
archimandrite
pyélonéphrite
apostériorité
impécuniosité
anfractuosité
quadripartite
dacryocystite
court-circuité
discontinuité
progressivité
approbativité
associativité
commutativité
radioactivité
rétroactivité
interactivité
inaffectivité
conjonctivite
destructivité
compétitivité
jurisconsulte
Braine-le-Comte
Vaux-le-Vicomte
outrecuidante
transcendante
malentendante
surintendante
décourageante
encourageante
copartageante
désobligeante
insignifiante
démystifiante
anesthésiante
bienveillante
émoustillante
croustillante
démaquillante
transformante
entreprenante
contrevenante
contraignante
aide-soignante
discriminante
sous-dominante
conglutinante
enquiquinante
émulsionnante
papillonnante
bouillonnante
empoisonnante
antidétonante
antidérapante
autotrempante
non-comparante
prépondérante
récalcitrante
satisfaisante
sympathisante
généralisante
démoralisante
neutralisante
italianisante
dépolarisante
désodorisante
dévalorisante
traumatisante
dialectisante
bouleversante
embarrassante
étourdissante
désobéissante
enrichissante
blanchissante
vieillissante
ramollissante
rajeunissante
assoupissante
amaigrissante
épaississante
compatissante
retentissante
divertissante
épanouissante
asservissante
déshydratante
désinfectante
incapacitante
représentante
déconcertante
réconfortante
inconsistante
froufroutante
bêtabloquante
convulsivante
autobronzante
incandescente
recrudescente
convalescente
efflorescente
déliquescente
effervescente
concupiscente
biréfringente
constringente
subconsciente
préconsciente
quadrivalente
sanguinolente
inexpérimenté
compartimenté
sempervirente
intercurrente
ventripotente
intermittente
inconséquente
location-vente
précontrainte
Belo Horizonte
emberlificoté
Rivière-Pilote
dessus-de-porte
chondroblaste
érythroblaste
cruciverbiste
verbicruciste
propagandiste
tiers-mondiste
avant-gardiste
minéralogiste
physiologiste
entomologiste
technologiste
immunologiste
hématologiste
erpétologiste
odontologiste
embryologiste
ichtyologiste
métallurgiste
je-m'en-fichiste
télégraphiste
infographiste
hyperréaliste
triomphaliste
éditorialiste

essentialiste
demi-finaliste
personnaliste
électoraliste
universaliste
succursaliste
antinataliste
spiritualiste
misérabiliste
automobiliste
cartophiliste
mercantiliste
vaudevilliste
pétrochimiste
physionomiste
transformiste
congréganiste
confucianiste
pangermaniste
révisionniste
divisionniste
scissionniste
illusionniste
créationniste
relationniste
mutationniste
fractionniste
annexionniste
accordéoniste
vibraphoniste
orthophoniste
accessoiriste
rédemptoriste
astrométriste
caricaturiste
semi-grossiste
obscurantiste
orthodontiste
clarinettiste
je-m'en-foutiste
subjectiviste
collectiviste
productiviste
stakhanoviste
voitures-poste
entéropneuste
Ernest-Auguste
psychanalyste
autocouchette
pique-assiette
brick-goélette
grenouillette

ultraviolette
Barcelonnette
bercelonnette
bergeronnette
fume-cigarette
livre-cassette
vidéocassette
radiocassette
microcassette
pied-d'alouette
demi-pirouette
lance-roquette
couche-culotte
La Grande-Motte
poil-de-carotte
goutte-à-goutte
Laugerie-Haute
Cocotte-Minute
métamyélocyte
mégacaryocyte
spermatophyte
paille-en-queue
abaisse-langue
Témiscamingue
Saint-Domingue
pharmacologue
politicologue
épistémologue
ophtalmologue
anthropologue
contactologue
dialectologue
paléontologue
ininterrompue
tonicardiaque
érotomaniaque
aphrodisiaque
contre-attaque
contre-attaqué
kenyapithèque
cercopithèque
galéopithèque
semnopithèque
guatémaltèque
trisyllabique
isosyllabique
dissyllabique
dithyrambique
contre-indiqué
antipaludique
ribonucléique
onomatopéique

hippophagique
tétraplégique
neuroplégique
minéralogique
gynécologique
musicologique
lexicologique
toxicologique
archéologique
spéléologique
psychologique
graphologique
morphologique
glaciologique
séméiologique
physiologique
entomologique
océanologique
technologique
chronologique
immunologique
palynologique
sophrologique
futurologique
hématologique
tératologique
erpétologique
déontologique
embryologique
ichtyologique
cholinergique
métallurgique
tauromachique
parapsychique
métapsychique
télégraphique
idéographique
holographique
xylographique
démographique
homographique
monographique
topographique
typographique
autographique
géostrophique
philosophique
métamorphique
homéopathique
feldspathique
paléolithique
microlithique

13 labyrinthique
ostrogothique
téréphtalique
psychédélique
archangélique
aristotélique
machiavélique
ithyphallique
gibbérellique
somnambulique
polyvinylique
méthacrylique
cryptogamique
antéislamique
hémodynamique
aérodynamique
logarithmique
algorithmique
pétrochimique
neurochimique
photochimique
exophtalmique
gastronomique
orthodromique
desmodromique
chromosomique
intra-atomique
stéréotomique
intradermique
transdermique
antithermique
endothermique
aérothermique
cytoplasmique
macrocosmique
microcosmique
cataclysmique
cyclothymique
permanganique
préhispanique
antitétanique
xanthogénique
dynamogénique
embryogénique
pantothénique
préhellénique
panhellénique
diéthylénique
paraphrénique
hébéphrénique
aérotechnique
pyrotechnique
cryotechnique
Polytechnique
polytechnique
multiethnique
interethnique
orthophonique
radiophonique
microphonique
thermoïonique
Thessalonique
géotectonique
néotectonique
psychotonique
cardiotonique
protérozoïque
hypnopompique
orthoscopique
strioscopique
macroscopique
microscopique
hygroscopique
rhomboédrique
sélénhydrique
chlorhydrique
fluorhydrique
hémisphérique
atmosphérique
ionosphérique
phylloxérique
Saint-Affrique
hypocalorique
préhistorique
psychiatrique
isoélectrique
millimétrique
planimétrique
densimétrique
centimétrique
gravimétrique
sociométrique
eudiométrique
goniométrique
économétrique
axonométrique
micrométrique
hygrométrique
astrométrique
hypsométrique
hectométrique
photométrique
bathymétrique
axisymétrique
dissymétrique
métacentrique
homocentrique
polycentrique
hypogastrique
amphigourique
cénesthésique
cinesthésique
kinesthésique
antimycosique
Arabo-Persique
postclassique
microphysique
astrophysique
afro-asiatique
problématique
théorématique
syntagmatique
bioclimatique
symptomatique
fantasmatique
charismatique
hippocratique
présocratique
biquadratique
chiropratique
homéostatique
orthostatique
hydrostatique
hyperstatique
parallactique
cataplectique
poliorcétique
homogamétique
ontogénétique
cytogénétique
diamagnétique
géomagnétique
homocinétique
monocinétique
autocinétique
anachorétique
antipyrétique
ferrallitique
sidérolitique
sociocritique
supercritique
martensitique
péristaltique
préromantique
consonantique
inauthentique

anacréontique
emphytéotique
macrobiotique
aponévrotique
antimitotique
neuroleptique
dermatoptique
apocalyptique
subdésertique
endoblastique
mésoblastique
ectoblastique
pyroclastique
syllogistique
catéchistique
kabbalistique
hellénistique
eucharistique
archivistique
bioacoustique
astronautique
propédeutique
herméneutique
thérapeutique
troglodytique
protéolytique
spasmolytique
stéréotaxique
papiers-calque
ornithorynque
staphylocoque
cannibalesque
carnavalesque
rocambolesque
funambulesque
caméléonesque
chevaleresque
éléphantesque
gargantuesque
capital-risque
La Motte-Fouqué
Chevilly-Larue
queues-de-morue
compréhensive
revendicative
qualificative
significative
rectificative
justificative
communicative
interrogative
contemplative

approximative
déterminative
participative
commémorative
démonstrative
non-figurative
argumentative
fréquentative
permsélective
rétrospective
introspective
omnidirective
contraceptive
intéroceptive
extéroceptive
Hradec Králové
contre-épreuve
La Bourdonnaye
brigadier-chef
roll on-roll off
multiplicatif
socio-éducatif
récapitulatif
conglutinatif
administratif
interprétatif
représentatif
contrarotatif
autocorrectif
proprioceptif
médico-sportif
langue-de-boeuf
Wagner-Jauregg
Louang Prabang
Yang-tseu-kiang
Tanjung Karang
Huang Gongwang
Tchao Tseu-yang
Mackenzie King
brainstorming
médiaplanning
Moret-sur-Loing
merchandising
Souphanouvong
Schwarzenberg
Frederiksberg
Frederiksborg
Aschaffenburg
Hornoy-le-Bourg
Virginia Beach
homme-sandwich
Van der Meersch

Manuel Deutsch
Chostakovitch
Rostropovitch
Middlesbrough
Nguyên Van Linh
Andhra Pradesh
Madhya Pradesh
Port Elizabeth
Great Yarmouth
Tcheou Ngen-lai
Merlin de Douai
missi dominici
Qin Shi Huangdi
Shōtoku Taishi
Natsume Sōseki
Riabouchinski
Le Mesnil-le-Roi
Oubangui-Chari
Frédéric-Henri
Shigefumi-Mori
San Luis Potosí
Corpus Christi
Van Ruysbroeck
starting-block
Van Heemskerck
Tchang Kaï-chek
Musschenbroek
Akademgorodok
Semipalatinsk
Novokouznetsk
Petropavlovsk
Nijnevartovsk
intersyndical
intertropical
hypocycloïdal
Menéndez Pidal
Neuilly-le-Réal
extraconjugal
Ruolz-Montchal
maxillo-facial
Paray-le-Monial
subéquatorial
réquisitorial
inquisitorial
quadragésimal
infinitésimal
électrodermal
cérébro-spinal
confessionnal
interrégional
septentrional
supranational

13

multinational
international
transnational
intercommunal
Assourbanipal
quadrilatéral
controlatéral
Massif central
architectural
arrière-vassal
phénobarbital
navire-hôpital
Plomb du Cantal
pro-occidental
Bourg-Argental
moyen-oriental
départemental
queue-de-cheval
pieds-de-cheval
Villiers-le-Bel
Stiring-Wendel
Antoine Daniel
préindustriel
tranférentiel
concurrentiel
équipotentiel
compulsionnel
confessionnel
professionnel
possessionnel
occupationnel
antirationnel
correctionnel
définitionnel
transitionnel
oppositionnel
conventionnel
proportionnel
antipersonnel
foeto-maternel
extracorporel
multiculturel
socioculturel
interculturel
transculturel
Ligny-le-Châtel
Charles Martel
Dun-le-Palestel
caravansérail
Vendin-le-Vieil
Merthyr Tydfil
Ducray-Duminil
Le Blanc-Mesnil
rebrousse-poil
Guillaume Tell
diamidophénol
diaminophénol
judéo-espagnol
Latour-de-Carol
Saint-Christol
Vincent de Paul
Mons-en-Baroeul
hodjatoleslam
Visakhapatnam
Mahābalipuram
Naqsh-i Roustem
Truchtersheim
France Télécom
lithothamnium
Amān Allāh Khān
Liaqat 'Alī Khān
Ambartsoumian
Gui de Lusignan
souvenir-écran
Alby-sur-Chéran
Baloutchistan
Béloutchistan
Berchtesgaden
Graffenstaden
méditerranéen
transpyrénéen
Gelsenkirchen
propharmacien
Saint-Félicien
zootechnicien
électronicien
pythagoricien
métaphysicien
mathématicien
systématicien
informaticien
omnipraticien
arithméticien
cybernéticien
rhabdomancien
transcanadien
néandertalien
afro-brésilien
sud-vietnamien
transylvanien
pennsylvanien
cristallinien
constantinien
Saint-Savinien
néo-calédonien
saint-simonien
shakespearien
transsaharien
paléosibérien
Transsibérien
phalanstérien
péloponnésien
judéo-chrétien
paléochrétien
Montchrestien
Cossé-le-Vivien
Lauterbrunnen
Niedersachsen
Tch'ang-tch'ouen
Wilhelmshaven
chondrichtyen
sorties-de-bain
nord-américain
afro-américain
méso-américain
négro-africain
interafricain
centrafricain
transafricain
Saint-Pourçain
L'Isle-Jourdain
Saint-Herblain
Saint-Ghislain
Pontchartrain
métropolitain
Moẓaffar al-Dīn
Muẓaffar al-Dīn
Roost-Warendin
Liechtenstein
saint-glinglin
anti-sous-marin
Chilly-Mazarin
Marie-Victorin
gardes-magasin
arrière-cousin
Quartier latin
réveille-matin
Étienne-Martin
Villehardouin
saint-frusquin
palais Bourbon
Ruiz de Alarcón
boustrophédon
Château-Landon
saisie-brandon
gorge-de-pigeon

coeur-de-pigeon
Ciudad Obregón
Château-Bougon
queue-de-cochon
postcommunion
superchampion
macrodécision
microdécision
compréhension
anticorrosion
animadversion
bioconversion
rétrogression
transgression
ultrapression
surimpression
décompression
compromission
télédiffusion
géliturbation
cryoturbation
prémédication
revendication
opacification
spécification
calcification
dulcification
réédification
acidification
caséification
gazéification
qualification
mellification
amplification
planification
lignification
signification
carnification
réunification
scarification
clarification
lubrification
glorification
caprification
pétrification
nitrification
vitrification
falsification
densification
chosification
versification
massification
russification
béatification
gratification
rectification
acétification
certification
fortification
mortification
justification
mystification
inapplication
réduplication
communication
prévarication
décortication
domestication
translocation
consolidation
accommodation
transsudation
désagrégation
déségrégation
investigation
interrogation
hydrofugation
distanciation
prononciation
renégociation
antiradiation
domiciliation
appropriation
expropriation
intercalation
décongélation
dissimilation
horripilation
constellation
dénivellation
scintillation
extrapolation
interpolation
contemplation
confabulation
pandiculation
gesticulation
triangulation
strangulation
sursimulation
dissimulation
surpopulation
décapsulation
surestimation
approximation
programmation
hydrogénation
désaliénation
concaténation
réassignation
revaccination
ratiocination
hallucination
subordination
contamination
dissémination
récrimination
incrimination
détermination
extermination
pérégrination
déglutination
agglutination
réincarnation
consternation
prosternation
participation
préoccupation
impréparation
décérébration
équilibration
réverbération
décarcération
incarcération
confédération
considération
prolifération
verbigération
réfrigération
agglomération
surgénération
commisération
persévération
conflagration
réintégration
transpiration
collaboration
corroboration
imperforation
détérioration
commémoration
incorporation
expectoration
concentration
orchestration
séquestration

13

démonstration
décarburation
bicarburation
désulfuration
préfiguration
configuration
non-figuration
sursaturation
structuration
acculturation
déculturation
catéchisation
globalisation
verbalisation
fiscalisation
déréalisation
socialisation
filialisation
formalisation
normalisation
signalisation
vernalisation
sacralisation
mentalisation
annualisation
visualisation
actualisation
ritualisation
sexualisation
diésélisation
stabilisation
fragilisation
stérilisation
fossilisation
subtilisation
fertilisation
réutilisation
métallisation
satellisation
javellisation
symbolisation
variolisation
alcoolisation
podzolisation
randomisation
scotomisation
rurbanisation
vulcanisation
balkanisation
germanisation
galvanisation
hellénisation
cocaïnisation
sulfinisation
berginisation
pollinisation
kaolinisation
aluminisation
crétinisation
indemnisation
pérennisation
carbonisation
préconisation
harmonisation
micronisation
intronisation
syntonisation
modernisation
verdunisation
précarisation
bancarisation
vulgarisation
scolarisation
cancérisation
poldérisation
bondérisation
Parkérisation
isomérisation
paupérisation
sintérisation
cautérisation
pulvérisation
herborisation
météorisation
euphorisation
taylorisation
temporisation
factorisation
sectorisation
cicatrisation
électrisation
grabatisation
médiatisation
dramatisation
climatisation
aromatisation
privatisation
budgétisation
soviétisation
pelletisation
magnétisation
appertisation
désertisation
vedettisation
palettisation
improvisation
phosphatation
acclimatation
carbonatation
dénitratation
pollicitation
sollicitation
explicitation
surexcitation
désexcitation
préméditation
régurgitation
ingurgitation
précipitation
réorientation
ornementation
fragmentation
sédimentation
documentation
argumentation
fréquentation
confrontation
préadaptation
désadaptation
inacceptation
réimportation
réexportation
manifestation
admonestation
déforestation
reforestation
transmutation
individuation
surévaluation
désactivation
objectivation
inobservation
myorelaxation
désindexation
décontraction
toxi-infection
auto-infection
introspection
télédétection
surprotection
contradiction
circumduction
self-induction
auto-induction
surproduction
hyposécrétion

superfinition
sous-nutrition
juxtaposition
surimposition
décomposition
recomposition
superposition
interposition
indisposition
transposition
surexposition
équipartition
contravention
contraception
préconception
transcription
réinscription
malabsorption
physisorption
disproportion
précombustion
électrocution
antipollution
Viry-Châtillon
court-bouillon
Duchamp-Villon
Château-Chinon
lépidodendron
Ducos du Hauron
diphtongaison
défeuillaison
effeuillaison
recombinaison
commémoraison
arrière-saison
Levi ben Gerson
phytoplancton
Wolverhampton
pieds-de-mouton
sauts-de-mouton
Morelos y Pavón
Bingham Canyon
La Roche-sur-Yon
Salies-de-Béarn
Arthez-de-Béarn
Antikomintern
Pigault-Lebrun
Charlottetown
Guémené-Penfao
Torre del Greco
Carrero Blanco
Castelo Branco

Llano Estacado
Torres Quevedo
Toluca De Lerdo
Quezaltenango
Tsarskoïe Selo
Puerto Cabello
Collor de Mello
Piero di Cosimo
Queipo de Llano
López Arellano
San Bernardino
Guernica y Luno
Paz Estenssoro
Sampiero Corso
Bobo-Dioulasso
Ribeirão Preto
Espírito Santo
aggiornamento
Pachuca de Soto
Veliko Tărnovo
Chassey-le-Camp
gueules-de-loup
Iekaterinodar
Chandrasekhar
Kapoustine Iar
Ciudad Bolívar
décontenancer
Heusden-Zolder
télécommander
désurchauffer
resurchauffer
Selles-sur-Cher
sous-brigadier
contrebandier
déshumidifier
protège-cahier
calligraphier
lithographier
orthographier
radiographier
sténographier
reprographier
photographier
cartographier
hypertrophier
inhospitalier
parapétrolier
mangoustanier
Alain-Fournier
Lons-le-Saunier
sapeur-pompier
Saint-Mandrier

Casimir-Perier
moyen-courrier
court-courrier
manufacturier
prêtre-ouvrier
fait-diversier
Saint-Gaultier
équipementier
franc-quartier
Jouy-le-Moutier
banqueroutier
désensorceler
emmouscailler
débarbouiller
embarbouiller
déverrouiller
tripatouiller
Froeschwiller
tintinnabuler
oreilles-de-mer
Théoule-sur-Mer
La Seyne-sur-Mer
La Faute-sur-Mer
Étables-sur-Mer
Argelès-sur-Mer
Banyuls-sur-Mer
Villers-sur-Mer
Camaret-sur-Mer
enthousiasmer
désaccoutumer
déshydrogéner
prédéterminer
surdéterminer
Grossglockner
décapuchonner
encapuchonner
endivisionner
convulsionner
contorsionner
impressionner
commissionner
soumissionner
confectionner
perfectionner
collectionner
repositionner
subventionner
conventionner
proportionner
suggestionner
congestionner
précautionner

13

révolutionner
tourbillonner
étrésillonner
écouvillonner
déchaperonner
paillassonner
rempoissonner
petit déjeuner
petit-déjeuner
magnétoscoper
désenvelopper
déséquilibrer
désincarcérer
entre-déchirer
interpénétrer
réenregistrer
carbonitrurer
villégiaturer
architecturer
métamorphiser
démédicaliser
potentialiser
personnaliser
municipaliser
déminéraliser
décentraliser
dénaturaliser
universaliser
décapitaliser
spiritualiser
malléabiliser
comptabiliser
insolubiliser
tranquilliser
christianiser
dénicotiniser
embourgeoiser
désolidariser
dénucléariser
parcellariser
démilitariser
remilitariser
containériser
accessoiriser
psychiatriser
conteneuriser
dépressuriser
mithridatiser
anathématiser
désinsectiser
conscientiser
désambiguïser
collectiviser
maître-à-danser
métamorphoser
photocomposer
laissez-passer
Hundertwasser
désintéresser
radiodiffuser
psychanalyser
sous-exploiter
antiparasiter
déréglementer
sous-alimenter
radioreporter
contreplaquer
contre-braquer
diagnostiquer
désintoxiquer
contremarquer
Canadian River
Château-du-Loir
cristallisoir
radiotrottoir
contre-pouvoir
manodétendeur
martin-pêcheur
transstockeur
télésouffleur
entrebâilleur
discutailleur
scribouilleur
téléimprimeur
collisionneur
sélectionneur
conditionneur
accroche-coeur
arrière-choeur
chevaux-vapeur
photostoppeur
dépoussiéreur
sous-acquéreur
chronométreur
synchroniseur
septembriseur
maître-penseur
hydroclasseur
décompresseur
refroidisseur
applaudisseur
affaiblisseur
hydroglisseur
attendrisseur
renchérisseur
convertisseur
électrolyseur
revendicateur
amplificateur
planificateur
scarificateur
sacrificateur
glorificateur
falsificateur
versificateur
rectificateur
certificateur
justificateur
mystificateur
communicateur
prévaricateur
investigateur
interrogateur
expropriateur
horripilateur
scintillateur
interpolateur
contemplateur
dissimulateur
blasphémateur
programmateur
contaminateur
récriminateur
exterminateur
coordonnateur
réfrigérateur
surgénérateur
tour-opérateur
collaborateur
concentrateur
orchestrateur
démonstrateur
globalisateur
verbalisateur
normalisateur
stabilisateur
stérilisateur
modernisateur
vulgarisateur
pulvérisateur
temporisateur
improvisateur
argumentateur
autoélévateur
turboréacteur
pulsoréacteur

statoréacteur
carburéacteur
contrefacteur
chiropracteur
microtacteur
autodirecteur
sous-directeur
contradicteur
surproducteur
transpositeur
héliciculteur
sériciculteur
ostréiculteur
mytiliculteur
arboriculteur
complimenteur
sensori-moteur
électromoteur
magnétomoteur
extérocepteur
téléscripteur
transcripteur
lithotripteur
téléprompteur
caloriporteur
aspiro-batteur
photoémetteur
interlocuteur
pronostiqueur
faux-monnayeur
Aire-sur-l'Adour
bonheur-du-jour
Château-Latour
guttas-perchas
protège-tibias
Gonçalves Dias
paterfamilias
Duque de Caxias
Boissy d'Anglas
chlamydomonas
plateaux-repas
Kahramanmaraş
dessous-de-bras
chiches-kebabs
barrages-poids
anglo-normands
barren grounds
hispano-arabes
saintes-barbes
contre-courbes
arrière-nièces
petites-nièces
emporte-pièces
connaissances
réjouissances
intelligences
neurosciences
tailles-douces
saccharomyces
gardes-malades
lance-grenades
est-allemandes
ballons-sondes
saints-synodes
arrière-gardes
reines-claudes
premières-nées
dernières-nées
poissons-épées
sous-calibrées
vert-de-grisées
libres-pensées
moteurs-fusées
Champs Élysées
Champs-Élysées
court-jointées
longs métrages
longs-métrages
remue-méninges
tissus-éponges
arrière-gorges
porte-affiches
pelles-pioches
lofing-matches
chasse-mouches
néo-hébridaies
quasi-monnaies
poissons-scies
couteaux-scies
tragi-comédies
boogie-woogies
wagons-trémies
Saintes-Maries
duchés-pairies
thesmophories
trains-ferries
bio-industries
garden-parties
Cynoscéphales
Prince of Wales
New South Wales
sous-ensembles
lance-missiles
églises-halles
arrière-salles
Bédos de Celles
contre-tailles
basses-tailles
retrouvailles
nids-d'abeilles
pince-oreilles
perce-oreilles
petites-filles
semi-chenillés
mille-feuilles
centres-villes
sous-multiples
ponts-bascules
trique-madames
Baume-les-Dames
doubles-crèmes
atomes-grammes
gentilshommes
fémoro-cutanés
sud-africaines
demi-mondaines
gréco-romaines
gallo-romaines
demi-douzaines
Les Contamines
Thetford Mines
Sarreguemines
Noeux-les-Mines
Bully-les-Mines
L'Île-aux-Moines
aigues-marines
intra-utérines
extra-utérines
lèche-vitrines
gommes-résines
blocs-cuisines
nord-coréennes
états-uniennes
louises-bonnes
franc-maçonnes
Courcouronnes
semi-consonnes
pèse-personnes
anglo-saxonnes
Rolling Stones
poissons-lunes
chausse-trapes
bateaux-pompes
maries-salopes
radio-isotopes
presse-étoupes

13

allume-cigares
bateaux-phares
contre-timbres
accords-cadres
bloc-cylindres
wagons-foudres
cotons-poudres
Chambonnières
Charbonnières
sous-clavières
Trois-Rivières
Superbagnères
préliminaires
amours-propres
reines-des-prés
tourne-pierres
chasse-pierres
cafés-théâtres
newtons-mètres
petits-maîtres
devises-titres
avants-centres
sous-ministres
contre-lettres
belles-lettres
cartes-lettres
stylos-feutres
ampères-heures
contre-mesures
joint-ventures
attachés-cases
steeple-chases
maries-louises
lauriers-roses
gardes-chasses
chaudes-pisses
petits-suisses
balais-brosses
bas-de-chausses
narco-analyses
starting-gates
Trucial States
traîne-savates
sous-humanités
auto-immunités
contre-visites
sus-dominantes
bien-pensantes
sous-tangentes
remonte-pentes
contre-pointes
Norrent-Fontes
mandats-cartes
bateaux-portes
vers-libristes
Nay-Bourdettes
madelonnettes
jupes-culottes
compte-gouttes
fausses-routes
fouette-queues
Chaudes-Aigues
Bort-les-Orgues
sacro-iliaques
compte-chèques
semi-publiques
tragi-comiques
héroï-comiques
Catalauniques
acido-basiques
mathématiques
semi-remorques
jeunes-turques
tourne-disques
Hevesy de Heves
semi-conserves
romans-fleuves
sergents-chefs
caporaux-chefs
porte-aéronefs
sous-effectifs
orangs-outangs
body-buildings
Penne-d'Agenais
Le Mas-d'Agenais
La Bourdonnais
Transgabonais
Sauzé-Vaussais
sous-refroidis
François Régis
Fleury-Mérogis
Florianópolis
Philippopolis
Rosny-sous-Bois
Abbaye-aux-Bois
Saint-François
antibourgeois
Crépy-en-Valois
contre-emplois
Constantinois
valenciennois
francs- comtois
Bruay-en-Artois
Vitry-en-Artois
Semur-en-Auxois
Thomas a Kempis
chauves-souris
éléphantiasis
contre-châssis
Dumbarton Oaks
bachi-bouzouks
semi-officiels
maîtres-autels
nitrates-fuels
radios-réveils
beau-petit-fils
médecine-balls
medicine-balls
punching-balls
dressing-rooms
préventoriums
rahat-loukoums
french cancans
Villard-de-Lans
Ars-sur-Formans
grilles-écrans
maîtres-chiens
finno-ougriens
bons-chrétiens
terre-neuviens
Mallet-Stevens
Évian-les-Bains
Cambo-les-Bains
Néris-les-Bains
Bains-les-Bains
Évaux-les-Bains
sud-américains
nord-africains
arrière-trains
sino-tibétains
Blue Mountains
Château-Salins
cheval-d'arçons
sous-pressions
sous-locations
capitulations
Quatre-Nations
félicitations
cuti-réactions
pole positions
demi-positions
presse-citrons
Neuves-Maisons
quatre-saisons
mortes-saisons
Quatre-Cantons

taille-crayons
Coatzacoalcos
Papadhópoulos
Monophthalmos
mezzo-sopranos
vomitosnegros
safaris-photos
Francorchamps
Le Lion-d'Angers
blancs-mangers
Black Panthers
sous-officiers
Grandvilliers
Gennevilliers
Montivilliers
Aubervilliers
Puget-Théniers
sous-mariniers
avant-derniers
presse-papiers
irish-terriers
long-courriers
sous-quartiers
loups-cerviers
terre-neuviers
Rambervillers
francs-parlers
Entre-deux-Mers
cabin-cruisers
globe-trotters
rocking-chairs
sous-comptoirs
cités-dortoirs
Lans-en-Vercors
conquistadors
General Motors
clairs-obscurs
contre-valeurs
arrière-fleurs
auto-stoppeurs
francs-tireurs
avant-coureurs
demi-longueurs
pique-niqueurs
poissons-chats
herbe-aux-chats
accroche-plats
vice-consulats
sous-diaconats
quasi-contrats
avant-contrats
contre-projets
opéras-ballets
saisies-arrêts
avant-creusets
porte-bouquets
coupe-circuits
La Haye-du-Puits
petits-enfants
faux-semblants
extra-courants
tout-puissants
sous-traitants
vieux-croyants
prolongements
oligo-éléments
sous-vêtements
appointements
grands-parents
cafés-concerts
water-ballasts
Massachusetts
comptes-rendus
aberdeen-angus
Numa Pompilius
strato-cumulus
Regiomontanus
sabots-de-Vénus
cheveu-de-Vénus
Rigil Kentarus
cross-countrys
langues-de-chat
Salies-du-Salat
dessous-de-plat
polycondensat
Karl-Marx-Stadt
Downing Street
marteau-piolet
Saint-Victoret
Lège-Cap-Ferret
Ortega y Gasset
potron-jacquet
Plélan-le-Petit
Fourchambault
Châtellerault
désembourbant
autofinançant
réensemençant
concurrençant
enguirlandant
condescendant
sous-entendant
correspondant
cauchemardant
surprotégeant
intransigeant
entr'égorgeant
désengorgeant
calorifugeant
centrifugeant
radionavigant
contrefichant
enchevauchant
catastrophant
indulgenciant
différenciant
disqualifiant
personnifiant
saccharifiant
authentifiant
complexifiant
télégraphiant
échographiant
autographiant
démultipliant
Châteaubriant
châteaubriant
différentiant
bringuebalant
brinquebalant
désassemblant
époustouflant
désassimilant
entrebâillant
criticaillant
entretaillant
discutaillant
retravaillant
rappareillant
déconseillant
embouteillant
écrabouillant
glandouillant
crachouillant
dépatouillant
désaccouplant
démantibulant
immatriculant
désarticulant
désoperculant
anticoagulant
tourneboulant
électroaimant
désenvenimant
surcomprimant
désenflammant

13

déprogrammant
reprogrammant
chloroformant
réaccoutumant
carême-prenant
raccompagnant
contresignant
désenchaînant
surentraînant
décontaminant
brillantinant
caparaçonnant
désamidonnant
ébourgeonnant
déchiffonnant
contagionnant
provisionnant
ascensionnant
dimensionnant
excursionnant
dépassionnant
démissionnant
contusionnant
collationnant
affectionnant
sélectionnant
conditionnant
commotionnant
réceptionnant
débâillonnant
réveillonnant
vermillonnant
tourillonnant
postillonnant
aiguillonnant
brouillonnant
gravillonnant
maquignonnant
moucheronnant
décloisonnant
saucissonnant
empoissonnant
oeilletonnant
gueuletonnant
coparticipant
clopin-clopant
sous-déclarant
abracadabrant
rééquilibrant
désencombrant
réincarcérant
déconsidérant
reconsidérant
cobelligérant
dépoussiérant
empoussiérant
déphosphorant
réincorporant
entre-dévorant
contrecarrant
chronométrant
déconcentrant
réorchestrant
transfigurant
peinturlurant
contre-courant
autocensurant
manufacturant
contracturant
déstructurant
restructurant
portraiturant
contrefaisant
standardisant
clochardisant
homogénéisant
autosuffisant
hiérarchisant
cannibalisant
radiobalisant
syndicalisant
tropicalisant
défiscalisant
officialisant
resocialisant
matérialisant
marginalisant
criminalisant
régionalisant
nationalisant
rationalisant
communalisant
désacralisant
théâtralisant
hospitalisant
immortalisant
réactualisant
désexualisant
sociabilisant
culpabilisant
rentabilisant
déstabilisant
crédibilisant
sensibilisant
flexibilisant
infantilisant
sous-utilisant
cristallisant
désatellisant
vasectomisant
américanisant
européanisant
désorganisant
déshumanisant
champagnisant
dévirginisant
déstalinisant
masculinisant
synchronisant
impatronisant
entrecroisant
familiarisant
déscolarisant
circularisant
singularisant
prolétarisant
sédentarisant
sanctuarisant
caractérisant
squattérisant
infériorisant
intériorisant
extériorisant
désectorisant
miniaturisant
dédramatisant
mathématisant
systématisant
achromatisant
informatisant
démocratisant
alphabétisant
débudgétisant
antiémétisant
démagnétisant
surproduisant
adjectivisant
controversant
interclassant
brouillassant
décadenassant
contre-passant
désencrassant
inintéressant
transgressant
décompressant

13

entre-haïssant
méconnaissant
reconnaissant
comparaissant
disparaissant
estourbissant
éclaircissant
obscurcissant
accourcissant
refroidissant
abâtardissant
dégourdissant
engourdissant
assourdissant
applaudissant
rétroagissant
interagissant
ressurgissant
défléchissant
réfléchissant
infléchissant
dégauchissant
affaiblissant
ensevelissant
rejaillissant
désemplissant
accomplissant
assouplissant
raffermissant
renformissant
redéfinissant
rembrunissant
Beaucroissant
réchampissant
déguerpissant
accroupissant
assombrissant
attendrissant
amoindrissant
renchérissant
démaigrissant
rabougrissant
endolorissant
défleurissant
refleurissant
effleurissant
appauvrissant
dessaisissant
ressaisissant
dégrossissant
regrossissant
empuantissant
rapointissant
dessertissant
subvertissant
convertissant
pervertissant
rassortissant
ressortissant
travestissant
engloutissant
télédiffusant
électrolysant
décarbonatant
décontractant
cocontractant
surexploitant
désenchantant
ensanglantant
ébouillantant
transplantant
contingentant
enrégimentant
suralimentant
complimentant
expérimentant
instrumentant
contreventant
désappointant
remmaillotant
travaillotant
entre-heurtant
désincrustant
non-combattant
compromettant
électrocutant
transbahutant
contrefoutant
caoutchoutant
redistribuant
désenverguant
discontinuant
authentiquant
sophistiquant
pronostiquant
encaustiquant
démoustiquant
prédélinquant
entrechoquant
reconstituant
substantivant
désapprouvant
sous-employant
autonettoyant
préadolescent
vice-président
buisson-ardent
inintelligent
étoile-d'argent
bouton-d'argent
Aïn Temouchent
Extrême-Orient
surplombement
entrelacement
refinancement
cofinancement
ensemencement
ressourcement
acquiescement
embrigadement
splendidement
intrépidement
accommodement
chambardement
gaillardement
réchauffement
non-engagement
désengagement
dédommagement
endommagement
réaménagement
découragement
encouragement
affouragement
réarrangement
débranchement
embranchement
retranchement
déclenchement
enclenchement
rapprochement
enfourchement
chevauchement
redéploiement
dégravoiement
verticalement
conjugalement
impérialement
originalement
marginalement
machinalement
diagonalement
viscéralement
littéralement
intégralement
doctoralement

13

théâtralement
arbitralement
colossalement
ineffablement
préalablement
semblablement
exécrablement
misérablement
admirablement
honorablement
favorablement
incurablement
véritablement
équitablement
pitoyablement
indiciblement
illisiblement
invisiblement
rassemblement
parallèlement
entremêlement
démantèlement
essoufflement
malhabilement
difficilement
trimballement
étincellement
amoncellement
partiellement
grommellement
charnellement
éternellement
journellement
naturellement
ruissellement
graduellement
mensuellement
virtuellement
textuellement
dénivellement
ferraillement
avitaillement
recueillement
fourmillement
éparpillement
scintillement
effeuillement
affouillement
dépouillement
gazouillement
surpeuplement
chamboulement
quatrièmement
troisièmement
vingtièmement
cinquièmement
treizièmement
quinzièmement
magnanimement
simultanément
momentanément
renseignement
non-alignement
désalignement
prochainement
inhumainement
lointainement
dégoulinement
ensaisinement
désabonnement
étançonnement
poinçonnement
tronçonnement
bourdonnement
drageonnement
chiffonnement
bouffonnement
ronchonnement
bouchonnement
passionnément
stationnement
sectionnement
cautionnement
échelonnement
bâillonnement
cramponnement
environnement
cloisonnement
frissonnement
chantonnement
pelotonnement
gloutonnement
dégazonnement
engazonnement
prosternement
contournement
importunément
opportunément
suréquipement
développement
enveloppement
transfèrement
passagèrement
princièrement
cavalièrement
familièrement
régulièrement
grossièrement
désespérément
déchiffrement
engouffrement
solidairement
populairement
ordinairement
contrairement
militairement
solitairement
dérisoirement
illusoirement
aléatoirement
malproprement
opiniâtrement
calfeutrement
prématurément
désoeuvrement
transvasement
sournoisement
courtoisement
narquoisement
remboursement
intéressement
surbaissement
rencaissement
connaissement
engraissement
vrombissement
amincissement
noircissement
adoucissement
affadissement
grandissement
assagissement
élargissement
envahissement
avachissement
fléchissement
gauchissement
établissement
anoblissement
jaillissement
amollissement
dépolissement
aveulissement
aplanissement
abonnissement
accroissement

13

décroissement
croupissement
dépérissement
pourrissement
grossissement
roussissement
aplatissement
rapetissement
avertissement
amortissement
blettissement
aboutissement
abrutissement
enfouissement
éblouissement
déchaussement
rechaussement
surhaussement
trémoussement
rebroussement
retroussement
tapageusement
spacieusement
gracieusement
spécieusement
précieusement
soucieusement
studieusement
élogieusement
glorieusement
mielleusement
moelleusement
fabuleusement
soigneusement
hargneusement
lumineusement
trompeusement
surcreusement
généreusement
amoureusement
fiévreusement
vaniteusement
flatteusement
fougueusement
vertueusement
tortueusement
fastueusement
immédiatement
acclimatement
indirectement
succinctement
distinctement

abstraitement
distraitement
implicitement
explicitement
hypocritement
déshéritement
véhémentement
apparentement
conjointement
tremblotement
papillotement
manifestement
pirouettement
craquettement
cliquettement
prosaïquement
véridiquement
juridiquement
impudiquement
pacifiquement
illogiquement
énergiquement
graphiquement
apathiquement
angéliquement
dynamiquement
mécaniquement
organiquement
techniquement
laconiquement
canoniquement
chroniquement
numériquement
empiriquement
satiriquement
théoriquement
classiquement
fanatiquement
génétiquement
politiquement
identiquement
rembarquement
burlesquement
parachèvement
impulsivement
défensivement
offensivement
intensivement
excessivement
agressivement
inclusivement
exclusivement

lucrativement
itérativement
effectivement
objectivement
adjectivement
sélectivement
primitivement
intuitivement
attentivement
plaintivement
craintivement
establishment
amiante-ciment
pressentiment
réassortiment
nonchalamment
concurremment
subséquemment
conséquemment
porte-document
sous-continent
grandiloquent
Corday d'Armont
Grand-Charmont
Hénin-Beaumont
portrait-robot
compère-loriot
Villard-Bonnot
Charles-Albert
Saint-Philbert
Tuc-d'Audoubert
Maisons-Alfort
Thury-Harcourt
Argelès-Gazost
Thomas Beckett
Messerschmitt
Salzkammergut
becs-de-corbeau
cylindre-sceau
Fontainebleau
fontainebleau
saute-ruisseau
Auxi-le-Château
Onet-le-Château
Pont-du-Château
requin-marteau
Ploudalmézeau
Pleumeur-Bodou
Tchang-kia-k'eou
Pobedonostsev
Boris Godounov
céphalothorax
Le Pont-de-Claix

13 Minucius Felix
Lévis-Mirepoix
oeil-de-perdrix
Vercingétorix

14 procès-verbaux
antisyndicaux
anticléricaux
agrammaticaux
épicycloïdaux
intercotidaux
arcs-doubleaux
porte-drapeaux
Forges-les-Eaux
Entrecasteaux
porte-couteaux
feld-maréchaux
multiraciaux
médico-sociaux
psychosociaux
postprandiaux
consistoriaux
bourgeoisiaux
hydrothermaux
sadiques-anaux
longitudinaux
transluminaux
antinationaux
anticyclonaux
intersidéraux
hydrominéraux
plurilatéraux
multilatéraux
contre-amiraux
préélectoraux
agropastoraux
lacrymo-nasaux
interdigitaux
bucco-génitaux
expérimentaux
instrumentaux
monoparentaux
phénocristaux
microcristaux
conjonctivaux
six-quatre-deux
cauchemardeux
désavantageux
consciencieux
antireligieux
fesse-mathieux
superstitieux
Annecy-le-Vieux
broussailleux
libéro-ligneux
demi-tendineux
cartilagineux
anticancéreux
malencontreux
hyposulfureux
érysipélateux
myxoedémateux
emphysémateux
carcinomateux
médicamenteux
caoutchouteux
irrespectueux
difficultueux
arrière-neveux
Château-Arnoux
Mouans-Sartoux
Staal de Launay
Gournay-en-Bray
Grand-Fougeray
Essey-lès-Nancy
Passamaquoddy
Billy-Montigny
Castelnaudary
Jauréguiberry
Fabian Society
Guatemala City
Lecomte du Noüy
Juan Fernández
Csokonai Vitéz
García Márquez
Nevado del Ruiz
Vening Meinesz
Windischgrätz

14

décrochez-moi-ça
BanskáBystrica
Della Francesca
Sarlat-la-Canéda
Ercilla y Zúñiga
Tristan da Cunha
Vila Nova de Gaia
François Borgia
Breuil-Cervinia
Ciudad Victoria
intelligentsia
Konstantinovka
Marie de Magdala
Montana-Vermala
Mucius Scaevola
Ignace de Loyola
Souvanna Phouma
Feira de Santana
Bophuthatswana
Piazza Armerina
Gómez de la Serna
Wallis-et-Futuna
Vélez de Guevara
Avalokiteśvara
Victoria Nyanza
Le Bourget-du-Lac
L'Isle-d'Espagnac
Saint-Thégonnec
télédiagnostic
sérodiagnostic
cytodiagnostic
Karadjordjević
Le Taillan-Médoc
Vallon-Pont-d' Arc

Bonneval-sur-Arc
Hemel Hempstead
Vorochilovgrad
Haroun al-Rachid
Northumberland
Le Grand-Bornand
Fresnoy-le-Grand
Saint-Doulchard
Evans-Pritchard
franchouillard
antibrouillard
queues-de-renard
La Ferté-Bernard
Le Mesnil-Esnard
Jacques Édouard
Quentin Durward
Nūr al-Dīn Maḥmūd
hendécasyllabe
revendicatrice
amplificatrice
planificatrice
glorificatrice
falsificatrice
versificatrice
justificatrice
mystificatrice
communicatrice
prévaricatrice
investigatrice
interrogatrice
expropriatrice
interpolatrice
contemplatrice
dissimulatrice
blasphématrice
programmatrice
contaminatrice
récriminatrice
exterminatrice
coordonnatrice
surgénératrice
collaboratrice
orchestratrice
démonstratrice
globalisatrice
normalisatrice
stabilisatrice
modernisatrice
vulgarisatrice
temporisatrice
improvisatrice
argumentatrice

autoélévatrice
contrefactrice
autodirectrice
sous-directrice
surproductrice
hélicicultrice
séricicultrice
ostréicultrice
mytilicultrice
arboricultrice
sensori-motrice
électromotrice
magnétomotrice
photoémettrice
interlocutrice
station-service
condescendance
correspondance
intransigeance
Dubois de Crancé
Bonne-Espérance
Latour-de-France
Nouvelle-France
Roissy-en-France
autosuffisance
méconnaissance
reconnaissance
toute-puissance
superpuissance
self-inductance
auto-inductance
dégénérescence
vice-présidence
inintelligence
électrovalence
téléconférence
non-concurrence
vidéofréquence
radiofréquence
audiofréquence
hyperfréquence
grandiloquence
ponts-promenade
Carrera Andrade
nucléoprotéide
dextromoramide
monosaccharide
polysaccharide
judéo-allemande
interallemande
ouest-allemande
Hettange-Grande

14

Moyeuvre-Grande
pascals-seconde
scrofulariacée
caryophyllacée
archichlamydée
rhino-pharyngée
circonstanciée
indifférenciée
recroquevillée
immunodéprimée
ptéridospermée
Nouvelle-Guinée
inconditionnée
sous-développée
préenregistrée
individualisée
radiotélévisée
polytransfusée
inexpérimentée
contre-indiquée
Lorrez-le-Bocage
hélitreuillage
carambouillage
débarbouillage
antibrouillage
déverrouillage
tripatouillage
Fort-Mahon-Plage
électroformage
paillassonnage
débouillissage
Tain-l'Hermitage
radioreportage
photoreportage
démultiplexage
Morsang-sur-Orge
Savigny-sur-Orge
Croissant-Rouge
lamellibranche
opisthobranche
abris-sous-roche
Longny-au-Perche
Authon-du-Perche
Conches-en-Ouche
sainte-nitouche
Mies van der Rohe
historiographe
accélérographe
cinématographe
Flavius Josèphe
Jean-Christophe
anthropomorphe
Saint-Hyacinthe
némathelminthe
Bercenay en Othc
Sablé-sur-Sarthe
claustrophobie
phytopharmacie
staphylococcie
hyperthyroïdie
Basse-Normandie
Haute-Normandie
Poix-de-Picardie
anthropophagie
biospéléologie
géomorphologie
psychobiologie
chronobiologie
conchyliologie
phénoménologie
biotechnologie
endocrinologie
byzantinologie
géochronologie
caractérologie
accidentologie
sédimentologie
parodontologie
microchirurgie
neurochirurgie
méniscographie
autobiographie
artériographie
métallographie
sigillographie
dactylographie
dactylographié
hystérographie
spectrographie
périnéorraphie
anthroposophie
cénesthopathie
coronaropathie
hyperlipidémie
septicopyoémie
neurobiochimie
métallochromie
adénoïdectomie
thyroïdectomie
sympathectomie
amygdalectomie
pneumonectomie
prostatectomie
aluminothermie

électrothermie
Transleithanie
barbituromanie
héboïdophrénie
presbyophrénie
péritéléphonie
physiognomonie
pouliethérapie
kinésithérapie
musicothérapie
balnéothérapie
psychothérapie
chimiothérapie
physiothérapie
mécanothérapie
actinothérapie
immunothérapie
ophtalmoscopie
diaphanoscopie
daguerréotypie
Henriette-Marie
télémessagerie
stéréo-isomérie
archiconfrérie
entérobactérie
contrebatterie
élasticimétrie
saccharimétrie
stoechiométrie
stalagmométrie
anthropométrie
hémoglobinurie
achondroplasie
télangiectasie
bronchiectasie
rachianalgésie
thalassocratie
surprise-partie
thoracoplastie
tympanoplastie
galvanoplastie
stomatoplastie
porte-parapluie
Leffrinckoucke
intersyndicale
intertropicale
chrysomonadale
hypocycloïdale
extraconjugale
rhombencéphale
dolichocéphale
acanthocéphale
bothriocéphale
trigonocéphale
maxillo-faciale
Banque mondiale
subéquatoriale
réquisitoriale
inquisitoriale
quadragésimale
infinitésimale
électrodermale
cérébro-spinale
interrégionale
septentrionale
supranationale
multinationale
Internationale
internationale
transnationale
intercommunale
quadrilatérale
controlatérale
architecturale
pro-occidentale
proche-orientale
moyen-orientale
départementale
incommunicable
présidentiable
différentiable
indéterminable
insoupçonnable
incontournable
indéchiffrable
manufacturable
rentabilisable
cristallisable
informatisable
indécomposable
controversable
méconnaissable
reconnaissable
inconnaissable
indéfinissable
électrolysable
dessous-de-table
transplantable
infréquentable
fermentescible
inintelligible
compréhensible
incompressible
hémocompatible

14

indestructible
indescriptible
Nouvelle-Zemble
Toussus-le-Noble
Celles-sur-Belle
Sains-en-Gohelle
semi-officielle
interstitielle
confidentielle
présidentielle
providentielle
pestilentielle
évènementielle
événementielle
incrémentielle
excrémentielle
préférentielle
différentielle
prévisionnelle
provisionnelle
ascensionnelle
dimensionnelle
intensionnelle
extensionnelle
obsessionnelle
confusionnelle
éducationnelle
opérationnelle
sensationnelle
rédactionnelle
directionnelle
traditionnelle
conditionnelle
nutritionnelle
intentionnelle
promotionnelle
exceptionnelle
unipersonnelle
confraternelle
Sainte-Chapelle
conjoncturelle
Petite-Rosselle
Cadet Rousselle
prémenstruelle
intellectuelle
intertextuelle
hétérosexuelle
Port-la-Nouvelle
Ivry-la-Bataille
rince-bouteille
ouvre-bouteille
porte-bouteille
désembouteillé
chasse-goupille
carabistouille
Équeurdreville
Hô Chi Minh-Ville
Élisabethville
Dumont d'Urville
Coquilhatville
hétérométabole
Saint-Cyr-l'École
Besse-sur-Issole
Constantinople
Leconte de Lisle
anticorpuscule
périssodactyle
antépénultième
antilogarithme
révérendissime
molécule-gramme
multiprogrammé
chromatogramme
Sully Prudhomme
chondrosarcome
adénocarcinome
naevo-carcinome
radioastronome
Loriol-sur-Drôme
Livron-sur-Drôme
Éguzon-Chantôme
coraciadiforme
micropodiforme
charadriiforme
gardes-chiourme
néoclassicisme
néoplasticisme
encyclopédisme
hermaphrodisme
sadomasochisme
dermographisme
catastrophisme
homéomorphisme
provincialisme
industrialisme
irrationalisme
néolibéralisme
structuralisme
biculturalisme
néocapitalisme
individualisme
conceptualisme
préraphaélisme
monométallisme

antialcoolisme
non-conformisme
servomécanisme
républicanisme
panafricanisme
micro-organisme
voltairianisme
malthusianisme
indéterminisme
alexandrinisme
précisionnisme
expansionnisme
diffusionnisme
confusionnisme
déviationnisme
isolationnisme
situationnisme
réductionnisme
abolitionnisme
intuitionnisme
évolutionnisme
dodécaphonisme
saint-simonisme
postmodernisme
anticommunisme
eurocommunisme
postcommunisme
particularisme
euroterrorisme
sociocentrisme
héliocentrisme
ethnocentrisme
technocratisme
aristocratisme
chimiotactisme
thermotactisme
analphabétisme
paramagnétisme
cosmopolitisme
flamingantisme
protestantisme
néopositivisme
freudo-marxisme
pseudomembrane
ferromolybdène
toxicomanogène
pneumallergène
Sainte-Sigolène
dinitrotoluène
Grande-Bretagne
Bain-de-Bretagne
nord-américaine
afro-américaine
méso-américaine
négro-africaine
interafricaine
Centrafricaine
centrafricaine
transafricaine
Normandie-Maine
Alsace-Lorraine
Seille Lorraine
métropolitaine
Doué-la-Fontaine
Pierrefontaine
méthémoglobine
oxyhémoglobine
prostaglandine
Marie Madeleine
Nogent-sur-Seine
Épinay-sur-Seine
nucléoprotéine
scléroprotéine
hétéroprotéine
gonadotrophine
somatotrophine
autodiscipline
gammaglobuline
macroglobuline
benzodiazépine
anti-sous-marine
nitroglycérine
phycoérythrine
céphalosporine
noramidopyrine
arrière-cuisine
arrière-cousine
Milly-Lamartine
Marie-Christine
chlorpromazine
Van de Woestijne
poussette-canne
antipaludéenne
Parthénopéenne
indo-européenne
guadeloupéenne
précolombienne
hydraulicienne
obstétricienne
géophysicienne
automaticienne
syntacticienne
dialecticienne
énergéticienne

14

stylisticienne
statisticienne
nécromancienne
chiromancienne
oniromancienne
cartomancienne
languedocienne
non-euclidienne
arachnoïdienne
antiacridienne
hollywoodienne
épiscopalienne
mésopotamienne
intracrânienne
triathlonienne
lacédémonienne
parkinsonienne
néanthropienne
antécambrienne
antivénérienne
sphinctérienne
presbytérienne
phylloxérienne
finno-ougrienne
baudelairienne
thermidorienne
préhistorienne
sauveterrienne
singapourienne
austronésienne
levalloisienne
tardenoisienne
hallstattienne
terre-neuvienne
antédiluvienne
Billaud-Varenne
nicaraguayenne
présélectionné
perquisitionné
malintentionné
déconventionné
décongestionné
fransquillonné
Château-d'Olonne
Tonnay-Boutonne
Chalon-sur-Saône
monocotylédone
radiotéléphone
Chasse-sur-Rhône
Bouches-du-Rhône
héliosynchrone
hydrocortisone
phénylbutazone
Vaires-sur-Marne
Champs-sur-Marne
Nogent-sur-Marne
chaland-citerne
Lenoir-Dufresne
Vailly-sur-Aisne
Mariánské Lázně
Rillieux-la-Pape
monnaies-du-pape
Fanfan la Tulipe
radiotélescope
oesophagoscope
pithécanthrope
Saint-Jean-d'Acre
maître-cylindre
Arpajon-sur-Cère
contrebandière
Pierre-Buffière
inhospitalière
Roche-la-Molière
parapétrolière
gentilhommière
Grande Barrière
gardes-barrière
manufacturière
cache-brassière
cache-poussière
banqueroutière
porte-étrivière
Aubigny-sur-Nère
Romans-sur-Isère
galvanocautère
électrocautère
bibliothécaire
bihebdomadaire
intranucléaire
Saint-Porchaire
chirographaire
interglaciaire
semi-auxiliaire
interstellaire
sous-maxillaire
multitubulaire
appendiculaire
binauriculaire
multiloculaire
demi-circulaire
semi-circulaire
grand-angulaire
quadrangulaire
sous-scapulaire

quinquagénaire
cinquantenaire
extraordinaire
infraliminaire
génito-urinaire
démissionnaire
réclusionnaire
probationnaire
réceptionnaire
paralittéraire
microglossaire
domiciliataire
copropriétaire
nu-propriétaire
sous-prolétaire
sous-secrétaire
phytosanitaire
entrepositaire
Ferney-Voltaire
préélémentaire
complémentaire
supplémentaire
instrumentaire
érythrocytaire
compromissoire
interrogatoire
blasphématoire
hallucinatoire
postopératoire
superfétatoire
contradictoire
Sainte-Victoire
interlocutoire
Caluire-et-Cuire
Torigni-sur-Vire
polyplacophore
Gui de Dampierre
Crans-sur-Sierre
antipsychiatre
pédopsychiatre
fréquencemètre
radioaltimètre
sitogoniomètre
géothermomètre
interféromètre
millivoltmètre
bonnet-de-prêtre
quartier-maître
contre-la-montre
bracelet-montre
homme-orchestre
supraterrestre
extraterrestre
sous-administré
sous-préfecture
digitopuncture
infrastructure
microstructure
superstructure
céréaliculture
capilliculture
salmoniculture
trypanosomiase
schistosomiase
ankylostomiase
cholinestérase
oxydoréductase
nucléosynthèse
chimiosynthèse
ferromanganèse
parthénogenèse
anthropogenèse
spermatogenèse
Termini Imerese
électrophorèse
garde-française
Union française
Bois-de-la-Chaise
Cirey-sur-Blaise
Sèvre Niortaise
sous-médicalisé
grammaticalisé
fonctionnalisé
désaisonnalisé
dépersonnalisé
contractualisé
imperméabilisé
responsabilisé
respectabilisé
déchristianisé
rechristianisé
antibourgeoise
valenciennoise
fonctionnarisé
polytraumatisé
décollectivisé
thermopropulsé
coupons-réponse
épidermomycose
cardiothyréose
nitrocellulose
acétocellulose
hypovitaminose
ostéochondrose

4 athérosclérose
hémochromatose
agranulocytose
Saint-John Perse
Wilhelmstrasse
grande-duchesse
Pierre-de-Bresse
codemanderesse
turbocompressé
Nouvelle-Écosse
hauts-de-chausse
cauchemardeuse
désavantageuse
consciencieuse
antireligieuse
superstitieuse
broussailleuse
discutailleuse
scribouilleuse
Villers-Semeuse
libéro-ligneuse
cartilagineuse
sélectionneuse
conditionneuse
photostoppeuse
anticancéreuse
chronométreuse
malencontreuse
interclasseuse
applaudisseuse
dégauchisseuse
renchérisseuse
érysipélateuse
myxoedémateuse
emphysémateuse
carcinomateuse
médicamenteuse
complimenteuse
caoutchouteuse
pronostiqueuse
irrespectueuse
difficultueuse
électrodialyse
superphosphate
hydrocarbonate
multipropriété
porphyrogénète
bioélectricité
inauthenticité
psychorigidité
Arabie Saoudite
grammaticalité
territorialité
substantialité
fonctionnalité
impersonnalité
extensionalité
sentimentalité
continentalité
intersexualité
irrévocabilité
imperméabilité
appréciabilité
dissociabilité
falsifiabilité
satisfiabilité
contrôlabilité
inflammabilité
inaiiénabilité
désidérabilité
inaltérabilité
démontrabilité
responsabilité
inopposabilité
rétractabilité
respectabilité
inexcitabilité
exploitabilité
irréfutabilité
irrecevabilité
incoercibilité
putrescibilité
réfrangibilité
infaillibilité
indivisibilité
successibilité
perfectibilité
prédictibilité
conductibilité
productibilité
perceptibilité
susceptibilité
convertibilité
suggestibilité
combustibilité
ville-satellite
cinéthéodolite
bernard-l'ermite
Tristan L'Ermite
gastro-entérite
hépatonéphrite
micrométéorite
dermatomyosite
non-directivité

improductivité
intransitivité
séropositivité
hyperémotivité
distributivité
Avesnes-le-Comte
condescendante
correspondante
intransigeante
Cabrera Infante
époustouflante
anticoagulante
coparticipante
abracadabrante
cobelligérante
autosuffisante
culpabilisante
déstabilisante
sensibilisante
infantilisante
cristallisante
déshumanisante
antiémétisante
inintéressante
reconnaissante
assourdissante
réfléchissante
affaiblissante
attendrissante
ressortissante
toute-puissante
cocontractante
désincrustante
non-combattante
compromettante
prédélinquante
reconstituante
autonettoyante
préadolescente
vice-présidente
inintelligente
Tonnay-Charente
grandiloquente
Caumont-l'Éventé
Castel del Monte
Góngora y Argote
Pinochet Ugarte
hélitransporté
aérotransporté
encyclopédiste
laryngologiste
allergologiste
ornithologiste
criminologiste
météorologiste
stomatologiste
dermatologiste
herpétologiste
véliplanchiste
sadomasochiste
catastrophiste
non-spécialiste
irrationaliste
structuraliste
néocapitaliste
occidentaliste
documentaliste
individualiste
ultraroyaliste
monométalliste
violoncelliste
non-conformiste
prévisionniste
expansionniste
ascensionniste
excursionniste
sécessionniste
diffusionniste
déviationniste
déflationniste
inflationniste
isolationniste
situationniste
réductionniste
abolitionniste
nutritionniste
réceptionniste
évolutionniste
dodécaphoniste
feuilletoniste
anticommuniste
eurocommuniste
postcommuniste
particulariste
documentariste
antiterroriste
cyclomotoriste
conjoncturiste
radiesthésiste
controversiste
contrebassiste
instrumentiste
contrapontiste
contrapuntiste

14

contrepartiste
marionnettiste
prospectiviste
néopositiviste
porte-serviette
grassouillette
croquignolette
saperlipopette
entourloupette
porte-cigarette
pieds-d'alouette
presse-raquette
Grande-Roquette
bébé-éprouvette
Bures-sur-Yvette
Esch-sur-Alzette
Reine-Charlotte
ergothérapeute
Cocottes-Minute
Saint-Hippolyte
Hartmann von Aue
pailles-en-queue
phénoménologue
endocrinologue
byzantinologue
intracardiaque
toxicomaniaque
mégalomaniaque
hypersomniaque
hypocondriaque
Christian-Jaque
tchécoslovaque
cassettothèque
ouralo-altaïque
photovoltaïque
décasyllabique
parisyllabique
monosyllabique
octosyllabique
polysyllabique
orthorhombique
clinorhombique
encyclopédique
polypeptidique
substantifique
bathypélagique
blennorragique
préstratégique
amphibologique
méthodologique
phraséologique
ornithologique
volcanologique
vulcanologique
terminologique
cancérologique
météorologique
eschatologique
climatologique
rhumatologique
herpétologique
antiallergique
hypoallergique
dopaminergique
chorégraphique
calligraphique
discographique
paléographique
lithographique
orthographique
hagiographique
cosmographique
scénographique
sténographique
ethnographique
iconographique
phonographique
pornographique
macrographique
micrographique
hydrographique
pétrographique
pictographique
photographique
cartographique
hypertrophique
catastrophique
hiéroglyphique
chalcolithique
sidérolithique
intervocalique
diencéphalique
hétérocyclique
pantagruélique
spasmophilique
antivariolique
antialcoolique
hypothalamique
arabo-islamique
hydrodynamique
vitrocéramique
stéréochimique
thermochimique
antiéconomique

protoplasmique
schizothymique
hydromécanique
photomécanique
interocéanique
transocéanique
paléobotanique
neurasthénique
antihygiénique
radiotechnique
mnémotechnique
microtechnique
tuberculinique
antimaçonnique
dodécaphonique
stéréophonique
anticyclonique
philharmonique
amphictyonique
soit-communiqué
anthropozoïque
stroboscopique
stéréoscopique
misanthropique
tellurhydrique
lithosphérique
alphanumérique
audionumérique
calorimétrique
stéréométrique
psychométrique
fluviométrique
pluviométrique
dynamométrique
thermométrique
chronométrique
antisymétrique
héliocentrique
ethnocentrique
catadioptrique
thiosulfurique
pyrosulfurique
palingénésique
psychophysique
paléoasiatique
mélodramatique
exanthématique
paradigmatique
anastigmatique
anagrammatique
épigrammatique
programmatique
panchromatique
isochromatique
empyreumatique
phallocratique
technocratique
aristocratique
ploutocratique
bureaucratique
thermostatique
anaphylactique
prophylactique
indole-acétique
Indo-Gangétique
bioénergétique
leucopoïétique
antisoviétique
phylogénétique
paramagnétique
gyromagnétique
salidiurétique
antidiurétique
antirachitique
psychocritique
postromantique
contrapuntique
prépsychotique
psycholeptique
organoleptique
magnéto-optique
Ecclésiastique
ecclésiastique
diploblastique
viscoélastique
viscoplastique
superplastique
paraphrastique
périphrastique
holophrastique
journalistique
monopolistique
hypocoristique
chrématistique
géostatistique
pharmaceutique
fibrinolytique
électrolytique
Nouveau-Mexique
vaudevillesque
charlatanesque
multiplicative
socio-éducative
récapitulative

14

conglutinative
administrative
interprétative
représentative
contrarotative
autocorrective
proprioceptive
médico-sportive
Bagnols-sur-Cèze
Bois-de-la-Chaize
Jaques-Dalcroze
Droste-Hülshoff
incompréhensif
antéprédicatif
électronégatif
neurovégétatif
anticommutatif
psychoaffectif
intersubjectif
électropositif
langues-de-boeuf
Springer Verlag
Che-kia-tchouang
Houang Kong-wang
Bade-Wurtemberg
Heist-op-den-Berg
Neubrandenburg
Klosterneuburg
Iekaterinbourg
Latour Maubourg
action research
'S-Hertogenbosch
François-Joseph
Reine-Élisabeth
Léonard de Vinci
Jacopone da Todi
Medici-Riccardi
Tcherrapoundji
Kinoshita Junji
Toukhatchevski
Tchernychevski
Harunobu Suzuki
Tiruchirapalli
embrouillamini
Dimitri Donskoï
Dante Alighieri
Tchicaya U Tam'si
Unkiar-Skelessi
lacrima-christi
Van Leeuwenhoek
Greenfield Park
Novotcherkassk
Ivano-Frankovsk
extrapyramidal
archiépiscopal
intervertébral
scapulo-huméral
Zorrilla y Moral
adiposo-génital
transcendantal
gouvernemental
comportemental
suprasegmental
épicontinental
tricontinental
negro spiritual
queues-de-cheval
circonstanciel
extrasensoriel
postindustriel
protubérantiel
consubstantiel
interférentiel
transfusionnel
corrélationnel
informationnel
gravitationnel
interactionnel
transactionnel
juridictionnel
trifonctionnel
inconditionnel
prépositionnel
propositionnel
institutionnel
interpersonnel
spatio-temporel
Victor-Emmanuel
Moissy-Cramayel
médecin-conseil
Prévost-Paradol
Marcq-en-Baroeul
Rio Grande do Sul
Vishakhapatnam
Cholem Aleichem
Montaigu-Zichem
sweating-system
cuproaluminium
baluchitherium
Schola cantorum
Ūthmān ibn 'Affān
Khatchatourian
Savoie-Carignan
Donaueschingen

Geraardsbergen
aristotélicien
télémécanicien
pyrotechnicien
polytechnicien
néoplatonicien
économétricien
astrophysicien
chiropraticien
cytogénéticien
péripatéticien
Château-Porcien
franco-canadien
parathyroïdien
antithyroïdien
villafranchien
chlorophyllien
nord-vietnamien
deutérostomien
paléanthropien
archanthropien
néogrammairien
protohistorien
transcaucasien
social-chrétien
Saint-Sébastien
Tcheou-k'eou-tien
Dour-Sharroukên
Recklinghausen
Recklinghausen
Grimmelshausen
Yang Chang-k'ouen
anglo-américain
interaméricain
centraméricain
Châteauvillain
montpelliérain
passe-tout-grain
archidiocésain
barbe-de-capucin
Soultz-Haut-Rhin
holocristallin
Saint-Marcellin
saint-marcellin
Brillat-Savarin
Castelsarrasin
Saint-Florentin
saint-florentin
Saint-Berthevin
Taxco de Alarcón
Rostov-sur-le-Don
coeurs-de-pigeon
Saint-Pol-de-Léon
queues-de-cochon
Gémiste Pléthon
péritélévision
autopropulsion
électroérosion
téléimpression
surcompression
bouton-pression
sous-commission
retransmission
radiodiffusion
désapprobation
automédication
solidification
humidification
fluidification
simplification
ammonification
saponification
éthérification
estérification
classification
stratification
sanctification
fructification
quantification
identification
plastification
revivification
dénazification
eutrophication
multiplication
préfabrication
sophistication
démoustication
biodégradation
rétrogradation
recommandation
euro-obligation
centrifugation
intermédiation
réconciliation
automutilation
réinstallation
interpellation
défibrillation
coarticulation
autorégulation
récapitulation
sous-estimation
désinformation

14

transformation
désoxygénation
incoordination
discrimination
prédestination
conglutination
désincarnation
concélébration
conglomération
rédintégration
désintégration
transmigration
autocastration
défenestration
administration
finlandisation
shérardisation
idéologisation
eutrophisation
néolithisation
radicalisation
médicalisation
lexicalisation
délocalisation
spécialisation
mondialisation
spatialisation
initialisation
décimalisation
minimalisation
optimalisation
maximalisation
dépénalisation
nominalisation
libéralisation
généralisation
minéralisation
latéralisation
démoralisation
centralisation
neutralisation
naturalisation
dénasalisation
palatalisation
capitalisation
revitalisation
chaptalisation
mensualisation
évangélisation
caramélisation
démobilisation
immobilisation
solubilisation
lyophilisation
dévirilisation
volatilisation
tyndallisation
parcellisation
cartellisation
monopolisation
dénébulisation
autonomisation
uniformisation
africanisation
réorganisation
inorganisation
printanisation
kératinisation
polygonisation
décolonisation
fraternisation
nucléarisation
tertiarisation
dépolarisation
bipolarisation
sécularisation
régularisation
popularisation
titularisation
monétarisation
militarisation
polymérisation
catégorisation
dévalorisation
revalorisation
insonorisation
thésaurisation
pasteurisation
pressurisation
schématisation
télématisation
stigmatisation
axiomatisation
automatisation
désétatisation
démonétisation
concrétisation
graphitisation
dépolitisation
latéritisation
relativisation
décompensation
tergiversation
autoaccusation

vasodilatation
déshydratation
désaffectation
castramétation
interprétation
réhabilitation
autolimitation
réimplantation
désaimantation
désorientation
réglementation
dépigmentation
assermentation
représentation
transportation
sous-évaluation
insatisfaction
primo-infection
circonspection
autocorrection
science-fiction
extrême-onction
viscoréduction
oxydoréduction
autoconduction
sous-production
réintroduction
désobstruction
déconstruction
reconstruction
neurosécrétion
hypersécrétion
auto-imposition
présupposition
prédisposition
sous-exposition
proprioception
autosuggestion
postcombustion
acquit-à-caution
redistribution
circonlocution
circonvolution
non-comparution
reconstitution
interconnexion
Licinius Stolon
sceau-de-Salomon
chauffe-biberon
García Calderón
Lamotte-Beuvron
Rueil-Malmaison
Voyer d'Argenson
Girodet-Trioson
Cartier-Bresson
Kaiserslautern
Parentis-en-Born
Radcliffe-Brown
Castel Gandolfo
Tierra del Fuego
Ciudad Trujillo
Paolo Veneziano
Giovanni Pisano
Largo Caballero
Ricci-Curbastro
Vittorio Veneto
Andrea del Sarto
San Juan de Pasto
La Colle-sur-Loup
Vestmannaeyjar
Pérez de Cuellar
Székesfehérvár
La Valette-du-Var
contrebalancer
gentleman-rider
Schoendoerffer
Oehlenschläger
électroménager
Schützenberger
Schleiermacher
La Ferté-Gaucher
dédifférencier
contre-espalier
Serre-Chevalier
bougainvillier
Vincent Ferrier
pamplemoussier
Pape-Carpentier
Château-Gontier
François Xavier
débroussailler
embroussailler
désentortiller
recroqueviller
Farébersviller
Boulogne-sur-Mer
Saint-Pol-sur-Mer
Le Verdon-sur-Mer
Beauvoir-sur-Mer
Saint-Cyr-sur-Mer
Beaulieu-sur-Mer
gewurztraminer
tire-bouchonner
approvisionner

14

redimensionner
désillusionner
déconditionner
réquisitionner
manutentionner
décavaillonner
échantillonner
désidéologiser
surmédicaliser
désyndicaliser
commercialiser
dématérialiser
industrialiser
décriminaliser
dénationaliser
occidentaliser
individualiser
conceptualiser
déculpabiliser
vulnérabiliser
décrédibiliser
désensibiliser
insensibiliser
recristalliser
francophoniser
désynchroniser
particulariser
revasculariser
transistoriser
technocratiser
bureaucratiser
maîtres-à-danser
interconnecter
court-circuiter
compartimenter
emberlificoter
Wilhelm Meister
New Westminster
contre-attaquer
contre-indiquer
La Mothe Le Vayer
El-Marsa El-Kébir
entr'apercevoir
roche-réservoir
wagon-réservoir
Soorts-Hossegor
Nabuchodonosor
nabuchodonosor
désurchauffeur
resurchauffeur
croque-monsieur
carambouilleur
tripatouilleur
souffre-douleur
transconteneur
confectionneur
collectionneur
sous-gouverneur
dénicotiniseur
autopropulseur
aérocondenseur
photocomposeur
martin-chasseur
monoprocesseur
antidépresseur
désapprobateur
humidificateur
simplificateur
classificateur
sanctificateur
quantificateur
identificateur
multiplicateur
cache-radiateur
neuromédiateur
interpellateur
défibrillateur
autorégulateur
monochromateur
désinformateur
transformateur
accompagnateur
mini-ordinateur
multivibrateur
aérogénérateur
administrateur
généralisateur
minéralisateur
démoralisateur
centralisateur
évangélisateur
démobilisateur
monopolisateur
réorganisateur
autoaccusateur
vasodilatateur
téléspectateur
autoexcitateur
quadriréacteur
semi-conducteur
cryoconducteur
capilliculteur
radiorécepteur
chémorécepteur

photorécepteur
propriocepteur
bourse-à-pasteur
peintre-graveur
bonheurs-du-jour
Sint-Gillis-Waas
Ammonios Saccas
hépatopancréas
Château-Queyras
judéo-allemands
ouest-allemands
La Chaux-de-Fonds
porte-brancards
porte-étendards
colin-maillards
attrape-nigauds
poissons-globes
libres-services
sous-traitances
bandes-annonces
Anglo-Normandes
anglo-normandes
timbres-amendes
contre-plongées
semi-chenillées
fémoro-cutanées
Hautes-Pyrénées
arrière-pensées
Stockton-on-Tees
moyens-métrages
courts-métrages
libres-échanges
capsules-congés
factures-congés
rhino-pharyngés
Thaon-les-Vosges
Olympe de Gouges
Carroz-d'Arâches
doubles-croches
arrière-bouches
attrape-mouches
oiseaux-mouches
bateaux-mouches
sous-refroidies
talkies-walkies
physico-chimies
Provinces-Unies
forêts-galeries
cross-countries
agro-industries
chartes-parties
sadiques-anales
semi-perméables
Horatius Cocles
plaques-modèles
Méphistophélès
Prince-de-Galles
prince-de-galles
pare-étincelles
Longué-Jumelles
mesdemoiselles
cartons-pailles
perce-murailles
vide-bouteilles
demi-bouteilles
belles-familles
lance-torpilles
quatre-feuilles
porte-aiguilles
lamellés-collés
Champigneulles
contre-exemples
points-virgules
Henley-on-Thames
Alpes-Maritimes
lois-programmes
sous-programmes
semi-nomadismes
tiers-mondismes
avant-gardismes
autos-caravanes
passe-montagnes
sud-américaines
nord-africaines
sino-tibétaines
croque-mitaines
contre-hermines
Marles-les-Mines
Douchy-les-Mines
cristes-marines
saint-cyriennes
wagons-citernes
avions-citernes
fourgons-pompes
chausse-trappes
sous-développés
blocs-cylindres
Pleine-Fougères
Thorens-Glières
avant-premières
porte-bannières
avant-dernières
sous-ventrières
gardes-rivières

14

stéréo-isomères
nivo-glaciaires
sous-glaciaires
sus-maxillaires
sous-locataires
sous-orbitaires
bucco-dentaires
conquistadores
Josquin Des Prés
cartons-pierres
contre-fenêtres
portes-fenêtres
papiers-filtres
mandats-lettres
cartons-feutres
crayons-feutres
contre-cultures
néo-hébridaises
néo-zélandaises
chassés-croisés
franc-comtoises
cartes-réponses
cypho-scolioses
électro-osmoses
filtres-presses
châssis-presses
sous-maîtresses
tiroirs-caisses
haut-de-chausses
Grandes Rousses
auto-stoppeuses
strip-teaseuses
pique-niqueuses
micros-cravates
contre-sociétés
nues-propriétés
contre-enquêtes
disponibilités
dacryo-adénites
sous-dominantes
Goya y Lucientes
Aguascalientes
bateaux-pilotes
tiers-mondistes
avant-gardistes
demi-finalistes
choux-palmistes
semi-grossistes
autocouchettes
ramasse-miettes
pique-assiettes
épines-vinettes
casse-noisettes
sourdes-muettes
demi-pirouettes
lance-roquettes
dons Quichottes
gaines-culottes
barrages-voûtes
rhythm and blues
abaisse-langues
contre-attaques
comptes-chèques
contre-indiqués
opéras-comiques
intra-atomiques
afro-asiatiques
Port-des-Barques
Estienne d'Orves
contre-épreuves
adjudants-chefs
socio-éducatifs
médico-sportifs
franco-français
voitures-balais
azerbaïdjanais
villeurbannais
roussillonnais
L'Île-Saint-Denis
Collot d'Herbois
Aulnay-sous-Bois
Clichy-sous-Bois
wurtembergeois
franc-bourgeois
luxembourgeois
strasbourgeois
petit-bourgeois
Ligny-en-Barrois
pretium doloris
Machado de Assis
Castro y Bellvís
starting-blocks
phénobarbitals
foeto-maternels
machines-outils
Le Bourg-d'Oisans
Julio-Claudiens
afro-brésiliens
sud-vietnamiens
néo-calédoniens
saint-simoniens
judéo-chrétiens
Loison-sous-Lens
Loèche-les-Bains

14

Amélie-les-Bains
Molitg-les-Bains
Sierck-les-Bains
Thonon-les-Bains
Brides-les-Bains
Rennes-les-Bains
Salins-les-Bains
Vernet-les-Bains
Gréoux-les-Bains
nord- américains
afro-américains
méso-américains
négro-africains
anti-sous-marins
gardes-magasins
roches-magasins
arrière-cousins
pérégrinations
précipitations
toxi-infections
auto-infections
self-inductions
auto-inductions
sous-nutritions
marteaux-pilons
taupes-grillons
arrière-saisons
Cornelius Nepos
Martínez Campos
Mavrokordhátos
Dupetit-Thouars
sous-brigadiers
protège-cahiers
Lacaze-Duthiers
moyen-courriers
court-courriers
Pavillons-Noirs
villes-dortoirs
bateaux-lavoirs
contre-pouvoirs
tambours-majors
sergents-majors
accroche-coeurs
arrière-choeurs
sous-acquéreurs
libres-penseurs
tour-opérateurs
sous-directeurs
sensori-moteurs
aspiro-batteurs
faux-monnayeurs
herbes-aux-chats
sabres-briquets
courts-circuits
aides-soignants
contre-courants
Vieux-Habitants
vice-présidents
renseignements
arcs-boutements
porte-documents
sous-continents
Albinus Flaccus
Servius Tullius
Marcus Antonius
Furius Camillus
cheveux-de-Vénus
numerus clausus
Dammarie-les-Lys
fonctionnariat
interprétariat
archiépiscopat
Labastide-Murat
Sarah Bernhardt
montre-bracelet
Mouton-Duvernet
Clohars-Carnoët
La Motte-Picquet
bec-de-perroquet
Vermeer de Delft
plus-que-parfait
Oldenbarnevelt
Château-Renault
décontenançant
télécommandant
interdépendant
superintendant
désavantageant
désurchauffant
resurchauffant
déshumidifiant
autolubrifiant
calligraphiant
lithographiant
orthographiant
radiographiant
sténographiant
reprographiant
photographiant
cartographiant
hypertrophiant
hypoglycémiant
désensorcelant
emmouscaillant

14

débarbouillant
embarbouillant
déverrouillant
tripatouillant
tintinnabulant
enthousiasmant
désaccoutumant
déshydrogénant
sous-lieutenant
prédéterminant
surdéterminant
décapuchonnant
encapuchonnant
endivisionnant
convulsionnant
contorsionnant
impressionnant
commissionnant
soumissionnant
confectionnant
perfectionnant
collectionnant
repositionnant
subventionnant
conventionnant
proportionnant
suggestionnant
congestionnant
précautionnant
révolutionnant
tourbillonnant
étrésillonnant
écouvillonnant
déchaperonnant
paillassonnant
rempoissonnant
petit-déjeunant
magnétoscopant
désenveloppant
déséquilibrant
désincarcérant
non-belligérant
immunotolérant
antidéflagrant
entre-déchirant
interpénétrant
réenregistrant
supercarburant
carbonitrurant
villégiaturant
architecturant
insatisfaisant
métamorphisant
démédicalisant
potentialisant
personnalisant
municipalisant
déminéralisant
décentralisant
dénaturalisant
universalisant
décapitalisant
spiritualisant
malléabilisant
comptabilisant
insolubilisant
tranquillisant
christianisant
dénicotinisant
embourgeoisant
désolidarisant
dénucléarisant
parcellarisant
démilitarisant
remilitarisant
containérisant
accessoirisant
psychiatrisant
conteneurisant
dépressurisant
mithridatisant
anathématisant
désinsectisant
conscientisant
réintroduisant
désambiguïsant
déconstruisant
reconstruisant
collectivisant
métamorphosant
photocomposant
désintéressant
raccourcissant
resplendissant
abasourdissant
rafraîchissant
défraîchissant
reblanchissant
affranchissant
préétablissant
appesantissant
rappointissant
réassortissant
réinvestissant

assujettissant
radiodiffusant
psychanalysant
sous-exploitant
antiparasitant
déréglementant
sous-alimentant
photorésistant
retransmettant
contreplaquant
contre-braquant
diagnostiquant
désintoxiquant
contremarquant
entr'apercevant
entrapercevant
retranscrivant
phosphorescent
étoiles-d'argent
boutons-d'argent
inefficacement
subrepticement
préfinancement
ordonnancement
recommencement
sous-amendement
raccommodement
transbordement
téléchargement
pleurnichement
effarouchement
rejointoiement
triomphalement
adverbialement
collégialement
impartialement
artisanalement
principalement
bilatéralement
diamétralement
magistralement
paradoxalement
implacablement
impeccablement
formidablement
indéniablement
invariablement
insatiablement
convenablement
abominablement
préférablement
déplorablement
inexorablement
désensablement
inlassablement
charitablement
inévitablement
lamentablement
détestablement
redoutablement
incroyablement
effroyablement
invinciblement
insensiblement
ostensiblement
impassiblement
inflexiblement
boursouflement
encorbellement
ensorcellement
officiellement
matériellement
originellement
criminellement
solennellement
maternellement
paternellement
corporellement
culturellement
ponctuellement
habituellement
éventuellement
renouvellement
encanaillement
tressaillement
ravitaillement
ensoleillement
appareillement
émerveillement
entortillement
bredouillement
gargouillement
agenouillement
débrouillement
embrouillement
chatouillement
tranquillement
sous-peuplement
illégitimement
instantanément
accompagnement
souverainement
endoctrinement
tambourinement

14

emmagasinement
enquiquinement
chrétiennement
bourgeonnement
déplafonnement
fractionnement
fonctionnement
positionnement
questionnement
alluvionnement
papillonnement
carillonnement
bouillonnement
déboulonnement
découronnement
arraisonnement
assaisonnement
empoisonnement
emprisonnement
chantournement
sous-équipement
Saint-Sacrement
désencadrement
mensongèrement
financièrement
singulièrement
secondairement
judiciairement
fiduciairement
auxiliairement
pécuniairement
exemplairement
circulairement
originairement
débonnairement
littérairement
temporairement
arbitrairement
nécessairement
planétairement
volontairement
statutairement
provisoirement
accessoirement
exécutoirement
enchevêtrement
enregistrement
inférieurement
supérieurement
ultérieurement
antérieurement
intérieurement
extérieurement
bourgeoisement
entretoisement
apprivoisement
bouleversement
rétrécissement
endurcissement
radoucissement
attiédissement
enlaidissement
agrandissement
rebondissement
arrondissement
alourdissement
étourdissement
enrichissement
blanchissement
franchissement
rétablissement
ennoblissement
ameublissement
embellissement
vieillissement
ramollissement
affermissement
endormissement
assainissement
racornissement
rajeunissement
assoupissement
enchérissement
amaigrissement
équarrissement
atterrissement
épaississement
anéantissement
ralentissement
retentissement
divertissement
investissement
alanguissement
épanouissement
évanouissement
asservissement
assouvissement
éclaboussement
outrageusement
courageusement
audacieusement
judicieusement
officieusement
malicieusement

délicieusement
astucieusement
insidieusement
mélodieusement
religieusement
ingénieusement
impérieusement
laborieusement
injurieusement
facétieusement
ambitieusement
minutieusement
périlleusement
crapuleusement
doucereusement
dangereusement
traîtreusement
valeureusement
rigoureusement
vigoureusement
savoureusement
paresseusement
fructueusement
impétueusement
somptueusement
indélicatement
incorrectement
incomplètement
malhonnêtement
indiscrètement
imparfaitement
télétraitement
maladroitement
mécontentement
emmaillotement
surendettement
désendettement
douillettement
contrebutement
froufroutement
sporadiquement
méthodiquement
périodiquement
épisodiquement
spécifiquement
magnifiquement
analogiquement
écologiquement
géologiquement
anarchiquement
diaboliquement
symboliquement
catholiquement
académiquement
économiquement
anatomiquement
hygiéniquement
tyranniquement
sardoniquement
euphoniquement
harmoniquement
diatoniquement
platoniquement
algébriquement
historiquement
électriquement
symétriquement
emphatiquement
dramatiquement
dogmatiquement
hiératiquement
didactiquement
pathétiquement
esthétiquement
hermétiquement
frénétiquement
phonétiquement
jésuitiquement
sémantiquement
despotiquement
elliptiquement
artistiquement
analytiquement
réciproquement
désenclavement
convulsivement
successivement
expressivement
cumulativement
nominativement
impérativement
admirativement
péjorativement
dubitativement
subjectivement
collectivement
respectivement
expéditivement
définitivement
transitivement
préventivement
exhaustivement
désassortiment
indépendamment

14

surabondamment
complaisamment
insuffisamment
languissamment
précipitamment
intelligemment
inconsciemment
indifféremment
self-government
brûle-pourpoint
Élie de Beaumont
Buttes-Chaumont
Rougon-Macquart
Boisguillebert
Compton-Burnett
Almeida Garrett
Laroque-Timbaut
wagon-tombereau
sous-arbrisseau
Solre-le-Château
Anizy-le-Château
arrière-cerveau
Fischer-Dieskau
Nguyên Van Thiêu
Ngeou-yang Sieou
Sseu-ma Siang-jou
Nogent-le-Rotrou
Boucourechliev
Rimski-Korsakov
Flushing Meadow
grasping-reflex
quatre-vingt-dix
Peisey-Nancroix
oeils-de-perdrix
intersyndicaux
intertropicaux
Caudebec-en-Caux
Fauville-en-Caux
hypocycloïdaux
Huon de Bordeaux
navires-jumeaux
hauts-fourneaux
Challes-les-Eaux
Pougues-les-Eaux
Château-Margaux
extraconjugaux
maxillo-faciaux
subéquatoriaux
réquisitoriaux
inquisitoriaux
quadragésimaux
infinitésimaux
électrodermaux
cérébro-spinaux
confessionnaux
interrégionaux
septentrionaux
supranationaux
multinationaux
internationaux
transnationaux
intercommunaux
quadrilatéraux
controlatéraux
architecturaux
arrière-vassaux
pro-occidentaux
proche-orientaux
moyen-orientaux
départementaux
irrévérencieux
miséricordieux
toxi-infectieux
précautionneux
parenchymateux
vasculo-nerveux
Illiers-Combray
Destutt de Tracy
Clive de Plassey
Tchernikhovsky
Barclay de Tolly
Rémire-Montjoly
Hersin-Coupigny
Guyon du Chesnoy
Château-Thierry
Pelletier-Doisy
Saint-Benin-d'Azy
Castelnau-le-Lez
Jalapa Enríquez
Rheinland-Pfalz
Ressons-sur-Matz
Moulins-lès-Metz
Saint-Jean-de-Luz

Československo,
Menzel-Bourguiba
acétylcoenzyme A
Severnaïa Zemlia
sedia gestatoria
Barrancabermeja
Trujillo y Molina
Pietro da Cortona
Menenius Agrippa
Méhallet el-Kobra
Torre Annunziata
Santa Fe de Bogotá
San José de Cúcuta
Moravská Ostrava
Barère de Vieuzac
Toulouse-Lautrec
Adolphe-Frédéric
radiodiagnostic
Guatemala Ciudad
La Rochefoucauld
Sainte-Menehould
Randstad Holland
Jumilhac-le-Grand
Sennecey-le-Grand
Clermont-Ferrand
Schwäbisch Gmünd
Saint-Jean-du-Gard
Château-Gaillard
intramontagnard
quarante-huitard
soixante-huitard
Collet-d'Allevard
curriculum vitae
désapprobatrice
simplificatrice
classificatrice
sanctificatrice
multiplicatrice
interpellatrice
autorégulatrice
désinformatrice
transformatrice
accompagnatrice
administratrice
généralisatrice
minéralisatrice
démoralisatrice
centralisatrice
évangélisatrice
démobilisatrice
monopolisatrice
réorganisatrice
autoaccusatrice
vasodilatatrice
téléspectatrice
autoexcitatrice
semi-conductrice
cryoconductrice
capillicultrice
chémoréceptrice
České Budějovice
stations-service
interdépendance
invraisemblance
désaccoutumance
télémaintenance
non-belligérance
location-gérance
contre-assurance
autosubsistance
radiorésistance
timbre-quittance
bioluminescence
phosphorescence
mésintelligence
Bourg-lès-Valence
vidéoconférence
audioconférence
visioconférence
Salon-de-Provence
Orgères-en-Beauce
Saincaize-Meauce
Nouvelle-Grenade
parallélépipède
glucocorticoïde
corticostéroïde
Nouvelle-Zélande
Beaune-la-Rolande
Nouvelle-Irlande
Chauveau-Lagarde
Montlieu-la-Garde
trans-avant-garde
franchouillarde
hydrocharidacée
hippocastanacée
spanioménorrhée
multiprogrammée
malintentionnée

15

Doudart de Lagrée
sous-administrée
sous-médicalisée
polytraumatisée
thermopropulsée
turbocompressée
hélitransportée
aérotransportée
débroussaillage
échantillonnage
compartimentage
donation-partage
Marange-Silvange
serviette-éponge
Brétigny-sur-Orge
Vidal de La Blache
Montagne Blanche
Ouzouer-le-Marché
cristallographe
La Suze-sur-Sarthe
La Châtaigneraie
cristallomancie
psychopédagogie
parapsychologie
métapsychologie
phytopathologie
électrobiologie
macrosociologie
microsociologie
phytosociologie
neuroradiologie
anesthésiologie
bioclimatologie
symptomatologie
paléohistologie
psychochirurgie
paléogéographie
phytogéographie
dysorthographie
historiographie
échotomographie
neutronographie
coronarographie
cinématographie
chromatographie
trajectographie
Madeleine-Sophie
encéphalopathie
cardiomyopathie
oligodendroglie
pharmacodynamie
cholestérolémie
afibrinogénémie
cristallochimie
radioastronomie
radarastronomie
appendicectomie
clitoridectomie
pancréatectomie
commissurotomie
magnésiothermie
Souabe-Franconie
radiotéléphonie
basse-Californie
corticothérapie
antibiothérapie
oxygénothérapie
vaccinothérapie
hormonothérapie
électrothérapie
climatothérapie
cobaltothérapie
gestalt-thérapie
Marguerite-Marie
Pont-Sainte-Marie
Port-Sainte-Marie
hypochlorhydrie
Nouvelle-Sibérie
radiomessagerie
politicaillerie
franc-maçonnerie
Esnault-Pelterie
Autriche-Hongrie
antipsychiatrie
pédopsychiatrie
photogrammétrie
géothermométrie
interférométrie
phénylcétonurie
dysembryoplasie
rachianesthésie
dyschromatopsie
Tchécoslovaquie
extrapyramidale
archiépiscopale
intervertébrale
scapulo-humérale
adiposo-génitale
transcendantale
Prusse-Orientale
gouvernementale
comportementale
suprasegmentale
épicontinentale

15

tricontinentale
interchangeable
irréconciliable
invraisemblable
indébrouillable
impressionnable
indéboutonnable
incommensurable
inapprivoisable
métamorphosable
irrétrécissable
affranchissable
infranchissable
expert-comptable
intransportable
irrépréhensible
semi-submersible
intransmissible
inconstructible
imprescriptible
micro-intervalle
Drieu la Rochelle
Neuilly-en-Thelle
préindustrielle
tranférentielle
concurrentielle
équipotentielle
compulsionnelle
confessionnelle
professionnelle
possessionnelle
occupationnelle
antirationnelle
correctionnelle
définitionnelle
transitionnelle
oppositionnelle
conventionnelle
proportionnelle
foeto-maternelle
Crécy-la-Chapelle
extracorporelle
multiculturelle
socioculturelle
interculturelle
transculturelle
Pagny-sur-Moselle
homme-grenouille
Couve de Murville
Charles-de-Gaulle
Savigny-le-Temple
Blangy-sur-Bresle
François de Paule
Quesnoy-sur-Deûle
quatre-vingtième
soixante-dixième
ballet-pantomime
radiotélégramme
encéphalogramme
parallélogramme
électronogramme
Dion Chrysostome
photopériodisme
libre-échangisme
hétéromorphisme
néocolonialisme
substantialisme
existentialisme
occasionnalisme
fonctionnalisme
traditionalisme
monocaméralisme
fondamentalisme
sentimentalisme
transsexualisme
anticonformisme
panaméricanisme
priscillianisme
ultramontanisme
épiphénoménisme
impressionnisme
expressionnisme
perfectionnisme
collectionnisme
protectionnisme
exhibitionnisme
abstentionnisme
électrotropisme
fonctionnarisme
antimilitarisme
réglementarisme
parlementarisme
phallocentrisme
barotraumatisme
ferrimagnétisme
paléomagnétisme
ferromagnétisme
indépendantisme
indifférentisme
antipatriotisme
donquichottisme
jusqu'au-boutisme
non-directivisme
constructivisme

15

Garin de Monglane
Oradour-sur-Glane
trinitrotoluène
Nouvelle-Espagne
Maure-de-Bretagne
Montreuil-Juigné
La Tour d'Auvergne
anglo-américaine
interaméricaine
centraméricaine
Vaison-la-Romaine
montpelliéraine
archidiocésaine
Vigneux-sur-Seine
Romilly-sur-Seine
Neuilly-sur-Seine
Croissy-sur-Seine
phosphoprotéine
métalloprotéine
holocristalline
immunoglobuline
gonadostimuline
thyréostimuline
pneumopéritoine
Fabre d'Églantine
thromboplastine
méditerranéenne
transpyrénéenne
propharmacienne
zootechnicienne
électronicienne
pythagoricienne
métaphysicienne
mathématicienne
systématicienne
informaticienne
omnipraticienne
arithméticienne
cybernéticienne
rhabdomancienne
transcanadienne
néandertalienne
afro-brésilienne
Vénétie Julienne
sud-vietnamienne
transylvanienne
pennsylvanienne
cristallinienne
constantinienne
néo-calédonienne
saint-simonienne
shakespearienne
transsaharienne
paléosibérienne
phalanstérienne
péloponnésienne
judéo-chrétienne
paléochrétienne
Marche-en-Famenne
Boigny-sur-Bionne
superchampionne
réapprovisionné
disproportionné
Le Petit-Couronne
Châlons-sur-Marne
Neuilly-sur-Marne
Bagnoles-de-l'Orne
Avesnes-sur-Helpe
phénakistiscope
ultramicroscope
Soligny-la-Trappe
Pléneuf-Val-André
Cléry-Saint-André
Sévère Alexandre
Saint-Martin-de-Ré
électroménagère
champignonnière
La Galissonnière
Ozoir-la-Ferrière
course-croisière
Boué de Lapeyrère
quatre-de-chiffre
thermonucléaire
fluvio-glaciaire
extrajudiciaire
hexacoralliaire
octocoralliaire
circumstellaire
fuso-spirillaire
équimoléculaire
perpendiculaire
intramusculaire
intermusculaire
intracellulaire
pluricellulaire
multicellulaire
intercellulaire
coreligionnaire
convulsionnaire
concessionnaire
processionnaire
dépressionnaire
commissionnaire
permissionnaire

15

soumissionnaire
concussionnaire
géostationnaire
discrétionnaire
expéditionnaire
révolutionnaire
tourbillonnaire
juge-commissaire
haut-commissaire
recommandataire
extrabudgétaire
nue-propriétaire
interplanétaire
auto-immunitaire
antiautoritaire
agroalimentaire
extrastatutaire
Buckinghamshire
Ouzouer-sur-Loire
Pouilly-sur-Loire
classificatoire
identificatoire
discriminatoire
coccolithophore
organophosphoré
Constance Chlore
Mauléon-Licharre
Illustre-Théâtre
neuropsychiatre
lactodensimètre
radiogoniomètre
bonnets-de-prêtre
Juvigny-le-Tertre
circumterrestre
gélatino-bromure
arrière-voussure
cryotempérature
paralittérature
électroponcture
électropuncture
technostructure
cuniculiculture
conchyliculture
vitiviniculture
Verneuil-sur-Avre
Le Gond-Pontouvre
cristallogenèse
glycogénogenèse
Valence-sur-Baïse
franco-française
azerbaïdjanaise
villeurbannaise
roussillonnaise
débrouillardise
intellectualisé
Beaumes-de-Venise
postsynchronisé
Jeanne-Françoise
wurtembergeoise
désembourgeoisé
luxembourgeoise
strasbourgeoise
Fère-Champenoise
Beaumont-sur-Oise
François d'Assise
débureaucratisé
contre-expertise
bulletin-réponse
acétylcellulose
hypervitaminose
artériosclérose
érythroblastose
Lusigny-sur-Barse
toiture-terrasse
superforteresse
contremaîtresse
petite-maîtresse
cul-de-basse-fosse
Grégoire de Nysse
irrévérencieuse
miséricordieuse
toxi-infectieuse
Carrier-Belleuse
carambouilleuse
tripatouilleuse
confectionneuse
collectionneuse
précautionneuse
photocomposeuse
parenchymateuse
vasculo-nerveuse
aluminosilicate
social-démocrate
thrombophlébite
contre-publicité
pyroélectricité
psychomotricité
viscoélasticité
photoélasticité
viscoplasticité
superplasticité
contemporanéité
rhino-pharyngite
agrammaticalité

15

Philippe Égalité
confidentialité
intentionnalité
intellectualité
intertextualité
hétérosexualité
impraticabilité
indéformabilité
impondérabilité
invulnérabilité
impénétrabilité
manoeuvrabilité
infroissabilité
incommutabilité
transmutabilité
intelligibilité
indisponibilité
imprévisibilité
inextensibilité
irréversibilité
inaccessibilité
compressibilité
inadmissibilité
incompatibilité
indéfectibilité
irréductibilité
indissolubilité
bernard-l'hermite
Tristan L'Hermite
électroaffinité
montmorillonite
complémentarité
reine-marguerite
spondylarthrite
course-poursuite
intéroceptivité
extéroceptivité
sénatus-consulte
Fontenay-le-Comte
interdépendante
autolubrifiante
hypoglycémiante
turbosoufflante
enthousiasmante
surdéterminante
impressionnante
tourbillonnante
non-belligérante
immunotolérante
antidéflagrante
insatisfaisante
tranquillisante
resplendissante
abasourdissante
rafraîchissante
assujettissante
photorésistante
phosphorescente
semi-convergente
contre-empreinte
labyrinthodonte
Marsannay-la-Côte
Diogène de Laërte
contre-manifesté
La Barthe-de-Neste
libre-échangiste
pharmacologiste
microbiologiste
épidémiologiste
bactériologiste
épistémologiste
ophtalmologiste
anthropologiste
traumatologiste
contactologiste
paléontologiste
antimonarchiste
néocolonialiste
substantialiste
existentialiste
fonctionnaliste
traditionaliste
anticapitaliste
fondamentaliste
infaillibiliste
anticonformiste
épiphénoméniste
contorsionniste
impressionniste
expressionniste
percussionniste
populationniste
perfectionniste
projectionniste
protectionniste
exhibitionniste
abstentionniste
assomptionniste
champignonniste
antimilitariste
indépendantiste
contrepointiste
jusqu'au-boutiste
psycholinguiste

constructiviste
Frédéric-Auguste
Philippe Auguste
chauffe-assiette
débarbouillette
contre-épaulette
Marie-Antoinette
sabre-baïonnette
magnétocassette
bébés-éprouvette
Maisons-Laffitte
radiothérapeute
phytothérapeute
parapsychologue
Marsile de Padoue
cuproammoniaque
anaphrodisiaque
Fontaine-l'Évêque
tétrasyllabique
streptococcique
phosphocalcique
photopériodique
antispasmodique
interspécifique
ganglioplégique
antinévralgique
pharmacologique
épidémiologique
bactériologique
épistémologique
ophtalmologique
anthropologique
traumatologique
paléontologique
antimonarchique
gréco-bouddhique
stratigraphique
musicographique
lexicographique
stéréographique
bibliographique
mécanographique
océanographique
sélénographique
cryptographique
parasympathique
splénomégalique
intermétallique
vieux-catholique
chromodynamique
thermodynamique
physico-chimique
électrochimique
spectrochimique
socio-économique
macroéconomique
microéconomique
psychasthénique
oxyacétylénique
schizophrénique
psychotechnique
franc-maçonnique
subkilotonnique
pathognomonique
architectonique
hydrothérapique
kaléidoscopique
spectroscopique
philanthropique
monocylindrique
stratosphérique
antidiphtérique
dictionnairique
fantasmagorique
protohistorique
triboélectrique
radioélectrique
hydroélectrique
ferroélectrique
photoélectrique
piézo-électrique
sensorimétrique
trigonométrique
psychrométrique
spectrométrique
phallocentrique
pneumogastrique
éléphantiasique
paranéoplasique
tectonophysique
sociodramatique
synallagmatique
diaphragmatique
antiasthmatique
monochromatique
psychosomatique
semi-automatique
oléopneumatique
électrostatique
magnétostatique
extragalactique
intergalactique
parasynthétique
polysynthétique

15

hématopoïétique
Union soviétique
hétérogamétique
psychogénétique
cryptogénétique
ferromagnétique
poliomyélitique
Loire-Atlantique
outre-Atlantique
transatlantique
antipsychotique
antipatriotique
antiépileptique
trophoblastique
triploblastique
thermoplastique
transphrastique
criminalistique
oligopolistique
caractéristique
antiscorbutique
arrière-boutique
psychanalytique
sympatholytique
Palma de Majorque
cauchemardesque
hippopotamesque
feuilletonesque
churrigueresque
hispano-moresque
Sainte-Geneviève
contre-offensive
incompréhensive
antéprédicative
électronégative
neurovégétative
anticommutative
psychoaffective
intersubjective
électropositive
Bénévent-l'Abbaye
Savigny-sur-Braye
Cirey-sur-Vezouze
thermopropulsif
immunodépressif
électroportatif
contre-productif
Ṣalāḥ al-Dīn Yūsuf
Bethmann-Hollweg
Giscard d'Estaing
Kaunitz-Rietberg
Saint Petersburg
Mönchengladbach
Huntington Beach
Himāchal Pradesh
Baile Átha Cliath
Lambres-lez-Douai
Sekondi-Takoradi
Vassili Chouïski
Kamensk-Ouralski
Alexandre Nevski
Djalāl al-Din Rumi
Coralli Peracini
Villeneuve-le-Roi
Ts'in Che Houang-ti
São João de Meriti
Rezā Chāh Pahlavi
traveller's check
Anjero-Soudjensk
Oust-Kamenogorsk
Dniepropetrovsk
Norodom Sihanouk
franco-provençal
Vladimir-Souzdal
entrepreneurial
Mittellandkanal
corticosurrénal
médullosurrénal
staturo-pondéral
sous-préfectoral
penthiobarbital
extrême-oriental
auto sacramental
environnemental
Saint-Genis-Laval
Châtenoy-le-Royal
psychosensoriel
interindustriel
jurisprudentiel
unidimensionnel
tridimensionnel
organisationnel
conversationnel
unidirectionnel
insurrectionnel
reconventionnel
distributionnel
constitutionnel
Primel-Trégastel
interindividuel
Charles-Emmanuel
Ponson du Terrail
Faches-Thumesnil
Royal Dutch-Shell

15

chloramphénicol
Netzahualcóyotl
Mato Grosso do Sul
Médinet el-Fayoum
Cousin-Montauban
Souen Tchong-chan
Saint-Lary-Soulan
Mont-Saint-Aignan
Castanet-Tolosan
Friedrichshafen
psychométricien
rhino-pharyngien
neurochirurgien
malacoptérygien
crossoptérygien
châtelperronien
Saint-Symphorien
organomagnésien
étouffe-chrétien
lombard-vénitien
Déville-lès-Rouen
antirépublicain
latino-américain
barbes-de-capucin
Ammien Marcellin
Comtat Venaissin
chryséléphantin
Mont-Saint-Martin
Chaumont-en-Vexin
Charnay-lès-Mâcon
radiotélévision
rétropropulsion
incompréhension
contre-extension
interprofession
boutons-pression
autotransfusion
décalcification
recalcification
démythification
déqualification
requalification
alcoolification
exemplification
escarrification
électrification
dénitrification
dévitrification
intensification
diversification
désertification
démystification
excommunication
désintoxication
électrolocation
autofécondation
radionavigation
différenciation
non-dénonciation
non-conciliation
différentiation
désassimilation
contrevallation
circonvallation
immatriculation
désarticulation
transmodulation
glycorégulation
suraccumulation
phosphorylation
décarboxylation
déprogrammation
surconsommation
sérovaccination
insubordination
tuberculination
décontamination
indétermination
coparticipation
réincarcération
déconsidération
surrégénération
déphosphoration
ultrafiltration
déconcentration
réorchestration
transfiguration
déstructuration
restructuration
standardisation
clochardisation
homogénéisation
hiérarchisation
cannibalisation
syndicalisation
tropicalisation
officialisation
resocialisation
matérialisation
marginalisation
criminalisation
régionalisation
nationalisation
rationalisation

15

internalisation
désacralisation
hospitalisation
réactualisation
culpabilisation
rentabilisation
déstabilisation
sensibilisation
infantilisation
cristallisation
désatellisation
tuberculisation
américanisation
européanisation
désorganisation
déshumanisation
champagnisation
déstalinisation
synchronisation
impatronisation
familiarisation
déscolarisation
vascularisation
prolétarisation
planétarisation
sédentarisation
caractérisation
tertiairisation
infériorisation
intériorisation
extériorisation
présonorisation
désectorisation
miniaturisation
mathématisation
systématisation
informatisation
démocratisation
alphabétisation
débudgétisation
démagnétisation
surcompensation
contre-passation
surexploitation
valse-hésitation
antigravitation
transplantation
suralimentation
expérimentation
instrumentation
désincrustation
radioactivation
substantivation
recherche-action
interattraction
hypercorrection
microdissection
radioprotection
supraconduction
photoconduction
superproduction
autodestruction
non-intervention
intussusception
retranscription
circonscription
acquits-à-caution
saisie-exécution
Marcillac-Vallon
Les Aix-d'Angillon
sceaux-de-Salomon
ville-champignon
Villenave-d'Ornon
La Roche-sur-Foron
Neung-sur-Beuvron
Calpurnius Pison
Snorri Sturluson
roman-feuilleton
Comines-Warneton
Champagne-Mouton
Le Relecq-Kerhuon
Stratford-on-Avon
Villemur-sur-Tarn
Trinité-et-Tobago
Arnolfo di Cambio
Ousmane dan Fodio
Domitius Corbulo
Sampiero d'Ornano
Spinello Aretino
pronunciamiento
Minas de Ríotinto
Cortina d'Ampezzo
Villeneuve-d'Ascq
Téglath-Phalasar
Pematangsiantar
Chavín de Huantar
Riemenschneider
Trith-Saint-Léger
Raimond Bérenger
Beaumont-le-Roger
Charenton-du-Cher
dactylographier
transfrontalier
archichancelier

airedale-terrier
scottish-terrier
Pilâtre de Rozier
désembouteiller
gentleman-farmer
La Tranche-sur-Mer
Trouville-sur-Mer
Cavalaire-sur-Mer
La Trinité-sur-Mer
Montreuil-Sur-Mer
Kerschensteiner
présélectionner
perquisitionner
déconventionner
décongestionner
fransquillonner
sparring-partner
grammaticaliser
fonctionnaliser
désaisonnaliser
dépersonnaliser
contractualiser
imperméabiliser
responsabiliser
respectabiliser
déchristianiser
rechristianiser
fonctionnariser
décollectiviser
Carhaix-Plouguer
Cloyes-sur-le-Loir
Danican-Philidor
releasing factor
phototransistor
approvisionneur
échantillonneur
turbopropulseur
multiprocesseur
microprocesseur
neurodépresseur
surenchérisseur
démystificateur
différenciateur
différentiateur
micro-ordinateur
fusée-détonateur
cryoalternateur
surrégénérateur
homogénéisateur
déstabilisateur
sensibilisateur
désorganisateur
expérimentateur
autocommutateur
rétroprojecteur
supraconducteur
radioconducteur
photoconducteur
autodestructeur
conchyliculteur
emberlificoteur
thermorécepteur
mécanorécepteur
bourses-à-pasteur
Luz-Saint-Sauveur
trésorier-payeur
Gouvion-Saint-Cyr
Grégoire Palamas
L'Isle-sur-le-Doubs
bouillons-blancs
Kolār Gold Fields
Windward Islands
sous-directrices
sensori-motrices
self-inductances
auto-inductances
vice-présidences
ponts-promenades
judéo-allemandes
ouest-allemandes
rhino-pharyngées
sous- développées
contre-indiquées
Lemaire de Belges
Aiguilles-Rouges
Flines-lez-Raches
les Trois-Évêchés
papiers-monnaies
haltes-garderies
saisies-gageries
stéréo-isoméries
Aulnoye-Aymeries
Vredeman de Vries
porte-parapluies
François de Sales
aides-comptables
crapauds-buffles
semi-officielles
présidentielles
rince-bouteilles
ouvre-bouteilles
porte-bouteilles
chasse-goupilles
cannes-béquilles

15

Tilly-sur-Seulles
Lefèvre d'Étaples
Frédéric-Charles
blocs-diagrammes
valences-grammes
naevo-carcinomes
gardes-chiourmes
micro-organismes
saint-simonismes
freudo-marxismes
Riom-ès-Montagnes
nord- américaines
afro-américaines
méso-américaines
négro-africaines
bornes-fontaines
Saint Catharines
anti-sous-marines
arrière-cuisines
arrière-cousines
Limeil-Brévannes
finno-ougriennes
terre-neuviennes
Kamerlingh Onnes
statues-colonnes
Corbeil-Essonnes
navires-citernes
camions-citernes
bateaux-citernes
Alcalá de Henares
gardes-barrières
cache-brassières
porte-étrivières
trachées-artères
semi-auxiliaires
sous-maxillaires
demi-circulaires
semi-circulaires
sous-scapulaires
génito-urinaires
sous-prolétaires
sous-secrétaires
pattes-nageoires
pattes-mâchoires
sous-administrés
dame-d'onze-heures
sous-préfectures
sous-médicalisés
lauriers-cerises
hauts-de-chausses
libéro-ligneuses
hautes-fidélités
gastro-entérites
aides-soignantes
vice-présidentes
Poitou-Charentes
locations-ventes
autos-couchettes
porte-serviettes
bricks-goélettes
porte-cigarettes
livres-cassettes
presse-raquettes
couches-culottes
arabo-islamiques
indole-acétiques
Lourenço Marques
socio-éducatives
médico-sportives
brigadiers-chefs
Saratoga Springs
Colorado Springs
hommes-sandwichs
Port-aux-Français
Nord-Pas-de-Calais
nigéro-congolais
mutatis mutandis
Sophia-Antipolis
Seine-Saint-Denis
Neuville-aux-Bois
Vitry-le-François
brandebourgeois
francs-bourgeois
petits-bourgeois
Fère-en-Tardenois
Prieur-Duvernois
Aubigny-en-Artois
Pouilly-en-Auxois
oreille-de-souris
negro spirituals
spatio-temporels
beaux-petits-fils
Vaughan Williams
sweating-systems
Jouffroy d'Abbans
souvenirs-écrans
franco-canadiens
nord-vietnamiens
delirium tremens
Balaruc-les-Bains
Divonne-les-Bains
Mondorf-les-Bains
Luxeuil-les-Bains
Enghien-les-Bains
Yverdon-les-Bains

Bagnols-les-Bains
Lamalou-les-Bains
anglo-américains
Les Trois-Bassins
saisies-brandons
sous-commissions
euro-obligations
congratulations
sous-estimations
sous-évaluations
primo-infections
sous-productions
auto-impositions
sous-expositions
courts-bouillons
chauffe-biberons
Kaloghreopoúlos
Saint-Jean-d'Aulps
Les Ancizes-Comps
Saint-Julien-l'Ars
gentlemen-riders
contre-espaliers
Boulainvilliers
sapeurs-pompiers
prêtres-ouvriers
faits-diversiers
francs-quartiers
petits déjeuners
martins-pêcheurs
porte-conteneurs
sous-gouverneurs
maîtres-penseurs
cache-radiateurs
mini-ordinateurs
semi-conducteurs
Du Pont de Nemours
Grégoire de Tours
Plessis-lès-Tours
marteaux-piolets
carêmes-prenants
sous-lieutenants
buissons-ardents
sous-amendements
sous-peuplements
sous-équipements
amiantes-ciments
self-governments
portraits-robots
compères-loriots
Palavas-les-Flots
Sextus Empiricus
Aemilius Lepidus
Tullus Hostilius
Quintilius Varus
cytomégalovirus
sous-prolétariat
sous-secrétariat
Treffort-Cuisiat
Venance Fortunat
Floris de Vriendt
Saint-Leu-la-Forêt
Levallois-Perret
Leprince-Ringuet
becs-de-perroquet
assurance-crédit
Pont-Saint-Esprit
Saint-Geniez-d'Olt
Fort-Archambault
Noyelles-Godault
Saint-Amans-Soult
contrebalançant
dédifférenciant
hyperglycémiant
débroussaillant
embroussaillant
Châteaumeillant
désentortillant
recroquevillant
immunostimulant
tire-bouchonnant
approvisionnant
redimensionnant
désillusionnant
déconditionnant
réquisitionnant
manutentionnant
décavaillonnant
échantillonnant
maréchal-ferrant
wagon-restaurant
désidéologisant
surmédicalisant
désyndicalisant
commercialisant
dématérialisant
industrialisant
décriminalisant
dénationalisant
occidentalisant
individualisant
conceptualisant
déculpabilisant
vulnérabilisant
décrédibilisant

15

désensibilisant
insensibilisant
recristallisant
francophonisant
désynchronisant
particularisant
revascularisant
transistorisant
technocratisant
bureaucratisant
recomparaissant
réappparaissant
transparaissant
approfondissant
surenchérissant
désépaississant
reconvertissant
intervertissant
désassortissant
désinvestissant
interconnectant
court-circuitant
compartimentant
emberlificotant
thermorésistant
maître-assistant
contre-attaquant
contre-indiquant
narcotrafiquant
Puy-Saint-Vincent
antidéplacement
autofinancement
réensemencement
proverbialement
commercialement
phénoménalement
pronominalement
orthogonalement
unilatéralement
congénitalement
horizontalement
irrévocablement
désagréablement
infatigablement
raisonnablement
irréparablement
inséparablement
défavorablement
inépuisablement
inéluctablement
indubitablement
confortablement
irréfutablement
immanquablement
remarquablement
impitoyablement
infailliblement
perceptiblement
essentiellement
potentiellement
rationnellement
personnellement
fraternellement
universellement
continuellement
perpétuellement
spirituellement
entrebâillement
écrabouillement
quatorzièmement
extemporanément
radioalignement
surentraînement
clandestinement
quotidiennement
ébourgeonnement
collationnement
conditionnement
rééchelonnement
décloisonnement
empoissonnement
inopportunément
désencombrement
inconsidérément
irrégulièrement
héréditairement
prioritairement
majoritairement
autoritairement
obligatoirement
péremptoirement
postérieurement
entrecroisement
éclaircissement
obscurcissement
accourcissement
refroidissement
abâtardissement
dégourdissement
engourdissement
assourdissement
applaudissement
infléchissement
dégauchissement

affaiblissement
ensevelissement
rejaillissement
accomplissement
assouplissement
raffermissement
accroupissement
assombrissement
attendrissement
amoindrissement
renchérissement
démaigrissement
endolorissement
appauvrissement
dessaisissement
ressaisissement
dégrossissement
empuantissement
pervertissement
travestissement
engloutissement
avantageusement
fallacieusement
pernicieusement
capricieusement
silencieusement
fastidieusement
prodigieusement
calomnieusement
harmonieusement
mystérieusement
victorieusement
obséquieusement
scandaleusement
miraculeusement
méticuleusement
frauduleusement
scrupuleusement
dédaigneusement
désastreusement
malheureusement
chaleureusement
langoureusement
douloureusement
plantureusement
aventureusement
monstrueusement
défectueusement
affectueusement
tumultueusement
voluptueusement
majestueusement

indistinctement
sous-affrètement
multitraitement
hydrotraitement
désenchantement
contingentement
contreventement
désappointement
intrinsèquement
stratégiquement
pédagogiquement
théologiquement
sympathiquement
évangéliquement
paraboliquement
apostoliquement
allégoriquement
catégoriquement
géométriquement
excentriquement
schématiquement
flegmatiquement
énigmatiquement
automatiquement
dialectiquement
prophétiquement
synthétiquement
authentiquement
patriotiquement
sarcastiquement
fantastiquement
statistiquement
entrechoquement
progressivement
approbativement
corrélativement
législativement
spéculativement
affirmativement
alternativement
comparativement
qualitativement
facultativement
rétroactivement
instinctivement
prépositivement
substantivement
consécutivement
désobligeamment
bienveillamment
inconséquemment
langue-de-serpent

15 immunocompétent
Sains-Richaumont
Joinville-le-Pont
Charenton-le-Pont
16 Hardouin-Mansart
Calonne-Ricouart
Val-Saint-Lambert
Brie-Comte-Robert
contre-transfert
lettre-transfert
Condé-sur-l'Escaut
Bruay-sur-l'Escaut
Condé-sur-Noireau
Waldeck-Rousseau
Argenton-Château
Guyton de Morveau
Crécy-en-Ponthieu
Bourgoin-Jallieu
Décines-Charpieu
Kuala Terengganu
Saint-Paul-lès-Dax
La Motte-Servolex
extrapyramidaux
cylindres-sceaux
Magny-les-Hameaux
sous-arbrisseaux
requins-marteaux
arrière-cerveaux
archiépiscopaux
intervertébraux
scapulo-huméraux

adiposo-génitaux
navires-hôpitaux
transcendantaux
gouvernementaux
comportementaux
suprasegmentaux
épicontinentaux
tricontinentaux
antituberculeux
antiprurigineux
artérioscléreux
hypophosphoreux
alcalino-terreux
Toulon-sur-Arroux
Montreuil-Bellay
Duplessis-Mornay
Silvestre de Sacy
Villers-lès-Nancy
Ambérieu-en-Bugey
Le Grand-Quevilly
Le Petit-Quevilly
Saint-Barthélemy
Houphouët-Boigny
Châtenay-Malabry
Montfort-l'Amaury
García Gutiérrez
Tuxtla Gutiérrez
González Márquez
Montigny-lès-Metz
Saint-Père-en-Retz
Bourgneuf-en-Retz

Carreño de Miranda
Scylax de Caryanda
Antigua et Barbuda
Requesens y Zúñiga
Reggio nell'Emilia
Reggio di Calabria
Hidalgo y Costilla
Saint-Joseph d'Alma
Mariana de la Reina
Granados y Campiña
Martínez de la Rosa
San-Martino-di-Lota
Hurtado de Mendoza
La Baule-Escoublac
Cyrano de Bergerac

Saint-Jean-le-Blanc
Castelnau-de-Médoc
Saint-Méen-le-Grand
Mourmelon-le-Grand
démystificatrice
différenciatrice
surrégénératrice
homogénéisatrice
déstabilisatrice
sensibilisatrice
désorganisatrice
expérimentatrice
supraconductrice
photoconductrice
autodestructrice

16

conchylicultrice
télésurveillance
Tremblay-en-France
Neuilly-Plaisance
chimiorésistance
cryoluminescence
immunodéficience
Portes-lès-Valence
Saint-Paul-De-Vence
contre-propagande
Cappelle-la-Grande
Ferrière-la-Grande
Sint-Genesius-Rode
Brive-la-Gaillarde
intramontagnarde
quarante-huitarde
soixante-huitarde
Beaufort-en-Vallée
disproportionnée
organophosphorée
contre-espionnage
préapprentissage
Serémange-Erzange
Castille-La Manche
Mortagne-au-Perche
Fresnay-sur-Sarthe
ethnomusicologie
ethnopsychologie
neuropsychologie
psychopathologie
physiopathologie
anthropobiologie
psychosociologie
neurophysiologie
radio-immunologie
hydrométallurgie
radiotélégraphie
téléradiographie
autoradiographie
biobibliographie
encéphalographie
cristallographie
électronographie
lithotypographie
téléphotographie
bibliothéconomie
cholécystectomie
cholécystostomie
broncho-pneumonie
auriculothérapie
insulinothérapie
vitaminothérapie
vertébrothérapie
thalassothérapie
Saint-Cirq-Lapopie
Sault-Sainte-Marie
Le Châtelet-en-Brie
hyperchlorhydrie
ethnopsychiatrie
neuropsychiatrie
radiogoniométrie
dyschondroplasie
social-démocratie
franco-provençale
entrepreneuriale
corticosurrénale
médullosurrénale
staturo-pondérale
sous-préfectorale
extrême-orientale
Flandre-Orientale
environnementale
commercialisable
incristallisable
interconnectable
incompréhensible
circonscriptible
Berliner Ensemble
Dammartin-en-Goële
Domrémy-la-Pucelle
Fleury-sur-Andelle
circonstancielle
extrasensorielle
postindustrielle
protubérantielle
consubstantielle
interférentielle
transfusionnelle
corrélationnelle
informationnelle
gravitationnelle
interactionnelle
transactionnelle
juridictionnelle
trifonctionnelle
inconditionnelle
prépositionnelle
propositionnelle
institutionnelle
interpersonnelle
Flogny-la-Chapelle
spatio-temporelle
Châtel-sur-Moselle
Meurthe-et-Moselle

16

Arques-la-Bataille
Loigny-la-Bataille
belle-petite-fille
Isidore de Séville
Fouquier-Tinville
Pic de La Mirandole
Romulus Augustule
Charente-Maritime
échocardiogramme
électromyogramme
hétérochromosome
phéochromocytome
Montecatini-Terme
procellariiforme
infundibuliforme
anticléricalisme
anticolonialisme
anti-impérialisme
présidentialisme
sensationnalisme
instrumentalisme
intellectualisme
néomercantilisme
antiaméricanisme
presbytérianisme
ségrégationnisme
associationnisme
obstructionnisme
prohibitionnisme
contre-terrorisme
européocentrisme
microtraumatisme
archéomagnétisme
Sillé-le-Guillaume
triphénylméthane
trichloréthylène
Nouvelle-Bretagne
Cournon-d'Auvergne
antirépublicaine
latino-américaine
Maria Chapdelaine
Françoise Romaine
carbohémoglobine
Cap-de-la-Madeleine
Alise-Sainte-Reine
Verneuil-sur-Seine
Asnières-sur-Seine
diacétylmorphine
corticostimuline
chryséléphantine
Champagne-Ardenne
aristotélicienne
pyrotechnicienne
polytechnicienne
néoplatonicienne
économétricienne
astrophysicienne
chiropraticienne
cytogénéticienne
péripatéticienne
franco-canadienne
parathyroïdienne
antithyroïdienne
Comédie-Italienne
chlorophyllienne
nord-vietnamienne
paléanthropienne
archanthropienne
Loménie de Brienne
néogrammairienne
protohistorienne
transcaucasienne
Saillat-sur-Vienne
Mézières-en-Brenne
désapprovisionné
Les Sables-d'Olonne
Verdun-sur-Garonne
Portet-sur-Garonne
Neuville-sur-Saône
Réunion-Téléphone
La Voulte-sur-Rhône
Saint-Ouen-l'Aumône
Bonneuil-sur-Marne
Ormesson-sur-Marne
Villiers-sur-Marne
Thorigny-sur-Marne
Saint-Jean-de-Losne
Tassin-la-Demi-Lune
théophilanthrope
Jemeppe-sur-Sambre
Jaligny-sur-Besbre
Argent-sur-Sauldre
La Côte-Saint-André
transfrontalière
Moisdon-la-Rivière
arrière-grand-mère
arrière-grand-père
électronucléaire
hydrocoralliaire
plénipotentiaire
intramoléculaire
macromoléculaire
intermoléculaire
extravéhiculaire

antipelliculaire
cardio-vasculaire
Saint-Loup-Lamairé
Saint-Apollinaire
subdivisionnaire
demi-pensionnaire
manutentionnaire
autogestionnaire
cardio-pulmonaire
contresignataire
Belmont-de-la-Loire
Saint-Cyr-sur-Loire
Chaumont-sur-Loire
Desbordes-Valmore
Leeuw-Saint-Pierre
Clermont-Tonnerre
Belle-Isle-en-Terre
Rochefort-en-Terre
Saint-Pé-de-Bigorre
Le Kremlin-Bicêtre
milliampèremètre
microcalorimètre
sphygmomanomètre
tomodensitomètre
Courville-sur-Eure
gélatino-chlorure
Mortagne-sur-Sèvre
monoamine-oxydase
électrobiogenèse
Rhode-Saint-Genèse
Comédie-Française
nigéro-congolaise
désindustrialisé
professionnalisé
correctionnalisé
internationalisé
départementalisé
Sainte-Mère-Église
réimperméabilisé
déresponsabilisé
brandebourgeoise
petite-bourgeoise
junior entreprise
pochette-surprise
Le Plessis-Trévise
bulletins-réponse
lymphoréticulose
chondrocalcinose
neurofibromatose
Boulogne-sur-Gesse
Garges-lès-Gonesse
Montpont-en-Bresse
stratoforteresse
ramasseuse-presse
culs-de-basse-fosse
Saint-Alban-Leysse
cinémitrailleuse
automitrailleuse
débroussailleuse
antituberculeuse
antiprurigineuse
approvisionneuse
décavaillonneuse
échantillonneuse
artérioscléreuse
alcalino-terreuse
Grande-Chartreuse
surenchérisseuse
emberlificoteuse
Sorgue de Vaucluse
sociale-démocrate
triboélectricité
radioélectricité
hydroélectricité
ferroélectricité
photoélectricité
piézo-électricité
psychoplasticité
trachéo-bronchite
leuco-encéphalite
exterritorialité
proportionnalité
supranationalité
internationalité
encéphalomyélite
imperturbabilité
biodégradabilité
irresponsabilité
insaisissabilité
imputrescibilité
radiosensibilité
photosensibilité
hypersensibilité
insubmersibilité
transmissibilité
imprédictibilité
reproductibilité
imperceptibilité
incorruptibilité
inconvertibilité
incombustibilité
représentativité
hyperglycémiante
immunostimulante

16

trente-et-quarante
thermorésistante
maître-assistante
narcotrafiquante
immunocompétente
laissé-pour-compte
commedia dell'arte
Rio Grande do Norte
électroménagiste
antiesclavagiste
endocrinologiste
anticolonialiste
anti-impérialiste
intellectualiste
ségrégationniste
obstructionniste
prohibitionniste
cryptocommuniste
contre-terroriste
audioprothésiste
multirécidiviste
Marnes-la-Coquette
Lexington-Fayette
kinésithérapeute
psychothérapeute
neuropsychologue
psychosociologue
L'Isle-sur-la-Sorgue
traveller's cheque
australopithèque
anthropopithèque
imparisyllabique
quadrisyllabique
stéréospécifique
antiscientifique
géomorphologique
phénoménologique
caractérologique
autobiographique
métallographique
sigillographique
dactylographique
spectrographique
orthosympathique
épipaléolithique
glycérophtalique
méphistophélique
organométallique
thromboembolique
électrodynamique
magnétodynamique
neurobiochimique
électromécanique
électrotechnique
antihistaminique
deutérocanonique
optoélectronique
psychothérapique
chimiothérapique
tachistoscopique
métaphosphorique
pyrophosphorique
diesel-électrique
dynamoélectrique
thermoélectrique
saccharimétrique
stoechiométrique
horokilométrique
anthropométrique
psychodramatique
métamathématique
orthochromatique
téléinformatique
péri-informatique
hydropneumatique
antidémocratique
bactériostatique
photosynthétique
électrocinétique
antisyphilitique
chamito-sémitique
thymoanaleptique
métalloplastique
galvanoplastique
antiphlogistique
métalinguistique
zoothérapeutique
hispano-mauresque
Ambarès-et-Lagrave
thermopropulsive
immunodépressive
électroportative
contre-productive
Saint-Jean-de-Braye
Guémené-sur-Scorff
maniaco-dépressif
immunosuppressif
Chalette-sur-Loing
Villeneuve-de-Berg
Pietermaritzburg
Haut-Koenigsbourg
Saint-Pétersbourg
Ḥasan ibn al-Ṣabraḥ
Behren-lès-Forbach

Fischer von Erlach
Plaisance-du-Touch
Arunachal Pradesh
Kutchuk-Kaïnardji
Sesto San Giovanni
Salinas de Gortari
Bordj Bou Arreridj
Nouveau-Brunswick
Van Musschenbroek
Blagovechtchensk
Dnieprodzerjinsk
Ioujno-Sakhalinsk
neurochirurgical
Saint-Romain-en-Gal
extrapatrimonial
extraterritorial
gastro-intestinal
archipresbytéral
Sahara occidental
intercontinental
transcontinental
Lacapelle-Marival
Cormelles-le-Royal
Till Eulenspiegel
Villaines-la-Juhel
Conques-sur-Orbiel
interministériel
semi-présidentiel
communicationnel
omnidirectionnel
anticonjoncturel
Bruyères-le-Châtel
ingénieur-conseil
Kingston-upon-Hull
Bourg-saint-Andéol
Villers-Saint-Paul
Sint-Martens-Latem
British Petroleum
Erckmann-Chatrian
Masdjid-i Sulaymān
Masdjed-e Soleymān
Christine de Pisan
thermodynamicien
psychotechnicien
radioélectricien
céphalo-rachidien
sous-arachnoïdien
glosso-pharyngien
acanthoptérygien
Ravaisson-Mollien
neuroendocrinien
épithélioneurien
malayo-polynésien
hispano-américain
Sud-Ouest africain
Dangé-Saint-Romain
Revigny-sur-Ornain
La Rochejaquelein
Laragne-Montéglin
Angles-sur-l'Anglin
Gevrey-Chambertin
Bordet-Wassermann
Bagnères-de-Luchon
thermopropulsion
télétransmission
cryodessiccation
contre-indication
disqualification
personnification
saccharification
authentification
complexification
démultiplication
auto-intoxication
circumnavigation
circumambulation
intercirculation
thermorégulation
multipostulation
autoconsommation
sous-consommation
déshydrogénation
non-dissémination
prédétermination
surdétermination
désincarcération
non-prolifération
translittération
interpénétration
carbonitruration
démédicalisation
écholocalisation
personnalisation
municipalisation
déminéralisation
décentralisation
dénaturalisation
universalisation
spiritualisation
malléabilisation
comptabilisation
décartellisation
suralcoolisation
christianisation

16

dénicotinisation
dépigeonnisation
auto-immunisation
dénucléarisation
parcellarisation
démilitarisation
remilitarisation
dépolymérisation
copolymérisation
containérisation
psychiatrisation
conteneurisation
dépressurisation
mithridatisation
anathématisation
désinsectisation
conscientisation
désambiguïsation
collectivisation
polycondensation
prestidigitation
sous-exploitation
déréglementation
sous-alimentation
désafférentation
contre-prestation
cryoconservation
autosatisfaction
thermoconvection
non-contradiction
politique-fiction
vasoconstriction
électrostriction
magnétostriction
macroinstruction
macro-instruction
photocomposition
télédistribution
contre-révolution
Fontaine-lès-Dijon
tailleur-pantalon
Aillant-sur-Tholon
Mauzé-sur-le-Mignon
Le Château-d'Oléron
synchrocyclotron
Chazelles-sur-Lyon
Sainte-Foy-lès-Lyon
Craponne-sur-Arzon
São Luís do Maranho
Lorenzo Veneziano
Les Avants-Sonloup
Boissy-saint-Léger
correspondancier
extrahospitalier
yorkshire-terrier
Saint-Briac-sur-Mer
Saint-Aubin-sur-Mer
L'Aiguillon-sur-Mer
réapprovisionner
intellectualiser
postsynchroniser
désembourgeoiser
débureaucratiser
contre-manifester
Mülheim an der Ruhr
Seiches-sur-le-Loir
fusil-mitrailleur
contre-torpilleur
sous-entrepreneur
pince-monseigneur
immunodépresseur
turbocompresseur
préamplificateur
suramplificateur
démultiplicateur
thermorégulateur
télémanipulateur
turboalternateur
coadministrateur
décentralisateur
prestidigitateur
vasoconstricteur
photocompositeur
Grenade-sur-l'Adour
Cagniard de La Tour
Quevedo y Villegas
Bormes-les-Mimosas
Verdun-sur-le-Doubs
Clairvaux-les-Lacs
quarante-huitards
soixante-huitards
Villars-les-Dombes
semi-conductrices
contre-assurances
trans-avant-gardes
Borgnis-Desbordes
sous-administrées
sous-médicalisées
Ballons des Vosges
saintes-nitouches
Buis-les-Baronnies
franc-maçonneries
surprises-parties
semi-submersibles

micro-intervalles
foeto-maternelles
porte-jarretelles
molécules-grammes
libre-échangismes
Venarey-lès-Laumes
Martínez Montañés
Salignac-Eyvignes
anglo-américaines
Montceau-les-Mines
poussettes-cannes
Puvis de Chavannes
afro-brésiliennes
sud-vietnamiennes
néo-calédoniennes
saint-simoniennes
judéo-chrétiennes
chalands-citernes
Sainghin-en-Weppes
maîtres-cylindres
fluvio-glaciaires
fuso-spirillaires
grands-angulaires
nus-propriétaires
auto-immunitaires
entre-deux-guerres
quartiers-maîtres
bracelets-montres
hommes-orchestres
La Londe-les-Maures
dames-d'onze-heures
gélatino-bromures
arrière-voussures
Oradour-sur-Vayres
franco-françaises
gardes-françaises
interentreprises
contre-expertises
Fontenay-aux-Roses
grandes-duchesses
toxi-infectieuses
vasculo-nerveuses
contre-publicités
rhino-pharyngites
villes-satellites
sénatus-consultes
toutes-puissantes
semi-convergentes
contre-empreintes
libre-échangistes
chauffe-assiettes
contre-épaulettes
Méribel-les-Allues
gréco-bouddhiques
vieux-catholiques
physico-chimiques
socio-économiques
franc-maçonniques
piézo-électriques
semi-automatiques
arrière-boutiques
hispano-moresques
Plestin-les-Grèves
contre-offensives
Chrétien de Troyes
Creney-près-Troyes
contre-productifs
Semur-en-Brionnais
Régnier-Desmarais
Chaillé-les-Marais
Fleury-les-Aubrais
consilium fraudis
Fontenay-sous-Bois
Peyriac-Minervois
oreilles-de-souris
traveller's checks
penthiobarbitals
médecins-conseils
arrière-petit-fils
rhino-pharyngiens
sociaux-chrétiens
Noyelles-sous-Lens
Montrond-les-Bains
Andernos-les-Bains
latino-américains
Romanèche-Thorins
Juvénal des Ursins
contre-extensions
contre-passations
sciences-fictions
extrêmes-onctions
São José dos Campos
gentlemans-riders
airedale-terriers
scottish-terriers
gentlemen-farmers
sparring-partners
roches-réservoirs
wagons-réservoirs
releasing factors
martins-chasseurs
micro-ordinateurs
peintres-graveurs
Chambray-lès-Tours

16

sous-prolétariats
sous-secrétariats
montres-bracelets
Villers-Cotterêts
Soultz-sous-Forêts
sous-affrètements
Saint-Jean-de-Monts
contre-transferts
Livius Andronicus
Manlius Torquatus
Chasseloup-Laubat
haut-commissariat
Eisenhüttenstadt
Villeneuve-Loubet
La Trinité-Porhoët
Seyssinet-Pariset
poisson-perroquet
Pontault-Combault
Clermont-l'Hérault
dactylographiant
désembouteillant
présélectionnant
perquisitionnant
déconventionnant
décongestionnant
fransquillonnant
La Forêt-Fouesnant
grammaticalisant
fonctionnalisant
désaisonnalisant
dépersonnalisant
contractualisant
imperméabilisant
responsabilisant
respectabilisant
déchristianisant
rechristianisant
fonctionnarisant
décollectivisant
ragaillardissant
enorgueillissant
corbeille-d'argent
grammaticalement
dictatorialement
territorialement
conjecturalement
transversalement
fondamentalement
sentimentalement
inexplicablement
inextricablement
irrémédiablement
inébranlablement
interminablement
incomparablement
considérablement
intarissablement
épouvantablement
indiscutablement
inconcevablement
intelligiblement
incorrigiblement
irréversiblement
irrémissiblement
indéfectiblement
irréductiblement
irrésistiblement
indissolublement
artificiellement
semestriellement
industriellement
tangentiellement
torrentiellement
passionnellement
structurellement
accidentellement
individuellement
télé-enseignement
commissionnement
perfectionnement
conventionnement
tourbillonnement
étrésillonnement
entrecolonnement
rempoissonnement
particulièrement
hypothécairement
hebdomadairement
fragmentairement
involontairement
embourgeoisement
discourtoisement
désintéressement
raccourcissement
resplendissement
abasourdissement
rafraîchissement
affranchissement
désétablissement
appesantissement
assujettissement
inassouvissement
artificieusement
tendancieusement

sentencieusement
compendieusement
dispendieusement
ignominieusement
cérémonieusement
prétentieusement
orgueilleusement
merveilleusement
soupçonneusement
respectueusement
infructueusement
scientifiquement
pathologiquement
sociologiquement
étymologiquement
hiérarchiquement
géographiquement
mélancoliquement
astronomiquement
téléphoniquement
synchroniquement
électroniquement
métaphoriquement
métaphysiquement
mathématiquement
systématiquement
diplomatiquement
informatiquement
morganatiquement
démocratiquement
alphabétiquement
hypothétiquement
arithmétiquement
linguistiquement
quantitativement
intransitivement
intempestivement
inintelligemment
langues-de-serpent
Villeneuve-sur-Lot
Saint-Genest-Lerpt
Épinay-sous-Sénart
Quincy-sous-Sénart
Moulins-Engilbert
machine-transfert
Louvigné-du-Désert
Teisserenc de Bort
Beauvoir-sur-Niort
Biache-Saint-Vaast
Inzinzac-Lochrist
Fresnes-sur-Escaut
Denfert-Rochereau
Sévérac-le-Château
Brienne-le-Château
Domart-en-Ponthieu
Bigot de Préameneu
Neuville-de-Poitou
Sint-Pieters-Leeuw
franco-provençaux
wagons-tombereaux
Boileau-Despréaux
entrepreneuriaux
corticosurrénaux
médullosurrénaux
staturo-pondéraux
sous-préfectoraux
extrême-orientaux
environnementaux
Renau d'Éliçagaray
Neufchâtel-en-Bray
Sainte-Anne-d'Auray
Montaigu-de-Quercy
Jean-Marie Vianney
Franchet d'Esperey
Saint-Jean-d'Angély
Saint-Germer-de-Fly
Barbey d'Aurevilly
Dampierre-en-Burly
Châtillon-Coligny
Nogent-en-Bassigny
Lattre de Tassigny
Le Grand-Pressigny
Chambolle-Musigny
Gerlache de Gomery
Fontenay-le-Fleury
Welwyn Garden City
Caldera Rodríguez
Maizières-lès-Metz
La Bernerie-en-Retz

Calderón de la Barca
Garcilaso de la Vega
Comodoro Rivadavia
Valerius Publicola
Talavera de la Reina
Jerez de la Frontera
Solís y Rivadeneira
Daniele da Volterra
Horthy de Nagybánya
Aiguebelette-le-Lac
Dunoyer de Segonzac
électrodiagnostic
Chamonix-Mont-Blanc
Saint Helena Island
François-Ferdinand
Crèvecoeur-le-Grand
Saint-Gilles-Du-Gard
Le Plessis-Bouchard
Grand-Saint-Bernard
Petit-Saint-Bernard
La Celle-Saint-Cloud
Saint-Pierre-d'Irube
thermorégulatrice
coadministratrice
décentralisatrice
prestidigitatrice
vasoconstrictrice
Bourg-saint-Maurice
pharmacovigilance
contre-performance
chimiluminescence
triboluminescence
photoluminescence
Les Baux-de-Provence
Carnoux-en-Provence
Pont-Sainte-Maxence
personne-ressource
Sainte-Foy-la-Grande
Sint-Joost-ten-Noode
secrétariat-greffe
Châtelaillon-Plage
Tarascon-sur-Ariège
Rohrbach-lès-Bitche
Beaumont-sur-Sarthe
Boulay de la Meurthe
morphopsychologie
anatomopathologie
climatopathologie
électroradiologie
psychophysiologie
immunotechnologie
dendrochronologie
gastro-entérologie
paléoclimatologie
photolithographie
ventriculographie
photomacrographie
photomicrographie
radiophotographie
macrophotographie
microphotographie
astrophotographie
cholécystographie
électromyographie
chondrodystrophie
hémoglobinopathie
méthémoglobinémie
macroglobulinémie
hyperfolliculinie
Nouvelle-Calédonie
théophilanthropie
Oloron-Sainte-Marie
acido-alcalimétrie
microcalorimétrie
tomodensitométrie
neurochirurgicale
sociale-chrétienne
extrapatrimoniale
Guinée-Équatoriale
extraterritoriale
gastro-intestinale
archipresbytérale
Prusse-Occidentale
intercontinentale
transcontinentale
thermodurcissable
arrière-grand-oncle
Martignas-sur-Jalle
Cavelier de La Salle
Montigny-en-Gohelle
psychosensorielle
interindustrielle
jurisprudentielle
unidimensionnelle
tridimensionnelle
organisationnelle
conversationnelle
unidirectionnelle

insurrectionnelle
reconventionnelle
distributionnelle
constitutionnelle
interindividuelle
Saint-Mars-la-Jaille
Marquette-lez-Lille
Opéra de la Bastille
Blanche de Castille
Collin d'Harleville
Brissot de Warville
Le Moyne d'Iberville
craniopharyngiome
chorio-épithéliome
empiriocriticisme
anthropomorphisme
gynandromorphisme
radical-socialisme
confessionnalisme
professionnalisme
conventionnalisme
internationalisme
marxisme-léninisme
vérificationnisme
interventionnisme
révolutionnarisme
anthropocentrisme
électromagnétisme
Frédéric-Guillaume
Beaumont-de-Lomagne
Montoir-de-Bretagne
Le Mayet-de-Montagne
Moirans-en-Montagne
Rochefort-Montagne
hispano-américaine
Union sud-africaine
Habsbourg-Lorraine
La Chapelle-la-Reine
Champagne-sur-Seine
Châtillon-sur-Seine
Bonnières-sur-Seine
Carrières-sur-Seine
antistreptolysine
Bosnie-Herzégovine
Availles-Limouzine
psychométricienne
rhino-pharyngienne
neurochirurgienne
châtelperronienne
Vouneuil-sur-Vienne
Le Palais-sur-Vienne
Miramont-de-Guyenne
Clermont-en-Argonne
Meilhan-sur-Garonne
Rétif de la Bretonne
Brioux-sur-Boutonne
Fontaines-sur-Saône
Saint-Louis-du-Rhône
Châtillon-sur-Marne
Le Perreux-sur-Marne
Champigny-sur-Marne
Blainville-sur-Orne
Newcastle upon Tyne
Châteauneuf-du-Pape
São Tomé et Príncipe
Grand-Fort-Philippe
Jeanbon Saint-André
Châtillon-sur-Indre
correspondancière
extrahospitalière
Château-la-Vallière
multimilliardaire
multimillionnaire
immunodéficitaire
antiréglementaire
antiparlementaire
La Charité-sur-Loire
Monistrol-sur-Loire
Châtillon-sur-Loire
Chalonnes-sur-Loire
Montlouis-sur-Loire
anti-inflammatoire
Saint-Amand-Longpré
Woluwe-Saint-Pierre
Neuillé-Pont-Pierre
Bagnères-de-Bigorre
voyageur-kilomètre
spectrophotomètre
Saint-André-de-l'Eure
Preuilly-sur-Claise
institutionnalisé
Saint-Pierre-Église
Vendeuvre-sur-Barse
Montrevel-en-Bresse
Argenton-sur-Creuse
Villaret de Joyeuse
chrétien-démocrate
thermoélectricité
consubstantialité
inconditionnalité
incommunicabilité
inintelligibilité
compréhensibilité
incompressibilité

17

indestructibilité
glomérulonéphrite
intersubjectivité
supraconductivité
imperméabilisante
arrière-grand-tante
Saint-Clair-sur-Epte
laissée-pour-compte
laissés-pour-compte
Hermès Trismégiste
anesthésiologiste
radical-socialiste
internationaliste
marxiste-léniniste
interventionniste
radiotéléphoniste
révolutionnariste
Paray-Vieille-Poste
Verneuil-en-Halatte
Villebon-sur-Yvette
gastro-entérologue
Gonzalve de Cordoue
médico-pédagogique
psychopédagogique
parapsychologique
microsociologique
cinématographique
anthropomorphique
brachiocéphalique
vieille-catholique
acétylsalicylique
anticryptogamique
pharmacodynamique
semi-logarithmique
cristallochimique
anthropotechnique
microélectronique
phosphoglycérique
antipsychiatrique
magnétoélectrique
radioconcentrique
anthropocentrique
micro-informatique
sympathomimétique
parthénogénétique
électromagnétique
pharmacocinétique
antipéristaltique
psychoanaleptique
psychodysleptique
électrodomestique
sociolinguistique
ethnolinguistique
neurolinguistique
électroacoustique
grand-guignolesque
maniaco-dépressive
immunosuppressive
Sint-Pieters-Woluwe
Chambon-sur-Voueize
Caudebec-lès-Elbeuf
Greater Wollongong
Freyming-Merlebach
Coudenhove-Kalergi
Leninsk-Kouznetski
Bhumibol Adulyadej
Sint-Jans-Molenbeek
monodépartemental
Saint-Germain-Laval
Criquetot-l'Esneval
Le Mont-Saint-Michel
anticoncurrentiel
pluridimensionnel
multidimensionnel
transformationnel
anticonceptionnel
inconstitutionnel
lieutenant-colonel
Saint-Haon-le-Châtel
Saint-Maurice-l'Exil
Montpon-Ménestérol
Nouvelle-Amsterdam
reporter-cameraman
Campbell-Bannerman
Saint-Laurent-Nouan
Bandar Seri Begawan
électromécanicien
électrotechnicien
cristallophyllien
australanthropien
démocrate-chrétien
Neuville-en-Ferrain
La Ferté-Saint-Aubin
Teilhard de Chardin
Saint-Marc Girardin
Campagne-lès-Hesdin
Schleswig-Holstein
Pierre-Saint-Martin
location-accession
vidéotransmission
neurotransmission
déshumidification
surmultiplication
télécommunication

dédifférenciation
indifférenciation
photodissociation
désintermédiation
consubstantiation
non-discrimination
autodétermination
contre-préparation
surmédicalisation
désyndicalisation
radiolocalisation
commercialisation
épithélialisation
dématérialisation
industrialisation
télésignalisation
dénationalisation
surcapitalisation
occidentalisation
individualisation
conceptualisation
déculpabilisation
désensibilisation
insensibilisation
recristallisation
tuberculinisation
francophonisation
désynchronisation
particularisation
revascularisation
transistorisation
technocratisation
bureaucratisation
compartimentation
non-représentation
hypersustentation
traversée-jonction
électrodéposition
contre-proposition
câblodistribution
Dampierre-sur-Salon
Canet-en-Roussillon
Renaud de Châtillon
Saint-Denis-d'Oléron
Nashville-Davidson
Le Plessis-Robinson
Curzon of Kedleston
Stratford-upon-Avon
Sauveterre-de-Béarn
De la Madrid Hurtado
Saint-Cast-le-Guildo
Verdaguer i Santaló
Marañón y Posadillo
Domenico Veneziano
Andrea del Castagno
Santiago del Estero
Saint-Laurent-du-Var
Francfort-sur-l'Oder
Saint-Chély-d'Apcher
Varennes-sur-Allier
Vaillant-Couturier
Saint-Jacut-de-la-Mer
Hermanville-sur-Mer
Courseulles-sur-Mer
Saint-Palais-sur-Mer
désapprovisionner
désindustrialiser
professionnaliser
correctionnaliser
internationaliser
départementaliser
réimperméabiliser
déresponsabiliser
Escrivá de Balaguer
Montoire-sur-le-Loir
Saint-Cyr-au-Mont-d'Or
chasseur-cueilleur
fraiseur-outilleur
pinces-monseigneur
immunosuppresseur
déshumidificateur
psychorééducateur
micromanipulateur
stéréocomparateur
hypersustentateur
émetteur-récepteur
neurotransmetteur
câblodistributeur
Plougastel-Daoulas
La Garenne-Colombes
locations-gérances
timbres-quittances
Nouvelles-Hébrides
contre-propagandes
quarante-huitardes
soixante- huitardes
Six-Fours-les-Plages
contre-espionnages
donations-partages
Fustel de Coulanges
serviettes-éponges
Nuits-Saint-Georges
Beaulieu-lès-Loches
Cassagnes-Bégonhès

17 broncho-pneumonies
social-démocraties
franco-provençales
médullosurrénales
Indes-Occidentales
extrême-orientales
experts-comptables
Pointe-aux-Trembles
Colombey-les-Belles
Brières-les-Scellés
spatio-temporelles
Varennes-Vauzelles
hommes-grenouilles
ballets-pantomimes
anti-impérialismes
contre-terrorismes
latino-américaines
Sanvignes-les-Mines
Saint-Éloy-les-Mines
franco-canadiennes
nord-vietnamiennes
Transamazoniennes
Hauteville-Lompnes
Saint-Martin-d'Hères
Lézignan-Corbières
courses-croisières
porte-hélicoptères
cardio-vasculaires
demi-pensionnaires
cardio-pulmonaires
juges-commissaires
hauts-commissaires
nues-propriétaires
Rhodes-Intérieures
Rhodes-Extérieures
gélatino-chlorures
nigéro-congolaises
junior entreprises
toitures-terrasses
petites-maîtresses
alcalino-terreuses
sociaux-démocrates
piézo-électricités
trachéo-bronchites
leuco-encéphalites
reines-marguerites
courses-poursuites
anti-impérialistes
contre-terroristes
sabres-baïonnettes
Lamure-sur-Azergues
traveller's cheques
péri-informatiques
chamito-sémitiques
hispano-mauresques
contre-productives
Saint-Sorlin-d'Arves
maniaco-dépressifs
Vernoux-en-Vivarais
Le Pré-Saint-Gervais
Estrées-Saint-Denis
Émirats arabes unis
Montreuil-sous-Bois
Les Clayes-sous-Bois
Valence-d'Albigeois
Montfort-le-Gesnois
Châtillon-en-Bazois
Le Cateau-Cambrésis
Argentré-du-Plessis
autos-sacramentals
semi-présidentiels
arrière-petits-fils
La Nouvelle-Orléans
Saint-Jean-en-Royans
céphalo-rachidiens
sous-arachnoïdiens
glosso-pharyngiens
Courcelles-lès-Lens
Fouquières-lès-Lens
Bourbonne-les-Bains
hispano-américains
Jouvenel des Ursins
contre-indications
auto-intoxications
sous-consommations
auto-immunisations
sous-exploitations
valses-hésitations
sous-alimentations
contre-prestations
recherches-actions
saisies-exécutions
contre-révolutions
villes-champignons
romans-feuilletons
Choderlos de Laclos
Baraguey d'Hilliers
yorkshire-terriers
La Fare-les-Oliviers
Murviel-lès-Béziers
gentlemans-farmers
Vassieux-en-Vercors
Baume-les-Messieurs
contre-torpilleurs

17

sous-entrepreneurs
fusées-détonateurs
trésoriers-payeurs
assurances-crédits
Chaussée des Géants
maréchaux-ferrants
wagons-restaurants
maîtres-assistants
télé-enseignements
lettres-transferts
trompette-des-morts
Claudius Marcellus
lumpenprolétariat
Rhénanie-Palatinat
Villarodin-Bourget
Puligny Montrachet
réapprovisionnant
voiture-restaurant
intellectualisant
postsynchronisant
désembourgeoisant
débureaucratisant
contre-manifestant
corbeilles-d'argent
longitudinalement
expérimentalement
imperturbablement
irréprochablement
vraisemblablement
déraisonnablement
inconfortablement
incontestablement
imperceptiblement
superficiellement
trimestriellement
substantiellement
exponentiellement
occasionnellement
fonctionnellement
impersonnellement
sempiternellement
contractuellement
débroussaillement
approvisionnement
désillusionnement
dysfonctionnement
déconditionnement
sous-développement
disciplinairement
réglementairement
approfondissement
inaccomplissement
surenchérissement
surinvestissement
désinvestissement
parcimonieusement
psychologiquement
morphologiquement
physiologiquement
chronologiquement
télégraphiquement
philosophiquement
problématiquement
significativement
interrogativement
approximativement
démonstrativement
rétrospectivement
Saint-Leu-d'Esserent
Le Nain de Tillemont
Saint-Pierre-du-Mont
Neuilly-Saint-Front
Castelmoron-sur-Lot
Emmanuel-Philibert
trompette-de-la-mort
Les Pennes-Mirabeau
Androuet du Cerceau
Blainville-sur-l'Eau
Le Loroux-Bottereau
Fribourg-en-Brisgau
Saint-Martin-de-Crau
Feuquières-en-Vimeu
arrière-petit-neveu
La Cierva y Codorníu
Châteauneuf-du-Faou
neurochirurgicaux
Bacqueville-en-Caux
Saint-Valery-en-Caux
Dollard des Ormeaux
Dollard-des-Ormeaux
Issy-les-Moulineaux
Tallemant des Réaux
Saint-Amand-les-Eaux
Lussac-les-Châteaux
Lassay-les-Châteaux
extrapatrimoniaux
extraterritoriaux
gastro-intestinaux
archipresbytéraux
intercontinentaux
transcontinentaux
Flers-en-Escrebieux
musculo-membraneux
Saint-Bonnet-de-Joux

17 Saint-Jean-Brévelay
Montfaucon-en-Velay
Renau d'Élissagaray
La Mothe-Saint-Héray
18 Montpezat-de-Quercy
Maignelay-Montigny
Conflans-en-Jarnisy
Saint-Germain-du-Puy
Bordères-sur-l'Échez
Echeverría Álvarez
Serrano y Domínguez
Radetzky von Radetz

18

Jacopo della Quercia
Adamello-Presanella
Mountbatten of Burma
Castellón de la Plana
Antonello da Messina
Alexandra Fedorovna
Michel de Villanueva
Saint-André-de-Cubzac
Saint-Vivien-de-Médoc
La Chapelle-Saint-Luc
Drumettaz-Clarafond
Saint-Amand-Montrond
Talleyrand-Périgord
arrière-petite-nièce
psychorééducatrice
pharmacodépendance
insulinodépendance
thermoluminescence
immunofluorescence
Villenauxe-la-Grande
Saint-Amant-Tallende
Saint-Josse-ten-Noode
Watermaal-Bosvoorde
Vierwaldstättersee
sellerie-garnissage
Saint-Michel-sur-Orge
Saint-Nom-la-Bretèche
Coudekerque-Branche
spectrohéliographe
Malicorne-sur-Sarthe
Deutsch de La Meurthe
Dombasle-sur-Meurthe
Saint-Martin-Vésubie
pneumo-phtisiologie
électrophysiologie
odontostomatologie
électrométallurgie
chromolithographie
angiocardiographie
phonocardiographie
microfractographie
stéréophotographie
chronophotographie
agammaglobulinémie
convulsivothérapie
Tascher de La Pagerie
spectrophotométrie
Flandre-Occidentale
monodépartementale
interministérielle
semi-présidentielle
communicationnelle
omnidirectionnelle
anticonjoncturelle
dessous-de-bouteille
arrière-petite-fille
Le Moyne de Bienville
Saint-Maixent-l'École
Mandelieu-la-Napoule
quatre-vingt-dixième
Zita de Bourbon-Parme
national-socialisme
social-impérialisme
institutionnalisme
congrégationalisme
transcendantalisme
comportementalisme
judéo-christianisme
néo-impressionnisme
Villeneuve-Tolosane
Chartres-de-Bretagne
Margny-lès-Compiègne
Saint-Aubin-d'Aubigné
Juvigny-sous-Andaine
carboxyhémoglobine
Quillebeuf-sur-Seine
Boussy-saint-Antoine
thermodynamicienne
psychotechnicienne
radioélectricienne

céphalo-rachidienne
sous-arachnoïdienne
glosso-pharyngienne
neuroendocrinienne
malayo-polynésienne
Montfaucon-d'Argonne
Restif de la Bretonne
Villeneuve-sur-Yonne
Pontailler-sur-Saône
Monthureux-sur-Saône
Châteauneuf-du-Rhône
La Penne-sur-Huveaune
Dompierre-sur-Besbre
Neuvy-Saint-Sépulcre
La Chapelle-sur-Erdre
Grimod de La Reynière
Roland de La Platière
Jurien de la Gravière
Sidoine Apollinaire
pluridisciplinaire
multidisciplinaire
interdisciplinaire
concentrationnaire
extraparlementaire
intercommunautaire
Sainte-Luce-sur-Loire
Belleville-sur-Loire
Cosne-Cours-sur-Loire
cardio-respiratoire
La Ferté-sous-Jouarre
Nouvelle-Angleterre
Rosières-en-Santerre
Rabastens-de-Bigorre
électrodynamomètre
Mongolie-Intérieure
Mongolie-Extérieure
désoxyribonucléase
constitutionnalisé
Pralognan-la-Vanoise
Tremblay-lès-Gonesse
Montfort-en-Chalosse
ultracentrifugeuse
moissonneuse-lieuse
musculo-membraneuse
méningo-encéphalite
constitutionnalité
interchangeabilité
impressionnabilité
incommensurabilité
irrétrécissabilité
intransmissibilité
histocompatibilité
imprescriptibilité
électrocapillarité
contre-manifestante
laissées-pour-compte
radiotélégraphiste
national-socialiste
congrégationaliste
néo-impressionniste
anti-inflationniste
collaborationniste
mécanicien-dentiste
chirurgien-dentiste
pneumo-phtisiologue
Beaulieu-en-Rouergue
Saint-Vaast-la-Hougue
parallélépipédique
physiopathologique
psychosociologique
neurophysiologique
cristallographique
thermoélectronique
psycholinguistique
Pétion de Villeneuve
immunosuppresseuve
Fontevrault-l'Abbaye
Saint-Germain-en-Laye
Malemort-sur-Corrèze
Grégoire de Nazianze
Herrade de Landsberg
Yorck von Wartenburg
Charlotte-Élisabeth
Gorzów Wielkopolski
technico-commercial
antigouvernemental
interdépartemental
multiconfessionnel
socioprofessionnel
interprofessionnel
antigravitationnel
Saint-Vincent-de-Paul
Saint-Agatha-Berchem
Molenbeek-Saint-Jean
San Miguel de Tucumán
Lecoq de Boisbaudran
Villeneuve-de-Marsan
Acte unique européen
reporters-cameramen
Sotteville-lès-Rouen
La Villedieu-du-Clain
Francfort-sur-le-Main
Le Pont-de-Beauvoisin
Friville-Escarbotin

18

Laethem-Saint-Martin
Tournon-Saint-Martin
Le Buisson-de-Cadouin
Nanteuil-le-Haudouin
Brienon-sur-Armançon
Andrézieux-Bouthéon
intercompréhension
thermovinification
vidéocommunication
radiocommunication
contre-dénonciation
électrocoagulation
multiprogrammation
microprogrammation
évapotranspiration
hydrodésulfuration
grammaticalisation
dépersonnalisation
contractualisation
imperméabilisation
responsabilisation
déchristianisation
fonctionnarisation
communautarisation
multimédiatisation
intradermo-réaction
Godefroi de Bouillon
Morières-lès-Avignon
Saint-Pierre-d'Oléron
Rutherford of Nelson
Nogent-sur-Vernisson
Verrières-le-Buisson
Prunelli-di-Fiumorbo
Madonna di Campiglio
São Bernardo do Campo
Gonfreville-l'Orcher
Châteauneuf-sur-Cher
prospecteur-placier
secrétaire-greffier
Bellerive-sur-Allier
Rayol-Canadel-sur-Mer
institutionnaliser
Sint-Katelijne-Waver
La Chartre-sur-le-Loir
commissaire-priseur
autotransformateur
Mouilleron-en-Pareds
contre-performances
Châtenois-les-Forges
acido-alcalimétries
La Salvetat-Peyralès
Pyrénées-Orientales
autos sacramentales
Villedieu-les-Poêles
Saint-Brice-en-Coglès
Richmond upon Thames
chorio-épithéliomes
Barbotan-les-Thermes
hispano-américaines
Pernes-les-Fontaines
Aurelle de Paladines
rhino-pharyngiennes
Saint-Jouin-de-Marnes
Saint-André-les-Alpes
arrière-grands-mères
arrière-grands-pères
anti-inflammatoires
monoamines-oxydases
petites-bourgeoises
pochettes-surprises
ramasseuses-presses
Saint-Maur-des-Fossés
sociales-démocrates
maîtres-assistantes
gastro-entérologues
médico-pédagogiques
semi-logarithmiques
diesels-électriques
micro-informatiques
grand-guignolesques
maniaco-dépressives
Le Louroux-Béconnais
Le Mesnil-Saint-Denis
Aigrefeuille-d'Aunis
Saint-Gildas-des-Bois
Saint-Germain-du-Bois
Bohain-en-Vermandois
Tronville-en-Barrois
affectio societatis
ingénieurs-conseils
Le Monêtier-les-Bains
Plombières-les-Bains
Saint-Brévin-les-Pins
contre-préparations
politiques-fictions
contre-propositions
tailleurs-pantalons
Septèmes-les-Vallons
Saint-Sever-Calvados
Altar de Sacrificios
Brueys d'Aigaïlliers
Corrençon-en-Vercors
fusils-mitrailleurs
hauts-commissariats

poissons-perroquets
Marolles-les-Braults
contre-manifestants
Straits Settlements
sous-développements
machines-transferts
trompettes-des-morts
Velleius Paterculus
Licinius Licinianus
Manlius Capitolinus
Saint-Gildas-de-Rhuys
Saint-Jean-Cap-Ferrat
Barneville-Carteret
Châteauneuf-la-Forêt
Saint-Julien-du-Sault
désapprovisionnant
désindustrialisant
professionnalisant
correctionnalisant
internationalisant
départementalisant
réimperméabilisant
déresponsabilisant
électroluminescent
inintelligiblement
confidentiellement
providentiellement
préférentiellement
traditionnellement
conditionnellement
intentionnellement
exceptionnellement
intellectuellement
décongestionnement
extraordinairement
contradictoirement
désavantageusement
consciencieusement
superstitieusement
malencontreusement
irrespectueusement
photographiquement
aristocratiquement
multiplicativement
administrativement
Leprince de Beaumont
Saint-Laurent-du-Pont
Woluwe-Saint-Lambert
Watermael-Boitsfort
Bertrade de Montfort
Grignion de Montfort
trompettes-de-la-mort
Saint-Nicolas-de-Port
La Salvetat-sur-Agout
Capesterre-Belle-Eau
Rougemont-le-Château
monodépartementaux
La Salette-Fallavaux
Saint-Quay-Portrieux
Montpellier-le-Vieux
Charvieu-Chavagneux
Vélizy-Villacoublay
Saint-Didier-en-Velay
La Meilleraie-Tillay
Saint-Jean-de-Bournay
Vandoeuvre-lès-Nancy
Saint-Laurent-Blangy
La Tour du Pin Chambly
Donnemarie-Dontilly
Naberejnyie Tchelny
San Salvador de Jujuy
Saint-Hilaire-de-Riez

19

Piero della Francesca
Godoy Álvarez de Faria
Font-Romeu-Odeillo-Via
Villafranca di Verona
Sebastiani de La Porta
Montesquiou-Fezensac
Kerguelen de Trémarec
Menthon-Saint-Bernard
Nouvelle-Galles du Sud
électroluminescence
Saint-Rémy-de-Provence
Peyrolles-en-Provence
Douvres-la-Délivrande
Saint-Étienne-de-Tinée
Saint-Jacques-de-l'Épée
L'Argentière-la-Bessée
Saint-Just-en-Chaussée
Santa Cruz de Tenerife

19

Le Touquet-Paris-Plage
Jarville-la-Malgrange
Saint-Yrieix-la-Perche
Saint-Louis-lès-Bitche
électrocardiographe
Berchem-Sainte-Agathe
psychopharmacologie
neuroendocrinologie
radiométallographie
sténodactylographie
broncho-pneumopathie
République arabe unie
photoélasticimétrie
Charette de La Contrie
technico-commerciale
Hollande-Méridionale
Virginie-Occidentale
antigouvernementale
interdépartementale
anticoncurrentielle
pluridimensionnelle
multidimensionnelle
transformationnelle
anticonceptionnelle
inconstitutionnelle
Saint-Jean-de-la-Ruelle
Castillon-la-Bataille
Sainte-Claire Deville
Andelot-Blancheville
Le Plessis-Belleville
Machault d'Arnouville
Saint-Rémy-sur-Durolle
polychlorobiphényle
électrocardiogramme
échoencéphalogramme
électrorétinogramme
thromboélastogramme
Saint-Valery-sur-Somme
anarcho-syndicalisme
distributionnalisme
postimpressionnisme
antiparlementarisme
antiferromagnétisme
La Guerche-de-Bretagne
Ramonville-Saint-Agne
Beaulieu-sur-Dordogne
Saint-Martin-Boulogne
Pierrefitte-sur-Seine
Saltykov-Chtchedrine
Du Vergier de Hauranne
électromécanicienne
électrotechnicienne
cristallophyllienne
démocrate-chrétienne
Villeneuve-la-Garenne
Sauveterre-de-Guyenne
Montereau-Fault-Yonne
Fisher of Kilverstone
Bessines-sur-Gartempe
Le Lardin-Saint-Lazare
Talmont-Saint-Hilaire
Châteauneuf-sur-Loire
Saint-Benoît-sur-Loire
Sainte-Anne-de-Beaupré
Gargilesse-Dampierre
Toussaint Louverture
Saint-Pol-sur-Ternoise
lymphogranulomatose
Saint-Martin-en-Bresse
Saint-Loup-sur-Semouse
chrétienne-démocrate
incompréhensibilité
Origny-Sainte-Benoîte
pluridisciplinarité
interdisciplinarité
polyradiculonévrite
électroluminescente
électroradiologiste
anarcho-syndicaliste
environnementaliste
postimpressionniste
antiprotectionniste
désoxyribonucléique
psychophysiologique
microphotographique
aérothermodynamique
Colombie britannique
Honduras britannique
physico-mathématique
antipoliomyélitique
psychothérapeutique
parasympatholytique
Saint-Amand-en-Puisaye
Bretteville-sur-Laize
Coulonges-sur-l'Autize
hypothético-déductif
Hartmannswillerkopf
Conrad von Hötzendorf
Saint-Aubin-lès-Elbeuf
Sankt Anton am Arlberg
Metternich-Winneburg
Alexis Mikhaïlovitch
Piotrków Trybunalski
réticulo-endothélial

Bornéo-Septentrional
intergouvernemental
anticonstitutionnel
Saint-Florent-le-Vieil
organisateur-conseil
Villiers de L'Isle-Adam
Saint-Nicolas-du-Pélem
Frontenay-Rohan-Rohan
Houthalen-Helchteren
Saint-Germain-du-Plain
Port-en-Bessin-Huppain
Ludwigshafen am Rhein
Montgomery of Alamein
Roquebrune-Cap-Martin
Saint-Nicolas-de-Redon
Châteauneuf-de-Randon
Sainte-Croix-de-Verdon
saisie-revendication
ultracentrifugation
transsubstantiation
contre-acculturation
électrolocalisation
intellectualisation
postsynchronisation
photo-interprétation
contre-manifestation
Harlay de Champvallon
Languedoc-Roussillon
Le Péage-de-Roussillon
Saint-Laurent-et-Benon
Saint-Germain-Lembron
Saint-Pierre-Quiberon
Saint-Georges-d'Oléron
Roquefort-sur-Soulzon
quatre-cent-vingt-et-un
Sebastiano del Piombo
Saint-Florent-sur-Cher
minéralier-pétrolier
Saint-Aubin-du-Cormier
Castelnau-Montratier
Saint-Mandrier-sur-Mer
constitutionnaliser
pistolet-mitrailleur
analyste-programmeur
photomultiplicateur
survolteur-dévolteur
Komsomolsk-sur-l'Amour
Saint-Jean-Bonnefonds
personnes-ressources
Ambrières-les-Vallées
secrétariats-greffes
arrière-grands-oncles
Saint-Médard-en-Jalles
semi-présidentielles
belles-petites-filles
Chanteloup-les-Vignes
Dampierre-en-Yvelines
Sainte-Marie-aux-Mines
céphalo-rachidiennes
sous-arachnoïdiennes
glosso-pharyngiennes
sociales-chrétiennes
Charleville-Mézières
cardio-respiratoires
Saint-Germain-des-Prés
voyageurs-kilomètres
chrétiens-démocrates
méningo-encéphalites
arrière-grands-tantes
contre-manifestantes
radicaux-socialistes
marxistes-léninistes
néo-impressionnistes
anti-inflationnistes
pneumo-phtisiologues
Pieyre de Mandiargues
vieilles-catholiques
Pyrénées-Atlantiques
Saint-Pierre-sur-Dives
La Guerche-sur-l'Aubois
Cormeilles-en-Parisis
lieutenants-colonels
reporters-cameramans
Roquebrune-sur-Argens
démocrates-chrétiens
Saint-Honoré-les-Bains
Châteauneuf-les-Bains
Saint-Trojan-les-Bains
Niederbronn-les-Bains
Arromanches-les-Bains
les Sables-d'Or-les-Pins
locations-accessions
contre-dénonciations
intradermo-réactions
traversées-jonctions
mandat-contributions
Saint-Pierre-des-Corps
Gretz-Armainvilliers
Coulounieix-Chamiers
Saint-Genix-sur-Guiers
La Chapelle-en-Vercors
chasseurs-cueilleurs
fraiseurs-outilleurs
émetteurs-récepteurs

19 voitures-restaurants
La Chapelle-aux-Saints
Quinctius Flamininus
Chassagne-Montrachet
20 Saint-Just-en-Chevalet
Saint-Brice-sous-Forêt
Bourbon-l'Archambault
institutionnalisant
gentleman's agreement
invraisemblablement
incommensurablement
professionnellement
conventionnellement
proportionnellement
réapprovisionnement
hyperfonctionnement
extrajudiciairement
perpendiculairement
révolutionnairement
irrévérencieusement
précautionneusement
trigonométriquement
Montigny-en-Ostrevent
Pasteur Vallery-Radot
Sainte-Livrade-sur-Lot
Saint-Jean-Pied-de-Port
Boulogne-Billancourt
Sonnini de Manoncourt
La Révellière-Lépeaux
Saint-Laurent-des-Eaux
Saint-Genest-Malifaux
technico-commerciaux
antigouvernementaux
interdépartementaux
Voisins-le-Bretonneux
arrière-petits-neveux
Saint-Martin-le-Vinoux
Romorantin-Lanthenay
Baudouin de Courtenay
Saint-Rambert-en-Bugey
Saint-Pierre-d'Albigny
Saint-Martin-d'Auxigny
Carrières-sous-Poissy
Kekulé von Stradonitz

20

Santiago de Compostela
Saint-Romain-de-Colbosc
Saint-Grégoire-le-Grand
photomultiplicatrice
contre-électromotrice
La Chapelle-d'Abondance
Alpes-de-Haute-Provence
Saint-Ciers-sur-Gironde
Le Nouvion-en-Thiérache
Châteauneuf-sur-Sarthe
oto-rhino-laryngologie
électrocardiographie
hypercholestérolémie
Montredon-Labessonnié
Moustiers-Sainte-Marie
sellerie-bourrellerie
sellerie-maroquinerie
réticulo-endothéliale
Australie-Méridionale
Australie-Occidentale
intergouvernementale
multiconfessionnelle
socioprofessionnelle
interprofessionnelle
antigravitationnelle
Tancrède de Hauteville
Aigrefeuille-sur-Maine
Laroche-Saint-Cydroine
Wavre-Sainte-Catherine
Saint-Jean-de-Maurienne
Villefranche-sur-Saône
Chennevières-sur-Marne
Sainte-Sévère-sur-Indre
Entraygues-sur-Truyère
Geoffroy Saint-Hilaire
Saint-Georges-sur-Loire
contre-interrogatoire
Wattignies-la-Victoire
Echegaray y Eizaguirre
Saint-Laurent-sur-Gorre
Montesquieu-Volvestre
réticulo-endothéliose
Arnouville-lès-Gonesse
analyste-programmeuse
moissonneuse-batteuse
inconstitutionnalité
Prats-de-Mollo-la-Preste
antiségrégationniste

non-interventionniste
Ukraine subcarpatique
technobureaucratique
psychoprophylactique
hypothético-déductive
Sint-Lambrechts-Woluwe
Saint-Pierre-lès-Elbeuf
Djamāl al-Din al-Afghāni
Saint-Laurent-du-Maroni
Brabant-Septentrional
Amnesty International
Saint-Antonin-Noble-Val
Saint-Julien-Chapteuil
Scherpenheuvel-Zichem
Mendele Mocher Sefarim
Djubrān Khalīl Djubrān
Montcalm de Saint-Véran
Saint-Sauveur-Lendelin
désindustrialisation
professionnalisation
correctionnalisation
internationalisation
départementalisation
photosensibilisation
révolutionnarisation
Villeneuve-lès-Avignon
Saint-Symphorien-d'Ozon
Valera y Alcalá Galiano
Peñarroya-Pueblonuevo
Saint-Pierre-le-Moûtier
Saintes-Maries-de-la-Mer
Hérouville-Saint-Clair
Saint-Didier-au-Mont-d'Or
Chevigny-Saint-Sauveur
Saint-Julien-les-Villas
Saint-Martin-de-Valamas
arrière-petites-nièces
selleries-garnissages
Saint-Hilaire-des-Loges
Saint-Macaire-en-Mauges
broncho-pneumopathies
Sporades équatoriales
arrière-petites-filles
Le Chambon-Feugerolles
Saint-Martin-de-Londres
Saint-Pons-de-Thomières
moissonneuses-lieuses
nationaux-socialistes
mécaniciens-dentistes
chirurgiens-dentistes
Entraigues-sur-Sorgues
physico-mathématiques
Licinius Crassus Dives
hypothético-déductifs
Mareuil-sur-Lay-Dissais
Lanslebourg-Mont-Cenis
Les Pavillons-sous-Bois
Saint-Gervais-les-Bains
contre-acculturations
contre-manifestations
mandats-contributions
Saint-Martin-des-Champs
Saint-André-les-Vergers
prospecteurs-placiers
secrétaires-greffiers
commissaires-priseurs
Moutiers-les-Mauxfaits
arrière-petits-enfants
gentlemen's agreements
arrière-grands-parents
Quinctius Cincinnatus
Saint-Léonard-de-Noblat
Saint-Mamet-la-Salvetat
Saint-Hilaire-Du-Touvet
constitutionnalisant
pénicillinorésistant
inconditionnellement
désapprovisionnement
contre-investissement
Saint-Guilhem-le-Désert
Saint-Hippolyte-du-Fort
Doulaincourt-Saucourt
Saint-Bonnet-le-Château
Gondrecourt-le-Château
Terrasson-la-Villedieu
Lorrez-le-Bocage-Préaux
réticulo-endothéliaux
intergouvernementaux
Châtillon-Sous-Bagneux
Montigny-le-Bretonneux
La Chapelle-de-Guinchay
Saint-Symphorien-de-Lay
Soisy-sous-Montmorency
Mendelssohn-Bartholdy
Suffren de Saint-Tropez
Mecklembourg-Strelitz

21

United States of America
Amélie-les-Bains-Palalda
Castellammare di Stabia
Ruiz de Alarcón y Mendoza
Saint-Étienne-de-Montluc
Montmoreau-Saint-Cybard
Notre-Dame-de-Bellecombe
Saint-Michel-De-Provence
Saint-Jacques-de-la-Lande
Saint-Genis-de-Saintonge
archiviste-paléographe
radiocristallographie
Les Contamines-Montjoie
Saint-Gilles-Croix-de-Vie
anticonstitutionnelle
Notre-Dame-de-Bondeville
Thiaucourt-Regniéville
Saint-Orens-de-Gameville
Delamare-Deboutteville
Montmorency-Bouteville
hexachlorocyclohexane
Saint-Privat-la-Montagne
Saint-Gervais-d'Auvergne
Saint-Geoire-en-Valdaine
Sainte-Maure-de-Touraine
Saint-Georges-de-Didonne
Ballancourt-sur-Essonne
Port-Saint-Louis-du-Rhône
Saint-Pardoux-la-Rivière
contre-révolutionnaire
social-révolutionnaire
Eustache de Saint-Pierre
Besse-et-Saint-Anastaise
Saint-Vincent-de-Tyrosse
Saint-Rémy-lès-Chevreuse
Saint-Sauveur-le-Vicomte
pénicillinorésistante
Saulxures-sur-Moselotte
Villeneuve-l'Archevêque
magnétohydrodynamique
Ruthénie Subcarpatique
Ruthénie subcarpatique
parasympathomimétique
Saint-Nicolas-de-la-Grave
Vauquelin de La Fresnaye
Saint-Sauveur-en-Puisaye
Pont-de-Buis-lès-Quimerch
Benedetti Michelangeli
Illkirch-Graffenstaden

Garmisch-Partenkirchen
Plogastel-Saint-Germain
La Chapelle-Saint-Mesmin
Notre-Dame-de-Gravenchon
exsanguino-transfusion
institutionnalisation
Saint-Pierre-et-Miquelon
Belsunce de Castelmoron
Blénod-lès-Pont-à-Mousson
Vercel-Villedieu-le-Camp
Rothenburg ob der Tauber
Saint-Germain-au-Mont-d'Or
contre-électromotrices
Saint-Germain-les-Belles
Montigny-lès-Cormeilles
Aulnoy-lez-Valenciennes
démocrates-chrétiennes
contre-interrogatoires
Saint-Germain-des-Fossés
chrétiennes-démocrates
Saint-Trivier-de-Courtes
hypothético-déductives
Saint-Julien-en-Genevois
organisateurs-conseils
Charbonnières-les-Bains
saisies-revendications
photos-interprétations
minéraliers-pétroliers
pistolets-mitrailleurs
analystes-programmeurs
survolteurs-dévolteurs
contre-investissements
Saint-Paul-de-Fenouillet
reconventionnellement
constitutionnellement
cinématographiquement
Saint-Just-Saint-Rambert
Ribécourt-Dreslincourt
François de Neufchâteau
Saint-Barthélemy-d'Anjou
Saint-Martin-de-Seignanx
Saint-Étienne-du-Rouvray

22

Primo de Rivera y Orbaneja
Baignes-Sainte-Radegonde
Don Quichotte de la Manche
dessinateur-cartographe

22

hystérosalpingographie
Flahaut de La Billarderie
Hollande-Septentrionale
Le Monastier-sur-Gazeille
Saint-Alban-sur-Limagnole
Saint-Pourçain-sur-Sioule
électroencéphalogramme
Bellegarde-sur-Valserine
Conflans-Sainte-Honorine
Saint-Michel-de-Maurienne
Châtillon-sur-Chalaronne
Barbezieux-Saint-Hilaire
Barthélemy-saint-Hilaire
sociale-révolutionnaire
hospitalo-universitaire
Saint-Sébastien-sur-Loire
Bernardin de Saint-Pierre
Saint-Donat-sur-l'Herbasse
Châteauneuf-sur-Charente
Saint-Yrieix-sur-Charente
oto-rhino-laryngologiste
Villefranche-de-Rouergue
Saint-Gengoux-le-National
Saint-Germain-lès-Corbeil
Saint-Lazare-de-Jérusalem
sterno-cléido-mastoïdien
Desmarets de Saint-Sorlin
Fabiola de Mora y de Aragón
Saint-Germain-lès-Arpajon
Saint-François-Longchamp
Méndez de Haro y Sotomayor
conjoncteur-disjoncteur
Provence-Alpes-Côte d'Azur
Villeneuve-Saint-Georges
selleries-bourrelleries
selleries-maroquineries
Saint-Julien-de-Concelles
Saint-Quentin-en-Yvelines
Saint-Arnoult-en-Yvelines
La Chapelle-d'Armentières
contre-révolutionnaires
Colombey-les-Deux-Églises
analystes-programmeuses
moissonneuses-batteuses
Saint-Julien-de-Vouvantes
Châteauneuf-en-Thymerais
Champdeniers-Saint-Denis
Sainte-Geneviève-des-Bois
exsanguino-transfusions
Fabius Maximus Rullianus
L'Hospitalet de Llobregat
Varces-Allières-et-Risset

Saint-Hilaire-du-Harcouët
Villefranche-de-Conflent
recherche-développement
Saint-Nicolas-d'Aliermont
Saint-Paul-Trois-Châteaux
Saint-Fargeau-Ponthierry
Saint-Étienne-de-Baïgorry

23

Papouasie-Nouvelle-Guinée
dessinatrice-cartographe
électroencéphalographie
Saint-Martin-de-Belleville
Saint-Bruno-de-Montarville
Montastruc-la-Conseillère
Saint-Symphorien-sur-Coise
Saint-Pierre-de-Chartreuse
Coucy-le-Château-Auffrique
Ottignies-Louvain-la-Neuve
Les Eyzies-de-Tayac-Sireuil
Arette-Pierre-Saint-Martin
archivistes-paléographes
Saint-Sulpice-les-Feuilles
sociaux-révolutionnaires
hospitalo-universitaires
Châteauneuf-lès-Martigues
Villefranche-de-Lauragais
Grandpuits-Bailly-Carrois
Saint-Trivier-sur-Moignans
Pierrefontaine-les-Varans
Santiago De Los Caballeros
Fabius Maximus Verrucosus
inconstitutionnellement
Saint-Laurent-en-Grandvaux
Laneuveville-devant-Nancy

24

Montebello della Battaglia
Rhénanie-du-Nord-Westphalie
Bourgtheroulde-Infreville
Agence spatiale européenne
Castiglione delle Stiviere
Saint-Michel-l'Observatoire
Afrique-Orientale anglaise

24 Saint-Nizier-du-Moucherotte
Saint-Laurent-de-la-Salanque
Tanjung Karang-Teluk Betung
Petropavlovsk-Kamtchatski
25 Scey-sur-Saône-et-Saint-Albin
Saint-Bertrand-de-Comminges
dessinateurs-cartographes
Saint-Vincent et Grenadines
sociales-révolutionnaires
26 oto-rhino-laryngologistes
Saint Christopher and Nevis
conjoncteurs-disjoncteurs
recherches-développements
27 Saint-Laurent-de-Chamousset
La Rochefoucauld-Liancourt
Le Peletier de Saint-Fargeau
Saint-Philbert-de-Grand-Lieu

25

Sainte-Geneviève-sur-Argence
Afrique-Orientale allemande
Saint-Jacques-de-Compostelle
Équeurdreville-Hainneville
Saint-Maximin-la-Sainte-Baume
Francesco di Giorgio Martini
Vigneulles-lès-Hattonchâtel
dessinatrices-cartographes
Saint-Étienne-de-Saint-Geoirs
anticonstitutionnellement
Saint-Étienne-lès-Remiremont
Regnaud de Saint-Jean-D'Angély

26

Champs-sur-Tarentaine-Marchal
Regnault de Saint-Jean-d'Angély

27

La Rochefoucauld-Doudeauville
Afrique-Equatoriale française
Afrique-Occidentale française

Saint Empire romain germanique 27
Saint-Georges-lès-Baillargeaux

28 28

Boucher de Crèvecoeur de Perthes
Saint-Gervais-les-Trois-Clochers 29

29 32

Cité des sciences et de l'industrie
Éclaron-Braucourt-Sainte-Livière 36

32 41

Mecklembourg-Poméranie-Occidentale

36

Royaume-Uni de Grande-Bretagne et d'Irlande

41

Union des républiques socialistes soviétiques

Imprimerie Hérissey - Évreux
Dépôt légal : Octobre 1988
N° 63715 - N° de série Éditeur 17800
Imprimé en France *(Printed in France)*
730225-B - Février 1994